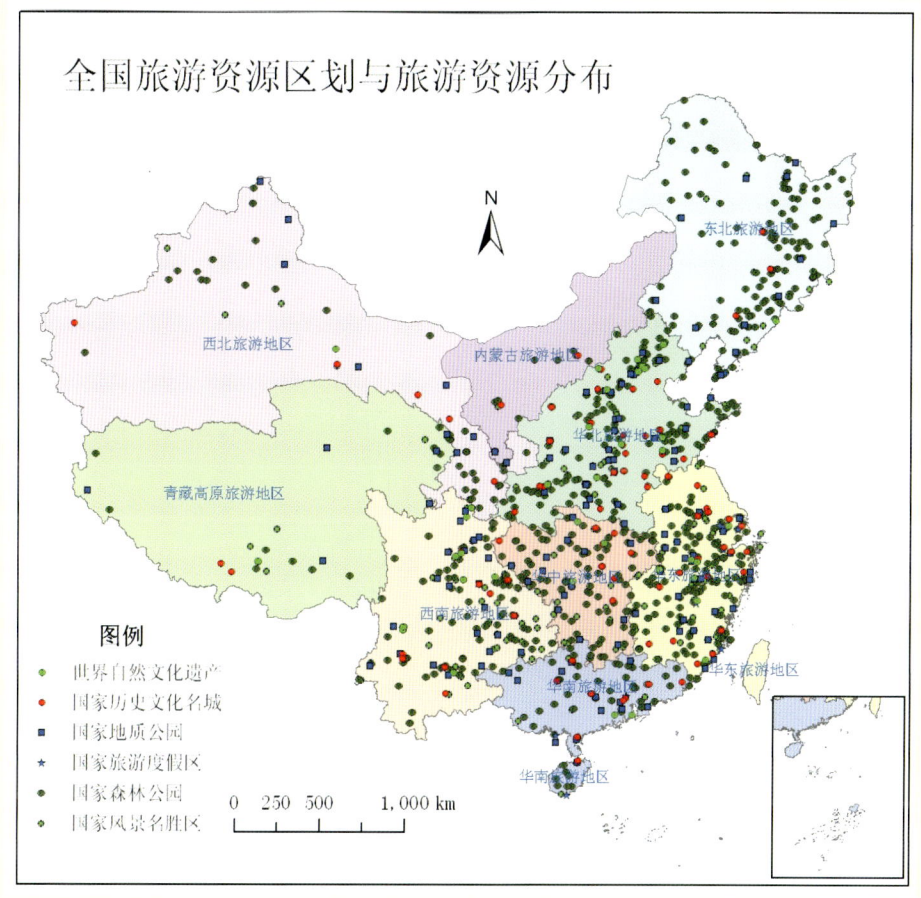

中国旅游资源区划与旅游资源分布图

泰山/张科利 摄

华山/吴成基 摄

桂林山水/王国福 摄　　　　　　　　　　　　　　　　　　　三清山/张科利 摄

四川稻城亚丁/周红 摄　　　　　　　　　　　　　　　　　　鸣沙山与月牙泉/张安定 摄

杭州西湖/岳冬菊 摄　　　　　　　　　　　　　　　　　　　海南风光/吴成基 摄

拉萨布达拉宫/蒋惠民 摄

北京故宫角楼

八达岭长城

西安临潼秦兵马俑

悬空寺/蒋惠民 摄

云冈石窟/蒋惠民 摄

敦煌莫高窟/蒋惠民 摄　　　　　　　　　　　　　嘉峪关/蒋惠民 摄

陕西汉阴凤堰古梯田/岳冬菊 摄　　　　　　　　　云南和顺古镇/李铁 摄

浙江乌镇/党安荣 摄　　　　　　　　　　　　　　瑞丽边寨/岳冬菊 摄

"十二五"国家重点图书出版规划项目

陕西出版资金资助项目

中国地学通鉴

旅游卷

主　编　吴殿廷

副主编　朱桃杏　姜　晔　鲍　捷　王乐乐

陕西师范大学出版总社

图书代号：ZZ16N0187

图书在版编目(CIP)数据

中国地学通鉴. 旅游卷／徐冠华等主编；吴殿廷分册主编. —西安：陕西师范大学出版总社有限公司，2018.6
ISBN 978-7-5613-8352-0

Ⅰ. ①中… Ⅱ. ①徐… ②吴… Ⅲ. ①地理学—研究—中国 ②旅游—研究—中国 Ⅳ. ①K90 ②F592

中国版本图书馆 CIP 数据核字(2016)第 030411 号

中国地学通鉴·旅游卷
ZHONGGUO DIXUE TONGJIAN LVYOU JUAN
主编：吴殿廷

出版统筹	刘东风
项目策划	郎根栋　卢文石
责任编辑	郎根栋
责任校对	卢文石　郎根栋
封面设计	龚心宇
出版发行	陕西师范大学出版总社
	（西安市长安南路199号　邮编710062）
网　　址	http://www.sunpg.com
印　　刷	陕西金德佳印务有限公司
开　　本	850 mm×1194mm　1/16
印　　张	32.5
插　　页	6
字　　数	750千
版　　次	2018年6月第1版
印　　次	2018年6月第1次印刷
书　　号	ISBN 978-7-5613-8352-0
定　　价	228.00元

《中国地学通鉴》编委会

主　　任　　刘昌明

副 主 任　　高经纬　　刘东风

总 主 编　　徐冠华　　郑　度　　陆大道　　管华诗

编　　委　　（以姓氏笔画为序）

马林兵	王劲峰	王恩涌	方修琦	石　朋
卢文石	卢新卫	刘　康	刘东风	刘安国
刘昌明	齐清文	芮孝芳	李天杰	李凤棠
李家清	杨永春	杨守仁	杨胜天	杨景胜
吴启焰	吴晋峰	吴殿廷	吴德星	汪新庄
宋长青	张　臣	张　量	张安定	张远广
张治勋	张科利	陆大道	陈忠暖	罗　宏
岳冬菊	周尚意	郑　度	郑景云	郎根栋
孟　伟	封志明	赵　烨	赵　媛	郝志新
胡方荣	胡兆量	宫作民	姚　成	高经纬
索文清	党安荣	徐冠华	曹小曙	揭　毅
葛全胜	董玉祥	景才瑞	景高了	程顺有
傅伯杰	甄　峰	雷明德	蔡运龙	管华诗
樊　杰	颜廷真	薛东前		

总 序

地球科学是以地球系统(包括大气圈、水圈、岩石圈、生物圈和日地空间)的过程与变化及其相互作用为研究对象的基础学科,是研究地球内部和表面、地球与周围流体,以及与人类的相互关系等一类学科的总称。地球科学涵盖范围极其广泛,主要包括地质学、地理学、地球物理学、地球化学、大气科学、遥感科学、海洋科学和空间物理学以及新的交叉学科(地球系统科学、地球信息科学)等分支学科。地球科学的根本任务在于认识地球,合理开发利用自然资源,预防或减轻自然灾害,保护与改善人类生存环境,协调人与自然的关系,为经济、社会发展服务。

中国古代地学知识萌芽很早,至春秋战国时代已在许多方面取得了杰出的成就。战国以后逐渐形成传统的"方舆之学"。明中叶以后,徐霞客等注重实地考察、探讨自然规律,开辟了中国地学研究的新方向。但是,中国近代地学是在西方近代地学传入后开始的,张相文、竺可桢、翁文灏等为中国传统地学向近代地学的转变和发展作出了贡献。

20世纪以来,地球科学发展突飞猛进,其研究成果和科学认识对人类生存、生活质量的提高和社会可持续发展至关重要,地球科学已成为人类社会发展的支柱科学之一。中国地球科学也得到长足发展,取得许多重大成就。从地域背景来看,中国具有的许多世界上独特的自然环境和资源有利于地球科学研究的发展,例如,有"世界屋脊"之称的青藏高原对全球自然环境及其变化产生了显著影响;独具特色的东部滨太平洋成矿带和绵亘东西的中亚成矿带的地质演化和成矿条件;黄土高原是世界上黄土分布最集中、覆盖厚度最大的区域,河流泥沙含量之高,举世闻名;覆盖面积约100万平方千米之广的喀斯特(或岩溶)区,其发育程度和类型堪称世界之最;中国还是地震断裂带十分活跃的国家,有丰富的历史地震资料;中国诸多时代的地层比较完整,埋藏着独特的古生物群,是进行古生物、古人类与古环境研究的优越场所;中国海岸线漫长、海域和陆架区辽阔,生态环境独特,矿产资源丰富,物理、化学、生物和地质过程复杂,为研究陆海相互作用和边缘海形成、演化及其动力学提供了理想场所;中国地域辽阔,气候、生物与生态环境的多样性,举世瞩目。所有这些,形成了具有显著特色和优势的中国地球科学研究事业,产生了众多在国际上具有重大影响的研究成果。中国老一辈地质学家创立并发展的"陆相生油"理论,打破了西方的"中国贫油论",甩掉了中国贫油帽子;"黄土风成说"的确立,使中国黄土与海洋沉积、冰芯一起,成为全球环境变化国际对比的三大标准;叶笃正创立的大气长波能量频散理论,对动力气象学发展作出了重要贡献,"夏季高原为热源"和"大气环流有季节性变化"的理论已成为大气科学方面的经典;中国科学家对珠穆朗玛峰地区和青藏高原的综合科学考察,成为人类科学了解"地球第三极"自然环境的基础;云南澄江大批动物群化石的发现,揭示了生物进化的突发性,并将动物起源时间向前推进5000万年。经过长期不懈的努力,中国地球科学不仅在地理学、地质学、气象学等传统地球科学分支学科研究中不断深入,在一些交叉学科如地球物理、地球化学、海洋学等领域也都取得重要突破。并为国家宏观决策提供依据,对各类自然资源能源的普查勘探与开发、天气预报与气候预测、海洋开发、国土整治与规划、农业的可持续发展、环境保护与改善、自然灾害防治、重大工程建设、空间计划实施、国防建设以及人类对自然认识的提高等起到不可替代的重要作用。因此,系统全面地分析、研究、总结中国地学各领域科学研究工作取得的一系列成就和实践状况,对进一步推动中国的社会经济建设、地球科学及其他各项事业的发展具有重大的现实意义和深远的历史意义。

在全国数十所大学和科研单位的大力支持下,我们集多方之力编纂成《中国地学通鉴》这套大型地球科学研究志书。全书由地理卷、测绘与地理信息卷、地质卷、地球物理卷、地球化学卷、地貌卷、气候卷、水文卷、土壤卷、生物卷、海洋卷、灾害卷、资源卷、人口卷、民族卷、城市卷、文化地理卷、旅游卷、国土经济卷、环境卷、地理教育卷共21卷组成。各卷内容包括中国各地学要素的综合研究概况、各学科科学研究工作的进展及取得的成就、各地学要素的区域特征、科学研究的主要信息等4部分。翔实记载了中国地球科学领域发生的重大变化和在科学研究与实践等方面取得的巨大成就,系统介绍了中国各地学要素的形成、发展、分布规律与特征等方面的研究进展,全面反映了中国地球科学各领域的研究成果、现状和发展趋势。然而,地球科学范围非常广泛,分支学科纷繁复杂,取得的研究成果和成就更是数不胜数,不是21卷书所能穷尽的。我们这里仅选择了部分重点的学科加以总结,以期能够为推动中国地球科学发展和社会经济建设提供参考与借鉴。

《中国地学通鉴》是由全国40多所大学和科研院所300多位地学领域的专家和学者先后历时5年编纂而成,涵盖了地球科学的主要领域,以经济建设为轴线的指导思想明确,因此,可广泛服务于生产建设各个部门,是制定发展战略、规划、生产布局等方面必不可少的科学参考文献,并有助于提高其科学性、求实性和效益性。全书以其全面、权威的古今发展变化资料记载,为国家的国土资源及能源开发利用、经济社会与文化事业的发展、生态环境的综合治理、科学研究工作等提供详细、可靠的信息资料并发挥积极的推动作用和强有力的支持。

在《中国地学通鉴》付梓之际,仅对参加和支持本书编纂工作的各位专家、学者以及有关部门、科研院所、大专院校表示衷心感谢!对书中所引用的书籍、文献的作者表示由衷的谢意!

由于水平能力所限,书中难免存在一些疏漏和差谬,恳请广大地学工作者和读者不吝批评。

中国科学院院士

2015年10月

目 录

总序 ……………………………… 001

第一篇　中国旅游概况

第一章　中国旅游发展简史 ………… 002
 第一节　中国古代旅行活动 ……… 002
 第二节　中国的近代旅游 ………… 007
 第三节　中国的现代旅游 ………… 008
第二章　中国的旅游资源 …………… 012
 第一节　中国旅游资源的类型划分
  ………………………………… 012
 第二节　中国旅游资源的基本特征
  ………………………………… 017
第三章　中国的旅游活动类型 ……… 019
 第一节　旅游活动类型划分 ……… 019
 第二节　观光旅游 ………………… 023
 第三节　休闲度假旅游 …………… 027
 第四节　文化体验旅游 …………… 029
 第五节　商务旅游 ………………… 032
第四章　中国旅游管理 ……………… 034
 第一节　旅游法规 ………………… 034
 第二节　中国旅游管理体制的发展
  ………………………………… 037
 第三节　中国旅游行业与企业管理
  ………………………………… 046
第五章　中国旅游业的发展 ………… 052
 第一节　中国旅游业发展现状 …… 052
 第二节　中国发展旅游业的重要举措
  ………………………………… 069
 第三节　中国旅游业发展展望 …… 080

第二篇　中国旅游理论研究综述

第一章　中国旅游地学发展历程 …… 086
 第一节　旅游研究概述 …………… 086
 第二节　旅游地学研究概述 ……… 090
 第三节　中国旅游地学研究的缘起与
  发展历程 …………………… 096
第二章　中国旅游资源研究 ………… 100
 第一节　中国旅游资源含义研究
  ………………………………… 100
 第二节　中国旅游资源特征研究
  ………………………………… 103
 第三节　中国旅游资源分类研究
  ………………………………… 105
 第四节　中国旅游资源评价研究
  ………………………………… 110
第三章　中国旅游分类研究 ………… 118
 第一节　中国旅游者分类研究 …… 118
 第二节　中国旅游市场分类研究
  ………………………………… 123
 第三节　中国旅游产品分类研究
  ………………………………… 124
 第四节　其他旅游要素分类研究
  ………………………………… 125
第四章　中国旅游动机与行为层次研究
  ………………………………… 128
 第一节　旅游动机基本概念 ……… 128
 第二节　中国旅游动机研究 ……… 128
 第三节　旅游行为基本概念与主要
  研究内容 …………………… 133
 第四节　中国旅游行为研究 ……… 134
第五章　中国旅游环境容量研究 …… 141
 第一节　旅游环境容量的基本概念
  ………………………………… 141
 第二节　中国旅游环境容量研究进展
  ………………………………… 142
 第三节　中国旅游环境容量研究述评
  与启示 ……………………… 151
第六章　中国旅游区划研究 ………… 154
 第一节　理论探讨与相关概念辨析

	第二节 全国层面的旅游区划实证研究 …… 157	第八章 中国旅游地生命周期研究 …… 174	
	第三节 区域层面的旅游区划实证研究 …… 161	第一节 旅游地生命周期的研究 …… 174	
第七章	中国旅游开发与规划研究 …… 164	第二节 旅游地生命周期理论在中国的应用研究 …… 178	
	第一节 中国旅游规划研究的简要回顾 …… 164	第三节 旅游地生命周期理论的拓展 …… 181	
	第二节 旅游规划研究的主要内容 …… 165	第九章 中国旅游地学研究展望 …… 186	
	第三节 中国旅游规划研究发展趋势 …… 172	第一节 当前旅游地学研究热点问题 …… 186	
		第二节 中国旅游地学研究未来发展趋势 …… 189	

第三篇 中国旅游分区和旅游地

第一章 中国旅游地理区 …… 196
　第一节 中国旅游地理分区原则与分区方案 …… 196
　第二节 东北北国风光关东文化旅游区 …… 197
　第三节 黄河中下游古今风貌华夏文明旅游区 …… 201
　第四节 华东江南山水园林吴越文化旅游区 …… 205
　第五节 华中湖光山色荆楚文化旅游区 …… 208
　第六节 华南亚热带—热带风光岭南—中西文化旅游区 …… 210
　第七节 西南奇山秀水巴蜀民族风情旅游区 …… 213
　第八节 西北大漠风光丝路文化旅游区 …… 216
　第九节 内蒙古塞外风光草原风情旅游区 …… 220
　第十节 青藏雪域高原藏传佛教文化旅游区 …… 222
第二章 中国旅游地的省区分布 …… 226
　第一节 "黑吉辽"旅游概况与特征 …… 226
　第二节 "京津冀晋陕豫鲁"旅游概况与特征 …… 235
　第三节 "沪苏浙皖"旅游概况与特征 …… 250
　第四节 "湘鄂赣"旅游概况与特征 …… 259
　第五节 "粤闽琼"和"港澳台"旅游概况与特征 …… 267
　第六节 "川渝滇黔桂"旅游概况与特征 …… 275
　第七节 "宁甘新"旅游概况与特征 …… 286
　第八节 内蒙古自治区旅游经济发展特征 …… 292
　第九节 "青藏"旅游概况与特征 …… 293
第三章 中国热点旅游地 …… 298
　第一节 中国的世界遗产 …… 298
　第二节 中国著名风景名胜 …… 301
　第三节 中国其他重要旅游地 …… 320
　第四节 中国著名旅游城市 …… 350
　第五节 中国文化旅游资源 …… 354

第四篇 中国旅游地学信息要览

第一章 中国旅游规划设计研究单位 …… 393
第二章 中国旅游研究学术刊物 …… 414
第三章 中国旅游学科专业设置 …… 417
第四章 中国旅游规划与研究专家 …… 454
第五章 中国旅游大事记 …… 468
第六章 中国旅游研究主要文献 …… 484
后记 …… 510

第一篇

中国旅游概况

- 中国旅游发展简史
- 中国的旅游资源
- 中国的旅游活动类型
- 中国旅游管理
- 中国旅游业的发展

第一章 中国旅游发展简史[1]

中国是世界上历史最为悠久、民族文化最为灿烂的世界文明古国之一,也是世界上人类旅行活动发生较早的国家之一。在5000多年的历史发展和朝代更迭中,中国的旅行和旅游活动大致经历了古代旅游、近代旅游和现代旅游3个发展阶段。

第一节 中国古代旅行活动

"旅游"一词始见于南朝梁诗人沈约的《悲哉行》。其诗云:"旅游媚年春,年春媚游人。徐光旦垂彩,和露晓凝津。时嘤起稚叶,蕙气动初苹。一朝阻旧国,刀里隔良辰。"至唐代,"旅游"一词开始大量出现于诗文中,如王勃的"岁八月壬子,旅游于蜀,寻茅溪之涧";韦应物的"上国旅游罢,故园生事微";张籍的"过岭万八里,旅游经此稀";白居易的"江海漂漂共旅游,一樽相劝散穷愁",等等。由此可见,古代的"旅游"已蕴含旅行游览之义。

一、中国古代旅行活动的源起

古代中国旅游是指1840年鸦片战争以前的人类旅行活动,包括原始社会末期、奴隶社会和封建社会。在长达四五千年的历史中,由于各个阶段的政治、经济等情况的变化,旅游活动的发展历程也各有差异。

中国有文字记载的旅行活动可以追溯到公元前2250年以前。古籍《山海经》中就有关于古人旅行活动的纪实,有所谓"古有山海经,历历叙九州"之说。

《史记·五帝本纪》中记载的有关黄帝和大禹等帝王为了迁徙的目的而进行的旅行活动,揭开了中国旅游历史的篇章。

1. 先秦时期的旅行和旅游

此阶段从传说的尧、舜、禹原始公社到封建社会秦朝的建立。其中包括整个奴隶制社会——夏商、西周、东周、春秋战国等。

这一时期,旅行的交通工具和交通路线已现雏形。中国先秦时代首先面临的问题是打开各疆域之间的闭塞性,研制各种交通工具,为天子巡行、商务旅行和外交游说准备条件。据目前考古发现,中国在距今7000年前的母系氏族公社就已发明了船桨(浙江余姚河姆渡遗址出土的船桨就是证据)。公元前2033年~公元前1066年的夏商,已有了车,当时车的种类很多,有搞运货的十丰、乘坐的马车、作战的戎车、狩猎的田车。孙子还喜欢"乘殷之辂"。除修建道路以外,在西周时已有

---

[1] 本篇由朱桃杏主笔,吴殿廷等参与了部分内容的撰写,吴殿廷统稿定稿。

水路,分为沟、洫、浍、川,陆路有遂、径、畛、涂。道路修的不仅平坦,而且植有行道树,建立维修制度。邮递主要靠驿站。西周和春秋战国时,在大路上每隔一定距离置邮、传舍与馆舍,以供游客住宿之用。

西周的周穆王(前1001～前952)是中国最早有记载的帝王旅行家。《左传》云:昭公十二年"穆王欲肆其心,周行天下,将皆必有车辙马迹"。晋代从战国魏王墓中发现的先秦古书《汲冢书》之一的《穆天子传》,对此进行描绘。有传他可能到过波斯(伊朗)。除了周穆王游巡外,更早的还有黄帝、颛顼、虞舜、夏禹的巡狩和传说。《史记·五帝本纪》曰:黄帝"按山通道,未尝宁居""迁徙往来无常处"。颛顼所至,东达海岛、西至陇西,南抵交州,北至幽州。虞舜侧重于柴祭山川,故足迹遍及五岳名山。夏禹治水居外13载,"疏三江五湖,清之东海"。

东周时期,由于诸侯争霸,出现了"士"阶层。没落贵族和士人们为了宣传其政治主张和"致身卿相"的目的,而朝秦暮楚、奔走不暇。此时商贾也被正式纳入"四民"(士、农、工、商)之列,远程贸易的商务旅行十分盛行。

民间平民百姓的观光也有记载。中国保存最早的诗歌经典《诗经》,曾颂扬了殷商西周时代的民间出游活动。其中说:"泛彼柏舟,亦泛其洗,耿耿不寝,如有隐忧。唯我无涵,以教我游。"可见,远在先秦时期,民间已出现观光活动,其内容包括观乐、观社、观腊、观祭祀等。

2. 秦汉时期的旅游

秦始皇建立统一的中央集权封建国家后,随着政局的巩固、经济的发展、交通的开拓,旅游活动比先秦时代更频繁。特别是秦始皇修"驰道"和"直道",统一全国车轨等措施,给帝王、学者、商人出游提供了方便的条件。

这一时期的旅游活动也记载较多。据史书记载,秦始皇曾率文武百官5次出巡,周游全国,南至洞庭,北到碣石,东到芝罘、蓬莱,最后在第五次巡游中死去。西汉历史学家、文学家司马迁(前145～前90)从青年时期起就开始漫游大江南北。《史记·太史公自序》中谈到,他"南游江淮、上会稽、探禹穴(禹葬会稽山),窥九嶷(舜南巡死处),浮于沅、湘,北涉汶、泗,讲业齐鲁之都,观孔子之遗风……"。后又因公事,到西南、洛阳、辽西等地旅游,足迹遍于当时西汉版图疆域,最终撰成名垂后世的不朽巨著《史记》,其中《货殖列传》篇含有丰富的旅游地理内容。

汉武帝也曾游历碣石、泰山等全国名山大川。汉武帝为联络西域的大月氏共击匈奴,派张骞出使西域。公元前139年,张骞率领100多人从陇西出发,历经艰险,历13年才返抵长安。先后考察了大宛、康居、月氏、大夏、昆仑山、祁连山等地情况。公元前119年,张骞再次率众300人出使西域,最远到达安息(伊朗)、身毒(印度)等地。他的2次西行,了解到许多西域的山川、地理和风土民情,打开了长安通往西域(中亚、西亚)的道路,使中国的丝绸、陶瓷等手工产品运往西方,带回了西方的土特产。这就是历史上著名的"丝绸之路"。汉代杰出的外交家、旅行家苏武奉命于汉武帝天汉元年(前100)出使匈奴,到过贝加尔湖,在匈奴19年,长途旅行几万里。

东汉末期,东吴派康泰和朱应从海路出使南洋诸国,并撰《扶南传》,记载了南洋一带风物。东汉永平八年(公元65),蔡愔奉命出使天竺,历时3年,行程几万里,途经甘肃南部、四川、西藏和尼泊尔、巴基斯坦、孟加拉国及中亚等地到达北天竺(印度北部),大量记载了沿途各国的历史风土人情、宗教信仰、地理山川、物产和各地人民生活习俗,他是中国第一个到天竺取经的旅行家、探险家。洛阳白马寺就是为铭记蔡愔西天取经的功绩仿照天竺的样式修建的,这是中国最早的佛教寺庙。

3. 中世纪时代的旅游

魏、晋、南北朝、隋、唐、五代、宋、元是中国历史上大分裂、大融合的时期。1000多年中,既有封建社会鼎盛的阶段(如隋唐),又有科学技术硕果辈出的时代(如宋代三大发明)。经济、文化的发展推动了各种形式的旅游和旅游业。如旅馆业在唐宋时期就已相当广泛。唐代诗人杜牧在《旅宿》中写道:"旅馆无良伴,凝情悄自然",王维的《渭城曲》描写的"渭城朝雨浥轻尘,客舍清清柳色新"等诗句,就是当时旅馆业经营的写照。宋代不仅有私营旅馆,而且出现了地方官吏兴办的旅游业。如宋仁宗皇佑二年(1051),杭州太守范仲淹为赈济灾民,利用那里湖山景色、古庙名寺之长,命各庙主事修葺庙宇,并在西湖举办划船比赛,号召各方官民出游,收入一大笔钱,救济灾民。这是地地道道的旅游业雏形,比19世纪40年代的英国库克要早700多年。

这一时期关于旅行和旅游活动的记载也较为丰富。

魏、晋、南北朝时,由于社会政局动荡不定,统治者荒淫糜烂,引起一些士大夫对现实的不满和失望。某些士大夫消极厌世,把注意力转向自然,寄情于山水,文人漫游兴起。如魏、晋间的嵇康、阮籍等7人(竹林七贤),悠游于竹林之中,写出了大量山水诗;东晋、南朝间的陶渊明、南朝的谢灵运等,都是寄情于山水的著名诗人。北魏的郦道元把毕生才华融于山川大地之中,著有《水经注》,被称为中国山水散文的鼻祖。

唐、宋时代,许多文人学士常出门漫游,以增长见识,"读万卷书,行万里路"蔚然成风。如王维、李白、杜甫、白居易、柳宗元、杜牧、王之涣、苏东坡、欧阳修、陆游等,都是漫游类型的著名诗人。李白从20岁起就"辞亲远游"、行吟南北,各地的山水名胜无不亲临登眺,开拓了诗人的思想和创作源泉,许多千古绝唱如"朝辞白帝彩云间,千里江陵一日还""飞流直下三千尺,疑是银河落九天"等,都是在漫游中写成的;又如,柳宗元的《小石潭记》、欧阳修的《醉翁亭记》等名篇游记;颜真卿的《有唐抚州南城县麻姑山仙坛记》从实地观测到的化石,证明了海陆变迁的事实,是世界上最早的论断。

这一时期以朝觐、求法为目的进行的宗教旅游活动兴盛。东汉初年,佛教初传中国,至南北朝和隋唐已进入鼎盛时期。魏晋南北朝时期佛教在中国的发展和传播对旅游业的发展产生了深远影响,中国10大名寺中的杭州西湖灵隐寺、嵩山少林寺、苏州枫桥寒山寺、开封相国寺和著名旅游胜地敦煌莫高窟、大同云冈石窟、洛阳龙门石窟、天水麦积山石窟、新疆克孜尔千佛洞、固原须弥山石窟等都是这一时期建成的。如北魏时,洛阳已有大小寺庙1367所,还开辟了石窟寺多处。这一时期著名的僧人云游家有法显、玄奘、义净和鉴真等。

东晋法显是中国顺利达到远游目的地而回来的极少数人之一。东晋隆安三年(公元399),他从长安出发,经河西走廊、新疆、渡流沙、越葱岭,到达天竺(印度)。他在印度留学15年后,取海路返国,途径狮子国(今斯里兰卡)、爪哇等国。法显把旅途见闻写成《佛国记》,成为世界上最古老的一篇空前艰险的万里远游的游记。

玄奘(602~664)是中国唐代最著名的僧人旅行家,在印度学习讲经17年,回国后译出经论600余部1335卷,写成了《大唐西域记》。襄助译经的慧立(615~?),除了译记西游路程和见闻外,还追记玄奘西游前后身世,写成《大慈恩寺三藏法师传》两部著作,详细记载了西域110国和传闻的28国地理、交通、城邑、关防、气候、物产、风俗、文化等情况。义净(635~713)也是唐代僧人,著有《南海寄归内法传》和《大唐西域求法高僧传》。

鉴真(688~763)是扬州人。唐玄宗天宝元年(742),应日本僧人的邀请,5次东渡,均遭挫折,鉴真也双目失明,第6次才成功,后在奈良建筑了唐招提寺。唐代的杜环(生卒年不详),京兆五年(今西安市)人,第1位到中东地区的旅行家,写下了中国最早的一部中东游记《经行记》。元代航海家汪大渊(1311~1350),2次从泉州出海,写出《岛夷志略》,涉及国家和地区220多个。

节庆游娱获得盛行。民间利用节日、集市机会等旅游在中国早已出现,而在唐宋时期得到较大地发展。例如,《长安史迹考》第八章《曲江之乐游》载,每当中和(农历二月初)、上巳(农历三月三日)等节日,"岸堤结彩幄,以与翠柳相映,而池中彩舟。乘载三师、三公……等显宦,欢声倾动四邻"。欧阳修《风俗记》载:"花开时,士庶竞为游遨"。到了元代,节日旅游活动更趋兴盛,文体项目增多,尤以"百戏"得到发展,如杂剧、杂技、评书、相扑、赛舟、试弩射箭等,丰富多彩。

4. 明清时期的旅游

明清时期全国政治、经济、文化的发展,为国际、国内旅游提供了全面发展的基础。旅游活动在明清时期得到极大提高,出现了造园高峰,留下了许多园林杰作。如北京的"三山五园":玉泉山、香山、万寿山,畅春园、静明园、静宜园、清漪园(今颐和园)、圆明园,承德的避暑山庄;在南京、无锡、苏州、扬州等地建造了无数私家园林,其中以苏州园林名扬天下。据《苏州府志》记载,早在春秋战国时代,吴王夫差就在苏州灵岩山修建了馆娃宫,以后经历代发展,明代时已达271处,其中以拙政园、网师园最为著名;清代有130座,以留园、怡园、环秀山庄、藕园等较为典型;至今还存有70多处。

代表性人物和旅游活动也很频繁,以明朝郑和(1371~1433)"七下西洋"的海上旅行最著名。明永乐三年(1405),郑和率领62艘大船(宝船最大44丈×18丈)、27 000多人,开始了第1次远航,到宣德八年(1433)的28年间,7次远洋出航,涉海10万里,遍历亚非30多个国家和地区,成为中国历史上涉程最远、历时最长的航海家,也是世界著名的航海大师。比欧洲3位航海家要早数百年。对中国和南洋、西亚、北非之间的经济、文化交流作出了巨大贡献。郑和海上航行留下的旅行记有随从马欢的《瀛海胜览》、费信的《星槎胜览》、巩珍的《西洋番国志》和郑和航海图等。

明代大医学家李时珍(1518~1593)为编写《本草纲目》,到各地采访调查,搜集标本,把握第一手材料。明代大旅行家徐霞客(徐宏祖)(1586~1641),从22岁起,先后在外考察30多年,遍游全国名山大川。北至天津蓟县盘山、山西五台山、恒山,南到广东罗浮山,东到海滨,西到云南大理鸡足山、腾冲,考察了相当于今天19个省市区的山水,纠正了过去对长江源头的错误说法,尤其是对岩溶地貌的考察研究,至今仍有很大的科学价值。撰写的《徐霞客游记》共20卷,被誉为古今游记第一杰作,后人称其为"奇人、奇事、奇书"。

明清学者顾炎武学术考察足迹遍游了华北,十谒明陵,周游西北达20年,有胜地必访,有名士必交,写成了《天下郡国利病书》和《肇域志》两部地理著作。

另外,在中国古代旅游的发展过程中,外国买办商游者、宗教旅游者也不断增加。如在唐代,外国人苏莱曼从波斯湾航海经印度到中国经商。在元代,著名旅游家、意大利人马可·波罗到中国旅居17年之久,写出了著名的《马可·波罗游记》。在明代,意大利人利马窦来中国传教,等等。这些人在中国的游历,也为中国的旅游发展作出了一定贡献。

二、中国古代旅行的主要类型

由以上对中国古代旅行的回顾,也可以看到中国古代旅行主要有如下几种类型:

(1)帝王巡游 自古以来,中国各朝代帝王为了加强中央集权制的统治,颂扬自己的功绩,炫耀武力,震慑群臣和百姓,同时也为了满足游览享乐的欲望,大都兴师动众到各地"巡狩""巡幸""巡游"。例如,周穆王八骏游西域、秦始皇5次巡游监察四方、汉武帝周行天下巡察天地、隋炀帝扬州观琼花、康熙和乾隆下江南等都是史学家公认的巡游活动。其中周穆王被认为是中国通往西方道路的最早开辟者。

（2）政治游说　政治游说是指古代一些有才能的文士为了实现其政治主张,达到某些政治目的而到处奔走的旅行形式。这种旅行形式突出表现为春秋战国时期各诸侯的外交活动和策士的游说。如著名思想家、儒家代表人物孔子曾带着几十名弟子,花费14年时间来周游列国,到处游说其儒家思想;中国另一位著名思想家孟子常带车子数十乘,侍从数百人,游说于齐、魏等国君之间;此外,还有游说"合纵"的苏秦、宣讲"连横"的张仪等诸多谋士。

（3）官吏宦游　中国古代历朝官吏,奉帝王派遣,为执行一定政治、经济、军事任务出使各地,进行了各种各样的宦游活动。例如,奉汉武帝的派遣,2次出使西域、开通历史上著名的"丝绸之路"的张骞;东汉时期奉命出使、经营西域的班超;明朝时七下西洋的郑和等。

（4）商务旅行　中国早在商朝时期就出现了商务旅行,但由于当时经济和交通等方面的限制,所以没有很大的发展。春秋战国时期商业的发展,出现了陶朱公、吕不韦等许多大商人。他们负货贩运,周游天下。进入封建社会后,由于商品经济的发展、交通工具的改进、道路的修建等原因,商务旅行获得很大发展。中国古代遍布全国的驿道、西南各省的栈道、各地漕运水路、沿海海运等形成了许多著名的"商路",有着频繁的商业旅行活动。中国古代所讲的"商路"就是古时商业旅行活动所经的路线。历代"商路"都有不同发展,最为著名的有西汉时的丝绸之路、东汉时的"海上丝绸路线"和元代沿海的"殷明略航线"。

（5）文人漫游　封建社会时期的文人漫游大都是因为他们在政治上遭受挫折,对现实不满,于是寄情于山水,流连于风景,以示自己的超脱和清高。他们走遍名山大川,漫游名胜古迹,写出了脍炙人口的传世名作。如陶渊明、谢灵运、李白、杜甫、柳宗元、欧阳修、苏东坡、陆游等人,都有漫游祖国美丽风光时留下的杰作。

（6）宗教旅行　宗教旅行是古代旅行的一种重要形式。佛教在中国兴起是在东汉初年,在魏晋南北朝时发展到鼎盛时期。由于佛教宗派庞杂,教义分歧,为探明教理,解决争端,不少僧人就西去佛教的发源地——印度求取真经。这样,一个"求法"的宗教旅行从六朝到唐代便形成了高潮,其中最著名的代表有东晋的高僧法显、唐代西往天竺学取佛经的玄奘大师和东渡日本弘扬佛法的鉴真大师。除了出国求经之外,各代僧侣为拜谒佛宜、弘布佛法,还常常云游于名山大川之间,落拓为僧的唐代诗人贾岛有诗云:"遇参宿尊游方久,名岳奇峰问此公"。

（7）学术考察　中国历史上很多取得巨大成就的学者、科学家都曾为收集大量科学材料而游历全国,进行实地考察。西汉时期伟大的史学家司马迁与《史记》,他是学术考察旅游的最早代表;北魏时的著名水文地理学家郦道元和《水经注》;明代著名地理学家徐霞客和《徐霞客游记》等,这些游历活动和成果在中国和世界科学史上都占有非常重要的地位。

三、中国古代旅行活动的特点

综观中国的古代旅行,具有如下几个方面的特点:

（1）参加旅行活动的人数较少,并且多为帝王、贵族、官僚、地主等统治阶级及其附庸士大夫阶层。普通劳动群众仅在佳庆节日到近地出游,如踏青、赶庙会等。这与世界古代旅行所共有的特点是一致的,即贵族式旅游。这是由当时还不发达的社会经济状况决定的。

（2）对整个古代旅行时期而言,旅行活动形式虽然不少,但是对每个朝代而言,却只有几种旅行活动形式,而且参加人数还很少,旅游活动本身没有明显的经济效益。这是由于当时的社会经济状况和人口总数不多造成的。

（3）古代旅行的目的地一般为繁华的大都市,以及山川河流等自然景色秀美之地。如唐代长安经济繁荣,秩序井然,是人们向往的旅游胜地,几乎成为一座国际城市。并且正是由于此原因,中国现代出现了许多以文化古都而成名的城市,如洛阳和开封,这些城市都保存着许多珍贵的文物古迹。

（4）中国古代来华旅游者人数较多,出国旅游者较少。中国幅员辽阔,政治安定,文化发达,科技先进,远远领先于西欧。外国使者、商人、学者、僧侣来华旅游络绎不绝。据史书记载,唐时日本先后19次遣使来中国学习,吸收唐文化,每次使团少则一二百人,多则五六百人。阿拉伯帝国来华经商者也不乏其人。

（5）古代旅行时期的造路、邮传和馆舍制度已经建立。在陆路方面,早在秦朝时就修建了"驰道""直道""五尺道""新道"等,形成了以咸阳为中心的四通八达的道路网。并且随着以后朝代疆域的扩大,道路的通达范围也不断扩展。在水路方面,隋文帝时期首先开凿山阳渎,打通淮水,连通长江的水路。到隋炀帝时期,又相继开凿了通济渠（由黄河连接汴、泗两河通淮水）、邗沟（即扩建的山阳渎,以通长江）、永济渠（通至黄河以北的涿郡）和江南运河（由镇江经苏州至杭州,以连通长江与钱塘江）,从而构成了华北与江南的运河网。水陆交通的便利为中国古代旅行和旅游的发展提供了重要基础。随着历朝道路的建设,驿站制度不断发展。以唐代的驿制为例,当时每隔15千米设一驿。据《新唐书·百官志》记载,唐朝设驿站计1639所。照此推算,仅设有驿站的道路里程便达近25 000千米。到清朝时,驿站的设置范围已扩展到内、外蒙古、新疆和西藏地区。此外,旅馆业也得到发展,正如唐代诗人韩愈所写:"府西三百里,侯馆同鱼鳞"。交通与旅馆业的发展,为旅行活动提供了必要的物质条件,从而促进了旅行活动的盛行。[1]

第二节　中国的近代旅游

中国的近代历史是以1840年世界列强用武力打开中国大门、中国沦为半殖民地半封建社会为起点的,中国近代旅游是伴随着外来经济和文化的入侵而进行的。

1840年,世界列强用武力打开了中国封建社会的大门,西方商人、传教士、学者和一些冒险家纷纷来到中国,许多人在各名胜地区建立了别墅,中国几乎成为外国冒险家的乐园。与此同时,出国考察和出国留学生大量增加。20世纪初,国外旅行社便乘机打入中国,为来华旅游者办理各种旅游业务以及为出国考察和求学的中国人代办旅行业务。英国通济隆旅行社、美国运通公司、日本国际观光局先后在上海、天津、广州建立分支机构,总揽中国旅游业务。与此同时,欧美的航运公司、邮船也相继进行旅游业务的招徕。

为打破外国旅行社包揽、垄断中国国际旅行全部业务的局面,同时也为发展中国自己的旅游业,上海商业储蓄银行总经理陈光甫于1923年8月在该行设立了"旅行部",为出游者安排行程及办理各种手续事宜。旅行部以诚挚的态度和良好的服务赢得了游客的好评和信任,并开创了中国旅游发展史上的4项第1:办理第1艘旅美学生专轮、举办国内第1个游览团、组织第1个国外游览团、发行中国第1张旅行支票。1927年春,该旅行部出版了中国第1本《旅行杂志》,先是季刊,后改为月刊,专门宣传祖国的风景名胜、秀丽风光。后来这本杂志一直出版发行至1954年。1927年6月1日旅行部从上海商业储蓄银行独立出来,正式领取了营业执照,成立中国旅行社,这是中

---

[1] 卢云亭.现代旅游地理学[M].南京:江苏人民出版社,1987.

国第1家旅行社。该旅行社的业务宗旨为"导客以应办之事,助人以必需之便。如舟车舱之代订,旅舍卧铺之预订,团体旅行之计划,调查游览之人手,以至轮船进出日期,火车往来时间,在为旅客所急需者。"为配合客运和游览业务,中国旅行社在1931年～1937年期间出版了中外游记和导游等书籍20余种。自1928年～1938年,中国旅行社在全国各地设立了58个分支机构或办事处,另在纽约、伦敦、新加坡、加尔各答、河内、仰光、马尼拉、香港等地设立了办事机构。中国旅行社从1931年建立第一家招待所起至1938年,一共建造招待所、饭店21家,同时与国际上多家旅行社建立了业务往来。

在中国旅行社诞生和获得发展的同时,还产生了一批类似的旅游组织,如"铁路游历经理处""公路旅游服务社""浙江名胜导游团"等。另外,社团旅游组织方面则有1935年中外人士组成的"中国汽车旅行社"、1936年筹组的"国际旅游协会"、1937年建立的"友声旅行团""精武体育会旅行部""萍踪旅行团""现代旅行社"等。

现代旅馆和饭店以及交通客运也有了一定的发展。20世纪20年代～30年代,上海、北平、天津、广州、汉口等大城市,宁波、汕头、青岛、大连等港口商业城市,长沙、郑州、南京、张家口等交通枢纽城市成为现代饭店业发展的热点城市,仅上海就有中外新式旅馆、饭店300多家。地方交通旅馆全国共有1057家。1930年～1937年,全国新建铁路2400多千米,在建铁路1000千米。公路从1927年的129 170千米增长到1936年6月的974 000千米。

20世纪30年代民用航空已有中国航空公司、欧亚航空公司、西南航空公司3家,开辟了10条航线。远洋航运企业有轮船招商局、中国邮船公司、中华航业公司等,可通航欧洲、美洲、亚洲、大洋洲等地。

以中国旅行社为首的一批旅行社的诞生、现代饭店业的兴起和交通客运的发展,标志着中国旅游业作为一个新兴的行业诞生了。纵观中国半殖民地半封建社会时期的旅游业,旅游虽有发展,但因外有列强侵略,内有政府腐败,加上连绵战祸,故未全面发展起来。这一时期的出国旅行,多与洋务留学有关,而外国人的来华旅行和旅游,则与帝国主义的殖民侵略密不可分。

第三节　中国的现代旅游

中国的现代旅游指的是自中华人民共和国成立以后至今的中国旅游。新中国的诞生,为中国旅游和旅游业的发展开辟了广阔的前景。综观60年的中国旅游发展历程,大致可划分为2个时期:第1个时期为中华人民共和国成立后至1978年的政治接待时期;第2个时期为1978年改革开放以来的全面发展时期。

一、中华人民共和国成立后至1978年的政治接待时期

中华人民共和国成立后,为满足华侨和侨眷出入境探亲旅游的需要,以及更好地为港、澳、台同胞回内地观光、探亲等旅游活动服务。1949年11月19日,以接待海外华侨为主旨的厦门华侨服务社成立,这是新中国的第1家旅行社,为海外华侨架起了一座连接侨居地与新中国的桥梁。继之,泉州、深圳、汕头、拱北、广州等地也成立了华侨服务社,开始形成了中国旅行社的框架体系。1957年4月24日成立了中国华侨旅行服务总社,统一领导和协调全国华侨、港、澳同胞探亲旅游接待服务。

1952年10月,"亚洲及太平洋区域和平会议"在中国召开。与会者是来自37个国家的367位代表。由于这次会议的影响,此后来华公务出差和旅游的外宾逐渐增多。于是,1954年4月15日中国国际旅行社总社在北京正式成立,并在上海、天津、杭州、南京、武汉、广州、沈阳、哈尔滨、安东(即今丹东)、大连、满洲里、凭祥、南宁、南昌等地成立了14家分社。根据当时的规定,国际旅行社的任务是"作为统一招待外宾食、住、行事务的管理机构,承办政府各单位及群众团体有关外宾事务招待等事项;并发售国际联运火车、飞机客票。"虽然国际旅行社成立时其性质曾规定为"国营企业",但实际上,由国家对其实行差额补贴,即每年国家拨给一定数量的招待费,结算赤字部分由国家给予补贴,它的主要任务在于搞好政治接待而不计盈利。事实上,国际旅行社在成立初期基本上也未开展接待自费国际游客的业务。华侨服务社和中国国际旅行社的建立标志着新中国旅游业的诞生。1965年,中国仅国旅系统便接待了12 877名外国团体旅游者和8358名外国散客,总计21 235人次,旅游收入超过200万美元,创造了国际旅行社成立10年来接待外宾工作的最好成绩。

随着国际形势的变化和国内建设事业的发展,世界人民渴望了解中国。为了扩大对外影响,同时也为了加强对全国旅游工作的统一领导,1964年7月22日中国旅行游览事业管理局设立,并且明确了发展旅游事业的方针政策是"扩大对外政治影响、为国家吸取自由外汇",中国旅游事业从此开始发展起来。当时,中国旅行游览事业管理局作为国务院的直属机构,与中国国际旅行社总社合署办公。中国旅行游览事业管理局的主要任务是负责对外国自费旅行者的旅游管理工作,领导各有关地区的旅行社和直属服务机构的业务,组织中国公民出国旅行,以及有关旅游的对外联络工作和旅行宣传工作。随后,又成立了华东和中南两个旅行游览事业管理局。"文化大革命"期间,受政治冲击,旅游接待成为单纯政治接待,不计成本,不讲效益,错误地批判旅游业是为资产阶级服务;中国旅行游览事业管理局(包括国旅总社),虽经毛泽东主席和周恩来总理亲自决定保留机构,也只剩下12人的业务班子。

20世纪60年代中期,正是世界上大众旅游兴起,世界旅游业以空前的速度蓬勃发展之时,中国的旅游业却被迫进入了步履艰难的勉强维持阶段。"十年浩劫"所造成的破坏几乎使中国的旅游业处于瘫痪状态,每年仅接待三四百名外国游客。1971年2月2日,毛泽东主席对中国旅行游览事业管理局的1971年接待计划作了"人数可略增加"的批示。同年3月,周恩来总理亲自部署召开全国旅游工作会议,提出旅游工作的方针是"宣传自己、了解别人",并指示在经济上旅游事业的收入应略有盈余。这次会议之后,中国的旅游业才开始有了转机。1972年,中日建交及尼克松总统和田中首相的访华等国际关系方面的重大改善,为中国旅游业的发展提供了有利的国际环境。美、日游客来华数量逐渐增多,其他西方国家的游客亦开始来华访问。由于形势的需要,1973年中国华侨旅行社总社恢复成立,并于1974更定名为中国旅行社总社。

在这一时期,由于新中国是建立在一个一穷二白、千疮百孔的烂摊子上面的,同时,先后经历了抗美援朝战争、自然灾害、外国经济封锁和"十年浩劫"等一系列的打击,生产力水平落后,商品经济不发达,基本上不具备产生现代旅游活动的条件,所以国内旅游活动的规模很小,基本上不存在出国旅游。这一时期的旅游者主体是华侨、港澳同胞、外国政治访问人员以及非常少的外国自费旅游者。

以上情况说明,这一阶段内中国发展旅游业的动机仍然以政治为主。但是这一时期旅游的发展仍然有不少成绩,主要体现在:第一,外国旅游者有所增多。1965年,全国接待外国旅游者达12 877人次,创历史最高记录;第二,配合了外交工作需要,产生了一定的政治效应。对于宣传中国的建设成就、加强国际友好往来,发挥了积极作用。

二、1978年改革开放以来的全面发展时期

1978年12月,十一届三中全会确定工作重点向社会主义现代化建设转移,中国旅游事业也因此进入了全面的大发展时期,主要表现在如下几个方面:

1. 旅游管理体制方面

1979年9月召开的全国旅游工作会议,提出旅游工作要从"政治接待型"转变为"经济经营型",并就旅游住宿和旅行社外联权等作了重要决定。1981年3月,中共中央书记处和国务院常务会议听取旅游工作会议汇报,提出今后一个时期发展旅游事业方针:"积极发展、量力而行、稳步前进",以及旅游管理体制原则:"统一领导、分散经营",并决定中国旅行游览事业管理局要与国旅总社分开,国务院成立旅游工作领导小组。1981年7月27日,中共中央书记处、国务院批准中国旅行游览事业管理局《关于开创旅游工作新局面几个问题的报告》,提出了加快旅游基础设施的建设要采取国家、地方、部门、集体和个人一起上,自力更生与利用外资一起上的方针和旅游行政部门简政放权等措施。1981年10月10日,国务院颁布《关于加强旅游工作的决定》,各地相继成立旅游领导小组。1982年,中国旅行游览事业管理局更名为国家旅游局。1985年1月31日,国务院批准国家旅游局《关于当前旅游体制改革几个问题的报告》,提出了旅游管理体制实行"政企分开、统一领导、分组管理、分散经营、统一对外"的原则,向各省、自治区、直辖市下放外联权的签证通知权,从而解决了6年来旅游系统普遍关心的问题。

上述文件和政策的积极贯彻执行,极大地调动了各方面办旅游的积极性,旅游工作出现新气象,开始实现4个转变:①从过去主要搞旅游接待,转变为开发建设旅游资源与接待并举;②从只抓入境旅游,转变为入境旅游、国内旅游一起抓,相互促进;③从以国家投资为主建设旅游基础设施转变为国家部门、集体和个人一起上,自力更生与利用外资一起上;④旅游经营单位由事业单位转变为企业化经营。

2. 旅游供给方面

改革开放30多年来,中国旅游生产力得到全面快速的发展,配套程度明显改善。1984年,中共中央书记处和国务院提出旅游基础建设采取"国家、地方、部门、集体、个人一起上,自力更生和利用外资一起上"的方针,并决定在"七五"时期直接由国家旅游局安排旅游基建投资25亿元,平均每年5亿元,用于加强旅游基础设施建设。

1978年中国饭店仅有137座、15 539间客房,其中绝大多数是国宾馆和招待所。截止2010年底,中国有星级饭店14 000多家,其中五星级572家、四星级2149家,接待能力以百万计。

旅行社是旅游客源的宣传和招徕者,也是旅游活动的组织者,是中国旅游外汇收入的主要部门。1978年,国内仅有中国国际旅行社总社、中国旅行社总社(华侨旅行服务社)2家,1979年经国务院批准成立了中国青年旅行社总社。从此,3大旅行社活跃在国内外旅游市场上。随着改革开放的不断深入,经营对外招徕并接待外国人、华侨、港澳同胞、台湾同胞来中国、归国或回内地旅游业务的一类旅行社迅速增加:只经营接待国际旅游者的二类旅行社发展到1000多家,经营中国公民国内旅游业务的三类旅行社(公司)也发展到了1000多家,形成了比较完善的国内旅行社体系。1997年,按照《旅行社管理条例》,对全国的旅行社进行转类,即把原来的一二三类旅行社转为国际和国内两大类旅行社,该年年底转类工作全面结束。截止2008年底,全国已有20 110家旅行社,其中,国际旅行社1970家,国内旅行社18 140家。到2012年底,全国纳入统计范围的旅行社共24 944家。另外,国家旅游行政管理部门还在东京、纽约、洛杉矶、巴黎、伦敦、法兰克福、悉尼等城

市设立了旅游办事处;在香港设立了中国旅行社和中国国际旅游有限公司;在澳门、泰国、美国等地设立中国旅行社;并同160多个国家和地区建立了旅游业务关系。

改革开放以来,旅游产品的开发建设取得了长足发展,景区(点)涵盖了自然景观、历史古迹、社会生活等各个方面;紧跟国际潮流开发的度假旅游、滑雪旅游、生态旅游、会展旅游和其他特种旅游快速起步,一批产品已拥有世界知名度。截止2012年底,全国有A级景区超过5500多家,其中,全国5A景区为155家(2013年5月),4A级景区为1000多家。目前,中国有国家旅游度假区12家,省级以下度假区上百家。农家乐达数十万家,并兴起了一大批旅游乡镇。中国优秀旅游城市达到306个,首批中国旅游强县有26个,还有数以千计的历史名镇、名村和民俗村,对游人开放。

另外,旅游交通、旅游餐饮、旅游娱乐、旅游购物也在旅游需求的刺激下,不断有数量上的增加和质量上的提高。

3. 旅游教育和法规建设方面

中国旅游教育从无到有,从小到大,现已形成研究生院、大学、中等专业学校、职业中学等初具规模的教育体系。截至2009年年底,全国共有高、中等旅游院校(包括完全的旅游院校和开设有旅游系或旅游专业的院校)1733所,其中高等院校852所,中等职业学校881所。在校生共计952 438人,其中高等院校在校生共计498 379人,中等职业学校为454 059人。2009年的毕业生总数为297 594人,其中高校毕业生139 485人,中等职业学校毕业生为158 109人。旅游院校专职教师数为24 385人,其中具有副高以上职称者2136人,占8.8%。

各级旅游行政管理部门对旅游人才的培养和教育都非常重视,建立起成人教育网络和全国性或地区性旅游培训中心。全国绝大多数饭店、旅行社等企业的职工,都受过不同程度的专业培训。此外,中国旅游教育部门和有关企业还邀请外国旅游专家来华讲学,并选送人员出国深造。中国在旅游教育和在职旅游人员的培训方面,已与世界数十个旅游发达国家和地区的旅游教育单位建立了合作和交流关系[1]。

随着中国旅游业的发展,旅游从业队伍不断扩大,2010年旅游业直接从业数1150万人,间接从业人员接近5000万人。

改革开放以来,中国旅游与旅游业获得了巨大发展。这与中国政府对旅游业的重视和鼓励是分不开的。2000年,中国政府首次提以把中国建设为"世界旅游强国"的宏伟战略目标,并把旅游业定性为同类经济中的支柱产业。2009年12月1日,国务院出台了《加快旅游业发展的若干意见》,提出要把旅游业建设成为战略性支柱产业。这是到目前为止,国内外国家层面首个正式的关于旅游业最高定位的文件[2]。2011年3月30日,国务院常务会议通过决议,自2011年起,每月5月19日(《徐霞客游记》开篇之日)为中国旅游日(非法定假日)。2013年4月25日全国人民代表大会常务委员会会议通过《中华人民共和国旅游法》,中国的旅游工作终于有了自己的法律。

---

[1]魏小安,曾博伟.旅游政策与法规[M].北京:北京师范大学出版社,2009.
[2]吴殿廷.把旅游业建设成为战略性支柱产业的必要性、可能性及战略对策[J].中国软科学,2010(9).

第二章 中国的旅游资源

第一节 中国旅游资源的类型划分

一、旅游资源的基本概念

旅游资源是旅游业发展的前提,是旅游业的基础。旅游资源主要包括自然风景旅游资源和人文景观旅游资源。自然风景旅游资源包括高山、峡谷、森林、火山、江河、湖泊、海滩、温泉、野生动植物、气候等,可归纳为地貌、水文、气候、生物四大类。人文景观旅游资源包括历史文化古迹、古建筑、民族风情、现代建设新成就、饮食、购物、文化艺术和体育娱乐等,可归纳为人文景物、文化传统、民情风俗、体育娱乐四大类。

《旅游规划通则》(国家旅游局,2003)认为,自然界和人类社会凡能对旅游者产生吸引力,可以为旅游业开发利用,并可产生经济效益、社会效益和环境效益的各种事物和因素,均称为旅游资源。

二、中国旅游资源的分类

在充分考虑前人研究成果,特别是1992年出版的《中国旅游资源普查规范(试行稿)》的学术研究和广泛实践的基础上,国家旅游局组织有关人员对旅游资源的类型划分、调查、评价的实用技术和方法进行了系统的探讨。在此基础上提出的旅游资源分类成果已经成为国内应用最广泛的一种分类法。

表 1-2-1 《旅游资源分类、调查与评价》(GB/T18972-2003)中的分类

主类	亚类	基本类型
A 地文景观	AA 综合自然旅游地	AAA 山丘型旅游地、AAB 谷地型旅游地、AAC 沙砾石地型旅游地、AAD 滩地型旅游地、AAE 奇异自然现象、AAF 自然标志地、AAG 垂直自然地带
	AB 沉积与构造	ABA 断层景观、ABB 褶曲景观、ABC 节理景观、ABD 地层剖面、ABE 钙华与泉华、ABF 矿点矿脉与矿石积聚地、ABG 生物化石点
	AC 地质地貌过程形迹	ACA 凸峰、ACB 独峰、ACC 峰丛、ACD 石(土)林、ACE 奇特与象形山石、ACF 岩壁与岩缝、ACG 峡谷段落、ACH 沟壑地、ACI 丹霞、ACJ 雅丹、ACK 堆石洞、ACL 岩石洞与岩穴、ACM 沙丘地、ACN 岸滩
	AD 自然变动遗迹	ADA 重力堆积体、ADB 泥石流堆积、ADC 地震遗迹、ADD 陷落地、ADE 火山与熔岩、ADF 冰川堆积体、ADG 冰川侵蚀遗迹
	AE 岛礁	AEA 岛区、AEB 岩礁

续表

主类	亚类	基本类型
B 水域风光	BA 河段	BAA 观光游憩河段、BAB 暗河河段、BAC 古河道段落
	BB 天然湖泊与池沼	BBA 观光游憩湖区、BBB 沼泽与湿地、BBC 潭池
	BC 瀑布	BCA 悬瀑、BCB 跌水
	BD 泉	BDA 冷泉、BDB 地热与温泉
	BE 河口与海面	BEA 观光游憩海域、BEB 涌潮现象、BEC 击浪现象
	BF 冰雪地	BFA 冰川观光地、BFB 常年积雪地
C 生物景观	CA 树木	CAA 林地、CAB 丛树、CAC 独树
	CB 草原与草地	CBA 草地、CBB 疏林草地
	CC 花卉地	CCA 草场花卉地、CCB 林间花卉地
	CD 野生动物栖息地	CDA 水生动物栖息地、CDB 陆地动物栖息地、CDC 鸟类栖息地、CDE 蝶类栖息地
D 天象与气候景观	DA 光现象	DAA 日月星辰观察地、DAB 光环现象观察地、DAC 海市蜃楼现象多发地
	DB 天气与气候现象	DBA 云雾多发区、DBB 避暑气候地、DBC 避寒气候地、DBD 极端与特殊气候显示地、DBE 物候景观
E 遗址遗迹	EA 史前人类活动场所	EAA 人类活动遗址、EAB 文化层、EAC 文物散落地、EAD 原始聚落
	EB 社会经济文化活动遗址遗迹	EBA 历史事件发生地、EBB 军事遗址与古战场、EBC 废弃寺庙、EBD 废弃生产地、EBE 交通遗迹、EBF 废城与聚落遗迹、EBG 长城遗迹、EBH 烽燧
F 建筑与设施	FA 综合人文旅游地	FAA 教学科研实验场所、FAB 康体游乐休闲度假地、FAC 宗教与祭祀活动场所、FAD 园林游憩区域、FAE 文化活动场所、FAF 建设工程与生产地、FAG 社会与商贸活动场所、FAH 动物与植物展示地、FAI 军事观光地、FAJ 边境口岸、FAK 景物观赏点
	FB 单体活动场馆	FBA 聚会接待厅堂(室)、FBB 祭拜场馆、FBC 展示演示场馆、FBD 体育健身馆场、FBE 歌舞游乐场馆
	FC 景观建筑与附属型建筑	FCA 佛塔、FCB 塔形建筑物、FCC 楼阁、FCD 石窟、FCE 长城段落、FCF 城(堡)、FCG 摩崖字画 FCH 碑碣(林)、FCI 广场、FCJ 人工洞穴、FCK 建筑小品
	FD 居住地与社区	FDA 传统与乡土建筑、FDB 特色街巷、FDC 特色社区、FDD 名人故居与历史纪念建筑、FDE 书院、FDF 会馆、FDG 特色店铺、FDH 特色市场
	FE 归葬地	FEA 陵区陵园、FEB 墓(群)、FEC 悬棺
	FF 交通建筑	FFA 桥、FFB 车站、FFC 港口渡口与码头、FFD 航空港、FFE 栈道
	FG 水工建筑	FGA 水库观光游憩区段、FGB 水井、FGC 运河与渠道段落、FGD 堤坝段落、FGE 灌区、FGF 提水设施
G 旅游商品	GA 地方旅游商品	GAA 菜品饮食、GAB 农林畜产品与制品、GAC 水产品与制品、GAD 中草药材及制品、GAE 传统手工产品与工艺品、GAF 日用工业品、GAG 其他物品

续表

主类	亚类	基本类型
H 人文活动	HA 人事记录	HAA 人物、HAB 事件
	HB 艺术	HBA 文艺团体、HBB 文学艺术作品
	HC 民间习俗	HCA 地方风俗与民间礼仪、HCB 民间节庆、HCC 民间演艺、HCD 民间健身活动与赛事、HCE 宗教活动、HCF 庙会与民间集会、HCG 饮食习俗、HGH 特色服饰
	HD 现代节庆	HDA 旅游节、HDB 文化节、HDC 商贸农事节、HDD 体育节
数 量 统 计		
8 主类	31 亚类	155 基本类型

三、中国旅游资源的主要类型

中国旅游资源有 11 个主要类型。

1. 山地景观

中国是一个多山的国家。据统计,中国的山地丘陵约占全国土地面积的43%。作为旅游资源,旅游名山是雄、奇、险、秀、幽和人文景观的结合,一般是指风景名胜区中的山岳、自然保护区和森林公园中的山岳、历史名山、佛教道教名山、冰山雪峰和登山地、有科考意义的山岳。著名的五岳,即泰山、恒山、华山、嵩山、衡山,是中国山景的代表。山有大中小、高中矮、雄险秀之分。四川的四大山景胜迹"夔门天下雄""剑门天下险""青城天下幽""峨眉天下秀",皆是从大尺度造型论其意境。奇异的山石以鸟兽物象喻景者比比皆是,加上绘声绘色的神话传说,使许多山石更富神秘色彩。

中国山景依其成因大体可分为:新生代造山运动隆起的世界高峰,如珠穆朗玛峰、希夏邦马峰;花岗岩形成的风景名山,如黄山、九华山、华山;石灰岩溶蚀而成峰林和溶洞喀斯特景观,如桂林山水、路南石林、安顺龙宫;丹霞地貌如武夷山、韶关金鸡峰、承德双塔山;砂页岩不均匀侵蚀而构成的奇峰,如庐山、梵净山、新疆的"魔鬼城";火山喷发物流纹岩再经风化作用造就的奇峰,如雁荡山、天目山等;由火山喷溢的玄武岩构成的火山景观,如长白山白头峰和五大连池火山群;古老变质岩形成的名山,如泰山、五台山、嵩山。有构造断裂而隆起的名山如峨眉山、恒山;新构造运动和冰川作用塑造的奇峰,如贡嘎山、四姑娘山等。

2. 洞穴景观

中国洞穴资源数以千计。洞穴分布和岩性、构造、气候条件、地下水作用都有密切关系。中国洞穴主要分布在贵州、广西、云南、湖北、湖南、四川、江西、广东、浙江、安徽、江苏以及山东、辽宁、河北、北京等省市区岩溶发育地区。在南方一些地区分布最为集中,如贵州北部有700多条暗河,湘西有2400多个溶洞,广西桂林—阳朔一带有2000多个洞穴,云南宜良九乡28平方千米~36平方千米范围内就有66个洞穴。目前,中国开发的洞穴约300处,其中一部分是在原来洞穴的基础上进行整修。开发较早的是桂林七星岩、芦笛岩等;20世纪70年代~80年代开发的辽宁本溪水洞、贵州安顺龙宫、浙江桐庐瑶琳仙境、北京房山石花洞;90年代以来开发的广西荔浦丰鱼岩、桂林冠岩、重庆武隆芙蓉洞等,已产生巨大的经济效益。

3. 水体景观

水景按其形态又可细分为河、湖、瀑、泉、海不同类型。

(1)河景。中国江河如织,从涓涓细流的山涧到坦荡宽阔的大江皆有特色。在众多的河景中,尤以桂林—阳朔间神奇的漓江和雄伟磅礴的长江三峡为佼佼者。咆哮奔腾的黄河峡谷、诗情画意的富春江、潺潺流水的武夷山九曲溪等别具情趣,皆是以水景为主体的不同尺度的旅游资源。

(2)湖景。波光潋滟的湖泊自古被人们视为风景佳地。中国拥有大小湖泊2万多个,许多湖泊因其风光明媚而具有疗养与旅游价值。"淡妆浓抹总相宜"的西湖驰名于世,全国以"西湖"命名的湖泊不下数十处。中国著名的旅游名胜,如水天一色的鄱阳湖与洞庭湖、烟波浩渺的太湖与五百里滇池、美如碧玉的洱海、天山天池、赛里木湖和阿尔泰山的哈纳斯湖、昆明湖等,闻名遐迩。中华人民共和国成立以来,中国各地兴建的水库,已经有多处辟为游览地,如新安江水库、(即千岛湖)刘家峡水库、红枫湖水库、十三陵水库、瀛湖等。

(3)瀑景。中国疆域辽阔,地势复杂,为瀑布大量发育提供了基本条件。据统计,中国大小瀑布至少在数百个以上,瀑布群也不下数十个。其中,比较著名的有:庐山瀑布群、雁荡山瀑布群、黄果树瀑布群、九寨沟瀑布群、天柱山瀑布群、壶口瀑布、长白山瀑布等。著名的黄果树瀑布上下22级并连,其中18级为地面瀑布,4级为地下瀑布,主瀑落差74米。许多名山也不乏瀑布胜景,如庐山香炉峰瀑布、三叠泉瀑布、黄山百丈瀑布。金华冰壶洞瀑布是在岩洞中形成的地下瀑,瀑布跌入地下暗河潜流而去,人称其为"银河倒泻入冰壶"。

(4)泉景。据粗略统计,全国泉的总数当有10万之多。其中,水质好、水量大或因奇水怪泉而闻名遐迩的"名泉"也有上百处之多。因地下水的储存条件不同,它们中有四季如汤的温泉、刺骨冰肌的冷泉、喷涌而出的承压水泉、汩汩外流的潜水泉、水雾弥漫的喷泉、时淌时停的间歇泉、去病医疾的药泉、甘甜爽口的矿泉、还有离奇古怪的水火泉、甘苦泉、鸳鸯泉,更有北京西山的玉泉、杭州西湖的虎跑泉、江西庐山的聪明泉。这些名泉,对风景名胜起到了锦上添花的作用。开发历史最早、历久不衰的矿泉风景名胜首推西安骊山华清池,广东从化、北京小汤山、云南安宁、黑龙江五大连池也都是驰名的矿泉疗养地。

(5)海景。在中国疆域之内,漫长曲折的大陆海岸线长达18 000多千米,分布着至少6500个岛屿、50多个群岛和列岛。海景旅游资源包括海蚀奇观、沙滩风景、五彩卵石、海滩森林、海底花园、大海波澜、神奇岛屿、海市蜃楼、海上观日、神秘海火。中国现在海滨旅游胜地有大连、北戴河、烟台、青岛、普陀、厦门、深圳、澎湖、三亚,正在开发的有辽宁金州、兴城,河北昌黎、抚宁,山东海阳,江苏连云港、福建湄洲岛、崇武,广东大鹏湾、珠江口,海南,广西北海等。其中既有避暑胜地,也有避寒胜地。在大连、青岛、福建、海南等地已经建成海滨度假旅游区。

4. 生物景观

中国具有世界上特有的奇花名木,珍禽异兽。珍稀特有动物资源如大熊猫、金丝猴、白唇鹿、黑颈鹤、朱鹮、扬子鳄等,均为中国特有种。银杏、银杉、金钱松、白豆杉等皆为珍稀裸子植物;被子植物中,中国占世界总科数的53%,其中不乏古老类群和特有种。许多动植物既能起到烘托主景作用,又能独立成景,构成颇具魅力的旅游资源。

一些动植物的栖息繁衍区,如四川卧龙大熊猫栖息地、黑龙江扎龙鹤乡、江西与青海鸟岛、福建鸳鸯溪、云南大理蝴蝶泉,世界罕见的物种基因库——武夷山自然保护区,有动植物生命摇篮之称的西双版纳自然保护区、景色奇秀的张家界国家森林公园以及列入联合国教科文组织世界生物圈保护区网络的长白山、卧龙和鼎湖山自然保护区等,都是发展旅游业得天独厚的地方。

5. 历史古迹

中国作为一个文明古国,历史古迹遍布各地,尤以黄河流域最为集中,可供人们游览观赏并获得知识启迪的有古人类遗址、帝都宫苑、园林建筑、宝刹古寺、石窟碑碣、名人故居、革命文物等。

中国历史上作为中央王朝的帝都或封建割据政权首府的,从禹都阳城到元明清三代帝都的北京,不下百余处。其中,安阳、北京、西安、洛阳、开封、南京、杭州居于显赫地位,被称为中国7大古都,遗留古迹很多。西安与北京几乎平分了封建社会前期和后期的帝都历史,举凡宫殿、祭坛、陵寝、王府、第宅、寺庙、道观、园囿等,大多集中在京城及其郊区,成为人文旅游资源最丰富的名城。

6. 文化胜迹

在中国的文化遗存中,宗教文化影响深远,五台、普陀、峨眉、九华是中国著名的4大佛教圣地,厦门南普陀、宾川鸡足山、泉州开元寺、杭州灵隐寺等,亦终年香火不绝。寺庙、道观、经堂是建筑艺术的精华,而造像、壁画、碑碣、题楹等也极富文化价值。敦煌莫高窟、吐鲁番柏孜克里克、大同云冈、洛阳龙门、天水麦积山、永靖炳灵寺、巩义石窟、大足石窟、固原须弥山、庆阳北石窟、剑川石宝山、杭州飞来峰石窟等都是中国著名的石窟艺术精华。

7. 古建筑工程

古代中国创造的众多浩大工程,今天已经成为中外游人重要的游览参观地,如长城、京杭运河、都江堰、古栈道、赵州桥、应县木塔等。其他如石木结构的布达拉宫,宫墙厚达1米以上,用块块方石垒砌;耸立百米石峰上的云岩寺,靠2条铁索贯连,堪称建筑界的一绝。五台山南禅寺大殿为中国现存最古老的唐代木结构建筑,在世界建筑史上也占有重要地位。

8. 古典园林

中国造园艺术有"世界园林之母"之称。它把建筑、山池、园艺、雕刻、绘画、书法、装饰、美学等融于一体,使生境、画境、意境巧妙结合,虽为人作,却有自然之理,得自然之趣。中国古典园林又可分为皇家园林、第宅园林和寺庙园林等。皇家园林以规模宏大、庄重、豪华为主要特色。保存下来的皇家园林有圆明园、颐和园、北海公园、承德避暑山庄等。第宅园林有使人不出城廓而获山水之怡,身居闹市而又具林泉之致。现存的第宅园林集中在苏州,如沧浪亭、拙政园、留园、网师园等。寺庙园林是园林艺术和宗教艺术结合的产物,比较著名的有苏州狮子林、灵岩寺,南京灵谷寺、栖霞寺,镇江金山寺和扬州大明寺等。

9. 民族风情

中国是一个多民族国家,56个民族都有自己的历史文化,服饰装饰,民风习俗,喜庆节日和衣食住行特点。各民族都有好客传统,许多民族能歌善舞,习俗奇异,居室别致,服饰精美,与客源国家的文化差异度大,有很强的吸引力。如东北的暖居、陕西和山西的窑洞、豫西的天井窑院、新疆的土拱房、西藏的碉房、内蒙古的毡包、福建永定的土楼、西南山区的干栏;回族的羊皮筏、藏族的牛皮船、怒族的独木舟、江南水乡的小桥流水、傣族的竹桥、独龙族的藤桥、羌族的竹索桥、彝族的竹篾网桥、藏族的溜索、壮族的风雨桥;云南纳西族和泸沽湖摩梭人的"走婚"、甘南藏族的"抢婚"、黔南瑶族的"探婚";汉族的春节、元宵节、清明节、端午节、中秋节,黎、壮、侗、苗等族的"三月三"大理白族的"三月街",彝、白等族的火把节,傣族的泼水节,蒙古族的那达慕等等。内蒙古、新疆、云南、贵州、西藏、四川等地是少数民族聚居地区,少数民族风情与当地独特的自然风光结合,形成了极富民族特色的旅游氛围,具有开发民族风情旅游的巨大潜力。

10. 美味佳肴

中国菜肴名誉四海,色香味形兼具。8大菜系各具千秋,其共同的特点是用料考究,刀工精细,制作精绝,百菜百味,回味无穷,余香满口。各地众多的独具特色的风味小吃更是吸引国内外游客纷至沓来。

11. 历史文化名城

国务院1982年2月将具有重大历史价值和革命意义的24座城市批准为第一批国家历史文化名城,以后又分别公布了第二批和第三批国家历史文化名城38座和37座。这些城市中有作为统一国家的国都如西安、北京、洛阳、开封、南京;有南北对峙或三足鼎立的王朝帝都如成都、大同(平城)、杭州(临安);有诸侯国或封王都城如曲阜、江陵、苏州、绍兴、长沙;有兄弟民族历史上割据政权或地方政权的首府:拉萨、大理;有风景名城如桂林、昆明、承德;有历史上海外交通城市如广州、扬州、泉州;有革命历史名城如遵义、延安;有特殊意义的瓷都景德镇市。

第二节 中国旅游资源的基本特征

正确认识旅游资源的特点,对于合理开发、充分利用旅游资源,促进旅游业发展具有重要作用。纵览中国各地区、各种类旅游资源,可将其概括为四大基本特征。

一、多样性

中国旅游资源丰富多彩,具有多种功能。以地貌景观而论,从海平面以下154米的吐鲁番盆地的艾丁湖,到海拔8844.43米的世界最高峰——珠穆朗玛峰,具有类型多样、富有美感的风景地貌。再从旅游气候来分,不仅有跨度较大的、从热带到寒温带纬向性南北地带变化,还有横向从海洋到内陆、从湿润到干旱的巨大变化,更有因地形起伏造成的立体气候效应,中国俗语所说的"一山有四季,十里不同天",即是立体气候的写照。

中国是世界文明的发祥地之一,曾创造出辉煌灿烂的业绩。古老的华夏文明是中华民族各族人民共同的精神财富,它具有强大的生命力,之所以历久不衰是因其强大的内聚力和融化力。几千年来通过海陆通道使中华文化传播世界各地,也促进了人类的进步,成为世界文明的一个重要组成部分。在光辉的中华文明中,不仅保持了国内各族人民的智慧结晶,同时可以寻觅出吸收古印度、古波斯、古埃及、古希腊、古罗马文化的痕迹,其中宗教文化的影响最为深刻。因此,无论自然旅游资源还是人文旅游资源,均可体现出中国旅游资源的多样性特点。

二、奇特性

稀奇独特是旅游资源珍贵性及其吸引游客的魅力所在。这不但是因为旅游者具有好奇心理,更重要的是它具有重要的科学价值,有助于探索自然奥秘,研究人类社会演化的进程。中国许多旅游资源在世界上堪称奇特,诸如山水风光、飞禽走兽、花卉林木、古代建筑、文化艺术、工艺制品等,都可以找到其特性所在。例如,美国科罗拉多大峡谷堪称世界自然奇观,吸引了大量的游人,但其规模和壮观程度远不如中国金沙江上游的虎跳峡。在"万里长江第一湾"处的云南丽江境内,有一条长16千米、落差196米的大峡谷,两岸雪山高出江面竟达3000多米,而江面最窄处仅30多米,相传因为老虎能跳跃此峡而得名虎跳峡。至于万里长城、兵马俑、敦煌莫高窟等,更是奇特无比,称绝于世。

三、古老性

历史文化是古代劳动人民的智慧结晶,是当今人类社会发展与进步的精神源泉。现代旅游活动中,人们既渴求欣赏大自然的秀美,提出"重返大自然"的口号,同时也盼望回溯历史,置身于历史长河之中,从中吸取教益,增长知识,获得启迪,丰富精神生活。中国是世界文明古国,又是古人类发源地之一,许多旅游资源以其历史悠久、文化古老而著称。例如,云南禄丰石灰坝发现的古猿化石,据考证有800万年的历史,是迄今世界上所有发现的中新世纪晚期到上新世早期各类古猿中第1个头盖骨。再如,在新疆阿尔泰山发现的千里岩画长廊,汇集了先秦以来各兄弟民族的岩画达1万余幅,不仅填补了研究这一山区古代史的文字空白,而且和旖旎的山水风光共同组合成一个神奇的旅游胜地。

四、丰厚性

中国旅游资源不仅种类繁多,而且丰富多彩,储备雄厚,开发利用的保证程度高,能够有较大的旅游环境容量。中国的山景资源、古城遗址、帝都王陵、禅林道观、古代建筑、园林艺术、民风民俗等等,资源之丰厚足,堪称世界少有[1]。

---

[1]郭来喜.中国旅游资源的基本特征与旅游区划研究[C]//中美人文地理研讨会文集(中英文版).北京:科学出版社,1998.

第三章　中国的旅游活动类型

现代旅游活动朝大众化、多样化的方向发展。在现代科技日益进步和世界旅游业竞争日趋激烈的情况下,为适应旅游者多层次多方面的需求,各式各样的旅游活动形式和旅游活动项目应运而生。将不同的旅游活动形式和项目进行分类研究,对于开发利用旅游资源、组织旅游活动、推动旅游业的发展有着重要的作用。

第一节　旅游活动类型划分

旅游活动类型是指由于旅游者的闲暇时间、可自由支配收入、旅游动机、出行范围、交通工具、资源利用和所在区域经济条件及其旅游经营者组织方式的差异,而表现出不同形式与类型的旅游活动。

一、按旅游活动的地域范围划分

按旅游活动的地域范围来分,有国际旅游和国内旅游两种基本形式。

国际旅游是指一个国家的旅游者跨越国境到另一个或几个国家所进行的旅游活动。包括入境旅游和出境旅游。1979 年,国家统计局对国际旅游者作了如下规定:凡是来中国参观、旅行、探亲、访友、休养、考察或从事贸易、业务、体育、宗教活动、参加会议等的外国人、外籍华裔、华侨和港澳同胞,均属中国的国际旅游者。该规定中来华旅游入境人数不包括下列人员:应邀来华访问的政府部长以上官员,外国驻华使领馆官员、外交人员以及随行的家庭服务人员和受赡养者,常住中国一年以上的外国专家、留学生、记者、商务机构人员等,乘坐国际航班过境不需要通过护照检查进入中国口岸的中转旅客、边境地区往来的边民、回大陆定居的华侨和港澳台同胞、已在中国定居的外国人和原已出境又返回在中国定居的外国侨民、已归国的中国出国人员。中国接待的境外游客中,港澳台游客占据了很大一部分。如 2009 年中国大陆共接待境外游客 1.3241 亿人次,其中外国人 2719 万,占 20.5%,其他为港澳台人员。香港、澳门市民到内陆探亲访友和购物,有的甚至不过夜。严格地说来,这些行为不是一般意义的旅游。

到访中国的游客越来越多,据世界旅游组织预测,2020 年中国将成为第 1 大旅游目的地国。与此同时,中国公民的出国、出境旅游更是以爆炸的方式在增长,2005 年出境旅游 3163 万人次,2012 年达到 8318 万人次,年均增长 14.81%。

国内旅游是指一个国家的居民离开自己的常住地到本国国境线以内的其他地方进行的旅游活动。国内旅游按其活动范围的不同,可以细分为地方性旅游、区域性旅游和全国性旅游。2012 年中国居民境内旅游 29.77 亿人次,平均每人旅游 2 次以上。

目前,中国的旅游发展方针是:大力发展入境旅游、规范发展出境旅游、全面提升国内旅游。

二、按旅游活动的动机和内容划分

按旅游活动的动机和内容划分，有观光旅游、文化旅游、保健旅游、公务旅游、娱乐消遣旅游等。这种分类方法较为普遍。其中红色旅游最具中国特色。

所谓红色旅游是指以1921年中国共产党建立以后的革命纪念地、纪念物及其所承载的革命精神为吸引物，组织接待旅游者进行参观游览，实现学习革命精神，接受革命传统教育和振奋精神、放松身心、增加阅历的旅游活动。红色旅游是把红色人文景观和绿色自然景观结合起来，把革命传统教育与促进旅游产业发展结合起来的一种新型的主题旅游形式。其打造的红色旅游线路和经典景区，既可以观光赏景，也可以了解革命历史，增长革命斗争知识，培育新的时代精神，并使之成为一种文化。

2009年，在中央"扩内需、调结构、保民生"重大决策的指引下，各地采取了一系列刺激旅游消费措施促进了红色旅游快速增长：全年接待游客达3.53亿人次，红色旅游综合收入达1384.9亿元。一些地区如井冈山、西柏坡的红色旅游在地方经济社会发展中已凸显重要作用。

三、按旅游活动的组织方式划分

按旅游活动的组织方式划分，有团体旅游、散客旅游和小包价旅游等形式。

团体旅游也称团体综合服务包价旅游或团体包价旅游，它指旅游经营商根据市场的需求和供给的可能性，规划设计出旅游产品，并综合各项价格（包括交通、住宿、参观、导游等）出售给旅游者，组成团体而行，即以集体的方式进行旅游活动。团体旅游的特点是，组织方式简便，旅游者同时参加同一种项目和内容的活动；每次参与旅游活动的人数较多（一般一个团体是10人以上）；旅游者的基本旅游活动项目的费用按一次计算，先购买后消费，一次购买逐步消费。各旅游经营商所提供的包价旅游，综合服务可以全包，即包括吃、住、行、游，也可以部分包。此种方式的旅游活动比单个旅行便宜，也使旅游者更有安全感和方便感，最适宜第一次较长距离的旅游者参加。但此种旅游形式均按计划集体进行，缺乏自主性和灵活性，无法满足团体中不同消费者的不同需求，使旅游者感到约束。团体旅游是自20世纪50年代以来旅游活动中所采取的主要方式，在国际旅游和国内长线旅游中都广泛存在。

散客旅游指个人、家庭或结伴（一般不超过5人）不经旅行社或只办理委托手续，以非团体方式进行的旅游活动。散客旅游的特点是一次参与活动的人数少，具有较明显的分散性和随意性；活动自由灵活，自主性和选择性强，旅游者能根据个人意愿选择旅游活动的日程、内容和节目；更能体现旅游者的个性和满足旅游者日趋多样化的旅游动机；服务项目分散，或者在服务内容上有特殊供给。由于旅游的活动和接待方式灵活机动，经济方便，约束较少，符合零星旅游者的心理，再加上各国经济、文化、交通等的不断发展，因此，现在的散客旅游活动正迅速地发展着。

团队旅游省事省钱但不灵活，散客旅游费事费钱但灵活自由，将二者融合，就是小包价旅游。这是一种新的旅游形式，正在大中城市企事业单位中兴起，尤其是出国或较长距离的旅游，对于效益较好的企事业单位来说是再合适不过的旅游形式。所谓小包价旅游又称可选择性旅游，它由非选择部分和可选择部分构成。其中非选择部分包括接送、住房和早餐，旅游费用由旅游者在旅游前预付；可选择部分包括导游、风味餐、节目欣赏和参观游览时间、线路等，旅游者可根据时间、兴趣和经济情况自由选择，费用既可预付，也可现付。

3种旅游方式在目前中国都存在,一般长距离观光旅游,中低收入者多采取团队旅游,中高收入者越来越喜欢小包价旅游;探亲访友、寒暑假度假,多采取散客旅游的方式。

四、按旅游资源的性质划分

按旅游资源的性质划分,主要包括以下几种形式:

(1)海岸带旅游　指在海岸带以内,包括海洋、海滨、海滩,进行观赏、游览、休息以及海上娱乐等旅游活动。辽宁海滨、河北海滨、山东海滨、江苏海滨、浙江海滨、福建海滨、广西海滨、海南海滨等,都是海岸带旅游的好去处。

(2)温泉旅游　指利用分布于山水胜景地温泉(水温34℃以上的矿泉),以达到疗养、健身目的的旅游活动。据初步统计,目前全国各地区已发现温泉达3000多处,其中较著名的是陕西西安的华清池、安徽黄山温泉、辽宁鞍山的汤岗子温泉、湖北咸宁温泉、云南腾冲温泉等。中国10大温泉度假胜地分别是:会议度假胜地北京九华山庄、海南皇冠假日滨海温泉酒店、广东中山温泉宾馆、广州金山温泉度假村、四川海螺沟温泉、四川峨眉山天颐温泉乡都、西藏德宗温泉、西藏排龙温泉、云南南部金平勐拉温泉、广东从化新温泉度假山庄等[1]。

(3)森林旅游　指利用森林资源,让旅游者到森林中去领略辽阔绿野和鸟语花香的自然景色,以恢复体力、陶冶情操的旅游活动。2012年底,中国已经设立了2855处森林公园,规划面积1738.21万公顷,其中国家级森林公园764处、国家级森林旅游区1处。这些公园或旅游区每年都接待数以亿计的游客,经济效益、社会效益和生态效益很好。

(4)名山旅游　指以游览名山为主要内容,将登山与览胜等结合的旅游活动。五岳(山东泰山、河南嵩山、湖南衡山、山西恒山、陕西华山)、四大佛教名山(山西五台山、浙江普陀山、四川峨眉山、安徽九华山)、四大道教名山(四川青城山、江西龙虎山、湖北武当山、安徽齐云山),以及安徽黄山、江西庐山、福建武夷山等,国内外闻名,游人如织。

(5)江河湖泊旅游　以游览江河湖泊沿岸景物为内容的旅游活动。此种旅游活动以乘船观赏为主,也可以靠岸登陆,游览沿途陆上的景观资源。杭州西湖、桂林漓江、吉林长白山瀑布、贵州黄果树瀑布、新疆天山天池等,都是国内外著名旅游热点。

(6)乡村旅游,或称农业旅游、农村旅游　指城市居民到农村去参观农田、农舍、农业生产、田野风光和农民生活的旅游活动。其中包括旅游者居住于饭店,进行一日或数日的参观;也有的旅游者居于农舍,参加少量田间劳动,享受农家餐饮,品尝新鲜瓜果蔬菜或山林野味。所谓"吃农家饭,干农家活,享农家乐",简称"农家乐",在北京和成都郊区很盛行。

(7)民俗风情旅游　指以独具地方特色的社会文化、生活方式、风俗习惯及文化艺术等人文旅游资源为内容的旅游活动。云南、贵州、广西、海南等地,民俗风情旅游遍地开花。

(8)美食旅游　是指以各地的美味佳肴为基础,吸引旅游者前往品尝、学习制作技巧、了解不同饮食文化的旅游活动。中国的饮食文化博大精深,各地食品千差万别,每年的美食节也层出不穷,初步形成了中国特有的美食旅游现象。到海边吃海鲜,去内蒙古草原吃烤全羊,到北京吃烤鸭,到西安吃羊肉泡馍,到云南品大理三道茶(一苦二甜三回味)……不胜枚举。

---

[1] 佚名.中国十大温泉旅游胜地[EB/OL].[2011-07-22].http://baike.baidu.com/view/53042.htm.

五、按所使用交通工具划分

以所使用交通工具划分,主要有如下形式:

(1)徒步旅游　指离开定居地,以旅游对象为目标,不使用任何交通工具,仅靠步行而进行较长距离的旅行游览活动。在中国各大城市,都有一部分人对这种旅游感兴趣,这部分人常被戏称"驴友"。

(2)汽车旅游　以汽车为主要交通工具的旅游活动形式。其中又分为两种,即一种是旅游者在整个旅游活动过程中基本以乘坐或自己驾驶汽车进行,乘车或驾车本身就是旅游活动的一部分。另一种指在一定的旅游区域范围内,利用汽车为工具而开展的旅游活动。一般乘汽车旅游的人数在增加,但这种旅游方式的相对重要性正在被自驾车旅游所代替。每逢周末,各大城市的有车族纷纷到城郊出游,形成了蔚为壮观的旅游流。

(3)自行车旅游　以自行车为主要交通工具,依靠人的体力和机械的功能进行的旅游活动。此项旅游活动有强健身体、磨炼意志、节约能源、不污染环境等多种优点。大多数自行车旅游者都是到城市郊区附近,融周末度假与锻炼身体于一体,但也少部分自行车旅游发烧友,他们骑车跨越省区甚至周游全国。

(4)飞机旅游　以飞机为主要交通工具的旅游活动。在这里飞机不单纯是交通工具,而是可供旅游者观赏大自然风光的一种工具,同时是一部分旅游者娱乐享受的工具,故它是集观赏和娱乐于一体的旅游活动。中高收入群体长途旅游,多采取这种方式。此种旅游目前又演化出两种亚类:乘热全球旅游和乘直升机旅游。

(5)骑马旅游　旅游者通过租骑驯服调教好的骏马,以学习、提高骑技并观赏所经路途美景的旅游活动。此旅游活动更多是在草原、高原、牧场、原野等地进行。内蒙古草原一带,骑马旅游比较多。

六、按旅游者的消费水平和费用来源划分

前者可以分为豪华、标准和经济3个主要档次;后者分为自费旅游、公费旅游和奖励旅游等主要形式。其中奖励旅游是指企事业为了激励员工的积极性,增强凝聚力,将旅游活动作为奖品,组织部分员工进行的不同程度免费的旅游活动。该项活动一般是通过旅行社组织安排,其费用由主办单位支付,也有的由参加者支付一定的费用。奖励旅游在国外大企业较多,国内效益好的企业也开始效仿。

七、按旅游者的年龄和身份划分

按旅游者的年龄、身份划分,有青少年旅游、中老年旅游、学生度假旅游、新婚蜜月旅游、干部休假旅游等。目前中国各年龄段旅游者都很多,伴随着中国老年人口数量的急剧增长,银发旅游市场越来越兴旺,这和欧美日韩等国家走过的路是一样的。

八、特种旅游

特种旅游称为特殊兴趣旅游,也称为专项旅游。它是针对某种特殊的旅游需求,根据各接待国或地区旅游资源的特长,将旅游活动项目加以精心设计和制作,形成某一种活动内容为主的专项旅游活动。如哈尔滨冬季冰雪节、山东潍坊风筝节、孔子故里游等。特种旅游是旅游活动的高级形式,目前中国特种旅游规模尚小,有待于进一步推进。

以上几种划分方法不是绝对的,有的旅游活动类型是交叉的,一次旅游活动可以从不同的角度体现出几种不同的特点。

旅游是有目的的社会性地域活动,其活动的形式多种多样,据此而划分的类型也有所不同。一般来说,以旅游者的出游动机和旅游活动的功能来划分旅游类型较为普遍,由此旅游活动类型包括观光旅游、休闲度假旅游、文化娱乐旅游、商务旅游、修学旅游、探亲旅游等[1]。

第二节 观光旅游

"观光"一词出自《易经》"观国之光",日本和中国的台湾都将旅游称为"观光"。所谓观光旅游,是指旅游者以观赏游览异国异乡的风景名胜、文物古迹、风土人情为主要目的,从而获得美的享受,以及愉悦身心和增长知识的旅游活动类型。它是最古老、最普遍和最常见的旅游活动方式,也是目前中国最主要的旅游活动类型。国外称之为单纯的观景旅游。

观光型旅游主要包括有自然风光游、名胜古迹游、参观重大建设成就以及民俗风情旅游、节日旅游等具体类型。

观光型旅游的特点是:①一般以旅游者对旅游吸引物的静态观赏为主,缺乏旅游活动中的参与性和交流性;②观光旅游者喜欢知名度高的旅游地;③与度假或疗养旅游相比较,它活动空间较大,在游览地实现的消费量不大。观光旅游是中国旅游业的传统旅游产品,这种活动类型在今后相当长的时间仍占有较重要的地位。

一、传统观光旅游

传统观光旅游活动主要是游客以山水自然景观为主要旅游资源,以观赏游览为主要目的的活动。改革开放后,全国迅速崛起的著名风景名胜旅游区,如张家界、桂林、黄山、泰山、九寨沟等旅游地,旅游产品大多是以山水自然景观旅游资源为主的单一观光旅游产业。

二、新型观光旅游

近年中国的观光旅游产品发展迅猛,主要是农业观光旅游、森林生态观光旅游、移植性民俗文化旅游和体育赛事观光旅游等。

1. 农业观光旅游

(1)农业观光旅游的概念

农业观光旅游是以农业资源为基础,以生态旅游为主题,利用田园景观、农业生产经营活动和农村特有的人文景观,吸引游客前来观赏、休闲、习作、购物、度假,满足旅游者食、住、行、购、娱、游的需求,并参与新型农业技术实践的一种旅游形式。农业观光旅游作为一种新型的旅游方式,兼顾了农业和旅游业的双重特性,多以观光、体验、休闲功能为主,包括观赏、休闲、娱乐、参与性生

---

[1]黄福才.旅游学概要[M].厦门:厦门大学出版社,1995.

产、农业观光示范、品尝购物和疗养度假等，使旅游者通过观光获得丰富农村体验和享受。

(2) 农业观光旅游的发展

在中国农业观光园的雏形是"农家乐"和观光果园，1987年在四川成都等地开展了"农家乐"，是全国"农家乐"的发祥地。1992年四川成都郊区郫县政府和成都市旅游局联合举办"望丛赛歌会"，游览农村被正式列入赛歌会内容，本次游览活动得到了省市领导的肯定和支持。从此以后，农村的一些种植花木的专业户就开始了在自家庭院里搞起了旅游接待。后来，因为四川省的一位老领导为一户旅游接待人家题写了"农家乐"，所以人们就把这种接待形式称为"农家乐"。

深圳于20世纪80年代后期开办了荔枝节，但这次荔枝节主要目的是为了招商引资，不过在随后开办了采摘园却取得了较好的效益。于是各地纷纷效仿，开办了各具特色的观光农业项目。现在，北京、上海、广州、台湾等经济发达的省市地区有较为成熟的观光农业活动。

20世纪末，随着农业结构的调整和农业高新技术的应用，各地、市、城郊及乡镇结合自己的农业特点、自然资源和文化遗产相继建成了具有一定规模和一定面积的高新农业科技示范园区。这些园区内，主要栽植果树优良品种、稀有蔬菜和新潮花木，在绿化设计和道路规划方面遵照园林的规划原则与要求，有的还设立了一些园林艺术小品和其他娱乐服务设施。整个园子除生产农副产品之外，还可供人们参观游览。此时由于城镇生态环境的日益恶化，城镇居民纷纷开始向往"回归大自然"的休闲、恬静生活。每逢周末和假期，都不约而同地去寻找绿色空间和清新的娱乐场所，以领略、感受、体验田园和乡村的朴实生活，从而获得紧张工作之后的恬静和放松。另一方面，一些居民也渐渐厌倦了游历名山大川后的旅途劳累，于是就将目光锁定了距离比较近的高新农业科技示范园区。而这些园区也非常乐意接纳游人，既可出售产品，又可获得一笔非常可观的门票收入，且可以借游人之口做活广告，传播既快又易为人接受。这样，生态农业、园林绿化与生态旅游很自然地结合了起来，形成了一类独具特色的科技示范园，这时农业观光园的名字才兴起。

但是，农业观光园的形式并不只是农业科技示范园，它的形式多种多样。2000年7月在广东召开的"中国观光农业与乡村旅游发展研讨会"上，将中国目前的观光农业分为4种模式：①在农业生产充分发展的农区发展起来的观光农园，如珠江三角洲的观光农庄、生态农业园、农业大观园等；②大城市郊区发展起来的观光农业园，如北京郊区的观光农业园、锦绣大地园、休闲度假村等；③在农业基础条件较差的农区发展起来的观光农业，如广西桂林的阳朔渔村、龙胜各族自治县的平安村、贵阳市的镇山村及井冈山的拿山盆地地区等发展的乡村旅游项目；④在荒山荒地发展起来的农园。

随着农业旅游的发展以及它对农村经济的作用越来越明显，国家旅游局在2005年公布了203个全国农业旅游示范点，并将2006年国家旅游主题定为"2006年中国乡村游"，宣传口号为"新农村、新旅游、新体验、新风尚"，为中国农业观光园旅游的发展提供了新动力。

(3) 农业观光旅游的特点

从需求角度看，中国农业旅游市场需求旺盛，有很大的发展潜力。首先，中国很多高品质的自然风光多在偏远地区，众多著名的人文景观也多出现在特定的地区，而农业旅游资源则在城镇附近，城市郊区和周边农村都随处可见，只要稍加开发即可利用，而且投资稳定、成本相对较低。其次，农业旅游的开发区域一般距离城市都比较近，因而不需旅游者长途跋涉，交通比较便利，花费时间不长，一般利用双休日即可完成，对于城市居民来说是周末放松旅游的最佳选择，因此，受到越来越多的都市居民的青睐。

从供给角度看,中国农业旅游产品开发的资源丰富,而且开发成本较低。中国农业资源丰富、农业景观新奇多样,可以从农、林、牧、渔多个方面进行产品开发,农业旅游的开发只要利用现有的农业资源,略加整修、管理,就可以较好地满足旅客的需求。因此,其不仅投资少,而且见效快、收效好。

从产品类型来看,中国农业旅游类型丰富,以农业资源依托型为主,特有的资源是支撑起中国农业旅游的基础,其范围涉及农、林、牧、渔等多个方面,每一种涉农的自然资源(例如村庄、农田、山林、草场、湖泊、海洋等)、人工资源(例如大棚、温室、养殖场等)、甚至农业生产过程(例如田间耕作、农作物采摘、水产品捕捞、动物养殖等)都可以作为旅游资源,从而纳入开发范围中。这不仅可以丰富农业旅游的产品类型,而且能够使其在一定区域内具有自己的特色。

从地域分布看,中国农业旅游景区广布全国,但主要分布在城市周边地区。随着中国旅游业的蓬勃发展,全国都遍布着农业旅游景点,尤其以广东地区分布比较密集。但总体来看,农业旅游景点多分布于农业资源繁多的城市近郊地区。根据周末双休制的时间限定,城市居民的周末休闲活动目的地多集中在距离市区1小时~2小时车程的地方,因而这些区域也就成为农业旅游景点集中分布的地区。

表1-3-1 农业旅游的发展阶段及模式

阶段/模式	发展阶段	旅游主题	主导者	市场	市场消费强度(交通除外)
自发式	早期萌芽阶段	不明确,休闲调剂	自发形成的个人或小群体	供求关系模糊;个人需求导向	30元/天·人
自主式	初级经营阶段	有一定的主题和活动安排	中、小旅行社主动参与经营	以短期盈利为目的;产品导向	90±30元/天·人
开发式	成熟经营阶段	有明确的主题和活动策划	大型企业集团经营	以长期盈利为目的;项目投资导向	>120元/天·人

从消费档次看,中国农业旅游活动价格以中低档次为主。由于中国的农业旅游起步较晚,通常市场研究不足、品牌意识淡薄,而且产业规模狭小,产品形式单一,从业人员的素质也不高,因而还未形成高品质、高档次的旅游景区,这使得其在价格定位上也就偏向于中低档次。从另一方面看,其中低档次的消费也恰好迎合了旅游者的消费倾向,比一般景点、景区的消费要便宜很多,因而这也是农业观光旅游的主要优势。

2.森林生态观光旅游

森林生态观光旅游是指以森林中的山形、地貌、水体、动植物、空气等资源为观赏对象,以形成旅游者视角上的美感和享受的旅游活动。

中国多样性的气候类型和复杂的地形地貌孕育了多样的生物种类,形成了丰富的森林植被,造就出神奇的森林景观。森林观光旅游以森林景观资源为依托,以建立森林公园、野生动物园、狩猎场及在自然保护区开辟旅游小区为主要形式,已逐步成为旅游者喜爱的旅游方式之一。

截至2012年底,中国共设立国家级森林公园764处,经营面积985.42万公顷;设立国家级森林旅游区1处,扣除面积重叠部分,总经营面积达1205.11万公顷。目前,国家级森林公园数量最多的省份为黑龙江省,达到55处;数量超过30处的省依次为江西、山东、湖南、浙江、四川,数量超过20处的省(区、市)依次为陕西、河北、辽宁、吉林、安徽、河南、云南、内蒙古、湖北、广东、福建、重庆、贵州、甘肃。一大批珍贵的森林风景资源和林业自然文化遗产得到有效保护,森林公园在国家自然文化遗产保护方面发挥着重要作用。

中国森林旅游产业近年来一直呈快速发展之势,旅游投资不断增加,旅游人数持续增长,产业规模不断扩大,直接旅游收入每年以20%以上的速度增长。据估算,2012年全国森林公园共接待游客5.48亿人次,其中海外游客1541.6万人次,直接旅游收入453.3亿元,共带动社会综合旅游收入近2000亿元,有200多处森林公园旅游收入超过1000万元,30处超2亿元。森林旅游产业使全国2700个乡、1.2万个村、近2000万农民受益,带动森林公园周边4654个村脱贫,直接吸纳农业人口就业数量近50万。以四川省为例,2009年四川生态旅游新增投资24.2亿元,其中森林公园3.1亿元,自然保护区2.1亿元,湿地公园0.7亿元,乡村生态旅游18.2亿元。全省新增景观保护面积2.7万公顷、景区公路0.7万平方千米、旅游步道0.2万平方千米、接待用房38.5万平方米、床位5.5万张、创造就业岗位62.8万个,全年实现生态旅游直接收入171.5亿元,同比增长49.1%,带动社会收入835亿元,接待游客12 831万人次,其中森林公园生态旅游直接收入27亿元,占全省生态旅游收入的15.7%,接待游客1596.4万人次。

3. 节事观光旅游

节事旅游是以旅游目的地的地方节日为文化依托,以节事活动和节日庆典为举办载体,以吸引当地和外地旅游者、聚集人气、发展旅游事业为目的的具有文化和经济双重内涵的旅游活动[1]。

中国节事旅游活动已经开展了30多年的时间了,经济影响力逐年增大。目前,国内外一些重大的体育赛事和商贸活动逐渐具有节日化倾向,节日庆典也已经成为国内外众多目的地的重要旅游促销手段之一。2008年北京奥运会、2010年上海世博会的成功举办,可以认为是把中国节事活动推向了一个新的顶峰。节事旅游的发展进入一个新的阶段,也将面临新的挑战和机遇。

中国节事活动的发展与改革开放的进程密切相关,所以节事活动的发展呈现出阶段性的特征:

(1) 第一阶段:20世纪80年代初期和中期

中国节事活动的兴起可以追溯到20世纪80年代,一些运作相对比较成功的节事活动现在依然影响很大。例如,洛阳牡丹节(1983年)、潍坊风筝节(1984年)、哈尔滨冰雪节(1985)等等。这一阶段的节事活动中心侧重于当地群众的庆祝和娱乐的功能,与老百姓的文化娱乐密切相关,是作为一种大众文化现象存在。洛阳牡丹节举办的目的是"活跃人民生活,提供文化娱乐机会",哈尔滨冰雪节则强调了"鼓舞群众精神,提供文化娱乐机会"的功能。

20世纪80年代初期,中国改革开放率先在农业领域推行,农村经济发展非常迅速,人民物质生活水平极大提高。因此,富裕起来的人们需要一种文化形式来表达经历了长久贫穷之后的喜悦心情,节庆活动立足当地文化传统,自然而然就成为活跃和丰富精神文化生活的重要形式,成为体现历史、彰显个性、提供娱乐舞台的一个欢乐的"窗口"。由于这一时期城市改革刚进入初期阶段,市场经济远未建立,这一阶段的节事活动与文化传统深厚的农村地域有密切联系,而没有着眼于经济发展的功能,其节事活动主题反映出与农业活动有直接或者间接的关系。

(2) 第二阶段:20世纪80年代后期与90年代

20世纪80年代末期,城市改革的推动和沿海工业的大发展,以工业化产品为主题材的节事活动在沿海地区集中兴起。这一阶段的节事活动反映了当时中国沿海地区工业获得长足发展的现

---

[1] 王霞. 我国节事旅游发展历程及深层次原因分析[J]. 中国商贸, 2010(2):130-131.

实,节事活动的主题已渐渐向商贸活动和城市形象的宣传转移,而节事活动也渐渐的与会展、旅游等方面深刻地结合起来,朝着综合性方向发展,并不断创新。大连服装节就是这一阶段的典型代表。

由于地方政府意识到节事活动具有巨大的商业价值,并且是推介城市的良好平台,而第一阶段节事活动的成功也刺激了各地节事活动开展的热潮,名目繁多的节事活动不但开幕式和闭幕式显得华丽宏大,而且经常会邀请各级领导人和各个大企业家出席,花巨资请明星来聚拢人气,经济效益和社会效益不见得有明显改善,甚至遭到当地民众的舆论压力和质疑,但某些地方政府为了溢出效应和外部效应对节事活动的举办依然是热情高涨。

旅游产业是综合性很强的产业,对其他产业以及通过消费拉动需求有着很强很广泛的关联带动作用。因此,节事旅游活动的举办无疑是适应了地方发展经济的迫切需要,"文化搭台,经贸唱戏"成为这一阶段节事旅游活动最真实生动的写照。通过节事旅游活动来争夺经济发展资源,为地方经济发展服务是这一阶段节事活动大力开展的根本原因。

(3)第三阶段:21世纪以来

进入新世纪,中国经济实力获得了巨大提升,节事活动向大规模、国际化的方向发展。这一阶段代表性的节事包括:2001年在上海举行的APEC年会、2004年中国网球公开赛、2005年上海F1方程式赛车、2008年北京奥运会、2010年上海世博会和广州亚运会、2011年西安世界园艺博览会、2011年世界大学生运动会(深圳)等等。这些节事活动一方面反映了中国一些国际化大都市的发展水平,提升了北京、上海等国际化都市在国际上的形象,产生了无与伦比的影响力;另一方面,也集中展现了改革开放30年来中国经济发展的巨大成就,同时也在世界上提升了中国的国际形象,展示了中国举办大型节事活动的能力和自信心。

现阶段,随着观光型旅游产业的外延扩张、旅游者消费需求的多样性增强,传统观光旅游产品面临市场竞争激烈、消费者需求无法满足和产品发展后劲不足等矛盾,开始向观光、休闲度假和其他专项旅游产品相结合的发展类型过渡。跟紧中国旅游产业系统升级的脚步,观光型景区向休闲度假的升级成为一种必然的趋势。升级后的休闲度假型景区绝不是全盘否定观光,而是在观光的基础上,赋予更多、更大比重休闲或其他专项旅游主题的内涵。

第三节 休闲度假旅游

一、概述

休闲度假是利用假日外出以休闲为主要目的和内容的,进行令精神和身体放松的休闲方式。随着中国经济的持续发展,人们的旅游观念也发生了重大改变,越来越多的人已经厌倦了走马观花式的观光旅游,转而开始喜欢上休闲、放松和娱乐为主的休闲度假旅游。

休闲度假旅游是指以消遣娱乐、康体健身、休憩疗养、放松身心为主要目的,到某一特定目的地进行较少流动性的旅游消费活动。相对于观光旅游而言,度假旅游是一种更高层次的旅游形式,更强调安全、宁静的优美环境、丰富多彩的娱乐生活、增进身心健康的游憩设施和高品质的服务。度假休闲旅游活动的消费特点是:

(1) 停留时间长,活动地点固定　因为停留时间较长(2 天以上),消费额较大,不包括交通费用,远程度假人均 2000 元以上,城郊度假 1000 元左右。活动方式比较固定,一般不会在景区、景点之间来回奔波,因而旅游者对环境和服务的期望值较高,选择度假目的地的决策相当慎重。同时,由于度假旅游的需要属于旅游者中较高层次的非基本需要,具有较强的替代性,这就决定了度假旅游需求、特别是远距离的度假旅游的需求弹性较大。

(2) 易形成"品牌"偏好　旅游者在选择度假目的地时,非常注重信息的真实性和他人的口碑、评价及自身的感受、体验和满足程度。相对于其他旅游形式而言,对目的地的选择更为固定,倾向于选择习惯了的度假地,唤起对过去美好经历的回忆。所以,旅游度假者更易于形成"品牌"偏好的倾向。

(3) 有较强的季节性和时段性　度假旅游一般是旅游者利用节假日、假期外出旅游,或者是旅游者为了避开当地不利的气候条件而出游。由于受气候、时间条件的影响而导致旅游资源情况的变化,使得度假旅游需求具有较强的季节性和时段性。

(4) 需求的不平衡性　出游度假既依赖于较高的可任意支配收入,又依赖于较长的闲暇时间,而这两者都与经济发展的状况有关,这就决定了度假旅游需求是相对脆弱的。同时,旅游度假还与不同地域的消费时尚、消费习惯、消费观念相关,这也决定了度假旅游需求在地域上的不平衡性。

(5) 细分度假市场　度假旅游可以概括为旅游者满足休闲、康体目的的旅游活动。满足这一目的的形式是多样的,如出国体验异域风情、到城市购物、去乡村采摘、至草原骑马、进森林探幽、登高山、下海洋等等,不同地区、不同人群的偏好是不一样的。因此,度假旅游需求是可以细分的。

(6) 多层次的综合性需求　旅游本身是一个包括"食、住、行、游、购、娱"等活动形式在内的综合性活动,度假旅游一般是在一个有限的度假地进行的留居式旅游活动。因此,相对于度假地这一功能区域来说,度假旅游需求是一个多层次的综合性需求。度假旅游需求的产生与小康富裕生活中的可自由支配收入和可任意支配时间的逐步增加有关。因此,度假需求呈现出从近距离向中远程距离发展,从低层次向高层次发展,从团体向散客、家庭、自助型消费发展的趋势[1]。

二、中国休闲度假旅游的发展

休闲度假旅游是一种层次更高的旅游活动,与观光旅游、都市旅游、生态旅游、文化旅游等不同,度假旅游以理性化的休闲、养息、放松为主,停留时间较长,消费能力强,对环境基础设施和食宿娱乐条件要求较高,对度假目的地的选择较为固定。

20 世纪 80 年代,观光旅游占据中国 90% 的旅游市场。但观光旅游产品的低层次性不利于中国旅游业的发展,为此,国家推出一系列开发度假旅游产品的政策和措施:设立完善了国家级和省级旅游度假区;以优惠政策吸引中外资本投入度假区建设;职工带薪年休假条例的出台,全国假日的调整,形成了双休日、3 天小长假、7 天黄金周的分布均衡的假日体系;推出 50 余条度假旅游线路;鼓励旅行社从境外组织度假休闲团队等。

中国大众化的休闲度假始于 20 世纪 90 年代。以 1992 年国务院批准建立的 12 个国家旅游度假区为标志,中国的大众化度假旅游产品开始启动,特别是 1995 年"五一"双休日假期的启动,以

---

[1] 蔡安平. 旅游:从观光向休闲度假转变[EB/OL]. [2009-09-02]. http://bbs.hc360.com/thread-534297-1-1.html.

及1996年国家旅游局推出的"度假旅游主题年"活动。经过多年的发展,现已大体形成了一个"三三"式结构:一是以满足海内外度假需求为导向的国家旅游度假区和部分省级旅游度假区;二是以满足暑期度假休闲需求为主的海滨度假地,主要在辽东半岛海滨、渤海湾海滨、山东半岛海滨、浙东南海滨、闽东海滨、珠江三角洲海滨、广西北海海滨这7大海滨,初步形成7大海滨度假旅游带,是长线休闲度假旅游产品的核心;三是以满足双休日需求的环城市旅游度假设施,主要在大中城市周围,如上海、广州、北京、成都等大城市周围的度假区犹如众星捧月般散布在城市周围,形成环城游憩带,是短线休闲度假旅游产品的主流。环城游憩带和海滨度假旅游带共同主导着中国目前的长、短线度假旅游产品。据调查,2009年中国城镇居民出游中,休闲度假者占到23.4%。2013年国务院办公厅颁布实施了《国民旅游休闲纲要》(2013~2020),以进一步扩大旅游消费,推动带薪休假制度的落实。

第四节 文化体验旅游

一、概述

文化体验旅游是指通过旅游实现感知、了解、体察人类文化具体内容为目的的行为过程,同时,通过鉴赏异国异地传统文化、追寻文化名人遗踪、参加当地举办的各种文化活动等以提高游客的参与性的旅游活动类型。

随着时代的发展和社会的进步,人们生活水平和文化素质不断提高,更多的闲暇时间、充裕的经济、健康的体质、和谐的社会,使得人们旅游的需求不断提高,单纯的观光、度假、休闲、娱乐的旅游模式已不能满足现代旅游者的需求。人们希望通过视觉、味觉、嗅觉、听觉等全方位的参与或体验,感受旅游过程,并产生联想获得精神享受,从而满足各种心理需求。文化体验旅游由此而生。

文化体验旅游的特征是:

(1)个性化的旅游主题 和观光型旅游不同,文化体验游的旅游主题是相对单一而明确的,具有典型的个性化特征。例如,世界著名的主题公园——迪斯尼乐园给予游客的旅游体验就是美式的动漫文化,为了营造梦幻的迪斯尼动漫世界,从一开始进入乐园的专列火车到园内的花车大巡游,乃至盛大的烟火晚会无不围绕着这一主题。这与观光型旅游根据景点的变化让旅游者感受不同的旅游主题有着本质区别。

(2)参与性的旅游过程 文化体验旅游强调的是旅游者的切身体验,因此,在旅游过程中通过强化参与性环节是一种必须,也是非常有效的产品设计。例如,国内一些大型葡萄酒庄在组织酒庄游时,除了品酒、介绍葡萄酒知识外,还会邀请有兴趣的游客和工作人员一起参与葡萄采摘、分拣、清洗、榨汁等酿酒过程,通过这种亲力亲为来强化对葡萄酒文化的深层体验。

(3)情感化的旅游效用 和传统的旅游效用相比,文化体验游更注重旅游者在旅游过程中在精神或者情感方面的收获,注重对某种文化的认知成果。例如,泰国政府为了改善土壤流失状况,从1984年起在全国各地推出了红树林种植旅游,游客被安排在小船里穿行在滩涂地中,学习各种动植物知识,参与种植红树林的全过程,旅游者不仅感受到了各种生态野趣,也因此而强化了环保意识及对大自然勃勃生机的体验。

二、中国文化体验旅游的发展

中国的文化体验旅游活动内容通常包括民族风情体验、乡村农家体验、民俗节庆体验、宗教体验、体育健身体验等。

1. 民族风情体验

中国民族风情体验旅游资源主要分布东北、西北、西南等地区，最具代表性的包括广西壮族风情体验，广西境内少数民族分布广，以壮族为代表。广西民俗具有鲜明的特色，语言、服饰、建筑物、生活习惯、风土人情、喜庆节日、民间艺术、工艺特产、烹调技术等，构成了多姿多彩的民族风情。

壮族的三月三歌节、瑶族的达努节和盘王节、苗族的采花山、仫佬族的走坡节、侗族的花炮节，以及别有风味的打油茶等，都充满着浓郁的民族风情。

云南西双版纳州民族风情园中，民族风情展览由傣族馆、哈尼族馆、瑶族馆、基诺族馆等组成。各民族展览馆分别由包含民族传说的小楼组成村寨群落，在每个村寨出口处、有代表本民族的导向标志。民族游乐活动有赶摆、放高升、放孔明灯、丢荷包、泼水、斗鸡、赛龙舟、划竹筏、放焰火、竹炮、剽牛、傣族婚礼等。在这座郁郁葱葱的民族风情园，还设有大象馆、孔雀馆、鸟馆、爬行动物馆，这里还专门开辟了4个露天歌舞场，每周一三六均举办傣族孔雀舞、象脚鼓舞、哈尼族竹筒舞、基诺族大鼓舞、拉祜族三弦舞、彝族芦笙舞表演等。

北京中华民族园是为迎接1990年北京亚运会而建设的大型民族文化基地。该园建设旨在展示民族文化传统，增强国民爱我中华的民族意识，促进青少年对民族文化的认知。同时，也在首都为各民族提供一个面向全国和世界的永久性窗口。全园占地约45公顷，分南、北2园，园内建有民族村寨16个，还有民族博物馆、民族展览馆、雕塑广场以及若干自然景观，有国内最大的铸铁望以及仿真的热带榕林、水中溶洞、土林、盘龙瀑布、阿里山神木和沧源岩画等。少数民族村寨均采用1：1的比例，亭楼屋寨依山傍水错落有致，按少数民族风格，真实再现出各个民族的文化遗存。游人在参观民族村寨的同时，还可以欣赏和参与各民族歌舞、节庆、生产、竞技和技艺等表演活动。整个公园集民族建筑、文化展示、歌舞表演、体育竞技为一体，是一座露天的少数民族人文博物馆。10多支民族表演队活跃在各个村寨中，进行吹笙、对歌、弹琴、纺纱、蜡染等表演，构成一幅独特的民族风情画。

2. 乡村农家体验

中国的乡村农家体验旅游活动内容主要包括吃农家饭、干农家活、体验农家生活等。

3. 民俗节庆体验

民俗节庆是指一个民族或地区的人们，从文艺、语言信仰、服饰、饮食、居住、娱乐、节庆、礼仪、婚姻、生丧、交通以及生产等方面，民间所有并广泛流行的喜好、风尚、传统和禁忌。民俗节庆体验旅游是为了满足旅游者对异国异乡的风土人情、传统文化的好奇心理，而进行跨文化旅游体验活动。

中国的旅游节庆基本上都是为发展旅游业而专门设立的，因而最早的也不过是从20世纪80年代开始的，有些包括少数民族在内的传统节日虽然历史较悠久，但其被开发成旅游项目推向市场，也是从此时开始的。尽管中国有些节庆活动已经取得一定的成效和市场影响力，但无论是其规模还是影响，与国际大节相比还都存在着很大的差距。许多节庆活动内容平庸、雷同，没有吸引力。有些节庆项目成为首长项目、形象工程,没能建立起有效的市场化运作机制,其结果往往是虎头蛇尾,不能可持续经营。目前全国影响较大的节庆有:中国哈尔滨国际冰雪节、大连国际服装节、潍坊国际风筝节、曲阜孔子文化节、四川自贡灯会等以及一些少数民族地区的传统节日,例如,蒙古族的那达慕盛会、藏族的雪顿节、傣族的泼水节、彝族的火把节等。

专栏:中国著名的旅游节

(1)中国哈尔滨国际冰雪节 创办于1985年,当时名称为哈尔滨冰雪节。以后每年1月5日举办一届,2002年改称现名。冰雪节是以哈尔滨冰灯游园会、太阳岛雪雕游园会为主线,同时举办冬泳、冰球、山地滑雪、冰雕、雪塑等国内、国际赛事,并且广泛开展冰雪文化,冰雪旅游,冰雪经贸一系列活动。2012年哈尔滨冰雪节接待中外游客1389万人次,旅游业收入达133亿。

(2)大连国际服装节 始于1988年的大连国际服装节,从1991年第3届服装节开始冠以"国际"2字,每年一届。每届服装节历时7天~10天,多在8月下旬~9月中上旬举行。服装节期间,除举行开幕式外,还举行国际服装博览会暨中国服装出口洽谈会、"大连杯"中国青年时装设计大赛、世界名师名牌时装展演等10余项活动。为吸引市民参与,服装节开始的当天,还举行盛大的巡游表演。

(3)潍坊国际风筝节 潍坊国际风筝节是一年一度的国际风筝盛会,每年4月20日~25日在山东潍坊举行。自1984年开始,吸引着大批中外风筝专家和爱好者及游人前来观赏、竞技和游览。整个风筝节期间伴有丰富多彩的民间传统艺术活动。传统的民族花灯展览、民族焰火、风筝音乐会。潍坊风筝历史悠久,扎工精巧,造型优美,放飞平稳,易于放飞。位于市区东北15千米的杨家埠村,便是风筝的故乡。杨家埠风筝以做工考究,绘制精细,起飞高稳而闻名,分为串子类、板子类、立体类、软翅、硬翅和自由式6大系列,60多个品种。杨家埠木版年画,则是驰名中外,与天津杨柳青、苏州桃花坞并列中国古代3大年画,年画与风筝为姊妹艺术,始于明而盛于清,均有着500多年的历史。在这里可以看到明清时期典型的民间建筑四合院式的风筝与木版年画作坊,并能看到艺人们刻制年画、扎制风筝的技艺全过程。历届风筝节的中外风筝佳作,在潍坊风筝博物馆——迄今世界上最大的专业博物馆陈列展出,题材广泛,花样繁多,扎技精湛,造型各异。在第六届风筝会上成立了国际风筝联合会,其总部设在潍坊,办事机构就设在这里。同时,风筝节又是与发展外向型经济相结合的盛会,期间举办潍坊市对外经济技术贸易洽谈会,吸引着大批中外客商前来洽谈贸易,投资办厂,进行技术交流和观光游览。

(4)中国曲阜国际孔子文化节 始创于1989年9月(其前身是孔子诞辰故里游),是国家旅游局确定的国家级、国际性"中国旅游节庆精选"之一。由国家旅游局和山东省人民政府联合主办,济宁市人民政府、曲阜市人民政府联合承办。于每年孔子诞辰(公历9月28日)期间,即公历9月26日~10月10日,在孔子故乡、著名历史文化名城山东省曲阜市举行。孔子文化节是一项融纪念先哲、交流文化、旅游观光、学术研讨、经科贸旅合作于一体的丰富多彩、情趣盎然的大型综合性国际旅游节庆活动。每届活动期间,于9月26日举行隆重热烈、异彩纷呈的开幕式;9月28日在孔庙大成殿前举行孔子诞辰纪念集会,进行别开生面的祭孔活动,以发思古之幽情,实现敬仰、怀念先师孔子之凤愿。整个活动期间,还将举办多项观赏性和参与性相结合、绚丽多姿、妙趣横生的专项旅游和游览名胜古迹,中外文化交流和独具特色的文艺演出,高层次的中外儒学专家、学者学术研讨,大规模、多项目、多形式的中外经贸科技洽谈、物资交易和资金融通、人才交流等活动。

(5)洛阳牡丹节 中国洛阳牡丹文化节前身为河南省洛阳牡丹花会,作为全国4大名会之一,至2011年洛阳牡丹花会成功举办29届。1982年9月21日,洛阳市人大常委会通过决议,将牡丹花作为洛阳市"市花",每年根据牡丹开放情况于4月某日~5月某日举办洛阳牡丹花会。从1983年~2013年,洛阳已连续成功地举办了31届牡丹花会。30多年来,市委、市政府坚持贯彻"以花为媒,广交朋友,宣传洛阳,扩大开放"的指导思想,"洛阳搭台,全省唱戏",将牡丹花会办成一个融赏花观灯,旅游观光,经贸合作与交流为一体的大型综合性经济文化活动。洛阳牡丹花会已经成为全市人民政治、经济、文化生活中的一件大事,已经成为洛阳人民不可或缺的盛大节日,已经成为洛阳发展经济的平台和展示城市形象的窗口,洛阳走向世界的桥梁和世界了解洛阳的名片。同时,也已成为企业展示实力、树立形象、宣传扬名的极佳平台和舞台。

资料来源(有增删):张凌云.旅游景区概论[M].北京:北京师范大学出版社,2010.

4. 宗教体验

宗教体验旅游特色基于游客的神秘感,将参与性与知识性相结合。如衡山"制造神秘之旅——做一天和尚念一天经"的宗教体验式旅游产品。内容包括寺庙参观,聆听高僧大师讲经,同僧侣们一道做晚课,品尝久负盛誉的"南岳佛菜",体验净心凝神的晨钟暮鼓。其次,南岳宗教文化体验游产品还有礼佛、过堂用斋、听经坐禅、拜塔诵经、祭祀祝融、品尝斋席、坐禅开示、早晚功课、参与寺务、摄影留念等。

5. 体育健身体验

2001年中国旅游的促销主题为"中国体育健身游"。2008年奥运会的成功举办,也大大提高了国民健身的热情。体育健身体验旅游是融体育健身和旅游于一体的活动,既能满足游客的求新求知求异心理,也能达到强身健体的目的。

中国开展体育旅游的自然资源条件优越。由于纬度跨度大,各地在地貌、气候等方面存在着很大的差异。因此,中国几乎适合开展所有类型的体育健身活动。东北可以开展冰上、雪上运动,东、南部滨江滨海地区可开展水上运动,新疆等地可开展沙漠探险运动,而为数众多的名山则可开展攀岩运动。同时,中国还拥有发展体育健身游的优越的人文资源条件。几乎每个地区都有独特的体育民俗活动,如内蒙古那达慕大会、青海湖环湖自行车赛、北京和大连国际马拉松赛、湖北清江闯滩节、土家族摆手舞、龙舟赛等。这些民间体育活动蕴涵着浓厚的民俗文化,具有独特的魅力。旅游者参与其中,既能达到健身的目的,又能领略当地的民俗风情。

第五节　商务旅游

一、概述

商务旅游指以商务为主要目的,将商务与旅游结合起来的旅游活动。此类旅游活动包括两大部分,第一部分以从事商务为主要目的,附带进行游览、观光和娱乐活动,如会议旅游、商务旅游等。第二部分则商务本身就是旅游业或需要与旅游相结合的旅游活动。例如,旅游业经营者对旅游地和游览线路等的实地考察、科学工作者和环保人员对与业务有关的自然保护区风景、环境和地貌等的科学考察、历史文化工作者对各地的风土人情及民俗史料等的了解搜集。据世界旅游组织早期统计,全世界国际旅游者中有50%以上属公务旅游者。其中第一部分旅游者占绝大部分。以上所提到的会议旅游是指利用召开会议的机会组织的旅游活动,会议旅游的会址一般选择在历史文化名城或风景名胜区。有的会议在会后组织专题旅游活动。会议旅游是国际旅游业中新兴起的旅游活动形式。

随着世界经济的发展和交流的加强,各国各地区间的商贸活动日趋增加,商务旅游也越来越频繁。商务旅游的特点是:①旅游者一般具有一定的身份和地位,在价格方面不太敏感,这是由于商务旅游目的地的确定性造成的;②商务旅游者既要进行商务活动,又要进行旅游活动,所以一般在目的地逗留的时间较长,可以为旅游业的有关部门带来可观的经济收入;③商务旅游计划性强,所需的床位、餐座位、交通工具以及活动日程事先可做出安排。因此,商务旅游一般受季节性影响较小。

二、中国商务旅游的发展

中国在保持社会稳定的同时实现了经济的高速增长、改革与对外开放、会展和奖励旅游等商务旅游的国内国际需求得到大幅提升。中国被公认为亚洲最具潜力的商务旅游目的地国家,统计显示,中国每年的商务旅行支出高达100多亿美元,约占亚洲商务旅行市场的17%。上海、广州、北京、杭州、南京、苏州等城市先后举办了多次具有国际影响力的大型会展和节事活动。随着中国加入世界贸易组织、2008年北京奥运会和2010年上海世博会的成功承办,中国的会展和奖励旅游市场将进一步扩大。

近年来,随着市场经济体制改革的不断推进,政府和企业开始逐渐优化内部管理、差旅管理意识,节约与效益意识也大大提升,并开始与国际接轨,即把差旅管理的业务委托给专门的商务旅行公司打理,以摆脱繁琐的差旅管理,更专注于核心业务。与此同时,北京、上海、广州等主要商务旅游城市的政府部门积极举办各种推介会、考察活动,向国际客商介绍中国丰富的会展资源和奖励旅游资源,通过大力提升目的地形象来吸引更多的商务旅游客源。特别是政府加大支持的力度,投入巨额资金改善商务旅游热点地区的基础设施建设。

(1) 网络服务日趋完善 目前,国际知名的商务旅游企业已纷纷进入中国,通过采用合资或独资的方式成立专业化商旅服务公司。2002年德国汉诺威、意大利米兰、德国法兰克福展览会有限公司3大世界展览业巨头都在上海黄浦江畔设立了分支机构。

(2) 前景广阔,市场规模逐年增大 中国拥有世界上最多的公务员,每年各种会议、视察、调研活动所产生的商务旅行形成了一个大市场,如按人均每年出行3次算,全年商务旅游总量可达1.2亿人次。美国运通公司调查显示,近5年中国将成为世界第3大商务旅游市场。2009年中国城镇居民出游中,商务旅游占15.6%。

(3) 商务旅游市场收入和利润可观 由于商务旅游是以商务或其他特定的活动目的为导向,因此通常其事前计划性强,且活动具有重复性。这就形成了商务旅游的稳定性特点。另外,商务活动的重复性能产生稳定的旅游客流和收入,无明显的季节性和淡旺季差异。商务旅游消费者构成的特点决定了其中费的比重不大,且商务旅游者所产生的费用是依照所在组织的内部规定或商务活动的级别标准而定,价格因素并非决定因素,故相对于休闲旅游,其消费能力更高,商务旅游的利润率也高达20%~30%,远高于一般休闲旅游。2009年中国城镇居民旅游者中,商务旅游者平均花费2356元/次,远远高于观光旅游(1029元)和度假旅游(683元),相当于旅游平均花费(801元/次)的近3倍。

第四章 中国旅游管理

第一节 旅游法规

中国的旅游法制建设也是在1978年~1988年间这一时期奠定基础的。1985年5月,国务院颁布《旅行社管理暂行条例》,这是中国关于旅游业管理的首部行政法规,标志着中国旅游立法工作开始进入建设性发展阶段。

旅游法制建设包括立法、执法和守法3个方面,在中国则集中体现在"有法可依、有法必依、执法必严、违法必究"这一旅游法制建设的要求上。

一、概述

旅游立法,是指国家为加强对旅游业的管理,由立法机关制定、修正、废止旅游法律法规的活动。立法不仅包括制定新的法律法规,也包括对已公布的法律法规作修改、完善及进行法典编纂,还包括废止已经与形势的发展严重不相适应、无法解决现有矛盾的法规。

旅游法这一概念的提出,大约是在20世纪50年代末~60年代初。一些旅游业发展较早、较快、法制比较健全的国家,由于认识到旅游立法的迫切性和重要性,制定了专门的旅游法律、法规,如旅行社、导游等法律、法规。

在一般理论意义上旅游法的概念有广义和狭义之分。广义的旅游法是指调整旅游活动领域中各种社会关系的各种法律规范的总称。调整的对象,主要是指旅游活动中(包括旅游管理、经营、参观、游览等与旅游有关的活动)形成的带有旅游或体现旅游活动特点的社会关系。狭义的旅游法指尚在刚刚实行的《中华人民共和国旅游法》和其他调整旅游活动中各种法律关系的有关法律和法规。

就中国的旅游立法体系而言,法律的形式(或者称之为法律渊源),依据制定的机关及其法律地位和效力的不同,分为2大类,一是法律,专指全国人民代表大会和全国人民代表大会常务委员会所制定的法律;二是从属于法律的规范性文件,是指没有立法权的国家权力机关和行政机关,为实施法律和行使自己的职权,根据宪法和法律所制定的规范性文件。

二、与旅游有关的法律

目前中国的旅游法规建设情况是:

(1)《中华人民共和国旅游法》。这是中国的旅游基本法,2009年12月《旅游法》起草工作全面启动。2010年1月31日至2月2日在京召开了国家旅游局配合起草《旅游法》工作组第一次全体会议。2013年4月25日颁布实施。

(2)1982年11月第五届全国人大常委会二十五次会议通过,1991年6月第七届全国人大常委会二十次会议修正的《中华人民共和国文物保护法》。

(3)1984年5月第六届全国人大常委会五次会议通过,1996年5月修正的《中华人民共和国水污染防治法》。

(4)1984年5月第六届人大常委会七次会议通过,1998年4月修正的《中华人民共和国森林法》。

(5)1985年11月第六届全国人大常委会十三次会议通过的《中华人民共和国公民出境入境管理法》。

(6)1985年11月第六届全国人大常委会十三次会议通过的《中华人民共和国外国人入境出境管理法》。

(7)1986年12月第六届全国人大常委会十八次会议通过的《中华人民共和国民法通则》。

(8)1986年12月第六届全国人大常委会十八次会议通过的《中华人民共和国卫生检疫法》。

(9)1987年1月第六届全国人大常委会十九次会议通过的《中华人民共和国海关法》。

(10)1987年9月第六届全国人大常委会二十二次会议通过,1995年修正的《中华人民共和国大气污染防治法》。

(11)1989年12月第七届全国人大常委会十一次会议通过的《中华人民共和国环境保护法》。

(12)1990年9月第七届全国人大常委会十五次会议通过的《中华人民共和国铁路法》。

(13)1993年10月第八届全国人大常委会四次会议通过的《中华人民共和国消费者权益保护法》。

(14)1995年6月,第八届全国人大常委会十四次会议通过的《中华人民共和国保险法》。

(15)1995年10月第八届全国人大常委会十六次会议通过的《中华人民共和国食品卫生法》。

(16)1995年10月第八届全国人大常委会十六次会议通过的《中华人民共和国民用航空法》。

(17)1996年10月第八届全国人大常委会二十二次会议通过的《中华人民共和国环境噪声污染防治法》。

(18)1998年4月第九届全国人大常委会二次会议通过的《中华人民共和国消防法》。

(19)1999年3月第九届全国人大二次会议通过的《中华人民共和国合同法》。

三、从属于法律的旅游规范性文件

国务院及所属各部门(包括国家旅游行政主管部门)制定颁布的规范性文件,即行政法规。具体名称有规则、规定、办法、决定、条例、指示等等。其法律地位和效力仅次于宪法和法律,是旅游法规体系中数量较多、最具针对性的一部分。具体如下:

旅行社管理　主要有:国务院颁布的《旅行社管理条例》;国家旅游局发布的《旅行社管理条例实施细则》《旅行社质量保证金暂行规定》《全国旅游质量监督管理所的机构组织与管理暂行办法》《旅行社经理资格认证管理规定》;国家旅游局和外经贸部发布的《中外合资旅行社试点暂行办法》等。

旅游饭店管理　主要有:国家旅游局发布的《中华人民共和国评定旅游涉外饭店星级的规定》《中华人民共和国旅游涉外饭店星级标准》《饭店管理公司管理暂行办法》;公安部发布的《旅馆业治安管理办法》;文化部发布的《关于对营业演出单位和演出场所试行"营业演出许可证"的规

定》;国家技术监督局批准的国家标准《旅游涉外饭店星级的划分及评定》等。

旅游资源管理 主要有:国务院发布的《风景名胜区管理暂行条例》《中华人民共和国自然保护区条例》《野生动物保护条例》《野生植物保护条例》;国务院办公厅发布的《关于加强风景名胜区保护管理工作的通知》、国务院批转国家建委等部门《〈关于保护我国历史文化名城的请示〉的通知》;国家环境保护局、国家旅游局、建设部、林业部、国家文物局联合发布的《关于加强旅游区环境保护工作的通知》;城乡建设环境保护部《关于加强历史文化名城规划工作的几点意见》;文化部颁布的《使用文物古迹拍摄电影、电视的有关规定》等。

旅游交通管理 主要有:国务院发布的《国内航空运输旅客身体损害赔偿暂行规定》《中华人民共和国水路运输管理条例》;国家民航局发布的《国内民航旅客、行李运输规则》;铁道部发布的《铁路旅客运输规程》《铁路旅客运输损害赔偿规定》;交通部、国家经委发布的《公路运输管理暂行条例》;国家旅游局批准的旅游行业标准《旅游汽车服务质量》等。

导游人员管理 主要有:国家旅游局颁布的《导游人员管理条例》《关于对全国导游员实行等级评定的意见》《导游员职业等级标准》《关于对导游人员进行资格考试的意见》《导游服务质量》《旅游涉外人员守则》等。

旅游安全管理 主要有:国务院发布的《娱乐场所管理条例》;国家旅游局发布的《旅游安全管理暂行办法》《重大旅游安全事故处理程序试行办法》《漂流旅游安全管理暂行办法》;国家旅游局、公安部发布的《关于加强旅游涉外饭店安全管理、严防恶性案件发生的通知》《关于加强旅游安全保卫工作的通知》;文化部、公安部发布的《关于检查落实文物和古建筑防火安全措施的通知》;国家技术监督局批准的国家标准《游乐园(场)安全和服务质量》等。

旅游价格管理 主要有:财政部、国家物价局发布的《关于加强对内部宾馆、饭店和招待所收费管理的规定》;国家旅游局发布的《关于制止削价竞销的通知》;国家旅游局、国家物价局发布的《中国国际旅游价格管理暂行规定》;国家外汇管理局发布的《涉外价格和收费标价、计价管理暂行办法》等。

旅游外汇管理 主要有:国务院发布的《中华人民共和国外汇管理条例》《关于加强外汇管理的决定》;国家旅游局发布的《旅游企业外汇结算办法》;国家外汇管理局发布的《旅游外汇管理办法》等。

旅游财税管理 主要有:财政部颁发的《旅游、饮食服务企业财务制度》《关于调整旅行社所得税税率有关问题的通知》;对外贸易部发布的《中华人民共和国关于入境旅客行李物品和个人邮递物品征收进口税办法》;国家税务局发布的《关于国家旅游度假区有关税收问题的通知》;财政部、国家民航局、国家旅游局发布的《关于按时上缴旅游发展基金的通知》等。

旅游基建管理 主要有:国务院发布的《楼堂馆所建设管理暂行条例》;中国人民建设银行、国家旅游局、城乡建设环境保护部《旅游旅馆设计暂行标准》;国家旅游局《旅游基本建设管理暂行办法》《旅游发展规划管理暂行办法》等。

旅游经营管理 主要有:国务院发布的《娱乐场所管理条例》;国家旅游局发布的《关于严格禁止在旅游业务中私自收受回扣和收取小费的规定》《旅游对外招徕管理的若干规定》《关于参加或举办国际旅游展销会的若干规定》《关于旅游商品类展销活动的管理暂行办法》《鼓励海外客户组团来华旅游的优惠办法》《关于组织我国公民赴东南亚三国旅游的暂行管理办法》《旅游统计管理方法》;国家旅游局、公安部发布的《中国公民自费出国旅游管理暂行办法》《边境旅游暂行管理办法》等。

旅游纠纷管理　主要有：国家旅游局发布的《旅游投诉暂行规定》《全国旅游质量监督管理所机构组织与管理暂行办法》等。

旅游出入境管理　主要有：公安部、外交部、交通部公布的《中华人民共和国公民出境入境管理法实施细则》；公安部、外交部发布的《中华人民共和国外国人入境出境管理法实施细则》；对外贸易部发布的《中华人民共和国海关对进出国境旅客行李物品监管办法》《中华人民共和国海关对来往香港或者澳门的旅客行李物品管理规定》《中华人民共和国海关对进出国境华侨等旅客的行李物品监管暂行规定》；公安部发布的《中国公民因私往来香港地区或者澳门地区的暂行管理办法》；国家旅游局、公安部发布的《关于指定港澳地区部分旅行社组织外国旅游团申办团体签证的规定》；国家旅游局、外交部发布的《关于国外旅行团组签证通知问题的规定》等。

四、地方性法规

由地方各级权力机关和行政机关，依据宪法和法律以及国务院的行政法规，在其权限范围内所制定的规范性文件。其法律地位和效力，从属于宪法和法律以及国务院的行政法规，只在本地区内有效。

各省、自治区、直辖市立法机关及人民政府结合本行政区域内旅游事业发展的实际和旅游景点景区管理的状况，也相应制定了一系列旅游法规、文件；部分闻名中外的国家级风景名胜区管理委员会等管理机构也根据国家法规的精神制定了一些管理规定。这一层次的法规、文件，具有数量多、针对性强的特点。其中较具代表性的有：《山东省历史文化名城保护条例》《河北省风景名胜区管理条例》《广东省旅行社管理暂行规定》《上海市旅馆业治安管理实施细则》《杭州之江国家旅游度假区条例》《四川省旅游管理条例》《四川省风景名胜区管理条例》《海南省旅游管理条例》《黄山风景名胜区管理条例》《关于加强黄山风景名胜区保护管理的布告》《大理风景名胜区管理条例》《洱海管理条例》《滇池保护条例》《陕西省旅游业管理暂行规定》等等。

与各国签订的国际旅游条约。中国签订或加入的条约生效后，对国内机构和个人也有约束力。如《国际铁路运输公约》《统一国家航空运输某些规则的公约》等。

除此之外还包括，《天津市旅游管理办法》《吉林省旅游管理办法》等地方政府旅游规章；《北京市旅游区（点）安全管理办法》《北京市旅行社门市部管理暂行办法》等地方政府旅游规范性文件；《国务院关于进一步加快旅游业发展的通知》《关于进一步发展假日旅游的若干意见》等关于加快旅游业发展的政策规定[1]。

第二节　中国旅游管理体制的发展

一、中国旅游业管理体制的发展阶段划分

发展中国家管理体制的变革往往是在复杂的政治经济背景下进行的，其变革的每一步都夹杂

---

[1] 国家旅游局政策法规处.中国旅游法规全书[M].北京：中国旅游出版社，2003.

着纷杂的时代要素。回顾新中国60多年的旅游业发展进程,在计划和市场之间狭长灰色地带上留存着变革者不断探索的足迹。中国旅游业的管理体制的初步构架是在入境旅游的需求诱导下促成的。此后不久,受政治大环境的影响,旅游管理体制就迅速地转为纯粹的供给主导型的模式。尽管旅游管理体制在需求和供给的力量交织下不断变迁,但从总体上来看,政府长期占据了变革的第一行动集团的位置。这样的变迁方式在当时的宏观历史背景下是有效的。但正如"诺斯悖论"所描述的那样,即使政府部门的干预行为本身是一种公正无偏的公共服务,利益关联也会导致其行为的变形,最后走到期望结果的反面。站在改革的时间序列上来看,随着政府部门管理范围的扩大,短期内被管制的经济领域交易费用确实下降了,但每一个时期的下降,最后都会带来长期交易费用的增长。政府主导旅游业的惯性,已经导致部门利益深植于现有管理体制之内,改革的摩擦成本越来越源自其主导方,改革趋缓趋软,并使后期一些带有准需求诱导性质的制度变迁趋向失灵。

回顾中国旅游业体制变革的历程,可划分为5个阶段:

1. 1949年~1978年:旅游管理体制基本构架阶段

经济基础决定上层建筑,不同制度的社会适应性依存于经济体制所面对的历史的、技术的、社会的、经济的环境。回到当时的时代背景,在这一阶段里,新中国刚刚成立,百废待兴,一面是工业化的高歌猛进,一面是政治运动不断,各行各业都处在基本管理结构的构架阶段,然后转入"文革"时期。

这一阶段,中国旅游管理体制从空白开始起步,以适应繁重的外事接待任务。旅游管理体制建设的主要成就,一是成立了中国旅行游览事业管理局,从而为未来的旅游体制改革准备了变革主体;二是逐步成立了一批以外事接待为主的旅行社,为旅游管理体制系统中增加了微观运行细胞;三是政府开始发挥出管理体制变革的主导功能,需求主导性的旅游管理体制构建迅速转化为政治挂帅的供给主导型变革。

新中国建立最初几年,旅游管理体制的建立和演进,是一种较为典型的诱导式制度变迁过程,以需求主导型变迁为主。在没有旅游管理机构的情况下,为了满足海外华侨及港澳同胞归国探亲的需要,中国旅游业由建立旅行社开始自主发展。1949年12月,新中国的第一家旅行社——厦门华侨服务社成立;到1954年,随着中国工业化进程的展开,与苏联、东欧相关国家交往日益增多,旅游接待任务日重,1954年3月,中央批准成立了中国国际旅行社,主要任务是负责访华外宾的食宿、游览等事务,并发售国际铁路联运客票,其重要事务都由国务院批准或下发,因此已具备了一定的旅游管理功能。

1964年7月,中国旅行游览事业管理局作为国务院的直属机构正式成立,主要职能有:负责管理外国自费旅游者的旅游业务工作;领导各有关地区的国旅和直属服务机构的业务;负责对外联络和宣传。从此,中国旅游管理体制改革具备了独立的行政主体。

1965年,新中国第3个五年计划方针确立为"国防建设第一,加速'三线'建设,逐步改变工业布局",同年姚文元发表《评新编历史剧〈海瑞罢官〉》一文,揭开了"文化大革命"的序幕。在这种形势下,中国旅游管理体制必然地走入政治化、集权化、边缘化的轨道中。这一年,中共中央、国务院在批转旅游局的报告时,指出发展旅游应采取"政治挂帅,稳步前进,逐步发展"的方针,旅游管理制度进入强制性变迁阶段,变迁方式由需求主导型转变成为供给主导型制度。"文革"期间,各级旅游管理机构及旅行社的撤销和恢复,正是在完全的政府主导下进行的。

2. 1979年~1985年：旅游管理体制转折与突破阶段

这一阶段的主题是解放思想和经济建设，1978年《光明日报》刊登题为《实践是检验真理的唯一标准》的特约评论员文章，1979年《人民日报》发表社论《把主要精力集中到生产建设上来》，国家进入了以实现四个现代化为中心任务的历史时期，思想解放和经济建设均在稳步进行中，为旅游管理体制的重大变革放松了思想束缚；由于国家财政困难，国家提出了利用国内资源和国外资源，打开国内市场和国外市场的方针，旅游业作为创汇产业的经济性逐步凸显；国家开始对国企放权放利，以工业管理体制改革为核心，各行各业都开始强调增加国企的主体性，为中国旅游管理体制改革的重大突破创造了历史条件。

这一阶段，中国旅游管理体制的突破，一是初步形成了旅游管理体系；二是旅游业向经济创汇产业逐步转轨；三是旅游管理与经营大一统的格局被打破，政企分开迈出关键性步伐，旅游管理体制趋向多元化。其中，标志性的事件主要有3项：一是国家旅游局的命名及其具体职能的划定；二是旅游总局与国旅总社分开办公；三是"五个一起上"（即国家、地方、部门、集体和个人一起上）的提出。

1978年3月5日，将中国旅行游览事业管理局改为直属国务院的管理总局，由外交部代管；各省市区成立旅游局，负责管理各地方的旅游事业；成立旅游工作领导小组，由国务院副总理耿飚任组长，小组成员由计委、建委、外贸、轻工、商业、铁道、交通、民航等部门的负责人组成。建立了中央、地方的旅游管理层级结构；建立了与相关行业的横向协调机制；旅游行政管理体制的恢复和重建。

1978年8月，中国旅行游览事业管理局改为由国务院直接领导，编制和经费归国务院机关事务管理局管理；中国国际旅行社总社作为事业单位实行企业化管理，建立独立的会计制度；旅游经费由财政部管理，纳入国家预算；各省参照总局的办法，根据各地情况请示地方决定；旅游费用纳入地方预算，实行分级管理。旅游企业事业单位企业化改革，开启面向旅游业运行微观主体的改革历程，旅行社进入企业化运作阶段。

1979年9月，国务院领导提出旅行社、饭店、车队要逐步实行企业化管理，搞经济核算，按经济规律办事。同年11月，国务院批准将中央部门和各地一些专用别墅和接待外宾的宾馆划归旅游部门统一管理，要求各地也要将为旅游服务的饭店、车队统一归口地方旅游局或外办领导。旅游业向经济创汇产业的逐步转轨，形成由旅游总局负责外联和经营，各地旅游部门主要负责接待，饭店宾馆车队划为旅游直属企业的模式，客观上形成了统一领导、统一经营的一体化格局，旅游管理体制由外事接待向经济管理转化。

1981年2月24日，国家旅游局发布《关于统一旅游对外联络工作的规定》，外联工作限定国旅总社和中旅总社两家统一负责，各省市区不搞外联，不直接对外招徕游客。

1981年10月10日，国务院颁布《关于加强旅游工作的决定》，要求旅游业实行统一领导、分散经营的管理体制。1985年1月底，国务院批转了《关于当前旅游体制改革几个问题的报告》，提出了旅游管理体制实行"政企分开，统一领导，分级管理，分散经营，统一对外"的原则。建立统一领导、分散经营的管理体制。1985年12月20日，国务院常务会议原则批准了国家旅游局提出的旅游发展规划目标，决定把"旅游业作为国家重点支持发展的一项事业，正式纳入国民经济和社会发展计划"，这标志着中国旅游业进入了新的发展阶段。旅游业正式纳入国民经济和社会发展计划，标志着旅游业地位的提高。

1982年7月17日,旅游总局与国旅总社分开办公。总局作为国家管理全国旅游事业的行政机构,统一管理全国旅游工作,不再直接经营组团和接待任务;总社统一经营外国旅游者来华旅游业务,实行企业化管理;8月23日,中国旅行游览事业管理总局更名为中华人民共和国国家旅游局,明确了12个方面的职能。局社的分开,结束了自1964年以来长达18年的局社合一的格局,为实行政企分开、强化行业管理、争取旅游业的更大发展创造了条件。

1984年7月,国务院批转了国家旅游局《关于开创旅游工作新局面几个问题的报告》,要求旅游价格管理采取"统一领导,分级管理,统一对外"的原则,实行分等级、分地区、分季节的收费标准和允许一定幅度的浮动,以增加淡季、平季客源,平衡计划,后又提出"统一领导、分级管理、统一对外、按质论价、合理收费"的旅游价格管理原则;各省旅游局可因地制宜制定本地区的旅游价格。改革旅游价格的管理体制,适当下放旅游价格制定的地方自主权,增加了旅游价格体制的灵活性。

1984年7月27日,国务院批转国家旅游局《关于开创旅游工作新局面几个问题的报告》,准许在旅游基础设施的建设方面,采取国家、地方、部门、集体、个人一齐上,自力更生和利用外资一齐上的原则。打破了非旅游部门办旅游的限制,使旅游投资者和经营者多元化,准需求诱致型制度变迁方式。1985年国务院颁布《旅行社管理暂行条例》,将旅行社分为一二三类社,并明确进行了垂直的职能分工,确立了中国旅行社的垂直分工体系。

1985年1月1日,国务院批转国家旅游局《关于当前旅游体制改革几个问题的报告》,决定向省级下放外联权和下放签证通知权,以增加招徕渠道。形成了较为灵活的外联计划和调控模式,结束了"国、中、青"寡头垄断局面。

考察这一时期的旅游收入变动趋势,可以认为,这样的旅游管理体制变革是有效的。尽管当时种种制度安排的目的是为了适应入境旅游的需求,但管理体制基本构架所带来的外溢效应也使得国内旅游在经济发展的基础上同样获得了长足的增长。

3. 1986年~1998年:旅游管理体制深化改革阶段

这一阶段,国家提出"让一部分人、一部分地区先富起来,以带动和帮助落后的地区"的发展思路,强调两个文明一起抓,《经济体制改革"八五"纲要和十年规划》提出20世纪90年代中国经济体制改革的总目标是:初步建立起社会主义有计划商品经济的新体制和计划经济与市场调节相结合的运行机制,新提出了适应新形势的所有制结构、企业制度、市场体系、价格机制、宏观调控方式以及个人收入分配制度和社会保障体系。1994年《90年代国家产业政策纲要》将大力发展第三产业作为重大课题。国企改革、改革开放以及1988年~1989年、1993年~1994年两次针对通货膨胀的宏观调控成为这一时期的经济工作主题。

这一时期旅游管理体制改革工作的重点,是对上一时期旅游管理体制改革思路的进一步深化。所取得的成就,一是管理方式更科学化、市场化,旅游业进一步转到了经济管理的轨道上;二是行业管理手段和能力日趋加强;三是国家旅游局进行了大幅度的机构精简和职能转变,国家旅游局机关与直属企业实现了彻底脱钩,旅游法制建设加快步伐,行业管理进一步向"大旅游、大市场、大产业"的方向推进,旅游管理体制加速与社会主义市场经济接轨。期间标志性事件有3个版本的"三定"的交替,《旅行社管理条例》的出台以及《中华人民共和国评定旅游(涉外)饭店星级的规定》的发布。

观察同时期的旅游收入变动趋势,可以看出,前一阶段的制度变革红利在这一阶段内已消耗殆尽,因此在头几年内,旅游业发展增势趋缓,但1988年左右开始的新一轮旅游管理体制变革为旅游业的增长带来了新的动力,这种长期持续的基础性革新使得旅游业在1989年重大政治事件的冲击下仍然能够枯木逢春,并取得了从1990年~1998年长达8年的持续高速增长。

六届全国人大四次会议审议并原则通过的国民经济和社会发展第7个五年计划,第1次将大力发展旅游业、增加外汇收入写进了计划。旅游业首次被列入国民经济和社会发展计划。1988年10月,印发了国家旅游局"三定"方案。要求根据政企分开和精简、统一、效能的原则,转变职能,加强对旅游全行业的政策指导和宏观调控,逐步建立适应中国旅游发展形势的运转协调、灵活高效地行政管理机构,并明确了国家旅游局的12项主要职责。第1个全面系统地旅游管理体制改革的实施方案,设定了中央主管部门的职能,政府—企业职能的清晰化迈开了坚实一步,旅游业逐步转到经济管理的轨道上。

1996年10月,国务院发布《旅行社管理条例》,对旅行社的体制及审批管理权限做出了新规定:旅行社按经营范围分为国际旅行社和国内旅行社。1988年8月国家旅游局发布了《中华人民共和国评定旅游(涉外)饭店星级的规定》,由国家旅游局负责全国旅游涉外饭店评星领导工作,并具体负责评定三星、四星和五星级饭店。

企业层面的微观规制改革方面,旅行社在企业需求的压力下的准诱导型制度变革,放松了旅行社在原来的分类体系中的束缚,而星级饭店标准则使中国旅游饭店走上了标准化服务的道路。1994年3月,国务院办公厅批准印发了《国家旅游局职能配置、内设机构和人员编制方案》(1994版"三定"方案),把属于企业自主经营范围内的权限进一步下放给企业。取消了对旅游饭店客房价格、旅行社餐费、旅游车船交通费、接团手续费的国家定价和旅游价格地区类别的划分,以后主要通过提供重要价格参照,引导价格;把可以由地方管理的事务进一步下放给地方。全国三星级及其以下星级饭店的星级评定权、经营国内旅游业务的旅行社的审批权都下放到省级和有条件的市级旅游主管部门;把可以由事业单位承担的工作进一步转移到事业单位。将面向旅游行业的计算机服务、旅游通讯网络建设和办公自动化等工作,转由有关事业单位承担;进一步加强对全国旅游业的调控和管理职能,突出宏观性、战略性、政策性。对政府和企业的不同权责进行了更为详尽的划分,政府的功能逐步向行业管理、间接管理、调节式管理转变,构成了更为良性的旅游管理体制。1998年,国务院办公厅印发国家旅游局机构改革"三定"方案,对现有机构设置和人员编制进行了近一半的精简,明确国家旅游局是国务院主管旅游业的直属机构,在职能方面,不再保留对旅游外汇、旅游计划、旅游价格的管理职能。在外汇、计划和价格上实施了彻底的政企分开,进一步划清了中央和地方、政府和企业的关系。

4. 1999年~2002年:管理体制的进一步完善阶段

1997年,亚洲金融危机暴发,世界经济由此进入重新调整期,传统产业的发展有所减慢,但也为产业结构调整提供了机遇。1999年的《政府工作报告》指出,政府机构改革是深化经济体制改革、促进经济和社会发展的迫切需要,是国家领导制度改革的重要内容,也是密切政府同人民群众的联系的客观要求。这一时期机构改革的重点,是调整和撤销那些直接管理经济的专业部门,加强宏观调控和执法监管部门。现代企业制度也在这一时期成为企业改革的关键词之一。2002年党的十六大提出,应进一步转变政府职能,改进管理方式,推行电子政务,提高行政效率,降低行政成本,形成行为规范、运转协调、公正透明、廉洁高效的行政管理体制。依法规范中央和地方的职能和权限,正确处理中央垂直管理部门和地方政府的关系。按照精简、统一、效能的原则和决策、执行、监督相协调的要求,继续推进政府机构改革,科学规范部门职能,合理设置机构,优化人员结构,实现机构和编制的法定化,切实解决层次过多、职能交叉、机构臃肿、权责脱节和多重多头执法等问题。按照政事分开原则,改革事业单位管理体制。

这一时期的标志性事件,一是国务院正式决定执行"黄金周"制度,实现了旅游业的中央突破,并成为旅游业发展史上最具有诱导式制度变迁性质的一次制度变革;二是2001年旅游业加入WTO的承诺表的公布,标志着中国旅游业从此开始着手新一轮的产业布局。与此同时,大旅游观念进入主流意识,建设世界旅游强国被确立为中国旅游业的一个阶段性目标。这一阶段的旅游管理体制改革,是前一阶段管理体制改革的细化和完善,旅游管理体制向细部发展。

1999年提出,到2020年把中国由亚洲旅游大国建设成为世界旅游强国,使旅游业真正成为国民经济支柱产业。设立旅游业阶段性目标,为旅游制度改革提供了新的动力。发布了《关于发布实施中外合资旅行社试点暂行办法》《设立外商控股、外商独资旅行社暂行规定》等。2001年中国公布旅游业加入WTO承诺表,承诺降低外方投资旅行社门槛,4年内取消对外资进入饭店业的形式和股权的限制,但对导游及其他领域暂不开放。

旅游业逐步对外开放,国内产业布局提速。连续发布《旅游发展规划管理暂行办法》《导游人员管理条例》《旅游区(点)质量等级的划分与评定》《中国公民出国旅游管理办法》《旅游规划通则》《旅游饭店星级划分与评定》等一系列行业性管理条例和办法,开始评选中国优秀旅游城市。

旅游管理向纵深发展。1999年5月,北京旅游集团举行成立仪式,标志着旅游局直属企业脱钩工作大部分任务完成。旅游企业体制改革完成阶段性任务。湖北、北京、内蒙古、贵州等省区市纷纷通过区域性旅游管理条例。

区域旅游管理条例的逐步出台。2000年国务院发布《全国年节及纪念日放假办法》,之后又发布《关于进一步发展假日旅游的意见》,"黄金周"制度正式施行。

旅游业重大结构性转变。2001年4月,《国务院关于进一步加快旅游业发展的通知》发布,提出要树立大旅游观念,充分调动各方面积极性,进一步发挥旅游业作为国民经济新增长点的作用,不断深化旅游管理体制和旅游企业改革,树立精品战略,提高景区竞争力,加快横向联合,大力发展区域旅游。并提出旅游业要和精神文明建设相结合,弘扬民族文化。行业横向联合需求增加,旅游业发展背负了发扬精神文明的新使命,旅游业也开始以提升竞争力为目标。

2001年国务院批转《关于行政审批制度改革工作的实施意见》,提出合法、合理、效能、责任、监督五原则,提出要以较小的行政资源投入实现最佳的政府工作目标的要求,国家旅游局配合国务院进行了行政审批工作。为制度改革提供了新的标准。

经过前几阶段的改革创新,重大的制度性障碍已基本消除,重大的制度空白已基本得到填补,中国旅游业已基本具备了健康发展的制度环境。

5. 2003年以来:管理体制的新调整阶段

这一阶段,中国经济社会都进入新的调整期,"三农"问题成为热点,科学发展观得以确立,和谐社会建设深入人心。

旅游行业在经历2003年的"非典"之后,急速反弹,旅游行业改革进一步深化,不少地方组建了旅游企业联合体,区域旅游联合进一步深化,长江三角洲无障碍旅游区、大香格里拉旅游区等都在规划和协调中。在十六大精神的指引下,《旅游业第十一个五年规划》编制完成,旅游成为国家重点发展的对象,旅游业在对外经济文化交往中所发挥的作用越来越大。这一阶段,是旅游体制在新的条件下的调整。机构改革已告一段落,旅游体制变革更注重集放权的调整和新的市场化的宏观调控手段的设立。这一阶段旅游管理体制尽管仍存在大量问题,但其变革速度已经明显放缓,政府作为旅游变革第一主体动力趋缓,"诺斯悖论"所提及的现象逐步显现。

时任国家旅游局局长邵琪伟在2005年全国旅游工作座谈会上的讲话中提出:"十一五"期间旅游行业需要重点推进改革体制,创新机制,建设和完善旅游产业体系的工作。他指出:旅游产业素质的整体提升,关键在于改革体制、创新机制。其具体方面有:

(1)深化企业改革,加快培育旅游市场和主体。要引导和支持不同行业、不同所有制和全球性的旅游企业参与中国旅游企业的改组、改造和重组,催生一批中国旅游品牌,促成一批本土背景的具有国际竞争能力的战略性企业集团,促进旅游企业向市场化、品牌化和国际化方向发展。

(2)推动行业改革,完善旅行社和导游管理制度。在旅行社行业培育批发、代理的分工体系中,实现市场组织网络化和旅游业务管理覆盖面的突破;建立健全导游执业的准入机制、激励机制、保障机制和责任追究制度。

(3)推进旅游市场机制不断完善。健全旅游产业各要素、各环节之间公平合理的权益保障机制和利益分配机制。促进市场主体规范化、市场分工合理化、市场竞争有序化,逐步形成统一、开放、竞争、有序的市场环境。

(4)完善旅游管理体制。要在政府职能转变中,完善旅游行政管理部门的公共职能。加强对资源开发的保护和管理,增强对旅游企业和旅游消费者的服务功能,提高对旅游质量的监管能力。进一步探索分层级的旅游管理体制,强化城市的市场监管和为旅游者直接服务的职能,鼓励县市设置与旅游资源一体化管理的旅游机构。

(5)促进旅游协会职能的完善。先试点,后推广。以城市各类旅游协会为重点,促进旅游协会加快成为行业利益的代表,加快成为市场秩序的维护者,加快成为行业自律组织,加快成为旅游市场的重要中介。为此,组建了"全国旅游星级饭店评定委员会""全国旅游景区质量等级评定委员会""全国工农业旅游示范点评定委员会"等机构。

2006年旅游工作会议上提出的新时期旅游工作的主要目标是:建立较为完善的旅游法规、制度和标准体系,推动地方旅游法规建设,推动更多有条件的省、自治区、直辖市制定综合性的旅游法规;以地方旅游法规为基础,以部门规章为先导,推动更高层次的立法;针对旅游业发展中出现的新情况、新矛盾、新问题,积极做好综合性立法的可行性研究。同年提出了"大力发展入境旅游、规范发展出境旅游、全面提升国内旅游"的新三大市场发展方针[1]。

二、中国旅游行政管理体制与主要机构

1. 中央行政管理体制

1978年,中央成立旅游工作领导小组,充分体现了国家对于发展旅游业的认识和重视,领导小

---

[1] 王诚庆,戴学锋,金准. 中国旅游业发展中的体制改革与创新[EB/OL]. [2007-01-29]. http://www.china.com.cn/economic/txt/2007-01-29/content_7729324.htm.

组提出的旅游发展大政方针决定了一系列发展初期的重要事宜。各省市区成立旅游局,负责管理地方旅游业,从此也形成旅游行政管理中央—地方的格局。

1986年,国务院成立旅游协调领导小组,下设办公室。旅游协调领导小组决定大政方针,负责协调各方面的关系,办公室负责操作具体事务,如解决当时长江三峡的旅游发展问题、负责一些重点旅游景区的建设项目等。

1988年,国务院成立旅游事业委员会。旅游事业委员会是国务院的非常设机构,然而是正式机构。旅游事业委员会自成立以来共召开了12次会议,每次会议都研究解决了一些重大问题,提高了办事效率。如1990年11月4日,旅游事业委员会开会讨论旅游度假区的发展问题,由主管旅游的吴学谦副总理主持、分管建设的邹家华副总理参加会议,国务院十几个部门参与并讨论,并在最后确定有关政策和措施后迅速发文操作。这一时期国务院旅游事业委员会的协调力度大、执行力强,促进了一些妨碍旅游业发展的急难问题的解决。

2000年,全国假日旅游部际协调会议成立。根据1999年全年休假制度调整后假日旅游迅猛发展的需求,国务院设立假日旅游部际协调会议,由14个部委组成,国务院副秘书长兼协调会议主任。下设办公室,放在国家旅游局。假日旅游部际协调会议虽然只是重点解决"黄金周"的旅游问题,但是对旅游行政管理的架构有一定影响,它既体现了国家对旅游的重视,又切实促使旅游功能的更好发挥,而且其社会影响也在逐步扩大。

2. 国家旅游局

(1) 概述

1982年,国家旅游局与国旅总社分开,国家旅游局由外交部代管局升格为国务院直属局。和企业功能分开后,能够更好地发挥旅游行政管理部门的作用,便于对全行业的发展进行规划、建设和管理。同时也便于加强对于地方旅游的领导工作,便于协调和相关部门的关系。

1988年,政企分开。按照国家关于国有资产管理体制改革的总体要求,国家旅游局直属企业与机关剥离,企业资产归国资委,从而使国家旅游局真正能够从管理企业的具体事务中解脱出来实现管理行业的功能,而且能够更加公平合理地进行行业管理、关注发展问题。

从国家旅游来看,其体制改革基本上发生了2次大变化,若干次小变化。在这些变化过程中,每次都有机构调整和职能变化。每一次职能的变化过程,都是行业管理从微观到宏观逐步强化的过程,也是协调要求越来越高的过程。

(2) 国家旅游局职能

根据第八届全国人民代表大会第一次会议批准的国务院机构改革方案和《关于国务院机构设置的通知》(国发〔1993〕25号)》,保留国家旅游局。本着精简、统一、效能的原则,确定国家旅游局职能配置、内设机构和人员编制方案。

1998年,国务院又对国家旅游局的职责进行了调整:不再保留对旅游外汇、旅游计划、旅游价格的管理职能;将实施旅游业技术等级考核、行业资格考试和等级考试的具体工作交由事业单位(旅游协会)承担。根据《国务院关于机构设置的通知》(国发〔1998〕5号),国家旅游局是国务院主管旅游业的直属机构。国家旅游局的主要职责是:

①研究拟定旅游业发展的方针、政策和规则,拟定旅游业管理的行政法规、规章并监督实施。

②研究拟定国际旅游市场开发战略,组织国家旅游整体形象的对外宣传和重大促销活动,组织、指导重要旅游产品的开发,指导驻外旅游办事处的市场开发工作。

③培育和完善国内旅游市场,研究拟定发展国内旅游的战略措施并指导实施;指导地方旅游工作。

④组织旅游资源的普查工作,指导重点旅游区域的规划开发建设,组织、指导旅游统计工作。

⑤拟定各类旅游景区景点、度假区及旅游住宿、旅行社、旅游车船和特种旅游项目的设施标准和服务标准并组织实施;审批经营国际旅游业务的旅行社;组织和指导旅游设施定点工作。

⑥研究拟定出国旅游和赴香港特别行政区及澳门、台湾旅游及边境旅游政策并组织实施;审批外国在我国境内和香港特别行政区及澳门、台湾地区在内地设立的旅游机构;负责旅游涉外及涉香港特别行政区及澳门、台湾事务,代表国家签订国际旅游协定,指导旅游对外交流与合作。

⑦监督、检查旅游市场秩序和服务质量,受理旅游者投诉,维护旅游者合法权益。

⑧指导旅游教育、培训工作,制定旅游从业人员的职业资格制度和等级制度并指导实施,管理局属院校的业务工作。

⑨负责局机关及在京直属单位的党群工作。

⑩承办国务院交办的其他事项。

3. 地方旅游局

(1) 概述

各地旅游局先后单独设立　1978年,各省级旅游局纷纷成立,但基本上为外事、旅游、侨办3家合一的格局。之后,随着旅游业的发展,旅游行政管理机构的地位逐步提高,20世纪80年代前期各省级旅游局基本上都单独设立机构,20世纪90年代之后,多数省级旅游行政管理机构升格为一级局,进入政府序列。目前大部分城市和县旅游局也都单独设立。由于各级政府认识到旅游的重要性,需要加强对旅游工作的规划、建设和管理力度,所以需要强化旅游机构、增加编制、增拨经费。而各级旅游行政管理机构功能的增强也有利于推动地方旅游工作的更好开展。

文化旅游和风景旅游融合　由于在中国现行的行政管理体制下仍存在一些政出多门、交叉管理的问题,一些地方为了理顺旅游管理工作,把一些跨行业的管理功能进行深度融合,从而更好地服务于旅游业的发展。有些市、县旅游局形成了文化旅游和风景旅游相融合的局面。这种根据旅游业综合性功能强的特点,打破条块限制进行旅游管理体制改革,是对旅游业认识的进一步深化。

(2) 地方旅游局职能

地方旅游局主要包括省、市、自治区,以及地、县级旅游管理局,其职能主要是在贯彻落实国家旅游业法律法规和政策的基础上,对地方旅游业的发展进行管理、规划和组织实施。主要包括:

①贯彻执行上一级政府有关旅游业的法律、法规、规章和方针、政策;拟定地方旅游业有关政策和地方性规章和实施办法,并组织检查实施。

②负责地方旅游业的宏观调控和组织编制旅游业发展的中长期以及年度计划,并组织指导实施;会同计划、规划和景点景区等部门和单位做好旅游区域的开发建设和旅游设施、旅游景区、景点开发利用项目工作。

③负责对本地区旅游资源进行普查;组织旅游景点及有旅游吸引力的社会资源按照旅游行业标准开展相关的评定审核工作;负责制订和实施旅游发展专项资金使用计划;协调和指导旅游度假区规划建设和管理;参与地方与旅游有关的标志性建筑项目前期预审工作。

④负责对地区旅游市场秩序实施统一管理和稽查工作;监督、检查旅游市场秩序和服务质量,受理旅游者投诉,维护旅游合法权益。

⑤负责协调指导旅游安全管理、紧急救援、保险监督工作。

⑥负责地方旅游行业的统计、审计、财务等有关工作的指导;协调、指导地区内部旅游业务工作。

⑦负责全区域旅游宣传工作;指导和监督编制印发各类旅游宣传资料;组织举办本地区旅游业对外宣传和海外旅游市场的拓展业务和开发工作;组织全地区性各类旅游促销活动;指导和管理旅游电子商务和信息咨询业务。

⑧负责本地区旅游业的行业管理、协调工作;按照管理权限审核旅行社的设立;负责对外地驻本地的旅游办事机构的审核管理;对开展出境旅游业务单位实行指导、协调、监督和管理;按照权限组织和实施旅游饭店的星级评定的审核、申报、审批和复核工作。

⑨指导旅游作业人员的教育、培训、考核和管理,申报核发岗位证书;根据管理权限负责导游证和导游人员的年度审核;指导旅游行业协会工作。

⑩管理直属事业单位和负责直属单位党建及干部管理工作。

⑪承办政府和上级旅游部门交办的其他事项。

第三节 中国旅游行业与企业管理

一、中国旅游行业管理

1. 旅游法规建设

旅游行业的法规建设在国家层面较为薄弱,以国务院条例的方式出台的法规只有3个,即《旅行社管理条例》《导游人员管理条例》《中国公民出国旅游管理办法》;以国家旅游局规章方式出现的法规约有20多个。一些地方旅游立法的层级较高,一些重点省份通过地方人民代表大会制订旅游管理条例或者综合性、专门性的法规,对于促进地方旅游工作起了很大作用。旅游法规建设呈现下重上轻、下大上小的局面。

2. 标准化建设

旅游作为一个的部门,在标准化方面的工作起步较晚。如旅游部门的第1个国家标准1993年才诞生,而商务部1994年已有400多个国家标准,其他部门的标准化建设也比较发达。到目前为止,旅游行业的国家标准不到20个,仍然很少。但旅游行业的标准化体系表已经存在多年,标准化技术体系表的产生标志着旅游的行业范围和管理规范已被认同。旅游的国家标准、行业标准、地方标准、企业标准等一系列标准都需要进一步加强。

旅游标准化的特点是作用大、影响深。如饭店星级评定标准，按照国家标准化委员会的评价，是贯彻非常成功的标准。再如，A级景区标准，推行效果明显，在国家标准中获得二等奖。总之，标准化工作是对法规建设的有益补充，是行业发展的有力推手，应该加快发展。

3. 行业管理的深化

改革开放30年来，旅游行业管理经历了两次脱胎换骨的变化。第一是从"小旅游"到"大旅游"的过程，即从行业自身关注的事务，扩展到国家最关注和社会最关注的事务，在这个过程中促进旅游业更全面、更良好的发展和旅游业本身问题的更好解决。旅游业加强与相关方面的协调，特别是在地方政府层面见到了明显的成效。第二是从"管脚下"到"管天下"的过程。主要是政企不分导致行业管理和宏观管理的大局被部委直属企业的微观事务冲淡、分散了。客观来看，旅游行业的政企脱钩完成后，行政管理机关的工作精力大部分都转移到行业发展的问题上来，这是一个可喜的进步过程。

行业管理的深化还表现在对薄弱环节的重视。如旅游厕所条件的不断完善过程，1983年国家旅游局曾召开全国旅游厕所工作会议，1993年～1995年连续3年间国家旅游局和建设部下发文件，每年补贴1500万元给地方修建旅游厕所，重点解决3个方面的难度：①缓解城市厕所的问题，虽然城市厕所通过宾馆基本上可以解决，但在一些重点街区仍有不少问题；②缓解景区厕所问题，通过国家旅游局出钱、地方配套的方式，重要景区入厕难问题已基本解决；③缓解旅游道路中的厕所问题，基本上按流程的距离在适当的地点设立厕所。2001年国家旅游局又召开有关厕所工作会议，发布《新世纪旅游厕所建设与管理桂林共识》，对于厕所的建设和管理进行了一系列的制度创新[1]。

二、中国旅游企业体制改革

旅游企业的体制改革很大程度是由国家和地方的投资管理体制决定的，旅游部门的一些政策措施也对企业的改革和发展有一定的影响，结合两方面的情况来看，旅游企业的体制是一个逐步理顺、逐步优化的过程，中间有一些革命性的推动，但一些方面的发展仍不彻底。

（1）从事业单位到企业制度

旅游企业的转制从20世纪80年代开始从机关性质和事业单位向企业制度转变，但这一过程到现在为止也未完全完成，如住宿行业现在仍有3000多家政务型宾馆还是事业单位企业化管理。有些旅游经营单位没有进行企业化改制。

（2）从垄断经营到逐步开放

中国国民经济的主要部门都有一个逐步打破垄断、开放经营的过程。旅游业早期的局部领域存在垄断经营的问题，如旅行社和出国旅游业务经营，但随着形势的发展已逐步取消。但有些方面则由于管理体制的原因没有放开经营，如景区仍存在垄断性经营。而且有些方面的垄断经营仍制约着旅游业的发展，如铁路运输。但这些垄断性经营涉及国家层面更为复杂的体制问题，需要一个长期过程才能解决。

---

[1] 魏小安,曾博伟.旅游政策与法规[M].北京:北京师范大学出版社,2009.

(3) 从国有独资到多元主体

自从政企脱钩后,国家对于国有资产管理体制进行了很大的改革,许多领域单一的国有体制被打破,多元化的投资体制和所有制形式逐步形成,一些地方提出"国退民进"的发展政策,这使得政府在一定程度上能甩开包袱,专注发展。而且在加入世贸组织后,旅游业在市场准入方面的限制性措施基本消除,内资外资实行国民待遇,旅游方面大的市场准入已经没有,只是在局部领域仍有进入限制,如景区的投资主体限制等。

(4) 从单体发展到企业集团

在条块分割的企业管理体制下,旅游企业大多呈现单位发展的格局。如早期旅行社设立分支机构存在诸多限制,以资产关系为纽带进行投资仍存在政策制约,形成了旅游企业发展的壁垒。目前这方面的限定已经明显减少,旅游企业大多能够进行跨地区、跨景区、跨所有制经营,企业的资源按照市场需求进行配置,便于实现规模化、网络化、集团化、国际化发展。而这反过来也对旅游企业和行业的管理体制提出了一些新的要求。

图 1-4-1　华侨城"旅游+房地产"的经典模式

如深圳华侨城集团。华侨城旅游业务的发展始于主题公园的建设,至今,华侨城已经拥有全国规模最大、运营最成功的主题公园,包括锦绣中华、中国民俗文化村、世界之窗和欢乐谷等,并以此形成了一个集旅游、文化、购物、娱乐、体育、休闲于一体的文化旅游度假区。1999年以来,华侨城先后被评为全国文明风景旅游区、首批国家5A级旅游景区。华侨城旗下已经开业的旅游景区2007年入园人数合计达到1350万人次,与美国迪士尼乐园、英国美林娱乐集团公司、美国环球影城、六旗集团、布什系列公园和西德角连锁主题公园等一起进入年入园人数千万人次以上的全球旅游景区集团8强,名列第7,为亚洲地区唯一进入"全球旅游景区八强"者,成为中国旅游业第一品牌。

华侨城的盈利模式在业界被称之为"旅游+地产"模式,即公司首先通过投资建设主题公园低价拿地,然后启动主题公园和商品房建设。采用先卖房,回笼部分资金,再利用卖房利润继续投资主题公园,主题公园的建成又增加了房地产项目的价值,提升华侨城楼盘品质,提高销售单价,带动房地产项目的销售,从而实现房地产与旅游项目的共赢。

表1-4-1 华侨城新旅游地产模式[1]

模式	传统旅游地产	新旅游地产模式		
	经典模式	三洲田模式	浦江模式	欢乐海岸模式
实例	波托菲诺—欢乐谷、北京华侨城、上海松江、成都天府华侨城	三洲田	上海浦江新城	深圳红树林欢乐海岸
旅游产业形态	主题公园	生态旅游、会议度假	无	开放式公共游乐场所
房地产业形态	高端住宅、商业、酒店	别墅、商业、酒店	高端住宅、别墅、商业、写字楼	商业
适用范围	少数中心城市	中心城市、一线城市、二线城市	发达地区大城市的卫星城或新城区开发	中心城市、一线城市、二线城市
选址要求	市内或近郊区公共交通便利	城市周边2~3小时车程的广大地区	城市周边新建社区	城市公共休闲功能区、老城区改造
模式推广的宏观背景	消费升级、娱乐需求加速增长	产业机构升级及政策导向推动旅游业快速发展	城市化快速推进	城市功能从生产型向消费型、休闲型转变

在经典模式拓展空间日益狭窄的情况下,华侨城也开始在模式细节上进行创新,其核心就是在不依靠主题公园的前提下,通过营造环境、综合开发等手段,提升地段价值。新旅游地产的3种模式将在华侨城今后的扩张中发挥重要的作用,为华侨城带来新的资源。

(5)从单一业务到综合发展

随着旅游业的发展和体制环境的宽松,旅游企业除了进行水平业务融合外,还能进行垂直业务整合,即实现向上下游产业链的拓展,从业务比较单一的企业,发展为一批综合性的旅游集团和旅游企业。如很多旅游集团已经是涵盖酒店、房地产、景区运输企业、餐饮等相关产业在内的综合性企业,从而使集团内部实现市场互分、资源互通、利益共享的发展格局。

首旅集团成立于1998年,目前已经发展成为全国第1家省级国有独资综合型旅游企业,在国家统计局发布的《2007年中国大企业集团》名录中,排名第188位,位居全国旅游服务企业的前列,拥有总资产285.5亿,实现营业收入222亿元,利润总额12.57亿元。

首旅集团不仅拥有旅游6大环节的业务,而且每个业务都有很好的品牌和宏大的发展目标。2008年,首旅集团制定了第3个五年发展规划。经济发展目标是:经过5年的发展,资产总额将达到500亿元,营业收入达到400亿元,利润总额实现35亿元~40亿元,净资产收益率达到9%~11%。到2017年,在2013年的基础上力争实现资产规模、营业收入、利润总额再翻一番的发展目

---

[1]崔晓丽. 我国旅游企业的盈利模式研究[EB/OL]. [2010-01-05]. http://www.chinavalue.net/Biz/Article/2010-1-5/189941.html.

标。首旅集团要通过战略重组和内部整合迅速实现规模化和专业化,将来要形成一个板块、一个上市公司相互渗透、互相支撑的互动格局[1]。

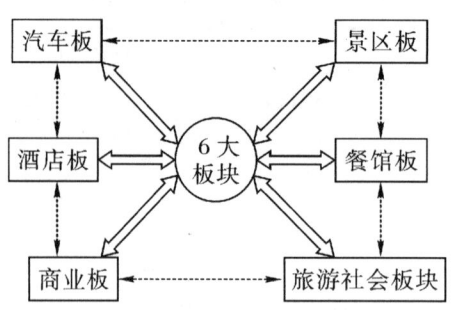

图 1-4-2　首旅集团的 6 大板块

综合看来,在旅游企业体制改革的过程中,外资进入和民企发展是 2 个主导性的因素。外资进入的规模虽然不大,但是它在关键的时期起到了关键的作用,所以产生了巨大的社会影响。民营企业的发展现在是铺天盖地的态势,而且必将形成发展的主流,也会形成旅游企业体制改革新的方式。

表 1-4-2　首旅集团的主要品牌

板块	品牌
景区	"首旅股份"等 10 大品牌
餐饮	"全聚德""东来顺"
旅行社	"康辉""神舟"
商业	"新燕莎""古玩城"
酒店	"首旅建国""如家"
汽车	"首汽"

三、中国旅游人才培养

1. 旅游教育培训

中国的旅游教育经历了从无到有、从小到大的发展。首先是教材的引进、消化和吸收,其次是人才和师资的培养与交流,然后是人才的流动和人才的发展。总体看来,旅游教育培训的体系已经形成。首先无论是学校和专业数量,还是在校学生人数等都居世界前列,包括博士、硕士、本科、专科和职业教育在内的全学科层次体系逐步完善。其次是形成一定的规模和影响,旅游院校毕业生基本能够适应行业发展的需要,也为旅游业的发展储备了人才。

旅游教育培训方面主要存在两方面的问题:一是学科地位低,现有的学科设置和状态在国家整体的教育体系中都偏低,不是一个学科,仅仅是挂靠在院系管理下面的一个分支学科,这和旅游产业发展的需要不匹配。二是和产业结合不够紧密,表现在高层次的研究不能为旅游业的发展决

---

[1] 崔晓丽. 我国旅游企业的盈利模式研究[EB/OL]. [2010-01-05]. http://www.chinavalcce.net/Biz/Article/2010-1-5/189941.html.

策提供理论支持,而行业应用的教育培训内容也存在实用性不足等问题。

2. 旅游科研

旅游领域的科研经历了以下过程,形成了以下几方面的力量:

(1)个人研究。即早期首先由少数科研人员介入旅游,形成初步的研究成果,推动旅游的发展,但多是单打独斗的局面。

(2)组建学术组织并召开相应的学术会议。如改革开放初期国家旅游局和中国社会科学院联合主办了5次全国理论研讨会,其中第5次研讨会由国务院发展研究中心和国家旅游局共同主办。各种学术组织开始建立,并发挥了相应的作用,当时形成的一部分研究成果对于指导后来的旅游业发展起到了重要作用。

(3)教研结合。大学和科研院所大量设立关于旅游的研究机构,以院校为中心的旅游科研主体开始形成。

(4)咨询发展。各种旅游咨询公司出现并发展,为科技成果转化成现实生产力开辟了重要的渠道。

(5)论坛热潮。国内外众多的旅游论坛兴起,并就各方面即时性的热点问题进行实时探讨,反映了行业对于应用研究的需求。

目前,旅游科研主要涉及2个方面的问题:第一是基础积累,通过基础理论研究和实证性分析积累行业知识、产生新知识并推动创新。第二是行业应用,根据行业的发展需要寻求致力于解决问题的技术和方法。

3. 旅游就业与队伍建设

旅游业发展规模的扩大也必然是从业人员的扩大,在30多年改革开放的过程中,旅游业的功能越来越突出,引起了各个方面的重视。目前,旅游就业包括旅游行业就业和旅游经济就业2个方面,前者规模达到了600多万人,后者规模达到了3000多万人。在今后的发展中,有可能以每年上百万人的规模递增。

多年以来,在旅游队伍建设方面,各级旅游行政管理部门和广大旅游企业始终非常重视。发展初期,在政治素质方面高度关注,之后,在业务素质方面逐步提高。在导游行业、旅游汽车行业、饭店领域、景区领域,都涌现了一批代表人物和代表企业。

第五章 中国旅游业的发展

第一节 中国旅游业发展现状

一、旅游业发展概况

随着中国国民经济持续长年的高速增长,中国旅游业总收入也逐年持续增长。根据《中国统计年鉴》和《中国旅游统计年鉴》公布数据,1998年~2010年,中国国内生产总值平均增幅14.50%(未扣除物价,下同),旅游总收入平均增幅13.49%,略低于GDP的增长速度,见表1-5-1。主要是因为房价、教育和医疗等价格增长太快,国内旅游市场秩序混乱,人们有钱不敢旅游,花钱旅游得不到应有的体验。当然,始于2008年的全球金融危机和美元的贬值,也是导致旅游业总收入与GDP比值下降的重要原因。随着旅游市场建设的加强和国家抑制房价措施的实施,可以预计,未来一段时间内,旅游经济增长速度将超过GDP,旅游业总收入占GDP的比例,2020年可望达到8%。

"十一五"期间,中国国内旅游人数年均增长12%;入境过夜旅游人数年均增长3.5%;出境旅游人数年均增长19%,中国目前已跃居全球第3大入境旅游接待国和第四大出境旅游消费国。

表1-5-1 中国旅游业总收入与GDP的比

年份	国内生产总值/亿元	旅游业总收入/亿元	旅游总收入(GDP)/%
1998	78 345	3439	4.39
2000	89 468	4519	5.05
2005	182 321	7686	4.22
2006	209 407	8935	4.27
2007	246 619	10957	4.44
2008	300 670	11600	3.85
2009	340 903	14000	4.11
2010	397 983	15694	3.94
2020(预计)	450 000	36000	8.0

资料来源:根据《中国旅游年鉴》(1990~2010)整理和预测.

二、旅游景区现状

中国是世界上旅游资源最丰富的国家之一。从自然旅游资源看，国土面积辽阔，资源种类齐全，气候条件多样，地貌成因复杂，生态类型多样，景观形态丰富，在世界上是独一无二的；中国又是四大文明古国中唯一文脉未曾中断，文化薪火相传至今的东方大国。拥有5000年以上的灿烂文明，物质文化遗存和非物质文化遗产数量之巨也是举世无双的。这些都构成了中国旅游景区向世界一流目标发展的物质基础，为建设旅游强国奠定了较为坚实的基础。

1. 旅游景区基本情况

目前，全国共有各种类型的旅游景区2万家左右。中国观光、休闲度假和专项旅游相结合的较完整的产品体系初步形成。随着各级地方政府对发展旅游业的重视程度日益提高，对旅游资源的开发力度进一步加大，从而形成了一批又一批新的旅游景区，景区类型也日益丰富。除了新开发的以传统旅游资源（自然和人文资源等）为依托的观光休闲景区外，还不断涌现出各类与中国现代化建设相关联的现代旅游产品和旅游景区，如生态旅游、工农业旅游、科教旅游、文化创意、会展旅游、康体旅游、红色旅游、海洋旅游、温泉旅游、体育旅游、滑雪旅游等。

2. 全国旅游景区经营情况

从全国总体上看，2007年旅游景区企业利润率达8.70%（表1-5-2），远高于旅行社的0.66%和星级饭店的3.32%。但从地区分布上看，东部地区并无明显的优势，尤其是北京从2003年"非典"以来，连续5年出现负增长。

表1-5-2　2000年~2008年旅游景区企业利润率情况

省（市）	2000	2001	2002	2003	2004	2005	2006	2007	2008
合　计	2.31	7.16	9.86	6.98	0.08	7.41	-2.05	8.70	11.30
北　京	-	-	-	-14.44	-8.90	-9.23	-4.07	-4.03	-5.98
天　津	1.84	-1.68	-0.08	-	0.61	-4.46	3.55	3.69	-6.52
河　北	-7.57	11.94	5.98	18.61	-16.43	24.63	23.76	6.57	9.99
山　西	9.64	7.33	2.90	3.05	3.35	2.83	0.52	2.07	-0.94
内蒙古	-	7.14	13.07	17.51	15.05	15.00	16.63	16.06	24.83
辽　宁	24.74	14.99	13.90	12.30	9.04	14.34	10.61	10.43	17.46
吉　林	3.38	13.56	17.30	12.55	1.97	16.44	7.39	9.90	20.68
黑龙江	32.38	-6.74	3.36	57.88	9.83	14.49	12.19	4.52	36.26
上　海	0.44	9.31	15.65	27.97	3.69	0.57	9.11	16.35	11.57
江　苏	16.56	9.83	2.70	0.99	5.09	6.28	17.62	4.70	6.44
浙　江	3.90	-	18.13	5.13	7.10	5.40	3.04	8.01	16.06
安　徽	6.25	4.98	4.86	2.94	6.77	-157.47	22.21	1.19	-257.14
福　建	15.29	25.24	21.51	15.44	12.83	2.35	0.12	-1.38	17.02
江　西	-	-	15.24	5.21	10.68	3.23	20.23	21.04	6.16
山　东	-0.33	7.18	4.67	0.43	12.48	20.72	14.09	14.41	9.97
河　南	8.23	7.91	10.16	2.23	-3.53	10.55	-155.10	12.43	15.93
湖　北	13.55	10.74	3.41	2.23	28.24	6.67	6.58	10.32	14.12
湖　南	-	95.63	-2.09	-1.15	6.53	15.03	11.11	10.10	4.94

续表

省(市)	2000	2001	2002	2003	2004	2005	2006	2007	2008
广东	-9.29	4.03	2.17	3.69	47.26	10.73	-47.11	15.08	16.42
广西	10.52	9.82	3.54	2.85	6.24	6.47	8.63	14.56	10.73
海南	1.23	-28.09	15.64	28.40	24.34	16.08	11.66	18.90	36.13
重庆	61.78	-10.39	5.70	8.81	-12.85	-0.05	2.82	2.44	3.52
四川	4.97	8.54	57.36	15.34	12.41	13.85	6.24	6.90	7.65
贵州	0.17	0.92	1.22	1.38	7.43	13.89	0.90	3.20	9.68
云南	3.00	7.30	4.42	7.15	14.12	-	0.41	3.13	10.85
西藏	7.81	7.42	-3.92	-	4.04	5.51	-1.72	4.78	42.30
陕西	-3.12	14.05	8.04	-8.38	29.22	24.84	15.04	14.99	-
甘肃	-	-	5.02	2.89	6.43	3.38	11.72	132.43	-0.94
青海	3.07	-	-	-	0.00	-	1.28	12.02	30.73
宁夏	18.97	29.97	31.67	23.20	14.13	10.16	14.89	14.84	20.79
新疆	-	-	2.96	7.63	2.33	5.76	-1.24	12.99	11.63

资料来源:(1)历年《中国旅游统计年鉴(副本)》,国家旅游局;(2)张凌云.旅游景区概论[M].北京:北京师范大学出版社,2010.

3. A级旅游景区数量和结构

截止到2007年底,全国共有A级景区1922家,其中5A景区66家,4A景区940个(目前在A级景区数量统计方面,没有见到有权威的或统一的数字,各种版本的数字出入较大,表1-5-3是根据《中国旅游年鉴》所载的国家旅游局每批次发布的A级景区公告统计得出的)。

表1-5-3 2000年~2007年全国A级景区一览表

年 份	5A	4A	3A	2A	1A	总 计
2000	-	187	-	-	-	187
2001	-	113	130	342	59	644
2002	-	61	35	121	14	231
2003	-	83	7	185	23	298
2004	-	43	-	-	-	43
2005	-	185	-	-	-	185
2006	-	136	-	-	-	136
2007	66	132	-	-	-	198
总 计	66	940	172	648	96	1922

资料来源:(1)历年《中国旅游年鉴》,国家旅游局;(2)张凌云.旅游景区概论[M].北京:北京师范大学出版社,2010.

据《2012年中国旅游景区发展报告》统计,截至2012年底,全国共有A级景区6042家,其中,5A级景区147家,4A级景区1966家,3A级景区2123家,2A级景区1689家,1A级景区117家,分别占A级旅游景区总数的2.43%、32.54%、35.14%、27.95%、1.94%,A级旅游景区等级结构呈

"两头大中间小"的结构。与2011年底的5632家相比,全国A级景区共增加410家,年增长率为7.28%,其中,5A、4A、3A、2A、1A级景区(点)年增长率分别为13.08%、14.17%、6.15%、2.43%、-10.69%。

从景区的地区分布来看,受区域面积大小、资源条件禀赋、投资开发环境等条件影响,A级及其地区空间分布差异较大,沿海省市区数量分布相对较多。2012年,A级景区数量位居前5位的为:山东省547家、江苏省514家、安徽省397家、浙江省325家、河北省293家,5省A级景区占全国总数的34.4%;数量位居后5位的是:天津73家、西藏66家、青海61家、海南40家、宁夏32家。与2011相比,湖北、安徽、江苏、黑龙江、西藏等省区市数量增加幅度较大,而北京、山西、内蒙古、吉林、青海、新疆、宁夏、云南等省市区A级景区数量出现负增长。

4. A级景区经营情况

根据国家旅游局对468家A级景区(其中4A级景区146家,3A级景区109家,2A级景区188家,1A级景区25家)所作的一项抽样调查,2004年中国A级景区的经营10大基本情况如下:

(1)景区的年接待游客量从高级别向低级别逐级减少。4A级景区年平均接待游客116万人次,其中东部地区为150万人次,中部地区为68万人次,西部地区为61万人次;3A级景区年平均接待游客26万人次,其中东部地区为38万人次,中部地区为18万人次,西部地区为14万人次;2A级景区年平均接待14万人次,其中东部地区为12万人次,中部地区为17万人次,西部地区为15万人次;1A级景区年平均接待游客7万人次,其中东部地区为3万人次,中部地区为22万人次,西部地区为5万人次。4A级和3A级景区的年接待游客量从东到中到西呈现明显梯度差,体现出中国主要旅游景区越往东部,市场驱动型特点越突出;越往西部,资源驱动型特点越突出。而中部地区的2A级和1A级景区的年接待游客量都较高,则反映出中部地区旅游业呈增长势头,有许多新兴的景区正逐步占据市场。现代游乐型景区年平均接待游客量最大,为82.9万人次,其次是自然景区和人文景区,分别为54.85万人次和51.33万人次;工农业科技旅游景区和旅游度假型景区则较少,分别为22.46万人次和22.34万人次。

(2)从4A级景区接待入境游客的情况看,人文景区年接待入境游客最多,为7.28万人次,其次是现代游乐型景区和自然景区,分别为4.68万人次和4万人次;旅游度假型景区和工农业科技旅游景区则相对较少,分别为1.79万人次和1.37万人次。说明中国的旅游资源中对外国人具有较大吸引力的仍然是中国悠久的历史文化和壮丽的自然山川以及新开发的现代游乐产品,而旅游度假型产品和工农业科技旅游产品目前的主要客源市场仍然是国内游客。

(3)全国A级景区接待经营情况良好。468家A级景区共接待游客22555万人次,平均每个景区接待游客48.2万人次;实现营业收入81.66亿元,其中门票收入37.88亿元,共创利润5.56亿元;平均每个景区营业收入1744.79万元,门票收入809.36万元,创利118.76万元。

(4)468家A级景区资产总额为363.28亿元,有固定员工5.55万人,临时员工3.83万人,平均每个景区资产总额为7762.48万元,固定员工规模119人,临时员规模82人,总体上属于中等规模。以固定员工加临时员工的1/2为员工总数计算的人均拥有资产额为48.66万元,人均创收为6.82万元,人均创利为0.74万元。人均创利水平不高。总体上看,旅游景区仍然属于劳动密集型行业。

(5)A级景区的资产规模和员工规模与景区等级高低呈现明显的正比例,从4A到1A,景区资产规模和员工规模逐级下降。4A级景区的平均资产规模为2亿元,固定员工规模为272人,属于大中型。而其中中部地区的4A级景区规模最大,平均资产规模为5.43亿元,固定员工规模为453人;其次是东部地区,资产和人员规模分别为1.48亿元和263人;西部地区最小,分别为0.97亿元和169人,体现出中国大型风景区主要集中在中部地区的特点。3A级景区的平均资产规模为2855万元,员工规模为77人,其中东部地区最高,分别为4657万元和95人,其次是西部地区和中部地区,资产规模分别为2248万元和1332万元,固定员工规模分别为36人和72人,说明东部地区拥有较大规模的、中高档次的传统景区和新型景区。2A级景区的平均资产规模1877万元,1A级景区的平均资产规模为1443万元,都大大低于4A级景区,仅大致相当于二星级饭店下的水平,属中小型,固定员工规模也大大低于4A级和3A级景区,分别为36人和20人。

(6)全国A级景区人均消费为36.2元,人均门票价格为16.79元,4A级景区的门票平均价格仅为19.39元,总体水平不高。一方面,说明中国旅游景区的经营目前总体上还是规模扩大型增长模式,集约化程度不高,景区在经营上还有较大潜力可挖掘;另一方面,也反映出许多传统景区还存在着大量的免票接待游客和优惠接待游客的客观现实。

(7)全国A级景区的利润率平均为6.81%,总体不高。营业利润率水平与级别的相关性也不明显,不同地区之间的平均水平相差也不大。在不同类型景区中,自然景区和旅游度假型景区的营业利润率较高,分别为9.12%和7.77%,而现代游乐型景区最低,为3.35%。

(8)全国A级景区人均创收为6.82万元,人均创利为0.74万元,劳动生产率水平属于中等,还有较大可挖掘的潜力;从不同级别的情况来看,人均创收与景区级别呈明显的正比例关系,体现景区规模与档次对收入影响较大,但人均创利则是1A级景区最高,其次是3A级景区和4A级景区,与级别没有明显的相关关系,说明景区劳动生产率水平与景区规模、服务水平和档次的关联性不大;从不同地区的情况来看,东部和中部的人均创利水平高于西部,反映出西部地区旅游景区的经营效益仍然落后于东部和中部的现实;从不同类型景区的情况来看,现代游乐型景区的人均创收能力最强,为14.75万元,旅游度假型景区的劳动生产率水平较高,人均创利分别为0.96万元和0.87万元。

(9)4A级景区的年平均营业收入为4456万元,门票收入为2242万元;3A级景区的年平均营业收入为770万元,门票收入为346万元;2A级景区的年平均营业收入为406万元,门票收入为70万元;1A级景区的年平均营业收入为229万元,门票收入为19万元。现代游乐型景区、工农业科技旅游景区和自然景区的年平均营业收入较高,分别为2395.21万元、2287.29万元和2139.55万元;人文景区和旅游度假型景区的平均年营业收入较低,分别为1434.79万元和1368.95万元;现代游乐型景区的年平均门票收入最高,为1623.95万元,旅游度假型景区的年平均门票收入最低,为341.2万元。从门票收入占营业收入的比重来看,现代游乐型景区和人文景区较高,分别为68%和66%,说明这两类景区的营业收入主要以门票收入为主;而旅游度假型景区和工农业科技旅游景区较低,分别为25%和14%,说明旅游度假型景区和工农业科技旅游景区的综合经营程度和综合收入水平较高。从不同地区的景区收入情况来看,年平均门票收入由东到西依次递减,分别为1005.76万元、637.79万元和555.5万元;而年平均营业收入则是中部地区最高,为3493.34万元,其次是东部地区,平均年营业收入为1718.56万元,西部地区最低,为897.8万元。从门票收入占总收入的比重来看,西部地区最高,为62%;中部地区最低,为18%。这体现出中部地区景区以风景区度假型景区为主,综合收入高的特点。

(10)现代游乐景区和自然景区的规模最大,平均资产规模分别为1.19亿元和1.08亿元,平均固定员工规模分别为133人和152人,其中现代游乐景区的人均拥有资产额在各类景区中最高,为73.26万元,这说明现代游乐景区在各种类型的景区中资金密集程度较高,而自然景区的资产规模大则主要由于面积大、范围广、占有资源多;旅游度假型景区的资产规模最小,人均拥有资产额最低,分别为4041.53万元和36.65万元,反映出中国度假型旅游产品发展还不成熟,总体投资水平和资金密集度都不高;工农业科技旅游景区的员工规模最小,平均为79人,反映出这类景区经营灵活的特点[1]。

近年来,全国旅游景区的经营情况不断得到新的突破,接待人数不断增加,游客接待量增长幅度持续加大,景区收益不断增加。根据《2012年中国旅游景区发展报告》统计,2012年,全国A级景区共接待游客总量为29.26亿人次,较2011年增加3.72亿人次,年增长14.57%,高于2011年13.88%的增长率。5A、4A、3A、2A、1A级旅游景区接待游客分别占全年A级景区游客量的21.36%、46.07%、21.8%、10.49%、0.27%,其中,4A级景区接待游客量规模最大,达13.48亿人次;与2011年相比,1A级旅游景区游客接待量所占比重有大幅减少,4A和5A级景区略有减少,3A和2A级旅游景区均有所增加。从地区来看,A级景区接待人数位居前5位的省市区依次是:江苏3.52亿人次、山东2.71亿人次、浙江2.22亿人次、安徽1.8亿人次、四川1.71亿人次,这5省市区A级景区接待量总和占到全国总接待量的40.87%;位居后5位的省市区为:西藏0.06亿人次、宁夏0.08亿人次、海南0.24亿人次、吉林0.25亿人次、新疆0.28亿人次。除四川外,西部地区各省市区接待人数较少,吸引的游客明显少于东部省市区。从2012年与2011年景区接待人数对比可以看出,年增长率最高的是青海(由0.05亿人次增加到0.62亿人次,增长率1140.0%),其次是上海(由0.27亿人次增加到0.71亿人次,增长率162.96%)、贵州(由0.22亿人次增加到0.39亿人次,增长率77.27%)、安徽(由1.06亿人次增加到1.8亿人次,增长率69.81%),有10个省市区在2012年的景区接待人数少于2011年,呈现负增长态势。从3大区域来看,东部地区游客接待量为15.86亿人次,虽与2011念得15.95亿人次相比有所减少,仍是全国最高;中部地区接待量有较大幅度增加,从5.15亿人次跃升到6.46亿人次,年增长率达25.44%;西部地区游客接待量由5.8亿人次增加到6.94亿人次。

目前,旅游景区已经成为居民旅游消费的热点之一,景区收益不断增加。2012年,全国A级景区实现营业总收入2898.93亿元,比2011年增加240.33亿元,年增长率达9.04%,经营效益态势良好。从等级来看,5A、4A、3A、2A、1A级景区旅游收入分别占全年A级景区旅游收入的36.4%、45.49%、13.12%、4.83%、0.17%,4A、5A级景区成为A级景区旅游收入的支柱;与201年相比,5A级和4A级旅游景区总收入继续占据A级景区总收入的主体地位,且5A级旅游景区收入所占比重大幅增长(由15.57%增长到36.4%),其次为2A级旅游景区(由2.83%增长到4.83%),4A级(由65.63%减少到45.49%)、3A级(由14.18%减少到13.12%)和1A级(由1.79%减少到0.17%)旅游景区收入所占比重均有所减少。从地区来看,西部省市区营业收入较少但年增长率较高。A级旅游景区营业收入位居前5为的依次是:江西315.03亿元、四川234.87亿元、山东

---

[1]张凌云.旅游景区概论[M].北京:北京师范大学出版社,2010.

223.72亿元、安徽184.48亿元、江苏174.27亿元,5省占到A级旅游景区总营业收入的37.87%;位居后5位的省区为:云南13.65亿元、青海30.74亿元、西藏31.55亿元、宁夏33.32亿元、天津38.25亿元,其中除天津外,都是西部地区省区市。年增长率最高的为广西(由3.64亿元增加到52.53亿元,增长率1343.13%)、上海(6.52亿元增加到50.84亿元,增长率679.75%)、青海(由3.98亿元增加到30.74亿元,增长率672.36%)、贵州(由13.11亿元增加到84.2亿元,增长率542.26%),而辽宁(由679.38亿元减少为111.9亿元,增长率-83.53%)、浙江(由589.91亿元减少为112.65亿元,增长率-80.9%)、云南(由42.02亿元减少为13.65亿元,增长率-67.52)、河北(由101.32亿元减少为74.43亿元,增长率-26.54%)、山东(由229.18亿元减少为223.72亿元,增长率-2.38%)5省呈现负增长态势。从3大区域来看,东部地区营业收入最高,但与2011年相比有所减少;中部地区营业收入有较大幅度增加,年增长率为106.39%;西部地区营业收入增幅最大,达到177.85%。

景区营业收入一般由门票收入、餐饮收入、住宿收入、商品收入、交通收入、演艺收入等构成。2012年全国A级旅游景区门票收入927.06亿元,占总收入的31.98%,是景区收入的构成主体,但与2011年相比所占比重降低3.36%,对景区总收入的贡献在逐渐下降,其主体地位有被削弱的趋势;餐饮和住宿作为旅游者出游消费的重要构成,其收入也在景区收入中占据重要位置,岁占比重分别为18.92%和18.78%;其次为商品收入和交通收入,分别占15.76%和12.31%;演艺收入较低,仅占2.25%。

截至2012年底,景区上市公司有张家界、北京旅游、大连圣亚、峨眉山A、桂林旅游、华侨城A、黄山旅游、丽江旅游、西安旅游、西藏旅游、云南旅游等11家,其规模与结构已经趋于稳定。从景区上市公司的资产来看,2012年资产稳步增长,整体发展势头良好;从景区上市公司的负债情况看,华侨城A的负债最高,大部分上市公司的负债情况可控;从景区上市公司的盈利能力来看,2012年景区类上市公司的净资产收益率平均水平为4.57%,大部分公司都保持着稳定的盈利,但公司与公司之间盈利能力有很大差异,也有部分公司处于亏损状态,盈利能力仍需加强。

据统计,2012年全国A级景区就业总量为403.55万人,其中,4A、5A级景区吸纳就业人员较多,分别占全国A级景区总就业量的37.19%和26.05%。全国A级旅游景区专职导游总人数49 805人,其中,4A、5A级景区专职导游人数相对较多,分别占全国A级旅游景区专职导游总人数的41.71%和26.9%。

2012年全国A级旅游景区投资额达1673.69亿元,其中,4A级旅游景区投资额最高,占全国A级旅游景区总投资额的49.03%,接近一半;其次为3A级、5A级和2A级,分别占20.18%、14.68%和13.%;1A级景区投资额最少,仅占到总投资的2.5%。

三、旅游企业现状

截至2009年,全国共有旅行社、星级饭店、旅游区(点)等旅游企事业单位49 720家,比2008年增长2.0%;拥有资产原值8275.89亿元,增长3.8%;年营业收入4528.15亿元,增长4.5%;向国家上缴营业税170.64亿元。

1. 旅游饭店

星级饭店既是旅游接待设施的重要部分,又是旅游收入的重要来源,星级饭店的客房数由

2001年的81.62万间增长到2009年的167.35万间;星级饭店床位数由2001年153.31万张增加到2009年的306.47万张。到2013年底,全国纳入星级饭店统计管理的星级饭店共13 293家,其中有11 687家的财务数据显示:拥有客房153.91万间,床位270.50万张;拥有固定资产原值5017.70亿元;实现营业收入总额2292.93亿元;上缴营业税金203.72亿元;全年平均客房出租率55.97%。星级饭店的经营情况如表1-5-4所示。

表1-5-4 2001年~2013年星级饭店经营情况

项目	2001	2003	2005	2007	2009	2011	2013
固定资产原值/亿元	2153.62	2915.55	3756.04	4298.57	4442.98	4587.13	5017.70
全年平均客房出租率/%	58.45	56.14	60.96	60.96	57.88	61.10	55.97
营业收入总额/亿元	763.32	983.16	1346.69	1647.03	1818.18	2314.82	2292.93
上缴营业税/亿元	39.66	49.52	77.16	118.33	122.16	147.84	203.72
全员劳动生产率/万元人	7.26	7.28	8.88	10.56	10.87	15.02	15.26

资料来源:根据《中国旅游年鉴》(2001~2013)整理.

(1)全国星级饭店的构成情况(按规模划分)

2009年,全国星际饭店按规模大小划分的情况是:客房数在500间以上的饭店145家,共有10.55万间客房,占全国星级饭店客房总数的6.3%;客房数在300间~499间的饭店612家,共有22.48万间客房,占全国星级饭店客房总数的13.4%;客房数在200间~299间的饭店1216家,共有29.17万间客房,占全国星级饭店客房总数的17.4%;客房数在100间~199间的饭店4348家,共有59.56万间客房,占全国星级饭店客房总数的35.6%;客房数在100间以下的饭店7916家,共有45.58万间客房,占全国星级饭店客房总数的27.2%。全国14 237家星级饭店分布于31个省(自治区、直辖市)的具体情况如下:按拥有星级饭店的家数排列,位居全国前10名的地位是:浙江1088家,广东1047家,江苏916家,山东907家,云南826家,北京750家,湖北605家,湖南561家,四川534家,辽宁530家。

截止2013年底,全国星级饭店统计管理系统中13 293家星级饭店,有12 517家经营情况数据通过省级旅游行政管理部门审核,经营数据统计的有11 687家。五星级739家,客房数26.11万间/套,床位数39.49万张;四星级2361家,客房数46.28万间/套,床位数84.08万张;三星级5631家,客房数62.07万间/套,床位数110.89万间;二星级2831家,客房数18.87万间/套;一星级125家,客房数0.58万间/套,床位数1.07万张。全国13 293家星级饭店总数中,广东1069家,浙江854家,江苏844家,山东842家,云南626家,北京602家,湖南573家,河南529家,湖北523家,四川514家。截至2013年底,全国50个重点旅游城市共有5212家星级饭店,有4872家经营情况数据通过省级旅游行政管理部门审核,经营数据统计的有4567家,占全国的39.08%。其中,五星级525家,占全国五星级饭店总数的71.04%;四星级为1125家,占全国四星级饭店的47.65%;三星级为2077家,占全国三星级饭店的36.89%;二星级为805家,占全国二星级饭店的28.44%;一星级为35家,占全国一星级饭店的28%。

(2)全国星级饭店的客房出租率情况

2009年,全国星级饭店平均客房出租率为57.88%,比上年下降0.42个百分点。其中,五星级饭店的客房出租率为51.06%；四星级饭店的客房出租率为59.68%；三星级饭店的客房出租率为59.40%；二星级饭店的客房出租率为58.23%；一星级饭店的客房出租率为51.23%。按饭店规模大小划分的情况是：客房数在500间以上的饭店平均客房出租率为47.42%，比上年下降10.24%；客房数在300间~499间的饭店平均客房出租率为56.60%，比上年下降0.19%；客房数在200间~299间的饭店平均客房出租率为59.53%，比上年下降0.24%；客房数在100间~199间的饭店平均客房出租率为59.70%，比上年上升0.18%；客店数在100间以下的饭店平均客房出租率为58.85%，比上年上升2.05%。按客房出租率高低排列，位居全国前10名的地区如下：湖南77.68%，陕西69.56%，福建67.68%，江西67.44%，河南63.12%，山西62.40%，辽宁61.68%，新疆61.09%，安徽60.48%，海南60.59%。

2013年，全国星级饭店平均客房出租率为55.97%，比2012年下降5.56%。其中，五星级饭店的客房出租率为56.06%；四星级饭店的客房出租率为57.21%；三星级客服的出租率为55.64%；二星级客房的出租率为54.05%；一星级客房的出租率为51.53%。星级饭店客房平均出租率位居前10位的省市区为：湖南72.98%，云南63.33%，上海59.25%，贵州58.59%，北京58.19%，江苏57.89%，福建57.79%，四川57.52%，西藏57.11%，山西56.98%。星级饭店客房平均出租率位居前10为的重点旅游城市为：长沙85.53%，昆明77.43%，拉萨71.44%，三亚64.42%，深圳64.35%，丽江64.12%，贵阳63.78%，南京63.70%，海口63.0%，福州63.92%。

（3）全国星级饭店的营业收入情况

2009年，全国星级饭店共实现营业收入1818.18亿元，比上年增加56.17亿元，增长3.2%。按饭店规模大小划分的情况是：客房数在500间以上的饭店营业收入179.67亿元，占营业收入总额的9.9%；客房数在300间~499间的饭店年营业收入360.84亿元，占营业收入总额的19.8%；客房数在200间~299间的饭店年营业收入371.91亿元，占营业收入总额的20.5%；客房数在100间~199间的饭店年营业收入551.94亿元，占营业收入总额的30.4%；客店数在100间以下的饭店年营业收入353.83亿元，占营业收入总额的19.5%。按营业收入多少排列，位居全国前10名的地区如下：北京208.38亿元，浙江189.49亿元，山东162.94亿元，江苏144.20亿元，广东143.79亿元，上海131.52亿元，辽宁67.10亿元，四川58.30亿元，福建50.62亿元，湖北50.50亿元。

2013年，全国星级饭店实现营业收入总额2292.93亿元，其中，客房占营业收入比重为43.31%，餐饮占营业收入的比重为42.33%。根据饭店星级，五星级饭店营业收入总额为761.45亿元，四星级饭店为776.66亿元，三星级饭店为630.77亿元，二星级饭店为121.01亿元，一星级饭店为3.03亿元。平均每家饭店营业收入比2012年降低8.24%，其中，五星级降低14.39%，四星级降低13.33%，三星级降低12.85%，二星级降低5.04%，一星级增长16.71%。星级饭店每间客房平摊营业收入14.90万元/间，其中，五星级29.17万元/间，四星级16.78万元/间，三星级10.16万元/间，二星级6.42万元/间，一星级5.21万元/间。位居前10位的省（市区）是：上海27.11万元/间，北京23.75万元/间，江苏18.68万元/间，浙江18.25万元/间，福建16.77万元/间，海南16.73万元/间，广东16.63万元/间，天津15.56万元/间，湖南14.59万元/间，山东14.29万元/间。

（4）全国星级饭店上缴的营业税金

2009年，全国星级饭店共上缴营业税金122.16亿元，比上年增加3.82亿元，增长3.2%。按规模划分的情况是:客房数在500间以上的饭店上缴营业税金14.97亿元,占上缴总额的12.3%;客房数在300间~499间的饭店上缴营业税金23.46亿元,占上缴总额的19.2%;客房数在200间~299间的饭店上缴营业税金24.33亿元,占上缴总额的19.9%;客房数在100间~199间的饭店上缴营业税金36.65亿元,占上缴总额的30.0%;客店数在100间以下的饭店上缴营业税金22.74亿元,占上缴总额的18.6%。上缴营业税金位居全国前10名的地区是:广东24.23亿元,北京11.48亿元,浙江10.19亿元;山东8.43亿元,江苏7.89亿元,上海6.97亿元,辽宁5.79亿元,四川4.38亿元,河北4.28亿元,福建3.89亿元。

2013年,全国星级饭店共上缴营业税金203.72亿元,较2012年降低6.05%。其中,五星级饭店实缴税金64.69亿元,增长4.47%;四星级饭店实缴税金79.23亿元,降低3.81%;三星级饭店实缴税金50.05亿元,降低12.93%;二星级饭店实缴税金9.43亿元,降低14.25%;一星级饭店实缴税金0.32亿元,降低14.43%。

(5)全国星级饭店的全员劳动生产率

2009年,全国星级饭店的全员劳动生产率为10.87万元/人,比上年增加0.31万元/人。全员劳动生产率位居全国前10名的地区是:上海17.81万元/人,北京15.61万元/人,青海15.49万元/人,河南14.41万元/人,天津13.28万元/人,江苏13.12万元/人,浙江13.09万元/人,山东13.09万元/人,海南13.06万元/人,吉林12.08万元/人。

2013年,全国星级饭店的全员劳动生产率为15.26万元/人,其中,五星级饭店为22.86万元/人,较2012年降低5.20%;四星级饭店14.83万元/人,降低5.77%;三星级饭店11.90万元/人,增加3.70%;二星级饭店10.73万元/人,增加8.74%;一星级饭店10.99万元/人,增加39.96%。全员劳动生产率居全国前10位的地区是:上海28.59万元/人,北京24.14万元/人,海南19.75万元/人,浙江17.47万元/人,江苏17.42万元/人,西藏16.87万元/人,广东16.15万元/人,天津15.64万元/人,新疆15.12万元/人,辽宁14.55万元/人。全员劳动生产率位居前10为的重点旅游城市是:拉萨40.90万元/人,上海28.59万元/人,三亚24.78万元/人,北京24.14万元/人,长沙23.36万元/人,广州21.26万元/人,温州19.93万元/人,深圳19.66万元/人,南京19.62万元/人,苏州19.31万元/人。

(6)全国星级饭店的员工人数

截至2009年底,全国星级饭店拥有员工167.26万人。星级饭店员工人数居全国首位的是广东省,17.80万人。

截至2013年底,全国星级饭店从业人员达150.24万人,较2012年降低5.54%,其中大专以上学历的为32.38万人,较2012年降低7.01%。五星级饭店从业人员为33.31万人,增加4.27%;四星级饭店为52.38万人,降低0.65%;三星级饭店为53.0万人,降低12.02%;二星级饭店为11.28万人,降低18.15%;一星级饭店为0.27万人,降低26.60%[1]。

2.旅行社

作为旅游活动的具体组织者及旅游业中最活跃的因素,旅行社的规模及经营状况也取得了重大发展。表1-5-5为2001年~2013年旅行社经营情况。

---

[1] 国家旅游局.中国旅游统计年鉴(2000~2013)[M].北京:中国旅游出版社,2013.

表 1-5-5　2001 年~2013 年旅行社经营情况

项目	2001	2003	2005	2007	2009	2010	2011	2013
旅行社总数/家	10532	13361	16245	18943	20399	22784	23690	26054
全国旅行社共实现资产总额/亿元	415.47	387.86	419.26	517.0	585.96	666.14	711.17	1039.77
各类旅行社共实现营业收入/亿元	589.8	652.78	1116.59	1639.3	1806.53	2649.01	2871.77	3599.14
实际缴纳税金/亿元	7.63	6.66	8.12	10.97	12.69	12.77	13.06	14.92

资料来源:根据《中国旅游年鉴》(2001~2013)整理.

到 2009 年年末,全国纳入统计范围的旅行社共有 20 399 家,比上年年末增加 289 家;全国旅行社资产总额 585.96 亿元,比上年增长 12.3%;各类旅行社共实现营业收入 1806.53 亿元,比上年增长 8.6%;实际缴纳税金 12.69 亿元,比上年增长 12.4%。2010 年,全国旅行社纳入统计范围的共有 22 784 家,比 2009 年增加 5.2%;资产总额 666.14 亿元,比 2009 年增长 13.7%;实现营业收入 2649.01 亿元,比上年增长 46.6%;营业税金及附加 12.77 亿元,比上年增长 0.6%。截至 2013 年底,全国旅行社总数为 26 054 家,同比增长 4.45%;全国旅行社资产合计为 1039.77 亿元,同比增长 23.85%;全国旅行社营业收入 3599.14 亿元,同比增长 6.65%;营业税金及附加 14.92 亿元,同比增长 1.42%。

2009 年,全国旅行社共招徕入境游客 1261.43 万人次、5615.89 万人天,分别比上年下降 4.8% 和 3.3%;经旅行社接待的入境游客为 1873.38 万人次、6304.59 万人天,因国际金融危机的影响,分别比上年下降 7.9% 和 1.6%。2010 年,全国旅行社共招徕入境游客 1352.04 万人次,4614.57 万人天,分别比上年增长 7.2% 和下降 17.89%;经旅行社接待的入境游客为 2408.06 万人次,5610.10 万人天,分别比上年增长 28.5% 和下降 11.0%。2013 年,全国旅行社共招徕入境游客 1447.52 万人次、6063.22 万人天,均比上年下降 11.9%;经旅行社接待的入境游客为 2047.15 万人次、6667.75 万人天,分别比上年下降 13.5% 和 14.2%。

2009 年,全国旅行社共组织国内过夜游客 10 123.47 万人次、30 018.97 万人天,分别比上年增长 18.5% 和 18.1%;经旅行社接待的国内过夜游客为 13 696.05 万人次、26 339.34 万人次,分别比上年增长 31.1% 和 14.7%。2010 年,全国旅行社共组织国内过夜游客 11 953.31 万人次,32 831.73 万人天,分别比上年增长 18.1% 和 9.4%;经旅行社接待的国内过夜游客为 14 147.25 万人次,28 833.21 万人天,分别比上年增长 3.3% 和 9.5%。

2013 年,全国旅行社共组织国内过夜游客 12 855.72 万人次、40 842.95 万人天,分别比上年下降 10.5% 和 5.9%;经旅行社接待的国内过夜游客为 14 519.50 万人次、33 829.29 万人天,分别比上年下降 10.9% 和 11.9%[1]。

---

[1] 国家旅游局. 中国旅游统计年鉴(2000~2013)[M]. 北京:中国旅游出版社,2013.

3. 其他旅游企业

2000年，纳入统计范围内的旅游车船公司和其他旅游企业2374家，全年营业收入351.06亿元，向国家上缴营业税金10.26亿元，实现利润19.43亿元。

2009年，纳入统计范围的主要旅游区（点）、旅游车船公司等其他旅游企业有15 084家，全年共实现营业收入903.39亿元，向国家上缴营业税金35.80亿元。

四、旅游市场现状

1. 入境旅游市场方面

（1）入境旅游总体情况

从1949年~1978年，中国入境旅游初具雏形，但尚未形成规模。1978年，十一届三中全会召开，中国确立了改革开放的路线。打开国门后的第一个效应，就是激发了各国人士到中国旅游的热情，大批海外旅游者蜂拥而至。1978年，来华旅游入境人数达180.9万人次，世界排名第48位，其中外国旅游者23万人次；国际旅游外汇收入为2.63亿美元，世界排名第41位。而随着中国国际地位的提高，入境旅游持续增长，到1998年来华旅游入境人数已达到6347.8万人次，世界排名已上升至第6位，其中外国旅游者710.8万人次，是1978年的31倍；国际旅游外汇收入126亿美元，世界排名升至第7位，是1978年的48倍。根据世界旅游组织公布《2001年世界旅游收入前15位国家（地区）排名》和《2001年世界接待过夜旅游者人数前15位国家（地区）排名》，2001年，中国国际旅游收入178亿美元，比上年增长9.7%，首次居世界第5位，占全球市场份额为3.8%；中国接待的入境过夜旅游者人数为3320万人次，比上年增长6.2%，仍居世界第5位，占全球市场份额为4.8%。

2009年，入境旅游人数12647.59万人次，比上年同期下降2.7%。其中，外国人2193.75万人次，下降9.8%；香港同胞7733.60万人次，下降1.3%；澳门同胞2271.84万人次，下降1.1%；台湾同胞448.40万人次，增长2.2%。入境过夜旅游者人数5087.52万人次，比上年同期下降4.1%。其中：外国人1769.69万人次，下降10.2%；香港同胞2549.79万人次，下降0.7%；澳门同胞384.80万人次，下降0.8%；台湾同胞383.24万人次，增长0.9%。国际旅游（外汇）收入达396.75亿美元，比上年同期下降2.9%。其中，外国人在华花费222.54亿美元，下降6.1%；香港同胞在内地花费97.46亿美元，增长5.3%；澳门同胞在内地花费27.47亿美元，下降19.3%；台湾同胞在大陆花费49.27亿美元，增长10.0%。

2010年中国入境过夜旅游人数5566万人次，已成为世界第3大旅游目的地（次于美国和西班牙）。同比增长9.4%，已经走出金融危机的阴影。

2013年，入境旅游人数12 907.78万人次，比上年下降2.5%。其中，外国人2629.03万人次，下降3.3%；香港同胞7688.46万人次，下降2.3%；澳门同胞2074.03万人次，下降2.0%；台湾同胞516.25万人次，下降3.3%。入境过夜游客人数5568.59万人次，比上年下降3.5%。其中：外国人2080.71万人次，下降5.2%；香港同胞2607.59万人次，下降2.4%；澳门同胞422.97万人次，下降2.0%；台湾同胞457.32万人次，下降3.7%。国际旅游（外汇）收入516.64亿美元，比上年增长3.3%。

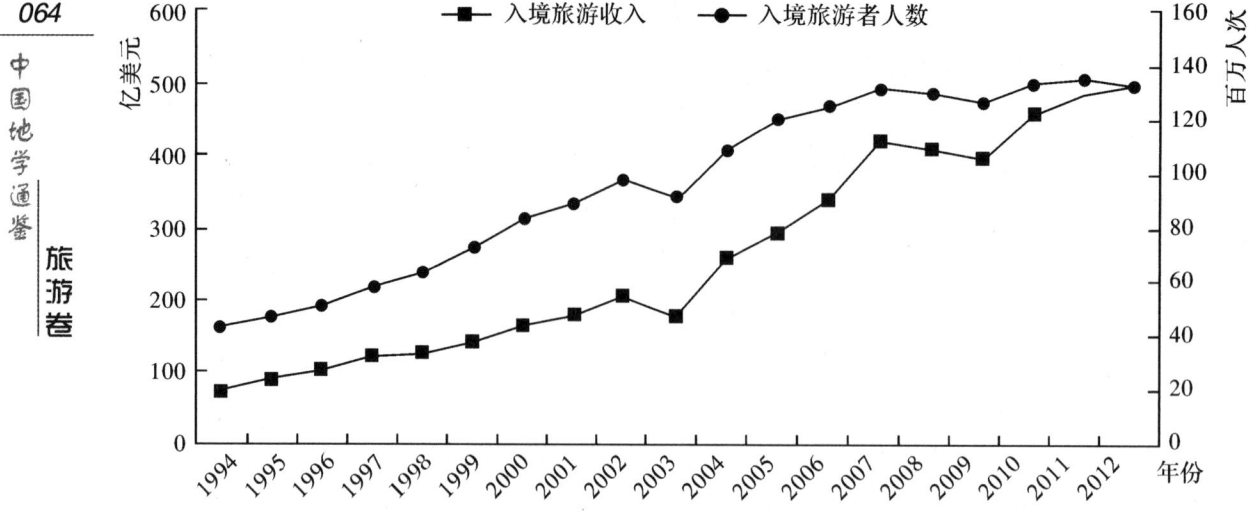

图 1-5-1 1994 年~2012 年中国入境旅游发展状况
资料来源:根据《中国旅游统计公报》(1995~2013)整理.

(2)入境旅游客源市场情况

改革开放前,中国的入境客源地主要是东方国家,如 1965 年全国接待外国旅游者 12 877 人次,其中约 90% 的旅游者来自东方国家;来自日本的旅游者占总数的 12.9%。而 1998 年来华的外国旅游者中,亚洲旅游者占 59.3%,欧洲旅游者占 24.7%,美洲旅游者占 12.3%,非洲旅游者占 0.7%,大洋洲旅游者占 2.8%,其他地区旅游者占 0.2%。2009 年,中国入境外国客源市场受各方面因素的影响,来华人数 2193.75 万人次;在主要客源国中,日本重回入境第 1 大国的位置。2010 年,中国入境客源市场快速增长,外国游客人数 2612.69 万人次,同比增长 19.1%;韩国成为第 1 大入境客源国。2013 年,中国入境旅游客源市场小幅下降,全年入境外国游客人数 2629.03 万人次,同比下降 3.3%;韩国仍为第 1 大入境客源国。具体情况如下:

按洲别分。在 2009 年入境外国游客中,来自亚洲的 1377.93 万人次,占总人数的 62.8%,比上年同期下降 5.4%;来自欧洲的 459.12 万人次,占总人数的 20.9%,下降 24.9%;来自美洲的 249.12 万人次,占 11.4%,与上年持平;来自大洋洲的 67.24 万人次,占 3.1%,下降 2.4%;来自非洲的 40.12 万人次,占 1.8%,增长 6.0%;其他地区的 0.22 万人次。2010 年亚洲市场依旧是主要客源市场,入境人数占总人数的 62.0%,比上年增长 17.5%;欧洲市场比上年增长 23.9%;美洲市场增长 20.2%;大洋洲增长 17.4%;非洲市场增长 15.6%。2013 年,亚洲市场依旧是主要客源市场,入境人数比上年下降 3.4%,占入境外国人总数的 61.2%。除非洲市场保持增长,其他各大洲的入境市场均有不同程度下降,具体情况是:欧洲市场比上年下降 4.4%,美洲市场下降 1.8%,大洋洲市场下降 5.6%,非洲市场增长 5.3%。

按主要客源国分。在 2009 年 16 个主要客源国中,仅有 5 个国家的入境人数增长,其他各国家均有不同幅度的下降。具体情况是:日本 331.75 万人次,下降 3.7%;韩国 319.75 万人次,下降 19.3%;俄罗斯 174.30 万人次,下降 44.2%;美国 170.98 万人次,下降 4.3%;马来西亚 105.90 万人次,增长 1.8%;新加坡 88.95 万人次,增长 1.6%;菲律宾 74.89 万人次,下降 5.8%;蒙古 57.67 万人次,下降 18.2%;澳大利亚 56.15 万人次,下降 1.8%;加拿大 55.03 万人次,增长 2.9%;泰国 54.18 万人次,下降 2.3%;英国 52.88 万人次,下降 4.1%;德国 51.85 万人次,下降 2.0%;印尼

46.90万人次,增长10.0%;印度44.89万人次,增长2.8%;法国42.48万人次,下降1.2%。2010年17个主要客源国中,韩国407.64万人次,比上年增长27.5%;日本373.12万人次,增长12.5%;俄罗斯237.03万人次,增长36.0%;美国200.96万人次,增长17.5%;马来西亚124.52万人次,增长17.6%;新加坡100.37万人次,增长12.89%;越南92.0万人次,增长11.0%;菲律宾82.83万人次,增长10.6%;蒙古79.44万人次,增长37.8%;加拿大68.53万人次,增长24.5%;澳大利亚66.13万人次,增长17.8%;泰国63.55万人次,增长17.3%;德国60.86万人次,增长17.4%;英国57.50万人次,增长8.7%;印尼57.34万人次,增长22.3%;印度54.93万人次,增长22.4%,法国51.27万人次,增长20.7%。

在2013年20个主要客源国中,入境人数依次为韩国、日本、俄罗斯、美国、越南、马来西亚、蒙古、菲律宾、新加坡、澳大利亚、加拿大、印度、泰国、德国、英国、印度尼西亚、法国、哈萨克斯坦、意大利、朝鲜;韩国入境人数最多,达396.90万人次,较2012年下降2.5%。与2012年相比,入境人数增长最大的是越南,达136.54万人次,增长20.1%;其次是朝鲜,入境人数20.66万人次,增长14.4%;印度67.67万人次,增长10.9%;蒙古105.00万人次,增长3.9%;菲律宾99.67万人次,增长3.6%;法国53.35万人次,增长1.7%;英国62.5万人次,增长1.1%;泰国65.17万人次,增长0.6%。入境人数下降幅度最大的是哈萨克斯坦,为39.35万人次,下降19.9%;其次是日本,入境人数为287.75万人次,下降18.2%;俄罗斯218.63万人次,下降9.9%;澳大利亚72.31万人次,下降6.6%;新加坡96.66万人次,下降5.9%;加拿大68.42万人次,下降3.4%;印度尼西亚60.53万人次,下降2.7%;马来西亚120.65万人次,下降2.3%;德国64.93万人次,下降1.6%;美国208.53万人次,下降1.5%;意大利25.12万人次,下降0.3%。

2009年,作为入境旅游市场主体的港澳台市场中,除台湾市场与上年同比增长外,香港和澳门市场均有不同幅度的下降,具体情况是:香港市场入境人数为7733.60万人次,比上年同期下降1.3%。其中,过夜旅游者2549.79万人次,下降0.7%,占33.0%;一日游人数5183.81万人次,下降1.6%,占67.0%。澳门市场入境人数2271.84万人次,比上年同期下降1.1%。其中,过夜旅游者384.80万人次,下降0.8%,占16.9%;一日游人数1887.04万人次,下降1.1%,占83.1%。台湾市场入境人数448.40万人次,比上年同期增长2.2%。其中,过夜旅游者383.24万人次,增长0.9%,占85.5%;一日游人数65.16万人次,增长10.8%,占14.5%。

2010年香港市场入境人数7932.19万人次,比上年增长2.6%。其中,过夜旅游者2609.45万人次,增长2.3%,占32.9%;一日游人数5322.7万人次,增长2.7%,占67.1%。澳门入境人数2317.29万人次,增长2.0%。其中,过夜旅游者392.89万人次,增长2.1%,占17.0%;一日游人数1924.40万人次,增长2.0%,占83.0%。台湾市场入境人数514.06万人次,增长14.6%。其中,过夜旅游者436.47万人次,增长13.9%,占84.9%;一日游人数77.59万人次,增长19.1%,占15.1%。

2013年,香港、澳门、台湾市场都呈现小幅下降。香港市场入境人数7688.46万人次,比上年下降2.3%。其中:过夜游客2607.59万人次,下降2.4%,占33.9%;一日游人数5080.87万人次,下降2.3%,占66.1%。澳门市场入境人数2074.03万人次,比上年下降2.0%。其中:过夜游客422.97万人次,下降2.0%,占20.4%;一日游人数1651.06万人次,下降2.0%,占79.6%。台湾市场入境人数516.25万人次,比上年下降3.3%。其中:过夜游客457.32万人次,下降3.7%,占

88.6%；一日游人数58.93万人次，下降0.1%，占11.4%[1]。

2. 国内旅游市场方面

中国国内旅游是在改革开放以后逐渐起步、20世纪80年代中期开始活跃、90年代以后大力发展起来的，近几年已发展成为广大城乡居民重要的消费领域和扩大内需的重要力量。1978年国内旅游收入为18.4亿元，国内旅游收入在国内生产总值中所占比重为0.51%，在第三产业增加值中所占比重为2.14%。而1998年，国内旅游人数为6.94亿人次，国内旅游收入为2391.2亿元，国内旅游收入在国内生产总值中所占比重为3.01%，在第三产业增加值中所占比重为9.16%，成为世界最大的国内旅游市场。

2000年，国内旅游全面升温，呈现出出游人数大幅增长、热点地区扩张、旅游旺季人流攒动，并形成了春节、"五一"和"十一"3个国内旅游"黄金周"，在拉动内需、刺激消费、带动相关产业发展、提高人民生活质量方面发挥了突出作用。国办发[2000]46号文件的贯彻执行，使中国假日旅游逐步走上健康有序发展的轨道。2000年全国国内旅游人数达7.44亿人次，国内旅游收入3175.54亿元人民币，旅游人均花费426.6元。

进入21世纪以来，由于综合国力的显著增长、国民生活水平的逐步提高以及旅游基础设施的不断完善，中国旅游业实现了持续快速发展，逐渐成为"国民经济战略性支柱产业和人民群众更加满意的现代服务业"，国内旅游市场需求进一步释放，国内旅游规模不断得到新的突破和发展。2010年中国国内出游人数达21.0亿人次，比上年增长10.6%；国内旅游收入1.258万亿元。2012年国内旅游人数达29.6亿人次，国内旅游总收入2.27万亿元。2013年国内旅游人数高达32.62亿人次，收入2.63万亿元，分别较2012年增长10.3%和15.7%。中国是全球数量最大、潜力最强的国内旅游市场，国内旅游市场规模位居世界第1。其中，广东、山东、江苏、四川、浙江、河南、湖北等多个省区的国内旅游人数超过1亿人次，其规模和发展潜力超过诸多国家。

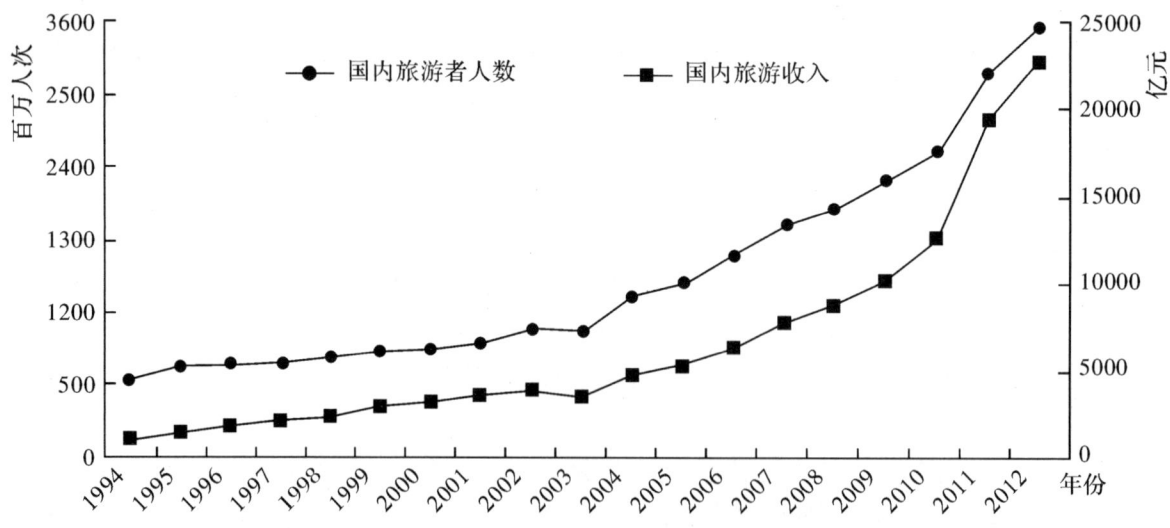

图1-5-2　1994年~2012年中国国内旅游发展状况

资料来源：根据《中国旅游统计公报》(1995~2013)整理.

---

[1] 国家旅游局. 中国旅游统计年鉴(1990~2013). 北京：中国旅游出版社，2013.

随着中国旅游城乡居民收入的稳步提高和消费观念的逐渐变化,人们的出游消费愿望不断增强,旅游已逐渐从少数人的"奢侈消费"演变为多数人的"日常消费"。2012年中国国内旅游人均花费767.9元,2013年达805.5元,增长4.9%。2012年国内旅游城市居民旅游人次和农村居民旅游人数分别为19.33亿人次、10.24亿人次,2013年则分别达到21.86亿人次、10.76亿人次。2012年城镇居民旅游消费17 678亿元,农村居民旅游消费5028.2亿元;2013年则分别达到20 692.59亿元和5583.53亿元。国内旅游消费规模的不断扩大,成为拉动国内总需求的一个重要环节,进一步强化和巩固了中国作为世界第1国内旅游市场国的发展地位。

表1-5-6 1998年~2013年旅游产业规模

年份	入境旅游				国内旅游			
	人次数/百万人次		创汇/亿美元		人次数/亿人次		创收/亿元	
	数值	增幅/%	数值	增幅/%	数值	增幅/%	数值	增幅/%
1998	63.47	10.2	126.02	4.4	6.94	7.8	2391.2	13.2
2000	83.44	14.6	162.24	15.1	7.44	3.4	3175.5	12.1
2005	120.29	10.3	292.96	13.8	12.12	10.0	5285.9	12.2
2006	124.94	3.9	339.49	15.9	13.49	15.0	6229.7	17.9
2007	131.87	5.5	419.19	23.5	16.1	15.5	7770.6	24.7
2008	130.03	-1.4	408.43	-2.6	17.12	6.3	8749.30	12.6
2009	126.48	-2.7	396.75	-2.9	19.02	11.1	10 183.69	16.4
2010	133.76	5.8	458.00	15.5	21.03	10.6	12 580.00	23.5
2013	129.08	-2.5	516.64	3.3	32.62	10.3	26276.12	15.7

资料来源:根据《中国旅游年鉴》(1990~2013)整理.

3. 出境旅游市场方面

中国的出境旅游经历了一个从无到有、从"出境探亲游"到"公民自费出国游"的发展过程。1997年国务院批复了由国家旅游局和公安部共同制定的《中国公民自费出国旅游管理暂行办法》,确定了有组织、有计划、有控制地适度发展的指导方针,使出境旅游走上了规范化的轨道。

2009年,中国公民出境旅游市场继续快速发展,旅游目的地不断增加,其中赴台游发展迅猛。中国公民出境人数达到4765.63万人次,比上年增长4.0%。其中,因公出境人数544.66万人次,比上年增长5.2%。出境第一站按人数排序,列前10位的国家和地区依次是:香港、澳门、日本、韩国、越南、台湾、美国、俄罗斯、新加坡和泰国。经旅行社组织出境旅游的总人数为1234.68万人次,增长13.2%。其中:组织出国游685.29万人次,增长13.5%;组织港澳游519.58万人次,增长6.6%。另外共组织边境游29.82万人次,减少30.5%。中国内地居民赴香港的旅游人数为1866.59万人次,比上年增长6.3%;赴澳门1512.76万人次,下降2.5%;赴日本155.25万人次,下降0.3%;赴韩国147.42万人次,增长7.3%;赴越南134.33万人次,下降7.9%;赴台湾98.57万人次,增长253.4%;赴美国82.42万人次,增长6.3%;赴俄罗斯68.42万人次,下降13.4%;赴新加坡66.81万人次,下降6.3%;赴泰国62.19万人次,下降0.3%;赴马来西亚60.90万人次,下降2.2%;赴澳大利亚45.21万人次,增长9.4%;赴缅甸34.63万人次,增长3.4%;赴印尼32.87万人次,增长32.3%;赴英国25.68万人次,增长9.6%;赴德国23.57万人次,下降6.8%;赴法国22.81万人次,增长13.2%;赴柬埔寨22.23万人次,增长0.6%;赴意大利22.01万人次,增长18.0%;赴老挝18.96万人次,增长47.9%;赴菲律宾16.98万人次,增长4.3%;赴蒙古14.87万人次,下降0.6%;赴阿联酋12.88万人次,增长8.7%。目前,中国已形成入境旅游、国内旅游和出境旅游全方位发展的局面。

中国旅游研究院2011年4月12日发布的数据显示,中国公民自费出境旅游目的地国家和地区达到140个,正式实施开放的旅游目的地达到110个。中国旅游研究院和国家旅游局共同发布的《中国出境旅游发展年度报告》显示,2010年中国出境旅游规模继续扩大,游客结构进一步优化。2010年中国出境旅游人数为5739万人次,同比增长20.4%。出境旅游消费480亿美元,同比增长14%,创历史新高。

2013年,中国公民出境人数达到9818.52万人次,比上年增长18.0%。其中,因公出境人数621.62万人次,增长1.5%;因私出境人数9196.90万人次,增长19.4%。出境首站按人数排序,列前10位的国家和地区依次是:中国香港、中国澳门、韩国、泰国、中国台湾、美国、日本、越南、柬埔寨和马来西亚。经旅行社组织出境旅游的总人数为3355.71万人次,增长18.55%,其中:组织出国游2085.58万人次,增长30.4%;组织港澳游988.55万人次,增长3.4%;组织台湾游281.57万人次,增长2.0%。在中国内地居民出境旅游首站国家中,旅游人数增幅最大的是几内亚比绍,旅游人数114.39万人次,较2012年增长216.0%;其次是泰国,旅游人数401.03万人次,增长78.7%;菲律宾44.65万人次,增长64.0%;马尔代夫30.24万人次,增长45.1%;韩国425.34万人次,增长64.0%;越南177.27万人次,增长32.3%;印度尼西亚87.92万人次,增长23.2%;英国49.06万人次,增长20.8%;加拿大49.77万人次,增长19.1%;中国澳门2523.94万人次,增长17.4%;中国香港4030.33万人次,增长15.3%;美国196.69万人次,增长14.2%;法国42.21万人次,增长14.2%;新加坡132.28万人次,增长13.4%;澳大利亚82.27万人次,增长12.8%;阿拉伯联合酋长国26.33万人次,增长11.6%;中国台湾291.89万人次,增长11.0%;意大利47.80万人次,增长10.3%;德国41.51万人次,增长10.2%;俄罗斯91.53万人次,增长5.3%;缅甸56.13万人次,增长2.8%。旅游人数下降幅度最大的是蒙古,旅游人数为23.64万人次,下降27.3%;其次是柬埔寨,旅游人数为169.06万人次,下降8.4%;再次为日本,旅游人数为183.46万人次,下降6.5%[1]。

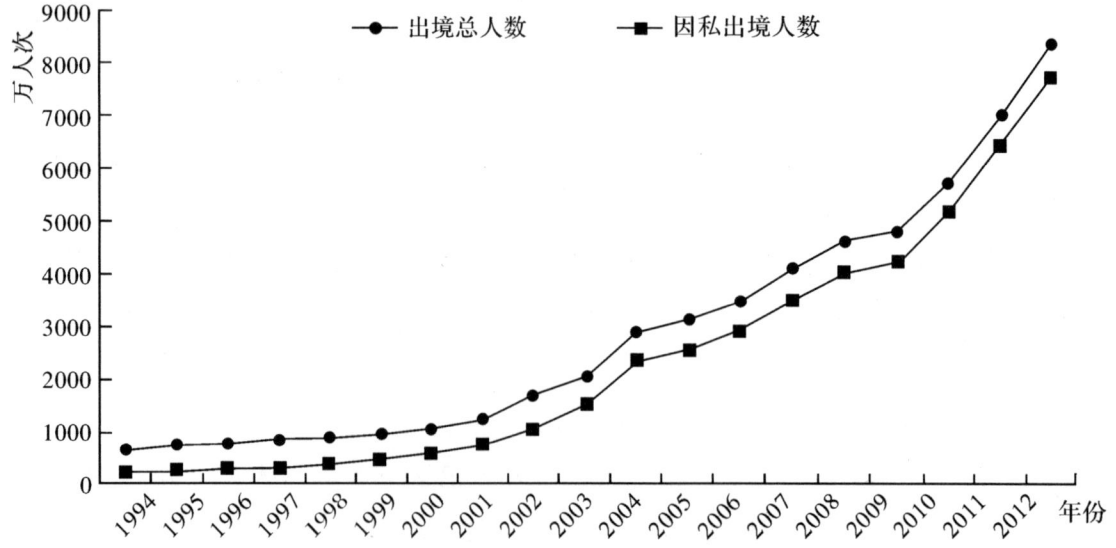

图1-5-3 1994年~2012年出境人数发展状况

资料来源:根据《中国旅游统计公报》(1995~2013)整理.

---

[1] 国家旅游局.中国旅游统计年鉴(2000~2013)[M].北京:中国统计出版社,2013.

第二节　中国发展旅游业的重要举措

一、旅游产业属性——在变迁中定位

改革开放以来,对旅游业的认识经历了一个逐步深化的过程。从外交事业到经济产业,从经济产业到综合性产业,旅游业的性质逐步变化,功能逐步丰富,政策也逐步深入。

早在1978年,邓小平就提出了到20世纪末旅游业要创汇100亿美元的设想;1979年邓小平指出,旅游业要变成综合性的行业。将旅游业作为一个经济性产业来发展,是邓小平旅游经济思想的重要核心。1981年,国务院第一次组织召开全国旅游工作会议,明确指出,旅游业是一项综合性的经济事业,是国民经济的一个组成部分,是关系到国计民生的一项不可缺少的事业。1998年,中央经济工作会议将旅游业确定为国民经济新的增长点。2001年,国务院《关于进一步加快旅游业发展的通知》中指出:"树立大旅游观念,充分调动各方面的积极性,进一步发挥旅游业作为国民经济新的增长点的作用。"2006年,中国旅游业发展"十一五"规划纲要明确提出,要把旅游业培育成为国民经济的重要产业。2009年国务院41号文件进一步提出,要把旅游业建设成为国民经济的战略性支柱产业和人民群众更加满意的现代服务业。在国家对旅游业地位不断提升的推动下,从1985年陕西省出台省级政府第1个《关于大力发展旅游业的决定》开始,迄今为止,全国各省区市政府共出台了60余个关于发展旅游业的意见或决定,已有27个省区市把旅游业确定为支柱产业、主导产业或重要产业。

旅游业是综合性经济产业这一产业属性的明确,是旅游发展思路的重要突破,有利于推动形成发展大旅游、构建大产业、促进中国旅游业的全社会共识。产业属性的明确,增强了旅游发展意识,聚集了旅游产业资本,优化了旅游发展环境,为旅游经济的培育、旅游产业体系的构建和旅游产业功能的发挥奠定了坚实基础。

30多年来,中央和地方各级政府对旅游功能和地位的认识不断深化。这些变化反映了旅游业地位和功能的变迁,体现了新时期中国各个发展阶段的时代特征。20世纪80年代,旅游业是重要的创汇产业,国家发展旅游业的重点是尽快补充外汇短缺;20世纪90年代,国家提出把旅游业培育成为新的经济增长点,旅游业成为扩大内需的重要手段;进入新世纪,国际经济环境和国内发展环境发生了重大变化,国家把发展旅游业作为拉动消费和树立国际形象的重要产业;党的十七大以来,落实科学发展观和全面建设小康社会的战略举措,更加重视民生问题和生态文明建设,旅游业被定位为国民经济重要产业,进一步成为广泛涉及政治、文化、社会、生态的复合型产业。

旅游业在不同阶段承担不同责任,反映了旅游业自身的本质特征。第一,旅游业是包含生产性服务、消费性服务以及公共服务的综合性产业;第二,旅游业是实现经济增量发展的集成产业,直接和间接影响的细分行业多达100多个,通过产业融合,形成资源共享,实现协同发展,创造新增价值;第三,旅游业是劳动密集型产业,可以有效扩大就业空间,增加就业渠道;第四,旅游业是对外交流的窗口和桥梁,具有积极活跃的外交功能、经贸效应、文化作用和统战作用;第五,旅游业是综合性事业,除了经济功能、社会功能外,还具有促进精神文明,建设生态文明,保护传统文化,追求真、善、美,实现社会全面和谐、人民幸福、人的全面发展的深层次功能。

旅游业是朝阳产业、联动产业,综合性强,关联度高,涉及面广。目前,还很少有产业像旅游业这样具有如此综合的经济功能和广泛的社会功能,承载着多种多样的社会责任。30多年来,在国家实施的多项重大战略部署中,旅游业都发挥了其应有的作用。旅游资源随之不再局限于自然禀赋和历史遗存,而是可以不断创造、不断发现的,充分展示出旅游业广阔的发展前景。

二、旅游市场发展——在开放中成长

改革开放以来,中国旅游业就走上了一条追赶世界旅游大国,但与西方旅游发达国家迥然不同的发展道路。西方旅游发达国家一般都以国民旅游(包括国内旅游和出境旅游)作为发展旅游业的起点;中国则采取了先入境、后国内、再出境的发展次序,这是与中国的具体国情分不开的。中国旅游业的起飞,以国际旅游市场的开拓为标志,这既得益于丰富而深厚的旅游资源聚集,更得益于改革开放带来的良好外部环境和各种基础条件的加快完善。

1978年,中国接待入境过夜旅游人数仅为72万人次,创汇2.6亿美元。到1987年,接待入境过夜旅游人数突破1000万人次大关。之后,入境旅游接待人数每增加1000万人次的时间逐渐缩短,其中从4000万人次到5000万人次以上只花了3年时间。旅游创汇每增加50亿美元所花的时间更短,到2007年中国旅游创汇已达到419.19亿美元,与2006年相比只用了1年时间就增加了80亿美元。中国旅游业在世界排名也持续上升。1978年中国国际旅游接待人数和国际旅游收入的排位都在世界40名以后。1980年国际旅游接待人数开始进入前20名,1988年进入前10名,1999年起进入前5名。中国国际旅游收入排名,1980年在世界仅列34名,1982年进入前30名,1992年进入前20名,1994年进入前10名,2001年进入前5名,现在是第3名。

1997年,联合国世界旅游组织预测,到2020年,中国将成为世界上第1大入境旅游接待国和第四大出境旅游客源国;2006年,该组织进一步修订了预测,将达到此目标的时间提前到2015年。中国旅游业用了不到1/4世纪的时间,赶上和超过许多国家旅游业发展步伐,大大超出了当初国内外旅游业界和学者的预期,为发展中国家实施赶超战略树立了成功典范。

改革开放初期,中国以接待海外入境旅游者为主,国内旅游仅有小规模的差旅和公务活动,更不存在严格意义上的出境旅游,旅游市场格局单一而薄弱。经过30多年的发展,中国现在已成为世界主要的旅游目的地国家,入境旅游客源市场有了巨大增长。国内旅游从20世纪80年代中期快速崛起并加速发展,从2006年开始达到了人均一次以上的旅游密度,反映了中国旅游市场覆盖面不断扩大,市场发育不断深化。随着对外开放的不断深化,中国公民出境旅游自20世纪90年代中后期蓬勃兴起,成为世界上重要的客源输出国。经过30年的培育,中国旅游客源市场真正发展成为三足鼎立的格局。

改革开放之初,在接待设施和交通条件极为有限的情况下,以丰富的旅游资源和神秘的东方文化作为吸引物,以赚取紧缺的外汇为目标,形成了入境旅游"一花独放"的局面。这一过程中,虽然有所波动,但总体保持了高速增长态势,成为改革开放中一道亮丽的风景线。30多年间,入境旅游人数从180.92万人次增加到13 187.33万人次,增长71.9倍,年均增幅达15.9%;过夜旅游人数从72万人次增加到5471.98万人次,增长75倍,年均增幅16.1%,高出同期世界旅游同类指标12个百分点;旅游外汇收入从2.63亿美元增加到419.19亿美元,增长158.4倍,年均增幅达到19.1%,高出同期世界旅游同类指标10个百分点。近年来,中国旅游业的国际影响力持续提升。中国在

2011年入境旅游接待人次方面已超过日本,跃居亚太地区第1位,2012年入境旅游接待人数高达57.7百万人次(入境过境游客),入境旅游收入500亿美元,为全球第3大入境旅游目的地,仅次于法国、美国。

改革开放初期,受各方面条件的限制,国内旅游采取了"不提倡、不宣传、不反对"的政策。进入20世纪80年代中期,随着综合国力的提升,居民收入显著提高,国内旅游市场开始形成。1993年,国务院办公厅转发国家旅游局《关于积极发展国内旅游业的意见》,对国内旅游工作提出"搞活市场、正确领导、加强管理、提高质量"的指导方针。为克服1993年下半年经济过热引起的通货膨胀以及1997年的亚洲金融风暴,客观上必须大力发展国内旅游以扩大内需。在内外因素的共同作用下,国内旅游受到高度重视。1995年实行双休日制度,居民闲暇时间增多,特别是2000年开始的"黄金周",使国内旅游在假日期间出现"井喷"现象,显示了独特而强劲的内生性消费需求,与入境旅游共同成为驱动中国旅游业发展的2个车轮。

自1993年起,国家旅游局每年委托国家统计局对中国大陆地区城镇居民国内旅游情况进行抽样调查统计。1993年~2011年的19年间,国内旅游人数从4.1亿人次增长到26.41亿人次,年均增速达到11.58%;国内旅游收入从864亿元增长到19 305亿元,年均增幅达到20%(未扣除物价因素)。

中国公民出境旅游是旅游需求的延伸和升级,也是改革开放的必然结果。1990年10月率先开放中国公民自费赴新加坡、马来西亚和泰国等3国旅游。自1997年起,在试办港澳游、边境游的基础上,正式开展中国公民自费出境旅游业务。之后,出境旅游目的地的数量逐步增加,由2000年的1000万人次增长到2012年的8300万人次,与此同时,出境旅游消费规模也增长了近8倍。2012年,中国出境旅游消费支出达1020亿美元,成为全球首个突破千亿美元大关的国家,为世界第1出境旅游消费国,约占全球出境旅游消费的9.5%,超过2011年分居第1和第2出境旅游消费大国的德国和美国。中国不仅是世界重要的旅游目的地和主要的旅游客源地,也成为带动世界旅游经济持续发展的重要引擎。

中国旅游3大市场均衡发展是旅游业全面发展的必然结果,也是中国改革开放和社会转型的必然结果。目前,旅游已经成为大众重要的生活方式,成为提高生活品质的重要内容。出境旅游尤其是因私出境旅游的快速增长,成为中国综合国力增强、居民生活水平提高、对外开放扩大的最为直接和最为生动的见证。

改革开放以来,受外部事件的影响,中国的旅游市场出现过3次明显的波动(即1989年6月的政治风波、2003年春季的SARS和2008年的全球金融危机),旅游业在冲击后显示出顽强的恢复能力。尤其是国内旅游,恢复最快,成为旅游业抵御风险和危机的主要力量。这说明旅游已经成为国民生活不可或缺的重要组成。植根于大众需求的旅游业是敏感的,但不是脆弱的,在经历风雨后,往往迸发出更强大的生机与活力。

30多年来,中国旅游市场蓬勃发展,已经完成了从旅游资源大国向亚洲旅游大国进而向世界旅游大国的跨越,并将向世界旅游强国的目标迈进。但也应清醒地认识到,目前中国与世界旅游强国尚有不小差距,只有充分利用好各种有利因素,转变旅游发展方式,不断增强综合竞争力,中国旅游业才可能巩固领先优势,实现持续平稳较快发展。

三、产业体系培育——从单一到综合

改革开放之初,旅游接待设施和条件极为短缺和简陋。当时,能接待外国旅游者的仅有中国国际旅行社和中国旅行社2家,除了1949年前遗留下来的一些老饭店以及计划经济体制下建起来的招待所外,全国没有一家现代意义上的旅游饭店,旅游管理和服务意识基本是空白,民航和铁路交通更成为发展旅游业的瓶颈。在这样的物质匮乏、供给短缺的基础上,中国旅游业白手起家,旅游供给能力不断增强,产业规模持续扩大,产业体系日趋完善,产业开放度也不断加大。中国旅游业之所以实现高速增长,一个重要的因素是始终坚持以市场为导向,以产业体系培育为中心,不断扩大供给,提高质量,满足不断增长和日趋多元的旅游需求。

旅游业发展之初,旅游供给的短缺制约与国民经济的短缺紧密联系在一起,突出表现为饭店短缺、交通紧张。1981年国务院《关于加强旅游工作的决定》指出:目前旅游接待条件较差,这个矛盾要逐步解决。1979年,中国出现了第1批中外合资项目,最早批准的3个合资项目都是从属于旅游业的企业,旅游业成为对外开放的前沿。从20世纪70年代末到20世纪80年代末,中国旅游业利用外商直接投资共约50亿美元。通过大量引进外资,全国各热点旅游城市和经济发达地区建立了一批新型旅游饭店,逐步缓解了住宿接待设施紧张的瓶颈状态,提高了中国旅游饭店的经营服务水平,为中国旅游业长远发展打下了坚实基础。

20世纪80年代中期,旅游工作的重点转移到产业体系的培育上来。1985年,国务院批转国家旅游局《关于当前旅游体制改革几个问题的报告》,提出要从只抓国际旅游转为国际、国内一起抓;从以国家投资为主建设旅游基础设施转变为国家、地方、部门、集体、个人一起上,自力更生与利用外资一起上;从主要搞旅游接待转变为开发、建设旅游资源与接待并举。这一指导方针的出台,积极促进了各类资本向旅游业的聚集,标志着中国旅游业进入全面构建旅游产业体系的新阶段。1998年以后国家开始发行国债,解决基础设施建设等一系列重大问题。2000年~2004年,全国共安排旅游国债67.2亿元。2005年~2007年,又安排了21亿元资金用于红色旅游建设。

进入新世纪,中国现代化交通网络逐步形成,旅游交通瓶颈总体解决,并对旅游出行方式产生了明显影响。到2007年,中国境内民用航空定期航班通航机场148个,定期航班通航城市146个;全国铁路营业里程达到7.8万千米,位居世界第3;全国公路总里程达358.37万千米,有11个省的高速公路里程突破2000千米。2012年,中国铁路营业里程约为11万千米,电气化率、复线率达到50%。以"四纵四横"高速铁路为骨架的高速铁路里程约达到1.3万千米,各大城市以北京为中心形成1小时~8小时交通圈。高速铁路覆盖了全国90%以上的人口,连接了所有省会城市及50万人口以上的大城市。以高铁为代表的中国快速交通网的不断完善,极大地缩短了旅游客源地与旅游目的地之间的时间距离,为游客真正意义上的旅游提供了更多的时间保障。除了正常定点的航班列车以外,旅游包机、旅游专列、自驾车旅游成为潮流。环保、信息、能源等基础设施建设突飞猛进,为旅游业提供了更为良好的发展条件。

到2007年末,全国已有旅行社18 943家,其中国际旅行社1797家;有星级饭店13 583家;成规模的景区超过20 000家,A级旅游区3100余家,其中4A级以上928家;国家旅游度假区12家,省级度假区上百家;优秀旅游城市307个,旅游强县17个;工农业旅游示范点1098家。还有国家重点风景名胜区187个,国家自然保护区303个,国家森林公园627个,国家地质公园138个,列入《世界遗产名录》的世界遗产35个。经过30年的培育和发展,旅游业基本形成了多方位、多层面、多维度的产业体系格局。近年来,星级饭店总体规模保持平稳,截至2012年底,全国营业的星级饭店共有11 706家,相比于2011年底的11 676家以及2010年底的11 779家,总体规模基本保持稳定。旅行社则总体旅游景区的数量不断扩张,2008年达到20 691家,2011年为23 690家,2012底为24 944家,同比增长5.29%。近年来,全国各地旅游景区建设如火如荼,各级政府大力进行旅游资源开发,形成了一批又一批新旅游景区的同时,也积极注重旅游资源整合和景区改造升级,大旅游景区概念深入人心,精品旅游景区不断增加。截至2012年底,全国共有景区2万多家,其中,国家A级旅游景区总数量已经达到6042家,有国家重点风景名胜区225家,国家自然保护区363个,国家级森林公园764家,世界遗产43处。

中国旅游产业体系的培育是从计划到市场、从封闭走向开放的渐变过程。以旅行社为例,入境旅游由初创期的国旅、中旅以及20世纪80年代初成立的青旅3家国营旅行社系统垄断经营,逐步放开到10多家中央各部委主管的旅行社和30多家地方旅行社拥有自主外联权。旅行社由高度计划到充分竞争,随后又放松了对所有制的管制,允许民营资本进入。中国加入世界贸易组织后,旅行社业开始了向世界开放,大大加快了中国旅游业发展的国际化进程。目前,中国旅行社行业已经向境外资本和民间资本两个市场开放,市场竞争格局全面形成。2007年已有外方独资旅行社16家,外资控股11家,外资参股8家,美国、日本、德国和英国等大型旅游集团以及一些经营高端市场的专业旅行社进入中国。

旅游产业体系的培育是从数量走向质量,从粗放走向集约的渐进过程。随着外向型经济的建立,极大地刺激了旅游生产要素供给,到20世纪末,"行、游、住、食、购、娱"等产业要素体系已经完备。进入21世纪,旅游产业规模的迅速扩张,延长了旅游产品链、完善了产业链,扩大了产业面,进而构筑了一个较为完整的产业集群体系和分工合作体系,带动了旅游相关产业的发展。随着市场机制的确立,现代企业制度的推行,旅游业国际化竞争加剧,旅游企业的经营正在由粗放式向集约化逐步转变。

在产业体系发育过程中,旅游标准化工作发挥了重大作用。1987年,中国颁布《旅游涉外饭店星级的划分与评定》标准,标志着旅游业标准化工作的开始。1995年成立全国旅游标准化技术委员会,2001年成立全国旅游质量认证管理委员会,加强对旅游业标准化和质量认证工作的指导和管理。截至目前,中国已经颁布了18项旅游标准,其中国家标准11项、行业标准7项,是世界上颁布旅游业标准最多的国家。旅游标准化带动了整个服务业标准化的建设,如饭店星级评定标准成功地将星级概念延伸到其他行业,星级代表的优质服务概念已在全社会达成共识。

旅游产业体系的培育是从单一走向多元,从局部走向全面的发展过程。从产品上看,早期是以单一的全包价团队观光旅游为主;随着经济社会的发展,旅游目的地接待设施的不断完善和旅游产业集群优势的发挥,旅游产品发生了巨大的变化,自驾车旅游、公务商务、会展奖励、休闲度假、特种旅游等旅游类型的比重越来越大。从空间上看,发展初期以观光为主的旅游是以北京、上海、广州、西安、桂林等少数热点城市串联起的点线结构;随着旅游市场的多元化,各级各类的中心城市旅游不断涌现,带动了周边地区的旅游开发,形成了以区域旅游为主的板块结构。从产业形态上看,已经形成一批具有国际水准的旅游吸引物、旅游设施和旅游企业:以30多个世界自然文化遗产为代表的顶级吸引物;以黄山、九寨沟、华侨城等为代表的精品景区;以成都、杭州、三亚、大连等为代表的城市型旅游目的地;以白金五星级为代表的高端旅游饭店和以如家快捷和锦江之星为代表的经济型酒店;以长江游船为代表的内河观光游船;以港中旅、首旅为代表的综合性旅游集团;以锦江、开元等为代表的专业酒店集团;以携程、艺龙等为代表的旅游电子商务运营商;以《印象·刘三姐》《云南映象》等为代表的旅游文娱项目。总体上形成了能满足国内外旅游者不同需求的产品、服务体系和以目的地为核心的产业集群。

旅游产业体系的培育是旅游生产要素市场不断发育的过程。在旅游业的经营中，各种生产要素发挥着基础性、根本性的作用。从资源要素来说，中国是一个旅游资源丰富的大国，但是在土地、人才、信息、科技、文化、管理、资金、产权等各类生产要素中存在着如何优化配置的问题，而且在不同发展阶段，不同的生产要素制约程度各异，制约点在逐步转移。20世纪80年代，基本状况是资源丰富，资金短缺，最先短缺的是饭店，之后转移到交通以及各类旅游生产资料，故而大规模地招商引资。进入20世纪90年代之后，旅游市场日渐发育，生产要素全面发展，多元化的市场主体不断涌现，形成了中国旅游业大发展的局面。在发展的过程之中，主要矛盾也由资金、土地等硬性生产要素制约逐步转换为以人才、信息、科技、品牌、管理等软性生产要素制约为主。

旅游产业体系的培育是一个动态完善和持续创新的过程。随着国内外旅游市场的竞争越来越激烈，旅游目的地和经营者的创新意识也越来越强。特别是随着新的资源不断开发、新的产品不断涌现、新的技术不断应用，传统的经营方式受到极大地挑战，加大了企业的生存难度，也激发了企业创新的要求。旅游业在发展过程中不断产生新领域和新业态，如休闲度假、数字旅游、会展奖励旅游、经济型饭店、游轮游艇、实景演艺、旅游智业等。进入新世纪以来，旅游业的新产品不断产生，如生态旅游、乡村旅游、工业旅游、红色旅游、军事旅游、温泉旅游、冰雪旅游、健康旅游、科技旅游等。这些新产品有效推动了产品结构、产业结构和客源市场结构的新变化。旅游业对传统产业的改造和传统业务的提升，也不断创造出新的领域，形成新的业态。这是旅游业发展创新的必然结果，也是提升中国旅游业竞争力的根本出路，代表了旅游业的未来，也昭示着旅游业发展的新方向。

四、管理方式转变——从微观到宏观

旅游业管理方式的转变缘起于对旅游业属性的认识和旅游经济体制的变革，经历了企业管理、行业管理到公共管理的演变过程。

中国旅游业是从外事接待转轨而来的，开始就处于政府的行政管制之下，实行的是政府直接管理的计划经济模式。早期旅游管理的主要对象是旅行社和旅游饭店（时称旅游涉外饭店）。1964年12月在国旅总社的基础上设立了中国旅行游览事业管理局，作为外交部代管的国务院直属机构，与国旅总社合署办公，两块牌子一套班子。1978年3月改为直属国务院的中国旅行游览事业管理总局，仍由外交部代管。1982年8月，经全国人大常委会批准，中国旅行游览事业管理总局更名为中华人民共和国国家旅游局，简称国家旅游局。1982年7月，旅游总局与国旅总社分开办公，但仍掌握着旅行社的外联通知权、旅游包价定价权等涉外经营权。直到1985年1月，外联权和签证通知权才向省级机构下放。

改革开放以来，中国国情复杂、地域辽阔、经济发展水平较低、基础设施不完善、市场经济发育水平不高等特殊国情，决定了旅游业发展实施政府主导型战略的必要性。随着旅游产业地位在国民经济中日益提升，各级政府也更加支持旅游业发展。1985年，国务院批准《全国旅游事业发展规划（1986～2000）》，首次把"旅游业作为国家重点支持发展的一项事业"列入国民经济发展计划。1986年国务院成立旅游协调小组，标志着中国旅游业进入了新的发展阶段。同年，国务院发布了旅游业第一部行政法规——《旅行社管理暂行条例》。1988年，国务院成立国家旅游事业委员会，属于国务院常设的议事、协调机构，对旅游业进一步加大领导力度。同年，经国务院批准，国务院办公厅转发国家旅游局《关于加强旅游工作的意见》，原则上明确了旅游的行业范围。

1988年10月,国务院发布了国家旅游局"三定"方案。这是第一个全面、系统地旅游管理体制改革的实施方案,明确了旅游主管部门的职责和职能,旅游业从此逐步转到经济管理的轨道上。按照国务院的统一部署,1998年,国旅总社、国际饭店等国家旅游局直属企业与国家旅游局实施政企脱钩。1999年5月,北京市旅游局的直属企业分离出来组建首旅集团,带动了各地的体制变化,标志着旅游企业管理体制又进入了新的阶段。

随着改革开放的日趋深入,经济社会的加快转型,旅游业实践的不断丰富以及对于旅游业发展规律认识的逐渐深化,在内容、范围、方式和手段等方面,旅游管理模式都较改革开放初期发生了变化。1999年国家旅游局提出建设世界旅游强国的宏伟目标后,旅游行业管理的重点也随之变化,由以旅行社和饭店行业为重点向大旅游、大市场、大产业方向转变,相继发布了一系列行业性管理规章和办法,推动了旅游管理向纵深发展。2000年国务院发布《全国年节及纪念日放假办法》,之后又发布《关于进一步发展假日旅游的意见》,设立了全国假日旅游部际协调会议制度,有力地促进了旅游管理从供给管理向需求管理延伸的重大结构性转变。

近年来,国家出台的多项政策都有助于优化旅游业发展环境,推动旅游产业跨越式发展。例如2012年,为了贯彻落实《国务院关于加快发展旅游业的意见》,中国人民银行、发改委、旅游局、银监会、证监会、保监会、外汇局联合发布了《关于金融支持旅游业加快发展的若干意见》;6月18日,国家旅游局宣布推出多项惠台旅游新举措,包括增加大陆居民赴台旅游组团社、扩大个人游试点城市范围、同意台湾海峡两岸观光旅游协会在上海设立办事处等;7月24日,国务院批转交通运输部等部门关于《重大节日免收小型客车通行费实施方案》的通知;12月,经国务院批复同意,北京、上海2市分别宣布自2013年1月1日起对45个国家公民实施72小时过境免签政策;4月24日,国家旅游局为适应旅游业大众化、产业化发展新形势,加强旅游安全宣传和培训,提升旅游公共服务水平,促进旅游业健康持续发展,在安徽黄山举行《旅游突发事件应急手册》暨《旅游安全管理培训系列丛书》首发仪式;2月27日,国家旅游局宣布将推出星级饭店和A级景区退出机制,5月14日京津等地6家五星级饭店被"摘星",上海等地3家五星级饭店被限期整改,同时,全国13个5A级景区被通报要求限期整改。这些惠旅政策的重点旨在形成金融业与旅游业协同发展的共赢局面,促进旅游市场尤其是台湾游、自驾游市场的发展,强化旅游安全的宣传、培训与管理,为吸引全球有刻的到来提供灵活的过境签证政策,提升星级饭店和A级景区的服务质量等。

行业协会是旅游管理体制的重要组成。经国务院批准,中国的第1个旅游全行业组织——中国旅游协会于1986年1月30日正式成立。经过20多年的发展,旅游行业协会的专业领域不断丰富,会员数量不断增加。从区域结构看,全国31个省区市均成立了旅游协会。从行业结构看,按旅游要素组成的各种专业协会已分布在各区域的不同层次上。旅游行业协会的会员包括旅游城市、旅游企业集团、旅行社、星级饭店、旅游景区、旅游科研院所、旅游媒体等,覆盖了旅游业"食、住、行、游、购、娱"六要素的主要企事业单位,会员的资产规模和市场份额在全国旅游业中占有举足轻重的地位,成为促进中国旅游业发展的中坚力量。随着市场经济的持续深化,作为政府与市场主体之间的桥梁与纽带,旅游行业协会的功能将日益凸显,逐步成为行业服务、协调、监管和自律的实施主体。

30多年来的旅游管理体制变迁,实现了由政府管制、主导、引导到服务和监督的职能转换。具体体现在:管理对象由管理直属企业到管理旅行社、饭店行业,继而延伸到管理旅游全行业,由旅游景点开发到旅游目的地建设;由一个部门、一个行业拓展到全行业、目的地和全社会;管理手段由单一的行政指令到通过制定国家和行业标准等来引导和指引企业；管理范围由规范旅游从业人员到关注和满足居民大众的旅游需求；管理理念由单纯追求经济效益到关注社会经济、文化教育、环境保护、遗产保护、全民素质和国家形象等综合效益。当前，按照"以人为本"的科学理念，旅游管理正在发生进一步的变革。按照建设"服务型政府"的要求，各级旅游管理部门努力实现职能转变，加强公共服务建设，促进旅游发展成果惠及广大人民群众，加快构建面向海内外游客的服务保障体系。

中国旅游管理体制的发展、改革、创新的历程和所取得的成绩证明，制度安排、体制创新和政府主导作用是推动一个国家和地区旅游业健康、快速发展的关键因素。经过多年的努力，中国旅游管理体制已经基本形成适应中国国情的模式，旅游业发展的重大制度性障碍已基本消除，并初步确立了市场经济条件下实施政府主导型旅游发展的战略，这将为实现旅游强国目标奠定坚实的基础。

五、旅游市场开拓——从简单宣传到综合营销

在旅游业起步阶段，受供给短缺的制约，旅游工作重点是对供给的管理。随着旅游接待服务设施的逐渐充裕和旅游市场竞争的加剧，旅游工作的重点转向供给管理与需求管理的协调兼顾。旅游市场开发是需求管理中最重要的一项。以需求为导向，高度重视市场营销，是旅游业突出的特色，也是世界各国业界的普遍做法，反映了旅游业发展内在规律的要求。

在改革开放之前和之初，中国没有真正意义上的旅游市场营销。进入20世纪80年代后，中国的旅游宣传工作取得了相应的进展。从1981年起先后在东京、巴黎、纽约、伦敦、法兰克福、悉尼、洛杉矶等城市设立旅游办事处。1983年国家旅游局设置宣传司，1988年国家旅游局设置国际市场开发司，负责研究制定开拓国际市场战略和具体实施办法、旅游对外宣传并组织实施，开发国际旅游客源市场。到20世纪80年代末期，初步建立起了自中央到地方、从旅游管理部门到各旅游企业的旅游市场促销的机构体系。

1989年春夏之交北京发生的政治风波使中国旅游业经历了第一次真正意义的市场危机，入境旅游人数和收入陡然减少20%，重振刚刚崛起的中国旅游业，成为旅游管理部门和旅游企业的重大课题。在这种背景下，各级政府进一步意识到旅游促销的重要性和必要性，开始增拨专项资金，在国际上进行旅游形象的塑造和旅游产品的推广。为了扭转旅游市场的下滑局面，国家开展了多种市场营销手段和市场促销活动，包括主动发布旅游信息、提供优惠价格、参加国际旅游展览会、邀请国际旅行商等，彻底改变了原来的国家旅游促销理念和方式，从零星的、随机的被动宣传，变为主动的、有计划的、全国性的旅游目的地营销。实践证明，旅游市场促销在确立和改善中国旅游形象、提高旅游吸引力等方面取得了巨大的成效。1992年的"中国友好观光年"开启了全国"旅游主题年"的序幕，之后国家旅游局每年都确定一个主题，集中开展宣传促销和产品推广活动。截至2007年，中国已有年300万人次以上的客源国3个，年50万人次以上的客源国13个，2010年50万人次以上的客源国更是达到17个，全面开拓国际市场的格局已经形成。

20世纪90年代以前，基于单一的入境旅游需求拉动，中国的旅游宣传促销一直以境外市场为主。进入20世纪90年代，随着国内旅游的蓬勃发展，国家和地方在国内旅游市场促销中投入的资金比例也越来越大。1991年开展的"中国旅游胜地四十佳"评选活动，虽然仍面向海外旅游者，但适逢国内旅游市场快速崛起，客观上具备了内外市场兼顾的促销功能。20世纪90年代中期后，各地纷纷将旅游业作为重点产业、支柱产业来抓,国内市场促销投入也日益加强。1998年,中央把旅游业明确为国民经济新的增长点,旅游营销的重点也完成了根本性的转变,即从主抓国际市场转向国际、国内市场两手抓。

30多年来,旅游市场营销的重心呈现逐步下移的趋势,旅游促销的方式方法和专业化程度不断提升。进入20世纪90年代,各省区市、各地方开始开展多样化、多元化的营销,尤其是旅游城市日益成为旅游市场促销的主体。旅游媒介的选择也愈发多样化。从以杂志、宣传册等书面媒体为主,到电视、互联网、VCD、制作精美的旅游图册及富有特色的地方性旅游导游手册、手机短信等,单一手段的市场营销被淘汰,代之以复合式、大范围、多角度、全方位的与国际接轨的营销模式。1997年国家旅游局正式开通中国旅游网,在政府部门中率先进入"信息高速公路"。1998年广东省旅游局组织的"广东人游广东"活动,激发了居民省内游的热潮。1999年广西首创的"大篷车"旅游促销活动,在全国引起了极大反响。2002年1月国内第一家专业性旅游卫视频道——海南电视台旅游综合频道(旅游卫视TSTV)正式播出,开创了旅游专业电视媒体之先河。2002年10月中国第一个旅游目的地营销系统(DMS)——广东南海DMS正式建成,成为中国旅游促销信息化建设的标志。自1998年起,开始举办中国国际旅游交易会(CITM),到2010年已经连续成功举办了12届,成为亚洲地区规模最大、专业性和国际化程度较高的国际旅游盛会。

旅游业具有以需求为导向、以市场为命脉的显著特点。进入新世纪,经济发展的压力促使国际旅游市场的客源争夺趋于白热化,国家经济发展方式的转变,赋予旅游业扩大内需、增加就业等更多使命。国际、国内形势的变化,强化了旅游业扩大市场规模、优化市场结构的动力,旅游市场开发的任务也更加艰巨。随着发展初期短缺经济下的卖方市场已经过去,中国旅游业也整体进入到买方市场,保持旅游市场较高增长速度的难度进一步加大。国际区域形势不稳定、经济危机、能源紧张、疾病疫情、自然灾害等因素,对旅游市场的增长也带来更多的不确定性。这些变化,对旅游市场开发造成了更大的压力。今后一段时期旅游市场开发的趋势,将是更加具有联动性、持续性、应变性和快捷性以及更高的专业化要求、资金投入需求和投入一产出效益。

六、国际化发展——从引进到交融

中国旅游和世界旅游相互交融,构成中国旅游业比较完整的国际化进程。主要体现在5个方面:一是中国加入世界旅游组织和其他各类国际组织;二是外资饭店集团和管理公司的进入;三是外国旅行社的进入;四是外资全面进入旅游领域;五是中国旅游业"走出去"的进程。

旅游业发端于入境旅游,是中国对外开放的先行者和推动者。借助国际资金、经验和技术始终是旅游业提高发展水平的一条捷径。根据商务部统计的相关数据,截至2006年底,中国旅游业服务领域共利用外商直接投资项目3347个,累计合同外资金额127.21亿美元,累计实际利用外资金额达到72.79亿美元。除了资本外,还包括借鉴国际经验、引进国际人才、引进国际规划、进行国际招标等等,一方面弥补了旅游方面发展的差距,另一方面也通过学习、消化、吸引,发展自己的核心竞争力。

中国旅游业积极谋求开放、友好、和谐发展的国际形象。旅游业由于其天然的国际化特征,一开始就实现了就地出口风景、商品、文化和劳务的经济利益。之后,通过双向的开放,增加外来者好感,又达到了扩大经济交往、增进双边投资、促进双方合作、增进长期友谊的目的,扩大了中国的国际影响。中国国家旅游局加入世界旅游组织之后,与之保持了良好的关系,国际影响和地位不断提高,中文已成为了世界旅游组织的官方语言之一。此后,中国旅游行业加入太平洋亚洲旅行协会(PATA),成为全球旅游界举足轻重的力量。

中国旅游业坚持对外开放与对内放开相结合。对外开放是中国旅游的国际化过程,对内放开是中国旅游的市场化过程。中国早期开放的重点是对外资和外国人,随着经济发展的加速,后期的放开重点主要是针对本国公民和企业,着眼于建立全国统一大市场。2001年中国加入世贸组织后,旅游业对内对外两方面的开放逐步协调,内资外资实行国民待遇,除了局部领域外,旅游业在市场准入方面的限制性措施基本消除。在旅游业开放过程中,外资进入和民企发展是两个主导性的因素。外资进入的规模虽然不大,但在关键环节发挥了关键作用,产生了比较深远的社会影响。民营旅游资本的发展虽然起步晚,但速度较快,形成了一批具有良好治理结构和较强经济实力的企业(集团),成为促进旅游发展的重要驱动力。

进入21世纪,中国旅游业呈现出国际竞争国内化、国内市场国际化的新态势。世界各大饭店公司、各大旅游集团都进入中国,国际竞争在中国本土上展开,中国的国内市场在国际化后已经成为跨国公司的一个战略要点。国内市场国际化要求中国的旅游经营单位,不仅要和本土的运营商竞争,还要与已经进入中国的跨国公司共同争夺中国市场。这个过程也就是中国旅游业全球化的过程。

基于赶超式的发展道路,多年来中国旅游业界一直强调与国际接轨。特别是加入世贸组织后,在国家政策的鼓励下,中国旅游企业和经营者"走出去"的步伐明显加快,随着中国出境旅游的快速发展,中国旅游企业"走出去"的规模和发展水平也将明显提高。

七、科教兴旅——从一般策略到系统战略

教育与科技是旅游产业发展的基础性支持和持续推动力。在改革开放之初,旅游产业性质的明确和入境旅游的高速发展,对旅游专业人才产生了巨大的需求,尤其是外语导游、饭店管理人员非常紧缺。开展旅游教育,培养专业人才,是在卖方市场推动下的迫切要求。20世纪90年代后,世界进入信息时代,随着旅游供给短缺的解决和国际市场竞争的加剧,中国旅游业逐步进入买方市场和跨越式发展阶段,信息科技和人力资源是中国与世界旅游强国的主要差距所在。进入21世纪,大力实施科教兴旅、人才强旅,成为中国旅游业发展的战略性选择。

中国的旅游教育体系主要包括院校教育和成人教育。旅游院校教育分为中等职业教育和高等教育两个层次,旅游成人教育主要由旅游培训中心以及部分旅游院校来承担。改革开放30多年来,旅游教育在中国旅游业以及中国教育事业(主要是高等教育和中等教育及成人教育)快速发展的双重推动下,从无到有、从小到大,通过多层次的院校教育和多形式的在职培训,培养、输送了一大批旅游专业人才,有力地支持了旅游业的发展。

1979年,中国第一所旅游高等学校——上海旅游高等专科学校成立,标志着中国旅游高等教育的开端。从1980年开始,国家旅游局先后投资,与大连外国语学院、杭州大学、南开大学、西北大学、西安外国语学院、长春大学、中山大学、北京第二外国语学院等8所高等院校联合开办了旅游系和旅游专业。此后,随着教育体制的改革,高等旅游院校不断增多。1978年10月,江苏省旅游学校正式成立,随后成立了北京旅游学院、湖北旅游学校、四川旅游学校。这4所学校是中国第一批旅游中等职业学校。受旅游高等教育特别是20世纪90年代末期高校快速扩招的影响,旅游中等职业教育经历了波动式发展,但在产业需求趋旺的推动下,目前旅游中等职业教育的规模已与旅游高等教育相当。改革开放之初,国内的旅游高校和职业中专刚刚开办,人才输送能力不足。国家旅游局于1979年在北京第二外国语学院举办了第一期旅游翻译导游培训班,1981年又在北戴河举办了首期全国饭店经理培训班。中国的旅游成人教育自此拉开序幕。结合旅游业的特点,逐步建立起了国家、省级、地市级旅游部门和旅游企业的四级培训体系,旅游成人教育由最初的"救急角色"转换为旅游从业人员的提高自身技能素质的重要途径。截至2007年,全国共有高等旅游院校及开设旅游系(专业)的普通高等院校所770所,在校生39.74万人;中等职业学校871所,在校学生37.64万人;全行业在职人员培训总量达320.94万人次。到2010年底,全国共有高等旅游院校及开设旅游系(专业)的普通高等院校967所,比2009年增加115所,在校生59.62万人,增加9.77万人;中等职业学校1001所,增加120所,在校学生49.03万人,增加3.62万人。到2013年底,全国共有高等旅游院校及开设旅游系(专业)的普通高等院校959所,比2012年减少138所,在校生49.44万人,减少8.18万人;中等职业学校873所,比上年末减少266所,在校生27.72万人,减少22万人。

为了选拔导游人才,1989年在全国实行导游资格考试。截至2007年底,全国持有导游资格证书的人员达到58.15万人,其中,持有导游IC卡人员40.14万人,通过考试取得中级导游员证书1.79万人。

旅游信息是旅游产业各环节联系的纽带。中国旅游信息化发展起步于20世纪80年代,随着国外旅游饭店集团进军中国市场,计算机技术在一些外资和合资饭店中率先得到应用。1981年,中国国际旅行社引进美国PRIME550型超级小型计算机系统;1984年上海锦江饭店引入美国Conic公司的电脑管理系统。此后,航空公司的电脑订票网络系统、旅游企业办公室自动化系统等适用于旅游企业的计算机系统得到逐步推广。

20世纪90年代,国际互联网的发展带动了旅游网站的全面兴起。进入新世纪,旅游电子商务快速兴盛,替代了传统旅游企业的部分功能,成为旅游行业的生力军。以虚拟旅游、电子地图等为主要服务内容的网站不断出现,国内部分城市已经建成了三维城市旅游地图。许多机构抓住Web2.0时代的机遇,探索旅游信息"生产、组织、交换和呈现"的更加丰富的领域,产生了旅游信息组织的多种服务形式。中国旅游业在新科技应用的某些方面已经与世界同步。

在政府层面上,除了各级旅游管理部门建设网络管理系统和目的地营销系统外,国家旅游局于2000年主持实施的"金旅工程"对中国旅游业的信息化起到了重要的推动作用。目前已建成星级饭店的管理系统、旅游投诉系统、旅游统计系统、旅游财务指标管理系统、旅游项目投资管理系统、景区点管理系统和导游管理等十余个业务管理系统,形成了全国行业管理数据体系,基本覆盖了行业管理层面。1997年,中国旅游网开通,为政务公开、对外宣传、信息发布提供了重要平台。

现代旅游业是信息密集型和信息信赖型的产业。科教兴旅、人才强旅的战略,是改革开放30年来的旅游业快速发展的重要推动力,也是今后继续提升旅游生产力,保障发展质量的必由之路。2008年,作为国家旅游局直属专业研究机构,中国旅游研究院成立,标志着科技兴旅迈上了一个新台阶[1]。

---

[1]国家旅游局.中国旅游业改革开放30年发展报告[R].中国旅游报,2009-01-04(4-5).

第三节 中国旅游业发展展望

在新世纪新阶段,中国政府把扩大内需、促进消费确立为促进国民经济发展的长期战略方针和基本立足点。旅游业是第三产业的重要组成部分,是世界上发展最快的新兴产业之一,被誉为"朝阳产业"。《国务院关于加快发展服务业的若干意见》提出,要围绕小康社会建设目标和消费结构转型升级的要求,大力发展旅游、文化、体育和休闲娱乐等面向民生的服务业。

一、旅游业作为战略性支柱产业的形势分析

2009年12月1日,国务院出台了"加快旅游业发展的若干意见",提出要把旅游业建设成为战略性支柱产业。这是到目前为止,国内外国家层面首个正式的关于旅游业最高定位的文件,文件在旅游界引起了强烈的反响。这里要讨论的议题是:有必要把旅游业建设成为战略性支柱产业吗?旅游业有可能成为全国的战略性支柱产业吗?中国目前旅游业发展的主要瓶颈在哪里?怎样能把旅游业建设成为战略性支柱产业?[1]

1. 将旅游业建设成为战略性支柱产业的必要性

旅游业是集行、游、住、吃、购、娱等服务为一体的综合性大产业,根据世界旅游组织的统计测算,旅游业每创造1元收入,就会带来4.3元的综合收入;每创造1个劳动岗位,就会为社会带来6个~7个就业岗位。所以,很多国家和地区都把发展旅游业作为解决劳动力就业、开辟新经济增长点的最重要途径。目前,全国31个省市自治区,几乎都把旅游业作为支柱产业、主导产业或新经济增长点,是有道理的。

拉动经济增长有三驾马车:投资、出口和消费。改革开放30年来,投资和出口都发挥了很好的作用。但是,受国际经济形势动荡等因素的影响,都遇到了困难。特别是2009年哥本哈根大会,碳排放成为制约各国经济发展的主要限制因素。旅游业是解决就业问题的主要途径,旅游业是低碳产业,是应对节能减排压力的重要产业。因此,在当前出口受阻、就业压力十分巨大、碳排放成为经济发展瓶颈的背景下,我们有必要把旅游业作为战略性产业来抓,以拉动内需,扩大就业,推动国民经济持续、快速发展。

2. 旅游业发展的相关分析与预测

国务院文件中关于把旅游业作为战略性支柱产业的建设目标,主要包括:

到2015年,旅游市场规模进一步扩大,国内旅游人数达33亿人次,年均增长10%;入境过夜游客人数达9000万人次,年均增长8%;出境旅游人数达8300万人次,年均增长9%。旅游消费稳步增长,城乡居民年均出游超过2次,旅游消费相当于居民消费总量的10%。

经济社会效益更加明显,旅游业总收入年均增长12%以上,旅游业增加值占全国GDP的比重提高到4.5%,占服务业增加值的比重达到12%。每年新增旅游就业岗位50万人。表1-5-7深入考察这些目标的可行性,给出了最近10多年来各有关项目的变化情况。

---

[1] 吴殿廷,王丽华,王素娟,等.把旅游业建设成为战略性支柱产业的必要性、可能性及战略对策[J].中国软科学,2010(9):1-7.

表 1-5-7 旅游业相关指标及其变化

年份	1995	2000	2005	2006	2007	2008	2009
入境人数/万人	4638.65	8344.39	12029.23	12494.21	13187.33	13002.74	12648
国内旅游/百万人	629	744	1212	1394	1610	1712	1900
出境人数/万人	713.90	1047	3103	3452	4095	4584	4766
旅游收入与GDP的比/%	3.27	4.35	4.00	4.06	4.16	3.86	3.87
旅游花费占居民消费的比例/%	4.85	6.93	7.42	7.74	8.30	8.07	-

资料来源:有关年份中国统计年鉴,2009年数据来自国民经济和社会发展统计提要。

注:为便于各年份之间不因为人民币对美元的差异而导致数据不可比,美元对人民币的换算统一为1.0美元=7.0元人民币。

1995年~2009年,国内旅游人次增长速度是:$[(1900/629)^{(1/14)}-1]\times 100=8.22(\%)$

每后一年与前一年相比,旅游人数增长确实有加快的态势(2003年"非典"影响,2004年数据的变化;2008年地震、南方冰雪和奥运会,也属于特殊年份);此外,一般情况下(国际经验),当人均GDP达到3000美元以后,旅游业确实有一个快速发展的阶段,由此看来,国务院意见中提出的旅游人数年均增长10%是有可能的。

根据全国1995年~2007年数据(2008年因奥运会、地震和冰雪灾害;2009年国际金融危机,情况特殊,不足为凭),入境旅游人数年均增长:

$[(13187.33/4638.65)^{(1/12)}-1]\times 100=9.10(\%)$

应该注意的是,旅游总收入不等于旅游业增加值。在旅游总收入中,旅游业增加值只是其中的一部分,但到底是多大的一部分?用以下数据说明。

根据全国2005年投入产出表推算,第三产业的净产值率为48.98%,其中金融保险业最高,达到61.53%(表1-5-8)。旅游业就算比金融保险业的净产值率还高(实际上不大可能),达到75%。则到2015年旅游业增加值与GDP的比达到4.5%还是有困难的。

表 1-5-8 第三产业中不同行业的净产值率

业态	运输邮电业	批发零售贸易、住宿和餐饮业	房地产业、租赁和商务服务业	金融保险业	其他服务业	第三产业合计
净产值率	44.69	49.24	54.39	61.53	46.94	48.98

资料来源:中国统计年鉴,2009.

从旅游业净产值与GDP的比例关系看,按旅游业净产值率75%计算,1995年~2007年,旅游业增加值与GDP的比,增加了$(3.12-2.45)=0.67(\%)$,平均每年递增0.0558个百分点。据此推算,2015年将达到3.5667%,很难达到4.5%。

为了更深入地考察国务院提出的战略目标的可行性,这里用年平均增长率预测法、二次指数平滑预测方法、自回归预测法、灰色GM(1,1)预测法、灰色GM(1,0)预测法等5种方法进行综合预测,结果见表1-5-9。由此可见,国务院提出的2015年旅游业发展的具体指标中,入境旅游过夜人数、国内旅游人数、旅游消费占居民消费的比例等目标,基本可行;出境旅游人数将大大超过国务院目标;旅游业增加值占GDP比例,将很难达到预定目标。

表1-5-9 不同模型2015年预测结果与国务院目标的对比

目标项目	年平均增长率	二次指数平滑	自回归	灰色GM(1,1)	灰色GM(1,0)	综合预测结果	国务院目标
入境旅游/万人	26 465	18 778	18 019	25 859	19 988	21 542(总)21 542×41.49% = 8 938(过夜)	9000(过夜)
国内游客/百万人	3013	2821	3220	3164	8965	3 132	3300
出境人数/万人	13 122	7668	8376	17 158	18 074	12 885	8300
旅游总收入与GDP比例/%	4.88	4.32	4.82	4.42	4.32	4.52(总收入)4.52×75% = 3.39(增加值)	4.5(增加值)
旅游消费占居民消费比例/%	11.88	10.35	11.05	10.62	9.91	10.67	10

注:灰色GM(1,1)、灰色GM(1,0)模型见吴殿廷主编.区域分析与规划教程.北京师范大学出版社,2008;综合预测即前面5种方法预测结果去掉极大极小值后的算术平均值。

3. 旅游业发展中的限制因素分析

中国旅游业虽然进入快速发展时期,但把旅游业建设成为战略性支柱产业需要突破以下瓶颈制约。

(1)旅游业从业人员素质不高,法律法制严重建设滞后

旅游就业门槛较低,人才培养与市场需求不相适应,业内缺乏有利于人才成长的激励竞争机制,特别缺少懂管理、会经营、跟国际接轨的高级人才。由此出现"一流资源,二流开发、三流服务"的尴尬局面,影响了旅游产品的档次和品位的提升。

旅游法规建设滞后,全行业现在仅有《旅行社管理条例》《导游人员管理条例》《中国公民出国旅游管理办法》3个行政法规,不适应旅游市场快速发展的要求,旅游立法任务和立法难度很大。

(2)旅游企业小、散、弱,整体效益不高

中国旅游企业"散、小、弱、差"现象明显。世界最大旅行社美国运通公司在全球设有1700多个旅游办事处,拥有84000多名员工,2000年旅游业收入达146亿美元。欧洲最大旅行社图伊(TUI)集团占领了欧洲旅游市场的近九成,在全世界拥有7万名员工、81家大旅游公司、3700家旅行社、287家饭店和88架飞机,2002年总营业额为200亿欧元,其中60%的收入来自旅游业。2001年中国10532家旅行社资产总额415.47亿元,总营业额为589.80亿元,不及欧美一个大的旅游公司。

近年情况虽有变化,发展了不少旅行社、旅游饭店集团公司,但真正叫得响的品牌不多,行业竞争力没有得到明显改善。旅游企业缺乏灵活的经营机制、自我约束机制,风险意识、自我发展能

力、管理能力等方面都很差。

欧美旅行社一般拥有航空公司、酒店、景点、交通工具、娱乐购物场所，良好的产业链条衔接和利益的一致性使得其价格优势无可比拟。相比而言，中国尚未建立完整的旅游产业链，在民航、旅行社、景区景点、车船交通没有形成很好链接的情况下，旅行社应对国际竞争势单力薄。

(3)条块分割，各自为政

中国旅游行业存在许多桎梏，如地方政府宏观调控能力弱而本位主义和地方保护主义严重，旅游业管理体制不顺，在开发和管理上都存在部门分割、各自为政、政出多门的弊病，建设、林业、环境、水利、风景园林等政府部门都参与了旅游行业的管理工作，有权利或利益时都来争抢，有责任或出问题时就躲躲闪闪，所出台的条例也常相互矛盾，束缚了旅游业的发展。

(4)旅游市场不旺，旅游消费短期内难有大的增长

受金融危机影响，入境市场出现了一定程度的下滑，短期内难有大幅度的增加。国内房价居高不下，教育成本持续增加，很大程度上抑制了家庭旅游的活动，甚至潜伏着出游频次下降、出游距离缩短、外出消费降低的危险，为旅游业的持续较快发展带来困难。

二、中国旅游业发展前景

随着中国全面建设小康社会不断推进，中国旅游业面临重大发展机遇：中国经济持续快速增长，必将对旅游需求增长发挥基础性的支撑作用；城乡居民收入将稳定增长，到2020年人均GDP将超过1万美元，这期间旅游业将进入世界公认的爆发性增长阶段；国家扩大内需的经济发展方略和加快推动服务业的发展，将为旅游业进一步发展创造新的机遇；中国对外开放的进一步扩大，将为中国旅游业在国际市场和世界舞台更好地发挥作用，创造更为有利的条件；中国政通人和，社会安定，将成为世界上最安全的旅游目的地之一；随着对现行休假制度的完善和带薪休假制度的落实，将形成巨大的国内旅游消费市场。尽管当前面临百年不遇的国际金融危机，但我们经济社会发展的战略机遇没有发生逆转，中国旅游业发展仍属于上升期。基于以上分析，中国旅游业将进入一个新的发展阶段，并呈现一系列鲜明的特征：

(1)旅游市场持续增长　在保持国际旅游竞争力的同时，国内旅游、出境旅游将步入快速发展时期。中国旅游市场将从以入境旅游为主导、国内旅游为基础，发展到国内、入境、出境3大旅游市场共同发展。到2015年，中国入境过夜旅游者将达到1亿人次，国内旅游将达到28亿人次，人均出游2次，出境旅游将达到1亿人次，3大市场游客总量达30亿人次，中国将成为世界上第1大旅游接待国、第四大旅游客源国和世界上最大的国内旅游市场。

(2)旅游消费多元化发展　随着中国经济的持续快速增长和人民生活水平的不断提高，在传统的观光旅游持续增长的同时，休闲度假旅游将快速发展。与现代生活方式紧密相关的旅游新业态将大量涌现。城乡居民出游的选择将更趋多样，旅游产品的供应将更加丰富和充裕。

(3)旅游促进更大需求　旅游发展对基础设施和相关设施的需求将明显增长，对相关行业的依托和促进作用也更为明显。初步预测，到2015年，中国乘坐飞机的乘客将达到4.5亿人次左右，需要新增飞机约1800架、新增航班约630万架次；乘坐铁路的游客将达25亿人次左右，需新增客运车辆约5万辆；全国将新增私家车约4000万辆；将新增客运船舶约1万艘；将新增各类住宿设施约20万家。

(4)旅游业对外开放加快　随着加入WTO过渡期的结束，旅游业将启动新一轮的对外开放，

国内外旅游市场一体化进程将加快,与国际市场、国际规则、国际水平将进一步接轨。中国入境旅游、出境旅游的规模不断扩大,旅游业将进一步发挥提升国家软实力的作用,中国旅游业在世界旅游界的话语权将继续增强,国际地位和影响力不断提升,参与国际规则、标准的制定与应用的空间进一步扩大。

(5)旅游功能的进一步发挥　今后一段时期,旅游发展对全面建设小康社会的贡献将更为明显。到2015年,全国旅游业增加值可达2万亿元左右,接近GDP的4.8%,约占服务业增加值的11%,旅游业对GDP增长的贡献率可达1个百分点,对服务业增长的贡献率可达2个百分点,旅游业可以为经济发展发挥积极作用;到2015年,旅游就业总量将达1亿人左右,旅游业对社会就业增长的贡献率可达2个百分点,旅游业可以为社会就业发挥积极作用;到2015年,中国中西部地区的旅游收入将占全国旅游总收入的50%左右,农村地区的旅游收入将占全国旅游总收入的1/3,旅游业可以为新农村建设和区域发展发挥积极作用;到2015年,中外旅游交流人数将达到2亿多人次,海峡两岸及香港、澳门旅游交流人数将超过1亿人次,旅游业可以为国家总体外交和对台港澳工作发挥积极作用;到2015年,中国公民出境旅游将达1亿人次,境外旅游花费可达1000亿美元以上,相当于减少中国国际贸易顺差1000亿美元,旅游业将发挥平衡国际贸易、缓解贸易摩擦的润滑剂作用。

(6)旅游效益不断显现　提高生活质量是全面建设小康社会的必然要求,也是世界经济和社会发展的必然结果。旅游集中体现了人们对生活质量各个方面的要求,旅游消费成为持续性的需求,这就使旅游业具有比较强的持续发展能力和抵抗风险的能力。旅游发展不是简单地适应需求,而是满足现实需求、引发潜在需求和创造新的需求的综合体现。这是管理和服务水平不断提高的过程,也是综合效益不断显现的过程。随着工业化、城市化、信息化、国际化加快推进,旅游业发展的潜力巨大、前景广阔,仍将保持持续较快发展。

(7)旅游产业加快升级　在新的发展阶段,中国旅游业处在"市场转型期、矛盾凸显期、管理提升期",面临着优化产业结构、转变增长方式、提升发展质量和水平的艰巨任务,迫切需要由粗放型经营向集约化经营转变,由数量扩张向素质提升转变,由满足人们旅游的基本需求向提供高质量的旅游服务转变。为此,中国旅游业在今后一段时期要完成促进旅游产业体系建设,全面提升旅游产业素质,综合发挥旅游产业功能三大任务,达到建设世界旅游强国,培育新型重要产业的战略目标。

第二篇

中国旅游理论研究综述

- 中国旅游地学发展历程
- 中国旅游资源研究
- 中国旅游分类研究
- 中国旅游动机与行为层次研究
- 中国旅游环境容量研究
- 中国旅游区划研究
- 中国旅游开发与规划研究
- 中国旅游地生命周期研究
- 中国旅游地学研究展望

第一章　中国旅游地学发展历程[1]

第一节　旅游研究概述

一、国内外旅游研究概述

旅游业的发展引起了旅游学科的研究。对旅游现象的研究最早从 19 世纪末重要的旅游接待地意大利开始的。1899 年意大利政府统计局的鲍迪奥(L. Bodio)发表的《在意大利的外国人的移动及其消费的金钱》一文,据说是可见到的最早的从学术角度研究旅游现象的文献。此后,在意大利、德国、瑞士和奥地利等国家相继出现了一些旅游学研究学者,其中马里奥蒂(A. Mariotti)、葛留克斯曼(G. Glucksman)、鲍尔曼(A. Bormann)、以汉泽克尔(Hunziker)与克拉普夫(Krapf)等在旅游研究中做了许多开创性工作。

"二战"以后,旅游学研究的中心开始转向北美,并且在研究路径上表现出明显的多学科渗透的特点。一些重要的学科如经济学、人文地理、社会学、人类学、心理学、环境科学和生态学等学科的学者们逐渐参与了对旅游现象的研究[2]。

根据申葆嘉的概括[3],国外旅游研究可以分为如下几个阶段:

1. 早期的认知时期(19 世纪末~20 世纪 30 年代)

统计研究阶段　19 世纪 70 年代以后,英国和欧洲主要国家以及北美的美国,有的已经建成了市场经济体系,有的正在形成和加强这个体系,中产阶层开始出现在这些国家,并且成为当时这些国家社会经济发展的主要力量;在这个时期,蒸汽机的应用早已从工业伸延到交通中,火车和汽船已成为当时陆上和水上的主要交通工具,而欧洲、北美诸国在食、宿、观光服务方面的质量水平有了巨大的改进。以上诸多因素使欧美两个地区之间游客流动迅速增加,游客在接待地逗留时间和花费开支都有大幅度的增长,使旅游业开始成为引人瞩目、容易赚钱的新兴行业。早期人们对旅游现象的研究,就是在这样的背景下出现的。

这种旅游统计方面的研究,反映了早期对旅游现象的认知目的在于取得经济利益的需要。这时的研究都是从游客人数、逗留时间和消费能力等方面的情况,认知旅游现象的经济涵义。同时,

---

[1] 本篇由鲍捷主笔,由吴殿廷修改和定稿。
[2] 谢彦君. 基础旅游学[M]. 北京:中国旅游出版社,2011.
[3] 申葆嘉. 国外旅游研究进展(连载之二)[J]. 旅游学刊,1996(2):48-52.

这种研究也反映了当时的旅游活动仍处于发展过程的早期阶段。

经济研究阶段 第一次世界大战结束后,欧洲参战各国急于恢复和发展受到战争创伤的经济,纷纷瞩目于日益增长的北美游客带来大量美元的旅游活动,旅游活动被普遍地视为是一种具有重要经济意义的活动,这种认识在当时深刻地影响着学术界的思想。1927年,罗马大学马里奥蒂(A. Mariott)出版了《旅游经济讲义》专著,首次从经济学角度对旅游现象作了系统的剖析和论证。他从旅游活动的形态、结构和活动要素的研究中得出了一个结论,认为旅游活动是属于经济性质的一种社会现象。1928年马里奥蒂出版了该书的续编,并且在1940年出版了修订本,最终完成了该书的理论体系。稍后,柏林大学的葛留克斯曼发表了多篇论文,阐述了关于旅游研究的观点,并于1935年出版了《旅游总论》一书,系统地论证了旅游活动的发生、基础、性质和社会影响。在书中,葛留克斯曼把旅游活动的概念定义为"在旅居地短时间旅居的人与当地人之间各种关系的总和"。葛留克斯曼运用不同的方法考察旅游现象,得出了与马里奥蒂完全不同的看法,他认为,研究旅游现象是一个研究旅游活动的基础、发生的原因、运行的手段及其对社会的影响等问题,范围非常广泛的领域,需要从不同学科去研究而不只从经济学的角度去考察。但是葛留克斯曼的观点受到了德国学者鲍尔曼(A. Bormann)的批评。鲍尔曼认为葛留克斯曼的《旅游总论》缺乏方法论,并且认为将与之相关的学科放到旅游论中去研究必将把旅游现象的研究极端广泛起来,并且更不同意将心理学引入旅游研究,认为这样做并不符合当时旅游研究的目的。

发展旅游活动可以获得巨大的经济利益,并经早期学者论证了旅游活动是一种经济性质的现象后,旅游活动被认为是一种旅游业的经营活动,就成了许多人对旅游现象根深蒂固的认识,这种看法在以后漫长的岁月中影响着几代人对旅游现象性质的认识,极大地限制了旅游研究向纵深层次发展的可能。

2. 中期的过渡时期(20世纪40年代~60年代)

经历了二战时期的沉寂和重大突破阶段,在当时的中立国瑞士,旅游研究发展出现了具有重大意义的理论突破。1942年瑞士圣加伦大学(Saint Gallen University)的亨泽克尔(Prof. Walter Hunziker)和伯尔尼大学(Berne University)的克雷夫(prof. Kurt Krapf)发表了名为《旅游总论概要》的专著,在这本书中,亨泽克尔和克雷夫认为,旅游现象本质是具有众多相互作用要素和方面的复合体,这个复合体是以旅游活动为中心,与国民、保健、经济、政治、社会、文化、技术等社会中的各种要素和方面相互作用的产物。在这个基础上,亨泽克尔和克雷夫提出了旅游现象多方位、多层面结构的思想,并且认为需要通过多学科综合研究的见解。

二战结束时,北美学术界对旅游现象的研究开始行动了起来;地理学界已经意识到旅游活动的重要性,并且作为现代重要的社会现象提出来研究;进入20世纪50年代,有更多不同的学科提出了对旅游现象研究的见解。

3. 近期的大发展时期(20世纪60年代至现今)

进入20世纪60年代,全球范围内大规模的客流现象有增无减,对接待地社会、尤其是不发达国家和地区造成的影响也越来越多地为人们所注意,各国不同学科的学者也开始在经济学、社会学、人类学、心理学、地理学、环境和生态科学等各自的专业领域内展开了对现代旅游现象的研究。这是在全新起点上研究的开始,从表面上看与战前欧洲的旅游研究没有什么渊源关系,而实质上,是从早期的主要只着眼于经济领域的研究向前大大地跨进了一步,开始了试图揭开旅游现象的外貌探索其本质性的新的历程。

新的起动阶段　全球性旅游大发展的结果,对接待地的各种不同影响表现出来了,而对经济发展水平相差悬殊的接待地,这种强烈影响的反差则表现得更为显著,引起了学界的严重关注。学者们首先着眼于经济不发达接待地的社会影响问题,经济学、社会学、人类学以及其他一些社会科学和环境生态科学等学科的学者,展开了多个领域的研究;由于旅游活动的迅速发展带来的关系和问题也远比过去年代复杂,这些研究工作除了少数仍旧在单一学科中进行外,也开始了运用多个学科理论和方法的综合研究。

旅游研究新的发展阶段　20世纪70年代,旅游活动在全球范围内迅速发展,每年以亿人次计的巨大规模进行着。巨大人流在相对集中的时间和空间内流动,使接待地社会和环境受到了空前巨大的压力,有的已经超出了它的承受能力,引起了社会和学者的严重关注。在前一时期发展起来的"旅游影响研究",这时已经成为学者们研究旅游现象的热点所在;由于客观上的需要,这时的"旅游影响研究"逐渐形成旅游经济、旅游社会文化和旅游环境与生态3个影响研究领域。

20世纪80年代,英语世界的旅游研究发展到了一个新的起点,旅游研究的方法问题受到了普遍重视。重视研究方法表明这个时期的研究活动开始摆脱过去的就事论事的肤浅做法,进入了一个较高的层次,上升到了探索内涵实质的本质研究。

根据谢彦君的归纳,国外旅游学研究表现出3个特点:一是从单科独进的分散研究向跨学科的综合研究发展;二是重应用研究而轻理论研究;三是从研究的领域来看,对国际旅游的研究超过了对国内旅游的研究,对第三世界旅游的研究超过了对发达国家旅游的研究。

国内旅游学研究开始于20世纪80年代初,是与旅游教育、旅游产业实践同时起步的。国内旅游学研究的最初阶段主要是借鉴国外的一些研究成果,由于视野和资料所现,当时的切入点主要是经济视角。已经出版的旅游学著作(教材)未能在学科建设上有重大突破。其中在研究对象上受"三要素"观点的制约过深。应用研究成果比较多,但对应的却没有太多的有关旅游学基础理论方面的高质量成果问世,因此,总体上不够成熟[1]。

二、旅游学科体系简述

研究者们从各自对旅游学科的理解,或站在不同的角度,或基于前期的成果,纷纷对旅游学科理论体系框架和知识框架提出了不同的建构方法和见解[2]。

以游憩活动(Leisure Activity)的特征和规律为基础的游憩系统论认为,旅游科学的核心任务就是要把握游憩系统开放性和复杂性的特征及其在旅游开发、规划、经营和管理中的应用(吴必虎,1998)。把旅游活动纳入游憩活动,可谓还本归原,Leisure Science在西方已基本形成体系。该系统虽然对游憩现象的结构、过程和内容作了较为全面完整的归纳,但在系统的科学性、严密性和可操作性等方面仍有值得推敲的余地。首先,在理论认识和实际运作上,休闲(Leisure)、娱乐(Recreation)和旅游(Tourism)分别面对不同的主体对象,因此,其中的客源市场子系统是界线模糊的、简单化的、一刀切的。其次,游憩活动虽然都依赖同样的或类似的目的地子系统、出行子系统和支持子系统,但休闲、娱乐和旅游的内容构成却是交叉的、重叠的。因此,系统应用的诠释缺乏严密性和可操作性。

---

[1] 谢彦君. 基础旅游学[M]. 北京:中国旅游出版社,2011.
[2] 肖洪根. 谈对旅游学科理论体系研究的几点认识[J]. 旅游学刊,1998(6):41-45,59.

旅游学科理论体系的系统论研究还表现在对旅游吸引系统建构和解说的一类文献上。Neil Leiper 1990 年发表的专论《Tourist Attraction Systems》(旅游吸引系统)是该类文献中最早、也最具代表性的成果之一。在中国，由此引发的相关研究有解释性的分析，如杨振之的《旅游资源的系统论分析》、林红等的《旅游吸引物的系统论再分析》等；由此引申和展开的探讨还有《旅游者和旅游资源的双向吸引模式》《旅游时空模式与目的地的选择》等。这类系统论的研究，较多地以旅游现象中的客体为理论体系建构的基础，相对忽略了旅游活动的社会和文化属性。

结合旅游教育而开展起来的旅游学和旅游相关学科关系的研究是建构旅游学科理论体系的又一方法。这类学科体系建构的研究一方面表现为《旅游概论》《旅游学概论》或《旅游学》等单本专著型的理论框架的确定。另一方面，从旅游教育角度开展的旅游学和旅游相关学科关系的宏观框架体系研究，虽尚不成熟，但已有阶段性成果。Neil Leiper(1981)的《Towards a Cohesive Curriculum in Tourism：The Case for a Distinct Discipline》、Jafari 和 B. Ritchie(1981)的《Towards a Framework of Tourism Education：Problems and Prospects》、申葆嘉(1997)的《论旅游学科建设与高等旅游教育》、明庆忠(1997)的《旅游学学科体系的构建》、马勇等人(1997)的《旅游教育优化模式研究》、John Tribe(1997)的《Indiscipline of Tourism》等，都不失为对学科建设有理论贡献的好成果。

以旅游文化为主要研究对象，从跨学科、多学科的角度探讨旅游文化各分支学科的内涵和外延，研究内容和研究方法也是通往旅游学科理论体系建设的一条有效路径。在这方面，一些具有学术导向性的旅游专业期刊做了不懈的努力，也取得了可喜的成果，如《Annals of Tourism Research》自 1974 年创刊以来，迄今已推出了《旅游社会学》(1979)、《旅游地理学》(1979)、《旅游人类学》(1983)、《旅游与政治科学》(1983)、《旅游与社会心理学》(1984)、《旅游符号学》(1989)、《旅游民俗学》(1984)、《旅游管理学》(1980)、《旅游与环境科学》(1987)、《国际旅游经济学》(1982)、《旅游教育》(1981)等 27 期专辑；1991 年 Annals 出版了《旅游社会科学》专辑，对旅游文化分支学科研究成果进行了阶段性总结；从 1997 年起旅游文化各分支学科的专辑研究成果上升到"旅游社会科学系列丛书(Tourism Social Sciences Series)"，由该刊的主编 Jafar Jafari 博士任全套丛书之主编。国内外的其他旅游刊物也有同样的做法，如英国的《Tourism Management》从 1997 年开始推出旅游分支学科专辑，中国的《旅游学刊》早些时候也曾出过《旅游地学专辑》，近期又有《旅游教育增刊》等等。旅游文化各分支学科专辑的出版，有助于对该分支学科研究对象和研究内容的界定，对分支学科的旅游研究方法也是一种促进和提高。

此外，旅游方面的三体说、六要素说、Jafari 的旅游结构现象说以及 Stephen Smith 和 Neil Leiper 的旅游产业供求说等，也试图从旅游定义的角度对旅游现象进行过界定。旅游概念的研究可谓百花齐放。

但是，对旅游学科体系，并没有一个相对完善的认识。谢彦君认为，旅游学学科体系的构建是个长期积累的过程，它需要有充分的科研成果的支持和足以支撑一个知识共同体成立的内外部条件。而在其实现路径上，就旅游学科的特殊情况而言，不管是国内还是国外，都存在一个或先或后必须找到的学科，并继而以此为基点对相关知识予以综合、整合的过程。与其他学科一样，这种综合将体现在两个层面上：概念与理论(方法)。旅游学学科体系应该是在完成了这种综合的基础上确立起来的[1]。

---

[1] 谢彦君. 基础旅游学[M]. 北京：中国旅游出版社，2011.

第二节 旅游地学研究概述

一、旅游地学的涵义

旅游地学是旅游学的基础,它的研究领域包括旅游风景资源、客源市场预测、旅游农业、工业、商业和交通运输等经济开发,以及旅游区规划等。它是地球科学与旅游科学交叉的边缘学科,也是地学为旅游业发展服务的应用学科,具有非常广阔的发展前景。地学工作者可以从事某一特定领域如风景结构、旅游资源开发和管理、导游资料编写和旅游地图编制等研究;也可以从事旅游业或旅游区开发规划的系统研究。对于后者的研究,更能发挥地学的学科优势,但它要求地学工作者除对旅游资源和旅游经济形成和发展有较深的造诣外,对整个旅游业也需要有一个基本的了解。

1. 旅游地学的涵义

旅游地学(Tourism Earth Science)术语是1985年4月由陈安泽、李维信首次提出的,在旅游地学研究会成立大会上,经过与会代表认真讨论,其定义写入会章第二条:即"旅游地学是运用地学的理论与方法,为旅游资源调查、研究、规划、开发与保护工作服务的一门新兴边缘学科[1]。"

早在20世纪80年代初叶,中国地质学界和地理学界为了适应蓬勃发展的旅游业需要,都各自运用本专业的理论和方法,对区域旅游开发中所遇到的地质、地理问题进行了初步的探索。地理学界于70年代末和80年代初就提出"旅游地理学"这一学科的概念。陈传康、郭来喜等率先对旅游地理学的基本理论进行了多侧面的研究,为旅游地理学的创立和发展作出了贡献。与此同时,中国地质学界于1984年首次提出了"旅游地质"这一学科术语,陈安泽等一批学者先后发表文章,论述"旅游地质"的研究范围和内容。当时地质界认识活跃,先后提出了"风景地质""山水地质""名胜地质""园林地质"等许多新概念。地质同地理同属地球科学范畴,它们应用于旅游业虽有自己的独立性,但更多的方面却是相关联的。为了更好地为旅游事业服务,两股力量应当有一个结合点。于是在1985年9月由中国地质学会科普委员会发起,在北京召开了一次全国地球科学界面向旅游业的综合性学术研讨会。出席这次会议的地质、地理、园林、环保、旅游各界的专业学者,经过热烈讨论和切磋,首次提出并为大家所共识的"旅游地学"这一更综合的学科新概念。与会学者认识到,应该采用比旅游地质研究领域更宽、服务范围更广的"旅游地学"这一学科专业术语。并倡议建立中国旅游地学研究会作为推动该学科发展的学术机构。这次会议给旅游地学下了上述定义。它是"旅游地学"术语的最早定义,据了解在国际上迄今还未有"旅游地学"术语及其完整的概念,从这个意义上讲,旅游地学作为一门完整的科学应是中国学者首创的[2]。

旅游地学的研究对象既区别于与之相关的地质学、地理学和旅游学,又以边缘学科的特性与上述学科保持着互为因果的联系。由于研究实践及学科背景的差异,对旅游地学的认识存在着几种不同的科学观点,其中代表性的包括狭义的观点和广义的观点。

---

[1] 陈安泽,卢云亭,陈兆棉,等.旅游地学的理论与实践——旅游地学论文集(第3集)[C].北京:地质出版社,1997.
[2] 卢云亭.旅游研究与策划[M].北京:中国旅游出版社,2006.

狭义的观点主要包括旅游地质论和旅游地理论,认为旅游地学即上述学科的不同称谓[1]。

(1)旅游地质论　这是一种狭义的地学观点。持该观点的学者将旅游地学局限于旅游地质的研究范畴,认为旅游地学是一门研究旅游点(区)地质、地貌条件的科学。其着眼点是开展旅游地质调查工作,为进行专业地质旅行和向广大游客普及地质科学知识服务。这种认识多出现于中国旅游事业刚刚起步阶段。当时各个学科都力求为旅游业服务,但对整个旅游业又不甚了解,对如何为旅游业服务心中无数,只能从本学科出发,将旅游纳入本学科中来。

一些旅游地学的定义较纯粹的旅游地质宽泛一些,与旅游业结合更加紧密,如徐泉清等认为"旅游地学是一门专门从事研究并发现、评价、规划、保护地质景观旅游资源的应用性新兴边缘学科。它集地学与旅游学的相关知识为一体,用地学的原理和方法,研究地质作用所产生的各种地质现象,并从中发现可供人们旅游的地学景观,进而开发、综合评价及保护旅游资源。因此,它的直接研究对象是地学景观[2]"。这些理解比单纯的地质调查更进了一步,但其研究对象仍未脱离地质景观,其重点仍然是对地质现象机理的探讨。

(2)旅游地理论　刘兴诗在《旅游地学探讨》一文中写道:"旅游地学是为旅游业服务的一门专门地理学"。认为它着重研究自然风景体本身,基本归属自然地理学范畴,又兼跨人文地理和其他社会科学领域。认为旅游地学在为旅游业服务方面,不仅体现在对旅游者直接服务,如科学导游、普及科学知识、介绍名胜风光等,还为旅游业服务,如旅游基地研究与开发、国土整治、环境保护等。这种观点在研究领域上比前种观点有所扩大,但并不能概括整个旅游地学的研究范畴。同时把旅游地学定义为一门专门地理学也不够恰当。

(3)旅游地学论　广义的观点即旅游地学论,认为旅游地学具有更为宽泛的研究范畴。旅游地学论是一种广义的旅游地学概念,认为旅游地学是地球科学与旅游学相结合而产生的一门边缘学科,主要包括旅游地质学和旅游地理学两个部分。其研究内容应包括旅游业中的所有地学问题,也可以说是用地学理论和方法去研究旅游业的所有问题。它不但要研究旅游业的客体要素——旅游资源,还要研究构成旅游业的另外2个要素,即主体——旅游市场和媒介——旅游服务及设施。总之,构成旅游业的3大要素都有地学课题及其规律供地学工作者探索。

陈安泽、李维信在《旅游地学的现状与展望》一文中提出:"旅游地学是以地球科学的理论、方法为基础,并结合其他学科知识,以发现、评价、规划、保护具有旅游价值的自然景观以及与人类活动有关的古遗迹、遗址,探讨其形成原因、演变历史,为发展旅游事业服务为目的的一门综合性边缘学科。"

朱亮璞在《对旅游点地学分类的建议及工作方法讨论》一文中指出:"旅游地学是把与旅游业有关的地学问题作为研究对象,以发展这个事业作为研究目的。"张尔匡等在《初论河北省旅游地学资源的基本特征和开发利用问题》一文中写道"旅游地学是运用现代地学理论和科技手段为旅游点的调查、规划和开发服务,以促进地学的学术交流与研究和普及地学知识为目的的应用科学。"

崔广振在《谈中国旅游地学研究》一文中,对"旅游地学"的涵义作出了这样的阐述:"旅游地学的兴起是旅游业发展的需要,即地学和旅游学的产物,构成地学的一个重要的分支,它包括旅游

---

[1]陈安泽,卢云亭.旅游地学概论[M].北京:北京大学出版社,1991.
[2]徐泉清,孙志宏.中国旅游地质[M].北京:地质出版社,1998.

地质学和旅游地理学两个范畴,因而又是一门综合性的边缘学科。""它的研究对象是旅游的客观环境,包括一切与地学有关的观赏内容。"

从1985年的对旅游地学的定义以及日后的研究实践中来看,广义的旅游地学概念已逐渐被大家所认同,旅游地学的研究范围不断扩大,内涵不断加深,许多学者认识到,旅游地学是旅游地质学和旅游地理学的综合体;服务对象是现代旅游业,服务手段是地球科学的理论、技术和方法;主要任务是发现、评价、规划、开发和保护旅游资源,为开发景区(点)提供科学依据[1]。

我们在此接受陈安泽、卢云亭等对于旅游地学的更深层次的定义:"旅游地学是地球科学的一个新兴分支学科,它是研究人类旅行游览、休疗康乐与地球表层物质组成、结构及能量迁移、变化之间关系的一门科学。它包括了地质和地理两种旅游环境。因此旅游地学又是旅游地质学和旅游地理学两门边缘学科的总称。"

2. 旅游地学的主要研究内容

地学是一门内容复杂、分支学科庞杂的学科,而旅游现象又是一种复杂的现象。以地学的知识背景来研究复杂的旅游现象,其研究内容的纷繁复杂程度可想而知。因此,要把旅游地学的研究内容归为几个领域是十分困难的事,目前也没有一个现成的客观标准。但为了初步了解旅游地学的全貌,特将其分为以下几个研究领域,领域之间也许存在重叠现象:旅游地学的任务是运用地学的基本理论、方法和技术手段,寻找和研究各种旅游地学资源;探讨所有观赏景物的分布规律、结构构造、形成机制和演化历史;进而对旅游区、旅游点及具体观赏景物进行鉴定、评价、规划和设计,其目的是为了旅游资源的开发、改造、利用和保护;最后,为旅游业提供数量多、质量好、形式完美和内容丰富的地学旅游资源,为旅游业发展奠定雄厚而可靠的物质基础。

从总体上来看,陈安泽、卢云亭等归纳了旅游地学的研究内容,主要包括以下几个方面[2]:

(1)旅游资源的调查和评价 旅游地学工作者的任务就是要协助计划、城建、旅游管理部门,清查各地旅游资源,进行系统的科学分类,探讨它的合理利用途径和潜力,进行实事求是的科学技术论证和评价。

(2)旅游区(点)的选择、布局、规划和建设 旅游区(点)的选择、接待游人的规模(容量)、旅游者食宿交通与服务设施的安排、旅游商品的组织和供应、旅游区工业企业的布局、旅游环境、生态系统的平衡保护等,这些都是旅游区建设上的重大地学问题,需要旅游地学工作者深入细致地研究。

(3)旅游者的地域分布和空间移动规律 研究旅游客源市场的发生和变化规律涉及许多地学背景方面的问题。

(4)旅游业发展对地区经济综合体的影响 旅游业的发展,对一个地区各经济部门都会带来促进作用。除了经济影响外,对一个地区的地理环境也会带来某些变化。这些变化,实际上就是地质、地理环境的改造和利用,也是旅游地学研究的重要课题。

(5)旅游区划 旅游地学工作者根据所依据的区划原则,将一个国家、一个地区划分成许多相对独立而又彼此联系的旅游区,这对各旅游点的横向联系和协作,对旅游活动的线路设计、组织都有重要的指导意义。同时,这也是国家开发旅游资源、发展旅游事业、进行总体战略规划的重要

---

[1] 陈安泽,卢云亭,陈兆棉,等. 旅游地学的理论与实践——旅游地学论文集(第3集)[C]. 北京:地质出版社,1997.
[2] 陈安泽,卢云亭. 旅游地学概论[M]. 北京大学出版社,1991.

依据。

（6）旅游交通及其他有关手段　旅游交通在发展旅游业中的地位、作用,各类交通工具的特性、功能评价及其空间布局等,都是旅游地理学研究的重要内容。旅游地图是具有专题性质和功能的地图之一,主要为导游和旅游地学研究服务,是旅游者不可缺少的工具。旅游地图的类型、功能、编绘方法,是旅游地学研究的任务之一。

（7）旅游资源和环境保护　其研究内容包括旅游公害的发生类型,公害对环境影响的方式、渠道、结果,旅游环境保护的途径、措施,以及环境质量的评价、预测及其技术等。

（8）旅游地学基本理论和方法　旅游地质学(Tourism Geology)是用地质学的原理和方法,研究地质作用所产生的各种地质现象,并从中发现可供人们观赏、休闲、愉悦、猎奇、探险,进行科学研究及科普教育的地质遗迹景观,进而开发、综合评价及保护地质遗迹的一门新兴综合学科,其直接研究对象是地质遗迹景观,而目的是服务于旅游事业。在此应区分两个容易混淆的概念:旅游地质和地质旅游。旅游地质是以旅游为目的,寓科学性、知识性于旅游活动中;地质旅游则是以科学考察为主要目的,寓旅游于知识性之中[1]。

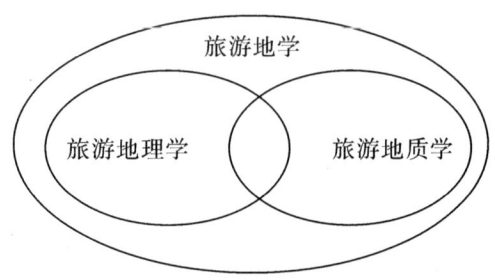

图2-1-1　旅游地学研究内容

旅游地质学的研究对象以旅游地质资源为主,其研究内容较多,主要可以包括以下几个方面[2]。

（1）标准地质剖面和化石产地　具有地区性、区域性和国际性地质对比意义的地层剖面以及重要而珍贵的化石产地,即那些在区域性地质对比上,具有模式、标准或典型意义的地层剖面,或者是一些出露齐全、保存完好的生物地层分带和其他有重要地质意义的剖面、重要化石产地、古人类化石与古人类居住遗址等。

（2）具有特殊保护价值的岩石、地质构造、矿物、矿产等产出地段　具有地区性或区域性的岩石产地,具有历史性经济价值的矿物、矿产地以及有地区性典型意义的地质构造点。

（3）近代地质作用过程和造型地貌典型地区以及有地质意义的著名风景地貌区　包括岩溶、山崩、冰川、冰川遗迹、滑坡、泥石流、岩洞、泉水、瀑布、峡谷、岸湾、峰峦、黄土、熔岩、火山、火山口等火山地貌和丹霞地貌,以及石林、土柱等自然奇观地貌。

（4）具有特殊的经济、医疗、地学科普与教育价值的地质现象　包括矿泉、温泉、有价值的宝石、金矿、建筑石料等产地,古代采矿与冶炼遗址等。

（5）其他地质自然历史遗迹景观和人文历史遗迹景观　包括由于大自然作用所形成的各种自

---

[1] 胡能勇. 地质遗迹、地质公园、旅游地质学的概念[J]. 湖南地质,2002(4):244.
[2] 朱济成. 旅游地质学[J]. 北京地质,1995(2):31-33.

然景观(如山岳、江湖、沙漠、草原等),以及古代建筑、历史、文物古迹等人文景观(如古建筑、古科学及艺术制品、石窟、石刻、大坝、水库、革命遗址等),着重研究它们所处的水文、地形、地貌、岩性、构造、地下水等地理、地质和气象条件与特征。

从以上观点来看,陈安泽、卢云亭等所归纳的旅游地学研究内容,除了少数属于旅游地质学领域以外,基本反映了旅游地理学(Geography Tourism)的主要内容,这与西方从地理环境的视角研究旅游的脉络是相一致的,旅游地理学是旅游地学领域研究的最核心也是发展最快的内容。已经形成了相对较为完整的研究体系,在国际上由于各国的经济发展水平不同,以及学者对闲暇、游憩和旅游的不同理解,有不同的称呼,相应其研究范围也不同,如英国一部分学者称之为旅游地理学,一部分学者称之为休闲和旅游地理学(Geography of Recreation and Tourism);加拿大有的学者称之为游憩地理学(Recreation Geography);由于语言文字的关系,日本和韩国的学者称之为观光地理学。不同学者对其研究内容与体系有不同观点,主要有如下的几种代表性观点。

皮尔斯(Perce)认为,旅游地理学的研究对象包括下列 6 个方面:①供给的空间模式(spatial patterns of supply);②需求的空间模式(spatial patterns of demand);③旅游地地理(geography of resorts);④旅游流 (tourist movements and flows);⑤旅游影响 (impact of tourist);⑥旅游空间模型 (models of tourist space)。

郭来喜则认为,旅游地理学的研究内容包括以下 7 个方面:①旅游地起因;②旅游者的地域分布;③旅游资源的类型与地域组合、评价、开发利用论证;④旅游区划;⑤旅游与环境的关系;⑥旅游与地方经济的作用与影响;⑦适合不同对象的旅游线路组织与方案设计。

保继刚等从旅游系统的概念出发,归纳了旅游地理学的研究内容如下:

(1)旅游产生的条件及其地理背景　影响旅游产生的条件可以分为 2 大类。一般要素涉及一个国家的旅游需求水平,包括一个国家的经济发展,人口特征和政策制度。另一类是专门要素指旅游者个人的情况,包括收入、就业、带薪假期、教育水平、生活阶段、个人偏好等。旅游的产生涉及许多地理背景方面的问题,由地理环境的差异性而形成的旅游资源的互补性是旅游产生的重要条件。

(2)旅游者行为规律　旅游者构成旅游活动的主体,对旅游者行为规律的研究,包括旅游动机、旅游动力、决策行为、空间行为以及旅游者行为规律的实践意义等。旅游者行为规律的研究不仅在于揭示其规律本身,同时为旅游资源开发、评价旅游规划市场开发等提供依据。

(3)旅游流(旅游需求)预测　旅游流是旅游客源地与目的地相互作用的一种形式。旅游目的地和客源地由旅游流相互联系。旅游流预测研究主要是要发展一套在不同条件下适宜的预测模型。

(4)旅游通道　旅游通道是为旅游者有居住地到旅游目的地往返,以及为旅游目的地的各种旅游活动而提供的设施和服务的整体。从地理学的角度讲,主要是对可进入性的研究以及各种交通方式——航空、铁路、公路、水路等之间的匹配研究。

(5)旅游资源评价　旅游资源——是对旅游者具有吸引力的自然存在与文化历史遗存、文化环境,以及直接作用于游娱目的的人工创造物。旅游资源评价是旅游开发中最为重要的部分。对旅游资源如何进行分类、对各类旅游资源如何建立评价模型、模型建立后如何合理、客观地权重,是旅游资源评价研究难点。

(6)旅游地演化规律和重要旅游地研究　旅游地演化规律是旅游地研究很重要的内容,掌握了不同类型旅游地的发展演变规律,才能在旅游规划和管理中具有前瞻性,制定出切合实际的方案和政策。旅游地生命周期和旅游地空间竞争是这方面的主要内容。

(7)旅游环境容量　包括两方面内容,一是自然环境容量,即物理和生态意义上的环境容量。旅游环境容量研究的焦点是各种旅游资源(场所)、各种旅游目的地的旅游生态指标、社会经济承受指标、旅游者个人的空间标准等。

(8)旅游区划　旅游区——含有若干共同特征的旅游景点与接待设施组成的地域综合体。旅游区化的根本目的是为了客观地了解各个旅游区的不同性质和特征,查明其区域基本优势,为开发和保护旅游资源,制定与实施中长期旅游的区域发展规划,推动区域旅游经济的提供科学依据。

(9)旅游开发的区域影响　旅游开发式旅游目的地区域的经济、环境和社会文化都发生变化,正确评价旅游开发的区域影响,对指导旅游业发展具有积极的意义。其研究内容包括:①经济影响:有关旅游与经济发展、旅游与投资、旅游与收支平衡、旅游与就业、旅游与通货膨胀等的关系;②环境影响:旅游对动植物的影响、旅游对水体、大气的影响、旅游对人文环境的影响;③社会文化影响:旅游与社会变化、旅游示范效应、旅游与宗教、旅游与语言变化等。

(10)旅游规划　旅游地理学从旅游资源调查评价出发,分析旅游者的行为规律,旅游需求要素、旅游地演化规律,综合评价区位和区域经济条件,兼顾经济、环境和社会效益,按照时间顺序和空间关系,研究和制订旅游规划。旅游规划分为旅游发展规划和旅游地规划2个层次[1]。

二、旅游地学的学科地位

旅游地学是旅游学科体系中的重要组成部分。其中旅游地理学是其中的主体部分,以三要素中的旅游资源及所在地区自然及社会经济环境为主要研究对象,重在探讨旅游现象的空间属性以及旅游活动中的人地关系。从旅游现象的不同属性来看,与旅游经济学、旅游社会学、旅游心理学、旅游文化学等是并列的分支,并与其他并列学科一起,直到旅游经营管理、旅游开发与规划以及旅游可持续发展实践。

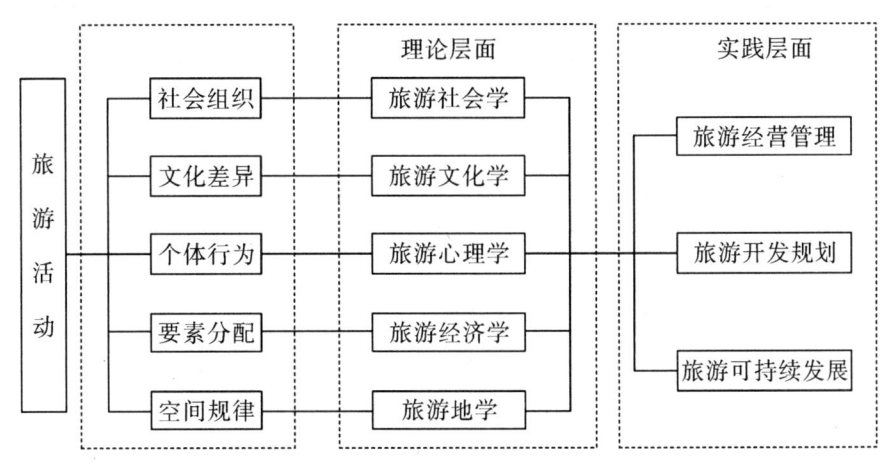

图2-1-2　旅游学科体系

---

[1]保继刚,楚义芳.旅游地理学[M].北京:高等教育出版社,1999.

第三节　中国旅游地学研究的缘起与发展历程

尽管旅游地学是 20 世纪 80 年代正式提出的概念，但对于旅游地学所涉及的某些特定的客体，早在中国古代便已有人进行相应记载与描述。

在中国古代文献中，朴素的旅游地理记述见诸于诗歌、散文、游记和专著之中。如《诗经》就以诗歌形式记述殷商西周的民间出游；成书于战国时代的《山海经》，可视为中国最早记载山川风物的典籍；还有东晋法显（约 337～422）的《佛国记》、北魏郦道元（约 470～527）的《水经注》、唐玄奘（602～664）的《大唐西域记》（646）、杜环的《经行记》、宋范成大（1126～1193）的《桂海虞衡志》（1175）、陆游（1125～1210）的《入蜀记》、赵汝适的《诸蕃志》（1125）、元耶律楚材（1190～1244）的《西游录》（1218 年以后）、李志常（1193～1256）的《长春真人西游记》（1220～1224）、汪大渊的《岛夷志略》（1349）、明费信（1388～?）的《星槎胜览》（1436）、马欢的《瀛涯胜览》（1416）、巩珍的《西洋番国志》（1434）、徐宏祖（1587～1641）的《徐霞客游记》（1613～1639）等。有的是古代旅游地理名著，有的记述了大量的名胜古迹、风土人情。其中，有些已译成多种文字，在世界上广为流传，至今仍有重要的学术价值。中国独一无二的方志，有万余种，达 10 余万卷，也是最丰富的古典旅游资料参考文库[1]。

20 世纪以来，也有一些地理学家对自然风景区的成因机制问题进行了研究，如张其昀的《浙江风景区之比较观》（1934）、任美锷的《自然风景与地质构造》（1940）等。

旅游地理学领域发展迅速，但是中国的旅游地理学是在改革开放后旅游业迅速发展的巨大的现实需求和地理学大变革的背景下出现的，随即得到了超常发展，其研究理论日趋深化和成熟起来，成为地理学中一门重要分支学科。当前大量的旅游开发、规划与管理就是以旅游地理学为基础的。中国旅游地理学发展走过了一条实践—理论—再实践—提高和完善理论的道路，其历程可大略分为如下 3 个阶段[2]：

一、初创阶段（1979～1985）

中国旅游地理学进入系统研究的标志是 1979 年底中国科学院地理研究所组建旅游地理学科组。在高校中，北京大学地理系在投入部分力量转入开展与旅游地理有关的科研和教学活动方面是起步最早者。此后，不少学者发挥地理学的综合性、区域性和实践性的特点，同旅游开发实践相结合，使旅游地理学在实践中逐步形成和发展起来。其中郭来喜、陈传康作为中国旅游地理学的开拓者，同时也是最富成效的实践者，大大推动了中国旅游地理学的发展。郭来喜最早比较系统地研究、总结、介绍了旅游地理学这门学科，陈传康则最早对风景及构景、建筑与景观、旅游资源开发的一些规律性问题进行了阐述。北京旅游学院编印的《旅游资源的开发与观赏》（1981）和中国

---

[1] 郭来喜，保继刚. 中国旅游地理学的回顾与展望[J]. 地理研究，1990(1)：78-86.
[2] 刘锋. 旅游地理学在中国的发展回顾[J]. 地理研究，1999，18(4)：434-442.

科学院地理研究所编印的《旅游地理文集》(1982)是中国最早的两部有关旅游地理学的文集。由郭来喜等编写、北京旅游学院印行的《中国旅游地理讲义》(1981)则是中国最早的一部旅游地理教材。吴传钧和郭来喜的《开发我国旅游资源,开展旅游地理研究》(1979)是这一阶段最重要的一篇论文。1985年李旭旦主编的《人文地理学概论》首次列入了旅游地理学条目(郭来喜撰写),标志着旅游地理学正式成为地理学的一门分支学科。

初期阶段的旅游地理学,主要以旅游资源为研究内容,侧重于对旅游地景观的描述,并探讨其分布、形成的规律,对旅游区的交通、客源的流向,以及旅游区的开发建设进行描绘。从这时起,旅游地理学界就积极参与了开发实践,并获得成功。郭来喜于1983年在全国保护长城工作会议上提出"保护长城,研究长城",首倡国内外集资修复长城代表区段,发展旅游业。1985年郭来喜主持完成的"河北昌黎黄金海岸开发"是一个获得巨大成功的旅游地开发范例,使得一片荒凉的沙碱地成为新的旅游热点,到1999年的15年间共接待游客3000多万人次,取得了可喜的经济、社会与生态效益。其他的如卢村禾等完成的"皖南旅游区开发对策考察报告"(1985)、孙文昌等制定的"辉南龙湾区旅游规划"(1985)等也都有比较大的影响。

二、发展阶段(1986~1992)

随着旅游业的兴起和发展,旅游地理学在科学实践中逐渐成长起来,并以其独有的指导功能而受到旅游界认可,地理界承担的小区旅游开发规划数量骤增,完成了一大批有较高实用价值的科研报告。这一阶段的旅游地理学主要侧重于参与旅游资源方面的开发和规划实践,在大量个案经验的基础上,对区域旅游开发规划理论和模式也已有了初步总结,其中卢云亭的《现代旅游地理学》是一本代表性著作。陈传康在总结大量个案实证研究先后提出了风景要素组成、风景结构层次、旅游业的结构、旅游活动行为层次图式和区域旅游6种开发模式等,为区域旅游开发奠定了理论基础。郭来喜积极倡导开展旅游资源普查工作,提出了站在世界、全国、区域的大系统上来考虑区域旅游的优化模式。他还走出国门,推动旅游地理学的国际合作与交流,他的《中国旅游资源的基本特征与旅游区划研究》和《中国旅游资源基本特征及其开发研究》,是最早向国外介绍国内旅游地理研究成果的2篇论文,引起国际重视。

三、深化阶段(1993~)

这一阶段,旅游地理学在各方面都取得了很大进展,主要表现在:旅游地理学家参与了高层次旅游决策,如郭来喜倡导设置生态旅游主题年的建议被国家旅游局采纳,将1999年旅游主题定为生态环境游;中国科学院地理研究所和国家旅游局资源开发司合作,1993年制定了《中国旅游资源普查规范(试行稿)》,为制定中长期旅游规划提供了科学依据;1996年由中国科学院地理研究所和国家旅游局计划统计司共同承担,由郭来喜主持的"中国旅游业持续发展理论基础及宏观配置体系研究"课题被国家自然科学基金委员会列为"九五"重点项目,成为中国国家级自然科学领域的第1项重点旅游研究项目,显示了旅游地理学研究旅游产业的成熟性和先导性,成为旅游地理研究的一个新里程碑;1993年出版了第1部较高水准的旅游地理学教材;一大批青年旅游地理学者茁壮成长起来,其中具代表性的有保继刚、吴必虎、马勇、陆林等。这一阶段,原有理论在实践中得到进一步验证和提高,旅游地理学研究的领域和内容也逐步扩大和深入,旅游可持续发展思想受到了旅游地理学界的高度重视,并贯穿于开发实践中。技术应用也呈多样化和现代化,传统技术方法得到革新,定性与定量相结合的方法得到普及,高新技术如 RS、GIS、GPS 等技术也在资源普查和规划中得到运用。这一阶段,旅游地理学界完成的旅游项目数以千计,其中以陈传康为主完成的"汕头风景区建设和旅游规划""中华文化博览城创意策划书"等,都突出了旅游产品开发和旅游形象设计的内容,为小区旅游规划提供了一种模式;范家驹等人同海南省旅游局合作完成的"海南省旅游发展规划大纲"(1992)得到国内专家和海南省政府的高度评价,1993 年由省政府颁布施行,成效显著。其进行规划工作的指导思想和做法,为各省旅游规划提供了参考;郭来喜等完成的"新疆维吾尔自治区旅游业发展布局规划"(1994)被国家旅游局推荐到 1995 年全国旅游计划会议上介绍经验;郭来喜主持的"北海市旅游发展与布局总体规划"(1997),首次进行了旅游资源普查、旅游发展战略研究和旅游业发展与布局总体规划制定三位一体化的综合性研究,通过实地调查、资源普查、抽样调查(游客、旅行商)和遥感图像分析,建立旅游资源信息系统(TIS),为旅游产业发展规划的编制奠定了坚实基础。该规划被认为是到目前为止国内旅游规划体系最完整、技术方法最先进的区域旅游规划,成为区域旅游规划的典范。

旅游地质学领域也取得了很大成就,尤其是地质公园事业开展以来,旅游与地学的结合则更为紧密。迄今,以地质地貌旅游资源为主要研究对象的学科面貌日臻成熟。

四、从文献检索的角度看中国旅游地学的发展阶段

彭永祥、吴成基统计 417 篇文献的年度分布后发现,近 30 年的研究明显地分为 3 个阶段,大致与中国旅游经济的发展相吻合[1]。

1. 缓慢起步、个别发展阶段(1988 年之前)

此时,中国的旅游业蓬勃发展起来,中国旅游地学研究会亦于 1985 年成立。但此前地学工作者尚未大量参与到旅游实践中;旅游地学概念提出的时日尚短,研究还处于概念探讨、摸索阶段;同时,旅游经济和旅游地学实践反映在学术研究上亦有一定的滞后期。因此,学术论文数量总共只有 16 篇,仅占总数的 3.8%;由于研究及研究人员尚少,实践范围有限,决定了只能是个别研究的发展阶段。研究区域涉及张家界、桂林、黄山、九寨沟等少数著名景区,内容仅涉及火山、张家界地貌、岩溶地貌等的景观成因。研究主题都很局限,个别发展特点明显。此时尚无明确的以旅游地学为主题的论文发表,一些学者提出了名胜地质学、旅游地质学等概念。陈传康研究了地貌的旅游评价问题,对造型地貌、地貌构景、地貌的风景意义等进行了开创性研究,可谓旅游地学的奠基之作。

2. 重点发展、学科奠基阶段(1988~1998)

由于国家政策的支持,"七五"(1986~1990)是中国旅游业发展的一个很重要时期。在此背景下,大量的旅游资源开发实践亟需地学工作者参与,加深了地学工作者对地质遗迹资源用于旅游

---

[1] 彭永祥,吴成基,张玲.1980 年以来中国旅游地学研究文献分析[J].地理科学进展,2009,28(5):723-734.

的认识及研究。此间,旅游地学会组织了一系列主题学术年会及实践活动,多方位推动学科发展。在1988年,学会副教授职称以上全国会员达到300多人的高峰,研究文献开始大量刊出,此年度成为文献增长曲线上的"第一分水岭"。从此,中国旅游地学研究进入一个新的发展阶段。这一时期共有文献108篇,占总数的26%。这些研究文献基本奠定了学科基础,确立了学科地位,显示理论与应用研究获得均衡发展,论题更加多样化,而且在某些问题或典型区域研究上文献数量大增,因而是重点发展阶段。如仅关于学科发展的就有15篇,旅游地学资源理论研究9篇,岩溶旅游资源研究及开发21篇,张家界砂岩峰林地貌及其开发的12篇,丹霞地貌4篇等。其他如海岸地貌、嶂石岩地貌、花岗岩地貌、硅化木、地震遗迹等内容亦被关注。研究视角除了旅游资源分类、评价及开发、形成机制外,在美学特征、资源保护、科学旅游、遥感调查、定量评价、资源制图等方面也有发展。

3. 快速增长、全面发展阶段(1999~   )

1999年后,年文献数量较之以往成倍增长,达20篇以上;共有文献293篇,占总数的70%。其背景是:中国宏观经济在1999后进入一个完全不同的健康发展时期;1999年"黄金周"后,旅游需求急速增长,旅游事业加快发展;1996年北京第30届国际地质大会上讨论了欧洲地质公园建设问题,地质遗迹和地质公园问题开始为中国学者所重视;1999年UNESCO的"世界地质公园计划"提出,同年12月,国土资源部在威海召开"全国地质地貌景观保护工作会议",提出并随后启动了"中国地质公园计划";2000年以来,全国各地积极申报国家及世界地质公园。这些都促进了地质遗迹资源的开发,开阔了旅游地学工作者的研究思路,成为这一时期旅游地学研究能快速全面发展的基础。此后,旅游地学会的工作及研究重点也转移到了地质公园建设上,学术年会基本都与地质公园有关。因此,中国地质学会决定并于2005年把旅游地学研究会扩展为"中国地质学会旅游地学与地质公园研究分会"。本时段有关地质公园的文献55篇,地质遗迹62篇,合计117篇,占该阶段的40%,占总数的28%,发表旅游地学和地质公园文献的刊物明显增多。地质遗迹、地质公园及其科学价值成为这一时期旅游地学研究的重点。同时,主要研究内容在该阶段均有较多文献,因而是全面发展阶段;研究成果可操作性、应用性较前整体提高,区域研究占据主导,理论性成果减少。

第二章　中国旅游资源研究

第一节　中国旅游资源含义研究

资源(Resources)是指取之于自然界的生产资料或生活资料,它与人类社会经济生活密切相关,并伴随着社会经济活动的发展而不断扩展和深化。旅游资源也不例外,它是人类社会经济发展到一定阶段的产物,是当旅游活动进入到社会经济领域,并以大量旅游企业、旅游商的涌现为标志的旅游业出现以后才被明确提出来的[1]。在西方文献中,常用旅游资源(Tourism Resources),或旅游吸引物(Tourism Attraction)的概念,包含了极为宽泛的内涵,由于旅游学科体系尚未成熟,对旅游资源的概念亦未形成统一的认识。

一、早期的理论探讨

中国在20世纪七八十年代,不同学者从不同的角度,对旅游资源的概念有多种理解,根据张凌云的归纳,代表性的定义有16种之多[2]:

(1)凡是能够造就对旅游者具有吸引力环境的自然因素、社会因素或其他任何因素,都可构成旅游资源,旅游者之所以愿意在某地或某国旅游,是因为那里的环境对他们具有吸引力。

(2)旅游资源是指一切足以对旅游者构成吸引力的自然和社会现象及事物。

(3)旅游资源是指对旅游者具有吸引力的自然存在和历史文化遗产,以及直接用于旅游目的的人工创造物。

(4)凡是对旅游者具有吸引力的自然因素、社会因素或其他任何因素,都可构成旅游资源。

(5)旅游资源即自然的、文化的、艺术的、历史的或工艺等资源的旅游遗产,它吸引着旅游者,刺激着他去旅游。

(6)旅游资源是指对旅游者具有吸引力的自然存在和历史遗存、文化环境,以及直接用于旅游娱乐目的的人工创造物,有时称为旅游吸引物。

(7)旅游资源是指在自然和人类社会中能够激发旅游者旅游动机并进行旅游活动,为旅游业所利用并能产生经济、社会和生态效益的客体。

(8)旅游资源应指凡能激发旅游者旅游动机的,能为旅游业所利用的,并由此而产生经济效益和社会效益的自然和社会的实在物。

(9)自然界和人类社会凡能对旅游者产生吸引力,可以为旅游业开发利用,并可产生经济效

---

[1]肖星.中国旅游资源概论[M].北京:清华大学出版社,2006.
[2]张凌云.市场评价:旅游资源新的价值观——兼论旅游资源研究的几个理论问题[J].旅游学刊,1999(2):47-52,79.

益、社会效益和环境效益的各种事物和因素。

（10）旅游资源从经济学的角度可以初步定义为能够使旅游者发生兴趣,有足够的力量吸引他们前来并由此而获得经济效益的各种要素的集合。

（11）从现代旅游业来看,凡能激发旅游者旅游动机,为旅游业所利用,并由此产生经济价值的因素和条件,均可称为旅游资源。

（12）旅游资源是指凡能激发旅游者旅游动机,能为旅游业所利用,并由此产生经济价值和社会效益的因素和条件。

（13）旅游资源是吸引人们前来游览、娱乐的各种事物的原材料,这些原材料可是物质的,也可是非物质的,它们本身不是游览的目的物和吸引物,必须经过开发才能成为有吸引力的事物。

（14）旅游资源是指自然界和人类社会凡能对旅游者产生吸引力,可以为发展旅游业所开发利用,并能产生经济效益和社会综合效益的各种事物和因素。

（15）凡能为旅游者提供游览、观赏、知识、乐趣、度假、疗养、娱乐、休息、探险猎奇、考察研究,以及友好往来的客体与劳务,均可称为旅游资源。把劳务作为旅游资源,是基于许多自然风景和人文景观必须通过相应的导游与服务,才能使旅游者获得充分的精神与物质享受,否则,会降低乃至失去旅游价值。再则,在国际旅游中,劳务是和旅游路线、游览内容、食宿条件、搭乘工具、停留时间等一起承包出售的。

（16）观光资源,系泛指实际上或可能为观光旅客提供之观光地区及一切事物,换句话说,凡是可能吸引外地人来此旅游之一切自然、人文景观或劳务及商品,均称为观光资源。

张凌云认为,上述16种定义基本上可以反映出目前中国旅游地理学界和旅游经济学界对旅游资源认识的概貌。为了便于讨论上述这些定义的异同,我们引入旅游吸引物(T_A)、旅游资源(T_R)和旅游产品(T_P)3个相关概念,并用图2-2-1表示它们之间的关系。

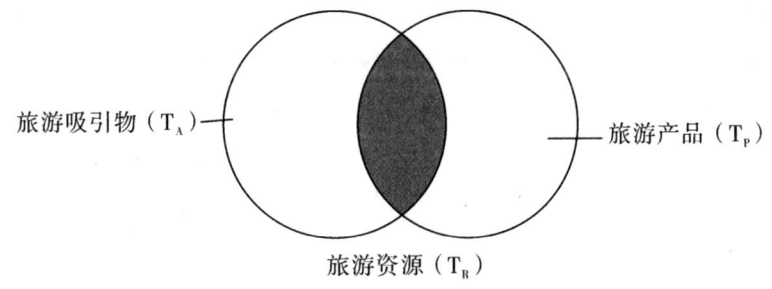

图2-2-1　旅游资源的涵义

第一类观点认为,旅游资源等于旅游吸引物,持该种观点的学者主要是从旅游者的角度去讨论旅游资源。他们认为"早在旅游业问世之前,旅游活动便已有之,只不过是没有形成足够大的规模而已,因此,如果说只有用于旅游业的资源才属旅游资源,那岂不等于是说没有旅游业便没有旅游资源了吗?"

第二类观点认为,旅游资源是旅游吸引物和旅游产品的交集,既要吸引旅游者又要为旅游业所利用,并成为旅游产品,而形成效益。持这种观点的学者主要是从旅游业的角度去讨论旅游资源,并认为仅为旅游者所吸引,而不能为旅游业所利用的条件和因素,只能称之为"潜在的旅游资源"（相当图中的T_A-T_R的差值部分）。

第三类观点认为,旅游资源是旅游吸引物和旅游产品的并集。持这种观点的学者认为,"把劳务作为旅游资源,是基于许多自然风景和人文景观必须通过相应的导游与服务,才能使旅游者获得充分的精神与物质享受,否则会降低乃至失去旅游价值。再则,在国际旅游中劳务是和旅游路线、游览内容、食宿条件、搭乘工具、停留时间等一起承包出售的。"

宋子千、黄远水在考察不同旅游资源概念及相关论述后,提出旅游资源概念应坚持的几点共识:旅游资源具有吸引性、经济性、群体性、指向性、空间性等本质特性;旅游资源在"为旅游业所利用"方面是指可能性,旅游资源开发和开发旅游资源有所不同;潜在旅游资源是指不具备现实开发可能性,但具备将来开发可能性的旅游吸引物;旅游服务、设施、交通、通讯条件等有时可构成旅游资源,但不是所有旅游服务等都要视为旅游资源;旅游资源和旅游业资源应区分开来,人力、市场等旅游业生产要素不宜划为旅游资源[1]。

二、国家标准的定义

中华人民共和国国家标准《旅游资源分类、调查与评价》(GB/T18972-2003)完全接受了1992年《中国旅游资源普查规范(试行稿)》对旅游资源所给出的定义。认为旅游资源是构成旅游业发展的基础,中国旅游资源非常丰富,具有广阔的开发前景,在旅游研究、区域开发、资源保护等各方面受到广泛的应用,越来越受到重视。即"自然界和人类社会凡能对旅游者产生吸引力,可以为旅游业开发利用,并可产生经济效益、社会效益和环境效益的各种事物和因素[2]。"

三、旅游资源概念的拓展

旅游资源是旅游业赖以发展的基础。伴随着旅游业的发展,有关旅游资源的认知与研究始终没有间断。为规范旅游资源的认知和界定,国家先后颁布了旅游资源分类及评价的技术标准。在贯彻执行国家标准的过程中,旅游资源的内涵及其类型不同程度上出现了外延拓展的倾向。对旅游资源概念的认识也更为深入。

谢彦君[3]认为,要界定旅游资源,把握并承认以下事实至为关键:

首先,旅游资源因可以向旅游者提供休闲体验的凭借而对旅游者具有某种吸引力,不具有这种吸引力的任何资源形式都不是也不会成为旅游资源。因为从旅游的定义我们已经看出,旅游的本质的规定性就是旅游者对愉悦性休闲体验的追求。

其次,作为一种资源形态,旅游资源主要存在于一种潜在的待开发的状态,同时也包括已开发但尚未得到完全开发的那一部分资源。旅游资源的存在形态因其被开发程度而大体上表现为两种:一种是处于原始状态的旅游资源,虽具有旅游吸引力,但由于未经过人类大规模、产业化开发,尚不能成为多数旅游者的旅游对象;另一种则是已经被部分地开发利用了的旅游资源。

再次,旅游资源完全因他目的而生成或存在,只是由于人们价值观的缘故而在一定历史时期成为旅游资源。

最后,旅游资源不管是以单体或复合体的形式存在,都依托于一定的地域空间,是绝对不能移动的。

---

〔1〕宋子千,黄远水.旅游资源概念及其认识[J].旅游学刊,2000(3):46-50.

〔2〕中华人民共和国国家质量监督检验检疫总局.GB/T18972-2003旅游资源分类、调查与评价[S/OL].(2003-02-04)[2006-07-13].http://www.cnta.gov.cn/zwgk/hybz/201506/t20150625-428120.shtml.

〔3〕谢彦君.基础旅游学(第3版)[M].北京:中国旅游出版社,2011.

按照这样的认识,我们可以对旅游资源下这样的定义:旅游资源是指先于旅游而客观地存在于一定地域空间并因其对潜在旅游者所具有的休闲体验价值而可供旅游产业加以开发的潜在财富形态。

具体地说,这个定义包括以下一些命题:

第一,相对于旅游者而言,旅游资源始终存在于旅游目的地,不存在将旅游资源移到旅游客源地的可能性。

第二,"资源"概念的本身即含着"有用",因而,旅游资源应是对形成从客源地到目的地的客流恒起作用的促进因素,是一种"拉力";对旅游业来说,旅游资源则是一种可以利用而且在数量上稀缺的经济资源。

第三,旅游资源应该是直接用于欣赏、消遣等因素,能满足旅游者休闲体验的目的,而不包括为了达到这些目的所必需使用的纯粹接待因素。

第四,旅游资源本体并不能独立决定其旅游价值或旅游开发价值,它还需要人类旅游价值观的赋予。因此,是否属于旅游资源以及这种旅游资源的价值到底有多大,在不同文化、历史、社会条件下,会有不同的结论。

第五,旅游资源的本体是一种先旅游而存在的物象,它可以按旅游的目的加以开发利用,但不能创制。脱离于这种本体而创制、仿造、移植的旅游对象物,不是旅游资源而是旅游产品,而且是所谓资源脱离型旅游产品。

第六,旅游资源可以成为旅游产品,即所谓自愿依托型旅游产品,在这种情况下一般构成旅游产品的核心部分,并应成为产品价值的主要依据。

汪宇明、钱磊等基于旅游需求变化和科技进步的视角,从旅游业位居战略性支柱产业的高端层面,来解读旅游资源的内涵与外延,提出了"旅游资源是游憩需求变化与科技进步的函数"的论点,以拓展人们关于旅游资源认知的范畴,将一切具有旅游吸引力、可开发、可产生价值的旅游资源或要素,包括自然与人类历史发展演变进程中积累的物质文明、精神文明、生态文明成果和要素资源,以及正在创新或建设的物质文明、精神文明与生态文明成果,都纳入到旅游资源的范畴中来,实现统筹协调与合理利用,以推动把旅游业培育成国民经济战略性支柱产业和人民群众更加满意的现代服务业的发展进程[1]。

总而言之,随着社会经济的发展,旅游资源的内涵也不断变化,亟待从不同的视角,针对不同的需求,对旅游资源的概念进行深入地解读。

第二节 中国旅游资源特征研究

一、旅游资源总体特征研究

中国学者对旅游资源的总体特征的研究,观点基本类似,例如,雷明德把旅游资源特征归纳为

---

[1]汪宇明,钱磊,吴文佳.旅游资源新论——基于游憩需求变化与技术进步的视角[J].旅游科学,2000,24(1):9-16,24.

8点,即广泛性、地域性、天然赋存和历史遗存性、社会时代性、季节性、文化属性、动态特征、科学性[1];孙昌文等把旅游资源特征概括为美学的观赏性、空间分布的地域性、组成要素的多样性和综合性、利用上的永续性和不可再生性[2];卢云亭又补充了旅游资源的交叉性和增智性[3];等等。

郑本法认为,旅游资源具有特指性、人为性、自然性、吸引性、变化性等特点,并对此进行了一一阐述[4]。谢彦君则对旅游资源特征进行了较为系统全面的归纳,认为旅游资源除了具有一般资源所共同拥有的诸如稀缺性、有用性外,还具有以下独立特征[5]:

(1)可体验性　任何资源都要对人类有用,而旅游资源主要是对旅游者有用,从而对旅游产业有用。这种效用的基点体现在使旅游者可以凭借它获得愉悦的心理体验。通过这种体验过程,不同的旅游者得以分别或同时满足不同层次的心理需要,即在美感陶醉中获得精神愉悦,在广闻博见中得到充实自我的精神满足,在移情、寄情中得到释放情感的欲望。一般而言,旅游资源的美学特征越突出,观赏性越强,对旅游者的吸引力越大,它的体验功能也就越强。

(2)自在性　旅游资源的自在性是指旅游资源的本体存在与旅游、旅游业是不相干的,它们是先于旅游和旅游业而存在的。旅游资源体本身作为独立于旅游之外而存在的物象,能否真正成为旅游资源,受各种因素的影响。主要表现在:首先,时代差异使同样的资源体具有完全不同的旅游价值;其次,旅游者的民族或文化差异也使同样的资源体的旅游价值有所不同;最后,地域差异导致有些旅游资源在宏观尺度上形成了明显的区域分异规律。

(3)潜在性　即旅游资源的存在形态是潜在的,任何旅游资源对旅游产业而言,都具有潜在的开发和利用价值。

(4)不可移动性　包含3个方面的内容:一是旅游资源的本体不能朝向旅游者移动,否则,就将在根本上消灭了旅游者,该种资源也不成其为旅游资源,而成为可以为当地人所利用的普通休闲资源;二是当旅游资源被开发成旅游产品并被出售时,资源乃至产品的所有权不能转移;三是旅游资源个体的小尺度搬迁并没有在根本上改变旅游资源的不可移动性。

其次,是对不同类型旅游资源特征的研究,主要体现对各类旅游资源特征的归纳总结上。冯德显认为,中国是多山国家,因而也就成为世界上旅游资源最丰富的国家。与其他地貌类型相比,山地旅游资源具有多样、多面、聚集、复合、脆弱和不可逆等特性,同时又具有明显的地带性分布特征[6]。吴章文归纳了森林旅游资源特征,包括可持续性、自然景观与人文景观紧密结合、珍稀野生动植物物种多样性、功能多重性、广泛的适应性等[7]。袁书琪、郑耀星认为,体育旅游资源具有观光性与参与性的区分明显、专项性与综合性的整合、生态性与人文性的统一等方面特征[8]。马进福分析了民俗旅游资源具有民族性、时间性、社会性、区域性等特点[9]。陶卓民、林妙花等认为,科技旅游资源的特征,除具备常规旅游资源的一般特点外,其显著特征体现在科学性、强调参与、注

---

[1] 雷明德.旅游地理学[M].西安:西北大学出版社,1988.
[2] 孙昌文.应用旅游地理学——旅游资源与旅游规划[M].长春:东北师范大学出版社,1989.
[3] 卢云亭.现代旅游地理学(M).南京:江苏人民出版社,1988.
[4] 郑本法.旅游资源刍议.社科纵横[J].1994(6):90-93.
[5] 谢彦君.基础旅游学(第3版)[M].北京:中国旅游出版社,2011.
[6] 冯德显.山地旅游资源特征及景区开发研究[J].人文地理,2006(6):67-70.
[7] 吴章文.森林旅游资源特征和分类[J].中南林学院学报,2003,23(2):39-42.
[8] 袁书琪,郑耀星.体育旅游资源的特征、涵义和分类体系[J].体育学刊,2003,10(2):33-36.
[9] 马进福.民俗旅游资源特征及分类研究[J].陕西师大学报(自然科学版),1995,23(S):161-164.

重体验以及趣味性3个方面[1]。

随着生态旅游的理念不断深入,"生态旅游资源"的概念也随着生态旅游活动而产生,它是吸引生态旅游者"回归大自然"的客体,又是生态旅游活动得以实施和生态旅游得以形成和发展的物质基础。

杨桂华将生态旅游资源与传统旅游资源进行了比较,认为生态旅游资源是指以生态美吸引游客前来进行生态旅游活动,为旅游业利用,在保护的前提下,能够产生可持续的生态旅游综合效益的客体。生态旅游资源作为生态旅游业吸引游客的"资源",旅游开发利用后应产生经济、社会、生态3大效益,然而其本身又源于自然,在经济、社会、生态和自然4个方面都具有自己的属性特征。杨桂华据此总结了生态旅游资源的10大特征。包括原生性与和谐性、综合性与系统性、弱性和保护性、广泛性与地域性、季节性和时代性、精神价值的无限性、特异的民族性、不可移置性与可更新性、市场需求的多样性、旅游经营的垄断性等特征[2]。

第三节 中国旅游资源分类研究

旅游资源分类是评价的基础工作之一,对旅游资源和旅游地的评价,事实上是就具体类型的旅游资源和旅游地进行评价。以评价为目的的旅游资源和旅游地分类,必须遵循两个基本的分类原则:相互独立原则,即所划分出的类型相互之间是独立的,不会出现互相包容或重叠的情况;简明原则,即分类体系应该尽量简单明了,不宜繁多。当然,对于旅游资源和旅游地分类,出于不同的目的,可以有不同的分类标准和方法[3]。

从研究历程来看,中国旅游资源分类研究大致经历了3个阶段,即初始阶段、成熟阶段、发展阶段。

一、初始阶段(1978~1992)

这一时期,学者多从旅游资源的定义和概念出发,对其分类进行了初步的探讨,表现为旅游资源分类的定性研究,归纳概括旅游资源的特色。这一时期,从上述不同的视角上,不少学者都作了有益尝试。

傅文伟归纳了这一时期通行的数种旅游资源分类方法,包括:按旅游资源的性质和成因特征分为自然旅游资源和人文旅游资源两大类;按旅游资源的利用限度和生成价值分为再生性旅游资源和非再生性旅游资源两大类;按照旅游资源的形态划分为有形的旅游资源和无形的旅游资源两大类;按照资源的存在空间层位划分为地上、地下、天上、海底旅游资源4大类;按资源的作用性质和不同用途划分为物质享受型和精神享受型两大类;按旅游活动的性质划分为观赏型、运动康乐型、特殊型旅游资源3大类;按吸引性质划分为场所吸引物、事件吸引物、其他吸引物3类;按资源开发利用的变化特征,划分为原生性、萌生性旅游资源2大类[4]。

---

[1]陶卓民、林妙花、沙润.科技旅游资源分类及价值评价[J].地理研究,2009,28(2):524-534.
[2]杨桂华.论生态旅游资源[J].思想战线(云南大学人文社会科学学报).1999,25(6):33-38.
[3]保继刚,楚义芳.旅游地理学[M].北京:高等教育出版社,1999.
[4]吴必虎.区域旅游规划原理[M].北京:中国旅游出版社,2001.

郭康同样回顾了中国旅游资源分类研究,将其归纳为3大体系,按照旅游资源本身属性的分类体系;按旅游者需求的分类体系;按开发管理状况分类的体系[1]。

大多数研究都从旅游资源的属性分类,其中以自然、人文2分法居多,如孙昌文等将旅游资源,分为山石景、水景、生物景观、天象景、历史遗迹、建筑、宗教与文化、社会风情、城市风光等9类55种。周进步、庞规荃等将旅游资源分为自然、人文两大部分,其下有地质地貌、水体、气象气候、生物、古迹和建筑、求知、消闲、健身、风土民情、购物等8类60种。艾万珏将其分为自然、人文、综合3大类,其中自然和人文在大类之下分出63个小类。孙仲明在阎守邕提出的方案的基础上,将中国的旅游资源分为一二三3个等级,一级3类,二级27类,三级145类[2]。

也有研究从资源的平面展布和主体配置关系角度对旅游资源进行分类,如辛建荣、杜远生等根据上述思路将资源分为聚汇型、辐射型、单线型、环线型、方矩型、叠置型、凌空型等数种[3]。王学君对旅游资源结构进行全新的分析,提出了旅游资源的空间和时间结构理论,从旅游资源研究及开发的角度将旅游资源空间结构分为景点景区内结构、风景区内结构、旅游区内结构。又根据时间尺度大小及其对旅游开发的意义将旅游资源时间结构进行划分。一日之内的结构、四季结构、一年一度节假日下的结构、其他时间结构等[4]。傅文伟采用按资源开发利用的变化特征的分类方式,即划分为原生性资源(包括山水、生物、气候、文物古迹、传统民族民俗、传统风味特产等6小类)、萌生性旅游资源(包括现代化建设风貌、现代体育科技吸引及去处、社会新貌与民族新风尚、博物馆展览馆、名优新产品及购物场所、自然力新作用遗迹、人工改造大自然景观7个小类)[5]。郭康在其分类体系的基础上,提出旅游资源的动态分类概念,提出了两类四型的分类系统,即稳定类旅游资源和可变类旅游资源[6]。

也有从需求的角度,剖析旅游体验的内涵进行旅游资源分类研究,这在当时较为少见。顾维舟从旅游资源具有满足旅游者各种需要的价值这一基本属性出发,把旅游资源分为享受性资源、参与性资源和审美性资源3大类。享受性旅游资源可划分为生理享受层次、心理享受层次和精神享受层次。生理层次是以感官满足为特征的,心理层次是以心理代偿和满足为特征,而精神层次则以精神愉悦和享受为特征的。参与性旅游资源可以分为体力参与、技术(技艺)参与和智力参与3个层次,三者之间的界限也是模糊的,有一定性质的区分,但三者之间往往相互交叉、相互涵盖,有时一种参与性旅游活动需要参与者投入体力、技艺和智力,因此划分三者时看其投入的三者中何者为主。审美性旅游资源可分为"自然美""社会美"和"艺术美"3个层次[7]。

二、成熟阶段(1992~2003)

表现为一系列旅游资源分类标准的诞生,使旅游资源的分类走向成熟和规范的道路。通过若干年来的一系列普查实践,研究人员和国家旅游行政主管部门推动制定了《中国旅游资源普查规

---

[1]郭康.试论旅游资源的动态分类[J].旅游学刊,1990,5(1):51-53.
[2]吴必虎.区域旅游规划原理[M].北京:中国旅游出版社,2001.
[3]吴必虎.区域旅游规划原理[M].北京:中国旅游出版社,2001.
[4]王学君.旅游资源结构分析[J].地理学与国土研究,1993,9(1):37-43,62.
[5]吴必虎.区域旅游规划原理[M].北京:中国旅游出版社,2001.
[6]郭康.试论旅游资源的动态分类[J].旅游学刊,1990,5(1):51-53.
[7]顾维舟.旅游资源价值分类初探[J].旅游学刊,1992,7(1):41-44.

范(试行稿)》(国家旅游局资源开发司、中国科学院地理研究所,1992),还在实践中对试行稿不断进行完善。在此称之为1992版《规范》,《规范》提出的资源分类由74种基本类型组成,归为地文景观、水域风光、生物景观、古迹与建筑、休闲求知健身、购物等6类。但1992版《规范》在实践中暴露出如下问题:

第一,定义本身对什么是旅游资源放得很宽,但分类系统中尚有未加体现者,如适宜的气候、便利的交通、舒适的住宿、可口的餐饮、周到的服务项目等。

第二,对资源类型所属等级未及区分,如将古树名木、碑碣、桥、塔这类单体对象与名山、河段这类复合形式一视同仁地列为调查填表时的基类。

第三,有些基本类型包容太大,如在"蚀余景观"一类中,将岩溶地貌、丹霞地貌、土林地貌、沙林地貌、黄土地貌、雅丹地貌等笼统归并为一类基本类型,而这些地貌类型每一类都是风景名胜区中最常见和最重要的地貌景观类型。

第四,每一基类的旅游资源所列特征数据较重视事物的物理特性和地学特性,对其旅游美学特性和实际调查时的可测量性重视不够。此外,各类不同基类之间有非常不同的计量单位和数量级,这也给互相之间的定量比较带来困难。

郭来喜、吴必虎等参照1992版《规划》的分类体系,结合一些地区的资源禀存和旅游产品开发实践,于1997年提出了旅游资源分级分类系统修订方案,在《中国旅游资源普查规范(试行稿)》基础上,新拟的旅游资源分类系统完善为分类分级分态系统,并增加到3个景系、10个景类、98个景型。在表征资源单体规模时,以景域、景段、景元3个空间尺度等级来区别,并根据资源所处状态分为已开发态、待开发态和潜在势态3种。在此分类系统基础上,修订出更为完善地表征基本类型的特征项[1]。

但1997版的分类分级系统在实践中仍暴露了一些不完善之处,研究者对此又做了进一步改进完善,中国科学院地理科学与资源研究所、国家旅游局规划发展与财务司在充分考虑了前人研究成果,特别是1992年出版的《中国旅游资源普查规范(试行稿)》的学术研究和广泛实践的基础上,对旅游资源的类型划分、调查、评价的实用技术和方法,进行了较深层次的探讨,目的是为了更加适用于旅游资源开发与保护、旅游规划与项目建设、旅游行业管理与旅游法规建设、旅游资源信息管理与开发利用等方面的工作。其重大成果便是中华人民共和国国家标准《旅游资源分类、调查与评价》(GB/T18972-2003),见表1-2-1。自2003年5月推出以来,各级旅游部门基本上都以此为依据开展工作[2]。

三、发展阶段(2003~)

中华人民共和国国家标准《旅游资源分类、调查与评价》(GB/T18972-2003)发布以来,在旅游规划界得到了广泛的应用。应该说,《国标》的颁布对于各地区摸清资源家底,促进旅游资源的开发和保护起到了积极作用。但在旅游规划实践中,《国标》仍然存在一定的局限性,其分类评价标

---

[1]吴必虎.区域旅游规划原理[M].北京:中国旅游出版社,2001.
[2]中华人民共和国国家质量监督检验检疫总局.GB/T18972-2003旅游资源分类、调查与评价[S/OL].(2003-02-04)[2006-07-13]. http://www.cnta.gov.cn/zwgk/hybz/201506/t20150625-428120.shtml.

准的科学性也受到了一些质疑。

一方面的研究,旨在指出该分类系统的不足之处,提出进一步完善的具体措施或建议。彭德成、潘肖澎等认为,总体来看,这些概念的厘定和分类方法主要来自于社会实践,从学科建设角度还没有形成一个广为接受的定论。旅游资源和旅游景区概念及分类的未确定性,加重了旅游产业边界的模糊性。从中国旅游业发展要求看,迫切需要形成一个科学明晰的旅游景区、旅游资源的概念和分类系统[1]。

何效祖发现《国标》确定的旅游资源分类结构,在个别地方仍存在不少问题。对《国标》中存在的7个概念模糊、3个前后重复、9个类型缺项和3种类型细分,进行了详细地诊断分析,提出如下具体意见[2]：

首先,是概念模糊问题。《国标》虽然在《附录规范表》中,对旅游资源类型释义(以下简称《释义》)作了简要说明,比较清楚,但在《旅游资源分类表》中,对资源的主类、亚类和基本类型中个别名称存在提法不够准确或概念模糊、层次不清问题,容易引起歧义。

AAE 奇异自然现象:概念较大。直观上理解,自然现象不仅包括地表,也包括地下和天象与气候奇异景观等基本类型中的奇异自然现象,在分类应用中容易引起混淆和重复。《释义》中说明为:"发生在地表面一般还没有合理解释的自然界奇特现象"。因此,改为"AAE 地表奇异自然现象"似乎更加准确。

ACI 丹霞:概念不全。《释义》中说明为:"由红色砂砾岩组成的一种顶平、坡陡、麓缓的山体或石体",概念不够准确。建议完善释义说明,以避免分类时排除其他类型的丹霞景观。

BBA 观光游憩湖区:概念较大,包含了"FGA 水库观光游憩区段"基本类型,界限不清,容易引起重复计数。前者释义为"湖泊水体的观光游览区域段落";后者释义为"供观光、游乐、休憩的水库、池塘等人工集水区域"。为避免应用时出错,应将前者的《释义》界定为"天然湖泊水体"。

DAC 海市蜃楼现象多发地:概念模糊。《释义》中说明为:"海面和荒漠地区光折射易造成虚幻景象的地方"。事实上,海市蜃楼是只有在海岸地带才能见到的海面景观,荒漠地区常见的虚幻景象应称为"沙漠(戈壁)蜃景"更为准确,建议基本类型中增加"DAD 沙漠(戈壁)蜃景"。

E 遗址遗迹:概念太大,层次不清。应改为"E 人类活动遗址遗迹",以区别于自然的遗址遗迹(如动物化石点),也与亚类、基本类型相呼应。同样,"EB 社会经济文化活动遗址遗迹"建议改为"历史人文活动遗址遗迹",与"EA 史前人类活动场所"相呼应;也与"FA 综合人文旅游地"中的现代人文活动相区别。

F 建筑与设施:层次不清,涵盖不了所属的亚类和基本类型。建议改为"F 建筑设施与现代人文旅游地"。"FA 综合人文旅游地"的概念也太大,可能涵盖史前和历史的人文旅游地,建议改为"现代人文综合旅游地",与 E 主类相区别。

H 人文活动:概念太大。应改为"H 现代人文活动",以区别于 E、F、G 3 个主类。其亚类和基本类型的内容也相应为现代的内容。

其次,是前后重复问题,主要为两者间有涵盖关系的基本类型,容易引起重复计数。典型

---

[1]彭德成,潘肖澎,周梅.我国旅游资源和景区研究的十个前沿问题[J].旅游学刊,2003,18(6):54-60.
[2]何效祖.对国家标准《旅游资源分类、调查与评价》的若干修订意见[J].旅游科学,2006,20(5):62-67.

的有:

EAA人类活动遗址:《释义》为"史前人类聚居、活动场所";EAD原始聚落,《释义》为"史前人类居住的房舍、洞窟、地穴及公共建筑"。事实上,前者概念较大,包括后者,二者也难以截然分开。二者应合并归类,称"EAA史前人类活动遗址与原始聚落"为宜。

FAC宗教与祭祀活动场所:《释义》为"进行宗教、祭祀、礼仪活动场所的地方";FBB祭拜场馆,《释义》为"为礼拜神灵、祭祀故人所开展的各种宗教礼仪活动的馆室或场地"。在资源调查中很难截然分开。应合并改为"FAC祭祀与宗教活动场所";在"FB单体活动场馆"的基本类型中删除FBB祭拜场馆项,凡是祭拜场馆都归入"FAC祭祀与宗教活动场所"较为合理。

FCE长城段落:《释义》为"古代军事防御工程段落";EBH烽燧,《释义》为"古代边防报警的构筑物"。"长城段落"包括"烽燧"的概念,烽燧不应单设,否则会重复计数。

第三,是类型缺项问题,虽然在《释义》中说明"如果发现本分类没有包括的基本类型时,使用者可自行增加。增加的基本类型可归入相应亚类,置于最后,最多可增加2个。"但作为"国标",应类型全面,编排科学,不宜由使用者随意增加,且有些基本类型仅限于增加2个,显然是不够的。如"AA综合自然旅游地""AC地质地貌过程形迹""BA河段""EA史前人类活动场所""FC景观建筑与附属型建筑""FG水工建筑""HC民间习俗""HD现代节庆"等都存在着类型缺项的问题。

第四,是关于类型细分问题,《国标》对有些基本类型的划分比较笼统,有必要再细分。

BDB地热与温泉:《释义》为"水温超过20℃或超过当地年平均气温的地下热水、热气和出露泉"。地下热水、热气和出露泉是3种不同性质的旅游资源,因其温度和呈现方式不同而有不同的旅游功能,地下热水多用于温泉浴,而热气和出露泉多用于观赏,因此,应细分为"BDB地下热水、BDC热气、BDD出露泉"3个基本类型。甚至可以将出露泉再细分为热泉和温泉2个基本类型。

FBC展示演示场馆:《释义》为"为各类展出演出活动开辟的馆室或场地",应包括展出和演出2个方面。可细分为"FBC地域性综合博物馆、FBF专题博物馆、FBG专题展示馆、FBH地域文化演示馆、FBI大型歌舞剧院"等基本类型。

GA地方旅游商品:应将"GAB农林畜产品与制品、GAC水产品与制品、GAD中草药材及制品"3个基本类型归类为"GAB地方农副产品与饮食",在这一较大的概念中,只要具有本类型的产品,不同地域之间即便是产品不同,也具有同等重要的可比性。应删除"GAA菜品饮食",其中只能现场品尝的饮食部分,应归入"HCG饮食习俗";可以作为商品销售的饮食制品,当归入"GAB地方农副产品与饮食"。此外,应增加"GAA旅游用品、GAC旅游书店、GAD旅游纪念品"3个基本类型。如此划分更便于实际操作和不同地域间的比较。

鉴于上述分析,有必要再次修订《国标》,使分类更加全面、科学、合理;细化《释义》说明,使《释义》具有旅游资源分类工作的"实施细则"功能。《释义》中,对有些比较模糊,容易引起错误归类或重复归类的资源,应加以说明界定。

另一方面,从其他角度对旅游资源分类进行再探索,李红玉认为,随着知识经济时代的到来和社会人群消费能力的增长,发达国家和地区正在进入休闲时代。在中国都市地区和旅游城市,休闲也成为一种主流时尚文化,并相应产生多种市场需求,在旅游业和娱乐业基础上发展起来休闲经济。在休闲经济中,旅游资源成为休闲资源,其内涵、分类和评价体系表现为以下方面新特征:一是与当地的社会文化特征融为一体;二是与相关产业具有更强的关联性;三是客源市场的本地性特征突出,对城市的整体发展水平依赖型强。总之,旅游资源的分类与评价应适应休闲经济时代的要求,探索新的内涵和标准[1]。

第四节　中国旅游资源评价研究

旅游资源的评价是在调查的基础上进行的一项超前性工作,是旅游资源开发的前提,也是旅游地建设的核心内容。由于旅游资源本身内涵十分广泛,长期以来,无论是可作为独立观赏或利用的旅游资源单独个体,还是由同一类型单体结合在一起的"集合型旅游资源单体",或在景观视域范围内不同旅游资源基本类型的组合体,都可称为旅游资源。旅游资源评价本应是对构成旅游资源吸引力的各种因子优与劣、好与差的客观评价。但由于旅游资源评价的目的是为其开发利用服务的,在评价中就不得不考虑制约旅游资源开发的诸多因素,这就使旅游资源评价的范围扩大到旅游资源赋存的外在地理环境因素、开发条件和效益等方面。故在诸多教材和著作中,往往将旅游资源评价和旅游地评价合为一体,统称为旅游资源。一些作者从评价体系的角度,将旅游资源评价分为个体品质评价、区域旅游资源系统评价以及旅游资源开发条件评价等3个方面。保继刚把旅游地评价的因子分为:①旅游资源;②旅游地所在区域的自然社会和经济条件(简称区域条件);③旅游地的区位关联特性(简称区位特性)。

旅游资源评价可概括为:旅游资源评价是基于开发利用的目的,依据旅游资源的分类标准和统一的评价体系对旅游资源单体本身进行的评价,从而确定开发的机会与约束,也即西方学者所称的吸引力评价。它是旅游地评价的重要内容和次一级因子[2]。

一、定性评价和定量评价研究

中国旅游资源评价工作是20世纪80年代以来应旅游地开发规划的需求而逐步展开的,可以分为两个发展阶段:第一阶段是经验评价和单因子评价;第二阶段是建立数学模型,考虑多因子的定量评价。采用方法可归为两大类:定性评价和定量评价。

定性评价方法,这是最初的评价方法,主要包括以下2类:①一般体验性评价,旅游者根据自己的审美趣味和亲身体验,对旅游资源的整体质量进行评估,这种方法仅限于少数知名度较高的旅游资源[3];②综合性评价,常见的有:卢云亭"三三六"评价法,即三大价值、三大效益、六大条件;黄辉对旅游资源本身评价采用"六字七标准"(即美、古、名、特、奇、用以及旅游资源所处环境)等;北京旅游学院科研室提出的"八、六、五"评价法;王兴斌的等级评价法;魏小安的"综合评价法"等。由于定性评价属主观的经验性描述,使用起来虽比较简单,但难免片面,评价者自身条件的差异对结果影响很大,且不同区域的评价结果难以比较。尽管如此,定性评价法仍是一个不可忽视的方法,它对定量评价起着补充、辅助和指导作用,并且开创了中国旅游资源评价的先河[4]。

---

[1]保继刚,楚义芳.旅游地理学[M].北京:高等教育出版社,1999.
[2]李红玉.休闲经济时代的旅游资源分类与评价[J].旅游学刊,2006,21(1):11.
[3]保继刚,楚义芳.旅游地理学[M].北京:高等教育出版社,1999.
[4]陶卓民,林妙花,沙润.科技旅游资源分类及价值评价[J].地理研究,2009,28(2):524-534.

定量评价方法。通过建立评价指标体系,将影响资源的各种因素分解、量化,把旅游资源分级定等,提高了评价的精确性和实用性,具有客观性强、科学直观等优点。中国学者杨汉奎、保继刚、罗崇澍等、楚义芳、翟辅东等率先应用数学方法,对北京、贵州、湖南、新疆等地的旅游资源进行定量评价,取得一些进展。主要有:

(1)技术性的单因子评价

首先,最常见的是景观质量评价,目前较为公认的有4大学派:专家学派(代表人物是R. B. H. Litton)、心理物理学派(代表人物是T. C. Daniel和G. J. Buhyoff等)、经验学派(或称现象学派,代表人物是Lowenthal)、认知学派(亦称心理学派,代表人物是S. Kaplan、Gimblett、T. Brown等)。

在中国,最早是郑光磊(1982)在以庐山为个案的研究中,采取按风景要素请专家分级打分的方法,并要求专家给出各风景要素在风景总评中的权重,各风景要素得分的加权总和值即是风景质量的得分。将得分值同表2-2-1所示的风景质量等级划分表相对照,即可查出某地方(场所)风景质量评价的结果[1]。

表2-2-1 风景质量等级划分

风景质量评价结论	风景要素加权和总值
很美	100分~91分
美	90分~76分
一般	75分~61分
差	60分~41分
很差	40分以下

资料来源:引自邓光磊1982,引用时对表名等处有改动,又转引自保继刚等旅游地理学.

其他学者提出景观评价的具体方法,如俞孔坚针对专题旅游资源景观评价,分析观光旅游行为的本质,探讨观光旅游资源美学价值的本质。根据衡量这种价值的心理尺度和产生这种价值的景观特性,以景观审美心理实验数据为佐证,提出景观资源美学评价信息方法的理论模型[2]。戴光全提出了城市旅游景观塑造的FFII概念体系[3]。薛惠锋、苗治平剖析水域景观的美学特征,最后提出水域景观美学价值评价的理论[4]。金远欢对瀑布景观的综合美学特征进行了定量评价,以雄壮、幽秀、奇特3项指标来评价一个瀑布的景观美学价值[5]。吴必虎、李咪咪采用等距离专家组目视评测法(EDVAET)对小兴安岭风景道旅游景观进行评价[6]。此外,还有针对风景名胜区景观的评价[7],喀斯特景观的评价的一系列研究等[8]。

---

[1]保继刚,楚义芳.旅游地理学[M].北京:高等教育出版社,1999.
[2]俞孔坚.观光旅游资源美学评价信息方法探讨[J].地理学与国土研究,1989,5(4):34-40,33.
[3]戴光全.基于FFII的城市旅游景观塑造:伊春市案例[J].热带地理,2001,21(3):251-256.
[4]薛惠锋,苗治平.水域景观美学价值评价理论研究[J].人文地理,1994,9(2):15-19.
[5]金远欢.瀑布景观的综合美学评价研究:以黄果树瀑布为例[J].旅游学刊,1990,5(4):38-44.
[6]吴必虎,李咪咪.小兴安岭风景道旅游景观评价[J].地理学报,2001,56(2):214-221.
[7]吴必虎.区域旅游规划原理[M].北京:中国旅游出版社,2001.
[8]胡蒙育,俞锦标,章海生.洞穴旅游资源评估[M].北京:国环境科学出版社,1993.

其次,气候因子带来的健康价值评价也得以关注。代表性的成果如张剑光、冯云飞对贵州省的气候宜人性进行了评价研究[1]。在不考虑大气污染的情况下,采用了综合的气候宜人性评价模型,其式如下:

$$CI = 0.13C_1 + 0.36C_2 + 0.26C_3 = 0.25C_4$$
$$C_2 = 0.44C_5 + 0.42C_6 + 0.14C_7$$

式中,CI 是宜人度,C_1、C_2、C_3、C_4 分别表示气压、晴朗度、温湿、风冷舒适指数,C_5、C_6、C_7 是用于计算晴朗舒适指数的分指数,分别代表日照、降水和雾气舒适分指数,各项指数前的系数为其权重。上述各评价要素的指数转化系根据作者所作的标准评分曲线图来实现。

(2)综合性的多因子评价

许多研究都致力于综合评价模型及指标体系的研究,针对不同类型的旅游地,进行了大量的实证研究工作。常用的有综合评分法、层次分析法(AHP)、模糊数学方法、指数综合法、菲什拜因-罗森伯格模型、回归模型、加权求和或模糊矩阵运算的计算机评价模型等[2]。

(3)共有因子综合评价法

即国标规定综合打分评价方法。在评价方法上,目前主要使用层次分析法进行定量评价[3]。

二、旅游资源评价的国家标准

受国家旅游局委托,由中国科学院地理科学与资源研究所尹泽生等起草、国家质量监督局2003年2月发布的"旅游资源分类、调查与评价"国家标准中,对旅游资源评价给出了较为全面、客观和易操作的统一标准[4]。

1. 标准评价构成体系

旅游资源评价体系的目标层是旅游资源标准分类体系中的"旅游资源单体"。该体系将"旅游资源要素价值""旅游资源影响力"作为旅游资源自身品质的主要构成因素,同时把环境保护与环境安全作为重要的制约因素以正负分的形式设置为附加值,共同组成第一层次评价因子;由"观赏游憩使用价值、历史文化科学艺术价值、珍稀奇特程度、规模丰度与几率、完整性"5项因子对应于旅游资源要素价值;由"知名度和影响力、适游期或使用范围"2项因子对应于"资源影响力";由"环境保护与环境安全"对应于"附加值",共同组成第二层评价因子。

2. 赋分办法

本标准采用打分评价方法。总分值100分,各层评价因子根据其相对于上层因子的重要程度分别赋予不同的分值(见表2-2-2)。其中,"资源要素价值"为85分,分配如下:"观赏游憩使用价值"30分、"历史科学文化艺术价值"25分、"珍稀或奇特程度"15分、"规模、丰度与几率"10分、"完整性"5分。

---

[1]剑光,冯云飞.贵州省气候宜人性评价探讨[J].旅游学刊,1991,6(3):50-3.
[2]陶卓民,林妙花,沙润.科技旅游资源分类及价值评价[J].地理研究,2009,28(2):524-534.
[3]陶卓民,林妙花,沙润.科技旅游资源分类及价值评价[J].地理研究,2009,28(2):524-534.
[4]中华人民共和国国家质量监督检验检疫总局.GB/T18972-2003 旅游资源分类、调查与评价[S/OL].(2003-02-04)[2006-07-13]. http://www.cnta.gov.cn/zwgk/hybz/201506/20150625-428120.shtml.

表 2-2-2 旅游资源评价赋分标准

评价项目	评价因子	评价依据	赋值
资源要素价值（85分）	观赏游憩使用价值（30分）	全部或其中一项具有极高的观赏价值、游憩价值、使用价值	30~22
		全部或其中一项具有很高的观赏价值、游憩价值、使用价值	21~13
		全部或其中一项具有较高的观赏价值、游憩价值、使用价值	12~6
		全部或其中一项具有一般观赏价值、游憩价值、使用价值	5~1
	历史文化科学艺术价值(25分)	同时或其中一项具有世界意义的历史价值、文化价值、科学价值、艺术价值	25~20
		同时或其中一项具有全国意义的历史价值、文化价值、科学价值、艺术价值	19~13
		同时或其中一项具有省级意义的历史价值、文化价值、科学价值、艺术价值	12~6
		历史价值、或文化价值、或科学价值、或艺术价值具有地区意义	5~1
	珍稀奇特程度(15分)	有大量珍稀物种，或景观异常奇特，或此类现象在其他地区罕见	15~13
		有较多珍稀物种，或景观奇特，或此类现象在其他地区很少见	12~9
		有少量珍稀物种，或景观突出，或此类现象在其他地区少见	8~4
		有个别珍稀物种，或景观比较突出，或此类现象在其他地区较多见	3~1
	规模、丰度与几率(10分)	独立型旅游资源单体规模、体量巨大；集合型旅游资源单体结构完美、疏密度优良级；自然景象和人文活动周期性发生或频率极高	10~8
		独立型旅游资源单体规模、体量较大；集合型旅游资源单体结构很和谐、疏密度良好；自然景象和人文活动周期性发生或频率很高	7~5
		独立型旅游资源单体规模、体量中等；集合型旅游资源单体结构和谐、疏密度较好；自然景象和人文活动周期性发生或频率较高	4~3
		独立型旅游资源单体规模、体量较小；集合型旅游资源单体结构较和谐、疏密度一般；自然景象和人文活动周期性发生或频率较小	2~1
	完整性(5分)	形态与结构保持完整	5~4
		形态与结构有少量变化，但不明显	3
		形态与结构有明显变化	2
		形态与结构有重大变化	1

评价项目	评价因子	评价依据	赋值
资源影响力(15分)	知名度和影响力(10分)	在世界范围内知名,或构成世界承认的名牌	10~8
		在全国范围内知名,或构成全国性的名牌	7~5
		在本省范围内知名,或构成省内的名牌	4~3
		在本地区范围内知名,或构成本地区名牌	2~1
	适游期或使用范围(5分)	适宜游览的日期每年超过300天,或适宜于所有游客使用和参与	5~4
		适宜游览的日期每年超过250天,或适宜于80%左右游客使用和参与	3
		适宜游览的日期超过150天,或适宜于60%左右游客使用和参与	2
		适宜游览的日期每年超过100天,或适宜于40%左右游客使用和参与	1
附加值	环境保护与环境安全	已受到严重污染,或存在严重安全隐患	-5
		已受到中度污染,或存在明显安全隐患	-4
		已受到轻度污染,或存在一定安全隐患	-3
		已有工程保护措施,环境安全得到保证	3

3. 评价依据

对第二层的每一评价因子都分别用"数据范围、地域等级、语义差别"等进行四等级划分并赋分。

4. 记分

根据旅游资源单体基层评价因子的相应标准所得分数,逐层归并到上层因子中,就得出该单体旅游资源共有综合因子评价总分。

5. 旅游资源评价等级评定

旅游资源评价等级评定指标依据旅游资源单体评价总分,将其分为五级,从高级到低级为:五级旅游资源,得分值域≥90分;四级旅游资源,得分值域75~89分;三级旅游资源,得分值域60~74分;二级旅游资源,得分值域45~59分;一级旅游资源,得分值域30~44分;未获等级旅游资源,得分≤29分。五级称为"特品级旅游资源";五四三级被通称为"优良级旅游资源";二一级被通称为"普通级旅游资源"。

总体来看,《国标》突出了普适性和实用性,在充分考虑了前期研究成果和广泛实践的基础上,制定了旅游资源类型体系以及旅游资源调查方法参考标准,试图建立全国或者区域可以比较的五级旅游资源分级体系。

三、旅游资源评价的改进

中华人民共和国国家标准《旅游资源分类、调查与评价》(GB/T18972-2003)为旅游资源评价工作提供了可靠的、较权威的分析评价工具。但是,在实践中仍然需要面对具体的评价问题,同时,随着社会经济不断发展,对旅游资源的认识不断变化,对旅游资源的评价标准也不断提出新的要求。

一些学者旨在指出《国标》的不足之处并提出相应改进措施,另一些学者则在分析评价《国标》的基础上,致力于探索新的评价技术及评价原则、标准。

刘益[1]认为,科学认识《国标》的应用价值应首先确立4个命题:

命题一:旅游资源分类和评价的意义在于制定开发决策而不是分级比较。《国标》采用的是专家赋分法来确定旅游资源等级,由于这一方法受主观因素影响较大,评价结果对于反映区域内部比较优势是有效的,但对于不同评价主体和不同评价客体来说,评价结果的可比性则较差。因此,旅游资源分类和评价的真正意义不在于进行区域间的比较,而是为了科学地开发利用区域旅游资源。从旅游规划的角度来说,就是要通过旅游资源的分类和评价,科学地确定区域旅游资源的开发重点和方向。

命题二:旅游资源的评价等级并不等同于旅游产品的等级。一流的旅游资源有可能开发成二流的产品。反之,二流的旅游资源也有可能开发出一流的产品。这种情况在旅游开发实践中已是屡见不鲜。从这个意义上说,确定旅游资源的开发重点比确定旅游资源的等级更加重要。

命题三:历史文化科学艺术价值不能等同于旅游价值,有历史文化科学艺术价值的不一定就有旅游价值。反之亦然。

命题四:单项世界冠军也是世界冠军。《国标》的评价因子是按照复合型资源来分解资源要素价值的,而实际的情况是,很多资源往往只具有单一的要素价值。如果按照《国标》的评价因子,这些资源哪怕具有世界级的观赏游憩使用价值,而不具备历史文化科学艺术价值的话,最多也只能评为四级旅游资源。和命题三产生的问题一样,显然这种评价体系是不够严谨的。

在此基础上,他给出3条改进的建议:第一,旅游资源的分类宜简不宜繁,宜宽不宜窄,应能直观体现资源的开发利用价值;第二,旅游资源评价因子应具有一定弹性,允许单一要素价值的旅游资源成为"特品级旅游资源";第三,旅游资源分类评价工作应因地制宜有所侧重,不宜教条地搬用。

朱竑[2]认为,由于中国旅游发展阶段本身的局限和人们对旅游资源认识不足等客观原因,现行的国标还存在5个方面的矛盾需要解决。

第一,资源和市场的矛盾。一般在旅游资源的调查和评估中,某地旅游资源的种类在8大主类、31个亚类和155种基本类型的百分率成为一个重要的标准。常常会因其3个层次的旅游资源比较齐全而得出旅游资源禀赋好的结论。然而实际的情况是,一旦涉及开发层面,往往会出现资源条件不错,却很难有好的旅游产品开发出来的窘迫。如何在旅游资源的调查评估中充分考虑到市场的因素,打破唯资源论,可能对实际的指导意义更大一些。

第二,主观和客观的矛盾。按照现行的《国标》旅游资源评价赋分标准,不论是对资源要素价

---

[1]刘益.从旅游规划角度论"旅游资源分类、调查与评价"的实践意义[J].旅游学刊,2006,21(1):8-9.
[2]朱竑.从五种矛盾论旅游资源分类、调查与评价的国际视野和发展眼光[J].旅游学刊,2005,20(6):8-9.

值(包括观赏游憩使用价值,历史文化科学艺术价值,珍稀奇特程度,规模、丰度与几率、完整性)的判断,还是对资源影响力的评判(含知名度和影响力、适游期或使用范围),具体调查人员的专业素养的高低、视野的开阔程度、个人的偏好情况,以及对国际、国家层次旅游资源的了解程度都会影响到他对具体某一要素的打分情况。可能同一个旅游单体在不同的人眼里会有迥然相异的结论。如何减少主观性,增加客观因素在旅游资源评价中的作用,既是重点,也是难点所在。

第三,局部和整体的矛盾。现行的旅游资源调查,因为有多达155种之多的基本类型,调查过程中重点多集中于具体单体资源的好坏上,而忽略了对整体或资源组合的重视。其结果往往造成"资源"多不胜数,但鲜有真正值得开发的大资源或大产品。在具体的工作中如何尽可能照顾到单体、局部和整体的关系,将同类或相互有关联的资源组合起来考虑应该是现有国标有待商榷的地方。一地旅游资源的开发,资源间的组合情形、大旅游可开发的潜质、乃至很难量化的民风、好客程度等,都可能成为左右旅游业发展好坏的关键,而这恰恰是目前《国标》所忽视的。

第四,资源要素和资源影响力赋值大小间存在的矛盾。《国标》资源评价体系中对资源要素和资源影响力赋值大小的差异直接影响最终旅游产品的开发。由于资源影响力在整个评价体系中仅仅占15%的份额,结果往往就出现得分很高的旅游资源并不一定会有很好的广域影响力,而真正具有国际或国家层次影响力的资源整体得分却很低。全国范围内,各地旅游资源评价中被评为国际级的旅游资源数量很多,而真正在国外,特别是西方民众心目中有印象和影响的中国知名旅游品牌则非常有限。国内其他在一般人看来很有名的地方却根本不为人知。所以国际视野的体现则显得非常重要和关键。是否在未来的评价中把两者区分开来,资源要素可以集中于对资源本身的评估上,而影响力的评估却可以和产品的开发、市场的接受程度等相联系,从而能更好地为开发提供参照。

第五,静态和动态之间的矛盾。旅游资源无限化已经成为目前旅游资源发展的趋势。随着社会发展、科技进步,以及人类对世界了解程度的加深,很多原本并没有被认为是旅游资源的东西如今已经成为炙手可热的旅游资源,而不少以前是不错的旅游资源如今其品质和价值已变得无足轻重。因此,用发展、动态的观念来进行旅游资源的调查和评价是时代的必然,而《国标》自身也需要与时俱进,不断根据社会的变革进行调整和改进,用发展的眼光看资源的评价。

夏赞才[1]认为,旅行能带给旅游者的是一种日常生活中所无法满足的审美体验。因此,无论是自然资源还是人文资源,无论是大众旅游吸引物还是特殊旅游对象,我们都应当从更深层次去认识其共有的价值结构及其美学价值的地位。国家标准"旅游资源"定义中的"为旅游业(所)开发利用"体现了"旅游资源"的部分本质,因为资源(Resource)一词中的前缀"Re-",就是意味着自然物经过重新调整使之变成有用的东西。但需要追问的是,自然界和人类社会中的某些"事物和因素"为什么可以成为"旅游资源"?为什么可以对旅游者产生吸引力?吸引旅游者的究竟是什么?必定要涉及这些特定的"事物和因素"本身所具有的价值,无论是工具价值还是内在价值。虽然旅游资源不只存在于荒野,但借助罗尔斯顿的价值分类不难发现,几乎所有的旅游资源都具有相当重要的美学价值,能满足旅游者不同类型、不同程度的审美需要。此外,从价值转换角度来

---

[1] 夏赞才.旅游资源亟需美学价值评价[J].旅游学刊,2006,21(1):12-13.

看,各类不同的价值都有转换成为经济价值(或市场价值)的可能,但作为旅游资源,其经济价值的实现很大程度上就是其美学价值的转换。在资源调查和评价时能否准确把握单体旅游资源的景观美学特征,旅游规划项目是否能保护和提升该资源的景观美学价值,旅游建设项目是否经过严格的景观美学审计而不致造成视觉污染等等,这些问题实际上直接关乎旅游地的可持续发展。

王建军[1]认为,正是由于旅游资源的多样性和不同资源之间所存在的性质差异,决定了任何分类都将无法穷尽或涵盖全部资源类型。此外,更由于分类原则的非唯一性,决定了不同分类结果之间的交叉和不兼容。常规的旅游资源评价理论方法过于注重评价的物理技术,都没有进行景观与环境要素的综合整体价值评价,抽象的、非物质的、隐性的旅游吸引物在分类体系中难以体现。由于缺乏计划的支持,资源评价指标体系及其评价模型的建立缺乏持续可信的长期研究数据支持与实际验证分析,指标体系缺乏信息化、标准化和规范化,指标选取的层次、尺度不一,缺乏评价结果的区域对比性和实用性。容易出现为评价而评价,旅游资源分类与评价的内容模式化、套路化的倾向。

近年来,特别是那些大城市周边客源驱动型旅游地、非景观型旅游地、休闲度假旅游地,以及环境质量优越的欠发达地区的旅游地,生态环境不再只作为旅游资源的背景,生态环境质量甚至成为生态旅游的绝对吸引因素,不得不被考虑为旅游资源的核心地位。毫无疑问,应该将其纳入旅游资源范畴(而《国标》中旅游生态环境指标仅仅作为附加值考虑),所以,应该将旅游景观资源和旅游环境资源结合起来构建更加科学合理的景观——环境旅游资源分类评价体系。另外,正是由于常规评价结果的不确定性和不可比性,非常有必要运用综合方法对资源经济价值评价的结果进行直接性的货币化测算。这对于旅游资源投资价值评价、投资条件设定等,具有非常重要的现实意义。

总之,迅猛发展的旅游业实践中所产生的现实矛盾,促使我们对旅游资源的分类与评价问题不断进行再思考,使得旅游资源研究的基础理论更加完善。建议有关部门设立相应的长期研究计划与科研基地,从而在今后可以得到持续可信的数据支持,采用专家征询、问卷调查、样区研究、实践验证相结合的手段,分类与评价研究方法将得到不断的实践验证和推广应用,在区域或者全国范围内进行旅游资源定量化分类与对比评价研究也将成为可能。

---

[1]王建军.旅游资源分类与评价问题的新思考[J].旅游学刊,2005,20(6):7-8.

第三章 中国旅游分类研究

第一节 中国旅游者分类研究

郑本法、郑宇新[1]对旅游者分类进行了较为深入地研究,认为对旅游者的分类,无论学术理论界还是实际工作部门,目前都无统一标准。由于研究者或应用时的角度、目的不同,在不同的情况下,有不同的分类标准。比较常见的分类标准有:国境国界标准、地理区域标准、组织形式标准、费用来源标准、活动内容标准。

一、国境国界标准

所谓国境国界标准,即依据旅游者定居或长居(连续居住1年以上)国的境界和旅游者是否跨越国界为标准对旅游者进行分类。按照这一标准,可将旅游者分为国际旅游者和国内旅游者两类,这是最常见的分类标准。

国际旅游者,是指从自己的定居国或长住国跨国界到另一个或几个国家去旅游的旅游者。国际旅游者又可进一步细分为入境旅游者、出境旅游者、洲际旅游者、环球旅游者等类。其中,入境旅游者和出境旅游者都是站在接待国的角度对国际旅游者的分类。

国内旅游者,是指离开自己的定居地或长住地不跨越国界到另一个或几个地方去旅游的旅游者。国内旅游者,既可以是取得所住国国籍的居民,又可能是没有取得所住国国籍而长期在所住国学习、工作、疗养、休息或从事其他活动的人。

国际旅游者与国内旅游者是有区别的。二者最根本的区别在于,是否跨越其定居国或长住国的国界。跨越其定居国或长住国国界的旅游者是国际旅游者,没有跨越其定居国或长住国国界的旅游者是国内旅游者。除此之外,国际旅游者与国内旅游者还存在如下一些差异:

(1)从消费层次上说,国际旅游者的消费层次较高,而国内旅游者的消费层次较低。

(2)从滞留时间上说,国际旅游者在旅居地的滞留时间较长,而国内旅游者在旅居地的滞留时间较短。

(3)从便利程度上说,国际旅游者往往受到语言文字、生活习俗等方面的障碍,且需足够的旅游证件,办繁琐的手续,还要得到接待国的签证允许,其便利程度受到较大限制。而国内旅游者自由度较大,旅游活动较为便利。

(4)从经济作用上说,国际旅游者使用的是外汇,将其在本国的经济收入带到旅居国消费,为旅居国注入外来经济,引起国际间的财富转移,致使接待国从中获得为弥补国际收入逆差所需的

---

[1]郑本法,郑宇新.试论旅游者的分类标准[J].社会学研究,1997,(5):10-14.

外汇。而国内旅游者使用的是与旅居地统一货币,不能增加国内财富的总量(暂不将旅游消费对相关生产部门的刺激考虑在内),只能促使国内财富在本国地区间的重新分配。许多国家或地区的政府之所以重视接待国际旅游者而轻视接待国内旅游者,其原因就在于此。

(5)从文化影响上说,国际旅游者的文化背景与旅居国的文化背景差异较大,异质文化的矛盾、冲突和渗透、融合较为明显,由此对彼此双方所产生的积极作用和消极影响都比较大。而国内旅游者的文化背景与旅居地的文化背景差异较小,二者互动对彼此所产生的积极作用和消极影响都比较小。因此,如果说旅游活动是文化跨越,这种说法用来说国际旅游者比说国内旅游者更为合适。

国际旅游者与国内旅游者也是有联系的,主要表现为:

(1)国内旅游者的形成和发展较早,是国际旅游者形成和发展的前提;而国际旅游者的形成和发展较迟,是国内旅游者在地域上的发展和延伸。

(2)国内旅游者有长途旅游者(当日只往不返、在他乡至少停留24小时的过夜旅游者)与短途旅游者(当日既往又返、不在他乡过夜而进行1日游的旅游者)之别。国际旅游者也有长途旅游者(当日只往不返、在异国至少停留24小时的过夜旅游者)与短途旅游者(当日既往又返、不在异国过夜而进行1日游的旅游者)之分。

(3)从经济的作用上说,无论国际旅游者还是国内旅游者,其旅游消费对旅居国或旅居地相关生产部门的生产都有刺激并使之受到促进。因此,无论对国际旅游者还是对国内旅游者都应当一视同仁,而不能厚此薄彼。

二、地理区域标准

所谓地理区域标准,即依据旅游者所达的地域范围和他们所处的地理位置为标准对旅游者进行分类。

按照旅游者所达的地域范围为标准,可将旅游者分为洲际旅游者、环球旅游者和世界旅游者3类。其中,洲际旅游者,是指不在本洲地域范围之内而是跨越本洲地域境界到其他洲的旅游者。环球旅游者,是指环绕地球的旅游者。而世界旅游者,是指以全世界为所达地域范围的旅游者,这类旅游者没有国际国内之分,是对所有旅游者的统一称谓。按照旅游者所处的地理位置为标准,可对世界旅游者进一步分类。世界旅游组织(WTO)把世界旅游者分为欧洲旅游者、美洲旅游者、非洲旅游者、中东旅游者、南亚旅游者、东亚及太平洋地区旅游者等6类。之所以把世界旅游者区分为不同区域,不仅是因为不同区域的旅游者在世界旅游市场中占有不同的比例,其增长速度有高有低,而且是因为不同区域旅游市场上的旅游者的流向和流量呈现出不同的特点和趋势,这对不同国家或地区旅游商品的市场选择具有重要意义。

三、组织形式标准

组织形式标准即依据旅游者的组织形式对旅游者进行分类。按照这一标准,可将旅游者分为团体旅游者和个体旅游者两类。团体旅游者,又称团体包价旅游者,是指参与通过旅行社或其他旅游组织事先计划、统一组织、精心编排旅游项目、提供相关服务工作并以总价格形式一次性地收取旅游费用的旅游团体的旅游者,其团队人数一般不少于15人。其主要优点是安全、可靠、方便、舒适,且旅游费用相对便宜。然而,由于行、游、住、吃、购、娱等活动都需要按旅行社或其他旅游组织的统一计划集体进行,因此,其主要缺点是不够灵活机动,旅游者个体缺乏自由活动的余地。

个体旅游者,又称散客旅游者或零星旅游者,是相对团体旅游者而言的,指个体、家庭或15人以下自行结伴旅游的人。与团体旅游者相比,个体旅游者较为灵活机动,自主独立,易于充分实现旅游动机。但在一般情况下,由于行、游、住、吃、购、娱活动都需自己联系,不够方便、舒适,较为费钱、费时。团体旅游者往往是首次外出旅游、缺乏旅游经验、对旅居地情况不够熟悉的人,而个体旅游者则往往是多次外出旅游、富有旅游经验、对旅居地情况较为熟悉的人。

四、费用来源标准

费用来源标准即依据旅游费用的来源对旅游者进行分类。按照这一标准,可将旅游者分为自费旅游者、公费旅游者、社会旅游者和奖励旅游者等类。

自费旅游者,是指全部旅游费用都由自己承担的旅游者。

公费旅游者,是指旅游费用不是由自己承担,而是由公家承担的旅游者。这里所说的"公家",是指党政机关、军队系统、企事业单位、社会团体和其他组织。公费旅游是否合适,应具体情况具体分析而不能一概而论。

社会旅游者,是指享受社会给予福利性补贴的旅游者。这类旅游者在欧洲一些发达国家比较多。在这些国家,由于旅游已是人们生活的重要组成部分,因此政府机关、企事业单位或工会便拿出部分资金,资助或补助那些经济收入较低的贫困家庭,使之也有外出机会,实现旅游动机。

奖励旅游者,是指获得以参加旅游活动作为奖品的旅游者。一些研究管理问题的心理学家发现,以旅游作为奖品奖励员工时,所产生的激励效果比用传统的金钱和物质作为奖品的刺激效果好得多。不仅企业公司如此,许多非盈利性的机构和团体也如此。如今,奖励旅游者日益增多,已引起世界旅游业的高度重视。

五、活动内容标准

所谓活动内容标准,即依据旅游活动的内容对旅游者进行分类。按照这一标准,可将旅游者分为商务旅游者、观光旅游者、文化旅游者、度假旅游者、会议旅游者、宗教旅游者、民俗旅游者、体育旅游者、专项旅游者等类。

商务旅游者,是指以经商为活动内容的旅游者。这类旅游者,既是旅游史上产生最早的旅游者,也是现代旅游市场上最多的客源之一。他们因经商而往来于各国各地,是所有旅游者中出国机会最多、重复率最高的。

观光旅游者,是指以欣赏自然风景和风土人情为活动内容的旅游者。这类旅游者是20世纪50年代~60年代初期世界上最常见、最普遍的旅游者,所谓传统的旅游者就是指这部分人。随着60年代中期之后度假旅游者的开始崛起和70年代以来会议旅游者、文化旅游者的迅速增加,单纯观光旅游者在整个旅游市场上增加的比例呈下降趋势。

文化旅游者,是指以文化交流为活动内容的旅游者。这类旅游者以到异国他乡去了解文化传统,探索文物古迹,交流文学、艺术、建筑、雕塑、音乐、舞蹈、科学、技术、教育等方面的成果为目的,领略异质文化的新奇,以开阔视野,增长知识。他们的旅游活动,表现了异质文化的差别、冲突、渗透、融合,反映了现代旅游的发展趋势。

民俗旅游者,是指以民俗风情为活动内容的旅游者。中国是拥有56个民族的国家,每个民族都有自己悠久的历史文化和独特的传统风俗，这既是人类社会的宝贵财富，又是中国特色的旅游资源。

度假旅游者，是指以度假休闲为活动内容的旅游者。据有关资料显示，欧洲度假旅游者喜欢一次去几个旅游目的地，远程旅游，特别是到亚太地区更是如此。

会议旅游者，是指以参加会议和参与旅游为活动内容的旅游者。由于会议旅游活动把会议与旅游交织在一起，举办大型国际会议，不仅能扩大主办国家或地区在世界上的知名度和影响力，而且能促进主办城市的市政建设、交通建设、环境卫生、精神面貌的改善，还能为主办者带来可观的经济效益。因此，会议旅游者日益得到许多国家和地区的欢迎和重视。会议旅游者有其鲜明的特点，主要是：①身份高，大多是企业家、专家、学者和教授；②既开会，又旅游，在旅居地滞留时间长；③其开支大多由国家或企业负担，餐饮、住宿标准较高，且有较充足的购物时间和购买能力；④随员较多，如家人、秘书和司机，易形成一人参会、多人旅游的模式；⑤来自不同国家或地区，可无偿地为接待地带来大量最新的科技情报和经济信息。国际会议中心主要在欧美，尤其在北美，自20世纪70年代开始逐步向亚太地区转移。

宗教旅游者，是指以宗教朝圣为活动内容的旅游者。这类旅游者是个特殊的旅游群体或个体。

体育旅游者，是指以直接参加或现场参观体育运动表演为活动内容的旅游者。其中，以直接参加体育运动表演活动为内容的旅游者结合自身特点给接待地带来的经济、社会、环境效益同会议旅游者相似。又由于这类旅游者都有新闻记者跟随，并通过传媒向全世界及时报道相关信息，因此，更能提高和扩大接待地的知名度和影响力，从而为接待地带来更大的经济、社会、环境效益。

按照活动内容标准，还可将旅游者分为教育旅游者、修学旅游者、科学考察旅游者、考古旅游者、仿古旅游者、探险旅游者、登山旅游者、狩猎旅游者、人种旅游者、寻根祭祖旅游者、美食旅游者、购物旅游者、医疗保健旅游者以及其他各个专项旅游者。上述所有旅游者，都是按照活动内容对旅游者进行分类的。

除了上述5种分类标准之外，对旅游者的分类还有享受程度标准、旅游方式标准、旅游市场形势标准、年龄性别标准、参与程度标准、主观意愿标准、目的归属标准、国情地情标准等等。

谢彦君对旅游者与旅行者分类进行了探讨，认为从技术角度定义旅游者，最重要最可行的办法是考虑空间和时间两个尺度——因为旅游的两个最重要的外部特征也体现在这两个尺度上。

首先，旅游者按照其旅游是否跨越国境，可以分为国际旅游者和国内旅游者两种。倘若按照旅游者旅游时间的长短划分，就可以把旅游者分为过夜旅游者和不过夜的日常休闲人员两种。过夜旅游者指所有出自寻求愉悦的目的而利用其自由时间前往异地并在该地从事休闲体验超过24小时以上的个人。这些人要使用当地的住宿设施，因此对当地的经济影响远远超过日常休闲人员。

比较旅游者与旅行者的定义，二者在概念上的差别集中在出行目的上。旅游者的出行目的在于获得旅游体验，而旅行者的出行目的可以是迁徙以外的任何原因。

此外，在流动人口大军中，除了旅行者、旅游者外，还有一类人，即迁徙者(migrants)，他们是计划至少在一年内不返回原居住地的移民或准移民[1]。

---

[1] 谢彦君. 基础旅游学(第3版)[M]. 北京：中国旅游出版社，2011.

其他学者多通过不同类型旅游地的实证研究,根据旅游活动中不同的偏好和行为特征进行旅游者分类。对指导市场开发、提高旅游地的空间竞争力、促进旅游地可持续发展、具有重要的实践意义。

如陈德广、苗长虹基于旅游动机的旅游者聚类研究,通过对开封市城市居民的1000多份问卷调查,运用因子分析、聚类分析、方差分析和其他非参数分析及检验方法进行定量分析,得出了城市居民出游动机的8个基本维度。通过对8项动机因子的聚类分析,可以将出游者分为消极出游者、积极出游者、注重感情的顺便游览型出游者和精神享受型出游者4种类型[1]。

苏勤通过因子分析、交互分析和分层聚类的方法,分析了周庄旅游者的旅游动机,根据主导动机的不同将周庄旅游者分为4种类型,分析了不同类型旅游者的人口社会属性及旅游行为。分析表明:

类型1:旅游者的动机主要是追求身心放松因子和知识因子,而对于发展因子和社交因子则多表示中立。命名为追求游览与愉悦的旅游者。

类型2:旅游者的动机主要是追求知识因子,基本赞同身心放松因子,但不赞同社交因子和发展因子。这类旅游者多为青年人和老年人,命名为追求学习与知识的旅游者。

类型3:旅游者对全部16项旅游动机都表示赞同。与其他3类旅游者相比较,这类旅游者最为注重社交因子和发展因子。这类旅游者以中年人为主,年龄在35岁~54岁之间的人所占比例在4类旅游者中最高,命名为追求发展与成就的旅游者。

类型4:旅游者重视身心放松因子、知识因子和社交因子,对发展因子持中立意见。与其他3类旅游者相比较,他们对于"变换生活环境、摆脱日常生活烦扰"和"躲避忙碌的工作、调节身心"最为赞同,表现出明显的休闲性。这类旅游者以中青年居多,68.6%的人年龄在25岁~55岁之间,命名为追求休闲与放松的旅游者[2]。

一些专门的旅游者类型中也进行了细致的分类。如李燕琴借鉴NEP尺度的指标构造思路以及国外相关研究进展,结合在北京市百花山自然保护区生态旅游者研究的相关数据,提出从生态旅游者与一般游客两方面的典型动机特征入手,构建一个新的生态旅游者分类指标[3]。王蕊、苏勤以黄山市国内旅游者为例,根据旅游购物者的商品属性偏好和购物介入的不同,采用因子分析和分层聚类法等数学方法,将旅游购物者划分为追求实际的购物爱好者,追求消闲的购物热衷者,追求文化享受的购物冷漠者3类,并对比分析了不同类型旅游购物者的具体购物行为特征[4]。张宏梅、陆林基于游客涉入对桂林、阳朔入境旅游者进行聚类分析,并比较不同类型旅游者的特征和态度差异。聚类分析将入境旅游者分为4种类型:中等涉入型、低涉入型、高涉入型和低风险可能型。这些类型旅游者在大多数社会人口统计特征和旅行行为特征上无显著差异,但在所属文化群体、信息来源数量、主客交往偏好、目的地整体形象和满意度上存在显著差异[5]。

---

[1]陈德广,苗长虹.基于旅游动机的旅游者聚类研究——以河南省开封市居民的国内旅游为例[J].旅游学刊,2006,21(6):22-28.

[2]苏勤.旅游者类型及其体验质量研究——以周庄为例[J].地理科学,2004,24(4):506-511.

[3]李燕琴.一个新的生态旅游者分类指标的有效性分析——北京市百花山自然保护区为例[J].地理科学,2006,26(6):764-771.

[4]王蕊,苏勤.旅游购物者分类研究——以黄山市国内旅游者为例[J].地理科学,2010,30(2):313-319.

[5]张宏梅,陆林.基于游客涉入的入境旅游者分类研究——以桂林、阳朔入境旅游者为例[J].旅游学刊,2011,26(1):38-44.

第二节 中国旅游市场分类研究

对任何一个国家、地区或旅游企业来说,旅游市场的占有率直接关系到旅游经营的效益,故在开发建设旅游区及旅游经营过程中,旅游市场的调查、划分、开拓、预测十分重要。

一、按旅游目的的划分

张广华认为旅游市场与一般消费品市场和单项劳务市场相比,有其综合性和复杂性的特点,按旅游目的、活动方式、组织方式、旅游地区以及旅游者职业等可以有不同的分类构成。按旅游目的大致可以分为3类:度假式旅游、观光式旅游和业务旅游。按旅游活动方式又有专线旅游和专题旅游之分。根据组织方式的不同可分为有组织的旅游和无组织的旅游。由于旅游地区不同,还可分为国内旅游和国外旅游[1]。

二、按"产品—需求对应法"进行划分

彭华、钟韵等在佛山市旅游研究中使用了"市场分类研究法"和"产品—需求对应分析法",对不同的旅游吸引物所对应的旅游市场进行分类调研和分类处理,发现景点旅游者市场与城市过夜旅游者市场存在着明显的差异。根据市场分类研究,主要获得了区域旅游发展的主导旅游吸引分析依据,根据产品需求对应分析,得到了旅游需求趋势分析依据,确定区域旅游发展的主动力模式和旅游发展动力培育的依据,并且是制定产品战略和市场战略的依据,也就是说市场分类研究是旅游规划的必要基础工作[2]。

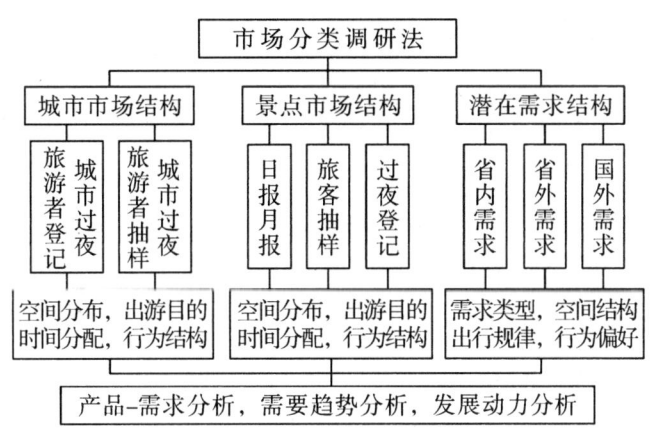

图 2-3-1 旅游市场分类研究法

三、基于旅游流和旅游者行为的划分

吴志才、彭华运用旅游市场分类法,通过对旅游流、旅游市场细分和旅游者行为等方面分析,

---

[1] 张广华.旅游市场的不同分类构成[J].外国经济与管理,1984(3):38-39.
[2] 彭华,钟韵,梁明珠,等.旅游市场分类研究及其意义——以佛山市为例[J].旅游学刊,2002,17(3):49-54.

以及对汕头市旅游市场的实证研究,初步认证了旅游市场分类法的科学性和有效性。区分城市旅游者与景点旅游者两类市场,对比这2类市场旅游者的空间结构、出游目的结构、时间分配结构的差异,对分析汕头旅游发展的主导旅游吸引、旅游需求趋势和需求预测以及确定区域旅游发展的动力模型、旅游发展动力机制,制定产品战略和市场战略具有重要的意义[1]。

第三节　中国旅游产品分类研究

旅游产品是旅游业者通过开发、利用旅游资源提供给旅游者的旅游吸引物与服务的组合。即旅游目的地向游客提供一次旅游活动所需要的各种服务的总和。

一、国家旅游局标准

按照国家旅游局的分类标准,从宏观上可以分为:

观光旅游产品:自然风光、名胜古迹、城市风光等。

度假旅游产品:海滨、山地、温泉、乡村、野营等。

专项旅游产品:文化、商务、体育健身、业务等。

生态旅游产品:生态旅游最初作为一种新的旅游形式出现,主旨是保护环境、回归自然,变革了以往的旅游发展模式。

旅游安全产品:旅游保护用品,旅游意外保险产品,旅游防护用品,这些保障旅游游客安全的工具产品。

二、学界对旅游产品的细分

当前的研究主要针对特定的旅游活动类型进行旅游产品的细分。

杨新军、刘军民运用地理学的空间分析方法,分析了城市旅游景观的6种空间符号,并总结了国外城市旅游产品的序列,纵观国外城市旅游的发展,目前主要的旅游产品系列包括:

文化旅游产品系列:指与城市社区的历史、艺术、科学和文化遗产有关的旅游活动,文化旅游被认为是改善城市的形象和提高城市知名度的有效举措。以加拿大多伦多为例,多伦多艺术展览馆、多伦多皇家博物馆的扩建、罗尔托马森大厅和北约克表演艺术中心、多伦多科学中心的建成,是促使多伦多城市旅游快速发展的主要原因。

体育旅游产品系列:观赏型体育比赛成为当前许多城市旅游和经济发展的竞争战略措施,为吸引游客,城市基础设施的改善、旅游投入的加大均使城市形象得到强化。体育旅游的经济收益与赛事的规模、档次和持续时间长短有密切关系。奥运会和足球联赛等大型体育赛事的举办在给城市带来丰厚经济效益的同时,也使城市在国际上的形象和声望迅速提升。

会议旅游产品系列:大城市尤其是国际城市都认识到举办会议为城市旅游业发展带来的好

---

[1] 吴志才,彭华. 城市旅游市场分类研究及其意义——以汕头市为例[J]. 资源开发与市场,2003,19(3):185-187.

处,会议旅游者的高消费模式引起了城市旅游开发者的关注。中国东部沿海地区北京、上海、深圳等城市目前都具有了国际会展中心。但是,与纽约、东京、巴黎等相比,无论是在规模,还是档次上都存在着较大的差距[1]。

王艳平研究了温泉洗浴旅游产品的分类及其开发方向,明确温泉洗浴的四大要素,进而依照4种洗浴类型对洗浴产品特征进行逐类研究,包括着眼于洗浴者行为的产品类型、着眼于温泉水性态的产品类型、着眼于洗浴背景的产品类型、着眼于洗浴氛围的产品类型等[2]。

陈贵松,黄秀娟根据构成森林旅游产品的核心竞争要素将森林旅游区旅游产品分为3类,分别是:①资源密集型旅游产品。是指以森林旅游资源作为核心竞争要素而形成的森林旅游产品。森林旅游资源的质量在很大程度上决定了所开发的产品的质量。②资本密集型旅游产品。是指以大量资本的投入作为核心竞争要素所形成的森林旅游产品。森林旅游资源或森林旅游环境只是此类产品依托的条件,但不是核心竞争要素。③劳动密集型旅游产品。是指以大量的劳务投入作为核心竞争要素而形成的森林旅游产品。产品质量主要依赖于所提供的服务质量以及满足游客需求程度[3]。

第四节　其他旅游要素分类研究

徐勤政、刘鲁等进行了城乡规划视角的旅游用地分类体系研究,中国对旅游用地的概念界定含混不清,由此带来了旅游用地分类标准不科学、取得手段不规范、旅游用地低效利用以及滋生土地寻租等问题。基于规范化和法制化建设目标的旅游用地审批成为规划管理的重点。如何将现有具有显著法律约束或政策约束效力的用地分类标准落实在旅游区或旅游景区规划方案之中,需要超越关于旅游用地研究的学术性、技术性和制度性三大难题。

徐勤政等对旅游用地的概念与分类标准进行了研究综述,发现从规划管理角度看,旅游用地的规划管制主要涉及旅游部门的《旅游规划》、建设部门的《城市规划》和《风景名胜区规划》、国土部门的《土地利用规划》等。目前,3个部门都没有明确的关于旅游用地的分类标准和专门的控制标准。界定的范围、规模、指标等过于宽泛,部门之间的概念和分类也无法统一,出现了管制权限上的空间重叠和多头管理问题。如表2-3-1所示,由于土地利用规划和城市规划各有不同的用地分级体系,涉及旅游用地的分类也大相径庭,土地利用规划分类中的5类用地和城市用地分类中的8类用地并不对等,相互之间的内容交错,很难进行横向比较,给旅游用地管理造成极大困扰。徐勤政等在北京市城乡规划框架下,分析了北京市旅游发展的现状问题和发展趋势,提出旅游用地的分类需要以旅游用地空间布局和功能分区分析为基础,尽快开展相关理论研究和试点工作[4]。

---

[1] 杨新军,刘军民.城市旅游开发中的产品类型与空间格局[J].西北大学学报(自然科学版),2001,2:179-184.
[2] 王艳平.温泉洗浴旅游产品的分类及其开发方向[J].中南林业科技大学学报(社会科学版),2007,1(3):79-82.
[3] 陈贵松,黄秀娟.森林旅游产品的分类、特征及开发研究[J].林业经济问题,2003,23(3):153-155.
[4] 徐勤政,刘鲁,彭珂.城乡规划视角的旅游用地分类体系研究[J].旅游学刊,2010,25(7):54-61.

表 2-3-1　国内部分旅游用地细分结构比较

规范或标准	旅游相关用地内涵
建设部：《城市用地分类与规划建设用地标准（GBJ137-90）》	C 公共设施用地：C2 商业金融业（C21 商业 C22/C23/C24 服务业/C25 旅馆业/C26）、C3 文化娱乐（C31~C35/C36 游乐）、C4 体育（C41~C42）、C7 文物古迹；G 绿地：G1 公共绿地（G11 公园）；E 水域及其他：E1 水域
国土部：《土地利用现状分类标准（GB/T 21010-2007）》	耕地（01）、园地（02）、林地（03）、商服用地（05）、公共设施用地（08）、特殊用地（09）、其他土地（12）
建设部：《风景名胜区规划规范（GB50298-1999）》	风景游赏用地、游览设施用地、居民社会用地、交通与工程用地、林地、园地、耕地、草地、水域、滞留用地
《城乡土地利用现状分类与规划用地分类对照表（2008 试行）》	C8 旅游设施用地：集中城镇建设用地以外的游乐设施、旅游景点以及度假、会议、休疗养、娱乐、健身等用地

吴必虎、董丽娜等对公共游憩空间分类与属性进行了研究，从不同类型使用者的角度，对中国的城市公共游憩空间进行整体分析，研究和总结。并对城市游憩空间的类型和属性进行初步定义。在分类过程中主要采取自下而上归纳的分类方法。根据以上原则与分类方法，将城市公共游憩空间划分为 2 服务组、11 主类、37 干类、39 支类[1]。

李爽、黄福才等从旅游公共服务的服务对象、特性以及相关概念之间的区别等方面对旅游公共服务的内涵范畴、特征进行界定和探讨。根据旅游公共服务的属性特征、内容构成、存在形态、受益影响范围以及需求差异，对旅游公共服务进行全面、系统的划分与归类[2]。

一、按照公共服务的属性特征分类

以公共产品理论为基础，根据公共产品的非竞争性和非排他性，旅游公共服务可以划分为具有纯公共产品性质的服务和具有准公共产品性质的服务。其中具有纯公共产品性质的旅游公共服务，如旅游者共同需要的旅游信息化平台、旅游公共安全保障以及旅游环境治理服务。而准公共产品性质的旅游公共服务是指不同时具有或不完全具有非竞争性和非排他性的公共产品，如旅游集散中心、旅游公共交通、公共景观设施建设。

二、根据公共服务的内容构成划分

根据旅游公共服务的内容，将其分为旅游公共信息类服务、旅游要素保障类服务以及旅游公共安全类服务 3 大类。其中旅游公共信息类服务是指满足旅游者所需的旅游产品信息（景区、旅游线路等）、旅游交通信息（区内与对外交通）、住宿信息（各层次的住宿）、餐饮信息（地方特色餐

---

[1] 吴必虎,董丽娜,唐子颖.公共游憩空间分类与属性研究[J].中国园林,2003(4):48-50.
[2] 李爽,黄福才,李建中.旅游公共服务:内涵、特征与分类框架[J].旅游学刊,2010,25(4):20-26.

厅等)、旅行社与辅助旅行机构的相关服务信息、休闲娱乐与地方特色文化活动信息、旅游救援及预警信息以及其他相关信息(如医疗、金融)等服务的总称。具体服务包括旅游网络信息服务、旅游咨询服务中心、旅游标识解说服务、移动短信服务平台、旅游呼叫中心与旅游热线等方面。旅游要素保障类公共服务是指为保证旅游者"食、住、行、游、购、娱"等顺利开展而进行的服务环境的营造以及为旅游者提供汇兑、通讯、医疗保健、商务等多种辅助性的服务的总称。旅游公共安全类服务是旅游者的旅游活动能够安全、顺利进行,旅游业能够健康发展的保障,具体可包括旅游交通安全、游乐设施安全、旅游饮食安全、旅游消防安全、汛期旅游安全等设施和规范、旅游公共突发事件应急救援服务以及旅游公共安全应急预案与机制等。

根据公共服务的存在形态划分。按旅游公共服务存在形态分类,可包括实物形态的公共服务和抽象出的具有消费特征的无形公共服务。具体来说,可以包括3类:第一类是以实物形态存在的实物性旅游公共服务,如旅游咨询中心、旅游集散中心、多媒体信息触摸屏、旅游标识系统;第二类是精神性的旅游公共服务,如旅游行业规范、旅游管理条例、"黄金周"休假制度;第三类是信息性旅游公共服务,如政府发布旅游出行信息、旅游交通信息、公共安全信息公告、天气预报等。

根据公共服务的受益影响范围划分。根据受益影响范围的不同(或按地域标准),旅游公共服务可划分为全国性和地方性旅游公共服务。从使用范围来看,供所有现实的和潜在的旅游者共同消费的为全国性旅游公共服务,如国家旅游信息化平台"金旅工程"的建设;主要为某一地区服务的旅游公共服务则称为地方性旅游公共服务,并可进一步划分为城市旅游公共服务与农村旅游公共服务等。

根据公共服务的需求差异划分。限于资源缺乏和消费者支付能力差别,公共服务的供给不可能针对所有人提供相同程度的公共服务。这样,根据公共服务需求的个体差异,可以将其分为普遍性旅游公共服务和差异性旅游公共服务。

第四章 中国旅游动机与行为层次研究

第一节 旅游动机基本概念

旅游动机作为旅游研究的一个重要领域,一直受到国内外学者的重视和关注。一般认为,动机是激励人去行动以达到一定目的的内在原因。动机产生于人的需要,人为了满足或实现某种需要就产生了行为的动机。旅游是人类社会发展到一定阶段的产物,是人类各种需要中的一种。

马斯洛的需求层次理论是研究旅游动机的基础,他把需求分成生理需求、安全需求、归属与爱的需求、尊重需求、和自我实现需求5类,依次由较低层次到较高层次排列。各层次需要的基本含义如下:

生理需要 它是指人类生存最基本的需要,如食物、住所等。例如,经常处于饥饿状态的人,首先需要的是食物,为此,生活的目的被看成填饱肚子。当基本的生活需要得到满足后,生理需要就不再是推动人们工作的最强烈的动力,取而代之的是安全需要。

安全需要 安全需要是指保护自己免受身体和情感伤害的需要。这种安全需要体现在社会生活中是多方面的,如生命安全、劳动安全、良好的社会秩序。反映在工作环境中,员工希望能避免危险事故,保障人身安全,避免失业等。

社交需要 它是包括友谊、爱情、归属、信任与接纳的需要。马斯洛认为,人是一种社会动物,人们的生活和工作都不是独立进行的,经常会与他人接触,因此人们需要有社会交往、良好的人际关系、人与人之间的感情和爱,在组织中能得到他人的接纳与信任。

尊重需要 它包括自尊和受到别人尊重两方面。自尊是指自己的自尊心,工作努力不甘落后,有充分的自信心,获得成就后的自豪感。受人尊重是指自己的工作成绩、社会地位能得到他人的认可。这一需要可概括为自尊心、自信心、威望、地位等方面的需要。

自我实现需要 它是指个人成长与发展,发挥自身潜能、实现理想的需要。当人们满足了温饱之后,就自然而然地追求更高层次的享受,旅游动机就是人们在满足了最低的生理要求之后提出来的[1]。

第二节 中国旅游动机研究

与国外相比,中国旅游行为与动机研究起步较晚,最早文献出现于20世纪80年代。20世纪

---

[1] 保继刚,楚义芳. 旅游地理学[M]. 北京:高等教育出版社,1999.

90年代以后,研究工作逐步加强,特别是近几年来,研究工作的广度和深度不断扩大,文献资料不断增多。主要研究体现在以下几个方面:

一、旅游动机形成机制研究

旅游动机的形成机制的探讨,一直有着不同的解释,多数学者从需要理论出发,认为旅游动机是激励旅行游览的主观愿望和要求,是满足旅游需求的内在考虑。旅游动机既与美国学者亚伯拉罕·马斯洛的人类需要层次论密切相关,更与美国学者克莱顿·奥尔德弗的生存、关系、成长(或发展)论密切相关。郑本法认为,由于马斯洛的人类需要层次论源于实际观察,为旅游动机的研究提供了许多有益的启迪:如果一个人的家庭经济收入只能满足生理需要,那么这个人就不能外出旅游;当一个人的生理需要得到满足,有了安全需要时,这个人也没有必要外出旅游;友爱的需要也是在本乡本土本社区内得到满足的;受人尊重的需要,属于马斯洛的人类需要层次论中的较高层次,旅游活动恰恰能使这一需要得到一定程度的满足;自我实现的需要属马斯洛的人类需要层次论中的最高层次。大多数人外出旅游与实现这一需要层次没有什么关系,只有极少数人外出旅游是为了满足这一需要层次。

而用奥尔德弗的生存、关系、成长(或发展)论解释旅游动机,可以得出如下几点结论:生理需要和安全需要可以互相交替,二者都属生存需要部分。当一个人的生存需要得不到满足时,或因衣食不足而奔忙,或为安全问题而恐慌,这个人便不会产生旅游动机;友爱需要具有两重性:既可足不出户得到满足,又能外出旅游予以增进;既可束缚旅游动机,又能激励旅游动机。对友爱需要的满足或增进,对旅游动机的束缚或激励,应作具体分析,不应一概而论;受人尊重和自我实现的需要二者的界限也不是一成不变的,而是可互相交替,都属成长(或发展)部分,都可在旅游活动中得到满足的,都能激励旅游动机。由此可见,决定旅游动机的主要是奥尔德弗生存、关系、成长(或发展)论中的成长(或发展)的需要和相互关系和谐的需要[1]。

刘啸、甘枝茂等在实地调查和大量数据分析的基础上对旅游动机的特点进行了新的归纳和概括,发现了真正的、最为原始的旅游动机是出自人类的本性,是人——天生好奇心和求知欲的反映,这种好奇心不断驱使人们探索生活圈以外的东西。根据这一理论可以将人们的旅游动机划分为3个维度(一维空间、二维空间和三维空间)。目前人们的旅游动机由于受科学技术条件的限制,还主要集中在二维空间内,具体地集中于2个方向上,即横向和纵向,人们在平面活动范围的扩大仍然是现在旅游的主要形式。在一维和三维空间上的扩大十分有限。基于这种理论,认为在旅游规划中凡是创造世界之最一类的旅游新产品都对旅客有无限的吸引力[2]。

二、旅游动机分类研究

由于研究视角的不同,以及旅游本身形式、内容的多样性,旅游研究者所提出的旅游动机的分类方式、原则也不尽相同,其研究结果也比较纷杂[3]。

其中比较有代表性的如黄宗成、余幸娟等(2000)将旅游动机划分为个人和人际两大类,个人

---

[1] 郑本法.需要理论与旅游动机[J].甘肃社会科学,2000(6):72-75.
[2] 刘啸,甘枝茂,杨延风.旅游动机——人类本性的回归——旅游动机的新探讨[J].干旱区资源与环境,2006,20(1):33-36.
[3] 邹开敏.国内旅游动机的研究新进展[J].经济问题探索,2008,(3):125-127.

包括生理、心理、知识技能,人际包括结识朋友、团队、增加家庭感情、建立社会地位、帮助他人等。林威呈(2001)将旅游动机划分为人际关系与能力培养、身心松弛与修养、积极求知与学习、独处与灵感寻求、亲情与友情培养等5个方面。娄世娣(2002)将旅游动机划分为更新生活、寻求广义之爱、逃避现实、好奇探索、健康娱乐及社会交往等。郭亚军(2002)认为旅游动机由社会因子、放松因子、知识因子、技能因子等4个大动机和14个相关的小动机构成。

旅游动机除了横向分类外,还有纵向的层次之分。黄波在其研究中提到的分类方法,他认为旅游动机若按由低到高排序可以区分为5个层次。第1个层次为放松动机,在这个层次中,旅游者主要是欣赏风光,使身心得到放松和休息;第2个层次为刺激动机,在这个层次中,旅游者通过接触到不同的人、社会文化以及风俗习惯,体验到了新的感受和新的刺激;第3个层次为关系动机,在这个层次中,旅游者通过逃避日常的人和事,结交新的朋友,建立新的关系;第4个层次为发展动机,在这个层次中,旅游者通过学习到新的知识和技能,增加了新的阅历,培养了新的兴趣,发展自我潜能;第5个层次是实现动机,在这个层次中,旅游者借助旅游资源,发挥主体能动性,丰富、改变和创造人的精神素质,获得更高的成就,实现自己的梦想和价值[1]。

一些学者通过实证研究,探讨不同类型旅游者、选择不同类型旅游地的主要旅游动机。张卫红(1999)的实证研究表明,各种目的的放松者占整个群体的75%,处于绝对优势,这从另一个角度说明了绝大多数旅游者的旅游动机尚处于原始状态,寻求高层次的旅游动机的气候尚未形成。不同旅游动机特点所形成的不同旅游者群体对旅游目的地的选择偏好不尽相同[2]。这一结果在近年来的旅游动机研究中也得到印证。如刘蕙箐等(2003)对盐场旅游动机的研究结果显示出,"出去走一走,放松心情"是最主要的旅游动机[3]。

苏勤(2004)在对周庄游客动机的研究,采用因子分析的方法对16项旅游动机进行归纳,结合交互分析和分层聚类的方法,分析了周庄旅游者的旅游动机,根据主导动机的不同将周庄旅游者分为4种类型:

类型1:旅游者的动机主要是追求身心放松因子和知识因子,而对于发展因子和社交因子则多表示中立。

类型2:旅游者的动机主要是追求知识因子,基本赞同身心放松因子,但不赞同社交因子和发展因子。

类型3:旅游者对全部16项旅游动机都表示赞同。与其他3类旅游者相比较,这类旅游者最为注重社交因子和发展因子。

类型4:旅游者重视身心放松因子、知识因子和社交因子,对发展因子持中立意见。与其他3类旅游者相比较,他们对于"变换生活环境、摆脱日常生活烦扰"和"躲避忙碌的工作、调节身心"最为赞同,表现出明显的休闲性。

周庄旅游者的旅游动机具有多重性和综合性。比较而言,"喜欢古民居的宁静氛围和独特文化""休闲和娱乐、放松精神""游览古民居名胜""了解当地历史文化""了解当地风土人情"等5项

---

[1] 黄波.谈谈旅游者的旅游动机及其旅游活动的心理变化.[EB/OL].[2005-01-05]. http://www.lixinjian.com/Article/showArticle.asp?ArticID=277Page=1.

[2] 张卫红.旅游动机定量分析及其对策研究[J].山西财经大学学报,1999,21(4):100-103.

[3] 刘蕙箐.七股乡盐业产业再生之探讨——以游客之旅游动机为观点[D].不动产经营系暨休闲事业经营系学生毕业专题报告发表会,2003.

旅游动机是符合绝大多数旅游者的普遍动机。结果也显示,身心放松因子是周庄旅游者的基本动机,但不同类型旅游者的主导动机存在一定差异[1]。

一些学者对入境旅游者的旅游动机进行了研究。陈娅玲、马耀峰(2006)对桂林旅游市场的调查发现,来桂入境游客的旅游动机的排列顺序依次为休闲度假、观光游览、文化交流、商务会议和探亲访友、宗教朝拜和其他动机。其中休闲度假占39.2%,是来桂游客最主要的旅游动机,其次是观光游览,占32.77%,这符合桂林作为老牌王牌山水旅游地在世界旅游市场的知名度。文化交流也是不容忽视的一个方面,占12.88%;近年来,桂林积极举办各类文化会议交流活动,挖掘桂林作为多民族聚居区的文化特色,吸引了为数不少的游客,成为桂林旅游的一个新的增长点。而追求身心放松、个性化的观光与休闲结合的度假旅游产品,是来桂旅游的基本感受[2]。

张宏梅、陆林等以桂林、阳朔的入境旅游者为例,对入境旅游者旅游动机进行因子分析,抽取出4个动机因子:梦幻/身体的、放松、文化、娱乐。基于旅游动机对入境旅游者进行聚类分析,将入境旅游者分为3个类型:放松型、需求多样型和文化型。不同类型旅游者的主导动机不同,放松型旅游者的主导动机是放松、调节心态、恢复精力,以中青年、单身为主,旅行多采用自助游方式和家人、亲戚和朋友一道。需求多样型旅游者是最大的细分市场,其主导动机多元化,追求多方面满足,年龄分布和婚姻状况和第一类型相似,英国、美国、澳大利亚旅游者更多地属于该类型。文化型旅游者的主导动机是文化动机,年龄偏高,有较多已婚者,多参加旅行团队旅游[3]。

从上面的众多研究结果可以看出,虽然中国的旅游得到较大发展,出现更多的旅游形式,但较高层次的动机在人们心目中还未占取应有的地位,人们旅游动机的层次普遍偏低。原因是由于现代社会充满了竞争和压力,劳动仍然是人们获取生活资料的主要手段,人们需要借助于旅游来放松紧张的精神、摆脱工作和生活的烦恼、休养生息,给后续的工作和学习注入新的活力。这也符合现阶段中国旅游业层次不高,仍以提供观光型旅游产品为主,兼带少量其他旅游产品的实际情况[4]。针对入境旅游者的研究也显示了类似的结果,但相比之下,入境游客的主导旅游动机更加多元化。

三、影响旅游动机的因素

影响旅游动机的因素有很多,国内外的学者进行了很多研究。首先是人口学特征的影响。人口学特征主要是指游客的性别、年龄、教育水平、职业、居住地、收入情况等因素。对于上述这些影响,很多学者研究进行了实证研究,但由于旅游动机具有多样性和层次性,因此研究的结果也有所不同。如王俊夫(2006)的研究结果显示,除了旅游动机在教育程度上有差异外,在性别、年龄、婚姻状况、居住地等因素上并没有显著差异。而吴忠宏等(2004)的研究结果显示,性别、年龄、婚姻状况、教育程度、收入水平和居住地等的不同,会造成游客在休闲动机、自我成长动机等方面出现显著差异。这些人口学特征到底对旅游动机有没有影响以及有何影响仍然存在争议。或者可以说,人口学特征对不同旅游类型和不同旅游目的地的旅游动机的影响是不同的。

---

[1]苏勤.旅游者类型及其体验质量研究——以周庄为例[J].地理科学,2004,2(4):506-511.

[2]陈娅玲,马耀峰.基于旅游市场调查的游客旅游体验研究——以桂林市为例[J].西北农林科技大学学报,2006,6(2):102-106.

[3]张宏梅,陆林,朱道才.基于旅游动机的入境旅游者市场细分策略——以桂林阳朔入境旅游者为例[J].人文地理,2010(4):126-131,119.

[4]邹开敏.国内旅游动机的研究新进展[J].经济问题探索,2008(3):125-127.

其次是个性因素。个性是指一个人在其生活、实践活动中经常表现出来的、比较稳定的、带有一定倾向性的个体心理特征的总和,指一个人区别于其他人的独特的精神面貌和心理特征[1]。分析个性可以帮助我们了解旅游者类型,了解他们的旅游动机。如选择国外旅游、乘飞机旅游及探险旅游的旅游者的个性中都具有乐群、敢为、幻想、好强等特征。旅游企业的推广策略和营销策略也是影响旅游动机的因素。杨延风等(2006)的研究调查显示,由于旅游产品以无形服务为核心,其产品质量不能像有形实物那样可以在购买前加以判别,其价值、质量的鉴定只能由旅游者购买之后做出辨别。所以,人们在选择旅游地时,往往受到旅游企业的广告推销的影响,仅次于广告宣传的是人们之间的口耳相传。

另外,王磊(2006)认为社会政治经济环境是旅游需求形成的宏观因素。旅游需求对政治环境和经济环境的变化特别敏感,当旅游目的地发生社会动荡或与客源国关系紧张时,旅游者会出于安全的考虑,放弃旅游计划或转向其他旅游目的地,2003年中国出现的SARS就导致当年中国的旅游业大受影响[2]。

四、旅游动机研究的新趋势与未来研究的建议

近年来,由于国家对旅游行业的大力发展,旅游行业得到不断发展和完善,出现许多新的旅游形式,如生态旅游、红色旅游、探险旅游、宗教旅游、体育旅游、自驾车旅游等形式。这些仔细的分类,不仅极大地完善了中国的旅游结构层次,也极大丰富了旅游动机的研究。如林传红(2006)对红色旅游动机的研究表明,红色旅游动机由内在需要和外部诱因两部分构成。内在需要是旅游者参加红色旅游基于对先烈的敬仰、对革命精神和高尚人格的追求、对血与火战场的寻觅、对革命生活的体验等中国民众的"红色情节",以及对青少年革命传统教育。红色旅游资源的吸引力和红色旅游社会环境的营造是旅游者参加红色旅游的外部诱因。巫宁(2004)对探险旅游动机的研究表明,体验和认知的需要、审美的需要、自我实现的需要是探险旅游者最主要的动机根源。黄宗成(2002)对宗教旅游动机的研究结果表明,增广见闻、感受历史文化、好奇心及感受宗教气氛。吴丽云、侯晓丽(2006)的研究发现,影视旅游是指人们由于受影视剧的影响而对影视拍摄地产生兴趣,进而到该地旅游的现象,影视旅游的产生受到影视剧剧情及剧中象征物的直接影响,游客的出游动机主要为了印证自己在影视剧中的所见所闻。于素梅(2007)对体育旅游动机的研究表明,人们参与体育旅游的动机主要是为了娱乐、健身、休闲和寻求刺激等。近年来,中国刚刚兴起的生态旅游研究也指出,回归自然、返璞归真,了解除城市恶劣环境的困扰,寻求人类最佳生存环境和用自己的行动为保护环境作贡献是旅游者产生参加生态旅游的动机。自驾车旅游以自由、自主、自助的突出特点被旅游者广泛接受和喜爱,也是中国近几年快速发展的专项旅游。张晓燕等(2006)以华北地区自驾车旅游者为主要研究对象的结果表明,自驾车游客的旅游动机为追求时尚潮流、希望被人关注与评价、展现个人优势与地位等。

总体上来看,旅游动机的研究还没有很多地与旅游产业实际相联系,如旅游企业应该如何激发旅游动机,旅游动机如何影响旅游产品的设计,旅游企业的员工如何把握游客的动机,以便提供优质的服务等等。其次,过去大多数关于旅游动机的研究仅仅只研究旅游动机,没有研究旅游动

---

[1] 丁敏. 人格特质与旅游消费需求的相关分析[J]. 市场周刊,2005(12):37-38.
[2] 邹开敏. 国内旅游动机的研究新进展[J]. 经济问题探索,2008(3):125-127.

机对旅游目的地意象、游客体验以及旅游行为等方面的影响。最后,对于影响旅游动机的因素,中国还没有个性对旅游动机的影响的实证研究。另外,对于影响旅游动机的广告推销策略的研究也比较少,这也是摆在研究者面前的一个重要课题[1]。

第三节 旅游行为基本概念与主要研究内容

一、旅游者行为概述

旅游者行为的研究对象是流动着的或者有流动意向的旅游者个体或群体。旅游者行为是一个集合的名称,它包括旅游前的决策行为、旅游景点的体验、体验评价和游后行为趋向等内容。旅游者行为被分为3个阶段:旅游前、旅游中和旅游后。到目前为止,旅游者行为的研究依然被认为是不成熟的,达成的共识较少,甚至被认为没有真正的旅游者行为理论存在[2]。

二、中国学者关于旅游行为研究的阶段性特点

中国关于旅游者行为的研究起步较晚,按照研究文献出现的年份可分为2个时间段,分别为1990年~1999年和2000年以来。

1990年~1999年研究的主要内容有4个方面:旅游行为影响因素研究,包括个人心理因素、自然社会环境;城市居民旅游行为研究,有西安市国内游客旅游行为研究;旅游行为地理学研究,包括旅游行为本质是为摄取地理信息;旅游行为经济学研究。

2000年以来研究的主要内容包含以下方面:旅游行为影响因素研究,包括旅行社、旅游目的地居民、网络、环境等;大学生旅游行为研究,主要研究了杭州、昆明、广州、长沙、西安等城市大学生的旅游行为;旅游行为性别差异研究,主要针对女性旅游者;城市居民旅游行为研究,主要研究了北京、西安、武汉、杭州、长春等城市居民的旅游行为;跨文化旅游行为研究,包括跨文化旅游态度和行为、东西方文化差异;研究综述,主要有跨文化旅游态度和行为、跨文化旅游者消费行为、国内旅游者旅游行为;农村居民旅游行为研究,主要从旅游态度和旅游特征进行研究;生态旅游者行为研究,包括自然保护区、国家森林公园旅游者旅游行为,国内外生态旅游者行为比较;自驾车旅游者旅游行为研究,主要有自驾车旅游者行为特征及空间效应,华北地区自驾车旅游者研究;背包旅游者旅游行为研究,主要有西安、北京的国外背包旅游者旅游行为,背包旅游者特征及其对中国旅游目的地的影响;其他研究,包括奥运体育精神与旅游行为,度假旅游者需求,旅游感知和旅游认知,上海豫园游客旅游行为与环境容量,民族旅游地游客旅游行为等。

对文献研究内容按年份分析,1990年~1999年学者们主要关注对旅游行为影响因素及旅游行为地理学和经济学的分析,对其他领域的研究较缺乏。2000年以来旅游行为研究领域逐渐扩展,研究内容涉及大学生旅游行为、城市居民旅游行为、跨文化旅游行为等相关领域[3]。

---

[1]邹开敏.国内旅游动机的研究新进展[J].经济问题探索,2008(3):125-127.
[2]郭亚军,曹卓,杜跃平.国外旅游者行为研究述评[J].旅游科学,2009,23(2):38-43.
[3]吴彩云.国内旅游行为研究进展[J].河池学院学报,2009,29(2):90-95.

第四节 中国旅游行为研究

一、旅游行为影响因素研究

旅游行为是旅游者的行为,根据美国心理学家列温(K. Lewin)的研究,人的行为是个体和周围环境的函数。其公式为:

$$B = f(P \cdot E)$$

公式中 B 表示个体的行为(Behavior);f 表示函数(Function);P 表示个体的各种特征(Personality);E 表示环境(Environment)。

从公式可以看出,人的行为随个体的主观因素和其所处的客观环境的变化而变化。也就是说,同一个体面对不同的环境会有不同的行为,不同的个体面对同一环境也会有不同的行为产生,因此对旅游行为影响因素的研究成为国内学者关注的内容之一。

从所查阅的文献来看,最早对旅游行为影响因素进行研究的文献源于谢彦君(1990),从旅游的现代化与原始化的角度探讨了旅游行为的发生,认为旅游行为本身就是一种矛盾现象,旅游的现代化与原始化正是这种矛盾心理的折射反映,表现出个人对其心理状态与实际状况之间所存在的差异的一种积极调谐。也就是说,作为旅游者,促使其旅游行为发生的关键因素是旅游者的心态(很大程度上是在知识的基础上逐渐形成的一种欲望)与其现实经验之间的差异。这种差异越大,调谐的欲望就越强烈,旅游行为就越容易发生。

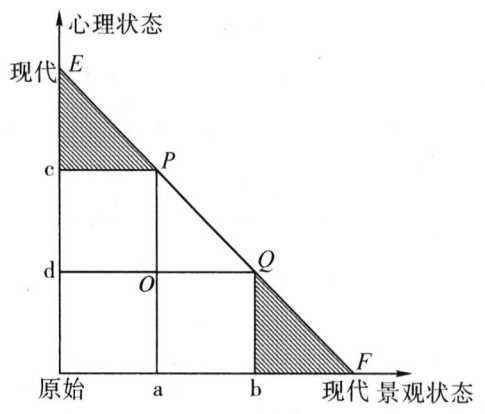

图 2-4-1 心理状态与景观状态之间的关系

他用纵轴表示心理状态,指的是人类的一般心理状态从原始至现代的渐变过程,纵轴上不同的点表示其程度的差异。旅游者心理状态相对应的便是欲望的具体表现——景观状态,我们用横轴来表示,并也将它概括为从原始至现代的不同发展程度。这样就可以得到一个说明心理状态与景观状态之间对应关系的图示。

心理状态与景观状态之间存在着相逆的关系,这便是图中 EPQF 线下形成的 2 个处于相对位置小的倾向区 EcP 和 QbF,它们表示,在心理状态的两端都有明显的需求倾向,即心理尚处于原始状态的旅游者,倾向于观览具有现代风格的旅游景观,相反,心理达到现代状态的旅游者,往往倾向于寻访具有蛮荒气息的旅游景观。这种倾向越往 EPQF 线的中间发展而越不明显,甚至完全消失,从而形成。PQ 这样一个意向不明显的随机区。就是说,心理状态处于 cd 线段上的潜在旅游者对景观的需求没有明显的倾向,他的旅游行为的发生主要受其他随机因素的影响,在多数情况下会表现出对景观的 2 个极端状态感兴趣,而这正符合旅游行为对心理状态与实际状况之间的差异进行调谐的规律[1]。

杜江等(2002)指出价格是影响潜在出境旅游者决策的重要因素。张朝枝等(2002)就旅行社对旅游者的决策行为、时间—空间行为、消费行为、心理行为的影响进行了初步的分析。卞显红(2002)对旅游者决策行为的影响因素进行了研究。杨学燕等探讨了家庭结构对居民出游决策行为的影响。江明华等(2003)讨论了"不想要"这一心理特征对旅游市场购买决策的影响。胡林(2007)在对旅游目的地居民对旅游的感知和态度研究的基础上,探究影响旅游目的地居民感知和态度的因素和旅游目的地居民对旅游行为的影响。吴殿廷等是出反向旅游理论,认为旅游者大多存在求新求奇心理,喜欢到与自己日常工作和居住景观不同的地方旅游。反向旅游符合经济学利益极大化和边际效益递减规律,也与社会学的跨文化心理及人本主义的"逃离"意识相符[2]。戴斌(2007)、余晓娟(2007)等从网络、网络信息对旅游者决策、旅游购买等方面进行了研究。宝贡敏等(2008)基于来杭日韩游客视角,研究旅游目的地形象对游客购后行为的影响[3]。

二、不同群体的旅游行为特征研究

其他学者针对不同的群体特点,对其旅游行为特征进行了研究,主要研究对象包括大学生群体、女性旅游者、城市、乡村居民等。

1. 大学生旅游行为分析

自 1999 年教育制度改革以来,全国各高校连年扩招,在校大学生人数日益增加,且随着人们生活水平提高、消费观念的改变,人们普遍表现出强烈的旅游欲望,大学生也不例外。高校大学生旅游市场潜力巨大,大学生旅游市场的开发是当前的一个研究热点[4]。

李丽梅、保继刚(2000)对中山大学大学生旅游行为进行了研究[5],结果表明,大学生群体的旅游行为具有如下特征:文化或精神的动机是大学生外出旅游的重要动机;大学生对旅游持有非常肯定的态度,这个旅游群体具有强烈的出游欲望;当代大学生旅游活动的行为层次主要属游览观光的基本层次,而娱乐和购物旅游以及专门旅游欲望均较低;大学生偏爱民族风情区和风景名胜区,但其实际到访城市旅游区最多,偏好值最高的民族风情区的到访率反而最低,大学生的态度偏好与行为明显不一致;费用和时间是大学生选择旅游目的地的主要影响因素;大学生对旅游目的地的选择符合距离衰减规律;大学生出游率从低年级向高年级递增;大学生出游率的性别差异不明显;大学生旅游费用主要来自家庭;大学生出游力水平远远高于全国学生旅游者,接近全国国内旅游者出游力水平。

金平斌等(2004)在抽样调查的基础上,通过 U 检验和非参数 x^2 检验以及非线性回归分析方

---

[1]谢彦君.论旅游的现代化与原始化[J].旅游学刊,1990,5(4):49-51.
[2]吴殿廷,张艳,王欣.论反向旅游[J].桂林旅游高等专科学校学报,2005(6):10-14.
[3]吴彩云.国内旅游行为研究进展[J].河池学院学报,2009,29(2):90-95.
[4]吴彩云.国内旅游行为研究进展[J].河池学院学报,2009,29(2):90-95.
[5]李丽梅,保继刚.大学生旅游行为研究——以中山大学为例[J].桂林旅游高等专科学校学报,2000,11(4):45-54.

法,从与大众旅游者对比以及性别、月生活费差异3个侧面来剖析大学生的旅游消费行为及特征。蒙睿等(2004)以云南部分在校大学生为研究对象,对其旅游行为进行研究,并提出开发大学生旅游市场的建议。杨旸等(2005)对南京大学的大学生旅游者的旅游行为特征进行了分析,将大学生的旅游行为分为"积极型""保守型""冷漠型"和"冲动型"4种类型。刘嘉纬等(2006)在对昆明市8所高校和东京立教大学学生进行"大学生旅游行为调查"的基础上,从4个方面比较了中日大学生旅游行为特征上的异同,为全面建构青少年旅游网络和促进中国大学生旅游事业的发展提供参考和借鉴[1]。陈顺明等(2006)对长沙市、苟小东等(2008)对陕西省7所高校学生旅游行为都进行了详细研究。

2. 女性游客旅游行为研究

随着女性社会地位、文化水平与经济收入的不断提高,女性游客已经逐步成为一个重要的市场。但对于女性游客行为的研究仍非常有限。

丁雨莲等(2006)通过对国外、国内女性旅游的研究方法及内容的对比分析,认为性别影响着旅游行为,从而造成旅游者在旅游兴趣爱好和旅游意图上有着性别差异。相关研究认为文化因素、家庭因素、个人因素、心理因素是影响女性旅游行为的主要原因,在这些因素影响下,女性在旅行上表现出喜欢历史和文化、散步、购物、饮食、健身、干净卫生、安全、舒适和个性化的特征。目前女性旅游研究的文献偏少,女性旅游研究尚处于起步阶段,内容欠系统,成果欠丰富[2]。

谢晖、保继刚(2006)以黄山市国内游客的问卷调查数据为基础,通过统计检验,分析了性别与旅游者行为之间的关系。通过分析旅游者涉及游前、游中、游后3个阶段行为,发现:女性游客比男性游客平均搜集更多的信息类型,并更倾向于搜集旅行费用、食宿状况、线路安排这3种旅游信息;女性游客比男性游客更倾向于通过人际交流的方式获取旅游信息;对于游览民居和购买旅游纪念品两种旅游活动,女性游客比男性游客具有更强的偏好[3]。

蔡洁等(2005)从重庆旅游目的地为例对国内女性游客的旅游消费行为进行了实证研究。宋丹萍等(2011)通过网络调查问卷对国内女性青年旅游者的行为特征进行了分析,得出了青年女性旅游者出游行为的一般规律。

3. 老年人旅游行为研究

随着"银发旅游"市场越来越引人关注,老年人的旅游行为研究也逐渐开展,但当前的研究还十分有限。黄英探讨了中国老年人出游条件与旅游行为,认为促成中国老年人外出旅游的条件主要来自2个方面。首先老年人有外出旅游的需要,这是最基本的因素;其次是社会环境的鼓励和推动,为老年人出游提供了不可缺少的外部条件。老年人参加旅游活动,在选择旅游目的地、旅游方式、出游时间以及消费方式上都有自身显著的特点。研究老年人旅游的内在需求和行为特点可以为进一步拓宽老年旅游市场,开发更具针对性的老年旅游产品提供理论上的依据[4]。

侯国林、尹贻梅等总结出上海老年人的旅游行为特征[5]:首先,总体出游频率高,但呈现两极分化现象,出游时间长短适中。受身体状况和经济条件的影响,老年人的出游频度呈现两极分化

---

[1]吴彩云.国内旅游行为研究进展[J].河池学院学报,2009,29(2):90-95.
[2]丁雨莲,陆林.女性旅游研究进展[J].人文地理,2006(2):55-59.
[3]谢晖,保继刚.旅游行为中的性别差异研究[J].旅游学刊,2006,21(1):44-49.
[4]黄英.我国老年人出游条件与旅游行为探讨[J].湖南财经高等专科学校学报,2006(5):95-97.
[5]侯国林,尹贻梅,陈兢.上海老年人旅游行为特征及市场开发策略探讨[J].人口与经济,2005(5):48-52.

的特点,身体和经济状况较好的老年人,出游频度高;反之,则低。其次,出游的目的以游览观光为主。总的来说,老年人消费观念仍然相对保守。上海老年人出游目的多数以游览观光、健身疗养为主,具有"传统旅游"的特征。在整个旅程中以纯旅游活动为主,购物活动少。第三,在出游花费特征上,老年人大多有勤俭节约的习惯,在外出旅游时十分注重物有所值,不太追求单纯的奢侈与豪华。第四,在出游方式上,对旅游目的地选择性很强,对出游活动安排比较慎重,会通过各种媒介对旅游目的地情况尽可能详尽的了解,并力求提前安排好旅程中的每个环节。第五,追求返璞归真的自然环境,注重产品的文化内涵。

马宏丽采用问卷调查法和数理统计法,对郑州市100位老人的旅游行为进行调查。结果表明老年人存在旅游需求,且年旅游率随着家庭人数的增多而下降。认为郑州市老年人旅游目的地的选择与旅游持续时间成正相关,其旅游意向明显,旅游方式以群体结伴同行为主,多以欣赏自然风景和观赏动植物为旅游目的,最关注的是安全问题[1]。

4. 城市居民和农村居民旅游行为研究

城市居民旅游行为研究最早可见吴必虎对长春市和上海市城市居民的研究[2],此后的学者多从休闲度假、市场细分等角度对城市居民旅游行为进行了拓展。刘昌雪、汪德根对休闲旅游的发展趋势和"需要—动机—行为"模式进行了分析。在实地调查基础上,以合肥市为例,对城市居民双休日休闲旅游行为特征进行实证研究,分析了合肥市民休闲旅游行为特征以及双休日市民休闲旅游的 RAS(休闲活动空间)[3]。曾丽艳认为,家庭结构影响人们的旅游消费,了解家庭结构与旅游行为的关系具有重要现实意义。以长沙市居民为例,从旅游消费指标和旅游偏好指标两方面比较分析了不同家庭结构群体的旅游行为特征,发现不同家庭结构群体在出游时段和交通方式偏好等方面的差异不大;在出游次数、现实旅游花费和年旅游意向花费方面差异明显;在旅游支出比重、出游空间、出游动机、旅游目的地偏好、信息渠道、出游方式等方面呈现同一性和差异性并存的特点[4]。另外,张红等(1999)、王斌等(2001)对西安市居民;张宏梅等(2004)对皖江城市居民;徐菊凤(2006)对北京市居民;梁江川(2006)对沪甬杭城市居民;黄燕玲等(2007)对南京市居民的旅游行为均进行了研究。

农村居民旅游行为研究目前还十分有限,代表性的研究如郑群明(2004)对湖南省浏阳市、华容县、新宁县和凤凰县4个代表地的农村居民共1200人(户)进行了调查,研究表明农村居民出游率不高,出游欲望较高,但出游目的和旅游行为层次仍较低,农村居民旅游认知和出游程度与当地旅游开发程度和经济水平相关[5]。

5. 生态旅游者行为研究

李正欢、李祝舜在界定生态旅游者概念的基础上,从生态旅游者的生态行为意识角度出发,将其划分为自在、自觉、自为3个层次[6]。

所谓"自在"阶段,是指旅游者的生态行为意识还处于一种初级的被动状态,主要表现为2种状态。一种是"被动状态",如习惯性地要将垃圾扔在地上,经别人提醒或看到其他游客在捡地上

---

[1] 马宏丽.郑州市老年人旅游行为[J].中国老年学杂志,2010(12):3550-3551.
[2] 吴必虎,黄安民,孔强.长春市城市游憩者行为特征研究[J].旅游学刊,1996(2):26-28. 吴必虎,方芳,殷文娣等.上海市民近程出游力与目的地选择评价研究[J].人文地理,1997(1):17-23.
[3] 刘昌雪,汪德根.城市居民双休日休闲旅游行为特征分析——以合肥市为例[J].黄山学院学报,2005(5):35-37.
[4] 曾丽艳.城市居民旅游行为的家庭结构分异研究——以长沙市为例[J].资源开发与市场,2008(10):95-952.
[5] 郑群明.农村居民的旅游态度和出游特征研究——以湖南省为例[J].旅游科学,2004(6):9-14.
[6] 李正欢,李祝舜.生态旅游者生态行为的意识层次[J].资源开发与市场,2004,20(3):232-233.

的垃圾时,心里有所触动,也会学着将垃圾放入垃圾袋里再扔到垃圾箱。另一种是消极状态,游客受到管理部门"罚款"等经济惩罚手段的制约,而消极地维护环境的行为。

所谓的"自觉"层次,是指处于这一层次的旅游者的生态行为具备了一定的自觉性,能够较主动、自觉地保护生态环境。

这里所谓的"自为"层次,是指旅游者已经将生态意识转化为必要的行为,有意识地、自觉地、积极主动地承担起生态保护和生态教育的责任,是一种有作为的行为。

李燕琴(2006)选择北京市百花山自然保护区为案例区,在对生态旅游者和一般游客有效分类的基础上,进行了人口统计学、动机、环境态度和管理倾向等多角度的比较研究,获得了关于二者差异的第一手资料。目前在国内,缺乏关于生态旅游者的基础数据,在国际上,缺乏对于发展中国家生态旅游者特征的基本了解。李燕琴所做的研究在一定程度上弥补了这一不足[1]。

张海霞(2005)以太白山森林公园为例,对旅游者行为特征进行调查研究;并将其划分为一般生态旅游者和比较严格的生态旅游者,并对二者进行了对比研究。

6. 背包旅游者旅游行为研究

白凯等(2006)从行为分割空间角度初步研究了环境感知因素对旅华背包客决策行为的影响,研究表明,现阶段,旅华背包客决策行为主要受个人相关因素影响,旅游目的地环境感知因素传递受旅游客源国环境感知因素影响,当旅游者确定国际旅游后,旅游目的地感知因素对旅游者决策行为影响高于客源国环境感知因素[2]。张虹菲等(2007)以欧美、澳洲背包客为研究对象,以北京为实证研究,在西方学者研究成果的基础上,提出以文化动机为主导的西方背包客类型划分[3]。

7. 自驾车旅游者旅游行为研究

张晓燕、张善芹等(2006)以华北地区自驾车旅游者为主要研究对象,通过问卷调查和访谈记录,对自驾车旅游者的旅游动机、决策影响因素、消费行为等作了深入分析,并对自驾车旅游者的行为特征进行了总结[4]。冯淑华(2008)调查分析了自驾车旅游者的基本特征、消费特性、旅游偏好和消费空间分异特征,绘制了自驾车旅游者的出游意愿与可达机会的普雷德行为矩阵图[5]。

三、其他方面的理论拓展[6]

1. 跨文化旅游行为研究

自20世纪70年代起,西方旅游学界开始对不同国家游客的旅游活动进行研究。近年来,随着旅游活动全球化的发展,越来越多的中国学者开始重视文化差异对旅游者消费行为的影响。张宏梅等(2008)归纳了跨文化旅游态度和行为研究的主要领域,认为旅行行为和旅游活动的跨文化研究得到相对较多的关注,研究方法包括直接方法和间接方法、定量和定性方法,研究对象包括入境

---

[1]李燕琴.生态旅游者与一般游客行为特征的比较——以北京市百花山自然保护区为例[J].经济地理,2007,27(4):665-671.

[2]白凯,马耀峰,李天顺.环境感知因素对旅华背包客旅游决策行为影响研究——以西安为例[J].旅游学刊,2006(5):48-52.

[3]张虹菲,吴佳,李苗.基于城市文化旅游资源的国外背包客动机、行为与满意度研究——以北京市为例[J].旅游学刊,2007(10):23-29.

[4]张晓燕,张善芹,马勋.我国自驾车旅游者行为研究——以华北地区为例[J].旅游学刊,2006(9):31-35.

[5]冯淑华.自驾车旅游者的行为特征及空间效应分析[J].旅游学刊,2008(9):34-38.

[6]吴彩云.国内旅游行为研究进展[J].河池学院学报,2009,29(2):90-95.

旅游者、一国内部的不同人群以及移民[1]。伍晓奕、林德荣(2008)通过国内外实证研究的文献检索,对不同文化背景的旅游者在旅游决策与信息搜集、旅游动机与偏好、客主交往、服务质量评估等方面的消费行为与特征进行述评[2]。

2. 旅游行为地理学

相关研究从地理学角度构建旅游行为地理学科。如薛建宇(1993)认为旅游行为地理是研究人类的旅游行为和地理环境之间关系的科学,即它探讨旅游者的旅游行为类型和旅游行为空间规律。人们对旅游的动机是为了满足求乐、求奇、求知和求美的心理。不同年龄、学历和个性的人们对旅游的兴趣爱好不同,因而对旅游路线和地点的选择,对旅游资源的评价就各不相同[3]。杨新军(2000)对国内关于旅游行为的空间模式进行了总结与评价,并在此基础上提出以城市为空间节点的区域旅游空间结构。

四、旅游行为研究方法

旅游研究方法主要有3类,即定性方法、定量方法和混合方法(定性与定量结合)。对所查阅的旅游行为的相关文献中,多数文章采用定性研究方法,部分文章运用定性与定量相结合的方法,对旅游行为研究只采用定量研究至今还没有。

国内对旅游行为的研究方法主要是定性、定性定量结合方法,对旅游行为的影响因素、旅游行为综述等研究大都运用定性方法,对大学生旅游行为、城市居民旅游行为研究运用实地调查数据,并运用相关统计方法,如U检验、非参数x^2检验以及非线性回归分析方法进行研究,这符合旅游研究趋势,今后旅游行为研究将更多地运用定性定量结合的方法[4]。

五、存在的问题与研究展望

根据吴彩云[5]、安宁慈[6]的对从上述旅游行为研究分析,认为国内旅游行为研究存在以下不足:

(1)从研究内容来看,中国现阶段旅游行为研究所涉及的内容还不够全面,相关研究不够深入。对旅游行为的很多领域,如旅游需求、旅游动机、旅游决策、旅游消费行为、旅游满意度等研究远远不能满足实践的需要,对旅游行为的相关理论、实证研究还有待更为深入和广泛地研究。

(2)对旅游细分市场旅游行为研究程度不高。从所查阅的文献来看,主要针对大学生旅游市场、大学生旅游行为进行分析和研究,而对老年旅游市场、女性旅游市场的研究都较为缺乏。

(3)已经进行的旅游行为研究,多以城市居民旅游者为研究对象,对农村居民旅游行为的研究很少。

(4)旅游行为实证研究中,对于旅游者行为差异的对比研究较缺乏,且研究结论的实际操作性不强,不能充分展示旅游行为研究的实践指导意义。

(5)研究结论的实际可操作性不强,不能充分显示旅游行为研究的实践指导意义。旅游者行

---

[1] 张宏梅,陆林.跨文化旅游态度和行为研究述评[J].旅游学刊,2008(4):82-87.
[2] 伍晓奕,林德荣.跨文化旅游者消费行为研究综述[J].旅游科学,2008,22(3):49-53.
[3] 薛建宇.旅游行为地理初探[J].人文地理,1993,8(3):71-73.
[4] 吴彩云.国内旅游行为研究进展[J].河池学院学报,2009,29(2):90-95.
[5] 吴彩云.国内旅游行为研究进展[J].河池学院学报,2009,29(2):90-95.
[6] 安宁慈.旅游行为研究回顾与评价[J].现代营销,2011(2):71-72.

为研究是旅游线路设计、旅游市场营销、宾馆饭店选址等旅游实践活动的重要基础,只有了解旅游者的旅游需求、旅游偏好等,才能设计出旅游者需要的旅游产品。而众多的研究都只强调通过实证分析得出结论,试图将一个地方的结论当作屡试不爽的良方,没有考虑到结论的可操作性和在推广中可能碰到的问题。

针对上述不足之处,国内旅游行为研究需要在以下方面得以拓展[1][2]:

(1)目前国内的旅游者行为研究多为形式上的实证性分析,对具体内容的实证分析、基本原理及研究方法的探讨较少。当然这一方面体现了旅游行为研究领域还不成熟,还需要从众多的案例中总结更多的经验,另一方面也体现了旅游学研究不够深入、不好深入的缺点。对细分市场的旅游需求、行为特点研究不足,细分的程度不高。今后在继续研究旅游行为基础领域上,运用普遍联系的观点和系统论的思想和方法,将不同领域的研究内容进行综合研究。在研究方法上继续走多学科交叉的路线,寻找新的方法和手段,提高研究的科技含量及研究结论的科学性和实践的指导性。

(2)加强对细分市场旅游行为的研究,特别是针对老年旅游市场、女性旅游市场和青年旅游市场的研究。随着中国老龄化趋势的加快,老年旅游市场将成为旅游细分市场的重要组成部分,研究老年旅游者的旅游行为对中国旅游业的发展具有重大意义。女性旅游者旅游行为和青年旅游者旅游行为也将是今后旅游行为研究的热点,尤其是随着"80后"逐渐在各个领域成为新的主力军,其独特的价值观与行为方式,引起了社会和学术界对"80后"的关注,"80后"旅游行为的研究也将成为今后旅游行为研究的一个重点。

(3)已进行的旅游者行为研究,多以城市居民和风景名胜区旅游者为研究对象,而忽略了城乡居民旅游需求的差异。城市居民和农村居民在经济收入、消费观念、旅游感知等方面都有显著的不同,但是随着经济的发展,农村居民出游的愿望也相应提高,从而对农村居民旅游行为特征的研究也将成为一个重要的课题。

(4)倡导保护性旅游行为,关注生态旅游环境的保护及旅游可持续发展。随着旅游者生态意识的加强,对旅游者的生态旅游行为进行研究将是今后一个重点发展方向。

(5)作为当代旅游的一种形式,背包客旅游在国际上的发展速度极快,随着中国旅游热点城市针对背包自助游客配套设施及中介服务的不断完善,具有丰富旅游经验的入境背包自助游客数量不断增加,对背包客旅游行为的研究将是今后研究的热点。

(6)自驾车旅游以自由、自主、自助的突出特点被旅游者广泛接受和喜爱,是中国近几年快速发展的专项旅游。对自驾车旅游者旅游行为的研究将是旅游行为研究的另一重点。

---

[1]安宁慈.旅游行为研究回顾与评价[J].现代营销,2011(2):71-72.

[2]吴彩云.国内旅游行为研究进展[J].河池学院学报,2009,29(2):90-95.

第五章　中国旅游环境容量研究

第一节　旅游环境容量的基本概念

旅游环境容量是一个概念体系,根据各种容量的属性,可以将其划分为基本容量和非基本容量两个大类。后者是前者在时间上具体化与外延化的结果[1]。

一、基本容量

在旅游环境容量的概念体系中,有5种基本容量,它们又分为供给和需求两个方面:

(1)旅游心理容量。这是需求方面唯一的一个容量概念,它是从旅游者的角度来考虑的,即旅游者于某一地域进行旅游活动时,在不降低活动质量的条件下,地域所能容纳的旅游活动最大量,也称为旅游感知容量。

(2)旅游资源容量。这是在保持旅游资源质量的前提下,一定时间内旅游资源所能容纳的旅游容量。

(3)旅游生态容量。一定时间内旅游地域的自然生态环境不致退化的前提下,旅游场所能容纳的旅游活动量。

(4)旅游经济发展容量。指一定时间一定区域范围内经济发展程度所决定的能够接纳的旅游活动量。它包括了5个方面的因素:基础设施与旅游专用设施的容纳能力,即设施容量。西方有人将设施与旅游资源的容客能力视为一体,称物质容量(physical capacity);投资和接受投资用于旅游开发(含基础设施)的能力;当地产业与旅游相关的产业所能满足旅游需要的程度及区域外调入的可能性和可行性;如果发展旅游业不可避免地要使某些产业萎缩甚至完全终止,旅游业与这些产业之间的比较利益如何;区域所能投入旅游业的人力资源的供给情况。

(5)旅游地地域社会容量。指旅游接待地区的人口构成、宗教信仰、民情风俗、生活方式和社会开化程度所决定的当地居民可以承受的旅游者数量。

二、非基本容量

基本容量在时间和空间上的具体化与外延,导生出一系列其他的容量概念,这些概念在实际工作中比基本容量概念应用得更多,是旅游规划和管理中直接可用的工具。①旅游合理容量和旅游极限容量;②既有旅游容量和期望旅游容量;③与旅游活动的空间尺度相联系的容量。

---
[1]保继刚,楚义芳.旅游地理学[M].北京:高等教育出版社,1999.

第二节　中国旅游环境容量研究进展

卢松、陆林等指出,国内旅游环境容量研究要比国外起步迟,但由于中国旅游发展道路和西方发达国家不同,旅游环境容量问题更加突出,因此,加强中国旅游环境容量研究显得格外紧迫和必要[1]。国内的研究主要体现在旅游环境容量概念探讨、旅游环境容量计算方法的探索与改进、旅游环境容量理论的深入研究、旅游环境容量的应用研究等方面。

一、旅游环境容量概念的探讨

1983年,赵红红在其论文《苏州旅游环境容量问题初探》中首次提出了旅游容量问题,认为所谓旅游环境容量,主要研究在一个风景点、风景区,乃至一座风景城市这样特定的环境中,在一定的时间内所能容纳的游人密度上限。确定合理的环境容量,是风景旅游城市管理、规划、建设的重要依据。环境容量指标科学合理,就可以保证舒适的旅游环境[2]。

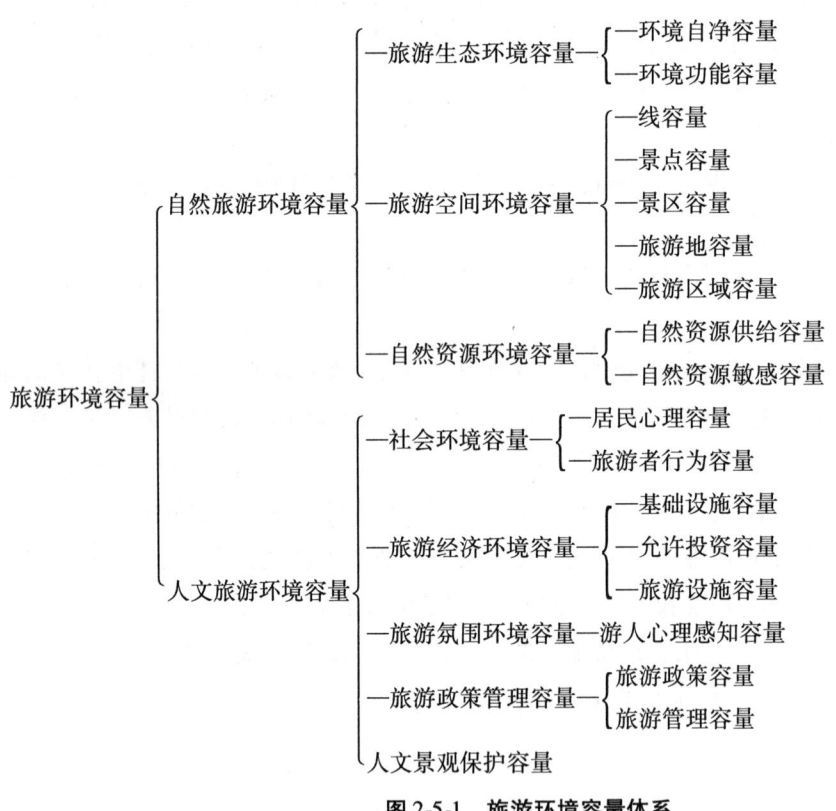

图 2-5-1　旅游环境容量体系

刘振礼、金键对旅游容量问题(或称"特定区域内旅游规模"问题)从概念体系和计算方法上进行了初步的尝试研究[3]。

---

[1]卢松,陆林,徐茗.旅游环境容量研究进展[J].地域研究与开发,2005,24(6):76-81.
[2]赵红红.苏州旅游环境容量问题初探[J].城市规划,1983(3):46-53.
[3]刘振礼,金键.特定区域内旅游规模的研究[J].旅游论丛,1985(2):26-29.

保继刚认为,旅游环境容量有两方面内容:一是自然环境容量,即物理意义上和生态意义上的环境容量。旅游活动的强度应限制在自然环境、生态系统不遭破坏,旅游点不受污染的范围以内。二是感应气氛的环境容量,即游客的数量应限制在不破坏游兴的范围以内,否则就达不到旅游的目的。因此,他把旅游环境容量定义为,在满足游人的最低游览要求(心理感应气氛)和达到保护风景区的环境质量要求时,风景区所能容纳的游客量[1]。

崔凤军、刘家明分析了旅游环境容量概念的不恰当之处,在此基础上提出了旅游环境承载力的概念体系,并将其定义为"在某一旅游地环境的现存状态和结构组合不发生对当代人及未来人有害变化的前提下,在一定时期内旅游地所能承受的旅游活动强度",它由环境生态承纳量、资源空间承载量、心理承载量、经济承载量4项组成,具有客观性和可量性、变易性与可控性、存在最适值和最大值等特征,同时又是持续发展旅游的重要判据之一[2]。

杨锐认为,风景区的环境容量是在可持续发展的前提下,风景区在某一段时间内,其自然环境、人工环境和社会环境所能承受的旅游及其相关活动在规模、强度、速度上各极限值的最小值。风景区环境容量概念体系是由自然环境容量、人工环境容量与社会环境承载力3部分构成的。其中每一大类又可细分为若干小类。上述各类环境容量中,设施容量可通过投资的增加而扩大,空间环境容量可通过提高空间利用水平而增大。因此,在规划阶段,尤其是风景区总体规划阶段应主要考虑自然环境容量和社会环境承载力的限制与影响[3]。

明庆忠、李宏等同样也认为旅游环境容量又称之为旅游环境承载力,来源于承载力(Carrying Capacity,即CC)、支持力等概念。他们综合国内外相关研究,构建了旅游环境容量概念体系[4],认为:①旅游环境容量是在某一旅游区域范围内,旅游环境的现存状态在不损害当代人利益、又能满足后代人满足旅游需求能力的情况下,某一时期内所承受的旅游者人数;②旅游环境容量应该说是一个阈值。这个阈值范围就在其最大旅游环境容量和最适宜旅游环境容量之间,在此阈值范围内,一般开展旅游及相关活动不会导致旅游环境的破坏;③旅游环境容量是一个综合性的概念体系,旅游环境容量阈值影响因素很多,包括了社会文化环境因素、经济环境因素、旅游用地因素、旅游者种群因素、地域类型因素、管理技巧因素、时间节律因素;④旅游环境容量的概念体系是由一系列旅游环境容量分量所组成的,应该考虑的分量也较多。根据综合性原则和主导因素原则等,其旅游环境容量的概念体系由两大部分组成——自然旅游环境容量和人文旅游环境容量,其下又包括了若干分量;⑤该综合概念体系,充分考虑了影响旅游环境容量的多种因素,如在自然生态环境容量方面既考虑了生态环境容量的自净能力,又考虑了生态环境要素充分发挥自己的循环功能;旅游空间环境容量考虑了系列容量,自然资源环境容量除考虑自然资源的供给外,还考虑到那些可更新自然资源的再生能力,尽量考虑自然资源的利用极限,考虑自然资源的可持续利用等。旅游环境容量是应考虑多方面的因素的,形成一个能普适各类旅游地的概念体系,并据此进行确定与量测。

刘玲在其专著中系统探讨了旅游环境承载力的概念,认为旅游环境承载力是指在"某一时期,

---

[1] 保继刚.颐和园旅游环境容量研究[J].中国环境科学,1987,7(2):32-36.
[2] 崔凤军,刘家明.旅游环境承载力理论及其实践意义[J].地理科学进展,1998,17(1):86-91.
[3] 杨锐.风景区环境容量初探——建立风景区环境容量概念体系[J].城市规划汇刊,1996(6):12-15.
[4] 明庆忠,李宏,王斌.试论旅游环境容量的新概念体系[J].云南师范大学学报,1999,19(5):53-57.

某种状态或条件下,旅游区的环境所能承受的旅游经济活动量的阈值。""某种状态或条件",是指在保护旅游资源和生态平衡的前提条件下,使旅游者感到舒适满意。"能承受",是指这种旅游经济活动不会导致旅游环境质量的下降和破坏,既不影响旅游环境系统正常功能的发挥,同时也不会导致旅游服务质量的下降。"阈值",是指旅游环境承载力有其上限与下限,超出上限就会造成"超载负荷";低于下限,又会造成旅游资源的浪费与闲置。同时指出,由于旅游环境承载力不是常量,而是一个动态发展的变量,因此,旅游经济活动与旅游环境承载力之间的关系具有辩证性和动态性。在此,她把旅游环境承载力分为游览环境承载力、生活环境承载力、旅游用地环境承载力和自然环境纳污力4个子系统[1]。

还有一些研究体现在针对特定旅游地环境承载力概念的界定及内涵的解读。如卞显红等针对城市旅游地的特殊性,提出了城市旅游环境承载力(简称UTECC)的概念,认为UTECC主要充当控制旅游需求的功能。UTECC的降低最明显的后果就是损害了城市的生态环境质量,紧接着会导致旅游需求的降低。为了实现城市旅游可持续发展,城市的旅游需求不能超过旅游环境承载力[2]。

而随着生态旅游在国内的兴起,生态旅游环境承载力的概念在近几年也被提起,并置于越来越重要的地位,但中国目前在这一方面的研究还不够深入。

李健、钟永德等认为,生态旅游环境承载力与旅游环境承载力之间既有联系也有区别:生态旅游环境承载力的理论研究从旅游环境承载力研究的基础上发展而来,生态旅游环境承载力是旅游环境承载力的一个分支。比较而言,生态旅游环境承载力研究范围较小,但更有针对性[3]。目前,国内对生态旅游环境承载力的定义不多,主要有:①孙道玮等(2002),某一旅游地域单元(如旅游区、游览区、旅游点等)开展生态旅游活动(包括游览、休闲、认知、探索等),在满足游客游览要求同时对自然生态环境影响最低,甚至保护、改善旅游区生态环境质量,并使当地居民从旅游业中充分受益时旅游区所能容纳的游客数量。②李丰生等(2003),在一定自然地域,以不干扰自然地域、保护生态环境为前提,一是能够给当地带来益处;二是当地的生态和人口得到持续发展为条件,开展有责任的旅游行为时,这一自然地域所能容纳的旅游人数。③董巍等(2004),在一定时期内,某一旅游地环境的现存状态和结构组合不发生对当代人及未来人有害变化,即能保持生态系统的自我维持、自我调节能力,资源与环境的供容能力的情况下,它所能承受的旅游开发强度的极限值。

生态旅游环境承载力作为判断资源和旅游活动是否协调的依据,具有以下主要特征:①客观性。客观性体现在一定时期、一定状态下的生态旅游环境承载力是客观存在的,是可以衡量和评价的;但是人们在用怎样的判断标准和量化方法去衡量方面,还存在着认识上的偏差。②区域性和时间性。是指在不同时期,不同区域的生态旅游环境承载力是不同的,相应的评价指标的选取和量化评价方法也不相同。③动态性和可调控性。指其大小随时间、空间等因素的变化而变化,人类可以通过提高技术水平、改进管理手段等方法来提高生态旅游环境承载力,使其向有利方向发展。④有限性。指在一定时期,一定状态下,生态旅游环境承载力是有限的(可以认为生态旅游承载力存在最大、最小值)。从经济学来说,生态旅游环境承载力在未达到超载状态时,增加额外

---

[1] 刘玲.旅游环境承载力研究[M].北京:中国环境科学出版社,2000.
[2] 卞显红,王苏洁.城市旅游环境承载力及其旅游资源空间管理[J].资源开发与市场,2002,18(6):46-47.
[3] 李健,钟永德,王祖良等.国内生态旅游环境承载力研究进展[J].生态学杂志,2006,25(9):1141-1146.

使用者的边际成本几乎为零,一旦超载,增加额外使用者的边际成本将急剧上升,甚至趋向极大,意味着生态环境承载力与过量使用规模之间的矛盾尖锐化。⑤复杂性和影响因子多样性。由于生态旅游本身是交叉学科,涉及生态学、旅游学、环境学、经济学等许多学科,构成生态旅游环境承载力的因子多种多样,所以其环境承载力具有复杂性。

李健等人同时也指出,生态旅游环境承载力研究中存在着诸多问题。首先,是概念不清,未形成自己的理论体系,因而不能与旅游容量和旅游环境承载力的概念有效地区分开来;其次,是评价指标问题,对生态旅游环境承载力评价指标体系不够全面,多局限于自然环境承载力,而忽略了旅游对生态旅游区及周围社区经济环境承载力、社会环境承载力影响的研究;第三,是定量化问题,由于生态旅游环境承载力本身的复杂性和影响因素的多样性,缺少综合的分析。对生态旅游环境承载力定量研究主要局限于自然环境承载力和在探索影响因素基础上量测的数学公式建立,而真正生态旅游开发和管理迫切需要的系统综合生态旅游环境承载力的定量研究并不多见,尤其是缺乏旅游对旅游目的地的生物多样性、景观稳定性、景观异质性、社会心理环境、民族心理、宗教传统、社会人文环境、生态旅游社区参与等方面的研究。最后是管理上的应用问题。目前,中国对生态旅游环境承载力在管理上的应用多表现于控制游客数量方面,国外则更多使用成长管理方法。

二、旅游环境容量计算方法的探讨

周公宁论述了风景区环境容量的定义,提出了风景区环境容量的5种估算方式(即旅游资源设施地区及设施面积容量法、风景游览路线容量法、卡口容量法、海滨合理环境容量估算法和综合估算法)[1]。

楚义芳(1989)指出旅游环境容量是一个概念体系,其基本容量包括旅游心理容量、旅游资源容量、旅游生态容量、旅游经济发展容量和旅游的地域社会容量,给出了具有代表性的旅游地容量测定公式。

胡炳清(1995)认为影响旅游环境容量的因子是多种多样的,但主要的有交通、床位、空间、游乐设施和停留时间。在此他根据限制性因子和最低量定律,提出了体现限制性因子为特点的计算旅游环境容量(Environment Capacity of Tourism)的数学模型。

徐晓音对旅游规划中流行的几种旅游环境容量测算方法进行了简要评价,提出了完善旅游环境容量测算的4点意见:①建立反映旅游环境容量的4类测算指标体系;②对旅游环境容量的极限值和最佳值(最适值)进行测算;③高度重视不易受人力改变,且对游客容量限制作用最大的指标的测算;④组织专家编制旅游环境容量人均规模指标的测算手册[2]。

对抽象的心理环境容量测算方式的探讨也逐渐增加,如周年兴引入边际满意度的概念,借用经济学中的边际效益曲线,提出了旅游心理容量的满意度模型和测算方法[3]。

景观学领域对旅游环境容量相关的测算也有所涉及,如刘滨谊等认为风景旅游承载力是AVC(风景旅游的吸引力、生命力和承载力)三力理论的重要组成部分,它指的是风景旅游地的经济投入产出量、游客居民与社会文化容纳量、生态环境承受量3个方面的承载接待容纳能力。他以此

---

[1]周公宁.论风景区环境容量与旅游规模的关系[J].建筑学报,1992(11):50-53.
[2]徐晓音.风景名胜区旅游环境容量测算方法探讨[J].华中师范大学学报(自然科学版),1999,33(3):455-459.
[3]周年兴.旅游心理容量的测定——以武陵源黄石寨景区为例[J].地理与地理信息科学,2003,19(2):101-103.

为基础,初步拟定了风景旅游承载力的评价指标体系[1]。

国家旅游局(2003)制定的《旅游规划通则》的附录 A 中[2],就是依据已有的研究成果,将旅游容量分为空间容量、设施容量、生态容量和社会心理容量4类,并提出,对一个旅游区来说,日空间容量与日设施容量的测算是最基本的要求。附录中还列出了日空间容量与日设施容量的量测公式:

旅游地日空间容量公式为:

$$C = \sum C_i = \sum X_i \times Z_i / Y_i$$

C 为旅游区日空间总容量,数值上等于各分区(景点)日空间容量之和;C_i 为第 i 景点的日空间容量;X_i 为第 i 景点的可游览面积;Y_i 为第 i 景点的基本空间标准;即平均每位游客占用的合理游览空间;Z_i 为第 i 景点的日周转率。

旅游地日设施容量公式为:

$$C = \sum C_i = \sum X_i \times Y_i$$

日设施容量的计算方法与日空间容量的计算方法基本类似。

上述公式为量化旅游区的旅游容量提供了一个具体的可操作的方法,并在旅游规划和管理实践中得到了广泛应用。

然而,作为一个静态模型公式,在旅游规划实践工作中仍然具有其局限性。刘益、许丽忠、杨春宇、黄羊山等对传统算法的改进进行了较为深入地研究。刘益[3]指出旅游容量的传统量测公式主要存在以下缺陷:首先,未能反映不同类型游客的旅游需求,具体表现在没有体现出不同性质旅游区在旅游容量限制性因素方面存在的差异性;其次,传统量测公式结构存在较大缺陷,在旅游规划和管理实践当中的应用范围较窄。因此,他在旅游容量传统量测公式的基础上进行修订,并对公式的适用范围提出以下假定:①风景旅游区的功能以观光、休闲、娱乐为主,可以兼具度假功能。这里主要是指综合性的大型风景旅游区;②风景旅游区内部各功能区或各景点间具有差异性,基本空间标准不一致;③景点之间的结合度较好,相互邻近,可达性较强;④风景旅游区对外是一个相对封闭的系统,而旅游区内部各景点(子系统)之间是相互开放的。这里主要指对游客的管理主要放在风景旅游区这一级,旅游区内部各景点对游客的管理是属于辅助性质的。所谓景点之间相互开放,可以理解为游客在景点之间可以自由流动,也可以理解为景点之间具有相互吸引的特性。

具体的解决方案是保留对不同景点采用不同的基本空间标准这一合理内容,同时考虑到景点之间游客的流动性,不再单独计算各景点的日周转率,而用整个风景旅游区的平均游览时间计算得出的日周转率作为代替。具体的修订公式如下:

$$C = \sum \frac{X_i}{Y_i} \cdot \frac{T}{t} = \sum D_i \cdot Z$$

C 为旅游区日空间总容量;X_i 为第 i 景点的可游览面积;Y_i 为第 i 景点的游客适宜游览面积,即平均每位游客占用的基本空间标准;T 为风景旅游区每天的有效开放时间;t 为每位游客在风景旅游区内的平均游览时间;D_i 为第 i 景点的瞬时旅游容量;Z 为整个风景旅游区的日周转率。

---

[1]刘滨谊,余露.风景旅游承载力评价研究与应用[J].规划师,2003,19(10):99-104.
[2]中华人民共和国国家标准.旅游规划通则.北京:中国标准出版社,2003.
[3]刘益.大型风景旅游区旅游环境容量测算方法的再探讨[J].旅游学刊,2004,19(6):43-46.

刘益认为,在对一个具体风景旅游区的旅游容量进行研究时,以下几个问题值得关注:首先,旅游容量的确定应首先界定游客的需求类别;其次,充分考虑风景区的景源结构特点,尤其是要考虑风景区的旅游容量是否存在瓶颈制约因素;第三,风景区内景点的空间分布结构和管理模式对旅游容量的测算也具有重要的影响;第四,旅游场所的基本空间标准对于旅游容量的测算具有重要意义,应尽快制定完善;最后,旅游环境容量的研究和应用应逐步由游人控制向环境影响控制方向发展。

许丽忠、张江山等提出了游道型旅游空间环境容量改进模型[1],认为中国旅游资源丰富,多山多水,游山逛水占据了中国旅游活动的重要内容。山道崎岖,水路蜿蜒,多为"游道型",同时在很多情形下,山道、水路往往成为一个旅游区(点)的瓶颈,也称"卡口"。因此,对于游道型旅游空间环境容量的确定至关重要。传统的计算方法并不适合游道型。

根据传统的计算方法,步道的环境容量为:

$$A = \frac{L}{L_0} \times \frac{t}{t_0}$$

式中 A 为风景区日环境容量(人次/d);L 为游道全长(米);L_0 为游客占用合理游道长度(米/人);$K = \frac{t}{t_0}$ 为周转率。当景点为面状时,L、L_0 则分别表示景点面积(平方米)和合理可游面积(平方米/人)。

假设游客占据全游道的时间为 t_1。按旅游区的实际情况,景区开放后,在前 t_1 时段内,游道可容纳的游客数为 $\frac{L}{L_0}$,当 $t > t_1$ 时,进入游道的游客受到限制,只有当游客出游道后方可进入另一游客,由于游客行进速度为 $\frac{L}{t_0}$,则入口处控制游客的合理时间间隔为:

$$t = \frac{L_0}{(\frac{L}{t_0})}$$

在距离游道关闭时间 t_0 的时刻进入最后一名(批)游客,故在 $(t - t_1 - t_0)$ 的时间内,进入的游客数为 $\frac{(t - t_1 - t_0)}{t}$,则整个游道的日环境容量为:

$$A = \frac{L}{L_0} + \frac{(t - t_1 - t_0)}{t} = (\frac{L}{L_0}) + \frac{(t - t_1 - t_0)L}{L_0 t_0}$$

在通常情况下,$t_1 = t_0$,则日环境容量为:

$$A = \frac{L}{L_0} + \frac{(t - 2t_0)L}{L_0 t_0} = (\frac{L}{L_0}) \times (\frac{t - t_0}{t_0}) = (\frac{L}{L_0}) \times (K - 1)$$

对照传统公式与改进公式可以看出,改进模型的计算结果比传统的小,对于周转率较高的旅游景点而言,K 与 $K-1$ 相差不大,可能结果差距不大;但对于周转率较低的旅游景点,特别是山岳型、水路漂流型旅游点,登山、漂流活动往往占据了旅游行程的大部分,此时 K 与 $K-1$ 的差距就明显体现出来。在旅游规划中采用传统的计算公式可能就会导致盲目的扩大旅游规模,最终影响地

---

[1]许丽忠,张江山,王菲凤.游道型旅游空间环境容量改进模型及应用[J].福建师范大学学报(自然科学版),2007,23(4):105-109.

区旅游业的可持续发展。

杨春宇从复杂系统理论出发,在深入分析旅游地环境承载力与生命周期之间耦合关系的基础上构建了旅游地动态演化模型及其理论研究框架。该研究一方面为探寻旅游地环境承载力理论提供一种新思路,另一方面解决了环境承载力合理阈值量测这一旅游地可持续发展的核心问题[1]。

黄羊山则认为,通常用来计算风景区旅游空间容量的方法,会导致产生虚拟游客,夸大了容量值。周转率的计算没有考虑景点有相当的时间内无游客可接待的客观事实,总容量的计算不应该采取求和算法。根据旅游者的行为,用图示分析了周转率计算中要考虑的因素,并从数学角度证明了总容量计算方法存在的理论问题,提出采用求小算法[2]。

三、对旅游环境容量理论的深入研究

国内旅游环境容量理论研究的在以下几个方面进行了拓展[3]。

1. 生态、环境学理论

旅游活动的开展,是以环境为载体进行的。旅游业的发展一方面依赖于环境;另一方面,由于旅游环境的脆弱性,旅游业发展又给环境带来不利影响甚至破坏。旅游地的环境状况是进行旅游环境容量研究的基点,旅游活动对环境的影响研究是进行环境容量研究的重要参照体系。

戴学军(2002)认为,对旅游环境容量的量测研究,必须把它置于旅游可持续发展的基本前提下,运用旅游环境系统、环境评价、环境经济学的理论和方法来进行分析和测定。他确定旅游环境容量的步骤是首先进行旅游环境容量现状评价分析,然后是环境因子之间的联系与制约分析,最后是旅游活动对旅游环境影响的分析。再通过帕累托最适分析得出最适环境容量。但是,由于旅游环境容量涉及因素太多,且环境各因子之间相互制约,联系错综复杂,因而要客观的量化它非常困难。

2. 心理学、社会学理论

心理容量既包括游客的心理容量又包括旅游目的地居民的心理容量(社会容量)。即旅游目的地居民心里感知上所能接受的旅游者数量和游客所能忍受的拥挤程度。旅游是一种超功利的审美过程,旅游者满意度是表现游客体验质量的一个重要概念。游客的心理容量取决于若干相互关联的主客观因素,如审美客体即景区景物的形态和布局,审美主体即游赏者的审美水平和心态,审美活动这一联系主客体的纽带。

学者对环境容量的测算集中于游客的心理容量和旅游目的地居民的心理容量。如前文所述,周年兴(2003)以武陵源黄石寨景区为例采用边际满意度的方法对旅游心理容量进行测定,当边际满意度达到零时,此时的满意度是最理想的满意度,也是最经济的满意度。崔凤军(1998)从旅游地居民心理容量出发构建了旅游承载力指数(TBCI Tourism Bearing Capacity Index),并以山东某岛屿旅游区为例,计算其不同发展阶段的 TBCI 变化值,依据其变化发展方向提出了恰当的调控策略。

---

[1] 杨春宇.旅游地环境承载力合理阈值量测研究新探索[J].人文地理,2010(3):149-152.
[2] 黄羊山.对旅游空间容量计算方法的数学思考[J].旅游学刊,2010,25(8):77-80.
[3] 刘敏,李宏,武娟.旅游环境容量的理论研究进展[J].首都师范大学学报(自然科学版),2009,30(2):80-84.

3. 系统动力学原理

系统动力学(System Dynamics 缩写为SD)是由美国麻省理工学院的Forrester教授于20世纪50年代创立的分析研究复杂系统问题的一种方法,被广泛运用于经济、社会科技、生态系统诸方面。

从系统的观点来看,旅游环境容量系统是一个包含多种因素在内的复杂系统,涉及旅游区面积、旅游资源性质、旅游者活动性质等多种因素;同时,旅游环境容量又是一个动态值,即系统的各个状态变量是时间的函数。影响旅游环境容量的诸多因素相互作用,一方面,由于系统是非线性的,所以用线性系统的理论和方法进行描述是不准确的;另一方面,由于该系统的多重反馈性和时滞性,仅仅靠直观经验来掌握和跟踪它的发展变化是困难的。

系统动力学就是根据系统的因果性和明显的"白箱"结构,构造出能反映非线性、多重反馈性和时滞性的动态模型,运用计算机仿真的方法来实现动态系统的运动过程,并分析其中人为因素即决策因素对系统运动的影响。因此,根据系统动力学的原理,通过构造系统模型来模拟、分析旅游环境容量系统,从理论和方法上讲,都是可行而有效的。

4."木桶原理"

"木桶原理"是由"管理学之父"彼得·德鲁克于1966提出的。一个由多块木板构成的木桶,如果木板的长短不一,那么这个木桶的最大容量取决于最短的那块木板。旅游环境容量是一个有许多变量组成的概念体系,从这一角度考虑,"木桶原理"意味着任何一方面的容量被超越,其他各方面所做的为提高旅游容量的努力都将付诸东流。刘少湃和吴国清(2004)认为,一个旅游地的环境容量不是各个景区环境容量之和,而是在核心区达到饱和状态时,旅游地各个景区在该时刻游人数量的总和。

胡炳清(1995)根据限制性因子和最低量定律,提出了体现限制性因子为特点的旅游环境容量(Tourism Environment Capacity)的数学模型,其实就是"木桶原理"思想的体现。不过,很多学者也提出了不同意见。姚海琴等认为"木桶原理"只考虑核心景区,容易缩小旅游环境容量,造成其他景点资源不能被充分利用。Getz也认为,"木桶原理"凭借最重要的限制因素来决定容量,当最敏感的那些社会变化或生态变化确定容量极限之后,将可能导致其他一切发展和增长都被遏制。

三、旅游环境容量的应用研究

主要表现在对自然风景区,特别是一些著名的山岳型风景名胜区环境容量的研究,如吴承照从风景区的旅游承受能力—环境容量的角度出发,通过理论计算与现状对比,探讨黄山风景区旅游环境容量,发现矛盾之所在并提出解决对策[1]。而陆林在黄山的研究表明:由于旺季风景区处于超负荷状态,大大降低了游览效果,同时也带来了较为明显的环境污染和生态破坏[2]。王资荣等1984年~1988年连续4年对张家界国家森林公园进行实地监测,研究表明旅游人数的急剧增加使公园局部环境质量发生了变化[3]。而全华等提出了基于水环境脆弱因子的动态阈值模型,并

---

[1]吴承照.黄山风景区旅游环境容量现状与调控[J].地域研究与开发,1993,12(3):57-61.
[2]陆林.山岳风景区客流研究——以安徽黄山为例[J].地理学报,1994,49(3):236-246.
[3]王资荣,郝小波.张家界国家森林公园环境质量变化及对策研究[J].中国环境科学,1988,8(4):23-29.

在张家界进行了实地验证,为张家界正在进行的人文设施大拆迁提供了理论支持[1]。此外,还有章小平、朱忠福对九寨沟旅游环境容量的定量分析[2],骆培聪对武夷山国家风景名胜区旅游环境容量探讨[3]等。

随着旅游业迅猛发展,对陆地表面水体的旅游环境容量的关注逐渐增加,冯晓华、阎顺等以干旱区典型的艾丁湖旅游区为研究案例,利用旅游环境容量静态模型(包括旅游资源空间容量、旅游生态容量、旅游经济承载容量以及旅游地居民心理承载容量等测算模型)以及"木桶原理"理论对艾丁湖北景区环境容量进行定量预测。最终得出结论:艾丁湖北景区最终的旅游环境容量主要取决于旅游资源空间容量[4]。污染物的排放方式对水环境容量的大小至关重要,不同的水环境容量条件对应不同的旅游业规模和布局,不同的旅游业规模和布局又对污染物排放方式产生较大的影响。刘建昌、余丽军等根据不同污染物种类和排放模式,对泸沽湖水环境容量的一般值和保守值进行了估算,在不同水环境容量条件下模拟了旅游业人口容量的情景,并与传统方法计算的旅游人口容量进行了比较[5]。

以历史文化资源为主导的景区的环境容量也日渐受到关注,如早期保继刚对颐和园旅游环境容量的研究[6]。汪嘉熙对苏州园林风景区游人容量进行了研究,认为游人超负荷,造成了游览效果下降、环境受到破坏等不良后果,并通过典型调查确定了园林风景区的游客个人空间标准[7]。卢松、陆林、徐茗等以世界文化遗产西递古村落为研究案例,进行了实地调研工作,在旅游环境容量静态模型的基础上,对西递景区旅游环境容量状态展开分析,计算了西递景区不同季节旅游环境容量值,最后提出了古村落旅游环境容量调控的基本对策[8]。

一些学者针对具体旅游地进行了详细的旅游环境容量数值的探讨(表2-5-1)。这些实证研究证明了旅游地旅游环境容量控制的必要性。

表2-5-1 旅游环境容量的案例研究

研究者	年份	案例地	旅游环境容量数值
赵红红	1983	拙政园	合理容量为9055人/天
保继刚	1987	颐和园	全天游人量为42 087人适宜,同时在园量14 174人为合适
龙良碧	1995	万盛风景区	旅游空间容量为464.13万人/年,旅游生活环境容量为109.5万人/年
智艾	1996	石林风景区	到2000年,游览容量15 000人/天,交通容量14 000人/天,住宿容量8000人/天

---

[1] 全华,陈田,杨竹莘.张家界水环境演变与旅游发展关系[J].地理学报,2002,57(5):619-624.
[2] 章小平,朱忠福.九寨沟景区旅游环境容量研究[J].旅游学刊,2007,22(9):50-57.
[3] 骆培聪.武夷山国家风景名胜区旅游环境容量探讨[J].福建师范大学学报(自然科学版),1997,13(1):94-99.
[4] 冯晓华,阎顺,杨海英等.艾丁湖北景区旅游环境容量预测研究.干旱区地理,2007,30(6):975-980.
[5] 刘建昌,余丽军,严岩等.泸沽湖水环境容量条件下的旅游容量和布局计量分析[J].资源科学,2009,31(6):1022-1030.
[6] 保继刚.颐和园旅游环境容量研究[J].中国环境科学,1987,7(2):32-36.
[7] 汪嘉熙.苏州园林风景区旅游价值及其环境保护对策研究[J].环境科学,1986,7(4):83-88.
[8] 卢松,陆林,徐茗,等.古村落旅游地旅游环境容量初探——以世界文化遗产西递古村落为例.地理研究,2005,24(4):581-589.

续表

研究者	年份	案例地	旅游环境容量数值
黄成林	1997	黄山	合理物质容量为4300人(次)/天
骆培聪	1997	武夷山国家风景区	生态容量为125000人(次)/天,生活环境容量为8869人(次)/天,空间容量为37377人(次)/天
崔凤军	1997	泰山	旅游承载力综合值为9840人/天
冯学钢	1999	屯溪区	旅游管理容量的目标为5986人(次)/天
孙玉军	2000	五指山	服务环境容量为6000人(次)/天,生态环境容量为2400人(次)/天
翁瑾	2000	上海豫园	日容量为4800人
李艳娜等	2000	九寨沟	5008人/天
张灵杰	2000	玉环大鹿岛	旅游环境日最大容量为4272人(次)
刘会平	2001	武汉东湖	旅游环境容量为64393人(次)/天,同时最大游客在园量为16059人/天
欧寿铭	2001	厦门岛海滨浴场	最大容量为97546人/天,最小容量为39157人/天
		鼓浪屿海滨浴场	最大容量为15254人/天,最小容量为6201人/天
孙道玮	2002	净月潭国家森林公园	生态旅游环境承载力为117万人/年
胡忠行等	2002	天台山	最小日旅游环境容量为5282人/天

旅游环境容量作为一种管理工具也被有效运用到旅游规划的实践中,取得了积极的成果。中国科学院地理科学与资源研究所郭来喜主持编制"北海市旅游总体规划",对旅游容量作了详细分析,求得银滩等6个景区年总容量为4800多万人(次),据此得出北海市旅游容量大,具有极大的发展潜力的结论。清华大学资源保护和风景旅游研究所在其承担的部分风景名胜区的旅游总体规划中,对LAC理论及其衍生技术进行了探索性应用,如分区控制规划、目标—战略—行动计划3层次协同规划、资源保护等级光谱以及指标和标准的测定等。王剑等进行了基于旅游环境承载力的旅游开发规划优化设计研究,并以贵州东风湖为例,讨论了如何将旅游环境承载力的理论方法应用于待开发旅游地开发规划设计的具体操作方法。

第三节 中国旅游环境容量研究述评与启示

一、中国旅游环境容量研究述评

1. 主要成果

目前的研究,在理论建树和规划开发实践的应用上均取得了一系列的成果,主要表现在以下几个方面：

（1）中国学者们从不同的视角,对旅游环境容量的基本概念及其内涵进行了较为深入地探讨,虽然未形成统一的定义,但对旅游环境容量的基本内容已有了较为清晰地认识。同时,从生态学、地理学、社会学、心理学、系统科学等角度,对国内研究的理论基础进行了拓展。

（2）在各自对概念理解的基础上,提出了各类旅游环境容量的测算方法,并进行了大量的实证研究,涉及不同类型旅游地、不同时序以及不同政策或规划目标下的旅游环境容量测算,为今后在理论、方法上进一步的拓展积累了较为深厚的基础。

（3）国家标准（中华人民共和国国家标准：旅游规划通则）的出台,为旅游环境容量测算提供了较为权威的标准,以此指导了大量旅游地规划与开发实践工作,为促进各地旅游业发展作出了重大贡献。

（4）在国标的基础上,对传统旅游地环境容量在测算方法上的新探索,为更为客观合理的环境容量测算开辟了新思路。

2. 存在的主要问题

总体来看,与旅游地学其他领域相比较,旅游环境容量研究在中国还较为落后。刘敏、李宏等指出当前中国旅游地环境容量研究存在的问题[1],主要表现在：

（1）理论研究不足。首先,旅游环境容量研究最大的不足之处在于没有一个明确的概念。尽管国内外许多学者都提出过自己的理解,但因其研究的侧重点和研究对象的不同,对这一概念的表述也存在差异。很多学者在定义时都用了"不可接受的"一词,而如何界定这一说法变得很模糊,缺乏可操作性；其次,各个学者所提的概念都带有很强的主观性,在量上很难确定。如心理容量的准确数字很难测定,目前使用最多的方法就是摄像与问卷结合法,只能在综合各种因素的基础上进行主观的推测；最后,多侧重静态研究。旅游环境容量一般量为游客的数量,虽然都认为这个值存在一个波动阈,但计算所得的值仍是一个静态的瞬时容量值。旅游环境容量的影响因素有很多,其中任何一个因素的变化都会引起当地旅游环境容量的变化,单利用某一瞬时量化值很难准确地反映旅游环境容量。

（2）研究缺乏应用价值。一是承载力的定义很少能给实践提供指导；二是旅游承载力只是作为一种科学目标概念的感知,而没有应用科学的手段来进行量测；三是这个概念主要集中在利用水平和游客的数量,与管理的目标不一致。李键等（2006）也指出,旅游容量的研究局限于"空间承载量"的计算,削弱了环境的主动性,应用价值大打折扣。崔凤军（1998）曾指出其原因主要有：公式容易设计,但普适性不强；因为不同的旅游地、不同的环境基底、不同的旅游主题,参数值是不一样的,而在相同的旅游地（主体一致）,也会因发展阶段、游客类型（市场细分）等的不一致而出现不同的容量值。

二、启示和建议

在分析上述不足的基础上,刘敏、李宏等提出今后的研究应在理论和应用价值上予以加强：

首先,加强旅游环境容量理论研究。需建立比较完善的概念体系,迄今为止,国内对旅游环境

---

[1] 刘敏,李宏,武娟. 旅游环境容量的理论研究进展[J]. 首都师范大学学报（自然科学版）,2009,30(2):80-84.

容量的概念及概念体系尚无一致的看法。作为旅游规划开发和管理工具之一的旅游环境容量,只有进行深入地探讨,才有可能促进旅游的可持续发展。深入研究旅游环境容量的量化方法,旅游容量的研究方法大多集中于计算和控制游客人数,以承纳的旅游者数量作为量化方法。具体到每一个旅游环境容量的分量,例如心理容量,很难从量上来确定。引入拥挤感知度和满意度这2个概念,利用打分法和满意度模型曲线可以提高量化程度,减少主观推测的不准确性。关注旅游环境容量的动态研究固定刻板公式计算所得只能说明旅游容量的静态瞬时值,不能反映容量的变化情况以及景区采取的措施对旅游容量的动态影响。系统动力学方法是一种采用计算机仿真模拟的方式反映某一系统动态变化的过程,用系统动力学的理论和方法研究旅游环境容量问题,是一种新型的探讨旅游发展的途径。

其次,重点研究旅游环境容量的应用价值。由于对旅游环境容量的概念、计算方法等都没有取得一致的看法,旅游环境容量的定义对实际应用难以提供指导性意见。只有先确定出某些标准,才能判断各类定义中何为"最大值""不可接受""极限值"等等。刘玲(1998)认为,应建立起一套完整地评价因子体系和提出系统科学的评价方法,以期对旅游环境容量的指标体系和研究方法进行深入地分析与探讨。

刘敏等还认为,在旅游学领域,系统动力学的应用初崭露头角,目前的研究主要集中于旅游开发和规划、旅游效益分析、旅游地生命周期模型、旅游地增长极限模型等等。有助于为旅游环境容量研究提供新的思路和方法。

卢松、陆林等认为,虽然目前国内的研究取得了一定的进展,但还有下述方面需要深入[1]。首先,重视将心理学、经济学、社会学、数学等学科理论有效引用到旅游环境容量研究中,这些学科知识是旅游环境容量研究深入进行的基础;其次,目前关注最多的是计算旅游资源空间容量值,而对于游客感知容量(含个人空间标准)、旅游地域社会容量等难以测定的旅游环境容量值关注不多,定量测算的则更少;最后,应加强旅游环境容量理论和技术、方法的深入研究。如国外广泛应用的LAC理论,在中国尚处于介绍引进阶段;目前多数研究仅限于对旅游容量的定性与定量计算,适合不同类型风景区旅游环境容量的体系构建以及量化研究不是很深入,且采用的方法多趋同。

---

[1]卢松,陆林,徐茗.旅游环境容量研究进展[J].地域研究与开发,2005,24(6):76-81.

第六章　中国旅游区划研究

第一节　理论探讨与相关概念辨析

中国旅游区划研究肇始于20世纪80年代,早期的研究借助苏联的经验,从经济地理学区划理论的视角进行定义,视为经济区划中部门区的一部分。

一、陈家振对苏联学者成果的学习和借鉴

陈家振引述了苏联的旅游区划概念,认为旅游活动的发展加强了旅游部门内的地域劳动分工,一些地区专门履行这种或那种旅游职能。在旅游地理学这门社会科学中,旅游区的概念是建立在地域劳动分工的理论基础上的,它是马克思列宁主义经典作家们建立的社会劳动分工理论不可分割的一部分。因此,旅游区属社会经济范畴。在苏联的许多著作中,旅游区被理解为旅游者服务的地域系统[1]。

广义说来,凡是旅游活动已发展成为专门性部门的地区都属于旅游区。众所周知,在经济地理学中,地域专业化往往是通过区域间的商品交换表现出来的。与此类似,在旅游部门中,为旅游者提供服务可以(而且必须)看作是从该地区"输出"。居民大量出外旅游会引起货币、物资和劳动力资源的地域再分配,其数量从经济意义上说明旅游区加入到了地域劳动分工。

根据上述阐述,在此认为旅游区应是在经济上具有相互联系的旅游企业的总和,这些旅游企业专门从事旅游服务业务,利用该地区的自然和文化历史资源以及经济条件,完善地满足旅游者的需要。

旅游区具有下列一些特征:

(1)旅游区按其性质和最终产品属社会性产物。它的产品是促使人们恢复体力和精力的旅游服务。

(2)在其他生产和非生产领域,再生产过程是分阶段进行的,而旅游区与它们不同,它是4个社会再生产过程(即生产、交换、分配和消费)合为一体的。在旅游区再生产过程的首尾阶段——生产和消费——之间通常没有时间间隔。其主要产品即旅游服务不能储备起来。

(3)供长期(历年)休假的旅游区的分布明显地取决于它所利用的资源的分布情况,在这方面它同采矿区、渔业区、林业区及部分农业区的情况类似。市郊旅游区的形成主要取决于交通条件,而在与前者相同的社会经济条件下,具有国际和全国意义的旅游区主要建立在一些有独特旅游资

---

[1]陈家振.旅游区划与苏联旅游区概述[J].地理科学进展,1989(4):17-62.

源的有限地区。

(4)旅游业的季节性是许多旅游区的固有特征,这是由于自然界固有的节律性和社会生活的组织状况造成的。

二、雷明德关于认识性区划和应用性区划的研究

雷明德按区划的性质把旅游区划分为认识性区划和应用性区划。认识性区划的特点在于准确地反映地表旅游资源的区域分异实际状况;应用性区划则是根据认识性区划所揭示出来的区域分异规律,结合旅游业的某种工作要求所进行的区划。认识性区划要求科学性强;而应用性区划则要求经济意义显著[1]。

三、秦关民基于旅游区划任务的探讨

秦关民认为,旅游区划的任务是正确揭示(反映)这一客观存在的复杂物质体系的组织结构层次性和所含的旅游资源类型、数量及特征。同时,也要考虑旅游主体的要求。他从综合观点出发,运用系统科学和地域分异规律理论,结合旅游环境空间结构特点;根据世界大陆结构的地学特征、旅游资源类型及分布、民族习俗、社会历史沿革、传统行政区划和旅游业发展状况,从宏观角度初步提出 7 级旅游地理区划等级单位系统模式,从高往低依次是旅游洲→旅游大区→旅游国→旅游地区→旅游区→旅游片→旅游景点,其中旅游景点是旅游区划的下限。并提出弘扬"联名法"的命名观点,旨在提高旅游地理区划工作的水平[2]。

四、保继刚从地理学角度的认识

保继刚等(1999)在其《旅游地理学》(修订版)中对旅游区划的定义进行了较为系统的概念阐述[3]。他认为,一般所指的旅游区,是综合性的旅游区,即指含有若干共性特征的旅游景点与旅游接待设施组成的地域综合体,它不仅包括旅游资源,也含有为旅游者实现旅游目的而不可缺少的各种基础设施。旅游区作为一个地域综合体,它在旅游景观方面即在自然风景发生的自然地理基础方面和历史文化景象和氛围形成的人文基础方面,具有相对的一致性和共同联系;它在现代旅游业的形成和发展中具有经济上的密切联系,以某些城市为旅游经济中心形成相对独立的旅游网络。

一般而言,旅游区具有下列特性:①系统性,旅游区在职能上和地域上是完整的,具有已配套的社会功能,其中首要是恢复和增强人(旅游者)的健康、体力、能力和精力,满足其精神与物质的需要;②地域性,旅游区以一定的度与空间为载体,每一个旅游区内至少有一个完善的旅游中心或旅游组织基地,并要有发达的旅游交通网络联系内外,是一个结构有序的开放系统;③层次性,旅游区有不同的功能类型和不同等级的层次之分,各个层次的旅游区组合成为一个完整的旅游区系统。这一特性使旅游区划和旅游区的分级分等研究与管理成为可能;④优化性,指组织建立旅游区以外及旅游区经营管理都达到最佳程度,从而可以最大地发挥旅游区的功能,最顺利地达到理

---

[1] 雷明德.旅游地理学[M].西安:西北大学出版社,1988:190-192.
[2] 秦关民.旅游地理区划等级单位系统研究[J].陕西师大学报(自然科学版),1992,20(3):71~74.
[3] 保继刚,楚义芳.旅游地理学[M].北京:高等教育出版社,1999.

想的目的并取得最佳效果。旅游区由于加入了人的干预,是一个具有预定目的的、可控的自然—人工复合系统,因此整体上达到了最优设计、最优控制、最优管理和使用,实现综合最优化。这也正是地理学重视从宏观上、整体上考虑问题的优势能够发挥的原因之所在。

五、杨荣斌、郑建瑜对中国旅游资源分区研究

有学者对旅游区划的概念以及一些区划原则问题上进行了总结辨析,代表性的成果是杨荣斌、郑建瑜对中国旅游资源分区概念及原则的初步研究[1]。他们归纳总结了当前代表性的旅游区划方案后认为,分区方案之间的继承性、发展性和差异性是明显的,突出表现在区划原则的选择上,其中很多原则已达成共识,如综合分析原则、主导因素原则、发生学原则、相似性原则和多级划分原则。

但在概念认识、如何处理与"行政区域完整性"的关系、划分的区域在地域上是否连续完整等方面分歧较大。作者试图对这些争议问题进行辨析,以求理顺关系,说清问题。

首先,明确了旅游资源区、旅游区和旅游地理区的概念及内涵。在剖析旅游资源定义的基础上,认为旅游资源分区就是为了认识旅游资源的自然属性,其范围的确定主要依托的是旅游资源本身,而旅游区是为了发展旅游业而划定的特定区域,其范围的确定主要依托的是经济规律,它既包括若干共性特征的旅游景点,又包括旅游接待设施;旅游资源分区的特点在于准确地反映地表旅游资源分异的实际情况,旅游区划则依据前者所揭示的区域分异规律,结合旅游业的某项工作要求而进行的区划;前者具有认识性、基础性、趋向唯一性,而旅游区划方案则更多地呈现应用性、多样性和灵活性,两者的功能定位是不同的,也是明确的。它们与发展旅游业的序列关系是:旅游资源区划旅游区划(旅游区规划)促进旅游业发展。而旅游地理区划是个模糊的概念,"地理"一词无非表示空间,旅游地理区到底是属于资源属性,还是经济属性,很难说得清,夹在旅游资源区和旅游区2个概念之间,没有任何意义空间,应去之不用。

其次,辨析了旅游资源区的含义。总结了关于旅游资源区划定义的2种观点,一种认为,旅游资源区划就是人们对客观存在的旅游资源地域所进行的区域划分,是根据旅游资源的相似性和发展方向的共同性,将区域内部相似性最大、差异性最小,而与外部相似性最小、差异性最大的区域划分开来(雷明德1988)。另一种认为,旅游资源分区是对客观存在的旅游资源进行的划定,是依据旅游资源的相似性、互补性和开发建设的完整性、统一性,将区域内相似性和互补性较强的旅游资源,与区域外差异性和互代性较大的旅游资源划分开来的资源区域划定行为。认为前者反映了旅游资源的自然属性,而后者增加的"互补性"应是旅游区划所考虑的问题,其目的是直接为经济开发服务。并认为旅游资源区和旅游区的功能是不同的,因而两者的区域界限是有差异的。同一个旅游资源区可以属于同一个旅游区,也可分属不同的旅游区。在空间上,旅游资源区是连续的,而旅游区是可以连续的也可以不连续的。

第三,在区划原则上,对关于"保持行政区域(相对)完整性"原则的进行了探讨。认为如何看待行政区域完整性原则,也就是如何服务于"发展旅游业"的问题,其根本在于旅游业的管理体制,即在旅游业的管理中,政府该起着什么样的作用的问题。一方面,旅游资源区划中照顾"行政区域

---

[1]杨荣斌,郑建瑜.中国旅游资源分区的初步研究——对其中几个概念和分区原则的辨析[J].桂林旅游高等专科学校学报,2005,16(1):80-83.

完整性"的"一刀切"提法是不科学的。从长远来看,随着中国旅游业的发展,2020年中国将从旅游大国迈进旅游强国的行列,中国旅游市场的发育将更为成熟,市场机制将更为健全,在市场基础上的政府主导型战略进一步完善为政府宏观调控基础上的市场主导型战略。因此,旅游资源区划中保持"行政区域完整性",缺乏现实和长远意义。另一方面,现实旅游资源的分布也往往与行政区是错位的。旅游资源区和行政区实际上是很难调和的,坚持"行政区域(相对)完整性"原则,会对旅游资源分区的科学性造成极大的损害。因此,作者认为中国旅游资源分区必须突破行政区域的限制,重视其认识性和基础性,从资源性出发,结合旅游资源的评价,通过分区以查明各区旅游资源的特点、丰度和开发利用的方向,为发展旅游业服务。

第四,阐述了关于区域完整性和连续性原则的认识。认为由于区域内各类旅游资源的分布极不均匀和旅游业发展的不平衡,往往有较大的空间不具备发展成有明显效益的旅游区的条件,根据资源的相对集中与否、游人的多少和实际指导旅游业的需要,划分次一级的旅游区或旅游线,资源和游人较少的地区则可略去,可以将其置于旅游区之外。各旅游亚区之间不必邻接,总面积也不覆盖整个旅游大区,而且在大区内的分布也不是均匀的,可以成块状,也可以成线状。

但是,总体来说,旅游区划研究特别是旅游区划的基础理论研究,仍然是旅游地学领域中较为薄弱的环节,相关文献十分有限,在区划相关概念、特性、区划原则等方面的认识上还存在诸多争议,尚未能够形成较为一致的认识。

第二节 全国层面的旅游区划实证研究

一、简要回顾

迄今为止,全国性的旅游区划研究还十分有限,中国尚未进行正式的旅游区划,一些学者依照不同的目的和指标,提出了一些不同的全国旅游区划方案,比较有代表性方案有如下10余个[1]:

宋家泰(1985)分区方案:将中国分成东北、华北、华东、长江中上游、东南、西南、青藏、西北共八大旅游地理区。

郭来喜(1988)提出的中国旅游区划方案,将中国划分为9大旅游带、29个旅游省、149个基本旅游区。

周进步(1985)根据旅游资源形成的共同性、形态的类似性和旅游业发展现状的相似性,并找出各旅游区占主导地位的因素,作为划分指标,将中国分成中央旅游区、东部沿海旅游区、川汉旅游区、华南热带景观旅游区、西南岩溶旅游区、西北丝绸之路旅游区、东北旅游区、北疆塞外旅游区、青藏高原旅游区9大旅游区。

刘振礼(1987)等提出将中国分成京畿要地——北京旅游区,白山黑水——黑吉辽旅游区,民族摇篮——黄河中上游旅游区,大浪淘沙——长江中上游旅游区,山水神秀——长江下游旅游区,南国侨乡——闽粤琼旅游区,石林洞乡——滇黔桂旅游区,塞外风光——内蒙古宁夏旅游区,丝绸

---

[1]保继刚,楚义芳.旅游地理学[M].北京:高等教育出版社,1999.

之路——甘新旅游区,世界屋脊——青藏旅游区,台湾及香港、澳门地区,共11个旅游区的划分方案。

濮静娟等(1987)以舒适度指数和风效指数为指标进行中国大陆旅游季节气候区划的研究,将中国大陆地区划分为北方温带气候大区、南方亚热带气候大区、青藏云贵高原大区3个旅游气候大区、18个旅游气候区和22个旅游气候小区。

雷明德(1988)以旅游资源成因类型的共同性原则,将中国分成东北林海雪原旅游地区、中原古迹名山旅游地区、东部名山园林旅游地区、华南热带风光旅游地区、西南岩溶风光旅游地区、川鄂湘名山峡谷旅游地区、西北干旱景观旅游地区、塞外草原景观旅游地区、青藏高原旅游地区,共9个旅游区。

阎守邕(1989)对中国旅游资源区域特征和旅游环境差异性进行定性和定量分析,将中国划分为8个一级旅游资源区和41个二级旅游资源区。

孙大文、吴必虎(1990)提出了一个中国旅游区的综合区划,即中国旅游区景观—经济区划。他们首先以不同类型旅游点组合成的旅游景观的区域分异为基础做出旅游景观区划,然后以几种主要的综合经济区划方案为参照,从作为经济区的旅游区的角度,对景观区划方案进行适当修正后得到划分为10大旅游区的中国旅游景观—经济区划。

陈传康(1991)考虑文化的传统与现代结合,将观光游览和科学文化导游相结合,将中国划分为7个一级旅游文化区。

雍万里(1991)的分区方案将中国分成东北——林海雪原、火山景观旅游区,华北——古都古迹、名山旅游区,华南——名山胜水、园林景观旅游区,华中——名山峡谷、古迹旅游区,西南——喀斯特景观、民情旅游区,华南——海湾海岛热带景观旅游区,横断山地——高山峡谷景观、民情旅游区,内蒙古——草原景观、民情旅游区,西北——荒漠绿洲景观、古迹旅游区,青藏——高原雪山景观、宗教旅游区共10个旅游区。

杨载田(1994)的分区方案将中国分成东北关东文化林海雪原火山风光旅游区、黄河中下游华夏文化名山沃原海滩风光旅游区、华东吴越文化山水园林旅游区、华中荆楚巴蜀文化峡谷湖山旅游区、东南沿海岭南文化亚热带—热带山海岛风光旅游区、西南民族风情岩溶山水风光旅游区、青藏藏乡草原文化世界屋脊风光旅游区、西北丝路文化雪峰绿洲草原风光旅游区共8个旅游区。

袁绍荣(1995)的分区方案将中国分为首都中央旅游区、黄河中游旅游区、长江"龙头"旅游区、皖赣名山旅游区、两湖山水旅游区、开放先行旅游区、港澳台旅游区、西南岩溶旅游区、关外东北旅游区、塞外草原旅游区、"丝绸之路"旅游区、"天府""屋脊"旅游区共12个。

吴国清(2007)将中国分为京华旅游大区、东北旅游大区、北疆旅游大区、中原旅游大区、西北旅游大区、江南旅游大区、皖赣旅游大区、华中旅游大区、华南旅游大区、青藏旅游大区、西南旅游大区、港澳台旅游大区共12个旅游区。

罗兹柏、杨国胜(2010)的区划方案则分为京华旅游大区(京鲁重地、山海胜景)、东北旅游大区(冰雪、林海、关东风情)、蒙宁旅游大区(塞北风光、游牧草原)、中原旅游大区(黄河文明、华夏寻根)、西北旅游大区(大漠绿洲、丝路西域)、华东旅游大区(江南风姿、山水园林)、华中旅游大区(平湖山川、浪漫荆楚)、华南旅游大区(岭南风韵、连天山海)、青藏旅游大区(世界屋脊、雪域藏乡)、西南旅游大区(奇山异水、民族风采)、川渝旅游大区(巴蜀胜景、山川峡区)、港澳台旅游大区

(两岸三地、海天归一)共12个旅游区。

二、典型方案述评

上述十余个区划方案中,大部分缺乏基本层次,实用价值较小,有个别方案是定性与定量相结合,科学性较强。这些区划方案都还不是很完善,对旅游区划还有待进一步深入研究。

从旅游资源区划方案来看,阎守邕(1989)的方案较为具体,其划分过程对今后的旅游区划研究也具有典型的指导意义[1]。

在考虑综合性原则、发生原则、区域完整性原则、多层次原则、实用性原则的基础上,要对大量描述旅游资源实体的数据,从微观到宏观、从宏观到微观反复进行分析归纳。

(1) 对已收集到的近8000个旅游资源实体数据进行筛选,并根据它们的坐标位置点绘到1:400万的全国县界图上,然后以市或县为单元,考虑其旅游资源数量、质量与交通状况,分别把它们定为不同类别的单元。同类别且相邻的县或市归并为一个三级分区。这种分区实际上是旅游资源实体空间分布客观规律的反映,构成了中国旅游资源分区的基础。

(2) 根据旅游资源区域总体特征和它们形成的自然及社会历史原因的相似性,对上述三级分区进行分析归纳,得出中国旅游资源的二级分区。在各分区里,旅游资源总体特征比较一致,诸实体在成因上彼此的联系较紧密;而二级分区之间,旅游资源的差异则较明显。

(3) 根据中国自然地理区域分异,特别是地质地貌和气候状况以及旅游资源的宏观特征,对上述二级分区进行分析和归并,并产生出中国旅游资源的一级分区。

(4) 根据地域完整性与实用性的分区原则,对以上确定的中国旅游资源一二级分区的界线进行调整,使它们尽可能和相应的行政区划界线一致,以适应各地区旅游业管理和发展的需要。

在指标的选取上,对于不同层次的旅游资源分区而言,它们的分区指标如下:

(1) 旅游资源一级分区的指标主要有两个,即区域地质、地貌和气候以及区域旅游资源的宏观特征的差异。由于这些指标综合应用的结果以及它们之间的依赖关系,使旅游资源的一级分区和中国自然地理区划,在很大程度上是相似的。

(2) 旅游资源二级分区的指标主要根据旅游资源总体特征及其成因上的区域分异导出。这种区域分异包含两重含义,即区内旅游资源的相似性及和区外旅游资源的差异性。因此,产生二级分区时,应具体考虑:首先,区域旅游资源总体特征的异同;其次,形成区域旅游资源特征的自然演化过程的异同;第三,形成区域旅游资源特征的人类活动过程的相关性。但在不同的一级分区里,二级分区可以用不同的主导因素或指标来确定,具有较大的灵活性。

(3) 旅游资源三级分区应从各地区旅游资源的特点和环境现状出发,具体地阐明它们之间在价值和开发潜力(或可利用程度)上的差异。因此,选择了以市或县为单元,根据所含旅游资源实体的类型、数量、级别等特征,导出的旅游资源质量评价总得分值 PI_m 和该单元目前的交通状况等级两者的组合作为分区的指标。在这里交通条件是描述该分区旅游资源,特别是其开发潜力的重要属性之一。

在市或县旅游资源质量评价时,总得分值用以下公式计算:

---

[1] 阎守邕. 中国旅游资源分区的初步研究[J]. 自然资源学报,1989,(2):8-16.

$$PI_m = \sum_{i=1}^{n} PI_i W_i$$

式中，PI_i 为某旅游资源实体 i 的得分；W_i 为某旅游资源实体 i 的权系数；PI_m 为某市或县旅游资源的总得分值；n 为该市或县旅游资源实体的数量。

在此基础上，得到一个拥有 8 个一级旅游资源区和 41 个二级旅游资源区的区划方案。

陈传康认为，旅游区的划分也要考虑文化的传统与现代结合，以使对该区的观光游览与科学文化导游相结合，这样的旅游区可称之为旅游文化区。他分别从历史发展和多民族分布对文化风光的影响，从地域分异规律对自然风光的影响，进行旅游开发评价，在此基础上划分出华北、长江中下游流域、华南、西南、东北、内蒙古西北、青藏高原共 7 个一级旅游文化区的范围，并分别指出其传统文化资源、现代文化资源、自然风光、开发重点和客源市场[1]。

郭来喜的方案划分到三级旅游区，实用性较强，其方案综合考虑了文化、风光、对应开发重点和客源市场等因素，有较强的实际指导意义[2]。他的旅游区划方案分为 3 个层次：旅游带、旅游省和旅游区。旅游带是一级旅游区，它是跨越省、市、自治区的旅游地域组织，其职能是协调省际之间的关系，进行横向联系，组织区域性的旅游路线和对外开放口岸。旅游省是二级旅游区，它以现有省、市、自治区为范畴，只是在某些个别地段略有调整，以省级行政区作为旅游区的主要目的，能适应中国现行管理体制，便于加强领导，不至于在旅游建设上出现相互推诿扯皮现象。旅游区是第三级旅游地域组织，它可以是一个旅游业发达的大城市，也可以是由几个旅游城市共同组成的，在旅游区体系中它构成最基层的旅游地域单元。其主要职能是开发建设旅游景点及相应的服务设施，组织、协调、管理旅游活动中的住、食、行、游、购、娱等。

根据旅游地带相似性原则划分一级旅游区——旅游带，依照保护行政区完整的原则划分二级旅游区——旅游省，而三级旅游区——基本旅游区则主要考虑资源的近似性、运输的便捷性和管理的方便性。

依据上述原则，郭来喜将全国划分为 9 个大旅游带，即京华古今风貌旅游带、白山黑水北国风光旅游带、丝路寻踪民族风情旅游带、华夏文明访古旅游带、西南奇山秀水民族风情旅游带、荆楚文化湖山景观旅游带、吴越文化江南水乡风光旅游带、岭南文化南亚热带—热带风光旅游带、世界屋脊猎奇探险旅游带、台湾和港澳中西文化海岛风貌旅游带，其下设 29 个旅游省、149 个基本旅游区。

对一些特定类型的旅游区划研究也具有一定实践价值，如濮静娟等（1987）应用特吉旺以气温为主导因素来考虑的舒适度和风效指数的概念，对中国大陆地区气象资料进行分析计算，分别得出各地多年月平均值的舒适度和风效指数，由其时空分布分析归纳出各地最佳旅游月份和适宜旅游季节，进而进行旅游季节气候区划[3]。

旅游地质学界以旅游地质资源空间分布特征为出发点进行的区划工作也颇引人注目。李京森、康宏达提出以旅游地质资源的旅游价值为基础，以其地质特点为依据，将中国的旅游地质资源划分为 35 类；以控制旅游地质资源区域分布规律的自然地质地理条件为依据，对全国进行了探索

---

[1] 陈传康. 中国旅游资源的开发评价、途径和对策[J]. 人文地理，1991，6(2)：24-35.
[2] 保继刚，楚义芳. 旅游地理学[M]. 北京：高等教育出版社，1999.
[3] 濮静娟，朱晔. 我国大陆地区旅游季节气候分区初探[J]. 旅游论丛，1987：199-204.

性的旅游地质资源分区,将全国分为4个旅游地质资源区和11个旅游地质资源亚区。编制1∶600万《中国旅游地质资源图》以地势晕渲图为背景,分类反映了全国800多个旅游地质景观资源,并反映了主要景观的保护状况[1]。

中国旅游地质资源分区应以控制旅游地质景观分布特征的区域自然地质地理条件为依据。首先,以区域地势特征为划分一级区的主要指标,按照主要内外力地质作用和地理、地貌名称进行命名,将全国分为4个"旅游地质资源区"。旅游地质资源二级分区主要考虑旅游地质资源的组合特征,东部地区还考虑了与外力地质作用密切相关的气候纬度分带特征。全国共分为11个"旅游地质资源亚区"。"亚区"的命名原则为:地理位置+特色旅游地质资源组合+旅游地质资源亚区。所谓特色旅游地质资源,是指具有一定规模,在全国范围内具有代表性的典型、稀有地质景观。

各区、亚区的名称如下:

Ⅰ 地壳强烈抬升,以冰川、冰缘作用为主的青藏高原旅游地质资源区
Ⅰ$_1$ 青藏高原极高山、冰川、高原湖泊及地热旅游地质资源亚区
Ⅱ 地壳差异升降,以风力和干燥剥蚀作用为主的西北高山盆地旅游地质资源区
Ⅱ$_1$ 新疆及甘、青西北部雅丹、沙漠、高山冰川和石窟旅游地质资源亚区
Ⅱ$_2$ 内蒙古高原沙漠、火山和岩画旅游地质资源亚区
Ⅱ$_3$ 黄土高原黄土侵蚀景观和名瀑旅游地质资源亚区
Ⅲ 地壳差异升降,以流水侵蚀和重力作用为主的西南高原、盆地旅游地质资源区
Ⅲ$_1$ 康滇高原峡谷、高山钙华旅游地质资源亚区
Ⅲ$_2$ 云贵高原和湘西桂北山地岩溶、砂岩峰林和瀑布旅游地质资源亚区
Ⅲ$_3$ 四川盆地峡谷、古采矿遗址、重要化石产地和石窟旅游地质资源亚区
Ⅳ 地壳大范围强烈沉降和差异升降,以流水作用为主的东部平原和东南丘陵旅游地质资源区
Ⅳ$_1$ 华北及辽南古人类遗址、海岸及名山、石窟旅游地质资源亚区
Ⅳ$_2$ 东北火山及温泉旅游地质资源亚区
Ⅳ$_3$ 长江中下游河湖、名山和溶洞旅游地质资源亚区
Ⅳ$_4$ 东南沿海海岸、丹霞、花岗岩名山、温泉和溶洞旅游地质资源亚区

第三节 区域层面的旅游区划实证研究

各地区基于旅游发展战略的需求,以及旅游总体规划的需要,各自进行了一些旅游区划研究。

一、省级区域的区划研究

在省级行政区一级的层面上,马勇、姜兵进行了湖北省旅游区划研究。该方案的一级区划将湖北省划分为4个大区,即武汉旅游区、荆襄旅游区、武当—神农旅游区、三峡—清江旅游区。每个旅游区都由其各自的特色和发展方向,而且有一个或一个以上的旅游中心(或中心城市),每个

---

[1] 李京森,康宏达.中国旅游地质资源分类、分区与编图[J].第四纪研究,1995(3):247-253.

旅游中心都拥有一定的吸引或辐射范围[1]。

吴相利从旅游区概念及旅游区划目的原则认识出发,对黑龙江省进行了综合旅游区划,并对7大旅游分区开发战略要点进行初步研究探讨。依据黑龙江省旅游资源分布组合的特点及其相关旅游发展条件特征,根据上述区划原则,将黑龙江省划分为7个旅游区,即松花江旅游区、牡丹江旅游区、三江旅游区、大兴安岭旅游区、小兴安岭旅游区、嫩江旅游区、黑河旅游区。各个旅游区内部主要是以主体因素相一致性原则划分的,且各个旅游区由于旅游资源特征及旅游业发展状况等制约限制,区内旅游经济联系有的也并不是很强,但是从未来发展角度上看,这种区划对各区旅游业的发展指导意义仍是很大的[2]。

张忠孝[3]对青海省旅游区划探讨,采用两级区划:第一级区划单位是旅游区,第二级区划单位是旅游小区。旅游小区是根据旅游区内部自然、经济、历史、文化、民族、交通等的差异性而划分的。区划等级系统如下:

Ⅰ 青东综合旅游区

Ⅰ$_1$ 湟水谷地旅游小区

Ⅰ$_2$ 黄河谷地旅游小区

Ⅱ 青南屋脊风光旅游区

Ⅱ$_1$ 黄河源头及沿线旅游小区

Ⅱ$_2$ 长江源头及沿线旅游小区

Ⅱ$_3$ 可可西里无人区探险旅游小区

Ⅲ 青西柴达木盆地旅游区

Ⅲ$_1$ 柴达木盆地东部绿洲旅游小区

Ⅲ$_2$ 柴达木盆地中部盐泽世界旅游小区

Ⅲ$_3$ 柴达木盆地西北部雅丹地貌旅游小区

Ⅳ 青北祁连山地旅游区

Ⅳ$_1$ 青海湖、鸟岛旅游小区

Ⅳ$_2$ 祁连山地自然风光、狩猎旅游小区

米文宝、王梅兰进行了宁夏旅游区划与可持续发展研究,依据宁夏旅游资源的地域分异状况、旅游交通条件等,在前述旅游区划原则的指导下,可将宁夏划分为宁夏北部塞上江南、西海固黄土高原2个旅游区域,包括银石塞上江南、西夏文化旅游区,银南塞上江南、沙漠旅游区,盐同海草原、回族风情旅游区,固原山地、回族风情文化旅游区四个旅游区以及9个旅游小区[4]。

梁留科、孙淑英[5]对河南旅游区划的研究,根据旅游区划的目的和原则,依据河南省的旅游资源状况和旅游资源的优势,以根文化为主将河南省划分为6个分区,即:沿黄(三点一线)重点旅游区、豫北旅游区、以楚文化为主的豫西旅游区、以商文化为主的豫东旅游区、以茶文化为主的豫南旅游区、以三国文化为主的豫中旅游区。并对各分区提出了开发对策。

---

[1] 马勇,姜兵.湖北省旅游区划研究[J].湖北大学学报(哲学社会科学版),1990(3):102-106.
[2] 吴相利.黑龙江省旅游区划及其分区开发研究[J].哈尔滨师范大学自然科学学报,1999,15(3):98-103.
[3] 张忠孝.青海省旅游区划探讨[J].经济地理,1990,10(1):71-76.
[4] 米文宝,王梅兰.宁夏旅游区划与可持续发展研究[J].宁夏大学学报(自然科学版),2000,21(4):361-364.
[5] 梁留科,孙淑英.河南省旅游区划研究[J].旅游科学,2004,18(3):22-26.

此外,丁林(1992)和韩笑(2006)对山东省、李艳等(2009)对湖北省、张继前等(1988)对山西省、吴相利(1999)对黑龙江省、陈磊等(2005)对河南省、毛端谦等(2002)对江西省的旅游区划进行了研究。

二、其他等级区域的区划研究

一些研究聚焦在更小的区域上,张春明在简要介绍阿勒泰地区旅游业发展现状和主要景区、景点后讨论了该区旅游区划的任务及应遵循的基本原则。依据阿勒泰地区旅游资源、社会经济、交通状况等基础条件,将其划分为布尔津—哈巴河旅游小区、福海旅游小区、阿勒泰市旅游小区、青河—富蕴旅游小区。并提出了全区旅游发展战略构想[1]。

马军山、王欣较系统地介绍了县级旅游区划的程序、内容和方法。认为县级旅游区划适宜于用"旅游目的地区域确定法"进行分区,旅游发展战略决策的关健是合理地调整旅游资源结构[2]。

邹积林认为,地方性区划是一项实用性极强的工作。它的唯一目的,即是为游客服务,为旅游业的发展服务。因而认为,地方性旅游区划应将游客放在首要位置,即以游览方式和程序为主要方面,而将资源及设施配套诸方面放在第2位,即放在为游客服务的地位予以考虑。他以成都地区为例,进行了地方旅游区划实证研究[3]。

总体来看,中国的旅游区划研究还处于初始阶段,一方面,对于旅游区划的基础理论、区划原则、方法并未达成较为一致的共识;另一方面,尽管学者从各自的视角提出了不同的区划方案,但迄今为止中国尚未进行正式的旅游区划工作。此外,随着各地旅游开发的深入,从市场细分、产品组合、管理体制、游客需求等微观层面关注的旅游业态越来越受到重视,而旅游区划,特别是全国范围的旅游区划工作,属于较为长线的研究范畴,对区域旅游经济的发展不能产生直接的指导作用,因此对其关注也越来越弱化,近若干年来鲜有重大的理论进展。但是,从长远来看,全国层面的旅游区划工作对中国旅游产业战略布局有着深远的影响,因此,今后的研究亟待提高对其重视程度,同时,随着以"3S"技术为代表的地理信息技术的不断进步,为旅游区划工作提供了有力的分析工具。因此,如何有效利用技术条件,提出科学的区划理论及具有实践价值的区划方案,是当前的紧迫任务。

---

[1] 张春明.阿勒泰地区旅游区划及开发战略[J].干旱区地理,1999,22(1):20-26.
[2] 马军山,王欣.县级旅游区划研究[J].浙江林学院学报,1996,13(3):311-315.
[3] 邹积林.旅游区划问题探讨——以成都地区为例[J].旅游学刊,1990,5(2):26-28,55.

第七章 中国旅游开发与规划研究

第一节 中国旅游规划研究简要回顾

根据范业正等的归纳,中国的区域旅游规划伴随旅游地理学而兴起,随旅游资源的开发而发展。旅游规划实践中暴露出的问题导致了旅游规划研究的产生,有关学者围绕旅游规划召开的几次全国性研讨会推动了研究的发展。总体上中国的旅游规划研究可以分成前期探索、实证研究和理论提升3个阶段[1]。

一、前期探索阶段(1980~1986)

1979年,中国科学院地理研究所组建旅游地理学科组,由郭来喜主持旅游地理研究。20世纪80年代初有关旅游资源评价和开发思想逐步形成,为其后的旅游资源开发规划奠定了基础。1981年,北京旅游学院筹备处把有关旅游规划研究论著汇编成册,定为《旅游资源的开发与观赏》。1982年,由北京旅游学会主持召开的慕田峪长城开发规划研讨会是国内首次涉及景区开发规划的专家会议。同年,中国科学院地理研究所旅游地理组把前期研究成果汇编出版《旅游地理文集》。其中郭来喜的《旅游规划问题初探》《中国旅游业发展的十个问题及其解决途径》是中国对旅游规划理论基础研究的最早成果。1986年,东北师范大学与吉林省旅游局汇编论文《旅游资源与规划》,对中国旅游资源开发与规划初期实践进行总结,并初步阐明旅游资源调查评价和开发的一些规律性问题。

二、实证研究阶段(1987~1996)

1987年~1996年,学者对旅游规划理论的贡献主要是旅游资源和旅游地的评价方法。俞孔坚综述了风景评价的认知学模型(1987),保继刚(1986)、邢道隆(1987)分别应用层次分析法确定旅游资源评价的指标体系权重,杨汉奎(1987)、张亚林(1988)和路紫(1988)应用特尔菲法征询评分加权对旅游地作总体评价,楚义芳(1989)构建了中国观赏型旅游地评价的模型系统。1986年~1990年孙尚清主持研究国家社科"七五"重点项目"中国旅游经济问题",从整体上对中国旅游业发展趋势做了科学分析,是当时一项水平较高的综合发展研究。这个阶段规划理论著作主要有:《风景名胜研究》(丁文魁,1988)、《现代旅游地理学》(卢云亭,1988)、《旅游开发研究论集》(孙仲明,1990)、《旅游资源鉴赏与开发》(陈传康,1990)、《中国黄金海岸开发研究》(郭来喜,1994)、《旅游开发与规划》(邹统钎,1993)、《旅游度假区发展规划》(邹统钎,1996)。后2本书中,大量介绍

---

[1] 范业正,胡清平.中国旅游规划发展历程与研究进展[J].旅游学刊,2003,18(6):25-30.

了国外旅游规划的理论和方法,对国内的旅游规划有一定的借鉴和指导作用。1993年4月7日,《旅游学刊》编辑部和北京旅游学会联合发起"旅游规划理论与实践研讨会",会后成立"旅游规划开发联合研究中心"。1994年11月,在海南举行"旅游发展规划研讨会",会议就旅游规划中的一些概念和问题展开讨论。实证研究阶段对旅游开发和规划偏重于个案研究和经验总结,其理论深度不够。

三、理论提升阶段(1997~　)

20世纪90年代末,旅游规划研究的重视程度得到提高。一些国家级旅游研究课题,开始把旅游规划理论作为重要内容,如国家自然科学基金"九五"重点项目"中国旅游业持续发展理论基础与宏观配置体系研究"成果中,旅游规划理论研究占据较大比重。旅游规划开始作为学位论文选题,如《旅游系统规划的理论、方法与应用研究》(刘锋,1997届硕士学位论文)、《区域旅游规划与产品开发研究》(范业正,1998届博士学位论文)等。《旅游学刊》主办的"2001中国旅游规划高峰研讨会",是规模最大的一次旅游规划研讨会,来自国家旅游局、建设部、中国科学院、北京大学、清华大学、中国旅游学院等100多位专家和学者参加了学术研讨会。21世纪初,一系列旅游规划学术论著及旅游规划案例相继出版。规划论著主要有:《旅游产业规划指南》(王兴斌,2000)、《区域旅游规划原理》(吴必虎,2001)、《旅游规划新论》(王大悟,2002;吴殿廷等,2011)、《生态旅游规划原理》(钟林生,2003)等。此阶段中国的旅游规划专家已经通过实践探索出一系列新的实用方法。

第二节　旅游规划研究的主要内容

一、旅游规划基础理论研究

相关研究集中在旅游规划含义、性质与方法的探讨上。吴承照研究了旅游规划的性质与方法,旅游规划具有综合性、依赖性、三维层次性、软硬性和动态性,是城市规划和区域规划的组成部分,每一层次的旅游规划侧重点不同,资源导向和市场导向的结合是旅游规划的基本决策程序[1]。

刘德谦认为,制定旅游发展规划的最重要原则是:让旅游资源及相关资源尽可能地得到合理而有效地分配和使用。旅游发展规划,实际要解决的核心问题,是旅游者与旅游目的的关系。其中关键环节是对旅游设施和旅游服务的目标安排,即旅游者(人)—旅游设施旅游服务—旅游目的。通过对旅游设施和旅游服务的合理安排,使旅游者成功地实现其旅游目的,称为旅游环境中自在而舒适的主体。在这里资源是其成功的基础因素,也是其制约的因素;规划的目标效益,是其行为的最终归宿。"人—设施服务—目的"这一模式中各关联因素有机结合,从而达到预期的指标,产生出预期的效益,这便是规划成功的标志[2]。

吴人韦探讨了旅游规划的基本功能,旅游规划从字面上看,即"对旅游的规划"。这里的旅游指现代旅游即旅游系统,规划指对事物发展的谋划。所以,旅游规划的内容理应包括与旅游系统

---

[1]吴承照.旅游规划的性质与方法[J].城市规划汇刊,1994,(3):52-57.
[2]刘德谦.旅游规划刍议.[J].旅游学刊,1993(3):17-20,61.

及其发展谋划有关的全部[1]。

根据中国的国情,旅游规划的任务可分为3组:①由旅游局管理实施的指导性任务,包括产业政策及市场竞争战略引导,市场调查与预测,旅游产品(经历)体系规划(游览观光项目、娱乐项目、旅游接待、购物、游览线路的组织协调),管理机制与规划实施措施;②由旅游局直接管理实施的指令性任务,包括旅游资源评价,旅游发展的目标与指标,劳动教育科技计划,公共投资项目安排,容量规划与旅游流(保护性)控制;③通过政府委托或与相关部门联合管理实施的任务,包括调整土地利用关系(国土、规划局)、环境保护与生态保育规划(环保、农业、林业)、文化保护与社会发展规划(文化、宗教、社会事业发展局)、形象与营销(宣传、城建、旅游)、道路与交通(城建、交通运输、旅游)、安全防灾(公安、保险、水利、林业)、基础设施安排(城建、规划、旅游)、旅游市场维护与管理(工商、公安、旅游)。

吴必虎的《区域旅游规划原理》对中国区域旅游规划研究进行了全面的总结,为今后的旅游规划乃至旅游地理学的研究建立了一个较高的研究平台。该理论研究是以区域旅游规划的有机体系为背景来进行的,为区域旅游规划提供了一个理论研究和规划实践的有用框架。同时,作者提出了一些新的规划理念,如环城游憩带(ReRAM)、中国大城市居民出游曲线以及区域旅游规划的"1231"工程框架,具有重要的理论价值。其中区域旅游规划的"1231"工程框架为国内区域旅游规划提供了一个简明扼要并具有可操作性的技术框架[2]。

陆林在其《旅游规划原理》中对不同层次类型的旅游规划原则与方法进行了理论总结,包括区域旅游规划、旅游目的地规划,以及旅游景区(点)规划等[3]。

刘锋阐述旅游系统的概念及其结构,引出一种新的旅游规划途径即旅游系统规划,旅游系统规划就是以旅游系统为规划对象,在对旅游目的地和客源市场这对供需关系以及与这对关系有紧密联系的支持系统和出游系统诸因子的调查研究与评价的基础上,制定出全面的、高适应性的、可操作的旅游可持续发展战略及其细则,以实现旅游系统的良性运转,达到整体最佳且可持续的经济、社会与环境效益,并通过一系列的动态监控与反馈调整机制来保证该目标的顺利实现。其基本思想是:以客源市场系统为导向,以旅游目的地系统规划为主体(其中结合市场与资源设计的旅游产品是旅游目的地系乃至整个旅游系统规划的核心),以出游系统为媒介,以支持系统为保障,利用反馈系统来监控。在此基础上指出其整体性、协调性、层次性、可控性等特征[4]。

二、不同类型旅游地规划研究

学者对不同类型,不同层级的旅游地规划进行了探讨,主要有区域旅游规划、旅游目的地规划,以及旅游景区(点)规划等。

1. 区域旅游规划研究

在理论层面,汪宇明在区域旅游规划中引入了"核心—边缘"理论。该理论提供了建构区域旅游空间结构系统的认知模型。该模型在进行旅游资源的区域整合、景区土地利用功能配置与都会

---

[1] 吴人韦. 旅游规划的基本功能[J]. 地理学与国土研究,2000,16(2):53-56.
[2] 保继刚,戴光全. 评《区域旅游规划原理》[J]. 地理学报,2001,56(6).
[3] 陆林. 旅游规划原理[M]. 北京:高等教育出版社,2005.
[4] 刘锋. 旅游系统规划——一种旅游规划新思路[J]. 地理学与国土研究,1999,15(1):56-60.

城市旅游圈层构造以及促进区域旅游联动发展方面可取得满意的实践成果[1]。张伟和吴必虎以四川乐山为背景，将利益主体理论应用到旅游发展战略规划中，对不同利益主体的旅游意识和利益表达进行了定性和定量分析，讨论并提出了利益主体理论在中国区域旅游发展规划中的应用途径[2]。赵荣和郑国则运用文化地理学的观点，从对区域景观文脉的认知入手，论述了区域旅游规划中景观文脉整合的重要性，阐述了区域旅游规划中景观文脉整合的方法[3]。李君轶和马耀峰提出了应用地理信息系统（GIS）技术研究区域旅游规划和管理的多层次方法，利用MapInfo的多重功能，建立区域旅游规划和管理信息系统，并在此基础上分析了系统的结构设计和数据查询、数据集成与更新、缓冲区分析及旅游专家咨询系统等功能的实现[4]。周志红认为，旅游规划的对象逐渐由旅游业发展到整个旅游系统，旅游系统规划的最终目标就是促使旅游系统向旅游自组织系统进化。文章强调了旅游规划对促进旅游自组织系统形成的基础性作用[5]。邓运员、刘沛林以湖南省衡阳市旅游发展总体规划为例，探讨了GIS和RS集成技术在区域旅游规划制图中的实际应用，阐述了将GIS和RS技术应用于区域旅游规划制图的主要技术途径[6]。王春雷从对区域旅游规划的重新界定入手，阐述了其主要理论依据和一般演进模式，分析了其发展过程中的3个显著特点，即市场导向、学科融合和结构调整，最后从市场经济和学科发展的双重角度，指出了区域旅游规划的发展趋势[7]。廖建华和廖志豪则梳理了指导区域旅游规划空间布局的理论，认为可以从空间、时间和动因3个维度来分析。空间秩序上的指导理论有中心地理论、距离衰减原理、梯度理论、点—轴开发理论等；时间序列主要从旅游地生命周期理论和可持续发展阶段考虑其发展、扩散、市场开拓等时机；而其动因机制有劳动地域分工、可持续发展目标等[8]。陈鹰和叶持跃探讨了区域旅游规划中资源评价的原则、方法，提出了基于层次分析法的区域旅游资源评价方法[9]。刘素浩在研究中将情景规划和体验设计引入旅游规划，为旅游规划提供了新的视角[10]。刘旺和杨敏则进一步将比较优势理论和竞争优势理论引入区域旅游规划问题的分析中，从而构建了区域旅游规划的新观念和新框架[11]。

在实证层面，包括省域层面旅游规划研究，如王德利对安徽旅游规划的思考，指出安徽省旅游规划中存在的问题，并提出几点建议[12]；内蒙古旅游局从如何做好温冷地区的旅游规划入手，探讨内蒙古旅游规划的制定与实施[13]；翟辅东以湖南省为例，提出编制省域旅游规划有关问题。首先，编制省域旅游规划必须与上下区域旅游规划衔接协调；其次，编制省域旅游规划必须与相关行业规划衔接协调；第三，编制省域旅游规划必须与相邻省区的旅游规划衔接协调；第四，编制省域旅

---

[1] 汪宇明.核心—边缘理论在区域旅游规划中的运用[J].经济地理，2002(3)：372-375.
[2] 张伟，吴必虎.利益主体(Stakeholder)理论在区域旅游规划中的应用——以四川省乐山市为例[J].旅游学刊，2002(4)：63-68.
[3] 赵荣，郑国.论区域旅游规划中的景观文脉整合[J].人文地理，2002(4)：89-91.
[4] 李君轶，马耀峰.基于GIS的区域旅游规划与管理信息系统设计[J].陕西师范大学学报（自然科学版），2002(2)：115-120.
[5] 周志红.旅游自组织系统：区域旅游规划的根本目标[J].热带地理，2002(3)：249-252.
[6] 邓运员，刘沛林.GIS与RS技术在区域旅游规划制图中的应用[J].衡阳师范学院学报，2004，25(3)：89-93.
[7] 王春雷.关于区域旅游规划几个基本问题的思考[J].地域研究与开发，2004(4)：82-84,99.
[8] 廖建华，廖志豪.区域旅游规划空间布局的理论基础[J].云南师范大学学报（哲学社会科学版），2004(5)：130-134.
[9] 陈鹰，叶持跃.略论区域旅游规划中的资源评价问题[J].城市规划，2006(4)：29-32.
[10] 刘素浩.对我国当前区域旅游规划创新问题的探讨[J].甘肃农业，2006(4)：103.
[11] 刘旺、杨敏.比较优势、竞争优势与区域旅游规划[J].四川师范大学学报（社会科学版），2006(4)：111-116.
[12] 王德利.对安徽旅游规划的思考[J].旅游学刊，1998(1)：58.
[13] 内蒙古自治区旅游局.试论内蒙古旅游规划的制定与实施——兼谈如何做好旅游温冷地区的旅游规划[J].旅游学刊，1995(1)：10-13,61.

游规划必须对国内外两个客源市场的需求走向进行透彻分析;第五,编制省域旅游规划必须对"建设旅游大省"和"培养成支柱产业"概念有科学的理解和界定[1]。

吴必虎总结了编制北京市旅游发展总体规划的实际工作,结合区域旅游规划的一般原理,提出了省级旅游规划的1231工程模式。即一个目标的确定;资源和市场的表层和里层分析;吸引物及产品、接待设施和服务、整体旅游环境建设3个板块的设计;以及旅游发展的支持系统构建。该模式作为一种区域旅游规划的理论框架,较为适合旅游业已较成熟地区的管理规划研制[2]。朱竑等认为,传统老工业城市,常常因为较差的城市景观、严重的环境污染及已固定化了的城市形象等原因,使旅游业发展面临更多的困难,也因而其旅游规划更富有挑战性。他们以湖北省黄石市为个案,进行了旅游规划实践探索。指出老工业城市可以扬长避短,在旅游发展中充分发挥所拥有的优势,走以城市旅游、体育旅游、会议旅游、工业旅游及现代观光农业旅游为主的旅游发展道路,就有可能在日益激烈的旅游市场竞争中争得一席之地[3]。

2. 旅游目的地规划研究

体现在自然旅游目的地、城市旅游目的地、乡村旅游目的地等相关实证研究。

(1) 自然旅游目的地 包括对山岳型旅游地、陆地表面水体(河流、湖泊等)旅游地、海洋旅游地、森林旅游地等以自然风光为主导的旅游目的地的旅游规划实证研究,积累了丰富的经验,并针对不同类型目的地总结了若干理论模式。

(2) 城市旅游目的地规划 陈传康最早给出城市旅游开发规划的研究提纲[4]。吴承照提出现代城市旅游规划技术体系[5]。尚文生、欧阳燕红通过分析城市旅游规划与城市规划的特点指出城市旅游规划的局限性与城市规划的权威性,城市旅游规划应依赖城市规划来弥补其局限性,但同时城市旅游规划对城市规划也具有一定的影响作用,城市规划应根据城市旅游发展的要求进行适应性调整[6]。李蕾蕾提出从景观生态学构建城市旅游开发与规划的操作模式[7]。杨新军、刘军民研究了城市旅游开发中的产品类型与空间格局,运用地理学的空间分析方法,分析了城市旅游景观的6种空间符号,研究了城市旅游商业区(recreational business district, RBD)的类型并对环城游憩带的概念进行了讨论,提出其主要的旅游开发方向包括旅游度假区、主题公园、乡村休闲旅游、产业旅游等[8]。车震宇以西双版纳州景洪市为例,探讨了城市意象要素在城市旅游规划中的应用。认为把城市意象五要素应用到该规划编制中,对旅游意象要素系统进行设计和组织,使游客对城市产生强烈的感知,塑造了良好的城市旅游意象[9]。

(3) 乡村旅游目的地规划 李伟通过对乡村旅游产品特性的分析,提出了乡村旅游规划应遵循的主要原则。认为,乡村旅游产品创新的切入点在于对当地民俗文化的深层次挖掘,并以此为依据形成适当的旅游表现方式和旅游活动方式——主题旅游。同时,针对旅游地性质的特殊性,提出规划战略为:旅游发展与农业生态建设相匹配,经济发展与自然、文化的生态保护相协调,强

---

[1] 翟辅东. 编制省域旅游规划有关问题的思考——以湖南省为例[J]. 湖南师范大学社会科学学报, 1999(2):63-66.
[2] 吴必虎. 北京市旅游发展总体规划研究[J]. 北京联合大学学报, 2000, 14(1):131-134.
[3] 朱竑, 柳意云, 保继刚. 老工业城市的旅游规划探索——以湖北省黄石市为例. 经济地理, 2002, 22(S):252-257.
[4] 陈传康. 城市旅游开发规划研究提纲[J]. 旅游学刊, 1996(5):31-34.
[5] 吴承照. 现代城市旅游规划技术体系[J]. 城市规划, 1999, 23(10):27-30.
[6] 尚文生, 欧阳燕红. 论城市旅游规划与城市规划的相互协调[J]. 人文地理, 1998(6):46-49.
[7] 李蕾蕾. 从景观生态学构建城市旅游开发与规划的操作模式[J]. 地理研究, 1995, 14(3):69-73.
[8] 杨新军, 刘军民. 城市旅游开发中的产品类型与空间格局[J]. 西北大学学报(自然科学版), 2001, 31(2)179-184.
[9] 车震宇. 城市意象要素在城市旅游规划中的应用——以西双版纳州景洪市为例[J]. 社会科学家, 2010(6):99-101.

调社会系统各组成部分的同步发展[1]。欧阳勇锋、谈燕君以南宁市伶俐镇渌口坡乡村旅游规划为例,针对当前乡村旅游出现的问题,提出乡村旅游规划的共生与有机更新途径[2]。范春、李斌以重庆涞滩古镇为例,探讨了基于景观生态学视角的乡村旅游空间规划[3]。曹国新从乡村旅游规划模式的变迁,认为经历了从极性思维到多元互动的过程。但总体来看,目前乡村旅游开发规划的研究还十分有限[4]。

(4)地质公园旅游规划 在旅游地质学领域,体现在地质公园的旅游开发规划研究上。李晓琴、赵旭阳等分析了中国地质公园的建设与发展,探讨了地质公园规划原则。认为:首先,地质公园以保护地质遗迹景观为前提,遵循开发与保护相结合的原则,严格保护地质自然遗产,保护原有景观特色,维护生态环境的良性循环,坚持可持续发展;其次,地质公园必须以地质遗迹为中心来规划景点、景区,以地质遗迹景观为主体,突出自然科学情趣、山野风韵观光和保健旅游等多种功能,形成独特风格和地域特色的科学公园;第三,地质公园功能分区包括生态保护区、特别景观保护区、史迹保护区、风景游览区和发展控制区。其中特别景观保护区(包括保护点和保护带)还可细分为一级、二级保护区和三级保护区;第四,加大科普旅游设施的建设,如建立地质公园博物馆和解说教育系统,用于揭示和解释地质运动过程和现象[5]。李晓琴、刘开榜等还研究了地质公园生态旅游开发模式,就其功能分区、产品设计、解说系统、科学管理、投资机制和资源信息管理6个方面进行了总结[6]。此外,孙冬英、冯安峰等针对庐山世界地质公园地质旅游资源开发[7],赵彩龙、阎顺等对新疆赛里木湖地质公园旅游开发进行了实证研究[8]。

3. 旅游景区(点)规划研究

(1)度假区旅游规划研究 邢铭探讨了旅游度假区规划若干问题,认为其规划要放眼国际,立足潜在国内客源市场,并塑造个性化的旅游产品[9]。任军号、张东阳等对太白山旅游度假区开发规划[10],李江风、汪华斌等对宜昌晓峰旅游度假区总体规划进行了实证研究[11]。张勇、于敬等进行了湖山型旅游度假区控制性详细规划编制研究[12]。陈威、刘滨谊以浙江省淳安千岛湖旅游度假区为例,对湖泊型旅游度假区规划进行了探讨[13]。

(2)主题公园旅游规划研究 主题公园是一种投资大、风险高的旅游项目,保继刚通过大量的实证调查和文献总结,对影响主题公园发展的主要因素进行系统分析,这些因素是:客源市场和交通条件、区域经济发展水平、城市旅游感知形象、空间集聚和竞争以及决策者行为[14]。

---

[1]李伟.乡村旅游开发规划研究[J].地域研究与开发,2003,22(3):72-75.
[2]欧阳勇锋,谈燕君.乡村旅游规划的共生与有机更新途径——以南宁市伶俐镇渌口坡乡村旅游规划为例[J].旅游论坛,1999,2(4):521-529.
[3]范春,李斌.基于景观生态学视角的乡村旅游空间规划探析[J].经济地理,2009,29(4):683-697.
[4]曹国新.从极性思维到多元互动:乡村旅游规划模式的变迁[J].旅游学刊,2008,23(7):8-9.
[5]李晓琴,赵旭阳,覃建雄.地质公园的建设与发展[J].地理与地理信息科学,2003,19(5):96-99.
[6]李晓琴,刘开榜,覃建雄.地质公园生态旅游开发模式研究[J].西南民族大学学报(人文社版),2005(7):269-271.
[7]孙冬英,冯安峰,龚双双.庐山世界地质公园地质旅游资源及其开发[J].国土与自然资源研究,2010(2):55-56.
[8]赵彩龙,阎顺,宋旭东.新疆赛里木湖地质公园旅游开发研究[J].干旱区地理,2009,32(4):638-644.
[9]邢铭.论旅游度假区规划的若干问题[J].旅游学刊,1995(1):28-32.
[10]任军号,张东阳,李雪茹.太白山旅游度假区开发规划[J].陕西师范大学学报(自然科学版),1997,25(1):103-112.
[11]李江风,汪华斌,丁火平.宜昌晓峰旅游度假区总体规划构想[J].地理学与国土研究,1999,15(4):60-63.
[12]张勇,于敬,孟娇蓉.湖山型旅游度假区控制性详细规划编制研究[J].城市规划,2010,34(S):61-64.
[13]陈威,刘滨谊.湖泊型旅游度假区规划——以浙江省淳安千岛湖旅游度假区为例[J].中国园林,2009(8):42-46.
[14]保继刚.大型主题公园布局初步研究[J].地理研究,1994,13(3):83-89.

(3) 风景名胜区旅游规划研究　中国建筑学会最早提出了风景名胜区规划与建设纲要[1]。蔡立力分析了当前中国风景名胜区规划和管理所面临的问题及其产生的原因[2]。相关研究还集中在不同类型风景名胜区规划实证研究以及方法手段的应用等。如蔡龙、赵清等以南京市幕燕风景名胜区为例,研究了风景名胜区规划实施的景观生态效应,认为景观生态学不仅可为风景名胜区的规划设计提供新的理论和方法,而且通过对规划实施后可能引起的景观生态效应的研究,还可以为进一步完善改进规划提供重要的科学依据[3]。王根生、罗仁朝等以江苏三山国家重点风景名胜区为例,对城市型风景名胜区规划策略作了探析[4]。徐菲菲、刘沛林等提出风景名胜区规划方案的层次分析法与熵技术评价,将层次分析法与决策中的熵技术结合,建立层次熵决策模型,由层次分析法确定各评价指标权重,用熵技术对所得权重进行修正,进一步计算各方案到理想点的距离,最终从多方案中选择最佳方案[5]。

三、不同旅游类型规划

1. 生态旅游规划研究[6]

第一类是对生态旅游规划的概念性论述,涉及一般性的概念、生态旅游规划的原则和方法等。郑黎文、赖庆源和吴继林分析了天宝岩自然保护区生态旅游的条件,提出区域旅游规划的原则、总体布局及保护规划,指出生态旅游是实现保护区可持续发展的策略之一[7]。石金莲和李俊清介绍了生态旅游规划的原则、程序和环境容量问题[8]。而吕敏和闫来英认为,生态旅游能否真正促进旅游业的可持续发展取决于其规划是否合理。对当前生态旅游发展中所存在的问题,以及生态旅游规划与旅游业可持续发展之间的关系进行了探讨,提出了今后生态旅游规划中应注意的问题[9]。孔凡斌和王晶则对保护区生态旅游规划的理论基础、原则、方法及学术界讨论的热点问题进行了归纳总结,并对保护区开展生态旅游的特殊性、未来发展趋势进行了展望[10]。

第二类是基于具体案例或特定背景的生态旅游规划分析,其中涉及多种规划理论和技术。刘忠伟、王仰麟和陈忠晓从旅游供给方、旅游需求方及二者的综合层次3个方面对生态旅游进行了定义,探讨了景观生态学在生态旅游上述3个方面尤其是生态旅游规划管理中的应用,认为景观的结构与功能、生态整体性与空间异质性、景观多样性与稳定性,以及景观变化等景观生态学理论可以作为生态旅游规划管理的理论基础[11]。李永东、陆其峰和潘晓玲则以天山天池风景区规划为例阐述了生态旅游规划应突破以风景区为主的单一旅游景观格局,根据景观生态学原理、旅游地

---

[1] 中国建筑学会. 风景名胜区规划与建设纲要[J]. 建筑学报,1983(9):2-4.

[2] 蔡立力. 我国风景名胜区规划和管理的问题与对策[J]. 城市规划,2004(10):74-80.

[3] 蔡龙,赵清,丁登山. 风景名胜区规划实施的景观生态效应——以南京市幕燕风景名胜区为例[J]. 地理研究,2004,23(5):605-613.

[4] 王根生,罗仁朝,徐必胜. 城市型风景名胜区规划策略探析——以江苏三山国家重点风景名胜区为例[J]. 城市规划,2005,29(2):75-82.

[5] 徐菲菲,刘沛林,白先春,等. 风景名胜区规划方案的层次分析法与熵技术评价[J]. 地理研究,2004,23(3):395-402.

[6] 周玲强,张文敏. 2000年以来我国旅游规划研究领域热点问题综述[J]. 浙江大学学报(人文社会科学版),2009(10):29-38.

[7] 郑黎文,赖庆源,吴继林. 天宝岩保护区生态旅游规划的若干问题探讨[J]. 华东森林管理,2000(3).

[8] 石金莲,李俊清. 生态旅游规划方法[J]. 林业实用技术,2002(3):42.

[9] 吕敏,闫来英. 浅谈生态旅游规划与旅游业的可持续发展[J]. 世界林业研究,2005(5):77-80.

[10] 孔凡斌,王晶. 自然保护区旅游规划研究现状与展望[J]. 世界林业研究,2005(5):77-80.

[11] 刘忠伟,王仰麟,陈忠晓. 景观生态学与生态旅游规划管理[J]. 地理研究,2001(2):206-212.

理学和旅游经济学理论,按照景观格局的梯度性变化,以增长旅游线路、丰富景区类型、提高旅游收入为内容,以保护景区资源、开发景区资源为目标,开展基于发展"大旅游"思想的、以流域为单元的全面战略性规划[1]。李铭、孙心亮和武弘麟应用景观生态学的原理,分析了长白山二道白河生态旅游城景观建设的现状和存在的问题,将生态旅游城规划为"一核、两叶、三轴、四区"的布局结构,为二道白河生态旅游城的景观规划提供了依据[2]。胡静和秦志玉则介绍了自然意识的缘起,比较了自然意识和人本环境论的主要特征;通过对其主要特征的分析,探索生态旅游规划的指导思想;结合中国古代"天人合一"思想提出了自然意识对生态旅游规划的5点指导原则;并结合安徽板桥自然保护区的生态旅游规划对其应用进行了介绍[3]。杨阿莉探讨了"增长极理论"在西部生态旅游规划中的应用意义[4]。熊妁等运用生态足迹分析方法计算出赛武当自然保护区的生态承载力和本底生态足迹,研究表明保护区生态旅游的环境承载力等于保护区生态承载力减去保护区本底生态足迹[5]。

总而言之,旅游规划领域内生态旅游的研究主要是将规划作为实现生态旅游或旅游生态化发展的保障。从目前的研究进展可以预计,今后的研究将更加强调立足于具体案例的深入分析,并进一步体现规划的技术性、保障性作用。同时,更多有利于实现旅游生态化发展的理念和技术将被引入旅游规划领域。旅游规划作为保障生态旅游的一项措施,也将会受到更多关注。

2. 红色旅游开发规划研究

红色旅游是爱国主义教育与旅游产业相结合的一种新兴旅游产品,从2004年下半年开始,红色旅游热席卷全国。余凤龙、陆林鉴于红色旅游发展时间较短,在景区开发和管理方面还不成熟,在对红色旅游发展背景进行分析的基础上,总结了目前红色旅游开发存在的问题,并借鉴井冈山红色旅游的发展经验,提出了中国红色旅游发展的若干对策,充分发挥红色旅游政治、经济等多重功能,以利于红色旅游业的可持续发展[6]。此外,孙艳红[7]、赵宗彪[8]等先后对河南红色旅游发展对策进行了研究。邵秀英、王向东以山西省左权县麻田抗战根据地为例,探讨红色旅游目的地的开发与建设[9],丰富了红色旅游开发规划研究实证。

3. 资源非优区旅游规划研究

许春晓从旅游资源非优区的属性,以湖南省邵阳旅游资源提出旅游资源非优区的适度开发战略。他认为,旅游业发展的现实呼唤旅游资源非优区研究。在区域旅游开发的中、微观研究上,过于抓知名旅游地的开发研究,忽视广泛分布的资源品位一般的旅游地研究,从理论上来说,不能算是全面地认识旅游区域开发;从实践上来看,难免有抓少放多之嫌;从实践效果来看,导致旅游地争层次、争档次,并不惜一切地将旅游资源价值拔高到一个难于被认同的地步,甚至产生错误的旅

---

[1]李永东,陆其峰,潘晓玲.阜康市生态旅游规划研究[J].新疆环境保护,2003(1):6-81.
[2]李铭,孙心亮,武弘麟.景观生态学在旅游规划中的应用[J].水土保持研究,2005(4):63-66.
[3]胡静,秦志玉.析自然意识在生态旅游规划中的指导作用[J].中国人口资源与环境,2006(1):14-17.
[4]杨阿莉.增长极理论对西部生态旅游规划的启示[J].开发研究,2006(6):79-82.
[5]熊妁,刘胜祥.生态足迹分析法在规划环境影响评价中的作用[J].国土资源科技管理,2008(3):99-102.
[6]余凤龙,陆林.红色旅游开发的问题诊断及对策——兼论井冈山红色旅游开发的启示[J].旅游学刊,2005,20(4):56-61.
[7]孙艳红.河南省红色旅游的开发战略研究[J].河南师范大学学报(哲学社会科学版),2005,32(5):67-69.
[8]赵宗彪.河南红色旅游发展对策研究[J].地域研究与开发,2006,25(5):76-79.
[9]邵秀英,王向东.论红色旅游目的地的开发与建设——以山西省左权县麻田抗战根据地为例[J].人文地理,2006(2):32-36.

游开发决策[1]。孙晓玲、陆林以全椒县为例,进行了旅游资源非优区的旅游开发研究[2]。李跃军、孙虎等以吕梁山苍儿会旅游经济园区为例,对旅游资源非优区的园区化建设进行了探讨[3]。

四、旅游规划具体问题探讨

1. 旅游规划社区参与研究

保继刚、孙九霞以阳朔遇龙河风景旅游区为例,提出并分析了遇龙河旅游区居民参与旅游开发的主要策略,如给居民提供参与旅游规划、旅游发展决策的机会,对居民进行教育和培训等。指出社区居民是当地旅游发展的核心力量,社区居民参与不仅仅是旅游可持续发展的需要,也是社区自身发展的需要[4]。杨兴柱、陆林等从旅游规划的公众参与角度入手,系统地梳理了国内外旅游规划公众参与研究进展;围绕谁参与、为什么参与、参与方式、参与行为及参与时间等问题,初步探讨了旅游规划公众参与核心内容,即包括识别利益主体、分析参与决策行为、明确公众参与模式、确定主体参与阶段、选择合意参与方式等。通过这些问题的研究,以加强和推动公众参与旅游规划的深入研究[5]。

2. 旅游规划中的技术应用研究[6]

GIS 即地理信息系统,作为旅游规划编制的技术性支持,在旅游规划领域尤其是规划图件制作中受到重视。此外,近年来 GIS 技术还深入到区域规划的空间布局、旅游地理信息系统及管理系统的建设等领域。由此可见,GIS 技术在旅游规划领域沿袭了"规划图件制作—规划地空间布局—规划地综合管理系统建设"的发展道路。

从目前的研究进展可以预见,今后的研究将会朝着 GIS 技术与旅游规划互动发展的方向迈进。旅游规划中 GIS 技术的智能化、自动化和综合化发展蕴含着巨大的发展潜力。GIS 技术将不再只是作为辅助性技术,而极有可能拓展和深化旅游规划的研究或者为旅游规划的编制提供新的思路,甚至有可能彻底改变目前旅游规划编制的一般模式。不过从文献来源来看,GIS 相关文献的来源相对比较分散,缺乏聚焦性、持续追踪性研究,近年来未有新的、突破性的研究发现,似乎在暗示相关研究遭遇了瓶颈。

第三节 中国旅游规划研究发展趋势

从国际旅游业发展的趋势和旅游规划研究发展的趋势看,21 世纪会有许多的变数,促进旅游业和旅游规划的发展,中国旅游规划的发展趋势可归纳如下[7]:

---

[1] 许春晓.旅游资源非优区适度开发与实例研究[J].经济地理,1993,13(2):81-84.

[2] 孙晓玲,陆林.旅游资源非优区的旅游开发研究——以全椒县为例[J].安徽师范大学学报(自然科学版),2007,30(1):88-91.

[3] 李跃军,孙虎,胡默言.旅游资源非优区的园区化建设探讨——以吕梁山苍儿会旅游经济园区为例[J].地域研究与开发,2007,26(3):71-74.

[4] 保继刚,孙九霞.旅游规划的社区参与研究——以阳朔遇龙河风景旅游区为例[J].规划师,2003(7):32-38.

[5] 杨兴柱,陆林,王群.旅游规划公众参与的核心内容初步研究[J].人文地理,2006(4):62-67,84.

[6] 周玲强,张文敏.2000 年以来我国旅游规划研究领域热点问题综述[J].浙江大学学报(人文社会科学版),2009(10):29-38.

[7] 刘中艳,王捷二.旅游规划综述[J].云南地理环境研究,2007,19(1):131-134,130.

(1)旅游规划越来越受到重视

旅游规划的重要性将日益显现,其科学性将受到更加普遍的、高度的重视。在旅游业被社会普遍看好的现代,地方政府的官员都十分重视旅游规划的作用,把它当作科学管理和科学开发旅游地的法宝,对它的科学性的要求也会进一步提高。

(2)旅游规划的高度整合特点将渐渐形成

旅游规划是一个综合性很强的科学,目前已经达到了初步的整合。进一步融合各方面的知识,发挥各学科的优势,形成一种综合的知识结构和体系,是一个努力方向。

(3)旅游规划的中西融合互鉴特点将明显化

在旅游规划的研究中,我们已经走过了纯粹地抄袭(学习)国外旅游规划经验的阶段,目前已经步入总结自己的经验的阶段,中西融合互鉴是一种必然。

(4)旅游规划实践性特点将愈益明显化

在旅游规划的编制过程中,从旅游规划专家到地方政府官员,都十分强调旅游规划的应用性和可操作性,同时,可操作性要求的强化,将日益明显化和指标化。

(5)旅游规划的知识与价值的社会参与将明显化

旅游规划是一个涉及面极其广泛的研究和实践工作,必须融合社会各方面的价值。

(6)旅游规划的数字化特征将明显化

理性化的数字化的色彩,需要建立以旅游市场研究为基础的旅游参数、指标体系和策划体系,也需要建立一个完善的旅游市场调查体系,而这些,是我们所说的市场导向型旅游规划的主要表现。

(7)旅游规划的规范化和个性化将进一步融合

旅游规划的规范化和个性化,是旅游规划必须同时具备的。在旅游规划工作中,首先必须保证旅游规划的规范性,使旅游规划具有同国家标准的协调一致,具有和全国其他旅游规划的可比性和可操作性等。同时,还必须具有个性化色彩,强调创新,形成一些与众不同的规划开发思想,形成个性鲜明形象独特的旅游地。在国家关于旅游规划的相应标准制定出来后,仍会有学者表现着这方面的热情,一方面满足委托单位的特殊要求,另一方面体现自己的规划创新能力,形成尊重规范而不局限于规范的趋势,并在学术界创造了"超旅游规划"的概念。

(8)旅游规划的可持续观念将进一步浓化

可持续发展的基本观念,贯穿着旅游开发中的开发与保护这一永恒的矛盾。到目前,开发与保护相结合的观念已经被大家接受,但是,探索规划的具体途径,确实还有走不完的路,尤其是文化旅游资源的开发与保护问题。

(9)旅游规划的"人文关怀"的全面体现

中国的旅游规划研究,也会进入充分体现"人文关怀"的阶段。在规划旅游发展时,将更多地思考社会效益,体现伦理道德,关注人类生活质量的提高。总之,从多个视角,体现对人类自身关怀。

第八章　中国旅游地生命周期研究

第一节　旅游地生命周期的研究

一、旅游地生命周期概述

旅游地生命周期是描述与解释旅游地演化的理论模型,其概念最早是由德国学者克里斯塔勒(Christaller W,1963)在研究欧洲的旅游发展时提出的,美国学者斯坦菲尔德(Stansfield C,1978)在研究美国大西洋旅游发展时也提出了类似的概念。目前,被学者公认的并广泛应用的旅游地生命周期理论则是由加拿大学者巴特勒(Butler,1980)提出的[1]。

巴特勒根据产品周期的概念,提出旅游地发展的演化过程经过6个阶段:探查阶段、参与阶段、发展阶段、巩固阶段、停滞阶段、衰落或复苏阶段。

(1)探查阶段(exploration stage)。这是旅游地发展的初始阶段,特点是旅游地只有零散的游客,没有特别的设施,其自然和社会环境未因旅游的产生而发生变化。

(2)参与阶段(involvement stage)。随着旅游者人数增多,旅游逐渐变得有规律,本地居民开始为旅游者提供一些简便的设施。随着这个阶段的到来,广告开始出现,旅游市场的范围已基本可以被界定出来,旅游季节也逐渐形成,一些本地居民为适应旅游季节调整生活方式,有组织的旅游开始出现,迫使地方政府和旅游机构增加、改善旅游设施和交通状况。

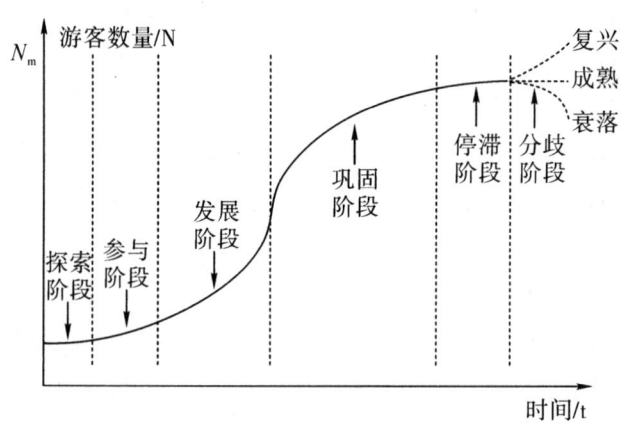

图 2-8-1　旅游地生命周期模型

(3)发展阶段(development stage)。在大量广告和旅游者的宣传下,一个成熟的旅游市场已经

---

[1]保继刚,楚义芳.旅游地理学[M].北京:高等教育出版社,1999.

形成,外来投资者骤增,本地居民提供的简陋膳宿设施逐渐被规模大而现代化的设施取代,旅游地自然面貌的改变已比较显著。

(4) 巩固阶段(consolidation stage)。游客增长率将下降,但总游客量继续增加并超过常住居民数量。旅游地大部分经济活动与旅游业紧密联系在一起,为了扩大市场范围和延长旅游季节,广告无处不在。常住居民,特别是那些没有参与旅游业的常住居民会对大量游客的到来和为游客服务而修建的设施产生反感和不满,因为这一切可能限制他们的正常活动。旅游地在这一阶段出现了界限分明的娱乐、商业区,以前的设施有可能成为二级设施而满足不了需求。

(5) 停滞阶段(stagnation stage)。这个阶段,游客量达到最大,旅游环境容量已趋于饱和或被超过,环境、社会和经济问题随之而来。旅游地在游客中建立的良好的形象已经不再时兴,旅游市场很大程度上依赖于重游游客、会议游客等。接待设施过剩,保持游客规模需要付出大量的努力。自然和文化的吸引物或许被"人造"设施所取代。

(6) 衰落或复苏阶段(decline or rejuvenation stage)。这一阶段,一方面,旅游地市场衰落,无论是吸引范围还是游客量,已经不能和新生的旅游地竞争。随着旅游业的衰退,房地产转卖程度很高,旅游设施逐渐被其他设施取代,更多的旅游设施因旅游地对游客的吸引力下降而消失,剩余设施的生存能力也将成为问题。由于本地雇员和居民能以相当低的价格购买旅游设施,本地居民介入旅游业的程度大大增加。宾馆可能变成公寓、疗养院或退休住宅,因为旅游地的良好设施无疑对本地居民有着吸引力,特别是对年老者。最终,原来的旅游地可能变为名副其实的"旅游贫民窟"或完全失去旅游功能。另一方面,旅游地也可能进入复苏阶段,要进入复苏阶段,旅游地吸引力必须发生根本的变化。达到这个目标有两种途径,一是增加人造景观吸引力,如美国大西洋赌城,但如果相邻具有竞争力的旅游地也如法炮制,这种效果就会降低。

在衰落或复苏阶段有可能发生5种情况:深度开发卓有成效,可促使游客再增加和市场扩大;较小规模的改造和调整,持续对资源吸引力的保护,游客量可以较小幅度地增长;再调整满足各种容量水平,可遏制游客量下滑的趋势,使之保持在一个稳定的水平;过度利用资源导致的竞争能力降低会导致游客量显著下降;战争、瘟疫或其他灾难性事件的发生会导致游客量急剧下降,这时要想游客量再恢复到原有水平及其困难。如果衰落时间持续太久,旅游地在难题解决之后对多数旅游者都不会再有吸引力了。

二、中国学者对旅游地生命周期概念研究

张文(1990)发表的《对旅游区生命周期问题的看法》最早涉及旅游地生命周期问题,主要借鉴了经济学中的产品生命周期的"叠加"图和其用不同游客增长率来判断旅游地不同生命周期阶段的模型,但没有涉及巴特勒的研究工作;保继刚(1992)等在《旅游地理学》教材中首次向国内介绍了巴特勒旅游地生命周期的思想和国外研究状况,并探讨了旅游地生命周期理论在旅游规划中的应用[1]。旅游地生命周期理论被引介到中国以来,在学界引起了激烈的讨论。争论的焦点集中在于,是"旅游地生命周期"还是"旅游产品生命周期"概念,其次,旅游地生命周期理论是否成立?

1996年,杨森林对旅游地生命周期理论提出了质疑,他在文章《旅游产品生命周期的质疑》中

---

[1] 保继刚. 旅游规划与开发——原理·方法·实践(第2版)[M]. 北京:科学出版社,2003.

认为,是"旅游产品生命周期"而非"旅游地生命周期"的概念,他假定我们承认旅游产品的"硬核"——"旅游吸引物"不是旅游地,而是各类旅游景观和旅游活动项目,在此基础上分析旅游产品与一般产品在特性上有什么不同[1]。他认为,产品生命周期理论原本是阐释在国际贸易中一个国家在技术上由垄断到丧失垄断导致的某一产品国际市场占有由兴到衰的变化过程。旅游产品则不然,它永远是非标准化生产和无法被仿制的垄断性产品。这是由旅游产品以下几个固有特性所决定的:其一,旅游产品在空间上的不可转移性。人们可以在异地购买旅游产品,但只能在旅游产品所在地消费产品。如旅游者要想领略长城的壮美,除了到中国外,别无他途。其二,旅游产品特有的历史文化内涵。再先进的技术也无法复制出其蕴含的历史文化价值。其三,旅游产品所处的特定空间环境。因此,"旅游产品生命周期理论"所赖以立论的实践基础是极其脆弱的。它不能举出一个有说服力的经历过生命周期发展全过程的旅游地。所罗列的例证不仅语焉不详,而且彼此之间没有内在的发展联系,完全凭主观缀合而成,不能说明任何问题。此外,有些例证并不符合事实或有悖于常理。比如,说大西洋城经历过停滞和衰落阶段,因为后来引进了赌博业,才使它重新焕发了生机。事实并非如此。大西洋城是美国最早开发的海滨旅游地之一,随着前来度假的游客增加,本世纪20年代又发展了赌博业。每年到大西洋城疗养度假的人从未减少过,衰落更是无从谈起。只不过后来大西洋城赌博业的名声压倒了它作为一个普通的海滨旅游地的名声而已。该理论认为加拿大的极地地区正处于发现和开发阶段,如果按照旅游产品生命周期发展规律,该地区迟早有一天将进入发展和巩固阶段。常识告诉我们,这样的可能性微乎其微。除了少数探险家外,酷烈的极地气候永远会使旅游者望而却步的。

科学的理论必须反映事物发展的普遍规律和本质特征。"旅游产品生命周期论"则不然,它所列举的旅游地大多名不见经传,就算真的如其所说,也只能算极个别的特殊现象,根本没有普遍意义。杨森林认为,世界上稍有知名度的旅游地——无论以国家还是以地区为整体,没有几个是遵循"旅游产品生命周期论"表述的规律发展演变的。从旅游业发展的实践来看,现今世界上绝大多数著名的旅游胜地都经历了漫长的发展时期,至今非但没有衰落的迹象,反而逐年繁荣,这是该理论无法解释的。目前,几乎所有的著名旅游地都不同程度地面临着社会和环境问题,按照旅游产品生命周期论的说法,它们正处在发展和巩固阶段,如果生命周期三阶段论确实反映了旅游产品发展的普遍规律的话,它们将不可避免地趋向停滞和衰落。下个世纪旅游业将成为世界最大的产业,届时,目前这么多著名的旅游地果真衰落的话,越来越多的旅游者将没有去处游览观光、消闲度假。通过新发现的旅游地可以取代它们或通过新开发的旅游项目使它绝处逢生是不现实的。

综上所述,杨森林认为"旅游产品生命周期论"在理论上不能自圆其说,又缺乏有力的事实根据。如果用它指导实践,无疑会产生不良的后果。

余书炜和李舟不同意上述结论。余书炜认为,"旅游地生命周期理论"是描述解释旅游地演化的理论,从 Christaller 的三阶段周期模型提出以来,对旅游地演进现象的研究主要并不在于阶段划分上,而更多的是集中于对各演进阶段的社会、经济特征的研究(Meyer-Arendt,1985)。阶段特征的研究加强了周期理论对旅游地演进现象的描述力,并且也是运用周期理论于实践的基础。因为欲求在实践中运用周期理论,首先需要能够判断旅游地所处的周期阶段,而要做到这一点,就必须

---

[1] 杨森林."旅游产品生命周期论"质疑[J].旅游学刊,1996(1):45-47,79.

先明确各周期阶段的特征。在如上认识的基础上,周期理论的应用也由描述和分析旅游地的历史演进过程推广到了预测和指导营销战略与政策决策(其目的是延长生命周期)。换句话说,周期理论对旅游地演进特征的详尽描述使它表现出有预测力。依据这种预测力以及对周期阶段特征的描述,一些学者提出在不同的周期阶段应采取的营销战略和政策建议[1]。

杨森林将产品生命周期的原因只归结为技术生命演变的结果值得商榷,市场学中的解释更强调的是产品间的替代竞争。对于旅游地,彼此之间的替代竞争同样激烈地存在。尽管一些旅游地在旅游资源的某方面会拥有垄断性,但是应该看到,几乎所有的旅游地都或多或少地在一些方面拥有这种垄断性。所以一味地只谈垄断性并没有太大的意义,关键是,旅游地之间的竞争根本上并不在于"产品"之争,而在于客源之争。而很显然,受人口总数、经济发展水平、闲暇时间等的限制,一定时期内的旅游客源市场是有限的。随着越来越多的新旅游地的出现,客源之争势必愈演愈烈。更何况,旅游这种娱乐形式还会受到其他的娱乐产品的替代竞争。所以,持"旅游产品年代愈久、价值愈高、愈能吸引旅游者"这样的观点才是真正有害的。像桂林山水,倘不加强环境保护和规范旅游企业经营行为,"中途"衰落则是必然的。

李舟(1997)则认为,旅游产品具有生命周期,并非指旅游地一定具有生命周期,旅游地只是旅游产品的一方面载体而已,正如旅游活动的完成需要飞机、火车等交通工具为载体,它们都只是手段,而非目的。我们提出旅游产品生命周期理论,是为旅游企业、旅游经营者们服务的,以使他们更好地把握游客需求变化和市场动态,取得理想的营销效果。因此,只有进入旅游市场,旅游产品才称其为名副其实的旅游产品。作为一种策划工具,旅游产品生命周期理论主要描述了每一阶段营销挑战的特征,并指出经营者可采用的有效营销策略。而作为一种控制工具,这一理论有助于经营者凭借和过去已推出的类似产品的比较,来衡量所欲推出的旅游产品有何绩效。作为一种预测工具时,旅游产品生命周期论似乎作用较小,因为销售状况呈现千变万化的分歧形态,且由于旅游产品本身的特性,其在各阶段的持续期间变化也是很大的[2]。

许春晓(1997)对此有不同看法,认为实际情况是两种说法在国内并存,使用"旅游产品生命周期"一词者亦不在少数,并含一些旅游学界的权威人物,如申葆嘉教授。看来,要回答好这一问题,必须首先对旅游地、旅游资源和旅游产品3个概念作初步认定。旅游地是旅游资源与旅游产品的空间载体,是旅游产品生命周期现象的发生地;真正具有生命周期的是旅游产品而不是旅游地[3]。

阎友兵则认为应是"旅游地生命周期论"而非"旅游产品生命周期论"第一,area、resources 和 production 这3个单词的含义是非常清楚的,毫无"含混"可言;第二,如果三者之间有些含混,为什么国外的学者在谈"周期论"时,只用 area 或相近含义的词汇,却从不使用 production 一词?可见,国外的学者在这一问题上并不含混,而是很有分寸的;第三,如果真有"含混"可言的话,那么,在国外应早就是一片"混乱"了,为什么国外在名称问题上从不发生争议,而这种"含混"与争议只存在于国内?可见"含混"的只是我们自己,是我们自己想当然地、不加辨析地将"旅游地生命周期论"理解为"旅游产品生命周期论",因为在市场营销学中有一个"产品生命周期论",我们自己就先入

---

[1] 余书炜."旅游地生命周期理论"综论——兼与杨森林商榷[J].旅游学刊,1997(1):32-37,63.
[2] 李舟.关于旅游产品生命周期论的深层思考——与杨森林老师商榷[J].旅游学刊,1997(1):38-63.
[3] 许春晓."旅游产品生命周期论"的理论思考[J].旅游学刊,1997(5):44-47,63.

为主[1]。

但同时阎也认为即使是旅游地生命周期理论也是受到质疑的。首先,地球上的空间是有限的,旅游地的数量也是有限的,任何一个旅游地发展旅游业,其最基本的本钱就是具有垄断性的旅游资源,且垄断性越强,资源价值越高,旅游地的旅游业就越发达,越不可能衰落。其次,按照帕氏与克氏的说法,假若全世界所有新旅游地都开发完了,探险型旅游者就无处可去了,接着而来的就是中间型旅游者和保守型旅游者,最后应该就是全世界所有旅游地生命周期的完结了。显然,帕氏与克氏的解释是与事实不符、与逻辑不合的。人类的繁衍是生生不息的,世界上旅游地数量与空间的有限性及新旅游者源源不断地产生,就是旅游地生命不息的源泉。第三,旅游地生命周期理论如果成立,则旅游地存在生命周期是一种普遍现象,旅游地必然会沿着6个阶段的轨迹发展,也就是说各旅游地都存有一个共同的、最本质的、不以人的意志为转移的因素推动着旅游地朝着既定的道路前进。这一因素究竟为何物?生命周期论者没有回答。第四,巴特勒的旅游地生命周期曲线应该是一条理想的曲线。但当一旅游地完全不受外部环境异常因素影响时,决定旅游地生命周期的是旅游地吸引力的变化。只要自然与社会尚未发展到彻底消灭地区差异,旅游吸引力就不会必然衰退或消亡,从而只要人类存在,旅游地就不会必然衰落或消亡。因此,旅游地发展演进也不会有一条上述的既定轨迹。

查爱苹则肯定了旅游地生命周期的概念,认为从翻译的角度来说,"旅游地生命周期"的提法是非常恰当的。而从旅游产品的定义来说,旅游产品有整体旅游产品和单项旅游产品之分,从某些单项产品来看,探讨"旅游产品生命周期"并无太大意义。她通过建立一个旅游地的需求模型,用数理公式对旅游地的需求进行了推导,从而肯定了旅游地生命周期理论的现实意义[2]。

从中国学者的争议中旅游地生命周期的内涵逐渐清晰。首先,巴特勒模型是"旅游地生命周期"的概念,而不是"旅游产品生命周期"的概念已基本明确;其次,该理论是否揭示出旅游地演化的内在规律,虽然受到一定程度的质疑,但作为解释旅游地演化的简单实用的模型已基本得到认同。保继刚等(1999)亦认为,尽管有不少批评,但接受这个理论的趋势更强。对旅游地生命周期理论的应用和讨论主要集中在3个方面:①作为旅游地的解释模型;②指导市场营销和规划;③作为预测工具[3]。

第二节 旅游地生命周期理论在中国的应用研究

一、概述

尽管该理论颇受争议,但还是为研究旅游地演化过程提供了简单、明晰的理论框架。应用这个理论解释不同类型旅游地的发展演化过程。

---

[1]阎友兵.旅游地生命周期理论辨析[J].旅游学刊,2001,16(6):31-33.
[2]查爱苹.旅游地生命周期理论的深入探讨[J].社会科学家,2003,99(1):31-35.
[3]保继刚,楚义芳.旅游地理学[M].北京:高等教育出版社,1999.

表 2-8-1　国内学者旅游地生命周期实证研究主要成果[1]

作者	案例地	资源类型	生命周期阶段划分	影响因素	调控措施
保继刚	颐和园	皇家园林	没有探索和参与阶段;1949年~1985年是发展阶段;1985年以后是稳定成熟期	经济发展水平,旅游容量	保持持久连贯旅游形象,控制旅游环境容量
	七星岩	洞穴型公园型	1980年前是发展阶段;1985年后是衰退阶段	相对竞争格局	开发新的旅游资源或利用广告、改进产品、降低成本和价格等办法并保持好的旅游形象来延缓衰退
	锦绣中华	主题公园	没有探索阶段、参与阶段和发展阶段;开业第一年出现游客最高峰,以后逐年下降		
	广东宝晶宫、贵州龙宫洞等	洞穴型	没有探索和参与阶段,直接进入发展阶段,巩固和停滞阶段很短,很快进入衰退阶段	旅游资源特点和旅游地空间竞争	
陆林	黄山九华山	山岳型	探索阶段:唐宋至20世纪三四十年代;参与阶段:20世纪三四十年代至1979年;发展阶段:1979年~1993年;成熟阶段:今后演化方向	旅游资源特点,区位条件,政策环境	坚持保护第一,充分开发景区,缓解旅游季节差异,延长旅游者逗留时间
朱晓杰	西安兵马俑	博物馆型	投入与起步阶段:1980年~1984年;发展阶段:1984年~1988年;成熟阶段:1988年以来		

二、山岳型旅游地的生命周期研究

中国山地面积占了全国总面积的2/3,也是中国最重要的旅游资源。对山岳型旅游地的研究也较为充分,不同类型的山岳型旅游地生命周期呈现不同的特征,按照保继刚等人的划分,主要包括具有广域旅游市场的国际级旅游地以及具有区域旅游市场的国家级旅游地的生命周期研究。

陆林(1996)通过对安徽黄山、九华山实证分析,研究了山岳型旅游地生命周期,认为黄山、九华山已经经历了旅游地生命周期的探索阶段、参与阶段,目前正处发展阶段。采取有效的措施,引导黄山、九华山向着生命周期成熟阶段演化是可能和必要的[2]。

蔡梅良根据Butler旅游地生命周期理论,分析了南岳景区生命周期的特征,利用数理统计方法进行了定量分析,得出了景区现阶段为恢复阶段的结论,同时也对其客源市场进行了分析预测,提出了延长南岳景区生命周期的发展策略[3]。

---

[1]杨效忠,陆林.旅游地生命周期研究的回顾和展望[J].人文地理,2004,19(5):5-10.
[2]陆林.山岳型旅游地生命周期研究——安徽黄山、九华山实证分析[J].地理科学,1997,17(1):63-69.
[3]蔡梅良.南岳景区生命周期的分析与调控[J].经济地理,2006,26(3):541-544.

文彤认为从早期的山区到2004年成为世界地质公园,广东丹霞山的旅游发展实现了由不为人知到全球知名的变化,借助旅游地生命周期理论,对丹霞山旅游生命周期进行阶段划分和特征界定,认为民间、政府、专家、企业等开发主体在丹霞山的成功发展中产生了重要影响,其作用机制对其他旅游景区具有值得借鉴的启示意义[1]。

三、关于喀斯特地貌旅游地的周期研究

对于喀斯特洞穴的研究也较为充足,根据保继刚等人的研究,喀斯特洞穴的旅游生命周期比较独特,往往没有探查阶段和参与阶段,直接进入发展阶段,孤立的洞穴巩固阶段和停滞阶段都很短,很快就进入衰落阶段,衰落到一定程度之后就会稳定在某一个旅游规模水平上持续发展,有些洞穴游客太少,不能维持正常的营运费用,就只有关闭洞穴[2]。

如果洞穴是在旅游热线上或镶嵌在著名风景区内,则其巩固、停滞阶段较长,不会很快衰落。作为地下空间的喀斯特洞穴,在没有开发之前,是黑暗和危险的,所以往往没有自发前往的游客。很少有探查阶段和参与阶段,顶多只有一个很短的发现洞穴后的本地居民的好奇探查阶段,这个阶段一般在地方政府采取保护措施后结束。而一旦它被开发出来,由于轰动效应会吸引大部分本地游客及部分外地游客,所以大部分喀斯特洞穴开发的第一年游客量达到最大;轰动效应过后,本地游客锐减,由于其吸引范围一般较小,所以很快进入衰落阶段。在旅游热线上或镶嵌在著名风景区内的喀斯特洞穴,可借助于已形成的旅游市场,分流游客,使其巩固和停滞阶段较长。

李睿、应菊英(2004)等对浙江瑶琳洞旅游地生命周期的研究也进一步验证了保继刚的结论,①自开发后直接进入快速发展阶段,游客量往往在正式开放后第3年~4年达到最大值;②由发展阶段直接进入衰落阶段,没有巩固与停滞阶段;③经过一段时期的快速衰落后,年游客量将逐渐趋于稳定[3]。

但是,也有特殊的原因使一些喀斯特溶洞的旅游地生命周期路径有所不同。丁建(2000)等认为建水燕子洞的旅游生命周期与一般喀斯特洞穴旅游生命周期有所不同,分为四个阶段,即探查阶段、参与阶段、发展阶段和衰落阶段。文章指出,建水燕子洞的旅游生命周期与其他喀斯特洞穴旅游生命周期相同之处是没有停滞阶段,从发展阶段直接进入衰落阶段;不同之处是有探查阶段和参与阶段,而且游客量达到最大时是在开发后的第四年,而不是第一年。丁建等进一步分析了影响该洞旅游生命周期的各主要因素,并提出重振建水燕子洞旅游业的对策和建议[4]。

四、关于其他旅游地生命周期研究

此外,还有针对城市旅游地[5]、海滨(岛)旅游地[6]、森林旅游地[7]、陆地水体旅游地[8]、历史文化遗产旅游地[9]等的旅游地生命周期的研究。上述实证研究时对不同类型旅游地生命周期

---

[1] 文彤.丹霞山世界地质公园生命周期解析[J].经济地理,2007,27(3):496-501.
[2] 保继刚.喀斯特洞穴旅游开发[J].地理学报,1995,50(4):353-359.
[3] 李睿,应菊英.溶洞型旅游地生命周期特点的定量研究——以浙江瑶琳洞为例[J].经济地理,2004,24(5):675-678.
[4] 丁健,保继刚.特类喀斯特洞穴旅游生命周期探讨——以云南建水燕子洞为例[J].中国岩溶,2000,19(3):294-289.
[5] 徐红罡,郑海燕,保继刚.城市旅游地生命周期的系统动态模型[J].人文地理,2005(5):66-69,19.
[6] 杨效忠,陆林.旅游地生命周期与旅游产品结构演变关系初步研究——以普陀山为例[J].地理科学,2004(4):117-122.
[7] 董成森,熊鹰,邹冬生.森林型生态旅游地生命周期分析与预测[J].生态学杂志,2008,27(9):1476-1481.
[8] 王联兵,刘小鹏.宁夏沙湖旅游地生命周期分析与发展预测研究[J].干旱区地理,2010,33(3):473-478.
[9] 孙根年,薛刚.25年来秦俑馆旅游生命周期与结构变化研究[J].干旱区地理,2007,30(2):284-288.

阶段划分与阶段特征作了一定的探讨,同时研究也基本支持了 Butler 的旅游地生命周期的阶段划分标准,但也针对不同类型旅游地在旅游地生命周期的历程以及不同阶段的特色。

第三节 旅游地生命周期理论的拓展

一、旅游地生命周期影响因素及动力机制研究

首先是理论上的探讨,如谢彦君剖析了影响旅游地生命周期的因素,认为直接影响旅游地生命周期的是需求因素、效应因素和环境因素。

需求因素,作为消费者或潜在消费者的行为(或期望)结果,是决定旅游地产生、发展和消亡的最重要的客观因素之一,尤其在开发论证阶段,需求论证是决定开发可行性的直接的决定性因素。

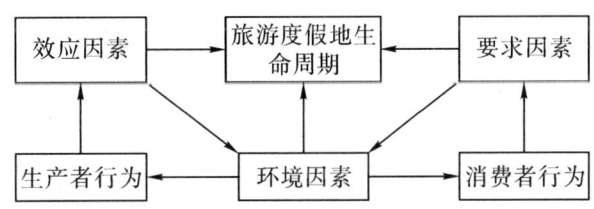

图 2-8-2 旅游地生命周期与各种相关因素的作用关系

效应因素相对于需求因素而言,是一种继发性影响因素。它对旅游度假地生命周期的影响,主要表现在 3 个侧面:即由旅游度假地的运行所引发的经济、社会和环境效应。

旅游地的环境效应是一个日益引起人们关注的领域。以往人们倾向于认为旅游是一种不引发环境负效应的活动。可是,越来越多的事实表明,旅游对环境的影响是非常严重的[1]。

伍海琳在强调影响旅游地生命周期的需求因素、效应因素和环境因素的同时,还强调旅游地的吸引力,认为其是旅游地生死存亡的关键因素。其体现在旅游资源的两大功能上,一是旅游资源的吸引功能,决定了旅游地对旅游者的吸引力的大小。一般来说,吸引力越大,其旅游地的生命周期就越长。二是旅游资源的效益功能,决定了当地旅游业的发展状况。旅游资源的经济、社会、生态效益越高,旅游业就越发达,旅游地生命周期也就越长。因此,从旅游资源这个角度来看,旅游地的吸引力不但严重地影响着旅游地的生命周期,而且也直接影响着旅游者的需求和旅游业的发展[2]。

李亚较为系统地探讨了影响旅游地生命周期的内部因素,包括市场区位、旅游资源特点、环境质量、旅游环境容量、旅游产品、旅游企业营销策略、旅游形象定位等;以及外部因素包括旅游地的交通通达性、同类旅游地的竞争、社会经济条件变化、政府政策因素、旅游地投资以及突发因素等[3]。

郭金海(2008)总结前人对旅游地生命周期影响因素的研究,基于经济供求视角,指出旅游产

---

[1] 谢彦君.旅游地生命周期的控制与调整[J].旅游学刊,1995,10(2):41-60.
[2] 伍海琳.旅游地生命周期的控制策略[J].企业经济,2005,298(6):105-107.
[3] 李亚,任敬.旅游地发展因子分析与研究[J].云南师范大学学报,2004,36(2):120-124.

品的供求矛盾是影响旅游地生命周期演化的根本驱动力,构建了旅游产品影响因素的供求矛盾驱动模型。并以"世界文化景观"庐山为例,划分其生命周期阶段,分析各阶段的供求矛盾,验证了供求矛盾驱动模型的科学性和有效性。分析当前庐山旅游的供求矛盾,并提出相应的对策与建议[1]。

税伟等(2005)通过城市化对城市近郊乡村旅游地生命周期的影响分析,把城市化分成向心城市化和扩散城市化2个阶段来探讨城市化对城市近郊乡村旅游地生命周期的影响。在向心城市化阶段不管近郊乡村旅游地是处于哪个阶段,向心城市化的发展都会加快推进城市近郊乡村旅游地不断由低级阶段向高级阶段发展。同时延缓近郊乡村旅游地快速进入衰落阶段。这一方面是由于城市人口增加了乡村旅游的现实和潜在游客;另一方面,则由于城市化带来的城郊的交通和基础设施的改善,旅游可进入性增强。再者,城乡交流也使城市近郊农民的市场意识、商品意识增强,发展乡村旅游的热情高涨,经营乡村旅游的水平也不断得以提高。此外,农户的环保意识增强,改善了郊区生态环境,使近郊区成了城市后花园[2]。

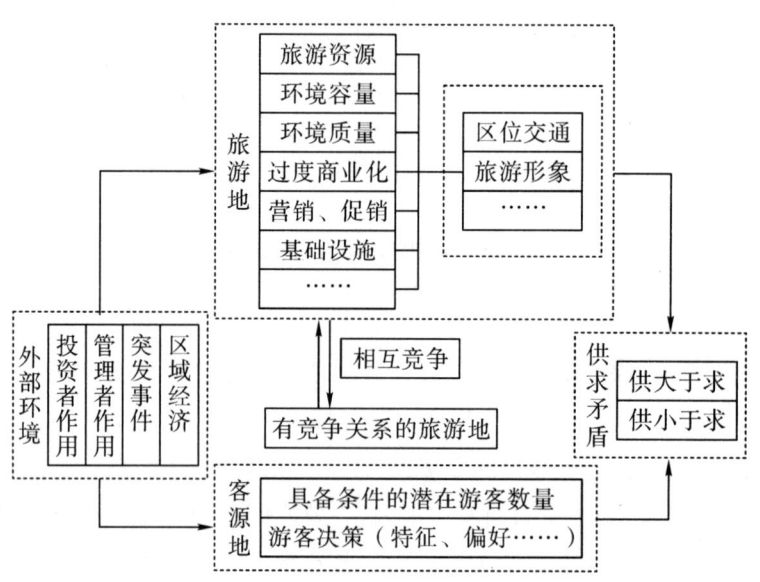

图2-8-3　旅游地生命周期供求矛盾驱动模型

上述实证研究也揭示了不同类型旅游地生命周期的主要影响因素。如保继刚等在对丹霞山进行研究时指出影响该旅游地生命周期的主要因素是旅游形象危机和景区开发不足[3]。保继刚研究认为喀斯特洞穴旅游地生命周期的主要影响因素是旅游资源的共性大、独特性小和空间竞争替代性强[4]。徐红罡等提出一般城市旅游地生命周期的研究框架,并论述了系统动力学方法对于旅游地生命周期研究的适用性和有效性,构建了一般城市旅游地旅游发展的系统动态模型,解释了城市旅游地发展的系统内部结构和各要素的作用机制[5]。

〔1〕郭金海,任黎秀,钟士恩,等.基于供求关系的庐山旅游地生命周期驱动力分析[J].地理与地理信息科学,2008,24(2):108-112.
〔2〕税伟,张启春,王山河.城市化对城市近郊乡村旅游地生命周期的影响分析[J].地域研究与开发,2005,24(6):89-92.
〔3〕保继刚,彭华.旅游地拓展研究——以丹霞山阳元石景区为例[J].地理科学,1995,15(1):63-70.
〔4〕保继刚.喀斯特洞穴旅游开发[J].地理学报,1995,50(4):353-359.
〔5〕徐红罡,郑海燕,保继刚.城市旅游地生命周期的系统动态模型[J].人文地理,2005(5):66-69,19.

二、延长旅游地生命周期模式

杨振之认为,Butler 的旅游地生命周期模式主要是一种旅游地生命周期的自然生长模式。但随着旅游业的深入发展,一个旅游地的生命周期是可以进行人为的控制和调整的,他以亲身参与的 2 个案例进行了比较。对如何评估旅游地所处的生命周期的阶段,提出了相应的参考指标,为开发者及早发现旅游地存在的问题[1]。

谢彦君认为对旅游地生命周期的控制和调整,实际上就是对相关的影响因素的作用力和作用方向进行控制和引导,以期最大限度地发挥这些因素对扩展旅游地的生命周期所能产生的积极影响。首先,要从宏观上树立旅游资源的战略性管理的观念,通过全面实施永续旅游战略,来延长旅游地的生命周期,推迟旅游地衰退期的到来;其次,要建立起完善的旅游地吸引物系统,并通过有效的、及时的产品再开发向这个系统提供应有的产品补充,以此谋求供给与需求的动态平衡。由于旅游吸引物系统实际上是一个包含时间维度的动态过程,因此,这就涉及在整个旅游地生命周期内吸引物系统的再开发问题。从需求的角度合理确定再开发的节奏、指向、序位和水平,是对旅游地生命周期进行有效调整的最为关键的问题之一。最后,有效地运用市场营销观念和手段,是从环境因素的角度控制旅游地生命周期的又一个切入点[2]。

三、旅游地生命周期的曲线模拟

旅游地生命周期理论已经提出了很多年,这一理论的研究仍然在发展,Haywood、Agawam 及 Cooper 等通过各自的研究认为旅游地生命周期理论只是一种事后诊断工具,缺乏模拟预测能力或预测能力不足,中国学者在理论上进行了新的拓展,尤其是对旅游地生命周期曲线的模拟进行了很多有益的尝试。

吴江、黄震方运用 Logistic 曲线对旅游地生命周期的发展阶段进行模拟,并应用 StellaⅡ语言建立了模型,代入一定的数据进行处理,模拟旅游产品生命周期曲线,对这一曲线的主要影响因素进行了讨论。根据以上研究,用 Logistic 曲线形式可以模拟 Butler 的旅游产品生命周期曲线,是一个旅游地生命周期的理想模式。通过对旅游地生命周期理想曲线的模拟可以得出以下启示:首先,可以明确旅游市场发展的非线性规律;其次,对旅游区潜在市场的开发提供一定的科学依据;第三,提出了旅游区回头客的重要性。通过旅游地的回头客比率,可以从理论上分析出回头客占市场份额的多少,能保证该旅游地的发展进入一个相对稳定的增长期,对于这一点,实际上提出了旅游地的吸引物系统(Tourism Attraction Systems)对旅游者的持续吸引功能及自身特色等方面。最后,文章也指出 Logistic 曲线模拟旅游地生命周期的局限性。该数学方法虽然能模拟出理想的旅游产品生命周期,但是由于计算表达式本身的原因,当曲线进入极限值时,始终处于最高值,对于旅游地游客人数降低、直至消亡或者再次复苏的现象,却无法表现出来,即无法表现旅游地生命周期最终阶段的变化[3]。

张良勇、徐中民等基于普遍认为旅游地生命周期理论缺乏模拟预测能力或预测能力不足的问

---

[1] 杨振之.试论延长旅游地生命周期的模式[J].人文地理,2003,18(6):44-47,43.
[2] 谢彦君.旅游地生命周期的控制与调整[J].旅游学刊,1995,10(2):41-60.
[3] 吴江,黄震方.旅游地生命周期曲线模拟的初步研究——Logistic 曲线模型方法的应用[J].地理与地理信息科学,2004,20(5):91-94.

题,考虑到符合生物生长周期理论的 logistic 曲线与该理论在曲线形式上有很大的相似之处,构建一个旅游地生命周期 logistic 方程,对不同的旅游地及其所处的不同阶段进行模拟,提出以差值趋零最小二乘法作为处于生命周期后期的旅游地环境承载力 C 的估计方法。以清明上河园和龙门石窟为例进行了模拟,计算得出 1999 年～2006 年 2 旅游地 C 值分别为 188.149 万人和 81.571 万人,2006 年模拟游客分别为 97.4 万人和 80.2 万人。结果表明,2 旅游地分别处于生命周期的发展期和滞长期[1]。

张骁鸣、薛丹分析了 Logistic 模型和 Gompertz 模型用于拟合旅游地生命周期曲线的内部数理逻辑,并通过收集中国部分省级行政区、重要旅游城市、著名旅游景区近 30 年的入境旅游人数统计资料,比较了上述两种数学模型对于拟合中国不同尺度旅游地演化过程的适用性,通过对模型拟合结果的比较分析发现,Logistic 模型和 Gompertz 模型对中国大部分旅游地都有较好的拟合性。具体来看,Logistic 模型更适用于空间范围较大的旅游地(省级行政区),而 Gompertz 模型则更适用于空间范围较小的旅游地(如旅游城市和景区)。然而也应看到,由于某些旅游地受到来自资源本底、产业环境、外部经济和社会等宏观环境的特殊影响,还有各种突发事件的干扰,往往呈现出独特的发展形态,并不严格遵循 Butler 模型所勾勒的演进过程,因而拟合优度较低。最后辩证地说明了旅游地生命周期假说的学术价值[2]。

杨永丰、罗仕伟、王昕等认为旅游经济的发展带动了地区经济的发展,但旅游地本身的发展客观上又受到生命周期的局限。旅游地生命周期发展受到多重因素的影响,并且很难排除人为因素带来的偏差,客观上要求对旅游地生命周期预警系统进行量化研究。基于此,文章以"拐点"理论、旅游地生命周期理论为基础,通过分析旅游地生命周期中"拐点"特征和旅游地发展水平变化的趋势分析,将影响旅游地生命周期变化的因素用数学模型来表示,使定性分析与定量分析相结合,构建旅游地生命周期预警系统,并对预警的原理和预警的类型进行分析,从而提高了旅游地生命周期预警效应的科学性、准确性和客观性,即通过对旅游地发展速度的正确分析与预测,得出不同类型警情旅游预警信号,为旅游地可持续发展提供预警方法和保障[3]。

四、其他方面的理论探讨

近来国内学者一方面引发其他学科理论对旅游地生命周期进行深度阐释,另一方面,将旅游地生命周期理论和其他理论结合应用,增强了生命周期理论对实践的指导作用。

王晓华、马耀峰等通过引入混沌理论哲学观念对旅游地生命周期理论进行探讨,研究旅游地系统中的奇异吸引子、初值敏感性及自相似结构等问题,对旅游地生命周期理论的理论价值、预测意义等作了探索,认为旅游地的成长必须围绕其奇异吸引子进行,也就是在充分考虑市场需求的基础上,通过对旅游产品的再生性开发延长旅游地生命周期[4]。

孙根年为了全面认识突发事件及其对旅游发展的影响,界定了由突发事件引起的旅游危机,将其划分为背景外源型和区域内生型;从旅游地生命周期的概念出发,提出了旅游危机生命周期

---

[1]张良勇,徐中民,焦文献.阻滞 logistic 模型在旅游地生命周期研究中的应用——以清明上河园和龙门石窟为例[J].西北师范大学学报(自然科学版),2009,45(3):100-104.

[2]张骁鸣,薛丹.旅游地生命周期的数学模型比较研究[J].旅游科学,2009,23(4):6-12.

[3]杨永丰,罗仕伟,王昕.基于拐点理论的旅游地生命周期预警效应分析[J].中国人口资源与环境,2009,19(1):110-113.

[4]王晓华,马耀峰,李天顺.基于混沌理论哲学观的旅游地生命周期理论[J].商业研究,2010(4):42-46.

的概念,将其从生成到解除划分为5个阶段;他分析了相邻年比较法在危机评价中的不足,提出了基于本底趋势线的旅游危机后评价理论。最后,以陕西秦始皇兵马俑对3次旅游危机响应为例,建立了入境旅游、国内旅游和旅游收入3条本底趋势线,完成了对1989年北京6.4事件、1998年亚洲金融危机和2003年"非典"3个突发事件旅游危机的后评价研究,揭示了其客流量损失、旅游收入损失及冲击的时间表,为旅游危机后评价研究提供了案例[1]。

更多研究体现在旅游地形象生命周期的探讨上,如李蕾蕾构建了旅游地形象的生命周期模式,对旅游地的不同阶段的形象设计与传播具有指导意义[2]。周年兴、沙润论述旅游目的地形象形成的8个阶段,并结合南京郊区旅游地的实际情况,对目的地形象的推广思路进行分析。从旅游者心理特征出发,提出了目的地形象的生命周期问题,通过对南京郊区旅游地形象现状的评估,认为钟山风景区形象趋于老化,面临形象的重新定位[3]。戴光全等从旅游产品再开发的角度出发,应用市场营销学的TPC理论和生命周期理论,分析了昆明市旅游产品再开发战略的方向、原则和发展重点[4]。

总而言之,旅游地生命周期理论是解释旅游地发展演化的最重要理论,也是当前应用最广泛的一个理论,20世纪80年代以来,国内的研究一方面主要集中在周期阶段划分及周期阶段特征、周期的影响因素、理论意义、该理论与其他理论相结合以及旅游地生命周期的分类实证研究等方面;另一方面,在旅游地生命周期理论价值研究上,国内学者的讨论较国外学者激烈得多。由于国内学者对旅游地生命周期理论的研究相对较晚,接受一个新理论需要一个过程,因而仍有可能出现对旅游地生命周期理论的质疑甚至是否定[5]。

该理论研究已取得了一定成果,并有效地指导了旅游地的规划、建设和管理,同时,我们也看到许多方面的研究有待进一步深入和拓展。①地域范围问题。研究的区域较多集中于旅游风景区,地域范围小,随着区域旅游的发展,大区域的生命周期研究应提上日程。②影响因素问题。研究已表明,旅游生命周期影响因素众多,但影响因素的系统和重点探讨有待加强,特别是重点因子的影响程度大小需界定。③衡量指标问题。旅游人次作为生命周期衡量指标在某些旅游地已不符合可持续发展的需要,有必要针对不同旅游地采用不同指标。④相关理论的结合应用问题。由于旅游地生命周期影响因素众多,单一理论应用可操作性弱,和其他旅游理论的结合应用,将拓展旅游地生命周期理论,这些问题可能是今后进一步研究的焦点[6]。

---

[1]孙根年.论旅游危机的生命周期与后评价研究[J].人文地理,2008(1):7-12.
[2]李蕾蕾.旅游地形象策划:理论与实务[M].广东:广东旅游出版社,1999:90-92.
[3]周年兴,沙润.旅游目的地形象的形成过程与生命周期初探[J].地理学与国土研究,2001,17(1):55-58.
[4]戴光全,吴必虎.TPC及DLC理论在旅游产品再开发中的应用——昆明市案例研究[J].地理科学,22(1):123-128.
[5]徐致云,陆林.旅游地生命周期研究进展[J].安徽师范大学学报(自然科学版),2006,29(6):599-603.
[6]杨效忠,陆林.旅游地生命周期研究的回顾和展望[J].人文地理,2004,19(5):5-10.

第九章　中国旅游地学研究展望

2009年底,中国在一个月之内连续出台了国务院《关于加快发展旅游业的意见》(国发[2009]41号)、《关于推进海南国际旅游岛建设发展的若干意见》(国发[2009]44号)等一系列文件,将旅游业的产业定位提升到一个前所未有的高度,这在中国旅游产业发展中具有里程碑的意义,标志着旅游业将进入新一轮的战略机遇期。《意见》把旅游定位为民生的需要,实现了以市场经济为基础配置资源、走内涵式发展道路及以服务质量作为立业之本等发展观念的转变,并同时指出休闲度假、旅游装备制造、产业融合等将是实现旅游业转型升级的重要方向。

在《意见》的战略指导下,产业的发展必然会对旅游科学研究提出新的要求。当前,中国旅游研究由于缺乏国家公共创新资源配置和重大研究项目,对旅游基础理论和基本知识、旅游业发展现状的统计普查和运行监测、旅游科技发展和装备制造、旅游的环境影响与低碳、循环和可持续发展等一系列直接关系产业发展的重大科学问题没有进行系统深入研究,旅游研究的原始创新能力不强。

2011年开始设立旅游日,国民休闲旅游计划也正在推进,2013年我国颁布实施旅游法这些都将大大地促进旅游业和旅游地学的发展。针对当前旅游研究的薄弱环节,应顺应旅游业发展的新趋势和新需求,以设立重大专项课题等形式,集成研究力量,开展旅游地学领域的重大基础性和应用性研究,以加快提升中国旅游科技原始创新能力。

第一节　当前旅游地学研究热点问题

一、作为战略性支柱产业的旅游业发展研究

2009年11月25日,国务院出台了《关于加快发展旅游业的意见》,提出要把旅游业建设成为战略性支柱产业。这是到目前为止,国内外国家层面首个正式的关于旅游业最高定位的文件,文件在旅游界引起了强烈的反响。

吴殿廷等分析了把旅游业作为战略性产业的必要性、可能性及战略对策。以产业经济学和区域经济演变理论为指导,对战略性支柱产业的内涵和旅游业建设战略性支柱产业的意义及可能性进行了深入剖析,运用多模型对国务院决策目标的实现可能性进行了测算。研究认为,旅游业不是一般意义上的战略产业,目前中国的旅游业规模也远没有达到支柱性产业的地位。提高城市化,推进工业化,增强制造业竞争力,加快发展高新技术产业和新材料、新能源工业,避免泡沫经济,是当前中国社会经济建设的主要任务。但是在当前出口受阻、就业压力巨大、碳排放瓶颈制约越来越严峻的情况下,把旅游业建设成为战略性支柱产业有着特殊的意义,文件中关于2015年旅

游业发展目标是基本可行的,也是完全必要的[1]。

王健从战略性产业的概念解读入手,分析了将旅游业培育成国民经济战略性支柱产业的实施机制。文章认为,这一实施机制一方面在于旅游业本身的有效运作,另一方面在于保障性系统的有效运作。要将旅游业培育成战略性支柱产业,旅游法制建设系统工程和旅游教育与科研系统工程是2项必不可少的根本性保障系统。前者由立法和执法2个子系统构成,后者由旅游教育和科学研究2个子系统构成[2]。

二、全球变化背景下的旅游业响应

随着全球气候变化日益加剧,旅游业是全球变化影响下的敏感和脆弱的产业之一,科学分析气候变化对旅游业的各种影响,提出旅游业应对气候变化的对策措施,有助于促进旅游业的可持续发展。

钟林生、唐承财等从旅游资源、旅游市场格局与游客行为、旅游产品、旅游服务体系、旅游效益等5个方面分析气候变化对中国旅游业的影响,提出中国旅游业应对气候变化的对策措施包括提高旅游全行业对气候变化的认识、加强旅游资源保护与创新、开发气候适应性强的旅游产品、增强主动应对气候变化的综合能力、建立健全应对气候变化的保障机制、积极开展国际交流与合作等。为中国旅游业应对气候变化的影响决策提供理论指导[3]。

刘春燕、毛端谦等对气候变化对旅游影响的研究情况进行了归纳,从气候变化对旅游影响的研究历程、研究方法和研究热点、旅游对气候变化的影响等方面对气候变化与旅游相互影响的研究进行了综述与展望。认为国内外对于气候变化与旅游活动之间相互影响的研究仍十分有限,但正在逐步升温,近年来已取得了一系列的新进展。目前的研究文献对定性研究结论是比较清晰和一致的,即认为长时间内的区域气候变化及短期内的特殊天气事件会影响目的地的旅游需求及活动,并最终对目的地的旅游经济绩效产生影响。

但是区域气候变化对目的地旅游需求的影响关系是相当复杂的,短期内特殊天气事件对当地旅游业的影响仅仅是其中的一个方面,而在这方面的研究中,区域气温的变化也仅仅反映了一个重要的影响因素。因此,在此方面还有太多的问题需要人们去进一步探索和研究。对旅游业和旅游目的地如何应对气候变化,减缓气候变化对旅游业的不利影响和减缓旅游业对气候变化的影响等方面的研究还处于起步阶段,是今后应该加强的研究领域[4]。

三、低碳旅游与生态旅游研究

哥本哈根全球气候大会,再次把人类发展的命运聚焦在应对全球气候变化的战略性命题上来。中国政府在不附加任何条件的情况下,做出了相对于2005年基础上的单位国内生产总值CO_2减排40%~45%的庄严承诺。由此,无论人们是否自觉情愿,都必须以一种全新的低碳生产与生

---

[1] 吴殿廷,王丽华,王素娟,等.把旅游业建设成为战略性支柱产业的必要性、可能性及战略对策[J].中国软科学,2010(9):1-7.

[2] 王健.把旅游业培育成战略性支柱产业的两个根本性保障系统[J].旅游科学,2010,24(5):1-6.

[3] 钟林生,唐承财,成升魁.全球气候变化对中国旅游业的影响及应对策略探讨[J].中国软科学,2011(2):34-41.

[4] 刘春燕,毛端谦,罗青.气候变化对旅游影响的研究进展[J].旅游学刊,2010,25(2):91-96.

活方式,来应对低碳经济与低碳社会的到来。

汪宇明认为,旅游已经成为跨入小康社会中国公民的重要生活方式,旅游业日益显示出其"资源消耗低,带动系数大,就业机会多,综合效益好"的产业特征。倡导低碳旅游,探索旅游发展的新方式,自然而然地成为旅游发展"十二五"规划的重要选项,也是旅游发展在"统筹人与自然的关系"层面的重大进步。

倡导低碳旅游,推进旅游发展方式转型是一个长期的过程,又是一个需要政府、企业和公民共同行动的领域。《哥本哈根协议》背后的深刻国际背景,告诫中国人必须抢占低碳旅游发展的战略制高点。"十二五"期间,是中国倡导低碳旅游、全面推进旅游发展方式转型的首个5年规划阶段。旅游发展规划是一个国家或者一个地区位居高端或顶端层面的战略设计与规划。必须站在这样的战略高度层面上来思考"十二五"期间的旅游发展规划问题,改变规划的传统思路。要基于"碳源、碳汇、碳流"属性及其可测性量度建构考核旅游业绩效的技术经济指标,做出"十一五"期间中国旅游业"碳排现状"的科学评估,并与国家所确立的2005年基准年挂钩,在旅游交通、旅游酒店、旅游餐饮、旅游景区等旅游者最集中的层面或空间,率先科学提出旅游业的节能减排规划指标,遵循"低碳、微排、优区位"原则与"减排、微排、中和"的技术经济途径,建设一批高等级低碳旅游示范区,引领中国旅游发展方式的转型,从而促进中国低碳旅游装备制造业的崛起,建构促进中国低碳旅游发展的技术经济政策及体制机制[1]。

四、旅游产业集群与产业融合研究

产业集群是当今产业组织发展的重要形式之一。在中国从产业集群的角度来研究旅游经济现象,还是近年的事情,但发展迅速,其表现有3个方面:一是有关旅游产业集群研究成果的数量迅速增加;二是内容上,研究的领域迅速细化。学者们借鉴产业集群的研究方法和经验,结合旅游产业的实际情况,从概念、特征、形成机制、竞争优势、竞争力、集聚度等方面进行研究;从主题旅游、乡村旅游等方面,对旅游产业集群进行专题分析;三是对旅游产业集群的探讨更结合实际[2]。

产业融合是20世纪70年代以来,在以信息技术为核心的高新技术的快速发展的推动下产生的经济现象。中国旅游业在快速发展进程中,同时因其所具有的高度关联性特征,已产生了跨界融合的发展迹象,一些新型业态不断涌现,引起有关专家学者的关注和探讨,现有旅游产业融合研究成果主要包括两个方面:①关于具体某一产业与旅游业相融合的研究;② 关于旅游产业融合的基础理论的研究,这方面的研究成果相对较少。

纵观上述研究成果都是近3年的研究成果,体现旅游产业融合是一个新的旅游研究领域,而且现有成果主要集中于个别产业与旅游业相融合的应用研究,目前还缺乏关于旅游产业融合一般理论的专门的、系统的论述,尤其对旅游产业融合路径的研究不够深入[3]。

---

[1]汪宇明.倡导低碳旅游,推进发展方式转型[J].旅游学刊,2010,25(2):11-12.
[2]高洪涛.我国旅游产业集群研究综述[J].许昌学院学报,2010,29(1):133-135.
[3]麻学锋,张世兵,龙茂兴.旅游产业融合路径分析[J].经济地理,2010,30(4):678-681.

第二节　中国旅游地学研究未来发展趋势

针对中国旅游地学研究中出现的问题与不足之处，结合当前旅游业发展新形势、新热点，未来中国旅游地学研究亟需在以下几个方面进行拓展。

一、要加强基础调查与统计创新研究[1]

目前迫切需要进行4类普查：

第一类是国民休闲状况普查。休闲发展事关国民生活质量，也是旅游业转型升级的战略方向，《关于加快发展旅游业的意见》中已明确要加快中国休闲产业发展。但到目前为止，对中国居民休闲产品消费、休闲活动类型、休闲服务质量等方面只有零散的实地调研和网络调查，全貌性的现状信息和整体性的战略研究还是空白。因此，应分区域、分阶层、分工种、分机构等对全民休闲状况、休闲质量以及节假日制度、带薪休假制度落实情况进行广泛普查，以获得真实的第一手数据资料。在此基础上，研究制订《国民休闲纲要》《国民休闲指南》以及节假日及带薪休假制度落实保障等。

第二类是新时期旅游资源普查。随着消费结构升级、休闲度假发展和社会需求日益多元化，旅游资源组成及组合也更加丰富，滨海、山地、湖库水系等度假资源、传统文化资源、现代产业资源、特色民族民俗资源、城乡社会资源、流动性节事展会资源、创意创新资源与现代信息资源等重构了旅游资源谱系，亟需以现代旅游观为基础进行全国旅游资源普查，并以新的标准进行分级评价，以适应现代旅游产品的开发规划与市场需求。

第三类是旅游经济普查。由于旅游产业的融合发展、社会性发展和业态创新较快，要全面掌握中国旅游业的发展规模、结构和效益等情况就需要进行旅游经济普查，建立健全基本单位名录库及其数据库系统，为研究制定旅游业发展战略提供基础数据支撑。

第四类是旅游环境影响普查与监测。伴随产业规模迅速扩张，旅游业整体对生态环境的影响不可忽视，应依托国家生态系统观测研究网络等成熟平台和研究力量，借助生态学、地理资源科学等在生态领域的研究优势，开展旅游生态环境影响普查、监测与评价研究等。

统计研究内容方面，客观而言，旅游统计在服务业统计中是走在前列的，中国的旅游统计在全世界也是领先的，以旅游卫星账户为核心的中国旅游统计研究是有所创新、突破和贡献的。但由于旅游业社会化发展趋势加快，与相关产业和行业的融合发展加快，目前统计口径普遍偏小。为形成完善的统计体系，应着重在2个层面加强研究：一是旅游统计的基础理论研究。深入研究旅游业在国民经济和社会发展中的功能、贡献及其与相关产业的关联，明确旅游统计的对象和经济规模。二是统计方法创新研究。加快现代信息科技在旅游统计中的应用研究和数据挖掘，重点是利用卫星遥感监测统计旅游投资建设规模，利用移动通信的漫游系统监测统计旅游者规模，利用旅游电子商务服务商的交易数据、浏览数据等对散客和新业态进行统计分析。

---

[1] 石培华，冯凌.新时期中国旅游研究十大创新方向展望[J].北京第二外国语学院学报，2010(5):1-7.

二、强调旅游地理学研究中的问题意识

保继刚认为,由于学术研究概念与价值被扭曲、对研究问题认识不足、缺乏系统的理论梳理、缺乏实践深度,造成了中国旅游地理学研究问题缺失的现状。研究问题是科学工作的核心,研究问题的缺失导致中国旅游地理学的知识贡献与其表面的兴盛极不相称。必须要有一批远见卓识之士不遗余力地推动理想主义的理性回归,巩固其成果,扩大其影响,必须从政府层面推动学术评价制度的重建。总之,必须在整个学术共同体中呼吁"问题意识",唯有如此,旅游地理学方能在地理学分支学科之林中发展壮大。所幸,尽管研究问题的缺失是中国旅游地理学的普遍现象,但已有学者认识到问题的重要性,而在国内最高等级的地理学刊物中,也可以见到围绕很好的研究问题展开深入研究的学术成果[1]。

三、重视旅游产业地理研究

中国旅游业走的是先发展入境旅游后发展国内旅游的非常规发展之路,产业的许多领域虽与国际接轨早但产业还很不成熟,产业门槛低科技含量少,从业人员素质较低,属劳动或就业密集型的服务业。旅游业实践发展很快但缺少理论支撑,因而使旅游学成为一门实践带动理论而不是理论指导实践的学科。目前世界各国对旅游业的理论和实践界定都不尽一致,旅游交通理论上应包括航空、船运、公路交通、铁路交通等,但实践中4者却分属不同的产业部门,中国旅游交通效益统计仅包括目的地城市到旅游景区点的交通。旅游业的直接、间接经济效益都不能令人信服地清晰统计出来,旅游效益统计数字往往被经济和计划部门人士认为"水分太大"而不被认可。2003年非典疫情发生期间,国家税务部门认为饭店业在国家税务部门没有被划在旅游业旗下,因而不能享受国务院发布的延长税收优惠的政策。旅游业成为一个在理论和实践中行业领域范畴皆不能清晰界定的产业。经联合国批准推出的"旅游卫星账户"(TSA),就是为了规范旅游的行业统计方法和内容,用于测量一国或一个地区经济中旅游所具有的规模。旅游业的产业界定和划分极其复杂,但已成为一个不得不解决的问题。

旅游业理论中还有一块即区域旅游产业布局、结构、竞争、联合,以及旅游行、吃、住、游、娱、购等6要素相关联行业的关系、布局、联合、网络化等问题。这一领域研究的欠缺导致全国及区域旅游饭店、旅行社等,出现供求过剩和需求不足并存的窘境。前者致使旅游企业过度竞争,后者因为基础设施的不足制约区域旅游业的发展;由于大旅游的行业配合及衔接存在问题,加上旅游的负数效应,导致旅游中某一个环节的问题而使游客在整个旅游行程中的满意度降低。同时,随着中国旅游业的大力扩展和发展,旅游行业部门和文物、建设、环境保护、国土资源、林业、水利、文化等行业部门的矛盾日渐上升,如何协调和处理不同行业和地域的关系,构建良好的旅游大环境已成为旅游研究的一个亟需解决的热点问题。这一领域的研究由于其综合性、区域性的特点,正符合地理学综合性、区域性研究特别是经济地理擅长于生产力布局与生产地域综合体研究的学科特长,可称之为"旅游产业地理",其理所当然地应纳入地理学的研究视野。应重点探讨区域旅游产业的布局、联合与竞争、网络化结构以及不同行业的配合、配置、关系等问题,以求在这一领域取得

---

[1] 保继刚. 中国旅游地理学研究问题缺失的现状与反思[J]. 旅游学刊,2010,25(10):13-17.

突破性进展[1]。

明庆忠等亦指出,旅游产业地理是旅游地理学研究的核心与主题,他认为,旅游地理学研究内容纷繁复杂,研究主题分散,核心内容未能突凸,过分重视实践性应用等导致了旅游地理学理论和方法未能得到迅速提升,学科地位有被弱化和边缘化的趋势。在今后的研究与发展中,旅游地理学应以地理学的传统——以人地关系地域系统为核心的区域性、综合性、应用性等为基础,聚焦于旅游业地域景观系统——旅游产业地域综合体研究,重点研究旅游产业地理,即旅游产业的形成基础、空间分布、空间格局的形成演化、机制、产业集群、产业地域整合与提升等,只有这样,才能在众多的关于旅游现象研究的学科之中充分发挥地理学的优势,树立其主体地位,推进旅游地理学的理论、方法及应用的全方位发展[2]。

四、突出景观业研究[3]

旅游"三体学说"中的"旅游介体"即旅游业,在产业构成上的认识并不一致:从联合国的《国际产业划分标准》来看,可以认为旅游业主要由旅行社、交通客运部门和旅馆住宿业部门3部分构成,在中国人们通常持此"三大支柱"观点;国外亦有人认为旅游业应由住宿接待部门、游览场所经营部门、交通运输部门、旅游业务组织部门和目的地旅游组织部门5部分组成;还有学者从部门关系和直接收入划分认为,一类旅游行业由交通、旅行社、住宿餐饮和旅游景点构成;二类旅游行业指从旅游中直接获益的行业,如商品零售、银行保险、娱乐休闲、个人服务等;三类旅游行业包括辅助服务,即公共服务、出版印刷、食物燃料、制造和批发业、旅游基础设施和设备等;中国有些学者认为旅游业应包括直接旅游企业和间接旅游企业,由旅行社、饭店住宿业、餐馆业、交通客运业、游览娱乐行业、旅游用品和纪念品销售业、旅游管理机构和旅游组织7部分构成;也有些学者认为,旅游业是一个复合型产业,由旅游观赏娱乐业、餐饮住宿业、旅行社业、交通通讯业、旅游购物品经营业5部分构成。

旅游业的核心产品或主导型产品本质上对旅游者能产生吸引力的是目的地的景区景点,其构成了旅游产业的核心产品。景区景点及其外延构成了景观业。"三大支柱"实际上属于旅游产业的从属产品。中国旅游业构成未将景观业纳入"三大支柱"而成为"四大支柱",是由于长期以来计划经济的影响,中国绝大部分旅游景区景点还从属于不同的行政、行业部门。中国旅游业界及其学术界这几年正在进行的国有旅游资源所有权和经营权可否分离的大讨论,实质上是旅游景区点所构成的景观业是否归属旅游产业的问题。显然,旅游业理论上的不清晰,实践中从制度和观念方面制约了中国旅游区的产业化进程。而景观业义不容辞应属于旅游地理学研究的内容,和经济地理学的关联更为密切,其和旅游地或旅游目的地研究的区别在于是否关注产业经营。地理学者利用学科优势,集中力量研究景观业问题并取得突破,将在理论和实践方面会对中国旅游业跨越式发展作出极其重要的贡献。

五、关注旅游规划理论创新

目前,中国旅游地理学者大都承担着大量的旅游资源开发与规划项目,为中国旅游业发展作

---

[1]马耀峰.中国旅游地理学的优势与挑战[J].地理学报,2004,59(S):139-144.
[2]明庆忠,陈英.旅游产业地理:旅游地理学研究的核心与主题[J].云南师范大学学报(哲学社会科学版),2009.
[3]马耀峰.中国旅游地理学的优势与挑战[J].地理学报,2004,59(S):139-144.

出了巨大贡献。随着中国宏观经济的持续快速增长,旅游规划的市场需求热潮可能还会持续较长的时间,旅游地理工作者的"日夜忙碌"的状况,致使很难有时间坐下来认真总结、深入思考。目前中国旅游规划存在的模式单一、思路趋同、缺乏新意、创新乏力、雷同开发等问题,出现的旅游规划空泛化、套路化、模块化等问题,与此不无关系,实践中已部分出现旅游景区的重复建设、劣质开发和资源浪费。当然,造成这种状况的原因复杂多样,我们不能简单把原因归咎于自己,但地理学的学科优势和特长要求我们力求避免和阻止这种趋势的进一步发展。这就要求我们在完成旅游项目的同时,需从理论层面进行冷静思考、深入探索,积极研究旅游规划设计的创新机制以及创新模式,能够取得进展。

六、关注低碳旅游、生态旅游研究

从《京都议定书》到《巴厘岛路线图》再到《哥本哈根气候协议》,低碳经济、循环经济已从学者的讨论过渡到发展实践,其苗头显示将成为新一轮经济复苏的动力和世界经济新的增长点,甚至将有望成为下一轮经济发展的主流。在低碳经济时代,响应国家到2020年碳排放比2005年下降40%~45%的"节能减排"目标与产业结构调整政策,中国旅游产业需要加快从粗放式向集约式发展转变,提高旅游业科技含量,进一步压缩旅游企业的运营成本,降低旅游发展的资源环境依赖性,使其真正成为资源节约型和环境友好型产业,主动承担社会责任和国际义务。

从绿色旅游、可持续旅游、生态旅游到低碳旅游,旅游业的可持续发展实现了3个重要转变:一是从理念到技术支撑,更具操作性;二是从理想到行动,国家有更明确的战略支持;三是从一个理论体系推进到一个工作体系。在此背景下,亟需开展:景区、饭店等旅游企业"节能减排"研究;旅游业生态材料和节能材料应用研究;旅游业中太阳能、生物能、有机能等清洁能源应用研究;基于旅游企业轻资产特性的设备租赁、能源合同管理研究;旅游生态补偿和生态保育建设的增长潜力研究;旅游资源环境保护关键技术研究;旅游业循环经济发展模式研究;低碳旅游发展标准研究等[①]。

七、现代化背景下旅游业新格局研究

一是现代交通和急剧的城市化进程改变了时空格局,旅游产品空间设计与组合、区域产业供给与生产力布局等都亟需调整。在工业化带动快速城市化的中国发展主旋律下,以东部沿海城市圈、城市群和特大型城市为龙头,推动了前所未有的中国城市化进程和城镇体系格局的迅速演化,同时,随着近年来全国现代化的航空、高铁、高速公路等交通设施日益发达,跨区域交通格局优化改善,近城化、同城化与区域一体化效应日益显现,在大幅压缩旅游者时间距离的同时,扩大了旅游消费的空间范围。在以上背景下,旅游需求和消费的时空关系变化多样,使旅游产品布局、线路设置和区域产业格局需要进行适应性调整。二是在变革创新不断的新环境和新形势下,亟需开展对新业态和商业模式创新的系列研究,以引导旅游业转型升级。随着旅游者对个性化、多样化、高级化旅游产品的需求增大,散客化、自由行旅游方式渐成时尚,旅游者对原生态、健康生活、文化修养、高尚品位、服务质量和科技效率的追求推动市场正在出现新的需求形势。与此对应,依托或运用最新科技成果,以及与自然生态、城乡环境等资源,与现代交通、会展商务、金融保险、传媒信息和创意文化等新经济要素的结合,旅游产品建设、企业经营管理等生产供给也渐趋多样化。

在此背景下亟需开展的主要研究内容包括:

第一,现代城市化进程、交通变革与旅游产业布局研究。为对旅游产业结构空间调整和企业投资提供科学的管理和决策服务,开展现代旅游流理论研究、旅游产业要素发展的时空规律研究、高速城市化背景下旅游业空间格局变化研究、中国旅游区域流动格局与过程研究、基于国土功能区划和交通发展的区域旅游增长潜力研究、现代服务业与旅游经济融合发展的空间格局研究、区域旅游产业生产力布局调整研究、基于旅游产业空间格局变化的企业投资分析与决策服务研究等。

第二,旅游产业融合与新模式研究。包括:一是产业融合研究,包括旅游发展与传统农业改造优化研究、中国农村进化与乡村旅游发展研究、旅游发展与工业遗产利用研究等;二是商业模式与企业创新研究,包括旅游集团的公司治理与发展战略研究、创业板与旅游企业成长研究、旅游企业扩张模式研究、旅游企业经营管理比较研究、IT与旅游企业发展研究、旅游投融资机制研究等[1]。

八、旅游资源环境保护与相关领域研究

郑芳、陈田等分析了目前旅游与环境资源关系的研究现状,总结了当前研究的重点与不足,认为旅游环境资源价值评估的理论基础需要进一步完善,应加强多种评估方法的集成应用以及人文旅游资源价值评估实践。关于旅游可持续与生态旅游,研究方法总体上定量化不足,方法应用比较局限,且研究内容不够丰富,所以内容充实与多种方法运用及定量化研究是今后研究的突破点。关于旅游与环境资源耦合关系研究,研究内容相对分散,环境对旅游的作用是研究的薄弱点,今后需要在旅游研究中多加考虑环境的作用,再者旅游与气候关系研究没有得到重视,所以应该多加考虑旅游与气候关系研究,以适应全球气候变暖大背景。环境资源管理方面旅游税、环境税以及环境保证或生态保证的研究,也是今后的研究重点。此外,研究主题需要进一步拓宽,研究视角应实现多样化,全面考虑社会科学与自然科学的相关学科视角并注意多视角综合研究[2]。

石培华、冯凌也指出,应依托国家资源与环境信息系统重点实验室、生态系统观测研究网络等成熟平台和研究力量,借助地理资源科学、生态学等在资源环境领域的研究优势,开展旅游发展与自然资源持续利用研究、旅游环境容量指标体系与阈值研究、中国生态旅游发展现状调查与标准化示范研究、旅游的生态服务消费与生态补偿机制研究、脆弱生态区旅游发展可行性评估与实施方案研究等。未来研究的主要创新点体现在:重视旅游发展的资源环境影响和生态旅游的标准化研究,开创旅游的生态服务消费、补偿和社区发展研究[3]。

九、注重以"3S"技术为代表的新方法、新技术手段的应用[4]

1. TGIS可能成为一个新兴研究领域

随着互联网技术的广泛应用,旅游与电子商务的研究不断融合,如今已经形成旅游电子商务(Tourism E-commerce)研究领域。同理,随着GIS从科学技术到产业实践不断发展,旅游科学与GIS研究不断交叉融合,也将形成一个新的研究领域——TGIS。目前国内基于GIS技术的旅游研

---

[1]石培华,冯凌.新时期中国旅游研究十大创新方向展望[J].北京第二外国语学院学报,2010(5):1-7.
[2]郑芳,陈田,侯迎等.旅游与环境资源关系研究进展[J].地理科学进展,2010,29(6):663-669.
[3]石培华,冯凌.新时期中国旅游研究十大创新方向展望[J].北京第二外国语学院学报,2010(5):1-7.
[4]黄潇婷.国内基于GIS技术的旅游研究进展[J].地理与地理信息科学,2009,25(4):80-83,99.

究经历了"采用 GIS 技术辅助建立 TIS"到"基于 GIS 和 TIS 构建 TGIS"的阶段,在旅游信息系统的研究方向上衍生出 TGIS 的学术概念。当 TGIS 不再仅指代升级版的旅游信息系统,真正实现 GIS 与旅游科学交叉互动时,TGIS 将成为一个可以与旅游电子商务并列的新兴研究领域。

2. 研究的重心将由旅游资源向旅游者转移

在目前 TGIS 的模块构建中涵盖了旅游景点、旅游饭店和旅行社等,但没有旅游者。一方面是由于 GIS 技术目前主要服务于旅游市场的供给方(企业、政府和相关机构);另一方面从技术层面上讲是由于旅游资源和旅游产品的相关数据相对容易获取(采用遥感影像等技术)。但归根结底,目前 TGIS 的构建思想仍然没有超脱传统 TIS 的构架,只是采用 GIS 技术,在数据管理和分析功能上升级了,而数据管理的范围并没有拓展。GIS 传统的空间分析功能通常适用于大尺度或多区域空间,适应规划者的使用需求,国外 GIS 研究者已经着手开发相对小尺度和特定点状地块的空间分析功能。随着 GIS 与移动技术和网络技术的结合,基于 GIS 的位置服务很快会进入大众市场。通过这些商业化运作的位置服务平台,获取旅游者行为特征和个人属性的数据将成为可能。研究的关注点从旅游资源和旅游产品转向旅游者,既是旅游产业实践的需要,也是旅游研究的科学要求。

3. 与虚拟技术的结合是研究的突破点

虽然目前与虚拟技术结合的 GIS 在旅游研究中应用较少,但已初步显现两个方向:模拟旅游目的地和模拟旅游者。技术上能够单独实现对旅游目的地和旅游者的模拟,则实现对旅游目的地与旅游者互动的模拟将成为可能。基于 GIS 的旅游研究与虚拟技术的结合将是该领域研究的突破点,也将成为 TGIS 科学领域建立的里程碑。做出这样的判断是因为 GIS、旅游与虚拟技术的结合既需要解决软件编程等技术方面的问题,更需要获取模拟对象的各项参数。而获取模拟对象的各项参数,则需要旅游研究人员对模拟对象相关研究成果的积累,这个过程将直接促使 GIS、旅游和虚拟技术相关领域研究人员的合作。从科学发展的过程看,学科发展将经历对研究对象的描述、解释和预测 3 个阶段。与虚拟技术的结合将使得基于 GIS 技术的旅游研究不仅实现采用 GIS 技术对旅游相关数据进行管理和分析,还将实现对旅游目的地发展和旅游者行为的科学预测。

第三篇

中国旅游分区和旅游地

- 中国旅游地理区
- 中国旅游地的省区分布
- 中国热点旅游地

第一章　中国旅游地理区[1]

第一节　中国旅游地理分区原则与分区方案

一、分区原则

相似性与差异性相结合原则　相似性与差异性是区划的基本原则,通常将旅游资源成因、形态、基本状况和旅游业发展方向相似的区域划为同一旅游地理区。同一旅游区的主体旅游资源应保持一定的一致性,形成各旅游区的特色,构成与其他区域的差异性。

主导因素原则　旅游地理区内部一般由多种类型的旅游地组成,各类型旅游资源和旅游地在旅游地理区内的作用是不同的。在旅游地理区划时,要筛选出其中对旅游业影响最直接、最重要的主导因素,以更好地表现出该旅游地理区的特点,因此,在旅游地理区划时,要考虑到主导旅游资源和旅游地因素。

综合性原则　旅游资源是由自然地理要素和人文地理要素长期相互作用形成,同时,旅游业是一项综合性的产业,整体效益是地理区划和系统优化的主要目标,旅游地理区划需要兼顾自然环境、人文社会经济条件等多种因素的关系和结构,也需要纵向兼顾旅游业的历史基础、发展现状和未来目标等因素,统筹考虑,合理划分区域。

完整性原则　旅游资源分布具有明显的地域性,每个旅游地理区都应是相对独立的地域综合体,承担其相应的职能,旅游地理区划应尽量保持每个等级的旅游区在地域和职能上的完整性,即能够满足食、住、行、游、购、娱等旅游的基本需求。由于旅游业是一种文化经济产业,其发展涉及国民经济的各行政管理部门的协调与平衡,受政府的政策影响较大,因此,旅游地理区划应尽量保持行政区的完整性,这样有利于区域旅游业的发展。

二、分区方案

本书根据旅游地理区划的原则,结合中国自然地理区划以及文化的地域性和景观的差异性,兼顾行政区划完整性,采用三级分区方案,将中国旅游地理区划系统分为3个层次:一级旅游区(9个)、二级旅游区(32个)和三级旅游区(若干)。

(1)一级旅游区　将中国分为9个一级旅游区,以区位、旅游景观、文化背景三因子相结合的

---

[1]本篇由王三三、杨欢、姜晔执笔,姜晔、吴殿廷统稿,吴殿廷定稿。

命名方法,包括:东北北国风光关东文化旅游区、黄河中下游古今风貌华夏文明旅游区、华东江南山水园林吴越文化旅游区、华中湖山天色荆楚文化旅游区、华南亚热带—热带风光岭南—中西文化旅游区、西南奇山秀水巴蜀民族风情旅游区、西北大漠风光丝路文化旅游区、内蒙古塞外风光草原风情旅游区、青藏雪域高原藏传佛教文化旅游区。考虑到旅游业受政府的政策影响较大,且方便统计,本区划保持了行政区完整性的原则,有些旅游区的部分区域可能与其他旅游区资源特点更为相似。

(2)二级旅游区　以中国行政区划为基础,把单个的行政省、自治区、直辖市作为二级旅游区,将港澳台地区整体作为其中一个二级旅游区,共包括32个二级旅游区:即31个省市自治区和港澳台地区。

(3)三级旅游区　以最基层的旅游具体实施地为单元,即二级旅游区下的具体旅游地和旅游景点,本书选择不同评价标准下的各类热点旅游地。

第二节　东北北国风光关东文化旅游区

一、旅游环境概述

1. 自然地理特征

(1)区位　东北北国风光关东文化旅游区(以下简称东北区)位于中国东北角纬度最高的位置,北纬38°43′~53°31′,东经118°53′~135°20′,北、东、东南与俄罗斯和朝鲜接壤,西隔大兴安岭与内蒙古呼伦贝尔高平原相接,南北最长距离1500千米,全区总面积79万平方千米,包括辽宁、吉林、黑龙江3省。内蒙古的5盟市(呼伦贝尔市、通辽市、赤峰市、兴安盟和锡林郭勒盟)与东北旅游区的地理概况与旅游资源特征有所类似,由于遵循行政区完整性原则,该区域划在内蒙塞外风光草原风情旅游区。

(2)气候　东北区属温带季风型大陆性气候,地域广阔,气候类型多样,自南而北跨暖温带、中温带与寒温带,东北区大部分属于中温带,冬季在强大的蒙古高压作用下风力强劲,寒潮频袭,冬季漫长,夏季短促且温凉,春秋两季较短,北部地区冬季长达半年以上,大地封冻、积雪不化,呈现独特壮丽的北国风光。

(3)地貌　东北区地域辽阔,山环水绕,沃野千里,南面是黄海和渤海,东面和北面是鸭绿江、图们江、乌苏里江、黑龙江等环绕,内侧紧接高度不等的山地:西、北、东分别环绕大、小兴安岭和长白山,山水环抱的是中国最大的平原——由三江平原、松嫩平原、辽河平原组成的东北大平原。东北平原南北长约1000千米,东西宽300千米~400千米,面积35万平方千米,海拔在200米以下,土壤肥沃,是著名的黑土区,也是中国重要的粮食生产基地和林业生产基地。

(4)水文　东北区降水分布不均,自东而西,降水量从1000毫米降到300毫米以下,从湿润区、半湿润区过渡到半干旱区,冬季降雪和长期积雪使得冬季降水得以保存,春季融化后可以湿润土壤,供给河川径流。该区域河流受山地构造影响,一般围绕山地流动,如黑龙江、乌苏里江、图们江、鸭绿江等,有4000千米河道在国境线上,多为季风型河流,河流结冰期长,北部河流封冻期5个~6个月,南部河流一般为3个月左右,封冻期间可开展冰上运动。同时,该区域湖泊众多,如天池、镜泊湖等。

(5) 生物　东北区是中国森林面积最大的地区,占全国森林总面积34.8%,森林景观是该区重要的自然旅游景观。由于气候寒冷,分布大面积针叶林和针阔叶混交林,由大、小兴安岭和长白山脉等构成的东北林区是中国第一大林区,原始森林茂密,是中国重要的林业基地之一。东北区茂密的森林、广阔的草原和沼泽地,为东北虎、梅花鹿、紫貂、丹顶鹤等珍稀动物的生存提供了良好的栖息地,包含多个自然保护区,如扎龙自然保护区、长白山自然保护区和向海自然保护区。

2. 人文地理特征

(1) 经济发达,交通便利,是中国著名的老工业基地

东北3省是中国重要的商品粮和林业生产基地,也是中国重要的老工业基地,在中国社会主义工业化初期,为建设独立、完整的国民经济体系,推动中国工业化和城市化进程作出了重大贡献,一度占有全国90%重工业,是新中国工业的摇篮。

2003年,中央启动了振兴东北战略,加快老工业基地的调整和改造,支持资源型城市发展持续产业。目前东北地区的经济转型已初见成效,GDP增速连续多年超过东部,以国有企业改革为重点的体制机制创新取得重大突破,经济结构进一步优化,自主创新能力显著提升,对外开放水平明显提高,基础设施条件得到改善,城乡面貌发生较大变化。

东北区交通发达,该区域是中国最早发展铁路运输的区域,较早形成了以铁路为骨干,包含公路、航空、海上运输和内河航运在内的交通网络。哈大线全长940千米,是东北地区的南北干线,与滨洲线、滨绥线构成T字铁路网,连接五六十条干支线,形成稠密的铁路网,通过京沈、京通线进入关内。东北区建有4个国际机场(沈阳桃仙国际机场、哈尔滨太平国际机场、长春龙嘉国际机场、大连周水子国际机场),具有珲春、集安、绥芬河、丹东、宽甸连接中朝、中俄5条陆上通道,各条河流也具有连接国外方便本区的功能,有大连、营口、锦州、丹东、葫芦岛、盘锦等6个海港,完整立体的交通网络,为旅游业发展提供良好的基础。

(2) 多元文化相融合的关东文化区

"关东"这一地理概念最早出现在秦汉时期,当时泛指函谷关、潼关以东地区。明初建造山海关以后,山海关成为东北与华北的分区点,山海关以东称为"关东""关外",山海关以内称为"关里""关内"。但是,关东文化的涵义却不局限于这些时期,它融合了少数民族文化、汉族文化和异国文化等多元文化[1][2]。

东北区自古就是少数民族居住区,分为肃慎、东胡、扶余3系,目前有47个少数民族,其中满、朝鲜、达斡尔、鄂伦春、鄂温克、赫哲、锡伯等民族均发祥于此,融合了满族农耕文化、蒙古族游牧文化、赫哲族的渔猎文化、鄂伦春族和达斡尔族的狩猎文化等。这些少数民族分化出的先进部分,曾数度逐鹿中原,女真、满族、蒙古、高句丽等在历史上都曾建立国家。辽、金、清3代是汉族人进入东北的高峰期,随着汉族的移入,也带来了中原地区的先进文化,让关东文化打上了浓重的中原色彩。近代帝国主义的入侵和外国移民的进入,使得关东文化呈现异邦色彩。

豪放、淳朴、敦厚、坚韧、开放的多元文化融合,给东北区物质文化、行为文化、制度文化、民俗文化等方面都留下了宝贵的印记,东北区的工业、建筑、宗教、民俗等方面都受到关东文化的多元

---

[1] 景爱. 关东文化简论(J). 理论观察,2009(1):5-6.
[2] 董鸿扬. 论关东文化的精神内涵、特征与现代化转型(J). 理论观察,2009(1):7-11.

碰撞与影响,更为旅游业发展起到了重要的作用。

二、旅游资源特色

1. 壮丽独特的北国林海雪原风光

东北区是中国纬度最高的一级旅游区,独特的自然地理条件形成了独特的北国风光。"中国的北极村"漠河地处高纬,可观北极光和极昼等自然奇观,寒冷的气候造就了东北的冰雪文化,加上广阔的天然森林,使得"林海雪原"成为东北区冬季壮丽独特的风光。

高寒环境中的对生活的顽强与炽热精神创造了魅力无限的冰雪文化,冰雪博物馆、冰雪节、冰灯节、滑雪等各种冰雪旅游项目是东北区冬季旅游的最大亮点,从城市到农村丰富多彩的民间冰雪活动,构成了东北区冰雪旅游的华彩乐章。东北区有大型滑雪道逾百条,黑龙江每年滑雪期达120天~140天,哈尔滨亚布力滑雪旅游度假区已多次举办世界性滑雪比赛。哈尔滨冰雪节、吉林雾凇冰雪节、有"雪城"之称的牡丹江、通化,有"中国第一雪乡"之称的牡丹江海林县双丰林场等等,都已经成为东北区旅游的招牌。

大、小兴安岭和长白山林区是中国的森林宝库,建有多个滑雪场和自然保护区,是开展滑雪、狩猎、科普观光等旅游项目的重要场所。夏季是避暑度假的好去处,冬季是冰雪旅游的好去处。

2. 保存完整的特色历史文化遗迹

东北区具有浓厚的关外风情,满族的发祥地"白山黑水"留存有众多历史人文遗迹。满族取得政权以后,视东北为龙兴之地,定盛京为"陪都",即当今的沈阳,沈阳素有"一朝发祥地、两代帝王都"的美誉,关外3陵、沈阳故宫都是极具满族风情的建筑,已经列入世界文化遗产名录;长春的伪满皇宫及八大部是清末伪满政权的宫殿和统治机构。

位于吉林集安的高句丽都城遗址包含了高句丽王城、王陵和贵族墓葬壁画,是高句丽王朝创造的辉煌文明经典,是世界文化遗产。位于黑龙江阿城的金太祖陵遗址是大金帝国第一陵,是著名的金源文化旅游热点。

近现代历史的发展在东北区保留了诸多战争时期的欧式、日式等多种文化相融合的建筑,城市风貌呈现与关内不同的风格,哈尔滨、大连都留有日俄入侵时期大量的日式和欧式建筑,哈尔滨素有"东方小巴黎""东方莫斯科"的美誉,大连的日本风情街都是东北区异国风情的文化遗产。

3. 美丽的海滨风光和避暑胜地

滨海风光是东北区另一大特色旅游资源,主要是指位于东北地区最南端的大连、兴城等海滨城市。大连濒临黄海、渤海,海岸线漫长而曲折,有1900多千米,滩涂广阔,海域辽阔,冬无严寒,夏无酷暑,气候宜人,是著名的避暑胜地和旅游热点城市。

4. 火山熔岩奇观

东北区拥有独特的火山熔岩景观,位于中朝边界的长白山是一座休眠火山,山高地寒,终年积雪,分布着河谷、台地、高原、高山湖泊、火山口等地貌景观,加上植物分布的垂直地带性和生物多样性,都是宝贵的旅游资源。长白山是中国首批加入"人与生物圈计划"的自然保护区,长白山天池、瀑布、温泉都是著名的火山熔岩奇观。另外,还有五大连池、镜泊湖等火山堰塞湖也是旅游、科考、疗养的胜地。

5. 乡土气息浓厚的民间艺术

东北民俗文化以喜剧精神为主导,小品、大秧歌、二人转等都是关东特产,广袤的黑土地赋予它们淳朴、豪放的精髓,是东北满、汉等多民族文化融合的结晶。这种有说有唱、载歌载舞、生动活泼的走唱类曲艺形式极具地方特色和乡土气息,近年来,东北民俗文化发展和传播得极快,小品、二人转等闻名于全国。

三、区域旅游合作现状

东北地区是中国重化工业基地和资源型城市的集中区,全国118座资源型城市,东北3省占了38个,占到1/4,其中,地级资源型城市15个,占全国近1/3[1]。随着不可再生资源需求量的剧增和开采过快,诸多资源型城市面临资源枯竭的困境,服务业发展滞后、人民生活就业困难、生态环境破坏、人居环境有待改善、产业结构单一等问题众多,亟待产业转型和升级,旅游业发展是资源型城市转轨的重要的战略性选择。"钢都"鞍山的钢铁、"汽车城"长春的汽车制造、"石油城"大庆的石油、"煤都"抚顺的煤炭等工业生产及发展历程,是开展工业旅游的重要资源。本溪、大庆等城市已经开始提出对旅游业等后续产业发展的"二次创业计划"。

全国大多区域以春秋两季为旅游高峰期,而东北区则以夏季避暑、冬季冰雪为高峰期。夏季的山区、林区和南部海滨适宜避暑,而在"北极村"漠河,则可以体验白夜和欣赏绚丽多彩的北极光;冬季千里冰封、大雪覆盖与雾凇压枝的景色对于旅游者具有极大的吸引力。

东北的南北大通道连接了绥化、哈尔滨、长春、四平、铁岭、鞍山、大连等中心城市,发达的交通网络为东北旅游圈形成奠定了良好的基础,2012年12月1日开通的哈大高铁使东北旅游圈的交通联系更加紧密。近年来,东北各省为发展无障碍旅游,加强区域旅游合作做出了很多工作,东北旅游圈初步形成。辽宁和吉林2省联合打造的丹东—集安—临江—白山旅游线,将中朝边境旅游、高句丽世界遗产旅游、长白山旅游联合推出;吉林和黑龙江2省计划打造"冰雪香格里拉",整合冰雪旅游资源,做强做大;2009年在大连的"第四届东亚国际旅游博览会"上,东北旅游联盟首次推出"东北东线旅游",大连、沈阳、长春、哈尔滨4城市联手推进区域无障碍旅游。

东北区处于东北亚地区的中心位置,紧邻俄罗斯与朝鲜,边境游发展极为迅速,连接中、朝、韩、日、俄等跨境旅游线路有待进一步发展。

四、精品旅游线路

(1)天然奇景旅游线

线路安排:镜泊湖—扎龙自然保护区—五大连池—漠河。

线路特色:该线路主要为自然旅游景观,把黑龙江省著名的自然旅游资源整合到一起,集合了全国有名的火山堰塞湖和国家级保护动物,以及奇特的白夜现象。

(2)都市风光旅游线

线路安排:齐齐哈尔—哈尔滨—牡丹江。

线路特色:该线路以黑龙江省城市风光为主,包含了黑龙江省的几个主要城市的旅游景观。

(3)边境风情旅游线

线路安排:绥芬河—抚远—同江—嘉荫—黑河—漠河。

---

[1]张新颖.东北蓝皮书——2008东北地区发展报告[M].北京:社会科学文献出版社,2009:64.

线路特色:黑龙江省与俄罗斯接壤,该线路可以饱览奇特的边境风光,包括黑河市的雾凇、嘉荫的恐龙遗迹、漠河的北极光等主要旅游亮点。

(4)红色旅游线

线路安排:哈尔滨—尚志—海林—宁安—牡丹江;四平—吉林—敦化—延吉—白山—临江—通化—集安;沈阳—锦州—葫芦岛。

线路特色:这3条旅游线路是东北旅游资源中爱国主义教育的经典线路,第一条线路包含了哈尔滨东北烈士纪念馆、东北抗联博物馆、哈尔滨烈士陵园、侵华日军七三一部队罪证陈列馆、赵一曼烈士被捕地、杨子荣烈士墓及剿匪遗址等景点;第二条线路包含了四平战役纪念馆、杨靖宇将军殉难地、陈云故居、杨靖宇烈士陵园等景点;第三条线路包括了九一八历史博物馆、抗美援朝烈士陵园、平顶山惨案遗址纪念馆等景点。

(5)吉中古迹新貌与秀水寒冰旅游线

线路安排:伪满皇宫—净月潭—长影世纪城—松花湖。

线路特色:该线路把自然和人文景观、古代与现代景观相结合,既有净月潭、松花湖等秀丽的自然景观,也包含伪满皇宫、长影世纪城等人文景观。

(6)长白山水与民族风情旅游

线路安排:通化—集安—长白山—延吉—珲春。

线路特色:该线路将吉林省几个特色城市集中在一起,包含了通化葡萄酒产地、长白山风光、朝鲜族聚居地等旅游景点。

(7)山水风光线

线路安排:沈阳—鞍山—营口—葫芦岛—锦州—阜新;沈阳—本溪—丹东;哈尔滨—兴城—笔架山—葫芦岛—北普陀山;哈尔滨—千山—本溪水洞。

线路特色:上述4条线路以自然山水风光为主,可以饱览该旅游区的名山与名水,包括千山、医巫闾山、凤凰山、五女山、鸭绿江、镜泊湖、五大连池、松花江等。

(8)风情名胜旅游线

线路安排:兴城—大连—旅顺口—金石滩—冰峪沟—丹东—鸭绿江—凤凰山。

线路特色:该线路以海滨景观为主,有兴城古城、大连及旅顺口、金石滩、鸭绿江等海滨景区。

第三节 黄河中下游古今风貌华夏文明旅游区

一、旅游环境概述

1. 自然地理特征

(1)区位 黄河中下游古今风貌华夏文明旅游区地处黄河中下游地区,大部分地区位于北纬31°~42°、东经106°~122°之间,东临渤海和黄海,西临西北旅游区,北同内蒙古旅游区、东北旅游区相接,南同华东旅游区相接。本区面积70万平方千米包括京、津、冀、晋、鲁、豫、陕5省2市,是中华民族的发祥地之一。

(2)气候 本区位于大陆东部,中纬地带,属于暖温带大陆性季风气候。其气候特点为:春季干燥多风,夏季炎热多雨,秋季秋高气爽,冬季寒冷少雪,四季分明,冬夏长而春秋短。

(3) 地貌 本区地貌结构复杂,类型齐全,有高原、山地、丘陵、盆地、平原、海岸等地貌结构,包括秦晋高原、关中盆地、陕南山地、豫西山地、冀北山地、山东丘陵、华北平原和鲁豫平原等几个地貌区域。

(4) 水文 本区内有海河、淮河和黄河3大水系,以黄河水系为主,水库湖泊少而散布。黄河贯穿陕西、山西、河南、山东4省,以内蒙古向南,穿行在晋、陕交界,在昕水河以南、吕梁山西南端,造成壶口瀑布及龙门急流。自潼关黄河转而东流,穿过三门峡流荡在华北平原,直至山东东营入渤海。由于气候影响,京、津、冀地区存在河水补给不足现象,故黄河、海河部分流域段内建有水库,对调节水量,改善地区小气候有积极作用。

(5) 生物 本区植被垂直分布明显,具有典型的夏绿林景观。其植被类型由森林、灌木丛和草甸群落组成,阔叶林以常绿阔叶林树种为主,其中混有北方温带植被和南方热带植被。山地地区可形成植被明显的垂直分布,其中以秦岭最为典型。

2. 人文地理特征

(1) 历史文化遗迹丰富,文化艺术灿烂缤纷 本区是中华民族的发祥地之一,悠久的历史、灿烂的文化,孕育了无数的历史名胜和文物古迹,各时期古代工程遗迹和保留下来的建筑、文字、壁画、塑像等成为重要的旅游资源。本区内留有不同时期的古人类化石、原始工具及其他文化遗物,中国7大古都中的北京、西安、开封、洛阳和安阳都集中于此。皇家建筑规模宏大、气势宏伟,是本区重要的旅游资源,如帝王宫殿、皇家庙坛、皇家园林和陵寝等。

作为华夏文明的发源地,本区内文艺形式丰富多样,其中以国粹京剧最为著名,此外还有评剧、河北梆子、山西四大梆子、豫剧、秦腔、吕剧等深受人们喜爱的艺术形式。本区内的民间艺术也是五彩纷呈,杂技、马戏、吹歌、剪纸等,可谓是中国最珍贵的文化遗产。

(2) 经济基础雄厚 由古至今,本旅游区都是中国的政治、经济和文化中心,开发历史悠久,经济发达。京津唐地区是中国重要的工业基地和城镇聚集区,城市化水平高。山西是中国煤炭工业基地,山东胜利油田是中国第3大油田(2012年),太原是中国大型钢铁基地之一,洛阳是全国最大的农业机械生产基地。胶东半岛、煤海三晋、关中平原及郑州一带经济实力较强,城市化水平较高,城乡居民文化素质高。

(3) 交通便利,四通八达 本旅游区交通运输发达,拥有以铁路、公路为主,海运、航空为辅的现代化交通运输网,铁路是本区交通运输的骨干。北京是该运输网的中心,也是全国铁路网、航空网中枢,以北京为中心,多条干线将区内各大中城市及旅游景区紧密相连,将东北、内蒙古、西北、华中、西南、华东、华南各地区连为一体。本区公路网密度大,分布也较均匀。本区海运负担着对外交通和发展沿海地区经济的重大责任,上联东北,下联华中,著名海港有青岛、烟台、天津、威海、秦皇岛等,同时它们本身还是旅游胜地。

二、旅游资源特色

1. 众多的历史文化古迹

本区文化遗迹和名胜古迹荟萃,古建古工、古都名城众多。早在远古时代,这片大地就开遍了文化和文明之花,旧石器时代的蓝田人、丁村人、河套人、北京周口店的北京人和山顶洞人等,新石器时代的仰韶文化、大汶口文化到龙山文化等原始文化遗址都具有典型性和代表性。黄河中下游区自古以来是政治活动的中心,中国七大古都中的北京、西安、开封、洛阳和安阳都集中于此,被国务院列为国家级历史文化名城的110座中本区占26座。其中山西的平遥古城还被列入了《世界文化遗产名录》。本区内古建筑众多,大型建筑群如北京故宫、曲阜"三孔"等,大型帝王陵墓如西安汉陵、唐陵和秦始皇陵等,皇家园林如颐和园、避暑山庄等,宗教建筑如泰山岱庙、嵩山少林寺等,都充分展现了灿烂的古代文明。

2. 城市的古今风貌

本区拥有多处历史文化名城,同时现代物质文明发达,高楼林立,城市的古今风貌吸引了大批游客,以北京、天津和各省会城市为中心的都市旅游是本区的重要旅游资源。城市的古今风貌交相辉映,完备的基础设施、便利的交通条件,为本区都市旅游提供了良好的条件。另外,各种土特产和多样的传统工艺美术品等旅游纪念品,也为旅游业增色不少。

三、区域旅游合作现状

黄河经济协作区是黄河流域目前形成的比较大的区域合作组织,创立20多年以来,在黄河治理、行业协作、联合投资、生态保护建设、优势资源开发、扩大对外开放等方面都进行过广泛合作。中国沿黄9省区和新丝绸之路沿线城市曾在2007年召开黄河经济协作区旅游经济合作峰会,与会的山东、河南、山西、陕西、内蒙古、宁夏、甘肃、青海、新疆代表,就共同构筑适合旅游市场需求的新型联合体达成了一致,并共同签署了黄河经济协作区旅游合作宣言,国内最大的旅游联合体宣告正式成立[1]。宣言中提出,黄河经济协作区9省11方将在构建无省无界、有区无障、市场一体、产品多样、品牌共铸、资源共享、合作互赢的新型旅游联合体等方面展开合作。

京津冀是国内最早提出区域旅游合作的地区。早在1985年就成立了京东旅游区,致力于京东地区2市1省旅游资源的开发和景区的合作,这个区域包括北京平谷的金海湖,天津的盘山、黄崖关、蓟县和河北省的清东陵等,创造了一些行之有效的联合开发、联合营销的合作方式,效果明显。后来由于多种因素,没有能够坚持下去。1987年首届"京津冀区域旅游合作研讨会"召开,之后,参与的省市越来越多,后来发展为北方10省市旅游联谊会,并促成了每年一届的"北方旅游交易会",由各地轮流举办。2003年9月19日~21日,京津冀3地旅游局还在北京中华世纪坛广场举办了"京津冀旅游宣传周"活动。京津冀在旅游发展上都有联合与合作的愿望,也有实现区域合作的良好基础,还有着很好的发展前景,应利用行政手段拆除制约旅游发展的藩篱,利用规划手段进行总体布局,利用资本手段实现利益共享,利用特大型项目带动津冀地区参与合作,利用区内市场合作带动区外市场合作。

主要包括晋冀鲁豫4省的中原经济区成立于1985年9月,是由河南省新乡市和河北省邯郸市联合发起,在平等自愿基础上成立的跨省区域性经济合作组织,包含了4省交界区域的13个市,即长治、晋城、邯郸、邢台、聊城、菏泽、临清、新乡、安阳、焦作、濮阳、鹤壁、济源。2007年发表了《2007中原经济区旅游合作宣言》,2009年签署《中原经济区旅游合作发展协议》,20多年来,中原经济区旅游联谊会制度在区域旅游合作方面发挥着重要作用,是推动中原地区旅游区域合作发展的关键力量。

---

[1]王茂盛,赵培霞.沿黄河九省区成立中国最大旅游联合体[EB/OL].[2007-05-29]. http://qingyuan.people.com.cn/GB/14748/5794160.html

四、精品旅游线路

(1)北方皇家古典园林之旅

线路安排:天安门广场—故宫—天坛—北海公园—颐和园—圆明园遗址—承德避暑山庄—外八庙。

路线特色:这一路线可谓是集中国北方皇家园林的精华于一身。旅游者不仅可以饱览我国具有世界之最的古建筑群,同时还可对比性地欣赏同类建筑的不同风格。北京市作为中国首都,历史悠久,是一座有3000年建城史、850多年建都史的历史文化名城和古都。此线可以使旅游者畅游北京的名胜古迹和历史遗存。

(2)名山古寺之旅

线路安排:大同—朔州—忻州—太原—北京—天津—石家庄。

路线特色:此线路将古老的佛教文化与秀美的山水风光相组合,是人文景观与自然景观兼具的旅游路线。

(3)古长城及帝王陵墓之旅

线路安排:八达岭长城—慕田峪长城—司马台长城—明十三陵—清东陵—清西陵—金山岭长城—山海关—老龙头—黄牙关长城。

路线特色:长城作为中国古代最伟大的军事防御工程,蜿蜒横穿京、津、冀地区,从秦皇岛"老龙头"入海,号称"天下第一关"的山海关,扼守华北通向东北的咽喉。该线路的长城景点都是观赏长城雄姿的最佳之地。游览此线路不仅可以领路万里长城的雄伟和壮观,比较性的欣赏不同风格的古代长城,同时还可以见识豪华、独具风格的帝王皇陵。

(4)滨海旅游度假游

线路安排:秦皇岛—蓬莱—烟台—威海—青岛。

路线特色:此线路主要以滨海风光为主,辽阔的海域和漫长的海岸线是该路线最具魅力之所在。

(5)鲁文化体验游

线路安排:潍坊—淄博—济南—泰安—曲阜—济宁。

路线特色:该线将悠久的齐鲁文化与旖旎的山水风光相结合,充分体现了山东旅游的魅力。

(6)黄河风情探险之旅

线路安排:临汾—三门峡—洛阳—郑州—东营。

路线特色:此线路的设计不仅可以领略"母亲河"的磅礴气势和峡谷平湖胜景,更能饱览沿途的名胜古迹,体验独特的中原民俗,探究华夏民族之源。该线路极具挑战性,是探险者和勇敢者的首选行程。

(7)古都古城文化探秘之旅

线路安排:邯郸—晋中—安阳—开封—郑州—洛阳—西安。

路线特色:此线路以中原古老、神秘的历史文化为主题,是一条文化探秘旅游线路,该线路是旅游者体验华夏文明的最佳之选。

(8)关中历史古迹之旅

线路安排:古城墙—西安碑林—秦始皇陵—秦始皇兵马俑博物馆—大小雁塔—大唐芙蓉园—

半坡遗址—骊山·华清池—黄帝陵—法门寺—周公庙—五丈原。

路线特色:这条线路汇聚了陕西旅游区的精品景点。其中作为13朝古都的西安,历史悠久,文化积淀厚重,无疑是关中历史古迹游的重点。

(9)民俗节庆风情游

线路安排:北京四合院—北京胡同—天津"皇会"—沧州武术节—吴桥杂技艺术节—潍坊国际风筝节—曲阜孔子文化节—泰山岱下民俗风情—洛阳牡丹花会—黄河文化风情—晋祠古庙会—西安古文化艺术节。

路线特色:此线路将黄河旅游资源区著名的民俗节庆汇集于一条线路中,可以让旅游者尽情体会该区的风土人情和丰富多彩的节庆活动。同时这条线路的参与性很强,旅游者可以在与当地居民的互动中更加身临其境的体验旅游目的地的独特风俗文化。

第四节 华东江南山水园林吴越文化旅游区

一、旅游环境概述

1. 自然地理特征

(1)区位 华东区地处中国的中东部,包括上海、江苏、浙江、安徽3省1市,位于中国东部沿海地区,面积共约35万平方千米,人多地少,城镇密集,文化、技术发达,经济实力雄厚。全区旅游资源丰富,基础条件优越,组合优势显著,在全国占有重要地位[1]。

(2)气候 本区大部分地区属湿润的亚热带季风气候,冬温夏热、四季分明、降水丰沛、季节分配比较均匀、热量资源丰富。本区的季风显著,年气温适中,光照较多,雨量丰沛,空气湿润,雨热季节变化同步,气候资源配制多样,气象灾害繁多。

(3)地貌 本区以平原、丘陵、低山为主,河湖众多,山清水秀。地貌结构主要由三大地貌单元构成,即长江下游三角洲平原、江淮平原、苏皖平原。

(4)水文 本区降水丰沛,河网密布,湖泊众多,水景资源极其丰富,绝大部分地区属于长江水系。河流水量大、汛期长、泥沙少、冬季不结冰、水流稳定是其主要特征,为开展水上活动创造了有利条件。长江流至本区后江面开阔,水深流平,航运便利,为沿江城市的旅游业发展提供了便利条件,也成为推动本区旅游业发展的重要动力。

(5)生物 本区的植被是以常绿阔叶林为主的亚热带常绿阔叶林,具有很高的经济价值,出产有各类药材、大量的木本油料作物及优质木材、毛竹,暖温带和亚热带水果名茶也出自本区。江南丘陵是中国东南部的重要木材储存地,保留有一定面积的原始森林。

2. 人文地理特征

(1)渔业习俗 本区河网密集,有全国最大的舟山群岛,大量渔民从事养鱼、捕鱼活动,并以其为生。

(2)旅游交通便利 四通八达的旅游交通网络已经形成,为本区旅游业的兴旺创造了优越的

---

[1]赵宁曦.中国旅游地理[M].北京:化学工业出版社,2010:94.

交通环境。本区铁路运输发达,有京沪、沪杭、浙赣、皖赣、京九、京广、陇海等铁路连接区内主要的城市和风景名胜区。公路交通更是四通八达,拥有多条国家级高速公路主干线,增强了旅游景区的可达性。区内河运和海运相辅相成,构成了完整的水上运输网,是中国水路交通最便利的地区,其中长江是本区最大的水运河道,它连接了南京、镇江、安庆、芜湖等长江沿岸的主要城市,古运河游也成为本区受欢迎的旅游路线。航空交通也是本区的交通方式之一,其中上海市是全国最大的国际航空枢纽之一,开通了直达世界近100多个城市的航班,是洲际旅游的主要通道,区内各大城市中都有航班相通。

(3)吴越文化特色鲜明 经济的繁荣和城市的发展推进了本区文化艺术的发展,在特殊的自然环境和特定历史发展过程中逐步形成了以灵敏秀雅、尚文崇慧为特色的吴越文化。历史上人才辈出,人文荟萃,可谓人杰地灵,从建筑艺术到文学艺术、戏曲等均以构造精致、委婉细腻著称。以"府邸园林"为特色的园林式建筑、以委婉派为主的诗词戏曲、以精巧细致见长的手工制品,均体现了江南吴越文化的特点。商业较发达,游娱之风盛行。特色鲜明的吴越文化成为本区的一大亮点,也成为吸引旅游者的重要因素之一[1]。

二、旅游资源特色

1. 独特的山水风光

本区的山岳旅游资源丰富,或因其秀雅的自然景色,或因其深厚的文化内涵而享誉中外,著名的有享有"吴中第一名胜"之誉的虎丘山;中国四大佛教名山之一,素有"海天佛国,蓬莱仙境"之称的普陀山;因"山顶有湖,芦苇丛生,结草为荡,秋雁宿之"而得名的雁荡山;拥有中国第一奇山美誉,世界自然与文化双遗产地的黄山。本区的名山不仅以自然景色吸引游人,而且也有许多是中国著名的佛教、道教圣地。水体景观是本区的旅游亮点,也成为吸引旅游者主要的推动力,本区的水体景观十分丰富,拥有世界第一潮涌,被誉为"壮观天下无"的钱塘江潮;享有"天下佳山水,古今推富春"之称的富春江。本区拥有五大淡水湖中的太湖、洪泽湖和巢湖,河湖交错,形成了一派优美的水域风光。这里还拥有名传天下的杭州西湖、景色旖旎的扬州瘦西湖,有"千岛碧水画中游"美誉的千岛湖。

2. 精美的园林景观

本区园林景观独具特色,多属江南园林,南京、镇江、无锡、苏州、嘉兴、湖州、杭州等地,已形成一个江南园林城市景观群。江南园林深受唐宋以来文人写意山水画的影响,地域面积小,又因河湖、常绿树较多,所以比较细腻精美,特点就是淡雅朴素、曲折深幽、明媚秀丽,略感局促。其中拙政园是苏州最大的古典园林,整个园林格调古朴自然,野趣横生,具有典型的江南特色,典雅、淡秀;个园位于扬州,因园主爱园,且竹叶的形好似"个"字而命名;豫园,上海五大古典园林之首,取意于"豫悦老亲",以清幽秀丽、玲珑剔透见长。此外无锡的寄畅园、梅园,扬州的何园、绍兴的沈园等亦享誉海内外。

3. 悠久的水乡文化

江南水乡地区早在7000多年前就已有人类居住繁衍,并创造了河姆渡、良渚文化。一些风光

---

[1]王辉,苗红. 中国旅游地理[M]. 北京:北京大学出版社,2010:256.

秀丽的水乡古镇,都有千年历史,可谓源远流长,乌镇、周庄、西塘、南浔、同里、甪直为江南六大水乡古镇,动辄有千年历史。长期以来,以水为中心的生活环境和发展方式,造就了水乡古镇建筑鳞次栉比的格局。江南水乡古镇可以说是一种介于城市与乡村之间的人类聚居地,既完整地保留了历史的信息并延续传统的生活方式,又在一定地域内形成无法割裂的网络体系。江南六大水乡古镇是中国江南水乡风貌最具代表性特征的地区,都以其深邃的历史文化底蕴、清丽婉约的水乡古镇风貌、古朴的吴侬软语民俗风情,在世界上独树一帜,驰名中外。

三、区域旅游合作现状

以千岛湖为圆心,150千米为半径划出的圆圈,是华东旅游资源密集度最高的黄金旅游圈——涵盖了浙、赣、皖3省的3处世界遗产、多个5A级风景旅游区、40余处4A级旅游区、3个首批中国旅游强县。

在浙赣皖3省交界这个黄金旅游圈区域内,分布着西湖、千岛湖、黄山、三清山、天目山、婺源、西递宏村等众多优质旅游景点,既有名山名湖,又有名城名村。同时,尽管浙江杭州和安徽黄山、江西上饶在行政区划上相互接壤,但文化差异性特征十分明显:杭州是越文化的重要承载地,黄山是徽文化的核心发源地,上饶及周边道教文化则源远流长[1]。

2010年的上海世博会,国旅世博联盟推出的"精彩世博、精致江南"华东旅游线路,是以上海世博园区为圆心,半径800千米的一个大华东旅游圈,覆盖华东地区江、浙、沪、皖,3省1市的11个旅游目的地,与上海世博会游览完美组合,并融入江南特色的吃、住、行、游、购、娱等旅游要素。上海世博会后,华东旅游圈的合作更加频繁强劲。

四、精品旅游线路

(1) 华东五市精品游

线路安排:南京—无锡—苏州—杭州—上海。

线路特色:这一线路可谓是集本区的精华于一体,旅游者不仅可以饱览到优美的自然山水,同时还可以欣赏到繁华的都市风貌。

(2) 华东山水游

线路安排:黄浦江—秦淮河风光带—狮子林—西湖—雁荡山—千岛湖—黄山。

线路特征:本区许多名山秀水文明全国,近年来本条路线的旅游更是成为本区的一大旅游亮点。水以西湖和千岛湖为例,新评选的新西湖十景闻名遐迩,千岛湖令无数游人向往。山以黄山为例,黄山具有驰名中外的山体景观,丰富的山体旅游资源是此条山水游线路的亮点所在。

(3) 华东古都游

线路安排:杭州—绍兴—南京—苏州—扬州。

线路特色:华东旅游区拥有众多的充满神秘色彩的历史文化名城,既具有深厚的历史底蕴,又拥有优美的风光。

---

[1] 林将,苗同伟,李世兵. 浙赣皖三省联手打造华东黄金旅游圈[EB/OL]. [2010-04-06]. http://www.xinhuanet.com/chinanews/2010-04-06/content_19435703.htm

(4)华东经典红色旅游

线路安排:上海—南京—镇江—常熟。

线路特色:红色旅游是把红色人文景观和绿色自然景观结合起来,把革命传统教育与促进旅游产业发展结合起来的一种新型的主题旅游形式。

(5)江南园林之旅

线路安排:瞻园—寄畅园—梅园—狮子林—网师园—蠡园—豫园。

线路特色:本区的园林历史悠久,属于江南园林,是园林建筑艺术的瑰宝,其特点是明媚秀丽、淡雅朴素、曲折幽深。

第五节　华中湖光山色荆楚文化旅游区

一、旅游环境概述

1. 自然地理特征

(1)区位　本区位于长江三角洲和长江中下游平原丘陵区,包括湖南、湖北、江西3省。东接华东旅游资源区,西连西南旅游资源区,南邻东南旅游资源区,北靠黄河中下游旅游资源区。人口众多,密度大,少数民族有土家族、苗族、瑶族、白族等。

(2)气候　本区地处低纬,大部分属于亚热带湿润季风气候,冬暖夏热,四季分明,降水丰沛。除夏季酷热外,一年中适于旅游的时间长,为旅游业的发展提供了有利条件。全区降水丰沛,但降水强度小,形成秋雨绵绵的气候景象,为本区的旅游增添了不少色彩。水热条件组合良好,植被覆盖率高,生物种类繁多,以湿热的亚热带常绿林景观为代表。

(3)地貌　该区位于长江大三角洲区以西,南北介于江南丘陵和大别山两区之间,全区为长江干流串联的一系列盆地和平原组成的狭长地带,地貌单元主要由长江中游平原(两湖平原和鄱阳湖平原组成)与湘赣低山丘陵构成。

(4)水文　平原上湖沼纵横,水域面积广大,几乎占全境总面积的1/10,水系错综复杂,构成一幅"水乡泽国"的景象。中国的第一二大淡水湖鄱阳湖、洞庭湖即位于此区,较为著名的还有洪湖、梁子湖、长湖、武汉东湖等。众多湖泊沿长江流域形成不同类型的水文旅游景观。

2. 人文地理特征

(1)荆楚文化特色鲜明　荆楚文化为中国古代区域文化中独放异彩的一支,起源于夏商时期,壮大于春秋战国时期,传说是祝融部落的一部分在由中原西迁至鄂西北,由荆山丛林移至江汉平原的过程中,不断融合江南众多部族文化,进而统领南方,成为可与中原文化媲美的中国文化南支,为本区的发展奠定了基础,为其增添了一道绚丽的色彩。其特色主要表现在青铜冶铸、刺绣与丝织、美术与乐舞及思想文化等方面。

华中地区人杰地灵,孕育了独具特色的思想文化,老庄哲学为荆楚文化在哲学领域的代表。南宋周敦颐的理学则开"湖湘学派"之先河,为理学之先祖。而具有浓郁地方特色的楚辞更是比北方诗词更为活泼奔放的艺术之作。其中,《离骚》为其代表作,而散文体的《庄子》则极大地体现了楚文化的浪漫主义精神。此外,著名诗人李白、白居易、杜甫、刘禹锡等曾在此区任职,留下千古绝唱的诗词,而长沙岳麓书院、衡阳石鼓书院则是中国最早的书院,从另一方面体现出本区深厚的文化底蕴。

(2)红色文化底蕴深厚　本区是近现代中国革命活动中心。辛亥革命、南昌起义、秋收起义、湘南起义、平江起义、黄麻起义都发生在本区,毛泽东开辟的第一个农村革命根据地——井冈山也位于本区。本区还是众多革命伟人的故乡,如毛泽东、刘少奇、彭德怀、任弼时、李先念、贺龙、罗荣桓、董必武等。这些极具垄断性的红色旅游资源,为本区旅游业发展奠定了良好基础。

二、旅游资源特色

1. 旅游资源类型多样,自然与人文旅游资源珠联璧合

本区旅游资源的显著特点是人文景观与自然景观相互交融,密不可分。本区地表结构复杂,地貌类型多样,自然景观丰富多样,水热条件组合良好,动植物资源丰富,是目前国内建立自然保护区最多的地区之一,一些已被列入世界自然遗产保护名录。同时,本区既是中华文明的发源地之一,又是近代中国革命的重要活动中心,保存有不同历史时期众多文化内涵深厚的景观。此外,本区少数民族聚居,民族文化积淀深厚,民族风情五彩斑斓。名胜古迹藏于岱山秀水之中,人文情怀寓于山水之间。许多人文景区(点)同时也是自然旅游区(点),如三清山既是以花岗岩为主的山地地貌景观,同时又是道教、佛教名山的人文旅游资源;九宫山佛道并存,又是中国南方著名的避暑胜地和滑雪胜地。井冈山为近代革命圣地,自然风光优美,被列入"全国旅游胜地40佳"名单。这一特点使旅游资源具有自然旅游资源与人文旅游资源珠联璧合的优势。

2. 旅游资源的性质为开发多种新型旅游产品拓展了广阔的空间

本区传统的旅游产品主要是以三峡风光、荆楚文化、三国文化、革命遗址、少数民族风情为主的观光旅游。随着旅游的发展,旅游需求不断发生变化,旅游产品也应相应作出调整,如将单纯的自然观光旅游向文化生态、康体疗养转化,将常规的文化观光旅游向高品位的经典文化旅游转化。

3. 国内重要的客源地与目的地

本区是中国人口分布较为密集的地区,2008年,全区人口16 956.3万,占全国总人口的12.8%,面积56.49万平方千米,仅占全国总面积的5.9%。中部经济的崛起,将带动本区国民经济快速发展,区内居民旅游意识不断提高,众多的人口,尤其是城市人口,使本区将成为中国潜力巨大的国内客源地。同时,本区优势旅游资源明显,其中湖北省长江三峡景区为中国著名江河风光旅游胜地,湖南韶山、湘潭,江西瑞金的革命纪念地与国家重点风景名胜区相结合,对国内外旅游者具有较强的吸引力,国内旅游和入境旅游均衡发展态势良好,旅游客源市场稳定,成为重要的旅游目的地。

三、区域旅游合作现状

河南、湖南、湖北、江西、安徽中部5省根据其地缘关系和经济关联性,共同组成的旅游带构成了华中旅游圈。华中5省27座旅游城市可以依托自身的旅游业发展水平,在旅游资源开发、旅游功能定位、旅游产品与旅游线路设计、旅游项目建设、旅游企业设置、旅游基础设施与接待设施建设、旅游形象塑造、旅游市场联合营销等方面加强协商与合作,签订区域旅游合作协议,使华中大旅游圈实现区域规模经济与多方共赢目标。

华中地区经济较为发达,交通、通讯等基础设施条件较好,形成了海陆空交通立体网络,可进入性强。从郑州到武汉、长沙、合肥等地均有铁路、高速公路和航空,长沙到武汉、武汉到南昌、郑州到合肥、合肥到南昌以及主要城市均在3小时城市圈以内,非常有利于区域旅游合作的发展[1]。

四、旅游线路

(1)"一江两山"奇异之旅

线路安排:武汉—荆州—宜昌—神农架—十堰—襄樊—随州—孝感。

线路特色:以长江三峡和神农架、武当山为核心,横穿鄂中、鄂西北,游客不仅能够充分领略到旖旎的湖光山色,而且能够了解浓郁的风土人情。

(2)三国文化之旅

线路安排:武汉—鄂州—咸宁—宜昌—荆门—襄樊。

线路特色:湖北三国文化旅游资源丰富。以"六古"即襄樊古隆中、荆州古城、赤壁古战场、鄂州吴王古都、武昌黄鹤古楼、当阳关凌古庙最具代表性。此路线通过长江、汉江旅游线路将武汉、荆州、襄樊、宜昌的三国旅游精品连接起来,使其成为湖北最具文化魅力的旅游产品。

(3)鄂东南生态人文之旅

线路安排:武汉—黄冈—鄂州—黄石—咸宁。

线路特色:此线路是一条融红色革命文化、名人名寺和自然生态于一体的新型旅游产品。

(4)湘鄂赣红色文化游

线路安排:武汉—黄冈—九江—南昌—吉安—井冈山—茶陵—萍乡—湘潭—长沙。

线路特色:此线路以红色文化为主题,将华中地区所拥有的几条全国红色旅游经典线路相结合,行程内容丰富。

(5)环鄱阳湖五彩精华旅游线

环鄱阳湖为中心,以科普修学、宗教朝圣、观光度假为主题,将红、绿、古旅游资源相结合,行程内容丰富。

(6)湘西自然风光与民俗风情之旅

线路安排:长沙—常德—武陵源—张家界—吉首—凤凰—怀化。

线路特色:此线路以原生态性为主要特点,融民族风情与自然山水之中,且具有较强的参与性。

第六节　华南亚热带—热带风光岭南—中西文化旅游区

一、旅游环境概述

1.自然地理特征

(1)区位　华南亚热带—热带风光岭南—中西文化旅游区包括福建、广东、海南、台湾、香港和澳门特别行政区,土地面积约37.3万平方千米。本区地处中国东南沿海地区,面向辽阔的南海海

---

[1]赵忠奇,谭艳洁.华中大旅游圈—河南区域旅游合作新途径[J].商业时代,2009(9):100-101.

域,背靠大陆腹地,区内海域面积占全国的3/4,海岸线长度占全国的1/2,是中国海岸线最长、海域面积最大、海洋资源最丰富的旅游区域。由于地处中国最南端,与东亚各国互为客源地和旅游地,使本区的旅游业的发展中具有得天独厚的优势。

(2)气候　华南区大部分地区处于南亚热带、热带,南岭以北少部分地区属于中亚热带,属于典型的长夏无冬、春秋相连、季节更替不明显的气候类型。本区年均气温在20℃以上,夏季长达八九个月,最冷时月均气温在10℃以上,没有真正的冬季,一般年份冬季不见霜雪。

(3)地貌　华南区地处中国东南丘陵地区,地形以丘陵与低缓的山地为主,丹霞地貌发育,多名山,海岸地貌景观丰富独特。武夷山和南岭两条山脉构成本区地形的骨架,除台湾岛之外,本区既没有高大的山脉,也没有大面积平原。本区海岸多属于山地丘陵型海岸,海岸地貌景观丰富独特。不仅有构造复杂的大陆岛,而且有结构单一的海洋岛,景色清幽的珊瑚岛、沙岛,风光秀美,是人与自然和谐相处的天然乐园。

(4)水文　由于濒临热带海洋,多数地区年平均降水量在1400毫米~2000毫米之间,高温多雨的气候条件丰富了华南区的水体资源,区内河湖众多,水网稠密,珠江是中国第5大河,沿途景色秀丽;闽江沿途多崇山峻岭,人文景观广布。区内多潭、瀑、峡、洞等景观,温泉和地热资源极为丰富。

(5)生物　本区独特的生境为生物发展提供了良好的条件,生物多样性和区域性特征显著。区内森林茂密,林种繁多,有热带雨林、季雨林和南亚热带季风常绿阔叶林等地带性植被,森林覆盖率达到43%左右,为全国之最。区内动物资源极其丰富,热带森林动物丰富多样,有许多典型的东洋界动物种类以及国家级珍稀保护动物,如海南坡鹿、黑冠长臂猿、华南虎、大小灵猫等。

2.人文地理特征

(1)发达的经济与现代文明　凭借面向海洋和对外联系方便的优势,华南区是中国对外开放较早、开放程度最大的地区,经济发展水平较高。闽、粤、琼3省在改革开放30多年来,其社会经济得到了迅速发展,港、澳、台历来是中国经济发展最繁荣的地区。5个经济特区全部在本区,有广州、福州、湛江3个沿海开放城市,有珠江三角洲和闽江三角洲2个开放地区,有深圳福田、深圳沙头角、广州、海口、厦门岛屿、福州和汕头7个保税区。对外开放的深度和广度对本区的发展有着深远影响,随着对外交流的增多和经济的快速发展,以现代都市为代表的现代城市文化成为华南区的最大亮点。

(2)交通便捷　本区的旅游交通相当便捷。香港是世界自由港,不仅海运发达,而且有频繁的航班连接世界各地。台湾交通也很方便,铁路、公路网遍布全岛。闽、粤航空以广州、福州及长乐国际机场为连接国内外主要城市的通道;铁路运输以京广线、京九线、鹰厦线、来福线、黎湛线为主干;海上运输有福州、厦门、广州、海口、湛江等大港口,珠江三角洲内河航运占相当重要地位。

(3)多姿多彩的民族风情　特殊的自然与人文环境形成了独有的闽台文化、岭南文化、客家文化,表现在语言、饮食、音乐、舞蹈、戏剧等方面。华南区作为中国少数民族聚居的重要地区,有黎族、苗族、瑶族、高山族、壮族、回族等,各民族丰富多彩的文化相互融合,构成了本区民俗文化的多样性。

二、旅游资源特色

1. 旅游资源类型丰富，自然、人文景观交相辉映

华南区旅游景观中，除了缺失亚寒带、寒带和荒漠草原景观，山、水、岛、林自然风光齐全，优美的自然风光是本区旅游资源特色所在，尤其是海南岛的热带海滨风光使海南成为全国知名的旅游胜地。从旅游文化构成来讲，本区具有南北文化兼容、中西文化交汇、现代城市文明与传统历史文化辉映的多元文化特色。

2. 旖旎迷人的南国风光

本区濒临东海和南海，海岸线长，岛屿众多，形成了华南区独特迷人的南国风光。红树林海岸是华南区独特的海岸景观，福建、台湾、广东和海南岛的红树林普遍发育，在全国可谓独一无二。海南三亚更是久负盛名的热带滨海地区，冬季北国千里冰封、万里雪飘，华南区却正阳光明媚、万木葱茏、百花盛开，一派旖旎的南国风光，是理想的避寒疗养地和旅游胜地。

3. 购物天堂

本区经济发达，香港、澳门作为特别行政区，在经济发展中拥有诸多内陆地区无法比拟的优势。香港素有"购物天堂"之称。作为一个自由港，香港除了对烟、烈酒和动力用的燃油（汽油、柴油等）之外，不对其他进口物品征收关税，这是推动游客购物的最大动力之一。澳门购买的魅力展露无遗，低税率政策、地理条件和低消费水平，造成了澳门物美价廉、处处充满惊喜的购物环境。出口制造业是澳门的重要行业之一，因此，有大量便宜货品出售，令购物既愉快又划算。

三、区域旅游合作现状

泛珠江三角洲地区概念是2003年7月在国内正式提出，包含了中国华南、东南和西南的9个省份及2个特别行政区，它们是：福建、广东、广西、贵州、海南、湖南、江西、四川、云南、香港和澳门特别行政区，覆盖了中国1/5的国土面积和占1/3的人口。2004年6月，"泛珠"11省区在广州签署了《泛珠三角区域合作框架协议》，在区域旅游合作方面规定，各方支持全面推进区域旅游合作，共同策划和推广区域精品旅游线路，树立区域旅游形象，打造区域旅游品牌。至此，泛珠三角地区各旅游城市开始联手打造"泛珠三角国际级旅游圈"，努力把这一区域变成国内首个"无障碍"旅游区。

2004年7月，来自福州、长沙、广州、海口、桂林、贵阳等14个城市旅游局长在深圳共同讨论并通过《泛珠三角区域（部分）城市旅游合作协议》，东南沿海城市在旅游资源开发中以都市旅游业、会展旅游业、商务旅游业为主，西部省区着重生态旅游资源、民俗旅游资源、历史文化旅游资源的开发。2004年9月，"两广六市"即广州、佛山、肇庆、桂林、梧州、贺州6市签署《无障碍旅游区共同守则》，举办"两广六市无障碍旅游区"启动仪式，是泛珠三角经济区无障碍旅游区的试点和开端。2005年11月，泛珠三角城市旅游发展高峰论坛召开，会议达成了2005泛珠三角城市旅游发展（广州）共识。2006年2月，客家山歌旅游节闽粤赣边区域旅游研讨会召开，形成《闽粤赣边区域旅游研讨会会议纪要》，进一步为泛珠三角旅游合作奠定基础。

另外，各旅游行业积极采取行动，采取实质性措施，力求把泛珠三角旅游合作落到实处，如"好邻居，大串门，百佳千品万众游"等旅游活动，在泛珠三角旅游合作框架下，内地与港澳地区旅游交

往与联系日益密切,未来要积极打造交通无障碍、市场无障碍、信息无障碍、管理无障碍的管理体制,加强旅行社合作、旅游产品合作、旅游线路合作、旅游管理合作、旅游信息交流与共享。

四、精品旅游线路

(1)沿海特区都市风貌旅游线路

线路设计:厦门—广州—深圳—香港—澳门。

线路特色:本线路的沿海都市由于兼受中西文化的影响,表现出不同于内陆地区的特色,在这些沿海城市的游览观光,别具一番风情。

(2)福建客家风情

线路设计:宁化石壁—长汀—永定—上杭。

线路特色:客家风情是本地区独有的民俗,因此本线路拥有独特的魅力,福建宁化石壁是客家的祖地,长汀是客家的首府,永定是客家土楼的典型代表,上杭是客家的祖籍地。这4个地区的观光旅游,有助于游客体验客家文化,了解客家风情,而客家独特的文化内涵,对旅游者也是有特别的吸引之处。

(3)海南热带风光旅游线

线路设计:海口—琼州—兴隆—三亚。

线路特色:海南一直是中国旅游的一大热点地区,尤其是最近几年更是成为许多旅游者向往的目的地,是冬季旅游者避寒的良好去处,其独特的南国风光是吸引旅游者的一大亮点所在。

(4)宝岛台湾旅游线

线路设计:台北—基隆—花莲—恒春—嘉义—南投。

线路特色:台湾一直是旅游观光的胜地,近期开发的大陆旅游,将使许多旅游者有机会一睹宝岛台湾的风采。

(5)滨海风光游

线路设计:福州—莆田—泉州—厦门。

线路特色:丰富多彩的海滨风光对旅游者具有极大地吸引力,成为本区旅游主打产品。

第七节　西南奇山秀水巴蜀民族风情旅游区

一、旅游环境概述

1. 自然地理特征

(1)区位　本区处于北纬21°~34°之间,包括云南、贵州、广西、四川、重庆5省(区、市),与老挝、缅甸和越南相邻,边境贸易日渐繁荣。

(2)气候　本区是以亚热带季风气候为主的多样气候类型,温暖湿润,四季如春,冬夏常绿,四季皆宜旅游,区内各地的小气候差异明显。广西地处低纬,属亚热带季风气候区,是中国水热条件最丰富的地区之一,夏热冬干,夏长冬短,雨热同季。贵州属于亚热带高原季风气候,雨热同期,冬无严寒,夏无酷暑,气候温和,多阴雨天气,俗有"天无三日晴"之称。云南表现出特殊的高原型季风气候,冬季干燥,夏季湿润,干湿季明显。昆明是中国最著名的春城。以冬温夏热,四季分明,降水丰沛为主要特征。

(3)地貌　西南旅游区位于中国西南部,横跨中国地势的第二、第三阶梯。地表结构自西向东依次为西南山地、四川盆地、云南高原、贵州高原、广西丘陵盆地及海滨平原。地势起伏较大,地表结构复杂多样,高山、高原、峡谷、盆地、丘陵、平原、海岛、平坝竞相交错。本区是中国碳酸盐分布最广、喀斯特地貌发育最为典型、完美的地区。

(4)水文　本区河流众多,纵横交错,河川径流发育,河网密度大,水资源十分丰富,尤其与高原、山地、盆地、喀斯特地貌等相互配合,地表水与地下水交相呼应,形成独特的山水风光。广西河流分属珠江、长江、独流河3大水系,河流众多,形成许多著名的风景河段,有漓江、灵渠等。云南有怒江、澜沧江、金沙江、红河、南盘江和伊洛瓦底江六大水系和以著名的滇池、洱海、抚仙湖、泸沽湖为代表的天然湖泊构成的云南河湖体系,并形成"三江并流"奇观。贵州河流向南、北、东方向顺地势呈扇状流动,全省河流分为乌江和南、北盘江两大水系,有黄果树瀑布群、马岭河峡谷等。长江与嘉陵江在四川、重庆形成了与长江三峡并立的峡谷旅游资源。岷江、沱江、青衣江蕴育了成都平原,并提供了水利灌溉之利。

2.人文地理特征

(1)悠久的巴蜀文化　起源于夏商、壮大于春秋战国的巴蜀文化,是中国地域文化的重要组成部分。战国时期,蜀地已因富饶而闻名于世。三国时期,蜀地更因其"天府"优势形成可与魏、吴抗衡的"三足鼎立"局面的一部分,留下了古栈道、古战场、古桥梁与文人墨客的诗文、墨迹等历史遗迹。这些均构成本区重要的旅游资源。

(2)近代革命发源地　西南地区有着优良的革命传统与不屈不挠的斗争精神,使本区成为近代革命斗争的发源地,为反帝、反封建及中华民族独立作出了巨大贡献。如洪秀全领导的太平天国起义、邓小平领导的百色起义、龙川起义,遵义会议和巧夺金沙江等历史事件,在本区留下许多革命遗址和纪念地,可以进行传统革命教育,开展红色旅游。

(3)多姿多彩的少数民族风情　本区亦是中国少数民族分布最多、最集中的地区,少数民族人口占全区总人口的26.1%(2010年)以上。各民族在长期的生产、生活过程中形成了本民族特有的风情与文化,他们在服饰、礼仪、习俗、建筑以及节日、民间工艺和烹饪技术等方面都有自己鲜明的特色,民族节庆、民族体育和娱乐项目繁多。

二、旅游资源特色

1.旅游资源类型齐全,品位较高

首先,本区旅游资源类型众多,除没有荒漠类的旅游资源外,其余各类旅游资源在本区均有分布;其次,旅游资源品味较高,许多旅游资源在世界或中国属于独有种。整个西南地区拥有的溶洞种类之多堪称世界之最,三江并流、黄果树瀑布、桂林山水等自然景观以及金丝猴、大熊猫、印度豹、华南虎、珙桐、杜鹃、各种蕨类等动植物资源在中国乃至世界绝无仅有;人文旅游资源方面的丽江古城、灵渠、夜郎古国、遵义会议遗址、太平天国起义、百色起义、龙川起义遗址以及多姿多彩的少数民族风情也极具垄断性。

2. 景观垂直变化显著,观赏性强

西南地区大部分属于亚热带常绿阔叶林地带,只有北部的秦巴山地属于北亚热带常绿阔叶林与落叶阔叶混交林地带。从山麓到山顶出现热带、亚热带、暖温带、温带、寒温带、高山苔原及雪山冰原等多种类型,形成"山腰百花山顶雪,河谷炎热穿单衣""一山有四季、十里不同天"的气候景象,可在极短的时空范围内体会到四季的变化,欣赏多个气候带的自然景观。

3. 生物资源丰富,极具科考和旅游价值

本区自然生态环境优秀,滋生和蕴育了种类繁多、组成复杂的野生动植物。这些生物资源不但有极高的科考价值,而且形态优美,观赏价值高。

4. 旅游资源具有原生态之美

由于历史原因及地理环境的限制,本区受到近代工业、文化影响较小,自然旅游资源与人文旅游资源保持鲜明的原生态特色。西南地区自然环境良好,原始森林面积广大,许多物种为本区独有。区内的宗教文化多自然神灵的崇拜习惯,体现了原始宗教的个性特征;民族意识与观念的差异,导致了审美观的巨大差别。

三、区域旅游合作现状

大西南旅游圈及与其空间关系密切的各旅游合作区共同构成了大西南旅游圈的空间组合。主要包括:大西南旅游圈内部的"中国香格里拉生态旅游区""滇黔桂中国喀斯特生态文化旅游区"和大西南旅游圈外部的"珠江流域旅游区"[1]。

"中国香格里拉生态旅游区"包括四川的甘孜州、凉山州、攀枝花市,云南的迪庆州、丽江地区、怒江州和大理州,西藏的昌都地区和林芝地区。这里拥有澜沧江、怒江等奇特的自然风光、雪域高原生态和物种的多样性景观,以及藏族聚居区神秘的旅游文化资源,是举世闻名的"香格里拉"所在地。川滇藏3省合作,共同打造"中国香格里拉生态旅游区"这一世界级旅游品牌,是大西南旅游圈的重要组成部分,是其核心旅游产品。

滇、黔、桂中国喀斯特生态文化旅游区以云南石林为起点,包括滇东南、贵州东部、广西桂林盆地、直至广西黎塘、滨阳沿海一带。跨越了中国地貌第二级和第三级台阶。包括第三纪古喀斯特和第四纪到现代喀斯特。是世界上唯一的在一个地域空间中广泛发育幼年期、青年期、壮年期和老年期喀斯特的地区。

珠江旅游旅游区位于珠江流域地区。珠江发源于云南,流经贵州、广西、广东和香港、澳门特区。为了促进珠江流域旅游和经济的共同发展,4省和2特区对共同协商打造"珠江流域经济带"达成了共识。沿珠江流域各省区分别拥有得天独厚的具地方色彩的自然旅游资源和文化旅游资源。而其中大西南旅游圈中的云南、贵州、广西有相同的神奇秀丽的喀斯特自然景观,浓郁的民族风情和独具特色文化。

四、精品旅游线路

(1)西南奇山秀水生态之旅

线路安排:成都—重庆—遵义—贵阳—昆明—桂林—南宁—北海—越南下龙湾;昆明—东

---

[1] 沈娅. 大西南旅游圈旅游竞争与合作研究(D). 昆明:云南师范大学,2004:17-18.

川—六枝—贵阳—遵义—重庆—成都—黄龙—九寨沟;南宁—大新—乐业—广南—丘北—腾冲—怒江傈僳族自治州—四川稻城—都江堰—都城—黄龙—九寨沟;昆明—大理—丽江—玉龙雪山—东巴谷—楚雄—大理古城—腾冲—瑞丽—景洪—西双版纳;昆明—大理—丽江—香格里拉—昌都—林芝—拉萨。

线路特色:以秀美的自然山水为主题的生态旅游路线,有多条线路可以选择。

(2)西南多彩民族风情体验之旅

线路安排:成都—九寨沟(藏族)—稻城—丽江(纳西族、东巴文化)—大理(白族)—楚雄(彝族)—景洪(傣族)—西双版纳(傣族等)—昆明(云南民族村)—石林(彝族)—贵阳—桂林;贵阳—雷山(上郎德苗寨、西江千户苗寨、大塘短裙苗寨)—榕江(三宝侗寨)—从江(高增侗寨)—黎平(侗族)—锦屏—天柱;桂林—广西三江—贵州黎平;四川邛海—卫星发射基地—攀枝花—云南泸沽湖—丽江—香格里拉—西川稻城亚丁。

线路特色:以原生态民族风情体验为主题,结合自然山水、名胜古迹,是一条文化生态旅游线路。根据不同情况,此路线可以自由组合。

(3)西南红色之旅

线路安排:桂林—南宁—百色—昆明—贵阳—遵义;贵阳—息烽集中营—遵义—茅台镇—赤水—红枫湖—苗寨—青岩古镇。

线路特色:将红色景区和绿色山水、文化景观通盘设计,把革命传统教育、祖国山河欣赏和民族风俗品味融为一体。

(4)南国边关风貌之旅

线路安排:贵阳—昆明—瑞丽—南砍—曼德勒—仰光;昆明—西双版纳—勐腊—南塔—琅勃拉邦—万象;昆明—西双版纳景洪、打洛—大其力—金三角—青莱;桂林—南宁—崇左—宁明—凭祥—下龙湾—大新—隆安;南宁—凭祥—河内—胡志明市—下龙湾—德天—通灵大峡谷—北海。

线路特色:将边境商贸、异国风光、民族风情、历史文化相结合,构成文化体验与风光观赏为主题的休闲旅游线路。

第八节 西北大漠风光丝路文化旅游区

一、旅游环境概述

1.自然地理特征

(1)区位 西北大漠风光丝路文化旅游区,位于中国西北部,包括甘肃、宁夏、新疆3省区。东连黄河中下游旅游区,北邻内蒙旅游区、蒙古、俄罗斯,南与西南及青藏两大旅游区相连,西与哈萨克斯坦、吉尔吉斯斯坦、塔吉克斯坦、阿富汗、巴基斯坦等国接壤,有利于发展边境旅游。

(2)气候 深居内陆,属于典型的大陆性温带荒漠气候。本区云量稀少,日照时数较长,光照资源在全国仅次于青藏高原,热量资源丰富,风大沙多,气温变化大且具有明显的季节差异,有"早穿皮袄午穿纱,围着火炉吃西瓜"之说,中国最热、最干旱、风沙最大和降水最少的地方都分布在这里。

(3)地貌 本区地表结构的基本特征是高耸的山地与巨大的盆地相间分布。南部有昆仑山脉、祁连山,北部有阿尔泰山,中部横亘天山、北山阿尔金山。阿尔泰山与天山间为准噶尔盆地,天山与昆仑山、阿尔金山之间为中国最大的内陆盆地——塔里木盆地。本区是中国沙漠集中分布的地区,包括塔克拉玛干沙漠、古尔班通古特沙漠、腾格里沙漠等。沙漠地区风力活动十分活跃,形成多种多样的风蚀地貌和风积地貌,如风蚀洼地、风蚀长丘、风蚀蘑菇等。

(4)水文 西北区远离海洋,降水稀少,相对湿度小,但新疆的水资源丰富,冰川是新疆的天然"固体水库"。新疆3大山脉的积雪、冰川孕育汇集为500多条河流,分布于天山南北的盆地,还有许多自然景观优美的湖泊,总面积达9700平方千米,占全疆总面积的0.6%以上。甘肃省水资源主要分属黄河、长江、内陆河3个流域和9个水系。黄河流域流域面积大、水利条件优,但流域内绝大部分地区为黄土覆盖,植被稀疏,水土流失严重,河流含沙量大。长江水系水源充足,年内变化稳定,冬季不封冻,河道坡降大,且多峡谷,蕴藏有丰富的水力资源。

(5)生物 本区境内大部分属于干荒漠,东西两侧边缘地区属于荒漠草原。有些高大山地从山麓到山顶植被的垂直分布显著,出现雪山—高山草甸—森林—草原—戈壁—沙漠紧密相连的奇特风光。西北区特殊的地理环境和气候条件也为雪豹、藏羚羊、野驴、野马等珍稀野生动物提供了生存条件。

2. 人文地理特征

(1)资源丰富,经济基础薄弱 本区地处西北内陆,由于历史原因,经济发展水平长期在较低水平徘徊,总体处于工业化初中期阶段。改革开放以来,各省区努力发挥矿产等资源优势,促进了区域经济的发展,但是工业规划管理工作薄弱,产业开发一定程度上以生态环境为代价,导致本区生态环境恶化。

(2)深厚的历史文化积淀 本区历史悠久,是中华民族和华夏文明的发祥地之一,各个历史时期的文化遗存十分丰富,如甘肃庆阳泥河湾发现的中国第一块旧石器时代的石制品,甘肃天水大地湾保存的7800年前的人类遗址等。

特殊的地缘环境使本区边塞文化格外璀璨。甘肃、宁夏在历史上一直位于中原政权的边疆地区,充满神秘色彩的西夏王朝也曾雄踞于此。本区境内不仅分布多处古战场、边关要塞、古城遗址,还有众多历史文化名城。长城遗址在本区内绵延数千千米,甘肃境内的嘉峪关享有"天下第一雄关""边陲锁钥,长城主宰"的美誉,宁夏被誉为"中国长城露天博物馆"。

本区在中国近代史上同样谱写了光辉篇章,有多处红色革命遗址,悠久的历史和深厚的文化为西北区营造了浓厚的人文氛围。

(3)璀璨的丝路文化 漫长的丝绸之路是世界最早的国际贸易和文化交流通道,是中国中东部腹地通往其他地区的走廊,从公元前2世纪到公元15世纪,这条长达7000多千米的古代东西方交通干道及其支路是欧亚大陆各国联系的纽带。

沟通亚、非、欧三大洲的古代丝绸之路,东起长安(今西安),经渭河流域、穿过河西走廊和塔里木盆地,跨越葱岭(今帕米尔),经中亚地区和阿富汗、伊朗、伊拉克、叙利亚而抵达地中海东岸。几千年来,中西各国沿着这条丝绸之路进行政治、经济和文化方面的交流,留下了大量文物古迹。其中军事设施方面有自战国秦昭王长城至明长城,汉代阳关、玉门关,明代嘉峪关。

本区古墓遍地,出土了大量的珍贵文物,具有很高的历史价值和艺术价值,其中雷台东汉墓出土的马超飞雀铜奔马,已成为中国旅游的形象标志。曾经跋涉在这条古道上的张骞、班超、李广、高适、岑参、玄奘、林则徐、左宗棠及意大利的马可波罗等中外名人的故事及遗留的游记、小说、诗词等,为这条古道增添了丰富的历史文化内涵,赋予其更为神奇豪壮的色彩。

(4) 浓郁独特的民族风情　本区是中国少数民族聚居的地区,生活着40多个少数民族,尤其是新疆,被称为"中国少数民族的橱窗"。各少数民族同汉族长期往来,联系密切,形成了独具一格、绚丽多姿的民族风情。

二、旅游资源特色

1. 旅游资源多元化

本区多元的文化环境和复杂的地理环境造就了旅游资源的多元化,丝路文化、草原文化、绿洲文化及多民族文化相互融合,积淀深厚,灿烂辉煌。区域地理环境内部变化显著,为本区形成文化积淀深厚、多元兼容、多姿多彩的旅游资源奠定了基础,使游客在欣赏自然风光的同时,深切感受到风格迥异的风土人情,独具魅力。

2. 旅游资源具有组合优势

本区人文旅游资源与自然旅游资源相映成辉,旅游资源多为复合型,名山大川有着深厚的文化内涵。森林、草原和绿洲地区多为少数民族聚居地,充满异域风情,戈壁荒漠中历史遗迹众多,充分展现着丝路文化的古风古韵。

旅游季节与气候组合良好。5月~10月份是本区气候条件最好的时候,降水最多,植物茂盛,自然景观丰富。一些民俗和节事活动也聚集于此时,这些活动与各族旅游资源相得益彰,对远道而来的游客有极强的吸引力。

三、区域旅游合作现状

由陕西、甘肃、宁夏、青海、新疆和新疆生产建设兵团共同组成的西北旅游协作区,是中国陆地旅游资源最丰富、旅游产品最具特色、发展前景最为广阔的地区旅游协作机构之一。该协作区主要以丝绸之路为纽带,开辟以观赏秦俑汉简、雄关古道、长城烽燧、石窟寺庙等历史文化遗产与戈壁沙漠、雪山草原、冰川湖泊等西北风光为主题的独特旅游路线,联合对外招揽游客,颇得好评。

2011年,在第22届西北旅游协作区年会上,西北旅游协作区与琼北湛江旅游合作组签订《陆上丝绸之路与海上丝绸之路旅游合作宣言》,陆海丝绸之路旅游"联姻",联手塑造中华文化旅游世界级品牌——"丝路旅游",加快培育青藏铁路、万里长城、红军长征、黄河文明等4条国家级旅游精品线路。

西北旅游协作区正在努力建立旅游信息共享机制,将由目前的旅游部门层面的合作不断扩大到协作区各级旅游协会、旅行社的广泛交流与合作。在宣传、组团、接待服务、投诉处理和应急事件处置等方面加强支持配合,实现旅游团队在协作区内无障碍通行。同时,还将建立旅游信息共享机制,也就是将建立以互联网、短信平台为载体的旅游信息共享机制,加快旅游政务、交通信息和旅游安全应急信息等四位一体的旅游信息化共享机制的建设步伐,建立西北旅游协作区领导层重大信息发布短信MAS平台系统。

四、西北区旅游线路

(1)丝绸之路游

线路安排：西安—天水—兰州—武威—张掖—嘉峪关—瓜州—敦煌—哈密—吐鲁番—乌鲁木齐。

线路特色：丝绸之路旅游线是中国西北最大的旅游线路，经过十几年开发、建设，基础设施正在完善，已经成为中国诸多旅游产品中极具吸引力的一条主题线路。该线以丝路文化为主题，依托古丝路沿途重要中心城市，将历史遗址、石窟艺术、山水风光、绿洲大漠景观、少数民族风情等旅游资源有机结合，构成一条涵盖资源众多、历史积淀深厚、文化多元并蓄、自然景观丰富多样的跨区域旅游线路。

(2)黄土风情游

线路安排：西安—庆阳—平凉—兰州—临夏；银川—固原—平凉—庆阳—兰州或西安。

线路特色：以黄土高原地区民俗风情为主题，集黄土地貌、历史古迹、红色圣迹、自然山水等旅游资源于一体，是一条体验性、参与性较强的民俗旅游线路。

(3)香巴拉—大九寨寻梦之旅

线路安排：兰州—临夏—夏河—合作—碌曲—玛曲—九寨沟。

线路特色：此线路不仅是一条著名的回、藏族民族风俗、宗教艺术旅游线，也是中国最美的湿地生态、草原风光旅游线。临夏回族自治州回族风情浓郁，州内星罗棋布、风格各异的2500余座清真寺既展示了中国古典建筑之美，又富有阿拉伯情调，其独特而精致的砖雕、木雕、彩绘艺术在全省乃至全国独一无二。甘南草原广袤无垠、藏传佛教文化古老神秘，藏民族风情淳朴独特。

(4)陇南山水生态游

线路安排：兰州—天水—陇南成县—康县—武都—文县—九寨沟。

线路特色：此线路将甘肃东部有"小江南"之称的天水及东南部的"绿岛"陇南诸景点汇于一体，是经典的生态旅游线路。

(5)塞上江南回族风情游

线路安排：银川—沙湖—镇北堡西部影视城—西夏王陵—中卫沙坡头—同心—固原；银川—中卫—沙坡头—通湖草原。

线路特色：此线路集绿洲湿地、大漠风光与回族风情为一体，资源组合度好、内涵丰富。

(6)北疆天山风光

线路安排：乌鲁木齐—天山天池—布尔津—喀纳斯—克拉玛依—精河—霍尔果斯口岸—伊宁—巴音布鲁克天鹅湖—那拉提草原；乌鲁木齐—奎屯—博乐—伊宁—那拉提—巴音布鲁克—库尔勒—吐鲁番—乌鲁木齐；乌鲁木齐—吐鲁番—哈密—木垒—富蕴—阿勒泰—克拉玛依。

线路特色：该线路是一条自然风光与民族风情相融合的生态旅游线路。

(7)南疆历史文化大漠绿洲游

线路安排：乌鲁木齐—库尔勒库车—阿克苏—喀什—和田—轮台—吐鲁番—乌鲁木齐。

线路特色：此线路历史古迹众多，文化内涵丰富，绿洲与大漠景观交错分布，是一条历史文化、绿洲文化和维吾民族文化集中的文化旅游线路。

第九节　内蒙古塞外风光草原风情旅游区

一、旅游环境概述

1. 自然地理特征

(1) 区位　内蒙古旅游资源区地处中国北部边疆,幅员辽阔,横跨"三北"(东北、华北、西北),靠近京津,与蒙古国、俄罗斯接壤,边境线长4200千米,全区总面积118.3万平方千米,约占全国总面积的1/8,是中国北疆一块神奇壮丽的土地。本区大部分属地势高而平坦的蒙古高原,为蒙古族的主要聚居区,每年6月~9月最适于旅游,以坦荡的高原风光、绚丽的草原景观、古朴淳厚的蒙古民族风情著称。

(2) 气候　内蒙古自治区地域广袤,所处纬度较高,高原面积大,距离海洋较远,边沿有山脉阻隔,气候以温带大陆性季风气候为主。有降水量少而不均、风大、寒暑变化剧烈的特点。总的气候特点是春季气温骤升、多大风天气;夏季短促而炎热、降水集中;秋季气温剧降、霜冻往往早来;冬季漫长严冬、多寒潮天气。内蒙古的这种气候特征,在一定程度上缩短了内蒙古的旅游旺季,制约了旅游业的发展。

(3) 地貌　内蒙古旅游资源区以高原地形为主,除内蒙古东北部属大兴安岭外,全区基本上都处于内蒙古高原境内,西部还有阴山山脉的贺兰山、乌拉山和大青山,高原东部多有宽浅的大盆地。内蒙古高原地表开阔坦荡、起伏和缓,大多在海拔1000米左右,全区大部分地区水草丰美,是中国的优良牧场。西部戈壁、沙漠面积较大,局部地区有流沙、风蚀残丘分布,地表起伏和缓,多宽浅盆地,当地称为"塔拉"。

(4) 水文　内蒙古旅游资源区绝大部分为内流区,河流较少且多为时令河,常在下游洼地积水,形成大大小小的咸湖。黄河为本区最重要的外流河,流经本区南部,流量大、流势缓,泥沙含量远比下游小,干、支流均为灌溉之利。区内湖泊较多,多为干旱地区的咸水湖。

(5) 生物　内蒙古境内植物种类较丰富,但分布不均衡,山区植物种类最丰富。在全区生长繁衍的兽类有117种、鸟类362种、经济动物200余种,其中列入国家和自治区重点保护的49种,珍贵稀有动物10余种。

2. 人文地理特征

(1) 浓郁的蒙古族风情　特色鲜明的蒙古族风情是本区民族风情旅游的灵魂。蒙古族人民热情好客,若有客人来访,他们按照民族形式,以奶茶、烤全羊、扒羊肉、涮羊肉、马奶酒、奶干、炒米和歌舞等盛情款待。那达慕是蒙古族传统的群众性集会。祭敖包是蒙古族最为隆重热烈而又普遍的祭祀活动。

(2) 丰富的物产　内蒙古自治区地大物博,物产丰盈,其中生物资源别具特色,在中国的生物资源宝库中占有十分重要的地位。

二、旅游资源特色

1. 广袤的草原景观

内蒙古草原,鲜碧如画、一望无际。"天苍苍,野茫茫,风吹草低见牛羊"的草原景观,让人痴迷。呼伦贝尔草原、锡林郭勒草原、希拉穆仁草原、鄂尔多斯草原都是观赏草原风光的好去处。内蒙古草原的独特之处主要表现在其具有明显的经度地带性,可以说是奇花异草共生,珍禽异兽共存。这种以草原风貌为主,森林、河湖、沙漠兼具的组合特征,给人以极美的享受。

2. 崭新的边境旅游

近年来,随着改革开发的进一步完善,内蒙古地区与各邻国的睦邻友好关系不断发展,漫长的边境线作为本区发展边境贸易,开展入境旅游提供了得天独厚的有利条件。由于内蒙古与俄罗斯、蒙古国接壤,边境线长达4200千米,因此,该区可开辟中俄、中蒙2条跨国旅游线。

三、区域旅游合作现状

内蒙古地跨"三北",与甘肃、宁夏、陕西、山西、河北、辽宁、吉林、黑龙江等8个省区毗邻,在自然、社会、文化、经济等方面与这些省区存在着天然的、密切的联系,形成了内蒙古与周边省区进行区域旅游合作的基础。

从资源状况来看,内蒙古及周边8省区集中了大量的优势旅游资源,内蒙古与周边省区构成的区域内相同类型旅游资源在空间分布呈现相对集中,形成甘肃、宁夏、内蒙古西部的大漠风光、文化遗产、民族风情旅游资源区;陕西、山西、北京、河北、内蒙古中部历史文化旅游资源、草原文化旅游资源区;东北3省、内蒙古东部森林草原、水域等自然旅游资源与民族文化旅游资源区。这种相似旅游资源的集中分布为区域合作中进行资源整合,做大、做精旅游产品,产生整体效益大于部分效益之和的整合效益提供了良好的资源基础。

内蒙古与周边省区的次级行政单元在旅游资源上既存在一定的相似性,又存在着差异性。如甘肃、宁夏、内蒙古西部的阿拉善盟,由于地缘的关系,沙漠景观是3省区重要的旅游资源,依托相同类型资源——沙漠旅游资源开发的旅游产品必然具有较高的相似性。而3省区在历史文化、民族文化旅游资源上的差异又使这一区域内的旅游资源特色具有较大的差异,将相似资源与差异资源有侧重、分层面的组合,开发功能各异的旅游产品,既避免了区域内相同或相似旅游产品经营引起的竞争,又增强了区域旅游产品的市场吸引力。

便捷、通达的空间联系是内蒙古与周边省区构建和实现区域旅游合作的必要条件。内蒙古与周边省区空间联系的便捷性体现在2个方面:一是内蒙古西部、中部、东部分别与周边相邻省区形成了相对独立的次级区域,这些次级区域内部空间距离近,彼此之间进行空间联系所需时间和环节少,这就减少了进行广泛区域旅游空间联系的阻力,为提高区域内各地区空间联系的效率奠定基础;二是内蒙古与周边省区形成的次级区域内部交通发展水平较高,形成了完善的旅游交通网络。

四、经典旅游线路

(1)蒙古草原观光体验游

线路安排:鄂尔多斯—呼和浩特—乌兰察布—锡林浩特—赤峰—兴安盟—呼伦贝尔。

线路特色:此线路集聚了内蒙古草原风光的精华。游览该旅游线路,旅游者可以饱览草原的美丽景色。

(2)蒙古历史古迹游

线路安排:阿拉善盟—包头—呼和浩特—乌兰察布—赤峰—通辽—呼伦贝尔。

线路特色:此线路的最大特点是将人文景观与自然景观相结合。旅游者不仅可以欣赏到内蒙古独特的风光,还可以欣赏到内蒙古经典的古建筑。

(3)冰雪温泉度假游

线路安排:阿拉善盟—赤峰—乌兰察布—兴安盟—满洲里。

线路特色:该线路将给旅游者展现梦幻般的蒙古冰雪和珍贵的温泉资源,是一条旅游者可以充分参与体验的行程。

(4)草原风光摄影游

线路安排:巴丹吉林沙漠—月亮湖—贺兰山原始森林—鄂尔多斯草原—希拉穆仁草原—昭君墓—辉腾锡勒草原—锡林郭勒草原—乌兰布统草原—大清沟自然保护区—阿尔山—呼伦贝尔草原—呼伦湖。

线路特色:该线路将内蒙古草原的无限美景展现得淋漓尽致。

(5)沙漠戈壁探险游

线路安排:阿拉善盟—巴彦淖尔—鄂尔多斯—乌兰察布—通辽。

线路特色:该线路以内蒙古高原神秘的沙漠戈壁风光为主题,是一条勇敢者的探险之旅。

(6)草原民俗节庆游

线路安排:参观蒙古包—那达慕盛会—蒙古舞蹈欣赏、马头琴表演—内蒙古草原旅游节—内蒙古乌兰牧骑艺术节—祭敖包—体验摔跤、赛马、射击—品尝内蒙古族的手扒肉、烤全羊和马奶酒等。

线路特色:此线路将内蒙古独具特色的民俗节庆汇集于一条线路中,不仅可以让旅游者更好地了解蒙古族民俗文化的灿烂悠久,同时也可以让旅游者充分地感受到蒙古族人民的热情好客[1]。

第十节 青藏雪域高原藏传佛教文化旅游区

一、旅游环境概述

1. 自然地理特征

(1)区位 青藏旅游资源区位于中国西南部,以青藏高原为主体,在行政区划上包括青海、西藏2省区。地域辽阔,总面积达195万平方千米,平均海拔约4000米~5000米,有"世界屋脊"之称。北与新疆、甘肃相连,南与印度、尼泊尔、不丹、缅甸等国为邻,西与克什米尔地区接壤,东与四

---

[1]郝晓兰.关于内蒙古与周边省区区域旅游合作的思考[J].内蒙古财经学院学报.2005(6):29-32.

川、云南毗邻,是中国发展边境旅游的5大旅游区之一。人口862.89万(2010),47.4%居民为藏族,其他民族有汉、蒙古、回、土家、撒拉、门巴等。

(2)气候　本区虽然处于中低纬度带,但由于海拔较高,使这里形成独特的高寒气候,总体表现出:空气稀薄、气压低、含氧量少;阳光充足,辐射强烈,是全国太阳辐射量最多的地区,比同纬度东部高原高0.5倍~1倍,加之高原上空气稀薄洁净,尘埃、水汽含量少,透明度好,是名副其实的"阳光高原",西藏拉萨则有"日光城"的美誉;气温低、温度年变化小、日变化大,常被形容为"一年无四季,一日见四季"。干湿季分明,干季寒冷漫长(10月~次年3月),多大风;雨季温凉多雨(4月~9月),全年无夏。

(3)地貌　青藏高原区地势高峻,是世界上海拔最高的高原,也是地球上面积最大、年代最新、并仍在隆升的一个高原。绵延的高耸山脉构成了高原地貌骨架,山脉之间分布有高原、盆地、谷地,其间还镶嵌着众多的湖泊、冰川、河流、温泉等。耸立在高原边缘的巨大山系,海拔多在6000米~7000米以上,在这些平行的山脉之间,分别挟持着金沙江、澜沧江和怒江的深切峡谷,构成世界上有名的平行岭谷地貌。此外,还有许多耸立于雪线之上高达7000米~8000米的山峰,世界第1高峰珠穆朗玛峰(8844.43米)、第2高峰乔戈里峰(8611米)都在本区。

(4)水文　青藏高原高于雪线以上的山峰众多,巨大的山岳之间,冰川及其雕塑的冰川地貌广泛分布,冰川面积达3.4万平方千米,占中国冰川面积的82%。仅从数量上看,珠穆朗玛峰地区就有冰川217条,祁连山有3306条。

青藏高原湖泊广布,面积在1.0平方千米以上的湖泊(包括干盐湖)共1091个,合计湖泊总面积4.5万平方千米,约占全国湖泊总面积的49.6%,其中,面积大于10.0平方千米的湖泊有346个(青海省84个、西藏自治区262个),合计面积4.28万平方千米,占本区湖泊总面积的95.2%。因此,青藏高原成为地球上海拔最高、数量最多、面积最大的高原湖群区,也是中国湖泊分布密度最大,且与东部平原湖区遥相呼应的2大湖群区之一。同时,由于地势高亢,高原向南、向东、向西倾斜,成为长江、黄河、怒江、澜沧江、雅鲁藏布江等大江大河的发源地。

(5)生物　青藏高原地域辽阔,高山纵横,生态环境十分复杂,为各类生物的生存、繁衍提供了得天独厚的条件,生物种类非常丰富,建立了可可西里、三江源、拉鲁湿地等大面积的自然保护区。这些自然保护区,是世界屋脊上生态环境最奇特、生物资源最丰富的自然资源宝库,具有极高的科学研究价值。

2.人文地理特征

(1)绵远悠长的历史　青藏高原是以藏族为主题,多民族世代繁衍生息的一块神奇土地。据考古研究表明,在距今1万年~2万年的旧石器时代已有人类活动遗迹。青藏地区的历史沿革说明该区地理位置的重要性,也说明该区自古以来是中国领土不可分割的一部分。历史上汉藏两族和亲与友好交往的遗迹及相关传说,历代皇帝赐予的文物等,均成为重要的人文旅游资源。

(2)古老的文化,神秘的宗教　藏族有悠久灿烂的文化和独具特色的宗教体系。青藏高原地区原土著居民信仰藏传佛教。藏族有自己的语言和文字。藏族书法具有较高的艺术水平。藏族医药、历算自成一格。藏族同胞能歌善舞。这些都是构成藏族古老文化的重要要素。

(3)原生态的民俗风情　青藏地区以藏族为主体,此外还有汉、回、土、蒙古、撒拉等民族。藏族服饰是青藏高原一道绵延流长的亮丽风景线,由于地理气候和物产不尽相同,在藏区内可谓是

"百里不同俗,千里不同风",不同区域在穿着打扮方面各具特色,呈现出五彩缤纷的风貌。

饮食方面,牧民以牛、羊肉为主食,有酥油茶、酸奶、青稞酒、血肠、风干牛肉等传统特色美食。藏族传统民居,与其文化形态一样也具有其独特的个性,藏南谷地的碉房、藏北牧区的账房、雅鲁藏布江流域林区的木构建筑等各具特色,就连窑洞也能在阿里高原上寻见。过去交通运输主要使用牦牛,水路运输主要使用牛皮船和独木舟。藏族有多个节日,如藏历新年、沐浴节、雪顿节等。藏族除了最为普遍的天葬外,还有塔葬、火葬、水葬、土葬等多种类型。

二、旅游资源特色

1. 宗教性与地域性

佛教和苯教对藏族的政治、经济、文化教育、对外交往、文学艺术、伦理道德、社会心理等方面具有深刻持久的影响,也规范着居于此的人们的行为方式、性格特质、思维和价值观念。因此,许多旅游资源,特别是人文旅游资源不可避免地带有浓重的宗教色彩。这种强烈的宗教色彩是在地理环境和人文环境双重作用下,各族人民在适应自然与改造自然的过程中逐步形成的,也只有在青藏高原这一特殊区域才会有如此特色的文化景观和旅游资源。

2. 丰富性与垄断性

本区旅游资源种类齐全、丰富多样,几乎拥有国家标准《旅游资源分类、调查与评价》(2003)155种基本类型的全部,从高山峡谷、高原盆地至江河湖泊,从高山草原、高寒荒漠至温带荒漠,从山地森林至高山灌丛草甸、高山草甸、高山草原、高寒荒漠,从热带雨林至冰川雪峰的各种自然带景观;从资源数量上看,地文景观、水域风光和生物景观类最多,其中,地质旅游资源数量居全国首位;从资源品质上看,本区拥有独特的宗教文化、历史文化、民族风情等优势人文旅游资源。同时,青藏高原作为世界地势最高部分,许多旅游资源成为世界上同类旅游资源之最。高原东南部分分布着茂密的原始森林,其中,波密附近由于良好的水热光组合及较大的温差,使林木具有世界罕见的生产能力;高原南部和东南部山地,特别是喜马拉雅山南坡,由于巨大的高差,产生了从热带到寒带极为完整的植被垂直带谱等等。这些资源大多具有奇特、绝色、罕见的特点,在很大程度上具有不可替代性,是登山探险、地学研究、生态考察等旅游活动的最佳目的地。众多的"世界之最",使本区成为世界顶级旅游资源地之一。

3. 文化与自然环境的原生态性和脆弱性

青藏高原是中国一个相对独立的地理单元。由于高原四周高山林立,成为本区与外界的天然屏障,加之封闭、自给自足的农牧经济,减弱了本区与外界的联系,因此,也就使青藏高原旅游资源较少受到外界工业文明的影响,保留了旅游资源原始的外形特征和内涵。但是,本区旅游资源在保存自然与文化生态原始性的同时又具有脆弱性,一旦破坏,就难以恢复。在旅游开发和经济建设过程中,必须把资源保护和文化传承放在首位,才能实现旅游可持续发展。

三、区域旅游合作现状

"十二五"期间,西藏将努力打破行政壁垒,坚持内联外拓、全方位开放,以大香格里拉文化旅游区、茶马古道走廊、唐蕃古道走廊所涉及的区域为主体,加强与四川、云南、青海、新疆、陕西等省区合作,联合打造区域产品集群,实现资源共享、优势互补;同时,将加强与尼泊尔合作,以喜马拉雅山地文化为基础,制定中尼跨边境游、腹地游优惠办法,提高区域整体竞争力。

四、经典旅游线路

(1) 青藏高原唐蕃古道文化探秘游

线路安排:西安—兰州—西宁—玛多—扎陵湖—鄂陵湖—黄河源—结石镇—当曲—唐古拉山山口—那曲—拉萨。

线路特色:唐蕃古道是中国古代历史上一条非常著名的交通大道,也是唐代以来中原内地去往青海、西藏乃至尼泊尔、印度等国的必经之路。它起自陕西西安(即长安),途经甘肃、青海至西藏拉萨,全长3000余千米。整个古道横贯中国西部,跨越举世闻名的"世界屋脊",联通中国西南的友好邻邦,故亦有"丝绸南路"之称。

(2) 珠穆朗玛峰探险之旅

线路安排:拉萨—江孜—日喀则—协格尔(定日县)—绒布寺—珠穆朗玛峰大本营、珠穆朗玛峰景区—日喀则—拉萨。

线路特色:珠穆朗玛峰探险之旅沿雅鲁藏布江逆流而上,以历史文化名城拉萨为起点和终点,向世界第一高峰珠穆朗玛峰挺进。

(3) 神奇阿里探险游

线路安排:拉萨—江孜—日喀则—萨迦寺—桑桑—萨嘎—帕阳—玛雍拉—塔青无人区—V改则—错青—拉萨。

线路特色:西藏阿里处于"世界屋脊"的巅峰区域,世界上最高大最雄伟的山脉依次横亘在阿里广阔的土地上。由于高海拔形成了高寒的气候,令阿里境内雪山重重,是名副其实的"雪域"。

(4) 昆仑道教寻祖旅游线

线路安排:西宁—茶卡—格尔木—昆仑山。

线路特色:以道教文化为主题,结合高原自然风光与民俗风情。

(5) 藏传佛教探秘、民俗风情体验游

线路安排:西宁—茶卡—格尔木—昆仑山口—那曲—拉萨—江孜—日喀则。

线路特色:此线以青藏高原古老、独特的藏传佛教文化与民俗风情为主题,是一条集生态观光与义化体验于一体的文化生态旅游线路。

(6) 藏南文化生态游

线路安排:昌都—林芝—拉萨—江孜—日喀则—阿里。

线路特色:此线将青藏高原的古老文化与神秘山水相结合,以文化生态为主题的旅游路线。

(7) 江河之源生态游

线路安排:西宁—玛多—巴颜喀拉山口—玉树结石镇—拉萨。

线路特色:以探寻江河源头为主题,是一条自然生态与康巴藏族风情相结合的文化生态旅游线路。

第二章 中国旅游地的省区分布

第一节 "黑吉辽"旅游概况与特征

一、黑龙江省

1. 自然地理概况

区位 黑龙江省,简称"黑",位于中国东北部,是中国位置最北、纬度最高的省份,东经121°11′~135°05′,北纬43°25′~53°33′,土地总面积47.3万平方千米(含加格达奇和松岭区),居全国第6位,2010年第6次人口普查常住人口3831.22万人,辖12个地级市、1个地区、18县级市、45县、1自治县和64个市辖区。北部、东部以黑龙江、乌苏里江为界,与俄罗斯相望,西部与内蒙古自治区相邻,南部与吉林省接壤。

地形地貌 黑龙江省西北部、北部和东南部高,东北部、西南部低,主要由山地、台地、平原和水域构成。西北部为东北—西南走向的大兴安岭山地,北部为西北—东南走向的小兴安岭山地,东南部为东北—西南走向的张广财岭、老爷岭和完达山脉,山地面积占全省总面积24.7%;海拔300米以上的丘陵地区约占全省的35.8%;东北部海拔在50米~200米的三江平原和西部的松嫩平原地区约占全省的39.5%,属于东北平原的一部分。

气候与水文 黑龙江省位于欧亚大陆东部、太平洋西岸,为温带季风性大陆型气候。夏季雨热同季,冬季漫长寒冷,全省年平均气温在-5℃~5℃之间。黑龙江省江河湖泊众多,主要包括黑龙江、松花江、乌苏里江和绥芬河4大水系,有兴凯湖、镜泊湖、连环湖和五大连池4个较大湖泊及各种泡沼,全省流域面积在50平方千米以上的河流有近2000条。

2. 经济发展现状

黑龙江省土质肥沃,地势平坦,耕地连片,水源充足,具有发展农业生产的良好自然条件,是全国耕地最多、国营农场最多的省份,机械化作业水平较高的省份,是以煤炭、石油、木材为重点的国家重要工业基地。

2012年实现地区生产总值(GDP)1369.16亿元,按可比价格计算比上年增长10.0%。其中,第一产业增加值2113.7亿元,增长6.5%;第二产业增加值6456.6亿元,增长10.2%;第三产业增加值5121.4亿元,增长10.7%。三次产业结构为15.4:47.2:37.4。第一二三产业对GDP增长的贡献率分别为7.8%、51.9%和40.3%。人均地区生产总值35 711元,增长9.9%。

黑龙江省加强区域分工协作,形成了"廊带互补、板块联动"的区域经济新格局。目前,黑龙江省中西部集中建设哈大齐工业走廊,打造新体制、高科技、生态化、外向型的新型工业化示范带;东部煤电化基地大力发展煤化工产业,拓展非煤产业;沿边地区办好各类进出口加工园区,建设加工产业带和互市贸易区;大小兴安岭生态功能区坚持保护优先、适度开发方针,建设生态开发示范区。

黑龙江省通过全国最大的陆路口岸满洲里口岸和位居第3位的绥芬河口岸,分别与俄罗斯后贝加尔铁路和远东铁路接轨。哈尔滨铁路局位于全国路网东北端,管辖线路覆盖黑龙江省全境,兼跨内蒙古自治区呼伦贝尔市。黑龙江水系是全国3大通航水系之一,主要通航河流有黑龙江、松花江、乌苏里江、嫩江4大干流和第二松花江、额尔古纳河、呼兰河等支流及镜泊湖、兴凯湖等,江海联运航线可直达日韩等国及中国东南沿海港口,具有发展水运的良好条件。

3. 旅游资源特征

黑龙江省是中国位置最北、纬度最高的省份,以地理气候优势、生态景观优势、边境区位优势和地域文化优势为主要特点,旅游资源特色鲜明。拥有3个国家级风景名胜区、23个国家自然保护区、55个国家森林公园、6个国家地质公园、28处全国重点文物保护单位。黑龙江省共拥有哈尔滨市、牡丹江市、伊春市、大庆市、阿城市、绥芬河市、齐齐哈尔市、铁力市、虎林市、黑河市、海林市等11个中国优秀旅游城市,其中哈尔滨市是历史文化名城。

(1)自然旅游资源数量丰富、类型较齐全[1]　从资源数量上来看,黑龙江省自然旅游资源基本类型数量较为丰富,多于人文旅游资源基本类型。根据旅游资源国家分类标准体系(GB/T 18972-2003),黑龙江拥有国家标准分类体系中4个主类全部(地景、水景、生景、天景)和17个亚类中的16个,冰雪景观、江河湖泊景观、森林景观和动植物生态景观在全国具有典型代表性意义,火山熔岩景观、高山堰塞湖地貌景观、小兴安岭红松原始森林景观具有世界自然遗产价值。

(2)旅游资源特色鲜明,具有明显的地域性　由于特殊的地理位置,黑龙江省寒冷多雪的冬季是开展冰雪旅游的大好季节,形成黑龙江省隆冬的旅游旺季。黑龙江省夏季短促,气温不高,7月平均气温平原南部仅24℃,哈尔滨只有22.5℃,大兴安岭低于18℃,加上温泉等特有自然环境,黑龙江省不少地方成为夏季的避暑胜地。另外,中国最北端的漠河市,是观看白昼北极光的最佳场地,位于中国最东端的乌苏镇是黑龙江与乌苏里江的汇合处,也是中国最早见到太阳的地方,这些由于特殊地理位置形成的特有旅游景观也是黑龙江省独有的旅游资源。

(3)丰富奇特的冰雪、火山、江河湖海、森林、湿地等自然生态旅游资源　黑龙江省处于中国高纬度带,是中国平均气温最低的地区,冬季长达6个月,冰雪覆盖时间超过100天,拥有丰富优质的冰雪旅游资源,林海雪原、冰河雾霜、雪雕冰塑、滑雪溜冰,都是极具吸引力的冰雪旅游胜地。

黑龙江省西北部是大兴安岭最北端,山峰由火山岩构成,小兴安岭张广财岭多为第四纪以来火山活动地区,形成著名的火山群区,五大连池号称"世界火山博物馆",中国最大的高山堰塞湖镜泊湖等丰富的火山地貌类型、千姿百态的火山山地地貌景观全国罕见。

黑龙江省有黑龙江、松花江、嫩江、牡丹江、绥芬河等众多大江大河,水量丰富,含沙量少,青山绿水景观壮丽,但河流封冻期多为5个月以上,河冰厚达2米,形成"千里冰封、万里雪飘、大河上下、顿失滔滔"的奇观。

黑龙江省山地广阔,拥有大面积的原始森林,是全国最大林区,有中国少有的寒温带针叶林带森林和世界上最典型的红松原始森林。扎龙自然保护区是中国第一个水禽综合保护区,也是世界最大的一块湿地,森林和湿地环境中衍生的众多珍贵动植物,如东北虎、紫貂、丹顶鹤等,都是极具

---

[1]吴相利,李雁,王国林.黑龙江省旅游资源基本特征及吸引向性评价[J].国土与自然资源研究,1999(4):75-78.

吸引力的旅游资源。

黑龙江省天然湿地面积占全国1/8,湿地资源形态奇特、类型多样,分为河流湿地、湖泊湿地、沼泽湿地和沼泽化草甸湿地4种,省级以上湿地保护区40多处,拥有扎龙、兴凯湖、三江、洪河等4个国际重要湿地。

(4) 有待提升的人文旅游资源　黑龙江省自然旅游资源占主导地位,人文旅游资源相对匮乏。前者在国际国内占有重要地位,是黑龙江省旅游业发展的关键,可适当兼顾后者,逐步开发黑龙江省民族风俗、金源文化等人文旅游资源。黑龙江省拥有赫哲族等独有民族,少数民族大多居于深山或偏居一隅,受外界影响较少,民俗民风古朴,是黑龙江省人文旅游资源中的奇葩。黑龙江省拥有上京会宁府遗址等众多金朝遗址遗物,具有旅游和考察意义。

4. 旅游分区

资源分布上,黑龙江东南地带(哈尔滨、牡丹江、鸡西)自然旅游资源最为丰富,拥有全省风景自然旅游资源基本类型的全部,其次为小兴安岭地带(伊春、黑河),自然旅游资源较为丰富,三江平原、松嫩平原地区风景资源类型结构丰富度则相对较弱。

总体来看,黑龙江省基本形成西部、东部两大旅游合作板块。西南和东南旅游业发展最优,西北和东北次之,西中和东中最弱[1]。西部包括1个国家级风景名胜区(五大连池国家风景名胜区)、7个国家级自然保护区(扎龙自然保护区、五大连池自然保护区、呼中国家级自然保护区、南瓮河国家级自然保护区、胜山国家级自然保护区、双河国家级自然保护区、大沾河湿地国家级自然保护区)、1个国家地质公园(五大连池国家地质公园),东部包括2个国家级风景名胜区(镜泊湖风景名胜区、太阳岛国家风景名胜区)、16个国家级自然保护区(兴凯湖自然保护区、七星河自然保护区、饶河东北黑蜂国家级自然保护区、丰林国家级自然保护区、凉水国家级自然保护区、洪河国家级自然保护区、三江自然保护区、八岔岛国家级自然保护区、牡丹峰自然保护区、挠力河自然保护区、凤凰山国家级自然保护区、乌伊岭国家级自然保护区、红星湿地国家级自然保护区、穆棱东北红豆杉国家级自然保护区、珍宝岛湿地国家级自然保护区、东方红湿地自然保护区)、5个国家地质公园(伊春小兴安岭国家地质公园、镜泊湖国家地质公园、兴凯湖国家地质公园、嘉荫恐龙国家地质公园、伊春花岗岩石林国家地质公园)。

5. 旅游业发展现状

作为边疆大省,黑龙江省经济发展水平处于全国中下游,旅游业与其他发达省份相比,起步较晚,基础较差,但近几年发展较快,整体处于全国中游水平。黑龙江省旅游业从"九五"期间开始走上快速发展轨道,从1996年接待人数、创汇在全国排名第19位和21位上升至2003年的接待人数第12位、创汇第14位。2012年共接待国内外旅游者25 382.2万人次,比上年增长24.2%。实现旅游业总收入1300.3亿元,增长19.1%,其中,接待国内旅游人数25173.9万人次,增长24.4%,实现国内旅游收入1247.5亿元,增长20.9%,接待国际旅游人数207.6万人次,实现国际旅游外汇收入8.4亿美元。

黑龙江省相继开展了中国黑龙江国际滑雪节、中国黑龙江国际养生度假旅游节、黑龙江国际火山旅游节暨五大连池圣水节、中国哈尔滨国际冰雪节、中国哈尔滨经济贸易洽谈会、哈尔滨国际啤酒节、佳木斯三江国际旅游节、中国萝北中俄犹国际戏水狂欢节、中国佳木斯国际泼雪节等9个

---

[1] 张丽梅. 黑龙江省旅游区域合作存在的问题及解决对策[J]. 经济研究导刊,2009(35):94-95.

国际旅游节庆活动,以及10余个国内旅游节庆活动。2012年,黑龙江省拥有星级饭店280个,其中五星级4个。拥有国家A级以上景区262个,其中2A级景区65个,3A级景区114个,4A级景区43个,5A级景区3个(太阳岛景区、镜泊湖风景名胜区、五大连池风景区)。

6. 旅游形象与主要线路

黑龙江省目前是享有国际声誉、代表中国冰雪旅游最高水平的冰雪旅游胜地,黑龙江省委、省政府坚持"打造冰雪旅游强省"的战略,正在建设"北国风光特色旅游开发区",冰雪旅游基础设施和旅游环境实现了跨越式发展,冰雪旅游节庆活动更具创意和影响力,黑龙江正在迈向"国际滑雪旅游胜地""世界冰雪旅游名都"的高端目标。黑龙江省政府推出了5条冰雪旅游线路、8大冰雪主题游和40个冰雪旅游必游地。5条冰雪旅游线路包括梦幻冰雪游(哈尔滨—阿城—亚布力—牡丹江—镜泊湖—大海林雪乡/鸡西兴凯湖)、"神州北极"冰雪游(哈尔滨—大庆—齐齐哈尔—大兴安岭加格达奇—漠河北极村)、小兴安岭"林海雪原"游(哈尔滨—绥化—铁力—伊春—嘉荫)、"华夏东极"冰雪游(哈尔滨—佳木斯—同江—抚远)、火山边境冰雪游(哈尔滨—五大连池—黑河—俄罗斯布拉格维申斯克市),8大冰雪主题游包括激情滑雪度假游(以亚布力滑雪旅游度假区为代表的全省29家滑雪场)、梦幻冰雪艺术游(哈尔滨冰雪大世界、太阳岛雪雕博览会、哈尔滨冰灯艺术游园会、牡丹江雪堡等国际一流的冰雪景观)、壮丽冰雪风光游(伊春、大兴安岭、北极村、大海林雪乡、扎龙湿地、五大连池、兴凯湖、华夏东极抚远等林海雪原的壮景)、神奇冰雪养生游(大庆雪地温泉、五大连池火山磁场及矿泉滋养、大海林雪乡、漠河北极村、亚布力旅游度假区、伊春梅花山庄、伏尔加庄园等度假养生)、欢乐冰雪娱乐游(松花江、嫩江等冰河边的冰上运动)、豪迈冰雪健身游(冰雪天地、林海雪原中运动健身)、特色冰雪民俗游(体验热情、纯朴、多彩的东北冰雪民俗)、北国冰雪文化游(欣赏冰雪孕育的文化精粹,走进百年中西文化交融铸成的浪漫都市——哈尔滨,感悟黑龙江历经岁月磨炼、沧桑传奇的历史文化),以及中国北极圣诞村、哈尔滨冰雪大世界、伏尔加庄园等40个冰雪旅游必游地。

二、吉林省

1. 旅游环境概述

(1)自然地理概况

区位 吉林省,简称"吉",位于中国东北地区中部,北接黑龙江省,南接辽宁省,西邻内蒙古自治区,东与俄罗斯接壤,东南部以图们江、鸭绿江为界,与朝鲜隔江相望,边境线长达1400多千米。位于北纬40°52′~46°18′、东经121°38′~131°19′,面积18.74万平方千米,占全国总面积的2%,东西长650千米,南北宽300千米,2010年第6次人口普查全省常住人口为2746.23万人,下辖1个副省级城市(长春)、7个地级城市、延边朝鲜族自治州和长白山管委会。

地形地貌 吉林省地形地貌大致是由东南向西北沉降,东南部高,西北部低,以中部大黑山为界,可分为东部山地和中西部平原2大地貌区,东部山地又分为长白山中山低山区和低山丘陵区,中西部平原分为中部台地平原区和西部草甸、湖泊、湿地、沙地区。主要山脉有大黑山、张广才岭、吉林哈达岭、老岭、牡丹岭等,主要平原以松辽分水岭为界,以北为松嫩平原,以南为辽河平原。

气候与水文 吉林省属于温带大陆性季风气候,河流众多,是东北地区主要江河的上、中游地带,分别属于松花江、辽河、鸭绿江、图们江、绥芬河5大水系,较大的湖泊有长白山天池、松花湖、月亮湖等。东部山区河网密度大、地表径流量大,西部平原区地下水丰富。

(2) 经济发展现状

吉林省属于中国东北老工业基地,省内主要产业为重工业,基础设施建设居于全国中上水平,以"一汽""吉化"等重点项目为支撑的工业生产体系为吉林省经济发展奠定了基础。改革开放后,受经济体制制约,"东北现象"比较明显,属于欠发达地区,发展程度和经济水平与东北区的黑龙江类似,落后于辽宁省,更明显落后于东部沿海地区。

自国家实施振兴东北地区等老工业基地战略以来,吉林省全力实施国企改革攻坚、投资拉动、扩权强县、民营经济和对外开放等工作,经济发展现状有所改善,增长速度提高。2004 年~2009 年,吉林省 GDP 年均增长 14.1%,全省经济总量连续跃上 3000 亿、4000 亿、5000 亿、6000 亿、7000 亿元台阶;2012 年实现地区生产总值 11 937.82 亿元,增长 12.0%,人均 GDP 达到 43 412 元,增长 11.9%。三次产业结构比例为 11.8∶53.4∶34.8。固定资产投资增速连续 5 年居全国前列,开工建设和竣工投产了一大批基础设施、基础产业和工业大项目。虽然吉林省 GDP 总量在全国属于较低水平,近年来,发展速度和质量,全面提高,主要经济指标增速连续几年位居全国前列。

吉林省的铁路网大体可分为西北—东南和西南—东北 2 个走向,以省会长春为全省的交通枢纽,贯通全省各地,京哈线纵贯南北,长白线(长春至白城,远至内蒙古阿尔山)和长图线(长春至图们市,衔接牡图线至牡丹江)横贯东西。航空线由长春和吉林市通航全国各大城市。省内的公路网较为完善。内河航运以松花江、图们江、嫩江等为主要航道。

2. 旅游资源特征

吉林省旅游资源总量丰富,类型多样,拥有 1 处世界文化遗产(中国高句丽王城、王陵及贵族墓葬)、4 个国家级风景名胜区、12 个国家自然保护区、27 个国家森林公园、3 个国家地质公园、33 处全国重点文物保护单位。吉林省共拥有长春市、吉林市、蛟河市、集安市、延吉市、敦化市、桦甸市等 7 个中国优秀旅游城市,其中,吉林市和集安市是历史文化名城。

(1) 类型多样的生态旅游资源 吉林省是一个"绿省",未遭到大规模破坏的原生态资源,是最宝贵的旅游资源。吉林省拥有除海洋生态旅游资源以外的 5 类旅游资源:森林、草原、内陆湿地和水域、荒漠、自然遗迹,品位较高,已建立了各种自然保护区和森林公园。其中,长白山国家级旅游区"雄山托天池、林海藏珍奇",以白头山天池、长白群峰、长白瀑布、长白温泉等旅游资源最为著名,被列为"世界生物圈保护网"的 10 个自然保护区之一;另外,向海、莫莫格自然保护区、松花湖、净月潭风景名胜区都是吉林省极具吸引力的生态旅游资源[1]。

(2) 丰富的冰雪旅游资源 吉林省地处北温带,冰雪资源也是其独特的旅游项目,而吉林雾凇"夜看雾,晨看挂,待到进午赏落花"的美轮美奂,与桂林山水、云南石林、长江三峡一起誉为中国 4 大自然奇观。

(3) 众多价值极高的历史文化旅游资源 吉林省有着悠久的历史和灿烂的文化,西汉时曾在这里建立夫余国、高句丽国,唐朝时建立渤海国,它们都在吉林的辽阔土地上留下了宝贵的历史遗迹,数量众多,价值极高,如辽金时代的重镇塔虎城遗址、高句丽王国历史遗迹、渤海国都遗址、清代艺术真品满文碑、伪满洲国皇宫等等。

(4) 丰富多彩的民族民俗旅游资源 吉林省是多民族省份,有满、蒙、朝、回等 35 个少数民族,总人口约占全省 8%,少数民族的 47% 聚居在延边朝鲜族自治州、前郭尔罗斯内蒙古自治县和长白

---

[1] 王晓南. 振兴吉林老工业基地与吉林旅游经济战略研究[J]. 通化师范学院学报,2004,25(7):7-9.

朝鲜族自治县,丰富多彩的民族文化构成了吉林省独特的文化景观,民族风情与民俗文化是吉林省重要的旅游资源。

3. 旅游分区

吉林省旅游资源分区大致分为东、中、西3大区域[1][2]:

(1)东部森林生态与民俗文化边境旅游区 主要包括图们江金三角旅游区、长白山旅游区、"通集白"旅游区,覆盖通化、白山2市和延边朝鲜族自治州,以森林、山地、民族风情为主的生态与民俗旅游为主,世界文化遗产——高句丽王城、王陵及贵族墓葬坐落在该区域的集安市,包含2个国家级风景名胜区(延边朝鲜族自治州的仙景台风景名胜区和防川风景名胜区)、2个国家地质公园(靖宇火山矿泉群国家地质公园、长白山火山国家地质公园)和7个国家级自然保护区(长白山国家级自然保护区、长白山北麓的龙湾国家级自然保护区、鸭绿江上游国家级自然保护区、天佛指山国家级自然保护区、珲春东北虎国家级自然保护区、敦化市雁鸣湖国家级自然保护区、通化市哈泥国家级自然保护区)。另外,该区域少数民族较多,与朝鲜毗邻,民族风情、民俗民风旅游资源丰富,可以开展跨境旅游等等。

(2)中部都市文化与冰雪旅游区 主要包括长春、吉林、辽源、四平等市,以城市生态、历史、文化等自然和人文旅游为主,包括2个国家级风景名胜区(长春的"八大部—净月潭风景名胜区"和吉林市的松花湖风景名胜区)和1个国家级自然保护区(伊通火山群国家级自然保护区)。雾凇、冰雪旅游资源和城市的众多近现代历史遗迹,都是宝贵的旅游资源。

(3)西部草原湿地生态旅游区 主要包括白城和松原两市,以草原、湿地等生态旅游为主,包括1个国家级地质公园(松原市乾安泥林国家地质公园)和4个国家级自然保护区(莫莫格国家级自然保护区、向海国家级自然保护区、松原市乾安大布苏国家级自然保护区、查干湖国家级自然保护区)。

4. 旅游业发展现状

总体来说,吉林省旅游市场总体规模相对较小,与国内一些旅游大省相比处于相对落后的地位。近年来吉林省旅游业开始蓬勃发展,2012年,全省接待国内外旅游者7641.3万人次,增长17.72%。接待国内旅游者7541.98万人次,增长17.68%;接待入境旅游者99.32万人次,增长21.11%,其中接待外国游客85.49万人次;港澳台同胞13.83万人次。全年旅游总收入929.33亿元,增长26.8%,其中,国内旅游收入904.2亿元,增长26.94%;旅游外汇收入3.85亿美元,增长26.35%。截至2012年末,全省有旅行社583家。有星级以上宾馆208家,其中五星级宾馆6家。全省拥有国家A级旅游景区125家,其中5A级旅游景区3家。但是,从全国情况排名来看,吉林省入境旅游者人数、外汇收入等指标排名落后,仅高于青海、宁夏、甘肃等西部省区。

吉林省旅游市场开拓能力逐渐增强,省及各地每年举办的有特色、有影响、有规模的节庆活动20多项,其中,长春冰雪旅游节暨净月潭瓦萨国际越野滑雪节、吉林雾凇冰雪节等近十项节庆活动已成为国内乃至世界品牌。

5. 旅游形象和主要线路

吉林省政府为了不断提升旅游品位,集中打造"观光胜地、度假天堂"整体旅游形象,以长白山

---

[1] 于涛方,顾朝林,徐逸伦,等.吉林省旅游资源评价与分析研究[J].自然资源学报,2002,17(2):198-202.
[2] 邹辉.区域旅游整合研究——以吉林省为例[D].长春:东北师范大学,2008.

品牌为龙头,充分发挥旅游资源优势,尤其是观光旅游产品优势,加快度假旅游产品和专项旅游产品开发,重点发展具有潜力的生态观光旅游、冰雪娱乐旅游、休闲度假旅游,大力发展历史遗迹、工业农业、电影文化、民俗风情、红色旅游、边境风光和节庆会展旅游。

以长春、吉林、延吉3市增长极为核心,推进哈大线、"长白—长图"线、东边道旅游线、松花江旅游线、鸭绿江旅游线的对外区域合作,省内主要推进"长春—通化""长春—松江河""四平—集安""吉林—梅河口"等旅游交通线路的开发,开发和完善长白山观光旅游线、吉林冰雪风光旅游线、长春殖民遗址旅游线、东北亚金三角跨国旅游线、集安高句丽古迹旅游线、向海观鸟旅游线、蒸汽机车旅游线、白城草原风光旅游线等旅游线路。

三、辽宁省

1. 旅游环境概述

（1）自然地理概况

区位　辽宁省,简称"辽",位于中国东北地区南部,东经118°53′~125°46′,北纬38°43′~43°26′,东西直线距离约550千米,南北直线距离约550千米,东南隔鸭绿江与朝鲜为邻,南临黄海和渤海,是东北区通往关内的交通要道,也是欧亚大陆桥的重要门户和前沿地带。海岸线绵延2100多千米,陆地面积约14.59万平方千米,占全国陆地面积1.5%,2010年第6次人口普查全省常住人口为4374.63万人,辖14个地级市,其中2个副省级市(沈阳市、大连市)和1个计划单列市(大连市),17个县级市,和27个县(包括8个少数民族自治县)。

地形地貌　辽宁省地形概貌大体是"六山一水三分田"。地势北高南低,从陆地向海洋倾斜,山地丘陵分列于东西两侧,辽东、辽西两侧为平均海拔800米和500米的山地丘陵;中部为平均海拔200米的辽河平原;辽西渤海沿岸为狭长的海滨平原,称"辽西走廊"。东部山地丘陵区为长白山脉向西南之延伸部分,占到全省46%面积,由千山、钢山等山脉构成,构成辽东半岛的脊梁;西部山地丘陵区占全省面积29%,由怒鲁尔虎山、松岭、黑山、医巫闾山等组成,从北向南海拔逐渐降低,中部平原地区占全省面积1/4,由辽河及其支流冲积而成。

气候与水文　辽宁省属于温带季风型大陆性气候,是东北区降水量最多的省份,气温地域分布不均,自西南向东北、自平原向山区递减。省内大小河流近400条,有辽河、浑河、大凌河、鸭绿江等。辽宁省海域广阔,辽东半岛是中国水温最低、纬度最高的海域。

（2）经济发展现状

辽宁省是工业大省,具有雄厚的工业基础,是中国重要的原材料工业基地和装备制造业基地,是东北老工业基地的领头省。近几年,辽宁抓住老工业基地振兴、沿海经济带上升为国家战略和沈阳经济区成为国家级试验区的多重机遇,经济综合实力迈上新台阶,社会事业也取得新进展,展开了从经济大省向经济强省的迈进步伐。

辽宁经济总量近几年增长速度一直超过沿海发达省份平均水平,2012年辽宁省地区生产总值24 801.3亿元,增长9.5%,居全国第7位,人均生产总值56 547元,也居全国第7位。三次产业构成8.7∶53.8∶37.5,结构逐步优化,"转身向海"的发展战略使辽宁沿海经济带成为投资洼地,投资拉动效应将继续推升辽宁经济快速增长。

辽宁基础设施一直处于全国前列,对旅游发展具有较强的支撑能力,铁路、公路、航空、港口、通信等服务设施都具有较高水平。铁路密度居全国首位,有沈丹、长大、沈山、锦承、魏塔等铁路干支线近60条,以沈阳为枢纽向四周辐射。以沈阳为中心向四周辐射的高速公路网基本形成,有沈阳、大连、丹东、鞍山、朝阳等机场,主要港口包括丹东、大连、营口、庄河、锦州、葫芦岛等。

2. 旅游资源特征

辽宁省旅游资源分布广泛,种类丰富,开发利用价值较大,资源组合较好,地域差异明显,品位较高[1][2]。包括4处世界文化遗产地、9个国家风景名胜区、12个国家自然保护区、28个国家森林公园、4个国家地质公园、52处全国重点文物保护单位。辽宁省共拥有大连、沈阳、丹东、鞍山、抚顺、本溪、锦州、葫芦岛、辽阳、兴城、铁岭、盘锦、朝阳、营口、阜新、庄河、开原、凤城等18个中国优秀旅游城市,数量在全国各省市区中排名第7,其中,沈阳为辽宁省唯一的历史文化名城,大连是中国首批最佳旅游城市。

(1)山岳风光众多　辽宁省约2/3为山地丘陵地带,山脉众多,与当地人文环境相结合,形成许多山岳旅游景观。千山、医巫闾山、凤凰山、药山被称为辽宁4大名山,其中,千山、医巫闾山属于中国旅游名山。辽宁省山岳旅游资源多与宗教文化相结合,与寺庙、园林相结合,加上气候特点,形成别致的北方山地景观。

(2)独特的海滨风光和众多避暑疗养胜地　辽宁省是中国最北方的沿海省,海滨风光独特,东起鸭绿江口,西至山海关老龙头,海岸线绵延曲折,浴场多为背山面海,风光宜人。辽宁地下热源丰富,温泉较多,形成众多风景秀丽的疗养胜地,汤岗子温泉、本溪汤池、兴城温泉、辽阳汤河矿泉均排在中国名泉之列。还有山地和水域资源结合而成的自然风景区,如冰峪沟、青山沟等,也是消夏避暑胜地。

(3)科考价值较高的奇异景观　岩洞风光是东北气候条件下的罕见奇观,本溪水洞是典型的高纬度下形成的喀斯特地貌,是世界最长的地下充水溶洞。大连金石滩千姿百态,变幻莫测的海蚀地貌世界罕见。还有大连的蛇岛、鸟岛,沈阳的怪坡、响山等具美学与科考价值于一体的旅游景观。

(4)分布广泛的名胜古迹　辽河流域是中华文明发祥地之一,从旧石器时代的人骨化石到各类古建筑、古城和历史纪念地,遍布全省,沈阳故宫、清永陵、清福陵、清昭陵、五女山山城、九门口长城都是世界文化遗产。

(5)城市古今风貌交相辉映　辽宁省是中国城市化水平最高的省之一,2010年城市化率达到63%,古城和现代城市均较多,古今风貌辉映。北宁、沈阳、朝阳、锦州、葫芦岛都是历史名城,朝阳曾是三国前燕、后燕和北燕的都城,清代时,沈阳、辽阳、新宾都曾作为努尔哈赤的都城。辽宁省现代城市风光各具特色,"服装城"和"北方明珠"大连、"钢城"鞍山、"煤城"抚顺、"国门城"丹东、"山城"本溪、"关外第一市"葫芦岛,都是辽宁现代城市风貌的体现。

3. 旅游资源分布

辽宁省旅游资源大致分布于4大区域[3]:

(1)辽东半岛海滨旅游区　位于辽宁南部,主要包括大连和营口,以自然景观为主的海滨、疗养、度假旅游胜地,重点是海滨旅游景观。有2个国家级风景名胜区(金石滩风景名胜区和大连海滨—旅顺口风景名胜区)和4个国家级自然保护区(辽宁大连斑海豹国家级自然保护区、辽宁成山

---

[1] 夏学英. 辽宁旅游资源区域特色及开发战略[J]. 沈阳师范学院学报(社会科学版),2000,24(6):20-25.
[2] 谢春山,夏正超,杨力平,等. 辽宁旅游产业的区域整合对策[J]. 沈阳师范大学学报(社会科学版),2007,31(4):21-25.
[3] 夏学英. 辽宁旅游资源评价与区划[J]. 沈阳师范学院学报(社会科学版),1999,23(4):38-40.

头海滨地貌国家级自然保护区、辽宁蛇岛—老铁山国家级自然保护区、辽宁仙人洞国家级自然保护区)。

(2)辽东山水风光民族风情旅游区　辽宁东部,主要包括丹东和本溪,山峦起伏,河流众多,以山水风光等自然旅游资源为主,包括4个国家级风景名胜区:丹东鸭绿江风景名胜区、青山沟风景名胜区、凤凰山风景名胜区和本溪水洞风景名胜区,3个国家自然保护区:辽宁桓仁老秃顶子国家级自然保护区、辽宁白石砬子国家级自然保护区、辽宁丹东鸭绿江口滨海湿地国家级自然保护区。还有满族风情、高句丽遗迹、明长城遗址等人文旅游景观,含1处世界文化遗产:中国高句丽王城、王陵及贵族墓葬(其中的本溪桓仁五女山高句丽王城)。

(3)辽中名胜古迹乡俗民风旅游区　辽宁中部,主要包括沈阳、铁岭、抚顺、辽阳、鞍山和盘锦。城市密集、人口众多,现代城市风貌突出,旅游资源多样。北部以东北民风民俗旅游资源为主(铁岭),中部南部结合了自然风光与历史古迹,含2处世界文化遗产:明清皇宫(其中的沈阳故宫)和明清皇家陵寝(其中的盛京三陵)。沈阳是辽宁省唯一的历史文化名城。有1个国家风景名胜区(千山风景名胜区)、1个国家级自然保护区(辽宁双台河口国家级自然保护区)。

(4)辽西历史古迹山海风光区　位于辽宁西部,主要包括锦州、阜新、朝阳、葫芦岛,以历史古迹为主体的旅游资源为主,古城与海滨、山岳、温泉等景观有机结合,含1处世界文化遗产:葫芦岛九门口长城(长城世界文化遗产的一部分),有2个国家级风景名胜区(医巫闾山风景名胜区、兴城海滨风景名胜区)、4个国家自然保护区(辽宁北票鸟化石国家级自然保护区、辽宁努鲁儿虎山国家级自然保护区、辽宁海棠山国家级自然保护区、辽宁医巫闾山国家级自然保护区)。

4.旅游业发展现状

改革开放以来,辽宁省旅游业从无到有,从小到大,从弱到强,旅游业发展不断壮大。2012年接待国内外旅游者36 680万人次,比上年增长11.1%,接待国内旅游者36 200万人次,增长11.1%;接待入境旅游者480万人次,增长17%。其中,外国人395.5万人次,港澳台同胞84.5万人次,分别增长14.8%和28.3%。旅游总收入3940亿元,比上年增长18.1%,其中,国内旅游收入3740.1亿元,旅游外汇收入31.8亿美元,增长17.5%。截至2012年底,星级以上宾馆达502家,其中五星级宾馆19家;旅行社达1197家。旅游业已经成为辽宁省新的经济增长点和服务业中最具活力、发展最快的重点产业之一,正在从旅游资源大省向旅游经济强省、由朝阳产业向支柱产业发展,辽宁省目前拥有国家A级旅游景区220个,其中5A级旅游景区3个。

5.旅游形象与主要线路

辽宁旅游以"满韵清风、多彩辽宁"为主题,结合辽宁旅游资源特色,推出了代表辽宁整体形象的"红、绿、蓝、金、银"等"五色"旅游品牌,即:依据反映革命史迹的爱国主义教育基地,大力发展红色旅游;依据山岳、森林、湿地、水域等生态旅游资源,大力发展绿色旅游;依据滨海资源,大力发展蓝色旅游;依托清文化资源,大力发展金色旅游;依托冰雪和温泉资源,大力发展银色旅游。

辽宁旅游产品逐步向观光、度假、休闲相结合的多样化结构发展,推出"一环三线"旅游精品线路,"一环"即以沈阳为中心的辽宁中部城市群"都市文化风光环线"(沈阳活力之都之旅、鞍山玉都钢都之旅、辽阳清前史迹之旅、抚顺清前故里之旅、本溪地质山城之旅、铁岭蒸汽机车之旅),"三环"包括:沈阳—辽阳—鞍山—营口—大连的"滨海休闲度假旅游线"、沈阳—本溪—丹东的"山水边境风情旅游线"和沈阳—锦州—阜新—朝阳—盘锦—葫芦岛的"辽西走廊观光旅游线"。

另外,国家战略"五点一线"沿海经济带的提出,推动了"辽宁滨海大道"精品旅游线的打造,滨海大道西起葫芦岛绥中县,东至丹东境内的虎山长城,全长1443千米,连接着辽宁沿海6市的21个县区100多个乡镇,串联了省内25个港口和多个旅游景区、沿海开发区,是国家战略辽宁沿海经济带的重要组成部分,堪称中国滨海的"黄金带"。

第二节 "京津冀晋陕豫鲁"旅游概况与特征

一、北京市

1. 旅游环境概述

(1) 自然地理概况

区位 北京市,简称"京",位于华北平原西北边缘,毗邻渤海湾,上靠辽东半岛,下临山东半岛,北纬39°26′~41°03′,东经115°25′~117°30′。北京是中华人民共和国的首都,是全国政治、文化、交通和国际交往中心。全市面积1.64万平方千米,其中市区面积1638.32平方千米,北京共辖14个市辖区、2个县,2010年第6次人口普查常住人口为1961.23万人,齐聚56个民族。北京是世界上拥有世界文化遗产最多的城市,既有东方古都风貌,又有现代都市风情,是亚太地区重要的国际旅游城之一。

地形地貌 北京地区的基本地形骨架包括西部山地、北部山地和东南平原3大地貌单元,山地约占全市面积的62%,平原约占38%。北京平原的海拔高度在20米~60米,山地一般海拔1000米~1500米,北京西部是太行山山脉余脉的西山,北部是燕山山脉的军都山,两山在南口关沟相交,形成一个向东南展开的半圆形大山弯,人们称之为"北京弯",它所围绕的小平原即为北京小平原。

气候与水文 北京的气候为典型的暖温带半湿润大陆性季风气候,夏季炎热多雨,冬季寒冷干燥,春、秋短促,降水季节分配很不均匀,全年降水的80%集中在夏季6月~8月3个月,七八月常有暴雨,春季多发沙尘暴。北京有大小河流200余条,多属海河水系,大多发源于西北山地或蒙古高原,向东南蜿蜒于平原之上,汇入海河后注入渤海。

(2) 经济发展现状

北京综合经济实力一直保持在全国前列。2012年实现地区生产总值17801亿元,比上年增长7.7%。其中,第一产业增加值150.3亿元,增加3.2%;第二产业增加值4058.3亿元,增长7.5%;第三产业增加值13 592.4亿元,增长7.8%。城乡居民居住水平稳步提高,按照联合国粮食及农业组织的标准,人均达到87091元的(全国第2)北京已达到"富裕型"社会,但贫富差距拉大问题在北京同样存在。

北京是中国最重要的金融中心和商业中心,国家金融宏观调控部门、中国主要商业银行及政策性银行、金融业巨头、全国性保险公司总部均设在北京。北京同时还聚集了大部分国有大型企业总部,大量境外跨国公司也在北京建立中国地区总部,2010年"世界500强"中共有30家企业总部位于北京市。

北京市商业总体布局形成多处有较大规模、有良好购物环境和文化氛围的商业文化中心。北京城至今仍有有大量的传统商铺,有众多代表百年不变的传统文化的特色、独树一帜的中华老字号企业。北京是全球第6大零售城市,居内地之首。2005年在国务院批准的《北京市城市总体规划(2004~2020)》中,北京被定位为"国家首都、国际城市、文化名城、宜居城市"。

2. 旅游资源特征

(1)历史积淀深厚,文化遗迹丰富

北京是一座有3000余年历史、850余年建都史的文化名城,历史上共有5个皇朝曾在此定都,是世界历史文化名城和中国4大古都之一。早在70万年前,北京周口店地区就出现了原始人群落"北京人",北京最初见于记载的名字为"蓟"。它荟萃了元、明、清以来的中华文化,拥有众多名胜古迹和人文景观,是世界上拥有世界文化遗产最多的城市。

全球只有极少数城市像北京一样长时间作为一个国家的政治和文化中心。《不列颠百科全书》将北京形容为全球最伟大的城市之一,而且断言,"这座城市是中国历史上最重要的组成部分。在中国过去的8个世纪里,不论历史是否悠久,几乎北京所有主要建筑都拥有着不可磨灭的民族和历史意义"。故宫、天坛、颐和园、圆明园、北海公园等数不胜数的古迹为这座城市添加了更绚烂的色彩。

(2)古老与现代相映成辉

北京——古老而富有韵味之中又有现代都市繁华的庞大城区,向东南方铺展的广阔平原,加之逶迤蜿蜒、镇守城区西北的太行山脉和燕山山脉,成就了北京独特的魅力。园林遗迹,古刹皇陵,给北京城注入了深厚的人文底蕴;峻崖曲壑,丽泉飞瀑,为城郊挂上了一层神秘的面纱;而车水马龙的步行街和星罗棋布的商业区,则为这座古老的城市增添了时代的新生命力。

今日的北京,更已发展成为一座现代化的国际大都市,金融街、北京商务中心、国家大剧院、北京首都国际机场3号航站楼、中央电视台总部大楼、"鸟巢""水立方"等建筑也成了新北京的现代符号。游走在北京的胡同小巷之间,全世界的各色人种你都可以看到,北京正以它古老又时尚的全新面貌,迎接每年超过14 700万的旅客。

3. 旅游资源分布

北京是中国4大古都之一,是有着3000余年的建城史和850余年的建都史的历史文化名城。拥有6处世界遗产,是全球首个拥有世界地质公园的首都城市,对外开放的旅游景点达200多处,全市共有文物古迹7309项,99处全国重点文物保护单位(含长城和京杭大运河的北京段)、326处市级文物保护单位、5处国家地质公园、15处国家森林公园。北京是"博物馆之都",注册博物馆多达151座,列世界第2(仅次于伦敦)。国家博物馆为世界最大博物馆。故宫博物院是世界5大博物馆之一。

北京市旅游资源大致可以分为都市旅游区、郊区旅游区:

(1)都市旅游区

本区指以城八区为主,向外扩展至六环路以内的区域。本区以京城水景和古典园林风貌为特色,古都历史文化旅游资源丰富。

都市核心区,以天安门广场及其周边景区为核心,直至三环以内的北京城区。古城风貌与现代都市风光相融,名胜古迹高度集中。主要景点有天安门广场、故宫、天坛、国家大剧院、首都博物馆等。

近都市核心区,三环至六环之间的环都市圈,为皇家园林、现代公园、高等学校、科研院所集中分布的地方,自然人文风光并胜。主要景点有颐和园、奥林匹克公园、鸟巢、水立方、香山公园等。

(2) 郊区旅游区

本区指六环路附近及其以外的地域范围,自然生态环境原始天然,大型采摘园、高科技农业园区、世界遗产及各级各类风景名胜相当密集,且相对集中于以下3个区域。

昌平—延庆区,位于北京西北,自然生态环境优越,四季风景如画,被称为"北京后花园",龙庆峡、八达岭、十三陵、小汤山等,都是高品位的风景名胜区。

房山区,地处北京市西南,拥有房山世界地质公园、房山现代乐园、全国农业旅游示范点韩村河等。

顺义区,位于北京东北郊,地处潮河冲积扇下段。这里将建成度假、运动、休闲会展为一体的旅游胜地。有首都国际机场、燕京啤酒集团公司、北京高尔夫球俱乐部等旅游区。

4. 旅游业发展现状

北京市2010年全年接待入境旅游者500.9万人次,比上年下降3.8%。其中,外国人434.4万人次,下降2.9%;港、澳、台同胞66.5万人次,下降8.9%。旅游外汇收入51.5亿美元,下降4.9%。全年接待国内旅游者2.3亿人次,增长8.4%。国内旅游收入3301.3亿元,增长15.3%。国内外旅游收入总计达到3626.6亿元,增长12.8%。全年出境游人数272.5万人次,增长47.9%。

"十一五"期间,全市共接待入境旅游者2107.4万人次,国内旅游者7.6亿人次,均为"十五"时期的1.4倍。累计实现国内外旅游收入11 334.6亿元,是"十五"时期的1.8倍;其中旅游外汇收入224.7亿美元,国内旅游收入9712.9亿元,分别是"十五"时期的1.5倍和2倍。

5. 旅游形象与主要线路

北京3000余年的悠久历史孕育了其独特的皇家文化、京城文化、现代文化,优越的地理位置带动了各种文化的繁荣与融合。政治文化中心的特殊地位、奥运会的成功举办使北京走在了世界科技与现代文明的前列。承载着传统文化与现代文明,北京有着世界其他国家和地区无法比拟的文化旅游资源。2009年评出的新北京16景:故宫、天坛、颐和园、明十三陵、八达岭长城、周口店北京人遗址、卢沟桥、北海公园、圆明园公园、什刹海、天安门广场、王府井、国家大剧院、欢乐谷、鸟巢、水立方,都是熠熠生辉,成为国内外游客向往的最佳去处。

北京的旅游形象是:世界城市,东方之都。

游览北京的主要线路有:

皇家建筑游:天坛—天安门—故宫—景山—北海—恭王府—鼓楼;

皇家园林游:颐和园—圆明园—大钟寺—动物园;

大都市人文景观游:大观园—世界公园;

长城及明清皇陵游:长城—明十三陵;

名山古寺游:香山—碧云寺—卧佛寺—八大处—潭柘寺;

古迹、山水风光游:卢沟桥—周口店—十渡;

奥运游:奥林匹克公园。

二、天津市

1. 旅游环境概述

(1) 自然地理概况

区位 天津简称津,是中国4个直辖市之一。天津市中心距北京137千米,位于北纬38°34′~40°15′,东经116°43′~118°04′之间,地处华北平原东北部,环渤海湾的中心,东临渤海,北依燕山,素有"九河下梢""扼河海要冲"之称。全市面积1.18万平方千米,辖13个市辖区、3个县,第6次人口普查常住人口1293.82万,有汉、回、满、蒙等52个民族。天津市海岸线长达156千米,海洋资源丰富,自古以来就是著名的油盐产地,拥有中国最大的盐场,是中国北方的重要经济中心,北方最大的港口城市、历史文化名城和生态城市。

地形地貌 天津地质构造复杂,大部分被新生代沉积物覆盖。地势以平原和洼地为主,北部有低山丘陵,海拔由北向南逐渐下降。北部最高,最高点海拔1052米;东南部最低,平场海拔3.5米。

气候与水文 天津位于中纬度欧亚大陆东岸,属温带季风气候,虽临近渤海湾,但半封闭的内海海湾对天津的气候影响不大。主要气候特征是:四季分明,春季多风,干旱少雨;夏季炎热,雨水集中;秋季凉爽,冷暖适中;冬季寒冷,干燥少雪,因此,春末夏初和秋天是到天津旅游的最佳季节。天津位于海河流域下游,是海河5大支流南运河、北运河、子牙河、大清河、永定河的汇合处和入海口。

(2)经济发展现状

天津是中国北方最大的沿海开放城市、近代工业的发源地,作为拥有中国第4大工业基地和第3大外贸港口的大都市,自从2006年滨海新区发展上升为国家政策后,重新走上了高速发展的道路。近年来,以结构调整为主线,天津工业走出了一条嫁接、改造、调整的创新之路,传统产业得到优化升级。2012年生产总值完成12 885.18亿元,增长13.8%,人均生产总值95 093.83元,居全国第1位。三次产业结构为1.3:51.7:47.0。高新技术产业占全市规模以上工业总产值的比重达到33%。天津坚持沿海都市型农业发展方向,以市场为导向,围绕农业增效、农民增收,充分发挥资源和区位优势,积极推进农业结构战略性调整。大力发展养殖业,狠抓农业设施化、园区化、标准化和产业化经营。

2. 旅游资源特征

(1)自然景观独特 天津地处太平洋西岸环渤海湾边的华北平原东北部,海河流域下游,东临渤海,北依燕山,自然旅游资源丰富,山、河、海、泉资源齐备。

(2)历史遗存丰富 早在隋代天津就是航运要道,唐宋以来逐渐形成水陆码头,金代在此成兵设寨,又成为军事要地。到元代,元大都南迁至北京,天津成了首都门户,北方的经济中心。历史上重大的事件都与天津有密切的关系,天津保留了大量的历史文化古迹。

(3)城市建筑独具特色 天津集中了在全国各大城市中罕见的大量异国风貌建筑,体现了华洋杂处、中西融合的独特风格,可以说是"一国九地"[1],在一座城市中,保存着大量民族风格的古建筑和如此众多的西洋建筑,这在中国乃至世界城市中都是不多见的,故天津素有万国建筑博览会之称。

3. 旅游资源分布

天津是中国的文化历史名城,是全国优秀旅游城市,自然资源和人文资源都非常丰富。据不完全统计,全市有A级景区47个,工农业旅游示范点14个,其中包括2个5A级景区,11个4A级景区。现有全国重点文物保护单位15处,市级重点文物保护单位113处,区县级重点文物保护单位100多处。津湾广场、"天津之眼"摩天轮、北塘海鲜街、新改造提升的海河游览线及8大公园等新景点,也已经成为津门旅游的新亮点。具体有如下景点:

---

[1]阎金明.打造"天津旅游"知名品牌的思考与建议[J].经济界,2011(3):37-41.

(1)市区:五大道租界区、意式风情区、西开天主教堂、望海楼天主教堂、基督教诸圣堂、天津犹太会堂、天津清真大寺、天津鼓楼、和平路金街、天津之眼摩天轮、天津奥林匹克体育中心、周恩来邓颖超纪念馆、平津战役纪念馆等。

(2)蓟县:盘山风景区、蓟县独乐寺、黄崖关长城风景区、盘山烈士陵园、九龙山国家森林公园、九山顶自然风景区、八仙山国家级自然保护区等。

(3)滨海地区:天津海滨旅游度假区、东疆人工沙滩、潮音寺、海河外滩公园等。

(4)其他:霍元甲纪念馆、天津中华医圣文化苑、杨村小世界游乐园、宝成奇石园、华石园、龙泉山游乐园、元古奇石林风景区、华蕴博物馆、武清区南湖游乐园、杨柳青博物馆(石家大院,位于西青区)、安家大院、小站练兵场(袁世凯练兵之地)、大沽口炮台等。

4. 旅游业发展现状

随着改革开放和现代化建设进程的加快,天津旅游业已呈现了快速发展的良好势头,2007年天津提出了"大旅游、大产业、大市场"的发展理念,并且着手深度开发与整合旅游资源,紧密结合城市建设总体规划,开发整合河、海、山、湖和近现代人文资源,以市区为中心,以滨海和蓟县为两翼,重点打造"一带五区"旅游集合开发区域,其中包括:海河都市旅游观光带、市中心综合旅游区、蓟县山野名胜旅游区、滨光度假旅游区、津西南民俗生态旅游区、津西北现代休闲娱乐区。将形成多点支撑,集聚开发,点、线、面有机结合的布局结构,构建现代滨海都市旅游产品体系,塑造"渤海明珠、魅力天津"的旅游新形象[1]。

近几年,天津旅游业持续健康发展,2012年年末全市拥有星级宾馆111家,旅行社388家,A级景区85个,工农业旅游示范点14个。接待入境旅游者234.11万人次,比上年增长16.8%;其中外国人213.66万人次,增长16.3%。旅游外汇收入21.47亿美元,增长22.3%。接待外省市游客人数比上年增长10.6%,国内旅游收入增长21.1%。全市27.68万人次出国出境旅游,增长7.3%;旅游支出46.14亿元,增长13.9%[2]。

5. 旅游形象与主要线路

天津是一座资源丰富,内涵深厚的中国历史文化名城,以及充满现代活力的国际港口大都市,天津的人文旅游资源丰富而且具有其独特性,素有"看秦汉史到陕西,看明清史到北京,看近代史到天津"的美誉,着力打造"渤海明珠,近代缩影"的旅游形象。

主要线路包括:

蓟县风景名胜游:盘山—独乐寺—黄崖关长城游览区;

旧城游:文庙—南食品街—天津电视塔—天津海河喷泉游乐场;

市区游:水上乐园—天后宫—古文化街。

三、河北省

1. 旅游环境概述

(1)自然地理概况

区位概况 河北省位于黄河下游以北,东临渤海,西为太行山地,北为燕山山地,其余为河北

---

[1]张伟杰.天津旅游目的地网络营销系统存在的问题及发展对策分析(J).价值工程,2011(2):159-160.

[2]天津市统计局,国家统计局天津调查总队.2012年天津国民经济和社会发展统计公报[EB/OL].[2013-03-01].http://www.stats-tj.gov.cn/item/22367.aspx.

平原,地处北京、天津两市的外围,是京城通往外地的门户,自古即是京畿要地。全省面积18.77万平方千米,现辖11地级市,有汉族、回族、满族、朝鲜族等53个民族,2010年第6次人口普查常住人口为7185.42万人。

地形地貌 河北省地势由西北向东南倾斜。西北部为山区、丘陵和高原,其间分布有盆地和谷地,中部和东南部为广阔的平原。海岸线长487千米。地貌复杂多样,高原、山地、丘陵、盆地、平原类型齐全,有坝上高原、燕山和太行山地、河北平原3大地貌单元。

气候与水文 河北属温带季风气候——暖温带、半湿润—半干旱大陆性季风气候,特点是冬季寒冷少雪,夏季炎热多雨;春多风沙,秋高气爽。全省年平均降水量分布很不均匀,年变率也很大。

(2)经济发展现状

河北省位于渤海地区的中心地带,与日本、韩国隔海相望,是中国东北地区与国内其他省区联系的通道和西北诸省区的北方出海通道。河北内环北京和天津2大都市,经济相互辐射和渗透,构成了京津冀经济区。随着市场经济体系的逐步建立,京津冀地区的经济融合程度和相互开放程度有了较大的提高。2012年全省生产总值实现26 575.0亿元,比上年增长9.6%,居全国第6位。其中,第一产业增加值3186.7亿元,增长4.0%;第二产业增加值14 001.0亿元,增长11.5%;第三产业增加值9387.3亿元,增长8.4%。三次产业增加值占全省生产总值的比重分别为12.7%、53.0%和34.3%。

2. 旅游资源特征

(1)文物古迹众多 河北省有清代最大的皇家古典园林承德避暑山庄,中国最大的皇家寺庙群——"外八庙",清代皇家游猎的场所——木兰围场,清代2大陵寝——清东陵和清西陵。河北是中国的文物大省,有国家重点文物保护单位58处,名列全国首位,著名的还有邯郸赵王城遗址、涉县娲皇宫、响堂山石窟、保定直隶总督署、古莲花池等。

(2)海滨风光优美 在悠悠历史古迹的背后,河北省也不乏拥有风景秀丽的自然景观:北戴河、秦皇岛南戴河和唐山沿海的天然海滨风光,辽阔壮美的坝上草原,野趣天成的涞水野三坡,险峻又不失秀美的嶂石岩,山、水、草原各种景致相映相成,为"燕赵大地"增添了不少色彩。

3. 旅游资源分布

河北省拥有十分丰富的旅游资源,无论是自然资源风光还是人文遗址遗迹资源都具有独特的优势。河北省的旅游资源可分为4大类型:海、河、山、湖、泉、岩洞、瀑布、海岸等水域、山林风光资源;清陵、寺庙、山庄、古长城等珍贵的历史文化遗产资源;西柏坡、白洋淀等红色旅游资源;民俗民族风情旅游资源以及日益发展壮大的现代人工吸引物资源。河北现有世界文化遗产3处,国家级文物保护单位88处,国家级历史文化名城5座,中国优秀旅游城市10座,旅游强县10个,A级景区221处(其中5A级景区3处、4A级景区70处),全国工农业旅游示范点40处;国家森林公园26处,国家自然保护区7处。

(1)环渤海旅游区 本区包括秦皇岛市和唐山市,在地理位置上外环渤海,内邻京、津,社会经济条件优越。本区以滨海度假、长城文化和皇陵文化为特色。

(2)环京津旅游区 本区包括承德、张家口、保定、沧州4市,拱卫京津,为历代皇朝重点经营区域,风景名胜密集。

(3)省会及环省会旅游 主要包括石家庄市、衡水市、邯郸市和邢台市。区内风景名胜众多,自然风光优美,人文景观丰富。

4. 旅游业发展现状

紧邻京津的优越地理位置,给河北省带来了发展旅游业的广阔的市场前景和巨大的消费群体,从数量规模上看河北堪称是全国的旅游资源大省,璀璨的历史文化与秀美的湖光山色完美结合,这是京津2市所不能比拟的,但相对京津,河北的旅游经济的贡献率却不容乐观。河北省未来10年的发展目标是实现由资源大省向旅游强省的转变,打造具有国际水平的旅游目的地,积极推进京津冀都市旅游圈一体化,积极建设"宜居宜游"旅游城市。

2012年河北省接待国际游客129.3万人次,旅游外汇收入5.4亿美元,分别比上年增长13.3%和21.7%;接待国内游客2.3亿万人次,创收1553.9亿元,分别增长23.0%和30.30%。旅游业总收入1588.3亿元,增长30.1%。

5. 旅游形象与主要线路

河北旅游对接京津市场,"那么近,那么美,就在河北"的主题形象口号将河北省旅游的区位优势叫响,距北京3个小时车程几乎涵盖全省所有地方,这一区域涵盖3亿多人口,是一个巨大的旅游消费市场。主要旅游线路有:

避暑海滨风光游:承德避暑山庄—外八庙—山海关—北戴河—黄金海岸;

太行风光游:苍岩山—赵州桥—嶂石岩;

皇家陵寝游:清西陵—白洋淀—野三坡—清东陵。

四、山西省

1. 旅游环境概述

(1)自然地理概况

区位 山西省地处华北西部的黄土高原东翼。地理坐标为北纬34°34′~40°43′、东经110°14′~114°33′。东西宽约290千米,南北长约550千米,全省总面积15.63万平方千米,约占全国总面积的1.6%。2010年第6次人口普查常住人口为3571.21万人。

地形地貌 山西地形较为复杂,境内有山地、丘陵、高原、盆地、台地等多种地貌类型。山区、丘陵占总面积的2/3以上,大部分在海拔1000米~2000米。境界轮廓略呈东北斜向西南的平行四边形。东有巍巍太行山作天然屏障,与河北省为邻;西、南以滔滔黄河为堑,与陕西省、河南省相望;北依绵绵内长城,与内蒙古自治区毗连。山西是一个夹峙在黄河中游峡谷和太行山之间的高原地带。

气候与水文 山西地形多样,高差悬殊,既有纬度地带性气候,又有明显的垂直变化。山西地处中纬度,距海不远,但因山脉屏障,夏季风影响不大,属于暖温带、温带大陆性气候。气温地区分布总趋向是自南向北、自平川向山地递减。山西境内主要河流有黄河、海河两大水系,被称为中华民族文化摇篮的黄河,流经全省19个县(市),流程965千米。

(2)经济发展现状

山西作为一个典型的中部地区省份,拥有比较完善的交通运输网络和比较雄厚的工业基础,自然、文化、旅游和矿产资源丰富。近年来山西经济水平不断提高,2012年全省GDP实现12 112.8亿元,增长10.1%,重新回到两位数增长。但是,长期以来山西以能源产业和基础设施为主导,大多数区域仍以第二产业为主,并呈现出浓厚的能源原材料工业色彩,发展旅游业是山西由

"黑色工业"向"绿色工业"转变的首选之路。

山西省地处中国中部地区,邻近北京、天津、郑州、洛阳、西安、咸阳的工业中心,与上海、沈阳、武汉等城市相距不远,输煤、输电的距离较近。有同蒲、京包、大秦、石太、太焦、神黄等重要干线交会处,交通地理位置十分重要。目前已形成以铁路、公路为主,航空为辅的交通运输网络,成为华北乃至全国的重要交通枢纽,为旅游业发展提供了良好基础。

2. 旅游资源特征

(1) 多样性　山西旅游资源构成复杂多样、丰富多彩。自然景观和人文景观都十分丰富,山西除了海洋、沙漠以外,几乎拥有所有的自然景观,如山川、河流、溶洞、泉、湖泊、瀑布等,而盐池、万年冰洞、火山群却是绝大部分省份所没有的。山西悠久的历史留下了许多历史文化遗存及近现代革命历史纪念物、寺庙宫观、彩塑壁画、城垣关隘、古塔石窟等。

(2) 生态性　山西生物旅游景观极为丰富独特,不少动植物类型观赏价值极高,自然生态系统保存较好,褐马鸡、猕猴、娃娃鱼都是罕见的珍奇动物。目前全省已建成12个自然保护区。

(3) 广博性　山西具有悠久的历史,因此具有不同的文化,如佛教文化、道教文化、晋商文化等。山西可分为3个文化旅游区,即北部大同五台的古建佛教文化,如云冈石窟、五台山寺庙群;中部晋中的晋商文化,如乔家大院、平遥日升昌;南部临汾、运城的寻根祭祖文化,如洪洞大槐树、尧庙、舜帝陵、禹都等。

(4) 古老性　山西地处黄河中游,既是中华民族的发祥地,又是华夏文明的摇篮。史前山西就是中华原始人类聚居的地方,遗留下一系列旧石器时代的文化遗址。开创和推动华夏文明发展的伟大领袖人物的活动中心都在山西,中国历史上第1个国家夏建立于山西南部。还有象征中华民族力量的黄河,具有浓郁寻根情结的洪洞大槐树等无一不体现出山西旅游资源的古老性。

(5) 丰厚性　山西旅游资源的丰厚性得益于悠久的历史文化。中华民族先祖从旧石器时代到新石器时代,在山西都有丰富的遗址遗存,山西宗教文化的发展演变记载了佛教文化在中国的发展史,给世界留下了丰富的佛教建筑和文物。中国古代从北魏到明清各个朝代各种类型的建筑典范都有遗存,其建筑艺术造诣和在各个历史时期储量上的丰富,成为全国古建筑之冠[1]。

3. 旅游资源分布

山西是中国旅游资源大省,北有大同云冈石窟,中有佛教圣地五台山,南有黄河最大的瀑布——壶口瀑布,中国最大的武庙——解州关帝庙,中国4大回音建筑之一的永济普救寺莺莺塔等都在山西。据统计山西目前保存下来的各类文物计31 401处,其中:古遗址2639处、古墓葬1666处、古代建筑及历史纪念建筑18 118处、石窟寺300处、古脊椎动物化石地点360处、石刻及其他6852处、革命遗址及革命纪念建筑1466处,以及依附于古建筑及历史纪念建筑中的彩塑12 345尊、寺观壁画26 751平方米。山西旅游资源可以分为3大区域:

(1) 晋北名城名山旅游区　本区地处山西北部,由大同、朔州、忻州3市构成,旅游资源以名城、名山及其宗教古建文化为特点。未来旅游发展重点为大同、恒山和五台山。

(2) 晋中名胜古迹和晋商文化旅游区　本区由太原、晋中、阳泉、吕梁4市构成。东部为太行山区,西部为吕梁山区,中部为汾河谷地,自然条件优越,开发历史悠久,名胜古迹众多,晋商民俗文化更是令人称绝。

---

[1] 周涛. 山西旅游资源开发现状与对策研究[J]. 资源开发与市场, 2009(5):475-477.

(3)晋南黄河根祖文化旅游区　本区包括临汾、运城、长治、晋城4市。这里曾是远古时期中华民族祖先主要活动的地方,尧都、舜都、禹都及丁村旧石器文化遗址等都在本区。还有洪洞大槐树、解州关帝庙、永清名刹普救寺、芮城永乐宫等名胜。

4. 旅游业发展现状

山西的旅游资源非常丰富,但绝大多数仍未加以开发利用,可利用和挖掘的潜力很大。全省已知旅游资源总量约1000处,而目前进入国际、国内旅游市场经营利用者大约只150处,约占山西已知旅游资源总量的15%。2012年山西省接待海外旅游者189.2万人次,接待国内旅游者1.9亿人次,分别增长21.8%和29.8%;旅游外汇收入7.2亿美元,国内旅游收入1766.3亿元,旅游总收入1813.0亿元,分别增长27.0%、35.3%和35.0%。

5. 旅游形象与主要线路

山西省是中华民族文明的发祥地之一,历史悠久,源远流长,素有"中国古代艺术博物馆""文献之邦"的美称,保留有全国70%的地面古代建筑,旅游界因此说:"十年中国看深圳,百年中国看上海,千年中国看北京,三千年中国看陕西,五千年中国看山西"的美誉。深邃丰厚、多姿多彩的历史文化和雄奇壮观、瑰丽秀美的自然山水,共同构成了文化山西、魅力山西。2006年,山西省政府提出"华夏古文明、山西好风光"的旅游形象口号,同时推出6条精品旅游线路产品:古建佛教旅游精品线路、晋商民俗旅游精品线路、寻根祭祖旅游精品线路、太行风光旅游精品线路、沿黄风情旅游精品线路和太行吕梁红色旅游精品线路。

五、陕西省

1. 旅游环境概述

(1)自然地理概况

区位概况　陕西省位于中国内陆腹地,地处东经105°29′~111°15′,北纬31°42′~39°35′之间。东邻山西、河南,西连宁夏、甘肃,南抵四川、重庆、湖北,北接内蒙古,居于连接中国东、中部地区和西北、西南的重要位置。中国大地原点就在陕西省泾阳县永乐镇。全省总面积为20.58万平方千米,2010年第6次人口普查常住人口为3732.74万人。

地形地貌　陕西地域狭长,地势南北高、中间低,有高原、山地、平原和盆地等多种地形。南北长约870千米,东西宽200千米~500千米。从北到南可以分为陕北高原、关中平原、秦巴山地3个地貌区。主要山脉有秦岭、大巴山等。秦岭在陕西境内有许多闻名全国的峰岭,如华山、太白山、终南山、骊山。

气候与水文　陕西横跨3个气候带,南北气候差异较大。陕南属北亚热带气候,关中及陕北大部属暖温带气候,陕北北部长城沿线属中温带气候。其总特点是:春暖干燥,降水较少,气温回升快而不稳定,多风沙天气;夏季炎热多雨,间有伏旱;秋季凉爽较湿润,气温下降快;冬季寒冷干燥,气温低,雨雪稀少。降水南多北少,陕南为湿润区,关中为半湿润区,陕北为半干旱区。

(2)经济发展现状

2012年陕西省生产总值14451.18亿元,比上年增长12.9%。其中,第一产业增加值1370.16亿元,增长6.0%,占生产总值的比重为9.5%;第二产业增加值8075.42亿元,增长14.9%,占55.9%;第三产业增加值5005.6亿元,增长11.5%,占34.6%。陕西省基础设施建设为旅游发展提供了有力保障,全省铁路现有干线和支线18条,纵贯南北,横跨东西,基本形成了"两纵三横三个枢纽"骨架网布局；全省公路基本形成了以西安为中心，四通八达的骨干网络；陕西现有民用及军民合用机场共5个，形成了"一主四辅"的格局。

2. 旅游资源特征

陕西是中国旅游资源最富集的省份之一，资源品位高、存量大、种类多、文化积淀深厚。

(1) 文物古迹荟萃 在中华民族5000年的历史长河中，曾经有周、秦、汉、隋、唐等13个王朝在陕西建都，73个皇帝在这里执政，前后历时1100余年，为陕西留下了得天独厚的古代遗迹和文物珍宝，成为全人类共同享有的极其宝贵的文化遗产，被誉为"天然的历史博物馆"，随处可看到古代城阙遗址、宫殿遗址、古寺庙、古陵墓、古建筑等。陕西境内地上地下共有文物点35 750处，其中古遗址10 378处、古墓葬4011处、石窟寺544处、古建筑2577处、古石刻14 551处，国家级重点保护单位89个、省级307个；有各类博物馆、纪念馆74座，馆藏文物200多万件，其中珍贵文物5万余件组、一级文物3526件组、国宝级文物123件组，文物价值列全国省市自治区之最。著名的旅游点如"世界第八大奇迹"秦始皇兵马俑、武则天及其丈夫唐高宗李治的合葬墓乾陵、佛教名刹法门寺、中国现存规模最大保存最完整的古代城垣西安城墙、中国最大的石质书库西安碑林、华清池、大雁塔、黄帝陵、大明宫国家遗址公园、楼观台等，仅古代帝王陵墓就有72座。全省各地的博物馆内陈列的西周青铜器、秦代铜车马、汉代石雕、唐代金银器、宋代瓷器及历代碑刻等稀世珍宝，闪烁着耀眼的历史光环，昔日的周秦风采、汉唐雄风从中可窥一斑。

(2) 山川秀丽，景色壮观 陕西省不仅文物古迹荟萃，而且山川秀丽，景色壮观。境内有以险峻著称的西岳华山、气势恢宏的黄河壶口瀑布、古朴浑厚的黄土高原、一望无际的八百里秦川、婀娜清秀的陕南秦巴山地、充满传奇色彩的骊山风景区、六月积雪的秦岭主峰太白山等。著名的自然观光旅游地还有骊山、少华山、太平、黎坪、长青—华阳、瀛湖、南宫山、燕翔洞、牛背梁、金丝峡、合阳黄河湿地、朱雀森林公园、秦岭国家植物园、仲山生态公园、天台山、关山草原、紫柏山、天汉水城、中坝峡谷、天华山、柞水溶洞、木王、天竺山、乾坤湾、红碱淖等。

(3) 丰富多彩的民间艺术 千百年来，生活在这片黄土地上的人们，不仅创造了历史，也创造了古朴、独特的民俗、民风和民间艺术。其中户县农民画、西府民间工艺(泥塑、彩绘、草编、木版、年画)、蒲城焰火、安塞腰鼓、陕北秧歌、华县老腔、民间剪纸等尤为突出，成为陕西人文旅游资源的重要组织部分。陕西饮食，凭借着历史古都的优势，挖掘继承历代宫廷美食之技艺，博采全国各地之精华，以品种繁多、地方风味各异、古色古香古韵而著称。

(4) 红色旅游资源丰富 陕西分布着一大批革命圣地和红色旅游地，如延安革命纪念地系列景区、西安红色旅游系列景区、川陕革命纪念馆、马栏革命旧址、照金革命根据地旧址、渭华起义纪念馆、榆林红色旅游系列景区、宝鸡红色旅游系列景区、陕南革命根据地系列景区、安吴青训班革命旧址等，红色旅游是陕西省旅游的重要组成部分。

3. 旅游资源分布

目前省内有世界文化遗产1处：西安的秦始皇陵及兵马俑坑；国家级风景名胜区5处：华山风景名胜区、临潼骊山风景名胜区、宝鸡天台山风景名胜区、黄帝陵风景名胜区、合阳洽川风景名胜区。陕西省共有中国优秀旅游城市6座，中国旅游强县4个。2012年有各类等级(A级)旅游景区163处，其中5A级景区5处(秦始皇帝陵博物院、华清池、大雁塔大唐芙蓉园、黄帝陵景区、华山风景名胜区)，4A级景区34处，3A级景区78处，2A级景区41处，1A级景区5处。

(1) 关中古文化旅游区 东起函谷关，西至宝鸡大散关，介于秦岭和黄土高原之间的渭河流域,统称"关中"地区,是春秋战国时期秦国休养生息及至崛起之地,自古有"八百里秦川"誉称。为中国古文化胜迹最集中、最丰富的地区之一。区内主要旅游地有西安市、咸阳市、渭南市、宝鸡市。

(2)陕北黄土高原风情和革命圣地红色旅游区 本区位于旬邑、铜川、韩城一线以北的陕西北部地区,包括铜川、延安、榆林3市,属黄土高原的中部。黄土广泛分布,经流水切割,形成典型的塬、梁、峁、沟壑等多种地形。河谷川地土壤肥沃,号称"米粮川"。特殊的自然地貌孕育了这里独特、粗犷的黄土高坡风光和黄土窑洞、陕北大秧歌、信天游等气息浓郁的地域文化。

(3)陕南亚热带山盆风光与古汉文化旅游区 本区是指位于关中盆地以南,包括汉中、安康、商洛3地区内的陕西南部地区。旅游资源以亚热带山地风光、盆地田园景色和三国遗址等为特色。

4.旅游业发展现状

2012年陕西接待境内外游客2.33亿人次,比上年增长26.1%;旅游总收入1713.32亿元,增长29.3%。其中接待入境旅游者335.23万人次,增长23.9%;旅游外汇收入15.97亿美元,增长23.3%;接待国内游客2.29亿人次,增长26.5%;国内旅游收入1609.52亿元,增长29.8%。全省旅游星级饭店365家,其中5星级9家。旅行社610家。

为使陕西旅游资源得到充分的开发和利用,突出旅游项目特色,提高旅游产品核心竞争力,初步形成以西安为中心,以人文旅游资源为特色,人文景观与自然景观相结合并具有国际影响力和市场震撼力的6大品牌旅游景区,即以秦风、唐韵为主题形象的世界级文化观光休闲旅游目的地的临潼旅游景区;融红色旅游、祭拜朝祖、黄土风情、黄河风光、民俗文化为一体的全国红色旅游首选目的地和北方区域旅游目的地的延安旅游景区;集山岳观光、宗教文化、休闲娱乐为一体的"天下第一险山"的华山旅游景区;以合十舍利塔建设为核心,逐步恢复盛唐风采,形成具有世界影响力的佛文化旅游目的地的法门寺旅游景区;依托秦岭独特的气候、动植物、地质、水文、生态以及人文等资源,建设国家公园品牌的秦岭生态旅游景区;以司马迁祠墓、古城元明清建筑、秦晋黄河峡谷所体现的历史文化、地方文化、民俗文化和自然风光为特色的国家历史文化名城韩城古城旅游区。

5.旅游形象与主要线路

陕西历史久远,可谓中华民族历史文化形成发展之缩影,具有中国历史文化的完整性。"延安精神、革命圣地"作为知名的红色旅游品牌,以其鲜明的主题,便利的交通,完美的接待服务设施,与人文景观和自然美景相映生辉,成为陕西旅游的新亮点。2009年,"人义陕西、山水秦岭"的旅游形象口号隆重推出,将厚重的历史文化与勃勃的现代生机相结合,展示出陕西对外开放新形象。

东线:西安(古城旅游区、秦始皇帝陵博物院、华清池、楼观道文化展示区、西安事变革命旧址)—渭南华县(渭华起义纪念馆、少华山)—华阴(华山、华山御温泉)—潼关(黄河旅游区)等;

东北线:西安阎良(航空城)—渭南蒲城(桥陵、惠陵)—白水(仓颉庙)—合阳(洽川黄河湿地)—韩城(古城旅游区)等;

北线:西安—咸阳三原(城隍庙)—铜川(药王山、耀州窑、玉华宫、照金—香山)—延安黄陵(黄帝陵)—洛川(黄土国家地质公园、洛川会议革命旧址)—宜川(壶口瀑布)—延安革命旧址—子长(钟山石窟)—延川(黄河蛇曲国家地质公园)—榆林绥德(汉画像石展馆)—米脂(李自成行宫、姜氏庄园、杨家沟革命旧址)—佳县(白云山)—榆林(镇北台、红石峡)—神木(红碱淖、二郎山、能源工业旅游区)等;

西北线:西安—咸阳汉文化旅游精品区(汉阳陵—长陵、平陵、安陵—兴平茂陵)—咸阳(海泉湾、地热城、咸阳博物馆)—泾阳(张家山郑国渠首遗址、安吴青训班、云阳八路军总部革命旧址)—礼泉(昭陵)—乾县(乾陵)—彬县(大佛寺)等;

西线:西安—杨凌(农业博览园、农业示范园、水运中心)—宝鸡扶风(法门寺)—眉县(太白山)—岐山(周公庙、五丈原)—凤翔(民俗村)—宝鸡(中华礼乐城、中华石鼓园、青铜器博物馆、炎帝陵)—陇县(关山草原)等;

西南线:西安(朱雀森林公园、太平森林公园)—安康宁陕(天华山)—汉中佛坪(野生珍稀动物园)—洋县(长青—华阳旅游区)—城固(张骞墓、万亩桔园)—汉中(汉台博物馆、拜将台)—南郑(红寺湖、南湖、川陕革命纪念馆等)—勉县(三国文化遗迹、定军山)—留坝(张良庙、紫柏山)—略阳(五龙洞森林公园)—宁强(青木川古镇)等;

南线:西安(翠华山、关中民俗艺术博物院等)—商洛柞水(牛背梁、柞水溶洞)—镇安(木王森林公园)—安康旬阳(太极城、红军乡)—安康(瀛湖、香溪洞)—岚皋(南宫山、神河源)—平利(天书峡)等;

东南线:西安蓝田(王顺山、水陆庵)—商洛(牧护关)—丹凤(丹江漂流、红25军及苏维埃政府旧址)—商南(金丝峡)—山阳(天竺山)等。

六、河南省

1. 旅游环境概述

(1)自然地理概况

区位概况 河南位于中国中东部、黄河中下游,界于北纬31°23′~36°22′,东经110°21′~116°39′之间,东西长约580千米,南北长约550千米,东接安徽、山东,北界河北、山西,西接陕西,南临湖北,呈望北向南、承东启西之势。全省土地面积16.7万平方千米,第6次人口普查常住人口为9402.36万,是中国人口最多的省级行政区。

地形地貌 地势基本上是西高东低,北、西、南三方太行山、伏牛山、桐柏山、大别山沿省界呈半环形分布;中、东部为黄淮海冲积平原;西南部为南阳盆地。平原和盆地、山地、丘陵分别占总面积的55.7%、26.6%、17.7%。

气候与水文 河南属暖温带—亚热带、湿润—半湿润季风气候。一般特点是冬季寒冷雨雪少,春季干旱风沙多,夏季炎热雨丰沛,秋季晴和日照足。河南横跨黄河、淮河、海河、长江4大水系,境内1500多条河流纵横交织,流域面积100平方千米以上的河流有493条。黄河横贯中部,境内干流711千米,流域面积3.62万平方千米,约占全省面积的1/5。省境中南部的淮河,支流众多,水量丰沛,干流长340千米,流域面积8.83万平方千米,约占全省面积的1/2。

(2)经济发展现状

河南既是传统的农业大省和人口大省,又是新兴的经济大省和工业大省。2010年生产总值29 810.14亿元,比上年增长10.1%,居全国第5位。三次产业结构为12.7:57.1:30.2。工业门类覆盖了国民经济行业的39个大类,形成了食品及饮料、机械、电力、建材、冶金、化工、煤炭、石油及天然气、烟草等一批重点产业,工业化进程不断加快,由弱变强,成为新兴的经济大省。

河南自古就被认为"居天下之中",位于京津塘、长江三角洲、珠江三角洲和成渝城市带之间,且是进出西北6省区的门户。独特的地理位置,使河南成为全国举足轻重的铁路、公路、航空、通讯和能源枢纽,这也为河南旅游业的发展提供了有力支撑。

2. 旅游资源特征

(1)历史悠久,古迹众多　河南如同一座浩瀚的天然历史博物馆,一本看得见、摸得着、进得去的中国历史文化教科书,东方文化内涵丰富精深。自古以来,河南就是中国九州之中心,是中华古文化的摇篮,河南的旅游资源以"古"著称,文物古迹遍布全省,这里有古都洛阳、开封、安阳;历史文化名城郑州、商丘、南阳、浚县等;还有扬名中外的嵩山少林寺武功、洛阳牡丹、河南坠子、豫剧等。

(2)山雄水秀,风光秀美　河南既是历史文化资源大省,也是自然景观荟萃之地,山川壮美,风光秀丽,融南秀北雄于一体。郑州(登封)的嵩山,洛阳的龙门山、白云山,信阳的鸡公山,焦作的云台山,济源的王屋山,平顶山的石人山,安阳的太行大峡谷,南阳的宝天曼、老界岭,鹤壁的云梦山,驻马店的嵖岈山等均属山水奇观;黄河自西向东流经河南,出三门峡后经小浪底流入黄淮平原,郑州至开封段河床高出地面,形成地上悬河的独特自然景观。郑汴洛沿黄"三点一线"和南太行景区成为国内外知名旅游品牌,伏牛山生态旅游整体开发全面启动。红色旅游迅速发展,全省共有红色旅游景区26家,拥有驻马店确山县竹沟革命纪念馆、信阳市红色旅游系列景区(点)、南阳桐柏英雄纪念馆、郑州二七纪念堂等4家红色旅游经典景区;新开发的工业旅游、农业旅游项目,也令海内外游客流连忘返。

3. 旅游资源分布

河南不仅有悠久的历史,更有迷人的自然风光。河南省内有世界文化遗产3处、世界地质公园4处、国家5A级景区6处、国家重点风景名胜区10处。在河南旅游资源分布可分为以下3大区域:

(1)郑汴洛黄河文化旅游轴带　郑州、开封、洛阳沿黄河与陇海铁路所形成的轴带,东连齐鲁、西接陕甘,处于中国古代政治文化中心,古都、古城、古文化胜迹高度密集。

(2)豫北太行山旅游区　本区位于黄河北岸、太行山南段,东临华北平原腹地,自然环境复杂、人文历史古老,旅游开发最富潜力。焦作、安阳是区内主要的旅游地。

(3)豫南伏牛—大别旅游区　本区位于河南省的西南部和南部,包括伏牛山、桐柏山—大别山及南阳盆地。地形以山地丘陵为主,自然景观北雄南秀兼而有之,历史文化旅游资源丰富。主要旅游城市有平顶山、信阳、南阳。

4. 旅游业发展现状

河南以郑、汴、洛"三点一线"丰富的历史文化资源为依托,以嵩山少林寺、龙门石窟、黄河小浪底、开封宋都景区等基础设施建设为重点,着力开发以古都、名寺、祖根、功夫、宗教为特色的文化观光、寻根朝觐以及休闲度假、生态观光旅游项目,加快了伏牛山、南太行、桐柏—大别山景区的联机连片开发。河南省旅游业进入了一个新的发展阶段[1],2012年共接待游客3.63亿人次,比上年增长18.0%,其中入境游客190.77万人次,比上年增长13.4%。旅游总收入3364.1亿元,增长20.1%。年末共有A级旅游景区267处,其中,4A级以上景区95处;全国优秀旅游城市27个,星级酒店566个,出境游组团社和国内旅行社1133家。

5. 旅游形象与主要线路

河南有着极其深厚的文化积淀和光辉灿烂的历史旅游资源。以文物古迹为特色、点缀绚丽奇

---

[1]周崴.河南如何提升自身的旅游产业化水平之我见(J).科教文汇(上旬刊),2008(9):228-229.

趣的自然景观、人文与自然交相辉映、文化与生态交融共生,形成了河南旅游的鲜明个性、显著特色和独特吸引力。2004年,河南省以"中华之源、锦绣河南"的旅游形象口号,加大宣传力度,对河南省旅游形象进行推广,在此基础上,征集了"中原逐鹿帝王朝、大雅风骚美河南""龙腾虎跃中州景、风骚大雅河洛游"等33条旅游主题口号。

河南省旅游线路主要包括:

黄金旅游线路:云台山—郑州—开封—巩义—嵩山—洛阳;

黄河——中华民族之魂旅游线;

另外,还有寻根朝见旅游线、孔子周游列国线、三国战略线、古都寻游线等。

七、山东省

1. 旅游环境概述

(1) 自然地理概况

区位概况 山东,古代为齐鲁之地,位于中国东部沿海、黄河下游、京杭大运河的中北段,省会设在济南。陆地南北最长约420千米,东西最宽约700余千米,陆地总面积15.67万平方千米,约占全国总面积的1.6%,居全国第19位。2010年第6次人口普查全省常住人口为9579.31万人。西部连接内陆,从北向南分别与河北、河南、安徽、江苏4省接壤;中部高突,泰山是全境最高点;东部山东半岛伸入黄海,北隔渤海海峡与辽东半岛相对、拱卫京津与渤海湾,东隔黄海与朝鲜半岛相望,东南则临靠较宽阔的黄海、遥望东海及日本南部列岛。近年来,山东亦成为中国经济最发达的省份之一。

地形地貌 山东地形,中部突起,为鲁中南山地丘陵区;东部半岛大都是起伏和缓的波状丘陵区;西部、北部是黄河冲积而成的鲁西北平原区,是华北大平原的一部分。山地约占全省总面积的15.5%,丘陵占13.2%,平原占55%,洼地占4.1%,湖沼平原占4.4%,其他占7.8%。境内主要山脉,集中分布在鲁中南山丘区和胶东丘陵区。

气候与水文 山东属于温带季风气候,降水集中,雨热同季,春秋短暂,冬夏较长。山东的河流分属黄河、海河、淮河流域或独流入海。山东的湖泊主要分布在鲁中南山丘区与鲁西平原的接触带上,较大的湖泊有南四湖和东平湖。山东半岛三面环海,海岸线全长3024千米,占全国大陆海岸线的1/6,沿海滩涂面积约3000平方千米。

(2) 经济发展现状

山东农业发达,工业体系完备,国民经济位于全国前列,有良好的投资环境。2012年山东省实现生产总值50 013.2亿元,在全国31个省区中位列第3,人均生产总值51 768元,在全国31个省区中位列第10位。山东省正在加快培育和发展战略性新兴产业,已确定围绕新能源、新材料、新医药、新信息和海洋开发"四新一海",以及高端装备制造、新能源汽车、节能环保产业等8个领域,为"十二五"全省战略性新兴产业发展的重点[1]。

山东省的高速公路网通车里程超过4700千米,居全国第2位,省内多数城市之间可在半日互达,正在规划形成"五纵四横一环八连"大通道。铁路网规划形成"四纵四横"的布局,南北走向的

---

[1] 吕福明,陈灏. 山东以战略性新兴产业引领经济转型[EB/OL]. [2011-05-12]. http://www.sd.xinhuanet.com/news/2011-05/12/content_22748350.htm.

主要有京沪、京九等铁路。

2. 旅游资源特征

山东是旅游资源大省。以泰山、"三孔"、泉水为代表的"山水圣人"旅游资源和以青岛、烟台、威海、日照为代表的"黄金海岸"旅游资源,以及丰富多彩的齐文化、泉文化、海文化、黄河文化、运河文化、水浒文化、红色文化等,共同形成了山东"文化圣地、度假天堂"独特的资源特色和品位。

(1)旅游资源丰富多彩,类型齐全,人文景观与自然景观结合较好 山东地处黄河下游,历史悠久,文化发达,素有"齐鲁之邦""孔孟之乡",人文景观众多。泰山、曲阜文物古迹遍布,还有泰山、崂山等山岳旅游资源,青岛、烟台等海滨胜地。山东大多人文景观与自然景观结合的较好,泰山和崂山遍布奇松、怪石、飞瀑、流泉等自然景观,同时,也散布着众多文化古迹,自然景观与人文景观融为一体[1]。

(2)历史古迹众多,民俗风情资源丰富 山东省历史悠久,古迹众多,种类多,分布广。山东最有价值的"古"首推"三孔",其次便是泰山,另外还有灵岩寺、齐国故城、两山魏碑等重要古迹。山东的风俗民情颇具特色,如潍坊的风筝、淄博的灯会、泰安的庙会等。

(3)自然风光种类齐全,"海""泉"是优势资源,季节性较强 山东山海河湖泉岛俱全,自然风光种类齐全。总体来说,"海"和"泉"是山东的优势资源,山东半岛伸入黄渤海之间,决定了受海洋影响较其他省市大,加之纬度偏高,故夏季气温低,温度适中,海岸带岬角海湾相间分布,海湾众多,有海水浴场,是良好的避暑胜地。山东的"泉"中温泉与冷水泉皆备,冷水泉数量多,水量大,知名度高。

3. 旅游资源分布

山东是中华文明的发源地之一,有着悠久丰厚的文化底蕴,旅游资源丰富,自然风光秀丽,文物古迹众多。1987年泰山被列入世界自然与文化双遗产;1994年曲阜的孔府、孔庙、孔林被列入世界文化遗产。全省共有7处国家重点风景名胜区、7座国家历史文化名城、1座中国历史文化名村、97处全国重点文物保护单位、5A级景区6处。

(1)鲁西山水圣人旅游区 本区包括济南、泰安、曲阜、邹城,并延伸至临沂。

(2)胶东黄金海岸旅游区 以青岛、烟台、威海、日照等旅游城市为主体。海滨风光绮丽,是发展观光度假的理想之地,有黄金海岸之称誉。

(3)鲁中齐鲁文化和民俗风情旅游区 本区内主要旅游城市包括淄博市、潍坊市和青州市。

4. 旅游业发展现状

山东2012年旅游总收入4519.7亿元,比上年增长21.0%。入境旅游收入29.2亿美元,增长14.6%。接待游客总人数4.70亿人次,增长10.77%,其中,接待入境游客413.9万人次。A级旅游景区已达583家,其中,5A级景区7家,新增1家;4A级景区145家,新增19家。省级旅游度假区7家,新增1家。

5. 旅游形象与主要线路

山东省拥有优美的自然风光和璀璨的人文风采。曾打出"一山(泰山)一水(黄河,有说是趵突泉)一圣人(孔子)"旅游促销口号。2007年山东省旅游局推出"文化圣地,度假天堂"的形象宣传口号,继而推出了"好客山东"的旅游主题形象,向旅游者展示山东人热情好客的品德和齐鲁文化

---

[1]王衍用.山东旅游资源评价及开发对策[J].经济地理,1991(1):88-91.

兼容大气的内涵,并使之成为山东的旅游品牌标识。主要旅游线路包括:

中南部旅游线:济南—灵岩寺—泰山—曲阜—邹城—枣庄—微山湖—徐州—连云港;

半岛旅游线路:青岛—石岛—成山角—威海—昆嵛山—烟台—养马岛—蓬莱、长岛—栖霞或莱州—潍坊。

第三节 "沪苏浙皖"旅游概况与特征

一、上海市

1. 旅游环境概述

(1)自然地理概况

区位概况 上海市,简称"沪",位于中国东部沿海地区,东经121°24′~121°36′,北纬31°06′~31°18′。地处太平洋西岸,亚洲大陆东沿,长江三角洲冲积平原前缘,东濒东海,南临杭州湾,西接江苏、浙江两省,北界长江入海口,长江与东海在此连接。海岸线长约172千米,国土面积为6340.5平方千米,占全国面积的0.06%。2010年人口普查常住人口达到2301.92万人。辖16个市辖区和4个县级单元。

地形地貌 上海市境位于长江三角洲上,地势低平,河港如网。西部散见小山丘,天马山海拔98米,为市境最高点。市境位于三角洲冲积平原前缘,北、东、南三面略为高起;中部黄浦江两岸次之;西部淀山湖附近一带地势最低,成为向太湖倾斜的碟形低平原。

气候和水文 上海属于北亚热带季风气候,温和湿润,四季分明。境内水网密布,水量充足,主要河流和湖泊有长江河口段、黄浦江、吴淞江苏州河和淀山湖等。长江流经市郊北部,接纳黄浦江后,东流入海。江口呈喇叭形向外展宽,最宽处达80千米。

(2)经济发展现状

上海经济增长迅速,经济支撑作用在全国而言占用重要地位。2009年上海市GDP达到1.49万亿元超越香港,2012年GDP为20 101.33亿元,比上年增长7.5%,居全国第8位。人均GDP达3252.94元,人均GDP及人均可支配收入比均居全国各省区第3位。上海是全球第2大股票市场中心、全球第2大期货市场中心、全球第2大钻石现货交易中心。上海是世界第1大港,2012年上海港完成货物吞吐量7.36亿吨,集装箱吞吐量3252.94万标箱,均位居世界第1。

上海的金融业经济总量居全国第1,一直享有中国金融中心的美誉。服务业高度发达,上海是中国最大的海外游客旅游目的地和最大的豪华邮轮母港及目的地。包括锦江,如家,汉庭等在内的国内4大酒店集团全部来自上海,包括洲际,雅高,凯越,希尔顿等在内的全球10大豪华酒店集团的在华总部基本位于上海。

上海工业发达,工业总产值占全国的1/10,主要以钢铁、汽车、生物医药、航空航天等为主。张江高科汇集了大量的高端制造业和高新技术产业。2012年上海地方财政收入达到3743.71亿元,同比增长9.2%;第三产业增加值占GDP比重已经达到了60.0%;非公有制经济增加值GDP比重也已经达到了50.5%。在2010年中国社会科学院发布的《2009~2010年度全球城市竞争力报告》中,上海在中国仅次于香港,位于台北之前,3个城市共同进入全球前50强。

2.旅游资源特征

(1)以特色园林景观为主的自然旅游资源　上海的自然旅游资源主要体现在各种特色园林方面。上海迄今仍保留着唐、宋、元、明、清以来的若干古迹和富有特色的园林。具有1000多年历史的龙华古寺,有建于三国时期的静安古寺和国内外知名的玉佛寺,有号称江南名园之秀的豫园,有嘉定的孔庙,松江的方塔、醉白池等。

(2)丰富的人文历史景观　上海具有丰富的人文历史景观,是一座具有光荣革命历史传统的城市,留下了无数革命者的足迹和不少革命遗址。有诞生中国共产党的中共一大会址;有革命先行者孙中山先生故居;有一代伟人毛泽东、周恩来同志寓所;有文化巨匠鲁迅先生的故居等。

(3)迷人的大都市景观　除了丰富的人文历史景观,作为一所现代化的城市,新时代的上海还形成了国内独具特点的大都市景观。20世纪90年代以来,上海相继建成了一批享誉国内外的功能性建筑,构成了迷人的都市风景线,同时也成为上海的旅游新景观,向世人展示了上海的新风貌。有象征上海的外滩;有被誉为"城市绿肺"的人民广场;有创造了10个"世界第一"的东方明珠广播电视塔;有大陆第一摩天大楼金茂大厦;以及南京路步行街、上海博物馆、上海大剧院、上海城市规划展示馆等。如今,上海的旅游资源,是传统旅游资源与现代旅游资源的交相辉映,是一座极具现代化而又不失中国传统特色的海派文化都市。

3.旅游资源分布

上海旅游资源分布广泛。现代化的旅游设施完善,主要有人民广场、上海博物馆、外滩、南浦大桥、杨浦大桥、黄浦江、陆家嘴中心绿地、滨江大道、金茂大厦以及刚建成不久的世博园等,这些现代化的旅游景点多位于市区或新兴的经济区。

另外,上海还有很多历史文化旅游景点,如豫园、李鸿章私邸、大境关帝庙、静安寺、玉佛禅寺、龙华寺、凤凰山、金鳖山、小昆山、大观园等。

淀山湖风景区、东平国家森林公园、佘山国家森林公园等位于城市郊区,是观光休闲的良好去处。

4.旅游业发展现状

2010年,在上海世博会的带动下,上海旅游总收入超3400亿元,其中国内旅游收入2930亿元,同比增长50%;接待入境旅游者700万人次,旅游外汇收入59亿美元,同比增长13%。全年接待国内旅游者1.8亿人次,同比增长45%。2012年接待入境人数800.4万人次,外汇收入55.82亿美元,接待国内旅游者2.51亿人次,增长8.7%,旅游收入3224.39亿元,增长15.7%。全市已有星级宾馆278家,其中5星级55家,旅行社1183家,A级旅游景区(点)82个,其中5A景区(点)3个,红色旅游基地34个。

2011年2月18日,上海市旅游产业发展大会首次透露,到2015年,上海将建成一座魅力独具、充满活力的世界著名旅游城市,上海的旅游发展将呈现"一圈四区"新布局:中心城区成为商务会展、观光娱乐、美食购物、休闲度假、文化创意等综合功能的旅游中心圈;上海的东部为主题游乐与会议展览旅游区,西部为山水游憩与休闲度假旅游区,南部为乡村度假与滨海娱乐旅游区,北部为生态休闲与产业体验旅游区[1]。

---

[1]唐玮婕.到2015年上海旅游业总收入达到5200亿[EB/OL].[2011-02-17]. http://sh.sina.com.cn/news/f/2011-02-17/0803172924.html

5. 旅游形象与主要线路

上海的旅游形象被定为"酷城"。被称为"背包客圣经"的著名旅游指南《孤独星球》(《lonely planet》)编辑部在最新推出的《2009年最佳旅行地》手册中,列出了全球10大最佳城市,中国上海榜上有名。

在《孤独星球》中,上海被描述成一个正在迅速发展的中国现代城市,建筑充满着艺术风格。"上海是世界上为数不多的'酷'城,它时时有一种让人能清晰感知到的'最新感'。你身边的每个人,无论是你的牙医,还是你最好的朋友,都将这个城市列为旅行目标地之一。忽视上海,就是忽视了中国最大的旅行地,这是中国最让人目眩、最让人惊异的城市。"[1]上海市自己推出的主题宣传口号是"上海,精彩每一天。"作者认为,上海的最好形象定位是"东方之珠"!

旅游路线主要包括市区现代都市风貌旅游线和市郊换乘观光度假旅游线路。

市区现代都市风貌旅游线:黄浦江—外滩—南京路—浦东新区—豫园—玉佛寺—中共"一大"会址等景点。

市郊环城观光度假旅游线路:龙华—淀山湖—佘山—古猗园。

二、江苏省

1. 旅游环境概述

(1)自然地理概况

区位 江苏省,简称"苏"。江苏地处江淮平原,东经116°18′~121°57′,北纬30°45′~35°20′,地居长江、淮河下游,东临黄海,西连安徽,北与山东接壤,南与浙江和上海毗邻。全省面积10.26万平方千米,占全国土地总面积1.05%。2010年第6次人口普查全省常住人口为7865.99万人,是全国人口密度最高的省份。汉族为主要人口,约占人口总数的99.8%,还有回、满、蒙古等少数民族。全省辖13个地级市,31个县级市,33个县。

地形地貌 地形以平原为主,平原面积7万多平方千米,占全省面积的70%以上,主要由苏南平原、苏中江淮平原、苏北黄淮平原组成。地形地势低平,河湖较多,平原、水面所占比例较大,成为江苏一大地理特点。江苏是全国地势最低的省区,绝大部分地区在海拔50米以下,低山丘陵集中在北部和西南部,占全省总面积的14.3%。

气候和水文 江苏属于温带向亚热带的过渡性气候,温度由沿海向内陆增加。江苏跨江滨海,河湖众多,水网密布,素有"水乡江苏"之称。全省大部分地区水系相当发达,共有大小河流和人工河道2900多条,陆域水面面积达1.73万平方千米,水面所占比例之大,在全国各省中居首位。

(2)经济发展现状

江苏是中国最富庶的地区之一。全省综合经济实力在全国一直处于前列。2012年江苏省国内生产总值54 048.2亿元,总量在广东之后,位居大陆第2,比上年增长10.1%;全年人均生产总值达到68 347美元,名列全国第4;三次产业增加值比例为6.3∶50.2∶43.5。

江苏省着力扩大有效投入,京沪高速铁路江苏段、沪宁城际铁路、宁杭城际铁路、南京铁路枢纽、泰州大桥、连云港30万吨级航道和矿石码头、太仓港集装箱码头三期、通榆河北延、南水北调

---

[1] 徐惠芳.上海入选全球旅游十佳城市:中国最让人目眩的城市[N/OL].新闻晨报,2008-10-18. http://sh.eastday.com/qtmt/20081018/u1a488136.html

东线一期等一批重大基础设施项目进展顺利,一批重大产业项目加快推进。苏南加快转型升级推荐,巩固苏中、苏北快速发展局面,苏中、苏北对全省经济增长的贡献份额达到42.3%,同比提高2.9个百分点。南北共建开发区稳步推进。全面实施沿海地区发展规划,加快港口等重大基础设施建设,在国内外举办系列招商活动,推进重大产业项目落户[1]。

2. 旅游资源特征

江苏拥有丰富的旅游资源,这里自然景观与人文景观交相辉映,有小桥流水人家的古镇水乡,有众口颂传的千年名刹,有精巧雅致的古典园林,有烟波浩渺的湖光山色,有规模宏大的帝王陵寝,有雄伟壮观的都城遗址,纤巧清秀与粗犷雄浑交汇融合,可谓是"吴风汉韵,各擅所长"。

江苏13座城市,每一座都有其极具代表性的旅游资源:南京的六朝胜迹;徐州的两汉遗韵;苏州的园林古镇;无锡的太湖风光;常州的主题公园;镇江的寺院山林;扬州的汉唐文化;泰州的国粹风采;南通的江涛海潮;淮安的伟人故居;连云港的海域仙境;宿迁的田园风景;盐城的红色历史和珍禽灵兽;江苏的山虽不高,但多负盛名,其中有南京钟山,镇江北固山、金山,句容和金坛交界处的茅山,南通狼山,苏州天平山,徐州云龙山和连云港花果山等。江苏的水兼江河湖海,中国第1大河——长江横穿东西,江面辽阔。世界上最古老的运河——京杭大运河纵贯南北。中国第3大淡水湖——太湖及第4大淡水湖——洪泽湖烟波浩瀚,碧波万顷。连云港的海滨浴场,南通盐城的湿地滩涂则是江苏的沿海旅游资源。江苏的名泉极多,有"天下第一泉"镇江中泠泉,"天下第二泉"无锡惠山泉,苏州虎丘的"天下第三泉"及憨憨泉。

江苏省有2处世界遗产、8项非物质文化遗产、5A级景区9家、4A级景区101家、2处国家级旅游度假区、2处国家级地质公园、3处国家级自然保护区、16个国家级森林公园、5处国家重点风景名胜区、9座国家历史文化名城、19座中国历史文化名镇、28座全国优秀旅游城市、120处全国重点文物保护单位、645处省级文物保护单位。

3. 旅游资源分布

江苏旅游资源分布极为广泛。

长江旅游区山川秀丽,古迹众多,包括南京、镇江、扬州、南通、泰州5市。主要景点有南京的中山陵、明孝陵、灵谷寺、秦淮风光带、夫子庙、江南贡院、莫愁湖、燕子矶等。镇江:金山、焦山、北固山、茅山、宝华山等。扬州:瘦西湖、大明寺、个园、仙鹤寺、扬州汉陵苑等。南通:狼山景区等。泰州:梅兰芳纪念馆、溱湖湿地公园、溱潼古镇、兴化垛田风光带等。

太湖旅游区历史悠久,人文荟萃,山明水秀,包括苏州、无锡、常州3市。主要景点有苏州的古典园林(拙政园、留园、网师园、狮子林、沧浪亭、环秀山庄、退思园)、水乡古镇(周庄镇、同里镇、甪直镇、木渎镇)、虎丘、寒山寺、苏州乐园、玄妙观、盘门三景等。无锡:鼋头渚风景区、锡惠公园、无锡影视基地、灵山胜境、善卷洞、竹海等。常州:环球恐龙城、淹城、天宁寺、天目湖、南山竹海、茅山等。

徐海旅游区历史悠久,名胜众多,包括徐淮连盐宿5市。主要景点有徐州:汉文化景区(包括狮子山楚王陵、汉兵马俑、骆驼山竹林寺),汉皇祖陵,龟山汉墓,徐州汉画像石艺术馆,茅村汉画像石墓,徐州博物馆,徐州汉城,沛县汉城,云龙山水、泉山国家森林公园;九里山古战场;淮海战役烈士纪念塔园林等。淮安:周恩来故居、周恩来纪念馆、淮安府衙、吴承恩纪念馆、尧帝公园、金湖荷

---

[1] 江苏省人民政府。2010年江苏省政府工作报告[R/OL]. (2010-01-26)[2010-02-05]. http://www.gov.cn/test/2010-02/05/content.1529077.htm.

花荡、秫圩林场、镇淮楼、韩信故里。连云港：大伊山、花果山、东西连岛、墟沟海滨浴场等。盐城：新四军重建军部纪念馆、盐城滩涂珍禽自然保护区、大丰麋鹿自然保护区等。宿迁：皂河安澜龙王庙、骆马湖旅游风景区等。

4. 旅游业发展现状

2012年江苏国内旅游人数4.6亿人次，比上年增长12.8%；国内旅游收入6055.8亿元，增长17.3%。全年入境旅游人数791.5万人次，比上年增长7.4%。其中外国人575.2万人次，增长6.9%；港澳台同胞216.3万人次，增长8.5%。国际旅游外汇收入63.0亿美元，增长11.4%。目前江苏拥有中国优秀旅游城市28座，旅行社1704家，均居全国第2；持IC卡导游人数突破5万人，居全国第1。

江苏省旅游节庆活动有30多种，主要有：寒山寺除夕听钟声活动、金陵灯会、中国南京国际梅花节、徐州（彭城）伏羊美食文化节、云龙山庙会民俗游、中国扬州烟花三月旅游节、溱潼会船节、盱眙龙虾节、连云港之夏、中国杨树节等。

5. 旅游形象与主要线路

"美好江苏"是江苏2010年最新推出的旅游主打品牌、优势品牌和唯一品牌，包括"美好江苏"旅游主题口号、"美好江苏"旅游形象标识和"美好江苏"旅游宣传广告[1]。其实，根据"中国梦"的大背景，"梦江苏"也是江苏省形象的不错选择。

传统黄金旅游线路"锦绣江南游""华东五市游"等，更加注重专项旅游线路的推广，如运河文化游、园林水乡游、佛教文化游、两汉文化游、美食探访游等。同时，加强新兴旅游线路的宣传，如江苏旅游新三角、江苏沿海旅游新干线等；支持春秋国旅开展"后世博"旅游线路的整体推介；与上海、浙江联手推介长三角精品旅游线路。

苏南旅游线路：这是一条以江南秀丽的山水风光和古典园林为特色的旅游线，沿途可以游览沧浪亭—狮子林—拙政园—留园—网师园—怡园—虎丘—剑池—寒山寺—鼋头渚—蠡园—锡惠公园—三国城—水浒城—瘦西湖—蜀岗—金山—焦山—北固山—善卷洞—张公洞等旅游景点。

南京爱国主义教育科技游览专线：这是利用南京科普基地多的优势，主要游览景点有：中国科学院紫金山天文台、中山植物园、南京航天航空馆、南京地质博物馆、南师大珍稀动物馆、南京博物院。暑期中小学生还举办科普夏令营活动和新世界科普船3日游活动。

高邮湖渔家乐休闲游：该项目包括野鸭放飞、渔船休闲、湖边垂钓、湖边烧烤、水上狩猎等旅游活动。

扬州宗教文化旅游线：主要游览大明寺、高寺、栖灵塔等佛教文化景观。还可以游览普哈丁墓、仙鹤寺、高邮菱塘回族乡等伊斯兰教景观。

秦淮河水上风光旅游线：该线有泮池至中华门城堡，全长1.5千米，沿途可停靠各主要景点。

三、浙江省

1. 旅游环境概述

（1）自然地理概况

区位　浙江省，简称"浙"，地处中国东南沿海长江三角洲南翼，东临东海，南接福建，西与江

---

[1] 佚名. 美好江苏[EB/OL]. [2011-09-06]. http://baike.baidu.com/view/4492943.htm

西、安徽相连,北与上海、江苏接壤。海岸线总长6400余千米,居全国首位,辖杭州、宁波、温州等11个地级市,其中杭州、宁波为副省级城市,共11个省辖市,2010年第6次人口普查全省常住人口为5442.69万人。

地形地貌　浙江地形主要以丘陵山地为主,占全省总面积的70.4%,平原和盆地占23.2%,河流和湖泊占6.4%,固有"七山一水二分田"之说[1]。浙江地形复杂,整个地势自西南向东北呈阶梯状倾斜。浙北地区是水网密集的冲积平原,浙东地区是沿海丘陵,浙南地区为山区地形,舟山市还有著名的海岛地貌。地理特征非常丰富。西南多为千米以上的群山盘结,其中位于龙泉市境内的黄茅尖,海拔1929米,为全省最高峰。全省大致可分为浙北平原、浙西中山丘陵、浙东丘陵、中部金衢盆地、浙南山地、东南沿海平原及滨海岛屿等6个地形区。浙江的海域广阔,海岸曲折,形成了众多的港湾,沿海岛屿星罗棋布,形同串珠。

气候和水文　浙江省地处亚热带季风性湿润气候区,大致以临海—建德一线可将全省分成北亚热带和中亚热带两大气候区。其气候特点是冬夏季风交替显著,年温适中,四季分明,光照较多,热度较优;雨量充沛,空气湿润。河流大部分源短流急,流域面积狭小,河流和湖泊占总面积的6.4%,依西南高东北低地势,多数河流发源于西部或中部,向东或东北方向注入东海。最长和流域面积最广的河流是钱塘江,太湖是浙江省和江苏省的界湖,还有西湖、东钱湖等容积100万立方米以上湖泊30余个。

(2)经济发展现状

2012年,浙江省全省生产总值为34606亿元,比上年增长8.0%,居全国第4位。人均GDP为63266元(居国内第6位),增长率为7.7%。三次产业增加值结构由2005年的6.7∶53.4∶39.9调整为2012年的4.8∶50.0∶45.2。随着整体经济恢复平稳较快发展,各行业也逐渐回到均衡发展态势。工业保持较快增长,全年工业增速比去年提高了6.7个百分点为本省经济增长提供了主要动力;第三产业保持稳定增长,对GDP增长的贡献率稳步提高,各行业都保持较快发展。

浙江是中国经济比较发达的沿海对外开放省份,素有"鱼米之乡"之称,是综合性的农业高产区域,同时也是全国的一个重点渔业省,渔业已由传统的生产型,逐步过渡到现在的捕捞、养殖、加工一体化,内外贸全面发展的产业化经营。浙江工业基础较好,以轻工业、加工制造业、集体工业为主,丝绸工业历史悠久,产品精美,传统工业闻名遐迩,电力工业发达。

2. 旅游资源特征

浙江山川秀丽,人文荟萃。全省有重要地貌景观800多处,水域景观200多处,生物景观100多处,人文景观100多处。旅游资源的整体特征是类型丰富,自然与人文资源并重。

浙江具有丰富的自然旅游资源。浙江境内丘陵绵延起伏,平原阡陌纵横,江河滔滔不绝,海岛星罗棋布,有西湖、富春江—新安江、雁荡山、莫干山、普陀山、天台山、楠溪江、嵊泗列岛、双龙洞、仙都、雪窦山、浣江—五泄、江郎山、仙居等14个国家级重点风景名胜区,东钱湖、大佛寺、方岩、烂柯山等42个省级风景名胜区。有国家级自然保护区7个,国家森林公园20个。

浙江还具有丰富的人文旅游资源。奇山异水,哺育出一代代杰出人物,吸引了一批批四方豪客,在浙江大地留下了一处处人文古迹。浙江有杭州、宁波、绍兴、衢州、临海5座国家级历史文化名城,省级历史文化名城12座;有全国重点文物保护单位134处,省级重点文物保护单位279个。

---

[1]浙江省旅游资源普查办公室.浙江省天象与气候景观类旅游资源普查报告[R].2004.

3. 旅游资源分布

自然风光与人文景观交相辉映，使浙江成为名副其实的旅游胜地。以杭州西湖风景名胜区为中心，纵横交错的风景名胜，遍布全省。

浙东地区，可以游水乡，谒佛国，亦可寻觅唐诗之踪。西湖、东湖、东钱湖、溪口、普陀，水网交织，阡陌纵横，山水绵延，直通大海，沿途有中国最典型的水乡风貌。杭州灵隐寺、净慈寺等；西子湖畔、山阴道上、穿岩十九峰、谢灵运古游道等，李白、杜甫等400多位唐代诗人留下了上千首诗作。

浙南地区，北接括苍，东临大海，以奇山异水、飞瀑流泉著称海内。温州雁荡山、楠溪江、洞头岛、台州天台山、神仙居、古长城、丽水仙都峰、石门洞、南明山，山水雄奇，名胜众多，目不暇接。

浙西地区，集天地之灵气，聚山川之精华。西湖、富春江—新安江以及安徽黄山3个国家级重点风景名胜区连成一线，是中国著名的黄金旅游线之一。富阳鹳山、桐庐瑶琳洞、建德小三峡、淳安千岛湖、金华双龙洞、衢州江郎山、浙西大峡谷、开化钱塘江源等，山水如画，美不胜收。杭徽高速公路经天目山，可直达安徽黄山。

浙北地区，著名的京杭大运河纵贯富饶的杭嘉湖平原，这里是著名的蚕乡，是丝绸文明的发祥地之一，也是丝绸之路的起点。南浔、西塘、乌镇、新市等江南古镇，古迹尚在，风物犹存；莫干山、龙王山、南北湖等避暑胜地，环境独特，景色宜人；海宁钱塘江潮、安吉竹种园、天荒坪抽水蓄能电站等，气象万千，蔚为大观。这里还与苏州、无锡、宜兴等地共同形成了古运河—太湖旅游区。

4. 旅游业发展现状

浙江旅游业经过30多年的发展，从"边缘产业"成为"国民经济支柱产业"，形成独具特色、对全国有典型示范意义的发展模式。浙江旅游发展模式是健康、可持续的发展模式，其基本内涵是"一好二强三高"。"一好"是协调性好，该省旅游业发展和经济社会的发展比较协调，既没有明显超前，也不存在明显滞后，基本上是同步发展。"二强"是内生性强和创新性强。2012年实现旅游收入4801.2亿元，比上年增长17.7%，其中接待国内旅游者3.91亿人次，增长14.1%，实现国内旅游收入4801.2亿元，增长18.2%；接待入境旅游者866万人次，增长11.9%，实现旅游外汇收入51.5亿美元，增长13.4%。其国内旅游发展速度总体上大幅领先于全国；风景旅游一体化管理体制、旅委会体制等具有开创意义。"三高"是市场化程度高、融合度高和开放度高。活动的市场经济是该省旅游业发展的重要特征，民营经济在旅游业发展中的地位举足轻重；政府调控尊重市场规律；注重旅游业发展和城乡建设的一体化；旅游业国际化程度较高[1]。

"十一五"期间，浙江省围绕"诗画江南、山水浙江"的主题旅游形象，建设文化、海洋、生态、商贸、休闲、红色旅游6大产品系列；构筑浙东风情旅游线、浙西山水旅游线等5条黄金旅游干线和海天佛国游、富春山居游等20条黄金旅游支线。同时开发工农业旅游、文化考古旅游、专业市场游等专项旅游产品和自驾车旅游等旅游新品，培育邮轮、游艇等高端旅游产品。规划增开一批国际航线和五星级酒店，鼓励国际大旅行社兴办中外合资旅行社和外方独资旅行社。

5. 旅游形象与主要线路

"新浙江，心旅程（Fresh Zhejiang. Heart Journey）"是对浙江旅游形象的一个生动定位。新浙江，是本底的凝练与提升；心旅程，是市场的映射与感召。朗朗上口的短语，将静态描述与动态表

---

[1] 金小茜. 充分发挥市场主导作用业界总结旅游发展："浙江模式"[EB/OL]. [2011-03-09]. http://news.xinhuanet.com/travel/2011-03/19/c_121206615.htm

达相结合,区别于固有的浙江认知,大胆破解常规旅游形象定位的套路,对浙江的旅游形象进行定位。今天的浙江,是新经济迸发之处,是新文化滋生之地,是新思想张扬之境,是新视野扩展之牖,是新生活感受之空间——这是"现在"的浙江,更是"未来"的浙江[1]。

浙将旅游路线主要包括浙东、浙西、浙北和浙中4条。

浙东旅游线:杭州—绍兴—新昌—天台—奉化—宁波—普陀—嵊泗—上海;

浙西旅游线:杭州—富阳—桐庐—建德—千岛湖—富山;

浙北旅游线:杭州—平湖—上海,苏州或无锡—平湖,杭州—湖州—苏州或无锡;

浙中南旅游线:杭州或衢州—金华—武义—永康—缙云—丽水—温州,温州—雁荡山—台州—大陈及温州—瑞安—平阳—文成—奉顺。

四、安徽省

1. 旅游环境概述

(1)自然地理概况

区位 安徽省,简称"皖",位于中国东南部,东经114°54′~119°37′,北纬29°41′~34°38′,是中国东部临江近海的内陆省份,境内山河秀丽、物产丰富、稻香鱼肥、江河密布。安徽以长江、淮河为界,形成了淮北、江淮、江南3大地域。东连江苏、浙江,西接湖北、河南,南邻江西,北靠山东,共有17地级市、5县级市、44市辖区、56县。面积13万多平方千米,2010年第6次人口普查全省常住人口为5950.05万人。

地形地貌 安徽地形呈现多样性,全省分为5个自然区域:淮北平原、江淮丘陵、皖西大别山区、沿江平原以及皖南山区。长江流经安徽南部,境内全长416千米,淮河流经安徽北部,境内全长240千米。

气候和水文 安徽地处中纬度地带,淮河以北属温带半湿润季风气候,淮河以南属亚热带湿润季风气候。主要的气候特点是:季风明显、四季分明、气候温和、雨量丰富、春温多变、秋高气爽、梅雨显著、夏雨集中。综观而论,安徽气候条件优越,气候资源丰富。充沛的光、热、水资源,有利于农、林、牧、渔业的发展。

安徽省主要河流分属淮河、长江、钱塘江3大水系。北部宿州市境内,有一小部属废黄河,一小部属沂沭泗流域的复兴河水系。

(2)经济发展现状

2012年安徽生产总值(GDP)17 212.1亿元,按可比价格计算,比上年增长12.1%。第一产业增加值2178.7亿元,增长5.5%;第二产业增加值9404亿元,增长14.4%;第三产业增加值5629.4亿元,增长11%。三次产业比例为12.7∶54.6∶32.7,其中工业增加值占GDP的比重为46.6%,比上年提高0.4个百分点。人均GDP28 792元,比上年增加3133元。

安徽省皖江示范区规划与长三角规划联动实施机制初步形成,沪苏浙皖共同推进皖江示范区建设合作框架正式建立,合肥、马鞍山成为长三角城市经济协调会成员,合肥纳入与沪宁杭一并规划、重点建设的"1~2小时交通圈"。京沪高铁安徽段、宁安城际铁路、马鞍山长江公路大桥如期建

---

[1] 汤俊,黄红霞.新浙江,心旅程——浙江省的旅游形象策划案[EB/OL].[2010-12-15].http://www.chinacity.org.cn/cspp/csal/63808.html

成,较大程度上缓解了交通压力。

2. 旅游资源特征

安徽旅游资源集自然和人文于一体。

安徽境内的自然旅游资源包括各类名山,黄山风景区、九华山风景区、天柱山风景区等国家5A级景区。

安徽的人文旅游资源主要体现在民俗旅游资源方面。安徽境内山川秀丽,古迹繁多,民风淳朴,文化灿烂,民俗资源十分丰富,民俗文化形式多样,它是安徽人民生活和智慧的结晶,具有极高的游览价值。

安徽是中国文化起源最早的地区之一,在历史上曾为中国文化艺术的发展做出过重大贡献。横贯安徽境内的长江和淮河,把安徽全省3个自然地域造就了3个不同的文化区域。现在学术界把这3种不同韵味的文化分别称之为淮河文化、皖江文化和新安文化,分别以建安文学、桐城学派和徽州文化为代表[1]。

3. 旅游资源分布

以淮河、长江为界将全省分为皖北、皖中、皖南3大地理区域,其资源总体特征明显。

(1)皖北——人文旅游资源见长 皖北以淮北平原为主,包括亳州、阜阳、宿州、淮北、淮南、蚌埠6市,气候较南方干燥,降水较少,少有南方的名山秀水,但悠久的文化底蕴赋予北方丰富的人文景观:老子故里、药材之乡——亳州,揭竿而起反抗压迫——宿州涉故台,淮海战役主战场——濉溪县双堆集,灵璧虞姬墓、蒙城万佛塔、大禹治水的禹王庙、豆腐之源八公山等文化景观灿若星云。

(2)皖中——人文自然资源兼具 江淮之间地形多样,西部崇山,东面丘陵,山地岗丘曲折绵延,长江两岸地势低平,河湖交错,土壤肥沃。中国5大淡水湖之一的巢湖,风景优美、水产丰富。皖中涵盖省会合肥、安庆、滁州、六安、巢湖5市,名山如天柱山、琅琊山、天堂寨、浮山、万佛山,秀水有巢湖、万佛湖、花亭湖,访古在包公祠、寿县古城墙,康体休闲到汤池温泉。人文自然兼具,类型丰富多样。

(3)皖南——自然旅游资源取胜 安徽南方地区以丘陵、山地为主,海拔较高,相对高差大,气候湿润,梅雨显著,降水丰富,植被茂盛,景观类型多样。皖南包括黄山、池州、芜湖、宣城、马鞍山、铜陵6市,旅游资源类型丰富多样,品质极高,如世界遗产地黄山和皖南古村落,国家5A级景区、佛教圣地九华山,"黄山情侣"太平湖,道家仙境齐云山,浪漫迷人情人谷,李白钟爱秋浦河,以及千古之谜花山迷窟,自然景观品质极高,生态环境优越。

4. 旅游业发展现状

2012年全省实现旅游总收入2617.8亿元,共接待入境游客331.5万人次,比上年增长26.1%,旅游外汇收入15.6亿美元,增长32.5%;接待国内游客2.92亿人次,比上年增长30.2%;实现旅游总收入2617.8亿元,比上年增长38.6%,旅游总收入相当于全省GDP的15.2%。新创最佳旅游乡镇10个、优秀旅游乡镇29个。其中5A级景区5个;A级景区438个,全省有星级饭店464家其中5星级19家。其中,全省红色旅游接待游客2480万人次,比上年增长27.2%;红色旅游综合收入达87亿元,比上年增长11.5%。红色旅游推动了革命老区经济社会发展,带动了老区

---

[1]毕爱云,单新荣,吴胜芳,等.安徽民俗风情旅游资源特征及开发策略分析[J].黑龙江对外经贸,2009(8):107-108.

人民脱贫致富,为安徽崛起,兴皖富民作出新的贡献[1]。

此外,安徽开展了多项旅游节庆活动,包括:九华山庙会、阜阳火把节、上九庙会、重阳庙会、马鞍山国际吟诗节、中国铜陵青铜文化节、中国安庆黄梅戏节、中国鞠湖国际菊花节、中国黄山歙县枇杷节、亳州国际医药文化节、中国淮南豆腐文化节、巢湖牡丹观赏节等。

5. 旅游形象与主要线路

安徽是一个文化大省,由于历史原因,现代人对历史资源的保护、利用的一些精彩表现,在旅游市场上,安徽文化旅游具有独特的魅力。"徽文化让旅游更多彩",是安徽旅游业发展的主题。这一旅游形象的提出,充分肯定了文化旅游在安徽的重要地位。

到安徽来体验文化的游客可以充分领略安徽山水文化的魅力,以黄山、新安江山水画廊、万佛湖、焦岗湖、秋浦河为代表,这种山水文化所透射出来人们对自然对美的一种追求,这样的一种魅力,一定会给游客留下难忘的景象。安徽文化旅游产品当中的宗教文化,是以九华山为代表的佛教文化,以齐云山为代表的道教文化。安徽旅游文化产品当中的徽文化在中华民族文化当中是独树一帜,魅力四放的一个特色文化[2]。

安徽省旅游线路主要包括以下8条精品线路:合铜九黄新干线之旅(合肥、铜陵、九华山、黄山4日游);大皖南彩色之旅(合肥、芜湖、泾县、绩溪、黄山5日游);皖江逍遥之旅(合肥、天柱山、九华山、方特、采石矶5日游);大别山红色之旅(合肥、六安、金寨、岳西、安庆4日游);皖中名人故里之旅(滁州、巢湖、合肥、桐城、天柱山5日游);淮河文化探访之旅(合肥、淮南、寿县、阜阳4日游);皖西生态养生之旅(合肥、舒城、霍山、岳西4日游);新皖北览胜之旅(合肥、凤阳、蚌埠、淮北、宿州3日游)。

第四节 "湘鄂赣"旅游概况与特征

一、湖南省

1. 旅游环境概述

(1)自然地理概况

区位 湖南省位于长江中游,省境绝大部分在洞庭湖以南,故称湖南;湘江贯穿省境南北,故简称湘。地处东经108°47′~114°15′,北纬24°38′~30°08′,东以幕阜、武功诸山系与江西交界;西以云贵高原东缘连贵州;西北以武陵山脉毗邻重庆;南枕南岭与广东、广西相邻,北以滨湖平原与湖北接壤。东西宽667千米,南北长774千米。湖南省地级行政区单位14个(包括13个地级市、1个自治州);县级行政区单位122个(包括35个市辖区、16个县级市、65个县、7个自治县),是荆楚文化的重要发源地。2010年第6次人口普查常住人口为6568.37万人。

地形地貌 湖南省土地总面积约为21.183万平方千米,其中51%为山地,7%为盆地,13%为

---

[1] 王立武. 安徽旅游局:2010年红色旅游收入61亿元[EB/OL]. [2011-02-11]. http://www.chinanews.com/life/2011/02-11/2836080.shtml

[2] 胡学凡. 徽文化让旅游更多彩[EB/OL]. [2011-03-09]. http://www.chinadaily.com.cn/hqcj/xfly/2011-03-09/content_1959636_3.html

平原,29%为丘陵,全省有水面135.37万公顷,占总面积的6.4%。海拔高度在50米以下的面积占总面积的9.9%,1000米以上的占总面积的4.3%,大部分地区海拔高度在100米~800米。

气候与水文　湖南,属亚热带季风气候,四季分明,光热充足,降水丰沛,雨热同期,气候条件比较优越,具有3个特点:第一,光、热、水资源丰富,三者的高值又基本同步;第二,气候年内与年际的变化较大,极大值与极小值的地区差值比平均值的地区差值大1.29倍;第三,气候垂直变化最明显的地带为三面环山的山地,尤以湘西与湘南山地更为显著。

(2)经济发展现状

2012年,湖南省的地区生产总值22 154.2亿元,发展速度稳健上行,发展的质量和效益同步提高,三次产业结构进一步合理优化,农业基本稳定,工业、服务业不断提速,占比由2005年的19.3:39.9:40.8,调整为2012年的13.6:47.4:39,呈现"一三降、二升"的发展态势,湖南正由传统农业大省向经济大省转变。

2. 旅游资源特征

(1)种类结构:丰富多彩与精品突出相结合

湖南省的旅游资源多样,种类十分丰富,在旅游资源的构成中,旅游开发无形资源、自然旅游资源和人文旅游资源丰富多样,自然旅游资源之中,各种构景地貌多彩多姿,名山大川占有突出地位,生物景观层出不穷,天象景观常有出现;人文旅游资源之中,名人名胜齐全,名人旅游资源地位较高,地方文化特色明显。

旅游开发无形资源之中,旅游科学研究人才群体开始在长沙、株洲、湘潭等地形成,湖南省旅游资源特色明显,在丰富多彩的内涵中孕育了不少精品,自然旅游资源中,有武陵源这一世界级风景名胜,亦有五岳独秀的衡山、喀斯特—丹霞混生地貌典型的山崀山等;湖南的溶洞资源中,有享"亚洲第一洞"美称的桑植九天洞,有"拥有喀斯特三个世界之最"的冷水江波月洞,不少溶洞中拥有奇观,如新宁的风神洞内拥有少见的"水下芙蓉";人文旅游资源中有中华祖先"三皇五帝"中炎帝和舜皇的陵墓及许多传说的发生地,其中有中国36处"中华民族故土园"选址之一的炎陵县炎帝陵;岳阳市有"江南三大名楼"之一的岳阳楼,有"江南第一村"美称的张谷英村;常德市有"避世求安"的桃花源等;长沙市有"中国十大名陵"之一的马王堆西汉古墓、"中国四大书院"之一的岳麓书院;祁阳有"中国八大碑林"之一的浯溪摩崖石刻;南岳有"中国五岳中规模最完整的大建筑群"之称的南岳大庙;湘潭市有"中国四大革命圣地"之一的韶山毛泽东故居。

(2)空间结构:普遍分布与相对集中相结合

湖南省旅游资源的空间分布广泛,有着广泛的自然和社会基础。广泛分布的石灰岩、镶嵌状分布的白垩系和第三系砂岩,配合着亚热带的水热条件,形成了众多的喀斯特地貌、丹霞地貌,构成了多种多样的生态环境,孕育了众多的生物种,保存了大量的珍稀生物种,构成了普遍分布的旅游自然资源;悠久的历史文化,多民族的社会环境,形成了丰厚的历史文化和人文文化,特别是在不同的自然环境和不同的民族社会条件下,形成了各具特色的人文环境,孕育了各地区特色独具的多姿多彩的人文旅游资源。

湖南省的旅游资源的空间分布相对集中,并在地域上形成主题明确的特色区域。武陵源山水风景,岳阳湖山景观及沿京广铁路一线的极富魅力的人文景观密集带,冷水江矿山文化景观,湘西南原始次生林景观及传统农业、少数民族风情景观,这种大面积分布的特色区,可形成规模开发,极有利现代旅游业的形成。

(3)时间结构:四季皆宜与精彩时段相结合

湖南旅游资源的季节性色彩比较突出,这与湖南省地处亚热带密切相关,四季分明的气候条件,为湖南旅游资源涂上了更迷人的季节色彩。从自然旅游资源的情况来看,各类自然因子组合而成的自然景观因时间的变化,往往表现为景观组合上的色彩、形态、气势等方面的变化,甚至关系到部分景观的特定存在时段,例如衡山观雪、桃花源赏桃花等都带有明显的时空特定性;从人文旅游资源的情况来看,在自然环境的季节变化和人类社会生产劳动的季节性变化的基础上,呈现出随时间而变动的人文景观,特别是各少数民族的传统节日、庆典,民族文化活动等,都具有季节性特点。

湖南旅游资源的季节性色彩,形成了湖南旅游活动的各具特色的精彩旅游时段,特别是特定地区内自然旅游资源和人文旅游资源的精彩时段的出现特征不一,或同时出现而相映成趣,或相错分布而独领风骚,这种精彩时段的时空特定组合,形成了各地区因时因地特色突出的旅游热点,极其有利于旅游业的持续发展[1]。

3. 旅游资源分布

湖南省宏观上属于东、南、西三面高,中部和北部低的向北开口的马蹄形地形。山地、丘陵面积大,各类山景、峡谷、瀑布多散布在周围山地,洞庭湖在北部集纳四水,吞吐长江,成为著名的水景。

风景岩溶地貌以湘西北区和湘南区最好,湘中区包括邵阳、涟源、湘潭、郴州等地区,有波月洞灰华形态等国内少见地貌;湘西北区包括沅麻盆地以北,石门慈利一线以西的自治州全部和常德、黔阳2地区少部,拥有省内峡谷、瀑布最多的地区,包括茶洞、天门山、高岩河等景区;湘南区溶洞发达,包括道县月岩等著名岩溶景观[2]。

温泉景观主要分布在湘西北与湘东南,人文景观区域差异明显,红色旅游资源集中在长沙、韶山、株洲一带,包括湘东北、湘东、湘西北的革命根据地等旅游资源。湖南是多民族省份,民俗旅游资源多分布在省边山地,如坪阳的鼓楼和平坦的回龙桥等。

4. 旅游业发展现状

2012年湖南省接待国内旅游者3亿人次,增长20.7%;接待入境旅游者224.6万人次,减少1.8%。实现旅游总收入2234.1亿元,增长25.1%。其中,国内旅游收入2175.5亿元,增长26.6%;旅游外汇收入9.3亿美元,减少10.7%。

5. 旅游形象与主要线路

湖南是国家旅游局规划的12个"重点红色旅游区"之一。拥有井冈山—永新—茶陵—株洲线、韶山—宁乡—平江线、贵阳—凯里—镇远—黎平—通道—桂林线、张家界—桑植—永顺—吉首—铜仁线等4条"红色旅游精品线路"和8个"红色旅游经典景区",是全国红色旅游资源最为密集的地区之一。在国家重点培育的"重点红色旅游区"中,湖南处在以韶山、井冈山和瑞金为中心的"湘赣闽红色旅游区"。其主题形象定位是"革命摇篮,领袖故里"[3]。

8条精品旅游线路:

长沙—常德—张家界—湘西山水风光旅游线;

---

[1]李慧云.湖南旅游资源特点及其开发意义[J].湘潭师范学院学报(自然科学版),2003,25(3):95-96.
[2]翟辅东.湖南旅游资源的类型和地域特征[J].湖南师院学报(哲学社会科学版),1982(3):122-127.
[3]符太浩.湖南红色旅游形象定位与红色名人资源的开发[J].吉首大学学报,2010,31(5):103-107.

长沙—汨罗屈子祠—岳阳湘楚文化旅游线；

长沙—韶山—花明楼名人故里旅游线；

长沙—南岳—郴州宗教文化、湘南风光旅游线；

长沙(张家界)—湘西凤凰(德夯)和怀化侗寨民族风情旅游线；

长沙—娄底—邵阳崀山—南山地质奇观旅游线；

长沙—炎帝陵—舜帝陵寻根祭祖旅游线；

长沙—益阳(桃花江)—常德(夹山、城头山和壶瓶山)田园风光旅游线。

二、湖北省

1.旅游环境概述

(1)自然地理概况

区位概况 湖北省，简称"鄂"，在中国中部、长江中游、洞庭湖以北，介于北纬29°05′～33°20′，东经108°21′～116°07′；北接河南省，东连安徽省，东南和南邻江西、湖南两省，西靠重庆市，西北与陕西省为邻。东西长约740千米，南北宽约470千米，面积18.59万平方千米，占全国总面积的1.95%，居全国第13位。2010年第6次人口普查全省常住人口为5723.77万人。全省有12个地级市，1个自治州，3个省直管市，38个市辖区，24个县级市，38个县，2个自治县，1个林区(全国唯一的林区——神农架林区)。

地形地貌 湖北省面积18.59万平方千米，正处于中国地势第二级阶梯向第三级阶梯过渡地带，地貌类型多样，山地、丘陵、岗地和平原兼备。地势高低相差悬殊，西、北、东三面被武陵山、巫山、大巴山、武当山、桐柏山、大别山、幕阜山、大洪山等山地环绕，山前丘陵岗地广布，中南部为江汉平原，与湖南省洞庭湖平原连成一片。全省地势呈三面高起、中间低平、向南敞开、北有缺口的不完整盆地区域。

气候与水文 湖北地处亚热带，位于典型的季风区内，光能充足，热量丰富，无霜期长，降水充沛，雨热同季，降水分布呈由南向北递减趋势，鄂西南最多，鄂西北最少，6月中旬至7月中旬雨最多，强度最大，是湖北的梅雨期。

湖北境内除长江、汉江干流外，省内各级河流河长5千米以上的有4228条，另有中小河流1193条，河流总长5.92万千米，其中河长在100千米以上的河流41条。湖北素有"千湖之省"之称。境内湖泊主要分布在江汉平原上。面积百亩以上的湖泊约800余个，湖泊总面积2983.5平方千米。面积大于100平方千米的湖泊有洪湖、长湖、梁子湖、斧头湖。

(2)经济发展现状

全省生产总值在2005年6520亿元的基础上，2012年达到22 250亿元，居全国第10位。人均生产总值超过38501.5元，从中等收入偏下阶段进入中等收入偏上阶段。财政总收入从728亿元增加到3115.63亿元，年均增长20%以上。武汉城市圈"两型"社会建设综合配套改革试验区、东湖国家自主创新示范区等重大改革创新试点获国务院批准。武汉城市圈"两型"社会建设、鄂西生态文化旅游圈建设、湖北长江经济带新一轮开放开发，分别于2007年、2008年、2009年启动，构成了事关长远、覆盖全省的"两圈一带"总体发展战略和推动湖北科学发展的重要载体。

2.旅游资源特征

湖北自然旅游资源丰富，山岳、水域、动植物种类繁多，山岳景观包括神龙架、大洪山、武当山、九宫山、西山等山峦风光 20 余处。腾龙洞、黄金洞等岩溶洞穴约 20 处,以及自然遗迹、地质构造、生物化石景观多处。水域景观包括长江三峡、清江、汉江、神龙溪等江河湖泊景观 10 余处,龙潭瀑布、高岚飞瀑、潜山温泉等泉水、瀑布景观 15 处;动植物景观有神龙架、大老岭、九宫山、向北山、万亩竹林等古老的森林资源和众多的珍稀动植物资源。

湖北的人文旅游资源中历史文物古迹、革命纪念地、民俗风情、现代工程景观齐全,且分布较均衡,可分为:

(1) 历史古迹 有屈家岭、大溪、石家河等古文化遗址 12 处,西塞山、赤壁古战场、荆州古城等古战场古城遗址 30 余处,万寿宝塔、黄鹤楼、明显陵等古建筑、古墓葬约 80 处,以及五祖寺、章华寺、灵泉寺等宗教寺观 32 处。

(2) 革命文物 有湖北省博物馆、三峡诗文馆、赤壁之战陈列馆等 10 处,红安七里坪、武汉"八七"旧址等革命故地 10 余处,红安烈士陵园、大悟边区烈士陵园等 5 处。

(3) 民俗风情 有洪湖江汉风情、土家风情、神农炎帝节、土家吊脚楼、山区石板屋等民俗风情 30 余项。

(4) 现代工程 其中最著名的有三峡、葛洲坝、荆江分洪等大型现代工程[1]。

3. 旅游资源分布

湖北省的旅游资源分布广泛,大致分为鄂东综合旅游区、鄂西北山岳风光旅游区、鄂中名胜古迹旅游区和鄂西南峡谷溶洞与民俗风情旅游区。

(1) 鄂东综合旅游区 该区以自然风光、名胜古迹和革命纪念地为主,包括武汉、鄂州、黄石、咸宁、孝感、黄冈等地,主要有东湖、龟山—蛇山—洪山风景区、汉口商业都市风景区、龙阳湖风景区、木兰山—盘龙城风景区、道观河风景区等。

(2) 鄂中名胜古迹旅游区

该区以古三国和楚文化为主要特征,包括荆州、襄樊、荆门等地,主要有洪湖水上风情旅游区、大洪山、神农故里—随州风景区、荆门风景区等。

(3) 鄂西北山岳风光旅游区 该区包括十堰、神农架等地,有武当山、十堰现代汽车工业旅游区、神农架生态考察风景区等。

(4) 鄂西南峡谷溶洞与民俗风情旅游区 该区以岩溶洞穴与民俗风情景观为主,包括宜昌、鄂西自治州等地,主要有三峡—葛洲坝风景区、鄂西土家民俗风情游览区等。

4. 旅游业发展现状

旅游产业体系日趋完善。近年来,湖北不断加大旅游基础设施建设,旅游接待能力逐年提高。2008 年底,全省共有旅行社 825 家,其中国际旅行社 57 家;星级饭店 585 家,其中五星级 7 家、四星级 54 家;长江星级游船 18 艘,其中四五星级游船 12 艘。

旅游业态呈现多元化趋势,除传统的"一江两山"精品之旅和"世界文化遗产、三国文化"之旅外,湖北还启动了旅游名镇创建工作,推出了"湖北人游湖北"、拓展了"农家乐""温泉旅游"等大型活动,涌现出产业旅游、科教旅游、休闲度假、会议展览、文化娱乐、旅游美食和其他旅游新的业态,以往观光游览独占鳌头的格局被打破,观光旅游与休闲度假旅游相互推进,刺激了广大民众的旅游消费需求。

---

[1] 张立明.湖北旅游资源特征与分区[J].资源开发与市场,1997,13(3):130-132.

目前，全省已评定国家质量等级旅游景区99家，其中5A级2家、4A级42家、3A级55家；国家级工农业旅游示范点23个。2008年全省接待入境旅游者118.8万人次，创汇4.43亿美元；接待国内旅游者1.17亿人次，居全国第10位，实现旅游收入713亿元，居全国第14位。2012年接待国内旅游人数3.42亿人次，比上年增长26.1%，国内旅游收入2553.55亿元，增长32.2%；接待入境旅游人数264.72万人次，增长24.0%，国际旅游外汇收入12.03亿美元，增长28.0%。湖北已成为全国重要旅游目的地。

5. 旅游形象与主要线路

2010年12月5日，湖北省旅游局宣布将"灵秀湖北"正式确定为该省的旅游形象主题口号，根据"灵秀湖北"内涵而设计的湖北旅游形象标识也正式发布。"灵秀"一词具有荆楚文化特色，在楚国伟大诗人屈原的《楚辞》中，都能找到"灵"与"秀"的意解，如"灵之来兮如云"和"容则秀雅"等。"灵秀"是"人杰地灵，山湖秀美"的浓缩，这正是湖北的特点，如自古就有"惟楚有才"的说法，同时，神农架、武当山有"灵"，三峡水美，百湖有"秀"。"灵秀湖北"既是赞美湖北的自然山水，也能代表湖北的人文历史，很好地概括和反映了湖北旅游资源中最具优势的特征。

主要旅游线路包括：

山岳景观游：神农架—武当山—大洪山—大别山。

古文化游：黄鹤楼—古琴台—归元寺—襄樊—隆中—秭归屈原故里—三游洞。

水体景观游：东湖风景区—三峡水利枢纽。

三、江西省

1. 旅游环境概述

（1）自然地理概况

区位概况 江西省，简称赣，位于北纬24°7′~29°9′，东经114°02′~118°28′之间，东邻浙江、福建，南连广东，西靠湖南，北毗湖北、安徽而共接长江，为长江三角洲、珠江三角洲和闽南三角洲地区的腹地，第6次人口普查常住人口4456.75万，辖11个地级市、99个县（市、区）。

地形地貌 江西版图轮廓略呈长方形，全省南北长约620千米，东西宽约490千米。土地总面积166 947平方千米，占全国土地总面积的1.74%，居华东各省市之首。省境除北部较为平坦外，东西南部三面环山，中部丘陵起伏，全省成为一个整体向鄱阳湖倾斜而往北开口的巨大盆地。江西地貌类型较为齐全，分布大致成不规则环状结构，常态地貌类型则以山地和丘陵为主。还有岩溶、丹霞和冰川等特殊地貌类型。

气候与水文 江西处于北回归线附近，春季回暖较早，但天气易变，乍暖乍寒，雨量偏多，直至夏初；盛夏至中秋前晴热干燥；冬季阴冷但霜冻期短，尤其是近年，暖冬气候明显。由于江西地势狭长，南北气候差异较大，但总体来看是春秋季短而夏冬季长。全省气候温暖，日照充足，雨量充沛，无霜期长，为亚热带湿润气候，十分有利于农作物生长。

（2）经济发展现状

2012年，江西省全年实现地区生产总值12 948.5亿元，比上年增长11.0%，三次产业结构调整为11.7∶53.8∶34.5。非公有制经济快速发展，实现增加值7246.1亿元，增长12.0%，占GDP的比重达56.0%。人均生产总值28 799元，增长10.5%。

江西基础设施建设及交通运输方面得到加强，铁路上形成以京九、浙赣、皖赣、鹰厦、武九5条铁路为骨干,另有横南、向乐、分文、弋樟、张塘、张建、新泰等支线。公路系统发达,省会城市南昌北往九江(昌九高速)、南至赣州(赣粤高速)、西至萍乡(沪昆高速)、东连浙江(梨温高速)的高速公路已建成通车。民用航空运输发展迅速,已形成了一个以南昌为轴心,自北向南,以九江、樟树、泰和、吉安、景德镇、赣州连接全省和全国各地及香港的航空运输网。

2. 旅游资源特征

江西省旅游资源丰富,有井冈山革命根据地等红色旅游资源,也有丰富多彩的自然旅游资源,这些自然旅游资源主要包括:

(1) 名山峻岭　江西自古多名山,其中以庐山最为著名,素有"匡庐奇秀甲天下"之誉,另外,还有三清山、大庾岭、井冈山、武功山、梅岭、大鄣山、三百山、军风山等著名的旅游名山。

(2) 奇岩幽境　江西不仅多峻岭,而且多丘陵,江西丘陵一般海拔300米～600米,山虽不高,却多数林木幽深、奇岩万状,成为旅游胜境,其中最为著名的首推鹰潭龙虎山、弋阳圭峰、南城麻姑山、宁都翠微峰、赣州通天岩等,都因风景独特而成为旅游胜地。

(3) 名泉飞瀑　江西山地众多,气候湿润,又因山体断裂地带多,水流深度切割带也较多,所以在江西各地分布着大量的瀑布景观。庐山、井冈山、三百山、梅岭、武功山、三清山是江西瀑布主要分布区域,其中又以庐山瀑布最为著名。江西有许多自古闻名的山泉,全省现有温泉96处,以赣南及赣中南部地区分布最多,大多具有旅游开发价值。

(4) 天然溶洞　全省丘陵、山地中形成了许多天然溶洞,较为著名的有:赣北彭泽县的龙宫洞、玉壶洞,九江县的狮子洞、涌泉洞;赣东北婺源县的灵岩溶洞群、三清山麓的冰玉洞,景德镇市郊的屏山聚仙洞,万年县神农宫;赣西萍乡市郊区的义龙洞,宜春市郊区的三阳酌江溶洞,井冈山东北部的石燕洞;赣南宁都县的太平洞、黄鳝洞、出风洞等。这些天然溶洞洞中有洞,层洞相连,洞内钟乳石造型奇特、千奇百怪,多数洞中均有暗河、溪水贯通。

(5) 湖光川景　江西北部的鄱阳湖是中国第1大淡水湖,与中国第1大河长江相连,沿江沿湖拥有许多奇特的旅游名胜,使湖光川景更具有吸引力。全省5大河流也有不少旅游奇观,如章、贡2江于赣州市北汇合成赣江,在赣州市八景台可观三江风光。全省江河湖溪汇成网络,显示出江南水乡风光,南昌、九江、景德镇等主要城市还有许多内湖,为繁华都市增光溢彩。

(6) 古树奇卉　江西植被覆盖率高,其中不乏原始森林、古树、奇树和名花奇、珍稀植物,许多古木大树早在古树中就有记载。庐山植物园是中国唯一的亚高山植物园,云集着数千种珍奇植物。赣东北三清山的大片古松、奇松,为该山景观特色之一。

(7) 珍禽异兽　江西省自然条件优越,适宜于多种动物繁殖和栖息。鄱阳湖国家级候鸟保护区,拥有白鹤、白枕鹤、白头鹤、灰鹤、黑鹤、白鹳、白鹭、天鹅、大鸨、鸳鸯、鹈鹕等多种珍稀鸟类,成为世界上最大的候鸟越冬栖息地之一。彭泽县的野生梅花鹿、井冈山的黄腹角雉和猕猴、短尾猴等珍稀动物,多数具有观赏价值。

(8) 气象景观　全省气候温暖,四季分明,雨量充沛,光照充足,具有亚热带湿润气候的特色,加上复杂的地貌、高差悬殊的山地丘陵及气候的垂直带谱明显,形成江西特有的山地气象景观,庐山、井冈山和南昌市郊的梅岭等地已成为旅游避暑胜地,一些山地还会出现罕见的气象奇观,如三清山的神光奇观,庐山、井冈山、三清山等地的瀑布云、云海、日出等[1]。

---

[1] 吴君晓. 江西地脉与自然旅游资源[J]. 太原城市职业技术学院学报,2010(1):5-7.

3. 旅游资源分布

江西山水景观、红色文化、道教文化和陶瓷文化和客家文化旅游资源非常丰富。目前江西拥有的全国优秀旅游城市7个,分别是井冈山、南昌、九江、赣州、鹰潭、景德镇、上饶。主要的代表的景点是16个4A级国家风景名胜区,它们是庐山风景名胜区、井冈山风景旅游区、龙虎山风景旅游区、滕王阁、三清山风景旅游区、赣州通天岩风景名胜区、上饶弋阳龟峰景区、景德镇陶瓷历史博览区、婺源江湾旅游景区、新余市仙女湖风景旅游区、景德镇市浮梁古县衙景区、景德镇市高岭瑶里风景名胜区、婺源县大鄣山卧龙谷旅游区、南昌市天香园景区、庐山天沐温泉度假村、庐山龙湾温泉度假村。

江西省全省景区大体分为以下4个类型:

(1)山水风景(代表性旅游地:庐山、井冈山、龙虎山、三清山、鄱阳湖等);

(2)红色旅游(代表旅游地:南昌、井冈山、瑞金、赣州等);

(3)陶瓷文化旅游(代表旅游地:瓷都景德镇等);

(4)宗教旅游(代表旅游地:三清山、龙虎山道教朝圣、佛教寻祖等)。

把4种不同风格的旅游资源在江西省地图上标出并连成线,发现江西省旅游资源是一个是梯形为主轴,沿梯形边分布的空间特征。第一种山水风景,从庐山—梅岭—新余—井冈山—赣州—抚州—龙虎山—三清山—鄱阳湖,山水风格的旅游资源形成了一个梯形状。斜穿在江西省版图上;第二种,红色旅游资源,从南昌—井冈山—赣州,此风景区紧靠梯形的左下两边分布;第三种,宗教文化旅游资源,三清山—龙虎山,与梯形右边上半段重合;第四种,陶瓷文化资源在景德镇,分布在梯形的上旁[1]。

4. 旅游业发展现状

2012年,江西旅游接待总人数达到2.03亿人次,此上年增长28.3%。国内旅游收入1372.0亿元,增长27.1%;接待入境旅游人数156.2万人次,增长15.0%;旅游外江收入4.85亿美元,增长16.8%。全年旅游工作呈现出鄱阳湖生态旅游区建设全国瞩目、特色旅游异彩纷呈、服务质量逐步好转等亮点。江西是红色旅游大区,在过去的5年里,江西红色旅游累计接待游客达1.7亿人次、综合收入累计达1194亿元;涌现了一大批生态旅游景区,婺源、星子等县荣膺"中国生态旅游大县"称号。

江西省的旅游节庆活动主要有:中国庐山国际旅游节、中国瓷都景德镇国际陶瓷节、中国庐山杯国际龙舟邀请赛、赣州宋城文化旅游节、梅岭旅游文化节、井冈山杜鹃节、中国鄱阳湖珍禽观赏月等。

5. 旅游形象与主要线路

江西省的旅游形象是"江西——红色摇篮、绿色家园"。主要强调江西省拥有丰富的人文旅游资源和自然旅游资源。

京九铁路旅游线:庐山—鄱阳湖—南昌—井冈山—赣州—三百山;

赣北旅游环线:景德镇—三清山—龙虎山—南昌—庐山;

赣南旅游线:瑞金—三百山—赣州。

---

[1]吴昌南.江西省旅游资源空间分布特征及重组[J].江苏商论,2008(4):94-96.

第五节 "粤闽琼"和"港澳台"旅游概况与特征

一、广东省

1. 旅游环境概述

(1) 自然地理概况

区位 广东省,简称"粤",全境位于北纬20°09′~25°31′和东经109°45′~117°20′之间,地处中国大陆最南部,东邻福建,北接江西、湖南,西连广西,南临南海,珠江口东西两侧分别与香港、澳门特别行政区接壤,西南部雷州半岛隔琼州海峡与海南省相望。全省陆地面积为17.98万平方千米,约占全国陆地面积的1.85%;全省沿海共有面积500平方米以上的岛屿759个,数量仅次于浙江、福建2省,居全国第3位。全省大陆岸线长3368.1千米,居全国第1位。2010年第6次人口普查全省常住人口达10 430.31万人,居全国第1位。

地形地貌 广东省以丘陵为主,大体上属于东南丘陵地区。地势北高南低,北部、东北部和西部都有较高山脉,中部和南部沿海地区多为低丘、台地或平原,山地和丘陵约占62%,台地和平原约占38%。

气候与水文 广东属于东亚季风区,从北向南分别为中亚热带、南亚热带和热带气候,是全国光、热和水资源最丰富的地区之一。广东降水充沛,空间分布基本上呈南高北低的趋势。洪涝和干旱灾害经常发生,台风的影响也较为频繁。春季的低温阴雨、秋季的寒露风和秋末至春初的寒潮和霜冻,也是广东多发的灾害性天气。

(2) 经济发展现状

广东为中国第一经济强省,走在中国经济改革开放的前列,连续十几年经济领先中国其他省份,许多经济指标上都列各省第1位,如地区生产总值、社会消费品零售总额、居民储蓄存款、专利申请量、税收、进出口总额、旅游总收入、移动电话拥有量、互联网用户、货物运输周转总量等,其中进出口总额年均占全国约1/4,从1985年至2008年连续23年居全国第1,年财政总收入占全国约1/7,累计吸引外商投资占全国约1/4,GDP从1989年~2012年连续24年居全国第1。2012年全省生产总值57 067.92亿元,比上年增长8.2%,居全国第8位。三次产业结构为5.0∶48.8∶46.2。人均生产总值达到54 095元。电子信息、电气机械及专用设备、石油及化学为3大新兴支柱产业,纺织服装、食品饮料、建筑材料为3大传统支柱产业,森林造纸、医药、汽车及摩托车为3大潜力产业。

2. 旅游资源特征

广东省内旅游资源无论从数量和类型上都很丰富,呈现红、蓝、绿三色争辉的局面。红色旅游主要包括红色革命旅游资源和"色如渥丹、灿若明霞"的丹霞山旅游,蓝色旅游主要指滨海旅游,绿色旅游主要指农业生态旅游[1]。

(1) 红色旅游 ①红色革命旅游。广东是中国新民主主义革命活动较早的策源地之一,革命史迹较多,广州有农民运动讲习所、广州起义纪念馆、烈士陵园,惠州有叶挺纪念馆,梅州有叶剑英

---

[1] 吕鹤剑.红蓝绿三色争辉——广东旅游业转型的着力点[J].职业圈,2007(4):100-102.

元帅纪念馆等,汕尾市是全国13个红色革命根据地之一。②丹霞山旅游。丹霞山位于湘、赣、粤3省交界处的仁化县境内,距广东省韶关市45千米,中国丹霞2010年被评为世界遗产。

(2)蓝色旅游:滨海旅游　广东是海滨资源大省,沙滩、海水环境良好,经济发达,人口众多,毗邻港澳台,市场条件良好,广东旅游业逐步从"观光型"向"度假休闲型"转变。

(3)绿色旅游:农业生态旅游　广东农业生态旅游具有区位、客源、资源方面的优势,粤东区农业发达,丘陵平原土地肥沃,沿海气候温暖湿润,海洋渔业资源丰富,捕捞和海水养殖业发达,饮食文化独特,茶园、茶场、果园具有地方特色。粤北区森林资源丰富,山地丘陵多,气候是中亚热带季风气候,气温比其他地方低,境内多岩溶地貌。粤中区是农业发达的经济区,是中国最大的甘蔗、塘鱼和亚热带水果生产基地和全国3大桑蚕产区之一。粤西区以沿海丘陵台地为主,光热条件优越,有利于热带作物生长,开展热带作物、热带水果、海洋水产品等农业生态旅游项目。

3. 旅游资源分布

(1)珠江三角洲旅游区　本区以珠江三角洲为主体,以广府文化和外向型经济为特色。这里是全国城镇最密集、经济最发达、现代旅游业发展水平最高的地区。珠江三角洲分别以西江边的高要、北江边的清远、东江边的惠州为顶点,主要包括广州、深圳、珠海、中山、佛山、江门、东莞、肇庆等地区。

(2)粤北旅游区　本区位于省境北部,南岭山脉南侧,统称粤北山区。山岭重叠,但山间谷地及河谷盆地,自古为南北交通要冲,是湘赣文化、客家文化、瑶文化和广府文化的交融之地。丹霞山水、峡谷奇观、客家文化、瑶族风情是其最大特色。

(3)粤东旅游区　位于省境东部,东江和韩江流域,东濒大海、北接南岭山区。客家文化为其主要地域文化,其中心地域为汕头、潮州、梅州、惠州等。

(4)粤西旅游区　位于省境西南部,濒临南海,旅游资源以山水景观、滨海度假和瓜果农业观赏为主要特色。

4. 旅游业发展现状

2010年广东口岸入境旅游人数10 485.80万人次,比上年增长2.5%。其中,外国人652.70万人次,增长7.3%;香港、澳门和台湾同胞9 833.10万人次,增长2.2%。在入境旅游人数中,过夜旅游者3140.93万人次,增长14.3%。国际旅游外汇收入123.83亿美元,增长23.5%。国内游客达39 547.28万人次,增长12.5%,其中过夜旅游者18 189.09万人次,增长15.5%;国内旅游收入2962.57亿元,增长24.3%。

5. 主要线路

经典海岛游:东澳岛—外伶仃岛—荷包岛—白沥岛;

广深珠经典游:白云山—黄埔军校—深圳海洋世界—世界之窗—民俗文化村。

二、福建省

1. 旅游环境概述

(1)自然地理概况

区位　福建省,简称"闽",省会福州,是中国东南沿海的省份。地处北纬23°33′~28°20′、东经115°50′~120°40′之间,东北与浙江省毗邻,西部、西北与江西省接界,西南与广东省相连,东隔台湾海峡,与台湾岛相望。东西最宽约为480千米,南北最长约为530千米,陆域面积12.4万平方千米。2010年第6次人口普查常住人口3689.42万人。

地形地貌 福建境内峰岭耸峙,丘陵连绵,河谷、盆地穿插其间,山地、丘陵占全省总面积的80%以上,素有"八山一水一分田"之称。地势总体上西北高东南低,横断面略呈马鞍形。因受新华夏构造的控制,在西部和中部形成北(北)东向斜贯全省的闽西大山带和闽中大山带,2大山带之间为互不贯通的河谷、盆地,东部沿海为丘陵、台地和滨海平原。

气候与水文 福建大部分属中亚热带,闽东南部分地区属南亚热带。全年气温偏高,降水量正常略偏少,日照正常,气象灾害偏轻,气候年景正常,冬季气温、降水正常,春季和秋季气温偏高。

(2)经济发展现状

2012年全省生产总值达到19 701.78亿元,比上年增加11.4%,位居全国第12位,人均52 961.77元,居全国第九位。其中,第一产业增加值1776.47亿元,第二产业增加值10 288.59亿元,第三产业增加值7636.72亿元。三次产业比例调整为9.0∶52.2∶38.8。

福建交通网建设初具规模。"三纵八横"高速公路网和"八纵九横"省级干线公路网增加了各地级市的可达性,形成了各地级市到省会城市的"4小时交通经济圈";福建水运发达,开辟36条国际班轮航线,与世界70多个港口有货运往来,还与200多个国家和地区建立了商务关系;福建目前拥有5个机场,构成了干支线结合的空港体系;全省铁路里程为1565千米,现有鹰厦、横南、梅坎、赣龙4条主要铁路与全国铁路网相连;铁路进出省线路将从现有4条增加到7条。

2. 旅游资源特征

(1)**奇山秀水美不胜收** 福建濒临东海,众多的山脉、交错的河流、茂密的森林、辽阔的海域,构成迥异于中国北方大平原的自然风光。武夷碧水丹山,"奇秀甲于东南";鼓浪屿素称"海上花园""音乐之岛",万石岩石奇岩怪,万石植物园被誉为"绿色博物馆";清源山唐代就是游览胜地,有"闽海蓬莱第一山"之称;太姥山依山面海,石奇洞怪,人称"海上仙都"。自然风光或以山胜,或以水名,或以洞闻,或山水俱佳,各有特色。

(2)**文物古迹遍布八闽** 福建还有许多秦汉至明清各朝代的名胜古迹。泉州是国务院首批公布的全国24座历史文化名城之一,随后福州、漳州、长汀也被列为历史文化名城。泉州洛阳桥、东西塔、老君岩坐像、九日山摩崖石刻,晋江安平桥,南安郑成功墓,惠安崇武古城,泰宁尚书第,上杭古田会议会址以及东山铜山古城,漳浦赵家堡,永定土楼,南靖土楼等,还有朱熹、郑成功、林则徐等众多的名人故居遗迹,都是名闻遐迩的人文景观。

(3)**宗教文化发达** 唐宋时期,佛教兴盛,尤以禅宗为著,禅门五宗的兴起都与福建有密切关系。列为汉族地区佛教全国重点寺院的有14座,蜚声海内外的古刹名寺众多,在台湾及东南亚、日本等地有很大影响。其中泉州有"世界宗教博物馆"之称。

(4)**工艺品和土特产品享有很高的声誉** 福州脱胎漆器与北京景泰蓝、江西景德镇瓷器并列为中国传统工艺品三宝;晶莹璀璨的寿山石雕,洁白细润的德化瓷器,玲珑典雅的软木画和棉花画,形象逼真的泉州木偶头等,都是令人爱不释手的独特工艺品。闽菜作为中国8大菜系之一,花色品种有200多种。福建民间戏曲种类繁多,梨园戏、高甲戏和莆仙戏被视为地方戏的"活化石"。

3. 旅游资源分布

福建全省有4座国家历史文化名城、7座中国优秀旅游城市、13个国家重点风景名胜区、10个国家级自然保护区、19个国家森林公园、8个国家地质公园、2个国家旅游度假区、85个全国重点文物保护单位。自然保护区、森林公园、风景名胜区的面积占全省土地面积的8%,形成了人与自然和谐共处的良好环境。

(1)以福州为中心的闽中东旅游区　本区包括福州和莆田2市,位于福建省的中部偏东。濒临东海、多岛屿和港湾。历史文化积淀深厚,旅游资源以现代都市风貌、海滨休闲和妈祖文化为特征。

(2)以武夷山为依托的闽北旅游区　本区地处福建北部,包括南平、宁德及三明市的九龙溪以北地区。整个地势西北高、东南低,闽江上源各大支流汇集于南平市,然后东流。古越族文化、畲文化、闽学文化为本地域文化特色。

(3)以厦门为中心的闽南旅游区　本区包括厦门、漳州、泉州3市,背山面海,与台湾隔海相望。本区对外开放历史悠久,"海上丝绸之路"文化、阿拉伯文化等是其特色。

(4)以龙岩为中心的闽西旅游区　本区包括龙岩及三明九龙江上游的宁化、清流等地。这一带地大山深,自古交通闭塞,自然环境险峻,却孕育出了独具特色的客家民系及其土楼文化。主要名胜有汀州古城、冠豸山、梅花山、永定土楼等。

4. 旅游业发展现状

福建旅游业是海峡西岸经济区建设的一大支撑产业,是新世纪福建经济社会发展的希望、优势潜力、亮点和支柱。2012年接待国内旅游人数16 210.13万人次,增长17.1%;国内旅游收入1650亿元,增长17.9%。接待入境游客493.67万人次,比上年增长15.5%,旅游外汇收入42.26亿美元,增长16.3%,旅游总收入1916.94亿元,增长17.2%。全省有旅游星级饭店433家,其中四五星级饭店90家;各类旅行社571家,国际旅行社41家。

5. 旅游形象与主要线路

"山海一体,闽台同根,民俗奇异,宗教多元"是福建旅游的鲜明特色。武夷山是世界文化与自然遗产,泰宁是世界自然遗产地和地质公园。迷人的武夷仙境、浪漫的鼓浪琴岛、神圣的妈祖朝觐、奇特的水上丹霞、动人的惠女风采、神奇的客家土楼、光辉的古田会址、悠久的昙石山文化、神秘的白水洋奇观、壮美的滨海火山构成了福建独具特色的10大旅游品牌。主要线路包括:

滨海、温泉游:厦门—鼓浪屿—日月谷。

宗教、山水风光游:鼓浪屿—南普陀寺—武夷山。

三、海南省

1. 旅游环境概述

(1)自然地理概况

区位　海南省位于中国最南端,北以琼州海峡与广东省划界,西临北部湾与越南民主共和国相对,东濒南海与台湾省相望,东南和南边在南海中与菲律宾、文莱和马来西亚为邻。全省陆地(主要包括海南岛和西沙、中沙、南沙群岛)总面积3.54万平方千米(其中海南岛陆地面积3.39万平方千米),海域面积约200万平方千米。第6次人口普查常住人口为867.15万人。

地形地貌　海南岛四周低平,中间高耸,以五指山、鹦哥岭为隆起核心,向外围逐级下降。山地、丘陵、台地、平原构成环形层状地貌,梯级结构明显。海南岛的山脉多数在500米~800米之间,以丘陵性低山地形为主。

气候与水文　海南岛地处热带北缘,属热带季风气候,素来有"天然大温室"的美称,这里长夏无冬,年平均气温22℃~26℃,光温充足,光合潜力高。海南省雨量充沛,每年的5月~10月份是多雨季,每年11月~翌年4月为少雨季。海南省有着丰富的水资源,南渡江、昌化江、万泉河为海南的3大河,集水面积均超过3000平方千米,流域面积达1万多平方千米。

(2)经济发展现状

2012年海南省地区生产总值2855.26亿元,比上年增长9.1%人均地区生产总值32374元。"十一五"期间加强了现代农业、电力、水利、公路、铁路、港口等基础产业建设,重点发展天然气与天然气化工、石油加工与石油化工、林浆纸一体化、汽车制造、制药、旅游等国民经济支柱产业。

海南省公路通车里程达1.7万余千米,以"三纵四横"为骨架,有干线直通各港口、市、县,并有支线延伸到全岛318个乡镇和各旅游景点,环岛高速公路已建成通车。全省68个天然港湾,已开辟港口24个,其中以琼山、三亚、八所、洋浦4个港口为最大。主要铁路为海南东环铁路(已建成使用)、海南西环铁路(在建)、粤海铁路。海南省的航空事业发展很快,北部的琼山美兰国际机场(海口美兰国际机场)已建成并通航,南边三亚凤凰国际机场已于1994年正式通航,琼山美兰国际机场和三亚凤凰国际机场已接受内地和香港几十家航空公司的班机起降,实现与国内外大中城市通航,海航至今也成为中国4大航空公司之一,是中国航空业的佼佼者。

2. 旅游资源特征

海南旅游资源丰富,极富特色,主要有以下几个方面。

(1)海岸带景观　在海南岛长达1500多千米的海岸线上,沙岸约占50%～60%,沙滩宽数百米至1000多米不等,多数地方风平浪静,海水清澈,沙白如絮,清洁柔软,海水温度一般为18℃～30℃,阳光充足明媚,一年中多数时候可进行海浴、日光浴、沙浴和风浴。自海口至三亚东岸线就有60多处可辟为海滨浴场。环岛沿海有不同类型滨海风光特色的景点,在东海岸线上,还有一种特殊的热带海涂森林景观——红树林和一种热带特有的海岸地貌景观——珊瑚礁,均具有较高的观赏价值。已在琼山市东寨港和文昌市清澜港等地建立了4个红树林保护区。

(2)山岳、热带原始森林　海南岛有海拔1000米以上的山峰81座,绵延起伏,山形奇特,气势雄伟。颇负盛名的有山顶部成锯齿状、形如五指的五指山,气势磅礴的鹦哥岭,奇石叠峰的东山岭,瀑布飞泻的太平山,以及七仙岭、尖峰岭、吊罗山、霸王岭等,均是登山旅游和避暑胜地。海南的山岳最具有特色的是密布热带原始森林,有乐东县尖峰岭、昌江县霸王岭、陵水县吊罗山和琼中县五指山等4个热带原始森林区,其中以尖峰岭最为典型。

(3)珍禽异兽　为了保护物种,利于观赏,海南已建立若干个野生动物自然保护区和驯养场,有昌江县霸王岭黑冠长臂猿保护区、东方市大田坡鹿保护区、万宁市大洲岛金丝燕保护区、陵水县南湾半岛猕猴保护区、屯昌县养鹿场等。

(4)大河、瀑布、水库风光　南渡江、昌化江、万泉河等河流,滩潭相间,蜿蜒有致,河水清澈,是旅游观景的好地方,尤以闻名全国的"万泉河风光"最佳。大山深处的小河或山间小溪,洄于深山密林之中,间中大石叠置,瀑布众多,尤其五指山市太平山瀑布和琼中县百花岭瀑布、五指山瀑布等久负盛名。岛上还有不少水库,特别是松涛、南扶、长茅、石碌等水库具湖光山色之美,不是湖泊胜似湖泊。

(5)火山、溶洞、温泉　历史上的火山喷发,在海南岛留下了许多死火山口。最为典型的是位于琼山市的石山,石山有海拔200多米的双岭,岭上有2个火山口,中间连着一下凹的山脊,形似马鞍,又名马鞍岭。石山附近的雷虎岭火山口、罗京盘火山口也保存得十分完整。有不少千姿百态的喀斯特溶洞,其中著名的有三亚的落笔洞、保亭的千龙洞、昌江的皇帝洞等。岛上温泉分布广泛,多数温泉矿化度低、温度高、水量大、水质佳,大多属于治疗性温泉,且温泉所在区域景色宜人。

兴隆温泉、南平温泉、蓝洋温泉、半岭矿泉等,适于发展融观光、疗养、科研等为一体的旅游。

(6)古迹名胜　具有历史意义的古迹主要有为纪念唐宋两代被贬谪来海南岛的李德裕等5位历史名臣而修建的五公祠,北宋大文豪苏东坡居琼遗址——东坡书院以及为纪念苏氏而修建的苏公祠,为巡雷琼兵备道焦映汉所修建的琼台书院,丘浚墓、海瑞墓等。革命纪念地有琼崖纵队司令部旧址、嘉积镇红色娘子军纪念塑像、金牛岭烈士陵园、白沙起义纪念馆等。还有宋庆龄故居及陈列馆等。

(7)多姿多彩的民族风情　除汉族外,世居海南岛的少数民族有黎族、苗族、回族。各少数民族至今保留着许多质朴敦厚的民风民俗和生活习惯,使海南的社会风貌显得独特而多彩。海南是全国唯一的黎族聚居区。黎族颇具特色的民族文化和风情,有独特的旅游观光价值。

3. 旅游资源分布

(1)以海口市为中心的琼东北旅游区　本区位于省境东北区,包括海口、文昌和琼海市。旅游景观以现代城市风光、海洋风光和文物古迹为主要特色。

(2)以三亚为中心的琼东南旅游区　本区位于省境东南部,包括三亚、万宁2市。旅游资源以山、海、岛为特色,是目前海南省最大的旅游海滨度假区,也是全国最南端热带性旅游度假区。

4. 旅游业发展现状

自1988年建省办全国最大的经济特区以来,海南旅游业蓬勃发展。为了扶持海南旅游业的发展,国家对海南旅游基础设施建设和入境政策方面分别给予了一系列的优惠政策和资金投入。随着旅游基础设施不断的加强与完善,旅游产业规模不断扩大,旅游业带动相关产业经济发展的作用越来越明显,以观光为主,度假、会议为辅的海南旅游业发展新格局已初具规模。

2012年,全省接待旅游过夜人数3320.37万人次,比上年增长10.6%。其中,接待国内旅游者3238.8万人次,增长10.9%;接待入境旅游者81.57万人次,增长0.1%。旅游总收入379.12亿元,增长17.0%。其中,国内旅游收入356.79亿元,增长19.1%;入境旅游收入3.48亿美元,下降8.0%。旅游饭店客房开房率60.4%,提高1.5个百分点。2012年末全省共有星级宾馆168家,其中五星级宾馆20家、四星级宾馆45家、三星级宾馆81家。

5. 旅游形象与主要线路

海南建省办经济特区20多年来,旅游业取得了长足的发展,现已经成为国民经济的支柱产业和龙头产业,是最具特色与潜力的外向型产业。海南岛拥有阳光、海水、沙滩、绿色、空气5大度假旅游要素,碧海围绕、气候适宜,是以热带海滨风光为其主要特色,集自然风光、珍稀动植物、民族风情、文化古迹和热带海岛城市风貌为一体,具有典型的热带海岛风光。

目前,随着《国务院关于推进海南国际旅游岛建设发展的若干意见》的正式颁布,海南正在全面启动国际旅游岛建设各项工作。目标是逐步将海南建成旅游国际化程度高、生态环境优美、文化魅力独特、社会文明祥和的开放之岛、绿色之岛、文明之岛、和谐之岛。

精品线路包括环海南岛观光、东线滨海度假、中线民俗文化、西线特色探奇、热带原始雨林、油轮游艇等。

四、港澳台地区

1. 旅游环境概述

(1)自然地理概况

区位　香港位于东经114°15′,北纬22°15′,地处华南沿岸,在中国广东省珠江口以东,由香港岛、九龙半岛、新界内陆地区,以及262个大小岛屿(离岛)组成。香港北接广东省深圳市,南面是广东省珠海市万山群岛。澳门位于中国东南沿海的珠江三角洲西侧,由澳门半岛、氹仔岛、路环岛和路氹城四部分组成,在总面积共29.2平方千米的地方生活了50余万人,这也使澳门成为全球人口密度最高的地区。台湾位于东海、南海和太平洋之间,地区总面积为3.6万平方千米,由台湾本岛和周围所属岛及澎湖列岛组成,共有大小岛屿100多个。

地形地貌 香港地形以山地、丘陵为主,大帽山雄踞中部,另有马鞍山、狮子山等山地,海岸曲折,多良港与峡湾沙滩。澳门地形以低山丘陵为主,但移山填海的平地逐年增长。台湾岛多山,高山和丘陵面积占全部面积的2/3以上,台湾山系与台湾岛的东北—西南走向平行,竖卧于台湾岛中部偏东位置,形成本岛东部多山脉、中部多丘陵、西部多平原的地形特征。

气候与水文 香港全境地处亚热带海洋性季风气候区,夏天炎热且潮湿,冬天凉爽而干燥,夏秋之间,时有台风吹袭;澳门属亚热带气候,同时亦带有温带气候的特性,年平均气温约20℃,春、夏季潮湿多雨,秋、冬季的相对湿度较低且雨量较少;台湾气候冬季温暖,夏季炎热,雨量充沛,夏秋多台风和暴雨,北部为亚热带气候,南部属热带气候,充沛的雨量给岛上的河流发育创造了良好的条件,独流入海的大小河川达608条,且水势湍急,多瀑布,水力资源极为丰富。

(2)经济发展现状

香港是一个自由港,是亚太地区乃至国际的金融中心、国际航运中心、地区贸易中心,拥有邻近很多国家和地区不可替代的优越地位。香港经济以服务业为主,与中国内地及亚太其他地区关系密切,是亚洲最多国际公司设立地区办事处的城市,也是受旅客欢迎的旅游地点之一。香港是举办国际会议及展览的热门地方,与服务贸易有关的主要行业包括旅游和旅游业、与贸易相关的服务、运输服务、金融和银行服务及专业服务。

澳门是微型海岛经济,经济规模无可避免地受市场、资源和结构等方面的局限,但仍然是亚太地区内极具经济活力的一员。虽然澳门的经济规模不大,但具有开放和灵活的特点,在区域性经济中占有独特的地位。传统上,澳门的经济以出口为主,在加工业进行转型以适应新时代的同时,服务出口在澳门整体经济上所占的比重变得越来越大。

台湾经济是全球第15大经济体系,特色为中小型企业众多,经济结构逐渐由高科技产业取代原先的劳力密集工业,形成服务业与高科技产业合计比例逐渐过半的形势,台湾的电子工业对世界经济举足轻重,大多数电脑电子零部件都由台湾生产,享有"加工王国"的美誉。对外贸易是台湾的经济命脉,日本和美国长久以来一直是台湾前2大贸易伙伴,但在2005年后退居二三名,中国大陆成为台湾进出口贸易第一大对象。

2.旅游资源特征

(1)香港 香港地处亚热带与热带过渡地带,三面环海,冬暖夏热,气候湿润,拥有丰富的阳光,能满足常年度假休闲旅游需要,旅游资源极为丰富,拥有优越的自然旅游资源和独具特色的人文景观。璀璨的香港夜景,风格各异的离岛风情,苍翠静谧的郊野景色,都极具魅力。著名的旅游景点有海洋公园、维多利亚港、迪斯尼乐园、宋城、大屿山、太平山顶、黄大仙祠、天坛大佛等。还有体现海内外各国风情的各类博物馆、展览馆、文化艺术中心、现代化的都市风光和不同历史时期风格的建筑物,也有香港独特的古堡、庙宇、古村落等,这些人文景观融合了西方近现代艺术和传统的中国文化。

(2)澳门 在特殊的历史背景下,中西文化的融合共存使澳门成为一个独特的城市,既有古香古色的传统庙宇,又有庄严肃穆的天主圣堂,还有众多的历史文化遗产,以及沿岸优美的海滨胜景。著名的旅游景点包括妈祖阁、路环岛、大三巴牌坊、松山、氹仔岛、玫瑰堂等。

(3) 台湾　台湾地区长夏无冬,植被四季葱郁,宜人的气候和肥沃的土地使得该区盛产稻米、蔗糖、茶等,有"兰花王国""蝴蝶王国"等美誉。台湾旅游景观极为丰富,日月潭、阿里山、太鲁阁国家公园、玉山公园、北投温泉、蝶谷、兰屿等吸引了大批游客。

3. 旅游资源分布

(1) 香港

港岛、九龙半岛都市旅游区　港岛北部和九龙半岛的南部一带高楼林立,银行、商行、股票交易所和大酒店等密集,其商业中心及行政官署、港口、码头、车站也都主要集中于此。港岛与九龙半岛之间的维多利亚港湾是世界上最繁华的港湾,整体上显示一派大都市气派。

新界与离岛旅游区　这里是乡村与现代都市的交融区,不少地方至今保留着原始天然的自然生态环境和田园风光。

(2) 澳门

澳门半岛旅游区　澳门半岛与珠海接壤,并以澳凼大桥与凼仔岛相连,半岛为澳门特别行政区政府所在地,是全澳门政治、经济、文化中心,风景名胜也很集中。本区又可分为西部老城区和东部海岸新城区。西部老城区是澳门400年发展历史中西文化交汇的见证,以宗教建筑多、炮台城楼多、博物馆和花园多为特色;东部海岸新城区多为填海造陆部分,是新崛起的商业中心和会展中心,都市风光是其最大特色。

路环、凼仔岛屿旅游区　路环、凼仔是澳门2个最大的离岛,以填海造陆的方式筑成一条长约2225米路凼公路将二者连接。本区人烟相对稀少,保留着较多的山海岛野趣。

(3) 台湾

以台北市为中心的北部都市风光旅游区　本区以台北市为中心,包括新北市、新竹市基隆市及宜兰、桃园、新竹、苗栗等4县组成的现代都市风貌、自然公园和文物古迹为特色的旅游区,较著名的旅游景区景点有100多处。

以台中、嘉义为中心的台中旅游区　本区以台中市、嘉义市为中心,包括彰化、云林、南投、嘉义4县,地处台湾西部经济走廊的中心地带。阿里山、玉山、日月潭等风景绝胜均位于本区。

以高雄、台南为中心的南部旅游区　本区包括台南、高雄、屏东等市县。全境地处北回归线以南,以热带海滨风光、历史名城及其名胜古迹为其特色。

以台东、花莲为中心的台东旅游区　本区以台东山脉为核心,台东、花莲分立于南北两端。本区东临太平洋,海崖屹立于海面数百至上千米,险峻壮观;西侧为著名的台东纵谷带高山深谷,气象万千。

4. 旅游形象与主要线路

香港旅游发展局每年都要定期开展旅游市场调查和咨询项目,旅游主题形象积极创新。从2001年~2003年香港的旅游主题是"动感之都,就是香港",展示出一个充满机会和活力、东西方文化汇聚的都市形象,既树立了香港自己的旅游形象,又张扬了城市个性。2003年"爱在此,乐在此"主题形象宣传很好地塑造了香港作为国际性都市的健康美丽新形象。随着家庭群体及商务客人逐渐成为香港旅游客源的主体,香港于2006年开展了"2006精彩香港旅游年"的主题活动,目的在于短期内使香港成为亚洲最热门的旅游目的地,长期内进一步巩固香港在国际旅游市场的领先地位。近年来,香港作为会议奖励旅游目的地的需求逐年增强,"2010香港节庆年"主题是努力打造香港的会奖旅游。2012年访港人数达4842万,比上年上升16%,"过夜游客"占48.9%,旅游消费达3065亿港元,增加16.5%;来自内地的游客高达3491万人次,比2011年上升24.2%,占全部游客的72%。

澳门回归祖国10多年来,澳门特区政府除不断挖掘、保护和展示现有的旅游资源外,每年还举办有多场不同形式的国际体育文化盛事,对宣传澳门、提高澳门的知名度和吸引游客起着重要的作用。澳门旅游局以"缤纷世界,澳门就是与众不同"为推广口号,以"感受澳门"为主题,展示澳门传统与现代的不同特点。2012年入境澳门的旅客人数达2800.82万人次,较上年增长0.3%;其中内地旅客总量达1700万人次,增长4.6%;内地、香港和台湾是澳门前3大客源地。

"台湾,触动你心(Taiwan,Touch Your Heart)"是台湾曾经在欧洲的旅游宣传口号,旨在以多样风景、多元文化及温馨的人情味打动游客。2011年2月,台湾旅游局推出了台湾旅游新的品牌形象——"台湾,亚洲之心(Taiwan,The Heart of Asia)"。台湾观光局近几年着力打造台湾观光年,每年都有不同的主题,2011年旅游形象口号为——"旅行台湾,感动100,百大旅游线路,等你来体验",2010年为推动"观光拔尖领航方案",朝"发展国际观光,提升国内旅游品质,增加外汇收入"目标迈进,2009年以"再生与成长"为基调,朝"多元开放,布局全球"方向,打造台湾为亚洲主要旅游目的地。2012年台湾接待入境人数为731.147万人次,比上年增长20.11%;最大客源地为大陆地区,赴台总人数为2 586 438人,增长44.96%。

港澳台地区的主要旅游线路包括:

香港购物游:湾仔会展中心—珠宝中心—百货免税店。

香港观光游:黄大仙—金紫荆广场—太平山—星光大道—迪斯尼乐园—海洋世界。

澳门深度游路线:四面佛—赛马会—双层跨海大桥—妈阁庙—金莲花广场—澳门观光塔—渔人码头—葡京—大三巴牌坊。

玩转台湾环岛游:故宫博物院—101大楼观景台—孙中山纪念馆—日月潭—阿里山—西子湾—三仙台—太鲁阁峡谷风景区。

第六节 "渝川滇黔桂"旅游概况与特征

一、重庆市

1. 旅游环境概述

(1) 自然地理概况

区位 重庆直辖市位于中国内陆西南部、长江上游,四川盆地东部边缘,位于东经105°11′~110°11′、北纬28°10′~32°13′之间,东临湖北省、湖南省,南接贵州省,西靠四川省,北连陕西省。辖区东西长470千米,南北宽450千米,辖区总面积8.24万平方千米,是中国面积最大的城市,其中主城区建成面积为647.78平方千米。2010年第6次人口普查常住人口为2884.62万人,重庆市下辖40个行政区县(自治县),有19个区、21个县(自治县),以主城区为依托,构成了大、中、小城市有机结合的组团式、网络化的现代城市群。

地形地貌 重庆地处四川盆地东部,其北部、东部及南部分别有大巴山、巫山、武陵山、大娄山环绕。地貌以丘陵、山地为主,坡地面积较大,有"山城"之称。重庆地势由南北向长江河谷逐级降低,西北部和中部以丘陵、低山为主,东、南部靠大巴山和武陵山2座大山脉。

气候和水文 重庆气候温和,属亚热带季风性湿润气候,是宜居城市,夏季炎热,7月每日最高气温均在35℃以上。雨量充沛,春夏之交夜雨尤甚,因此有"巴山夜雨"之说,有山水园林之风光。重庆是名符其实的"雾都",重庆璧山县的云雾山全年雾日多达204天,堪称"世界之最"。流经重庆主要河流有长江、嘉陵江、乌江、涪江、綦江、大宁河等。长江干流自西向东横贯全境,流程长达665千米,横穿巫山3个背斜,形成著名的瞿塘峡、巫峡、西陵峡(该峡位于湖北省境内),即举世闻名的长江三峡。长江、嘉陵江穿过重庆市的主城区。

(2)经济发展现状

重庆是中国西部地区重要经济增长极之一,在西部12个省级地区列第5位,按城市总额计算为中西部第1位。重庆的本土企业相当发达,2010年中国企业500强,重庆有10家企业入围,居西部第1。重庆亦是中国西部重要的离岸金融中心和国际金融结算中心,拥有银行、证券、保险和各类金融中介服务等功能互补的金融组织体系,金融机构数量为西部各地之首。2012年全市实现地区生产总值11 459.00亿元,比上年增长13.6%,人均生产总值39 083元,增长12.4%,三次产业结构为8.2∶53.9∶37.9。支柱产业有汽车、摩托车、装备制造、材料工业、电子信息等。

重庆具有发达的交通网络。2010年,2000千米高速公路全面建成,路网密度居西部第1。成渝客运专线等11条铁路同时在建,火车北站、西站改扩建工程全面启动,总投资超过1400亿元。

2.旅游资源特征

具有3000年悠久历史的重庆,不仅有多处风景游览区,还有众多名胜古迹。

自然旅游资源主要包括南山公园、温泉公园、巴国古都涪陵、具有神秘色彩的丰都、白帝城和三峡风光等,重庆钟灵毓秀的山川地理孕育了集山、水、林、泉、瀑、峡、洞为一体的奇特壮丽的自然景观。

重庆的人文旅游也颇具特色。重庆中心城区为长江、嘉陵江所环抱,夹两江、拥群山,山清水秀,风景独特,各类建筑依山傍水,鳞次栉比,错落有致,素以美丽的"山城""江城"着称于世。特别是美丽迷人的"山城夜景",每当夜幕降临,城区万家灯火与水色天光交相辉映,灿若星河,蔚为壮观,堪称奇观。

3.旅游资源分布

重庆旅游业呈现"一圈、一带、两翼"的空间发展格局。一圈即指的是主城都市圈,即都市游;一带是指依托长江的三峡黄金旅游带;两翼是指西北翼的大足石刻和合川钓鱼城为主体的历史文化旅游,西南翼的武隆万盛秀山为主体的自然民族风情旅游。

重庆主城都市旅游资源包括3个方面:一是历史文化;二是山水城市特色;三是现代都市文明。三峡旅游带依托长江,借助国家对三峡库区的支持,将旅游开发向沿江两岸纵深发展,从传统的单一水路旅游交通向水陆空并举,加大纵深的旅游资源的开发与旅游基础设施的建设。西翼是以大足石刻和合川钓鱼城为主体资源的传统文化风景旅游带。大足石刻作为世界文化遗产,其资源价值不言而喻,应该进一步深度开发。大足石刻可以围绕佛像石刻艺术做文章,聘请民间石雕艺人、雕匠现场雕制佛像展示石刻艺术之美,同时可以将制作的小型石刻艺术品作为商品出售。合川钓鱼城这座宋末元初的军事堡垒,当年它以方寸之地阻挡了由蒙古大汗亲率并已横扫欧亚大陆的数万军队的军事进攻,蒙古大汗蒙哥战死于此,从此蒙古铁骑征战世界的脚步停了下来。可见钓鱼城的历史价值非同一般[1]。

4. 旅游业发展现状

国务院3号文件对重庆旅游业明确了"一心两带"的战略定位。按照这个定位,国家旅游局与重庆市政府签订了合作备忘录,联手推动重庆统筹城乡旅游改革发展。2012年入境游客224.28万人次,旅游外汇收入11.68亿美元,分别增长20.3%和20.7%;国内游客2.88亿人次,国内旅游收入1576.67亿元,分别增长30.82%和31.09%,增幅列全国前茅。旅游业正成为全市经济社会发展的战略性支柱产业和人民群众更加满意的现代服务业。

2012年末,全市有旅行社478家,比上年新增45家;有星级饭店266家,其中5星级19家,四星级55家;有A级旅游景区130个,其中5A级、景区5个,4A级景区46个;有红色经典旅游景区14个。

另外,重庆旅游发展势头显著,主要表现在:"温泉之都"大见成效;三峡旅游提档升级;旅游招商效果明显;高档酒店不断推出;区域合作再谱新篇;对外开放亮点纷呈;旅游节会好戏连台;名镇旅游正在兴起;"一圈两翼"各展所长等几个方面[2]。

5. 旅游形象与主要线路

重庆是中国西部重要的港口、工业、贸易和旅游城市,享有"山城""江城""不夜城"等多种美誉。特别是重庆直辖后,大规模地进行旅游宣传促销,相继举办了一年一度的"三峡国际旅游节""山城都市旅游节"和"重庆旅游交易会",使重庆成为国内著名的旅游城市。重庆的旅游形象也悄然的发生转变,从最初的"山水城市""山水园林城市"到"永远的三峡,世界的重庆""新三峡,新重庆,新旅游"再到"激情重庆",这一过程体现了重庆旅游形象的升华,昭示了重庆旅游形象的内涵和未来方向[3]。旅游线路主要包括:

山岳景观游:缙云山—万盛石林—金佛山—雨台山。

宗教朝圣游:大足石刻—老君洞—罗汉寺。

名人故居游:孔公馆—老舍旧居—白公馆—宋庆龄旧居—黄山蒋介石官邸。

水域风光游:长江三峡—万州青龙瀑布—璧山青龙湖。

二、四川省

1. 旅游环境概述

(1)自然地理概况

区位 四川省简称"川"或"蜀",位于中国西南地区、长江上游,在东经97°21′~108°31′,北纬26°03′~34°19′之间,全省总面积48.5万多平方千米,西有青藏高原相扼,东有三峡险峰重叠,北有巴山秦岭屏障,南有云贵高原拱卫,形成了闻名于世的四川盆地。四川地大物博,人杰地灵,历史悠久,自古享有"天府之国"之美誉。2010年第6次人口普查常住人口达到8041.82万人,截至2010年底,四川省辖18个地级市、3个自治州、44个市辖区、14个县级市、119个县、4个自治县。

地形地貌 四川地跨青藏高原、横断山脉、云贵高原、秦巴山地、四川盆地几大地貌单元,是中

---

[1]刘妮,石永祥.重庆旅游产业空间格局及其重点旅游资源开发[J].边疆经济与文化,2009(9):6-7.
[2]重庆市旅游局.2009年重庆旅游业发展十大亮点[J].决策导刊,2010(3):18.
[3]赵志峰.重庆旅游形象之演变[J].经营管理者,2010(7):87-88.

国多山省份之一。地势总体上呈西北高东南低,由西北向东南倾斜,相对高差显著。四川山地、高原和丘陵约占全省土地面积的97.46%,除四川盆地底部平原和丘陵外,大部分地区岭谷高差均在500米以上。最低的东部长江三峡,海拔仅70余米;而最高点是西部的大雪山主峰贡嘎山海拔7556米,二者相差7400米以上,地表起伏之悬殊,在中国仅西藏、新疆可比。

气候和水文　四川气候总的特点是:区域表现差异显著,东部冬暖、春早、夏热、秋雨、多云雾、少日照、生长季长,西部则寒冷、冬长、基本无夏、日照充足、降水集中、干雨季分明。四川号称千水之省,高山雪岭,莽莽森林,广阔的湿地为四川提供了不绝的水源。长江水系是四川占绝对优势的水系,湖泊主要分布在西部和西北部高山高原区,全省共有大小湖泊1000多个,四川冰川集中分布于川西北高山高原区,全省共有冰川200条。

(2)经济发展现状

四川省2012年全省生产总值23 849.8亿元,增长12.6%,居全国第9位;地方财政一般预算收入2421.3亿元,增长18.4%;全社会固定资产投资18 038.9亿元,增长19.3%。二次产业结构为14.2∶52.4∶33.4。人均地区生产总值295 789元,增长12.3%。截至2010年,四川省基础设施建设实现重大突破,启动西部综合交通枢纽建设,交通枢纽骨干框架已经奠定。

2. 旅游资源特征

四川省内旅游设施完善。全省现有涉外旅游饭店140余家;有国际国内旅行社700余家;综合性的国际展览中心会议中心、体育中心、艺术中心拔地而起,古老而神奇的巴蜀大地正张开她热情的怀抱,恭迎四方嘉宾来四川旅游观光。

四川省自然旅游资源丰富,九寨沟、黄龙、乐山大佛、峨眉山、都江堰、青城山、卧龙、四姑娘山等被联合国教科文组织纳入《世界自然文化遗产名录》和"人与生物圈"保护网络,都江堰—青城山、剑门蜀道、贡嘎山、蜀南竹海、四姑娘山、西岭雪山等9处为国家重点风景名胜区。另外,有国家森林公园11处、自然保护区40处、省级风景名胜区44处,从高原、山地、峡谷到盆地、丘陵、平原,从江河湖泊到温泉瀑布,从岩溶地区到丹霞地貌,一应俱全,素有"风景省"的美称。尤其是中国3大林区、5大牧场之一的川西横断山区,雪峰卓立,林海苍茫,金沙江、雅砻江、大渡河、岷江汹涌澎湃,奔流其间,形成了许多神秘、险峻的旷世奇观,吸引了无数中外游客。四川旅游资源丰富多样,许多景观在中国乃至世界上都是独有或罕见的。

四川也具有丰富的人文旅游资源,还有众多富有民族特色的传统活动,川菜、川酒享誉海内外,川菜是4大菜系之一,是中国最民间的菜系;川酒有"川酒云烟""川酒天下"之说,拥有全国最高的白酒产量和品牌最集中的白酒集群。四川已成为中外旅游者瞩目的旅游胜地。来过四川的游客,一定会为四川雄、奇、险、秀、幽、野、古、绝的自然风光所倾倒。

3. 旅游资源分布

四川旅游资源主要分布在4大旅游经济区、3个旅游集散中心、21个重点旅游景区和10个特色的旅游城镇。

4大旅游经济区:大九寨国际休闲度假旅游区、大熊猫生态文化旅游区、香格里拉文化生态旅游区、彝族文化休闲度假旅游区。

3个旅游集散中心:以九黄机场、西昌机场、康定机场为依托建设旅游集散中心。

21个重点旅游景区:以九寨沟、邛海、海螺沟等形成比较完善的世界级、国家级旅游景区体系。

10个特色旅游城镇:以九寨沟县漳扎镇、普格县螺髻山镇、丹巴县章谷镇等基本建成民族地区功能齐全、特色鲜明的旅游城镇[1]。

4. 旅游业发展现状

近年来,四川省政府抓住国家实施西部大开发的机遇,把旅游业作为全省支柱产业来重点培育,把加快发展旅游业作为扩大内需、调整产业结构的重要举措,作为扩大就业、维护社会稳定的重要途径,走出了一条"政府主导、企业主体、市场运作"的发展之路,创造的"旅游发展大会"模式和旅游线路统筹方法在全国形成了比较突出的影响,旅游业呈现蓬勃发展的良好势头,旅游总收入连续多年以高于全国平均水平的速度递增。2012年四川省国内旅游、入境旅游、出境旅游3大市场均保持较高增速。其中,累计接待国内旅游者4.4亿人次,同比增长24.2%;实现国内旅游收入3229.8亿元,同比增长25.1%;接待入境旅游者227.3万人次,同比增长25.1%;实现旅游外汇收入8.0亿美元,同比增长26.5%[2]。

截至2012年底,四川省有星级饭店506家(其中五星级21家),旅行社810家,国家A级旅游区(点)253个(其中国家5A级旅游景区5个,4A级旅游景区97个),全国休闲农业与乡村旅游示范县6个、示范点12个,经典红色旅游景区9处,中国最佳旅游城市1座,中国优秀旅游城市24座,全省旅游直接从业人员和旅游相关从业人员已达到51.8万人,旅游业已成为四川省扩大内需、调整产业结构、促进区域协调发展、增加就业、惠民富民的战略性产业[3]。

5. 旅游形象与主要线路

汶川地震发生后,由于信息不对称,四川旅游安全美丽的形象受到严重打击,旅游市场受到极大影响。为尽快提振游客信心,恢复旅游市场,多项措施及时出台。从"四川人游四川"的启动,到"天下四川有爱,熊猫故乡更美"的提出;从"熊猫旅游卡"的推出,到"团团圆圆故乡游"的火爆,从境外媒体来川采风,到柏林"四川之夜"的成功举办。主要经典线路:

佛都朝圣:成都—乐山—峨眉(峨眉山)—黑竹沟。

康巴风情:成都—卧龙(熊猫基地)—日隆(四姑娘山)—丹巴(美人谷、碉楼)—塔公(塔公草原、塔公寺)—新都桥(摄影天堂、居里寺)—康定(木格措)—成都。

印象川南:成都—内江—自贡(恐龙博物馆)—宜宾—水富(西部大峡谷)—长宁(蜀南竹海)—兴文石海—成都。

白马风情:成都—白马王朗风景区—九寨沟、黄龙。

甘孜色彩:成都—康定—理塘(草原)—稻城(红草地)—亚丁(三座神山、海子)—成都。

三、云南省

1. 旅游环境概述

(1)自然地理概况

区位 云南省位于中国西南边陲,省会昆明。云南,即"彩云之南",另一说法是因位于"云岭之南"而得名。总面积约39万平方千米,2010年第6次人口普查全省常住人口为4596.62万人,

---

[1] 张元忠,周伟,罗尧. 四川省民族地区旅游产业发展规划昨日正式出台[EB/OL]. [2008-04-24]. http://www.sc.gov.cn/zwgk/zwdt/bmdt/200804/t20080424_271570.shtml

[2] 四川省统计局. 2012年四川省国民经济和社会发展统计公报[DB/OL]. [2013-02-25]. http://www.ticn.org/plus/view.php?aid=26266.

[3] 四川省旅游局. 2012年四川省旅游业统计公报[DB/OL]. (2013-03-06) [2014-02-28]. http://www.scta.gov.cn/sclyj/lytj/tifx/system/2014/02/28/000518864.html.

占全国人口3.36%,与云南省相邻的省区有四川、贵州、广西、西藏,云南省的3个邻国是缅甸、老挝和越南。

地形地貌 云南地形极为复杂,大体上,西北部是高山深谷的横断山区,东部和南部是云贵高原。云南西北高、东南低,有84%多的面积是山地,高原、丘陵占10%,仅有不到6%是坝子(断陷盆地)、湖泊之类。

气候和水文 云南地处低纬度高原,地理位置特殊,气候复杂,全省大部分地区冬暖夏凉,四季如春。全省气候类型丰富多样,有北热带、南亚热带、中亚热带、北亚热带、南温带、中温带和高原气候区共7个气候类型。云南省地跨6大水系,分别是:长江水系、珠江水系、元江水系、澜沧江水系、怒江水系、伊洛瓦底江水系。云南湖泊较多,包括:滇池、洱海、抚仙湖、异龙湖、程海、泸沽湖等几大湖泊。

(2)经济发展现状

2012年全省生产总值完成10 309.80亿元,比上年增长13.0%,高于全国平均水平5.2个百分点。分产业看,第一产业增加值1654.6亿元,增长6.7%;第二产业增加值4419.10亿元,增长16.2%;第三产业增加值4236.14亿元,增长11.4%。三次产业结构为16.0∶42.9∶41.1。全省人均GDP达到22195元,比上年增长16.2%。

云南基础设施建设仍相对落后,发展不平衡,难以满足未来经济社会又好又快发展的根本需求。"十二五"期间,云南交通基础设施建设应加强2个重点建设:一是加快省内州市间和沿边一带交通基础设施建设;二是加快建设与省外、境外连接的现代交通系统。在公路方面,完善与广西、贵州、四川等周边省区间的高速路网建设,实施好中越、中缅、中老泰公路云南境内路段的高速化改造,协调推进国际公路境外段的规划与建设。在水运方面,建设好水富港、富宁港等,提升金沙江—长江、右江—珠江2条出省内河航道等级,推进澜沧江—湄公河国际航运、伊洛瓦底江—萨尔温江国际陆水联运、中越红河水运等出境水运通道建设。在航空方面,构建以昆明新机场为国家门户机场,丽江、腾冲、西双版纳、香格里拉、芒市等机场为支线机场的机场网络,开通更多直达东南亚、南亚、中东、非洲和欧美等地区的国际航线。

2. 旅游资源特征

云南省自然景色和人文景观都有独特的优势,在全国乃至全世界来说都具有重要地位。

云南省有杰出的自然旅游资源,比如国家级森林公园,包括昆明金殿、棋盘山、宜良小白龙、寻甸钟灵山、石林圭山、曲靖富源十八连山、曲靖沾益珠江源、曲靖罗平鲁布革、曲靖陆良五峰山、玉溪新平磨盘山、易门龙泉、昭通威信天星、昭通水富铜锣坝、红河河口花鱼洞、思茅莱阳河、临沧五老山、德宏陇川章凤、保山腾冲来凤山、大理南涧灵宝山、大理弥渡东山、大理祥云清华洞、大理巍宝山(巍山)、楚雄紫金山等。国家级重点风景名胜区,包括昆明滇池、石林、大理、西双版纳、玉龙雪山、三江并流、建水燕子洞、泸西阿庐古洞、陆良县九乡、瑞丽江—大盈江、腾冲火山地热。国家级自然保护区,包括西双版纳、高黎贡山、白马雪山、苍山洱海、哀牢山、南滚河、无量山、版纳河流域、澄江冒天山、怒江大峡谷。国家级湿地保护区:腾冲北海。国家地质公园:云南石林岩溶峰林、云南澄江动物群古生物、云南腾冲火山地热。云南省火山、土林:腾冲火山群、屏边火山、元谋土林。云南省主要峰林、石林:个旧峰林、路南大小石林、路南乃古石林、邱北普者黑峰林峰丛、广南八宝峰林峰丛。云南主要冰川:明永冰川、乃诺戈汝、森林堡、玉龙雪山冰川、哈巴雪山冰川。云南省主要峡谷、河湾:怒江大峡谷、虎跳峡长江峡谷、裴脚深谷、长江第一湾、怒江第一湾。

云南也拥有丰富的人文旅游景观。包括国家级历史文化名城：昆明、大理、丽江、建水、巍山。

3. 旅游资源分布

云南旅游资源主要分布在以下几个区域：

（1）滇中旅游区　滇中旅游区以省会昆明为中心，由昆明、玉溪、楚雄3大片区组成，总面积60 485平方千米。以高原湖泊、名胜古迹、民族风情、人造景观等为特色，具有完善、一流的接待设施，四通八达、快速便捷的航空、铁路、公路等现代化交通，是具备综合接待能力的中心旅游区。

（2）滇西北旅游区　滇西北旅游区以大理为中心，由大理、丽江、迪庆、怒江4大片区组成，总面积89 251平方千米。以雪山峡谷、高原湖泊、高山动植物资源、少数民族风情为特色，是云南重点旅游区之一。

（3）滇南旅游区　滇南旅游区以西双版纳景洪为中心，由西双版纳傣族自治州和普洱市2大片区组成，总面积65 085平方千米，与缅甸、老挝、越南接壤。以热带雨林动植物景观，傣、哈尼、布朗、基诺、拉祜、佤等少数民族民俗风情、边境旅游为特色。

（4）滇西旅游区　由保山市、德宏傣族景颇族自治州、临沧市3市、州组成，总面积55 632平方千米，与缅甸接壤，是"古南方丝绸之路"和近代"滇缅公路"的主干道。其旅游特色为少数民族民俗民情、新生代火山运动遗址、历史遗址、热带风光、边境旅游、商贸旅游，是云南省主要的旅游线路之一。

（5）滇东南旅游区　滇东南旅游区含红河哈尼族彝族自治州和文山壮族苗族自治州，总面积65 160平方千米。滇东南旅游区以喀斯特石灰岩溶地貌为特色，少数民族有哈尼、彝、苗、壮、瑶等。

（6）滇东北旅游区　滇东北旅游区由曲靖市和昭通市组成，总面积58 516平方千米，与四川、贵州、广西交界。以历史文物古迹，少数民族民俗风情为特色。

4. 旅游业发展现状

2009年，云南省旅游"二次创业"和改革发展取得重要进展，国家旅游局把云南确定为全国旅游产业改革发展试点省，启动实施了腾冲、抚仙湖、洱海等旅游综合改革发展先行试验，推进160个旅游重大项目建设，完成一批旅游小镇和50个旅游特色村的改造。启动了西双版纳热带雨林、丽江老君山国家公园和元阳哈尼梯田景区建设。全省第三产业增加值实现2524亿元，增长13.4%。全年接待海内外游客超过1.2亿人次，旅游行业总收入810亿元。

2012年，全年接待海外入境旅客886.4万人次，比上年增长16.1%，实现旅游外汇收入19.47亿美元，增长21.0%。全年接待国内游客1.96亿人次，增长20.2%；实现国内旅游收入1579.49亿元，增长32.11%；全省实现旅游业总收入1702.54亿元，增长31.2%[1]。

5. 旅游形象与主要线路

"七彩云南"是大家较为熟知的旅游口号，云南地处云贵高原，境内海拔相差较大，地形崎岖多变，而地跨第一二阶梯，又加上其所处纬度较低但气候种类很多，这样的形象在国内是最为独特和仅有的。广阔的红土高原上，云南有独特的民族风情，有独特的山水景观，有独特的历史完整性，这一切均是云南所独有的并且和谐共存的，蔚蓝的天空下镶嵌着如此美好的仙境，真可谓世外桃

---

[1]云南省统计局.2012年云南省国民经济和社会发展统计公报.[DB/OL].(2013-05)[2013-08-22].http://govinfo.nlc.gov.cn/ynsfz/xxgk/yns/201311/tj0131120-4269527.shtml

源。而"生物王国"则是每一个到云南来的游客必定的感受,由于海拔、纬度及气候的相互影响和作用,云南的气候有多种类型,地表植被多种多样,有亚热带原始雨林,各地亦有不少原始森林。主要旅游线路包括:

古镇游:大理—丽江古城—束河。

地质峡谷名山游:西山—玉龙雪山—腾冲地热泉与火山群—虎跳峡。

奇水游:滇池—洱海—蝴蝶泉—三江并流瑞丽江—大盈江—泸沽湖。

四、贵州省

1. 旅游环境概述

(1) 自然地理概况

区位 贵州省位于中国西南的东南部,省会贵阳。东毗湖南、南邻广西、西连云南、北接四川和重庆,介于东经103°36′~109°35′、北纬24°37′~29°13′之间,全省东西长约595千米,南北相距约509千米,全省设6个地级市,3个自治州;7个县级市,56个县,11个自治县,13个市辖区,2个特区。2010年第6次人口普查常住人口为3474.65万人。

地形地貌 贵州地貌属于中国西南部高原山地,境内地势西高东低,自中部向北、东、南三面倾斜,平均海拔1100米左右。贵州高原山地居多,素有"八山一水一分田"之说,全省地貌可概括分为:高原、山地、丘陵和盆地4种基本类型,其中92.5%的面积为山地和丘陵。贵州岩溶地貌发育非常典型,喀斯特地貌面积109 084平方千米,占全省国土总面积的61.9%,形态类型齐全,地域分布明显。

气候和水文 贵州属于亚热带湿润季风气候,气温变化小,冬暖夏凉,气候宜人。受大气环流及地形等影响,贵州气候呈多样性,"一山分四季,十里不同天"。另外,气候不稳定,灾害性天气种类较多,干旱、秋风、凌冻、冰雹等频度大。贵州河流数量较多,长度在10千米以上的河流有984条,河流的山区性特征明显,大多数的河流上游,河谷开阔,水流平缓,水量小;中游河谷束放相间,水流湍急;下游河谷深切狭窄,水量大,水力资源丰富。

(2) 经济发展现状

2012年,贵州地区生产总值达到6802.20亿元,比上年增长13.6%,三次产业比重为13.1:39.0:47.9。财政总收入1644.48亿元、公共财政预算收入1014.05亿元,分别比上年增长23.6%和31.2%,固定资产投资7809.05亿元,比上年增长53.1%,"十一五"期间,贵州经济年均增长12.6%。

贵州省基础设施建设和交通情况得到显著改善。2009年,省会贵阳通往全国7小时快铁交通圈建设加快推进,贵广快速铁路建设进展顺利,贵阳至昆明、长沙、重庆、成都快速铁路获国家批准立项,贵阳铁路枢纽等铁路项目加快建设[1]。

2. 旅游资源特征

贵州省自然旅游资源种类丰富,是迷人的"天然公园"。境内自然风光神奇秀美,山水景色千姿百态,溶洞景观绚丽多彩,野生动物奇妙无穷,文化和革命遗迹闻名遐迩;山、水、洞、林、石交相辉映,浑然一体。闻名世界的黄果树瀑布、龙宫、赤水、织金洞、马岭河峡谷等国家级风景名胜区和铜仁梵净

---

[1] 贵州省人民政府.2010年贵州省政府工作报告[DB/OL].(2010-01-20)[2010-02-05]. http://www.gov.cn/test/2010-02/05/content.1528755.html.

山、茂兰喀斯特森林、赤水桫椤国家级自然保护区、威宁草海等国家级自然保护区,犹如一串串璀璨的宝石,五光十色,令人目不暇接、流连忘返。

贵州省还具有丰富的历史人文旅游资源。以遵义会址和红军四渡赤水遗迹为代表的举世闻名的红军长征文化,更让人驻足凭吊,追思缅怀,是典型的爱国主义教育基地。安顺云山屯古建筑群是明代汉族移民保存较为完好的屯门、屯墙和哨棚。平坝天台山伍龙寺是典型的山地石建筑寺庙。安顺府文庙是贵州省保存较完整的古建筑群。镇远青龙洞集儒、释、道多种文化于一体,融宗教建筑、徽派建筑、民族建筑于一炉,堪称山地建筑博物馆。楼上古寨入选中国历史文化名村。被誉为贵州省保存最为完好的明清古村落。西南茶城湄潭位于贵州北部,素有"小江南""鱼米之乡"之称。

贵州的旅游资源还有一个重要的组成部分,即丰富的民俗文化旅游资源。贵州是多民族聚居的省份,除汉族外,还居住着48个民族,各民族历史悠久,形成自己独特的民族文化和习俗。每年五彩缤纷的民族节日达1000多个。贵州少数民族粗犷豪放、热情质朴,丰富多彩的民族歌舞各具特色,成为贵州民族风情和民间艺术百花园中的奇葩。

3. 旅游资源分布

贵州可分为3大集中旅游区带[1]:

(1)贵阳—安顺旅游带 位于黔中西部,由贵阳、安顺、清镇、镇宁等市县组成,以黄果树瀑布群,安顺、织金的溶洞、黔西、大方的百里杜鹃,贵阳的花溪、黔灵公园最为著名,构成了该区"洞、瀑、花、湖"的主要特色。

(2)黔东南旅游区带 包括施秉、镇远、黄平、雷山等县市,以舞阳河、雷公山、重安江、侗寨的鼓楼和花桥、苗寨千户吊脚楼最为出名,构成了本区"山、水、情、楼"为主要特点。

(3)黔东北旅游区带 包括铜仁、江口、印江等市县,有九龙洞、梵净山、乌江山峡等著名景点。

4. 旅游业发展现状

2012年,贵州省旅游总收入,达到1860.16亿元,同比增长30.1%;接待旅游总人数2.14亿人次,同比增长25.8%。"十一五"期间,全省旅游接待人数和旅游总收入年均分别增长33.05%和34.31%,全省旅游业发展氛围更加浓厚,发展合力明显增强,基础接待设施条件显著改善,旅游宣传取得重大突破,服务质量进一步提升,旅游业在全国的地位得到较大提高,为"十二五"贵州旅游业实现又好又快、更好更快发展奠定了坚实基础。

5. 旅游形象与主要线路

(1)以喀斯特公园省为整体印象 贵州位于世界3大喀斯特地貌的之一的东亚中心区。基本形态:沙、冰川喀斯特外的其他形态都存在。以荔波来说,有"中国最美的森林:荔波喀斯特森林""地球腰带上的绿宝石"之称。一个茂兰,一个大小七孔,这个组合优势,不仅是贵州唯一,而且是世界唯一。

(2)打造"文化千岛"现象 贵州有苗、侗、布依、土家、仡佬、水、白、壮、瑶等48个少数民族,约占全省人口的35%,是"不是自治区的自治区"。全国近半数的苗族、过半数的侗族和几乎全部的布依族、仡佬族分布在贵州中南部。进入黔地,无论是苗家村庄、侗乡鼓楼,还是岩洞山崖、水瀑草海,尽皆成景,美不胜收。"文化千岛"现象指少数民族聚居在一起,形成了独特的民族文化。民族聚居特点是:分布广,小杂居,零散。在空中看就仿佛是大海中小岛一样,千千万万个。贵州的文

---

[1] 邓佑先. 贵州旅游资源及其开发[J]. 经济地理,1988,8(4):302-303.

化千岛,和云南有同质性。云南旅游是贵州的模范,但是贵州文化千岛反映了在这种特殊的自然地理环境里所孕育的独特文化现象,于云南区别开来,也是唯一性。

(3)力显多彩神奇贵州　多彩的贵州表现在文化上,有独特的少数民族文化、夜郎文化、阳明文化、长征文化。

(4)旅游行业差异化——文化品牌　贵州省旅游局联合9个市(州地),通过"整合资源、捆绑推介"方式,在中央电视台1套、4套、9套等部分栏目推出"多彩贵州·醉美之旅"集群展示。该集群展示语言精练、主题鲜明、特色突出,以连续性、强刺激、高频率手段集中展示贵州整体形象和各地特色,有力提升了"多彩贵州"品牌在全国的知名度、美誉度和影响力[1]。

贵州旅游种类繁多,主要旅游线路为:

林城贵阳休闲度假游:贵阳—花溪—香纸沟—百花湖—开阳—修文—贵定。

壮美大瀑布、神奇喀斯特精华游:贵阳—平坝—安顺—镇宁—关岭—贞丰—安龙—兴义。

黔北名城、名河、名酒红色之旅经典游:贵阳—息烽—乌江—遵义—四渡赤水纪念地—仁怀—习水—赤水。

黔东南苗侗文化体验游:贵阳—凯里—雷山—榕江—从江—黎平—锦屏—天柱。

黔东名镇名水名山录寻访游:贵阳—重安江—黄平—施秉—镇远—岑巩—铜仁。

地球"绿宝石"原始生态探秘游:贵阳—福泉—都匀—三都—荔波。

五、广西壮族自治区

1. 旅游环境概述

(1)自然地理概况

区位概况　广西壮族自治区地处祖国南疆,位于东经104°26′~112°04′,北纬20°54′~26°24′之间,北回归线横贯全区中部。南临北部湾,面向东南亚,西南与越南毗邻,东邻粤、港、澳,北连华中,背靠大西南,是中国与东盟之间唯一既有陆地接壤又有海上通道的省区,是中国西南最便捷的出海通道,是华南通向西南的枢纽,是全国唯一的具有沿海、沿江、沿边优势的少数民族自治区。

地形地貌　广西位于全国地势第二台阶中的云贵高原东南边缘,地处两广丘陵西部,南临北部湾海面。整个地势自西北向东南倾斜,山岭连绵、山体庞大、岭谷相间,四周多被山地、高原环绕,呈盆地状,其特征是:盆地大小相杂;山系多呈弧形,层层相套;丘陵错综;平地只占广西总面积26.9%;喀斯特广布,其发育类型之多为世界少见。

气候与水文　广西北部地处中、南亚热带季风气候区,南部属热带季风气候,气候温暖,热量丰富,雨热同季,各地年平均气温在16.5℃~23.1℃之间。

(2)经济发展现状

2012年广西地区生产总值13 031.04亿元,比上年增长11.3%。其中,第一产业增加值2172.37亿元,增长5.6%;第二产业增加值6333.09亿元,增长14.4%;第三产业增加值4525.58亿元,增长9.5%。按常住人口计算,人均生产总值27 943元。第一二三产业增加值占地区生产总值的比重分别为16.7%、48.6%和34.7%。第一二三产业对经济增长的贡献率分别为8.1%、

---

[1]石新荣.2010年贵州旅游十大新闻揭晓[EB/OL].[2011-01-27].http://www.gz.xinhuanet.com/2008htm/xwzx/2011-01/27/content.21966671.htm.

62.5%和29.4%。

广西交通运输业近年来发展较快,海陆空立体交通网络体系已基本建成。桂林—柳州—南宁—北海—防城港中轴线交通发达,线路等级有明显提高,旅游交通工具不断改善,旅游专线比过去增多,为旅游业的快速发展打下了良好的基础。交通运输业在广西旅游总收入中一直占有1/3的比重[1]。

2. 旅游资源特征

(1) 独具特色的旅游地貌资源　广西具有极其丰富的旅游地貌资源。既有以桂林漓江为代表的山青、水秀、洞奇、石美为特征的喀斯特旅游地貌区,又有以资源资江八角寨为代表的丹崖、碧水、绿树、彩石为特征的丹霞旅游地貌区;既有以桂平西山那种典型的石奇、林秀、泉甘、茶香为特征的花岗岩地貌区,又有以北海银滩涠洲岛典型的阳光沙滩、海水、海蚀崖为特征的海滨海岸旅游地貌区。此外,还有以金秀大瑶山那种典型的丹山、方墙、平顶、陡崖为特征的砂岩旅游地貌区。

(2) 绚丽多姿的民族风情旅游资源　广西是中国5个少数民族自治区之一,以壮族的山歌、瑶族的舞、苗族的节、侗族的楼为特色的民俗风情四绝,已经成为独具特色的旅游产品向国内外旅游市场推销。

(3) 南国边关热带生态旅游资源　广西边境线长,南亚热带生态旅游资源丰富,是开展回归自然及体验边关风情的好地方。大力开发凭祥市友谊关、龙州小连城和将山道教旅游资源、大新德天瀑布生态旅游区、东兴跨国旅游及京族风情旅游资源等。

(4) 桂西红色之旅、长寿之旅等专项旅游资源　包括"小平在广西"等红色旅游资源、盘阳河流域世界长寿之乡的旅游资源、南丹白裤瑶风情与自然旅游资源等。

(5) 丰富的历史文化景观资源　广西是中国和世界古人类活动的中心区域之一,有30多处史前文化遗址,另外还有灵渠古代著名水利工程。

3. 旅游资源分布

(1) 以桂林、柳州为中心的桂北旅游区　本区包括桂林和柳州市。地处广西北部,喀斯特地貌发育,并有花岗岩雄景地貌景观和丹霞地貌景观。山奇水秀,历史悠久,壮瑶苗侗少数民族风情浓郁,为全国重点旅游区之一。

(2) 以南宁为中心的桂南旅游区　本区包括南宁、北海、钦州和防城港4市及周围邻近地区,位于广西南部,西南与越南接壤,南邻北部湾。壮族文化、滨海风光和边关风貌是最为突出的旅游特色。

(3) 桂东南旅游区　本区主要包括玉林、贵港、梧州及周边地区,位于广西东南部,处于华南8市的中心位置,这里是大西南最便捷的出海通道和华南经济区的重要腹地。

4. 旅游业发展现状

广西属西部地区,与较发达的东部地区相比,经济和社会发展水平总体还比较低,但广西具有发展旅游业的诸多优势,且旅游业的发展已有一定规模和基础。目前广西有中国优秀旅游城市11个,共有各类景区800多个,其中国家级和省级风景名胜区34处,国家级和省级旅游度假区10处,国家级和省级重点文物保护单位290处,国家级和省级自然保护区64处,国家级和省级森林公园26处,国家级和省级地质公园6处。截止2012年广西A级景区175个,其中5A级3个、4A级88

[1] 吴冬霞.广西旅游产业结构分析[J].广西社会科学,2003(11):64-68.

个;全国工农业旅游示范点42个,位居全国第9;国家旅游规划设计资质单位15家;广西星级饭店已达464家,其中五星级12家,旅行社305家,并各有两家进入全国百强国际旅行社和全国百强国内旅行社[1]。2012年入境旅游者人数350.27万人次,增长15.7%,国际旅游(外汇)收入12.79亿美元,增长21.6%。国内旅客20777.58万人次,增长20.4%,国内旅游收入1578.94亿元,增长30.6%。旅游总收入1659.72亿元,增长29.9%。

5. 旅游形象与主要线路

广西旅游资源丰富,品位高、分布广,以桂林山水和百色大石围天坑群等喀斯特地貌景观为代表的自然风光,以北海银滩、钦州三娘湾和防城港金滩为代表的滨海情韵,以大新德天跨国大瀑布和凭祥友谊关为代表的中越边关揽胜游,以壮瑶苗侗等少数民族为代表的民俗风情以及以兴安灵渠、宁明花山壁画、刘三姐文化为代表的历史文化风采和红色旅游是广西旅游的6大特色。

广西旅游局推出10大精品旅游线路:桂林山水精华游、环北部湾滨海休闲度假游、大新德天跨国瀑布边关游、"刘三姐"风情游、大石围天坑群探秘游、太平天国宗教历史文化游、邓小平足迹游、壮苗瑶侗仫佬族风情游、孙中山北伐足迹游、中越边境游。

第七节 "宁甘新"旅游概况与特征

一、宁夏回族自治区

1. 旅游环境概述

(1)自然地理概况

区位 宁夏全称宁夏回族自治区,简称宁,位于北纬35°14′~39°23′,东经104°17′~107°39′之间,处在中国西部的黄河上游地区。宁夏东邻陕西省,西部、北部接内蒙古自治区,南部与甘肃省相连。自古以来就是内接中原,西通西域,北连大漠,各民族南来北往频繁的地区。宁夏回族自治区首府银川。2010年第6次人口普查常住人口630.13万人。

地形地貌 宁夏地处黄土高原与内蒙古高原的过渡地带,地势南高北低。从地貌类型看,南部以流水侵蚀的黄土地貌为主,中部和北部以干旱剥蚀、风蚀地貌为主,是内蒙古高原的一部分。境内有较为高峻的山地和广泛分布的丘陵,也有由于地层断陷又经黄河冲积而成的冲积平原,还有台地和沙丘。地表形态复杂多样,为旅游业发展提供了各异的基础条件。

气候与水文 宁夏回族自治区远离海洋,深居内陆,南端(固原地区南半部)属南温带半干旱区,中部(固原地区的北部至盐池、同心一带)属中温带半干旱区,北部(银川平原)则为中温带干旱区,南北气候悬殊较大,是典型的大陆型气候。全年平均气温在5℃~9℃之间,引黄灌区和固原地区分别为全区高温区和低温区。宁夏降水量南多北少,大都集中在夏季。

(2)经济发展现状

2012年,宁夏实现地区生产总值2326.64亿元,按可比价格计算,比上年增长11.5%,增速比全国平均水平高3.7个百分点。其中,第一产业完成增加值200.16亿元,增长5.6%;第二产业完成增加

---

[1]胡绿俊,胡希军.提升广西在全国旅游市场中优势的对策研究[J].特区经济,2010(1):142-245.

值1158.58亿元,增长13.8%;第三产业完成增加值967.90亿元,增长9.7%。按常住人口计算,人均生产总值36 166元,增长10.3%。农业产业化低,工业产业优势不明显,经济发展模式基本属于资源加工型,工业内部结构较为单一,产业链条短,附加值低,以电力、煤气、化学制品制造等传统产业为主。

宁夏目前已建成银川河东机场、中卫香山机场,包兰铁路穿越本区,纵贯银川市区南北,和兰新、兰青、陇海三条铁路衔接,宝中铁路北起中卫,南至陕西宝鸡,横跨陕甘宁3省区。干武线自中卫干塘至甘肃武威。境内有6条国道,以银川汽车南站和银川旅游汽车站(北站)为中心有几十条长途汽车线路,可通达全区各市县所在地和京、陕、甘、蒙、浙、闽等地。

2. 旅游资源特征[1]

(1)自然环境多样性 在宁夏6.6万平方千米的版图上,河流、山脉、高原、平原、丘陵、河谷、沙漠、湖泊等地貌一应俱全,既有南国水乡的秀美,又有塞外的壮丽雄浑,两者完美地结合交融,孕育出古老、奇特、浩瀚、淳朴、神秘、多彩的塞外风光。

(2)旅游景观独特性 宁夏处于东部季风区、西部干旱区和青藏高原区3个自然区域的交会地带,造就了"沙、水"巧妙组合的国家级风景区、世界垄断性沙漠旅游资源——沙湖和沙坡头。沙湖获得"世界环境保护500佳单位之一",并被联合国授予"全球环保500佳";以沙漠生态治理与旅游胜地闻名于世的沙坡头,是第1个国家级沙漠生态自然保护区。

(3)历史遗存珍贵性 宁夏水洞沟遗址被誉为"中国史前考古的发祥地",不同于以周口店为代表的小石器特征和以丁东为代表的大石器特征,具有重大的研究意义;有"东方金字塔"之称的西夏王陵是"中国20世纪100项考古大发现"之一,以其丰厚的历史文化沉淀、重大的文物价值。

3. 旅游资源分布

据有关部门对宁夏旅游资源普查,宁夏旅游资源有185个单体,其中自然旅游资源39个,人文旅游资源133个,服务类旅游资源13个。在全国10大类、95种基本类型的旅游资源中,宁夏占8大类、46种,占全国基本类型的48%。

(1)贺兰山东麓文化旅游带 本区包括银川、石嘴山及吴忠市部分地区,目标树立"雄浑壮丽塞上江南、古老神秘西夏文化、浓郁迷人回族风情"的品牌形象,把贺兰山东麓建设成为国际化一流水准的旅游目的地。

(2)中卫—青铜峡旅游区 本区以青铜峡水利枢纽工程为中心,包括中卫、中宁和青铜峡等市县。这里既有"塞上江南"卫宁平原,也有腾格里大漠风光,人文景观也独具特色。

(3)固原—同心旅游区 本区位于宁夏南部,以固原市为依托,以六盘山为中心,以宝中铁路为纽带,是一个集黄土高原和六盘山自然风光、丝路文化、红军长征史迹与回族、伊斯兰风情于一体的高品位旅游区。

4. 旅游业发展现状

宁夏旅游资源独具特色,其自然环境多样性、旅游景观独特性、历史遗存珍贵性、回族风情浓厚性,都是吸引旅游者的鲜明特征。2012年全年宁夏共接待国内外游客达到1340.89万人次,实现旅游总收入103.39亿元,分别比上年增长14.6%和22.8%。全区有旅行社119家;星级饭店82家,其中5星级1家,4星级25家;A级景区35个,其中5A级景区3个,4A级景区10个。

---

[1] 王鲁云. 宁夏旅游资源特征及其开发[J]. 中国商贸,2010(2):133-134.

5.旅游形象与主要线路

宁夏美丽而又神奇,既有边塞风光的雄浑,又有江南景色的秀丽,素有"塞上江南、回族之乡"的美誉。宁夏历史悠久,文物古迹较多,塞北江南、大漠金沙、绿树垂柳,浑然一体。灿烂的西夏文化,浓郁的回族风情,编织出迷人的景色。主要旅游线路包括:

西夏古迹与宗教文化游:西夏王陵—海宝塔—大清真寺—承天寺塔。

神奇宁夏生态游:青铜峡—沙湖—沙坡头—六盘山。

二、甘肃省

1.旅游环境概述

(1)自然地理概况

区位概况 甘肃省地处黄河上游,位于中国的地理中心,介于北纬32°31′~42°57′、东经92°13′~108°46′之间。东接陕西,南控巴蜀青海,西倚新疆,北扼内蒙古、宁夏,是古丝绸之路的锁匙之地和黄金路段,像一块瑰丽的宝玉,镶嵌在中国中部的黄土高原、青藏高原和内蒙古高原上。甘肃东西蜿蜒1600多千米,南北宽530千米,面积45.37万平方千米,占全国总面积的4.72%,2010年第6次人口普查常住人口为2557.52万人。

地形地貌 甘肃省地处黄土、青藏和蒙古3大高原交会地带。境内地形复杂,山脉纵横交错,海拔相差悬殊,高山、盆地、平川、沙漠和戈壁等兼而有之,是山地型高原地貌,地势自西南向东北倾斜,地形狭长。多数山脉属西北—东南走向,省内的森林资源多集中在这些山区,大多数河流也都从这些山脉形成各自分流的源头。

气候与水文 甘肃省从东南到西北包括了北亚热带湿润区到高寒区、干旱区的各种气候类型。气候干燥,气温日较差大,光照充足,太阳辐射强。甘肃省河流多属黄河水系,以黄河及其支流洮河、渭河、祖历河等为主,长江水系的支流有嘉陵江。

(2)经济发展现状

2012年甘肃省实现生产总值5650.2亿元,比上年增长12.6%。其中,第一产业增加值780.4亿元,增长6.8%;第二产业增加值2600.6亿元,增长14.2%;第三产业增加值2269.2亿元,增长12.5%。三次产业结构为13.8:46.0:40.2,人均生产总值21 921元。

甘肃是西北3省区连接中、东部地区的桥梁和纽带,在交通运输上实施了"建运并举、水陆并进、和谐发展"战略,加快推进公路建设"东部会战"和道路运输"提速中部"战略。强化交通基础设施建设,调整路网及运输结构,为经济发展打下坚实基础。

2.旅游资源特征[1]

(1)自然风光独具魅力 甘肃省东部重峦叠嶂,山高谷深;中东部黄土覆盖,沟壑纵横;西南部为青藏高原东北边缘,地势高耸,气候寒冷;河西走廊一带地势平坦,绿洲、沙漠、戈壁断续分布,具体景观则更加丰富多样,有玉门雅丹魔鬼城、鸣沙山、戈壁、连绵不绝的祁连山雪峰、水草丰美的甘南草原和有"小九寨沟"之称的观鹅沟山水风光等,各类地貌类型都有其独特的形态和魅力,构成一种旅游资源。山地相对于起伏平缓,自然景观比较单调的平原来说,景观内容丰富,是开发旅游的主要资源。

---

[1]谢莹.荃于全国旅游地理的甘肃旅游资源和发展分析[J].发展,2010(1):98-99.

(2)丝绸之路神秘传奇　古老的丝绸之路在甘肃境内蜿蜒了1600余千米,贯穿其全境,丝路沿途保留了数以百计的遗址,古城、古国遗址依稀可辨,历史文物丰富独特,富有浓厚的东方韵味和民族色彩,著名的有敦煌莫高窟和张掖大佛寺等。这条曾经充满神秘、传奇色彩的商路,给历史学家留下无数的谜团,如今强烈地吸引着各地的游客,尤其对国内外的探幽访古者更彰显其魅力。

(3)宗教遗迹辉煌灿烂　丝绸之路开辟以来,佛教经此由西域传入中原地区,其传播过程不仅留下了大量的精神文化资源,物质遗迹也比比皆是,如莫高窟、麦积山石窟等。目前甘肃省的宗教朝觐游开发已初具规模,宗教旅游资源内容极其丰富。

(4)民族风情多姿多彩　甘肃省民族众多,有甘南的藏族风情、临夏的回族东乡和保安族风情、南部的裕固族风情和北部的蒙古族风情等,是中国重要的民俗风情旅游区[1]。

3. 旅游资源分布

甘肃旅游资源类型多样,种类齐全,品位较高,地域特色明显,被誉为丝绸之路旅游的黄金路段。截至2013年3月,全省拥有A级景区181家,其中5A级景区3家,4A级景区45家,3A级景区52家,2A级景区79家,1A级景区2家。按照旅游景区表现形式统计,甘肃拥有世界文化遗产2个,世界百大濒危文化遗产1个,国家历史文化名城4个,中国优秀旅游城市8个,国家级文物保护单位72个,国家级风景名胜区3个,国家级自然保护区9个,国家地质公园4个,国家级水利风景区9个,全国工农业旅游示范点10个,国际狩猎场3个,国家级森林公园23个,红色旅游景区8个[2]。

(1)陇中旅游区　本区包括兰州、白银、临夏、甘南、定西5个州市,以兰州为依托。旅游资源以黄河文化、丝路文化、回藏族风情、宗教文化和高原草原风情为特色。

(2)陇西旅游区　本区以酒泉为依托,敦煌为龙头,还包括张掖、武威、嘉峪关和金昌。区内北部为北山山地,多沙漠、戈壁;南部为祁连山山地,有雪山冰峰,为众多河流源地;中部为干旱的河西走廊,但靠祁连山的冰雪融水形成许多绿洲,为古代丝绸之路必经之地。

(3)陇东旅游区　本区以祁连山为依托,还包括平凉、陇南、庆阳,区内有历史文化名城天水、神奇的麦积山石窟、道教名山崆峒山、秀美的陇南风光、独具特色的陇东黄土风情、窑洞民居等风景名胜。

4. 旅游业发展现状

借助丰厚的旅游资源,甘肃省旅游业从无到有已取得了长足的发展,目前旅游业发展趋势良好,已成为全省经济发展新的增长点。甘肃已基本形成以古丝绸之路为主线,以兰州为中心的西、南、东3大旅游线路格局,同时大力开发黄河风情、大漠风光、丝路古迹、民族风情、山水风光等具有地方特点和民族特色的旅游资源,进行文化古迹、宗教朝觐游、生态旅游、农业观光、温泉森林度假旅游、民俗风情游、极限探险游等产品开发,形成以兰州为中心,西、中、东3点突出,6条旅游线路呈放射型网络状格局,沿丝绸之路分布的旅游经济带。2012年,甘肃国内旅游人数7824.26万人次,比上年增长34.29%;国内旅游收入469.65亿元,增长41.22%。境外入境旅游人数10.20万人次,比上年增长12.02%。其中,外国人6.69万人次,增长22.39%;港澳台同胞3.51万人次,下降3.57%。国际旅游外汇收入2235万美元,比上年增长28.47%。

---

[1]谢莹.基于全国旅游地理的甘肃旅游资源和发展分析(J).发展,2010(1):98-99
[2]王生鹏,孙永龙.甘肃旅游资源与文化资源整合战略研究[J].西北民族大学学报(哲学社会科学版),2010(3):95-100

5. 旅游形象与主要线路

中国旅游的标志"马踏飞燕"出自甘肃,"华夏文明的发源地,自然奇观的博物馆,民族风情的大观园,休闲旅游的目的地",这4句话铸就了"精品丝路、多彩甘肃"的旅游品牌形象。甘肃自古是中国东南部通向西北部边疆乃至欧亚各国的古"丝绸之路"必经之地,雄关漫道、寺塔、壁画、雕塑遗迹到处可见,堪称世界最大的艺术宝库。

河西走廊丝绸古道大漠风情旅游线是甘肃经典旅游线路:天水—兰州—武威—张掖—酒泉—嘉峪关—敦煌。

三、新疆维吾尔自治区

1. 旅游环境概述

(1) 自然地理概况

区位　新疆维吾尔自治区位于中国的西北部,简称新,古称西域,面积166万平方千米,约占中国总面积的1/6,是中国行政面积最大的省区。边界线长达5600千米,是中国边界线最长的省区,2010年第6次人口普查常住人口为2181.33万,素有"歌舞之乡""瓜果之乡"之称,有47个民族。新疆是个多宗教地区,主要宗教有伊斯兰教、喇嘛教(藏传佛教)、佛教、基督教、天主教、东正教和萨满教。

地形地貌　新疆的山脉与盆地相间排列,盆地与高山环抱,喻称"三山夹二盆"。北部阿尔泰山,南部为昆仑山系;天山横亘于新疆中部,把新疆分为南北两半,南部是塔里木盆地,北部是准噶尔盆地。习惯上称天山以南为南疆,天山以北为北疆,把哈密、吐鲁番盆地称为东疆。

气候与水文　新疆远离海洋,深居内陆,四周有高山阻隔,海洋湿气不易进入,形成明显的温带大陆性气候。气温变化大,春夏和秋冬之交日温差极大,故历来有"早穿皮袄午穿纱,围着火炉吃西瓜"之说。新疆3大山脉的积雪、冰川孕育汇集为500多条河流,分布于天山南北的盆地,其中较大的有塔里木河、伊犁河等20多条。许多河流的两岸,都有无数的绿洲,颇富"十里桃花万杨柳"的塞外风光。新疆有许多自然景观优美的湖泊,总面积达9700平方千米,占全疆总面积的0.6%以上。

(2) 经济发展现状

新疆是一个经济相对薄弱的省区,也是经济发展潜力巨大、发展前景广阔的地区。2012年实现生产总值7530.32亿元,比上年增加955.78亿元,首次突破7000亿元大关,三次产业比例为16.4∶47.3∶36.3。人均地区生产总值33 909元,增长10.8%。农业生产走向机械化、集约化,农业经济效益显著提高。现代工业生产迅速发展,形成了以矿产资源开发和农副产品深加工为主导力量,包括石油天然气开采、石油化工、钢铁等产业构成的现代工业体系。目前新疆已初步形成了以公路为基础,铁路为骨干,包括民用航空、输油气管道等4种运输方式相配合,内联区内各地(州、市)和县、外联国内西、中、东部地区以及周边国家的综合运输网络。

2. 旅游资源特征

(1) 奇特绚丽的自然风光　奇特、美丽、多样和强烈的自然景观反差,是新疆自然景色最大的诱人之处。这里有亚洲大陆气候最干燥、面积最大、荒凉而神奇的戈壁、沙漠和千奇百怪的风蚀雅丹地形;也有绿草如茵的草原、绿洲、湖泊和胜似江南鱼米之乡的伊犁河谷;这里迈出现代化都市不远即可看见巍峨的冰川、雪山、急流和峡谷与最典型的山地植被垂直分带景观;这里有8611米的世界第2高峰乔戈里峰,也有低于海平面155米的世界第2低地"吐鲁番盆地的艾丁湖";这里有中国唯一流入北冰洋的水系额尔齐斯河和最长的内陆河流塔里木河;这里有国内最大的冷杉、云杉原始森林和唯一延伸到中国境内的西伯利亚泰加林带。

(2)中国多民族的博物馆　这里是中亚各民族的聚居地,聚居着维吾尔、哈萨克、蒙古、塔吉克、乌兹别克、柯尔克孜、俄罗斯、锡伯、达翰尔、塔塔尔、回、满、汉等民族,不同的面孔、语言、服饰、信仰宗教和习俗的各民族和睦相处,使新疆享有"世界民族博物馆"和"世界宗教博物馆"之誉称。

(3)深邃而多彩的西域文明　这里是一片满载古老文明的土地,作为中华民族通往西方和南亚的重要历史通道,我们的祖先在这里留下了高昌、交河、楼兰、尼雅等很多中外驰名的古城和遗迹,还有无数遍布全疆各地的石人、岩画、石窟、千佛洞和让世人惊叹不已,有古老而宏伟的地下取水工程坎儿井,古丝绸之路和玄奘西天取经的传说和遗迹更为新疆的人文景观增加了更多的神秘色彩[1]。

3. 旅游资源分布

新疆旅游资源丰富多彩。自然景观奇特,气候生态多样,冰峰与火洲共存,瀚海与绿洲为邻,保持了粗犷自然的风貌。境内野生动植物1000多种,不乏奇树异草、珍禽异兽。已建立了23个自然保护区,其中国家级自然保护区4个。著名的自然景观有天池、喀纳斯湖、博斯腾湖、赛里木湖、巴音布鲁克草原等。历史遗存众多,交河故城、高昌故城、楼兰遗址、克孜尔千佛洞等蜚声中外。新疆素有歌舞之乡的美誉,民族风情独具特色。

(1)天山旅游区　本区主要包括乌鲁木齐、吐鲁番、哈密、伊宁。本区由东西走向的3列平行褶皱山脉组成,山间有伊犁谷地和吐鲁番—哈密、焉耆等盆地。区内有冰山雪峰、森林草原和绿洲,山间盆地和谷地。

(2)北疆旅游区　指天山以北介于天山与阿尔泰山之间的准噶尔盆地地区。包括石河子市、克拉玛依市、博乐市、阿勒泰市。有魔鬼城、赛里木湖、喀纳斯湖等名胜。

(3)南疆旅游区　本区介于天山以南、昆仑山和阿尔金山之间的塔里木盆地地区。盆地周围的绿洲带为古丝绸之路中道和南道的必经之路,旅游城镇及历史遗存高度集中;中部塔克拉玛干沙漠为中国最大沙漠,塔里木河为中国最大内陆河。包括喀什、库车、库尔勒、和田等旅游区。

4. 旅游业发展现状

近年来,新疆旅游业有了很大的发展,从旅游景区等级、景点数量、旅游环境和游客数量的增长率上看,新疆正在向全国的旅游大省迈进,显现出旅游业快速发展的强劲势头。2012年接待国际旅游人数149.80万人次,比上年增长13.1%;国际旅游外汇收入5.51亿美元,增长18.4%。接待国内旅游人数4711万人次,增长23.0%;国内旅游收入542亿元,增长31.8%。有5星级宾馆15家;有A级景区(包括兵团旅游面所辖)265个,其中5A级景区4个,4A级景区47个。

5. 旅游形象与主要线路

新疆维吾尔自治区是举世闻名的歌舞之乡、瓜果之乡、黄金玉石之邦。"遥远的地方""太阳最后落下的地方""神秘的地方""新疆是个好地方"是人们对新疆的基本印象。主要线路包括:

---

[1]廖资生,曹毅哲.发挥新疆旅游资源优势,打造欧亚大陆腹部旅游胜地[J].首都师范大学学报(自然科学版),2009(3):52-55

自然风光之旅:天山—巴音布鲁克—赛里木湖—喀纳斯—魔鬼城—五彩城。

丝绸之路民俗风情游:哈密—吐鲁番—库车—喀什。

第八节 内蒙古自治区旅游经济发展特征

内蒙古区位条件、旅游资源情况及旅游线路开发及其与周边地区的旅游合作情况,见前章第八节。这里简述该区域旅游经济的基本特征。

一、区域经济概况

2012年内蒙古自治区实现生产总值15988.34亿元,首次超过1.5万亿元,增长11.7%,人均生产总值64 417.16元,居全国第5位。其中,第一产业增加值1447.43亿元,增长5.8%;第二产业增加值9032.47亿元,增长14%;第三产业增加值5508.44亿元,增长9.4%。全区生产总值中一二三次产业比例为9.1:56.5:34.4。

综合运输体系初步形成,"十一五"期间公路通车里程15.5万千米、铁路运营里程3100千米,新增民航机场3个,建成8条500千伏电力外送通道。生态总体恶化趋势趋缓,重点治理区明显改善,草原植被盖度继续提高[1]。

二、旅游业发展特征

内蒙古旅游业经过30多年的发展,尤其是近几年的快速发展,取得了长足进步,旅游基础建设逐步完善,旅游产品初成体系,产业规模不断扩大,已成为自治区国民经济重要产业之一,当然,与国内旅游强省相比,还存在一定差距,资源优势还没有转化为产品和市场优势。2012年实现旅游总收入1128.51亿元,比上年增长26.9%。接待入境旅游人数159.17万人次,增长5.1%;旅游外汇收入7.72亿美元,增长15.1%。国内旅游人数5887.31万人次,比上年增长13.7%;国内旅游收入1080.65亿元,增长27.5%。

截至2012年底,内蒙古自治区3A级及以上景区达到154家,其中5A级景区2家,4A级景区48家,3A级景区104家;全国工农业旅游示范点达到19家。其中工业旅游示范点9家,农(牧、林)业10家;旅行社全区共有616家,其中组团社22家、一般社594家。星级饭店249家,其中五星级饭店7家,四星级饭店14家,三星级以下饭店228家。

三、旅游形象

内蒙古草原整体旅游形象设计为——"天堂草原,塞外风情",突出广袤无垠的大草原风光、独特浓郁的民族风情、深厚悠远的历史文化和奇异迷人的边境异国风情。

---

[1]内蒙古自治区人民政府.2011年内蒙古自治区政府工作报告[DB/OL].(2011-01-16)[2011-01-30]. http://www.gov.cn/test/2011-01-30/content.1795396.htm.

第九节 "青藏"旅游概况与特征

一、青海省

1. 旅游环境概述

(1)自然地理概况

区位 青海省为中国青藏高原上的重要省份之一,因境内有全国最大的内陆咸水湖——青海湖,而得省名。青海省简称青,是长江、黄河、澜沧江的发源地,被誉为"江河源头""中华水塔"。省会西宁,位于中国西北地区,面积72.23万平方千米,东西长1200多千米,南北宽800多千米。2010年第6次人口普查常住人口为562.67万人。辖6州、1地、1市、51个县级行政单位,与甘肃、四川、西藏、新疆接壤。青海东部素有"天河锁钥""海藏咽喉""金城屏障""西域之冲"和"玉塞咽喉"等称谓,地理位置非常重要。青海省位于青藏高原东北部,东经89°35′~103°04′,北纬31°40′~39°19′,境内山脉高耸,地形多样,河流纵横,湖泊棋布。

地形地貌 青海省地处青藏高原东北部,全省均属高原范围之内。地形复杂,地貌多样。全省平均海拔3000多米,总面积中,平地占30.1%,丘陵占18.7%,山地占51.2%。海拔5000米以上的山脉和谷地大都终年积雪,广布冰川。山脉之间,镶嵌着高原、盆地和谷地。西部极为高峻,自西向东倾斜降低,东西向和南北向的两组山系构成了青海地貌的骨架。其地形可分为祁连山地、柴达木盆地和青南高原3个自然区域。

气候与水文 全省属于高原大陆性气候,太阳辐射强、光照充足;平均气温低;降水量少,地域差异大;气象灾害多,危害较大。长江、黄河之源头在青海,中国最大的内陆高原咸水湖也在青海。境内较大的河流有黄河、通天河、扎曲、湟水、大通河,有湖泊230多个,总面积约7136平方千米,其中咸水湖50多个,淡水湖面积在1平方千米以上的有52个。中国第1大内陆湖——青海湖,海拔3200米,是本省重要的渔业基地。察尔汗、茶卡、柯柯等盐湖蕴藏着极为丰富的盐化资源。

(2)经济发展现状

2012年,青海省实现生产总值1884.54亿元,比上年增长12.3%,三次产业结构为9.4∶57.9∶32.7。财政一般预算收入达到319.69亿元,增长18.2%;财政支出达到1188亿元,增长22.8%,固定资产投资完成1920.03亿元,工业投资增长33.4%,民间投资增长42.9%,投资结构呈现积极变化。规模以上工业增加值实现利润152.37亿元。社会消费品零售总额完成469.90亿元,增长16.1%,消费拉动增长的作用明显增强[1]。

青海省交通设施和基础设施建设得到明显改善。2006年青藏铁路开通后,兰青复线、西格二线等省内重点铁路大动脉电气化工程先后实施;省内第1条地方铁路——柴木铁路开建;敦格铁路等新线列入国家规划,开始前期工作;甘河支线等正在积极进行之中,一条条铁路的立项、开建,为青海省带来了新的发展生机。

---

[1] 青海省人民政府.2011年青海省人民政府政府工作报告[DB/OL](2011-01-17)[2011-12-02]. http://www.china.com.cn/guoqing/2011-12/02/content.24060798.htm.

2. 旅游资源特征

青海自然旅游资源丰富，类型繁多。在这片雄踞世界屋脊的高天厚土上，大自然以其大手笔、大气魄，独具匠心地造化出以"大"为特征山川风貌，构成了壮美奇绝的自然景观和人文风貌。被誉为"万山之祖"的昆仑山脉横空出世，横贯青海全境，由它派生出的唐古拉山、巴颜喀拉山和祁连山横亘于南北两翼。这些海拔5000米以上的大山，造就出"江河之源"，长江、黄河、澜沧江从这里奔腾而出，三江源头地域辽阔，地势高拔，河流纵横，野生动植物资源十分丰富。由于大自然的造化，这里是中国湖泊最为密集的地方，是高原野生动植物的天堂。

青海不仅有雄奇壮丽的自然景观，还有多姿多彩的历史文化遗存及民俗风情。马家窑文化、齐家文化、卡约文化以及乐都柳湾彩陶遗址、喇家遗址、吐蕃墓葬群等的出现与发掘，见证着青海自古就有多民族生存以及多民族文化的交融并存。遍布于青海各地的数千座藏传佛教寺院和伊斯兰教清真寺是各民族文化和智慧的结晶。举世闻名的唐蕃古道、丝绸之路，东西方文明的碰撞形成了独特的高原文化、多元的民族文化、博大精深的宗教文化。青藏铁路是世界上海拔最高、线路最长的高原铁路，是人类铁路建设史上前所未有的奇迹。

3. 旅游资源分布

青海境内旅游资源分布比较分散。

东部的自然风光景点包括海北、青海湖、日月山、龙羊峡、孟达自然保护区、汉南藏族旅游区等，西部的自然风光景点包括海西、格尔木、两江源头、可可西里、黄河源等。

另外，位于青海东北部的塔尔寺、瞿坛寺是重要的人文旅游景观的分布地。中部的都兰国际狩猎场和南部的文成公主庙也是重要的人文旅游景区。

4. 旅游业发展现状

进入21世纪以来，青海旅游业得到政府的高度重视和大力支持，各级旅游部门牢牢捉住西部大开发的历史机遇，使青海省的旅游事业呈现较快发展的势头。近几年伴随着青海省社会经济的全面发展，青海旅游业也呈现出良好的态势。2012年接待国内外旅客1581.48万人次，比上年增长12.0%，旅游总收入123.75亿元，增长34.1%。

（1）旅游客源逐步扩大，创汇不断增加。

（2）人文景观、自然景观及民族风情旅游日趋升温。以青海湖、鸟岛、孟达天池、南山、互助北山、坎布拉国家森林公园、可可西里、阿尼玛卿雪山等为代表的自然景观旅游人数越来越多。与此同时，以丰富多彩的民族风情和塔尔寺、瞿坛寺、清真寺等宗教圣地为代表的人文景观也日趋升温。

（3）旅游业的产业带动和社会效益已在显现。旅游业的发展带动了相关产业和地方经济的发展，加快了城乡经济结构调整的步伐，扩大了社会就业，增加了城镇居民和农牧民群众收入。

（4）旅游业引进市场机制，全力推进投资结构调整，一大批非公有制旅游企业蓬勃发展。

截至2012年底，全省共有A级景区(点)69处，其中：5A级2家，4A级15处，3A级45处，2A级7处；星级饭店123家，其中：5星级2家，4星级13家，3星级54家，2星级50家，1星级4家；旅行社198家，其中出境游组团社10家。

5. 旅游形象与主要线路

青海旅游发展要在突出打造"大美青海"旅游品牌的同时，借助青海作为青藏高原门户和枢纽的重要优势，打造"大美青海，高原门户"旅游形象，突出并强化自身优势，策划大赛事、大事件、大活动,借助大的活动路径将青海旅游推向世界,注重西宁、格尔木、结古镇等旅游集散地建设,要深挖青海文化旅游内涵,展示青海旅游独树一帜的高原品质。主要旅游线路包括:

世界屋脊汽车探险游:西宁—青海湖—昆仑山—拉萨。

青藏高原天路之旅:塔尔寺—青海湖—昆仑山—拉萨。

青海民俗游:循化—塔尔寺—青海湖—东关清真大寺。

观鸟生态游:青海湖鸟岛—扎陵湖鄂陵湖—克鲁克湖。

二、西藏自治区

1. 旅游环境概述

(1) 自然地理特征

区位　西藏自治区位于青藏高原西南部,地处北纬26°50′~36°53′,东经78°25′~99°06′,北邻新疆,东连四川,东北紧靠青海,东南连接云南,南与缅甸、印度、尼泊尔等国毗邻,西与克什米尔地区接壤,地势由西北向东南倾斜,地形复杂多样,陆地国界线4000多千米,南北最宽900多千米,东西最长达2000多千米,是中国西南边陲的重要门户,无出海口。全区面积122.84万平方千米,约占全国总面积的1/8。2010年第6次人口普查常住人口为300.21万人,划分为1地级市、6地区、1县级市、76县。

地形地貌　西藏平均海拔在4000米以上,素有"世界屋脊"之称,境内海拔在7000米以上的高峰有50多座,其中8000米以上的有11座,被称为除南极、北极以外的"地球第三极"。全区为喜马拉雅山脉、喀喇昆仑山脉、唐古拉山脉和横断山脉所环抱。地形地貌复杂多样,可分为4个地带:一是藏北高原,位于喀喇昆仑山脉、唐古拉山脉和冈底斯—念青唐古拉山脉之间,平均海拔4500米以上,占自治区总面积的1/3,为一系列浑圆而平缓的山丘,其间夹着许多盆地,低处长年积水成湖,是西藏主要的牧业区;二是藏南谷地,海拔平均在3500米左右,在雅鲁藏布江及其支流流经的地方,有许多宽窄不一的河谷平地,地形平坦,土质肥沃,是西藏主要的农业区;三是藏东高山峡谷,即藏东南横断山脉、三江流域地区,为一系列由东西走向逐渐转为南北走向的高山深谷,北部海拔5200米左右,山顶平缓,南部海拔4000米左右,山势较陡峻,山顶终年积雪,山腰森林茂密,山麓有四季常青的田园,景色奇特;四是喜马拉雅山地,分布在中国与印度、尼泊尔、不丹等接壤的地区,由几条大致东西走向的山脉构成,平均海拔6000米左右,是世界上最高的山脉,山区内西部海拔较高,气候干燥寒冷,东部气候温和,雨量充沛,森林茂密。

气候与水文　西藏高原复杂多样的地形地貌,形成了独特的高原气候。除呈现西北严寒干燥,东南温暖湿润的总趋向外,还有多种多样的区域气候和明显的垂直气候带。"十里不同天""一天有四季"等谚语,即反映了这些特点。与中国大部分地区相比,西藏的空气稀薄,日照充足,气温昼夜温差大,降水较少。在西藏自治区境内,流域面积大于1万平方千米的河流有20多条,流域面积大于2000平方千米的河流有100条以上,著名的河流有金沙江、怒江、澜沧江和雅鲁藏布江。西藏还是国际河流分布最多的一个中国省区,亚洲著名的恒河、印度河、布拉马普特拉河、湄公河、萨尔温江、伊洛瓦底江等河流的上源都在这里。

(2) 经济发展现状

"十一五"期间,西藏自治区政府出台了"扩内需、保增长"等一系列政策措施,连续5年实现了两位数的经济增长速度,保持了跨越式发展的良好势头。全区生产总值先后突破300亿元、400亿元、500亿元,2012年实现地区生产总值701.03亿元,年均增长11.8%,人均地区生产总值22 936元,增长10.4%。

西藏的综合交通运输网初步形成,墨脱公路和拉萨至贡嘎机场专用公路开工建设,80%以上国道完成了路面黑色化整治改建,54个县通油路、6个县油路在建,公路通车总里程5.8万千米,青藏铁路建成通车,结束了西藏不通铁路的历史,那曲物流中心建成运营,拉日铁路开工建设,林芝、阿里、日喀则机场建成通航。

2. 旅游资源特征

西藏既有独特的高原雪域风光,又有妩媚的南国风采,而与这种大自然相融合的人文景观,也使西藏在旅行者眼中具有真正独特的魅力。至今,还有许多藏族人的生活习俗与高原之外的现代人有着很大的距离,也正由于距离的产生,才使西藏的一切具有观赏价值。

西藏具有特殊的自然景观旅游资源,纯自然风光观赏价值高而突出,世所罕见,具纯天然、野、奇、新、美的诱人魅力。西藏的自然景观主要包括高山雪峰自然景观、江河湖泊自然景观、峡谷茂林自然景观等3类自然景观。

西藏历史悠久,具有独特的人文景观旅游资源,主要包括历史文物、文化遗迹、工程建筑、文化艺术、风土民俗、工艺特产等,这些人工塑造出的旅游资源,有的与自然旅游资源融为一体,具有很大的旅游开发价值[1]。

2012年全区拥有世界文化遗产1处(布达拉宫及大昭寺、罗布林卡);国家5A级旅游景区1个(布达拉宫),4A级旅游景区10个(大昭寺、博物馆、罗布林卡、扎什伦布寺、巴松措、珠穆朗玛峰、桑耶寺、雅鲁藏布大峡谷、林芝鲁朗、米林南伊沟);国家级自然保护区9个(珠穆朗玛自然保护区、羌塘自然保护区、察隅慈巴沟自然保护区、色林错自然保护区、雅江中游河谷自然保护区、雅鲁藏布大峡谷自然保护区、芝康滇金丝猴自然保护区、拉鲁湿地自然保护区、类乌齐马鹿自然保护区);国家地质公园3个(易贡国家地质公园、札达土林国家地质公园、羊八井国家地质公园);中国优秀旅游城市1座(拉萨市);国家级历史文化名城3座(拉萨、日喀则、江孜);保存完好,管理有序的寺庙1700多座;民间重大节日14个。

3. 旅游资源分布

全区已规划形成了拉萨历史文化中心旅游区、日喀则珠穆朗玛高山生态旅游区、山南雅砻文化观光旅游区、林芝森林生态旅游区、昌都香格里拉生态旅游区、那曲草原生态旅游区、阿里神山圣湖旅游区等7个特色旅游区。

拉萨历史文化中心旅游区将建设成为西藏旅游的中心目的地,支撑和引领全区旅游业发展。该旅游区主打以藏族文化为特色的历史文化名城旅游,同时积极开发文化考察、商务会议和藏药康疗等专项旅游。

日喀则珠穆朗玛高山生态旅游区以全国历史文化名城日喀则市为中心,发挥扎什伦布寺、珠峰等世界级旅游景点以及边境区位的优势,大力发展自然文化观光、登山探险和边境口岸旅游,建成西藏历史文化与珠峰生态旅游重要目的地和联通南亚的门户旅游区。

山南雅砻文化观光旅游区以泽当镇为中心,依托"藏民族和藏文化发祥地"的优势,以"吐蕃古都、文化山南"为主题,大力发展藏文化体验游,建成藏族文化寻根旅游目的地。

---

[1] 段丽萍.西藏自治区旅游资源概况[J].四川地质学报,2003,23(3):182-187.

林芝森林生态旅游区以八一镇为中心,依托世界第一大峡谷雅鲁藏布江大峡谷、高原森林、湖泊、草甸和门巴族、珞巴族、僜人等民族风情特色旅游资源,大力发展生态观光、休息度假游,开拓春冬旅游市场,有控制地开发雅江科考探险游,建成西藏旅游的休闲驿站、生态观光度假旅游和"冬游西藏"的桥头堡。

昌都香格里拉旅游区以昌都县城关镇为中心,依托三江并流、茶马古道、唐蕃古道和康巴风情等特色旅游资源及藏东门户的优势,积极发展文化与生态观光、生态可靠探险以及自驾车旅游,建成联动大香格里拉的门户旅游区。

那曲草原生态旅游区以那曲镇为中心,依托羌塘草原、牧区风情、象雄文化、唐蕃古道和天路风貌,以青藏铁路、青藏公路为轴线,大力发展藏家牧区观光体验、羌塘草原休闲、野生动物观赏以及自驾车旅游,建成为青藏旅游带上的著名旅游目的地。

阿里神山圣湖旅游区以狮泉河镇为中心,依托"世界屋脊的屋脊""神山圣湖""古格遗址"、土林奇观和南亚大江大河的发源地等旅游资源,积极推动普兰口岸建设,大力发展文化观光游、宗教朝圣游、科考探险游、边境口岸游和自驾车旅游,建成世界闻名的历史、宗教文化和生态探险旅游目的地。

4. 旅游业发展现状

2012年西藏接待国内外旅游者1058.39万人次,比上年增长21.7%,其中接待国内旅游者1038.89万人次,增长23.3%;接待入境旅游者19.49万人次,下降28.0%。旅游总收入126.48亿元,增长30.3%;旅游外汇收入10 570万美元,下降18.5%。

从发展初期到现在,西藏旅游业发生了巨大的转变。首先是从发展初期的政府主导发展向全面规划、引导模式转变;其次,以传统景点游为主,景点开发力度不断加大,投资主体呈多元化趋势,旅游产品日益丰富;再次,从随行就市、靠天吃饭向迎合市场、创造商机转变;最后,市场不断扩展,规模不断扩大。

5. 旅游形象与主要线路

西藏自治区政府加大了旅游宣传的整体策划,尽快把旅游业培育成西藏的主导产业,打响"世界屋脊、神奇西藏"的旅游主题形象。"世界屋脊"的表述,突出了世界第三极的高原自然景观特点,把着眼点放在全世界。"神奇西藏"突破了神秘、神圣等表述的局限,更好地概括了西藏的人文和自然景观特点[1]。西藏主要旅游线路包括:

历史文化名城旅游线路:拉萨—日喀则—泽当镇—八一镇—江孜县城。

宗教文化游:哲蚌寺—大昭寺—小昭寺—色拉寺—甘丹寺。

---

[1] 逯寒星,胡星.西藏将用10年时间打响"世界屋脊,神奇西藏"旅游主题形象[EB/OL].[2008-10-24].http://news.qq.com/a/20070611/001468.htm

第三章　中国热点旅游地

第一节　中国的世界遗产

一、世界遗产概述

世界遗产是指被联合国教科文组织和世界遗产委员会确认的人类罕见的、目前无法替代的财富,是全人类公认的具有突出意义和普遍价值的文物古迹及自然景观。狭义的世界遗产包括"世界文化遗产""世界自然遗产""世界文化与自然遗产"和"文化景观"4 类。广义概念,根据形态和性质,世界遗产分为文化遗产、自然遗产、文化和自然双重遗产、记忆遗产、人类口述和非物质遗产(简称非物质文化遗产)、文化景观遗产。

截至 2011 年 6 月第 35 届世界遗产委员会大会在巴黎联合国教科文组织总部闭幕,《世界遗产名录》收录的全球世界遗产总数已增至 936 项。全球共有 725 项世界文化遗产(含文化景观遗产),183 项自然遗产,28 项文化与自然双遗产。

二、中国的世界遗产名录

自中国在 1985 年 11 月 22 日加入《保护世界文化与自然遗产公约》的缔约国以来,截至 2014 年 6 月,经联合国教科文组织审核被批准列入《世界遗产名录》的中国的世界遗产共有 47 项(包括自然遗产 10 项,文化遗产 33 项,双重遗产 4 项),在数量上居世界第 2 位,仅次于意大利。

现时中国是世界上拥有世界遗产类别最齐全的国家之一,也是世界自然与文化双遗产数量最多的国家。其中首都北京拥有 6 项世界遗产,是世界上拥有遗产项目数最多的城市。而苏州是至今唯一承办过世界遗产委员会会议的中国城市(2004 年,第 28 届)。

表 3-3-1　中国的世界遗产名录

序号	地域名称	批准时间	遗产种类
1	长城	1987.12	文化遗产
2	明清皇宫	1987.12	文化遗产
3	陕西秦始皇陵及兵马俑	1987.12	文化遗产
4	甘肃敦煌莫高窟	1987.12	文化遗产
5	北京周口店北京猿人遗址	1987.12	文化遗产
6	山东泰山	1987.12	文化与自然双重遗产
7	安徽黄山	1990.12	文化与自然双重遗产
8	湖南武陵源国家级名胜区	1992.12	自然遗产

续表

序号	地域名称	批准时间	遗产种类
9	四川九寨沟国家级名胜区	1992.12	自然遗产
10	四川黄龙国家级名胜区	1992.12	自然遗产
11	西藏布达拉宫	1994.12	文化遗产
12	河北承德避暑山庄及周围寺庙	1994.12	文化遗产
13	山东曲阜的孔庙、孔府及孔林	1994.12	文化遗产
14	湖北武当山古建筑群	1994.12	文化遗产
15	江西庐山风景名胜区	1996.12	文化景观
16	四川峨眉山—乐山风景名胜区	1996.12	文化与自然双重遗产
17	云南丽江古城	1997.12	文化遗产
18	山西平遥古城	1997.12	文化遗产
19	江苏苏州古典园林	1997.12	文化遗产
20	北京颐和园	1998.11	文化遗产
21	北京天坛	1998.11	文化遗产
22	重庆大足石刻	1999.12	文化遗产
23	福建武夷山	1999.12	文化与自然双重遗产
24	四川青城山和都江堰	2000.11	文化遗产
25	河南洛阳龙门石窟	2000.11	文化遗产
26	明清皇家陵寝	2000.11	文化遗产
27	安徽古村落:西递、宏村	2000.11	文化遗产
28	山西大同云冈石窟	2001.12	文化遗产
29	云南三江并流	2003.7	自然遗产
30	高句丽王城、王陵及贵族墓葬	2004.7	文化遗产
31	澳门历史城区	2005.7	文化遗产
32	四川大熊猫栖息地	2006.7	自然遗产
33	安阳殷墟	2006.7	文化遗产
34	中国南方喀斯特	2007.6	自然遗产
35	开平碉楼与村落	2007.6	文化遗产
36	福建土楼	2008.7	文化遗产
37	江西三清山	2008.7	自然遗产
38	山西五台山	2009.6	文化景观
39	河南登封天地之中古建筑群	2010.8	文化遗产
40	中国丹霞	2010.8	自然遗产
41	杭州西湖	2011.6	文化遗产
42	中国澄江化石群	2012.6	自然遗产
43	中国元上都遗址	2012.6	文化遗产
44	中国天山	2013.6	自然遗产
45	中国红河哈尼梯田	2013.6	文化遗产
46	大运河	2014.6	文化遗产
47	丝绸之路	2014.6	文化遗产

三、中国的世界遗产预备名录(2010年1月29日修订)

(1)北京房山云居寺塔、藏经洞及石经

(2)山西晋商大院:乔家大院、渠家大院(山西省祁县),王家大院(山西省灵石县)、曹家大院(山西省太谷县)

(3)元上都、中都遗址(内蒙古自治区正蓝旗、河北省张北县)

(4)牛河梁遗址(辽宁省凌源市、建平县)

(5)黑龙江五大连池风景区

(6)瘦西湖及扬州历史城区(江苏省扬州市)

(7)江苏"苏州古典园林"扩展项目:苏州古典园林及历史街区

(8)良渚遗址(浙江省杭州市、德清县)

(9)浙江楠溪江

(10)浙江雁荡山

(11)中国古瓷窑址:上林湖越窑遗址(浙江省慈溪市)

(12)安徽扬子鳄自然保护区

(13)福建海坛风景名胜区

(14)江西鄱阳湖自然保护区

(15)古铜矿遗址:铜岭铜矿遗址(江西省瑞昌市)

(16)临淄齐国故都与齐王陵(山东省淄博市)

(17)"曲阜孔庙、孔府、孔林"扩展项目:尼山孔庙(山东省曲阜市),孟庙、孟府、孟林(山东省邹城市),颜庙(山东省曲阜市),曾庙(山东省嘉祥县)

(18)湖北神农架自然保护区

(19)凤凰古城(湖南省凤凰县)

(20)南越国遗迹(广东省广州市)

(21)广西桂林漓江风景名胜区

(22)灵渠(广西壮族自治区兴安县)

(23)花山岩画(广西壮族自治区宁明县)

(24)海南东寨港自然保护区

(25)重庆天坑地缝风景名胜区

(26)重庆金佛山风景名胜区

(27)古蜀文化遗址:金沙遗址、古蜀船棺合葬墓(四川省成都市),三星堆遗址(四川省广汉市)

(28)藏、羌碉楼与村寨(四川省丹巴县、理县、茂县)

(29)黔东南苗族村寨:苗岭山区雷公山麓苗族村寨(贵州省雷山县、台江县、剑河县、从江县)

(30)黔东南侗族村寨:六洞、九洞侗族村寨(贵州省黎平县、从江县、榕江县)

(31)云南大理风景名胜区

(32)西藏雅砻河风景名胜区

(33)甘肃麦积山风景名胜区(双/2001,麦积山石窟现拟定为丝绸之路中国段之其中一项)

(34)坎儿井(新疆维吾尔自治区吐鲁番市)

(35)新疆中国阿尔泰山:哈纳斯国家级自然保护区、阿尔泰山两河源头自然生态保护区

(36)新疆喀喇昆仑山—帕米尔高原:塔什库尔干自治区级自然保护区、新疆帕米尔高原湿地自治区级自然保护区

(37)新疆塔克拉玛干沙漠—胡杨林

(38)大运河(北京市、天津市、河北省、山东省、江苏省、安徽省、浙江省、河南省)

(39)中国白酒酿造古遗址:河北刘伶醉烧锅遗址、江西李渡烧酒作坊遗址、四川水井街酒坊遗址、四川泸州大曲老窖池群、四川剑南春天益老号酒坊遗址

(40)"泰山"扩展项目:中华五岳(山西恒山、河南嵩山、湖南衡山、陕西华山)

(41)山陕古民居:丁村古建筑群(山西省襄汾县)、党家村古建筑群(陕西省韩城市)

(42)明清城墙:兴城城墙(辽宁省兴城市)、南京城墙(江苏省南京市)、西安城墙(陕西省西安市)

(43)江南水乡古镇:周庄(江苏省昆山市)、角直(江苏省苏州市)、乌镇(浙江省桐乡市)、西塘(浙江省嘉善县)

(44)丝绸之路中国段(陆路部分:河南省、陕西省、甘肃省、宁夏回族自治区、新疆维吾尔自治区;海路部分:浙江省宁波市、福建省泉州市)

(45)"皖南古村落"扩展项目:棠樾(安徽省歙县)、理坑、汪口(江西省婺源县)

(46)"明清皇家陵寝"扩展项目:潞简王墓(河南省新乡市)

(47)长江三峡风景名胜区(双/2001,湖北省、重庆市)

(48)白鹤梁古水文题刻(文化/2008,重庆)

第二节 中国著名风景名胜

中国的风景名胜区是由住房和建设部门组织评审和建设的,与国外的国家公园不尽相同。

一、中国十大风景名胜

1985年,由中国旅游报社发起并组织全国人民评选出中国10处最佳风景名胜区分别是:①万里长城;②苏州园林;③安徽黄山;④长江三峡;⑤桂林山水;⑥西安兵马俑;⑦北京故宫;⑧台湾日月潭;⑨杭州西湖;⑩承德避暑山庄。

二、中国最美的地方

(1)"中国最美的地方"是2005年由《中国国家地理》杂志社主办、全国34家媒体协办的评选活动,历时8个月,共评出"专家学会组""媒体大众组"与"网络手机人气组"3类奖项。"媒体组"与"人气组"分别以媒体投票及网友、手机用户投票的方式各产生12个获奖地方。而由中国国家地理杂志社浓墨重彩推出的"专家学会组"奖项则别具一格,分成了山、湖泊、森林、草原、沙漠、雅丹地貌、海岛、海岸、瀑布、冰川、峡谷、城区、乡村古镇、旅游洞穴、沼泽湿地等15个类型。

中国最美的十大名山:南迦巴瓦峰(西藏)、贡嘎山(四川)、珠穆朗玛峰(西藏)、梅里雪山(云

南)、黄山(安徽)、稻城三神山(四川)、乔戈里峰(新疆)、冈仁波齐峰(西藏)、泰山(山东)、峨眉山(四川)。其他入围的有:吉林长白山、陕西华山、西藏洛子峰、青海年保玉则、四川三奥雪山、陕西太白山、贵州乌蒙山、湖北武当山、福建武夷山、西藏希夏邦马峰、四川雪宝顶、台湾玉山、云南玉龙雪山。

中国最美的五大湖:青海湖(青海)、喀纳斯湖(新疆)、纳木错(西藏)、长白山天池(吉林)、西湖(浙江)。其他入围的有:西藏巴松湖、新疆博斯腾湖、内蒙古达里诺尔湖、湖北东湖、内蒙古呼伦湖、云南与四川泸沽湖、西藏玛旁雍湖、西藏然乌湖、新疆赛里木湖、江苏太湖。

中国最美的七大丹霞:仁化丹霞山(广东)、南平武夷山(福建)、泰宁大金湖(福建)、鹰潭龙虎山(江西)、资江—八角寨—崀山丹霞地貌(广西、湖南)(前几位已合并成功世界自然遗产)、张掖丹霞地貌(甘肃)、赤水丹霞地貌(贵州)。其他入围的有:湖南郴州飞天山、广西桂平白石山、青海尖扎坎布拉、重庆江津四面山、浙江江山江郎山、福建连城冠豸山、甘肃平凉崆峒山、湖南通道万佛山、安徽休宁齐云山、福建永安头源洞、云南玉龙黎明丹霞地貌。

中国最美的五大峰林:桂林—阳朔漓江山水(广西)、武陵源石英砂岩峰林(湖南)、兴义万峰林(贵州)、三清山花岗岩峰林(江西)、罗平峰林(云南)。其他入围的有:河北白石山大理岩峰林、广东封开砂页岩峰林、北京拒马河十渡峰林、贵州荔波峰林、广西双峨山峰林、贵州水城峰林、浙江桃渚熔岩峰林、广东英西峰林走廊。

中国最美的十大峡谷:雅鲁藏布大峡谷(西藏米林县派乡—墨脱县巴普卡)、金沙江虎跳峡(云南香格里拉县虎跳峡镇—丽江市大具乡)、长江三峡(重庆、湖北)、怒江大峡谷(西藏察隅县察瓦龙—云南怒江州六库)、澜沧江梅里大峡谷(云南德钦县佛山—燕门)、太鲁阁大峡谷(台湾花莲县立雾溪)、黄河晋陕蒙大峡谷(内蒙古托克托县河口镇—陕西禹门口)、大渡河金口大峡谷(四川乐山市金口河—双源县乌斯河)、太行山大峡谷(拒马河峡谷系—北京房山、河北涞源;漳沱河峡谷系—河北阜平、井陉、赞皇;漳河峡谷系—河南林州、山西长治;沁河峡谷系—河南焦作、山西晋城)、天山库车大峡谷(新疆库车县)。其他入围的有:长白山大峡谷(松花江上游吉林抚松与松江境内)、大宁河小三峡(重庆巫山县、巫溪县境内)、贡嘎山大峡谷(四川泸定县海螺沟、燕子沟、南门关沟)、昆仑山大峡谷(新疆喀什市库尔干县境内)、南盘江大峡谷(贵州兴义市马岭河峡谷)、帕隆藏布大峡谷(西藏波密县古乡湖—林芝县门中)、秦岭大峡谷(陕西周至县黑峪峡谷)、乌江大峡谷(重庆武隆—贵州源河)、雅砻江大峡谷(四川木里县白碉—盐源县周家坪)、浙西大峡谷(浙江临安天目山东南坡)。

中国最美的五大沙漠:巴丹吉林沙漠腹地(内蒙古)、塔克拉玛干沙漠腹地(新疆)、古尔班通古特沙漠腹地(新疆)、鸣沙山与月牙泉(甘肃)、沙坡头(宁夏)。其他入围的有:呼伦贝尔沙地腹地(内蒙古)、浑善达克沙地腹地(内蒙古)、科尔沁沙地腹地(内蒙古)、库不齐沙漠腹地(内蒙古)、库姆塔格沙漠腹地(新疆)、沙湖(宁夏)、腾格里沙漠腹地(内蒙古)。

中国最美的三大雅丹:克拉玛依乌尔禾风城(新疆)、罗布泊白龙堆雅丹(新疆)、罗布泊三垄沙雅丹(新疆)。其他入围的有:敦煌国家地质公园雅丹(甘肃)、柴达木盆地雅丹(青海)、奇台风城(新疆)。

中国最美的八大海岸:亚龙湾(海南三亚)、野柳(台湾基隆)、成山头(山东荣成)、东寨港红树林(海南琼山)、昌黎黄金海岸(河北)、维多利亚海湾(香港)、崇武海岸(福建惠安)、大鹏半岛海滩(广东深圳)。其他入围的有:大连金石滩(辽宁)、日照万平口海滩(山东)、海宁市盐官镇钱塘江海岸(浙江)、漳浦县六鳌半岛抽象画廊(福建)、清水断崖(台湾)、鹅銮鼻—恒春半岛珊瑚礁海岸(台湾)、钦州三娘湾(广西)、北海银滩(广西)、博鳌(海南)、三亚天涯海角(海南)。

中国最美的六大瀑布:藏布巴东瀑布群(西藏)、德天瀑布(广西)、黄河壶口瀑布(晋陕交界)、罗平九龙瀑布(云南)、诺日朗瀑布(四川)、黄果树瀑布(贵州)。其他入围的有:赤水瀑布群(贵州)、滴水滩瀑布(广西)、吊罗山瀑布群(海南)、九龙漈瀑布(福建)、吊水楼瀑布(黑龙江)、黎母山瀑布群(海南)、庐山三叠泉瀑布(江西)、天河瀑布(贵州)、雪宝山天水瀑布(重庆)、雁荡山大龙湫瀑布(浙江)、云台山瀑布(河南)、藏布巴东瀑布(西藏)。

中国最美的六大冰川:绒布冰川(西藏)、托木尔冰川(新疆)、海螺沟冰川(四川)、米堆冰川(西藏)、特拉木坎力冰川(新疆)、透明梦柯冰川(甘肃)。其他入围的有:阿扎冰川(西藏)、卡钦冰川(西藏)、可可萨依冰川(新疆)、来古冰川(西藏)、七一冰川(甘肃)、天山一号冰川(新疆)、吐盖别里齐冰川(新疆)、野博康加勒冰川(西藏)、音苏盖提冰川(新疆)、玉龙雪山冰川(云南)。

中国最美的十大森林:天山雪岭云杉林(新疆)、长白山红松阔叶混交林(吉林)、尖峰岭热带雨林(海南)、白马雪山高山杜鹃林(云南)、波密岗乡林芝云杉林(西藏)、轮台胡杨林(新疆)、西双版纳热带雨林(云南)、荔波喀斯特森林(贵州)、大兴安岭兴安落叶松林(黑龙江、内蒙古)、蜀南竹海(四川)。其他入围的有:长白山美人松林(吉林)、红花尔基樟子松林(内蒙古)、黄山黄山松林(安徽)、九寨沟云冷杉林(四川)、鲁浪云冷杉林(西藏)、岷江流域云冷山林(四川)、神农架原始林(湖北)、小兴安岭红松阔叶混交林(黑龙江)。

中国最美的十大海岛:西沙群岛(以永兴岛、东岛等为代表,海南)、涠洲岛(广西北海)、南沙群岛(以永暑礁、太平岛等为代表,海南)、澎湖列岛(以澎湖岛为代表,台湾)、南麂岛(浙江温州)、庙岛列岛(山东长岛)、普陀山岛(浙江舟山)、大嵛山岛(福建福鼎)、林进屿与南碇岛(福建漳州)、海陵岛(广东阳江)。其他入围的有:嵊泗列岛(浙江)、大洲岛(海南万宁)、东平洲岛(香港)、鼓浪屿(福建厦门)、兰屿(台湾)、万山群岛(广东)、朱家尖岛(浙江舟山)。

中国最美的六大沼泽湿地:若尔盖湿地(川北甘南)、巴音布鲁克湿地(新疆)、三江平原湿地(黑龙江)、黄河三角洲湿地(山东)、扎龙湿地(黑龙江)、辽河三角洲湿地(辽宁)。其他入围的有:东寨港湿地(海南)、龙湾湿地(吉林)、米埔和后海湾湿地(香港)、向海湿地(吉林)、盐城湿地(江苏)。

中国最美的六大草原:呼伦贝尔东部草原(内蒙古)、伊犁草原(新疆)、锡林郭勒草原(内蒙古)、川西高寒草原(四川)、那曲高寒草原(西藏)、祁连山草原(青海、甘肃)。其他入围的有:阿尔泰草原(新疆)、巴音布鲁克草原(新疆)、鄂尔多斯草原(内蒙古)、甘南草原(甘肃)、松嫩平原草原(黑龙江、吉林)、天山草原(新疆)。

中国最美的六大旅游洞穴:织金洞(贵州)、芙蓉洞(重庆)、黄龙洞(湖南)、腾龙洞(湖北)、雪玉洞(重庆)、本溪水洞(辽宁)。其他入围的有:九天洞(湖南)、梅山龙宫(湖南)、石花洞(北京)、瑶琳洞(浙江)。

中国最美的五大城区:厦门鼓浪屿(福建)、苏州老城区(江苏)、澳门历史城区(澳门)、青岛八大关(山东)、北京什刹海地区(北京)。其他入围的有:杭州西湖周边(浙江)、上海新天地(上海)、天津五大道(天津)、香港半山电梯周边(香港)。

中国最美的六大乡村古镇:丹巴藏寨(四川)、红河大羊街乡哈尼村落(云南)、喀纳斯湖畔图瓦村(新疆)、黎平肇兴侗寨(贵州)、婺源古村落群(江西)、丽江大研镇(云南)。其他入围的有:凤凰

(湖南)、桂林阳朔西街(广西)、客家土楼(福建)、楠溪江古村落群(浙江)、苏州同里(江苏)、西递(安徽)、西塘(浙江)。

(2)2012年，由旅游新闻网组织有关专家、学者讨论、网友投票等形式，评出中国各类旅游景点排名：

中国最美的十大森林公园：张家界国家森林公园(湖南省)、西双版纳原始森林公园(云南省)、海螺沟冰川森林公园(四川省)、白云山国家森林公园(河南省)、张家界天门山国家森林公园(湖南省)、四面山国家森林公园(重庆市)、尖峰岭热带雨林森林公园(海南省)、太白山国家森林公园(陕西省)、神农架国家森林公园(湖北省)、宝天曼国家森林公园(河南省)。

中国最美的十大名山：黄山(安徽省)、庐山(江西省)、华山(陕西省)、梅里雪山(云南省)、泰山(山东省)、武夷山(福建省)、玉龙雪山(云南省)、四姑娘山(四川省)、恒山(山西省)、稻城三神山(四川省)。

中国最美的十大地质公园：云南石林(云南省)、五大连池(黑龙江省)、雁荡山(浙江省)、丹霞山(广东省)、云台山(河南焦作)、兴文石海(四川省)、张家界武陵源(湖南省)、翠华山(陕西省)、伏牛山(河南省)、腾冲火山(云南省)。

中国最美的十大宗教名山：武当山(湖北省)、峨眉山(四川省)、五台山(山西省)、普陀山(浙江省)、天台山(浙江省)、龙虎山(江西省)、九华山(安徽省)、崆峒山(甘肃省)、三清山(江西省)、绵山(山西省)。

中国最令人惊叹的十大遗迹遗址博物馆：秦始皇兵马俑(陕西省)、故宫(北京市)、拉萨布达拉宫(西藏自治区)、长城(经辽宁、河北、天津、北京、内蒙古、山西、陕西、宁夏、甘肃9个省、市、自治区)、曲阜三孔(山东省)、华清池(陕西省)、三星堆(四川省)、都江堰(四川省)、西安碑林(陕西省)、西安城墙(陕西省)。

中国最恢宏的十大帝王陵墓：黄帝陵(陕西省)、乾陵(陕西省)、秦始皇陵(陕西省)、明十三陵(北京市)、成吉思汗陵(内蒙古自治区)、汉阳陵(陕西省)、清东陵(河北省)、西夏王陵(宁夏回族自治区)、茂陵(陕西省)、桥陵(陕西省)。

中国最美的十大湖：青海湖(青海省)、西湖(浙江省)、千岛湖(浙江省)、纳木错(西藏自治区)、泸沽湖(四川省)、镜泊湖(黑龙江省)、喀纳斯湖(新疆维吾尔自治区)、运城盐湖(山西省)、武汉东湖(湖北省)、太平湖(安徽省)。

中国最美的十大主题公园：西双版纳傣族园(云南省)、香港迪斯尼乐园(香港)、深圳世界之窗(广东省)、开封清明上河园(河南省)、大唐芙蓉园(陕西省)、昆明世博园(云南省)、彝人古镇(云南省)、横店影视城(浙江省)、镇北堡西部影城(宁夏回族自治区)、中华回乡文化园(宁夏回族自治区)。

中国最美的十大奇洞：织金洞(贵州省)、黄龙洞(浙江省)、腾龙洞(湖北省)、龙宫(贵州省)、本溪水洞(辽宁省)、芙蓉洞(重庆市)、崆山白云洞(河北省)、石花洞(北京市)、玉华洞(福建省)、梅山龙宫(湖南省)。

中国最美的十大古城：丽江(云南省)、平遥(山西省)、刚朔(广西壮族自治区)、徽州古城(安徽省)、镇远(贵州省)、景德镇(江西省)、山海关(河北省)、西昌(四川省)、阆中(四川省)、丰都鬼城(四川省)。

中国最美的十大峡谷：长江三峡(重庆市、湖北省)、雅鲁藏布大峡谷(西藏自治区)、澜沧江梅里大峡谷(云南省)、金沙江虎跳峡(云南省)、天山库车大峡谷(新疆维吾尔自治区)、大宁河小三峡(重庆市)、天坑地缝(重庆市)、太行山大峡谷(河南省、山西省)、金丝大峡谷(陕西省)、大波河金口大峡谷(四川省)。

中国最美的十大民居建筑:福建土楼(福建省)、开平碉楼(广东省)、王家大院(山西省)、乔家大院(山西省)、皇城相府(山西省)、成都大邑刘氏庄园(四川省)、宏村(安徽省)、西递(安徽省)、米脂姜氏庄园(陕西省)、康百万庄园(河南省)。

中国最佳的十大宗教寺院(道观)旅游胜地:法门寺(陕西省)、少林寺(河南省)、大昭寺(西藏自治区)、楼观台(陕西省)、拉卜楞寺(甘肃省)、塔尔寺(青海省)大慈恩寺(陕西省)、大兴善寺(陕西省)、芮城永乐宫(山西省)、佳县白云观(陕西省)。

中国最美的十大海滨城市:三亚(海南省)、青岛(山东省)、秦皇岛(河北省)、珠海(广东省)、日照(山东省)、厦门(福建省)、北海(广西壮族自治区)、大连(辽宁省)、海口(海南省)、宁波(浙江省)。

中国最美的十大古镇:喀纳斯湖畔古村落(新疆维吾尔自治区)、丹巴藏寨(西藏自治区)、黄姚(广西壮族自治区)、婺源(江西省)、乌镇(浙江省)、周庄(江苏省)、同里(江苏省)、西塘(浙江省)、赤坎古镇(广东省)、长汀(福建省)。

中国最美的十大园林:拙政园(江苏省)、承德避暑山庄(河北省)、颐和园(北京市)、狮子林(江苏省)、留园(江苏省)、古莲花池(河北省)、清晖园(广东省)、何园(江苏省)、静思园(江苏省)、个园(江苏省)。

中国最美的十大瀑布:九寨沟诺日朗瀑布(湖南省)、黄果树瀑布(贵州省)、黄河壶口瀑布(陕西省、山西省)、海螺沟大冰瀑布(四川省)、庐山瀑布(江西省)、德天瀑布(广西壮族自治区)、镜泊湖瀑布(黑龙江省)、九龙瀑布(云南省)、望乡台瀑布(重庆市)、云台山瀑布(河南省)。

中国最美的六大旅游名城:北京、西安、苏州、香港、成都、洛阳。

中国最美的六大沙漠:沙坡头(宁夏回族自治区)、鸣沙山—月牙泉(甘肃省)、响沙湾(内蒙古自治区)、沙湖(宁夏回族自治区)、库布齐(内蒙古自治区)、腾格里沙漠月亮湖(内蒙古自治区)。

中国最美的六大名楼(阁):武汉黄鹤楼(湖北省)、烟台蓬莱阁(山东省)、西安钟鼓楼(陕西省)、南昌滕王阁(江西省)、永济鹳雀楼(山西省)、昆明大观楼(云南省)。

中国最惊险刺激的六大漂流胜地:永顺猛洞河漂流(湖南省)、万泉河峡谷漂流(海南省)、沙坡头黄河漂流(宁夏回族自治区)、东江漂流(湖南省)、杉木河漂流(贵州省)、汶水河峡谷漂流(陕西省)。

中国最美的五大实景山水主题演出:阳朔《印象·刘三姐》(广西壮族自治区)、华清池《长恨歌》(陕西省)、《禅宗少林·音乐大典》(河南省)、《印象·西湖》(浙江省)、《印象·丽江》(云南省)。

中国最佳的五大红色旅游纪念地:井冈山(江西省)、延安(陕西省)、西柏坡(河北省)、遵义(贵州省)、韶山(湖南省)。

中国最美的五大海洋世界:大连老虎滩极地海洋馆(辽宁省)、青岛极地海洋世界(山东省)、大连圣亚海洋世界(辽宁省)、上海海洋水族馆(上海市)、西安曲江海洋世界(陕西省)。

中国最美的五大温泉旅游胜地:华山御温泉度假村(陕西省)、腾冲火山热海温泉(云南省)、海螺沟温泉度假区(四川省)、珠海御温泉(广东省)、锦江温泉(广东省)。

中国最美的三大滑雪场：亚布力滑雪场（黑龙江省）、阿尔山滑雪场（内蒙古自治区）、北大湖滑雪场（吉林省）。

中国最美的三大野生动物园：广州香江野生动物世界（广东省）、西安野生动物园（陕西省）、云南野生动物园（云南省）。

中国最美的六大湿地公园：神农架大九湖国家湿地公园（湖北省）、云南红河哈尼梯田国家湿地公园（云南省）、盘锦湿地（辽宁省）、杭州西溪国家湿地公园（江西省）、银川鸣翠湖国家湿地公园（宁夏回族自治区）、广东星湖国家湿地公园（广东省）。

中国最美的六大石窟：敦煌莫高窟（甘肃省）、云冈石窟（山西省）、龙门石窟（河南省）、克孜尔千佛洞（新疆维吾尔自治区）、大足石刻（重庆市）、麦积山石窟（甘肃省）。

中国最美的六大草原：呼伦贝尔草原（内蒙古自治区）、锡林郭勒大草原（内蒙古自治区）、祁连山草原（甘肃省）、甘南草原（甘肃省）、伊犁草原（新疆维吾尔自治区）、科尔沁草原（内蒙古自治区）。

三、中国国家级风景名胜区

中国国家级风景名胜区，原称国家重点风景名胜区，由国务院批准公布。根据中华人民共和国国务院于2006年9月19日公布并自2006年12月1日起施行的《风景名胜区条例》，风景名胜区是指具有观赏、文化或者科学价值，自然景观、人文景观比较集中，环境优美，可供人们游览或者进行科学、文化活动的区域。

风景名胜区的资源是以自然资源为主的、独特的、不可替代的景观资源，是通过几亿年大自然鬼斧神工所形成的自然遗产，而且是世代不断增值的遗产。

风景名胜区划分为国家级风景名胜区和省级风景名胜区，其中自然景观和人文景观能够反映重要自然变化过程和重大历史文化发展过程，基本处于自然状态或者保持历史原貌，具有国家代表性的，可以申请设立国家级风景名胜区，报国务院批准公布。截至2012年12月，中国国家级风景名胜区已达225处，其中22处被列入联合国教科文组织《世界遗产名录》，省级风景名胜区达764处。

1. 第一批国家重点风景名胜区名单（国务院1982年11月8日批准，共44处）

北京市（1处）：八达岭—十三陵风景名胜区。

河北省（2处）：承德避暑山庄外八庙风景名胜区、秦皇岛北戴河风景名胜区。

山西省（2处）：五台山风景名胜区、恒山风景名胜区。

辽宁省（1处）：鞍山千山风景名胜区。

黑龙江省（2处）：镜泊湖风景名胜区、五大连池风景名胜区。

江苏省（2处）：太湖风景名胜区、南京钟山风景名胜区。

浙江省（4处）：杭州西湖风景名胜区、富春江—新安江风景名胜区、雁荡山风景名胜区、普陀山风景名胜区。

安徽省（3处）：黄山风景名胜区、九华山风景名胜区、天柱山风景名胜区。

福建省（1处）：武夷山风景名胜区。

江西省（2处）：庐山风景名胜区、井冈山风景名胜区。

山东省（2处）：泰山风景名胜区、青岛崂山风景名胜区。

河南省(3处):鸡公山风景名胜区、洛阳龙门风景名胜区、嵩山风景名胜区。

湖北省(3处):武汉东湖风景名胜区、武当山风景名胜区、长江三峡风景名胜区。

湖南省(1处):衡山风景名胜区。

广东省(1处):肇庆星湖风景名胜区。

广西壮族自治区(1处):桂林漓江风景名胜区。

重庆市(2处):长江三峡风景名胜区、重庆缙云山风景名胜区。

四川省(4处):峨眉山风景名胜区、黄龙寺—九寨沟风景名胜区、青城山—都江堰风景名胜区、剑门蜀道风景名胜区。

贵州省(1处):黄果树风景名胜区。

云南省(3处):路南石林风景名胜区、大理风景名胜区、西双版纳风景名胜区。

陕西省(2处):华山风景名胜区、临潼骊山风景名胜区。

甘肃省(1处):麦积山风景名胜区。

新疆维吾尔自治区(1处):天山天池风景名胜区。

2. 第二批国家重点风景名胜区名单(国务院1988年8月1日批准,共40处)

河北省(2处):野三坡风景名胜区、苍岩山风景名胜区。

山西省(1处):黄河壶口瀑布风景名胜区。

辽宁省(4处):鸭绿江风景名胜区、金石滩风景名胜区、兴城海滨风景名胜区、大连海滨—旅顺口风景名胜区。

吉林省(2处):松花湖风景名胜区、"八大部"—净月潭风景名胜区。

江苏省(2处):云台山风景名胜区、蜀岗瘦西湖风景名胜区。

浙江省(3处):天台山风景名胜区、嵊泗列岛风景名胜区、楠溪江风景名胜区。

安徽省(1处):琅琊山风景名胜区。

福建省(3处):清源山风景名胜区、鼓浪屿—万石山风景名胜区、太姥山风景名胜区。

江西省(2处):三清山风景名胜区、龙虎山风景名胜区。

山东省(1处):胶东半岛海滨风景名胜区。

湖北省(1处):大洪山风景名胜区。

湖南省(2处):岳阳楼洞庭湖风景名胜区、武陵源风景名胜区。

广东省(2处):西樵山风景名胜区、丹霞山风景名胜区。

广西壮族自治区(2处):桂平西山风景名胜区、花山风景名胜区。

重庆市(1处):金佛山风景名胜区。

四川省(2处):贡嘎山风景名胜区、蜀南竹海风景名胜区。

贵州省(4处):织金洞风景名胜区、沅阳河风景名胜区、红枫湖风景名胜区、龙宫风景名胜区。

云南省(3处):三江并流风景名胜区、昆明滇池风景名胜区、丽江玉龙雪山风景名胜区。

西藏自治区(1处):雅砻河风景名胜区。

陕西省(1处):黄河壶口瀑布风景名胜区。

宁夏回族自治区(1处):西夏王陵风景名胜区。

3. 第三批国家重点风景名胜区名单(国务院1994年1月10日批准,共35处)

天津市(1处):盘山风景名胜区。

河北省(1处):嶂石岩风景名胜区。
山西省(2处):北武当山风景名胜区、五老峰风景名胜区。
辽宁省(2处):凤凰山风景名胜区、本溪水洞风景名胜区。
浙江省(4处):莫干山风景名胜区、雪窦山风景名胜区、双龙风景名胜区、仙都风景名胜区。
安徽省(1处):齐云山风景名胜区。
福建省(5处):桃源洞—鳞隐石林风景名胜区、金湖风景名胜区、鸳鸯溪风景名胜区、海坛风景名胜区、冠豸山风景名胜区。
河南省(1处):王屋山—云台山风景名胜区。
湖北省(2处):隆中风景名胜区、九宫山风景名胜区。
湖南省(1处):韶山风景名胜区。
海南省(1处):三亚热带海滨风景名胜区。
重庆市(1处):四面山风景名胜区。
四川省(2处):西岭雪山风景名胜区、四姑娘山风景名胜区。
贵州省(3处):荔波樟江风景名胜区、赤水风景名胜区、马岭河峡谷风景名胜区。
云南省(4处):腾冲地热火山风景名胜区、瑞丽江—大盈江风景名胜区、九乡风景名胜区、建水风景名胜区。
陕西省(1处):宝鸡天台山风景名胜区。
甘肃省(2处):崆峒山风景名胜区、鸣沙山—月牙泉风景名胜区。
青海省(1处):青海湖风景名胜区。

4. 第四批国家重点风景名胜区名单(国务院 2002 年 5 月 17 日批准,共 32 处)

北京市(1处):石花洞风景名胜区。
河北省(2处):西柏坡—天桂山风景名胜区、崆山白云洞风景名胜区。
内蒙古自治区(1处):扎兰屯风景名胜区。
辽宁省(2处):青山沟风景名胜区、医巫闾山风景名胜区。
吉林省(2处):仙景台风景名胜区、防川风景名胜区。
浙江省(3处):江郎山风景名胜区、仙居风景名胜区、浣江—五泄风景名胜区。
安徽省(3处):采石风景名胜区、巢湖风景名胜区、花山谜窟—渐江风景名胜区。
福建省(2处):鼓山风景名胜区、玉华洞风景名胜区。
江西省(2处):仙女湖风景名胜区、三百山风景名胜区。
山东省(2处):博山风景名胜区、青州风景名胜区。
河南省(1处):石人山风景名胜区。
湖北省(1处):陆水风景名胜区。
湖南省(2处):岳麓山风景名胜区、崀山风景名胜区。
广东省(2处):白云山风景名胜区、惠州西湖风景名胜区。
重庆市(1处):芙蓉江风景名胜区。
四川省(2处):石海洞乡风景名胜区、邛海—螺髻山风景名胜区。
陕西省(1处):黄帝陵风景名胜区。
新疆维吾尔自治区(2处):库木塔格沙漠风景名胜区、博斯腾湖风景名胜区。

5. 第五批国家重点风景名胜区(国务院 2004 年 1 月 13 日批准,共 26 处)

江苏省(1 处):三山风景名胜区。

浙江省(2 处):方岩风景名胜区、百丈漈—飞云湖风景名胜区。

安徽省(1 处):太极洞风景名胜区。

福建省(2 处):十八重溪风景名胜区、青云山风景名胜区。

江西省(2 处):梅岭—滕王阁风景名胜区、龟峰风景名胜区。

河南省(1 处):林虑山风景名胜区。

湖南省(2 处):猛洞河风景名胜区、桃花源风景名胜区。

广东省(2 处):罗浮山风景名胜区、湖光岩风景名胜区。

重庆市(1 处):天坑地缝风景名胜区。

四川省(4 处):白龙湖风景名胜区、光雾山—诺水河风景名胜区、天台山风景名胜区、龙门山风景名胜区。

贵州省(4 处):都匀斗篷山—剑江风景名胜区、九洞天风景名胜区、九龙洞风景名胜区、黎平侗乡风景名胜区。

云南省(2 处):普者黑风景名胜区、阿庐风景名胜区。

陕西省(1 处):合阳洽川风景名胜区。

新疆维吾尔自治区(1 处):赛里木湖风景名胜区。

6. 第六批国家重点风景名胜区名单(国务院 2005 年 12 月 31 日批准,共 10 处)

浙江省(1 处):方山—长屿硐天风景名胜区。

安徽省(1 处):花亭湖风景名胜区。

江西省(3 处):高岭—瑶里风景名胜区、武功山风景名胜区、云居山—柘林湖风景名胜区。

河南省(2 处):青天河风景名胜区、神农山风景名胜区。

湖南省(2 处):紫鹊界梯田—梅山龙宫风景名胜区、德夯风景名胜区。

贵州省(1 处):紫云格凸河穿洞风景名胜区。

7. 第七批国家级风景名胜区名单(国务院 2009 年 12 月 28 日批准,共 21 处)

黑龙江省(1 处):太阳岛风景名胜区。

浙江省(1 处):天姥山风景名胜区。

福建省(3 处):佛子山风景名胜区、宝山风景名胜区、福安白云山风景名胜区。

江西省(1 处):灵山风景名胜区。

河南省(2 处):桐柏山—淮源风景名胜区、郑州黄河风景名胜区。

湖南省(5 处):苏仙岭—万华岩风景名胜区、南山风景名胜区、万佛山—侗寨风景名胜区、虎形山—花瑶风景名胜区、东江湖风景名胜区。

广东省(1 处):梧桐山风景名胜区。

贵州省(5 处):平塘风景名胜区、榕江苗山侗水风景名胜区、石阡温泉群风景名胜区、沿河乌江山峡风景名胜区、瓮安江界河风景名胜区。

西藏自治区(2 处):纳木错—念青唐古拉山风景名胜区、唐古拉山—怒江源风景名胜区。

8. 第八批国家级风景名胜区名单(国务院 2012 年 10 月 31 日公布,共 17 处)

河北省(3 处):太行大峡谷风景名胜区、响堂山风景名胜区、娲皇宫风景名胜区

山西省(3处):碛口风景名胜区
浙江省(1处):大红岩风景名胜区
福建省(2处):灵通山风景名胜区、湄洲岛风景名胜区
江西省(2处):神农源风景名胜区、大茅山风景名胜区
湖南省(4处):凤凰风景名胜区、沩山风景名胜区、炎帝陵风景名胜区、白水洞风景名胜区
重庆市(1处):潭獐峡风景名胜区
西藏自治区(1处):土林—古格风景名胜区
宁夏回族自治区(1处):须弥山石窟风景名胜区
新疆维吾尔自治区(1处):罗布人村寨风景名胜区

四、中国旅游胜地40佳单位

1991年,经国家旅游局批准,由中国旅游报社同国家旅游局资源开发司共同主办,评选出了全国40处最佳旅游胜地,它们是:

以自然景观为主的旅游胜地:长江三峡风景区(湖北、重庆)、桂林漓江风景区(广西)、黄山风景区(安徽)、庐山风景区(江西)、杭州西湖风景区(浙江)、峨眉山风景区(四川)、黄果树瀑布风景区(贵州)、泰山风景区(山东)、秦皇岛北戴河海滨(河北)、华山风景区(陕西)。

以人文景观为主的旅游胜地:八达岭长城(北京)、乐山大佛(四川)、苏州园林(江苏)、北京故宫(北京)、敦煌莫高窟(甘肃)、曲阜三孔(山东)、颐和园(北京)、明十三陵(北京)、中山陵(江苏)、避暑山庄—外八庙(河北)。

新开发的以自然景观为主的旅游胜地:九寨沟—黄龙寺风景区(四川)、桐庐瑶琳仙境(浙江)、织金洞风景区(贵州)、巫山小三峡(重庆)、井冈山风景区(江西)、蜀南竹海风景区(四川)、大东海—亚龙湾风景区(海南)、张家界风景区(湖南)、五大连池风景区(黑龙江)、黄河壶口瀑布风景区(山西、陕西)。

新开发的以人文景观为主的旅游胜地:秦始皇陵兵马俑博物馆(陕西)、自贡恐龙博物馆(四川)、黄鹤楼(湖北)、北京大观园(北京)、山海关及老龙头长城(河北)、成吉思汗陵(内蒙古)、珠海旅游城(广东)、锦绣中华(广东)、夫子庙及秦淮河风景带(江苏)、葛洲坝(湖北)。

五、中国5A级旅游景区

国家旅游局开展5A创建工作,目的就是促使各地方政府加大投资力度,以改善硬件设施,强化管理以提升软件水平,并在全国现有的671家4A级旅游景区中筛选出一批质量过硬,吻合境内外游客需求,在国际上有竞争力,在国内真正成为标杆的旅游精品(绝品)景区。5A是一套规范性标准化的质量等级评定体系,从旅游交通、游览、旅游安全、卫生、邮电服务、旅游购物、综合管理、资源与环境保护等8个方面进行全面规范,突出以游客为中心,强调以人为本。是目前全国旅游景区(点)最高评定标准。

国家旅游局2007年5月22日在其官方网站发布通知公告,经全国旅游景区质量等级评定委员会委派的评定小组现场验收,全国旅游景区质量等级评定委员会审核批准,决定批准66家景区为国家5A级旅游景区。为迎接世界佛教论坛,2009年3月26日,国家旅游局提前批准无锡灵山大佛景区晋升5A级。为迎接世博会,2010年4月18日,国家旅游局批准"江浙沪"的9家景点晋

升5A,同意原5A级的苏州拙政园景区扩大为5A级苏州园林景区(拙政园、虎丘、留园)(从67家增加到76家)。为开拓北方旅游市场,2011年1月17日,国家旅游局新增长江以北地区的19家景点晋升5A,同意扩展原5A级的焦作云台山景区扩大为焦作云台山—神农山景区(从76家增加到95家)。为平衡南北旅游市场,2011年1月31日,国家旅游局提前批准广州市白云山景区、梅州市雁南飞茶田景区晋升5A(从95家增加到97家)。为支持中部旅游发展,2011年5月5日,国家旅游局新增河南省尧山—中原大佛景区、安徽省天柱山风景区、安徽省皖南古村落—西递·宏村、湖北省武当山风景区、湖北省三峡人家风景区、湖北省神农溪纤夫文化旅游区、北京市明十三陵景区、深圳市观澜湖休闲旅游区8家景区晋升为国家5A级旅游景区;新增2家5A级旅游景区(扩展部分)分别为:焦作市云台山—神农山景区(5A级)增加青天河景区部分、北京八达岭长城旅游区(5A级)增加慕田峪长城旅游区部分(从97家增加到105家)。2011年7月6日,在北京举行的"国家5A级旅游区颁牌仪式"上,新增5家国家5A级旅游景区:云南省大理市崇圣寺三塔文化旅游区、云南省丽江市丽江古城景区、中国科学院西双版纳热带植物园、四川省乐山市乐山大佛景区、重庆市武隆喀斯特旅游区(天生三桥、仙女山、芙蓉洞)(从105家增加到110家)。2011年9月6日,国家旅游局在北京为新评定的9家国家5A级旅游景区及1家5A级旅游景区(扩展部分)授牌,9家新增国家5A级旅游景区分别为:福建省客家土楼(永定·南靖)旅游景区、福建省三明市泰宁风景旅游区、江西省上饶市三清山旅游景区、湖南省岳阳市岳阳楼—君山岛景区、湖南省湘潭市韶山旅游区、广东省清远市连州地下河旅游景区、青海省青海湖景区、浙江省嘉兴市南湖旅游区、河北省石家庄市西柏坡景区;新增的1家5A级旅游景区(扩展部分)为:湖南省张家界武陵源旅游区(5A级)增加天门山景区部分,扩展为张家界武陵源—天门山旅游区(从110家增加到119家)。2012年新增26家,2013年新增30家,2014年新增11家。截止2014年12月,国家旅游局共确定了186家国家5A级旅游风景区。

5A级景区全名单(截止2014年12月,合计186家,扩展景区合计为1家):

北京市(7家):故宫博物院、天坛公园、颐和园、八达岭—慕田峪长城旅游区、明十三陵景区、恭王府、北京奥林匹克公园。

天津市(2家):天津古文化街旅游区(津门故里)、天津盘山风景名胜区。

河北省(5家):承德避暑山庄及周围寺庙景区、秦皇岛山海关景区、保定安新白洋淀景区、保定野三坡景区、石家庄市西柏坡景区。

山西省(5家):大同云冈石窟、忻州五台山风景名胜区、晋城皇城相府生态文化旅游区、介休市绵山风景名胜区、晋中市乔家大院文化园区。

内蒙古自治区(2家):鄂尔多斯响沙湾旅游景区、鄂尔多斯成吉思汗陵旅游区。

辽宁省(3家):沈阳植物园、大连老虎滩海洋公园—老虎滩极地馆、大连金石滩景区。

吉林省(3家):长白山景区、长春伪满皇宫博物院、长春净月潭景区。

黑龙江省(4家):哈尔滨太阳岛景区、黑河五大连池景区、牡丹江镜泊湖景区、伊春市汤旺河林海奇石景区。

上海市(3家):东方明珠广播电视塔、上海野生动物园、上海科技馆。

江苏省(18家):苏州园林(拙政园、虎丘山、留园)、南京钟山—中山陵园景区、苏州周庄古镇景区、中央电视台无锡影视基地三国水浒景区、无锡灵山大佛景区、南京夫子庙—秦淮风光带景区、扬州瘦西湖风景区、苏州同里古镇景区、常州中华环球恐龙城休闲旅游区、南通市濠河景区、泰州市美堰市溱湖旅游景区、镇江金山·焦山·北固山、无锡市鼋头渚景区、苏州工业园区金鸡湖景区、苏州吴中太湖旅游区、常熟沙家浜·虞山尚湖旅游景区、溧阳市天目湖景区、镇江句容茅山景区。

浙江省(1家)：杭州西湖风景名胜区、温州雁荡山风景名胜区、舟山普陀山风景名胜区、杭州淳安县千岛湖风景名胜区、嘉兴桐乡乌镇古镇旅游区、嘉兴南湖旅游区、宁波奉化溪口—滕头旅游景区、金华东阳横店影视城景区、杭州西溪湿地旅游区、绍兴鲁迅故里·沈园景区、衢广州市开化根宫佛国文化旅游区。

安徽省(8家)：黄山市黄山风景区、池州九华山风景区、安庆天柱山风景区、黄山皖南古村落—西递·宏村、六安市天堂寨、宣城市绩溪龙川景区、阜阳市颖上县八里河风景区、黄山市古徽州文化旅游区。

福建省(7)：厦门鼓浪屿风景名胜区、南平武夷山风景名胜区、三明泰宁风景旅游区、福建客家土楼(永定·南靖)旅游景区、宁德屏南白水洋·鸳鸯溪旅游景区、泉州清源山风景名胜区、宁德市福鼎太姥山旅游区。

江西省(6家)：九江庐山风景名胜区、吉安井冈山风景旅游区、上饶三清山旅游景区、鹰潭市贵溪龙虎山旅游景区、上饶市婺源江湾景区、景德镇古窑民俗博览区。

山东省(9家)：泰安泰山景区、烟台蓬莱阁旅游区、曲阜明故城(三孔)旅游区、烟台龙口南山景区、青岛崂山景区、威海刘公岛景区、枣庄台儿庄古城景区、济南天下第一泉景区、山东沂蒙山旅游区。

河南省(10家)：郑州登封嵩山少林景区、洛阳龙门石窟景区、焦作云台山—神农山—博爱青天河风景名胜区、洛阳嵩县白云山景区、开封清明上河园、安阳殷墟景区、平顶山尧山—中原大佛景区、洛阳老君山—鸡冠洞旅游区、洛阳龙潭大峡谷景区、南阳西峡伏牛山老界岭—恐龙遗址园旅游区。

湖北省(10家)：武汉黄鹤楼公园、宜昌三峡大坝旅游区、宜昌三峡人家风景区、十堰武当山风景区、恩施巴东神龙溪纤夫文化旅游区、神农架生态旅游区、宜昌长阳清江画廊景区、武汉市东湖景区、宜昌秭归县屈原故里文化旅游区、武汉市黄陂木兰文化生态旅游区。

湖南省(6家)：张家界武陵源—天门山旅游区、衡阳南岳衡山旅游区、湘潭市韶山旅游区、岳阳市岳阳楼—君山岛景区、长沙市岳麓山—橘子洲旅游区、长沙市宁乡县花明楼景区。

广东省(10家)：广州长隆旅游度假区、深圳华侨城旅游度假区、广州白云山风景区、梅州雁南飞茶田景区、深圳市观澜湖休闲旅游区、清远市连州地下河旅游景区、韶关仁化丹霞山景区、佛山市西樵山景区、惠州市罗浮山景区、佛山市顺德区长鹿旅游休博园。

广西壮族自治区(4家)：桂林漓江景区、桂林乐满地度假世界、桂林独秀峰—清江王城景区、南宁市青秀山旅游区。

海南省(4家)：三亚南山文化旅游区、三亚南山大小洞天旅游区、呀诺达雨林文化旅游区、海南省分界洲岛旅游区。

重庆市(6家)：大足石刻景区、巫山小三峡—小小三峡、武隆喀斯特旅游区(天生三桥、仙女山、芙蓉洞)、酉阳桃花源景区、万盛经开区黑山谷景区、南川金佛山—神龙峡风景区。

四川省(10家)：成都市青城山—都江堰旅游景区、乐山市峨眉山景区、阿坝藏族羌族自治州九寨沟旅游景区、乐山市乐山大佛景区、阿坝藏族羌族自治州黄龙景区、南充市阆中古城旅游景区、绵阳北川羌城旅游区、阿坝州汶川特别旅游区、广安市邓小平故里旅游区、广安市剑门蜀道剑门关旅游景区。

贵州省(3家)：安顺黄果树大瀑布景区、安顺龙宫景区、毕节市百里杜鹃景区。

云南省(6家)：昆明石林风景区、丽江市玉龙雪山景区、丽江古城景区、大理崇圣寺三塔文化旅游区、中国科学院西双版纳热带植物园、迪庆香格里拉普达措国家公园。

西藏自治区(2家)：拉萨市布害拉宫景区、拉萨大昭寺景区。

陕西省(6家)：西安秦始皇兵马俑博物馆、西安华清池景区、延安黄帝陵景区、西安大雁塔—大唐芙蓉园景区、渭南华山景区、宝鸡扶风县法门寺文化景区。

甘肃省(3家)：嘉峪关文物景区、平凉崆峒山风景名胜区、天水麦积山景区。

青海省(2家)：青海湖景区、湟中县塔尔寺。

宁夏回族自治区(3家)：石嘴山沙湖旅游景区、中卫沙坡头旅游景区、银川镇北堡西部影视城。

新疆维吾尔自治区(8家)：乌鲁木齐天山天池风景名胜区、吐鲁番葡萄沟风景区、阿勒泰地区喀纳斯景区、伊犁地区那拉提旅游风景区、富蕴县可可托海景区、喀什地区泽普县金胡杨景区、乌鲁木齐天山大峡谷、巴青郭楞蒙古自治州博湖县博斯腾湖景区。

六、全国文明风景旅游区

1998年，中央精神文明建设指导委员会办公室、建设部、国家旅游局联合发起创建全国文明风景旅游区示范点活动，倡导文明开发、文明经营、文明服务、文明管理。1998年~2002年，共分5批确定并公布了50家全国文明风景旅游区示范点。2006年，中央精神文明建设指导委员会办公室、建设部、国家旅游局授予11家景区为全国文明风景旅游区；2009年，授予15家单位"全国文明风景旅游区"称号、55家单位"全国创建文明风景旅游区工作先进单位"称号。

首批全国文明风景旅游区示范点(10家,1998)：安徽黄山风景区、江西庐山风景区、四川峨眉山风景区、山东泰山风景区、广西桂林漓江(叠彩山至阳朔)风景游览线、广东肇庆星湖景区、浙江杭州西湖风景区环湖景区、北京颐和园、河北承德避暑山庄、江苏苏州园林虎丘山风景区。

第二批全国文明风景旅游区示范点(10家,1999)：云南昆明石林风景名胜区、福建武夷山风景名胜区、辽宁鞍山千山风景名胜区、江苏扬州蜀岗—瘦西湖风景名胜区、河北秦皇岛山海关景区、广东深圳湾华侨城旅游度假、贵州黄果树风景名胜区、陕西华山风景名胜区、湖北武汉东湖风景名胜区、北京八达岭长城景区。

第三批全国文明风景旅游区示范点(10家,2000)：云南昆明世界园艺博览园、福建厦门鼓浪屿风景区、吉林长春净月潭风景名胜区、宁夏沙湖、江西南昌滕王阁、浙江雁荡山风景名胜区、山西五台山风景名胜区、山东青岛崂山风景名胜区、河南洛阳龙门风景名胜区、重庆大足石刻风景旅游区。

第四批全国文明风景旅游区示范点(10家,2001)：浙江普陀山风景名胜区、云南丽江古城风景旅游区、安徽九华山风景名胜区、湖北武当山风景名胜区、甘肃麦积山风景名胜区、河南嵩山风景名胜区、湖南衡山风景名胜区、新疆喀纳斯风景名胜区、黑龙江镜泊湖风景名胜区、内蒙古阿尔山风景旅游区。

第五批全国文明风景旅游区示范点(10家,2002)：北京天坛公园、吉林松花湖风景名胜区、江苏花果山风景名胜区、江西三清山风景名胜区、海南三亚南山文化旅游区、四川九寨沟风景名胜区、中科院西双版纳热带植物园、山西大同云冈石窟、湖南岳麓山风景名胜区、河南开封市龙亭湖风景旅游区。

首批全国文明风景旅游区(11家,2006):四川峨眉山风景名胜区、福建武夷山风景名胜区、山东泰山风景名胜区、江西庐山风景名胜区、安徽黄山风景名胜区、北京颐和园、河南洛阳龙门风景名胜区、杭州西湖风景名胜区、云南丽江古城、辽宁鞍山千山风景名胜区、广东深圳华侨城旅游度假区。

第二批全国文明风景旅游区(15家,2009):江西井冈山风景名胜区、福建鼓浪屿风景名胜区、云南石林风景名胜区、四川九寨沟风景名胜区、北京天坛公园、新疆天山天池风景名胜区、河南云台山风景名胜区、江苏蜀冈—瘦西湖风景名胜区、湖北武汉东湖风景名胜区、山东青岛崂山风景名胜区、广东白云山风景名胜区、安徽九华山风景名胜区、吉林净月潭风景名胜区、湖南武陵源风景名胜区、陕西黄帝陵风景名胜区。

七、全国红色旅游经典景区

国家有关部门计划在全国范围内构建12个"重点红色旅游区"、20个"红色旅游名城"、30条"红色旅游精品线路"、100个"红色旅游经典景区"。国家发展和改革委员会、中共中央宣传部、国家旅游局等13个部门于2005年4月联合下发通知,公布了30条全国红色旅游精品线和100个全国红色旅游经典景区。

1. 全国红色旅游精品线路(30条)

(1)北京—遵化—乐亭—天津线 主要红色旅游景点有:北京市天安门广场,中国人民抗日战争纪念馆,卢沟桥,宛平城,新文化运动纪念馆,中国国家博物馆,中国人民革命军事博物馆,李大钊烈士陵园,顺义区焦庄户村地道战遗址纪念馆;唐山市乐亭县李大钊故居和纪念馆;天津市周恩来邓颖超纪念馆,平津战役纪念馆,盘山烈士陵园。

(2)北京—保定—西柏坡线 主要红色旅游景点有:北京市天安门广场,中国人民抗日战争纪念馆,卢沟桥,宛平城,新文化运动纪念馆,中国国家博物馆,中国人民革命军事博物馆,顺义区焦庄户村地道战遗址纪念馆;保定市阜平县城南庄晋察冀军区司令部旧址,易县狼牙山五壮士塔,安新县白洋淀景区,清苑县冉庄地道战遗址,唐县白求恩柯棣华纪念馆;石家庄市平山县西柏坡纪念馆和中共中央旧址。

(3)上海—嘉兴—平阳线 主要红色旅游景点有:上海市中国共产党第一次全国代表大会会址纪念馆,龙华革命烈士陵园,宋庆龄陵园,陈云故居暨青浦革命历史纪念馆;嘉兴市南湖风景名胜区(中共一大旧址);温州市浙南(平阳)抗日根据地旧址。

(4)南京—镇江—句容—常熟线 主要红色旅游景点有:南京市梅园新村纪念馆,雨花台烈士陵园,侵华日军南京大屠杀遇难同胞纪念馆,渡江胜利纪念馆;镇江市句容县茅山新四军纪念地;常熟市沙家浜旅游区。

(5)泰州—盐城—淮安—徐州线 主要红色旅游景点有:泰州市黄桥战役纪念馆,白马庙;盐城市新四军重建纪念馆;淮安市周恩来纪念馆和故居,黄花塘新四军军部旧址,新安旅行团革命历史陈列馆;徐州市淮海战役纪念馆。

(6)南昌—吉安—井冈山线 主要红色旅游景点有:南昌八一起义纪念馆,方志敏纪念馆;吉安市苏区政府旧址;井冈山市茨坪革命旧址群、黄洋界、井冈山烈士陵园等。

(7)赣州—瑞金—于都—会昌—长汀—上杭—古田线 主要红色旅游景点有:瑞金市中华苏

维埃临时中央政府旧址,于都县红军长征出发地;龙岩市长汀县红四军司令部、政治部旧址,瞿秋白烈士纪念碑,上杭县古田会议旧址,毛泽东才溪乡调查纪念馆。

（8）井冈山—永新—茶陵—株洲线 主要红色旅游景点有:井冈山市茨坪革命旧址群、黄洋界、井冈山烈士陵园等,永新县三湾改编旧址;株洲市茶陵县第一个县级红色政权、红军墙、红军村,醴陵市左权将军纪念碑。

（9）韶山—宁乡—平江线 主要红色旅游景点有:韶山市毛泽东故居和纪念馆,湘潭县彭德怀故居和纪念馆,长沙市宁乡县花明楼刘少奇故居和纪念馆,杨开慧故居和纪念馆;岳阳市平江县平江起义旧址。

（10）南宁—崇左—靖西—百色线 主要红色旅游景点有:崇左市龙州县红八军军部旧址;百色市百色起义纪念馆,百色起义烈士陵园,红七军军部旧址,田东县红军码头,右江区右江工农民主政府旧址,乐业县红七军和红八军会师地旧址。

（11）贵阳—凯里—镇远—黎平—通道—桂林线 主要红色旅游景点有:贵阳市息烽集中营革命历史纪念馆,息烽县乌江景区;黔东南州黎平县黎平会议旧址;桂林市八路军驻桂林办事处旧址,兴安县界首镇红军长征突破湘江烈士纪念碑园。

（12）贵阳—遵义—仁怀—赤水—泸州线 主要红色旅游景点有:贵阳市息烽集中营革命历史纪念馆,息烽县乌江景区;遵义市遵义会议会址,红花岗区红军山烈士陵园,汇川区和桐梓县娄山关景区,仁怀市红军四渡赤水纪念地,习水县黄皮洞战斗遗址,赤水市红军烈士陵园、丙安红一军团纪念馆。

（13）成都—松潘—若尔盖—迭部—宕昌—岷县—临夏—兰州线 主要红色旅游景点有:雪山草地,阿坝州松潘县红军碑园,若尔盖县巴西会议会址;甘南州迭部县腊子口战役遗址;陇南市宕昌县哈达铺红军长征纪念馆;定西市"岷州会议"纪念馆;兰州市城关区八路军驻兰州办事处旧址。

（14）成都—雅安—石棉—泸定—康定线 主要红色旅游景点有:雅安市宝兴县夹金山红军纪念碑,石棉县安顺场红军强渡大渡河纪念地;甘孜州泸定县泸定桥革命文物纪念馆。

（15）昆明—会理—攀枝花—冕宁—西昌线 主要红色旅游景点有:昆明市"一二·一"四烈士墓及"一二·一"纪念馆,寻甸县红军长征柯渡纪念馆;凉山州会理县皎平渡红军渡江遗址、会理会议遗址,冕宁县彝海结盟遗址、红军长征纪念馆。

（16）兰州—定西—会宁—静宁—六盘山—银川线 主要红色旅游景点有:定西市岷县"岷州会议"纪念馆,通渭县榜罗镇革命遗址;白银市会宁县红军长征会师旧址;固原市隆德县六盘山长征纪念亭,西吉县将台堡一二方面军会师纪念碑,兴隆镇单家集红军长征遗址,泾源县老龙潭革命烈士纪念亭。

（17）西安—洛川—延安—子长—榆林—绥德线 主要红色旅游景点有:西安市八路军西安办事处纪念馆,西安事变纪念馆;延安市洛川县洛川会议旧址纪念馆,枣园旧址,杨家岭旧址,王家坪旧址,凤凰山旧址,清凉山旧址,瓦窑堡会议旧址,"四八"烈士陵园,子长县子长烈士纪念馆。

（18）黄山—婺源—上饶—弋阳—武夷山线 主要红色旅游景点有:黄山市岩寺新四军军部及八省健儿会师地;上饶市上饶集中营革命烈士陵园,弋阳县方志敏故居;南平市武夷山赤石、大安红色旅游景区。

（19）黄山—绩溪—旌德—泾县—宣城—芜湖线 主要红色旅游景点有:黄山市岩寺新四军军部及八省健儿会师地;宣城市泾县皖南事变烈士陵园及新四军军部旧址;芜湖市王稼祥纪念园。

(20)济南—济宁—枣庄—临沂—连云港线　主要红色旅游景点有：济南市济南战役纪念馆；济宁市微山湖；枣庄市铁道游击队纪念地，台儿庄大战遗址；临沂市沂蒙山孟良崮战役遗址，华东烈士陵园；连云港市抗日烈士陵园。

(21)武汉—麻城—红安—新县—信阳线　主要红色旅游景点有：武汉市汉口八七会议会址纪念馆，武昌区毛泽东旧居及中央农民运动讲习所旧址纪念馆，施洋烈士陵园，向警予烈士陵园；麻城市烈士陵园，红安县黄麻起义和鄂豫皖苏区革命烈士陵园；信阳市新县鄂豫皖苏区首府革命博物馆，鄂豫皖苏区革命烈士陵园，首府路和航空路革命旧址，将军故里，金刚台红军洞群，罗山县红二十五军长征出发地。

(22)合肥—六安—金寨—霍山—岳西—安庆线　主要红色旅游景点有：六安市皖西烈士陵园，独山革命旧址群，金寨县革命烈士陵园，金寨县红二十五军政机构旧址，霍山县西镇暴动纪念馆，岳西及金寨县红二十八军军部及重建旧址。

(23)太原—大同—灵丘—涞源—易县—涿州线　主要红色旅游景点有：太原市太原解放纪念馆，山西省国民师范旧址革命活动纪念馆；大同市煤矿展览馆，灵丘县平型关战役遗址；忻州市五台县晋察冀军区司令部旧址纪念馆，徐向前故居和纪念馆；保定市易县狼牙山，黄土岭战斗遗址。

(24)石家庄—西柏坡—涉县—长治—晋城线　主要红色旅游景点有：石家庄市华北军区烈士陵园，平山县西柏坡中共中央旧址等革命历史遗址；邯郸市涉县129师司令部旧址；长治市武乡县八路军太行纪念馆，王家峪八路军总部旧址，"百团大战"砖壁指挥部旧址，黎城县黄崖洞革命纪念地。

(25)沈阳—锦州—葫芦岛—秦皇岛线　主要红色旅游景点有：沈阳市"九一八"历史博物馆，抗美援朝烈士陵园；抚顺市平顶山惨案遗址纪念馆，战犯管理所旧址；锦州市辽沈战役纪念馆、黑山阻击战纪念馆，葫芦岛市塔山阻击战纪念馆。

(26)四平—吉林—敦化—延吉—白山—临江—通化—集安线　主要红色旅游景点有：四平市四平战役纪念馆及烈士陵园；白山市郊七道江遗址，靖宇县杨靖宇将军殉难地；临江市"四保临江"烈士陵园，陈云旧居，杨靖宇烈士陵园。

(27)哈尔滨—阿城—尚志—海林—牡丹江线　主要红色旅游景点有：哈尔滨东北烈士纪念馆，东北抗联博物馆，哈尔滨烈士陵园，侵华日军七三一部队罪证陈列馆，尚志市赵一曼被捕地；牡丹江市八女投江革命烈士陵园，海林市杨子荣烈士墓及剿匪遗址，宁安市马骏故居和纪念馆。

(28)重庆—广安—仪陇—巴中线　主要红色旅游景点有：重庆市红岩革命纪念馆，沙坪坝区歌乐山革命烈士陵园，开县刘伯承同志纪念馆，江津区聂荣臻元帅陈列馆，酉阳县赵世炎烈士故居；广安市邓小平故居和纪念馆，华蓥市华蓥山游击队遗址，仪陇县朱德故居纪念馆；巴中市通江县红四方面军总指挥部旧址纪念馆，川陕苏区红军烈士陵园，红军崖红军石刻标语。

(29)海口—文昌—琼海—五指山线　主要红色旅游景点有：海口市琼山区工农红军琼崖纵队改编旧址；琼海市红色娘子军纪念园；五指山市五指山革命根据地纪念园。

(30)张家界—桑植—永顺—吉首—铜仁线　主要红色旅游景点有：张家界市桑植县贺龙故居和纪念馆；湘西自治州永顺县湘鄂川黔革命根据地旧址；恩施自治州鹤峰县满山红纪念园；铜仁市周逸群故居。

2. 全国红色旅游经典景区(100个)

北京市(7个)：天安门广场、中国人民抗日战争纪念馆卢沟桥宛平城、新文化运动纪念馆、李大钊烈士陵园、中国国家博物馆、中国人民革命军事博物馆、顺义区焦庄户村地道战遗址纪念馆。

天津市(3个)：周恩来邓颖超纪念馆、平津战役纪念馆、盘山烈士陵园。

河北省(8个)：石家庄市平山县西柏坡红色旅游系列景区(点)、石家庄市华北军区烈士陵园、邯郸市红色旅游系列景区(点)(晋冀鲁豫烈士陵园、涉县129师司令部旧址)、保定市红色旅游系列景区(点)(阜平县城南庄晋察冀军区司令部旧址、易县狼牙山风景区、安新县白洋淀景区、清苑县冉庄地道战遗址、唐县白求恩柯棣华纪念馆)、唐山市红色旅游系列景区(点)(丰润区潘家峪惨案纪念馆、乐亭县李大钊故居和纪念馆)、邢台市邢台县中国人民抗日军事政治大学陈列馆、沧州市献县马本斋烈士纪念馆、隆化市董存瑞烈士陵园及纪念馆。

山西省(6个)：长治市红色旅游系列景区(点)(武乡县八路军太行纪念馆、王家峪八路军总部旧址、"百团大战"砖壁指挥部旧址、黎城县黄崖洞革命纪念地)、晋中市左权县麻田八路军前方总部旧址、大同市红色旅游系列景区(点)(大同煤矿遇害矿工"万人坑"展览馆、灵丘县平型关战役遗址)、忻州市红色旅游系列景区(点)(五台县晋察冀军区司令部旧址纪念馆、徐向前故居和纪念馆)、吕梁市红色旅游系列景区(点)(文水县刘胡兰纪念馆、兴县"四八"烈士纪念馆、晋绥边区革命纪念馆)、太原市红色旅游系列景区(点)(山西省国民师范旧址革命活动纪念馆、太原解放纪念馆)。

内蒙古自治区(2个)：呼和浩特市红色旅游系列景区(点)(乌兰夫故居和纪念馆、武川县大青山抗日根据地旧址)、满洲里市红色国际秘密交通线教育基地。

辽宁省(7个)：沈阳市红色旅游系列景区(点)("九一八"历史博物馆、沈阳抗美援朝烈士陵园)、抚顺市红色旅游系列景区(点)(平顶山惨案遗址纪念馆、战犯管理所旧址)、丹东市抗美援朝纪念馆—鸭绿江断桥景区、锦州市红色旅游系列景区(点)(辽沈战役纪念馆、黑山阻击战纪念馆)、葫芦岛市塔山阻击战纪念馆、大连市关向应故居纪念馆。

吉林省(3个)：四平市红色旅游系列景区(点)(四平战役纪念馆、四平革命烈士陵园、四平烈士纪念塔)、白山市红色旅游系列景区(点)(白山市郊七道江遗址、临江市"四保临江"烈士陵园、陈云旧居、靖宇县杨靖宇将军殉难地)、通化市杨靖宇烈士陵园。

黑龙江省(3个)：哈尔滨市区红色旅游系列景区(点)(东北烈士纪念馆、东北抗联博物馆、哈尔滨烈士陵园、侵华日军七三一部队罪证陈列馆)、市尚志市红色旅游系列景区(点)(尚志市革命烈士陵园、赵一曼被捕地)、牡丹江市红色旅游系列景区(点)(牡丹江市八女投江革命烈士陵园、海林市杨子荣烈士墓及剿匪遗址、宁安市马骏故居和纪念馆)。

上海市(1个)：上海红色旅游系列景区(点)(中国共产党第一次全国代表大会会址纪念馆、龙华革命烈士陵园、宋庆龄陵园、陈云故居暨青浦革命历史纪念馆)。

江苏省(5个)：南京市红色旅游系列景区(点)(梅园新村纪念馆、雨花台烈士陵园、侵华日军南京大屠杀遇难同胞纪念馆、渡江胜利纪念馆)、江苏新四军红色旅游系列景区(点)(镇江市句容县茅山新四军纪念馆、盐城市新四军重建纪念馆、泰兴市黄桥战役纪念馆、常熟市沙家浜革命历史纪念馆)、徐州市淮海战役纪念馆、南通市海安县苏中七战七捷纪念馆、淮安市红色旅游系列景区(点)(周恩来纪念馆和故居、黄花塘新四军军部旧址、新安旅行团革命历史陈列馆)。

浙江省(5个)：嘉兴市南湖风景名胜区(中共一大旧址)、绍兴市鲁迅故居及纪念馆、台州市解放一江山岛战役纪念地、温州市浙南(平阳)抗日根据地旧址、宁波市浙东(四明山)抗日根据地旧址。

安徽省(5个)：宣城市泾县皖南事变烈士陵园及新四军军部旧址纪念馆、淮北市濉溪县与宿州市萧县淮海战役双堆集烈士陵园及淮海战役总前委旧址、六安市(金寨县、金安区、裕安区、霍山县)和安庆市岳西县大别山红色旅游区(点)(金寨县革命烈士陵园、皖西烈士陵园、独山革命旧址群、红二十五军军政机构旧址、岳西县及金寨县红二十八军军部及重建旧址)、芜湖市王稼祥纪念园、滁州市藕塘烈士纪念馆及中原局旧址。

福建省(5个)：福州市福建省革命历史纪念馆、龙岩市红色旅游系列景区(点)(上杭县古田会议旧址、毛泽东才溪乡调查纪念馆、长汀县福建省苏维埃旧址、福音医院旧址、县革命委员会旧址、红四军司令部政治部旧址、中共福建省委旧址、福建省职工联合总工会旧址、瞿秋白烈士纪念碑)、三明市红色旅游系列景区(点)(宁化县红军医院旧址、长征集结出发地、北山革命纪念园、泰宁县红军街、建宁县红一方面军总司令部总前委总政治部旧址)、漳州市毛主席率领红军攻克漳州陈列馆、南平市武夷山赤石—大安红色旅游景区。

江西省(5个)：南昌市红色旅游系列景区(点)(南昌八一起义纪念馆、方志敏纪念馆)、萍乡市红色旅游系列景区(点)(萍乡市、铜鼓县、修水县秋收起义纪念地系列景点，萍乡市安源区安源路矿工人运动纪念馆)、井冈山市红色旅游系列景区(点)、(赣州市、吉安市、抚州市)中央苏区政府根据地红色旅游系列景区(点)、上饶市上饶集中营革命烈士陵园。

山东省(6个)：济南市红色旅游系列景区(点)(济南革命烈士陵园、济南战役纪念馆)、枣庄市和济宁市铁道游击队红色旅游景区(点)、枣庄市台儿庄大战遗址、临沂市红色旅游系列景区(点)(蒙阴县与沂南县沂蒙山孟良崮战役遗址、临沂市华东革命烈士陵园)、莱芜市莱芜战役纪念馆、青岛市海军博物馆。

河南省(4个)：驻马店市确山县竹沟镇确山竹沟革命纪念馆、信阳市红色旅游系列景区(点)(新县鄂豫皖苏区首府革命博物馆、鄂豫皖苏区革命烈士陵园、首府路和航空路革命旧址、将军故里、商城县金刚台红军洞群等、罗山县铁铺乡红二十五军长征出发地)、南阳市叶家大庄桐柏英雄纪念馆、郑州市二七纪念堂。

湖北省(4个)：武汉市红色旅游系列景区(点)(江汉区八七会议旧址纪念馆、武昌区毛泽东旧居及中央农民运动讲习所旧址纪念馆)、黄冈市大别山红色旅游区(麻城市烈士陵园、红安县黄麻起义和鄂豫皖苏区革命烈士陵园、英山县英山革命烈士陵园、罗田县胜利烈士陵园)、湘鄂西红色旅游系列景区(点)(荆州市监利县周老嘴镇湘鄂西革命根据地旧址群、洪湖市烈士陵园)、孝感市红色旅游系列景区(点)(大悟县宣化店谈判旧址、新四军五师旧址)。

湖南省(8个)：韶山市毛泽东故居和纪念馆、长沙市红色旅游系列景区(点)(宁乡县花明楼刘少奇故居和纪念馆、浏阳市文家市镇秋收起义会师旧址纪念馆、长沙县开慧乡杨开慧故居和纪念馆、岳麓山景区)、湘潭市湘潭县彭德怀故居和纪念馆、岳阳市红色旅游系列景区(点)(平江县平江起义旧址、汨罗市任弼时故居)、郴州市宜章县湘南暴动指挥部旧址、衡阳市衡东县罗荣桓故居、张家界市桑植县贺龙故居和纪念馆、湘西自治州永顺县湘鄂川黔革命根据地旧址。

广东省(3个)：广州市红色旅游系列景区(点)(毛泽东同志主办农民运动讲习所旧址、广州起义纪念馆和烈士陵园)、梅州市梅县叶剑英元帅纪念馆、惠州市惠阳区叶挺纪念馆。

广西壮族自治区(2个)：百色市左右江红色旅游系列景区(点)(红七军军部旧址、乐业县红七军和红八军会师地旧址、龙州县红八军军部旧址)、桂林市红色旅游系列景区(点)(八路军驻桂林办事处旧址、兴安县界首镇红军长征突破湘江烈士纪念碑园)。

海南省(4个):五指山市五指山革命根据地纪念园、海口市琼山区工农红军琼崖纵队改编旧址、琼海市红色娘子军纪念园、定安县母瑞山革命根据地纪念园。

重庆市(1个):红色旅游系列景区(点)(渝中区重庆红岩革命纪念馆、沙坪坝区歌乐山革命纪念馆、开县刘伯承同志纪念馆、江津区聂荣臻元帅陈列馆、酉阳县赵世炎烈士故居)。

四川省(5个):广安市红色旅游系列景区(点)(邓小平故居和纪念馆、华蓥市华蓥山游击队遗址)、(巴中市、达州市、广元市、南充市)川陕革命根据地红色旅游系列景区(点)(巴中市通江县红四方面军总指挥部旧址纪念馆、川陕苏区红军烈士陵园、南江县巴山游击队纪念馆、平昌县刘伯坚纪念馆、万源市万源保卫战战史陈列馆、广元市剑阁县红军血战剑门关遗址、苍溪县红军渡纪念地、南充市仪陇县朱德故居纪念馆)、四川红军长征红色旅游系列景区(点)(凉山州会理县皎平渡红军渡江遗址、会理会议遗址、冕宁县彝海结盟遗址与红军长征纪念馆、泸州市古蔺县红军四渡赤水太平渡陈列馆;雅安市宝兴县夹金山红军纪念碑、石棉县红军强渡大渡河纪念地、甘孜州泸定县泸定桥革命文物纪念馆、阿坝州若尔盖县巴西会议旧址、马尔康县卓克基会议旧址、红原县红原瓦切红军长征纪念遗址、小金县两河口会议旧址、松潘县红军长征纪念碑碑园)、宜宾市宜宾县赵一曼纪念馆、资阳市乐至县陈毅故居。

贵州省(3个):贵州红军长征线红色旅游系列景区(点)(遵义市遵义会议纪念馆、红花岗区红军山烈士陵园、汇川区与桐梓县娄山关景区、赤水市赤水红军烈士陵园、习水县与赤水市和仁怀市风溪渡口红军四渡赤水纪念地、习水县黄皮洞战斗遗址、赤水市丙安红一军团纪念馆、黔南州瓮安县与遵义市余庆县及遵义县和息烽县乌江景区、黔东南州黎平县黎平会议旧址)、贵阳市息烽集中营革命历史纪念馆、安顺市王若飞故居。

云南省(2个):云南红军长征红色旅游系列景区(点)(曲靖市会泽县水城红军扩军旧址、昆明市禄劝县皎平渡、寻甸县红军长征柯渡纪念馆、丽江市玉龙县万里长江第一湾——石鼓红军渡口、楚雄州元谋县龙街红军横渡金沙江渡口、昭通市威信县扎西会议纪念馆)、昆明市"一二·一"四烈士墓及"一二·一"纪念馆。

西藏自治区(1个):西藏山南地区乃东县泽当镇山南烈士陵园。

陕西省(5个):西安市红色旅游系列景区(点)(八路军西安办事处纪念馆、西安事变纪念馆)、汉中市川陕革命纪念馆、延安市延安革命纪念地系列景区(点)(延安纪念馆、枣园旧址、杨家岭旧址、王家坪旧址、凤凰山旧址、清凉山旧址、"四八"烈士陵园、洛川县洛川会议纪念馆、子长县瓦窑堡会议旧址等)、咸阳市旬邑县马栏革命旧址、铜川市陕甘边照金革命根据地旧址。

甘肃省(2个):甘肃红军长征红色旅游系列景区(点)(白银市会宁县红军长征会师旧址、甘南州迭部县腊子口战役遗址、陇南市宕昌县哈达铺红军长征纪念馆、定西市岷县"岷州会议"纪念馆、通渭县榜罗镇革命遗址)、兰州市城关区八路军驻兰州办事处旧址。

八、台湾国家级风景特定区

台湾国家级风景特定区又称国家风景区,是指台湾交通部观光局依据《发展观光条例》,结合相关地区之特性及功能等实际情形,经与有关机关会商等规定程序后划定并公告的"国家级"重要风景或名胜地区。相对于国家级风景特定区,则有直辖市级、县(市)级风景特定区,由各级政府相关主管机关规划订定。

目前,台湾共有国家风景区13处,最早1处是1984年成立的"东北角海岸",最新一处则是

2005年成立的"西拉雅"。

北台湾:东北角暨宜兰海岸国家风景区、北海岸及观音山国家风景区。

中台湾:参山国家风景区(狮头山、梨山、八卦山)、日月潭国家风景区。

南台湾:阿里山国家风景区、云嘉南滨海国家风景区、西拉雅国家风景区(关子岭、乌山头、虎头埤、曾文、左镇)、茂林国家风景区、大鹏湾国家风景区(大鹏湾、小琉球)。

东台湾:东部海岸国家风景区(东部海岸、绿岛)、花东纵谷国家风景区。

离岛地区:澎湖国家风景区、马祖国家风景区。

第三节　中国其他重要旅游地

一、中国的地质公园

地质公园由地矿系统发起和组织建设的,世界地质公园评审和建设是由中国推动的,到目前为止,中国是世界地质公园数量最多、建设成就最显著的国家。

1. 中国的世界地质公园(共31个)

世界地质公园是以其地质科学意义、珍奇秀丽和独特的地质景观为主,融合自然景观与人文景观的自然公园。由联合国教科文组织选出,此计划在2000年之后开始推行,目标是选出超过500个值得保存的地质景观加强保护。到2014年,全球已选出102家世界地质公园,其中中国31个,是世界最多的国家。

第一批(8个,2004年):湖南张家界世界地质公园、江西庐山世界地质公园、广东丹霞山世界地质公园、安徽黄山世界地质公园、河南云台山世界地质公园、黑龙江五大连池世界地质公园、云南石林世界地质公园、河南嵩山世界地质公园。

第二批(4个,2005年):浙江雁荡山世界地质公园、福建省泰宁世界地质公园、内蒙古克什克腾世界地质公园、四川兴文世界地质公园。

第三批(6个,2006年):山东泰山世界地质公园、河南王屋山—黛眉山世界地质公园、广东海南雷琼世界地质公园、北京河北房山世界地质公园、黑龙江镜泊湖世界地质公园、河南伏牛山世界地质公园。

第四批(2个,2008年):江西龙虎山世界地质公园、四川自贡世界地质公园。

第五批(2个,2009年):陕西秦岭终南山世界地质公园、内蒙古阿拉善沙漠世界地质公园。

第六批(2个,2010年):广西乐业—凤山世界地质公园、福建宁德世界地质公园。

第七批(2个,2011年):天柱山世界地质公园、香港世界地质公园。

第八批(1个,2012年):三清山世界地质公园。

第九批(2个,2013年):延庆世界地质公园、湖北神农架世界地质公园。

第十批(2个,2014年):昆仑山世界地质公园、大理苍山世界地质公园。

2. 中国国家地质公园

为加强地质公园管理,进一步规范国家地质公园的申报和审批工作,中华人民共和国国土资源部决定自2009年开始对国家地质公园实行资格授予和批准命名分开审核的申报审批方式。截止至2014年1月,国土资源部公布7批共240家国家地质公园、1处设立于香港特别行政区的国家级地质公园。

第一批国家地质公园11家,2001年4月公布;
第二批国家地质公园33家,2002年2月公布;
第三批国家地质公园41家,2004年3月公布;
第四批国家地质公园53家,2005年8月公布;
第五批国家地质公园44家,2009年8月公布;
第六批国家地质公园36家,2011年11月公布;
第七批国家地质公园22家,2014年1月公布。

按照地区分布,名单如下(括号内为对应的公布批次):

北京市(5家):石花洞国家地质公园(2)、延庆硅化木国家地质公园(2)、十渡国家地质公园(3)、密云云蒙山国家地质公园(5)、平谷黄松峪国家地质公园(5)。

天津市(1家):蓟县国家地质公园(2)。

河北省(11家):涞源白石山国家地质公园(2)、秦皇岛柳江国家地质公园(2)、阜平天生桥国家地质公园(2)、赞皇嶂石岩国家地质公园(3)、涞水野三坡国家地质公园(3)、临城国家地质公园(4)、武安国家地质公园(4)、兴隆国家地质公园(5)、迁安—迁西国家地质公园(5)、承德丹霞地貌国家地质公园(6)、邢台峡谷群国家地质公园(6)。

山西省(9家):黄河壶口瀑布国家地质公园(2)、壶关太行山大峡谷国家地质公园(4)、宁武万年冰洞国家地质公园(4)、五台山国家地质公园(4)、陵川王莽岭国家地质公园(5)、大同火山群国家地质公园(5)、平顺天脊山国家地质公园(6)、永和黄河蛇曲国家地质公园(6)、榆社古生物化石地质公园(7)。

内蒙古自治区(9家):赤峰市克什克腾国家地质公园(2)、阿尔山国家地质公园(3)、阿拉善沙漠国家地质公园(4)、二连浩特国家地质公园(5)、宁城国家地质公园(5)、巴彦淖尔国家地质公园(6)、鄂尔多斯国家地质公园(6)、清水河老牛湾地质公园(7)、四子王地质公园(7)。

辽宁省(6家):朝阳鸟化石国家地质公园(3)、本溪国家地质公园(4)、中国大连国家地质公园(4)、大连冰峪国家地质公园(4)、锦州古生物化石和花岗岩地质公园(7)、葫芦岛龙潭大峡谷地质公园(7)。

吉林省(5家):靖宇火山矿泉群国家地质公园(3)、长白山火山国家地质公园(5)、乾安泥林国家地质公园(5)、抚松国家地质公园(6)、四平地质公园(7)。

黑龙江省(8家):五大连池火山国家地质公园(1)、嘉荫恐龙国家地质公园(2)、伊春花岗岩石林国家地质公园(3)、镜泊湖国家地质公园(4)、兴凯湖国家地质公园(4)、伊春小兴安岭国家地质公园(5)、凤凰山国家地质公园(6)、山口地质公园(7)。

上海市(1家):崇明长江三角洲国家地质公园(4)。

江苏省(4家):苏州太湖西山国家地质公园(3)、南京市六合国家地质公园(4)、江宁汤山方山国家地质公园(5)、连云港花果山地质公园(7)。

浙江省(4家):常山国家地质公园(2)、临海国家地质公园(2)、雁荡山国家地质公园(3)、新昌硅化木国家地质公园(3)。

安徽省(13家):黄山国家地质公园(2)、齐云山国家地质公园(2)、淮南八公山国家地质公园

(2)、枞阳浮山国家地质公园(2)、祁门牯牛降国家地质公园(3)、大别山(六安)地质公园(4)、天柱山国家地质公园(4)、池州九华山国家地质公园(5)、凤阳韭山国家地质公园(5)、广德太极洞国家地质公园(6)、丫山国家地质公园(6)、灵璧磬云山地质公园(7)、繁昌马仁山地质公园(7)。

福建省(14家)：漳州滨海火山国家地质公园(1)、泰宁大金湖国家地质公园(2)、晋江深沪湾国家地质公园(3)、福鼎太姥山国家地质公园(3)、宁化天鹅洞群国家地质公园(3)、德化石牛山国家地质公园(4)、屏南白水洋国家地质公园(4)、永安桃源洞国家地质公园(4)、连城冠豸山国家地质公园(5)、白云山国家地质公园(5)、平和灵通山国家地质公园(6)、政和佛子山国家地质公园(6)、清流温泉地质公园(7)、三明郊野地质公园(7)。

江西省(5家)：庐山国家地质公园(1)、龙虎山国家地质公园(1)、三清山国家地质公园(4)、武功山国家地质公园(4)、石城地质公园(7)。

山东省(11家)：山旺国家地质公园(2)、枣庄熊耳山国家地质公园(2)、东营黄河三角洲国家地质公园(3)、长山列岛国家地质公园(4)、沂蒙山国家地质公园(4)、泰山国家地质公园(4)、诸城恐龙国家地质公园(5)、青州国家地质公园(5)、莱阳白垩纪国家地质公园(6)、沂源鲁山地质公园(6)、昌乐火山地质公园(7)。

河南省(15家)：嵩山国家地质公园(1)、焦作云台山国家地质公园(2)、内乡宝天曼国家地质公园(2)、王屋山国家地质公园(3)、西峡伏牛山国家地质公园(3)、嵖岈山国家地质公园(3)、关山国家地质公园(4)、郑州黄河国家地质公园(4)、洛宁神灵寨国家地质公园(4)、洛阳黛眉山国家地质公园(4)、信阳金刚台国家地质公园(4)、小秦岭国家地质公园(5)、红旗渠—林虑山国家地质公园(5)、尧山国家地质公园(6)、汝阳恐龙国家地质公园(6)。

湖北省(10家)：长江三峡国家地质公园(3)、木兰山国家地质公园(4)、神农架国家地质公园(4)、郧县恐龙蛋化石群国家地质公园(4)、武当山国家地质公园(5)、大别山(黄冈)国家地质公园(5)、五峰国家地质公园(6)、咸宁九宫山—温泉国家地质公园(6)、恩施腾龙洞大峡谷地质公园(7)、长阳清江地质公园(7)。

湖南省(12家)：张家界砂岩峰林国家地质公园(1)、郴州飞天山国家地质公园(2)、崀山国家地质公园(2)、凤凰国家地质公园(4)、古丈红石林国家地质公园(4)、酒埠红国家地质公园(4)、乌龙山国家地质公园(5)、湄江国家地质公园(5)、平江石牛寨国家地质公园(6)、浏阳大围山国家地质公园(6)、通道万佛山地质公园(7)、安化雪峰湖地质公园(7)。

广东省(8家)：丹霞山国家地质公园(2)、湛江湖光岩国家地质公园(2)、佛山西樵山国家地质公园(3)、阳春凌霄岩国家地质公园(3)、恩平地热国家地质公园(4)、封开国家地质公园(4)、深圳大鹏半岛国家地质公园(4)、阳山国家地质公园(5)。

广西壮族自治区(11家)：资源国家地质公园(2)、百色乐业大石围天坑群国家地质公园(3)、北海涠洲岛火山国家地质公园(3)、凤山喀斯特国家地质公园(4)、鹿寨香桥喀斯特生态国家地质公园(4)、大化七百弄国家地质公园(5)、桂平国家地质公园(5)、宜州水上石林国家地质公园(6)、浦北五皇山国家地质公园(6)、都安地下河地质公园(7)、罗城地质公园(7)。

海南省(1家)：海口石山火山群国家地质公园(3)。

重庆市(7家)：长江三峡国家地质公园(3)、武隆岩溶国家地质公园(3)、黔江小南海国家地质公园(3)、云阳龙缸国家地质公园(4)、万盛国家地质公园(5)、綦江木化石—恐龙国家地质公园(5)、酉阳地质公园(6)。

四川省(16家)：自贡恐龙国家地质公园(1)、龙门山构造地质国家地质公园(1)、海螺沟国家地质公园(2)、大渡河峡谷国家地质公园(2)、安县生物礁—岩溶国家地质公园(2)、九寨沟国家地质公园(3)、黄龙国家地质公园(3)、兴文石海国家地质公园(3)、华蓥山国家地质公园(4)、江油国家地质公园(4)、射洪硅化木国家地质公园(4)、四姑娘山国家地质公园(4)、大巴山国家地质公园(5)、光雾山—诺水河国家地质公园(5)、青川地震遗迹国家地质公园(6)、绵竹清平—汉旺国家地质公园(6)。

贵州省(9家)：关岭化石群国家地质公园(3)、兴义国家地质公园(3)、织金洞国家地质公园(3)、绥阳双河洞国家地质公园(3)、六盘水乌蒙山国家地质公园(4)、平塘国家地质公园(4)、黔东南苗岭国家地质公园(5)、思南乌江喀斯特国家地质公园(5)、赤水丹霞国家地质公园(6)。

云南省(10家)：石林国家地质公园(1)、澄江动物群国家地质公园(1)、腾冲火山国家地质公园(2)、禄丰恐龙国家地质公园(3)、玉龙黎明—老君山国家地质公园(3)、大理苍山国家地质公园(4)、丽江玉龙雪山国家地质公园(5)、九乡峡谷洞穴国家地质公园(5)、罗平生物群国家地质公园(6)、泸西阿庐国家地质公园(6)。

西藏自治区(3家)：易贡国家地质公园(2)、札达土林国家地质公园(4)、羊八井国家地质公园(5)。

陕西省(8家)：翠华山山崩国家地质公园(1)、黄河壶口瀑布国家地质公园(2)、洛川黄土国家地质公园(2)、延川黄河蛇曲国家地质公园(4)、商南金丝峡国家地质公园(5)、岚皋南宫山国家地质公园(5)、柞水溶洞国家地质公园(6)、耀州照金丹霞国家地质公园(6)。

甘肃省(10家)：敦煌雅丹国家地质公园(2)、刘家峡恐龙国家地质公园(2)、景泰黄河石林国家地质公园(3)、平凉崆峒山国家地质公园(3)、和政古生物化石国家地质公园(5)、天水麦积山国家地质公园(5)、张掖丹霞国家地质公园(6)、炳灵丹霞地貌国家地质公园(6)、宕昌官鹅沟地质公园(7)、临潭冶力关地质公园(7)。

青海省(8家)：尖扎坎布拉国家地质公园(3)、互助嘉定国家地质公园(4)、久治年宝玉则国家地质公园(4)、格尔木昆仑山国家地质公园(4)、贵德国家地质公园(5)、青海湖国家地质公园(6)、玛沁阿尼玛卿山国家地质公园(6)。

宁夏回族自治区(2家)：西吉火石寨国家地质公园(3)、灵武国家地质公园(5)。

新疆维吾尔自治区(7家)：布尔津喀纳斯湖国家地质公园(3)、奇台硅化木—恐龙国家地质公园(3)、富蕴可可托海国家地质公园(4)、天山天池国家地质公园(5)、库车大峡谷国家地质公园(5)、吐鲁番火焰山国家地质公园(6)、温宿盐丘国家地质公园(6)。

3. 中国国家级典型地震遗址

中国的国家级典型地震遗址是中国地震局根据《中华人民共和国防震减灾法》第42条规定："国家依法保护典型地震遗址、遗迹"而设立的保护区〔点〕。到目前全国共有6处国家级典型地震遗址。

(1)重庆黔江小南海古地震遗址(2001年) 黔江小南海原名小瀛海，位于重庆城东黔江土家族苗族自治县(黔江区)城北32千米处，面积约30平方千米，是一个融山、水、岛、峡等风光于一体的高山淡水堰塞湖泊景区。小南海是国内保存最完整的一处古地震遗址(黔江地震)。清咸丰六年(1856)大地震中，谷口被湮塞而为大泽。大垮岩、小垮岩、断碉绝壁及岩石垒成的大坝等地震遗迹，清晰可见。小南海四周秀峰环列，湖口奇石竖立，溪水萦回，湖内港汊纵横，岛上茂林修竹。

(2) 云南永胜红石崖国家级地震"天坑"遗址(2005)　位于永胜县城西北2千米的红石崖,地震遗址东西长约9千米,总面积54平方千米。是目前世界上场面最宏大、保存最完整的地震遗址。1515年6月17日(明正德十年五月六日),永胜发生约8级强烈地震,留下了丰富多彩的地表破坏遗迹。这些现代地震或古地震遗址,展布于永胜县程海湖畔、龙洞山上、梁官、金官盆地周边、永胜县城附近的红石崖等地,地震形成的地貌类型多样,有地震天坑、地震裂谷、地陷成湖、地震滑坡带、地震断裂层等,这些地震遗址具有丰厚的历史文化价值和特有的风光旅游价值。

(3) 山东郯城麦坡地震活断层遗址(2006年)　位于郯城县高峰头镇马陵山西侧麦坡村,包括断层陡坎、断头沟等构造地质地貌和古地震遗址。发生于1668年的郯城逆冲型地震,使太平洋板块逆冲而上造就了活断层这一地貌。麦坡地震活断层遗址是郯庐断裂带出露条件最好、剖面最典型的一段,南北长约2600米,东西宽约160米。郯城地震断裂带位于中国东部规模最大的断裂带——郯庐断裂带中部,其地质奇观在全世界仅存2处,在国内是唯一的第四纪活断层的地貌景观,是为地质构造、地震等现象留下的自然奇观。

(4) 山东枣庄熊耳山崩塌开裂地震遗址(2006年)　熊耳山坐落在山东省枣庄市城区北约25千米的北庄镇,这里风景秀丽,地质构造复杂,主峰海拔高度483米,山虽不高,却十分险峻。2000年5月发现的双龙大裂谷,2002年12月被国土资源部命名为国家地质公园。1668年7月25日晚8时(清康熙七年六月十七日戌时)郯城发生了中国历史上最强烈的大地震(8.5级),形成了震惊世界的熊耳山双龙大裂谷。地震、地陷、喷水冒砂、山崩是郯城大地震震害的主要特征,而且数量多、规模大、分布广。

(5) 宁夏西吉党家岔地震滑坡堰塞湖遗址(2006年)　位于宁夏南部西吉县西南部苏堡乡境内。1920年12月16日海原发生了8.5级大地震,造成规模巨大、数量极多的滑坡山体滑坡堵塞山涧、深谷、洼地形成星罗棋布的堰塞湖,呈串珠状点缀在滥泥河谷,成为黄土高原上独特的地震景观。其中最大的是党家岔堰,流域面积80多平方千米,水面南北长3110米,东西平均宽600米,水面面积达186.65万平方米,平均水深12米,最深处可达30米,蓄水量1120万立方米。由于震湖地震遗迹明显,具有科学考察、旅游观赏、探奇探险的明显特征,成为西吉县吸引游人的另一大景观。

(6) 海原地震遗址(2007年)　1920年12月16日发生了震惊世界的海原大地震,震中位于海原县城西。地震留下了丰富的地质遗迹。伴随这次地震,沿海原活动断裂带形成了一条长达237千米的地震地表破裂带。地震后,海原活动断裂带在240千米范围内出现的断头沟、断尾沟、断塞塘、槽形谷等异常地貌,屡见不鲜。海原地震断裂带是当今世界范围内保存最完整、研究和利用价值最高的地震地质遗迹。包括地震破裂带、古城废墟、地震堰塞湖、"震柳"等11处典型地震遗址设立为国家级典型地震遗址。

二、中国的森林公园

中国的森林公园是指森林景观优美,自然景观和人文景物集中,具有一定规模,可供人们游览、休息或进行科学、文化、教育活动的场所。森林公园分为国家级森林公园、省级森林公园和市、县级森林公园等3级,其中,国家级森林公园是指森林景观特别优美,人文景物比较集中,观赏、科学、文化价值高,地理位置特殊,具有一定的区域代表性,旅游服务设施齐全,有较高的知名度,可供人们游览、休息或进行科学、文化、教育活动的场所,由国家林业局作出准予设立的行政许可决定。截至2014年底,全国共有791处国家级森林公园(另有3处经国家林业局撤销;尚有"吉林白山市国家森林旅游区"1处另计)。

北京市(15处):西山国家森林公园、上方山国家森林公园、蟒山国家森林公园、小龙门国家森林公园、云蒙山国家森林公园、鹫峰国家森林公园、大兴古桑国家森林公园、大杨山国家森林公园、霞云岭国家森林公园、黄松峪国家森林公园、北宫国家森林公园、八达岭国家森林公园、崎峰山国家森林公园、天门山国家森林公园、喇叭沟门国家森林公园。

天津市(1处):九龙山国家森林公园。

河北省(27处):海滨国家森林公园、塞罕坝国家森林公园、磬棰峰国家森林公园、翔云岛国家森林公园、石佛国家森林公园、清东陵国家森林公园、辽河源国家森林公园、长寿山国家森林公园(山海关国家森林公园)、五岳寨国家森林公园、白草洼国家森林公园、天生桥国家森林公园、黄羊山国家森林公园、茅荆坝国家森林公园、响堂山国家森林公园、野三坡国家森林公园、六里坪国家森林公园、古北岳国家森林公园(大茂山国家森林公园)、白石山国家森林公园、武安国家森林公园、易州国家森林公园(狼牙山国家森林公园)、前南峪国家森林公园、驼梁山国家森林公园、木兰围场国家森林公园、蝎子沟国家森林公园、仙台山国家森林公园、丰宁国家森林公园、黑龙山国家森林公园、承德石海国家森林公园(2010年8月20日撤销准予设立的行政许可决定)。

山西省(19处):五台山国家森林公园、天龙山国家森林公园、关帝山国家森林公园、管涔山国家森林公园、恒山国家森林公园、云岗国家森林公园、龙泉国家森林公园、禹王洞国家森林公园、赵杲观国家森林公园、方山国家森林公园、交城山国家森林公园、太岳山国家森林公园、五老峰国家森林公园、老顶山国家森林公园、乌金山国家森林公园、中条山国家森林公园、黄崖洞国家森林公园、太行峡谷国家森林公园、棋子山国家森林公园。

内蒙古自治区(30处):红山国家森林公园、察尔森国家森林公园、哈达门国家森林公园、海拉尔国家森林公园、乌拉山国家森林公园、乌素图国家森林公园、马鞍山国家森林公园、二龙什台国家森林公园、兴隆国家森林公园、黄岗梁国家森林公园、阿尔山国家森林公园、贺兰山国家森林公园、好森沟国家森林公园、额济纳胡杨国家森林公园、旺业甸国家森林公园、桦木沟国家森林公园、五当召国家森林公园、红花尔基樟子松国家森林公园、喇嘛山国家森林公园、滦河源国家森林公园、河套国家森林公园、宝格达乌拉国家森林公园、龙胜国家森林公园、达尔滨湖国家森林公园、莫尔道戈国家森林公园、伊克萨玛国家森林公园、乌尔旗汉国家森林公园、兴安国家森林公园、绰源国家森林公园、阿里河国家森林公园。

辽宁省(29处):旅顺口国家森林公园、海棠山国家森林公园、大孤山国家森林公园、首山国家森林公园、凤凰山国家森林公园、桓仁国家森林公园、陨石山国家森林公园、本溪国家森林公园、天桥沟国家森林公园(2009年7月16日准予撤销)、盖州国家森林公园、元帅林国家森林公园、仙人洞国家森林公园、长山群岛国家海岛森林公园、大连大赫山国家森林公园、大黑山国家森林公园、普兰店国家森林公园、沈阳国家森林公园、金龙寺国家森林公园、本溪环城国家森林公园、冰砬山国家森林公园、猴石国家森林公园、千山仙人台国家森林公园、清原红河谷国家森林公园、大连天门山国家森林公园、三块石国家森林公园、章古台沙地国家森林公园、大连银石滩国家森林公园、大连西郊国家森林公园、医巫闾山国家森林公园、和睦国家森林公园。

吉林省(33处):净月潭国家森林公园、五女峰国家森林公园、龙湾群国家森林公园、白鸡峰国家森林公园、帽儿山国家森林公园、半拉山国家森林公园、三仙夹国家森林公园、大安国家森林公园、长白国家森林公园、临江国家森林公园(花山国家森林公园)、拉法山国家森林公园、图们江国家森林公园、朱雀山国家森林公园、图们江源国家森林公园、延边仙峰国家森林公园、官马莲花山国家森林公园、肇大鸡山国家森林公园、寒葱顶国家森林公园、满天星国家森林公园、吊水壶国家森林公园、通化石湖国家森林公园、江源国家森林公园、鸡冠山国家森林公园、兰家大峡谷国家森林公园、长白山北坡国家森林公园、露水河国家森林公园、红石国家森林公园、泉阳泉国家森林公园、白石山国家森林公园、松江河国家森林公园、三岔子国家森林公园、临江瀑布群国家森林公园、湾沟国家森林公园。

黑龙江省(58处):牡丹峰国家森林公园、火山口国家森林公园、大亮子河国家森林公园、乌龙国家森林公园、哈尔滨国家森林公园、街津山国家森林公园、齐齐哈尔国家森林公园、北极村国家森林公园、长寿国家森林公园、大庆国家森林公园、一面坡国家森林公园、龙凤国家森林公园、金泉国家森林公园、乌苏里江国家森林公园、驿马山国家森林公园、三道关国家森林公园、绥芬河国家森林公园、五顶山国家森林公园、龙江三峡国家森林公园、茅兰沟国家森林公园、鹤岗国家森林公园、丹清河国家森林公园、石龙山国家森林公园、勃利国家森林公园、望龙山国家森林公园、胜山要塞国家森林公园、五大连池国家森林公园、完达山国家森林公园、金龙山国家森林公园、呼兰国家森林公园、伊春兴安国家森林公园、长寿山国家森林公园、威虎山国家森林公园、五营国家森林公园、亚布力国家森林公园、桃山国家森林公园、日月峡国家森林公园、八里湾国家森林公园、乌马河国家森林公园、凤凰山国家森林公园、兴隆国家森林公园、雪乡国家森林公园、青山国家森林公园、大沾河国家森林公园、回龙湾国家森林公园、溪水国家森林公园、方正龙山国家森林公园、镜泊湖国家森林公园、金山国家森林公园、夹皮沟国家森林公园、小兴安岭石林国家森林公园、六峰山国家森林公园、珍宝岛国家森林公园、仙翁山国家森林公园、红松林国家森林公园、七星峰国家森林公园、呼中国家森林公园、加格达奇国家森林公园。

上海市(4处):佘山国家森林公园、东平国家森林公园、上海海湾国家森林公园、上海共青国家森林公园。

江苏省(7处):虞山国家森林公园、上方山国家森林公园、徐州环城国家森林公园、宜兴国家森林公园、惠山国家森林公园、东吴国家森林公园、云台山国家森林公园、盱眙第一山国家森林公园、镇江南山国家森林公园、镇江宝华山国家森林公园、西山国家森林公园、南京紫金山国家森林公园、铁山寺国家森林公园、大阳山国家森林公园、南京栖霞山国家森林公园、游子山国家森林公园、南京老山国家森林公园。

浙江省(39处):千岛湖国家森林公园、大奇山国家森林公园、兰亭国家森林公园、午潮山国家森林公园、富春江国家森林公园、竹乡国家森林公园、天童国家森林公园、雁荡山国家森林公园、溪口国家森林公园、九龙山国家森林公园、双龙洞国家森林公园、华顶国家森林公园、青山湖国家森林公园、玉苍山国家森林公园、钱江源国家森林公园、紫微山国家森林公园、铜铃山国家森林公园、花岩国家森林公园、龙湾潭国家森林公园、遂昌国家森林公园、五泄国家森林公园、双峰国家森林公园、石门洞国家森林公园、四明山国家森林公园、仙霞国家森林公园、大溪国家森林公园、松阳卯山国家森林公园、牛头山国家森林公园、三衢国家森林公园、径山(山沟沟)国家森林公园、南山湖国家森林公园、大竹海国家森林公园、仙居国家森林公园、桐庐瑶琳国家森林公园、诸暨香榧国家森林公园、杭州半山国家森林公园、庆元国家森林公园、杭州西山国家森林公园、梁希国家森林公园。

安徽省(31处)：黄山国家森林公园、琅琊山国家森林公园、天柱山国家森林公园、九华山国家森林公园、皇藏峪国家森林公园、徽州国家森林公园、大龙山国家森林公园、紫蓬山国家森林公园、皇甫山国家森林公园、天堂寨国家森林公园、鸡笼山国家森林公园、冶父山国家森林公园、太湖山国家森林公园、神山国家森林公园、妙道山国家森林公园、天井山国家森林公园、舜耕山国家森林公园、浮山国家森林公园、石莲洞国家森林公园、齐云山国家森林公园、韭山国家森林公园、横山国家森林公园、敬亭山国家森林公园、八公山国家森林公园、万佛山国家森林公园、青龙湾国家森林公园、水西国家森林公园、上窑国家森林公园、马仁山国家森林公园、合肥大蜀山国家森林公园、合肥滨湖国家森林公园。

福建省(30处)：福州国家森林公园、天柱山国家森林公园、平坛海岛国家森林公园、华安国家森林公园、猫儿山国家森林公园、龙岩国家森林公园、旗山国家森林公园、三元国家森林公园、灵石山国家森林公园、东山国家森林公园、将乐天阶山国家森林公园、德化石牛山国家森林公园、厦门莲花国家森林公园、三明仙人谷国家森林公园、上杭国家森林公园、武夷山国家森林公园、乌山国家森林公园、漳平天台国家森林公园、王寿山国家森林公园、九龙谷国家森林公园、支提山国家森林公园、天星山国家森林公园、闽江源国家森林公园、九龙竹海国家森林公园、长乐国家森林公园、匡山国家森林公园、龙湖山国家森林公园、南靖土楼国家森林公园、武夷天池国家森林公园、五虎山国家森林公园。

江西省(46处)：三爪仑国家森林公园、庐山山南国家森林公园、梅岭国家森林公园、三百山国家森林公园、马祖山国家森林公园、鄱阳湖口国家森林公园、灵岩洞国家森林公园、明月山国家森林公园、翠微峰国家森林公园、天柱峰国家森林公园、泰和国家森林公园、鹅湖山国家森林公园、龟峰国家森林公园、上清国家森林公园、梅关国家森林公园、永丰国家森林公园、阁皂山国家森林公园、三叠泉国家森林公园、武功山国家森林公园、铜钹山国家森林公园、阳岭国家森林公园、天花井国家森林公园、五指峰国家森林公园、柘林湖国家森林公园、陡水湖国家森林公园、万安国家森林公园、三湾国家森林公园、安源国家森林公园、九连山国家森林公园、岩泉国家森林公园、云碧峰国家森林公园、景德镇国家森林公园、瑶里国家森林公园、峰山国家森林公园、清凉山国家森林公园、九岭山国家森林公园、岑山国家森林公园、五府山国家森林公园、军峰山国家森林公园、碧湖潭国家森林公园、怀玉山国家森林公园、毓秀山国家森林公园、圣水堂国家森林公园、鄱阳莲花山国家森林公园、彭泽国家森林公园、金盆山国家森林公园。

山东省(43处)：崂山国家森林公园、抱犊崮国家森林公园、黄河口国家森林公园、昆嵛山国家森林公园、罗山国家森林公园、长岛国家森林公园、沂山国家森林公园、尼山国家森林公园、泰山国家森林公园、徂徕山国家森林公园、日照海滨国家森林公园、鹤伴山国家森林公园、孟良崮国家森林公园、柳埠国家森林公园、刘公岛国家森林公园、槎山国家森林公园、药乡国家森林公园、原山国家森林公园、灵山湾国家森林公园、双岛国家森林公园、蒙山国家森林公园、仰天山国家森林公园、伟德山国家森林公园、珠山国家森林公园、腊山国家森林公园、峿嵎山国家森林公园、牛山国家森林公园、鲁山国家森林公园、五莲山国家森林公园、莱芜华山国家森林公园、艾山国家森林公园、龙口南山国家森林公园、新泰莲花山国家森林公园、招虎山国家森林公园、牙山国家森林公园、寿山国家森林公园、东阿黄河国家森林公园、峨庄古村落国家森林公园、峄山国家森林公园、滕州墨子国家森林公园、密州国家森林公园、留山古火山国家森林公园、泉林国家森林公园。

河南省(28处)：嵩山国家森林公园、寺山国家森林公园(郑州国家森林公园)、风穴寺国家森林公园、石漫滩国家森林公园、薄山国家森林公园、开封国家森林公园、亚武山国家森林公园、花果山国家森林公园、云台山国家森林公园、白云山国家森林公园、龙峪湾国家森林公园、五龙洞国家森林公园、南湾国家森林公园、甘山国家森林公园、淮河源国家森林公园、神灵寨国家森林公园、铜山湖国家森林公园、黄河故道国家森林公园、郁山国家森林公园、金兰山国家森林公园、玉皇山国家森林公园、嵖岈山国家森林公园、天池山国家森林公园、始祖山国家森林公园、黄柏山国家森林公园、燕子山国家森林公园、棠溪源国家森林公园、大鸿寨国家森林公园。

湖北省(34处)：九峰国家森林公园、鹿门寺国家森林公园、玉泉寺国家森林公园、大老岭国家森林公园、神农架国家森林公园、龙门河国家森林公园、大口国家森林公园、薤山国家森林公园、清江国家森林公园、大别山国家森林公园、柴埠溪国家森林公园、潜山国家森林公园、八岭山国家森林公园、浠水国家森林公园、太子山国家森林公园、三角山国家森林公园、中华山国家森林公园、红安天台山国家森林公园、坪坝营国家森林公园、吴家山国家森林公园、双峰山国家森林公园、千佛洞国家森林公园、大洪山国家森林公园、虎爪山国家森林公园、五脑山国家森林公园、沧浪山国家森林公园、安陆古银杏国家森林公园、牛头山国家森林公园、诗经源国家森林公园、九女峰国家森林公园、偏头山国家森林公园、丹江口国家森林公园、崇阳国家森林公园、汉江瀑布群国家森林公园。

湖南省(51处)：张家界国家森林公园、神农谷国家森林公园(桃源洞国家森林公园)、莽山国家森林公园、大围山国家森林公园、云山国家森林公园、九疑山国家森林公园、阳明山国家森林公园、南华山国家森林公园、黄山头国家森林公园、桃花源国家森林公园、天门山国家森林公园、天际岭国家森林公园、天鹅山国家森林公园、舜皇山国家森林公园、东台山国家森林公园、夹山寺国家森林公园、不二门国家森林公园、河洑国家森林公园、岣嵝峰国家森林公园、大云山国家森林公园、花岩溪国家森林公园、大熊山国家森林公园、中坡国家森林公园、云阳国家森林公园、金洞国家森林公园、幕阜山国家森林公园、百里龙山国家森林公园、千家峒国家森林公园、两江峡谷国家森林公园、雪峰山国家森林公园、五尖山国家森林公园、桃花江国家森林公园、湘江源国家森林公园、月岩国家森林公园、峰峦溪国家森林公园、柘溪国家森林公园、天堂山国家森林公园、凤凰山国家森林公园、九龙江国家森林公园、嵩云山国家森林公园、天泉山国家森林公园、西瑶绿谷国家森林公园、青洋湖国家森林公园、熊峰山国家森林公园、蒣溪国家森林公园、福音山国家森林公园、长沙黑麋峰国家森林公园、坐龙峡国家森林公园、攸州国家森林公园、矮寨国家森林公园、嘉山国家森林公园。

广东省(25处)：梧桐山国家森林公园、万有国家森林公园(2010年11月9日准予撤销)、小坑国家森林公园、南澳海岛国家森林公园、南岭国家森林公园、新丰江国家森林公园、韶关国家森林公园、东海岛国家森林公园、流溪河国家森林公园、南昆山国家森林公园、西樵山国家森林公园、石门国家森林公园、圭峰山国家森林公园、英德国家森林公园、广宁竹海国家森林公园、北峰山国家森林公园、大王山国家森林公园、神光山国家森林公园、观音山国家森林公园、梁化国家森林公园、三岭山国家森林公园、雁鸣湖国家森林公园、天井山国家森林公园、大北山国家森林公园、镇山国家森林公园、南台山国家森林公园。

广西壮族自治区(21处)：桂林国家森林公园、良凤江国家森林公园、三门江国家森林公园、龙潭国家森林公园、大桂山国家森林公园、元宝山国家森林公园、八角寨国家森林公园、十万大山国家森林公园、龙胜温泉国家森林公园、姑婆山国家森林公园、大瑶山国家森林公园、黄猄洞天坑国家森林公园、飞龙湖国家森林公园、太平狮山国家森林公园、大容山国家森林公园、阳朔国家森林公园、九龙瀑布群国家森林公园、平天山国家森林公园、红茶沟国家森林公园、龙滩大峡谷国家森林公园、冠头岭国家森林公园。

海南省(9处)：尖峰岭国家森林公园、蓝洋温泉国家森林公园、吊罗山国家森林公园、海口火山国家森林公园、七仙岭温泉国家森林公园、黎母山国家森林公园、海上国家森林公园、霸王岭国家森林公园、兴隆侨乡国家森林公园。

重庆市(25处)：双桂山国家森林公园、小三峡国家森林公园、金佛山国家森林公园、黄水国家森林公园、仙女山国家森林公园、茂云山国家森林公园、武陵山国家森林公园、青龙湖国家森林公园、黔江国家森林公园、梁平东山国家森林公园、桥口坝国家森林公园、铁峰山国家森林公园、红池坝国家森林公园、雪宝山国家森林公园、玉龙山国家森林公园、黑山国家森林公园、歌乐山国家森林公园、茶山竹海国家森林公园、九重山国家森林公园、大园洞国家森林公园、重庆南山国家森林公园、观音峡国家森林公园、天池山国家森林公园、酉阳桃花源国家森林公园、巴尔盖国家森林公园。

四川省(33处)：都江堰国家森林公园、剑门关国家森林公园、瓦屋山国家森林公园、高山国家森林公园、西岭国家森林公园、二滩国家森林公园、海螺沟国家森林公园、七曲山国家森林公园、九寨国家森林公园、天台山国家森林公园、福宝国家森林公园、黑竹沟国家森林公园、夹金山国家森林公园、龙苍沟国家森林公园、白水河国家森林公园、美女峰国家森林公园、华蓥山国家森林公园、五峰山国家森林公园、千佛山国家森林公园、措普国家森林公园、米仓山国家森林公园、二郎山国家森林公园、天曌山国家森林公园(广元天台国家森林公园)、镇龙山国家森林公园、雅克夏国家森林公园、天马山国家森林公园、空山国家森林公园、云湖国家森林公园、铁山国家森林公园、荷花海国家森林公园、凌云山国家森林公园、北川国家森林公园、阆中国家森林公园。

贵州省(22处)：百里杜鹃国家森林公园、竹海国家森林公园、九龙山国家森林公园、长坡岭国家森林公园、凤凰山国家森林公园、尧人山国家森林公园、燕子岩国家森林公园、玉舍国家森林公园、雷公山国家森林公园、习水国家森林公园、黎平国家森林公园、朱家山国家森林公园、紫林山国家森林公园、潕阳湖国家森林公园、赫章夜郎国家森林公园、仙鹤坪国家森林公园、青云湖国家森林公园、毕节国家森林公园、大板水国家森林公园、龙架山国家森林公园、九道水国家森林公园、台江国家森林公园。

云南省(27处)：巍宝山国家森林公园、天星国家森林公园、清华洞国家森林公园、东山国家森林公园、来凤山国家森林公园、花鱼洞国家森林公园、磨盘山国家森林公园、龙泉国家森林公园、莱阳河国家森林公园、金殿国家森林公园、章凤国家森林公园、十八连山国家森林公园、鲁布格国家森林公园、珠江源国家森林公园、五峰山国家森林公园、钟灵山国家森林公园、棋盘山国家森林公园、灵宝山国家森林公园、小白龙国家森林公园、五老山国家森林公园、铜锣坝国家森林公园、紫金山国家森林公园、圭山国家森林公园、飞来寺国家森林公园、新生桥国家森林公园、西双版纳国家森林公园、宝台山国家森林公园。

西藏自治区(9处)：巴松湖国家森林公园、色季拉国家森林公园、玛旁雍错国家森林公园、班公湖国家森林公园、然乌湖国家森林公园、热振国家森林公园、姐德秀国家森林公园、尼木国家森林公园、比日神山国家森林公园。

陕西省(35处)：太白山国家森林公园、延安国家森林公园、楼观台国家森林公园、终南山国家森林公园、天台山国家森林公园、天华山国家森林公园、朱雀国家森林公园、南宫山国家森林公园、王顺山国家森林公园、五龙洞国家森林公园、骊山国家森林公园、汉中天台国家森林公园、金丝大峡谷国家森林公园、通天河国家森林公园、黎坪国家森林公园、木王国家森林公园、榆林沙漠国家森林公园、劳山国家森林公园、太平国家森林公园、鬼谷岭国家森林公园、玉华宫国家森林公园、千家坪国家森林公园、蟒头山国家森林公园、上坝河国家森林公园、黑河国家森林公园、洪庆山国家森林公园、牛背梁国家森林公园、天竺山国家森林公园、紫柏山国家森林公园、少华山国家森林公园、石门山国家森林公园、黄陵国家森林公园、青峰峡国家森林公园、黄龙山国家森林公园、汉阴凤凰山国家森林公园。

甘肃省(21 处)：吐鲁沟国家森林公园、石佛沟国家森林公园、松鸣岩国家森林公园、云崖寺国家森林公园、徐家山国家森林公园、贵清山国家森林公园、麦积山国家森林公园、鸡峰山国家森林公园、渭河源国家森林公园、天祝三峡国家森林公园、冶力关国家森林公园、沙滩国家森林公园、官鹅沟国家森林公园(大河坝国家森林公园)、大峪国家森林公园、腊子口国家森林公园、文县天池国家森林公园、莲花山国家森林公园、寿鹿山国家森林公园、周祖陵国家森林公园、小陇山国家森林公园、大峡沟国家森林公园。

青海省(7 处)：坎布拉国家森林公园、北山国家森林公园、大通国家森林公园、群加国家森林公园、仙米国家森林公园、麦秀国家森林公园、哈里哈图国家森林公园。

宁夏回族自治区(4 处)：苏峪口国家森林公园、六盘山国家森林公园、花马寺国家森林公园、火石寨国家森林公园。

新疆维吾尔自治区(19 处)：照壁山国家森林公园、天池国家森林公园、那拉提国家森林公园、巩乃斯国家森林公园、贾登峪国家森林公园、白哈巴国家森林公园、唐布拉国家森林公园、奇台南山国家森林公园、科桑溶洞国家森林公园、金湖杨国家森林公园、巩留恰西国家森林公园、哈密天山国家森林公园、哈日图热格国家森林公园、乌苏佛山国家森林公园、哈巴河白桦国家森林公园、阿尔泰山温泉国家森林公园、夏塔古道国家森林公园、塔西河国家森林公园、巴楚胡杨林国家森林公园。

台湾国家森林游乐区：台湾现有国有林森林游乐区(通称"国家森林游乐区")22 处，行政院农业委员会林务局经营管理当中的 18 处，其余 4 处分别由行政院国军退除役官兵辅导委员会荣民森林保育事业管理处、国立台湾大学生物资源暨农学院实验林管理处(台大林管处)和国立中兴大学实验林管理处经营管理。此外，从 2008 年起，林务局依据爱台 12 建设—绿色造林计划里，预计设置 3 座大型平地森林游乐区。

表 3-3-2　台湾国家森林游乐区

名称	管辖单位	所在地	设置时间	面积/公顷
内洞国家森林游乐区	林务局新竹林区管理处	新北市乌来区		1191.340
满月圆国家森林游乐区	林务局新竹林区管理处	新北市三峡区		1573.440
达观山神木群	林务局新竹林区管理处	桃园县复兴乡		
东眼山国家森林游乐区	林务局新竹林区管理处	桃园县复兴乡		916.000
观雾国家森林游乐区	林务局新竹林区管理处	新竹县五峰乡 苗栗县泰安乡		907.420

续表

名称	管辖单位	所在地	设置时间	面积/公顷
雪见游憩区	林务局新竹林区管理处	苗栗县泰安乡		
太平山国家森林游乐区	林务局罗东林区管理处	宜兰县大同乡	1989	12631.000
武陵农场	林务局东势林区管理处	宜兰县大同乡 台中市和平区		3760.000
大雪山国家森林游乐区	林务局东势林区管理处	台中市和平区		3968.840
八仙山国家森林游乐区	林务局东势林区管理处	台中市和平区	1978	2492.320
合欢山国家森林游乐区	林务局东势林区管理处	台中市和平区南投县仁爱乡花莲县秀林乡		457.610
奥万大国家森林游乐区	林务局南投林区管理处	南投县仁爱乡		2787.000
阿里山国家森林游乐区	林务局嘉义林区管理处	嘉义县阿里山乡		1400.000
藤枝国家森林游乐区	林务局屏东林区管理处	高雄市桃源区		770.000
双流国家森林游乐区	林务局屏东林区管理处	屏东县狮子乡		1569.500
垦丁国家森林游乐区	林务局屏东林区管理处	屏东县恒春镇	1968	75.000
池南国家森林游乐区	林务局花莲林区管理处	花莲县寿丰乡		145.000
富源国家森林游乐区	林务局花莲林区管理处	花莲县瑞穗乡		190.970
向阳国家森林游乐区	林务局台东林区管理处	台东县海端乡		362.000
知本国家森林游乐区	林务局台东林区管理处	台东县卑南乡		110.800
明池森林游乐区	国军退除役官兵辅导委员会森林保育处	宜兰县大同乡		
栖兰森林游乐区	国军退除役官兵辅导委员会森林保育处	宜兰县大同乡		
福山植物园	行政院农委会林业试验所	宜兰县员山乡		
溪头森林游乐区	国立台湾大学生物资源暨农学院实验林管理处	南投县鹿谷乡		
惠荪森林游乐区	国立中兴大学实验林管理处	南投县仁爱乡		

表 3-3-3 台湾平地森林游乐区

名称	管辖单位	所在地	设置时间	面积/公顷
花莲大农大富农场	林务局	花莲县	未定	
屏东林后等农场	林务局	屏东县	未定	
嘉义东石鳌鼓农场	林务局	嘉义县东石乡	未定	

三、中国的水利风景区

中国的国家级水利风景区，是指以水域（水体）或水利工程为依托，按照水利风景资源即水域（水体）及相关联的岸地、岛屿、林草、建筑等能对人产生吸引力的自然景观和人文景观的观赏、文化、科学价值和水资源生态环境保护质量及景区利用、管理条件分级，经水利部水利风景区评审委员会评定，由水利部公布的可以开展观光、娱乐、休闲、度假或科学、文化、教育活动的区域。国家级水利风景区有水库型、湿地型、自然河湖型、城市河湖型、灌区型、水土保持型等类型。从2001年10月到2014年9月16日,水利部共公布了14批、658处国家级水利风景区。目前还没有其他国家有专门的水利风景区系统。

水利部(3个):黄河小浪底水利枢纽、黄河万家寨水利枢纽、济南百里黄河风景区。

海河水利委员会(2个):漳卫南运河水利风景区、潘家口水利风景区。

松辽水利委员会(2个):察尔森水库风景区、尼尔基水利风景区。

淮河水利委员会(2个):石漫滩水库风景区、沂河刘家道口枢纽水利风景区。

黄河水利委员会(20个):黄河三门峡大坝风景区、河南黄河花园口风景区、山西永济黄河蒲津渡水利风景区、开封黄河柳园口水利风景区、濮阳黄河水利风景区、范县黄河水利风景区、潼关县金三角黄河水利风景区、山东省淄博黄河水利风景区、河南省台前县将军渡黄河水利风景区、河南省孟州黄河水利风景区、山东省滨州黄河水利风景区、东阿黄河水利风景区、德州黄河水利风景区、垦利县黄河口水利风景区、山东邹平黄河水利风景区、山东菏泽黄河水利风景区、甘肃庆阳南小河沟水利风景区、河南洛宁西子湖水利风景区、山东利津黄河水利风景区、洛阳孟津黄河水利风景区。

长江水利委员会(2个):丹江口松涛水利风景区、丹江口大坝水利风景区。

太湖流域管理局(1个):太湖浦江源水利风景区。

北京市(3个):十三陵水库旅游区、青龙峡旅游度假村、门头沟区妙峰山水利风景区。

天津市(2个):北运河水利风景区、东丽湖风景区。

河北省(6个):秦皇岛桃林口景区、中山湖风景区、燕塞湖风景区、衡水湖风景区、平山县汤汤水水利风景区、武安市京娘湖风景区、邢台县前南峪生态水利风景区、邢台县凤凰湖水利风景区、承德市庙宫水库水利风景区、邯郸市东武仕水库水利风景区、迁安市滦河生态防洪水利风景区、沽源县闪电河水库水利风景区、丰宁县黄土梁水库水利风景区、魏县梨乡水城水利风景区、临漳邺城公园水利风景区、衡水滏阳河水利风景区。

山西省(15个):汾河二库风景区、汾源水利风景区、太原汾河景区、盂县藏山水利风景区、晋城市山里泉水利风景区、平顺县太行水乡水利风景区、朔州市桑干河湿地水利风景区、阳泉市翠枫山水利风景区、柳林县昌盛水利风景区、宁武县暖泉沟水利风景区、汾河水库水利风景区、沁县北方水城水利风景区、长子县精卫湖水利风景区、繁峙县滹源水利风景区、原平滹沱河水利风景区、长治漳泽湖水利风景区。

内蒙古自治区(23个):红山湖水利风景区、宁城县打虎石水利风景区、包头市石门水利风景区、巴图湾水利风景区、黄河三盛公水利风景区、赤峰市南山水土保持生态示范园、赤峰市达理诺尔水利风景区、杭锦旗七星湖沙漠水利风景区、喀喇沁旗锦山水上公园水利风景区、和林县前夭子水库水利风景区、科右中旗翰嘎利水库水利风景区、鄂尔多斯沙漠大峡谷水利风景区、多伦县西山湾水利风景区、呼和浩特市敕勒川哈素海水利风景区、巴林左旗沙那水库水利风景区、阿鲁科尔沁旗达拉哈湖水利风景区、巴彦淖尔市二黄河水利风景区、牙克石市凤凰湖水利风景区、呼和浩特市白石水利风景区、鄂尔多斯市砒砂岩水利风景区、额济纳旗东居延海水利风景区、巴彦淖尔德岭山水库水利风景区、赤峰德日苏宝冷水库水利风景区。

辽宁省(8个):大伙房水库风景区、本溪关门山风景区、大连市碧流河水利风景区、朝阳市大凌河风景区、辽阳市汤河水库水利风景区、抚顺市关山湖水利风景区、沈阳市浑河水利风景区、沈阳市蒲河水利风景区。

吉林省(22个)：新立湖水利风景区、集安市鸭绿江国境旅游区、磐石市黄河水库风景区、长春市石头口门水库水利风景区、通化市桃园湖水利风景区、舒兰市亮甲山水利风景区、长春市净月潭水库风景区、东辽县聚龙潭生态度假区、查干湖水利风景区、梅河口市磨盘湖水利风景区、长白十五道沟水利风景区、延吉市布尔哈通河水利风景区、松原市龙坑水利风景区、吉林市松花江清水绿带水利风景区、白城市嫩水韵白水利风景区、四平市二龙湖水利风景区、沙河水库水利风景区、长岭县龙凤湖水利风景区、东辽县鸳鹭湖水利风景区、松原市哈达山水利风景区、和龙市龙门湖水利风景区、和龙图们江流域红旗河水利风景区。

黑龙江省(27个)：红旗泡水库红湖旅游区、五常市龙凤山水利风景区、五大连池市山口湖水利风景区、甘南县音河湖水利风景区、齐齐哈尔市劳动湖水利风景区、佳木斯市柳树岛水利风景区、鹤岗市鹤立湖水利风景区、农垦兴凯湖第二泄洪闸水利风景区、哈尔滨市太阳岛水利风景区、兴凯湖当壁镇水利风景区、哈尔滨市白鱼泡水利风景区、黑河市法别拉水利风景区、密山市青年水库水利风景区、孙吴县二门山水库水利风景区、伊春市红星湿地水利风景区、伊春市上甘岭水利风景区、伊春市卧龙湖水利风景区、伊春市乌伊岭水利风景区、伊春市新青湿地水利风景区、伊春市伊春河水利风景区、哈尔滨市西泉眼水利风景区、哈尔滨市呼兰富强水利风景区、哈尔滨市金河湾水利风景区、大庆市黑鱼湖水利风景区、鹤岗市清源湖水利风景区、伊春市滨水新区水利风景区、兰西县河口水利风景区。

上海市(4个)：上海松江生态水利风景区、淀山湖风景区、碧海金沙水利风景区、浦东新区滴水湖水利风景区。

江苏省(45个)：溧阳市天目湖旅游度假区、江都水利枢纽旅游区、徐州市云龙湖风景区、瓜洲古渡风景区、三河闸水利风景区、泰州引江河风景区、苏州胥口水利风景区、淮安水利枢纽风景区、淮安市古运河水利风景区、盐城市通榆河枢纽风景区、姜堰市溱湖风景区、南京市金牛湖水利风景区、宜兴市横山水库水利风景区、无锡梅梁湖水利风景区、泰州市凤凰河水利风景区、南京市外秦淮河水利风景区、宿迁市中运河水利风景区、徐州市故黄河水利风景区、太仓市金仓湖水利风景区、南京市珍珠泉水利风景区、南京市天生桥河水利风景区、邳州市艾山九龙水利风景区、赣榆县小塔山水库水利风景区、淮安市樱花园水利风景区、如皋市龙游河水利风景区、无锡市长广溪水利风景区、连云港市花果山大圣湖水利风景区、宝应县宝应湖水利风景区、盐城市大纵湖水利风景区、泗阳县泗水河水利风景区、盱眙县天泉湖水利风景区、淮安市清晏园水利风景区、淮安市古淮河水利风景区、苏州市旺山水利风景区、张家港市环城河水利风景区、扬州市凤凰岛水利风景区、徐州市潘安湖水利风景区、连云港市海陵湖水利风景区、徐州市金龙湖水利风景区、金坛愚池湾水利风景区、昆山明镜荡水利风景区、镇江金山湖水利风景区、无锡新区梁鸿水利风景区、宿迁宿城古黄河水利风景区、溧阳南山竹海水利风景区。

浙江省(26个)：海宁市钱江潮韵度假村、宁波天河生态风景区、奉化市亭下湖旅游区、湖州太湖旅游度假区、安吉县天赋旅游区、慈溪市杭州湾海滨游乐园、江山市峡里湖生态风景区、新昌县沃洲湖水利风景区、绍兴市环城河风景区、江山月亮湖水利风景区、余姚市姚江风景区、天台山龙穿峡水利风景区、浙东古运河绍兴运河园、安吉县江南天池水利风景区、上虞市曹娥江城防水利风景区、玉环县玉环水利风景区、丽水市南明湖水利风景区、安吉县老石坎水库水利风景区、绍兴市曹娥江大闸水利风景区、天台县琼台仙谷水利风景区、衢州市乌溪江水利风景区、富阳市富春江水利风景区、衢州市信安湖水利风景区、遂昌县十八里翠水利风景区、桐庐县富春江水利风景区、松阳县松阴溪水利风景区。

安徽省(29个)：龙河口水利旅游区、太平湖风景区、佛子岭水库风景区、龙子湖风景区、梅山水库水利风景区、响洪甸水库水利风景区、太湖县花亭湖水利风景区、淮河蚌埠闸枢纽水利风景区、青龙湾水利风景区、六安市横排头水利风景区、霍邱县水门塘水利风景区、广德县卢湖竹海水利风景区、泾县桃花潭风景区、歙县霸王山摇铃秀水水利风景区、凤台县淮上明珠水利风景区、淮河临淮岗工程水利风景区、亳州市白鹭洲水利风景区、阜南县王家坝水利风景区、淮南市焦岗湖水利风景区、郎溪县石佛山天子湖水利风景区、黄山石门水利风景区、芜湖滨江水利风景区、六安市淠河水利风景区、岳西县天峡水利风景区、来安县白鹭岛水利风景区、全椒襄河水利风景区、岳西大别山彩虹瀑布水利风景区、颍上八里河水利风景区、肥东岱山湖水利风景区。

福建省(21个)：福清东张水库石竹湖风景区、仙游县九鲤湖风景区、南平市延平湖风景区、永安市桃源洞水利风景区、永泰县天门山水利风景区、德化县岱仙湖水利风景区、尤溪县闽湖水利风景区、龙岩市梅花湖水利风景区、华安县九龙江水利风景区、永定县龙湖水利风景区、漳平市九鹏溪水利风景区、泉州市山美水库水利风景区、漳州开发区南太武新港城水利风景区、莆田市木兰陂水利风景区、三明市泰宁水利风景区、顺昌县华阳山水利风景区、武夷山市东湖水利风景区、南靖土楼水乡水利风景区、邵武云灵山水利风景区、宁德东湖水利风景区、泉州金鸡拦河闸水利风景区。

江西省(32个)：上游湖风景区、景德镇市玉田湖水利风景区、贵溪市白鹤湖水利风景区、井冈山湖水利风景区、南丰县潭湖水利风景区、乐平市翠平湖水利风景区、南城县麻源三谷水利风景区、泰和县白鹭湖水利风景区、宜春市飞剑潭水利风景区、上饶市枫泽湖风景区、赣州市三江水利风景区、铜鼓县九龙湖水利风景区、安福县武功湖水利风景区、景德镇市月亮湖水利风景区、都昌县张岭水库水利风景区、萍乡市明月湖水利风景区、会昌县汉仙湖水利风景区、赣抚平原灌区水利风景区、星子县庐湖水利风景区、宜丰县渊明湖水利风景区、新建县梦山水库水利风景区、新建县溪霞水库水利风景区、武宁县桃花源水利风景区、九江市庐山西海水利风景区、万年县群英水库水利风景区、玉山县三清湖水利风景区、广丰县铜钹山九仙湖水利风景区、弋阳龟峰湖水利风景区、德兴凤凰湖水利风景区、宁都赣江源水利风景区、新干黄泥埠水库水利风景区、吉安螺滩水利风景区。

山东省(77个)：沂蒙湖国家水利风景区、东营天鹅湖公园、江北水城风景区、诸城市潍河水利风景区、泰安市天平湖风景区、昌乐县仙月湖水利风景区、东营市清风湖风景区、安丘市汶河水利风景区、寿光市弥河水利风景区、滨州市中海水利风景区、海阳市东村河水利风景区、胶州三里河公园、东阿县洛神湖水利风景区、广饶县孙武湖水利风景区、淄博市峨庄水土保持生态风景区、莱西市莱西湖水利风景区、枣庄市抱犊崮龟蛇湖水利风景区、滕州市微山湖湿地红荷水利风景区、肥城市康王河公园、高唐县鱼丘湖水利风景区、昌邑市潍河水利风景区、潍坊市峡山湖水利风景区、桓台县马踏湖水利风景区、枣庄市岩马湖水利风景区、潍坊市白浪河水利风景区、枣庄市台儿庄运河水利风景区、淄博市太公湖水利风景区、沾化县秦口河水利风景区、临朐县淌水崖水库水利风景区、高青县千乘湖水利风景区、高密市胶河水利风景区、新泰市青云湖水利风景区、潍坊市浞河水利风景区、文登市抱龙河水利风景区、胶州市少海水利风景区、莱芜市雪野湖水利风景区、泰安市天颐湖水利风景区、东平县东平湖水利风景区、菏泽市赵王河水利风景区、滨州市三河湖水利风景区、莒南县天马岛水利风景区、滨州市小开河灌区水利风景区、沂源县沂河源水利风景区、淄博市五阳湖水利风景区、青州市仁河水库水利风景区、临朐县沂山东镇湖水利风景区、莱阳市五龙河水利风景区、乳山市岠嵎湖水利风景区、沂南县竹泉水利风景区、单县浮龙湖水利风景区、惠民县古城河水利风景区、无棣县黄河岛水利风景区、龙口市王屋水库水利风景区、栖霞市长春湖水利风景区、泗水县万紫千红水利风景区、乳山市大乳山水利风景区、邹平县黛溪河水利风景区、招远市金都龙王湖水利风景区、沾化县徒骇河思源湖水利风景区、夏津县黄河故道水利风景区、博兴县打渔张引黄灌区水利风景区、章丘市绣源河水利风景区、济南市长清湖水利风景区、微山县微山湖水利风景区、枣庄市城河水利风景区、曲阜沂河水利风景区、济宁蓼河水利风景区、青州弥河水利风景区、单县东沟河绿色生态长廊水利风景区、茌平金牛湖水利风景区、滨州秦皇河水利风景区、寿光汩淀湖水利风景区、烟台芝罘大沽夹河水利风景区、禹城大禹文化水利风景区、巨野洙水河水利风景区、烟台牟平沁水河水利风景区、滨州韩墩引黄灌区水利风景区。

河南省(35个)：南湾风景名胜区、驻马店市薄山湖水利旅游区、云台山水利风景名胜区、昭平湖风景名胜区、焦作市群英湖风景名胜区、博爱青天河风景名胜区、灵宝市窄口水库风景区、红旗渠、铜山湖水利风景区、香山湖水利风景区、鲇鱼山水库风景区、西峡县石门湖水利风景区、光山县龙山湖风景区、白沙水库水利风景区、方城县望花湖水利风景区、安阳市彰武南海水库水利风景区、信阳市浉河水利风景区、驻马店市宿鸭湖水利风景区、卫辉市沧河水利风景区、陆浑湖水利风景区、漯河市沙澧河水利风景区、南阳市龙王沟水利风景区、信阳市北湖水利风景区、商丘市黄河故道湿地水利风景区、南阳市鸭河口水库水利风景区、郑州市黄河生态水利风景区、柘城县容湖水利风景区、商丘市商丘古城水利风景区、驻马店市板桥水库水利风景区、禹州市颍河水利风景区、武陟嘉应观黄河水利风景区、永城沱河日月湖水利风景区、淮阳龙湖水利风景区、民权黄河故道水利风景区。

湖北省(14个)：湖北省漳河风景名胜区、龙麟宫风景区、京山惠亭湖风景区、襄阳市三道河水镜湖风景区、钟祥市温峡湖水利风景区、荆州市沱水水利风景区、武汉夏家寺水利风景区、武汉市江滩水利风景区、孝昌县观音湖水利风景区、罗田县天堂湖水利风景区、英山县毕升湖水利风景区、通山县富水湖水利风景区、长阳县清江水利风景区、麻城浮桥河水利风景区。

湖南省(29个)：张家界溇江风景区、湖南水府水利风景区、九龙潭大峡谷水利风景区、衡东洣水水利风景区、长沙湘江水利风景区、酒埠江水利风景区、益阳市鱼形山水利风景区、永兴县便江水利风景区、长沙市千龙湖生态度假村、湘西土家族苗族自治州大龙洞水利风景区、双牌县阳明山水利风景区、怀化五龙溪水利风景区、皂市水利风景区、凤凰县长潭岗水利风景区、衡山县九观湖水利风景区、衡阳县织女湖水利风景区、长沙市黄材水库水利风景区、新化县紫鹊界水利风景区、韶山市青年水库水利风景区、衡阳县斜陂堰水库水利风景区、花垣县花垣边城水利风景区、耒阳市蔡伦竹海水利风景区、澧县王家厂水利风景区、辰溪县燕子洞水利风景区、常德市柳叶湖水利风景区、益阳市皇家湖水利风景区、江华瑶族自治县潇湘源水利风景区、湘潭韶山灌区水利风景区、汉寿清水湖水利风景区。

广东省(10个)：飞来峡水利枢纽旅游区、茂名市玉湖风景区、茂名市小良水土保持生态风景区、惠州白盆湖生态风景区、梅州市洞天湖水利风景区、五华县益塘水库水利风景区、连州市湟川三峡水利风景区、增城市增江画廊水利风景区、珠海竹洲水乡水利风景区、仁化县丹霞源水利风景区。

广西壮族自治区(10个)：百色市澄碧河水利风景区、北海市洪潮江水利风景区、南宁大王滩水利风景区、南宁天雹水库水利风景区、德保县鉴河水利风景区、鹿寨县月岛湖水利风景区、南丹县地下大峡谷水利风景区、柳城县融江河谷水利风景区、象州县象江水利风景区、靖西龙潭鹅泉水利风景区。

海南省(3个)：儋州市松涛水库风景区、定安县南丽湖水利风景区、琼海合水水库水利风景区。

重庆市(12个)：大足县龙水湖风景区、江津区清溪沟水利风景区、璧山县大沟水库水利风景区、合川区双龙湖水利风景区、黔江区小南海水利风景区、武隆县山虎关水库水利风景区、潼南县丛刊水库水利风景区、石柱县龙河水利风景区、南宾路水利风景区、永川区勤俭水库水利风景区、开县汉丰湖水利风景区、璧山璧南河水利风景区。

四川省(25个)：仙海风景区、鲁班湖风景区、安县白水湖风景区、自贡市双溪湖风景区、自贡市尖山水利风景区、凉山州泸沽湖水利风景区、平昌县江口水乡水利风景区、蓬安县大深南海水利风景区、都江堰水利风景区、汶川县水墨藏寨水利风景区、绵阳市涪江六峡水利风景区、眉山市黑龙滩水利风景区、隆昌县古宇庙水库水利风景区、南充市升钟湖水利风景区、苍溪县白鹭湖水利风景区、西充县青龙湖水利风景区、遂宁市琼江源风景区、乐山大渡河金口大峡谷水利风景区、峨边大小杜鹃池水利风景区、犍为桫椤湖水利风景区、蓬安嘉陵第一桑梓水利风景区、阆中金沙湖水利风景区、青川青竹江水利风景区、武胜太极湖水利风景区、金口河大瓦山五池水利风景区。

贵州省(22个)：镇远舞阳河水利旅游区、织金恐龙湖水利旅游区、岑巩龙鳌河水利风景区、三岔河水利风景区、舞阳湖水利风景区、杜鹃湖水利风景区、贵州省毕节天河水利风景区、松柏山水利风景区、龙里生态科技示范园、贵阳市金茫林海水利风景区、六盘水市明湖水利风景区、关岭布依族苗族自治县木城河水利风景区、遵义市大板水水利风景区、贵阳市永乐湖水利风景区、沿河土家族自治县乌江山峡水利风景区、罗甸县高原千岛湖水利风景区、惠水县涟江水利风景区、剑河县仰阿莎湖水利风景区、铜仁市锦江水利风景区、施秉县阳河水利风景区、织金县织金关水利风景区、龙里莲花水利风景区。

云南省(16个)：珠江源风景区、泸西县五者温泉风景区、普洱市梅子湖水利风景区、建水县绵羊冲度假村、景谷傣族彝族自治县昔木水库风景区、泸西县阿拉湖风景区、潞西市孔雀湖生态风景区、西盟县勐梭龙潭水利风景区、保山市北庙湖水利风景区、洱源县茈碧湖水利风景区、泸西县阿庐湖水利风景区、丘北县摆龙湖水利风景区、普洱市洗马河水利风景区、丽江市玉龙县拉市海水利风景区、文山县君龙湖水利风景区、祥云县青海湖水利风景区。

西藏自治区(2个)：林芝地区措木及日湖水利风景区、乃东县雅袭河谷水利风景区。

陕西省(29个)：锦阳湖生态园、汉中石门水利风景区、黄河魂生态游览区、安康市瀛湖风景区、南郑县红寺湖风景区、渭南市友谊湖休闲度假山庄、灞柳生态综合开发园风景区、商洛市丹江公园水利风景区、城固县南沙湖水利风景区、郑国渠水利风景区、丹凤县龙驹寨水利风景区、凤县嘉陵江源水利风景区、宝鸡市千湖水利风景区、西安市汉城湖水利风景区、宝鸡市渭水之央水利风景区、商南县金丝大峡谷水利风景、太白县黄柏塬水利风景区、西安市翠华山水利风景区、西安市灞桥湿地水利风景区、宜川县黄河壶口水利风景区、神木县红碱淖水利风景区、户县金龙峡水利风景区、太白青峰峡水利风景区、合阳洽川水利风景区、丹凤桃花谷水利风景区、柞水乾佑河源水利风景区、西安世博园水利风景区、岐山岐渭水利风景区、汉阴凤堰古梯田水利风景区。

甘肃省(25个)：金塔县鸳鸯池水利风景区、凉州天梯山水利风景区、平凉市崆峒水库风景区、酒泉市赤金峡水利风景区、高台县大湖湾风景区、庄浪县竹林寺水库风景区、泾川县田家沟水土保持生态风景区、禹苑水利风景区、瓜州县瓜州苑水利风景区、临泽县双泉湖水利风景区、张掖市二坝湖水利风景区、张掖市大野口水库水利风景区、西和县晚霞湖水利风景区、临泽县平川水库水利风景区、山丹县李桥水库水利风景区、阿克塞县金山湖水利风景区、迭部县白龙江腊子口水利风景区、临潭县冶力关水利风景区、民勤县红崖山水库水利风景区、敦煌市党河风情线水利风景区、玛曲县黄河首曲水利风景区、康县阳坝水利风景区、卓尼县洮河水利风景区、两当云屏河水利风景区、崇信龙泽湖水利风景区。

青海省(15个):互助土族自治县南门峡水库风景区、长岭沟风景区、黄南藏族自治州黄河走廊水利风景区、循化撒拉族自治县孟达天池水利风景区、黑泉水库水利风景区、互助县北山水利风景区、久治县年保玉则水利风景区、民和县三川黄河水利风景区、玛多县黄河源水利风景区、囊谦县澜沧江水利风景区、海西州巴音河水利风景区、乌兰县金子海水利风景区、囊谦县澜沧江水利风景区、海西州巴音河水利风景区、乌兰县金子海水利风景区。

宁夏回族自治区(10个):青铜峡唐徕闸风景区、沙坡头水利风景区、银川市艾依河水利风景区、石嘴山市星海湖水利风景区、灵武市鸭子荡水利风景区、沙湖水利风景区、彭阳县茹河水利风景区、中卫市腾格里湿地水利风景区、隆德县清流河水利风景区、银川市鸣翠湖水利风景。

新疆维吾尔自治区(12个):克孜尔水库风景区、巴州西海湾明珠风景区、伊犁州喀什河龙口水利风景区、乌鲁瓦提水利风景区、吐鲁番市坎儿井水利风景区、塔城喀浪古尔水利风景区、昌吉州石门子水库水利风景区、沙湾县千泉湖水利风景区、天山天池水利风景区、巩留县库尔德宁水利风景区、岳普湖县达瓦昆沙漠水利风景区、巩留县野核桃沟水利风景区。

新疆生产建设兵团(10个):农八师石河子北湖旅游区、青格达湖水利风景区、西海湾水利风景区、塔里木多浪湖风景区、千鸟湖水利风景区、双湖水利风景区、巴音山庄、石河子桃源风景区、塔里木祥龙湖风景区、福海县布伦托海西海水利风景区。

四、中国国家旅游度假区

国家旅游度假区,是指符合国际度假旅游要求、以接待海外旅游者为主的综合性旅游区,有明确的地域界限,适于集中设配套旅游设施,所在地区旅游度假资源丰富,客源基础较好,交通便捷,对外开放工作已有较好基础。与国家级风景名胜区等自然保护区域不同的是,国家旅游度假区属国家级开发区。

1992年,为进一步扩大对外开放,开发利用中国丰富的旅游资源,促进中国旅游由观光型向观光度假型转变,加快旅游事业发展,国务院决定在条件成熟的地方试办国家旅游度假区,鼓励外国和台湾、香港、澳门地区的企业、个人投资开发旅游设施和经营旅游项目,并对其实行优惠政策。同年,国务院批复同意建立包括江苏太湖、上海横沙岛在内的11处国家旅游度假区。1993年,国务院批复同意将"江苏太湖国家旅游度假区"下设的"苏州胥口度假中心"和"无锡马山度假中心"分别更名为"苏州太湖国家旅游度假区"和"无锡太湖国家旅游度假区"。1995年,国务院又批复同意建立"上海佘山国家旅游度假区",以取代"上海横沙岛国家旅游度假区",至此全国12处国家旅游度假区基本成形,并延续至今。

12个国家旅游度假区为:杭州之江国家旅游度假区、苏州太湖国家旅游度假区、莆田湄洲岛国家旅游度假区、上海佘山国家旅游度假区、大连金石滩国家旅游度假区、无锡太湖国家旅游度假区、广州南湖国家旅游度假区、北海银滩国家旅游度假区、三亚亚龙湾国家旅游度假区、青岛石老人国家旅游度假区、武夷山国家旅游度假区、昆明滇池国家旅游度假区。

五、中国国家重点公园

中国的国家重点公园,是指具有重要影响和较高价值,且在全国有典型性、示范性或代表性的公园,由中华人民共和国住房和城乡建设部批准及公布。

具备下列条件的公园,可以申报国家重点公园:①符合城市人民政府公园建设与发展规划;②权属清楚,无权属争议;③机构健全、制度完善、管理规范良好;④符合下列标准之一:园林历史悠久,代表一定时代的优秀园林作品,具有较高的历史价值;利用自然条件和人文条件,因地制宜建造公园,展现中国风景园林的设计艺术,具有较高的艺术价值;公园的人文景观与中国的历史文化、重大历史事件、重要历史人物等相联系,具有重要的文化价值;在濒危动植物研究和保护、科普教育、生物多样性宣传等方面,具有重要的研究和保护价值;公园内历史遗存、动植物资源丰富,自然地质独特,具有重要的保护价值。

到2014年,国家共公布了4批重点公园,2007年2月6日第一批20处,2008年9月12日第二批26处,2009年12月3日第三批10处,2010年12月17日第四批7处。目前,全国共有63处国家重点公园。

北京市(10处):颐和园、天坛公园、北海公园、北京动物园、北京植物园、中山公园、景山公园、香山公园、紫竹院公园、陶然亭公园。

河北省(1处):邯郸市丛台公园。

山西省(2处):新绛县绛守居园池公园、太原市碑林公园。

辽宁省(2处):沈阳市东陵公园、沈阳市北陵公园。

吉林省(1处):长春世界雕塑公园。

江苏省(18处):苏州市拙政园、苏州市留园、苏州市网师园、苏州市环秀山庄、苏州市狮子林、苏州市艺圃、苏州市耦园、苏州市退思园、苏州市沧浪亭、扬州市个园、扬州市何园、苏州市虎丘山、扬州市瘦西湖公园、常州市红梅公园、南京市玄武湖公园、无锡市梅园、无锡市锡惠公园、镇江市金山公园。

浙江省(2处):衢州市府山公园、湖州市莲花庄公园。

安徽省(1处):合肥市环城公园。

福建省(6处):厦门市园林植物园、厦门园林博览苑、厦门市中山公园、福州市罗星塔公园、泉州市东湖公园、厦门市白鹭洲公园。

江西省(1处):九江市南湖公园。

山东省(2处):济南市趵突泉公园、济南市大明湖公园。

河南省(2处):郑州市碧沙岗公园、郑州市人民公园。

湖北省(3处):武汉市中山公园、武汉市黄鹤楼公园、武汉市解放公园。

湖南省(1处):长沙市湖南烈士公园。

广东省(4处):广州市越秀公园、深圳市仙湖植物园、深圳国际园林花卉博览园、深圳市莲花山公园。

广西壮族自治区(2处):柳州市柳侯公园、柳州市龙潭公园。

重庆市(3处):南山植物园、鹅岭公园、重庆动物园。

陕西省(1处):宝鸡市炎帝园。

宁夏回族自治区(1处):银川市中山公园。

台湾国家公园:1972年6月,台湾通过了《国家公园法》,用来保护具有自然风景、野生动物和历史意义的地区。台湾国家公园约占陆地总面积的8.43%。根据《国家公园法》规定,设立国家公园是为了保护国家特有的自然风景、野生物及史迹,并供国民之育乐及研究。其选定标准如下:具有特殊自然景观、地形、地物、化石及未经人工培育自然演进生长之野生或孑遗动植物,足以代表国家自然遗产者;具有重要之史前遗迹、史后古迹及其环境富教育意义,足以培育国民情操,而由国家长期保存者;具有天赋育乐资源,风景特异,交通便利,足以陶冶国民性情,供游憩观赏者。

表3-3-4 台湾已成立的国家公园(8座)

	名称	所在地	计划公告时间	管理处建立时间	面积/公顷
1	垦丁国家公园	屏东县	1982年9月1日	1984年1月1日	33269
2	玉山国家公园	南投县、嘉义县、花莲县、高雄市	1985年4月6日	1985年4月10日	105491
3	阳明山国家公园	新北市、台北市	1985年9月1日	1985年9月16日	11455
4	太鲁阁国家公园	花莲县、台中市、南投县	1986年11月12日	1986年11月28日	92000
5	雪霸国家公园	苗栗县、新竹县、台中市	1991年3月1日	1992年7月1日	76850
6	金门国家公园	福建省金门县	1995年5月25日	1995年10月18日	3780
7	东沙环礁国家公园	东沙群岛(行政区属高雄市)	2007年1月17日	2007年10月4日	353668
8	台江国家公园	台南市、澎湖县	2009年10月15日	2009年12月28日	39310

六、国家矿山公园

中国的矿山公园,是矿山地质环境治理恢复后,国家鼓励开发的以展示矿产地质遗迹和矿业生产过程中探、采、选、冶、加工等活动的遗迹、遗址和史迹等矿业遗迹景观为主体,体现矿业发展历史内涵,具备研究价值和教育功能,可供人们游览观赏、科学考察的特定的空间地域。矿山公园设置国家级矿山公园和省级矿山公园,其中国家矿山公园由国土资源部审定并公布。

国家矿山公园应当具备下列条件:国内独具特色的矿床成因类型且具有典型、稀有及科学价值的矿业遗迹;经过矿山地质环境治理恢复的废弃矿山或者部分矿段;自然环境优美、矿业文化历史悠久;区位优越,科普基础设施完善,具备旅游潜在能力;土地权属清楚,矿山公园总体规划科学合理。

2005年9月首批获国家矿山公园资格的28个获批,目前已有18家揭碑开园;2010年5月6日,第二批33家矿业学位获国家矿山公园资格;2013年,第三批11个国家矿山公园获批。至此,包括取得国家矿山公园建设资格的单位和正式授予国家矿山公园称号的公园在内,全国共有72处国家矿山公园。

北京市(4处):平谷黄松峪国家矿山公园、首云国家矿山公园、怀柔圆金梦国家矿山公园、史家营国家矿山公园。

河北省(4处):唐山开滦煤矿国家矿山公园、任丘华北油田国家矿山公园、武安西石门铁矿国家矿山公园、迁西金厂峪国家矿山公园。

山西省(2处):大同晋华宫矿国家矿山公园、太原西山国家矿山公园。

内蒙古自治区(4处):赤峰巴林石国家矿山公园、满洲里市扎赉诺尔国家矿山公园、林西大井国家矿山公园、额尔古纳国家矿山公园。

辽宁省(1处):阜新海州露天矿国家矿山公园。

吉林省(3处):白山板石国家矿山公园、辽源国家矿山公园、汪精满天星国家矿山公园。

黑龙江省(6处):鹤岗市国家矿山公园、鸡西恒山国家矿山公园、嘉荫乌拉嘎国家矿山公园、大庆油田国家矿山公园、黑河罕达气国家矿山公园、大兴安岭呼玛国家矿山公园。

江苏省(2处):盱眙象山国家矿山公园、南京冶山国家矿山公园。

浙江省(3处):遂昌金矿国家矿山公园、温岭长屿硐天国家矿山公园、宁波伍山海滨石窟国家矿山公园。

安徽省(3处):淮北国家矿山公园、铜陵国家矿山公园、淮南大通国家矿山公园。

福建省(2处):福州寿山国家矿山公园、上杭紫金山国家矿山公园。

江西省(4处):景德镇高岭国家矿山公园、德兴国家矿山公园、萍乡安源国家矿山公园、瑞昌铜岭铜矿国家矿山公园。

山东省(4处):沂蒙钻石国家矿山公园、临沂归来庄金矿国家矿山公园、枣庄中兴煤矿国家矿山公园、威海金洲金矿国家矿山公园。

河南省(3处):南阳独山玉国家矿山公园、焦作缝山国家矿山公园、新乡凤凰山国家矿山公园。

湖北省(4处):黄石国家矿山公园、应城国家矿山公园、潜江国家矿山公园、宜昌樟村坪国家矿山公园。

湖南省(3处):郴州柿竹园国家矿山公园、宝山国家矿山公园、湘潭锰矿国家矿山公园。

广东省(6处):深圳凤凰山国家矿山公园、韶关芙蓉山国家矿山公园、深圳鹏茜国家矿山公园、梅州五华白石嶂国家矿山公园、凡口国家矿山公园、大宝山国家矿山公园。

广西壮族自治区(2处):合山国家矿山公园、全州雷公岭国家矿山公园。

重庆市(1处):江合煤矿国家矿山公园。

四川省(2处):丹巴白云母国家矿山公园、嘉阳国家矿山公园。

贵州省(1处):万山汞矿国家矿山公园。

云南省(1处):东川国家矿山公园。

陕西省(1处):潼关小秦岭金矿国家矿山公园。

甘肃省(2处):白银火焰山国家矿山公园、金昌金川国家矿山公园。

青海省(2处):格尔木察尔汗盐湖国家矿山公园、玉门油田国家矿山公园。

宁夏回族自治区省(1处):石嘴山国家矿山公园。

新疆维吾尔自治区(1处):富蕴可可托海稀有金属国家矿山公园。

七、中国国家湿地公园

中国的湿地公园,是指以保护湿地生态系统、合理利用湿地资源为目的,可供开展湿地保护、恢复、宣传、教育、科研、监测、生态旅游等活动的特定区域。

具备下列条件的,可建立国家湿地公园:湿地生态系统在全国或者区域范围内具有典型性;或者区域地位重要,湿地主体功能具有示范性;或者湿地生物多样性丰富;或者生物物种独特;自然景观优美和(或者)具有较高历史文化价值;具有重要或者特殊科学研究、宣传教育价值。

国家湿地公园由国家林业局组织实施建立,在完成试点建设并经该局组织验收合格后,授予国家湿地公园称号。自2005年2月第1个国家湿地公园试点杭州西溪国家湿地公园获批,到2014年分8批公布了国家湿地公园试点单位430处。

按地区分布,名单如下(括号内为对应的公布批次):

北京市(1处):野鸭湖国家湿地公园(1)。

天津市(1处):武清永定河故道国家湿地公园(8)。

河北省(8处):坝上闪电河国家湿地公园(3)、北戴河国家湿地公园(4)、丰宁海留图国家湿地公园(6)、尚义察汗淖尔国家湿地公园(7)、保康康巴诺尔国家湿地公园(7)、永年洼国家湿地公园(7)、崇礼清水河源国家湿地公园(8)、木兰围场小滦河国家湿地公园(8)。

山西省(8处):古城国家湿地公园(4)、昌源河国家湿地公园(5)、千泉湖国家湿地公园(5)、双龙湖国家湿地公园(7)、文峪河国家湿地公园(7)、介休汾河国家湿地公园(7)、神溪国家湿地公园(8)、沁河源国家湿地公园(8)。

内蒙古自治区(19处):白狼洮儿河国家湿地公园(1)、阿拉善黄河国家湿地公园(3)、包头黄河国家湿地公园(5)、纳林湖国家湿地公园(6)、巴美湖国家湿地公园(6)、额尔古纳国家湿地公园(7)、免渡河国家湿地公园(7)、索尔奇国家湿地公园(7)、锡林河国家湿地公园(7)、哈素海国家湿地公园(7)、萨拉乌苏国家湿地公园(7)、乌海龙游湾国家湿地公园(8)、多伦滦河源国家湿地公园(8)、临河黄河国家湿地公园(8)、内蒙古森林工业集团根河源国家湿地公园(5)、内蒙古森林工业集团图里河国家湿地公园(5)、内蒙古森林工业集团牛耳河国家湿地公园(5)、内蒙古森林工业集团绰源国家湿地公园(8)、内蒙古森林工业集团伊图里河国家湿地公园(8)。

辽宁省(8处):莲花湖国家湿地公园(1)、大伙房国家湿地公园(5)、大汤河国家湿地公园(5)、桓龙湖国家湿地公园(7)、法库獾子洞国家湿地公园(7)、辽中蒲河国家湿地公园(7)、抚顺社河国家湿地公园(8)、七星国家湿地公园(8)。

吉林省(17处):磨盘湖国家湿地公园(1)、扶余大金碑国家湿地公园(3)、大安嫩江湾国家湿地公园(3)、大石头亚光湖国家湿地公园(3)、榆树老干江国家湿地公园(3)、牛心套保国家湿地公园(5)、镇赉环城国家湿地公园(7)、东辽鹭鹭湖国家湿地公园(7)、长春北湖国家湿地公园(7)、临江五道沟国家湿地公园(8)、集安霸王潮国家湿地公园(8)、八家子庙岭国家湿地公园(8)、长白泥粒河国家湿地公园(8)、辽源矿区国家湿地公园(8)、和龙广坪国家湿地公园(8)、长白山碱水河国家湿地公园(8)、通化英额布国家湿地公园(8)。

黑龙江省(33处):哈尔滨太阳岛国家湿地公园(2)、白渔泡国家湿地公园(2)、新青国家湿地公园(2)、安邦河国家湿地公园(3)、富锦国家湿地公园(3)、塔头湖国家湿地公园(4)、齐齐哈尔明星岛国家湿地公园(4)、泰湖国家湿地公园(4)、肇岳山国家湿地公园(5)、同江三江口国家湿地公园(5)、黑瞎子岛国家湿地公园(6)、巴彦江湾国家湿地公园(7)、杜尔伯特天湖国家湿地公园(7)、蚂蜒河国家湿地公园(7)、肇源莲花湖国家湿地公园(7)、木兰松花江国家湿地公园(7)、白桦川国家湿地公园(7)、宾县二龙湖国家湿地公园(7)、通河二龙潭国家湿地公园(7)、伊春茅兰河口国家湿地公园(7)、东方红国家湿地公园(8)、霍吉河国家湿地公园(8)、安达古大湖国家湿地公园(8)、鹤岗十里河国家湿地公园(8)、虎林国家湿地公园(8)、七台河桃山湖国家湿地公园(8)、塔河固奇谷国家湿地公园(8)、大兴安岭砍都河国家湿地公园(8)、白杨木国家湿地公园(8)、大兴安岭林业集团阿木尔国家湿地公园(5)、大兴安岭林业集团双河源国家湿地公园(5)、大兴安岭林业集团漠河九曲十八湾国家湿地公园(6)、大兴安岭林业集团古里河国家湿地公园(6)。

上海市(2处):崇明西沙国家湿地公园(5)、吴淞炮台湾国家湿地公园(8)。

江苏省(18处):姜堰溱湖国家湿地公园(1)、苏州太湖国家湿地公园(3)、扬州宝应湖国家湿地公园(3)、无锡长广溪国家湿地公园(3)、沙家浜国家湿地公园(3)、苏州太湖湖滨国家湿地公园(4)、无锡梁鸿国家湿地公园(4)、南京长江新济洲国家湿地公园(4)、扬州凤凰岛国家湿地公园(5)、苏州太湖三山岛国家湿地公园(5)、无锡蠡湖国家湿地公园(5)、溧阳天目湖国家湿地公园(7)、九里湖国家湿地公园(7)、天福国家湿地公园(8)、同里国家湿地公园(8)、古淮河国家湿地公园(8)、潘安湖国家湿地公园(8)、赤山湖国家湿地公园(8)。

浙江省(8处):杭州西溪国家湿地公园(1)、丽水九龙国家湿地公园(2)、德清下渚湖国家湿地公园(2)、衢州乌溪江国家湿地公园(3)、诸暨白塔湖国家湿地公园(3)、长兴仙山湖国家湿地公园(4)、杭州湾国家湿地公园(5)、玉环漩门湾国家湿地公园(5)。

安徽省(12处):太平湖国家湿地公园(1)、迪沟国家湿地公园(2)、泗县石龙湖国家湿地公园(3)、三叉河国家湿地公园(3)、淮南焦岗湖国家湿地公园(3)、太和沙颍河国家湿地公园(3)、太湖花亭湖国家湿地公园(3)、颍州西湖国家湿地公园(3)、秋浦河源国家湿地公园(4)、平天湖国家湿地公园(5)、淠河国家湿地公园(5)、道源国家湿地公园(5)。

福建省(4处):长乐闽江河口国家湿地公园(2)、宁德东湖国家湿地公园(3)、永安龙头国家湿地公园(5)、长汀汀江国家湿地公园(8)。

江西省(18处):孔目江国家湿地公园(1)、东鄱阳湖国家湿地公园(2)、东江源国家湿地公园(2)、修河国家湿地公园(2)、药湖国家湿地公园(3)、南丰傩湖国家湿地公园(3)、庐山西海国家湿地公园(4)、修河源国家湿地公园(4)、潋江国家湿地公园(4)、赣县大湖江国家湿地公园(4)、赣州章江国家湿地公园(7)、万年珠溪国家湿地公园(7)、上犹南湖国家湿地公园(7)、会昌湘江国家湿地公园(7)、南城洪门湖国家湿地公园(7)、饶河源国家湿地公园(8)、景德镇玉田湖国家湿地公园(8)、宁都梅江国家湿地公园(8)。

山东省(39处):滕州滨湖国家湿地公园(1)、台儿庄运河国家湿地公园(3)、马踏湖国家湿地公园(4)、济西国家湿地公园(4)、黄河玫瑰湖国家湿地公园(4)、蟠龙河国家湿地公园(4)、峡山湖国家湿地公园(5)、月亮湾国家湿地公园(5)、安丘拥翠湖国家湿地公园(5)、寿光滨海国家湿地公园(5)、微山湖国家湿地公园(5)、武河国家湿地公园(5)、少海国家湿地公园(5)、九龙湾国家湿地公园(6)、济南白云湖国家湿地公园(7)、黄河岛国家湿地公园(7)、东明黄河国家湿地公园(7)、潍坊白浪河国家湿地公园(7)、沭河国家湿地公园(7)、莒南鸡龙河国家湿地公园(7)、东阿洛神湖国家湿地公园(7)、曲阜孔子湖国家湿地公园(7)、王屋湖国家湿地公园(7)、莱州湾金仓国家湿地公园(7)、沂南汶河国家湿地公园(8)、沂沭河国家湿地公园(8)、沂水河国家湿地公园(8)、云蒙湖国家湿地公园(8)、邹城太平国家湿地公园(8)、日照傅疃河口国家湿地公园(8)、汤河国家湿地公园(8)、潍坊禹王国家湿地公园(8)、养马岛国家湿地公园、浚河国家湿地公园、麻大湖国家湿地公园、青岛唐岛湾国家湿地公园、青州弥河国家湿地公园(8)、曹县黄河故道国家湿地公园(8)、昌邑滨海国家湿地公园(8)。

河南省(17处):郑州黄河国家湿地公园(2)、淮阳龙湖国家湿地公园(3)、偃师伊洛河国家湿地公园(3)、平顶山白龟湖国家湿地公园(4)、鹤壁淇河国家湿地公园(5)、漯河市沙河国家湿地公园(5)、汤阴汤河国家湿地公园(7)、濮阳金堤河国家湿地公园(7)、平桥两河口国家湿地公园(7)、南阳白河国家湿地公园(7)、安阳漳河峡谷国家湿地公园(8)、陆浑湖国家湿地公园(8)、民权黄河故道国家湿地公园(8)、台前金水国家湿地公园(8)、唐河国家湿地公园(8)、息县淮河国家湿地公园(8)、项城汾泉河国家湿地公园(8)。

湖北省(39处):神农架大九湖国家湿地公园(1)、武汉东湖国家湿地公园(2)、谷城汉江国家湿地公园(3)、蕲春赤龙湖国家湿地公园(3)、赤壁陆水湖国家湿地公园(3)、荆门漳河国家湿地公园(3)、麻城浮桥河国家湿地公园(4)、惠亭湖国家湿地公园(4)、莫愁湖国家湿地公园(4)、大冶保安湖国家湿地公园(4)、宜都天龙湾国家湿地公园(4)、黄冈市遗爱湖国家湿地公园(4)、金沙湖国家湿地公园(5)、天堂湖国家湿地公园(5)、武山湖国家湿地公园(5)、返湾湖国家湿地公园(5)、长寿岛国家湿地公园(6)、通城大溪国家湿地公园(6)、崇阳青山国家湿地公园(7)、沙洋潘集湖国家湿地公园(7)、江夏藏龙岛国家湿地公园(7)、竹山圣水湖国家湿地公园(7)、当阳青龙湖国家湿地公园(7)、竹溪龙湖国家湿地公园(7)、浠水策湖国家湿地公园(7)、仙桃沙湖国家湿地公园(7)、松滋洈水国家湿地公园(8)、十堰黄龙滩国家湿地公园(8)、荆门仙居河国家湿地公园(8)、房县古南河国家湿地公园(8)、远安沮河国家湿地公园(8)、宜城万洋洲国家湿地公园(8)、宣恩贡水河国家湿地公园(8)、襄阳汉江国家湿地公园(8)、武汉后官湖国家湿地公园(8)、武汉安山国家湿地公园(8)、随县封江口国家湿地公园(8)、通山富水湖国家湿地公园(8)、孝感朱湖国家湿地公园(8)。

湖南省(32处):水府庙国家湿地公园(1)、东江湖国家湿地公园(1)、千龙湖国家湿地公园(2)、酒埠江国家湿地公园(2)、雪峰湖国家湿地公园(3)、湘阴洋沙湖—东湖国家湿地公园(3)、宁乡金洲湖国家湿地公园(3)、吉首峒河国家湿地公园(3)、汨罗江国家湿地公园(3)、毛里湖国家湿地公园(4)、五强溪国家湿地公园(4)、松雅湖国家湿地公园(4)、耒水国家湿地公园(4)、书院洲国家湿地公园(5)、新墙河国家湿地公园(5)、南洲国家湿地公园(5)、琼湖国家湿地公园(5)、黄家湖国家湿地公园(5)、桃源沅水国家湿地公园(5)、衡东洣水国家湿地公园(7)、城步白云湖国家湿地公园(7)、江华涔天河国家湿地公园(7)、会同渠水国家湿地公园(7)、隆回魏源湖国家湿地公园(7)、常宁天湖国家湿地公园(8)、绥宁花园阁国家湿地公园(8)、思蒙国家湿地公园(8)、双牌日月湖国家湿地公园(8)、华容东湖国家湿地公园(8)、舂陵国家湿地公园(8)、天子湖国家湿地公园(8)、涔槐国家湿地公园(8)。

广东省(8处):星湖国家湿地公园(1)、雷州九龙山红树林国家湿地公园(3)、乳源南水湖国家湿地公园(3)、万绿湖国家湿地公园(4)、孔江国家湿地公园(4)、东江国家湿地公园(7)、海珠湖国家湿地公园(7)、怀集国家湿地公园(8)。

广西壮族自治区(7处):北海滨海国家湿地公园(4)、桂林会仙喀斯特国家湿地公园(5)、横县西津国家湿地公园(7)、都安澄江国家湿地公园(8)、富川龟石国家湿地公园(8)、靖西龙潭国家湿地公园(8)、南宁大王滩国家湿地公园(8)。

海南省(2处):新盈红树林国家湿地公园(1)、南丽湖国家湿地公园(3)。

重庆市(14处):彩云湖国家湿地公园(3)、云雾山国家湿地公园(3)、酉水河国家湿地公园(3)、皇华岛国家湿地公园(3)、阿蓬江国家湿地公园(3)、迎风湖国家湿地公园(3)、濑溪河国家湿地公园(3)、涪江国家湿地公园(4)、汉丰湖国家湿地公园(4)、龙河国家湿地公园(5)、大昌湖国家湿地公园(5)、青山湖国家湿地公园(5)、迎龙湖国家湿地公园(6)、巴山湖国家湿地公园(7)。

四川省(14处):彭州湔江国家湿地公园(3)、南河国家湿地公园(3)、大瓦山国家湿地公园(4)、构溪河国家湿地公园(4)、枷椤湖国家湿地公园(5)、柏林湖国家湿地公园(5)、若尔盖国家湿地公园(5)、遂宁观音湖国家湿地公园(7)、西充青龙湖国家湿地公园(7)、南充升钟湖国家湿地公园(7)、仁寿黑龙滩国家湿地公园(8)、邛海国家湿地公园(8)、新津白鹤滩国家湿地公园(8)、营山清水湖国家湿地公园(8)。

贵州省(19处):石阡鸳鸯湖国家湿地公园(4)、威宁锁黄仓国家湿地公园(5)、六盘水明湖国家湿地公园(7)、余庆飞龙湖国家湿地公园(7)、纳雍大坪箐国家湿地公园(8)、思南白鹭湖国家湿地公园(8)、万山长寿湖国家湿地公园(8)、兴义万峰国家湿地公园(8)、沿河乌江国家湿地公园(8)、安龙招堤国家湿地公园(8)、安顺邢江河国家湿地公园(8)、北盘江大峡谷国家湿地公园(8)、碧江天生桥国家湿地公园(8)、德江白果坨国家湿地公园(8)、光照湖国家湿地公园(8)、贵阳啊哈湖国家湿地公园(8)、江口国家湿地公园(8)、凉都国家湿地公园(8)、罗甸蒙江国家湿地公园(8)。

云南省(7处):红河哈尼梯田国家湿地公园(1)、洱源西湖国家湿地公园(3)、普者黑喀斯特国家湿地公园(5)、普洱五湖国家湿地公园(5)、蒙自长桥海国家湿地公园(8)、鹤庆东草海国家湿地公园(8)、盈江国家湿地公园(8)。

西藏自治区(8处):多庆错国家湿地公园(3)、雅尼国家湿地公园(3)、嘎朗国家湿地公园(3)、当惹雍错国家湿地公园(4)、嘉乃玉错国家湿地公园(4)、白朗年楚河国家湿地公园(5)、拉姆拉错国家湿地公园(7)、朱拉河国家湿地公园(7)。

陕西省(22处):千湖国家湿地公园(2)、西安浐灞国家湿地公园(2)、蒲城卤阳湖国家湿地公园(2)、三原清峪河国家湿地公园(2)、淳化冶峪河国家湿地公园(2)、铜川赵氏河国家湿地公园(3)、丹凤丹江国家湿地公园(3)、宁强汉水源国家湿地公园(3)、旬河源国家湿地公园(3)、凤县嘉陵江国家湿地公园(3)、太白石头河国家湿地公园(3)、旬邑马栏河国家湿地公园(4)、千渭之会国家湿地公园(7)、潦水国家湿地公园(7)、千层河国家湿地公园(8)、七星河国家湿地公园(8)、牧马河国家湿地公园(8)、落星湾国家湿地公园(8)、丹江源国家湿地公园(8)、朝邑国家湿地公园(8)、徐水河国家湿地公园(8)、汤峪龙源国家湿地公园(8)。

甘肃省(7处):张掖国家湿地公园(3)、兰州秦王川国家湿地公园(5)、民勤石羊河国家湿地公园(7)、文县黄林沟国家湿地公园(7)、嘉峪关草湖国家湿地公园(8)、酒泉花城湖国家湿地公园(8)、康县梅园河国家湿地公园(8)。

青海省(3处):贵德黄河清国家湿地公园(1)、洮河源国家湿地公园(8)、西宁湟水国家湿地公园(8)。

宁夏回族自治区(11处):银川国家湿地公园(1)、石嘴山星海湖国家湿地公园(2)、吴忠黄河国家湿地公园(3)、黄沙古渡国家湿地公园(3)、青铜峡鸟岛国家湿地公园(4)、天湖国家湿地公园(4)、固原清水河国家湿地公园(5)、鹤泉湖国家湿地公园(7)、太阳山国家湿地公园(7)、镇朔湖国家湿地公园(8)、简泉湖国家湿地公园(8)。

新疆维吾尔自治区(24处):赛里木湖国家湿地公园(1)、乌鲁木齐柴窝堡湖国家湿地公园(3)、玛纳斯国家湿地公园(4)、乌齐里克国家湿地公园(4)、阿勒泰克兰河国家湿地公园(4)、阿克苏多浪河国家湿地公园(4)、和布克赛尔国家湿地公园(5)、尼雅国家湿地公园(5)、乌伦古湖国家湿地公园(6)、拉里昆国家湿地公园(6)、博斯腾湖国家湿地公园(6)、塔城五弦河国家湿地公园(7)、沙湾千泉湖国家湿地公园(7)、伊犁那拉提国家湿地公园(7)、泽普叶尔羌河国家湿地公园(7)、额敏河国家湿地公园(7)、青河县乌伦古河国家湿地公园(8)、吉木乃高山冰缘区国家湿地公园(8)、霍城伊犁河谷国家湿地公园(8)、哈密河国家湿地公园(8)、于田克里雅国家湿地公园(8)、新疆英吉沙国家湿地公园(8)、伊宁伊犁河国家湿地公园(8)、乌什托什干河国家湿地公园(8)。

八、中国国家城市湿地公园

中国的城市湿地公园,是指利用纳入城市绿地系统规划的适宜作为公园的天然湿地类型,通过合理的保护利用,形成保护、科普、休闲等功能于一体的公园。

具备下列条件的湿地,可以申请设立国家城市湿地公园:能供人们观赏、游览,开展科普教育和进行科学文化活动,并具有较高保护、观赏、文化和科学价值的;纳入城市绿地系统规划范围的;占地500亩以上能够作为公园的;具有天然湿地类型的,或具有一定的影响及代表性的。

国家城市湿地公园由住房和城乡建设部批准设立。自2005年2月设立第1个国家城市湿地公园山东荣成市桑沟湾国家城市湿地公园,到2013年底,住房和城乡建设部共分9批批准47处国家城市湿地公园。

北京市(1处):海淀区翠湖国家城市湿地公园。

河北省(2处):唐山市南湖国家城市湿地公园、保定市涞源县拒马源国家城市湿地公园。

山西省(1处):长治市长治国家城市湿地公园。

内蒙古自治区(1处):额尔古纳城市湿地公园。

辽宁省(1处):铁岭市莲花湖城市湿地公园。

吉林省(1处):镇赉县南湖国家城市湿地公园。

黑龙江省(2处):讷河市雨亭国家城市湿地公园、哈尔滨市群力城市湿地公园。

江苏省(6处):无锡市长广溪国家城市湿地公园、常熟市尚湖国家城市湿地公园、常熟市沙家浜国家城市湿地公园、南京市绿水湾国家城市湿地公园、昆山市城市生态公园、南京市高淳县固城湖城市湿地公园。

浙江省(4处):绍兴市镜湖国家城市湿地公园、临海市三江国家城市湿地公园、台州市鉴洋湖城市湿地公园、嘉兴市石臼漾湿地公园。

安徽省(2处):淮北市南湖国家城市湿地公园、淮南市十涧湖国家城市湿地公园。

江西省(1处):新余市孔目江国家城市湿地公园。

山东省(11处):荣成市桑沟湾国家城市湿地公园、东营市明月湖国家城市湿地公园、东平县稻屯洼国家城市湿地公园、临沂市滨河国家城市湿地公园、海阳市小孩儿口国家城市湿地公园、安丘市大汶河国家城市湿地公园、沾化县徒骇河国家城市湿地公园、临沂市双月湖国家城市湿地公园、潍坊市白浪绿洲国家城市湿地公园、昌邑市潍水风情国家城市湿地公园、寿光市滨河国家城市湿地公园。

河南省(4处):三门峡市天鹅湖国家城市湿地公园、南阳市白河国家城市湿地公园、平顶山市平西湖城市湿地公园、平顶山市白鹭洲国家城市湿地公园。

湖北省(1处):武汉市金银湖国家城市湿地公园。

湖南省(1处):常德市西洞庭湖青山湖国家城市湿地公园。

福建省(1处):厦门市杏林湾湿地公园。

广东省(2处):湛江市绿塘河国家城市湿地公园、东莞市城市湿地公园。

重庆市(1处):璧山县观音塘湿地公园。

贵州省(1处):贵阳市花溪城市湿地公园。

甘肃省(1处):张掖市城北城市湿地公园。

宁夏回族自治区(1处):银川市宝湖国家城市湿地公园。

新疆维吾尔自治区(1处):新疆兵团农六师五家渠市青格达湖湿地公园。

九、中国国家植物园

中国迄今并无正式的"国家植物园"建制。唯一由国务院于1956年批准设立的"北京植物园",因历史原因形成今日2座无从属关系的"中国科学院植物研究所北京植物园"和"北京市园林绿化局北京植物园"(惯称"南园""北园")分治的格局。目前,正筹划将南、北2园合并,恢复建设国家植物园。

目前,直属中国科学院的植物园和树木园包括:

中国科学院植物研究所北京植物园、华西亚高山植物园;

中国科学院沈阳应用生态研究所沈阳树木园;

中国科学院武汉植物园(含与宜昌市政府联合组建之三峡植物园);

中国科学院华南植物园(含鼎湖山树木园,即"鼎湖山国家级自然保护区");

中国科学院昆明植物研究所昆明植物园、丽江高山植物园;

中国科学院西双版纳热带植物园;

中国科学院新疆生态与地理研究所吐鲁番沙漠植物园;

中国科学院并与部分省、地级政府联合组建下列植物园;

江苏省中国科学院植物研究所南京中山植物园;

江西省中国科学院庐山植物园;

深圳市中国科学院仙湖植物园;

广西壮族自治区中国科学院广西植物研究所桂林植物园;

中国科学院陕西省秦岭植物园(国家环境保护总局、中国科学院和陕西省政府联合组建,即在建"秦岭国家植物园"之基础园区)。

中国另有国务院机构和地方各级人民政府合作共建之在建植物园两座,即:上海辰山植物园(国家林业局、中国科学院和上海市政府联合组建)、陕西秦岭国家植物园(国家林业局、中国科学院、陕西省政府和西安市政府联合组建)。

此外,中国国家林业局也批准建立了3座国家专类园:江苏邳州国家级银杏博览园;河南鄢陵国家花木博览园;河南洛阳国家牡丹园。

十、中国的世界生物圈保护区

世界生物圈保护区和世界遗产同属联合国教科文组织在世界范围内建立的2大保护系列。世界生物圈保护区"人与生物圈计划"是联合国教科文组织于1971年发起的一项政府间跨学科的大型综合性的研究计划。生物圈保护区将传统的绝对保护过渡到开放式、多功能的积极保护。"人与生物圈计划"受到各国重视,已有100多个国家参加。中国1973年加入该计划,1978年建立中国人与生物圈国家委员会。到2014年底,全球有600多个自然保护区被认定为世界生物圈保护区,中国占32个。

1. 长白山生物圈保护区(吉林,1979年)
2. 鼎湖山生物圈保护区(广东,1979年)
3. 卧龙生物圈保护区(四川,1979年)
4. 梵净山生物圈保护区(贵州,1986年)
5. 锡林郭勒草原生物圈保护区(内蒙古,1987年)
6. 武夷山生物圈保护区(福建,1987年)
7. 神农架生物圈保护区(湖北,1990年)
8. 中国温带荒漠区博格达峰北麓生物圈保护区(新疆,1990年)
9. 盐城沿海滩涂珍禽生物圈保护区(江苏,1992年)
10. 西双版纳生物圈保护区(云南,1993年)
11. 天目山生物圈保护区(浙江,1996年)
12. 茂兰生物圈保护区(贵州,1996年)
13. 丰林生物圈保护区(黑龙江,1997年)
14. 九寨沟生物圈保护区(四川,1997年)
15. 南麂列岛海洋生物圈保护区(浙江,1998年)
16. 山口红树林生态生物圈保护区(广西,2000年)
17. 黄龙寺生物圈保护区(四川,2000年)
18. 高黎贡山生物圈保护区(云南,2000年)
19. 白水江生物圈保护区(甘肃,2000年)
20. 宝天曼生物圈保护区(河南,2001年)
21. 赛罕乌拉生物圈保护区(内蒙古,2001年)
22. 达赉湖生物圈保护区(内蒙古,2002年)
23. 五大连池生物圈保护区(黑龙江,2003年)
24. 亚丁生物圈保护区(四川,2003年)
25. 珠穆朗玛峰生物圈保护区(西藏,2004年)
26. 佛坪生物圈保护区(陕西,2004年)
27. 兴凯湖生物圈保护区(黑龙江,2007年)
28. 车八岭生物圈保护区(广东,2007年)
29. 猫儿山生物圈保护区(广西,2011年)
30. 井冈山生物圈保护区(江西,2012年)
31. 牛背梁生物圈保护区(陕西,2012年)
32. 蛇岛—老铁山生物圈保护区(辽宁,2013年)

截止到2013年,中国的32处"世界人与生物圈保护区网络"分布情况为(按时间先后排序):

吉林(1处):长白山生物圈保护区

广东(2处):鼎湖山生物圈保护区、车八岭生物圈保护区

四川(4处):卧龙生物圈保护区、九寨沟生物圈保护区、黄龙生物圈保护区、亚丁生物圈保护区

贵州(2处):梵净山生物圈保护区、茂兰生物圈保护区

福建(1处):武夷山生物圈保护区

内蒙古(1处):锡林郭勒生物圈保护区、达赉湖生物圈保护区、赛罕乌拉生物圈保护区

湖北(1处):神农架生物圈保护区

新疆(1处):博格达峰生物圈保护区

江苏(1处):盐城生物圈保护区

云南(2处):西双版纳生物圈保护区、高黎贡山生物圈保护区

浙江(2处):天目山生物圈保护区、南麂列岛生物圈保护区

黑龙江(3处):丰林生物圈保护区、五大连池生物圈保护、兴凯湖生物圈保护区

广西(2处):山口红树林生物圈保护区、猫儿山国家级自然保护

甘肃(1处):白水江生物圈保护区

河南(1处):宝天曼生物圈保护区

陕西(2处):佛坪生物圈保护区、牛背梁生物圈保护区

西藏(1处):珠穆朗玛峰生物圈保护区

江西(1处):井冈山生物圈保护区

辽宁(1处):蛇岛—老铁山生物圈保护区

十一、国家生态旅游示范区

国家生态旅游示范区是指管理规范、具有示范效应的典型,经过相关标准确定的评定程序后,具有明确地域界线的生态旅游区。同时也是全国生态示范区的类型或组成部分之一。2001年由当时的国家旅游局、国家计委、国家环保总局共同提出,共同制定认定标准,经相关程序共同评定的荣誉称号。2007年7月,国家旅游局、国家环境保护总局共同授予东部华侨城"国家生态旅游示范区"的荣誉称号,东部华侨城成为中国首个获得此项殊荣的旅游区。2013年12月,国家旅游局、国家环保部公布了2013年国家生态旅游示范区名单,39家;2014年12月,国家旅游局、国家环保部公布了2014年国家生态旅游示范区名单,37家。共计77家。

北京市(2家):南宫国家生态旅游示范区、野鸭湖国家生态旅游示范区。

天津市(2家):盘山国家生态旅游示范区、黄崖关长城风景名胜区。

河北省(1家):保定市野三坡景区。

内蒙古自治区(2家):(兴安盟)阿尔山国家生态旅游示范区、呼伦贝尔市根河源国家湿地公园。

辽宁省(2家):(大连市)西郊森林公园国家生态旅游示范区、盘锦市红海滩湿地旅游度假区。

吉林省(2家):(长春市)莲花山国家生态旅游示范区、吉林市松花湖国家风景名胜区。

黑龙江省(4家):(伊春市)汤旺河林海奇石国家生态旅游示范区、(哈尔滨市)松花江避暑城国家生态旅游示范区、黑河市五大连池风景区、五常市凤凰山国家森林公园。

上海市(3家)：明珠湖·西沙湿地国家生态旅游示范区、东滩湿地国家生态旅游示范区、海湾国家森林公园。

江苏省(4家)：(泰州市)溱湖湿地国家生态旅游示范区、(常州市)天目湖国家生态旅游示范区、苏州市镇湖生态旅游区、无锡市蠡湖风景区。

浙江省(4家)：(衢州市)钱江源国家生态旅游示范区、(宁波市)滕头国家生态旅游示范区、杭州市西溪国家湿地公园、台州市神仙居景区。

安徽省(2家)：(黄山市)黄山国家生态旅游示范区、池州市九华天池风景区。

福建省(4家)：(南平市)武夷山国家生态旅游示范区、(龙岩市)梅花山国家生态旅游示范区、厦门市天竺山旅游风景区、龙岩市冠豸山生态旅游区。

江西省(3家)：(上饶市)婺源国家生态旅游示范区、(吉安市)井冈山国家生态旅游示范区、上饶市鄱阳湖国家湿地公园。

山东省(2家)：(烟台市)昆嵛山国家生态旅游示范区、济宁市微山湖国家湿地公园。

河南省(4家)：(焦作市)云台山国家生态旅游示范区、(平顶山市)尧山·大佛国家生态旅游示范区、驻马店市嵖岈山旅游景区、鹤壁市淇河生态旅游区。

湖北省(2家)：(神农架林区)神农架国家生态旅游示范区、黄冈市龟峰山风景区。

湖南省(4家)：(长沙市)大围山国家生态旅游示范区、(郴州市)东江湖国家生态旅游示范区、株洲市神农谷国家森林公园、永州市阳明山国家森林公园。

广东省(3家)：深圳市东部华侨城国家生态旅游示范区、(韶关市)丹霞山国家生态旅游示范区、梅州市雁南飞茶田景区。

广西壮族自治区(3家)：(贺州市)姑婆山国家生态旅游示范区、(柳州市)大龙潭公园风景区、柳州市大龙潭景区。

海南省(1家)：呀诺达雨林文化旅游区。

重庆市(2家)：天生三桥·仙女山国家生态旅游示范区、四面山旅游区。

四川省(4家)：(西昌市)邛海国家生态旅游示范区、(巴中市)南江光雾山国家生态旅游示范区、广元市唐家河生态旅游区、甘孜州海螺沟景区。

贵州省(3家)：(黔南州)樟江国家生态旅游示范区、(毕节市)百里杜鹃国家生态旅游示范区、铜仁市梵净山旅游景区。

云南省(3家)：(西双版纳自治州)野象谷国家生态旅游示范区、(玉溪市)玉溪庄园国家生态旅游示范区、昆明市石林景区。

陕西省(3家)：(西安市)世博园国家生态旅游示范区、(商南县)金丝峡国家生态旅游示范区、商洛市金丝峡景区。

甘肃省(3家)：(甘南州)当周草原国家生态旅游示范区、(兰州市)兴隆山国家生态旅游示范区园、平凉市崆峒山生态文化旅游区。

青海省(2家)：青海湖景区、西宁市大通老爷山—鹞子沟旅游区。

宁夏回族自治区(2家)：(中卫市)沙坡头国家生态旅游示范区、石嘴山市沙湖旅游区。

新疆建设兵团(2家)：五家渠青湖国家生态旅游示范区、一八五团白沙湖边境生态旅游区。

新疆维吾尔自治区(1家)：伊犁州那拉提旅游风景区。

第四节 中国著名旅游城市

一、最佳旅游城市

国家旅游局在2001年与世界旅游组织联合启动了"中国最佳旅游城市"项目研究,经过联合专家组的评估验收,国家旅游局和世界旅游组织决定,命名成都、杭州、大连为"2006中国最佳旅游城市"。

二、中国历史文化名城

截至2013年9月,国务院已将123座城市列为中国历史文化名城,并对它们进行了重点保护。

第一批历史文化名城(1982年公布,24个):北京、承德、大同、南京、苏州、扬州、杭州、绍兴、泉州、景德镇、曲阜、洛阳、开封、江陵、长沙、广州、桂林、成都、遵义、昆明、大理、拉萨、西安、延安。

第二批历史文化名城(1986年公布,38个):上海、天津、沈阳、武汉、南昌、重庆、保定、平遥、呼和浩特、镇江、常熟、徐州、淮安、宁波、歙县、亳州、寿县、福州、漳州、济南、商丘、安阳、南阳、襄樊、潮州、阆中、宜宾、自贡、镇远、丽江、日喀则、韩城、榆林、武威、张掖、敦煌、银川、喀什。

第三批历史文化名城(1994年公布,37个):邹城、正定、邯郸、新绛、代县、祁县、哈尔滨、吉林、集安、衢州、临海、长汀、赣州、青岛、聊城、临淄、郑州、浚县、随州、钟祥、岳阳、肇庆、佛山、梅州、雷州、柳州、琼山、乐山、都江堰、泸州、建水、巍山、江孜、咸阳、汉中、天水、同仁。

增补历史文化名城(2001年~2013年间陆续增加,24个):山海关区(秦皇岛)、凤凰县、濮阳、安庆、泰安、海口、金华、绩溪县、吐鲁番、特克斯县、无锡、南通、北海、宜兴、嘉兴、中山、太原、蓬莱、会理县、库车县、伊宁、泰州、会泽县、烟台。

三、中国优秀旅游城市

中国优秀旅游城市的创建须依据《创建中国优秀旅游城市工作管理暂行办法》和《中国优秀旅游城市检查标准》,由国家旅游局验收组对创优城市检查验收,并达到"中国优秀旅游城市"标准的要求。自1998年开始创建中国优秀旅游城市以来,到2010年,分9批对339座城市通过了验收,包括:

直辖市(4个):北京市、天津市、上海市、重庆市。

河北省(10个):秦皇岛市、承德市、石家庄市、涿州市、廊坊市、保定市、邯郸市、武安市、遵化市、唐山市。

山西省(5个):太原市、大同市、永济市、晋城市、长治市。

内蒙古自治区(11个):包头市、锡林浩特市、呼和浩特市、呼伦贝尔市、满洲里市、扎兰屯市、赤峰市、阿尔山市、霍林郭勒市、通辽市、鄂尔多斯市。

辽宁省(18个):大连市、沈阳市、丹东市、鞍山市、抚顺市、本溪市、锦州市、葫芦岛市、辽阳市、兴城市、铁岭市、盘锦市、朝阳市、营口市、阜新市、庄河市、开原市、凤城市。

吉林省(7个):长春市、吉林市、蛟河市、集安市、延吉市、敦化市、桦甸市。

黑龙江省(11个)：哈尔滨市、牡丹江市、伊春市、大庆市、阿城市、绥芬河市、齐齐哈尔市、铁力市、虎林市、黑河市、海林市。

江苏省(28个)：南京市、无锡市、扬州市、苏州市、镇江市、徐州市、昆山市、江阴市、吴江市、宜兴市、常熟市、句容市、吴县市、常州市、南通市、连云港市、溧阳市、淮安市、盐城市、张家港市、太仓市、如皋市、金坛市、东台市、邳州市、泰州市、宿迁市、大丰市。

浙江省(27个)：杭州市、宁波市、绍兴市、金华市、临安市、诸暨市、建德市、温州市、东阳市、桐乡市、湖州市、嘉兴市、临海市、温岭市、富阳市、海宁市、衢州市、舟山市、瑞安市、兰溪市、奉化市、台州市、江山市、余姚市、义乌市、乐清市、丽水市。

安徽省(10个)：黄山市、合肥市、亳州市、马鞍山市、安庆市、芜湖市、池州市、铜陵市、宣城市、淮南市。

福建省(8个)：厦门市、武夷山市、福州市、泉州市、永安市、三明市、漳州市、长乐市。

江西省(9个)：井冈山市、南昌市、九江市、赣州市、鹰潭市、景德镇市、上饶市、宜春市、吉安市。

山东省(35个)：青岛市、济南市、威海市、烟台市、泰安市、曲阜市、蓬莱市、文登市、荣成市、胶南市、淄博市、青州市、潍坊市、聊城市、日照市、乳山市、临沂市、济宁市、邹城市、寿光市、海阳市、龙口市、章丘市、莱芜市、德州市、新泰市、诸城市、即墨市、栖霞市、枣庄市、菏泽市、滨州市、东营市、莱州市、招远市。

河南省(27个)：郑州市、开封市、濮阳市、济源市、登封市、洛阳市、三门峡市、安阳市、焦作市、鹤壁市、灵宝市、新郑市、许昌市、新乡市、商丘市、南阳市、禹州市、长葛市、舞钢市、平顶山市、信阳市、漯河市、驻马店市、周口市、沁阳市、巩义市、汝州市。

湖北省(12个)：武汉市、宜昌市、荆州市、十堰市、钟祥市、襄樊市、荆门市、鄂州市、赤壁市、孝感市、恩施市、利川市。

湖南省(12个)：长沙市、岳阳市、韶山市、常德市、张家界市、郴州市、资兴市、浏阳市、株洲市、湘潭市、益阳市、娄底市。

广东省(21个)：深圳市、广州市、珠海市、肇庆市、中山市、佛山市、江门市、汕头市、惠州市、南海市、韶关市、清远市、阳江市、东莞市、潮州市、湛江市、河源市、开平市、梅州市、茂名市、阳春市。

广西壮族自治区(12个)：桂林市、南宁市、北海市、柳州市、玉林市、梧州市、桂平市、钦州市、百色市、贺州市、凭祥市、宜州市。

海南省(5个)：海口市、三亚市、琼山市、儋州市、琼海市。

四川省(21个)：成都市、峨眉山市、都江堰市、乐山市、崇州市、绵阳市、广安市、自贡市、阆中市、宜宾市、泸州市、攀枝花市、雅安市、江油市、南充市、西昌市、华蓥市、邛崃市、德阳市、广元市、遂宁市。

贵州省(7个)：贵阳市、都匀市、凯里市、遵义市、安顺市、赤水市、兴义市。

云南省(7个)：昆明市、景洪市、大理市、瑞丽市、潞西市、丽江市、保山市。

西藏自治区(1个)：拉萨市。

陕西省(6个)：西安市、咸阳市、宝鸡市、延安市、韩城市、汉中市。

甘肃省(9个)：敦煌市、嘉峪关市、天水市、兰州市、张掖市、武威市、酒泉市、平凉市、合作市。

青海省(2个)：格尔木市、西宁市。

宁夏回族自治区(1个)：银川市。

新疆维吾尔自治区(12个):吐鲁番市、库尔勒市、乌鲁木齐市、喀什市、克拉玛依市、哈密市、阿克苏市、伊宁市、阿勒泰市、昌吉市、博乐市、阜康市。

新疆生产建设兵团(1个):石河子市。

四、2013中国旅游竞争力百强城市

2013年度中国旅游竞争力百强市、百强县、百强区的评选建立在对293个市级行政单位(省级市、地级市)、1289个县(县级市、区)级行政单位的全面综合考量之上,包括分析旅游百强分布情况以及确定城市、县域(县级市、区)旅游竞争力的重要影响因素等。其中,浙江省和山东省的百强城市最多,均为10个;新疆维吾尔自治区、西藏自治区、山西省、宁夏回族自治区和内蒙古自治区,百强市数量均为1个;甘肃省没有城市进入百强范畴。旅游百强县河南省数量最多,有12个。百强区中,北京市占有12个,位居榜首;其次为江苏省和上海市,数量均为11个。

百强市排名:北京市、上海市、杭州市、南京市、苏州市、重庆市、天津市、广州市、成都市、西安市、宁波市、大连市、无锡市、沈阳市、郑州市、长沙市、武汉市、昆明市、深圳市、厦门市、洛阳市、桂林市、哈尔滨市、福州市、济南市、黄山市、焦作市、衢州市、威海市、扬州市、温州市、金华市、常州市、绍兴市、贵阳市、嘉兴市、长春市、泰安市、三亚市、石家庄市、佛山市、潍坊市、秦皇岛市、珠海市、泉州市、淄博市、保定市、镇江市、九江市、台州市、太原市、临沂市、南昌市、海口市、南宁市、济宁市、承德市、湖州市、徐州市、南通市、东莞市、丽江市、合肥市、张家界市、大同市、韶关市、唐山市、大理市、漳州市、惠州市、上饶市、银川市、乐山市、宜昌市、呼和浩特市、安庆市、池州市、舟山市、乌鲁木齐市、遵义市、三明市、景德镇市、日照市、丹东市、牡丹江市、本溪市、南平市、抚顺市、吉林市、东营市、安阳市、淮安市、岳阳市、十堰市、平顶山市、江门市、拉萨市、张家口市、吉安市、宝鸡市。

百强县排名:云南省石林彝族自治县、四川省峨眉山市、山东省曲阜市、广西壮族自治区阳朔县、河南省登封市、四川省九寨沟县、北京市延庆县、江苏省宜兴市、江西省婺源县、河南省栾川县、江西省玉山县、河南省修武县、福建省武夷山市、陕西省凤县、吉林省长白朝鲜族自治县、云南省大理市、山西省平遥县、安徽省黟县、江苏省昆山市、河南省嵩县、天津市蓟县、四川省小金县、河南省西峡县、浙江省绍兴县、湖南省凤凰县、江苏省常熟市、甘肃省敦煌市、云南省玉龙纳西族自治县、北京市密云县、江西省贵溪市、新疆维吾尔自治区吐鲁番市、河南省开封县、河北省平山县、云南省香格里拉县、黑龙江省宁安市、浙江省乐清市、福建省泰宁县、四川省都江堰市、黑龙江省五大连池市、重庆市武隆县、甘肃省嘉峪关市、浙江省淳安县、安徽省歙县、河北省涞水县、山东省蓬莱市、广东省梅县、江西省井冈山市、安徽省青阳县、河南省新安县、浙江省奉化市、广东省任化县、河北省高碑店市、江苏省溧阳市、湖北省神农架林区、湖南省长沙县、四川省松潘县、内蒙古自治区克什克腾旗、内蒙古自治区阿拉善左旗、吉林省集安市、贵州省镇宁布依族苗族自治县、湖北省丹江口市、河南省淇县、安徽省绩溪县、陕西省眉县、河南省鲁山县、江苏省姜堰市、安徽省泾县、福建省福鼎市、内蒙古自治区四子王旗、广西壮族自治区乐业县、湖北省恩施市、广西壮族自治区资源县、福建省永定县、四川省火邑县、甘肃省泾川县、浙江省东阳市、湖北省赤壁市、山西省五台县、新疆维吾尔自治区博乐市、湖南省韶山市、河南省沁阳市、江苏省江阴市、四川省西昌市、江苏省句容市、河南省济源市、四川省双流县、浙江省江山市、江苏省张家港市、山东省荣成市、贵州省赤水市、陕西省户县、浙江省义乌市、福建省福清市、河北省遵化市、河北省昌黎县、新疆维吾尔自治区喀什市、

四川省安县、福建省南靖县、江苏省太仓市、浙江省余姚市。

百强区排名：上海市浦东新区、北京市朝阳区、北京市海淀区、北京市东城区、北京市西城区、广东省广州市越秀区、江苏省无锡市滨湖区、北京市昌平区、重庆市渝中区、广东省广州市天河区、安徽省黄山市黄山区、广东省广州市番禺区、湖北省武汉市武昌区、北京市丰台区、江苏省苏州市姑苏区、江苏省南京市玄武区、浙江省杭州市西湖区、浙江省杭州市上城区、广东省深圳市宝安区、北京市房山区、江苏省苏州市吴中区、广东省深圳市罗湖区、福建省厦门市思明区、湖南省张家界市武陵源区、北京市怀柔区、云南省丽江市古城区、上海市黄浦区、北京市顺义区、山东省烟台市经济技术开发区、上海市金山区、四川省成都市青羊区、广东省东莞市东莞区、重庆市渝北区、西藏自治区拉萨市城关区、辽宁省沈阳市沈河区、广东省深圳市南山区、重庆市九龙坡区、陕西省西安市临潼区、湖北省武汉市黄陂区、上海市徐汇区、天津市南开区、江苏省扬州市邗江区、黑龙江省哈尔滨市南岗区、山东省青岛市市北区、江西省九江市庐山区、山东省泰安市泰山区、广东省广州市白云区、浙江省舟山市普陀区、江苏省苏州市吴江区、辽宁省大连市中山区、广东省佛山市南海区、北京市大兴区、北京市平谷区、山东省烟台市福山区、江苏省苏州市虎丘区、重庆市北碚区、甘肃省兰州市城关区、广西壮族自治区桂林市秀峰区、浙江省嘉兴市南湖区、上海市闵行区、辽宁省大连市金州区、上海市嘉定区、上海市静安区、上海市松江区、浙江省杭州市萧山区、天津市滨海新区、陕西省西安市雁塔区、重庆市江北区、山东省青岛市市南区、四川省成都市锦江区、上海市杨浦区、江苏省南京市江宁区、福建省福州市鼓楼区、四川省成都市武侯区、江苏省南通市崇川区、四川省乐山市市中区、江西省南昌市青山湖区、湖北省省直辖行政单位神农架林区、天津市和平区、河北省承德市双桥区、河南省洛阳市洛龙区、江西省南昌市东湖区、四川省成都市金牛区、陕西省西安市碑林区、辽宁省沈阳市东陵区、浙江省温州市鹿城区、辽宁省沈阳市和平区、湖南省郴州市苏仙区、河北省秦皇岛市山海关区、湖南省张家界市永定区、江苏省常州市新北区、北京市通州区、江苏省盐城市亭湖区、上海市宝山区、湖北省宜昌市夷陵区、山东省济南市历城区、上海市青浦区、新疆维吾尔自治区乌鲁木齐市沙依巴克区、新疆维吾尔自治区乌鲁木齐市高新区（新市区）、天津市河西区。

五、2014年中国最美丽县城

2014年7月，中国城市竞争力研究会发布了2014中国城市分类优势排行榜榜单，广西桂林阳朔县以"秀领天下"之美位居第1，其次为湖南凤凰县、浙江桐庐县、江西婺源县、西藏江孜县和四川稻城县等。美丽县城（或县级市）的主要特征是规划设计合理、历史遗迹保存完善、特色建筑个性鲜明、文化底蕴深厚、自然环境优美。中国美丽县城（或县级市）的主要特征是规划设计美、历史遗风美、特色建筑美、乡村文明美、自然环境美和公众口碑美。《GN中国美丽县城评价指标体系》由6项一级指标、17项二级指标、62项三级指标组成。2014年中国最美丽县城排名前30位名单及其"美态定位"如下：

1. 广西阳朔县：秀领天下美　　2. 湖南凤凰县：水色边城美
3. 浙江桐庐县：瑶琳画境美　　4. 江西婺源县：徽风赣韵美
5. 西藏江孜县：雪域古堡美　　6. 四川稻城县：三宝圣地美
7. 甘肃敦煌市：大漠丝路美　　8. 新疆布尔津县：幻彩山湖美
9. 贵州荔波县：妩媚黔乡美　　10. 陕西旬阳县：夜色斑斓美

11. 福建泰宁县：丹峰雄峤美
12. 安徽寿县：古邑黉学美
13. 广东大埔县：溪江如绘美
14. 云南建水县：文献名邦美
15. 山西平遥县：古晋遗风美
16. 湖北钟祥市：楚风神奇美
17. 山东蓬莱县：仙邦梦幻美
18. 江苏泗阳县：平原绿海美
19. 云南腾冲县：翠绿翡黄美
20. 黑龙江绥芬河市：黄金信道美
21. 青海同仁县：宝寺唐卡美
22. 吉林临江市：立体宝库美
23. 河北兴隆县：后龙风水美
24. 辽宁新宾县：满族风情美
25. 北京延庆县：绿峪关山美
26. 云南巍山县：南诏巍宝美
27. 福建安溪县：茶乡春色美
28. 四川康定县：情歌溜溜美
29. 河南商城县：黄金汤关美
30. 内蒙古多伦县：草原商关美

第五节　中国文化旅游资源

一、全国重点文物保护单位

全国重点文物保护单位是中华人民共和国对不可移动文物所核定的最高保护级别——即中国国家级文物保护单位。根据2002年10月28日全国人民代表大会常务委员会通过的《中华人民共和国文物保护法》第十三条的规定，中国国务院所属的文物行政部门（国家文物局）在省级、市、县级文物保护单位中，选择具有重大历史、艺术、科学价值者确定为全国重点文物保护单位，或者直接确定，并报国务院核定公布。全国重点文物保护单位的保护范围和记录档案，须由省、自治区、直辖市人民政府的文物行政部门报国务院文物行政部门备案。截至2014年底，国务院先后于1961年3月4日、1982年2月23日、1988年1月13日、1996年11月20日、2001年6月25日、2006年5月25日、2013年5月3日分7批公布了全国重点保护文物单位4295处。其中，数量前10位的省份分别是：山西452处、河南357处、河北273处、陕西243处、四川230处、浙江229处、江苏224处、山东191处、湖南183处、内蒙古141处。全国重点文物保护单位基本为各地热点旅游景点。

表3-3-5　各地区全国重点保护文物单位数量

地区	数量	地区	数量	地区	数量	地区	数量
北京市	125	上海市	29	湖北省	91	云南省	132
天津市	28	江苏省	230	湖南省	183	西藏	55
河北省	273	浙江省	229	广东省	98	陕西省	243
山西省	452	安徽省	130	广西	66	甘肃省	131
内蒙古	141	福建省	137	海南省	24	青海省	44
辽宁省	128	江西省	128	重庆市	55	宁夏	35
吉林省	76	山东省	191	四川省	230	新疆	113
黑龙江	48	河南省	357	贵州省	70	合计	4295

表 3-3-6　各批次全国重点文物保护单位分类统计

项目	第一批	第二批	第三批	第四批	第五批	第六批	第七批	合计
革命遗址及革命纪念建筑物	33	10	45	—	—	—	—	98
石窟寺	14	5	11	—	—	—	—	30
古建筑及历史纪念建筑物	77	28	107	—	—	—	—	212
石刻及其他	11	2	17	—	—	—	—	30
古遗址	26	10	49	56	144	220	516	1021
古墓葬	19	7	29	22	50	77	186	390
古建筑	—	—	—	110	248	513	795	1666
石窟寺及石刻	—	—	—	10	31	63	110	214
近现代重要史迹及代表性建筑	—	—	—	50	40	206	329	625
其他	—	—	—	14	5	1	7	27
合计	180	62	258	250	518	1080	1943	4295

注：第六批另有与现有全国重点文物保护单位合并的项目106项；第七批中另有与现有全国重点文物保护单位合并的项目共计47处。

二、全国重点烈士纪念建筑物保护单位

全国重点烈士纪念建筑物保护单位全国重点烈士纪念建筑物保护单位，是为纪念在中国各个革命历史时期的重大事件、重要战役和主要革命根据地斗争中牺牲的烈士或在全国有重要影响的著名烈士和为中国革命牺牲的知名国际友人而修建的，或者在对外开放的重点地区、少数民族地区修建的规模较大的，经确定的烈士纪念碑、馆和烈士陵园。列为全国重点保护的单位，由民政部提出，报国务院批准后由民政部公布。截至2013年底，全部5批加4处总计174处全国重点烈士纪念建筑物保护单位。第一批共32处，1986年10月28日公布；第二批共36处，1989年8月31日公布；皖南事变烈士陵园1处，1990年6月14日公布；浙江革命烈士纪念馆、青岛市革命烈士纪念馆、焦裕禄烈士陵园3处，1992年公布；第三批共18处，1996年4月12日公布；第四批共20处，2001年5月17日公布；第五批共64处，2009年3月23日公布。第二批原"上海市烈士陵园"迁"龙华烈士陵园"建"上海市龙华烈士陵园"，仍为全国重点保护单位。

北京市(3处)：李大钊烈士陵园、平西抗日烈士陵园、平北抗日烈士纪念园。

天津市(2处)：蓟县盘山烈士陵园、天津市烈士陵园。

河北省(10处)：邯郸市晋冀鲁豫烈士陵园、石家庄市华北军区烈士陵园、易县狼牙山五勇士纪念塔、隆化县董存瑞烈士陵园、南宫市冀南烈士陵园、唐山市冀东烈士陵园、张家口市察哈尔烈士陵园、承德市热河烈士纪念馆、保定市保定烈士陵园、唐县晋察冀烈士陵园。

山西省(6处)：长治市太行太岳烈士陵园、文水县刘胡兰纪念馆、兴县晋绥烈士陵园、临汾烈士陵园、太原市牛驼寨烈士陵园、朔州市李林烈士陵园。

内蒙古自治区(4处)：武川县大青山革命英雄纪念碑、呼和浩特市内蒙古烈士陵园、乌兰浩特市烈士陵园、乌兰察布市集宁烈士陵园。

辽宁省(5处)：锦州市辽沈战役烈士陵园、沈阳市抗美援朝烈士陵园、抚顺市雷锋纪念馆、本溪烈士陵园、锦州市解放锦州烈士陵园。

吉林省(6处)：四平市烈士陵园、临江市"四保临江"烈士陵园、通化市杨靖宇烈士陵园、延吉市延边烈士陵园、吉林市革命烈士陵园、白城烈士陵园。

黑龙江省(8处)：饶河县抗日游击队纪念碑、哈尔滨烈士陵园、牡丹江市"八女投江"烈士群雕、齐齐哈尔市西满烈士陵园、海林市杨子荣烈士陵园、宝清县珍宝岛革命烈士陵园、佳木斯烈士陵园、尚志烈士陵园。

上海市(2处)：上海市龙华烈士陵园、浦东新区高桥烈士陵园。

江苏省(8处)：徐州市淮海战役烈士纪念塔、赣榆县抗日山烈士陵园、常州烈士陵园、镇江市烈士陵园、泰兴市杨根思烈士陵园、邳州市王杰烈士陵园、泗洪烈士陵园、扬州烈士陵园。

浙江省(4处)：浙江革命烈士纪念馆、余姚市四明山烈士陵园、台州市解放一江山岛烈士陵园、温州市革命烈士纪念馆。

安徽省(8处)：六安市皖西烈士陵园、合肥市安徽革命烈士事迹陈列馆、泾县皖南事变烈士纪念馆、金寨县烈士陵园、宿州烈士陵园、来安县皖东烈士陵园、濉溪县双堆集烈士陵园、岳西县大别山烈士陵园。

福建省(6处)：长汀县瞿秋白烈士纪念碑、龙岩市闽西革命烈士陵园、闽侯县林祥谦烈士陵园、莆田市闽中革命烈士陵园、东山县东山战斗烈士陵园、厦门烈士陵园。

江西省(9处)：瑞金市红军烈士纪念塔、井冈山革命烈士纪念塔、南昌市江西省革命烈士纪念堂、南昌市方志敏烈士墓、上饶市茅家岭烈士陵园、兴国县烈士陵园、于都烈士纪念馆、萍乡市卢德铭烈士陵园、吉安烈士纪念馆。

山东省(15)：临沂市华东革命烈士陵园、济南革命烈士陵园、栖霞县胶东革命烈士陵园、蒙阴县孟良崮战役烈士陵园、青岛市革命烈士纪念馆、金乡县羊山革命烈士陵园、单县湖西革命烈士陵园、莱芜市莱芜战役纪念馆、菏泽市冀鲁豫边区纪念馆、滨州市渤海革命烈士陵园、莱西革命烈士陵园、淄博革命烈士陵园、泰安革命烈士陵园、潍坊革命烈士陵园、荣成革命烈士陵园。

河南省(8处)：确山县竹沟革命烈士陵园、新县鄂豫皖苏区革命烈士陵园、兰考县焦裕禄烈士陵园、郑州烈士陵园、永城市淮海战役陈官庄烈士陵园、开封市烈士陵园、洛阳烈士陵园、林州烈士陵园。

湖北省(10处)：洪湖市湘鄂西苏区革命烈士陵园、大悟县鄂豫边区革命烈士陵园、红安县黄麻起义和鄂豫皖苏区革命烈士陵园、阳新县湘鄂赣边区鄂东南革命烈士陵园、武汉市向警予烈士陵园、武汉市施洋烈士陵园、鹤峰县湘鄂边苏区革命烈士陵园、麻城烈士陵园、宜昌烈士陵园、孝感烈士陵园。

湖南省(8处)：长沙市湖南烈士公园、韶山烈士陵园、华容烈士陵园、平江烈士陵园、沅陵县湘西剿匪烈士纪念园、醴陵烈士陵园、衡阳烈士陵园、长沙市湖南革命陵园。

广东省(5处)：广州市广州起义烈士陵园、海丰县烈士陵园、广州市十九路军淞沪抗日阵亡将士陵园、大埔县"八一"起义军三河坝战役烈士纪念碑、河源烈士陵园。

广西壮族自治区(5处)：广西壮族自治区烈士陵园、东兰烈士陵园、百色起义烈士碑园、兴安县突破湘江烈士纪念碑园、柳州烈士陵园。

海南省(4处)：万宁县六连岭烈士纪念碑阵亡将士陵园、海口市李硕勋烈士纪念亭、琼中黎族苗族自治县白沙起义烈士纪念碑园、海口市解放海南岛战役烈士陵园。

重庆市(5处)：张自忠烈士陵园、铜梁县邱少云烈士纪念馆、潼南县杨暗公烈士陵园、万州革命烈士陵园、万州区库里申科烈士墓园。

四川省(5处)：自贡市烈士陵园、通江县王坪烈士陵园、南充烈士陵园、遂宁烈士陵园、雅安烈士陵园。

贵州省(3处)：遵义红军烈士陵园、毕节市烈士陵园、黎平烈士陵园。

云南省(3处)：威信扎西红军烈士陵园、屏边烈士陵园、宣威市虎头山烈士陵园。

西藏自治区(1处)：乃东县山南烈士陵园。

陕西省(8处)：延安市"四八"烈士陵园、志丹县刘志丹烈士陵园、子长县子长革命烈士纪念馆、长安区杨虎城烈士陵园、蒲城县永丰革命烈士陵园、眉县扶眉战役烈士陵园、西安烈士陵园、黄龙县瓦子街战役烈士陵园。

甘肃省(3处)：兰州市烈士陵园、高台烈士陵园、红西路军临泽烈士陵园。

青海省(2处)：西宁市烈士陵园、循化烈士陵园。

宁夏回族自治区(3处)：彭阳县任山河烈士陵园、吴忠涝河桥烈士陵园、同心烈士陵园。

新疆维吾尔自治区(4处)：乌鲁木齐烈士陵园、伊宁烈士陵园、伊吾县烈士陵园、叶城烈士陵园。

新疆生产建设兵团(1处)：农九师孙龙珍军垦烈士陵园。

三、中国汉族地区佛教重点寺院

根据1983年4月9日国务院批转《国务院宗教事务局关于确定汉族地区佛道教全国重点寺观的报告》，中国大陆境内汉族地区重要佛教寺庙共142座。

北京市(7座)：广济寺、法源寺、佛牙舍利塔、广化寺、通教寺、雍和宫、西黄寺

天津市(1座)：大悲禅院。

河北省(2座)：正定县临济塔院、承德市普宁寺。

山西省(14座)：太原市崇善寺、大同市上华严寺、交城县玄中寺、五台山、显通寺、塔院寺、菩萨顶、殊像寺、罗睺寺、金阁寺、广宗寺、碧山寺、十方堂、黛螺顶、观音洞。

辽宁省(2座)：沈阳市般若寺、沈阳市慈恩寺。

吉林省(2座)：长春市般若寺、长春市地藏寺、吉林市观音古刹。

黑龙江省(1座)：哈尔滨市极乐寺。

上海市(5座)：玉佛寺、静安寺、龙华寺、沉香阁、圆明讲堂。

江苏省(13座)：南京市灵谷寺、南京市栖霞寺、苏州市西园戒幢律寺、苏州市寒山寺、苏州市灵岩山寺、镇江市金山江天寺、镇江市焦山定慧寺、常州市天宁寺、常熟市兴福寺、南通市广教寺(大圣寺)、扬州市大明寺、扬州市邗江区高旻寺、句容市隆昌寺。

浙江省(11座)：杭州市灵隐寺、杭州市净慈寺、宁波市七塔寺、宁波市鄞州区天童寺、宁波市鄞州区阿育王寺、新昌县大佛寺、普陀山(普济寺、法雨寺、慧济寺)、天台县国清寺(包括智者塔院)、天台县高明寺、天台县方广寺、温州市江心寺。

安徽省(14座)：合肥市明教寺、安庆市迎江寺、潜山县乾元禅寺、滁州市琅琊寺、芜湖市广济寺、九华山(化城寺、肉身殿、百岁宫、甘露寺、祇园寺、天台寺、旃檀林、慧居寺、上禅堂)。

福建省(14座)：福州市涌泉寺、福州市西禅寺、福州市林阳寺、福州市地藏寺、闽侯县崇圣寺、厦门市南普陀寺、莆田市广化寺、莆田市慈寿寺、莆田市光孝寺、福清市万福寺、泉州市开元寺、晋

江市龙山寺、漳州市南山寺、宁德市支提华严寺。

江西省(4座)：九江市能仁寺、九江市东林寺、永修县真如寺、吉安市净居寺。

山东省(2座)：济南市千佛山兴国禅寺、青岛市湛山寺。

河南省(3座)：洛阳市白马寺、登封市少林寺、开封市大相国寺。

湖北省(4座)：武汉市归元寺、武汉市宝通寺、黄梅县五祖寺、当阳市玉泉寺。

湖南省(6座)：长沙市麓山寺、长沙市开福寺、南岳(祝圣寺、福严寺、南台寺、上封寺)。

广东省(6座)：广州市六榕寺、韶关市曲江区南华寺、乳源县云门寺、肇庆市庆云寺、汕头市潮阳区灵山寺、潮州市开元寺。

广西壮族自治区(1座)：桂平市洗石庵。

重庆市(3座)：罗汉寺、慈云寺、梁平县双桂堂。

四川省(9座)：成都市昭觉寺、成都市文殊院、成都市新都区宝光寺、乐山市乌尤寺、峨眉山(报国寺、万年寺、洪椿坪、洗象池、金顶)。

贵州省(2座)：贵阳市宏福寺、贵阳市黔明寺。

云南省(5座)：昆明市圆通寺、昆明市筇竹寺、昆明市华亭寺、宾川县鸡足山(祝圣寺、铜瓦殿)。

陕西省(8座)：西安市大慈恩寺、西安市大兴善寺、西安市卧龙寺、西安市广仁寺、西安市长安区兴教寺、西安市长安区香积寺、西安市长安区净业寺、户县草堂寺。

宁夏回族自治区(1座)：银川市海宝塔寺。

四、全国道教重点宫观

道教全国重点宫观是由中国道教协会提出、国家宗教事务局确定并于1983年获国务院审批同意的21间道教宫观。

北京市：白云观。

辽宁省：沈阳市太清宫、鞍山市千山无量观。

江苏省：句容市茅山道院。

浙江省：杭州市抱朴道院。

江西省：贵溪市龙虎山天师府、上饶市三清山三清宫、南昌市西山万寿宫。

山东省：青岛市崂山太清宫、泰安市泰山碧霞祠。

河南省：登封市嵩山中岳庙。

湖北省：武汉市长春观、丹江口市武当山(紫霄宫、太和宫包括金顶)。

广东省：博罗县罗浮山冲虚古观。

四川省：成都市青羊宫、都江堰市青城山(常道观包括天师洞、祖师殿)、大邑县鹤鸣山(道源圣城)。

陕西省：西安市八仙宫、周至县楼观台、华阴市华山(玉泉院、镇岳宫、东道院)。

五、中国国家考古遗址公园

中国的国家考古遗址公园是指以重要考古遗址及其背景环境为主体，具有科研、教育、游憩等功能，在考古遗址保护和展示方面具有全国性示范意义的特定公共空间。国家文物局负责国家考古遗址公园的评定管理工作,先经该国家局批准立项,考古遗址公园符合若干条件且已初具规模后再开展评定工作。评定合格者,由国家文物局授予"国家考古遗址公园"称号,并向社会公布。

1. 第一批国家考古遗址公园和国家考古遗址公园立项名单(2010年10月9日)

(1)国家考古遗址公园名单(12项):

北京市:圆明园国家考古遗址公园、周口店国家考古遗址公园。

吉林省:集安高句丽国家考古遗址公园。

江苏省:鸿山国家考古遗址公园。

浙江省:良渚国家考古遗址公园。

河南省:殷墟国家考古遗址公园、隋唐洛阳城国家考古遗址公园。

四川省:三星堆国家考古遗址公园、金沙国家考古遗址公园。

陕西省:阳陵国家考古遗址公园、秦始皇陵国家考古遗址公园、大明宫国家考古遗址公园。

(2)国家考古遗址公园立项名单(23项):

山西省:晋阳古城考古遗址公园。

辽宁省:牛河梁考古遗址公园。

吉林省:渤海中京考古遗址公园。

江苏省:扬州城考古遗址公园。

江西省:御窑厂考古遗址公园。

山东省:南旺枢纽考古遗址公园、曲阜鲁国故城考古遗址公园、大汶口考古遗址公园。

河南省:汉魏洛阳故城考古遗址公园、郑州商城考古遗址公园、三杨庄考古遗址公园。

湖北省:楚纪南城(含八岭山、熊家冢)考古遗址公园。

湖南省:长沙铜官窑考古遗址公园、里耶古城考古遗址公园、老司城考古遗址公园。

广西壮族自治区:靖江王府及王陵考古遗址公园、甑皮岩考古遗址公园。

重庆市:钓鱼城考古遗址公园。

贵州省:可乐考古遗址公园。

陕西省:汉长安城考古遗址公园、秦咸阳城考古遗址公园。

甘肃省:锁阳城考古遗址公园。

新疆维吾尔自治区:北庭故城考古遗址公园。

2. 第二批国家考古遗址公园和国家考古遗址公园立项名单(2013年12月19日)

(1)第二批国家考古遗址公园名单(12项):

辽宁省:牛河梁国家考古遗址公园。

吉林省:渤海中京国家考古遗址公园。

黑龙江省:渤海上京国家考古遗址公园。

江西省:御窑厂国家考古遗址公园。

山东省:曲阜鲁国故城国家考古遗址公园、大运河南旺枢纽国家考古遗址公园。

河南省:汉魏洛阳故城国家考古遗址公园。

湖北省:熊家冢国家考古遗址公园。

湖南省:长沙铜官窑国家考古遗址公园。

广西壮族自治区:甑皮岩国家考古遗址公园。

重庆市:钓鱼城国家考古遗址公园。

(2)第二批国家考古遗址公园立项名单(31项):

河北省:元中都考古遗址公园、泥河湾考古遗址公园、赵王城考古遗址公园。

山西省:蒲津渡与蒲州故城考古遗址公园。

内蒙古自治区:辽上京考古遗址公园、萨拉乌苏考古遗址公园。

辽宁省:金牛山考古遗址公园。

吉林省:罗通山城考古遗址公园。

黑龙江省:金上京考古遗址公园。

江苏省:阖闾城考古遗址公园。

安徽省:凌家滩考古遗址公园、明中都皇故城考古遗址公园。

福建省:城村汉城考古遗址公园、万寿岩考古遗址公园。

江西省:吉州窑考古遗址公园。

山东省:临淄齐国故城考古遗址公园、城子崖考古遗址公园。

河南省:郑韩故城考古遗址公园、偃师商城考古遗址公园、城阳城址考古遗址公园。

湖北省:铜绿山考古遗址公园、龙湾考古遗址公园、盘龙城考古遗址公园。

湖南省:炭河里考古遗址公园、城头山考古遗址公园、

云南省:太和城考古遗址公园。

陕西省:统万城考古遗址公园、龙岗寺考古遗址公园。

甘肃省:大地湾考古遗址公园。

青海省:喇家考古遗址公园。

宁夏回族自治区:西夏陵考古遗址公园。

六、中国国家重点美术馆

中国的国家重点美术馆是中华人民共和国文化部"为了进一步加强和规范全国美术馆行业管理和分类指导,充分发挥美术馆的公益文化服务作用,推动美术馆标准化、规范化建设,全面提高美术馆的建设管理水平和服务质量,繁荣文化艺术事业,满足人民群众文化生活需求",而在全国范围内具有展览、典藏、研究及公共教育和服务功能,不以营利为目的的公益性美术馆中根据其基础设施、管理和服务等评定出的美术馆。

第一批总计9家国家重点美术馆业已于2011年1月11日公布:中国美术馆、上海美术馆、江苏省美术馆、广东美术馆、陕西省美术博物馆、湖北美术馆、深圳市关山月美术馆、北京画院美术馆、中央美术学院美术馆。

七、中国国家级博物馆

1. 中央地方共建国家级博物馆

中央地方共建国家级博物馆是由国家文物局、财政部共同认定,中央和省级人民政府联合共建的代表中华文明的地方所属重点博物馆。首批中央地方共建国家级博物馆名单于2009年11月中旬由国家文物局公布,并于12月上旬由国家文物局、财政部联合发布:经认定8个博物馆列为首批中央地方共建博物馆:上海博物馆、南京博物院、湖南省博物馆河南博物院、陕西历史博物馆、湖

北省博物馆、浙江省博物馆、辽宁省博物馆。另有3个博物馆列入培育对象：重庆中国三峡博物馆、首都博物馆、山西博物院。

2. 国家一级博物馆

国家一级博物馆是中国国家文物局为加强博物馆行业管理，充分发挥博物馆的社会服务功能，促进博物馆事业发展，而对中华人民共和国境内所有正式登记、注册并接受年检，具有文物、标本收藏保管、科学研究、陈列展览功能的，对外开放的各类博物馆，经该国家局组织设立的全国博物馆评估委员会在综合管理与基础设施、藏品管理与科学研究、陈列展览与社会服务等各方面进行综合评议，并以打分方式产生的博物馆最高等级划分。"一级博物馆"与"中央所属博物馆""中央地方共建国家级博物馆"及国务院同意冠名"中国"等字样的国有博物馆分属不同概念。

2008年5月评出首批83家一级博物馆，2012年11月评出第二批17家，2013年5月北京天文馆、抗美援朝纪念馆、中国海军博物馆和华俗博物馆降为国家二级博物馆，至此，全国一级博物馆共96家。

(1) 首批国家一级博物馆(83家，2008年5月18日公布)

中央部门(5家)：故宫博物院、中国科学技术馆、中国地质博物馆、中国人民革命军事博物馆、中国航空博物馆。

北京市(6家)：首都博物馆、北京自然博物馆、中国人民抗日战争纪念馆、北京天文馆、周口店北京人遗址博物馆、北京鲁迅博物馆。

天津市(3家)：天津博物馆、天津自然博物馆、周恩来邓颖超纪念馆。

河北省(2家)：河北省博物馆、西柏坡纪念馆。

山西省(3家)：山西博物院、中国煤炭博物馆、八路军太行纪念馆。

内蒙古自治区(1家)：内蒙古博物院。

辽宁省(4家)：辽宁省博物馆、沈阳"九·一八"历史博物馆、抗美援朝纪念馆、旅顺博物馆。

吉林省(1家)：吉林省自然博物馆。

黑龙江省(3家)：东北烈士纪念馆、大庆铁人王进喜纪念馆、爱辉历史陈列馆。

上海市(3家)：上海博物馆、上海鲁迅纪念馆、中共一大会址纪念馆。

江苏省(5家)：南京博物院、侵华日军南京大屠杀遇难同胞纪念馆、南通博物苑、苏州博物馆、扬州博物馆。

浙江省(1家)：浙江省博物馆。

安徽省(1家)：安徽省博物馆。

福建省(5家)：福建博物院、古田会议纪念馆、泉州海外交通史博物馆、厦门华侨博物院、中国闽台缘博物馆。

江西省(4家)：江西省博物馆、南昌八一起义纪念馆、井冈山革命博物馆、瑞金中央革命根据地纪念馆。

山东省(4家)：青岛市博物馆、中国海军博物馆、中国甲午战争博物馆、青州市博物馆。

河南省(4家)：河南博物院、郑州博物馆、洛阳博物馆、南阳汉画馆。

湖北省(3家)：湖北省博物馆、武汉市博物馆、荆州博物馆。

湖南省(3家)：湖南省博物馆、韶山毛泽东同志纪念馆、刘少奇同志纪念馆。

广东省(3家)：广东省博物馆、西汉南越王博物馆、孙中山故居纪念馆。

广西壮族自治区(1家):广西壮族自治区博物馆。

重庆市(1家):重庆中国三峡博物馆。

四川省(5家):广汉三星堆博物馆、邓小平故居陈列馆、自贡恐龙博物馆、成都武侯祠博物馆、成都杜甫草堂博物馆。

贵州省(1家):遵义会议纪念馆。

云南省(2家):云南省博物馆、云南民族博物馆。

西藏自治区(1家):西藏博物馆。

陕西省(6家):陕西历史博物馆、秦始皇兵马俑博物馆、延安革命纪念馆、西安碑林博物馆、西安半坡博物馆、汉阳陵博物馆。

宁夏回族自治区(1家):固原博物馆。

新疆维吾尔自治区(1家):新疆维吾尔自治区博物馆。

(2)第二批国家一级博物馆(17家,2012年11月15日公布)

北京市(2家):中国国家博物馆、中国农业博物馆。

吉林省(1家):吉林省博物院。

黑龙江省(1家):黑龙江省博物馆。

上海市(1家):上海科技馆。

浙江省(3家):浙江自然博物馆、中国丝绸博物馆、宁波博物馆。

山东省(1家):山东博物馆。

广东省(1家):深圳博物馆。

海南省(1家):海南博物馆。

重庆市(1家):重庆红岩革命历史博物馆。

四川省(2家):四川博物院、成都多沙遗址博物馆。

陕西省(1家):西安博物院。

甘肃省(1家):甘肃省博物馆。

宁夏回族自治区(1家):宁夏回族自治区博物馆。

3.国家二级博物馆

国家二级博物馆是中国国家文物局为加强博物馆行业管理,充分发挥博物馆的社会服务功能,促进博物馆事业发展,而对中华人民共和国境内所有正式登记、注册并接受年检,具有文物、标本收藏保管、科学研究、陈列展览功能的,对外开放的各类博物馆,经该国家局组织设立的全国博物馆评估委员会在综合管理与基础设施、藏品管理与科学研究、陈列展览与社会服务等各方面进行综合评议,并以打分方式产生的博物馆等级划分。2008年5月18日国际博物馆日当天,中国国家文物局发布了首批国家一级博物馆名单。并于下半年开展二级博物馆评估定级工作。

(1)首批国家二级博物馆名单(171家,2009年5月):

北京市(6家):中国电信博物馆、中国铁道博物馆、北京古代建筑博物馆、明十三陵博物馆、大钟寺古钟博物馆、孔庙和国子监博物馆。

天津市(1家):元明清天妃宫遗址博物馆。

河北省(12家):河北省科学技术馆、河北美术馆、河北省民俗博物馆、张家口市博物馆、唐山博物馆、邯郸市博物馆、承德避暑山庄博物馆、武强年画博物馆、乐亭县李大钊纪念馆、山海关长城博物馆、磁县磁州窑博物馆、涉县一二九师陈列馆。

山西省(13家)：山西省艺术博物馆、山西省民俗博物馆、太原市晋祠博物馆、中共太原支部历史纪念馆、大同市博物馆、长治市博物馆、晋城博物馆、运城市河东博物馆、河边民俗博物馆、祁县乔家大院民俗博物馆、红军东征纪念馆、榆社县化石博物馆、吕梁汉画像石博物馆。

内蒙古自治区(6家)：呼和浩特博物馆、包头博物馆、赤峰市博物馆、通辽市博物馆、呼和浩特市将军衙署博物馆、鄂尔多斯青铜器博物馆。

辽宁省(4家)：沈阳故宫博物院、大连现代博物馆、张氏帅府博物馆、旅顺日俄监狱旧址博物馆。

吉林省(3家)：吉林省博物院(已晋升一级)、吉林市博物馆、延边朝鲜族自治州博物馆。

黑龙江省(5家)：黑龙江省民族博物馆、哈尔滨市建筑艺术馆、齐齐哈尔市博物馆、大庆博物馆、大兴安岭资源馆。

上海市(7家)：松江区博物馆、青浦区博物馆、嘉定博物馆、孙中山故居纪念馆、宋庆龄故居纪念馆、陈云故居暨青浦革命历史纪念馆、上海公安博物馆。

江苏省(12家)：南京市博物馆、太平天国历史博物馆、南京地质博物馆、中共代表团梅园新村纪念馆、常州博物馆、徐州博物馆、徐州汉兵马俑博物馆、徐州汉画像石艺术馆、连云港市博物馆、淮安市博物馆、常熟博物馆、江阴市博物馆。

浙江省(15家)：中国茶叶博物馆、杭州历史博物馆、杭州南宋官窑博物馆、胡庆余堂中药博物馆、余杭博物馆、温州博物馆、湖州市博物馆、衢州市博物馆、上虞博物馆、嘉兴博物馆、南湖革命纪念馆、宁波市天一阁博物馆、余姚市河姆渡遗址博物馆、绍兴鲁迅纪念馆、保国寺古建筑博物馆。

安徽省(4家)：安徽中国徽州文化博物馆、安庆市博物馆寿县博物馆、新四军军部旧址纪念馆。

福建省(7家)：福建省革命历史纪念馆、福州市博物馆、泉州市博物馆、晋江市博物馆、漳州市博物馆、德化县陶瓷博物馆、闽西革命历史博物馆。

江西省(4家)：景德镇陶瓷馆、八大山人纪念馆、安源路矿工人运动纪念馆、上饶集中营革命烈士纪念馆。

山东省(7家)：济南市博物馆、潍坊市博物馆、烟台市博物馆、烟台张裕酒文化博物馆、齐国故城遗址博物馆、青岛啤酒博物馆、青岛海产博物馆。

河南省(8家)：开封市博物馆、洛阳古代艺术馆、洛阳周王城天子驾六博物馆、鹤壁市博物馆、三门峡市虢国博物馆、内乡县衙博物馆、新县鄂豫皖苏区首府革命博物馆、新安县千唐志斋博物馆。

湖北省(6家)：武汉市革命博物馆、辛亥革命武昌起义纪念馆、鄂州市博物馆、宜昌博物馆、随州市博物馆、黄石市博物馆。

湖南省(7家)：长沙市博物馆、长沙简牍博物馆、株洲市博物馆、常德博物馆、彭德怀纪念馆、任弼时纪念馆、中国人民抗日战争胜利受降纪念馆。

广东省(11家)：广东革命历史博物馆、广东民间工艺博物馆、广州博物馆、广州艺术博物院、珠海市博物馆、东莞市博物馆、番禺博物馆、鸦片战争博物馆、叶挺独立团团部旧址纪念馆(肇庆市博物馆)、孙中山大元帅府纪念馆、毛泽东同志主办农民运动讲习所旧址纪念馆。

广西壮族自治区(4家)：桂林博物馆、桂海碑林博物馆、柳州市博物馆、百色起义纪念馆。

重庆市(1家)：重庆自然博物馆。

四川省(7家):成都永陵博物馆、泸州市博物馆、四川宋瓷博物馆、自贡市盐业历史博物馆、眉山三苏祠博物馆、新都杨升庵博物馆、朱德同志故居纪念馆。

云南省(5家):玉溪市博物馆、红河哈尼族彝族自治州博物馆、楚雄彝族自治州博物馆、大理白族自治州博物馆、昆明动物博物馆。

陕西省(10家):宝鸡青铜器博物馆、咸阳博物馆、汉中市博物馆、乾陵博物馆、昭陵博物馆、茂陵博物馆、法门寺博物馆、耀州窑博物馆、西安事变纪念馆、八路军西安办事处纪念馆。

甘肃省(4家):兰州市博物馆、天水市博物馆、平凉市博物馆、张掖市甘州区博物馆。

新疆维吾尔自治区(2家):吐鲁番地区博物馆、新疆兵团军垦博物馆。

(2)第二批国家二级博物馆名单(52家,2013年5月2日)

北京市(1家):恭王府博物馆。

河北省(1家):石家庄市博物馆。

内蒙古自治区(3家):阿拉善博物馆、鄂尔多斯博物馆、呼伦贝尔民族博物院。

辽宁省(2家):锦州市博物馆、沈阳新乐遗址博物馆。

吉林省(3家):白城市博物馆、四平战役纪念馆、伪满皇宫博物院。

黑龙江省(1家):伊春市博物馆、侵华日军虎头要塞博物馆。

江苏省(1家):无锡博物院。

安徽省(3家):淮北市博物馆、淮南市博物馆、皖西博物馆。

福建省(2家):长乐市博物馆、上杭县博物馆。

江西省(1家):江西客家博物院。

山东省(6家):淄博市博物馆、东营市历史博物馆、泰安市博物馆、临沂市博物馆、诸城市博物馆、莒县博物馆。

河南省(2家):南阳市博物馆、许昌市博物馆。

湖北省(5家):恩施土家族苗族自治州博物馆、十堰市博物馆、武当山旅游经济特区博物馆、武汉市中山舰博物馆、襄阳市博物馆。

湖南省(1家):岳阳博物馆。

广东省(9家):潮州市博物馆、东莞展览馆、广东海上丝绸之路博物馆、广东中医药博物馆、惠州市博物馆、江门市博物馆、韶关市博物馆、云浮市博物馆、中山大学生物博物馆。

广西壮族自治区(2家):广西民族博物馆、广西壮族自治区自然博物馆。

贵州省(3家):贵州省博物馆、贵州省民族博物馆、黔东南州民族博物馆。

陕西省(1家):西安大唐西市博物馆。

甘肃省(3家):敦煌研究院、和政古动物化石博物馆、临夏回族自治州博物馆。

青海省(1家):青海省博物馆。

八、中国国家文化旅游重点项目

为了深入推进文化与旅游的结合发展,2010年7月,文化部、国家旅游局联合印发了《关于开展<国家文化旅游重点项目名录——旅游演出类>申报评选工作的通知》。经地方文化、旅游行政部门组织推选,文化部、国家旅游局共收到旅游演出项目申报材料199个。经文化部和国家旅游局组织专家评审及社会公示,共评选出35台旅游演出项目进入《国家文化旅游重点项目名录——

旅游演出类》第一批名录。

首批国家文化旅游重点项目名录(旅游演出类,2011年):

京剧演出集萃　北京首都旅游国际酒店有限公司前门梨园剧场

功夫传奇　北京天创寰宇功夫剧院有限公司

圣水观音　北京天龙源温泉旅游发展有限公司

飞翔　北京朝阳剧场、四川德阳杂技团

相声、戏曲集萃　天津名流茶馆

时空之旅　上海时空之旅文化发展有限公司

吴桥杂技大世界园区演出　河北吴桥杂技大世界旅游有限公司

升堂系列剧　山西省平遥县衙博物馆

东北二人转　辽宁民间艺术团有限公司

冰上杂技　黑龙江冰尚杂技舞蹈演艺制作有限公司

灵山吉祥颂　江苏无锡灵山实业有限公司

扬州杖头木偶表演　江苏扬州市木偶剧团

宋城千古情　浙江杭州宋城旅游发展股份有限公司

西湖之夜　浙江杭州金海岸文化发展股份有限公司

徽韵　安徽黄山茶博园投资有限公司

孔子　山东济宁市曲阜孔子文化艺术团

禅宗少林音乐大典　河南郑州市天人文化旅游有限公司

魅力湘西　湖南张家界魅力湘西旅游开发有限公司

天门狐仙·新刘海砍樵　湖南张家界天元山水旅游文化有限公司

梦幻之夜又唱浏阳河　湖南红太阳娱乐管理有限公司

魔幻传奇　广东长隆国际马戏大剧院

天禅　广东深圳东部华侨城有限公司

天地浪漫　广东深圳世界之窗有限公司

印象刘三姐　广西桂林广维文华旅游文化产业有限公司

梦幻漓江　广西桂林梦幻漓江演艺传播有限公司

蜀风雅韵　四川成都蜀风雅韵文化旅游发展有限公司

藏谜　四川九寨沟县容中尔甲文化传播有限公司

多彩贵州风　贵州多彩贵州文化艺术有限公司

云南印象　云南杨丽萍艺术发展有限公司

丽水金沙　云南丽江丽水金沙演艺有限公司

印象丽江　云南丽江玉龙雪山印象旅游文化产业有限公司

幸福在路上　西藏珠穆朗玛文化传媒有限公司

长恨歌　陕西华清池旅游有限公司

天域天堂　青海西宁市歌舞团

月上贺兰　宁夏银川艺术剧院

九、中国历史文化名街与中国历史文化街区

1. 中国历史文化名街

中国历史文化名街是经中华人民共和国文化部、国家文物局批准后由中国文化报社联合中国文物报社和中华民族文化促进会举办的一项评选推介活动,主要是对全国各地的历史文化街区进行宣传推广。该活动已于2009年、2010、和2011年、2012年、2013年连续举办5届。

(1)第一届"中国历史文化名街"名单(10处):北京市国子监街、山西省平遥县南大街、黑龙江省哈尔滨市中央大街、江苏省苏州市平江路、安徽省黄山市屯溪老街、福建省福州市三坊七巷、山东省青岛市八大关、山东省青州市昭德古街、海南省海口市骑楼街(区)(海口骑楼老街)、西藏自治区拉萨市八廓街。

(2)第二届"中国历史文化名街"名单(10处):江苏省无锡市清名桥历史文化街区、重庆市沙坪坝区磁器口古镇传统历史文化街区、上海市虹口区多伦路文化名人街、江苏省扬州市东关街、天津市和平区五大道、江苏省苏州市山塘街、黑龙江省齐齐哈尔市昂昂溪罗西亚大街、北京市烟袋斜街、福建省漳州市历史文化街区(漳州古街)、福建省泉州市中山路。

(3)第三届"中国历史文化名街"名单(10处):山西省晋中市祁县晋商老街、江苏省无锡市惠山老街、上海市徐汇区武康路历史文化名街、福建省龙岩市长汀县店头街、广东省潮州市太平街义兴甲巷、安徽省黄山市歙县渔梁街、贵州省黔东南州黎平翘街、浙江省杭州市清河坊、河南省洛阳市涧西工业遗产街区、云南省大理州巍山彝族回族自治县南诏古街。

(4)第四届"中国历史文化名街"名单(10处):福建省厦门市中山路、四川泸州尧坝古街、西藏江孜县加日郊老街、陕西省榆林市米脂古城老街、江苏省南京市高淳老街、山东青岛小鱼山文化名人街、浙江省临海市紫阳街、吉林省长春市新民大街、广东省深圳市中英街、安徽黄山市休宁县万安老街。

(5)第五届"中国历史文化名街"名单(10处):广东省广州市沙面街、上海市静安区陕西北路、河南省濮阳县古十字街、江西省上饶市铅山县河口明清古街、安徽省宣城市绩溪县龙川水街、广东省珠海市斗门镇斗门旧街、福建省石狮市永宁镇永宁老街、广东省梅州市梅县松口镇松口古街、江苏省泰兴市黄桥老街、四川省大邑县新场古镇上下正街。

2. 中国历史文化街区

中国历史文化街区是由相关国家政府机构(住建部和国家文物局)组织开展的一项认定工作,旨在保护城市中风貌完整、传统建筑集中、历史文化遗存丰富的历史文化街区,是中国历史文化名城、名镇、名村、街区保护管理工作的一个重要组成部分。2015年4月21日,国家住房乡建设部、国家文物局对外公布第一批30个中国历史文化街区。

北京市(3个):皇城历史文化街区、大栅栏历史文化街区、东四三条至八条历史文化街区。

天津市(1个):五大道历史文化街区。

吉林省(1个):长春市第一汽车制造厂历史文化街区。

黑龙江省(1个):齐齐哈尔市昂昂溪区罗西亚大街历史文化街区。

上海市(1个):外滩历史文化街区。

江苏省(5个):南京市梅园新村历史文化街区、南京市颐和路历史文化街区、苏州市平江历史文化街区、苏州市山塘街历史文化街区、扬州市南河下历史文化街区。

浙江省(4个):杭州市中山中路历史文化街区、龙泉市西街历史文化街区、兰溪市天福山历史文化街区、绍兴市蕺山(书圣故里)历史文化街区。

安徽省(1个):黄山市屯溪区屯溪老街历史文化街区。

福建省(4个):福州市三坊七巷历史文化街区、泉州市中山路历史文化街区、厦门市鼓浪屿历史文化街区、漳州市台湾路—香港路历史文化街区。

湖北省(1个):武汉市江汉路及中山大道历史文化街区。

湖南省(1个):永州市柳子街历史文化街区。

广东省(1个):中山市孙文西历史文化街区。

广西壮族自治区(1个):北海市珠海路—沙脊街—中山路历史文化街区。

重庆市(1个):沙坪坝区磁器口历史文化街区。

四川省(1个):阆中市华光楼历史文化街区。

云南省(1个):石屏县古城区历史文化街区。

新疆维吾尔自治区(2个):库车县热斯坦历史文化街区、伊宁市前进街历史文化街区

十、中国历史文化名镇名村

中国历史文化名镇名村,是由建设部和国家文物局从2003年起共同组织评选的,保存文物特别丰富且具有重大历史价值或纪念意义的、能较完整地反映一些历史时期传统风貌和地方民族特色的镇和村,到2014年2月6批共评选出名镇252个,名村276个。这些村镇分布在全国31个省级行政区,包括太湖流域的水乡古镇群、皖南古村落群、川黔渝交界古村镇群、晋中南古村镇群、粤中古村镇群,既有乡土民俗型、传统文化型、革命历史型,又有民族特色型、商贸交通型,基本反映了中国不同地域历史文化村镇的传统风貌。中国历史文化名镇名村实行动态管理。

第一批中国历史文化名镇(10个,2003年10月8日公布):山西省灵石县静升镇、江苏省昆山市周庄镇、江苏省吴江市同里镇、江苏省苏州市吴中区甪直镇、浙江省嘉善县西塘镇、浙江省桐乡市乌镇、福建省上杭县古田镇、重庆市合川县涞滩镇、重庆市石柱县西沱镇、重庆市潼南县双江镇。

第二批中国历史文化名镇(34个,2005年9月16日公布):河北省蔚县暖泉镇、山西省临县碛口镇、辽宁省新宾满族自治县永陵镇、上海市金山区枫泾镇、江苏省苏州市吴中区木渎镇、江苏省太仓市沙溪镇、江苏省姜堰市溱潼镇、江苏省泰兴市黄桥镇、浙江省湖州市南浔区南浔镇、浙江省绍兴县安昌镇、浙江省宁波市江北区慈城镇、浙江省象山县石浦镇、福建省邵武市和平镇、江西省浮梁县瑶里镇、河南省禹州市神垕镇、河南省淅川县荆紫关镇、湖北省监利县周老嘴镇、湖北省红安县七里坪镇、湖南省龙山县里耶镇、广东省广州市番禺区沙湾镇、广东省吴川市吴阳镇、广西灵川县大圩镇、重庆市渝北区龙兴镇、重庆市江津市中山镇、重庆市酉阳土家族苗族自治县、四川省邛崃市平乐镇、四川省大邑县安仁镇、四川省阆中市老观镇、四川省宜宾市翠屏区李庄镇、贵州省贵阳市花溪区青岩镇、贵州省习水县土城镇、云南省禄丰县黑井镇、甘肃省宕昌县哈达铺镇、新疆鄯善县鲁克沁镇。

第三批中国历史文化名镇(41个,2007年5月31日公布):河北省永年县广府镇、山西省襄汾县汾城镇、山西省平定县娘子关镇、黑龙江省海林市横道河子镇、上海市青浦区朱家角镇、江苏省高淳县淳溪镇、江苏省昆山市千灯镇、江苏省东台市安丰镇、浙江省绍兴市越城区东浦镇、浙江省

宁海县前童镇、浙江省义乌市佛堂镇、浙江省江山市廿八都镇、安徽省肥西县三河镇、安徽省六安市金安区毛坦厂镇、江西省鹰潭市龙虎山风景区上清镇、河南省社旗县赊店镇、湖北省洪湖市瞿家湾镇、湖北省监利县程集镇、湖北省郧西县上津镇、广东省开平市赤坎镇、广东省珠海市唐家湾镇、广东省陆丰市碣石镇、广西壮族自治区昭平县黄姚镇、广西壮族自治区阳朔县兴坪镇、海南省三亚市崖城镇、重庆市北碚区金刀峡镇、重庆市江津市塘河镇、重庆市綦江县东溪镇、四川省双流县黄龙溪镇、四川省自贡市沿滩区仙市镇、四川省合江县尧坝镇、四川省古蔺县太平镇、贵州省黄平县旧州镇、贵州省雷山县西江镇、云南省剑川县沙溪镇、云南省腾冲县和顺镇、西藏自治区乃东县昌珠镇、甘肃省榆中县青城镇、甘肃省永登县连城镇、甘肃省古浪县大靖镇、新疆维吾尔自治区霍城县惠远镇。

第四批中国历史文化名镇(58个,2008年10月30日公布):北京市密云县古北口镇、天津市西青区杨柳青镇、河北省邯郸市峰峰矿区大社镇、河北省井陉县天长镇、山西省泽州县大阳镇、内蒙古自治区喀喇沁旗王爷府镇、内蒙古自治区多伦县多伦淖尔镇、辽宁省海城市牛庄镇、吉林省四平市铁东区叶赫镇、吉林省吉林市龙潭区乌拉街镇、黑龙江省黑河市爱辉镇、上海市南汇区新场镇、上海市嘉定区嘉定镇、江苏省昆山市锦溪镇、江苏省江都市邵伯镇、江苏省海门市余东镇、江苏省常熟市沙家浜镇、浙江省仙居县皤滩镇、浙江省永嘉县岩头镇、浙江省富阳市龙门镇、浙江省德清县新市镇、安徽省歙县许村镇、安徽省休宁县万安镇、安徽省宣城市宣州区水东镇、福建省永泰县嵩口镇、江西省横峰县葛源镇、山东省桓台县新城镇、河南省开封县朱仙镇、河南省郑州市惠济区古荥镇、河南省确山县竹沟镇、湖北省咸宁市汀泗桥镇、湖北省阳新县龙港镇、湖北省宜都市枝城镇、湖南省望城县靖港镇、湖南省永顺县芙蓉镇、广东省东莞市石龙镇、广东省惠州市惠阳区秋长镇、广东省普宁市洪阳镇、海南省儋州市中和镇、海南省文昌市铺前镇、海南省定安县定城镇、重庆市九龙坡区走马镇、重庆市巴南区丰盛镇、重庆市铜梁县安居镇、重庆市永川区松溉镇、四川省巴中市巴州区恩阳镇、四川省成都市龙泉驿区洛带镇、四川省大邑县新场镇、四川省广元市元坝区昭化镇、四川省合江县福宝镇、四川省资中县罗泉镇、贵州省安顺市西秀区旧州镇、贵州省平坝县天龙镇、云南省孟连县娜允镇、西藏自治区日喀则市萨迦镇、陕西省铜川市印台区陈炉镇、甘肃省秦安县陇城镇、甘肃省临潭县新城镇

第五批中国历史文化名镇(38个,2010年7月22日公布):河北省涉县固新镇、河北省武安市冶陶镇、山西省天镇县新平堡镇、山西省阳城县润城镇、上海市嘉定区南翔镇、上海市浦东新区高桥镇、上海市青浦区练塘镇、上海市金山区张堰镇、江苏省苏州市吴中区东山镇、江苏省无锡市锡山区荡口镇、江苏省兴化市沙沟镇、江苏省江阴市长泾镇、江苏省张家港市凤凰镇、浙江省景宁畲族自治县鹤溪镇、浙江省海宁市盐官镇、福建省宁德市蕉城区霍童镇、福建省平和县九峰镇、福建省武夷山市五夫镇、福建省顺昌县元坑镇、江西省吉安市青原区富田镇、河南省郏县冢头镇、湖北省潜江市熊口镇、湖南省绥宁县寨市镇、湖南省泸溪县浦市镇、广东省中山市黄圃镇、广东省大埔县百侯镇、重庆市荣昌县路孔镇、重庆市江津区白沙镇、重庆市巫溪县宁厂镇、四川省屏山县龙华镇、四川省富顺县赵化镇、四川省犍为县清溪镇、云南省宾川县州城镇、云南省洱源县凤羽镇、云南省蒙自县新安所镇、陕西省宁强县青木川镇、陕西省柞水县凤凰镇、甘肃省榆中县金崖镇。

第六批中国历史文化名镇(71个,2014年3月10日公布):河北省武安市伯延镇、河北省蔚县代王城镇、山西省泽州县周村镇、内蒙古自治区丰镇市隆盛庄镇、内蒙古自治区库伦旗库伦镇、辽宁省东港市孤山镇、辽宁省绥中县前所镇、上海市青浦区金泽镇、上海市浦东新区川沙新镇、江苏

省苏州市吴江区黎里镇、江苏省苏州市吴江区震泽镇、江苏省东台市富安镇、江苏省扬州市江都区大桥镇、江苏省常州市新北区孟河镇、江苏省宜兴市周铁镇、江苏省如东县栟茶镇、江苏省常熟市古里镇、浙江省嵊州市崇仁镇、浙江省永康市芝英镇、浙江省松阳县西屏镇、浙江省岱山县东沙镇、安徽省泾县桃花潭镇、安徽省黄山市徽州区西溪南镇、安徽省铜陵市郊区大通镇、福建省永定县湖坑镇、福建省武平县中山镇、福建省安溪县湖头镇、福建省古田县杉洋镇、福建省屏南县双溪镇、福建省宁化县石壁镇、江西省萍乡市安源区安源镇、江西省铅山县河口镇、江西省广昌县驿前镇、江西省金溪县浒湾镇、江西省吉安县永和镇、江西省铅山县石塘镇、山东省微山县南阳镇、河南省遂平县嵖岈山镇、河南省滑县道口镇、河南省光山县白雀园镇、湖北省钟祥市石牌镇、湖北省随县安居镇、湖北省麻城市歧亭镇、湖南省洞口县高沙镇、湖南省花垣县边城镇、广东省珠海市斗门区斗门镇、广东省佛山市南海区西樵镇、广东省梅县松口镇、广东省大埔县茶阳镇、广东省大埔县三河镇、广西壮族自治区兴安县界首镇、广西壮族自治区恭城瑶族自治县恭城镇、广西壮族自治区贺州市八步区贺街镇、广西壮族自治区鹿寨县中渡镇、重庆市开县温泉镇、重庆市黔江区濯水镇、四川省自贡市贡井区艾叶镇、四川省自贡市大安区牛佛镇、四川省平昌县白衣镇、四川省古蔺县二郎镇、四川省金堂县五凤镇、四川省宜宾县横江镇、四川省隆昌县云顶镇、贵州省赤水市大同镇、贵州省松桃苗族自治县寨英镇、陕西省神木县高家堡镇、陕西省旬阳县蜀河镇、陕西省石泉县熨斗镇、陕西省澄城县尧头镇、青海省循化撒拉族自治县街子镇、新疆维吾尔自治区富蕴县可可托海镇。

第一批中国历史文化名村(12个,2003年10月8日公布):北京市门头沟区斋堂镇爨底下村、山西省临县碛口镇西湾村、浙江省武义县俞源乡俞源村、浙江省武义县武阳镇郭洞村、安徽省黟县西递镇西递村、安徽省黟县宏村镇宏村、江西省乐安县牛田镇流坑村、福建省南靖县书洋镇田螺坑村、湖南省岳阳县张谷英镇张谷英村、广东省佛山市三水区乐平镇大旗头村、广东省深圳市龙岗区大鹏镇鹏城村、陕西省韩城市西庄镇党家村。

第二批中国历史文化名村(24个,2005年9月16日公布):北京市门头沟区斋堂镇灵水村、河北省怀来县鸡鸣驿乡鸡鸣驿村、山西省阳城县北留镇皇城村、山西省介休市龙凤镇张壁村、山西省沁水县土沃乡西文兴村、内蒙古土默特右旗美岱召镇美岱召村、安徽省歙县徽城镇渔梁村、安徽省旌德县白地镇江村、福建省连城县宣和乡培田村、福建省武夷山市武夷乡下梅村、江西省吉安市青原区文陂乡渼陂村、江西省婺源县沱川乡理坑村、山东省章丘市官庄乡朱家峪村、河南省平顶山市郏县堂街镇临沣寨(村)、湖北省武汉市黄陂区木兰乡大余湾村、广东省东莞市茶山镇南社村、广东省开平市塘口镇自力村、广东省佛山市顺德区北滘镇碧江村、四川省丹巴县梭坡乡莫洛村、四川省攀枝花市仁和区平地镇迤沙拉村、贵州省安顺市西秀区七眼桥镇云山屯村、云南省会泽县娜姑镇白雾村、陕西省米脂县杨家沟镇杨家沟村、新疆鄯善县吐峪沟乡麻扎村。

第三批中国历史文化名村(36个,2007年5月31日公布):北京市门头沟区龙泉镇琉璃渠村、河北省井陉县于家乡于家村、河北省清苑县冉庄镇冉庄村、河北省邢台县路罗镇英谈村、山西省平遥县岳壁乡梁村、山西省高平市原村乡良户村、山西省阳城县北留镇郭峪村、山西省阳泉市郊区义井镇小河村、内蒙古自治区包头市石拐区五当召镇五当召村、江苏省苏州市吴中区东山镇陆巷村、江苏省苏州市吴中区西山镇明月湾村、浙江省桐庐县江南镇深澳村、浙江省永康市前仓镇厚吴村、安徽省黄山市徽州区潜口镇唐模村、安徽省歙县郑村镇棠樾村、安徽省黟县宏村镇屏山村、福建省晋江市金井镇福全村、福建省武夷山市兴田镇城村、福建省尤溪县洋中镇桂峰村、江西省高安市新街镇贾家村、江西省吉水县金滩镇燕坊村、江西省婺源县江湾镇汪口村、山东省荣成市宁津街道办事处东楮岛村、湖北省恩施市崔家坝镇滚龙坝村、湖南省江永县夏层铺镇上甘棠村、湖南省会同县高椅乡高椅村、湖南省永州市零陵区富家桥镇干岩头村、广东省广州市番禺区石楼镇大岭村、广东省东莞市石排镇塘尾村、广东省中山市南朗镇翠亨村、广西壮族自治区灵山县佛子镇大芦村、广西壮族自治区玉林市玉州区城北街道办事处高山村、贵州省锦屏县隆里乡隆里村、贵州省黎平县肇兴乡肇兴寨村、云南省云龙县诺邓镇诺邓村、青海省同伊县年都乎乡郭麻日村。

第四批中国历史文化名村(36个,2008年10月30日公布):河北省涉县偏城镇偏城村、河北省蔚县涌泉庄乡北方城村、山西省汾西县僧念镇师家沟村、山西省临县碛口镇李家山村、山西省灵石县夏门镇夏门村、山西省沁水县嘉峰镇窦庄村、山西省阳城县润城镇上庄村、浙江省龙游县石佛乡三门源村、安徽省黄山市徽州区呈坎镇呈坎村、安徽省泾县桃花潭镇查济村、安徽省黟县碧阳镇南屏村、福建省福安市溪潭镇廉村、福建省屏南县甘棠乡漈下村、福建省清流县赖坊乡赖坊村、江西省安义县石鼻镇罗田村、江西省浮梁县江村乡严台村、江西省赣县白鹭乡白鹭村、江西省吉安市富田镇陂下村、江西省婺源县思口镇延村、江西省宜丰县天宝乡天宝村、山东省即墨市丰城镇雄崖所村、河南省郏县李口乡张店村、湖北省宣恩县沙道沟镇两河口村、广东省恩平市圣堂镇歇马村、广东省连南瑶族自治县三排镇南岗古排村、广东省汕头市澄海区隆都镇前美村、广西壮族自治区富川瑶族自治县朝东镇秀水村、四川省汶川县雁门乡萝卜寨村、贵州省赤水市丙安乡丙安村、贵州省从江县往洞乡增冲村、贵州省开阳县禾丰布依族苗族乡马头村、贵州省石阡县国荣乡楼上村、云南省石屏县宝秀镇郑营村、云南省巍山县永建镇东莲花村、宁夏回族自治区中卫市香山乡南长滩村、新疆维吾尔自治区哈密市同城乡阿勒屯村。

第五批中国历史文化名村(61个,2010年7月22日公布):北京市顺义区龙湾屯镇焦庄户村、天津市蓟县渔阳镇西井峪村、河北省井陉县南障城镇大梁江村、山西省太原市晋源区晋源镇店头村、山西省阳泉市义井镇大阳泉村、山西省泽州县北义城镇西黄石村、山西省高平市河西镇苏庄村、山西省沁水县郑村镇湘峪村、山西省宁武县涔山乡王化沟村、山西省太谷县北洸镇北洸村、山西省灵石县两渡镇冷泉村、山西省万荣县高村乡阎景村、山西省新绛县泽掌镇光村、江苏省无锡市惠山区玉祁镇礼社村、浙江省建德市大慈岩镇新叶村、浙江省永嘉县岩坦镇屿北村、浙江省金华市金东区傅村镇山头下村、浙江省仙居市白塔镇高迁村、浙江省庆元县松源镇大济村、浙江省乐清市仙溪镇南阁村、浙江省宁海县茶院乡许家山村、浙江省金华市婺城区汤溪镇寺平村、浙江省绍兴县稽东镇冢斜村、安徽省休宁县商山乡黄村、安徽省黟县碧阳镇关麓村、福建省长汀县三洲乡三洲村、福建省龙岩市新罗区适中镇中心村、福建省屏南县棠口乡漈头村、福建省连城县庙前镇芷溪村、福建省长乐市航城街道琴江村、福建省泰宁县新桥乡大源村、福建省福州市马尾区亭江镇闽安村、江西省吉安市吉州区兴桥镇钓源村、江西省金溪县双塘镇竹桥村、江西省龙南县关西镇关西村、江西省婺源县浙源乡虹关村、江西省浮梁县勒功乡沧溪村、山东省淄博市周村区王村镇李家疃村、湖北省赤壁市赵李桥镇羊楼洞村、湖北省宣恩县椒园镇庆阳坝村、湖南省双牌县理家坪乡坦田村、湖南省祁阳县潘市镇龙溪村、湖南省永兴县高亭乡板梁村、湖南省辰溪县上蒲溪瑶族乡五宝田村、广东省仁化县石塘镇石塘村、广东省梅县水车镇茶山村、广东省佛冈县龙山镇上岳古围村、广东省佛山市南海区西樵镇松塘村、广西壮族自治区南宁市江南区江西镇扬美村、海南省三亚市崖城镇保平村、海南省文昌市会文镇十八行村、海南省定安县龙湖镇高林村、四川省阆中市天宫乡天宫院村、贵州省三都县都江镇怎雷村、贵州省安顺市西秀区大西桥镇鲍屯村、贵州省雷山县郎德镇上郎德村、贵州省务川县火坪镇龙潭村、云南省祥云县云南驿镇云南驿村、青海省玉树县仲达乡电达村、新疆维吾尔自治区哈密市五堡乡博斯坦村、新疆维吾尔自治区特克斯县喀拉达拉乡琼库什台村。

第六批中国历史文化名村(107个,2014年3月10日公布):北京市房山区南窖乡水峪村、河北省沙河市柴关乡王硇村、河北省蔚县宋家庄镇上苏庄村、河北省井陉县天长镇小龙窝村、河北省磁县陶泉乡花驼村、河北省阳原县浮图讲乡开阳村、山西省襄汾县新城镇丁村、山西省沁水县嘉峰镇郭壁村、山西省高平市马村镇大周村、山西省泽州县晋庙铺镇拦车村、山西省泽州县南村镇冶底村、山西省平顺县阳高乡奥治村、山西省祁县贾令镇谷恋村、山西省高平市寺庄镇伯方村、山西省阳城县润城镇屯城村、吉林省图们市月晴镇白龙村、上海市松江区泗泾镇下塘村、上海市闵行区浦江镇革新村、江苏省苏州市吴中区东山镇杨湾村、江苏省苏州市吴中区金庭镇东村、江苏省常州市武进区郑陆镇焦溪村、江苏省苏州市吴中区东山镇三山村、江苏省高淳县漆桥镇漆桥村、江苏省南通市通州区二甲镇余西村、江苏省南京市江宁区湖熟街道杨柳村、浙江省苍南县桥墩镇碗窑村、浙江省浦江县白马镇嵩溪村、浙江省缙云县新建镇河阳村、浙江省江山市大陈乡大陈村、浙江省湖州市南浔区和孚镇荻港村、浙江省磐安县盘峰乡榉溪村、浙江省淳安县浪川乡芹川村、浙江省苍南县矾山镇福德湾村、浙江省龙泉市西街街道下樟村、浙江省开化县马金镇霞山村、浙江省遂昌县焦滩乡独山村、浙江省安吉县鄣吴镇鄣吴村、浙江省丽水市莲都区雅溪镇西溪村、浙江省宁海县深甽镇龙宫村、安徽省泾县榔桥镇黄田村、安徽省绩溪县瀛洲镇龙川村、安徽省歙县雄村乡雄村、安徽省天长市铜城镇龙岗村、安徽省黄山市徽州区呈坎镇灵山村、安徽省祁门县闪里镇坑口村、安徽省黟县宏村镇卢村、福建省龙岩市新罗区万安镇竹贯村、福建省长汀县南山镇中复村、福建省泉州市泉港区后龙镇土坑村、福建省龙海市东园镇埭尾村、福建省周宁县浦源镇浦源村、福建省福鼎市磻溪镇仙蒲村、福建省霞浦县溪南镇半月里村、福建省三明市三元区岩前镇忠山村、福建省将乐县万全乡良地村、福建省仙游县石苍乡济川村、福建省漳平市双洋镇东洋村、福建省平和县霞寨镇钟腾村、福建省明溪县夏阳乡御帘村、江西省婺源县思口镇思溪村、江西省宁都县田埠乡东龙村、江西省吉水县金滩镇桑园村、江西省金溪县琉璃乡东源曾家村、江西省安福县洲湖镇塘边村、江西省峡江县水边镇湖洲村、山东省招远市辛庄镇高家庄子村、湖北省利川市谋道镇鱼木村、湖北省麻城市歧亭镇杏花村、湖南省永顺县灵溪镇老司城村、湖南省通道侗族自治县双江镇芋头村、湖南省通道侗族自治县坪坦乡坪坦村、湖南省绥宁县黄桑坪苗族乡上堡村、湖南省绥宁县关峡苗族乡大园村、湖南省江永县兰溪瑶族乡兰溪村、湖南省龙山县苗儿滩镇捞车村、广东省广州市花都区炭步镇塱头村、广东省江门市蓬江区棠下镇良溪村、广东省台山市斗山镇浮石村、广东省遂溪县建新镇苏二村、广东省和平县林寨镇林寨村、广东省蕉岭县南礤镇石寨村、广东省陆丰市大安镇石寨村、广西壮族自治区阳朔县白沙镇旧县村、广西壮族自治区灵川县青狮潭镇江头村、广西壮族自治区富川瑶族自治县朝东镇福溪村、广西壮族自治区兴安县漠川乡榜上村、广西壮族自治区灌阳县文市镇月岭村、重庆市涪陵区青羊镇安镇村、四川省泸县兆雅镇新溪村、四川省泸州市纳溪区天仙镇乐道街村、贵州省江口县太平镇云舍村、贵州省从江县丙妹镇岜沙村、贵州省黎平县茅贡乡地扪村、贵州省榕江县栽麻乡大利村、云南省保山市隆阳区金鸡乡金鸡村、云南省弥渡县密祉乡文盛街村、云南省永平县博南镇曲硐村、云南省永胜县期纳镇清水村、西藏自治区吉隆县吉隆镇帮兴村、西藏自治区尼木县吞巴乡吞达村、西藏自治区工布江达县错高乡错高村、陕西省三原县新兴镇柏社村、甘肃省天水市麦积区麦积镇街亭村、甘肃省天水市麦积区新阳镇胡家大庄村、青海省班玛县灯塔乡班前村、青海省循化撒拉族自治县清水乡大庄村、青海省玉树县安冲乡拉则村。

十一、中国传统村落

中国传统村落,原名古村落,是指民国以前建村,2012年9月,经传统村落保护和发展专家委员会第一次会议决定,将习惯称谓"古村落"改为"传统村落",保留了较大的历史沿革,即建筑环境、建筑风貌、村落选址未有大的变动,具有独特民俗民风,虽经历久远年代,但至今仍为人们服务的村落,以突出其文明价值及传承的意义。传统村落中蕴藏着丰富的历史信息和文化景观,是中国农耕文明留下的最大遗产。

2012年4月,由国家住房和城乡建设部、文化部、国家文物局、财政部联合启动了中国传统村落的调查。通过各省政府相关部门组织专家的调研与审评工作初步完成,全国汇总的数字表明中国现存的具有传统性质的村落近12000个。2012年9月,由住房城乡建设部、文化部、国家文物局、财政部联合成立了由建筑学、民俗学、规划学、艺术学、遗产学、人类学等专家组成的专家委员会,评审《中国传统村落名录》。2012年12月6日,第一批中国传统村落名单公布,共有646个村落列入;2013年8月26日,第二批列入中国传统村落名录的村落名单出台,共有915个村落入选;第三批名单也于2014年11月25日公布,共有994个村落入选。中国传统村落名录的村落名单现已公布3批,总计2555个。

表3-3-6 各地区入选中国传统村落的数量

地区	第一批	第二批	第三批	合计	地区	第一批	第二批	第三批	合计
北京市	9	4	3	16	湖北省	28	15	46	89
天津市	1			1	湖南省	30	42	19	91
河北省	32	7	18	57	广东省	40	51	35	126
山西省	49	22	59	130	广西	39	30个	20	89
内蒙古	3	5	16	24	海南省	7		12	19
辽宁省		8		8	重庆市	14	2	47	63
吉林省		2	4	6	四川省	20	42	22	84
黑龙江省	2	1	2	5	贵州省	90	202	134	426
上海市	5			5	云南省	62	232	208	502
江苏省	3	13	10	26	西藏	5			5
浙江省	43	47	86	176	陕西省	5	8	17	30
安徽省	25	40	46	111	甘肃省	7	6	2	15
福建省	48	25	52	125	青海省	13	7	21	41
江西省	33	56	36	125	宁夏	4			4
山东省	10	6	21	37	新疆	4	3	8	15
河南省	16	46	37	99	合计	646	915	994	2555

十二、中国国家级文化生态保护区

中国国家级文化生态保护区是指以保护非物质文化遗产为核心,对历史积淀丰厚、存续状态良好、具有重要价值和鲜明特色的文化形态进行整体性保护,并经文化部批准设立的特定区域。

国家级文化生态保护区是根据《国家"十一五"时期文化发展规划纲要·民族文化保护》中提

出的"确定10个国家级民族民间文化生态保护区"这一目标而建设,经中华人民共和国文化部同意建立。由于目前仍处试验性阶段,因此各保护区暂定为"文化生态保护实验区",待日后条件成熟时正式命名为"文化生态保护区"。

截止2014年底,全国共有18个国家级文化生态保护区:

闽南文化生态保护实验区(福建省,2007年6月)

徽州文化生态保护实验区(安徽省、江西省,2008年1月)

热贡文化生态保护实验区(青海省,2008年8月)

羌族文化生态保护实验区(四川省、陕西省,2008年11月)

客家文化(梅州)生态保护实验区(广东省,2010年5月)

武陵山区(湘西)土家族苗族文化生态保护实验区(湖南省,2010年5月)

海洋渔文化(象山)生态保护实验区(浙江省,2010年6月)

晋中文化生态保护实验区(山西省,2010年6月)

潍水文化生态保护实验区(山东省,2010年11月)

迪庆文化生态保护实验区(云南省,2010年)

大理文化生态保护实验区(云南省,2011年1月17日)

陕北文化生态保护实验区(陕西省,2012年5月25日)

黔东南民族文化生态保护实验区(贵州省,2012年12月31日)

客家文化(赣南)生态文化保护实验区(江西省,2013年1月15日)

格萨尔文化(果洛)生态保护实验区(青海省,2014年7月29日)

喀什市文化生态保护实验区(新疆维吾尔自治区)

酉阳土家族苗族文化生态保护实验区(重庆市)

河池铜鼓文化生态保护区(广西壮族自治区)

十三、中国人类非物质文化遗产代表作

中国的人类非物质文化遗产代表作名录是联合国教育科学级文化组织《保护非物质文化遗产公约》缔约国中华人民共和国依据该公约在国际一级保护的非物质文化遗产相关名录。截止2013年,共有30项中国非物质文化遗产经联合国教科文组织政府间保护非物质文化遗产委员会公布列入《人类非物质文化遗产代表作名录》,该名录包含在《保护非物质文化遗产公约》生效前宣布为"人类口头和非物质遗产代表作"的遗产。

截止2013年,列入《人类非物质文化遗产代表作名录》的中国项目包括:昆曲(2001年5月)、古琴艺术(2003年11月)、新疆维吾尔木卡姆艺术(2005年11月)、蒙古族长调民歌(该项目与蒙古国共同申报2005年11月)、中国传统桑蚕织技艺(2009年10月)、南音(2009年10月)、南京云锦织造技艺(2009年10月)、宣纸传统制作技艺(2009年10月)、侗族大歌(2009年10月)、粤剧(2009年10月)、格萨(斯)尔(2009年10月)、龙泉青瓷传统炼制技艺(2009年10月)、热贡艺术(2009年10月)、藏戏(2009年10月)、玛纳斯(2009年10月)、花儿(2009年10月)、西安鼓乐(2009年10月)、中国朝鲜族农乐舞(2009年10月)、中国书法(2009年10月)、中国篆刻(2009年10月)、中国剪纸(2009年10月)、中国传统木结构营造技艺(2009年10月)、端午节(2009年10月)、妈祖信俗(2009年10月)、中国雕版印刷技艺(2009年10月)、呼麦(2009年10月)、中医针

灸(2010年11月)、京剧(2010年11月)、中国皮影(2011年11月)、中国珠算(2013年12月)。

中国急需保护的非物质文化遗产名录是联合国教育科学级文化组织《保护非物质文化遗产公约》缔约国中华人民共和国依据该公约在国际一级保护的非物质文化遗产相关名录。到2011年，中国共有7项非物质文化遗产经联合国教科文组织政府间保护非物质文化遗产委员会公布列入《急需保护的非物质文化遗产名录》：羌年庆祝习俗(2009年10月)、黎族传统纺染织绣技艺(2009年10月)、木拱桥传统营造技艺(2009年10月)、新疆维吾尔族麦西热甫(2010年11月)、中国木活字印刷技术(2010年11月)、中国水密隔舱福船制造技艺(2010年11月)、赫哲族伊玛堪说唱(2011年11月)。

十四、中国国家级非物质文化遗产

国家级非物质文化遗产名录是经国务院批准，由文化部确定并公布的非物质文化遗产名录。为使中国的非物质文化遗产保护工作规范化，国务院发布《关于加强文化遗产保护的通知》，并制定"国家 + 省 + 市 + 县"共4级保护体系，要求各地方和各有关部门贯彻"保护为主、抢救第一、合理利用、传承发展"的工作方针，切实做好非物质文化遗产的保护、管理和合理利用工作。

国务院先后批准分别于2006年、2008年、2011年和2014年命名了4批1517项国家级非物质文化遗产名录。

第一批国家级非物质文化遗产名录(共518项，2006年5月20日)：民间文学31项、民间音乐72项、民间舞蹈41项、传统戏剧92项、曲艺46项、杂技与竞技17项、民间美术51项、传统手工技艺89项、传统医药9项、民俗70项。

第二批国家级非物质文化遗产名录(共计510项，2008年6月14日)：民间文学53项、传统音乐(民间音乐)67项、传统舞蹈(民间舞蹈)55项、传统戏剧46项、曲艺50项、体育与杂技(杂技与竞技)38项、传统美术(民间美术)45项、传统技艺(传统手工技艺)97项、传统医药8项、民俗51项。

拓展项目(共147项)：民间文学5项、传统音乐(民间音乐)17项、传统舞蹈(民间舞蹈)13项、传统戏剧33项、曲艺15项、体育与杂技(杂技与竞技)4项、传统美术(民间美术)16项、传统技艺(传统手工技艺)24项、传统医药5项、民俗15项。

第三批国家级非物质文化遗产名录(共计191项，2011年6月10日)：民间文学41项、传统音乐16项、传统舞蹈15项、传统戏剧20项、曲艺18项、体育、游艺与杂技15项、传统美术13项、传统技艺26项、传统医药4项、民俗23项。

第四批国家级非物质文化遗产名录(共计298项，其中新入选151项、扩展项147项，2014年7月16日)：民间文学30项(涉及31个申报地区或单位)、传统音乐15项(涉及17个申报地区或单位)、传统舞蹈20项(涉及20个申报地区或单位)、传统戏剧4项(涉及4个申报地区或单位)、曲艺13项(涉及13个申报地区或单位)、传统体育游艺与杂技14项(涉及15个申报地区或单位)、传统美术12项(涉及14个申报地区或单位)、传统技艺28项(涉及29个申报地区或单位)、传统医药2项(涉及2个申报地区或单位)、民俗13项(涉及14个申报地区或单位)。

十五、中国的重要农业文化遗产

根据联合国粮食及农业组织(FAO)的定义，全球重要农业文化遗产是指"农村与其所处环境长期协同进化和动态适应下所形成的独特的土地利用系统和农业景观,这种系统与景观具有丰富的生物多样性,而且可以满足当地社会经济与文化发展的需要,有利于促进区域可持续发展。"

1. 中国的全球重要农业文化遗产

全球重要农业文化遗产是联合国粮农组织在全球环境基金支持下,联合有关国际组织和国家,于2002年发起的一个大型项目,旨在建立全球重要农业文化遗产及其有关的景观、生物多样性、知识和文化保护体系,并在世界范围内得到认可与保护,使之成为可持续管理的基础。该项目将努力促进地区和全球范围内对当地农民和少数民族关于自然和环境的传统知识和管理经验的更好认识,并运用这些知识和经验来应对当代发展所面临的挑战,特别是促进可持续农业的振兴和农村发展目标的实现。

2005年,粮农组织在6个国家选择了5个不同类型的传统农业系统作为首批保护试点,截至2013年1月被列为保护试点的共有19个,分布在11个国家。截止2014年4月29日,获得"全球重要农业文化遗产"称号的项目全世界仅31个,中国占11个,位居各国之首。

中国的全球重要农业文化遗产项目:

传统稻鱼共生农业系统(2005年,浙江青田县方山乡龙现村)

万年稻作文化系统(2010年,江西万年县)

哈尼稻作梯田系统(2010年,云南红河哈尼族彝族自治州)

从江侗乡稻鱼鸭系统(2011年,贵州从江县侗乡)

普洱古茶园与茶文化系统(2012年9月5日,云南普洱市)

敖汉旱作农业系统(2012年9月5日,内蒙古赤峰市敖汉旗)

绍兴会稽山古香榧群(2013年6月5日,浙江中部的会稽山脉)

宣化城市传统葡萄园(2013年6月5日,河北张家口市宣化古城)

佳县古枣园(2014年4月29日,陕西佳县朱家坬镇泥河沟村)

福州茉莉花种植与茶文化系统(2014年4月29日,福建福州市)

兴化垛田传统农业系统(2014年4月29日,江苏兴化市)

2. 中国重要农业文化遗产

农业部于2012年启动"中国重要农业文化遗产"评选工作,是世界上第一个开展国家级农业文化遗产评选与保护的国家。2013年5月和2014年6月,农业部公布了2批中国重要农业文化遗产,共39个。

第一批中国重要农业文化遗产(19个,2013年5月):内蒙古敖汉旱作农业系统、河北宣化城市传统葡萄园、辽宁鞍山南果梨栽培系统、辽宁宽甸柱参传统栽培系统、江苏兴化垛田传统农业系统、浙江青田稻鱼共生系统、浙江绍兴会稽山古香榧群、福建福州茉莉花种植与茶文化系统、福建尤溪联合梯田、江西万年稻作文化系统、湖南新化紫鹊界梯田、云南哈尼稻作梯田系统、云南普洱古茶园与茶文化、云南漾濞核桃作物复合系统、贵州从江侗乡稻鱼鸭系统、陕西佳县古枣园、甘肃皋兰什川古梨园、甘肃迭部扎尕那农林牧复合系统、新疆吐鲁番坎儿井农业系统。

第二批中国重要农业文化遗产(20个,2014年6月):天津滨海崔庄古冬枣园、河北宽城传统板栗栽培系统、河北涉县旱作梯田系统、内蒙古阿鲁科尔沁草原游牧系统、浙江杭州西湖龙井茶文化系统、浙江湖州桑基鱼塘系统、浙江庆元香菇文化系统、福建安溪铁观音茶文化系统、江西崇义客家梯田系统、山东夏津黄河故道古桑树群、湖北赤壁羊楼洞砖茶文化系统、湖南新晃侗藏红米种植系统、广东潮安凤凰单丛茶文化系统、广西龙胜龙脊梯田系统、四川江油辛夷花传统栽培体系、云南广南八宝稻作生态系统、云南剑川稻麦复种系统、甘肃岷县当归种植系统、宁夏灵武长枣种植系统、新疆哈密市哈密瓜栽培与贡瓜文化系统。

十六、全国工农业旅游示范点

2001年初国家旅游局正式倡导开展工农业旅游,2002年10月18日,国家旅游局发布关于发布《全国农业旅游示范点、工业旅游示范点检查标准(试行)》的通知,创建全国工农业旅游示范点的工作得到广泛开展。2004年7月1日,国家旅游局命名了首批全国农业旅游示范点203个、全国工业旅游示范点103个;2005年12月22日,命名了第二批(2005年度)全国农业旅游示范点156个、全国工业旅游示范点77个;2006年12月,命名了第三批(2006年度)全国农业旅游示范点215个、全国工业旅游示范点91个;2007年12月12日,命名了第四批(2007年度)全国农业旅游示范点179个、全国工业旅游示范点74个。

1. 首批全国工农业旅游示范点(2004年7月1日)

(1)首批全国农业旅游示范点(共203个)

北京市(7个):北京韩村河、北京蟹岛绿色生态度假村、北京南宫旅游区、北京锦绣大地农业股份有限公司、北京朝来农业园、北京留民营生态农场、北京小汤山现代农业科技示范园。

天津市(4个):津南国家农业科技园、蓟县下营镇常州村、塘沽区红星海上娱乐服务有限公司、西青区第六埠农业开发中心。

河北省(8个):平山巨龟苑旅游区、北戴河集发生态农业观光园、邢台内邱长寿百果庄园、邢台前南峪生态观光园、保定昌利农业旅游示范园、顺平县万顷桃源农庄民俗文化园、怀来容辰庄园、衡水邓庄农业科技示范园。

山西省(3个):昔阳大寨村生态农业园、忻州市前郝村生态农业园、汾阳市贾家庄生态农业园。

内蒙古自治区(7个):呼和浩特市蒙丰锦绣园、呼和浩特市敕勒川人家旅游度假村、鄂尔多斯市恩格贝生态旅游区、乌兰察布格根塔拉草原旅游中心、呼伦贝尔呼和诺尔旅游区、锡林郭勒蒙古汗城旅游区、临河隆胜乡星月集团农业高科技旅游区。

辽宁省(9个):沈阳市农业博览园、大连金科生态园、艺场大连石河现代农业园区、大连弘峰企业集团有限公司、本溪市虹鳟鱼良种场、本溪市绿色生态园、北宁闾山农业旅游区、凤城大梨树村生态农业观光旅游区、盘锦鑫安源绿色生态园。

吉林省(3个):吉林左家特产观光农业生态园、公主岭市国家农业科技园区、安图国营福满林场。

黑龙江省(9个):哈尔滨北方现代都市农业旅游示范园、黑龙江省农科院园艺分院、齐齐哈尔甘南县兴十四村、齐齐哈尔梅里斯达斡尔哈拉新村、齐齐哈尔铁农园艺园、宁安渤海农业旅游示范园、牡丹江黑宝熊乐园、牡丹江春城园艺科技旅游示范园、同江市街津口赫哲族渔猎文化旅游示范区。

上海市(3个):东平林场、崇明前卫村、孙桥现代。

江苏省(16个):南京江心洲镇、溧水傅家边科技园、昆山市生态农业旅游区、苏州未来农林大世界、江苏天一度假村、无锡太湖花卉园、江阴华西村、无锡龙寺农业生态园、宜兴观光农业科技示范园、连云港现代农业示范园、赣榆县宋口村、江都现代花木产业园、扬州凤凰岛生态旅游实业有限公司、常州横山桥镇、如皋花木大世界、徐州稼悦园。

浙江省(6个):浙江省农业高科技示范园区、浙江(中国)花木城、奉化市滕头村、舟山沈家门渔港、兰溪市兰花村、松阳卯山农业观光园。

安徽省(17个):黄山市屯溪区黄山植物大观园、歙县上丰花果山村落生态旅游区、黄山市徽州区蜀源生态旅游区、黄山市黄山区芙蓉观光农业开发实验区、休宁县农业高科技示范园、颍上县八里河风景区、阜阳市颍泉区生态园、颍上县迪沟生态旅游风景区、贵池农业科技示范园、安徽天方茶叶集团、东至县龙泉农业生态旅游区、安庆大龙山石塘湖农业旅游示范点、潜山县水吼农业观光园、太湖县花亭湖、淮南市毛集国家社会发展综合实验区、亳州市谯城区谯东镇药用植物园、和平县生态公园。

福建省(2个):天福茶博物院—石雕园、宁德市三都澳海上渔排。

江西省(5个):婺源生态农业旅游区、鹰潭龙虎山九曲洲农业观光园、崇义县横水镇阳岭七星湖农业旅游区、共青城农业旅游区、南丰罗里石蜜桔生态园。

山东省(25个):青岛崂山北宅生态旅游区、青岛石老人观光园、即墨蔬菜科技示范园、潍坊金宝游乐园、寿光高科技蔬菜示范园、寿光林海生态博览园、昌乐尧沟镇农业旅游示范园、龙口南山集团、烟台市农业科技博览园、长岛渔家乐、烟台昆嵛山国家森林公园、枣庄冠世石榴园、枣庄抱犊崮—熊耳山洪门葡萄村、枣庄山亭店子镇长红枣基地、临沂罗庄盛能农牧业旅游观光园、费县石林梨乡旅游区、日照王家皂民俗旅游村、日照桃花岛风情园、日照任家台民俗旅游村、莱芜房干村、章丘白云湖、肥城桃源世界农业生态旅游区、聊城姜堤乐园有限公司、聊城凤凰苑农业科技园、德州禹西生态农业观光园。

河南省(12个):河南省农业高新科技园、河南金鹭鸵鸟乐园、洛阳市南村、临颍县南街村、临颍县龙堂村、林州市太行大峡谷、鄢陵国家花木博览园区、新乡市北站区耿庄村、新乡小冀京华园、新乡七里营刘庄、新乡七里营龙泉村、鹤壁市三兴康乐村。

湖北省(6个):武汉谦森岛庄园、武汉农业生态园、洪湖蓝田农业生态旅游区、鄂州梁子湖生态旅游区、襄阳市锦绣园、宜昌中华鲟园。

湖南省(3个):益阳市花乡农家乐、永州市富家桥异蛇村、怀化市中方荆坪古文化村。

广东省(14个):广州花卉博览园、深圳西部海上田园旅游发展有限公司、深圳光明农场、珠海农业科学研究中心、汕头农业科技园、梅州雁南飞茶田度假村、梅州雁鸣湖旅游度假村、高要广新农业生态园、清远"广州后花园"、河源苏家围乡村旅游、顺德陈村花卉世界、三水侨鑫高科技农业发展有限公司、高明蔼雯教育农庄、新会现代农业基地。

广西壮族自治区(4个):广西现代农业科技示范园、阳朔世外桃源、柳州农工商农业观光旅游区、百色凌云茶场。

海南省(2个):兴隆热带植物园、海南农垦万嘉果农庄。

重庆市(6个):垫江牡丹生态旅游区、永州黄瓜山百里果乡、北碚金果园生态旅游区、璧山古老城生态农业园区、皇田现代农业观光园、潼南东升茶山农业观光园。

四川省(9个):郫县友爱镇农科村、成都市红砂村花乡农居、成都龙泉驿区兴龙镇万亩观光果园、都江堰市青城红阳猕猴桃绿茶基地、华蓥山黄花梨有限公司、夹江天福观光茶园、乐山市五通桥国家花木科技园、绵阳市老龙山生态农业旅游区、泸州市张坝桂圆林。

贵州省(3个):兴义下伍屯万峰林、黔东南州巴拉河流域农业旅游区、修文县谷堡乡。

云南省(6个):昆明市西山区团结乡、罗平县油菜花海、红河哈尼梯田箐口哈尼族民俗村、云南高原葡萄酒有限公司、蒙自县万亩石榴园、瑞丽市大等喊傣族自然村。

西藏自治区(1个):拉萨娘热民俗风情园。

陕西省(3个):西安经济技术开发区草滩生态产业园、杨凌农业高新技术产业示范区、陕西省苗木繁育中心。

甘肃省(3个):张掖市石岗墩高科技农业旅游点、永登县引大入秦水利灌溉工程农业示范区、临洮新美花卉高科技园区。

青海省(2个):循化县撒拉族绿色家园、互助县古城村。

宁夏回族自治区(2个):银川市金凤区昆仑农业高科技开发有限公司、中宁万亩枸杞观光园。

新疆维吾尔自治区(3个):吐鲁番葡萄沟、吐鲁番坎儿井民俗园、巴州芳香植物生态观光园。

(2)首批全国工业旅游示范点(共103个)

北京市(2个):首钢总公司、北京燕京啤酒集团公司。

天津市(1个):天津天士力集团。

河北省(5个):秦皇岛华夏葡萄酒有限公司、衡水老白干酿酒(集团)有限公司、承德华富玻璃器皿有限公司、唐山海格雷骨质瓷有限公司、河北华龙面业集团有限公司。

山西省(5个):太原东湖醋园、平朔煤炭工业公司、大同晋华宫煤矿、杏花村汾酒集团有限公司、运城盐湖(中国死海)养生城。

内蒙古自治区(2个):呼和浩特市蒙牛乳业(集团)工业旅游区、鄂尔多斯市神东煤海。

辽宁省(9个):沈飞航空博览园、大连珍奥生命园、大连路明发光科技股份有限公司、大连明清家具艺术品有限公司、鞍钢工业之旅、抚顺矿业集团西露天矿、辽宁五女山米兰酒业有限公司、丹东太平湾发电厂、辽宁道光廿五集团满族酿酒有限责任公司。

吉林省(8个):长春第一汽车集团、吉林丰满发电厂、吉林化纤集团、通化钢铁集团、通化东宝实业集团、通化振国药业、通化葡萄酒有限公司、靖宇矿泉城。

黑龙江省(4个):黑龙江华安工业(集团)公司、齐齐哈尔中国第一重型机械集团、大庆石油工业旅游中心、大庆华能新华电力有限公司。

上海市(1个):宝钢集团。

江苏省(4个):无锡中国海澜集团、常熟隆力奇集团、扬州第二发电有限公司、连云港港区。

浙江省(11个):安吉天荒坪电站、温州大虎打火机厂、浙江(永嘉)报喜鸟集团、浙江(永嘉)奥康集团、台州椒江飞跃集团、温岭钱江集团、淳安千岛湖农夫山泉生产基地、杭州娃哈哈集团下沙工业园、海盐秦山核电站、桐乡丰同裕蓝印布艺有限公司、浙江(宁波)吉利汽车有限公司。

安徽省(6个):芜湖市工艺美术厂、马鞍山钢铁厂、歙县老胡开文墨厂、安徽古井集团、东至县玩具工业城、安庆环新集团。

福建省(3个):福建马尾造船厂、上杭紫金矿业股份有限公司、惠安"中国雕艺城"。

江西省(1个):景德镇雕塑瓷厂明青园。

山东省(6个):青岛啤酒厂、青岛海尔工业园、青岛港、青岛华东葡萄酒庄园、烟台张裕集团、东阿阿胶集团。

河南省(10个):河南金星啤酒集团有限公司、郑州三全食品股份有限公司、郑州宇通客车股份有限公司、河南安彩集团、许继集团有限公司、河南瑞贝卡发制品股份有限公司、河南黄河旋风股份有限公司、中国洛阳一拖集团、中国南车集团洛阳机车厂、新乡新飞集团。

湖北省(1个)：长江三峡工程坝区。

湖南省(2个)：醴陵陶瓷基地、湘西州湘泉酒文化城。

广东省(6个)：广州抽水蓄能电站、阳江十八子集团、佛山佛陶集团石湾美术陶瓷厂、佛山东鹏陶瓷股份有限公司、河源新丰江水电站、佛山华夏陶瓷博览城。

广西壮族自治区(2个)：柳州钢铁厂、柳州卷烟厂。

重庆市(2个)：长安汽车工业园、太极集团涪陵医药工业园区。

四川省(3个)：泸州老窖集团公司、绵阳长虹电器股份有限公司、乐山龚嘴水力发电总厂。

贵州省(1个)：贵州醇酒厂。

云南省(2个)：弥勒县红河卷烟厂、罗平县鲁布革电站。

甘肃省(3个)：酒泉钢铁(集团)有限责任公司、刘家峡水电站、玉门油田。

宁夏回族自治区(1个)：西夏王葡萄酒业集团公司。

新疆维吾尔自治区(2个)：克拉玛依油田、奇台古城酒业。

2. 第二批全国工农业旅游示范点(2005年12月22日)

(1)第二批全国农业旅游示范点(共156个)

河北(7个)：涿州市润生生态园、安新县王家寨水乡民俗观光园、沙河市恒利庄园、邢台县九龙峡自然风光旅游区、临城县绿源农业生态观光园、遵化市沙石峪村、昌黎县葡萄沟。

山西(10个)：大同野生动植物游乐观光园、原平大营温泉生态旅游度假区、清徐县白石沟葡峰山庄、山西省农业科学院果树研究所农业观光采摘园、平顺县西沟村、泽州县东四义村、沁水县示范牧场、陵川县锡崖沟村、阳城县皇城村、曲沃县太子滩农业观光园。

内蒙古(7个)：阿拉善盟通湖草原旅游区、呼伦贝尔市莫尔道嘎国家森林公园、苏尼特右旗赛汉塔拉旅游娱乐园。

辽宁(24个)：大连盛莱农庄大连三兹和村、大连岔鞍村、大连大魏家镇后石村、大连石河镇东沟村、大连向应镇兰花基地、大连棒槌岛海参养殖基地、大连长青现代农业园、大连金石滩金贝广场、长海县大长山渔家海岛、长海县哈仙岛渔家海岛、庄河海王九岛、沈阳三山梅花鹿养殖基地、辽宁樱桃谷现代农业园区、法库县五龙山景区、鞍山网户屯村、鞍山八木井双龙山景区、抚顺县三块石佟庄子农家乐、本溪思山岭桃园度假村、锦州松山生态园、营口双台子温泉旅游度假区、西丰县冰砾山森林资源开发有限公司、北票桃园山庄生态旅游、盘山县东盛园艺基地、葫芦岛宏业集团现代农业园区。

上海(2个)：上海奉贤申隆生态园、上海崇明瀛东村。

江苏(27个)：高淳县迎湖桃源旅游度假中心、南京市横溪陶吴农业旅游度假区、南京市江浦帅旗农庄、常熟市支塘镇蒋巷村、苏州西山国家现代农业示范园区、吴江市绿乐生态科技园、无锡雪浪山生态景观园、常州市三勤农业生态园、常州市武进区夏溪镇、常州市武进区牟家村、金坛市奥金鳄鱼乐园、常州市春江镇新华村、句容市南山农庄、扬州兴科农业科技博览园、徐州(港上)银杏博览园、徐州泰山生态农业科技示范园、丰县果都大观园、盱眙县铁山寺国家森林公园、金湖县荷花荡景区、淮安市古黄河生态民俗园、大丰市斗龙庄园、射阳县洋马镇十里菊香景区、江苏永丰林农业生态园、连云港市门河万亩药用植物园、赣榆县谢湖有机茶果观光基地、姜堰市河横村、兴化市张郭镇。

浙江(7个):杭州梅家坞茶文化村、安吉县中南百草园、安吉县竹子博览园、华宝斋中国古代造纸印刷文化村、宁波天宫庄园、台州漩门湾农业观光园、台州金泉农庄、桐乡华章现代生态农业观光园。

山东(30个):青岛红岛西大洋休闲渔村、青岛崂山茶苑生态旅游区、烟台招虎山国家森林公园、烟台蓬莱兴瑞庄园、威海好当家集团、威海青龙旅游度假村、淄博马踏湖风景区、淄博玉黛湖生态乡村庄园、济宁市农业高新技术示范园、曲阜九仙山农业观光示范园、泗水县泗张镇、济宁宋家沟农业生态区、平邑县九间棚旅游区、莒南县马鬐山旅游风景区、费县沂蒙小调旅游区、郯城县新村万亩银杏园、德州乐陵枣林游览区、德州乐陵梁锥希森新村、德州世纪风农业科技园、菏泽曹州牡丹园、日照市乔家墩子村、日照竹洞天风景区、日照市肥家庄民俗旅游度假村、日照市靴石民俗旅游村、昌邑绿博园、潍坊杨家埠民间艺术大观园、枣庄岩马湖农业综合开发区、枣庄市孟庄万亩生态农业基地、枣庄龟山农业生态旅游区、济南绣川艾家村。

广西(7个):广西现代农业技术展示中心、田阳县布洛陀芒果风情园、灵山县大芦村民族风情旅游区、北流罗政村、融安县大洲村、三江县丹州村、恭城县红岩生态旅游新村。

重庆(3个):忠县"中国柑橘城"、永川秀芽茶叶观光基地、丰都佛建生态观光园。

四川(8个):攀枝花宇森酒堡、雅安农业高科技生态园区、南充嘉陵区凤垭山生态园区、洪雅县曲沿村生态家园、青神县中国竹编工艺城、广安市牌坊新村、宜宾市叙府龙芽科技园、眉山东坡区广济乡鸭池沟桃花山景区。

贵州(15个):黔西南州共青林场怡心园、丹寨县金钟农场、麻江县下司镇农业观光园、黄平县舞阳河景区、施秉县牛场中药材基地、江口县梵净山景区、福泉城厢镇"金谷福梨"观光园、贵定县盘江镇音寨村、遵义市新蒲镇农业观光园、遵义市董公寺镇生态农业园、贵阳市花溪生态农业示范园、贵阳市乌当情人谷—阿栗杨梅园、安顺黄果树石头寨、普定县讲义一号营村、平坝县天台山天龙屯堡。

甘肃(4个):天水农业高新技术示范园区、天水伟业生态观光园、古浪县马路滩沙漠生态观光旅游区、武威城东生态农业观光旅游区.

新疆(7个):阿勒泰市金山农业科技示范园、乌鲁木齐天牧现代农业园、新疆西域实业集团、昌吉六工镇、奎屯百年葡萄庄园(新疆生产建设兵团)、石河子农业科技园(新疆生产建设兵团)、石河子桃源农业生态旅游区(新疆生产建设兵团)。

(2)第二批全国工业旅游示范点名单(共77个)

北京(7个):中国航空集团旅业有限公司(北京航空旅游)、北京汇源饮料食品集团有限公司、北京珐琅厂有限责任公司、蒙牛乳业(北京)有限责任公司、北京顺鑫农业股份有限公司牛栏山酒厂、北京顺鑫鹏程食品分公司、北京顺鑫牵手果蔬饮品股份有限公司。

河北(5个):河北药都制药集团、中国长城葡萄酒有限公司、遵化栗源食品有限公司、蒙牛乳业(唐山)有限责任公司、秦皇岛朗格斯酒庄。

山西(3个):忻州万家寨黄河水利枢纽、太原中国煤炭博物馆、运城宇达青铜文化产业园。

内蒙古(5个):鄂尔多斯羊绒集团、内蒙古北方重工业集团、包头钢铁集团、赤峰紫濛山庄风电场旅游景区、河套酒业集团。

辽宁(7个):大连港、大连长兴酒庄酒文化博物馆、大连华丰集团、沈阳老龙口酒博物馆、沈阳妙味食品有限公司、沈阳可口可乐饮料有限公司、阜新十家子镇玛瑙城。

上海(2个)：卢湾区"8号桥"工业创意园区、上海大众汽车有限公司。

江苏(10个)：南京市云锦研究所、南京卷烟厂、南京金泊集团、波司登股份有限公司、苏州市第一丝厂有限公司、江苏梦兰集团、苏州刺绣研究所、捷安特(中国)有限公司、常州天目湖水电科普园、连云港市板浦汪恕有滴醋厂。

浙江(5个)：衢州黄坛口发电厂、温州正泰集团、温州红蜻蜓集团、台州吉利汽车工业有限公司、宁波卷烟厂。

山东(16个)：日照港、兖矿集团济宁三号煤矿、兖矿集团兴隆庄煤矿、山东时风集团、山东凤祥集团、德州扒鸡集团、烟台中粮长城葡萄酿酒有限公司、烟台南山集团、海信集团、青岛贝雕厂、青岛可口可乐饮料有限公司、青州卷烟厂、威海宏安集团、威海艺达集团、威海金猴集团、德州皇明中国太阳谷。

广西(1个)：广西燕京(桂林漓泉)啤酒股份有限公司。

重庆(7个)：万州诗仙太白酒厂。

四川(3个)：攀枝花钢铁公司、攀枝花二滩水电站、宜宾五粮液工业园区。

贵州(4个)：贵州乌江渡发电厂、贵州海尔电器厂、贵州省茅台酒厂、安顺华泰绿色食品工业园。

陕西(4个)：陕西渭河发电有限公司、榆林神府煤田、神府锦界工业园、西安开米股份有限公司。

新疆(4个)：新疆乡都酒业有限公司、盐湖制盐有限责任公司、中基红色产业工业园(新疆生产建设兵团)、新天国际葡萄酒业有限公司(新疆生产建设兵团)。

3. 第三批全国工业旅游示范点(2006年度，91个)

北京(4个)：北京现代汽车有限公司工业园、北京高碑店污水处理厂工业园、中电国华电力股份公司北京热电工业园、北京龙徽酿酒有限公司工业园。

天津(2个)：王朝葡萄酿酒有限公司工业园、海河乳业有限公司工业园。

河北(2个)：迁安贯头山酒业有限公司工业园、唐山蓝猫饮品集团有限公司工业园。

山西(3个)：亚宝药业凤陵渡工业园、大同太平家俬工业园、山西鲁能河曲热电工业园。

辽宁(5个)：辽阳覆窝水库、沈阳中顺汽车有限公司工业园、沈阳乳业有限责任公司工业园、锦州沟帮子尹家熏鸡总厂工业园、铁岭铁煤蒸汽机车博物馆。

吉林(2个)：板石矿业工业园、长春皓月集团工业园。

黑龙江(2个)：哈药集团三精制药股份有限公司工业园、齐齐哈尔第二机床厂工业园。

上海(4个)：上海地质博物馆、美特斯邦威集团工业园、上海烟草集团工业园、M50现代创业园区。

江苏(10个)：昆山富贵集团(明辉堂皮件)工业园、昆山三得利啤酒工业园、昆山通力电梯有限公司工业园、金东纸业工业园、江苏安惠生物科技旅游园、海尔曼斯工业园、扬州玉器工业园、扬州漆器工业园、宿迁洋河酒厂工业园、江苏田湾核电站。

浙江(6个)：新安江水电站、浙江五芳斋工业园、浙江浪莎袜业工业园、浙江梦娜针织袜业工业园、温州康奈集团工业园、宁波永淦古玩旅游区。

安徽(8个)：芜湖港、安徽丰原集团工业园、安徽沪焦中医药文化博览园、池州海螺有限公司工业园、泾县宣纸探秘文化园、泾县宣笔工艺厂工业园、屯溪老胡开文墨厂工业园、奇瑞汽车有限公司工业园。

福建(5个):厦门银鹭高科技园、石狮服装城、泉州豪翔石业有限公司工业园、福建水口电站、福建雪津啤酒有限公司工业园。

山东(8个):淄博中国陶瓷馆、威海清华紫光科技园区、威海云龙家纺工业园、蒙牛乳业泰安工业园、泰山抽水蓄能电站、国电山东石横发电厂工业园、禹城高新区工业旅游园区、平邑归来庄金矿地质公园。

河南(4个):新郑奥星实业有限公司工业园、许昌卷烟总厂工业园、神马集团有限责任公司工业园、平高集团有限责任公司工业园。

湖北(3个):宜昌葛洲坝船闸工业旅游区、鹤峰八峰药化工业园、黄石国家矿山公园大冶铁矿主园区。

湖南(2个):湘西老爹农业科技开发公司工业园、怀化沅陵凤滩水力发电厂工业园。

广东(5个):中山伊泰莲娜DIY地带工业旅游区、广州羊城晚报报业集团印务中心、国华粤电台山发电有限公司工业园、潮州市中国瓷都陈列馆、中山咀香园工业旅游区。

广西(3个):南宁横县西津发电厂工业园、玉柴机器集团有限公司工业园、燕京啤酒(玉林)有限公司工业园。

重庆(1个):"周君记"火锅食品工业园。

贵州(2个):遵义百花药厂工业园、水城钢铁集团公司旅游园区。

云南(3个):玉溪市红塔区红塔烟草工业园、迪庆州香格里拉县香格里拉藏药文化城、云南澜沧江啤酒企业集团工业园。

陕西(4个):安康水电站、西安银桥生物科技有限责任公司工业园、西安中萃可口可乐饮料有限公司工业园、渭南陕西富平陶艺村有限责任公司工业园。

新疆(3个):八一钢铁股份有限公司工业园、麦趣尔乳业有限公司工业园、八师石河子市经济开发区工业旅游区(新疆生产建设兵团)。

4. 第四批全国工业旅游示范点(2007年度,74个)

北京(1个):首云铁矿。

天津(3个):天狮集团有限公司工业旅游区、天津港集团有限公司工业旅游区、金威啤酒(天津)有限公司工业旅游区。

河北(2个):唐山蒙牛乳业(滦南)有限责任公司工业旅游区、迁安市弘业地毯集团有限公司工业旅游区。

山西(3个):长治潞宝集团、山西宏特煤化工有限公司工业旅游区、晋城丹朱岭煤矿安全培训基地。

内蒙古(2个):伊利集团、力王工艺美术有限公司工业旅游区。

吉林(3个):桦甸市白山发电厂工业旅游区、海沟金矿、敦化敖东集团。

黑龙江(1个):大庆油田历史陈列馆。

上海(8个):漕河泾新兴技术开发区、老场坊、上海车墩影视基地、神仙酒城、上海益力多乳品有限公司工业旅游区、上海乳品八厂工业旅游区、上海高博特生物保健品有限公司工业旅游区、空间188创意产业园。

江苏(5个):江苏高淳陶瓷股份有限公司工业旅游区、吴江华佳丝绸有限公司工业旅游区、苏州物流中心有限公司工业旅游区、中国南通家纺城、江苏今世缘酒业有限公司工业旅游区。

浙江(3个)：嘉兴丝绸园、丽水龙泉宝剑厂工业旅游区、宁波金田铜业。

安徽(10个)：黄山徽州竹艺轩雕刻工艺厂工业旅游区、黄山市雕世家暨王祖伟雕艺术中心、黄山佳龙土特产有限公司工业旅游区、蒙牛乳业(马鞍山)有限公司工业旅游区、安徽迎驾集团工业旅游、寿县八公山豆制品厂工业旅游区、桐城市安徽鸿润(集团)股份有限公司工业、宣城志文工艺品有限公司工业旅游区、安徽宏祥织有限公司工业旅游区、安徽亳州兴邦工业园。

江西(3个)：景德镇国际陶瓷交流中心、宜春靖安县金罗湾度假村、鹰潭江西铜业公司工业旅游区。

山东(9个)：青岛保税区、淄博周村烧饼有限公司工业旅游区、山东航天科技展馆、鲁花集团工业旅游区、新冷大集团工业旅游区、新郎欧美尔家居产业园、山东健人食品科技公司工业园、威海啤酒集团工业园、山东古贝春有限公司工业园。

河南(5个)：南阳宛西制药厂工业旅游区、信阳羚锐制药股份有限公司工业旅游区、西平县溪剑业有限公司工业旅游区、焦作蒙牛乳业集团公司工业旅游区、郑州卷烟总厂工业旅游区。

湖南(1个)：郴州市永兴县鑫达银业。

广西(2个)：广西丹泉酒业有限公司工业园、钦州坭兴陶艺有限公司坭兴陶艺术馆。

海南(1个)：海南亚洲太平洋酿酒有限公司工业旅游。

四川(2个)：成都高新区金威啤酒厂工业旅游区、遂宁美宁生态食品科技园。

陕西(3个)：西安金威啤酒有限公司工业旅游区、陕西西凤酒股份有限公司工业旅游区、商洛刘湾产业项目区。

新疆(7个)：伊利地区肖尔布拉克酒业、伊犁地区山银哈达鹿业、阿勒泰地区阿舍勒铜业、巴州红帆生物科技有限公司工业旅游区、昌吉玛纳斯农业基地、和田古老艾德莱斯绸厂工业旅游区、和田地毯厂工业旅游区。

十七、全国休闲农业与乡村旅游示范县、示范点

为加快休闲农业和乡村旅游发展，推进农业功能拓展、农业结构调整、社会主义新农村建设和促进农民增收，农业部、国家旅游局决定开展全国休闲农业和乡村旅游示范县和全国休闲农业示范点创建活动。此项活动从2010年起，利用3年时间，培育100个全国休闲农业与乡村旅游示范县和300个全国休闲农业示范点。通过开展示范创建活动，进一步探索休闲农业与乡村旅游发展规律，理清发展思路，明确发展目标，创新体制机制，完善标准体系，优化发展环境，加快培育一批生态环境优、产业优势大、发展势头好、示范带动能力强的全国休闲农业与乡村旅游示范县和一批发展产业化、经营特色化、管理规范化、产品品牌化、服务标准化的休闲农业示范点，引领全国休闲农业与乡村旅游持续健康发展。

1.2010年全国休闲农业与乡村旅游示范县、示范点

(1)全国休闲农业与乡村旅游示范县名单(32个)

北京市怀柔区、天津市蓟县、河北省迁安市、山西省清徐县、内蒙古自治区扎兰屯市、辽宁省清原满族自治县、黑龙江省宁安市、上海市崇明县、江苏省句容市、浙江省安吉县、浙江省嘉善县、安徽省黟县、福建省南靖县、江西省婺源县、江西省新余市渝水区、山东省荣成市、河南省郑州市惠济区、河南省栾川县、湖北省恩施市、湖南省隆回县、广东省从化市、广西壮族自治区阳朔县、重庆市

九龙坡区、四川省郫县、四川省蒲江县、贵州省桐梓县、云南省腾冲县、甘肃省天水市麦积区、宁夏回族自治区银川市西夏区、新疆维吾尔自治区昌吉市、大连市金州新区、宁波市奉化市。

(2)全国休闲农业与乡村旅游示范点名单(108个)

北京市(4家):北京御林汤泉农庄、北京张裕爱斐堡国际酒庄、北京交道富恒休闲农庄、北京华坤庄园。

天津市(3家):天津市东淀都市型现代农业核心区有限公司、天津诺恩渔业生态园、天津市松江乡村俱乐部。

河北省(3家):秦皇岛市北戴河集发农业综合开发股份有限公司、渔夫水寨休闲农业观光园、河北省滦平县周台子现代农业休闲园区。

山西省(3家):昔阳县大寨村、山西省文水县苍儿会休闲农业园区、山西世泰湖休闲农业旅游开发中心。

内蒙古自治区(3家):内蒙古天福祥生态农业旅游区、内蒙古汉森酒业集团有限公司观光农业示范园、内蒙古香岛生态农业产业园。

辽宁省(4家):阜新桃李园民族文化村有限公司、葫芦岛葫芦山庄有限责任公司、凤城市大梨树生态农业观光旅游区、大连市长海县大长山岛镇杨家村。

吉林省(3家):吉林市神农庄园有限公司、关东文化园、长春净月经济技术开发区玉潭镇。

黑龙江省(3家):宁安市渤海上京旅游有限公司、甘南县兴十四村、漠河县北极乡。

上海市(4家):上海市奉贤区金色田园、上海马陆葡萄艺术村、上海五库农业休闲观光园、上海市宝山区罗店镇。

江苏省(4家):江苏天目湖生态农业有限公司、苏州太湖胥王山休闲农业园、海门市海永乡现代农业产业园区、南京傅家边现代农业园。

浙江省(6家):浙江省农业高科技示范园区、中南百草园集团有限公司、湖州吴兴移沿山生态农庄、杭州同家乡村乐园、宁波大桥生态农庄、宁波天宫庄园休闲旅游区。

安徽省(3家):安徽恩龙林业集团有限公司、肥西老母鸡农牧科技有限公司、大浦乡村世界。

福建省(6家):龙佳生态温泉山庄、五龙农家乐、棋磐寨、永福高山农业旅游区、厦门市小嶝休闲渔村、厦门五峰土楼生态庄园开发有限公司。

江西省(3家):江西省现代生态农业示范园、江西国鸿旅游管理有限公司、上饶市田园牧歌农产品专业合作社。

山东省(5家):昌邑市绿博园、沂南县竹泉村旅游度假区、烟台市农博园、阳信县金阳街道办事处、青岛市大泽山葡萄观光园、青岛市枯桃花卉实业有限公司。

河南省(3家):中国银杏嘉年华、河南省龙泉集团农业开发有限公司、宁陵县刘花桥村。

湖北省(3家):湖北省现代农业展示中心、湖北省钟祥市石牌镇彭墩村、武汉佳海—农耕年华农业风情园。

湖南省(4家):长沙千龙湖生态旅游度假村、沅江德群庄园、湖南锦龙生态农庄、长沙浩博农庄。

广东省(4家):广东陈村花卉世界休闲农业园、梅县雁南飞茶田景区、饶平绿岛旅游山庄有限公司、清远根本农业科技扶贫有限公司。

广西壮族自治区(4家):北海田野生态农业旅游区、上思县十万大山金花茶观赏园、柳州农工商有限责任公司观光农业旅游区、广西乐业县草山王茶业有限公司。

重庆市(4家)：重庆市永川区黄瓜山统筹城乡发展示范区、农龙蔬菜科普休闲观光园、万州古红橘主题公园、大木花谷。

四川省(4家)：都江堰市虹口乡高原村、华蓥山黄花梨度假村、四川省常乐酒业有限公司、绵阳市游仙区老龙山生态农业旅游区。

贵州省(2家)：凤冈县中国西部茶海之心景区、湄潭县桃花江田园休闲度假区。

云南省(3家)：云南省昆明市福保村、宣威市万松居民族园、丽江玉水寨风景区。

甘肃省(2家)：庆阳市西峰区黄土地生态农业专业合作社、敦煌市阳关镇龙勒村。

青海省(3家)：大通县桥头镇向阳堡特色果品种植观光休闲基地、乐都县洪水坪生态农业旅游观光园、西宁乡趣农耕文化生态园。

宁夏回族自治区(2家)：宁夏万义生态园、宁夏银川鸣翠湖国家湿地公园。

新疆维吾尔自治区(2家)：新疆华联建设投资集团有限公司板房沟现代农业科技示范园、吐鲁番皇家瓜园生态农业休闲观光园。

新疆生产建设兵团(2家)：石河子西部新丝路旅游开发有限公司桃源农业生态旅游区、新疆新天冰湖农业科技示范园区。

2.2011年全国休闲农业与乡村旅游示范县、示范点

(1)全国休闲农业与乡村旅游示范县名单(38个,2011年12月15日)

河北省涉县、河北省围场县、山西省长治市郊区、内蒙古自治区额尔古纳市、辽宁省宽甸满族自治县、吉林省集安市、吉林省珲春市、黑龙江省铁力市、黑龙江省宾县、江苏省南京市江宁区、江苏省如皋市、浙江省桐庐县、浙江省遂昌县、安徽省绩溪县、安徽省宁国市、福建省闽侯县、福建省漳平市、江西省井冈山市、山东省沂源县、烟台市牟平区、河南省鄢陵县、河南省新县、湖北省洪湖市、湖南省张家界市永定区、湖南省岳阳市君山区、广西壮族自治区恭城县、海南省保亭县、重庆市大足县、四川省成都市温江区、四川省汶川县、云南省曲靖市罗平县、陕西省西安市长安区、陕西省凤县、甘肃省敦煌市、青海省贵德县、宁夏回族自治区银川市贺兰县、新疆维吾尔自治区乌鲁木齐县、青岛市平度市。

(2)全国休闲农业与乡村旅游示范点名单(100个,2011年12月15日)

北京市(4家)：北京金福艺农番茄联合国、北京市延庆县井庄镇柳沟村、北京鹅和鸭农庄、北京市密云蔡家洼休闲农业集聚区。

天津市(4家)：蓟县穿芳峪镇毛家峪村、北辰区双街镇龙顺庄园、西青区杨柳青镇杨柳青庄园、蓟县下营镇常州村。

河北省(2家)：邢台临城蓝天生态观光园有限责任公司、邯郸永年县文兰种养有限公司。

山西省(2家)：临汾市尧都区卧虎山特色农业文化旅游区、晋城市城区仕帝生态农业观光园。

内蒙古自治区(2家)：鄂尔多斯市东胜区九成宫旅游景区、鄂伦春民族乡鹿鸣山庄。

辽宁省(5家)：盘锦鼎翔农工建(集团)有限公司、辽阳新特现代农业园区、沈阳农乐现代农业开发有限责任公司(乐农庄园)、大连市普湾新区东沟农业旅游风景区、大连市庄河市冰峪酒庄生态园有限公司。

吉林省(2家)：吉林圣德泉亲水度假花园悠闲公司、吉林省扶余县官地泡生态园。

黑龙江省(3家)：北大荒现代农业园、兰西黄崖子关东民俗旅游文化村。

上海市(4家):上海前卫生态村休闲农业旅游聚集区、上海淀山湖金龟岛渔村、上海联怡枇杷生态园、上海崇明明珠湖景区。

江苏省(4家):南通市海安县中洋河豚庄园、张家港市永联村、南京市高淳县银林生态园、泰州市江苏现代农业综合开发示范区。

浙江省(5家):嘉兴碧云花园有限公司、台州市三特渔村休闲观光农业园区、温州市瓯海白云山农业观光园区、宁波市腾头村、宁海县欢乐佳田农场。

安徽省(3家):合肥市包河区大圩镇、蚌埠市禾泉农庄、凤阳县藤茶山庄。

福建省(5家):南安市香草世界度假村、南靖县云水谣、宁德市上金贝畲家寨、厦门市同安区丽田园农家乐专业合作社、厦门市海沧区青龙寨果园观光有限公司。

江西省(2家):江西得雨生生态园、江西新光山水开发有限公司。

山东省(5家):山东冠县梨园生态旅游有限公司、山东莱芜吕祖泉旅游区、德州馨秋种苗科技有限公司、青岛市崂山区王哥庄街道晓望社区、青岛藏马山乡村旅游休闲度假地。

河南省(3家):固始华阳湖生态旅游产业开发有限公司、郑州丰乐农庄有限公司、河南中昊生态农业有限公司。

湖北省(3家):武当道茶文化旅游山庄、湖北省枝江市安福寺镇安福桃缘景区、京山丁家冲村休闲农业观光园。

湖南省(4家):长沙市滴翠山庄、郴州市桂阳县奇秀山庄、岳阳市君山区虹宇生态农庄、常德市安乡县土生源避暑山庄。

广东省(2家):广东长鹿环保度假农庄、珠海市一棵树休闲农庄.

广西壮族自治区(3家):广西北流绿满地提子观光园、三江侗族自治县丹州村休闲农业旅游区、南宁乡村大世界、梧州市藤县石表山休闲旅游景区。

海南省(4家):三亚小鱼温泉、兴隆热带植物园、甘什岭槟榔谷原生态黎苗文化旅游区、文昌文亭休闲生态农业有限公司(龙泉乡园)。

重庆市(3家):江津区四面山镇四面村、长寿区"福村"香耕村文化体验园、綦江县永新镇梨花山。

四川省(4家):成都双流县元聪万亩生态休闲农业田园区、西贡市自流井区飞龙峡景区、泸州市纳溪区天仙硐景区、绵阳市北川县维斯特农业科技集团有限公司。

贵州省(4家):贵阳市开阳县十里画廊乡村旅游区、遵义市务川自治县龙潭仡佬丹砂古寨旅游景区、遵义市湄潭县四品君旅游有限公司—茶海生态园。

云南省(3家):丽江拉市海美乐旅游度假有限公司、西双版纳傣族园有限公司、宣威市虹桥生态旅游开发有限公司。

陕西省(4家):汉中市城固县桔园镇刘家营村、榆林市神木县陕北民俗文化大观园、铜川丰润农业综合开发有限公司阳光绿都休闲山庄、渭南市临渭区渭北葡萄产业园。

甘肃省(2家):甘肃省临夏州观滩沟生态旅游经济开发有限公司、酒泉市肃州区生态农业观光园。

青海省(2家):湟源县西石峡乡村生态旅游园、湟中县万聚源生态园。

宁夏回族自治区(3家):银川市金凤区盈南生态园、宁夏贺兰县宁夏园艺产业园、宁夏盐池县哈巴湖旅游开发有限公司。

新疆维吾尔自治区(4家):阜康市瑶池休闲农业园、库尔勒市普惠休闲农业园、岳普湖县达瓦昆沙漠休闲风景区、昌吉市杜氏休闲农业庄园。

新疆生产建设兵团(1家):农五师怪石峪风景区。

3. 2012年全国休闲农业与乡村旅游示范县、示范点

(1)全国休闲农业与乡村旅游示范县名单(41个,2012年12月4日)

北京市密云县、天津市西青区、河北省迁西县、山西省运城市盐湖区、内蒙古自治区赤峰市喀喇沁旗、辽宁省桓仁满族自治县、吉林省临江市、吉林省敦化市、黑龙江省友谊县、上海市金山区、江苏省高淳县、徐州市铜山区、浙江省仙居县、浙江省长兴县、安徽省石台县、安徽省岳西县、福建省上杭县、江西省安义县、山东省东平县、山东省沂水县、河南省嵩县、湖北省武汉市黄陂区、湖北省罗田县、湖南省长沙市望城区、湖南省通道县、湖南省桃江县、广东省和平县、广西壮族自治区灌阳县、广西壮族自治区巴马瑶族自治县、重庆市南川区、四川省长宁县、四川绵竹市、贵州省丹寨县、云南省大理市、西藏自治区拉萨市城关区、陕西省宝鸡市休闲农业示范区、甘肃省金塔县、青海省大通县、宁夏回族自治区银川市永宁县、新疆维吾尔自治区伊宁县、宁波市余姚市。

(2)全国休闲农业与乡村旅游示范点名单(100个,2012年12月4日)

北京市(3个):朝阳区蟹岛绿色生态农庄、房山区霞云岭乡四马台村、怀柔区杨宋鹿世界主题园。

天津市(3个):滨海新区大港管委会太平镇崔庄村、武清区下朱庄街君利现代农业示范园、滨海新区双沽管委会陆强农家院庄园。

河北省(4个):张北生态人农业科技园区、迁安市白羊峪休闲农业与乡村旅游区、唐县秀水峪旅游开发有限公司农业观光园、保定昌利农业旅游示范园。

山西省(3个):晋城市阳城县皇城生态农业区、太原市小店区华辰农耕园、吕梁市柳林县昌盛农场。

内蒙古自治区(3个):赤峰市弘坤蒙野酒业有限责任公司休闲庄园、乌海金沙湾生态旅游有限责任公司观光园、包头市青鸟养生庄园。

辽宁省(4个):丹东市宽甸县长甸镇河口村、沈阳市沈北新区紫烟薰衣草庄园、绥中县洪家村滨海渔家乐旅游度假区、庄河市台湾风情天一休闲庄园。

吉林省(3个):吉林市圣鑫庄园休闲旅游农业度假观光园区、和龙市金达莱朝鲜族民俗村、大安市嫩江旅游度假村。

黑龙江省(3个):北大荒闫家岗国际温泉旅游度假区、佳木斯市敖其赫哲新村、大庆市杜尔伯特县银沙湾景区。

上海市(3个):上海沥江农家园、上海东方假日田园、上海奉贤新农园。

江苏省(4个):宜兴市兴望农业休闲文化园、盐城市丰收大地生态园、常州金坛市久红农业生态观光园、句容市九龙山庄。

浙江省(4个):杭州明朗休闲农庄、龙泉金观音白天鹅观光农业园区、湖州荻港渔庄休闲观光农业示范园、浙江在水一方农业开发有限公司观光园.

安徽省(3个):阜阳生态乐园、桐城市嬉子湖生态旅游有限公司观光园、利辛县印象江南生态农业风景区。

福建省(4个):沙县马岩生态休闲山庄、城厢区九龙谷生态风情园、福州春伦茶业生态观光

园、厦门市集美区仙灵旗休闲农庄。

江西省(3个)：赣州市五龙客家风情园、新余市鑫海休闲农庄、萍乡市毛家湾文化村。

山东省(4个)：山东济宁南阳湖农场、宁阳县葛石镇、莒南县涝坡镇休闲农业集中区、青岛市山色(shui，左山右色，字库无此字)峪樱桃专业合作社。

河南省(4个)：永城市芒砀山休闲旅游景区、信阳黄淮大丰收生态农业旅游观光园、驻马店友利实业有限公司休闲农业观光园、济源市思礼镇休闲农业旅游观光园。

湖北省(2个)：神农架木鱼镇青天袍民俗山庄、通山县九宫山生态农业观光园。

湖南省(3个)：湘乡市茅浒水乡度假村、邵阳市隆回县九龙生态休闲农庄、株洲市云龙区云田村。

广东省(3个)：汕头市澄海区莲花乡乡村旅游区、广东省热龙温泉度假村、广东永乐绿色生态农庄。

广西壮族自治区(3个)：广西现代农业技术展示中心、广西桂林茶叶科学研究所茶叶科技园、宜州市刘三姐乡流河社区马山塘屯。

海南省(3个)：三亚南天生态大观园、三亚兰花世界、保亭呀诺达。

重庆市(4个)：巴南区云篆山生态观光农业园、潼南县旺龙湖高效农业大观苑、万盛经开区重庆黑山八角小城、江津区石门生态农业观光园。

四川省(4个)：阿坝州汶川大禹生态农业循环经济示范园、泸州市华阳现代农业休闲观光园、自贡市贡井区建设镇固胜村、达州市开江县眷虹居农业开发有限公司观光园。

贵州省(4个)：黔西南州兴义市万峰林泉汇休闲农业观光园、遵义市凤冈县益池园大鲵乡村旅游示范点、六盘水市水城县百车河现代高效农业生态园、白云蓬莱仙界贵州现代农业展示区。

云南省(4个)：云南太阳魂酒业有限公司休闲庄园、昆明锦庄农业科技有限公司、宾川高原有机农业开发有限公司观光园、腾冲县高黎贡山生态茶业有限责任公司观光园。

西藏自治区(2个)：林芝地区工布江达县错高乡结布村、拉萨市堆龙德庆县东嘎镇桑木村。

陕西省(4个)：杨凌秦岭山现代农业股份有限公司示范园、西安市曲江农业博览园、西安市阳光雨露现代农业旅游观光示范园、三原县金源山庄。

甘肃省(2个)：临洮县八里镇王家大庄农家乐、庆阳市庆城县农耕文化产业园。

青海省(2个)：湟中县安福设施农业休闲观光园、桃盛源休闲度假园。

宁夏回族自治区(3个)：银川市西夏区红柳湾山庄、吴忠市利通区扁担沟林枫生态园。

新疆维吾尔自治区(3个)：阿瓦提县刀郎部落、博湖县西海渔村休闲农业园、克拉玛依市荒漠绿洲生态园。

4.2013年全国休闲农业与乡村旅游示范县、示范点

(1)全国休闲农业与乡村旅游示范县名单(38个，2013年12月16日)

北京市延庆县、河北省滦平县、山西省榆次区、内蒙古自治区乌审旗、辽宁省辽中县、吉林省抚松县、吉林省丰满区、黑龙江省虎林县、上海市奉贤区、江苏省盱眙县、江苏省兴化市、浙江省上虞市、浙江省江山市、安徽省颍上县、福建省长泰县、福建省顺昌县、江西省靖安县、江西省石城县、山东省沂南县、山东省岱岳区、河南省确山县、湖北省谷城县、湖南省桂阳县、广东省新兴县、广西壮族自治区灵川县、重庆市黔江区、四川省苍溪县、四川省平昌县、贵州省雷山县、贵州省兴义市、云南省玉龙县、云南省弥勒市、陕西省平利县、甘肃省永靖县、青海省湟中县、宁夏回族自治区吴忠市

利通区、新疆维吾尔自治区博湖县、新疆生产建设兵团五家渠市。

(2)全国休闲农业与乡村旅游示范点名单(83个,2013年12月16日)

北京市(2个):怀柔区白河湾沟域经济产业带、门头沟区妙峰山镇涧沟村。

天津市(3个):蓟县下营镇郭家沟村、武清区梅厂镇现代农业示范园、静海县绿源生态园。

河北省(3个):廊坊市绿野仙庄、张家口市张北佳圣现代农业科技园、承德尚亚葡萄产业示范园。

山西省(2个):曲沃县磨盘岭农业观光园、晋城市现代都市农业示范园。

内蒙古自治区(2个):包头市圣鹿源旅游示范点、鄂尔多斯市水镜湖休闲度假区。

辽宁省(3个):清原县百合谷庄园、丹东东港市北井子镇獐岛村、大连市金州新区向应生态休闲农业旅游区。

吉林省(2个):通化东来人参产业及乡村旅游观光园、东辽县万平生态农业观光园。

黑龙江省(2个):哈尔滨市南岗区红旗农场都市农业园、哈尔滨市阿城区金龙山度假山庄。

上海市(2个):上海市闵行区陶家湾休闲农庄、上海市金山区金山嘴渔村。

江苏省(3个):宜兴市篱笆园农家乐、南京市浦口区雨发生态园、大丰市大中镇恒北村。

浙江省(4个):建德市红群高科技草莓园、湖州市德清县浩雄生态园、金华市金东区锦林佛手生态农业观光园、宁波市北仑现代农业园区。

安徽省(3个):霍邱县田园度假村、宁国市千秋畲族休闲园区、南陵县丫山花海观光园。

福建省(3个):福清市天生农庄、三明市三元区月亮湾山庄、厦门集志农庄。

江西省(3个):莲花县琴亭镇莲花村、进贤县前坊镇西湖李家村、吉安县横江镇公塘古村葡萄观光园。

山东省(4个):滨州市芳绿食用菌高效生态休闲农业点、乐陵市千年枣林公园、枣庄市山亭区汉诺庄园、青岛宫家巨峰葡萄生态观光园。

河南省(3个):巩义市汇鑫芳香世界、固始县九华山茶叶生态农业观光园、濮阳县绿园果品种植农场。

湖北省(3个):保康县马桥镇尧治河村、咸丰县黄金洞乡麻柳溪羌寨、武汉市蔡甸区金龙水寨十里荷花长廊景区。

湖南省(3个):郴州市小埠生态农业产业园、宁乡县金太阳现代休闲农庄、岳阳市君山区乡村之恋休闲农庄。

广东省(3个):东莞市东坑农业园、博罗县罗浮山风景区澜石村、深圳市南山区西丽果场。

广西壮族自治区(3个):武宣县东乡镇河马村下莲屯、南丹县湖瑶族乡王尚屯、东兴市东兴镇竹山村。

重庆市(3个):北碚花漾栖谷休闲农业体验园、秀山县花灯寨、渝北玉峰山百果红风情生态沟。

四川省(3个):资阳市雁江区明苑湖休闲农庄、武胜县白坪飞龙休闲农业与乡村旅游产业园、泸县龙桥文化生态园。

贵州省(3个):金沙县台金休闲观光农业科技园、铜仁市云林仙境桃花谷休闲农业观光园、安顺市西秀区西秀双堡休闲农业观光园。

云南省(3个):峨山县高香万亩生态茶园、腾冲县固东镇江东村、宾川县爽馨石榴农业生态旅游休闲园。

西藏自治区(2个):林芝县鲁朗镇扎西岗村、工布江达县工布江达镇阿沛村。

陕西省(3个):华阴县农垦英考现代农业观光园、眉县西部兰花生态园、富平县陶艺村。

甘肃省(3个):白银市白银区四龙镇民乐村、秦安县南苑高新农业科技示范区、西峰区小腔峒庆阳农耕民俗文化村。

青海省(2个):湟源县树莓种植休闲农业观光示范点、民和县休闲观光旅游农业示范园。

宁夏回族自治区(3个):贺兰县宁夏西昱普罗旺斯薰衣草庄园、石嘴山市惠农区金岸红柳湾生态园。

新疆维吾尔自治区(3个):乌鲁木齐市天山丽都休闲农业观光园、霍城县解忧公主薰衣草休闲观光园。

新疆生产建设兵团(1个):十二师头屯河农场花田林海休闲农业观光区。

5. 2014年全国休闲农业与乡村旅游示范县、示范点

(1)全国休闲农业与乡村旅游示范县名单(37个,2014年12月15日)

北京市平谷区、河北省元氏县、河北省承德市双滦区、山西省阳城县、内蒙古自治区赤峰市克什克腾旗、辽宁省本溪满族自治县、大连市庄河市、吉林省长春市双阳区、黑龙江省木兰县、江苏省泰州市姜堰区、江苏省宜兴市、浙江省兰溪市、浙江省新昌县、宁波市宁海县、安徽省霍山县、福建省泰宁县、福建省连城县、江西省武宁县、山东省泗水县、山东省临朐县、河南省登封市、湖北省远安县、湖南省新化县、湖南省麻阳苗族自治县、广东省博罗县、广西壮族自治区龙胜各族自治县、海南省琼海市、重庆市武隆县、四川省武胜县、贵州省凤冈县、云南省澄江县、陕西省柞水县、甘肃省两当县、青海省门源回族自治县、宁夏回族自治区银川市金凤区、新疆维吾尔自治区玛纳斯县、新疆生产建设兵团第十师185团。

(2)全国休闲农业与乡村旅游示范点名单(100个,2014年12月15日)

北京市(3个):通州区第五季富饶生态农业园、延庆县四季花海农园、丰台区王佐镇南宫村。

天津市(2个):滨海新区海滨街沙井子三村、蓟县穿芳峪镇小穿芳峪村。

河北省(4个):迁西县喜峰口板栗专业合作社观光园、宣化县假日绿岛生态农业文化旅游观光园、临城县尚水渔庄、武安市白沙村休闲农业园区。

山西省(3个):忻州市凤凰山生态植物园、阳泉市华北奕丰生态园、长治市襄垣富阳绿盈休闲农业观光示范园。

内蒙古自治区(3个):宁城县黑里河松枫山庄、科右前旗玫瑰庄园、鄂尔多斯市达拉特旗万通旅游度假村。

辽宁省(4个):鞍山市高新区山水庄园、建平县万寿街道小平房村、辽阳市三禾农业观光园区、大连市庄河市银月湾民俗生态观光园。

吉林省(2个):抚松县康红农特产种植场、和龙市东城镇光东朝鲜族民俗村。

黑龙江省(3个):尚志市一面坡镇长营村、兰西县锡伯部落、宾县滨州镇友联村。

上海市(3个):崇明县泰生示范农场、崇明县陈家镇瀛东村、松江区雪浪湖生态园。

江苏省(4个):如皋市长江药用植物园、无锡市绿源农业观光园、张家港市金港镇长江村、无锡市锡山区东港镇山联村。

浙江省(4个):杭州市余杭区琵琶湾生态农庄、台州市三门农博园、绍兴市上虞区盖北野藤葡萄休闲观光园、嘉兴市南湖区梅花洲农业休闲园。

安徽省(3个):东至县江南农业科技园、合肥市庐阳区三十岗乡、和县林海旅游农业观光园。

福建省(5个):邵武市云灵山庄、晋江市金井镇围头村、仙游县聚仙堂生态旅游山庄、永安市天斗生态文明示范区、厦门市同安区莲花罗汉山休闲农业园区。

江西省(4个):婺源县江岭风景区、石城县通天寨荷花园区、浮梁县瑶里梅岭山庄、新建县溪霞怪石岭旅游景区。

山东省(4个):夏津县黄河故道森林公园、泰安市岱岳区道郎镇里峪村、日照市淞晨茶文化产业园、兰陵县国家农业公园。

河南省(3个):驻马店市老乐山休闲农业产业园、嵩县车村镇天桥沟村、济源市养生嘉源休闲观光园。

湖北省(3个):襄阳市襄城区中华紫薇园、大冶市龙凤山生态园休闲度假村、竹溪县龙王垭生态文化观光园。

湖南省(4个):衡阳市珠晖区怡心生态园、长沙市开福区新富豪云尚庄园、城步苗族自治县神龙山庄、湘潭市昭山示范区山那边度假村。

广东省(3个):东莞市清溪生态农业产业园、连州市湟川三峡—龙潭度假区、潮州市紫莲度假村。

广西壮族自治区(3个):南丹县芒场镇巴平村下街屯、防城港市港口区企沙镇簕山古渔村、阳朔县百里新村休闲农业示范区。

海南省(3个):三亚市亚龙湾国际玫瑰谷、万宁市兴隆热带花园、琼海县博鳌美雅乡村公园。

重庆市(4个):涪陵区南沱休闲观光生态农业园、铜梁区巴岳山o玄天湖休闲农业与乡村旅游示范园区、开县奇圣现代观光农业生态产业园、合川区铜梁洞森林公园友缘山庄。

四川省(4个):广元市利州区曙光休闲观光农业园、丹棱县梅湖湾度假村、泸州市江阳区醉美江湾农业园、什邡市箭台村。

贵州省(3个):福泉市黄丝休闲农业与乡村旅游示范点、盘县哒啦仙谷休闲农业示范园、赤水市金钗石斛生态示范园。

云南省(3个):香格里拉县藏龙休闲观光园、宁洱县磨黑镇、澄江县禄充村。

西藏自治区(1个):拉萨市城关区蔡公堂白定村。

陕西省(4个):汉中市西乡钧鑫农场、合阳县洽川温泉度假村、铜川市新区照金现代生态休闲农业示范园区、西安市沣东新城现代都市农业示范园。

甘肃省(3个):皋兰县古梨园、平凉市崆峒区崆峒镇、景泰县条山农庄。

青海省(2个):共和县生态休闲农庄、互助县高寨青海四和撒拉文化园。

宁夏回族自治区(2个):隆德县神林山庄、永宁县鹤泉湖生态度假区。

新疆维吾尔自治区(3个):尉犁县罗布人村寨、察布查尔锡伯自治县锡伯民俗风情园、奇台县壹方阳光休闲观光农业园区。

新疆生产建设兵团(1个):第十二师五一农场现代农业示范园。

第四篇

中国旅游地学信息要览

- 中国旅游规划设计研究单位
- 中国旅游研究学术刊物
- 中国旅游学科专业设置
- 中国旅游规划与研究专家
- 中国旅游大事记
- 中国旅游研究主要文献

第一章 中国旅游规划设计研究单位[1]

一、全国旅游规划甲级资质单位

北京市

中国城市规划设计研究院旅游规划研究中心（首批） 地址：北京市海淀区三里河路7号新疆大厦写字楼B座8层 邮政编码：100044 网址：http://www.china-up.com/lygh/ 电话：010-88305651 传真：010-88305178 E-mail：QW1200@sina.com zhoujm3219@sohu.com

中国科学院地理科学与资源研究所（首批） 地址：北京市朝阳区大屯路甲11号 邮政编码：100101 网址：http://www.igsnrr.ac.cn/ 电话：010-64889276 传真：010-64851844 E-mail：ign@igsnrr.ac.cn

北京清华城市规划设计研究院（首批） 地址：北京市海淀区清河中街清河嘉园东区甲1号楼 邮政编码：100085 网址：http://www.thupdi.com/main/default.aspx 电话：010-62785857 传真：010-62771154 E-mail：updib501@tsinghua.edu.cn dshyd@vip.sina.com ecocenter-ts@163.com

中国旅游研究院 地址：北京市建国门内大街甲九号2号楼10-11层 邮政编码：100005 网址：http://www.ctaweb.org/ 电话：010-85166009 传真：010-85166055 E-mail：webmaster@cnta.gov.cn

中国社会科学院北京开思九州旅游发展研究中心有限责任公司 地址：北京市建国门北大街建国5号511室 邮政编码：100005 网址：http://www.casstourism.com/ 电话/传真：010-65181368 E-mail：casstourism@163.com

北京博雅方略旅游景观规划设计院 地址：北京海淀区西三环北路50号院豪柏大厦C2座1601室 邮政编码：100048 网址：http://tour.onpku.com/ 电话：010-62975423 传真：010-62979285 E-mail：boya@onpku.com

北京京师天成旅游规划设计咨询有限公司 地址：北京市海淀区文慧园北路9号今典花园9A1806 邮政编码：100082 网址：http://www.jstcgh.com 电话/传真：010-62263429 E-mail：jingshigongxiang@163.com

北京世纪唐人旅游发展有限公司 地址：北京市朝阳区劲松三区甲302号华腾大厦1688A 邮政编码：100021 网址：http://www.tourintel.com.cn/ 电话：010-87216158 传真：010-87216158-1607 E-mail：xiao_zhang3000@yahoo.com.cn

北京天道蓝图规划设计院 地址：北京市西直门外大街142号三层 邮政编码：100044 网址：http://www.lantu.org/ 电话：010-68356181 传真：010-68333727 E-mail：tiandaolantu@163.com

北京中景园旅游规划设计研究院 地址：北京市海淀区清华东路35号科贸楼二层 邮政编码：100083 网址：http://www.la-tourplanning.com/ 电话：010-62330090 传真：010-62330070 E-mail：nihaodiqiucun@163.com

北京中科景元城乡规划设计研究院 地址：北京市海淀区紫竹院路116号嘉豪国际中心D座1101室 邮政编码：100082 电话：010-58930680 E-mail：zkjyhr@zktour.net engkq@yahoo.com.cn

北京达沃斯巅峰旅游规划设计院 地址：北京市朝阳区三元桥左家庄1号国门大厦B座3层 邮政编码：100028 网址：http://www.davost.com/ 电话：010-58246888 传真：010-57310088 E-mail：kf@davost.com caolu

---

[1] 本篇由王乐乐执笔。唐顺英参与了讨论，陆林审阅了其中的大部分内容。由吴殿廷最后审稿和定稿。

@davost.com

北京绿维创景规划设计院 地址:北京市朝阳区和平里东土城路甲9号中国远东大厦 邮政编码:100013 网址:http://www.lwcj.com/ 电话:010-84076166 传真:010-84098061 E-mail:web@lwcj.com

北京大地风景旅游景观规划设计院 地址:北京市朝阳区大屯路风林西奥中心A座8D 邮政编码:100101 网址:http://ddfjly.312green.com/ http://www.beltourism.com 电话:010-64869793 传真:010-64837363 E-mail:beltourism@beltourism.com

北京同和时代旅游规划设计院 地址:北京市海淀区西直门外大街高粱桥斜街59号中坤大厦802 网址:http://www.tongheshidai.com http://www.lvshedesign.com E-mail:tongheshanzhi@163.com lvshedesign@lvshedesign.com

北京土人景观与建筑规划设计研究院 地址:北京市海淀区中关村北大街127-1号北大科技园创新中心 邮政编码:100080 网址:http://www.turenscape.com/ 电话:010-62745678 传真:010-62745656 E-mail:turen@turenscape.com internship@turenscape.com

北京江山多娇规划院 地址:北京市建国门内大街7号光华长安大厦1座18层 邮政编码:100035 网址:http://www.jsdjghy.cn/ 电话:010-65181006 传真:010-65178717 E-mail:jsdjghy@126.com

北京市建筑设计研究院 地址:北京市西城区南礼士路62号 邮政编码:100045 网址:http://www.biad.com.cn/ 电话:010-68011155 E-mail:biadhr@biad.com.cn

北京华汉旅规划设计研究院 地址:北京市朝阳区北苑路170号凯旋城8号楼 邮政编码:100101 网址:http://www.bjhhlv.com http://huahanlv2001.ok51.org/ 电话:400-007-0768 传真:010-58235542 E-mail:hhjxindi@163.com hhlv2001@sina.com

北京大衍致用旅游规划设计院 地址:北京市海淀区交大东路41号广通商务楼 邮政编码:100044 网址:http://dayanzhiyong.com/ 电话/传真:010-62111026 E-mail:qinyan1121@126.com

北京天一和恒景观规划设计院/北京天一博观城市规划设计院 地址:北京市朝阳区小营路19号财富嘉园昊华大厦B座3层 网址:http://www.tyccs.com/ 电话:010-58650558 传真:010-58650575 E-mail:service@tyccs.com

北京来也旅游规划设计有限公司 地址:北京市海淀区海淀南路13号亿方大厦1008室 网址:http://bj.venitour.com/ 电话:010-82624787 传真:010-82624785 E-mail:191117053@qq.com

北京创意村营销策划有限公司 地址:北京市朝阳区东四环中路41号嘉泰国际B座2楼 邮政编码:100025 网址:http://www.cyc360.com/ 电话:010-65582503 传真:010-65561770 E-mail:cf533@126.com liulu@cyc360.com

北京开思九州旅游发展研究中心 地址:北京海淀区大柳树路17号富海国际港206室 邮政编码:100081 网址:http://www.casstourism.com/ 电话:010-62191989 传真:010-65180258 E-mail:cassplan@163.com

优山美地(北京)国际城市规划设计咨询有限公司 地址:北京市朝阳区惠新南里2号院市长之家A座6层629室 邮政编码:100029 网址:http://www.usmd.com.cn/ 电话:010-64913327 传真:010-64910879 E-mail:webmaster@usmd.com.cn

北京都市筑景设计研究院 地址:北京市房山区良乡长虹西路翠柳东街1-619 网址:http://www.urbanscape.com.cn/ 电话:010-68798989 传真:010-68798585 E-mail:usi2007@126.com

北京天创智业城市规划院有限公司 地址:北京市朝阳区惠新南里2号市长之家B座2层 邮政编码:100029 网址:http://www.u7cn.net/ 电话:010-64864558 传真:010-64934852 E-mail:u7cn@163.com

天津市

天津大学城市规划设计研究院 地址:天津市南开区鞍山西道192号1895天大建筑创意大厦 邮政编码:300073 网址:http://www.aatu.com.cn/ 电话:022-27408055 传真:022-27401845 E-mail:tdjz@vip.163.com

河北省

河北省地理科学研究所河北省旅游开发研究中心　地址:河北省石家庄市友谊南大街46号　邮政编码:050081　网址:http://www.heb-as.com/　电话:0311-83015021　传真:0311-83032060　E-mail:tourhb@sina.com.cn

山西省

山西风光旅游规划设计研究中心　地址:山西省太原市小店康宁西街君领大厦4单元七层(高速入口东500米)　邮政编码:030032　网址:http://www.elvfg.com/　电话:0351-4165088　传真:0351-4164850　E-mail:sxfg@elvfg.com

辽宁省

辽宁省城乡建设规划设计院　地址:辽宁省沈阳市和平区南五马路185巷3号　邮政编码:110006　网址:http://www.lncpd.com/　电话:024-23860552　E-mail:uhzhaobiaochu@163.com

吉林省

东北师范大学旅游科学研究所　地址:吉林省长春市人民大街5268号地理科学学院　邮政编码:130024　网址:http://geo.nenu.edu.cn/　电话:0431-85099550　E-mail:wuzf@nenu.edu.cn

黑龙江

哈尔滨工业大学城市规划设计研究院　地址:黑龙江省哈尔滨市南岗区西大直街66号　邮政编码:150001　网址:http://hitupdi.hit.edu.cn/　电话:0451-86281139　传真:0451-86281507　E-mail:hit_ghyzy@126.com

上海市

上海同济城市规划设计研究院风景科学研究所(首批)　地址:上海市中山北二路1111号同济规划大厦　邮政编码:200092　网址:http://www.tjupdi.com/　电话:021-65982930　传真:021-65982100　E-mail:net@tjupdi.com

上海社会科学院旅游研究中心(首批)　地址:上海市黄浦区淮海中路622弄7号417室　邮政编码:200020　网址:http://www.trcsh.com/　电话:021-53060606　传真:021-53067225　E-mail:shfdsj@126.com　645034896@qq.com

上海师范大学旅游规划与发展中心　地址:上海市奉贤区海思路500号1号办公楼旅游学院　邮政编码:201418　网址:http://sitsh.shnu.edu.cn/　电话:021-57126268　传真:021-57126295　E-mail:sit@shnu.edu.cn sit_rs@shnu.edu.cn

上海奇创旅游景观设计有限公司　地址:上海市金沙江路1759号圣诺亚大厦B座11层邮政编码:200333　网址:http://www.kchance.com/　电话:021-60561616　传真:021-69108605　E-mail:hr@kchance.com

上海同异城市设计有限公司　地址:上海市徐汇区虹漕路461号59幢二层　邮政编码:200233　网址:http://www.tyud.com/　电话:021-65976866　传真:021-65978156　E-mail:tyud-2002@163.com

上海红东规划建筑设计有限公司　地址:上海市共和路169号H/D层　邮政编码:200070　网址:http://idkin.com/300659235/home/　电话:021-325688019　传真:021-32568801　E-mail:hdshanghai@uk-hd.com

江苏省

江苏省旅游局发展咨询中心　地址:江苏省南京市中山北路255号　邮政编码:210003　网址:http://www.jstour.gov.cn/　电话:025-83479711　传真:025-83433960　E-mail:jiancha@jstour.gov.cn

江苏东方景观设计研究院有限公司　地址:江苏省南京市玄武区成贤街50号9F、10F　邮政编码:210018　网址:http://www.orientscape.com.cn/　电话:025-83690391　传真:025-83690357　E-mail:w.yy1981@163.com oriencapejs@gamil.com

中陆必得旅游规划设计研究院/南京必得旅游策划设计有限公司　地址:江苏省南京市长虹路222号德盈国际广场3栋2层　邮政编码:210012　网址:http://www.cnzlbd.com/　电话:025-83202281　传真:025-83202202　E-mail:bide_hr@126.com bdch@vip.163.com

江苏省城市规划设计研究院　地址:江苏省南京市草场门大街88号　邮政编码:210036　网址:http://www.

jupchina.com/ 电话:025-83707035 E-mail:jup@ jupchina.com jupqs@ jupchina.com

浙江省

浙江大学风景旅游规划设计有限公司/浙江大学风景旅游规划设计研究中心 地址:浙江省杭州市浙大路38号浙大玉泉校区 邮政编码:310027 网址:http://www.zjutpd.org/ 电话:0571-87953995 传真:0571-87953155 E-mail:chshs@ zju.edu.cn

浙江工商大学旅游规划设计院有限公司/浙江省旅游科学研究所 地址:浙江省杭州市教工路149号教工路校区一号科研楼 邮政编码:310018 网址:http://www.winbird.com/ 电话:0571-88905717 传真:0571-88905715 E-mail:zjlks@ mail.zjgsu.edu.cn 243426940@ qq.com

浙江旅游科学研究院 地址:浙江省杭州市外东山弄58号 邮政编码:310003 网址:http://lky.tourzj.gov.cn/ 电话:0571-87972150 传真:0571-85066764 E-mail:zjlky@ sohu.com

浙江远见旅游规划设计研究院 地址:浙江省杭州市拱墅区祥园路28号12幢11楼 邮政编码:315004 网址:http://www.yuanjian.net/ 电话:0571-88355119 传真:0571-88353243 E-mail:yjzb@ yuanjian.net hzyj@ yuanjian.net

浙江茗苑旅游规划设计研究中心 地址:浙江省杭州市钱江新城民心路万银国际大厦 邮政编码:310020 网址:http://www.myplanning.com.cn/ 电话:0571-87994999 传真:0571-87999016 E-mail:myplanning@ 126.com

浙江诗画江南文化发展有限公司/诗画江南旅游规划设计研究院 地址:浙江省杭州市西湖区文二西路689号467创意园1F 邮政编码:310012 网址:http://www.shihuajiangnan.com/ 电话:0571-89874258 传真:0571-85174259 E-mail:zjshjn@ 126.com

浙江悦景旅游规划设计有限公司 地址:浙江省杭州市滨江区江南大道518号兴耀大厦15楼 邮政编码:310052 网址:http://www.chinayuejing.cn/ 电话:0571-28187155 传真:0571-28187166 E-mail:mpz520@ 126.com gaomengjie@ chinayuecheng.com

浙江省国际旅游规划设计研究院 地址:浙江省杭州市西湖大道58号金龙园金梅轩20层 邮政编码:310009 网址:http://www.zitpi.net/ 电话:0571-87886630 传真:0571-87886631 E-mail:zhengzong168@ 163.com

杭州华清设计控股集团有限公司华清旅游规划设计有限公司 地址:浙江省杭州市湖墅南路452号 邮政编码:310052 网址:http://www.wechange.cn/ 电话:0571-88909955 传真:0571-88056818 E-mail:wechange@ yeah.net

安徽省

安徽师范大学旅游发展与规划研究中心 地址:安徽省芜湖市花津南路1号国土资源与旅游学院 邮政编码:241003 网址:http://tour.ahnu.edu.cn/ 电话:0553-5910688 E-mail:873584079@ qq.com huayuan002@ 126.com

福建省

泉州市融景规划设计院有限公司 地址:福建省泉州市泉州市丰泽区成华北路269号华侨大学产业园 网址:http://crjtour.com/rongjing/rjpc/ 电话:0595-22690005 E-mail:qzrjgh@ sina.com

福州市规划设计研究院 地址:福建省福州市高新区海西园高新大道1号(闽侯上街镇) 邮政编码:350003 网址:http://www.fzghy.com/ 电话:0591-88967333 E-mail:ghy@ fzghy.com

江西省

江西省旅游规划研究院 地址:江西省南昌市福州路183号江西省旅游局6楼 邮政编码:330006 网址:http://www.jxta.gov.cn/ 电话:0791-86290586 E-mail:jxlyghyjy@ 163.com hwy@ jxta.gov.cn

山东省

山东省旅游规划设计研究院 地址:山东省济南市经十路17386号山东省旅游局东附楼 网址:http://www.ghsd999.com/ 电话:0531-82676101 E-mail:sdlg@ ghsd999.com

济南三大旅游咨询有限公司/山东大学国际旅游研究中心　地址:山东省济南市山大南路27号　邮政编码:250100　网址:http://www.glxy.sdu.edu.cn/　电话:0531-88361678　E-mail:degangwang@sdu.edu.cn

河南省

河南九鼎德盛投资顾问有限公司旅游创意规划中心　地址:河南省郑州市金水区金水东路33号美盛中心24楼　邮政编码:450008　网址:http://www.jeweldia.com/　电话:0371-55905122　E-mail:jeweldia@163.com　yuanjh2009@sina.com

河南省科学院地理研究所城市与旅游规划研究中心　地址:河南省郑州市陇海中路64号　邮政编码:450052　网址:http://www.hagis.cn/　电话:0371-67446701　传真:0371-67447875　E-mail:songls@163.com

湖北省

湖北大学旅游发展规划研究院/湖北大学旅游开发与管理研究中心(湖北省人文社会科学重点研究基地)　地址:湖北省武汉市武昌区友谊大道368号　邮政编码:430062　网址:http://www.lyhubu.com/　电话:027-88661113　E-mail:lyghhb@126.com

武汉大学景园规划设计研究院(原武汉大学旅游规划设计研究院)　地址:湖北省武汉市武昌区东湖南路8号城市设计学院　邮政编码:430072　网址:http://www.ilapd.net/　电话:027-8723315　E-mail:sud@whu.edu.cn

湖北世旅规划设计有限公司　地址:湖北省武汉市武昌区徐东路水果湖街50号春树里小区1栋2单元5层　网址:http://www.slghsj.com/　电话:027-86626939　传真:027-86626200　E-mail:1002122072@qq.com

广东省

广东省旅游发展研究中心(首批)　地址:广东省广州市天河区黄埔大道西463号5楼　邮政编码:510630　网址:http://www.tourism-research.com/　电话:020-22220228　传真:020-22220298　E-mail:gdtrc@sohu.com

广州中大旅游规划设计研究院有限公司/原中山大学旅游发展与规划研究中心/中国旅游研究院旅游影响研究基地(首批)　地址:广东省广州市新港西路135号 东北区329栋　邮政编码:510275　网址:http://ctpr.sysu.edu.cn/　电话/传真:020-84113621　E-mail:lyzx@mail.sysu.edu.cn

深圳市麟德旅游规划顾问有限公司　地址:广东省深圳市南山区大道2002号光彩新天地大厦6层　邮政编码:518052　网址:http://www.cnluntak.com/　电话:0755-26641555　传真:0755-26641777　E-mail:szluntak@luntak.com

广东新空间旅游规划有限公司　地址:广东省广州市海珠区昌岗中路166号之三富盈国际大厦2501/广州市海珠区新港东路磨碟沙大街118号29栋2楼　邮政编码:510250　网址:http://www.gdxkj.com/电话:020-62378303　传真:020-62361033　E-mail:gdxkj@163.com

深圳市多彩旅游策划顾问有限公司　地址:广东省深圳市福田区泰然九路红松大厦A座10A　邮政编码:518040　网址:http://www.0755bcd.com/　电话:0755-83200908　传真:0755-82800463　E-mail:bucb100113@163.com

中南生态旅游规划设计责任有限公司　地址:广东省广州市珠江新城华夏路49号津滨腾越大厦北塔803-804　网址:http://www.csegz.com/　电话:020-38092069　传真:020-38092105　E-mail:znstly@126.com

广州海森旅游策划设计有限公司　地址:广东省广州市番禺区迎宾路730号天安节能科技园科技创新大厦508单元　网址:http://www.haisan.cn/　电话:020-39388591　传真:020-23889566　E-mail:haisan@21cn.net　hs@gzhaisen.com

深圳市榜样旅游项目设计有限公司　地址:广东省深圳市深南中路1002号新闻大厦2512-2515　邮政编码:518027　网址:http://www.banyan.com.cn/　电话:0755-25880182　传真:0755-25880189　E-mail:168@banyan.com.cn 371870889@qq.com

广州智景旅游规划设计有限公司(原广州市智景旅游策划设计咨询服务有限公司)　地址:广东省广州市海珠区新港西路135号中大科技园综合大楼B座7楼　邮政编码:510275　网址:http://www.zjplan.cn/　电话:020-84115026　传真:020-84114948　E-mail:zjplan@vip.qq.com

深圳市花都环境景观工程有限公司 地址:广东省深圳市龙华新区留仙大道(东)彩悦大厦2层 邮政编码:518048 网址:http://paofuhuadu.com/ 电话:0755-82934769 传真:0755-82934779 E-mail:info@paofugroup.com 1834279948@qq.com

广西壮族自治区

广西旅游规划设计院(首批) 地址:广西南宁市新民路40号 邮政编码:530012 网址:http://www.gxlyghy.com/ 电话:0771-2835483 传真:0771-2817409 E-mail:gxlygh@vip.163.com

广西西大旅游科学研究院 地址:广西南宁市大学东路100号广西大学商学院 邮政编码:530004 网址:http://www.xdly.org/ 电话:0771-3237101 传真:0771-3292100 E-mail:yyd5608@163.com

广西博驰规划设计有限公司(原广西南宁博驰旅游园林规划设计有限公司) 地址:广西南宁市明秀西路111号正恒国际广场3栋B单元24层 网址:http://www.gxbochi.com/ 电话:0771-5605012 传真:0771-5602833 E-mail:boss408@163.com

重庆市

重庆浩鉴旅游规划设计有限公司 地址:重庆市重庆市北部新区金山矩阵商务楼A栋11楼 网址:http://www.cqhaojian.com/ 电话:023-63520911 E-mail:haofenghr@163.com 512634102@qq.com

重庆邦宁旅游规划设计有限公司 地址:重庆市沙坪坝区沙正街8号欣阳广场G栋901号 邮政编码:400030 电话:023-89056398 传真:023-8905639

四川省

四川省旅游规划设计研究院/四川省旅游发展研究中心(首批) 地址:四川省成都市青莲上街2号四川省旅游局大楼13楼 邮政编码:610051 网址:http://www.sctp.cn/ 电话/传真:028-86702983

成都来也旅游策划管理有限责任公司/四川大学中国休闲与旅游研究中心 地址:四川省成都市科华中路139号科华天成25楼 网址:http://www.venitour.com/ 电话:028-85461306 传真:028-85461103 E-mail:venitour@venitour.com

成都聚合旅游策划咨询有限公司 地址:四川省成都市武侯区武科东一路15号置信逸都城市会所3栋2单元820 邮政编码:610000 网址:http://www.cdjuhe.com/ 电话:028-65067901 传真:028-65067905 E-mail:jh@cdjuhe.com

中营(成都)都市与建筑设计有限公司 地址:四川省成都市龙泉驿区龙都南路198号邮政编码:610100 网址:http://cr-design.cn/ 电话:028-88433440 传真:028-88433441 E-mail:admin@cr-design.cn

贵州省

贵州省旅游规划设计院有限公司(北京中科景元下属子公司) 地址:贵州省贵阳市云岩区安云路17号 邮政编码:550004 电话:0851-5150687 传真:0851-6855198

云南省

云南省旅游规划研究院/中国旅游研究院昆明分院 地址:云南省昆明市滇池路678号云南旅游大楼 邮政编码:650200 网址:http://www.ynta.gov.cn/ 电话:0871-64608333 E-mail:info@ynta.gov.cn

云南省城乡规划设计研究院 地址:云南省昆明市滇池路1008号 邮政编码:650228 网址:http://www.yncityplan.com/ 电话:0871-4138389 传真:0871-4316705 E-mail:562675459@qq.com

昆明艺嘉旅游规划设计有限公司 地址:云南省昆明市滇池度假区滇池路边防总队旁摩根道4幢C406 网址:http://www.yjtpd.com/ 电话:0871-68315052 传真:0871-68317568 E-mail:WYQY170@163.com

陕西省

西安建大城市规划设计研究院 地址:陕西省西安市碑林区13号 邮政编码:710055 网址:http://www.jdup.com/ 电话:029-82202043 传真:029-82201090 E-mail:xjd-planning2004@126.com

陕西省旅游设计院 地址:陕西省西安市长安北路48号(西安宾馆向南100米) 邮政编码:710061 网址:http://m.sxlygh.com/ 电话:029-85397894 传真:029-85230519 E-mail:sc@sxlygh.com

陕西师范大学旅游规划设计研究院/中国旅游研究院西部旅游研究基地　　地址:陕西省西安市长安区西长安街620号长安校区99号信箱　邮政编码:710119　网址:http://geog.snnu.edu.cn/lygh/　电话:029-85310525　传真:029-85310495　E-mail:lhy@snnu.edu.cn　myfmx@snnu.edu.cn

甘肃省

甘肃省林业调查规划院　　地址:甘肃省兰州市段家滩1234号　邮政编码:730020　网址:http://www.gsly.cn/　电话:0931-4691210　E-mail:gslyxx@21cn.com

宁夏回族自治区

宁夏景元旅游规划设计院(原宁夏旅游规划研究中心)　　地址:宁夏银川市兴庆区贺兰山东路绿地21城企业公园D区9号楼　邮政编码:750001　网址:http://www.nxjingyuan.com　电话:0951-6725560　E-mail:nxjingyuan@163.com

新疆维吾尔自治区

新疆生产建设兵团勘测规划设计研究院/农业部新疆勘测设计院　　地址:新疆乌鲁木齐市建设路36号　邮政编码:830002　网址:http://www.btks.cn/　电话:0991-358803　传真:0991-2311134　E-mail:yzxx@btks.cn　lyk@btks.cn

二、其他旅游规划设计研究单位

北京市

中国风景园林规划设计研究中心　　地址:北京市海淀区学院路5号768设计创意园区C座08号　邮政编码:100083　网址:http://www.chinagarden.cn/　电话:010-82423737　传真:010-82423335　E-mail:Public@chinagarden.cn

中国社会科学院旅游研究中心　　地址:北京市朝阳区曙光西里28号中冶大厦724室　邮政编码:100028　网址:http://www.trcchina.org　http://www.casstrc.org　电话:010-59868293　E-mail:casstrc@vip.sina.com

中国休闲旅游文化研究中心　　地址:北京市建国门内大街18号恒基中心办1座1402-1404室　邮政编码:100005　网址:http://www.cnltc.org/　电话:010-65178718　传真:010-65173950　E-mail:jianyun.ma@dnjpr.com　Johnson.jia@dnjpr.com

万达文化旅游规划研究院　　地址:北京市朝阳区建国路91号金地中心A座33层　邮政编码:100022　网址:http://www.wanda-cti.com/　电话:010-85712711　传真:010-85712700　E-mail:wanda-cti@wanda.cn

北京华汉旅规划设计研究院　　地址:北京市朝阳区北苑路170号凯旋城8号楼1层　邮政编码:100101　网址:http://www.hhlv.net/　电话:010-64234646　传真:010-84683088　E-mail:bjhb815@sina.com

北京大学景观学设计研究院　　地址:北京市海淀区颐和园路5号北京大学逸夫二楼城市与环境学院3147室　邮政编码:100871　网址:http://www.gsla.pku.edu.cn/　电话:010-62751181　传真:010-62759003　E-mail:gsla@pku.edu.cn

北京大学中国区域经济研究中心暨旅游发展规划设计研究中心　　地址:北京市海淀区颐和园路5号北京大学逸夫二楼城市与环境学院　邮政编码:100871　网址:http://www.pkutourism.com/　电话:010-62765626　传真:010-62751183　E-mail:ykz@urban.pku.edu.cn

北京大学旅游研究与规划中心　　地址:北京市海淀区颐和园路5号北京大学逸夫二楼城市与环境学院　邮政编码:100871　网址:http://www.pkutourism.com/　电话:010-62757971　E-mail:Pkutourism@Gmail.Com

北京大学世界遗产研究中心　　地址:北京市海淀区颐和园路5号北京大学逸夫二楼城市与环境学院　邮政编码:100871　网址:http://www.urban-environ.pku.edu.cn　电话:010-62751172　E-mail:hjjf@pku.edu.cn　xjm@urban.pku.edu.cn

清华大学资源保护和风景旅游研究所/景观园林研究所　　地址:北京市海淀区清华大学建筑馆　邮政编码:100084　网址:http://arch.tsinghua.edu.cn/chs/　电话:010-62782109　E-mail:wwjwu@tsinghua.edu.cn　yr-sa@

mail.tsinghua.edu.cn

清华大学同衡规划设计研究院风景园林研究中心（风景园林一所、风景园林二所、风景园林三所、风景园林四所、乡土景观研究所）　地址：北京市海淀区清河中街清河嘉园东区甲1号楼16～25层　邮政编码：100085　网址：http://rcla.thupdi.com/　电话：010-82819304　E-mail：tsinghuala@gmail.com

清华大学同衡规划设计研究院风景园林研究中心旅游与风景区规划研究所　地址：北京市海淀区清河中街清河嘉园东区甲1号楼东塔20层　邮政编码：100085　网址：http://tlp.thupdi.com/　电话：010-82819652　E-mail：laupdi@gmail.com

清华大学同衡规划设计研究院风景园林研究中心旅游地学与地质公园规划研究所　地址：北京市海淀区清河中街清河嘉园东区甲1号楼西塔21层　邮政编码：100085　网址：http://tegp.thupdi.com/　电话：010-82819000-8994　E-mail：zhailin@thupdi.com

清华大学同衡规划设计研究院风景园林研究中心山水城市研究所　地址：北京市海淀区清河中街清河嘉园东区甲1号楼东塔19层　邮政编码：100085　网址：http://sscp.thupdi.com/　电话：010-82819000-9338　E-mail：thssrd@thupdi.com

中国地质大学（北京）地质旅游研究中心　地址：北京市海淀区学院路29号人文经管学院　邮政编码：100083　网址：http://dept.cugb.edu.cn/rwjgxy/　电话：010-82322050　E-mail：leiping@vip.sohu.net

北京联合大学现代休闲方式与旅游发展研究所/旅游与非物质文化遗产研究所/旅游与社会发展研究所/旅游产业与规划研究所　地址：北京市朝阳区北四环东路99号旅游学院　邮政编码：100101　网址：http://www.ti.buu.edu.cn/　电话：010-64892566　传真：010-64913482　E-mail：tibuu@tibuu.edu.cn　xiankai@buu.edu.cn　xujf01@china.com

首都经贸大学旅游研究中心　地址：北京市丰台区花乡张家路口121号工商管理学院三号楼三楼　邮政编码：100070　网址：http://tour.cueb.edu.cn　电话/传真：010-83951330　E-mail：cba_webmaster@cueb.edu.cn

北京石油化工学院旅游与文化研究中心　地址：北京大兴区黄村清源北路19号人文社科学院　邮政编码：102617　网址：http://www.bipt.edu.cn/pub/renwen/　电话：010-81292255/81292257

北京第二外国语学院旅游发展研究院　地址：北京市定福庄南里1号　邮政编码：100024　网址：http://www.bisu.edu.cn/　电话：010-65778409　传真：010-65767014　E-mail：xybgs@bjtuhbxy.cn　hhhh44@163.net　hhhh44@263.net

北京第二外国语学院中国旅游研究院饭店产业研究基地　地址：北京市定福庄南里1号　邮政编码：100024　网址：http://www.chirc.org/　E-mail：chircbisu@gmail.com　chircbisu@126.com

天津市

天津大学旅游管理与发展研究中心　地址：天津市南开区管理学院第18教学楼　网址：http://sm.tju.edu.cn/　电话：021-27402362　E-mail：zhaolm@public1.tpt.tj.cn

南开大学旅游市场与目的地营销研究中心/中国旅游研究院旅游市场与目的地营销研究基地　地址：天津市河西区紫金山路38号南开大学旅游与服务学院　邮政编码：300074　电话：022-23012040　E-mail：li49@eyou.com

天津商业大学旅游规划与发展研究所　地址：天津市北辰区津霸公路2号商学院　邮政编码：300134　网址：http://yg.tjcu.edu.cn/sxy/　电话：022-26686228　E-mail：zhangkun57@126.com　wangqingtjcu@163.com

河北省

河北旅游研究院（旅游规划设计研究中心、旅游人力资源开发中心）　地址：河北省石家庄市高新区湘江道39号　邮政编码：050000　网址：http://www.hebtr.org/　电话：0311-80836306　传真：0311-85900755

河北旅游规划发展研究院　地址：河北省石家庄市裕华区湘江道39号国家文化产业孵化园A座7层　网址：http://www.tourpl.com/　电话/传真：0311-89676668　E-mail：tourpl@foxmail.com

山西省

山西省社会科学院旅游经济研究中心　地址：山西省太原市并州南路116号　邮政编码：030006　网址：

http://www.sass.sx.cn/　电话:0351-5691800　传真:0351-5691803　E-mail:gjxsjl@126.com

山西风光旅游规划研究中心/山西风光旅游规划设计院　地址:山西省太原市小店区康宁西街君领大厦4单元7层　网址:http://www.elvfg.com　电话:0351-4130600　E-mail:sxfg@elvfg.com

山西农业大学景观生态研究所　地址:山西省太谷县山西农业大学　邮政编码:030801　网址:http://www1.sxau.edu.cn/linxueyuan/　电话:0354-6288550/6289330　E-mail:Sxdsir@sohu.com　yaoyantao888@sohu.com　sxndzywok@126.com

山西财经大学旅游经济研究中心(山西省高校人文社会科学重点研究基地)　地址:山西省太原市晋阳街108号旅游管理学院　邮政编码:030031　网址:http://218.26.164.161:82/lvyouguanli/　电话:0351-7666194　传真:0351-7666134

太原师范学院旅游开发与规划中心　地址:山西省太原市南内环街189号城市与旅游学院　邮政编码:030012　网址:http://www.tysy.net/department/news/dlx/　电话:0351-2279366　E-mail:taiyuan12345@163.com

长治学院太行山生态与旅游研究中心　地址:山西省长治市城北东街73号　邮政编码:046011　网址:http://210.31.96.77/　电话:0355-2178421　E-mail:czxyyhy@126.com

内蒙古自治区

内蒙古大学旅游研究与规划中心　地址:内蒙古呼和浩特市玉泉区昭君路24号　网址:http://lsly.imu.edu.cn/　电话/传真:0471-4996325　E-mail:zhangjiuhhe@hotmail.com

内蒙古师范大学旅游发展研究中心　地址:内蒙古呼和浩特市赛罕区昭乌达路81号旅游学院　邮政编码:010022　网址:http://210.31.176.18/Academy/Travel/　电话:0471-7383405　E-mail:jialige@163.com

赤峰学院旅游与文化产业发展研究所　地址:内蒙古赤峰市红山区迎宾路　邮政编码:024000　网址:http://www.cfxy.cn/　电话:0476-2205812　传真:0476-2205812　E-mail:cfxyzsjyc@126.com

辽宁省

辽宁对外经贸学院区域旅游研究中心　地址:辽宁省大连市旅顺经济开发区顺乐街33号　邮政编码:116052　网址:http://219.216.224.60/lv/　电话:0411-86208235

东北财经大学中国旅游研究院旅游基础理论研究基地/辽宁旅游产业发展研究中心/大连旅游产业发展研究所/旅游休闲与会展研究所　地址:辽宁省大连市尖山街217号　邮政编码:116025　网址:http://sthm.dufe.edu.cn/　电话:0411-84710473　传真:0411-84712667　E-mail:office-sthm@dufe.edu.cn

大连工业大学园林景观设计研究所　地址:辽宁省大连市甘井子区轻工苑1号　邮政编码:116034　网址:http://kjc.dep.dlpu.edu.cn/　电话:0411-86323287　传真:0411-86323629　E-mail:kjc@dlpu.edu.cn

沈阳师范大学旅游科学与规划研究中心　地址:辽宁省沈阳市皇姑区黄河北大街253号　邮政编码:110034　网址:http://ly.synu.edu.cn/　电话:024-86592402/86574379　E-mail:lvyou1993@163.com

渤海大学旅游发展与规划研究中心/旅游企划研究所　地址:辽宁省锦州市高新技术产业开发区科技路19号　邮政编码:121000　网址:http://www.bhu.edu.cn/page/depart/lyxy/　电话:0416-3400107　传真:0416-3400110　E-mail:dyzzlm@126.com　qq5189@126.com

吉林省

吉林省长吉图旅游产业发展研究中心　地址:吉林省吉林市华山路3999号　邮政编码:132013　网址:http://www.beihua.edu.cn/　电话:0432-64608888　E-mail:bhoffice@beihua.edu.cn

延边大学东北亚研究院东北亚旅游资源开发中心　地址:吉林省延吉市公园路977号　邮政编码:133002　网址:http://202.198.206.159/skc/　电话:0433-2732173　E-mail:lxjin6466@hanmail.net

吉林师范大学东北旅游研究与规划中心　地址:吉林省四平市铁西区海丰大街1301号　邮政编码:136000　网址:http://web.jlnu.edu.cn/ldxy/organization/lvyou.htm　电话/传真:0434-3294696　E-mail:jlsdlyh@163.com

吉林工商学院旅游经济研究中心/吉林省旅游文化研究中心　地址:吉林省长春市长春市绿园区和平大街2245号　邮政编码:130062　网址:http://lyzx.jlbtc.edu.cn/　电话:0431-88530495　传真:0431-88530496　E-mail:zymm723@126.com

黑龙江省

哈尔滨工业大学建筑历史与遗产保护研究所　地址:黑龙江省哈尔滨市南岗区西大直街66号建筑学院　邮政编码:150001　网址:http://hitupdi.hit.edu.cn/　电话:0451-86281509　E-mail:hit_ghyzy@126.com

哈尔滨工业大学景观学研究中心(景观规划研究所、景观环境研究所、景观设计研究所)　地址:黑龙江省哈尔滨市南岗区西大直街66号建筑学院　邮政编码:150001　网址:http://hitupdi.hit.edu.cn/　电话:0451-86281509　E-mail:hit_ghyzy@126.com

上海市

中国策划研究院旅游分院　地址:上海市宝山区江杨南路2500弄30号智慧大厦10楼　邮政编码:200437　网址:http://www.ctcs.org.cn/　电话:021-65632263　传真:021v55669159　E-mail:zcylvyoufenyuan@163.com

上海海达旅游发展研究院　地址:上海市浦东新区东方路541号3楼　邮政编码:200120　电话:021-50810459　传真:021-50541078

同济大学亚太地区世界遗产培训与研究中心(上海)　地址:上海市四平路1239号文远楼3楼　邮政编码:200092　网址:http://www.whitr-ap.org/　电话/传真:021-65987687　E-mail:whapshanghai@gmail.com

上海交通大学旅游发展研究中心　地址:上海市法华镇路535号　邮政编码:200052　网址:http://www.acem.sjtu.edu.cn/　电话:021-52301663　传真:021-52301552　E-mail:master@icedchina.com

华东理工大学旅游规划与会展研究所　地址:上海市梅陇路130号艺术设计与传媒学院　邮政编码:200237　网址:http://art.ecust.edu.cn/　电话:021-64253213　E-mail:gysj@ecust.edu.cn

华东师范大学休闲研究中心/旅游规划与发展研究中心　地址:上海市闵行区东川路500号闵行校区商学院　邮政编码:200241　网址:http://www.bs.ecnu.edu.cn/　电话/传真:021-54344958　E-mail:yuanzhang@bs.ecnu.edu.cn　shuji@bs.ecnu.edu.cn

华东师范大学中国旅游文化工程研究所　地址:上海市中山北路3663号　邮政编码:200062　网址:http://shputuo08078.11467.com　电话:021-62577577

上海大学旅游规划与发展研究中心/旅游文化研究中心　地址:上海市宝山区上大路99号管理学院　邮政编码:200444　网址:http://www.shu.edu.cn/　电话:021-66134284　E-mail:shginfo@department.shu.edu.cn　zhao_laijun@163.com

上海师范大学中国旅游科学院都市旅游研究基地/上海旅游发展研究中心/中澳可持续旅游研究中心/中韩观光文化研究所　地址:上海市奉贤区海思路500号旅游学院　邮政编码:201418　网址:http://sit.shnu.edu.cn/　电话:021-57126268　传真:021-57126222　E-mail:sit@shnu.edu.cn　sit_xzxx@shnu.edu.cn

江苏省

南京大学人文地理研究中心旅游研究所　地址:江苏省南京市鼓楼区汉口路22号东北楼地理与海洋科学学院　邮政编码:210093　网址:http://hugeo.nju.edu.cn/　电话:025-83595964　E-mail:huge_nju@163.com

南京大学风景园林研究所　地址:江苏省南京市汉口路22号东大楼地理与海洋科学学院　邮政编码:210093　网址:http://sgos.nju.edu.cn/　电话:025-83592681　E-mail:shugao@nju.edu.cn

东南大学中国古桥研究所　地址:江苏省南京市玄武区四牌楼2号土木工程学院建筑馆(四牌楼校区)　邮政编码:210096　网址:http://civil.seu.edu.cn/　电话:025-83794773　E-mail:g.wu@seu.edu.cn

东南大学旅游与景观研究所　地址:江苏省南京市玄武区四牌楼2号四牌楼校区新图书馆南门五楼　邮政编码:210096　网址:http://itla.seu.edu.cn/　电话:025-83690368　传真:025-83690357　E-mail:wzzhou@seu.edu.cn　zhouwuzhong@gmail.com

东南大学旅游研究所/旅游资源开发与应用研究所　地址:江苏省南京市玄武区四牌楼2号四牌楼校区　邮政编码:210096　网址:http://wxy.seu.edu.cn/humanities/　电话:025-83693904　传真:025-83691061　E-mail:yxcmt@sina.com

东南大学休闲文化研究所　地址:江苏省南京市玄武区四牌楼2号四牌楼校区　邮政编码:210096　网址:http://wxy.seu.edu.cn/humanities/　电话:025-52090924　E-mail:fhhp@sohu.com　hr@seu.edu.cn

江南大学旅游研究中心/江南旅游研究院/都市圈旅游发展与规划研究中心　地址:江苏省无锡市蠡湖大道1800号商学院　邮政编码:214122　网址:http://busi.jiangnan.edu.cn/sxy/　电话:0510-85913595　传真:0510-85913596　E-mail:bianxianhong@163.com　bianxianhong@tom.com

河海大学建筑与景观研究所　地址:江苏省南京市西康路1号科学馆　邮政编码:210098　网址:http://ccte.hhu.edu.cn/　电话:025-83786551　传真:025-83739916　E-mail:zhjmailcn@sohu.com

南京农业大学园林景观规划设计研究所　地址:江苏省南京市玄武区卫岗1号　邮政编码:210095　网址:http://yyxy.njau.edu.cn/　电话:025-84395016　E-mail:chenfd@njau.edu.cn

南京农业大学农业文化与乡村旅游研发中心　地址:江苏省南京市玄武区卫岗1号　邮政编码:210095　网址:http://rw.njau.edu.cn/a/rural-tourism/　电话:13073442766　E-mail:liuqy6839@njau.edu.cn

苏州大学旅游发展研究中心　地址:江苏省苏州市工业园区独墅湖高等教育园文科综合楼社会学院　邮政编码:215021　网址:http://ppts.suda.edu.cn/　电话:0512-65880537　E-mail:wym@suda.edu.cn　xmj@suda.edu.cn

扬州大学风景园林设计与旅游规划研究所　地址:江苏省扬州市文汇东路48号园艺与植物保护学院　邮政编码:225009　网址:http://ybxy.yzu.edu.cn/　电话:0514-87979344　传真:0514-87347537

扬州大学旅游烹饪学院旅游文化研究所　地址:江苏省扬州市华扬西路196号　邮政编码:225127　网址:http://lyxy.yzu.edu.cn/　电话:0514-87978096　传真:0514-87313372　E-mail:lyxy@yzu.edu.cn

南京财经大学旅游发展研究中心　地址:江苏省南京市亚东新城区文苑路3号30号信箱　邮政编码:210046　网址:http://tour.njue.edu.cn/　电话:025-84028294　E-mail:tour@njue.edu.cn

南京林业大学风景园林规划研究所/生态景观建筑研究所　地址:江苏省南京市龙蟠路159号风景园林学院　邮政编码:21003　网址:http://yuanlin.njfu.edu.cn/　电话:025-85427781　E-mail:wh9816@126.com

江苏师范大学淮海发展研究院(江苏省社科重点研究基地)旅游研究所　地址:江苏省徐州市和平路57号云龙校区　邮政编码:221009　网址:http://hhdri.xznu.edu.cn/　电话:0516-83867180　传真:0516-83867791　E-mail:hhfzyjy@xznu.edu.cn

苏州科技学院城市与旅游研究中心　地址:江苏省苏州市新区滨河路1701号经济与管理学院　邮政编码:215011　网址:http://ems.usts.edu.cn/　E-mail:ycm@mail.usts.edu.cn

浙江省

浙江省社会科学院旅游发展研究与策划中心　地址:浙江省杭州市省府大院2号楼　邮政编码:310025　网址:http://www.zjss.com.cn/　电话:0571-87053213　传真:0571-87053223　E-mail:Gelchen@mail.hz.zj.cn

浙江大学人文旅游研究中心　地址:浙江省杭州市余杭塘路388号人文学院哲学系　邮政编码:310058　网址:http://phil.zju.edu.cn/　电话:0571-88273453　E-mail:Ply5651@163.com　xuhb@zju.edu.cn

浙江大学旅游研究所　地址:浙江省杭州市古墩路浙江大学紫金港校区管理楼　邮政编码:310058　网址:http://www.som.zju.edu.cn/　电话:0571-88206829/88206603　E-mail:zhoulingqiang@zju.edu.cn

浙江大学生态规划与景观设计研究所　地址:浙江省杭州市余杭塘路388号紫金港校区生命科学学院　邮政编码:310058　网址:http://www.zjupdctre.com/　电话:0571-88206605　传真:0571-88206207　E-mail:skyfire@zju.edu.cn　dlp1982@zju.edu.cn

浙江大学宁波理工学院旅游与酒店管理研究所　地址:浙江省宁波市钱湖南路1号　邮政编码:315100　网址:http://www.nit.net.cn/　电话:0574-88130189　传真:0574-88229010　E-mail:huaminlee@163.com

宁波大学旅游经济与文化研究中心　地址:浙江省宁波市江北区风华路818号科学楼10号人文与传媒学院　邮政编码:315211　网址:http://rwcm.nbu.edu.cn/　E-mail:chenjunjing@nbu.edu.cn　电话:0574-87600748　传真:0574-87600750

浙江师范大学城乡规划与景观设计研究中心/旅游开发与规划研究所　地址:浙江省金华市迎宾大道688号地理与环境科学学院　邮政编码:321004　网址:http://lyxy.zjnu.cn/　电话:0579-82282273

温州大学商学院旅游与文化研究中心　地址:浙江省温州市茶山高教园区温州大学北校区商学楼　邮政编码:325035　电话:0577-86680958　传真:0577-86680960　E-mail:sxy@wzu.edu.cn

浙江农林大学风景园林·美丽乡村研究中心/风景园林规划设计研究所/城乡园林规划研究所/生态旅游与健康促进研究中心　地址:浙江省临安市环城北路88号风景园林与建筑学院旅游与健康学院　邮政编码:311300　网址:http://laas.zafu.edu.cn/　电话:0571-63920986　E-mail:yyxyb@zjfc.edu.cn bao99928@188.com

浙江海洋学院海洋旅游研究所　地址:浙江省舟山市定海区海院路18号管理学院　邮政编码:316000　网址:http://61.153.216.111/glxy/　电话:0580-8180392　E-mail:mqc@mx.zjou.net.cn　glxy@zjou.edu.cn

湖州师范学院湖州旅游研究所　地址:浙江省湖州市学士路1号　邮政编码:313000　网址:http://fsxy.hutc.zj.cn/　电话/传真:0572-2321105　E-mail:fsxy1105@hutc.zj.cn　shangxy@hutc.zj.cn

浙江万里学院宁波市旅游发展研究所　地址:浙江省宁波市钱湖南路8号商学院　邮政编码:315100　网址:http://business.zwu.edu.cn/　电话:0574-88222340　E-mail:businessyzh@zwu.edu.cn

浙江外国语学院旅游与休闲研究所　地址:浙江省杭州市文三路140号国际工商管理学院　邮政编码:310012　网址:http://ibac.zjei.net/　电话:0571-88218274　E-mail:stone5078@hotmail.com

安徽省

合肥工业大学旅游研究所　地址:安徽省合肥市屯溪路193号管理学院　邮政编码:230009　网址:http://210.45.244.131:8080/manage/　电话:0551-2904962　E-mail:cyliang@163.com　saiser@foxmail.com

安徽大学工商管理学院旅游规划与研究中心　地址:安徽省合肥市经开区九龙路111号磬苑校区文东楼　邮政编码:230601　网址:http://sba.ahu.edu.cn/　电话:0551-5108040　E-mail:gshxyyb@ahu.edu.cn　ahu_glxy@163.com

安徽农业大学园林规划设计研究所　地址:安徽省合肥市长江西路130号林学与园林学院　邮政编码:230036　网址:http://www.ahau.edu.cn/manage/department/lxy2007/　电话:0551-5781114　E-mail:lxy@ahau.edu.cn　hcl8888@ahau.edu.cn

安徽建筑工业学院环境景观设计研究所/园林景观研究所　地址:安徽省合肥市金寨南路856号建筑与规划学院　邮政编码:230022　网址:http://www.aiai.edu.cn/jgxy/　电话:0551-3828223　E-mail:cheng-hf@163.com

合肥学院旅游管理研究所　地址:安徽省合肥市经济技术开发区始信路40号旅游系　邮政编码:230601　网址:http://www.hfuu.edu.cn/yxjs/lyx/　电话:0551-2159127　E-mail:diaozg@hfuu.edu.cn

池州学院池州生态经济与旅游发展研究中心　地址:安徽省池州市教育园区资源环境与旅游系　邮政编码:247000　网址:http://lyx.czu.edu.cn/　电话:0566-2748608　E-mail:lylmr@sohu.com　wenh1990@tom.com

池州学院资源环境与旅游发展研究中心　地址:安徽省池州市教育园区　邮政编码:247000　网址:http://cret.czu.edu.cn/　电话:0566-2748871　E-mail:ztongl@sina.com

福建省

厦门大学旅游人类学研究中心　地址:福建省厦门市思明南路422号南光1号楼人文学院　邮政编码:361005　网址:http://antho.xmu.edu.cn/rwxy/　电话/传真:0592-2186378　E-mail:anthro@xmu.edu.cn

厦门大学旅游管理与规划研究所　地址:福建省厦门市思明南路422号嘉庚楼群1号楼管理学院　邮政编码:361005　网址:http://sm2.xmu.edu.cn/tourism/lygl/　电话:0592-2187009　传真:0592-2187289　E-mail:hjfucai@xmu.edu.cn

华侨大学中国旅游研究院旅游安全研究基地　地址:福建省泉州市城华北路269号旅游学院　邮政编码:362021　网址:http://ctssr.hqu.edu.cn/　电话:0595-22690013　传真:0595-22693521　E-mail:ctssr2009@126.com　safetyforum@126.com

华侨大学旅游景观规划设计研究中心/旅游科学研究所　地址:福建省泉州市城华北路269号旅游学院　邮

政编码:362021　网址:http://lyxy.hqu.edu.cn/　电话:0595-22690013　传真:0595-22693521　E-mail:lyxy@hqu.edu.cn　lyx@hqu.edu.cn

福建农林大学景观设计研究所　地址:福建省福州市仓山区洪山桥上店路15号石仓楼林学院　邮政编码:350002　网址:http://210.34.80.217/lxy/　电话:0591-83706551　E-mail:zys1960@163.com

福建农林大学旅游科学研究所　地址:福建省福州市仓山区洪山桥上店路15号旅游学院　邮政编码:350002　网址:http://www2.fjau.edu.cn/jjglxy/　E-mail:jgyld@163.com

福建师范大学旅游研究所/旅游规划设计中心　地址:福建省福州市旗山校区地理科学学院　邮政编码:350108　传真:0591-22868223　福建省福州市仓山区上三路8号仓山校区地理科学学院　邮政编码:350007　传真:0591-83465397　网址:http://geo.fjnu.edu.cn/　E-mail:linn_xie@163.com

泉州师范学院旅游研究所　地址:福建省泉州市东海滨城资源与环境科学学院　邮政编码:362000　网址:http://www.qztc.edu.cn/zhxy/　电话:0595-22919980　传真:0595-22919980　E-mail:zhxy@qztc.edu.cn　181445082@qq.com

武夷学院旅游科学研究所　地址:福建省武夷山市武夷大道16号旅游系　邮政编码:354300　网址:http://lyx.wuyiu.edu.cn:88/

江西省

南昌大学旅游规划研究中心/江西省高校人文社会科学重点研究基地　地址:江西省南昌市红谷滩新区学府大道999号经济与管理学院　邮政编码:330031　网址:http://lygh.ncu.edu.cn/　电话:0791-3969461　传真:0791-3969463　E-mail:jgxy@ncu.edu.cn

江西师范大学旅游发展研究中心　地址:江西省南昌市紫阳大道99号历史文化与旅游学院　邮政编码:330022　网址:http://www.jxsdwl.cn/　电话:0791-8120300　E-mail:root@jxsdwl.cn

东华理工大学地貌景观与旅游开发研究所　地址:江西省抚州市学府路56号地球科学学院　网址:http://dcy.ecit.edu.cn/　电话:0794-8250720　传真:0794-8258309　E-mail:liufujun14@163.com

赣南师范学院旅游开发与规划研究所　地址:江西省赣州市开发区黄金校区历史文化与旅游学院　邮政编码:341000　网址:http://wlxy.gnnu.cn/　电话:0797-8393648/8393647　E-mail:wenlvxueyuan@gnnu.cn

九江学院旅游发展研究中心　地址:江西省九江市前进东路551号旅游学院　邮政编码:332005　网址:http://lyxy.jju.edu.cn/　电话:0792-8311117　传真:0792-8311036　E-mail:zhangxm@jju.edu.cn

宜春学院旅游文化研究所　地址:江西省宜春市学府路576号经济与管理学院　邮政编码:336000　网址:http://jgxy.ycu.jx.cn/　电话:0795-3201512　E-mail:ycxyjg@163.com

山东省

青岛市旅游规划建筑设计研究院/青岛市旅游规划研究院　地址:山东省青岛市绍兴三路2号　邮政编码:266001　网址:http://www.qdlygh.com　电话:0532-88081817　传真:85780735　E-mail:qdlygh@vip.sina.com

山东省旅游发展研究中心　地址:山东省济南市历下区千佛山路3号　邮政编码:250012　网址:http://www.sdts.net.cn/web/bmsz/lyfzyjzx/　电话:0531-68606689　传真:0531-68606687　E-mail:sdtrc@126.com

青岛金石旅游规划设计研究院　地址:山东省青岛市市南区贵州路40号瀚海华庭商务二层2207室　网址:http://qdjinshi.show.imosi.com/　电话:0532-82656100　E-mail:qingdaojinshi@vip.163.com

山东大学威海旅游规划研究院　地址:山东省威海市文化西路180号山东大学威海分校　邮政编码:264209　网址:http://lygh.wh.sdu.edu.cn/　电话:0631-5688289　E-mail:zhufeng@sdu.edu.cn　shxy@wh.sdu.edu.cn

山东大学济南文化旅游研究中心　地址:山东省济南市山大南路27号　邮政编码:250100　网址:http://www.history.sdu.edu.cn/　电话:0531-88364626　E-mail:lswh@sdu.edu.cn

中国海洋大学区域旅游开发管理研究所　地址:山东省青岛市崂山区松岭路238号管理学院旅游系　邮政编码:266100　网址:http://www2.ouc.edu.cn/glxy/　E-mail:accouc@yahoo.com.cn

青岛大学旅游研究所　地址:山东省青岛市宁夏路308号旅游学院　邮政编码:266071　网址:http://tourism.

qdu.edu.cn/ 电话:0532-85953633 E-mail:tis@qdu.edu.cn

济南大学旅游发展研究所 地址:山东省济南市舜耕路13号酒店管理学院 邮政编码:250022 网址:http://tour.ujn.edu.cn/ 传真:0531-86394838 E-mail:st_songys@ujn.edu.cn jndx9257@126.com

山东农业大学城乡风景园林研究院 地址:山东省泰安市岱宗大街61号林学院 邮政编码:271018 网址:http://www.sdau.edu.cn/linxue/shengtaishiyanshi/ 电话:0538-8249902 E-mail:liuxia@sdau.edu.cn sdzly369@163.com

曲阜师范大学旅游发展与规划研究中心/旅游科学研究所 地址:山东省曲阜市静轩西路57号地理与旅游学院 邮政编码:273165 网址:http://geo.qfnu.edu.cn/ 电话:0537-4455524 E-mail:dhzh@qfnu.edu.cn qfnulk@163.com geog@qfnu.edu.cn

临沂大学区域旅游开发与规划研究所/区域旅游经济研究所 地址:山东省临沂市双岭路中段商学院 邮政编码:276000 网址:http://business.lyu.edu.cn/colum3/ 电话:0539-8766270 E-mail:business@lyu.edu.cn

潍坊学院潍坊旅游经济研究所 地址:山东省潍坊市东风东街5147号历史文化与旅游学院 邮政编码:261061 网址:http://zsx.wfu.edu.cn/ 电话/传真:0536-8785282 E-mail:yyhan63918@sina.com yxjjfs@yahoo.com.cn

滨州学院旅游经济研究所 地址:山东省滨州市黄河五路391号建筑与城乡规划系 邮政编码:256600 网址:http://dlly.bzu.edu.cn/ 电话:0543-3190099 E-mail:bzxydlx@126.com

泰山学院旅游研究所/旅游规划中心 地址:山东省泰安市迎宾大道中段旅游与资源环境学院 邮政编码:271021 网址:http://www2.tsu.edu.cn/www/lyx/ 电话:0538-6715613 传真:0538-6715208 E-mail:mengh2003@126.com

河南省

河南省文化产业发展研究院旅游规划设计研究所 地址:河南省郑州市东明路193号 邮政编码:450008 网址:http://www.hncidi.org.cn/ 电话:0371-65920918 传真:0371-65920918 E-mail:txhh001@126.com

郑州大学景区规划设计中心/旅游发展研究中心 地址:河南省郑州市高新技术开发区科学大道100号旅游管理学院 邮政编码:450001 网址:http://www2.zzu.edu.cn/lygl/ 电话:0371-67783135 E-mail:wdx@zzu.edu.cn

郑州大学历史文化遗产保护研究中心旅游文化与规划研究所 地址:河南省郑州市高新技术开发区科学大道100号(新区)历史与考古系 邮政编码:450001 网址:http://www2.zzu.edu.cn/history/wb/ 电话:0371-67783030/67763203 E-mail:hanguohe@zzu.edu.cn xjp@zzu.edu.cn

河南大学旅游规划发展中心 地址:河南省开封市明伦街85号明伦校区历史文化学院 邮政编码:475004 网址:http://lsxy.henu.edu.cn/ 电话:0378-2868833 E-mail:szwgr@sohu.com dyxxds@163.com

河南大学河南省区域发展与规划研究中心/区域旅游资源开发与规划研究所/旅游与城乡规划中心 地址:河南省开封市河南大学金明校区环境与规划学院 邮政编码:475004 网址:http://218.196.194.3:8080/site/ 电话:0378-3881850/3881864

河南科技大学景观设计中心 地址:河南省洛阳市涧西区天津路70号林学院 邮政编码:471003 网址:http://lx.haust.edu.cn/ 电话:0379-64282656 E-mail:l-ds@163.com

河南财经政法大学河南省旅游发展研究所/旅游与文化研究所/旅游发展与规划研究所 地址:河南省郑州市金水东路旅游与会展学院 邮政编码:450011 网址:http://www3.huel.edu.cn/jxky/ly/ 电话:0371-63519128 E-mail:lyx@hnufe.edu.cn

河南师范大学中原历史文化资源利用与旅游开发研究所 地址:河南省郑州市金水东路社会发展学院 邮政编码:450011 网址:http://www3.huel.edu.cn/jxky/ly/ 电话:0371-63519128 E-mail:lyx@hnufe.edu.cn

华北水利水电学院景观设计研究所 地址:河南省郑州市北环路36号建筑学院 邮政编码:450011 网址:http://www5.ncwu.edu.cn/jianzhu/

洛阳师范学院洛阳市旅游规划与开发中心　地址:河南省洛阳市龙门大道71号历史文化学院　网址:http://bmzy.lynu.edu.cn:88/lsxweb/　E-mail:lyzgc@sina.com

河南科技学院景观规划设计中心　地址:河南省新乡市华兰大道东端园林学院　邮政编码:453003　网址:http://yuanlin1.hist.edu.cn/　E-mail:xiaozhang@hist.edu.cn

湖北省

千府国际旅游与城乡规划研究中心　地址:湖北省武汉市光谷大道77号光谷金融港B5栋1602-1702室　网址:http://www.kmroo.com/　电话:027-87573240　E-mail:wuhu135@126.com　keymen01@126.com

武汉大学景观文化规划研究所　地址:湖北省武汉市武昌区珞珈山哲学学院　邮政编码:430072　网址:http://philosophy.whu.edu.cn/　电话:027-68752861　传真:027-68752860　E-mail:whchen@whu.edu.cn

中国地质大学(武汉)旅游发展研究院　地址:湖北省武汉市鲁磨路388号经济管理学院　邮政编码:430074　网址:http://jgxy.cug.edu.cn/　电话:027-87566496　E-mail:ylyzb@cug.edu.cn

中南财经政法大学旅游经济研究所　地址:湖北省武汉市洪山区南湖南路1号工商管理学院　邮政编码:430074　网址:http://gsxy.znufe.edu.cn/　电话:027-88386757　E-mail:gsxy1999@yahoo.com.cn

华中农业大学园林规划设计研究院　地址:湖北省武汉市洪山区南湖狮子山街1号园艺林学学院　邮政编码:430070　网址:http://linx.hzau.edu.cn/　电话:027-87286969　传真:027-87282010　E-mail:yylx@mail.hzau.edu.cn

华中师范大学旅游规划与景观设计研究院/中国旅游科学院武汉分院　地址:湖北省武汉市珞喻路152号城市与环境科学学院　邮政编码:430079　网址:http://cta-wh.ccnu.ed.cn/　电话:027-67862786　传真:027-67868305　E-mail:wuhancta@163.com

中南民族大学旅游发展研究中心　地址:湖北省武汉市洪山区民院路708号管理学院　邮政编码:430074　网址:http://som.scuec.edu.cn/　电话:027-67843646　E-mail:zhjacc@yahoo.com.cn　baosxiang@163.com

长江大学园林景观规划设计研究院　地址:湖北省荆州市荆秘路88号园艺园林学院　邮政编码:434025　网址:http://yl.yangtzeu.edu.cn/　电话:0716-8066260　传真:0716-8066262

三峡大学旅游研究所　地址:湖北省宜昌市大学路8号经济与管理学院　邮政编码:443002　网址:http://jg.ctgu.edu.cn/　电话:0717-6392301　E-mail:dxd@ctgu.edu.cn

江汉大学旅游管理与发展研究所　地址:湖北武汉经济技术开发区商学院　邮政编码:430056　网址:http://researchd.jhun.edu.cn/kyjd/lys/　电话:027-84226649　传真:027-84226646　E-mail:emhqx@126.com

武汉科技大学湖北产业政策与管理研究中心旅游发展研究所　地址:湖北省武汉市青山和平大道947号管理学院　邮政编码:430081　网址:http://www.em.wust.edu.cn/jd　电话:027-68862474转812　E-mail:lyzdm@sohu.com

湖北师范学院鄂东旅游资源研究所　地址:湖北省黄石市磁湖路11号历史文化学院　邮政编码:435002　网址:http://www.zxlszy.com/　电话:0714-6511930　E-mail:dapeng3951256@163.com

湖北经济学院旅游规划与发展研究院　地址:湖北省武汉市江夏区藏龙岛科技园洋湖大道特1号旅游与酒店管理学院　邮政编码:430205　网址:http://lyxy.hbue.edu.cn/　电话:027-81973975　E-mail:yuankun447@msn.com　wjglyx1125@163.com　lyxy@hbue.edu.cn

荆楚理工学院荆楚旅游经济研究所　地址:湖北荆门市象山大道33号　邮政编码:448000　网址:http://kyc.jcut.edu.cn/　电话:0724-2356536　E-mail:secretary@jmun.edu.cn

湖北民族学院鄂西生态文化旅游研究中心(湖北省高校人文社会科学重点研究基地)　地址:湖北省恩施市学院路39号修远楼　邮政编码:445000　网址:http://www.hbmy.edu.cn/templet/exlyyjzx/　电话:0718-8438945　传真:0718-8437832　E-mail:357951657@qq.com　lijiechn@126.com

黄冈师范学院大别山旅游经济与文化研究中心(湖北省高校人文社会科学重点研究基地)　地址:湖北省黄冈市开发区新港二路146号　网址:http://dbsyjzx.hgnu.edu.cn/　电话/传真:0713-8833698

湖南省

湖南省经济地理研究所旅游地理研究室　地址:湖南省长沙市天心区青园路506号　邮政编码:410004　网址:http://www.hnkxy.com/　电话:0731-82829479　E-mail:kxydls@hnst.gov.cn　moeg@public.cs.hn.cn

湖南大学生态环境旅游规划中心/旅游可持续发展研究所　地址:湖南省长沙市岳麓山环境科学与工程学院　邮政编码:410082　网址:http://ee.hnu.cn/　电话:0731-8649208　传真:0731-88823701　E-mail:zgming@hnu.cn　yxz@hnu.net.cn

湖南师范大学湖南省旅游与休闲研究基地(湖南省社科研究基地)/旅游研究所/会展与休闲文化研究中心　地址:湖南省长沙市麓山路36号旅游学院　邮政编码:410081　网址:http://lyxy.hunnu.edu.cn/　电话:0731-88872074　传真:0731-88872138　E-mail:tc@hunnu.edu.cn

吉首大学生态旅游应用技术湖南省重点实验室　地址:湖南省吉首市人民南路120号生物资源与环境科学学院　邮政编码:416000　网址:http://biorec.jsu.edu.cn/　电话/传真:0743-8564416　E-mail:chengx@jsu.edu.cn

湘潭大学红色旅游研究中心(湖南省旅游研究基地)/旅游应用研究所　地址:湖南省湘潭市旅游管理学院　邮政编码:411105　网址:http://lgy.web.xtu.edu.cn:8081/　电话:0731-58293548　E-mail:styyb@163.com　linlongfei@163.com

中南林业科技大学湖南省可持续旅游研究基地(湖南省社会科学研究基地)/森林旅游研究中心/景观与可持续发展研究中心/武陵源世界遗产可持续旅游国际合作定位观测站　地址:湖南省长沙市韶山南路498号旅游学院　邮政编码:410004　网址:http://lyxy.csuft.edu.cn/　电话:0731-85623400　E-mail:yongde65@yahoo.com.cn　csfulmc@163.com

湖南城市学院景观规划与设计研究所　地址:湖南省益阳市益阳大道238号建筑与城市规划学院　邮政编码:413000　网址:http://ghx.hncu.net/　电话:0737-4233101　传真:0737-4244250　E-mail:cysjy@vip.163.com

湖南理工学院洞庭湖旅游经济研究所　地址:湖南省岳阳市学院路旅游系　邮政编码:414006　网址:http://jgxi.hnist.cn/　电话:0730-8646343　传真:0730-8640497　E-mail:yxr8847009@163.com　jgx8646343@163.com

衡阳师范学院旅游规划设计研究所　地址:湖南省衡阳市黄白路165号资源环境与旅游管理系　邮政编码:421008　网址:http://zlx.hynu.cn/　电话:0734-8486664　E-mail:Luowen3331@126.com　wangpengnju@163.com　xdongx520@126.com

怀化学院旅游研究所　地址:湖南省怀化市迎丰东路612号工商管理系　邮政编码:418008　网址:http://gsx.hhtc.edu.cn/　电话:0745-2861693　传真:0745-2863751　E-mail:gsglx2008@163.com

湖南工学院旅游规划研究所　地址:湖南省衡阳市珠辉区衡花路18号经济与管理系　邮政编码:421002　网址:http://www2.hnpu.edu.cn/xbsz/jgx/　E-mail:rdiy@qq.com

湖南财政经济学院旅游经济研究所　地址:湖南省长沙市枫林二路139号　邮政编码:410205　网址:http://www.hncz.edu.cn/　电话:0731-88811032　E-mail:caj-cd@tsinghua.edu.cn

广东省

中国旅游规划设计研究院　地址:广东省深圳南山区蛇口太子路18号海景广场27A/香港九龙尖沙嘴金马伦道26-28号金垒商业中心1401室　邮政编码:518000　网址:http://www.ctpihk.com.cn/　电话:13502891602/00852-23162418　传真:0755-26888184/00852-23167418　E-mail:szala@126.com　HK-pala◎hotmail.com

广州地理研究所风景与旅游规划中心　地址:广东省广州市先烈中路100号大院　邮政编码:510070　网址:http://www.tour-plan.com/　电话:020-37656565　传真:020-87685006　E-mail:tourism510@163.com

广东省社会科学院旅游研究所　地址:广东省广州市天河北路369号　邮政编码:510610　网址:http://www.gdtri.org/　电话:020-38804275　E-mail:wwgzqq@163.com　yyhh99@21cn.com

广州旅游规划研究中心　地址:广东省广州市环市西路180号　邮政编码:510010　电话:020-86679258　E-mail:13922438313@163.net

中山大学规划设计研究院　地址:广东省广州市新港西路135号地环大楼地理科学与规划学院　邮政编码:

510275　网址:http://gp.sysu.edu.cn/　电话:020-84032834　传真:020-84112593　E-mail:liulin2@mail.sysu.edu.cn　zuozhl@mail.sysu.edu.cn

华南理工大学—美国普渡大学广州国际旅游研究中心　地址:广东省广州市番禺区小谷围岛广州大学城经济与贸易学院　邮政编码:510006　电话:020-39380738　网址:http://www.scut.edu.cn/economy/　传真:020-39380768　E-mail:csmqi@scut.edu.cn　adycwu@scut.edu.cn　x2jm@scut.edu.cn

暨南大学旅游规划设计研究院　地址:广东省广州市黄埔大道西601号惠全楼管理学院旅游系　邮政编码:510632　网址:http://itpd.jnu.edu.cn/main/　电话:020-85227106　传真:020-85228243　E-mail:olygl@jnu.edu.cn

广东财经大学旅游管理与规划设计研究院　地址:广东省广州市海珠区仑头路21号　邮政编码:510320　网址:http://tmpa.gdufe.edu.cn/　电话:020-84096702　传真:020-84096807　E-mail:gdcjdxtmpa@sina.com　1138218921@qq.com

深圳大学旅游规划与管理研究所　地址:广东省深圳市南山区南海大道3688号文科楼管理学院　邮政编码:518060　网址:http://ma.szu.edu.cn/　电话:0755-26536121　传真:0755-26534451

华南农业大学风景园林设计研究院/热带园林研究中心　地址:广东省广州市天河区五山路284号林学院　邮政编码:510640　网址:http://xy.scau.edu.cn/linxue/　电话:020-85280962　E-mail:zcxu@scau.edu.cn　xyzhuang@scau.edu.cn　lxy@scau.edu.cn

华南师范大学旅游研究所　地址:广东省广州市石牌地理科学学院　邮政编码:510631　网址:http://geography.scnu.edu.cn/　电话:020-85211380　传真:020-85215910　E-mail:zhangzsh@yahoo.com　dl06@scnu.edu.cn　DL01@scnu.edu.cn

广州大学旅游研究与规划策划中心　地址:广东省广州市番禺区大学城外环西路230号社科东楼旅游学院　邮政编码:510006　网址:http://ly.gzhu.edu.cn/　电话:020-39366849　传真:020-39366845　E-mail:mynew@126.com　lyxy@gzhu.edu.cn

肇庆学院旅游研究与规划中心　地址:广东省肇庆市端州区迎宾大道旅游学院　邮政编码:526061　网址:http://lyxy.zqu.edu.cn　电话:0758-2752186　E-mail:yangyanjiang02@163.com

仲恺农业工程学院园林景观研究所　地址:广东省广州市海珠区仲恺路501号园艺园林学院　邮政编码:510225　网址:http://www.zhku.edu.cn/depa/nonglin/　E-mail:nlxyzk@163.com　191935162@qq.com

嘉应学院旅游发展研究中心　地址:广东省梅州市梅松路工业大楼地理科学与旅游学院　邮政编码:514015　网址:http://www.jyu.edu.cn/dili/　电话:0753-2186956　E-mail:luoyingxin@163.com　xxk611@21cn.com

佛山科学技术学院旅游开发与规划研究中心　地址:广东省佛山市江湾一路18号基础实验楼环境与土木建筑学院　邮政编码:528000　网址:http://www.fosu.edu.cn/hjtmjz/　电话:83961117　E-mail:hjxym@fosu.edu.cn

广西壮族自治区

广西大学风景园林研究所　地址:广西南宁市大学路100号林学院　邮政编码:530004　网址:http://lxy2.gxu.edu.cn/　电话:0771-3271428　E-mail:6195149@qq.com

广西大学生态经济与游憩管理研究中心/环境景观科学研究中心/生态与旅游科学研究院　地址:广西南宁市大学路100号　邮政编码:530004　网址:http://eco.gxu.edu.cn/　电话/传真:0771-3272076　E-mail:wenjun8852@163.com

广西师范大学旅游研究所　地址:广西桂林市育才路15号文学院　邮政编码:541004　网址:http://www.cllc.gxnu.edu.cn/　电话:0773-5846272

广西师范大学旅游与文化产业研究中心　地址:广西桂林市育才路15号育才校区　邮政编码:541004　桂林市王城1号王城校区历史文化与旅游学院　邮政编码:541001　网址:http://www.wlxy.gxnu.edu.cn/　电话:0773-2804985　E-mail:zcs0145@qq.com　wlxy0773@163.com

广西民族大学旅游规划研究中心　地址:广西南宁市大学东路188号管理学院　邮政编码:530006　网址:

http://glxy.gxun.edu.cn/ 电话:0771-3260262/3264786 E-mail:651551714@qq.com lwsh76@163.com

桂林理工大学旅游规划设计研究院 地址:广西桂林市建干路12号旅游学院 邮政编码:541004 网址:http://departs.glite.edu.cn/lyxy/ 电话:0771-3698832

广西师范学院旅游规划与发展研究中心 地址:广西南宁明秀东路175号经济管理学院 邮政编码:530001 网址:http://www2.gxtc.edu.cn/management/ 电话:0771-3903363 传真:0771-3908312 E-mail:gxwhm@126.com wxf6262@163.com

桂林旅游高等专科学校广西旅游科学研究所 地址:广西桂林市雁山区雁山镇良丰路26号 邮政编码:541006 网址:http://202.103.243.131:180/ 电话:0773-3691009 传真:0773-3690008 E-mail:gllz@glit.cn

海南省

海南旅游发展规划研究院 地址:海南省海口市美兰区海府路6号海旅大楼6层 电话:0898-65322869 E-mail:65322869@qq.com

海南省生态旅游策划研究院 地址:海南省海口市国贸大道16-2号帝国大厦A1502室 邮政编码:570125 网址:http://www.hnlych.com/ 电话/传真:0898-68650159 E-mail:532034611@qq.com

海南大学国际旅游岛发展研究院/旅游开发与规划研究所 地址:海南省海口市人民大道58号旅游学院 邮政编码:570228 网址:http://www.hainu.edu.cn/lvyou 电话:0898-66258711

海南师范大学海南旅游发展规划研究中心 地址:海南省海口市龙昆南路99号地理与旅游学院 邮政编码:571158 网址:http://second.hainnu.edu.cn/yuanxisz/Dili/ 电话:0898-65884244 E-mail:bh@hainnu.edu.cn tangban@sina.com

海口经济学院旅游研究所 地址:海南省海口市国兴大道文坛路2号旅游学院 邮政编码:570203 网址:http://202.100.229.26/web/tour/ 电话:0898-65396524 E-mail:xybgs@hkc.edu.cn gaojiaoyanjiu@sohu.com

重庆市

西南大学统筹城乡发展研究院旅游产业发展研究中心 地址:重庆市北碚区天生路2号 邮政编码:400716 网址:http://tccxyjy.swu.edu.cn/tccsfzyjy/ 电话:023-68254475/68250762 E-mail:yangpan@swu.edu.cn qqw@swu.edu.cn

重庆师范大学重庆旅游发展研究中心/科林旅游规划研究中心 地址:重庆市沙坪坝区天陈路12号旅游学院 邮政编码:400047 网址:http://cctrd.cqnu.edu.cn/ 电话:023-65362853 传真:023-65362385 E-mail:cqnutc@126.com cqtourist@163.net

重庆文理学院旅游发展研究中心 地址:重庆市永川区红河大道319号旅游学院 邮政编码:402160 网址:http://tourism.cqwu.net/ 电话:023-49685276 E-mail:tourism@cqwu.net

四川省

四川省地质矿产勘查开发局区域地质调查队生态环境旅游资源调查所 地址:四川省成都市双流县华阳街道通济桥下街198号 邮政编码:610213 网址:http://www.scqd.com/ 电话:028-85642060 传真:028-85642076 E-mail:scqdmail@163.com

四川省社会科学院四川省旅游发展研究中心 地址:四川省成都市一环路西一段155号 邮政编码:610071 网址:http://www.sass.cn/ 电话:028-87022598 E-mail:sss@sss.net.cn ahrain917@sohu.com

四川大学旅游规划及开发研究所 地址:四川省成都市望江路29号望江校区文科楼历史旅游学院 邮政编码:610064 网址:http://historytourism.scu.edu.cn/ 电话:028-85412312 传真:028-85412804 E-mail:scu85412804@163.com scu85415310@163.com

西南财经大学旅游管理研究所 地址:四川省成都市外西光华村街55号光华校区工商管理学院 邮政编码:610074 网址:http://gs.swufe.edu.cn/ 电话:028-87352262 传真:028-87352305 E-mail:yangd@swufe.edu.cn fengli@swufe.edu.cn liyq@swufe.edu.cn

**西南民族大学旅游与城乡规划设计研究院/旅游策划设计中心/生态旅游研究中心/世界文化与自然遗产研究

中心 地址:四川省成都市一环路南四段16号旅游与历史文化学院 邮政编码:610041 网址:http://222.210.17.141:90/lvyou/ 电话:028-85707993 E-mail:tengjianxu@sina.com

四川农业大学风景园林工程四川省高校重点实验室 地址:四川省成都市温江区东北路555号成都校区风景园林学院 邮政编码:611130 网址:http://fjylxy.sicau.edu.cn/ 电话:028-65368947 E-mail:adxiaocheng@sina.cn

四川师范大学旅游发展研究所 地址:四川省成都市锦江区静安路5号历史文化与旅游学院 邮政编码:610068 网址:http://hist.sicnu.edu.cn/ 电话:028-84760823 传真:028-84760745 E-mail:ll-yzh@163.com ll-shji@163.com ll-jxfyzh1@163.com

四川师范大学城乡规划与景观设计研究所 地址:四川省成都市龙泉驿区成龙大道二段1819号地理与资源科学学院 邮政编码:610101 网址:http://geo.sicnu.edu.cn/ 电话/传真:028-84760385 E-mail:geoygl@163.com huaill@163.com zhaojf@ms.xjb.ac.cn

四川师范大学旅游与城乡规划研究院 地址:四川省成都市锦江区静安路5号 邮政编码:610068 网址:http://kyc.sicnu.edu.cn/ 电话:028-84764405/84760695 E-mail:scsdkyc@sicnu.edu.cn

四川理工学院旅游发展研究所 地址:四川省自贡市汇兴路学苑街180号经济与管理学院 邮政编码:643000 网址:http://glx.suse.edu.cn/ E-mail:president@suse.edu.cn glx@suse.edu.cn

乐山师范学院四川旅游发展研究中心(旅游规划研究所、世界遗产研究所、旅游文化研究所和生态旅游研究所,四川省哲学社会科学重点研究基地) 地址:四川省乐山市滨河路778号旅游与经济管理学院 邮政编码:614004 网址:http://lyfz.lstc.edu.cn/ 电话:0833-2271010 E-mail:lyfzyjzx@lsnu.edu.cn lvjx@lstc.edu.cn

绵阳师范学院旅游发展与规划研究中心 地址:四川省绵阳市仙人路一段30号历史文化与旅游管理学院 邮政编码:626001 网址:http://lgx.mnu.cn/ 电话:0816-2200056

绵阳师范学院旅游文化研究所 地址:四川省绵阳市仙人路一段30号 邮政编码:621001 网址:http://yjy.mnu.cn/ 电话:0816-2200048 E-mail:zxsu@mnu.edu.cn mytckjc@yahoo.com.cn

攀枝花学院民俗文化与旅游产业发展研究所 地址:四川省攀枝花市东区机场路10号人文社科学院 邮政编码:617000 网址:http://rwxy.pzhu.edu.cn/ 电话:0812-33723338 E-mail:lycc@163.com 752875498@qq.com

贵州省

贵州大学旅游·地产规划研究院/智慧旅游研究中心/旅游经济研究中心 地址:贵州省贵阳市花溪区贵州大学北校区旅游与文化产业学院 邮政编码:550025 网址:http://tci.gzu.edu.cn/ 电话:0851-88293016 E-mail:hs@gzu.edu.cn

贵州师范大学贵州旅游文化研究传播中心/贵州省乡村旅游发展中心 地址:贵州省贵阳市云岩区宝山北路116号国际旅游文化学院 邮政编码:550001 网址:http://lyxy.gznu.edu.cn/ 电话:0851-6763299

贵州师范学院区域旅游研究所 地址:贵州省贵阳市乌当区高新路115号地理与旅游学院 邮政编码:550018 网址:http://dili.gzhnc.edu.cn/ 电话:0851-5811045 E-mail:fangshanglil@21cn.com lejingli987@sina.com.cn xuqiangluo@163.com

黔南民族师范学院夜郎文化与人文旅游研究所 地址:贵州省都匀市经济开发区历史与社会文化系 邮政编码:558000 网址:http://www.sgmtu.edu.cn/department/lsyshwhx/ 电话:0854-8737138 E-mail:moutain2000@sohu.com

贵州民族学院民族文化与旅游开发研究所/旅游与影视人类学研究所 地址:贵州省贵阳市花溪区旅游与航空服务学院 邮政编码:550025 网址:http://www.gznc.edu.cn/yxsz/lyxy/ 电话/传真:0851-3610303 E-mail:TA@gznc.edu.cn

凯里学院民族地区旅游研究所 地址:贵州省凯里经济开发区开元大道3号旅游与经济发展学院 邮政编码:556011 网址:http://www.kluniv.cn/nyjjfzxy/ E-mail:lyxydzzsjxx@163.com

云南省

中国旅游文化发展研究院　地址:云南省昆明市五华区翠湖公园莲华禅院　网址:http://www.ctcdi.com/　电话/传真:0871-65316027　E-mail:1812640001@qq.com

云南大学旅游研究所　地址:云南省昆明市五华区翠湖北路2号工商管理与旅游管理学院　邮政编码:650091　网址:http://www.bts.ynu.edu.cn/　E-mail:btms@ynu.edu.cn

云南农业大学休闲农业与乡村旅游研究所　地址:云南省昆明市北郊黑龙潭人文社会科学学院　邮政编码:650201　网址:http://rwxy.ynau.edu.cn/　电话:0871-5227853　E-mail:rwshkxxy@126.com

云南师范大学旅游规划研究中心　地址:云南省昆明市121大街298号旅游与地理科学学院　邮政编码:650092　网址:http://tgsf.ynnu.edu.cn/new/　电话:0871-5516077　E-mail:mingqingzhong01@163.com　huasong00@yahoo.com.cn　kmdcynu@163.com

云南师范大学文理学院(独立)旅游发展研究中心　地址:云南省昆明市龙泉路岗头村627号旅游系　邮政编码:650222　网址:http://www.ysdwl.cn/　电话/传真:0871-5825028/5810959　E-mail:ynwlzb@163.com

西南林业大学国家生态旅游规划与休闲研究所/公园发展研究所/旅游社区发展研究中心/国际生态旅游研究中心　地址:云南省昆明市白龙寺生态旅游学院　邮政编码:650224　网址:http://www.ecoetf.com/　电话:0871-3863002　E-mail:wcmkjc@swfc.edu.cn　ybkjc@swfc.edu.cn　liuxy11@126.com　dzr@swfc.edu.cn

玉溪师范学院旅游规划与开发研究所　地址:云南省玉溪市凤凰路134号商学院　邮政编码:653100　网址:http://bs.yxnu.net/　电话:0877-2050488　E-mail:fangzengfu@yxtc.net

昆明学院旅游研究所　地址:云南省昆明市昆明经济开发区浦新路2号旅游系　邮政编码:650214　网址:http://lyx.kmu.edu.cn/　电话:0871-5382488　E-mail:lyxsjzr@163.com

西藏自治区

西藏大学西藏旅游与发展研究所　地址:西藏拉萨市江苏路36号旅游与外语学院　邮政编码:850000　网址:http://lwy.utibet.edu.cn/　电话:0891-6324641　E-mail:ylwy@utibet.edu.cn

陕西省

陕西中西部经济发展规划研究院旅游规划研究所　地址:陕西省西安市小寨东路88号大唐商务大厦A320-A326　邮政编码:710061　网址:http://www.cnedpa.org/　电话/传真:029-85752025　E-mail:westjj@263.net

陕西远见旅游规划设计研究院　地址:陕西省西安市西高新区唐延路枫叶新都市嵘园1-102室　邮政编码:710075　网址:http://www.yuanjian.net　电话:029-88390521　传真:029-88390531　E-mail:xayj@yuanjian.net

西安市社会科学院西安旅游设计研究院/西安文物旅游资源开发中心　地址:陕西省西安市西影路74号　邮政编码:710061　网址:http://www.xass.gov.cn/　电话/传真:029-85525011　E-mail:lingdaocanyue@126.com

西安交通大学古迹与古建筑研究中心　地址:陕西省西安市咸宁西路28号人居环境与建筑工程学院　邮政编码:710049　网址:http://hsce.xjtu.edu.cn/　电话:029-83395100　传真:029-82665111　E-mail:dian-z@mail.xjtu.edu.cn　guzhaoln@mail.xjtu.edu.cn　fhwang@mail.xjtu.edu.cn

陕西师范大学西安旅游规划设计研究院/中国旅游科学院西部旅游发展研究基地　地址:陕西省西安市长安区西长安街620号旅游与环境学院　邮政编码:710119　网址:http://geog.snnu.edu.cn/　电话:029-85310525　传真:029-85310528　E-mail:myfmx@snnu.edu.cn　wangxf@snnu.edu.cn　lhybgs@snnu.edu.cn

西北大学旅游开发与规划研究中心　地址:陕西省西安市郭杜教育产业园区学府大道1号经济管理学院　邮政编码:710118　网址:http://ems.nwu.edu.cn/　电话:029-88308227　传真:029-88308261　E-mail:jgxymail@163.com

西安外国语大学国际旅游研究中心/旅游规划与研究中心　地址:陕西省西安市郭杜教育科技产业开发区文苑南路旅游学院　邮政编码:710128　网址:http://222.90.76.146/lyxy　电话:029-85319374　传真:029-85319424　E-mail:wanglixia@xisu.edu.cn　lixishe@xisu.edu.cn

陕西理工学院秦岭与蜀道旅游开发研究所　地址:陕西省汉中市朝阳路历史文化系　邮政编码:723001　网

址:http://www1.snut.edu.cn/lswh/ 电话:0916-2641901 E-mail:iangzhongxiao018@126.com

咸阳师范学院咸阳旅游发展与规划研究所 地址:陕西省咸阳市文林路东段旅游与资源环境学院 邮政编码:712000 电话:029-33722032 网址:http://www.xysfxy.cn/structure/jgsz/jxjg/zcx/

甘肃省

兰州大学国际酒店与旅游管理研究所 地址:甘肃省兰州市天水路222号管理学院 邮政编码:730000 网址:http://ms.lzu.edu.cn/ 电话:0931-8912252 E-mail:baogx@lzu.edu.cn tianzhh@lzu.edu.cn hexin85@yahoo.com.cn

兰州大学城市科学与旅游研究中心/旅游规划设计研究院 地址:甘肃省兰州市天水南路222号资源环境学院 邮政编码:730000 网址:http://geoscience.lzu.edu.cn/ 电话:0931-8912627 传真:0931-8912449 E-mail:wangna@lzu.edu.cn cees@lz.edu.cn

兰州交通大学旅游景观研究中心 地址:甘肃省兰州市安宁区安宁西路88号艺术学院 邮政编码:730070 网址:http://www1.lzjtu.edu.cn/ysxy/ 电话:0931-4956503 E-mail:bg-ad@mail.lzjtu.cn

西北师范大学旅游资源开发与规划设计中心/甘肃省旅游研究院 地址:甘肃省兰州市安宁区安宁东路967号旅游学院 邮政编码:730070 网址:http://www.nwnu.edu.cn/ 电话:0931-7971701 传真:0931-7970605 E-mail:lyxybgs@nwnu.edu.cn

西北师范大学城市规划与旅游景观设计研究院 地址:甘肃省兰州市安宁东路967号地理与环境科学学院 邮政编码:730070 网址:http://dhxy.nwnu.edu.cn/ 电话:0931-7971565 E-mail:wuyongwei@nwnu.edu.cn

天水师范学院风景园林规划设计研究所 地址:甘肃省天水市秦州区藉河南路生命科学与化学学院 邮政编码:741001 网址:http://210.26.24.56/pub/shxy/ 0938-8366107 E-mail:chenjunliang0315@126.com

甘肃联合大学地方文化与旅游发展研究所 地址:甘肃省兰州市城关区北面滩400号 邮政编码:730000 网址:http://dfwh.gsu.edu.cn/ 电话/传真:0931-8685110 E-mail:gsdfwh@163.com

青海省

青海民族大学青海省旅游文化研究所 地址:青海省西宁市八一中路3号 邮政编码:810007 网址:http://219.247.255.20:8003/JXBM/gsglxyindex.asp 电话:0971-8867731 E-mail:zxh6619@126.com pingwei_di@yahoo.com.cn

宁夏回族自治区

宁夏景元旅游规划设计研究院 地址:宁夏银川市北京东路375号宁夏旅游局3楼 邮政编码:750004 网址:http://www.nxjingyuan.net/ 电话:0951-6735360 传真:0951-6725560 E-mail:nxjingyuan@163.com

新疆维吾尔自治区

中国科学院新疆生态与地理研究所新疆旅游开发与规划研究中心 地址:新疆乌鲁木齐市北京南路40号附3号 邮政编码:830011 网址:http://www.egi.cas.cn/jgsz/ 电话:0991-3837173 E-mail:yanshun46@163.net

新疆全景旅游规划研究院 地址:新疆乌鲁木齐平川北路98号西湖小镇2-1-1002 网址:http://www.xjtpd.com/ 电话:0991-6768299 传真:0991-6768189

第二章 中国旅游研究学术刊物

一、4种旅游类学术核心期刊[1]

旅游学刊 刊期:月刊 主管单位:北京市教育委员会 主办单位:北京联合大学旅游学院 主编:黄先开 地址:北京市朝阳区北四环东路99号 邮政编码:100101 网址:http://www.lyxk.com.cn/ 电话/传真:010-64909224 E-mail:lyxk@vip.sina.com lyxka@tom.com 国际标准刊号:ISSN1002-5006 国内统一刊号:CN11-1120/K 国内邮发代号:82-396 国外发行代号:M1153 开本:大16开 定价:20元/期 创刊日期:1986-01-01 主要刊登能反映旅游学科最高学术水平的最新研究成果、旅游学与相邻学科的综合研究进展、与旅游业发展密切相关的重要应用研究的学术论文及有研究和实践价值的调查报告。重视研究的新深度和新视角,注重理论与实际的结合,并力图及时反映产业发展的新态势、新思路、新经验、新问题。

旅游科学 刊期:双月刊 主管单位:上海市教育委员会 主办单位:上海师范大学旅游学院 主编:高峻 地址:上海市徐汇区桂林路100号12号楼211室 邮政编码:200234 网址:http://lykx.sitsh.edu.cn/ 电话/传真:020-64322594 E-mail:lykx@shnu.edu.cn 国际标准刊号:ISSN1006-575X 国内统一刊号:CN31-1693/K 国内邮发代号:4-654 开本:大16开 定价:8元/期 创刊日期:1987-01-01 主要刊登经济学、管理学、地理学、生态学、社会学、人类学、心理学等多学科视角及研究方法的旅游研究成果。设学术论文、新视野、旅游教育、书评等四大板块,以学术论文为主,不定期开设后3个栏目。

北京第二外国语学院学报 刊期:月刊 主管单位:北京市教育委员会 主办单位:北京第二外国语学院 主编:周烈 地址:北京市朝阳区定福庄南里1号 邮政编码:100024 网址:http://journal.bisu.edu.cn/cn/qkjs.asp 电话:010-65778734 传真:010-65778385 E-mail:ewxuebao@126.com 国际标准刊号:SSN1003-6539 国内统一刊号:CN11-2802/H 国内邮发代号:80-630 国外发行代号:M6997 开本:大16开 定价:8元/期 创刊日期:1979-01-01 刊登稿范围集中于"外语"及"旅游"两个学术领域,每期集中一个领域,其中逢单月集中刊登旅游学术成果,主要刊登旅游产业发展研究、旅游理论、饭店管理、旅行社管理、旅游资源开发与管理、旅游产品与市场开发、旅游文化、旅游影响研究、会展经济、旅游目的地、业界之声、旅游政策与法规、旅游规划及国外旅游研究前沿等方面的文章。

旅游论坛 刊期:双月刊 主管单位:广西旅游局 主办单位:桂林旅游高等专科学校 主编:李肇荣 地址:广西桂林市七星区三里店桂林旅游高等专科学校成教校区 邮政编码:54100 网址:http://www.glbjb.cn/ 电话:0773-5859839 E-mail:gllzbjb@sina.com 国际标准刊号:ISSN1008-6080 国内统一刊号:CN45-1249/K 国内邮发代号:48-139 开本:大16开 定价:8元/期 创刊日期:1989-01-01 开设栏目有:旅游理论研究、旅游者研究、旅游资源研究、旅游业研究、旅游市场研究、国际旅游研究、旅游文化研究、旅游教育研究。

二、设有旅游专栏类的中文核心期刊

城市规划 刊期:月刊 主管单位:住房和城乡建设部 主办单位:中国城市规划学会 主编:吴良镛 地址:北京市三里河路9号住房和城乡建设部内 邮政编码:100037 网址:http://csgh.periodicals.net.cn/default.html 电话:010-58323851 传真:010-58323850 E-mail:cityplan@china.com bjb@planning.gov.cn 国际标准刊号:

---

[1]根据在旅游学和旅游规划中的学术影响力及旅游类文章所占比重排名。

ISSN1002-1329　国内统一刊号:CN11-2378/TU　国内邮发代号:82-72　国外发行代号:M672　开本:大16开　定价:22元/期　创刊日期:1977-01-01　主要栏目有:规划研究、研究综述、高层信息、独家专稿、本刊特稿、热点追踪、海外快递、国外规划研究等。虽刊登旅游类文章较少,但与旅游规划同属规划范畴,且发展较为成熟,为旅游规划提供了指导和借鉴。

地理科学　刊期:双月刊　主管单位:中国科学院　主办单位:中国科学院东北地理与农业生态研究所　主编:朱颜明　地址:长春市蔚山路3195号　邮政编码:130012　电话:0431-85542212　E-mail:geoscien@ neigac. ac. cn　国际标准刊号:ISSN 1000-0690　国内统一刊号:CN 22-1124/P　国内邮发代号:8-31　开本:16开　定价:25元/期　创刊日期:1981-01-01　刊登地理学及各分支学科、边缘学科和学科间交叉的具有创新性、前沿性和探索性的学术论文,侧重报道国家自然科学基金项目、国家重点实验室基金项目、国家科技攻关项目和国际合作项目的最新研究成果,支持反映环境遥感和地理信息系统等新技术方法在地理学研究中的应用成果,注重区域性和综合性以及人地关系研究,关注资源、人口、环境、能源以及全球气候和海平面变化等重大课题的学术论文、研究报道、综述、问题讨论、技术方法、学位论文摘要、书评、国内外学术动态和学术活动等。设有论著,综述,研究报道,研究方法,书评,简介等栏目。每期刊登约20篇论文,其中旅游约为2篇~3篇,所占比重为10%~20%。

地理与地理信息科学　刊期:双月刊　主管单位:河北省科学院　主办单位:河北省科学院地理研究所　主编:广新菊　地址:石家庄市西大街94号　邮政编码:050011　电话:0311-6050904　E-mail:hbdls@ heinfo. net　国际标准刊号:ISSN1001-8107　国内统一刊号:CN13-1086/P　国内邮发代号:18-27　开本:16开　定价:12元/期　创刊日期:1985-01-01　刊载内容包括地理学(部门地理学、区域地理学)和地理信息科学两大部分。栏目有:3S研究与应用、数字城市与数字国土、区域经济、环境与生态、旅游开发、可持续发展研究等,基本涵盖了地理学、地理信息科学的前沿与热点。其中每期"旅游开发"板块约有3篇左右文章。

地理学报　刊期:月刊　主管单位:中国科学院、中国科学技术协会　主办单位:中国地理学会、中国科学院地理科学与资源研究所　主编:刘昌明　地址:北京市安外大屯路甲11号　邮政编码:100101　网址:http://www.geog.com.cn/　电话:010-64889295　E-mail:acta@ igsnrr. ac. cn　国际标准刊号:ISSN0375-5444　国内统一刊号:CN11-1856/P　国内邮发代号:2-109　开本:16开　定价:50元/期　创刊日期:1934-01-01　主要刊登能反映地理学科最高学术水平的最新研究成果,地理学与相邻学科的综合研究进展,地理学各分支学科研究前沿理论,与国民经济密切相关并有较大应用价值的地理科学论文。主要栏目有:专题科研论文、研究报道、问题讨论、研究方法、进展、综述、实验、观测和调查等。涵盖区域、城市、产业、土地利用、旅游地理等方面,每期约为13篇~14篇文章,其中旅游地理作为重要的个方面,近年几乎每期必有,旅游地理约占2篇~3篇文章。

地理研究　刊期:月刊　主管单位:中国科学院　主办单位:中国科学院地理科学与资源研究所　主编:刘毅　地址:北京市安外大屯路甲11号　邮政编码:100101　网址:http://www.dlyj.ac.cn/　电话:010-64889584　E-mail:dlyj@ igsnrr. ac. cn　国际标准刊号:ISSN1000-0585　国内统一刊号:CN11-1848/P　国内邮发代号:2-110　开本:16开　定价:45元/期　创刊日期:1982-01-01　主要刊登地理学及其分支学科、交叉学科的有创新性的论文、研究报告,对地理学发展有指导意义的综述、评论,反映国内外地理学进展情况的报道等,是地理学界展示、交流地理学成果的一个最重要的窗口与平台。作为地学综合性期刊,在自然地理、人文地理、生态环境等方面均有所涉及,其中将旅游归到"文化与旅游"板块,约占1/10的篇幅。

地域研究与开发　刊期:季刊　主管单位:河南省科学院　主办单位:河南省科学院地理研究所　主编:冯德显　地址:河南省郑州市陇海中路64号　邮政编码:450052　电话:0371-67939201　E-mail:yjkf@ 371. net　国际标准刊号:ISSN1003-2363　国内统一刊号:CN41-1085/P　国内邮发代号:36-109　开本:大16开　定价:10元/期　创刊日期:1982-01-01 地理学综合性学术期刊,主要刊载地域研究与开发方面的理论、方针与实践性文章。分为区域研究、城市研究、旅游研究、土地研究及其他板块,其中"旅游研究"每期必有,所占比重约为1/5。

经济地理　刊期:月刊　主管单位:中国科学技术学会　主办单位:中国地理学会、湖南省经济地理研究所　主编:陆大道　地址:湖南省长沙市青园路506号　邮政编码:410004　电话:0731-85584716　传真:0731-82829477　E-mail:moeg5584716@ 163.com　国际标准刊号:ISSN1000-8462　国内统一刊号:CN43-1126/K　国内邮发代号:

42-47　开本:大16开　定价:20元/期　创刊日期:1981-01-01　重点反映经济地理学研究的前沿理论、区域经济开发以及与国民经济相关的工业、农业、交通、旅游、生态环境等方面的最新科研成果和研究动态。主要栏目有:理论探讨、区域经济与产业发展、城市与交通、土地与农业、交通地理、旅游研究、西部大开发、问题讨论、新书交流与介绍等。目前介绍旅游的"旅游资源开发与管理"位于期刊的后半部分,约占整个期刊的1/5篇幅。

人文地理　刊期:双月刊　主管单位:陕西省教育厅　主办单位:中国地理学会人文地理专业委员会、西安外国语大学人文地理研究所　主编:王兴中　地址:陕西省西安市郭杜教育科技产业开发区文苑南路旅游学院　邮政编码:710128　网址:http://222.90.76.146/lyxy/　电话:029-85319374　传真:029-85319433　E-mail:rwdl@xisu.edu.cn　ljq1023@yahoo.com.cn　国际标准刊号:ISSN1003-2398　国内统一刊号:CN61-1193/K　国内邮发代号:36-75　开本:大16开　定价:20元/期　创刊日期:1986-01-01　主要发表人文地理学具有先进水平的学术论文和研究成果,力求及时反映人文地理学研究的新理论、新观点和新方法。分城市、社会、区域、经济、文化、交通、旅游等板块,自1986年~2011年4月份,共出版2 785篇文章,其中检索以"旅游"为主题的文章为735篇,所占比重较大。

三、其他与旅游相关的期刊

旅游研究　刊期:季刊　主管单位:云南省教育厅　主办单位:昆明学院　主编:窦志萍地址:云南省昆明市昆明经济开发区浦新路2号昆明学院润泽园　邮政编码:650214　网址:http://lyyj.kmu.edu.cn/　电话:0871-5098137　传真:0871-5329599　E-mail:kmxyly@163.com　国际标准刊号:ISSN1674-5841　国内统一刊号:CN53-1212　开本:大16开　定价:8元/期　创刊日期:2009-01-01　主要刊登反映旅游学科最新研究成果、旅游学与相邻学科的综合研究进展、旅游学各分支学科研究的前沿理论,特别是与云南旅游发展密切相关并有较大应用价值的旅游学科论文。设置栏目有:大湄公河次区域经济区及东盟旅游研究、民族与旅游、民俗与旅游、旅游教育研究、企业管理与服务、旅游目的地(城市、乡村、旅游小镇)、景区研究、世界遗产与旅游、旅游文化产业、旅游投资与重大项目、研究综述、焦点论坛等。

中国园林　刊期:月刊　主管单位:住房与城乡建设部　主办单位:中国风景园林学会　地址:北京市海淀区甘家口21号楼　邮政编码:100037　网址:http://www.jchla.com/　电话:010-68325020　传真:010-88381394　E-mail:jcla@china.com　zgyl@china.com　国际标准刊号:ISSN1000-6664　国内统一刊号:CN11-2165/TU　国内邮发代号:82-217　国外发行代号:BM4577　开本:大16开　定价:28元/期　创刊日期:1985-01-01　以风景园林规划设计为核心,主要刊登本学科以及交叉学科初次发表的学术论文、研究报告、国内外优秀规划设计案例以及最新的学术动态、信息等。主要栏目有园林建设、风景名胜、城市绿地系统、园林植物、人居环境、历史与理论。

旅游纵览　刊期:月刊　主管单位:秦皇岛经济技术开发区管理委员会　主办单位:河北省旅游局、河北省旅游协会、秦皇岛经济技术开发区　主编:张德志　地址:河北省秦皇岛市开发区峨眉山中路9号　邮政编码:066004　网址:http://lyzl.com.cn/　电话:0335-8019131　E-mail:iyzl@lyzl.com.cn　国际标准刊号:ISSN1004-3292　国内统一刊号:CN13-1138/K　国内邮发代号:18-71　国外发行代号:Q1138T　开本:大16开　定价:12.50元/期　创刊日期:1989-01-01　理论版栏目有:旅游经济研究、旅游管理研究、生态环境保护、城市旅游研究、旅游人力资源、会展发展研究、酒店管理研究、旅游教育管理等。

第三章　中国旅游学科专业设置

旅游业涉及各个方面的专业领域,但目前国务院学位委员会颁布的《全国授予博士、硕士学位和培养研究生的学科专业》目录中,仅在管理学门类内、工商管理一级学科(编号1202)之下,设有旅游管理二级学科。实际上,结合历年发表的关于旅游的文章也可发现地理学与管理学(旅游管理)对旅游研究最为集中。

一、旅游专业博士点

根据教育部全国高等学校学生信息咨询与就业指导中心《中国研究生招生信息网》(http://www.chinayz.com.cn/index.htm)及其他网站资料不完全统计得到设有"旅游"研究方向的博士点基本情况(表4-3-1),可以看到,初始设定旅游方向博士点的学校主要以地理学为背景,管理学背景的较少,而随着旅游学发展的加快,各个有条件的大学纷纷重视旅游学的教学与研究,在这个阶段中,管理学、经济学背景的旅游管理博士点开始逐渐增多,新增的旅游方向博士点多数都是在工商管理学科之下。

表4-3-1　中国设有"旅游"研究方向的博士点统计表

学校	一级学科	二级学科(专业)	研究方向
北京大学	地理学	人文地理学 自然地理学	旅游与城市游憩空间规划、户外环境教育与旅游解说、资源管理与区域(旅游)开发
清华大学	工商管理	旅游管理	旅游规划
中国人民大学	工商管理	旅游管理	旅游业开发与经营
北京师范大学	地理学	人文地理学	旅游规划
中央民族大学	中国少数民族经济学	民族地区旅游管理	民族地区旅游规划研究
北京交通大学	工商管理	旅游管理	旅游经济与发展战略、旅游规划
中国科学院地理科学与资源研究所	地理学	人文地理学	城市地理、旅游地理、旅游资源与规划发展
中国社会科学院研究生院	工商管理	旅游管理、国际贸易学	旅游经济管理、国际服务贸易与跨境旅游
天津大学	工商管理	技术经济及管理	旅游管理
南开大学	工商管理	旅游管理	旅游发展理论研究、旅游市场营销
天津财经大学	企业管理	国外旅游文化	国外旅游文化
大连理工大学	工商管理	旅游管理	旅游规划与管理、旅游娱乐经济等

续表

学校	一级学科	二级学科(专业)	研究方向
东北财经大学	工商管理	旅游管理	旅游管理、旅游需求分析、旅游文化比较
辽宁大学	工商管理	旅游管理	旅游管理
辽宁师范大学	地理学	人文地理学	旅游开发与管理
吉林大学	工商管理	旅游管理	旅游管理
哈尔滨工业大学	工商管理	旅游管理	旅游管理
复旦大学	工商管理	旅游管理	旅游资源管理、旅游经济与产业管理、旅游管理理论与策略
上海交通大学	工商管理	旅游管理	旅游管理、旅游经济
华东师范大学	地理学	地图学与地理信息系统	旅游GIS与信息化、旅游发展与管理
上海财经大学	工商管理	旅游管理	旅游业经营管理理论与实践、国际旅游集团与旅游目的地研究
南京大学	地理学	旅游地理与旅游规划	旅游流与旅游市场研究、旅游区域效应与旅游规划、旅游规划与研究
东南大学	建筑学	建筑设计及其理论	风景旅游环境设计理论与方法
南京师范大学	地理学	人文地理学	旅游景观与旅游教育
浙江大学	工商管理	企业管理	旅游企业人力资源管理、旅游规划管理
安徽师范大学	生物学	生态学	旅游生态学
厦门大学	工商管理	旅游管理	旅游管理理论、旅游规划与开发、旅游企业管理
华侨大学	工商管理	企业管理	旅游企业管理、休闲与娱乐管理、区域旅游发展战略
山东大学	历史学	专门史	中外旅游文化研究
武汉大学	工商管理	技术经济及管理	旅游市场营销
武汉大学	工商管理	企业管理	旅游管理
华中科技大学	工商管理	旅游管理	旅游管理
中南财经政法大学	理论经济学	人口、资源与环境经济学	旅游生态与经济可持续发展

续表

学校	一级学科	二级学科(专业)	研究方向
湖南大学	环境科学与工程	环境工程	环境系统工程(包括环境与生态规划、洪灾控制、旅游规划等)
中南林学院	生物学	生态学	生态旅游、旅游规划设计
中南大学	工商管理	旅游管理	旅游管理
中山大学	地理学	人文地理学	区域发展与旅游规划、旅游规划与管理
暨南大学	工商管理	旅游管理	旅游工程学、旅游开发与管理研究
重庆大学	工商管理	旅游管理	旅游资源开发与管理
成都理工大学	地质学	第四纪地质学	旅游地学
四川大学	工商管理	旅游管理	文化遗产与旅游开发
西南财经大学	工商管理	旅游管理	旅游企业经营管理、旅游规划与旅游开发管理
昆明理工大学	地质资源与地质工程	矿产普查与勘探	旅游地质
云南大学	工商管理	旅游管理	旅游景区管理、旅游经济管理、旅游企业经营管理
陕西师范大学	地理学	旅游管理	旅游开发与市场、旅游规划与GIS、生态旅游与旅游可持续发展、旅游自然资源开发与保护
兰州大学	地理学	人文地理学	旅游资源开发与管理
西北师范大学	地理学	人文地理学	区域发展与规划管理、旅游资源开发与规划管理

资料来源:中国研究生招生信息网(http://www.chinayz.com.cn/index.htm)及其他网站资料

除了工商管理(一级学科)外,地理学(一级学科)是名列第二的高级旅游人才培养领域。在传统的3个地理学二级学科(人文地理学、自然地理学、地图学与地理信息系统)中都有旅游研究方向,此外南京大学还单独新列了目录外二级学科"旅游地理与旅游规划",这样全国共有4个地理学二级学科招收旅游方向的博士研究生。

工商管理、地理学之外,还有一些学科涉足旅游人才培养,其中包括工学门类下的地质资源与地质工程(一级学科)、建筑学(一级学科)、环境科学与工程(一级学科);理学门类下的地质学(一级学科)、生物学(一级学科);经济学门类下的理论经济学(一级学科)、应用经济学(一级学科);历史学门类下的历史学(一级学科)。

二、旅游专业硕士点

根据教育部全国高等学校学生信息咨询与就业指导中心《中国研究生招生信息网》(http://www.chinayz.com.cn/index.htm)提供的"2011年硕士招生目录查询系统"统计及其他网站资料不完全统计得到设有"旅游"研究方向

的硕士点学校名称(表4-3-2)。

表 4-3-2 中国设有旅游研究方向的硕士点

学校	学校	学校	学校
北京交通大学	中南民族大学	杭州电子科技大学	上海社会科学院
北京工商大学	湘潭大学	浙江工业大学	苏州大学
北京林业大学	中南大学	浙江工商大学	东南大学
首都师范大学	中南林业科技大学	安徽大学	南京农业大学
北京第二外国语学院	湖南师范大学	合肥工业大学	南京师范大学
中央财经大学	中山大学	安徽师范大学	扬州大学
首都经济贸易大学	暨南大学	安徽财经大学	浙江大学
中国社会科学院研究生院	华南理工大学	厦门大学	长安大学
南开大学	广东商学院	华侨大学	陕西师范大学
天津大学	广州大学	福建农林大学	西安外国语大学
天津商业大学	广东工业大学	福建师范大学	兰州大学
天津财经大学	广西大学	南昌大学	西北师范大学
燕山大学	桂林理工大学	东华理工大学	新疆大学
山西大学	广西师范大学	江西师范大学	新疆师范大学
山西财经大学	广西师范学院	江西财经大学	上海师范大学
辽宁大学	海南大学	江西科技师范学院	上海财经大学
大连理工大学	西南大学	山东大学	上海大学
沈阳工业大学	重庆师范大学	中国海洋大学	云南民族大学
辽宁师范大学	四川大学	山东师范大学	西北大学
沈阳师范大学	西南交通大学	山东经济学院	西安建筑科技大学
渤海大学	成都理工大学	青岛大学	华中师范大学
东北财经大学	四川师范大学	山东财政学院	湖北大学
东北师范大学	西南财经大学	郑州大学	中南财经政法大学
黑龙江大学	贵州大学	河南工业大学	华东师范大学
哈尔滨理工大学	贵州财经学院	河南科技大学	云南财经大学
东北林业大学	云南大学	河南大学	中国地质大学(武汉)
哈尔滨商业大学	昆明理工大学	河南财经政法大学	贵州师范大学
复旦大学	西南林学院	武汉大学	华东理工大学
云南师范大学	武汉科技大学		

资料来源:中国研究生招生信息网(http://www.chinayz.com.cn/index.htm)及其他网站资料

三、专设旅游学院系的普通高校[1]

北京市

北京联合大学旅游学院(旅游管理专业、酒店管理专业)　地址:北京市朝阳区北四环东路99号　邮政编码:100101　网址:http://www.tibuu.edu.cn/tibuu/　E-mail:tibuu@tibuu.edu.cn xiankai@buu.edu.cn

首都师范大学资源环境与旅游学院(旅游管理专业)　地址:北京市西三环北路105号　邮政编码:100048　网址:http://cret.cnu.edu.cn/　电话:010-68902013

北京第二外国语学院旅游管理学院(旅游管理专业、酒店管理专业)　地址:北京市定福庄南里1号　邮政编码:100024　网址:http://www.bisu.edu.cn/Category_378/Index.aspx　电话:010-65778705　E-mail:MTA@bisu.edu.cn

北京吉利大学旅游学院(旅游管理专业、酒店管理专业)　地址:北京市昌平区马池口　邮政编码:102202　网址:http://col.bgu.edu.cn/ly/　电话:010-60758447　E-mail:info@powereasy.net

河北省

河北农业大学园林与旅游学院(风景园林专业、旅游管理专业)　地址:河北保定乐凯南大街2569号西校区　邮政编码:071001　网址:http://ylyly.zhiliyx.com.cn/　电话:0312-7528788　E-mail:ylyly@hebau.edu.cn

河北师范大学旅游学院(旅游管理专业、景区开发与管理专业)　地址:河北省石家庄市南二环东路20号　邮政编码:050016　网址:http://lyxy.hebtu.edu.cn/　电话:0311-80786100　E-mail:lyfzzx@mail.hebtu.edu.cn

河北经贸大学旅游学院(旅游管理专业、酒店管理专业)　地址:河北省石家庄市红旗大街428号　邮政编码:050091　网址:http://202.206.202.220/　电话:0311-87656977　E-mail:chrifang@heuet.edu.cn

邯郸学院地理与旅游系(旅游管理专业)　地址:河北省邯郸市邯山区学院北路530号　邮政编码:056005　网址:http://211.82.200.6/xibu/dilixi/main/

山西省

山西师范大学历史与旅游文化学院(旅游管理专业)　地址:山西省临汾市贡院街1号　邮政编码:041004　网址:http://www.sxnu.edu.cn/change/xyxs/history/　E-mail:1035442260@qq.com

山西财经大学旅游管理学院(旅游管理专业)　地址:山西省太原市晋阳街108号　邮政编码:030031　网址:http://218.26.164.161:82/lygl/　电话:0351-7666194　传真:0351-7666134

太原师范学院城市与旅游学院(旅游管理专业)　地址:太原市南内环街189号　邮政编码:030012　网址:http://www.tysy.net/department/　电话:0351-2279366　E-mail:taiyuan12345@163.com

晋中学院旅游管理学院(旅游管理专业)　地址:山西省晋中市榆次区文苑街1号　邮政编码:030600　网址:http://211.82.56.76/jzxylyxy/index.asp　E-mail:lvyoubangong2007@yahoo.com.cn

长治学院历史文化与旅游管理系(旅游管理专业)　地址:山西省长治市城北东街73号　邮政编码:046011　网址:http://210.31.96.52/lsx/　电话:0355-2195280　E-mail:lswhylygl@163.com　weichongwen@126.com

太原大学旅游系(旅游管理专业)　地址:山西省太原市坝陵北街2号　邮政编码:030009　网址:http://www.sxtyu.com/xibu/lvyouxi/　电话:0351-3366127　E-mail:tydxzjc@126.com

内蒙古自治区

内蒙古大学历史与旅游文化学院(旅游管理专业)　地址:内蒙古呼和浩特市玉泉区昭君路24号　邮政编码:010070　网址:http://lsly.imu.edu.cn/　电话/传真:0471-4996325　E-mail:zhangjiuhhe@hotmail.com

内蒙古师范大学旅游学院(旅游管理专业)　地址:内蒙古呼和浩特市赛罕区昭乌达路86号　邮政编码:010022　网址:http://210.31.176.18/Academy/Travel/　电话:0471-7383405　E-mail:jialige@163.com

---

[1]排名不分先后,以省区排列;部分院校因学科调整、更名等原因以信息收集时刻为准。

呼伦贝尔学院旅游管理与地理科学学院（旅游管理专业）　地址：内蒙古呼伦贝尔市海拉尔区学府路63号　邮编：021008　网址：http://www.hlbrc.cn/dep/LYDL/　电话：0470-8259154

内蒙古财经学院旅游学院（旅游管理专业）　地址：内蒙古呼和浩特呼包公路1.5千米处（西）　邮政编码：010070　网址：http://58.18.166.61/jxbm/jx_lyxy/　电话：0471-3661034　E-mail：daizhb04@163.com

辽宁省

东北财经大学旅游与酒店管理学院（旅游管理专业）　地址：辽宁省大连市尖山街217号　邮政编码：116025　网址：http://sthm.dufe.edu.cn/　电话：0411-84710473　传真：0411-84712667　E-mail：office-sthm@dufe.edu.cn

辽宁师范大学历史文化旅游学院（旅游管理专业）　地址：辽宁省大连市黄河路850号　邮政编码：116029　网址：http://lvyou.lnnu.edu.cn/　电话：0411-82158306　E-mail：xinxiangguo@sina.com　dongyu@dl.cn

大连大学旅游学院（旅游管理专业、酒店管理专业）　地址：辽宁省大连市经济技术开发区学府大街10号　邮政编码：116622　网址：http://202.199.159.244/　电话：0411-87403870

沈阳大学旅游与地理科学学院（旅游管理专业）　地址：辽宁省沈阳市大东区联合路54号　邮政编码：110041　网址：http://www.syu.edu.cn/xueyuan/lyxy/　电话：024-62268367　E-mail：sydxcx@163.com

沈阳师范大学旅游管理学院（旅游管理专业）　地址：辽宁省沈阳市皇姑区黄河北大街253号　邮政编码：110034　网址：http://ly.synu.edu.cn/　电话：024-86592402/86574379　E-mail：lvyou1993@163.com

辽东学院旅游管理学院（旅游管理专业）　地址：辽宁省丹东市振兴区临江后街116号临江校区　邮政编码：118001　辽宁省丹东市元宝区文化路325号金山校　邮政编码：118003　网址：http://www.ldtourism.com　电话：0415-15941558856/13941504418　E-mail：ddedu@ddvtc.com

渤海大学旅游学院（旅游管理专业）　地址：辽宁省锦州市高新技术产业开发区科技路19号　邮政编码：121000　网址：http://www.bhu.edu.cn/page/depart/lyxy/　电话：0416-3400107　传真：0416-3400110　E-mail：dyzzlm@126.com　dyzzlm@126.com

吉林省

长春大学旅游学院（旅游管理专业）　地址：吉林省长春市双阳区奢岭街　邮政编码：130607　网址：http://www.cctourcollege.com/　电话：0431-89811111/89811555　E-mail：lvyouxueyuan@hotmail.com

吉林师范大学旅游与地理科学学院（旅游管理专业）　地址：吉林省四平市铁西区海丰大街1301号　邮政编码：136000　网址：http://web.jlnu.edu.cn/ldxy/　电话：0434-3292077　E-mail：jlsdlyh@163.com

吉林工商学院旅游管理分院（旅游管理专业）　地址：吉林省长春市和平大街2245号　邮政编码：130062　网址：http://lyx.jlbtc.edu.cn/　电话：0431-88530485

黑龙江省

黑龙江大学历史与文化旅游学院（旅游管理专业）　地址：黑龙江省哈尔滨市学府路74号　邮政编码：150080　网址：http://www.hlju.edu.cn/　电话：0451-86608661　E-mail：zsb@hlju.edu.cn

佳木斯大学旅游管理学院（旅游管理专业）　地址：黑龙江省佳木斯市学府街148号一学区B院　邮政编码：154007　网址：http://www.ly.jmsu.cn/　电话：0454-8617793　传真：0454-8617791　E-mail：jiadalvyou@163.com

哈尔滨商业大学旅游烹饪学院（旅游管理专业、旅游管理与服务教育专业）　地址：黑龙江省哈尔滨市松北区学海街1号C区15号楼　邮政编码：150028　网址：http://lyprxy.hrbcu.edu.cn/　电话：0451-84866022

上海市

复旦大学旅游学系（旅游管理专业）　地址：上海市邯郸路220号光华楼西主楼　邮政编码：200433　网址：http://tourism.fudan.edu.cn/cn/index/　电话：021-65642717　传真：021-55664027　E-mail：history@fudan.edu.cn

上海师范大学旅游学院（旅游管理专业）　地址：上海市奉贤区海思路500号　邮政编码：201418　网址：http://www.sitsh.edu.cn/　电话：021-57126268　传真：021-57126222　E-mail：sit@shnu.edu.cn

上海对外贸易学院会展与旅游学院（旅游管理专业）　地址：上海市文翔路1900号　邮政编码：201620　网址：http://210.35.74.150/hz_ly/　E-mail：hzly@shift.edu.cn

上海商学院生态旅游学院(旅游管理专业、景观设计专业)　地址:上海市徐汇区中山西路2271号　邮政编码:200035　电话/传真:021-54242076　上海市奉贤区奉浦大道123号行政楼　邮政编码:201400　电话:021-67105346　传真:021-67105416　网址:http://stly.sbs.edu.cn/index.htm　E-mail:ecology_tourism@yahoo.com.cn

江苏省

扬州大学旅游烹饪学院(旅游管理专业)　地址:江苏省扬州市华扬西路196号　邮政编码:225127　网址:http://lyxy.yzu.edu.cn/　电话:0514-87978096　传真:0514-87313372　E-mail:lyxy@yzu.edu.cn

徐州师范大学历史文化与旅游学院(旅游管理专业)　地址:江苏省徐州市铜山新区上海路101号　邮政编码:221116　网址:http://lwl.xznu.edu.cn/　电话:0516-83403150　E-mail:xznuls@126.com

淮阴师范学院历史文化旅游学院(旅游管理专业)　地址:江苏省淮安市长江西路111号　邮政编码:223300　网址:http://lishi.hytc.edu.cn/　电话:0517-83525077　E-mail:hysylsx@163.com

浙江省

浙江工商大学旅游与城市管理学院(旅游管理专业)　地址:浙江省杭州市下沙高教园区学正街18号　邮政编码:310018　网址:http://lvyou.zjgsu.edu.cn/　电话:0571-28877777

浙江农林大学旅游与健康学院(旅游管理专业)　地址:浙江省杭州市环城北路88号东湖校区15号学院楼　邮政编码:311300　网址:http://lyx.zafu.edu.cn/　电话:0571-63743301　E-mail:lfen88@163.com

安徽省

安徽师范大学国土资源与旅游学院(旅游管理专业)　地址:安徽省芜湖市九华南路花津校区　邮政编码:241003　网址:http://www.ahnu.edu.cn/site/tourism/　电话:0553-5910688　E-mail:zhangzzmt@163.com

巢湖学院历史旅游文化系(旅游管理专业)　地址:安徽省巢湖市半汤镇　邮政编码:238000　网址:http://www1.chu.edu.cn/lsx　电话:0565-2361891　传真:0656-2362283　E-mail:Zdx1319@163.com

黄山学院旅游学院(旅游管理专业)　地址:安徽省黄山市屯溪区戴震路44号北校区　邮政编码:245021　网址:http://tour.hsu.edu.cn/　电话:0559-2544621　E-mail:hslyxy@126.com

合肥学院旅游系(旅游管理专业)　地址:安徽省合肥市经济技术开发区始信路40号　邮政编码:230601　网址:http://www.hfuu.edu.cn/yxjs/lyx/　电话:0551-2159127　E-mail:diaozg@hfuu.edu.cn　49192339@qq.com

池州学院资源环境与旅游系(旅游管理专业)　地址:安徽省池州市教育园区池州学院　邮政编码:247000　网址:http://lyx.czu.edu.cn/　电话:0566-2748608　E-mail:lylmr@sohu.com　wenh1990@tom.com

福建省

华侨大学旅游学院(旅游管理专业)　地址:福建省泉州市城华北路269号　邮政编码:362021　网址:http://lyxy.hqu.edu.cn/　电话:0595-22690013　传真:0595-22693521　E-mail:lyxy@hqu.edu.cn

福建农林大学旅游学院(旅游管理专业)　地址:福建省福州市仓山区洪山桥上店路15号　邮政编码:350002　网址:http://www2.fjau.edu.cn/jjglxy/　E-mail:jgyld@163.com

福建师范大学旅游学院(旅游管理专业)　地址:福建省福州市闽侯旗山校区　邮政编码:350108　网址:http://sotm.fjnu.edu.cn/　电话/传真:0591-22868724　E-mail:1052812674@qq.com　llz88075049@163.com

闽江学院旅游系(旅游管理专业)　地址:福建省福州市大学城文贤路1号福万楼　邮政编码:350108　网址:http://211.80.208.27/lvyou/　E-mail:mjxylyx@163.com

武夷学院旅游系(旅游管理专业、旅游与酒店管理专业)　地址:福建省武夷山市武夷大道16号　邮政编码:354300　网址:http://lyx.wuyiu.edu.cn:88/

宁德师范学院旅游系旅游管理专业　地址:福建省宁德市蕉城区灵溪路1号　邮政编码:352100　网址:http://www.ndsy.cn/lvyx/　E-mail:ndzjb66@163.com　591055528@qq.com

江西省

江西师范大学历史文化与旅游学院(旅游管理专业)　地址:江西省南昌市紫阳大道99号　邮政编码:330022　网址:http://www.jxsdwl.cn/　电话:0791-8120300　E-mail:root@jxsdwl.cn

江西财经大学旅游与城市管理学院(旅游管理专业)　地址:江西省南昌市北郊庐山南大道蛟桥园　邮政编码:330013　网址:http://lyxy.jxufe.cn/　电话/传真:0791-3842930

上饶师范学院历史地理与旅游学院(旅游管理专业、涉外旅游专业)　地址:江西省上饶市信州区南环路85号　邮政编码:334001　网址:http://sdx.sru.jx.cn/sdx/　E-mail:syyyys@qq.com　电话:0793-8150633

赣南师范学院历史文化与旅游学院(旅游管理专业)　地址:江西省赣州市开发区黄金校区　邮政编码:341000　网址:http://wlxy.gnnu.cn/　E-mail:wenlvxueyuan@gnnu.cn　电话:0797-8393648/8393647

江西科技师范学院旅游学院(旅游管理专业)　地址:江西省南昌市红谷滩新区学府大道589号　邮政编码:330038　网址:http://vir.jxstnu.edu.cn/lyxy/　E-mail:604944967@qq.com

山东省

青岛大学旅游学院(旅游管理专业)　地址:山东省青岛市宁夏路308号　邮政编码:266071　网址:http://tourism.qdu.edu.cn/　电话:0532-85953633　E-mail:tis@qdu.edu.cn

济南大学酒店管理学院(旅游管理专业)　地址:山东省济南市舜耕路13号　邮政编码:250022　网址:http://tour.ujn.edu.cn/　电话/传真:0531-86394838　E-mail:st_songys@ujn.edu.cn　jndx9257@126.com

曲阜师范大学地理与旅游学院(旅游管理专业)　地址:山东省曲阜市静轩西路57号　邮政编码:273165　网址:http://geo.qfnu.edu.cn/　电话:0537-4455524　E-mail:dhzh@qfnu.edu.cn　qfnulk@163.com

潍坊学院历史文化与旅游学院(旅游管理专业)　地址:山东省潍坊市东风东街5147号　邮政编码:261061　网址:http://zsx.wfu.edu.cn/　电话/传真:0536-8785282　E-mail:yyhan63918@sina.com　yxjjfs@yahoo.com.cn

烟台南山学院旅游管理学院(旅游管理专业、涉外旅游专业)　地址:山东省龙口市东海开发区　邮政编码:265713　网址:http://ly.nanshan.edu.cn/　电话:0535-8669416　E-mail:nslyglxy@126.com

枣庄学院旅游与资源环境系(旅游管理专业)　地址:山东省枣庄市市中区北安路1号　邮政编码:277160　网址:http://www.uzz.edu.cn/lzx　电话:0632-3786737　E-mail:dlxt@uzz.edu.cn

泰山学院旅游与资源环境学院(旅游管理专业)　地址:山东省泰安市迎宾大道中段　邮政编码:271021　网址:http://www2.tsu.edu.cn/www/lyx/　电话:0538-6715613　传真:0538-6715208　E-mail:mengh2003@126.com

山东女子学院旅游学院(旅游管理专业、涉外旅游专业)　地址:山东省济南市玉函路45号　邮政编码:250002　山东省济南市长清大学科技园大学路2399号　邮政编码:250300　网址:http://sdnylyxy.gotoip1.com/　电话:0531-86526775

山东青年政治学院旅游学院旅游管理专业　地址:山东省济南市经十东路31699号(东校区)　邮政编码:250103　网址:http://yxy.sdyu.edu.cn/　电话:0531-58997391　E-mail:lyx@sdyu.edu.cn

河南省

郑州大学旅游管理学院(旅游管理专业)　地址:河南省郑州市高新技术开发区科学大道100号　邮政编码:450001　网址:http://www2.zzu.edu.cn/lygl　电话:0371-67783135　E-mail:wdx@zzu.edu.cn

河南财经政法大学旅游与会展学院(旅游管理专业)　地址:河南省郑州市金水东路　邮政编码:450011　网址:http://www3.huel.edu.cn/jxky/ly/　电话:0371-63519128　E-mail:lyx@hnufe.edu.cn

河南师范大学旅游学院(旅游管理专业)　地址:河南省新乡市建设东路46号　邮政编码:453007　网址:http://www.htu.cn/lyxyl　电话:0373-3326267　E-mail:0506/@htu.cn

南阳师范学院环境科学与旅游学院(旅游管理专业)　地址:河南省南阳市卧龙区卧龙路1638号　邮政编码:473061　网址:http://www2.nynu.edu.cn/yuanxi/dili/

安阳师范学院资源环境与旅游学院(旅游管理专业)　地址:河南省安阳市开发区黄河大道　邮政编码:455000　网址:http://dlx.aynu.edu.cn/　电话:0372-2900043　E-mail:aytcyxq@126.com

许昌学院历史文化与旅游学院(旅游管理专业、涉外旅游专业)　地址:河南省许昌市八一路88号　邮政编码:461000　网址:http://www3.xcu.edu.cn/lishi/　电话:0374-2968963　E-mail:ljh@xcu.edu.cn　xuchangxgl@163.com

新乡学院管理学院(旅游管理专业)　　地址:河南省新乡市金穗大道东段　邮政编码:453000　网址:http://gl.xxu.edu.cn/　电话:0373-3683030　E-mail:xxu_glxy@126.com　jiaoke@xxu.edu.cn

湖北省

湖北经济学院旅游与酒店管理学院(旅游管理专业)　　地址:湖北省武汉市江夏区藏龙岛科技园洋湖大道特1号　邮政编码:430205　网址:http://lyxy.hbue.edu.cn/　电话:027-81973975　E-mail:yuankun447@msn.com　lyxy@hbue.edu.cn

湖南省

湖南师范大学旅游学院(旅游管理专业)　　地址:湖南省长沙市麓山路36号(岳麓山二里半)　邮政编码:410081　网址:http://lyxy.hunnu.edu.cn/　电话:0731-88872077　传真:0731-88872138　E-mail:tc@hunnu.edu.cn

吉首大学旅游学院(旅游管理专业)　　地址:湖南省吉首市人民南路120号　邮政编码:416000　网址:http://www.jsu.edu.cn/　电话:0744-2115020　传真:0744-8202430

湘潭大学旅游管理学院(旅游管理专业)　　地址:湖南省湘潭市　邮政编码:411105　网址:http://lgy.web.xtu.edu.cn:8081/　电话:0731-58293548　E-mail:styyb@163.com　linlongfei@163.com

中南林业科技大学旅游学院(旅游管理专业)　　地址:湖南省长沙市韶山南路498号　邮政编码:410004　网址:http://lyxy.csuft.edu.cn/　电话:0731-85623400　E-mail:yongde65@yahoo.com.cn　csfulmc@163.com

长沙学院旅游管理系(旅游管理专业)　　地址:湖南省长沙市开福区洪山路98号　邮政编码:410003　网址:http://lyx.ccsu.cn/　电话:0731-84261404

湖南文理学院资源环境与旅游学院(旅游管理专业)　　地址:湖南省常德市洞庭大道西段170号　邮政编码:415000　网址:http://dlx.huas.cn/　电话:0736-7186611　E-mail:wenlzl@163.com　zhoufaxing@126.com

湖南女子大学旅游管理系(旅游管理专业、涉外旅游专业)　　地址:湖南省长沙市中意一路132号　邮政编码:410004　网址:http://job.hnnd.com.cn:8088/lyglx/　电话/传真:0731-82825086　E-mail:fuliuming@hnnd.com.cn

衡阳师范学院资源环境与旅游管理系旅游管理专业　　地址:湖南省衡阳市黄白路165号　邮政编码:421008　网址:http://zlx.hynu.cn/　电话:0734-8486664　E-mail:Luowen3331@126.com　wangpengnju@163.com

广东省

中山大学旅游学院(旅游规划与景区管理专业、休闲与运动管理专业、国际旅游专业)　　地址:广东省广州市海珠区新港西路135号　邮政编码:510275　网址:http://stm.sysu.edu.cn　电话/传真:020-84114584　E-mail:pqing2006@yahoo.com　stm2004@163.com

暨南大学深圳旅游学院(旅游管理专业)　　地址:广东省深圳特区华侨城　邮政编码:518053　网址:http://www.sztc.edu.cn/　电话:0755-26931904　E-mail:baihua@sztc.edu.cn　lizhou@sztc.edu.cn

华南师范大学旅游管理系(旅游管理专业)　　地址:广东省广州市石牌　邮政编码:510631　网址:http://home.scnu.edu.cn/travel/　电话:020-85210886　E-mail:lyx@scnu.edu.cn

广州大学旅游学院(旅游管理专业)　　地址:广东省广州市番禺区大学城外环西路230号社科东楼　邮政编码:510006　网址:http://ly.gzhu.edu.cn/　电话:020-39366846　E-mail:lyxy@gzhu.edu.cn

肇庆学院旅游学院(旅游管理专业)　　地址:广东省肇庆市端州区迎宾大道　邮政编码:526061　网址:http://lyxy.zqu.edu.cn　电话:0758-2752186　E-mail:yangyanjiang02@163.com

惠州学院旅游系(旅游管理专业)　　地址:广东省惠州市演达大道46号金山湖校区5号楼　邮政编码:516007　网址:http://tour.hzu.edu.cn/　电话:0752-2529151　传真:0752-2529365　E-mail:lyx@hzu.edu.cn

韩山师范学院旅游管理系(旅游管理专业)　　地址:广东省潮州市桥东　邮政编码:521041　网址:http://lgx.hstc.edu.cn/　电话:076-82318671　E-mail:weihuic@163.com　hanquan010@126.com

嘉应学院地理科学与旅游学院(旅游管理专业)　　地址:广东省梅州市梅松路工业大楼　邮政编码:514015　网址:http://www.jyu.edu.cn/dili/　电话:0753-2186956　E-mail:luoyingxin@163.com　xxk611@21cn.com

韶关学院旅游与地理学院(旅游管理专业)　　地址:广东省韶关市韶塘公路　　邮政编码:512000　　网址:http://site.sgu.edu.cn/lyx/

广东商学院旅游学院(旅游管理专业)　　地址:广东省广州市海珠区仑头路21号　　邮政编码:510320　　网址:http://www.gdcc.edu.cn/　　电话:020-84096844　　传真:020-84096069　　E-mail:xiaozhang@gdcc.edu.cn　shuji@gdcc.edu.cn

广西壮族自治区

广西师范大学历史文化与旅游学院(旅游管理专业)　　地址:广西桂林市育才路15号育才校区　　邮政编码:541004　　网址:http://www.wlxy.gxnu.edu.cn/　　电话:0773-2804985　　E-mail:zcs0145@qq.com　wlxy0773@163.com

桂林理工大学旅游学院(旅游管理专业)　　地址:广西桂林市建干路12号　　邮政编码:541004　　网址:http://departs.glite.edu.cn/lyxy/　　电话:0771-3698832

百色学院经济与旅游管理系(旅游管理专业)　　地址:广西百色市中山二路21号　　邮政编码:533000　　网址:http://www.bsuc.cn/department/jingguanxi/　　电话:0776-2822182　　E-mail:jjglx2822@126.com

海南省

海南大学旅游学院(旅游管理专业)　　地址:海南省海口市人民大道58号　　邮政编码:570228　　网址:http://www.hainu.edu.cn/lvyou/　　电话:0898-66258711

海南师范大学地理与旅游学院(生态旅游管理专业、旅游管理专业)　　地址:海南省海口市龙昆南路99号　　邮政编码:571158　　网址:http://second.hainnu.edu.cn/yuanxisz/Dili/　　电话:0898-65884244　　E-mail:bh@hainnu.edu.cn　tangban@sina.com

琼州学院旅游管理学院(旅游管理专业)　　地址:海南省三亚市荔枝沟抱坡岭　　邮政编码:572022　　网址:http://lyx.qzu.edu.cn/　　电话:0898-88850036　　E-mail:qzulyx@126.com

海口经济学院旅游学院(旅游管理专业)　　地址:海南省海口市国兴大道文坛路2号　　邮政编码:570203　　网址:http://202.100.229.26/web/tour/　　电话:0898-65396524　　E-mail:xybgs@hkc.edu.cn

重庆市

重庆师范大学旅游学院(旅游管理专业、旅游策划专业)　　地址:重庆市沙坪坝区天陈路12号　　邮政编码:400047　　网址:http://cctrd.cqnu.edu.cn/　　电话:023-65362853　　传真:023-65362385　　E-mail:cqnutc@126.com

重庆工商大学旅游与国土资源学院(旅游管理专业)　　地址:重庆市南岸区学府大道19号　　邮政编码:400067　　网址:http://ts.ctbu.edu.cn/　　E-mail:admin@yourdomain.com

重庆文理学院旅游学院(旅游景区管理专业、旅游管理专业)　　地址:重庆市永川区红河大道319号　　邮政编码:402160　　网址:http://tourism.cqwu.net/　　电话:023-49685276　　E-mail:tourism@cqwu.net

四川省

四川大学旅游学院(旅游管理专业)　　地址:四川省成都市望江路29号望江校区文科楼　　邮政编码:610064　　网址:http://historytourism.scu.edu.cn/　　电话:028-85412312　　传真:028-85412804　　E-mail:scu85412804@163.com　scu85415310@163.com

成都理工大学旅游与城乡规划学院(旅游管理专业)　　地址:四川省成都市成华区二仙桥东三路1号　　邮政编码:610059　　网址:http://www.turp.cdut.edu.cn/　　电话:028-84073551　　E-mail:zgp@cdut.edu.cn

西南民族大学旅游与历史文化学院(旅游管理专业)　　地址:四川省成都市一环路南四段　　邮政编码:610041　　网址:http://222.210.17.141:90/lvyou/　　电话:028-85707993

四川农业大学(都江堰校区)旅游管理学院(旅游管理专业)　　地址:四川省都江堰市建设路288号　　邮政编码:611830　　网址:http://djy.sicau.edu.cn/　　电话:028-87144791　　传真:028-87133366　　E-mail:headmaster@scfc.edu

四川师范大学历史文化与旅游学院(旅游管理专业)　　地址:四川省成都市锦江区静安路5号　　邮政编码:

610068　网址:http://hist.sicnu.edu.cn/　电话:028-84760823　传真:028-84760745　E-mail:ll-yzh@163.com　ll-jxfyzh1@163.com　ll-bgsh@163.com

乐山师范学院旅游与经济管理学院(旅游管理专业)　地址:四川省乐山市滨河路778号　邮政编码:614004　网址:http://210.41.160.139/lvyxy　电话:0833-2276355　E-mail:lvjx@lstc.edu.cn

四川民族学院旅游系(旅游管理专业)　地址:四川省康定县姑咱镇文化路4号　邮政编码:626001　网址:http://lyx.scun.edu.cn/　电话:0836-2857859　E-mail:lnw@scun.edu.cn　hzg@scun.edu.cn　zxy@scun.edu.cn

绵阳师范学院历史文化与旅游管理学院(旅游管理专业、人文教育旅游文化专业)　地址:四川省绵阳市仙人路一段30号　邮政编码:626001　网址:http://lgx.mnu.cn/　电话:0816-2200056

成都大学旅游文化产业学院(旅游管理专业、园林景观设计专业)　地址:四川省成都市外东十陵镇城乡建设学院　邮政编码:610106　网址:http://www1.cdu.edu.cn/academy/lvyou/　电话:028-84616900/84616024

贵州省

贵州大学人文学院/旅游与文化产业学院(旅游管理专业)　地址:贵州省贵阳市花溪区花溪大道　邮政编码:550025　网址:http://hum.gzu.edu.cn/　电话:0851-8292030

贵州师范大学国际旅游文化学院(旅游管理专业)　地址:贵州省贵阳市云岩区宝山北路116号国际旅游文化学院　邮政编码:550001　网址:http://lyxy.gznu.edu.cn/　电话:0851-6763299

贵州师范学院地理与旅游学院(旅游管理专业)　地址:贵州省贵阳市乌当区高新路115号　邮政编码:550018　网址:http://dili.gzhnc.edu.cn/　电话:0851-5811045　E-mail:fangshanglil@21cn.com　lejingli987@sina.com.cn　jyxydlx@163.com

遵义师范学院历史文化与旅游管理系(旅游管理专业、涉外旅游专业)　地址:贵州省遵义市上海路830号　邮政编码:563002　网址:http://dpt.zync.edu.cn/home/history/　电话:0852-8929529　E-mail:zynclishixi@sina.com

贵州民族学院旅游与航空服务学院(旅游管理专业)　地址:贵州省贵阳市花溪区　邮政编码:550025　网址:http://www.gznc.edu.cn/yxsz/lyxy　电话/传真:0851-3610303　E-mail:TA@gznc.edu.cn

凯里学院旅游与经济发展学院(生态旅游专业、旅游管理专业)　地址:贵州省凯里经济开发区开元大道3号　邮政编码:556011　网址:http://www.kluniv.cn/nyjjfzxy/　E-mail:lyxydzzsjxx@163.com

云南省

云南大学工商管理与旅游管理学院(旅游管理专业)　地址:云南省昆明市五华区翠湖北路2号　邮政编码:650091　网址:http://www.bts.ynu.edu.cn/　电话:0871-5031754　E-mail:btms@ynu.edu.cn　yanggh@ynu.edu.cn

云南师范大学旅游与地理科学学院(旅游管理与服务专业)　地址:云南省昆明市121大街298号　邮政编码:650092　网址:http://tgsf.ynnu.edu.cn/new/　电话:0871-5516077　E-mail:mingqingzhong01@163.com　kmdcynu@163.com　raoyc@ynnu.edu.cn

云南财经大学旅游与服务贸易学院(旅游管理专业)　地址:云南省昆明市龙泉路237号　邮政编码:650221　网址:http://web.ynufe.edu.cn/xueyuan/lyxy　电话:0871-5192465

西南林业大学生态旅游学院(生态旅游专业、旅游管理专业)　地址:云南省昆明市白龙寺　邮政编码:650224　网址:http://www.ecoetf.com/　电话:0871-3863002

楚雄师范学院地理科学与旅游管理系(旅游管理与服务教育专业)　地址:云南省楚雄市鹿城南路461号　邮政编码:675000　网址:http://dlx.cxtc.edu.cn/　电话:0878-3100525

昆明学院旅游系(旅游管理专业、景区开发与管理专业)　地址:云南省昆明市昆明经济开发区浦新路2号　邮政编码:650214　网址:http://lyx.kmu.edu.cn/　电话:0871-5382488　E-mail:lyxsjzr@163.com

云南师范大学文理学院(独立)旅游系旅游管理专业　地址:云南省昆明市龙泉路岗头村627号　邮政编码:650222　网址:http://www.ysdwl.cn/　电话/传真:0871-5825028/5810959　E-mail:ynwlzb@163.com

西藏自治区

西藏大学旅游与外语学院（旅游管理专业、旅游会展专业、旅游酒店管理专业、旅游管理规划专业） 地址：西藏拉萨市江苏路36号 邮政编码：850000 电话：0891-6324641 网址：http://lwy.utibet.edu.cn/ E-mail：ylwy@utibet.edu.cn

陕西省

陕西师范大学旅游与环境学院（旅游管理专业） 地址：陕西省西安市长安区西长安街620号格物楼 邮政编码：710119 网址：http://geog.snnu.edu.cn/ 电话：029-85310525 传真：029-85310528 E-mail：xuedq@snnu.edu.cn lhybgs@snnu.edu.cn

西安外国语大学旅游学院（旅游管理专业） 地址：陕西省西安市郭杜教育科技产业开发区文苑南路 邮政编码：710128 网址：http://222.90.76.146/lyxy/ 电话：029-85319374 传真：029-85319424 E-mail：wanglixia@xisu.edu.cn lixishe@xisu.edu.cn

咸阳师范学院旅游与资源环境学院（旅游管理专业） 地址：陕西省咸阳市文林路东段 邮政编码：712000 网址：http://www.xysfxy.cn/structure/jgsz/jxjg/zcx/ 电话：029-33722032

西安文理学院资源环境与旅游系（旅游管理专业） 地址：陕西省西安市雁塔区太白南路168号 邮政编码：710065 网址：http://zihuan.xawl.org/ E-mail：wenlizihuan@163.com

陕西学前师范学院历史文化与旅游系（旅游管理专业） 地址：陕西省西安市长安区南长安街神禾大道 邮政编码：710100 网址：http://lswh.snie.cn/ 电话：029-81530100

甘肃省

西北师范大学旅游学院（旅游管理与服务教育专业、旅游管理涉外旅游专业、国际文化交流旅游文化专业） 地址：甘肃省兰州市安宁区安宁东路967号 邮政编码：730070 网址：http://www.nwnu.edu.cn/ 电话：0931-7971701 传真：0931-7970605 E-mail：lyxybgs@nwnu.edu.cn

兰州城市学院城市经济与旅游文化学院（旅游管理与服务教育专业、涉外旅游专业） 地址：甘肃省兰州市安宁区街坊路11号 邮政编码：730070 网址：http://www2.lzcu.edu.cn/dept/cjgx/ E-mail：yyqtinkle@126.com

河西学院历史文化与旅游学院（旅游管理专业） 地址：甘肃省张掖市北环路 邮政编码：734000 网址：http://xxj.hxu.edu.cn/lsx/

甘肃联合大学旅游学院（旅游管理专业、旅游景区管理专业、涉外旅游专业） 地址：甘肃省兰州市城关区北面滩400号 邮政编码：730000 网址：http://lyxy.gsu.edu.cn/ E-mail：lyxy@gsu.edu.cn

新疆维吾尔自治区

新疆大学旅游学院（旅游管理专业） 地址：新疆乌鲁木齐市延安路1230号南校区 邮政编码：830049 网址：http://202.201.252.218/lyxy/ 电话：0991-8588123

新疆财经大学旅游学院（旅游管理专业） 地址：新疆乌鲁木齐市北京中路449号 邮政编码：830012 网址：http://202.201.208.7/school/lyxy/ 电话：0991-7842130

四、开设有旅游方向相关专业的学校[1]

北京市

北京大学城市与环境学院旅游研究与规划 地址：北京市海淀区颐和园路5号逸夫二楼 邮政编码：100871 网址：http://sgos.nju.edu.cn/ http://www.environ.pku.edu.cn/ 电话：010-62751172 E-mail：xjm@urban.pku.edu.cn guofei@urban.pku.edu.cn

北京师范大学地理学与遥感科学学院 地址：北京市海淀区新街口外大街19号 邮政编码：100875 网址：

---

[1] 排名不分先后，以各个高校汉语拼音顺序为准。

http://geog.bnu.edu.cn/　　电话:010-62207657　　传真:010-62206955　　E-mail:geo@hnu.cn

清华大学建筑学院景观学系　　地址:北京市海淀区清华大学建筑馆　　邮政编码:100084　　网址:http://arch.tsinghua.edu.cn/chs/　　电话:010-62782109/62796855　　E-mail:wwjwu@tsinghua.edu.cn

北京交通大学经济管理学院旅游管理专业　　地址:北京市海淀区上园村3号思源东楼　　邮政编码:100044　　网址:http://sem.bjtu.edu.cn/　　电话:010-51687040　　传真:010-51684925　　E-mail:liuyanp@bjtu.edu.cn　mingyuzhang@263.net

北京林业大学园林学院　　地址:北京市海淀区清华东路35号　　邮政编码:100083　　网址:http://yuanlin.bjfu.edu.cn/　　电话:010-62336294/62337845　　传真:010-62336294　　E-mail:yuanlin@bjfu.edu.cn

中央民族大学管理学院旅游管理专业　　地址:北京市海淀区中关村南大街27号中央民族大学文华楼12层　　邮政编码:100081　　网址:http://www.ms.muc.edu.cn/　　E-mail:ms.cun2006@yahoo.com.cn

中国矿业大学(北京)管理学院旅游管理专业　　地址:北京市海淀区学院路丁11号　　邮政编码:100083　　网址:http://glxy.cumtb.edu.cn/　　电话:010-62331376

北京工商大学商学院旅游管理专业　　地址:北京市海淀区阜城路11号　　邮政编码:100048　　北京市良乡高教园区　　邮政编码:1002488　　网址:http://sxy.btbu.edu.cn/　　电话:010-68984593/81353339　　E-mail:sxy@pub.btbu.edu.cn

北京联合大学应用文理学院历史学(文博旅游)专业　　地址:北京市海淀区北土城西路197号　　邮政编码:100083　　网址:http://www.ygi.edu.cn/department/lishi　　电话:010-62004521　　E-mail:gujun63@sohu.com

北京联合大学平谷学院旅游管理专业　　地址:北京市平谷区迎宾路7号　　邮政编码:101200　　网址:http://pgxy.buu.edu.cn/　　电话:010-69951566-8071　　E-mail:pgyyjsxy@vip.sina.com　pgwcg105@21cn.com

首都经贸大学工商管理学院旅游管理专业　　地址:北京市丰台区花乡张家路口121号 邮政编码:100070　　邮政编码:100026　　网址:http://cba.cueb.edu.cn/　　电话:010-83952195/65976401　　E-mail:cba_webmaster@cueb.edu.cn

北京石油化工学院人文社科学院旅游管理专业　　地址:北京大兴区黄村清源北路19号　　邮政编码:102617　　网址:http://www.bipt.edu.cn/pub/renwen/　　电话:010-81292167　　E-mail:rwskcollege@126.com

北京农学院园林学院旅游管理专业、观光农业专业　　地址:北京市昌平区回龙观镇北农路7号　　邮政编码:102206　　网址:http://ylxy.bua.edu.cn/　　电话:010-80794402

北京农学院城乡发展学院旅游管理专业、观光农业专业　　地址:北京市昌平区回龙观镇北农路7号　　邮政编码:102206　　网址:http://www.bua.edu.cn/tdeparts/zhiyejishu/　　电话:010-80794960/80799392　　传真:010-80794960

北京城市学院语言学部旅游管理与酒店管理专业　　地址:北京海淀区北四环中路269号　　邮政编码:100083　　网址:http://dep.bcu.edu.cn/webyyxb/index.asp　　电话:010-62325128/62322620　　E-mail:yuyanxuebu@bcu.edu.cn

天津市

南开大学商学院旅游管理专业　　地址:天津市卫津路94号　　邮政编码:300071　　网址:http://ibs.nankai.edu.cn/Site/　　电话:022-23508757　　E-mail:rjz@nankai.edu.cn　nkimm@nankai.edu.cn　nkmis@yahoo.cn

天津师范大学历史文化学院旅游管理专业　　地址:天津市西青区宾水西道393号主校区兴文楼C区　　邮政编码:300387　　网址:http://59.67.75.245/college/lsxy/　　电话:022-23766060/23766192

天津财经大学商学院国际酒店管理专业、旅游企业管理专业　　地址:天津市河西区珠江道25号　　邮政编码:300222　　网址:http://public.tjufe.edu.cn/department/trip/　　电话:022-88186341　　传真:022-88186342　　E-mail:lvyouxi@tjufe.edu.cn

天津商业大学商学院旅游管理专业　　地址:天津市北辰区津霸公路2号　　邮政编码:300134　　网址:http://sxy.tjcu.edu.cn/　　电话:022-26667677

天津商业大学TUC-FIU合作学院旅游管理专业　　地址:中国天津北辰区津霸公路东口　　邮政编码:300134　　网址:http://www.tuc-fiu.cn/　电话:022-26661189　　E-mail:tf@tuc-fiu.cn

天津农学院人文社科系旅游管理专业　　地址:天津市西青区津静路22号　　邮政编码:300384　　网址:http://huss.tjau.edu.cn/

河北省

北京交通大学海滨学院旅游管理专业　　地址:河北省黄骅市学院西路9号　　邮政编码:061100　　网址:http://www.bjtuhbxy.cn/　电话:0317-8887105　　E-mail:xybgs@bjtuhbxy.cn　zsbgs@bjtuhbxy.cn

中国地质大学(北京)长城学院旅游管理专业　　地址:河北省保定市南二环1698号　　邮政编码:071000　　网址:http://www.cuggw.edu.cn/glgc/　电话:0312-2165166　　传真:0312-2162666

河北大学管理学院旅游管理专业　　地址:河北省保定市五四东路180号　　邮政编码:071002　　网址:http://manage.hbu.edu.cn/　电话:0312-5073160/5073165　　E-mail:fxzweb@163.com　guanliren@126.com

河北大学工商学院(独立)旅游管理专业　　地址:河北省保定市七一东路　　邮政编码:071002　　网址:http://www.hicc.cn　电话:0312-5073111　　E-mail:hicc@mail.hbu.cn　gyzhaosheng@mail.hbu.cn

燕山大学经济管理学院旅游管理专业　　地址:河北省秦皇岛市河北大街西段438号　　邮政编码:066004　　网址:http://fem.ysu.edu.cn/　电话:0335-8057025　　E-mail:glbgsh@ysu.edu.cn

燕山大学里仁学院(独立)旅游管理专业　　地址:河北省秦皇岛河北大街438号　　邮政编码:066004　　网址:http://stc.ysu.edu.cn/　电话:0335-8063745　　E-mail:xdkong@ysu.edu.cn

河北农业大学现代科技学院(知行学院)旅游管理专业　　地址:河北省保定市建设南路215号　　邮政编码:071000　　网址:http://tch.hebau.edu.cn/kjxy/　电话:0312-7528381/7528392　　E-mail:zxxy@mail.hebau.edu.cn　gaojing@mail.hebau.edu.cn

河北师范大学汇华学院(独立)旅游管理专业　　地址:河北石家庄市红旗大街601号　　邮政编码:050091　　网址:http://huihua.hebtu.edu.cn/　电话:0311-83836262　　传真:0311-83823922

河北经贸大学经济管理学院(独立)旅游管理专业　　地址:河北省石家庄市红旗大街428号　　邮政编码:050091　　网址:http://202.206.206.251/　电话:0311-87665190/87665285　　E-mail:yjgxy@heuet.com.cn

华北科技学院管理系旅游管理专业　　地址:北京东燕郊206信箱　　邮政编码:101601　　网址:http://glx.ncist.edu.cn/　电话:010-61591489/61591490

邢台学院经济贸易系旅游管理专业　　地址:河北省邢台市泉北大街　　邮政编码:054001　　网址:http://mjx.xttc.edu.cn/　电话:0319-3650111　　传真:0319-3226566　　E-mail:yb@xttc.edu.cn

唐山师范学院资源管理系旅游管理专业　　地址:河北省唐山市建设北路156号　　邮政编码:063000　　网址:http://zygl.tstc.edu.cn/

唐山学院经济管理系旅游管理专业　　地址:河北省唐山市路北区华岩北路38号　　邮政编码:063000　　网址:http://www.tsc.edu.cn/col2/col16/　电话:0315-2792009/2792001　　E-mail:jjglx2196@sina.com　jxb507@126.com

石家庄学院经济管理系旅游管理专业　　地址:河北省石家庄市高新区珠峰大街288号　　邮政编码:050035　　网址:http://210.31.250.89/glx/　电话:0311-66617173

石家庄学院资源与环境系景区开发与管理专业　　地址:河北省石家庄市高新技术开发区珠峰大街288号　　邮政编码:050035　　网址:http://210.31.249.4/　电话:0311-66617230

保定学院资源与环境系旅游管理专业　　地址:河北省保定市七一东路3027号　　邮政编码:071000　　网址:http://www.bdu.edu.cn/xbzd/Geography/　电话:0312-5972200

河北科技师范学院工商管理学院旅游管理专业　　地址:河北省秦皇岛市河北大街西段360号　　邮政编码:066004　　网址:http://gsxy.qhdedu.net/　电话:0335-8058253　　E-mail:gsgllef@126.com

廊坊师范学院旅游管理专业　　地址:河北省廊坊市爱民西道100号　　邮政编码:065000　　网址:http://www.lfsfxy.edu.cn/　电话:0316-2188211　　传真:0316-2112462

河北民族师范学院管理工程系旅游管理专业　　地址:河北省承德市高教园区河北民族师范学院　　邮政编码:067000　　网址:http://www.hbun.net/college/dili/　　电话:0314-2371032　　E-mail:baisheng_sun@126.com

山西省

山西大学历史文化学院旅游管理专业　　地址:山西省太原市坞城路39号　　邮政编码:030006　　网址:http://www.sxu.edu.cn/yuanxi/lishi/　　电话:0351-7010477　　传真:0351-7010677　　E-mail:rcsh@sxu.edu.cn　　lishixi@sxu.edu.cn

太原理工大学轻纺工程与美术学院旅游管理专业　　地址:山西省晋中市榆次区迎宾路113号　　邮政编码:030600　　网址:http://www.qfmy.tyut.edu.cn/　　电话:0354-3362122　　传真:0354-3362302　　E-mail:qfmy@tyut.edu.cn

山西农业大学林学院园林专业　　地址:山西省太谷县山西农业大学　　邮政编码:030801　　网址:http://www1.sxau.edu.cn/linxueyuan/　　电话:0354-6288550　　E-mail:Sxdsir@sohu.com　　sxndzywok@126.com

山西农业大学园艺学院园艺专业、花卉与景观设计专业　　地址:山西省太谷县山西农业大学　　邮政编码:030801　　网址:http://www1.sxau.edu.cn/yuanyixueyuan/

大同大学商学院旅游管理专业　　地址:山西省大同市御河桥东　　邮政编码:037009　　网址:http://www.sxdtdx.edu.cn/sxy/　　电话:0352-7665128　　E-mail:Ljinmin@163.com

山西财经大学华商学院(独立)旅游管理专业　　地址:太原市坞城南路79号　　邮政编码:030031　　网址:http://www.schsxy.com/　　电话:035-17654226　　E-mail:hsyzsb@126.com

忻州师范学院地理系旅游管理专业　　地址:山西省忻州市和平西路10号　　邮政编码:034000　　网址:http://dept.xztc.edu.cn/yxdh/geography/index.htm　　电话:0350-3048256　　E-mail:xzsfxy@sxbys.com.cn

运城学院经济管理系旅游管理专业　　地址:山西省运城市河东东街333号　　邮政编码:044000　　网址:http://autoweb.ycu.edu.cn/zzz/guanlixi　　E-mail:guanlixi@ycu.edu.cn

内蒙古自治区

内蒙古大学蒙古学学院旅游管理专业　　地址:内蒙古呼和浩特市大学西路235号　　邮政编码:010021　　网址:http://mgx.imu.edu.cn/cms4/　　电话:0471-4992282　　E-mail:mli@imu.edu.cn

内蒙古大学满洲里学院旅游系旅游管理专业　　地址:内蒙古满洲里市华埠大街1号　　邮政编码:021400　　网址:http://www.mzlxy.cn/　　电话:0470-6242062

内蒙古大学鄂尔多斯学院旅游管理专业　　地址:内蒙古自治区鄂尔多斯市康巴什新区　　邮政编码:017000　　网址:http://www.imuoc.cn/　　E-mail:imuoc@yahoo.cn

内蒙古民族大学经济管理学院旅游管理专业　　地址:内蒙古通辽市霍林河大街22号　　邮政编码:028000　　网址:http://www1.imun.edu.cn/jjgl/　　电话:0475-8314685　　E-mail:nmdjgxy@163.com

内蒙古农业大学农学院园艺专业(观赏园艺方向)　　地址:呼和浩特市新建东街275号农学院　　邮政编码:010019　　网址:http://www1.imau.edu.cn/nxy/　　电话:0471-4301169　　E-mail:lzh123yx@sina.com

内蒙古农业大学林学院园林专业、森林资源保护与游憩专业　　地址:内蒙古呼和浩特市赛罕区新建东街275号　　邮政编码:010019　　网址:http://www1.imau.edu.cn/linxue　　电话:0471-4301330　　E-mail:weiyan@imau.edu.cn　　lxyyijianxiang@163.com

内蒙古师范大学青年政治学院旅游管理专业　　地址:内蒙古呼和浩特市回民区内蒙古青少年生态园　　邮政编码:010051　　网址:http://210.31.191.78/　　电话:0471-6604765　　E-mail:nmtxld@163.com　　zsjybhxm@imnu

内蒙古师范大学国际交流学院旅游管理专业　　地址:内蒙古呼和浩特市赛罕区昭乌达路86号　　邮政编码:010022　　网址:http://gjjl.imnu.edu.cn/　　电话:0471-4392515　　E-mail:iec@imnu.edu.cn

呼和浩特民族学院旅游管理专业　　地址:内蒙古呼和浩特市通道北路56号　　网址:http://www.imnc.edu.cn　　电话/传真:0471-2213524　　E-mail:93506112@qq.com　　651139772@qq.com

赤峰学院蒙古文史学院旅游管理专业(蒙语授课)　　地址:内蒙古赤峰市红山区迎宾路　　邮政编码:024000

网址：http://www.cfxy.cn/　电话：0476-2205812　传真：0476-2205812　E-mail：cfxyzsjyc@126.com

赤峰学院经济与管理学院旅游管理专业　地址：内蒙古赤峰市红山区迎宾路　邮政编码：024000　网址：http://www.cfxy.cn/　电话：0476-2205812　传真：0476-2205812　E-mail：cfxyzsjyc@126.com

河套大学人文学院旅游管理专业　地址：内蒙古巴彦淖尔市临河区大学路　邮政编码：015000　网址：http://www.hetaodaxue.com/rwxy/　电话：0478-8416630　传真：0478-8414423　E-mail：htdx-rwxy@163.com

辽宁省

大连海事大学交通运输管理学院旅游管理专业　地址：辽宁省大连市凌海路1号　邮政编码：116026　网址：http://gl.dlmu.edu.cn/　电话：0411-84723033/84723533

大连民族学院经济管理学院旅游管理专业　地址：辽宁省大连经济技术开发区辽河西路18号　邮政编码：116600　网址：http://www.dlnu.edu.cn/jingguan/

辽宁师范大学海华学院（独立）旅游管理专业　地址：辽宁省大连市沙河口区富民路198号　网址：http://haihua.lnnu.edu.cn/　电话：0411-82159257　传真：0411-82159257

大连大学国际学院旅游管理专业　地址：辽宁省大连市经济技术开发区学府大街10号　邮政编码：116622　网址：http://202.199.152.50/　电话/传真：0411-87403119　E-mail：gjxy@dlu.edu.cn

大连工业大学艺术与信息工程学院工商管理专业（旅游管理方向）　地址：辽宁省大连市金州区城南路15号　邮政编码：116100　网址：http://www.caie.org　电话：0411-87667753　传真：0411-87664331

大连工业大学职业技术学院旅游管理专业　地址：辽宁省大连市金州区城南路15号　邮政编码：116100　网址：http://zyjsxy.dep.dlpu.edu.cn/　电话：0411-87667743　传真：0411-87668426　E-mail：zyjgbgs@dlpu.edu.cn

大连外国语学院经济与管理学院旅游管理专业　地址：辽宁省大连市旅顺南路西段6号　邮政编码：116044　网址：http://em.dlufl.edu.cn/　电话：0411-86112123　E-mail：mywork888@163.com

沈阳航空航天工业大学经济管理学院旅游管理专业　地址：辽宁省沈阳市道义经济开发区道义南大街37号　邮政编码：110136　网址：http://sem.sau.edu.cn/

辽宁大学商学院旅游管理专业　地址：辽宁省沈阳市道义经济开发区京沈街52号　邮政编码：110136　网址：http://www.gsglxy.cn/webs/index.aspx　电话：024-62602136/62602141　传真：024-62602138

沈阳大学国际商学院旅游管理（国际旅游管理）专业　地址：辽宁省沈阳市大东区望花南街21号　邮政编码：110044　网址：http://ibs.syu.edu.cn/　电话：024-62268636

沈阳大学科技工程学院（独立）旅游管理专业　地址：辽宁省沈阳市苏家屯区梧桐大街2号　邮政编码：110112　网址：http://www.sdkj-syu.net/sydx-422-video　电话：024-89597888　E-mail：sdkjhlj@163.com

沈阳工业大学管理学院旅游管理专业　地址：辽宁省沈阳市经济技术开发区沈辽西路111号　邮政编码：110870　网址：http://glxy.sut.edu.cn/　电话：024-25496570　传真：024-25496550

沈阳建筑大学建筑与规划学院景观建筑设计专业、园林（景观设计方向）专业　地址：辽宁省沈阳市浑南新区浑南东路9号　邮政编码：110168　网址：http://jz.sjzu.edu.cn/　E-mail：Tianzuo@public.hr.hl.cn

渤海大学文理学院旅游管理专业　地址：辽宁省锦州市高新技术产业园区昆明街2号　邮政编码：121013　网址：http://www.bhuwlxy.edu.cn/　电话：0416-7980114　E-mail：bhuwlxy@126.com

渤海大学高等职业技术学院旅游管理专业　地址：辽宁省锦州市凌河区解放东路33号　网址：http://www.bhu.edu.cn/page/depart/gzxy/　E-mail：jinyanlong928@sohu.com

辽宁石油化工大学经济管理学院旅游管理专业　地址：辽宁省抚顺市望花区丹东路西段1号　邮政编码：113001　网址：http://jjglxy.lnptl.edu.cn/　电话：0413-6860695　E-mail：wangdanfs@tom.com

辽宁工程技术大学技术与经济学院旅游管理专业　地址：辽宁省阜新市中华路47号　邮政编码：123000　邮政编码：130012　网址：http://www.lntujjxy.org　E-mail：lyzbgxx@163.com　bgsbgxx@163.com

吉林省

吉林大学商学院旅游管理专业　地址：吉林省长春市前进大街2699号　网址：http://www.bsoj.cn/bsoj/　电

话:0431-85166131　传真:0431-85166131　E-mail:bschool@jlu.edu.cn　邮政编码:130012

吉林大学应用技术学院旅游与酒店管理专业　地址:吉林省长春市亚泰大街4026号(原南岭大街22号)　网址:http://yyjs.jlu.edu.cn/　电话:0431-8621775

吉林大学—莱姆顿学院旅游与酒店管理专业　地址:吉林省长春市硅谷大街452号　邮政编码:130012　网址:http://www.jlulambton.org/　电话:0431-85168700　传真:0431-85168202　E-mail:cnheyao@163.com

东北师范大学历史文化学院旅游管理专业　地址:吉林省长春市人民大街5268号　邮政编码:130024　网址:http://sohac.nenu.edu.cn/　电话:0431-85099418

长春大学管理学院旅游管理专业　地址:吉林省长春市人民大街6543号　E-mail:hdybd@yahoo.com.cn　邮政编码:130022　网址:http://glxy.ccu.edu.cn/　电话:0434-85250369

长春大学光华学院(独立)旅游管理专业　地址:吉林省长春市经济技术开发区岭东路283号　邮政编码:130117　网址:http://www.ccughc.net/　电话:0431-84802172　传真:0431-84849990　E-mail:yuanzhangxinxiang1@126.com

吉林农业大学中药材学院旅游管理专业　地址:吉林省长春市新城大街2888号　邮政编码:130118　网址:http://www.jlau.edu.cn/　电话:0431-84532980　传真:0431-84533451　E-mail:jlauzs@sina.com

吉林农业大学发展学院(独立)旅游管理专业、森林资源保护与游憩专业　地址:吉林省长春市双阳区东华大街1699号　邮政编码:130600　网址:http://www.jldhedu.com/　电话:0431-84266666　E-mail:langyu617@126.com

北华大学经济管理学院旅游管理专业　地址:吉林省吉林市华山路3999号(东校区)　邮政编码:132013　网址:http://econ.beihua.edu.cn/　电话:0432-64608199　E-mail:llowkey08@foxmail.com

长春师范学院国际商务学院旅游管理专业　地址:吉林省长春市长吉北路677号　网址:http://www.cncncibu.com/　电话:0431-84699499　传真:0431-84689899

吉林工程技术师范学院工商管理学院旅游管理专业　地址:吉林省长春市凯旋路3050号　邮政编码:130052　网址:http://www.jltiet.net/gsgl/　电话:0431-86908133　E-mail:zgh196898@sohu.com　dfzz6908129@163.com

吉林师范大学博达学院(独立)旅游管理专业　地址:吉林省四平市铁西区果园街217-3号　邮政编码:136000　网址:http://www.bdxy.com.cn/　电话/传真:0434-3291018　0434/3291018　E-mail:bdxyyz@163.com

吉林财经大学工商管理学院旅游管理专业　地址:吉林省长春市净月大街3699号　邮编:130117　网址:http://gsxy.jlufe.edu.cn/　电话:0431-84539114　E-mail:azhiwuhui@163.com

通化师范学院工商管理系旅游管理专业　地址:吉林省通化市东昌区育才路950号　邮政编码:134002　网址:http://gs.thnu.edu.en　电话:0435-3203387　E-mail:gsglx2010@126.com

白城师范学院地理系旅游管理专业　地址:吉林省白城市中兴西大路57号　邮政编码:137000　网址:http://www.bcsfxy.com/GXJJ/dlx/　电话:0436-3352687　E-mail:bc_xqt@126.com

吉林华侨外国语学院国际工商管理学院旅游管理专业　地址:吉林省长春市净月大街3658号　邮政编码:130117　网址:http://www.hqwy.com/　电话:0431-84565012　传真:0431-84533598　E-mail:qh@hqwy.com

吉林工商学院旅游管理分院旅游管理专业　地址:吉林省长春市和平大街2245号　邮政编码:130062　网址:http://lyx.jlbtc.edu.cn/　电话:0431-88530485

黑龙江省

东北林业大学野生动物资源学院旅游管理(生态旅游)专业　地址:黑龙江省哈尔滨市香坊区和兴路26号　邮政编码:150040　网址:http://wildlife.nefu.edu.cn/　E-mail:dongzixueyuan@163.com

东北林业大学林学院森林资源保护与游憩专业　地址:黑龙江省哈尔滨市动力区和兴路26号　邮政编码:150040　网址:http://dept.nefu.edu.cn/senlinzy/　电话:0451-82192756　E-mail:ygcf@nefu.edu.cn

东北林业大学园林学院园林(风景园林)专业　地址:黑龙江省哈尔滨市动力区和兴路26号　邮政编码:150040　网址:http://yuanlin.nefu.edu.cn/　电话:0451-82191548

哈尔滨工业大学管理学院旅游管理专业　地址：黑龙江省哈尔滨市南岗区法院街13号　邮政编码：150000　网址：http://som.hit.edu.cn/　电话：0451-86414009　传真：0451-86414024　E-mail：sommaster@hit.edu.cn

哈尔滨师范大学社会与历史学院旅游管理专业　地址：黑龙江省哈尔滨市利民经济开发区师大南路1号　邮政编码：150025　网址：http://web.hrbnu.edu.cn/ls　E-mail：zhubingquan@126.com　shylsxy@126.com

哈尔滨理工大学管理学院旅游管理专业　地址：黑龙江省哈尔滨市学府路52号　网址：http://www2.hrbust.edu.cn/xueyuan/guanli/　电话：0451-86392207　E-mail：wanyhongqi36@126.com

东北农业大学人文社会科学学院旅游管理专业　地址：黑龙江省哈尔滨市香坊区公滨路木材街59号　邮政编码：150030　网址：http://rwxy.neau.edu.cn/　电话：0451-55190740　E-mail：zblu@neau.edu.cn

哈尔滨学院经济管理学院旅游管理专业　地址：黑龙江省哈尔滨市南岗区学府四道街9号　邮政编码：150086　网址：http://cgxy.hrbu.edu.cn/caiguan/　电话：0451-86663483

牡丹江师范学院管理系旅游管理专业　地址：黑龙江省牡丹江市爱民区兴中路文化街19号　邮政编码：157012　网址：http://www.mdjnu.com/glx/　电话：0453-6515577　E-mail：msyglx@126.com

哈尔滨德强商务学院旅游管理专业　地址：黑龙江省哈尔滨市利民开发区学院路99号　邮政编码：150025　网址：http://www.hrbtc.com　电话：0451-85911881　E-mail：deqiangxueyuanzsb@163.com

绥化学院旅游与资源管理系旅游管理专业　地址：黑龙江省绥化市黄河路18号　邮政编码：152061　网址：http://dlx.shxy.net/　E-mail：zhlj_2003@126.com

黑龙江东方学院旅游管理专业　地址：黑龙江省哈尔滨市南岗区学府路331号　邮政编码：150086　网址：http://www.dfxy.net/　电话：0451-86673244　E-mail：liuoe@126.com

鸡西大学旅游管理专业　地址：黑龙江省鸡西市和平南大街99号　邮政编码：158100　网址：http://www.jxdx.net/　电话：0467-2395017　E-mail：hxgjxdx@sohu.com

牡丹江大学旅游管理专业　地址：黑龙江省牡丹江市西地明街60号　邮政编码：157011　网址：http://www.mdjdx.cn/　电话：0453-6595970　传真：0453-6596445　E-mail：mdjdxjgx@163.com

上海市

同济大学建筑与城市规划学院旅游管理专业、景观学专业　地址：上海市四平路1239号　邮政编码：200092　网址：http://www.tongji-caup.org/　电话：021-65983413　传真：021-65986707　E-mail：dlat@landscapeonline.com.cn

上海交通大学安泰经济与管理学院旅游管理专业　地址：上海市法华镇路535号　邮政编码：200052　网址：http://www.acem.sjtu.edu.cn/　电话：021-52301663　传真：021-52301552　E-mail：master@icedchina.com

华东理工大学艺术设计与传媒学院旅游管理专业　地址：上海市梅陇路130号　邮政编码：200237　网址：http://art.ecust.edu.cn/　电话：021-64253213　E-mail：gysj@ecust.edu.cn

东华大学旭日工商管理学院旅游管理专业　地址：上海市延安西路1882号旭日楼525室　邮政编码：200051　网址：http://glxy.dhu.edu.cn/　电话：021-62373621　传真：021-62373621　E-mail：glxy@dhu.edu.cn

华东师范大学商学院旅游管理专业　地址：上海市闵行区东川路500号闵行校区　邮政编码：200241　网址：http://www.bs.ecnu.edu.cn/　电话/传真：021-54344955　E-mail：jjlou@tour.ecnu.edu.cn

上海财经大学国际工商管理学院旅游管理专业　地址：上海市国定路777号　邮政编码：200433　网址：http://gsgl.shufe.edu.cn/　电话：021-65904917　传真：021-65112354　E-mail：zxb2005@gmail.com

上海大学管理学院旅游管理专业　地址：上海市宝山区上大路99号　邮政编码：200444　网址：http://www.shu.edu.cn/　电话：021-66134284　E-mail：shginfo@department.shu.edu.cn

上海海事大学经济管理学院旅游管理专业　地址：上海市浦东新区海港大道1550号　邮政编码：201306　网址：http://smusem.shmtu.edu.cn/　电话：021-38282400　传真：021-38282409　E-mail：fad@shmtu.edu.cn

上海建桥学院旅游管理专业　地址：上海市康桥路1500号　邮政编码：201319　网址：http://www.gench.com.cn/　电话：021-58137788　E-mail：bgs@mail.gench.com.cn

上海杉达学院管理学院旅游管理专业　　地址：上海市金海路2727号　　邮政编码：201209　　网址：http://www.sandau.edu.cn/　　电话：021-50210257　　E-mail：sanda_university@sandau.edu.cn

江苏省

南京大学地理与海洋科学学院旅游管理专业　　地址：江苏省南京市汉口路22号　　邮政编码：210093　　网址：http://sgos.nju.edu.cn/　　电话：025-83592681　　E-mail：shugao@nju.edu.cn

南京大学金陵学院（独立）资源环境与城乡规划管理（旅游规划与管理）专业　　地址：江苏省南京市浦口区学府路8号　　邮政编码：210089　　网址：http://jlxy.nju.edu.cn/　　电话：025-58646684　　E-mail：ndjlxy@nju.edu.cn

东南大学人文学院旅游管理专业　　地址：江苏省南京市玄武区四牌楼2号四牌楼校区　　邮政编码：210096　　网址：http://wxy.seu.edu.cn/humanities/page/　　电话：025-52090924　　E-mail：fhhp@sohu.com　　hr@seu.edu.cn

东南大学建筑学院景观学专业　　地址：江苏省南京市玄武区四牌楼2号（四牌楼校区）　　邮政编码：210096　　网址：http://arch.seu.edu.cn　　电话：025-83790376　　E-mail：seu-arch@163.com

江南大学商学院旅游管理专业　　地址：江苏省无锡市蠡湖大道1800号　　邮政编码：214122　　网址：http://busi.jiangnan.edu.cn/sxy/　　电话：0510-85913595　　传真：0510-85913596　　E-mail：marswjf@qq.com

江南大学太湖学院（独立）旅游管理专业　　地址：江苏省无锡市钱荣路68号　　邮政编码：214046　　网址：http://www.thxy.org　　电话：0510-85502763　　传真：0510-85502663　　E-mail：thxy@thxy.org

南京农业大学园艺学院园艺专业（观赏园艺方向）、景观学专业　　地址：江苏省南京市玄武区卫岗1号　　邮政编码：210095　　网址：http://yyxy.njau.edu.cn/　　电话：025-84395016　　E-mail：chenfd@njau.edu.cn

南京农业大学人文社会科学学院旅游管理专业　　地址：江苏省南京市童卫路6号　　邮政编码：210095　　网址：http://rw.njau.edu.cn/　　电话：025-84395215　　E-mail：rwxy@njau.edu.cn

苏州大学社会学院旅游管理专业　　地址：江苏省苏州市工业园区独墅湖高等教育园苏州大学文科综合楼1005幢　　邮政编码：215021　　网址：http://ppts.suda.edu.cn/　　电话：0512-65880537　　E-mail：wym@suda.edu.cn　　xmj@suda.edu.cn

扬州大学广陵学院（独立）旅游管理专业、园林（城市景观生态规划设计）专业　　地址：江苏省扬州市邗江区华扬西路198号　　邮政编码：225127　　网址：http://glxy.yzu.edu.cn/　　电话：0514-87993918　　传真：0514-87994009　　E-mail：glxy@yzu.edu.cn

江苏科技大学南徐学院（独立）旅游管理专业　　地址：江苏省镇江市南徐大道中段　　邮政编码：212004　　网址：http://nanxu.just.edu.cn/　　电话：0511-5624009　　传真：0511-85636966　　E-mail：jkdzsb@126.com

南京财经大学工商管理学院旅游管理专业　　地址：江苏省南京市栖霞区文苑路30号信箱　　邮政编码：210046　　网址：http://gsglxy.njue.edu.cn/　　电话：025-84028299　　E-mail：cjdxgsgl@163.com

南京林业大学人文社会科学学院旅游管理专业　　地址：江苏省南京市龙蟠路159号逸夫工程技术大楼　　邮政编码：21003　　网址：http://renwen.njfu.edu.cn/　　电话：025-85427309　　E-mail：renwen@njfu.edu.cn

南京林业大学风景园林学院景观建筑设计专业、景观工程专业　　地址：江苏省南京市龙蟠路159号　　邮政编码：21003　　网址：http://yuanlin.njfu.edu.cn/　　电话：025-85427781　　E-mail：wh9816@126.com

南京林业大学南方学院（独立）旅游管理专业、景观建筑设计专业　　地址：江苏省南京市龙蟠路159号8号楼　　邮政编码：21003　　网址：http://sc.njfu.edu.cn/　　电话：025-85428488　　E-mail：nanfang_2007@126.com

南京师范大学地理科学学院旅游管理专业　　地址：江苏省南京市栖霞区文苑路1号行远楼　　邮政编码：210046　　网址：http://dky.njnu.edu.cn/　　电话/传真：025-85891347　　E-mail：09159@njnu.edu.cn

南京师范大学中北学院（独立）旅游管理专业　　地址：江苏省南京市亚东新城区文苑路1号仙林校区　　邮政编码：210046　　南京市宁海路122号随园校区　　邮政编码：210097　　网址：http://zbzs.njnu.edu.cn/　　电话：025-85891052/83598084

南京师范大学泰州学院（独立）历史学（文化遗产保护与管理、历史文化旅游）专业　　地址：江苏省泰州市东风南路518号　　邮政编码：225300　　网址：http://www.nnutc.edu.cn　　电话：0523-86152006　　E-mail：hjjhjj8535@

sohu. com xiayun5@ 163. com

江苏师范大学科文学院(独立)旅游管理专业　地址:江苏省徐州市铜山新区上海路101号　邮政编码:221116　网址:http://kwxy. xznu. edu. cn　电话:0516-83500188　E-mail:kwxy@ xznu. edu. cn　uec@ xznu. edu. cn

江苏师范大学技术教育学院(社区学院)旅游管理专业　地址:江苏省徐州市和平路57号云龙校区　邮政编码:221009　网址:http://www. xznu. net. cn/　电话:0516-83867126　E-mail:sqzb@ xznu. edu. cn

南通大学地理科学学院旅游管理专业　地址:江苏省南通市啬园路9号　邮政编码:226019　网址:http://geo. ntu. edu. cn/　电话:0513-85015484　E-mail:cxp8988@ ntu. edu. cn

淮阴工学院生命科学与化学工程学院园林(风景园林设计)专业　地址:江苏省淮安市枚乘路1号26号楼　邮政编码:223003　网址:http://shxy. hyit. edu. cn/　电话:0517-3591044　E-mail:yidian006@ 163. com

徐州工程学院环境工程学院园林(景观工程)专业　地址:江苏省徐州市三环南路　邮政编码:221008　网址:http://hgxy. xzit. edu. cn/　E-mail:zzl5266@ 126. com　hjxy@ xzit. edu. cn

徐州工程学院管理学院旅游管理专业　地址:江苏省徐州市三环南路　邮政编码:221008　网址:http://glxy. xzit. edu. cn/　电话:0516-83105079　E-mail:yzxx@ xzit. edu. cn

常州工学院经济与管理学院旅游管理专业　地址:江苏省常州市巫山路1号　邮政编码:213022　网址:http://gsxy. czu. cn/　电话:0519-5135611　E-mail:gsxy@ oa. czu. cn

盐城工学院人文学院旅游管理专业　地址:江苏省盐城市希望大道9号　邮政编码:224051　网址:http://rwxy. ycit. cn/　电话/传真:0515-88298217　E-mail:rwxy@ ycit. cn　mhd@ ycit. cn

金陵科技学院人文学院旅游管理专业　地址:江苏省南京市栖霞区中心村130号　邮政编码:210038　网址:http://rwxy. jit. edu. cn/　电话:025-85393502　传真:025-85393503　E-mail:jitwfx@ jit. edu. cn

江苏技术师范学院商学院旅游管理专业　地址:江苏省常州市中吴大道1801号　邮政编码:213001　网址:http://sxy. jstu. edu. cn/　电话:0519-86953300　E-mail:sxy@ jstu. edu. cn

淮阴师范学院文通学院(独立)旅游管理专业　地址:江苏省淮安市长江西路111号　邮政编码:223300　网址:http://wt. hytc. edu. cn/　电话:0517-83517056　E-mail:zsb@ hytc. edu. cn

南京晓庄学院生物化工与环境工程学院旅游管理专业　地址:江苏省南京市江宁区弘景大道3601号　邮政编码:211171　网址:http://www. njxzc. edu. cn/　E-mail:zhouhong@ njxzc. edu. cn

盐城师范学院商学院旅游管理专业　地址:江苏省盐城市希望大道盐城师范学院新长校区　邮政编码:224053　网址:http://sxy. yctc. edu. cn/　电话:0515-88333433

苏州科技学院经济与管理学院旅游管理专业　地址:江苏省苏州市新区滨河路1701号　邮政编码:215011　网址:http://ems. usts. edu. cn/　E-mail:ycm@ mail. usts. edu. cn

常熟理工学院生命与食品工程学院旅游管理专业　地址:江苏省常熟市南三环路99号　邮政编码:215500　网址:http://swx. cslg. cn/in/article/　电话:0512-52251562　E-mail:qb@ cslg. cn

三江学院旅游管理专业　地址:江苏省南京市雨花台区龙西路10号　邮政编码:210012　网址:http://www. sju. js. cn/s/67/main. htm　电话:025-52897066　E-mail:shenjj@ sju. js. cn

南京人口管理干部学院人口经济系旅游管理专业　地址:江苏省南京市龙蟠路177号教学楼208　邮政编码:210042　网址:http://renkouxi. ncppm. cn/　电话:025-85483049　传真:025-85483048　E-mail:kgdnju@ 126. com　yinqin99@ sina. com　xiajancy@ sina. com

浙江省

浙江大学管理学院旅游管理专业　地址:浙江省杭州市古墩路浙江大学紫金港校区管理楼　邮政编码:310058　网址:http://www. som. zju. edu. cn/　电话:0571-88206898

浙江大学城市学院(独立)旅游管理专业　地址:浙江省杭州市湖州街51号　邮政编码:310015　网址:http://news. zucc. edu. cn/　电话:0571-88018557　E-mail:zucc@ zucc. edu. cn

浙江大学宁波理工学院(独立)旅游管理专业　地址:浙江省宁波市钱湖南路1号　邮政编码:315100　网址:

http://www.nit.net.cn/ 电话:0574-88229015 传真:0574-88229010 E-mail:zsb@nit.net.cn

宁波大学人文与传媒学院旅游管理专业 地址:浙江省宁波市江北区风华路818号科学楼10号 邮政编码:315211 网址:http://rwcm.nbu.edu.cn/ 电话:0574-87600748 传真:0574-87600750 E-mail:chenjunjing@nbu.edu.cn

宁波大学科学技术学院(独立)旅游管理专业 地址:浙江省宁波市镇海区庄市街道天圣路505号博达楼 邮政编码:315212 网址:http://www.ndkjxy.net.cn/ 电话:0574-87600546 传真:0574-87608482 E-mail:kjxyzsb@nbu.edu.cn

浙江师范大学行知学院(独立)旅游管理专业 地址:浙江省金华市二环北路3366号 邮政编码:321004 网址:http://xz.zjnu.edu.cn/ 电话:0579-82291129 传真:0579-82282335

杭州师范大学人文学院旅游管理专业 地址:浙江省杭州下沙高教园区学林街16号 邮政编码:310036 网址:http://rwxy.hznu.edu.cn/ E-mail:shensqhz@sina.com

杭州师范大学钱江学院(独立)旅游管理专业 地址:浙江省文一路222号 邮政编码:311121 网址:http://qjxy.hznu.edu.cn/ 电话:0571-28865806 传真:0571-28865857 E-mail:qjxyyzxx@163.com

浙江工商大学杭州商学院(独立)旅游管理专业 地址:浙江省杭州市西湖区教工路149号 邮政编码:310035 电话:0571-88842479 杭州市下沙高教园区学正街18号 邮政编码:310018 网址:http://hsy.zjgsu.edu.cn/ 电话:0571-28008555

浙江农林大学园林学院风景园林专业 地址:浙江省临安市环城北路88号 邮政编码:311300 网址:http://laas.zafu.edu.cn/ 电话:0571-63748613 E-mail:yyxyb@zjfc.edu.cn

浙江农林大学茶文化学院旅游管理专业 地址:浙江省临安市环城北路88号东湖校区15号学院楼 邮政编码:311300 网址:http://tea.zafu.edu.cn/ 电话:0571-63740071 传真:0571-63740071 E-mail:fishhead@zjfc.edu.cn

浙江农林大学天目学院(独立)旅游管理专业 地址:浙江省临安市衣锦街252号 邮政编码:311300 网址:http://tmxy.zafu.edu.cn/ 电话:0571-63740829 E-mail:lmhua@zjfc.edu.cn

浙江海洋学院管理学院旅游管理专业 地址:浙江省舟山市定海区海院路18号 邮政编码:316000 网址:http://61.153.216.111/glxy 电话:0580-8180392 E-mail:mqc@mx.zjou.net.cn glxy@zjou.edu.cn

浙江海洋学院东海科学技术学院(独立)旅游管理专业 地址:浙江省舟山市定海区文化路105号 邮政编码:316000 网址:http://dk.zjou.edu.cn/ 电话:0580-2550022 E-mail:zsb@zjou.edu.cn

湖州师范学院商学院旅游管理专业 地址:浙江省湖州市学士路1号 邮政编码:313000 网址:http://fsxy.hutc.zj.cn/ 电话/传真:0572-2321105 E-mail:fsxy1105@hutc.zj.cn shangxy@hutc.zj.cn

湖州师范学院求真学院(独立)旅游管理专业 地址:浙江省湖州市学士路158号 邮政编码:313000 网址:http://qzxy.hutc.zj.cn/2009/ 电话:0572-2321058 E-mail:8590@hutc.zj.cn

台州学院经贸管理学院旅游管理专业 地址:浙江省临海市市区台州学院 邮政编码:317000 网址:http://www.jmgl.tzc.edu.cn/ 电话:0576-88661953 E-mail:jm@tzc.edu.cn

浙江树人大学管理学院旅游管理专业 地址:浙江省杭州市拱墅区树人街8号 邮政编码:310015 网址:http://www.zjsru.cn/ 电话:0571-88295804

浙江树人大学城建学院风景园林专业 地址:浙江省杭州市拱墅区树人街8号 邮政编码:310015 网址:http://www.zjsru.cn/ 电话:0571-88297127

丽水学院经济贸易与管理学院旅游管理专业 地址:浙江省丽水市三岩寺文教区学院路1号 邮政编码:323000 网址:http://jmxy.lsxy.com/ 电话:0578-2271272 传真:0578-2271157 E-mail:zck1963@163.com jgxy@ls0578.net

浙江外国语学院国际工商管理学院旅游管理专业 地址:浙江省杭州市文三路140号 邮政编码:310012 网址:http://ibac.zjei.net/ 电话:0571-88218274 E-mail:stone5078@hotmail.com

安徽省

合肥工业大学管理学院旅游管理专业 地址：安徽省合肥市屯溪路193号 邮政编码：230009 网址：http://210.45.244.131:8080/manage/ 电话：0551-2904962 E-mail：cyliang@163.com saiser@foxmail.com

安徽大学商学院旅游管理专业 地址：安徽省合肥市经开区九龙路111号磬苑校区文东楼 邮政编码：230601 合肥市肥西路3号龙河校区 邮政编码：230039 网址：http://sba.ahu.edu.cn/ 电话：0551-5108040 E-mail：gshxyyb@ahu.edu.cn ahu_glxy@163.com

安徽农业大学经济管理学院旅游管理专业 地址：安徽省合肥市长江西路130号 邮政编码：230036 网址：http://jgxy.ahau.edu.cn/ 电话：0551-5786126 E-mail：sxhuang@ahau.edu.cn glkxy@ahau.edu.cn

安徽师范大学皖江学院（独立）旅游管理专业 地址：安徽省九华北路171号 邮政编码：241008 网址：http://wjxy.ahnu.edu.cn/ 电话：0553-5771550 E-mail：shihua@mail.ahnu.edu.cn yjsc@mail.ahnu.edu.cn

安徽财经大学工商管理学院旅游管理专业 地址：安徽省蚌埠市曹山路692号 邮政编码：233030 网址：http://gsgl.aufe.edu.cn/ 电话：0552-3173067 E-mail：Lyg4536@126.com

淮北师范大学历史与社会学院旅游管理专业 地址：安徽省淮北市东山路100号 邮政编码：235000 网址：http://www.hbcnc.edu.cn/Site/lsx/html/ 电话：0561-3803260 E-mail：lyzh32001@163.com

合肥师范学院经济系旅游管理专业 地址：安徽省合肥市经济技术开发区莲花路1688号锦绣校区行政办公楼 邮政编码：230601 网址：http://www.hftc.edu.cn/jingji/ 电话：0551-3849152/3814238 E-mail：jjx@hftc.edu.cn

安庆师范学院人文与社会学院旅游管理专业 地址：安徽省安庆市菱湖南路128号 邮政编码：246011 网址：http://210.45.168.35:8080/bamboo/ 电话：0556-5300052 E-mail：lishixi@aqtc.edu.cn

宿州学院社会科学与管理工程学院旅游管理专业 地址：安徽省宿州市汴河中路55号 邮政编码：234000 网址：http://shkx.ahsztc.edu.cn/ 电话：0557-3683187 E-mail：wuling2010@163.com

皖西学院城市建设与环境系旅游管理专业 地址：安徽六安市云露桥西 邮政编码：237012 网址：http://uces.wxc.edu.cn/ 电话：0564-3305034 传真：0564-3307059 E-mail：chx01@wxc.edu.cn

滁州学院国土信息工程系涉外旅游专业 地址：安徽省滁州市丰乐大道1528号 邮政编码：239012 网址：http://gtx.chzu.edu.cn/ 电话：0550-3519000 E-mail：dilixi@chzu.edu.cn

安徽三联学院旅游管理专业 地址：安徽省合肥经济技术开发区合安路47号 邮政编码：230601 网址：http://www.sanlian.net.cn/ 电话：0551-3830766 E-mail：yb@sanliangroup.com.cn kyc@sanliangroup.com.cn

福建省

厦门大学管理学院旅游管理专业 地址：福建省厦门市思明南路422号管理学院保欣丽英楼 邮政编码：361005 网址：http://sm2.xmu.edu.cn/ E-mail：yfshen@xmu.edu.cn

厦门大学嘉庚学院（独立）旅游管理专业、景观学专业 地址：福建省招商局漳州开发区厦门大学漳州校区 邮政编码：363105 网址：http://www.jgxy.xmu.edu.cn/ 电话：0596-6288506 传真：0596-6288214 E-mail：jgxy@xujc.com

福建农林大学金山学院（独立）旅游管理专业 地址：福建省福州市金山 邮政编码：350002 网址：http://www.fafu.edu.cn/ 电话：0591-83769861 E-mail：jsxy@fjau.edu.cn

福建农林大学东方学院（独立）旅游管理专业 地址：福建省福州市琅岐区龙鼓度假村1号 邮政编码：350017 网址：http://www.fafuoc.com/ 电话：0591-83909906 传真：0591-83606888

集美大学工商管理学院旅游管理专业 地址：福建省厦门市集美区银江路183号 邮政编码：361021 网址：http://ms.jmu.edu.cn/ 电话：0592-6180325号 传真：0592-6180372 E-mail：jxh@jmu.edu.cn

泉州师范学院资源与环境科学学院环境科学（景观规划设计方向）专业、资源环境与城乡规划管理（旅游开发与管理方向）专业 地址：福建省泉州市东海滨城 邮政编码：362000 网址：http://www.qztc.edu.cn/zhxy/ 电话/传真：0595-22919980 E-mail：zhxy@qztc.edu.cn 181445082@qq.com

龙岩学院经济与管理学院旅游与酒店管理专业　　地址:福建省龙岩市东肖北路1号　邮政编码:364012　网址:http://www.lyun.edu.cn/jinfaxi/　电话:0597-2793796

漳州师范学院管理科学系旅游管理专业　　地址:福建省漳州市县前直街36号笃行楼1楼　邮政编码:363000　网址:http://glx.fjzs.edu.cn　电话:0596-2527161

莆田学院管理学院旅游管理专业　　地址:福建省莆田市学园中街1133号　邮政编码:351100　网址:http://202.101.111.193/　电话:0594-2692440　传真:0594-2692367　E-mail:ptuxz@126.com

三明学院经济管理系旅游管理专业　　地址:福建省三明市三元区荆东路25号　邮政编码:365001　网址:http://218.5.241.11:8078/　电话:0598-8211360　E-mail:ysx@163.com

江西省

南昌大学经济与管理学院旅游管理专业　　地址:江西省南昌市红谷滩新区学府大道999号　邮政编码:330031　网址:http://jjglxy.ncu.edu.cn/　电话/传真:0791-3969463　E-mail:jgxy@ncu.edu.cn

南昌大学科学技术学院(独立)旅游管理专业　　地址:江西省南昌市北京东路339号青山湖校区　邮政编码:330029　网址:http://www.ndkj.com.cn/　电话:0791-8318774　传真:079-18304782　E-mail:ndkjzsb@163.com

江西农业大学国土资源与环境学院旅游管理专业　　地址:江西省南昌市昌北经济技术开发区　邮政编码:330045　网址:http://guotu.jxau.edu.cn/　电话:0791-3813884

江西财经大学现代经济管理学院(独立)旅游管理专业　　地址:江西省南昌市南昌经济技术开发区枫林大道632号　邮政编码:330013　网址:http://xjg.jxufe.cn/　E-mail:xdjjglxy@163.com

东华理工大学长江学院(独立)旅游管理专业　　地址:江西省抚州市学府路56号　邮政编码:344000　网址:http://ytc.ecit.edu.cn　电话:0794-8258326　传真:0794-8256455　E-mail:cjxyzsb@163.com

南昌工程学院工商管理学院旅游管理专业　　地址:江西省南昌市高新开发区天祥大道289号教学北楼5楼A区　邮政编码:330099　网址:http://gsgl.nit.jx.cn/　电话:0791-2085306　E-mail:dlm@nit.edu.cn

南昌理工学院经济管理系旅游管理专业　　地址:江西省南昌市英雄经济开发区英雄大道288号　邮政编码:330044　网址:http://www.nclgjg/　电话:18970859988　E-mail:nclgjgx@163.com

南昌理工学院人文学院涉外旅游专业　　地址:江西省南昌市英雄经济开发区英雄大道288号　邮政编码:330044　网址:http://nclg.com.cn/　电话:0791-2144866　E-mail:nclg@nclg.com.cn

江西蓝天学院管理工程系旅游管理专业　　地址:江西省南昌市京东校区　邮政编码:330098　网址:http://emd.jxbsu.com/　电话:0791-8138794　E-mail:zzh@163.com　sz_li@163.com

九江学院旅游学院旅游管理专业、涉外旅游专业　　地址:江西省九江市前进东路551号　邮政编码:332005　网址:http://lyxy.jju.edu.cn/　电话:0792-8311117　传真:0792-8311036　E-mail:zhangxm@jju.edu.cn

宜春学院文学与新闻传播学院涉外旅游专业　　地址:江西省宜春市学府路576号　邮政编码:336000　网址:http://rw.ycu.jx.cn/　电话:0795-3202033　传真:0795-3202939　E-mail:huyuzhi19998@126.com

宜春学院经济与管理学院旅游管理专业　　地址:江西省宜春市学府路576号　邮政编码:336000　网址:http://jgxy.ycu.jx.cn/　电话:0795-3201512　E-mail:ycxyjg@163.com

新余学院经济与管理学院旅游管理专业　　地址:江西省新余市高新区阳光大道2666号　邮政编码:338004　网址:http://218.64.252.138:96/　电话:0790-6666816　E-mail:xygzjgx@163.com

江西师范大学鹰潭分院/鹰潭职业技术学院旅游管理专业　　地址:江西省鹰潭市岱宝山路11号　邮政编码:335000　网址:http://www.jxytxy.com.cn/　电话:0701-6460609　传真:0701-6460431　E-mail:ytfyzsb@163.com

山东省

山东大学管理学院旅游管理专业　　地址:山东省济南市山大南路27号中心校区　邮政编码:250100　网址:http://www.glxy.sdu.edu.cn　电话:0531-88364664　传真:0531-88351015　E-mail:glxygkxx@sdu.edu.cn

中国海洋大学管理学院旅游管理专业　　地址:山东省青岛市崂山区松岭路238号　邮政编码:266100　网址:http://www2.ouc.edu.cn/glxy/　E-mail:accouc@yahoo.com.cn

哈尔滨理工大学荣成学院旅游管理专业　　地址：山东省荣成市学院路2006号　　邮政编码：264300　　网址：http://www.hustrc.cn/　　电话：0631-7595111　　E-mail：rcyyzxx@hrbust.edu.cn

山东理工大学文学与新闻传播学院历史学（旅游方向）专业　　地址：山东省淄博市张店区张周路12号　　邮政编码：255049　　网址：http://wxy.sdut.edu.cn　　E-mail：h-augustus@163.com

聊城大学历史文化学院旅游管理专业　　地址：山东省聊城市湖南路1号　　邮政编码：250000　　网址：http://lswh.lcu.edu.cn/　　电话：0635-8239902　　E-mail：lswhxy2009@163.com

济南大学历史与文化产业学院旅游管理（旅游规划与景区经营方向）专业　　地址：山东省济南市济微路106号　　邮政编码：250022　　网址：http://lwxy.ujn.edu.cn/　　电话：0531-89736435　　E-mail：lwxy_off@ujn.edu.cn

山东农业大学林学院园林（景观设计方向）专业　　地址：山东省泰安市岱宗大街61号　　邮政编码：271018　　网址：http://www.sdau.edu.cn/linxue/　　电话：0538-8242216　　E-mail：liuxia@sdau.edu.cn　sdzly369@163.com

山东师范大学人口·资源与环境学院旅游管理专业　　地址：山东省济南市文化东路88号　　邮政编码：250014　　网址：http://www.pre.sdnu.edu.cn/　　电话：0531-86182550　　E-mail：yuetongxu@sina.com　caoxy@sdnu.edu.cn

曲阜师范大学历史文化学院旅游管理专业　　地址：山东省曲阜市静轩西路57号　　邮政编码：273165　　网址：http://his.qfnu.edu.cn/　　电话：0537-4453472　　E-mail：qfycm@126.com

鲁东大学商学院旅游管理专业　　地址：山东省烟台市芝罘区红旗中路186号　　邮政编码：264025　　网址：http://www.sxy.ldu.edu.cn/　　电话：0535-6697533　　E-mail：hhmldu@163.com　sxyldu@foxmail.com

临沂大学商学院旅游管理专业　　地址：山东省临沂市双岭路中段　　邮政编码：276000　　网址：http://business.lyu.edu.cn/colum3/　　电话：0539-8766270　　E-mail：business@lyu.edu.cn

德州学院地理科学系旅游管理专业　　地址：山东省德州市大学西路566号　　邮政编码：253023　　网址：http://211.64.32.2/bumen/dzxydlx/　　电话：0534-8985841　　E-mail：dzxydlx@dzu.edu.cn

山东经济学院工商管理学院旅游管理专业　　地址：山东省济南市历下区二环东路7366号　　邮政编码：250014　　网址：http://web.sdie.edu.cn/gongshang/　　电话：0531-88525944　　E-mail：nqsky@126.com

山东经济学院燕山学院（独立）旅游管理专业　　地址：山东省济南市经十东路东首大学路1686号　　邮政编码：250202　　网址：http://yanshan.sdie.edu.cn/　　E-mail：hexieyanshan@163.com　yszs2007@163.com

山东财政学院工商管理学院旅游管理专业　　地址：山东省济南市舜耕路40号　　邮政编码：250014　　网址：http://www2.sdfi.edu.cn/gongshang/　　电话：0531-82617697

山东工商学院工商管理学院旅游管理专业　　地址：山东省烟台市滨海中路191号　　邮政编码：264005　　网址：http://gsgl.sdibt.edu.cn/　　电话：0535-6903582　　E-mail：huweimans@126.com

菏泽学院园林工程系艺术设计专业（景观设计方向）、景观学专业　　地址：山东省菏泽市大学路2269号　　邮政编码：274015　　网址：http://ylgc.hezeu.edu.cn/　　电话：0530-5668133　　E-mail：ylxbgs@sina.com

青岛滨海商学院旅游与酒店管理专业　　地址：山东省青岛开发区嘉陵江西路425号　　邮政编码：266555　　网址：http://sxy.qdbhu.edu.cn/　　电话：0532-86728748-8136　　E-mail：wangtongjuan1@163.com

青岛滨海学院综合学院旅游与酒店管理专业　　地址：山东省青岛开发区嘉陵江西路425号　　邮政编码：266555　　网址：http://zhxy.qdbhu.edu.cn/　　电话：0532-86728125　　E-mail：lvmingkai@163.com

滨州学院建筑与城乡规划系地理科学（旅游）专业　　地址：山东省滨州市黄河五路391号　　邮政编码：256600　　网址：http://dlly.bzu.edu.cn/　　电话：0543-3190099　　E-mail：bzxydlx@126.com

滨州学院经济与管理系旅游管理专业　　地址：山东省滨州市黄河五路391号　　邮政编码：256600　　网址：http://jgx.bzu.edu.cn/　　电话：0543-3191701

济宁学院文化传播系旅游管理专业、涉外旅游专业　　地址：山东省曲阜市杏坛路1号　　邮政编码：273155　　网址：http://lydlx.jnxy.edu.cn/　　电话：0537-3196135　　E-mail：2234714@sina.com

河南省

郑州大学升达经贸管理学院旅游管理专业　　地址：河南省新郑市双湖开发区中山南路1号　　邮政编码：

451191　网址：http://www.shengda.edu.cn/　电话：0371-62436138　E-mail：rep@shengda.edu.cn

郑州大学西亚斯国际学院商学院旅游管理专业　地址：河南省新郑市人民路东168号　邮政编码：451191　网址：http：sxy.sias.edu.cn/　电话：0371-62600803

郑州大学佛罗里达国际学院旅游管理专业　地址：河南省郑州市大学路75号　邮政编码：450000　网址：http://www2.zzu.edu.cn/fic/　电话：0371-67761797　E-mail：fic@zzu.edu.cn

河南大学历史文化学院旅游管理专业　地址：河南省开封市明伦街85号河南大学明伦校区　邮政编码：475004　网址：http://lsxy.henu.edu.cn/　电话：0378-2863195　E-mail：jinkangzhao@163.com

河南大学欧亚国际学院旅游管理专业　地址：河南省开封市顺河区明伦街85号明伦校区教学楼　邮政编码：475004　网址：http://ouya.henu.edu.cn/　电话：0378-2863528

河南大学民生学院（独立）旅游管理专业　地址：河南省开封市明伦街/金明大道　邮政编码：475001/475004　网址：http://minsheng.henu.edu.cn/　电话：0378-3887388

河南科技大学管理学院旅游管理专业　地址：河南省洛阳市洛龙区开元大道经济学院　邮政编码：471023　网址：http://gl.haust.edu.cn/　电话：0379-64231270　E-mail：jg01@mail.haust.edu.cn

河南理工大学经济管理学院旅游管理专业　地址：河南省焦作市高新区世纪大道2001号　邮政编码：454000　网址：http://122.206.68.245/　电话：0391-3987616　E-mail：huangys@hpu.edu.cn

河南理工大学万方科技学院（独立）旅游管理专业、景区开发与管理专业　地址：河南省焦作市解放中路142号　邮政编码：454000　网址：http://202.196.225.55/　电话：0391-3981688　E-mail：sm1@hpu.edu.cn

河南工业大学管理学院旅游管理专业　地址：河南省郑州市高新技术产业开发区莲花街　邮政编码：450001　网址：http://www2.haut.edu.cn/glxy/　电话：0371-67756389　E-mail：gsglx@haut.edu.cn

河南师范大学新联学院（独立）旅游管理专业　地址：河南省新乡市建设东路46号　邮政编码：453007　河南省郑州市新区职业教育园区（郑开大道与京珠高速交叉口东1.5千米）　网址：http://www.xlxy.net/　电话：0373-3329008　E-mail：xlxyzs@163.com　xlxyzzxq@163.com　deret@163.com

华北水利水电学院建筑学院景观设计专业　地址：河南省郑州市北环路36号　邮政编码：450011　网址：http://www5.ncwu.edu.cn/jianzhu　电话：0371-69310007　E-mail：xinzhong.z@163.com

郑州轻工业学院经济与管理学院旅游管理专业　地址：河南省郑州市东风路5号　邮政编码：450002　网址：http://jgxy.zzuli.edu.cn/　电话：0371-63556124　E-mail：glz@zzuli.edu.cn

安阳工学院建筑工程学院园林工程技术（景观方向）专业　地址：河南省安阳市黄河大道　邮政编码：455000　网址：http://tj.ayit.edu.cn/　E-mail：ayitcivil@126.com

安阳工学院经济管理学院旅游管理专业　地址：河南省安阳开发区黄河大道西段　邮政编码：455000　网址：http://jjglxy.ayit.edu.cn/　电话/传真：0372-2909856　E-mail：eco_man@mail.ayit.edu.cn

郑州航空工业管理学院工商管理学院旅游管理专业　地址：河南省郑州市郑东新区龙子湖高校园区文苑西路东校区　邮政编码：450046　网址：http://www2.zzia.edu.cn/2/　电话：0371-66002102　E-mail：dept2@zzia.edu.cn

河南城建学院工商管理系旅游管理专业　地址：河南省平顶山市新城区明月路　邮政编码：467036　网址：http://ba.hncj.edu.cn/　电话：0375-2089373　E-mail：gsx@hncj.edu.cn

信阳师范学院经济与管理学院旅游管理专业　地址：河南省信阳市长安路237号　邮政编码：464000　网址：http://210.43.24.212/jjglxy　电话：0376-6390773　E-mail：jgyzb@mail2.xytc.edu.cn　jgbgs@mail2.xytc.edu.cn

信阳师范学院华锐学院（独立）旅游管理专业　地址：河南省信阳市长安路237号　邮政编码：464000　网址：http://www.hrxy.edu.cn/home/　电话/传真：0376-6391196　E-mail：hrxyzsb@163.com

洛阳师范学院历史文化学院旅游管理专业　地址：河南省洛阳市龙门大道71号　邮政编码：471022　网址：http://bmzy.lynu.edu.cn:88/lsxyweb/　E-mail：lyzgc@sina.com

黄淮学院经济管理系旅游管理专业　地址：河南省驻马店市开源路　邮政编码：463000　网址：http://info.

huanghuai. edu. cn/gb/jg2007/　电话:0396-2853003　E-mail:hhxyjgxlk004@163. com

平顶山学院环境与地理科学系旅游管理专业　地址:河南省平顶山市建设西路240号　邮政编码:467000　网址:http://xszy. pdsu. edu. cn/dlx/　电话:0375-2077263　E-mail:wsj0601@163. com

河南工程学院经济贸易系涉外旅游专业　地址:河南省新郑市龙湖中山北路1号　邮政编码:451191　网址:http://jjmy. haue. edu. cn/　电话:0371-62509966

商丘师范学院环境与规划系地理科学(旅游资源开发)专业　地址:河南省商丘市文化中路298号　邮政编码:476000　网址:http://huanjing. sqnc. edu. cn/　电话:0370-2592902　E-mail:shibenlin@163. com　xxli70@yahoo. com. cn

新乡学院生命科学与技术系园林技术(生态旅游)专业　地址:河南省新乡市金穗大道东段　邮政编码:453000　网址:http://sk. xxu. edu. cn/　电话:0373-3682679　E-mail:pydxlh@sina. com　ylczg@163. com　smkxyjsx@163. com

郑州华信学院管理学院旅游管理专业　地址:河南省郑州市新郑高新技术开发区　邮政编码:451150　网址:http://gl. zzhxxy. cn/　电话:0371-62632620　E-mail:w0529@163. com　zzhxglx001@126. com

郑州师范学院地理与环境科学系旅游管理专业　地址:河南省郑州市北大学城英才街6号　邮政编码:450044　网址:http://www2. zztc. com. cn/dlxwz/　电话:0371-65501144　E-mail:dlxnews@yahoo. com. cn

开封大学管理科学学院旅游管理专业　地址:河南省开封市大梁路第一教学楼　网址:http://www3. kfu. edu. cn/yxzd/glxy/　电话:0378-3810296　E-mail:glxyyz@126. com　wlb@kfu. edu. cn

中州大学管理学院旅游管理专业　地址:河南省郑州市惠济区英才街6号　邮政编码:450044　网址:http://www. zhzhu. edu. cn/glxy/　电话:0371-68229975

焦作大学旅游管理专业、涉外旅游专业　地址:河南省焦作市工业路458号北校区　邮政编码:454003　河南省焦作市人民大道东段南校区　邮政编码:454000　网址:http://www. jzu. edu. cn/　电话:0391-2985000/2989922　E-mail:jzdxzsb@126. com

湖北省

武汉大学经济与管理学院旅游管理专业　地址:湖北省武汉市武昌区珞珈山路16号　邮政编码:430072　网址:http://ems. whu. edu. cn/　电话:027-68752883　传真:027-68754150　E-mail:bs@whu. edu. cn

武汉大学东湖分校(独立)旅游管理专业　地址:湖北省武汉市江夏区纸坊街正汤北路1号　邮政编码:430212　网址:http://dh. whu. edu. cn/　电话:027-81931188　E-mail:president@mail. dh. whu. edu. cn　zs@mail. dh. whu. edu. cn

中南财经政法大学工商管理学院旅游管理专业　地址:湖北省武汉市洪山区南湖南路1号　邮政编码:430074　网址:http://gsxy. znufe. edu. cn/　电话:027-88386757　E-mail:gsxy1999@yahoo. com. cn

华中科技大学建筑与城市规划学院景观学专业　地址:湖北省武汉市洪山区珞瑜路1037号　邮政编码:430074　网址:http://aup. hust. edu. cn/　电话:027-87543256　传真:027-87556714　E-mail:gillian_zhang513@163. com　yubochun@163. com

中国地质大学(武汉)经济管理学院旅游管理专业　地址:湖北省武汉市洪山区鲁磨路388号　邮政编码:430074　网址:http://jgxy. cug. edu. cn/　E-mail:zhaoqian@cug. edu. cn

中国地质大学(武汉)江城学院(独立)旅游管理专业　地址:湖北省武汉市江夏区纸坊熊廷弼街特8号　邮政编码:430200　网址:http://www. jccug. com/　电话:027-81820266　传真:027-81820303　E-mail:wangdh@jccug. com　lipx@jccug. com

华中农业大学园艺林学学院风景园林专业　地址:湖北省武汉市洪山区南湖狮子山街1号　邮政编码:430070　网址:http://linx. hzau. edu. cn/　电话:027-87286969　传真:027-87282010　E-mail:yylx@mail. hzau. edu. cn

华中农业大学楚天学院(独立)风景园林专业　地址:湖北省武汉市江夏区藏龙岛开发区杨桥湖大道1号　邮

政编码:430205　网址:http://www.hnctxy.com/　电话:027-81730682　E-mail:ctxyoffice@mail.hzau.edu.cn

华中师范大学城市与环境科学学院旅游管理专业　地址:湖北省武汉市珞喻路152号　邮政编码:430079　网址:http://ccnucity.ccnu.edu.cn/　电话:13871175279　E-mail:shshgong@sina.com　shshgong@hotmail.com

中南民族大学管理学院旅游管理专业　地址:湖北省武汉市洪山区民院路708号　邮政编码:430074　网址:http://som.scuec.edu.cn/　电话:027-67843646　E-mail:zhjacc@yahoo.com.cn　baoxiang@163.com

中南民族大学工商学院(独立)旅游管理专业　地址:湖北省武汉市洪山区黄家湖西路3号　邮政编码:430065　网址:http://www.scuecgs.net.cn/　电话:027-88147166　传真:027-88147110

湖北大学商学院旅游管理专业　地址:湖北省武汉市武昌学院路11号　邮政编码:430062　网址:http://bs.hubu.edu.cn/　电话:027-88663071　E-mail:jpshi@126.com

三峡大学经济与管理学院旅游管理专业　地址:湖北省宜昌市大学路8号　邮政编码:443002　网址:http://jg.ctgu.edu.cn/　电话:0717-6392301　E-mail:dxd@ctgu.edu.cn

三峡大学科技学院(独立)旅游管理专业　地址:湖北省宜昌市大学路18号　邮政编码:443002　网址:http://www.ctgu.edu.cn http://210.42.35.198/　电话:0717-6392880　传真:0717-6394011　E-mail:kjxg@ctgu.edu.cn

江汉大学商学院旅游管理专业　地址:湖北武汉经济技术开发区　邮政编码:430056　网址:http://business.jhun.edu.cn/　电话/传真:027-84226646　E-mail:lab_business@jhun.edu.cn

江汉大学文理学院(独立)旅游管理专业　地址:湖北武汉经济技术开发区　邮政编码:430056　网址:http://www.jdwlxy.cn:8080/　电话:027-84251595　E-mail:admin@etongxue.com

武汉科技大学中南分校旅游管理专业　地址:湖北省武汉市江夏大道18号　邮政编码:430223　网址:http://www.znuni.cn/　电话:027-81652000　传真:027-81652038　E-mail:znfxxzxx@163.com

湖北汽车工业学院经济管理学院旅游管理专业　地址:湖北省十堰市张湾区车城西路167号　邮政编码:442002　网址:http://www.qcxy.hb.cn/jgxy/　电话:0719-8238784　传真:0719-8239598　E-mail:yanglijun@huat.edu.cn　wrg863@163.com

湖北汽车工业学院科技学院(独立)旅游管理专业　地址:湖北省十堰市张湾区车城西路167号　邮政编码:442002　网址:http://kjxy.qcxy.hb.cn/　电话:0719-8207171　E-mail:kyzsb@126.com

孝感学院城市建设学院城市规划(风景园林)专业　地址:湖北省孝感市交通大道272号经法楼　邮政编码:432000　网址:http://dept2.xgu.cn/csjs/　电话:0712-2345123　E-mail:xgxyTyz@163.com　1963wyf@163.com

湖北师范学院历史文化学院导游专业　地址:湖北省黄石市磁湖路11号　邮政编码:435002　网址:http://www.ls.hbnu.edu.cn/　电话:0714-6511930　E-mail:hskywh@163.com

湖北民族学院经济与管理学院旅游管理专业　地址:湖北省恩施市学院路39号　邮政编码:445000　网址:http://jgxy.hbun.org/　电话:0718-8437739

湖北民族学院科技学院(独立)旅游管理专业、旅游服务与管理专业　地址:湖北省恩施市学院路39号　邮政编码:445000　网址:http://www.hbmykjxy.com/　E-mail:kjxybgsh@126.com　kjxyzb@163.com

湖北文理学院管理学院旅游管理专业　地址:湖北省襄阳市隆中路7号　邮政编码:441053　网址:http://www.hbuas.edu.cn/jxweb/glxy/　电话:0710-3591876

湖北文理学院理工学院(独立)旅游管理专业　地址:湖北省襄阳市中原路48号　邮政编码:441000　网址:http://www.hbuas.edu.cn/zsweb/lgxy/　电话:0710-3808177　传真:0710-3806222　E-mail:xflgjunli@126.com

咸宁学院经济与管理学院旅游管理专业　地址:湖北省咸宁市咸宁大道88号　邮政编码:437100　网址:http://management.enxnc.com.cn/　电话:0715-8338144　E-mail:nowdence@xnc.edu.cn

荆楚理工学院生物工程学院景区开发与管理专业、森林生态旅游专业　地址:湖北荆门市象山大道33号　邮政编码:448000　网址:http://swxy.jcut.edu.cn/　电话:0724-2313500　E-mail:wxm641213@163.com　dhy0171@163.com

湖北第二师范学院经济管理学院旅游管理专业　地址:湖北省武汉市东湖新技术开发区光谷二路29号　邮政编码:430205　网址:http://jgy.hue.edu.cn/　电话:027-87943890

武汉生物工程学院观赏风景园林专业、旅游管理专业　地址:湖北省武汉市阳逻经济开发区汉施路1号　邮政编码:430415　网址:http://www.whsw.net/　电话:027-89649818　E-mail:wsydzb@sina.com

湖南省

湖南大学建筑学院景观学专业　地址:湖南省长沙市岳麓山　邮政编码:410082　网址:http://arch.hnu.cn/　电话:0731-88821002　E-mail:chunyu_wei@126.com　liusu001@163.com

湖南师范大学树达学院(独立)旅游管理专业　地址:湖南省长沙市岳麓区桃花坪1号　邮政编码:410012　网址:http://sdw.hunnu.edu.cn/　电话/传真:0731-88653759　E-mail:newshuda@163.com　sdxyjyb@163.com

湖南科技大学管理学院旅游管理专业　地址:湖南省湘潭市桃源路　邮政编码:411201　网址:http://dep.hnust.cn/glxy/　电话:0731-58290758

吉首大学张家界学院(独立)旅游管理专业　地址:湖南省张家界市吉首大学张家界学院　邮政编码:427000　网址:http://zjj.jsu.edu.cn/　电话:0744-2116376　传真:0744-2116316　E-mail:zjjzsb@jsu.edu.cn

湖南工业大学商学院旅游管理专业　地址:湖南省株洲市文化路　邮政编码:412008　网址:http://218.75.208.58:82/ftp/jingguan/　电话:0731-22182267　E-mail:oushaohua@yahoo.com.cn

中南林业科技大学涉外学院(独立)旅游管理专业　地址:湖南省长沙市韶山南路498号　邮政编码:410004　网址:http://www.zswxy.cn/　电话:0731-85623345　传真:0731-85623547　E-mail:Hpzhang@csuft.edu.cn　chenhemei@csuft.edu.cn

湖南城市学院建筑与城市规划学院风景园林专业　地址:湖南省益阳市益阳大道238号　邮政编码:413000　网址:http://ghx.hncu.net/　电话:0737-4233101　传真:0737-4244250　E-mail:cysjy@vip.163.com

湖南城市学院商学院旅游管理专业　地址:湖南省益阳市益阳大道238号　邮政编码:413000　网址:http://jjgl.hncu.net/　电话:0737-6356626　E-mail:470339204@qq.com

湖南工程学院人文学院旅游管理专业　地址:湖南省湘潭市岳塘区福星东路88号　邮政编码:411104　网址:http://rwx.hnie.edu.cn/　电话:0731-8688544　E-mail:xtzdw@163.com　xtpdl@sina.com

湖南工程学院应用技术学院(独立)旅游管理专业　地址:湖南省湘潭市岳塘区书院路17号　邮政编码:411101　网址:http://www.hnieyy.cn/　电话:0731-58688322　E-mail:hieyy@hnie.edu.cn

湖南理工学院经济与管理学院旅游管理专业　地址:湖南省岳阳市学院路　邮政编码:414006　网址:http://jgxi.hnist.cn/　电话:0730-8646343　传真:0730-8640497　E-mail:yxr8847009@163.com　jgx8646343@163.com

衡阳师范学院南岳学院(独立)旅游管理专业　地址:湖南省衡阳市黄白路179号　邮政编码:421008　网址:http://nyxy.hynu.cn/　电话:0734-8484960　传真:0734-8484226　E-mail:nyxybgs@126.com

湘南学院经济与管理学院旅游管理专业　地址:湖南省郴州市王仙岭北麓　邮政编码:423000　网址:http://www.xnu.edu.cn/jjglx/　E-mail:xnxyzsb@163.com

湖南涉外经济学院旅游管理专业　地址:湖南省长沙市岳麓区高新技术产业开发区麓谷园　邮政编码:410205　网址:http://www.hunaneu.com/　电话:0731-88100988　E-mail:393778849@qq.com

湖南商学院北津学院(独立)旅游管理专业　地址:湖南省长沙市雷锋大道(11千米)处星城镇东马社区　邮政编码410219　网址:http://www.bjxy.net.cn/　电话:0731-88765888　传真:0731-88765666　E-mail:bj@hnuc.edu.cn

怀化学院工商管理系旅游管理专业　地址:湖南省怀化市迎事东路612号　邮政编码:418008　网址:http://gsx.hhtc.edu.cn/　电话:0745-2861693　传真:0745-2863751　E-mail:gsglx2008@163.com

湖南人文科技学院经济与管理科学系旅游管理专业　地址:湖南省娄底市娄星区氐星路　邮政编码:417000　网址:http://www.hnrku.net.cn/jjglx　E-mail:hnrw_jgx@163.com

邵阳学院经济与管理系旅游管理专业　地址:湖南省邵阳市大祥区七里坪　邮政编码:422000　网址:http://

www1. hnsyu. net/jgx/bxgk/bxjj/　电话:0739-5305896

湖南工学院经济与管理系旅游管理专业　地址:湖南省衡阳市珠辉区衡花路18号　邮政编码:421002　网址:http://www2. hnpu. edu. cn/xbsz/jgx/　E-mail:rdiy@ qq. com

湖南省第一师范学院经管系旅游管理专业　地址:湖南省长沙市岳麓区枫林三路1015号　邮政编码:410205　网址:http://jgx. hnfnu. edu. cn/　电话:0731-82841025　传真:0731-82841060　E-mail:lyxfnc@ 163. com

广东省

中山大学管理学院旅游管理专业　地址:广东省广州市海珠区新港西路135号　邮政编码:510275　网址:http://edu. bssysu. com/　电话:020-84114229　E-mail:mnslxc@ mail. sysu. edu. cn　glxy@ mail. sysu. edu. cn

华南理工大学建筑学院景观建筑设计专业　地址:广东省广州市天河区五山路381号　邮政编码:510006　网址:http://www. scut. edu. cn/architecture/　电话:020-87111321　传真:020-87112365　E-mail:arymsun@ scut. edu. cn　x2jz@ scut. edu. cn

吉林大学珠海学院旅游管理专业　地址:广东省珠海市金湾草堂　邮政编码:519041　网址:http://www. jluzh. com/　电话:0756-7626292　E-mail:xzb@ mail. jluzh. com

暨南大学管理学院旅游管理专业　地址:广东省广州市黄埔大道西601号惠全楼　邮政编码:510632　网址:http://ms. jnu. edu. cn/　电话:020-85222877　E-mail:thuangwf@ 126. com

广东工业大学管理学院旅游管理专业　地址:广东省广州市天河区迎龙路161号　邮政编码:510520　网址:http://glxy. gdut. edu. cn/　电话:020-87083017　E-mail:zbx@ gdut. edu. cn　glxy@ gdut. edu. cn

华南农业大学林学院园林(城市园林与景观设计方向)专业、旅游管理专业　地址:广东省广州市天河区五山路284号　邮政编码:510640　网址:http://xy. scau. edu. cn/linxue/　电话:020-85280962　E-mail:zcxu@ scau. edu. cn　lxy@ scau. edu. cn

肇庆学院生命科学学院园林(城市景观规划与设计)专业　地址:广东省肇庆市端州区迎宾大道　邮政编码:526061　网址:http://swx. zqu. edu. cn/　电话:0758-2716359　E-mail:lcb@ zqu. edu. cn

广东技术师范学院管理学院旅游管理与服务教育专业　地址:广东省广州市天河区中山大道西293号第一教学楼　邮政编码:510665　电话/传真:020-38256727　网址:http://www2. gdin. edu. cn:8080/glxy/　E-mail:glxy@ gdin. edu. cn

佛山科学技术学院环境与土木建筑学院旅游管理专业　地址:广东省佛山市江湾一路18号基础实验楼　邮政编码:528000　网址:http://www. fosu. edu. cn/hjtmjz/　电话:83961117　E-mail:hjxym@ fosu. edu. cn

广东培正学院旅游与酒店管理专业　地址:广东省广州市花都区赤坭培正大道　邮政编码:510830　网址:http://www. peizheng. com. cn/　电话:020-86994646　传真:020-86710202　E-mail:bangongshi@ peizheng. net. cn　pzzsjy@ 163. com

广西壮族自治区

广西大学商学院旅游管理专业　地址:广西南宁市大学路100号　邮政编码:530004　网址:http://bs. gxu. edu. cn/shang/　电话/传真:0771-3232880　E-mail:sxy@ gxu. edu. cn　xiaoglh@ 163. com

广西民族大学管理学院旅游管理专业　地址:广西南宁市大学东路188号　邮政编码:530006　网址:http://glxy. gxun. edu. cn/　电话:0771-3260262　E-mail:651551714@ qq. com　lwsh76@ 163. com

广西师范学院经济管理学院旅游管理专业　地址:广西南宁明秀东路175号　邮政编码:530001　网址:http://www2. gxtc. edu. cn/management/　电话:0771-3903363　传真:0771-3908312　E-mail:gxwhm@ 126. com　wxf6262@ 163. com

钦州学院资源与环境学院旅游管理专业　地址:广西钦州市西环南路89号　邮政编码:535000　网址:http://218. 21. 78. 7:8080/qzxyhjx/bxjj. htm/　电话:0777-2808722　E-mail:hjx2808122@ 163. com

贺州学院人文与管理系旅游管理专业　地址:广西贺州市西约街169号　邮政编码:542800　网址:http://www. hzu. gx. cn/rgx/CnWeb/　电话:0774-5281060　E-mail:tangfuzhu2006@ 163. com　rwygl@ 163. com

梧州学院工商管理系旅游管理专业　地址:广西梧州市富民三路82号　邮政编码:543002　网址:http://www.gxuwz.edu.cn/ggx/　电话:0774-5828996　E-mail:jgx0808@163.com

广西民族师范学院经济管理系旅游管理专业　地址:广西崇左市城南区丽川路1号　邮政编码:532200　网址:http://www.gxnun.net/10jgx/xbjj.asp/　电话:0771-8820316　E-mail:zmq-1971@163.com

重庆市

重庆大学建筑城规学院景观建筑学专业　地址:重庆市沙坪坝区沙正街174号　邮政编码:400030　网址:http://www.chongjian.com/　电话:023-65120700　E-mail:master@chongjia.com　shuji@chongjia.com

西南大学经济管理学院旅游管理专业　地址:重庆市北碚区天生路2号　邮政编码:400715　网址:http://cem.swu.edu.cn/　电话:023-68251299　E-mail:cem_swu@163.com

重庆交通大学人文学院旅游管理专业　地址:重庆市南岸区学府大道66号　邮政编码:400074　网址:http://www2.cqjtu.edu.cn/rwxy/　电话/传真:023-62652660　E-mail:cqliuluke@263.net　skb@cquc.edu.cn

重庆邮电大学经济管理学院旅游管理专业　地址:重庆市南岸区崇文路2号　邮政编码:400065　网址:http://www.cqupt.edu.cn/jjglxy/　电话:023-62461439　E-mail:jgxy@cqupt.edu.cn

重庆理工大学工商管理学院旅游管理专业　地址:重庆市杨家坪兴胜路4号　邮政编码:400050　网址:http://gs.cqut.edu.cn/　电话:023-68667144　E-mail:economic@cqut.edu.cn　yanjianming@cqut.edu.cn

长江师范学院经济与工商管理学院旅游管理专业　地址:重庆市涪陵区李渡工业园区聚龙大道98号　邮政编码:408100　网址:http://222.179.234.154/jinggxy/　电话:023-72792308　E-mail:flfan2008@163.com　87807398ZYC@sina.com

重庆三峡学院经济与管理学院旅游管理专业　地址:重庆市万州沙龙路二段780号　邮政编码:404000　网址:http://jmx.sanxiau.edu.cn/　电话:023-58102363　E-mail:sxxyjg2314@163.com

四川省

西南财经大学工商管理学院旅游管理专业　地址:四川省成都市外西光华村街55号光华校区　邮政编码:610074　网址:http://gs.swufe.edu.cn/　电话:028-87352262　传真:028-87352305　E-mail:yangd@swufe.edu.cn　liyq@swufe.edu.cn

四川农业大学林学院森林资源保护与游憩(生态旅游管理)专业　地址:四川省雅安市雨城区新康路37号校本部　邮政编码:625014　网址:http://lxy.sicau.edu.cn/　电话/传真:0835-2882338　E-mail:wlgzb@126.com

四川农业大学风景园林学院风景园林专业、园林景观设计专业　地址:四川省成都市温江区东北路555号成都校区　邮政编码:611130　网址:http://fjylxy.sicau.edu.cn/　电话:028-65368947　E-mail:adxiaocheng@sina.cn

西华师范大学历史文化学院历史文化与旅游专业　地址:四川省南充市师大路1号　邮政编码:637002　网址:http://218.6.128.222:8088/ls/　电话/传真:0817-2568309

四川理工学院经济与管理学院旅游管理专业　地址:四川省自贡市汇兴路学苑街180号　邮政编码:643000　网址:http://glx.suse.edu.cn/　E-mail:president@suse.edu.cn　glx@suse.edu.cn

成都信息工程学院管理学院旅游管理专业　地址:四川省成都市龙泉驿区阳光城幸福路10号　邮政编码:610103　网址:http://glxy.cuit.edu.cn/　电话:028-84833031　E-mail:glxy@cuit.edu.cn

四川文理学院社会科学系旅游管理专业　地址:四川省达州市通川区塔石路中段519号　邮政编码:635000　网址:http://skx.sasu.cn/　电话:0818-2791234　传真:0818-2791001　E-mail:scwlxy02@163.com

绵阳师范学院城乡建设与规划学院园林(园林景观设计)专业　地址:四川省绵阳市仙人路一段30号　邮政编码:621000　网址:http://cjy.mnu.cn/　电话:0816-2202681　E-mail:cjy-mnu@163.com

攀枝花学院人文社科学院旅游管理专业　地址:四川省攀枝花市东区机场路10号　邮政编码:617000　网址:http://rwxy.pzhu.edu.cn/　电话:0812-33723338　E-mail:lycc@163.com　752875498@qq.com

西昌学院轻化工程学院旅游管理专业　地址:四川省西昌市北工业园区西昌学院(北)　邮政编码:615013　网址:http://lice.xcc.edu.cn/　电话:0834-2580190

贵州省

黔南民族师范学院历史与社会文化系旅游管理专业　　地址：贵州省都匀市经济开发区　　邮政编码：558000　　网址：http://www.sgmtu.edu.cn/department/lsyshwhx/　　电话：0854-8737138　　E-mail：moutain2000@sohu.com

毕节学院环境与生命科学系旅游管理与服务专业　　地址：贵州省毕节市学院路生化实验楼　　邮政编码：551700　　网址：http://hsx.gzbjc.edu.cn/　　电话：0857-8330300

安顺学院资源管理与环境科学系旅游管理专业　　地址：贵州省安顺市西秀区学院路25号　　邮政编码：561000　　网址：http://zhx.asu.edu.cn/　　电话：0853-3459718　　E-mail：Fkyu5822@163.com

云南省

昆明理工大学建筑工程学院景观学专业　　地址：云南省昆明市东郊白龙寺296号　　邮政编码：650224　　网址：http://www.kmustjg.com.cn/　　电话：0871-3801768　　E-mail：dyywt@yahoo.com.cn　　ynkmwsy@126.com

云南农业大学人文社会科学学院森林资源保护与游憩(旅游管理)专业　　地址：云南省昆明市北郊黑龙潭　　邮政编码：650201　　网址：http://rwxy.ynau.edu.cn/　　电话：0871-5227853　　E-mail：rwshkxxy@126.com

云南民族大学管理学院旅游管理专业　　地址：云南省昆明市呈贡新区大学城雨花片区　　邮政编码：650500　　网址：http://202.203.144.4/guanli/　　电话：0871-5135284　　E-mail：niesjiang@126.com　　yangzhixiong@ynni.edu.cn

玉溪师范学院商学院旅游管理专业　　地址：云南省玉溪市凤凰路134号　　邮政编码：653100　　网址：http://bs.yxnu.net/　　电话：0877-2050488　　E-mail：fangzengfu@yxtc.net

文山学院政史系旅游管理专业　　地址：云南省文山县学府路66号　　邮政编码：663000　　网址：http://www.wstc.net/zsx/　　电话：0876-8886226　　E-mail：7000719@qq.com

保山学院中文系旅游管理专业　　地址：云南省保山市隆阳区远征路　　邮政编码：678000　　网址：http://www.bsnc.cn/　　电话/传真：0875-3115876　　E-mail：bsszzjc_2009@126.com

陕西省

西安交通大学管理学院旅游管理专业　　地址：陕西省西安市咸宁西路28号　　邮政编码：710049　　网址：http://som.xjtu.edu.cn/　　电话：029-82668382　　E-mail：hchen999@mail.xjtu.edu.cn　　sunwei@mail.xjtu.edu.cn

长安大学地球科学与资源学院旅游管理专业　　地址：陕西省西安市雁塔路126号　　邮政编码：710054　　网址：http://zyonline.chd.edu.cn/　　电话：029-82339059　　E-mail：zyxybgs@chd.edu.cn　　dzkcx@chd.edu.cn

西北农林科技大学经济管理学院旅游管理专业　　地址：陕西省杨凌区邰城路3号　　邮政编码：712100　　网址：http://cem.nwsuaf.edu.cn/　　电话/传真：029-87081209　　E-mail：xuexihuo@nwsuaf.edu.cn　　lilut@nwsuaf.edu.cn

西北大学经济管理学院旅游管理专业　　地址：陕西省西安市郭杜教育产业园区学府大道1号　　邮政编码：710118　　网址：http://ems.nwu.edu.cn/　　电话：029-88308227　　传真：029-88308261　　E-mail：jgxymail@163.com

延安大学历史文化学院旅游管理专业　　地址：陕西省延安市杨家岭　　邮政编码：716000　　网址：http://rwskxy.yau.edu.cn/　　电话：0911-2332051

西安科技大学管理学院旅游管理专业　　地址：陕西省西安市雁塔路58号　　邮政编码：710054　　网址：http://202.200.48.16/glxyweb/　　电话：029-85583906　　E-mail：xinpingw@126.com　　wangping@xust.edu.cn

渭南师范学院历史文化传播系旅游管理专业　　地址：陕西省渭南市朝阳大街西段　　邮政编码：714000　　网址：http://www.wntc.edu.cn/lsx　　电话：0913-2133025

榆林学院管理学院旅游管理专业　　地址：陕西省榆林市崇文路7号　　邮政编码：719000　　网址：http://www.yulinu.edu.cn:85/bm/glxy/

陕西理工学院历史文化系旅游管理专业　　地址：陕西省汉中市朝阳路　　邮政编码：723001　　网址：http://www1.snut.edu.cn/lswh/　　电话：0916-2641602/2641603　　E-mail：oicq@snut.edu.cn

西安财经学院商学院旅游管理专业　　地址：陕西省西安市长安区韦常路2号　　邮政编码：710100　　网址：http://shangxue.xaufe.edu.cn/　　电话：029-81556357　　E-mail：kjxy@xaufe.edu.cn

安康学院经济与管理系旅游管理专业　　地址：陕西省安康市育才路92号　　邮政编码：725000　　网址：http://

jgx. aku. edu. cn/　电话:0915-3200382　E-mail:aktc_jgx@ aktc. net. cn

西京学院管理科学系旅游管理专业　地址:陕西省西安市长安区西京路1号　邮政编码:710123　网址:http://ms. xijing. edu. cn/　电话/传真:029-85628124　E-mail:wangsulan@ 163. com

西安培华学院旅游管理专业　地址:陕西省西安市高新区白沙路南段2号高新校区　邮政编码:710065　西安市长安区培华南路长安校区　邮政编码:710125　网址:http://www. peihua. cn/　电话:029-82022222　传真:029-88270000　E-mail:zhaoban@ peihua. cn

西安欧亚学院旅游管理专业　地址:陕西省西安市电子城欧亚路1号　邮政编码:710065　网址:http://www. eurasia. edu/　电话:029-8877369　传真:029-88298629　E-mail:zhaosheng@ eurasia. edu

西安外事学院旅游管理专业　地址:陕西省西安市丈八北路408号　邮政编码:710077　网址:http://www. xaiu. edu. cn/　电话:029-88751004　E-mail:xxy@ xaiu. edu. cn

西安翻译学院旅游管理专业　地址:陕西省西安市长安区太乙宫镇　邮政编码:710105　网址:http://www. xfuedu. org/　电话:029-85891139　传真:029-85898551　E-mail:kangww@ 126. com

西安思源学院旅游管理专业、城市景观设计专业　地址:陕西省西安市东郊水安路28号　邮政编码:710038　网址:http://www. xasyu. cn/　电话:029-82601888　E-mail:xsxiang@ xasyu. cn　zhaihong@ vip. 163. com

陕西国际商贸学院旅游管理专业　地址:陕西省西安市沣渭新区大学园统一西路35号　邮政编码:712046　网址:http://www. csiic. com/　电话:029-33814519　传真:029-33811620　E-mail:smxyzsb@ 126. com　webmaster_csiic@ 126. com

甘肃省

兰州大学历史文化学院旅游管理专业　地址:甘肃省兰州市天水路222号　邮政编码:730000　网址:http://history. lzu. edu. cn/　电话:0931-8913714　E-mail:lsxb@ lzu. edu. cn

兰州大学管理学院旅游管理专业　地址:甘肃省兰州市天水路222号　邮政编码:730000　网址:http://ms. lzu. edu. cn/　电话:0931-8912252　E-mail:baogx@ lzu. edu. cn　hews@ lzu. edu. cn

西北民族大学管理学院旅游管理专业　地址:甘肃省兰州市榆中校区　邮政编码:730124　网址:http://dwzy. xbmu. edu. cn/glxy/　电话/传真:0931-4512126　E-mail:93056963@ qq. com

兰州理工大学国际经济管理学院旅游管理专业　地址:甘肃省兰州市七里河区兰工坪287号　邮政编码:730050　网址:http://yuanxi. lut. cn/jingguan/　电话:0931-2976022　E-mail:gslzlql@ 163. com

兰州商学院工商管理学院旅游管理专业　地址:甘肃省兰州市榆中县和平镇经贸学院　邮政编码:730070　网址:http://ba. lzcc. edu. cn/　E-mail:gsgl@ lzcc. edu. cn

甘肃民族师范学院历史与文化系旅游管理专业　地址:甘肃省合作市知合玛路233号　邮政编码:747000　网址:http://www. gnun. edu. cn/cn/lishiwenxi01/default. asp　电话:0941-8252187

青海省

青海大学财经学院旅游管理专业　地址:青海省西宁市胜利路8号　邮政编码:810001　网址:http://210. 27. 177. 201/cjxy/　电话/传真:0971-6153404　E-mail:qdcyqys@ 126. com　qdcyzyh@ 126. com

青海师范大学生命与地理科学学院旅游管理专业　地址:青海省西宁市五四路38号　邮政编码:810008　网址:http://sdxy. qhnu. edu. cn/　电话:0971-6307616　传真:0971-6307617　E-mail:chenzhi@ qhnu. edu. cn　sdxybgs@ 126. com

青海民族大学工商管理学院旅游管理专业　地址:青海省西宁市八一中路3号　邮政编码:810007　网址:http://219. 247. 255. 20:8003/JXBM/gsglxyindex. asp/　电话:0971-8867731　E-mail:zxh6619@ 126. com　dongzhujia@ 163. com

宁夏回族自治区

宁夏大学人文学院旅游管理专业　地址:宁夏银川市西夏区贺兰山西路489号　邮政编码:750021　网址:http://rwxy. nxu. edu. cn/　电话/传真:0951-5093053　E-mail:rwxy@ nxu. edu. cn

北方民族大学管理学院旅游管理专业　　地址：宁夏银川市西夏区文昌路　　邮政编码：750021　　网址：http://www.nwsni.edu.cn/wlx/　　电话：0951-2066594

宁夏理工学院经济管理系旅游管理专业　　地址：宁夏石嘴山市大武口区山水大道学院路1号　　邮政编码：753000　　网址：http://www.nxist.com/jgxweb/　　E-mail：maunbin0119@163.com

新疆维吾尔自治区

石河子大学政法学院旅游管理专业　　地址：新疆石河子市北四路31号　　邮政编码：832000　　网址：http://zfxy.shzu.edu.cn/　　电话：0993-2057531　　E-mail：syg_pol@shzu.edu.cn

新疆农业大学经济与贸易学院旅游管理专业　　地址：新疆乌鲁木齐市南昌路42号　　邮政编码：830052　　网址：http://jmxy.xjau.edu.cn/　　电话：0991-8762926

新疆农业大学科学技术学院（独立）旅游管理专业　　地址：新疆乌鲁木齐市农大东路110号　　邮政编码：830091　　网址：http://www.xjstc.net.cn/　　电话：0991-8763360　　传真：0991-8763861　　E-mail：kjxyzb@xjau.edu.cn　xndkjxy@126.com

塔里木大学经济与管理学院旅游管理专业　　地址：新疆阿拉尔市　　邮政编码：843300　　网址：http://jgy.taru.edu.cn/　　电话：0997-4682645　　E-mail：yuxiaoling@taru.edu.cn

五、旅游专门学校[1]

北京市振华旅游学校　　地址：北京市丰台区小屯1号　　网址：http://www.zhlyxx.bjedu.gov.cn/　　电话：010-68228332　　传真：010-83838085　　E-mail：zhenhuat@126.com

天津旅游外事职业学校　　地址：天津市河西区隆昌路94号　　网址：http://www.lyws.com/　　电话：022-28320445　　E-mail：tjlyws@126.com

天津市中国旅行社旅游职业学校　　地址：天津市南开区宾水西道宾西桥公交站旁　　网址：http://www.tjcts.com.cn/　　电话：022-23671798　　E-mail：xxsj@ggyyy.com　　tjcts_edu@163.com

河北旅游职业学院　　地址：河北省承德市开发区高教园区　　邮政编码：067000　　网址：http://www.cdtvc.com/　　电话：0314-2376818　　传真：0314-2376820　　E-mail：yyf2985108@sina.com

石家庄旅游学校　　地址：河北省石家庄市平安南大街141号　　网址：http://www.sjzlyxx.com/　　电话：0311-86013850　　E-mail：1102086194@qq.com

衡水外事旅游学校　　地址：河北省衡水市人民西路743号　　邮政编码：053000　　网址：http://www.hsgyxx.com/　　电话：0318-2993432　　E-mail：hbhsgyxx@163.com

山西旅游职业学院　　地址：山西省太原市许坦东街29号　　邮政编码：030031　　网址：http://www.sxtvi.com.cn/　　电话：0351-2393626　　E-mail：lyxybgs@163.com

太原旅游职业学院　　地址：山西省太原市狄村街13号　　网址：http://www.tylyzyxy.com/　　电话：0351-7583527　　E-mail：x7583527@yahoo.com.cn

山西省运城关圣旅游学校　　地址：山西省运城市黄河大道中段　　邮政编码：044000　　网址：http://www.ycgsxx.com/　　电话：0359-2292172　　E-mail：fyj10805@sohu.com

山西省河东旅游学校　　地址：山西省运城市圣惠桥北军营西路3号　　邮政编码：044000　　网址：http://www.sxhdlyxx.com/　　电话：0359-6302750　　E-mail：hdtvi@163.com

辽宁涉外旅游管理学校　　地址：辽宁省大连市高新园区七贤路22号　　邮政编码：116025　　网址：http://lnswly.com/　　电话：0411-84794466　　传真：0411-84791590　　E-mail：84791590@163.com

沈阳市旅游学校　　地址：辽宁省沈阳市皇姑区崇山东路80号　　邮政编码：110033　　网址：http://www.syslyx.com/　　电话：024-86898503　　E-mail：qwtgw@163.com　471494865@qq.con

---

[1]排名不分先后，以省区排序顺序。

大连旅游中等职业技术专业学校　地址：辽宁省大连市甘井子区　网址：http://www.dlvst.com/　电话：0411-86674802　E-mail：5361631@qq.com

长春净月旅游学校/长春大学成教学院净月分院　地址：吉林省长春市绿园区和平大街491号　邮政编码：130061　网址：http://www.cclyxx.com/　电话：0431-82666633　E-mail：cclyxx2005@sina.com

通化市旅游学校　地址：吉林省通化市文教路150号　邮政编码：134001　网址：http://www.thlyxx.com/　电话：0435-3208686　传真：0435-3311647

黑龙江旅游职业技术学院　地址：黑龙江省哈尔滨市南岗区学府路315号　网址：http://www.ljly.net/　电话：0451-86616533　E-mail：tzj@ljly.net　dongxichen@ljly.net

齐齐哈尔市旅游学校　地址：黑龙江省齐齐哈尔市建华区中华西路182号　网址：http://www.qqhrlyxx.com/　电话：0452-2726694

佳木斯旅游学校　地址：黑龙江省佳木斯市光复路东段466号　邮政编码：154002　网址：http://www.jmsly.com/　电话：0454-6102702　传真：0454-8314596　E-mail：1417746485@qq.com　jmslyxx@sohu.com

上海旅游高等专科学校　地址：上海市奉贤区海思路500号　邮政编码：201418　网址：http://www.sitsh.edu.cn/　电话：021-57126268　E-mail：sit_xzxx@shnu.edu.cn　wsq@shnu.edu.cn

上海市商贸旅游学校　地址：上海市浦东南路1548号浦东校区　邮政编码：200122　上海市贵州路101号浦西校区　邮政编码：200001　网址：http://www.shsmly.com/　电话：021-58315000　传真：021-50582030　E-mail：jiaoyufazhanchu@gmail.com　onlylee2009@126.com

南京旅游职业学院　地址：江苏省南京市察哈尔路华严岗1号　邮政编码：210003　网址：http://www.jltu.net/　电话：025-58321611　传真：025-58800066　E-mail：tanqingmin@qq.com

连云港市旅游学校　地址：江苏省连云港市新浦区利民路26号　邮政编码：222004　网址：http://www.lyxx.com.cn/　电话：0518-85831771　E-mail：cydiyer@sohu.com

镇江市旅游学校　地址：江苏省镇江市南山八公洞路中段　邮政编码：212002　网址：http://61.132.31.58：73/　电话：0511-85955000　E-mail：zhenjiangnanshan@163.com　1151144136@qq.com

无锡市旅游商贸高等职业技术学校　地址：江苏省无锡市广石路999号　邮政编码：214000　网址：http://www.wxlysm.com.cn/　电话：0510-83116678　E-mail：zs103-gw@wxjy.com.cn

常州旅游商贸高等职业技术学校　地址：江苏省常州市新北区红河路8号　邮政编码：213032　网址：http://www.czlsgz.com/　电话：0519-85922098　传真：0591-85922507　E-mail：czlsgz@sina.com

苏州旅游财经高等职业技术学校　地址：江苏省苏州市吴中区越湖路致能大道（国际教育园南区）101号　邮政编码：215104　网址：http://www.lyycj.cn/　电话：0512-66503001　传真：0512-66503009　E-mail：tzdxqh6555@126.com

浙江旅游职业学院　地址：浙江省杭州市萧山高教园区　邮政编码：311231　网址：http://www.tczj.net/　电话：0571-82838007　E-mail：office@tczj.net

杭州市旅游职业学校　地址：浙江省杭州市滨江区滨兴路209号　邮政编码：310052　杭州市上城区大河下103号　邮政编码：310009　网址：http://www.hzlyzx.com/　电话：0571-86625180　E-mail：hzlyzx@163.com

奉化市旅游学校　地址：浙江省奉化市溪口镇　邮政编码：315502　网址：http://www.fhlyxx.com.cn/　电话：0574-88850039　E-mail：358066337@qq.com

宁波东钱湖旅游学校　地址：浙江省宁波市鄞州区东钱湖镇青春路3号　邮政编码：315121　网址：http://www.zjnbdl.com/web/　电话：0574-28814029

雁荡山旅游学校　地址：浙江省乐清市雁荡镇田东新村　邮政编码：325613　网址：http://www.wzyds.cn/　电话：0577-62242772　E-mail：ydzx1941@126.com　wzydsvip@126.com

安徽旅游职业学院　地址：安徽省颍上迪沟国家AAAA风景区　邮政编码：236200　网址：http://www.ahlyedu.cn/　电话：0558-4267206　E-mail：ty@ahtangedu.cn　zy@tangedu.cn

安徽旅游学校　地址：安徽省合肥市望江西路169号　邮政编码：230022　网址：http://www.ahlyxx.com/main/　电话：0551-5577700　传真：0551-2154708　E-mail：ahlyxx@126.com

合肥市旅游学校　地址：安徽省合肥市寿春路4号　网址：http://hflyxx.net/　电话/传真：0551-4294209　E-mail：hflyxx@ah163.com

安徽华夏旅游学校　地址：安徽省合肥市合马路撮镇瑶岗　邮政编码：231602　网址：http://www.ihuaxia.com/　电话：0551-7317501　传真：0551-7317333　E-mail：huaxia6699@126.com

黄山市旅游经济学校　地址：安徽省黄山市屯溪区徽山路18号　邮政编码：245000　网址：http://www.hszhzx.com/　电话：0559-2513583　E-mail：2009xzs@sina.com

黄山旅游职业学校/黄山旅游管理学校　地址：安徽省黄山市黄山区黄山工业园区　邮政编码：245700　网址：http://www.hslx.org.cn/　电话：0559-8515835　传真：0559-8515274　E-mail：ahhslxhwfj@126.com

九华山旅游学校　地址：安徽省青阳县西峰路14号　邮政编码：242800　网址：http://www.jhslyxx.com/　电话：0566-5022814　E-mail：jhslyxx@163.com

安徽天柱山旅游学校　地址：安徽省安庆市潜山县舒州大道399号　邮政编码：246300　网址：http://www.ahqszz.com/　电话：0556-8932039　E-mail：254464540@qq.com

安徽华夏旅游学校　地址：安徽省合肥市合马路撮镇瑶岗　邮政编码：231602　网址：http://www.ihuaxia.com/　电话：0551-7317501　传真：0551-7317333　E-mail：huaxia6699@126.com

厦门工商旅游学校　地址：福建省厦门市集美文教区（厦门理工学院西侧）　邮政编码：361024　网址：http://www.xmgslx.com/　电话：0592-6273221　E-mail：xqgzz6273210@163.com

福州旅游技术学校　地址：福建省福州市铜盘路软件园c区科教园　邮政编码：350003　网址：http//www.xuexiao.chazidian.com/xuexiao550189/　电话：0591-87885970　E-mail：2412049457@qq.com

福州旅游职业中专学校　地址：福建省福州市闽侯荆溪港头连头1号　邮政编码：350101　网址：http://www.fzlz.fz.fj.cn　电话：0591-22626500　传真：0591-22626998　E-mail：fjlzzjb@163.com

厦门市旅游职业中专学校　地址：福建省厦门市大连兴馆1号　邮政编码：361012　网址：http://twlx.edu.xm.fj.cn/　电话：0592-2983460　E-mail：xmlx@xmedu.cn

泉州旅游学校　地址：福建省泉州市丰泽区城东霞美社区　邮政编码：362000　网址：http://www.fzzjzx.cn/　电话：0595-29015333　E-mail：fzqzjzx@163.com

武夷山旅游职业中专学校　地址：福建省武夷山市武夷大道185号　邮政编码：354300　网址：http://www.wyslyzz.com/　电话：0599-5105513　传真：0599-5100325　E-mail：wyslyzz@163.com

南平市武夷旅游商贸学校　地址：福建省南平市建阳馒头山29号　编政编码：354200　网址：http//www.nplsx.cn/　电话：0599-5623217　E-mail：4c9fw@sina.com

江西旅游商贸职业学院　地址：江西省南昌市经济技术开发区丁香路1号　邮政编码：330100　网址：http://www.jxlsxy.com/　电话：0791-3771996　传真：0791-3771997　E-mail：jxlsxy@163.com　jxlskyc@163.com

井冈山市旅游中专学校　地址：江西省井冈山市厦坪镇　邮政编码：343603　网址：http://www.jgsslz.com/　电话：0796-6651213

九江外事旅游学校　地址：江西省九江市庐山大道西侧　网址：http://www.jjwsly.com/　电话/传真：0792-8536848　E-mail：70272138@qq.com

山东旅游职业学院　地址：山东省济南市经十东路3556号　邮政编码：250200　网址：http://www.sdts.net.cn/website/　电话：0531-81920108　传真：0513-8192000　E-mail：sdts1991@sina.com　sdtsxsc@21cn.com

青岛旅游学校　地址：山东省青岛市延安一路29号中山公园北侧　网址：http://www.qdlyxx.com/　电话：0532-82715404　E-mail：info@qdlyxx.com　wailb2003@hotmail.com

烟台旅游学校　地址：山东省烟台市芝罘区青年南路369号　邮政编码：264000　网址：http://www.ytlyxx.com/　电话：0535-2973001　传真：0535-6013134　E-mail：1328124603@qq.com　156977986@qq.com

莱芜市旅游学校　地址：山东省莱芜市高新技术开发区凤凰路008号　邮政编码：271100　网址：http://www.lwlyxx.com/　电话：0634-6251293　E-mail：lwlyxx123@126.com

郑州旅游职业学院　地址：河南省郑州市航海东路豫英路1号　邮政编码：450009　网址：http://www.zztrc.edu.cn/　电话：0371-68271906　E-mail：heshuchuan@zzedu.net.cn　haimingweigcy@sohu.com

河南旅游学院 地址：河南省郑州市郑上路须水工贸园 邮政编码：450042 网址：http://www.hnlyxy.cn 电话：0371-68048281 E-mail：mai360@126.com henanlvyouxueyuan@163.com

洛阳旅游学校 地址：河南省洛阳市西工区定鼎北路18号 邮政编码：471003 网址：http://lylyxx.eduzg.cn/ 电话：0379-65178686 E-mail：zhoufang369@sina.com.cn

平顶山市文化旅游学校 地址：河南省平顶山市建设西路南240号院 邮政编码：467000 网址：http://www.pdswhly.cn/ 电话：0375-2978000

开封市文化旅游学校 地址：河南省开封市禹王台区（原南关区）大郭屯1号 邮政编码：475003 网址：http://02007.vae.ha.cn/ 电话：0378-3918495 传真：0378-3917403 E-mail：kflyxx@163.com

新乡市旅游学校/新乡市信息工程学校 地址：河南省新乡市劳动中街89号 网址：http://xxgc.xxjy.cn http://61.163.118.155/ 电话：0373-3073709

湖北省旅游学校 地址：湖北省武汉市雄楚大街488号 邮政编码：430009 网址：http://www.hblx.net.cn/ 电话：027-87188281 传真：027-87189523 E-mail：4683300613@qq.com

三峡旅游职业技术学院 地址：湖北省宜昌市夷陵区夷兴大道8号 邮政编码：443100 网址：http://www.sxlyzy.edu.cn/ 电话：0717-6053058 E-mail：sxlyzy9@163.com 24042518@qq.com

黄冈旅游学校 地址：湖北省蕲春县芝麻山 邮政编码：435300 网址：http://www.hgdegjjx.com/ 电话：0713-7237999 E-mail：qcqzzzj@163.com vhg_master@163.com

长沙商贸旅游职业技术学院 地址：湖南省长沙市韶山南路578号 邮政编码：410004 网址：http://www.hncpu.com/ 电话/传真：0731-89768409 E-mail：keych123@163.com 717264725@qq.com

常德旅游学校 地址：湖南省常德市人民路2666号 邮政编码：415000 网址：http://www.cdgdsf.com/ 电话：0736-7282376 E-mail：qinghuiyang_1@163.com cdsfzsb168@sohu.com

张家界旅游学校 地址：湖南省张家界市永定区解放路6号 邮政编码：427000 网址：http://www.worlduc.com/ 电话：0744-2179098

怀化市旅游学校 地址：湖南省怀化市沿河西路125号 邮政编码：418000 网址：http://www.hhlx.com/ E-mail：hhlyxx@163.com

衡阳市旅游学校 地址：湖南省衡阳市珠晖区广厦里58号 邮政编码：421002 网址：http://www.hylyschool.com/ 电话：0734-8144077 传真：0734-8126828 E-mail：tldq@hy-tldq.com

永州湘南职业技术学校（原湘南旅游学校） 地址：湖南省祁阳县陶铸路123号 邮政编码：426100 网址：http://www.chinayz.com/Html/Main.asp/ 电话：0746-2858989 传真：0746-2860139 E-mail：qymr2007@163.com

常德环球旅游职业技术学校 地址：湖南省常德市青年东路武陵区东江工业园 邮政编码：415003 网址：http://www.hnqly.com/ 电话：0736-7782355 传真：0736-7777953 E-mail：tianzutian@163.com

湘西旅游学校 地址：湖南省吉首市狮子庵警官培训处 邮政编码：416000 网址：http://www.xxvts.com/ 电话：0743-8730121 E-mail：leelove_6655@163.com xxly01@163.com

广东省旅游学校 地址：广东省广州市广州大道北同泰路1111号 邮政编码：510515 网址：http://www.gds-lyxx.com/ 电话：020-37247717/37248645 E-mail：slxcheye@163.com gdlyxxzsb@163.com

广州市旅游商务职业学校 地址：广东省广州市海珠区工业大道南泰沙路沙溪横街15号 邮政编码：510280 网址：http://www.gzvstc.net/ 电话：020-84302391 传真：020-84358744 E-mail：7322926@qq.com rgelgdzb@sina.com

肇庆旅游学校 地址：广东省肇庆市鼎湖山牌坊侧 邮政编码：526040 网址：http://www.2233.net/ 电话：0758-2626282 E-mail：lyxx2233@126.com

惠州旅游学校 地址：广东省惠州市惠州旅游学校 邮政编码：516057 网址：http://www.hzts.net/ 电话：0752-3619505 传真：0572-3619505 E-mail：hzts_xxb@163.com

湛江市旅游职业技术学校 地址：广东省湛江市霞山区绿塘路63号 邮政编码：524013 电话：0759-2626639 E-mail：Gabriels@163.com

广东艺华旅游学校 地址：广东省江门市五邑路683号 邮政编码：529000 电话：0750-3223333 E-mail：

jmlhd@163.com

桂林旅游高等专科学校 地址:广西桂林市雁山区雁山镇良丰路26号 邮政编码:541006 网址:http://202.103.243.131:180/ 电话:0773-3691009 传真:0773-3690008 E-mail:gllz@glit.cn

桂林风帆旅游学校 地址:广西桂林市甲山中隐路 邮政编码:541002 网址:http://www.guilinff.com/ 电话:0773-3907899 E-mail:guilinff@163.com 857766352@qq.com

广西桂林商贸旅游技工学校 地址:广西桂林市象山区相人山路2号(红太阳家具城旁) 邮政编码:541002 网址:http://www.glsmlyjx.com/ 电话:0773-2145058 E-mail:729100705@qq.com

海口旅游职业学校 地址:海南省海口市白龙北路1号 邮政编码:570203 网址:http://www.hkvts.cn/ 电话:0898-68610619 E-mail:hnhkvts@126.com

三亚航空旅游职业学院 地址:海南省三亚市凤凰路218号 邮政编码:572000 网址:http://www.hnasatc.com/ 电话:0898-88348123 传真:0898-88348006 E-mail:satclib@163.com lijuan-lian@hnair.com

重庆旅游职业学院 地址:重庆市黔江区舟白街道学府一路一号 邮政编码:409099 网址:http://www.cqvit.com/ 电话:023-85086555 E-mail:cqvitdzd@163.com

重庆市旅游学校 地址:重庆市大渡口区春晖路70号 邮政编码:400084 网址:http://www.cqlyxx.com/ 电话:023-68838728 传真:023-68916953 E-mail:winji@tom.com

重庆市旅游管理学校 地址:重庆市北部新区大竹林楠竹路6号 邮政编码:400025 网址:http://www.cqslyglxx.com/ 电话:023-67683082 传真:023-86885951 E-mail:541622438@qq.com

四川省旅游学校 地址:成都市火车南站西路20号 邮政编码:610041 网址:http://www.scts.gov.cn/ 电话:028-85185657 传真:028-85190255 E-mail:1902652782@qq.com

四川烹饪高等专科学校旅游系 地址:四川省成都市龙泉驿区红岭路459号 邮政编码:610100 网址:http://www.shic.edu.cn/lyx 电话:028-84825068 传真:028-84825689 E-mail:xuxia068@163.com

成都华夏旅游商务学校 地址:四川省成都市外南华阳双华路 邮政编码:610213 网址:http://www.hxlysx.com/ 电话:028-85879772 E-mail:h.xzz@163.com hxlyxx@163.com

南充市旅游职业中专学校 地址:四川省南充市顺庆区金鱼岭正街192号 邮政编码:637000 网址:http://www.nclyxx.com 电话/传真:0817-2810928 E-mail:nclyxx@yeah.net 295863919@qq.com

贵州省旅游学校 地址:贵州省贵阳市花溪区迎宾大道2号 邮政编码:550025 网址:http://www.gzlyxx.com/ 电话:0851-3632323 传真:0851-3630051 E-mail:gressy@163.com

云南旅游职业学院(原云南省旅游学校) 地址:云南省昆明市龙泉路268号 邮政编码:650221 网址:http://www.ynslyxx.com/ 电话:0871-5187763 E-mail:master@ynslyxx.com zjb@ynsiyxx.com

陕西省旅游学校 地址:陕西省西安市南二环西段9号 邮政编码:710075 网址:http://www.sxslyxx.net/ 电话:029-87990212 传真:029-87990200 E-mail:sutao20031228@163.com djzx11@163.com

陕西旅游烹饪职业学院 地址:陕西省西安市长安中路43号 邮政编码:710061 网址:http://www.sncook.com/ 电话:029-85233107 E-mail:stcc.cn@163.com 413398983@qq.com

西安涉外旅游学校 地址:陕西省西安市咸宁东路398号 邮政编码:710043 网址:http://www.xaswly.cn/ 电话:029-82607724 传真:029-82607978 E-mail:xaswly1992@163.com

西安航空旅游学院 地址:陕西省西安市灞桥区狄寨路2028号(原水安路169号) 邮政编码:710038 网址:http://www.xaatc.com/ 电话:029-68679888 传真:029-68679798 E-mail:zhaoban@xaatc.com xhyrsc@126.com

西安旅游职业中等专业学校 地址:陕西省西安市长安区韦曲西四府甲字3号 邮政编码:710100 西安市东大街菊花园19号 邮政编码:710032 网址:http://www.xalyzz.com/ 电话:029-87214913 E-mail:xalyxywz@163.com xlgyyx@163.com

兰州旅游职业学校 地址:兰州市城关区五泉路65号 邮政编码:730000 网址:http://lzlyxx.cn/ 电话:0931-8155429 E-mail:lzlyxx@yahoo.cn

第四章 中国旅游规划与研究专家[1]

中国旅游研究学者以在旅游研究中的学术成就、知名度以及在旅游学科中的开创性的研究等为主要指标进行选取,主要关注旅游教学、科研和个别规划设计人员,纯粹的旅游管理人员不在遴选范围[2]。(按姓氏拼音排序)

保继刚(1964~) 男,云南人,1984年中山大学地理系毕业,1986获北京大学地理系硕士学位,1995年获中山大学地理系博士学位。中山大学校长助理、中山大学地理科学与规划学院院长、旅游学院院长、旅游发展与规划研究中心主任、教授、博士生导师,国务院学位委员会学科评议组成员、世界旅游组织专家委员会委员、兼任中国地理学会副理事长/旅游地理专业委员会主任、广东地理学会理事长、青海省人民政府顾问及多所高校兼职教授或客座教授等。主要研究旅游地理和旅游规划、旅游地理学基础理论、旅游资源定量评价等。主持国家自然科学基金、国际合作项目各4项以及教育部科学技术研究重点、广东省、国家旅游局等研究项目多项,主持完成了西部旅游投资规划(西南片)及湖北省、湖南省、桂林市、苏州市、黄山市、香格里拉、西双版纳、新疆喀纳斯等国家、省、重点旅游城市旅游发展总体规划。学术成果在国内外有较大影响。出版《城市旅游——原理·案例》《旅游区规划与策划案例》《旅游开发研究——原理、方法、实践》《发展中国家旅游规划与管理》《旅游地理学》等著作数十部,发表论文160余篇。曾获国家科技进步二等奖、北京市首届哲学社会科学优秀成果一等奖、教育部科技进步二等奖、教育部优秀教材二等奖、广东省优秀城乡规划设计二等奖及广州市百名教育新秀奖、中国地理学会首届青年地理科技奖、南粤优秀教师奖、全国优秀地理科技工作者等。

陈传康(1931~1997.10) 男,广东潮安人。1953年北京大学地质地理系毕业。北京大学城市与环境学系教授、博士生导师。曾任北京大学城市与环境学系自然地理学博士点负责人、全国旅游标准化技术委员会委员、中国地理学会副理事长兼旅游地理专业委员会主任、中国区域旅游开发研究会主任、中国旅游地学研究会副主任等职。从事旅游地理、旅游资源开发、区域旅游发展战略、旅游规划研究,在旅游地理的理论与实践探索领域的研究,取得了很高的成就,是中国最早从事旅游地理研究的地理学者。倡导城市要结合开展旅游地理进行研究,并在研究建筑景观学中把风景研究纳入自己的范围。突破了传统旅游地理学的研究范畴,研究方法从传统到现代,从定性到定量,描述、解释、预测和规范4个科学研究的层次均已涉入;研究内容从单一到综合,基本概念体系已初步形成。发表有关理论和应用地理学、区域开发和旅游开发规划的著作和论文400多篇部,主要有《旅游资源鉴赏与开发》《连云港市域发展战略研究》《区域旅游开发研究》《北京旅游地理》《综合自然地理学》《区域综合开发的理论和案例》《晋冀鲁豫接壤地区发展战略》《中国饮食文化的区域分化和发展趋势》《区域持续发展与行业开发》等。

崔凤军(1966.8~) 男,山东利津人,北京大学理学博士,中国科学院地理科学与资源研究所博士后。浙江省发展和改革委员会副主任,兼任浙江工商大学旅游与城市管理学院教授,曾任泰山旅游研究所所长、泰安市旅游局副局长、杭州市旅游局副局长、杭州市旅游委员会副主任、杭州市下城区副区长等职。主要研究方向为旅游目的地管理、旅游环境管理,完成横向研究项目30余项,承担国家级、省级研究课题8项。对中国旅游业提出了十大批判,深刻指出了现今国内旅游行业中存在的弊端。出版著作近10部,发表学术论文100多篇。曾获北京市科技进步三等奖、山东省社会科学二等奖等省部级奖项5项。

戴斌(1967~) 男,安徽固镇人,1989年毕业于安徽省商业高等专科学校,1995年获安徽财经大学经济学硕士学位,2004年获中国社会科学院研究生院经济学博士学位。中国旅游研究院院长、教授,曾任北京第二外国语学

---

[1]本章内容得到安徽师范大学陆林教授的审阅和指导,特此致谢!
[2]所有专家资料由网络信息、所在学校简介、期刊网等收集整理而得。

院旅游管理学院教授、饭店管理系主任、科研处处长、校长助理、中瑞酒店管理学院院长，国务院应急办专家组成员，入选首批"北京市拔尖创新人才百人计划"。主要研究领域为旅游企业管理、旅游产业经济，主持国家自然科学基金委员会、国家社科基金、国家旅游局、教育部、北京市政府、北京市社科规划办、中国国旅集团、岭南国际企业集团等政府部门和商业机构委托课题50余项，专题演讲400余场。在境内外媒体上公开发表相关论文290余篇，出版《现代饭店集团研究》《中国国有饭店的转型与变革研究》《国有饭店产业重组与集团化管理》《旅行社管理比较研究》《旅行社管理》《论北京旅游产业安全与成长要素》《经济型饭店：国际经验与中国的实践》等30余部专著、译著和教材。先后获得教育部、国家质监总局、北京市教工委、北京市社科规划办等政府机构颁发的教学与科研奖励，获"北京市优秀教师""全国优秀教师"称号。

丁登山（1941.4～） 男，江苏镇江人。南京大学城市与资源学系教授、博士生导师，曾任教育部中小学教材审定委员会审查委员，中国地理学会世界地理专业委员会副主任、自然地理专业委员会委员，中国非洲研究会常务理事。主要研究方向：自然地理、区域地理、旅游地理，主持或合作国家科委、国家自然科学基金、教育部及其他科研项目多项。为旅游及地理学的教学、科普和宣传做了大量实践工作。出版《中国名山揽胜》《江苏经济地理》《环球风光旅游——外国旅游地理》《自然地理学基础》等著作10部，发表论文数十篇。获省部级科技进步奖、优秀教材奖数项。

杜江（1964.11～） 男，山东诸城人，1981年9月入南开大学学习，先后攻读旅游英语、旅游经济管理和世界经济专业，获经济学博士学位。中国国家旅游局副局长、教授，兼任教育部高等学校工商管理类学科专业教学指导委员会旅游学科组组长、亚太旅游学会中国国家代表、中国旅游学术论坛执委和《亚太旅游杂志》中国编委等，曾任南开大学旅游学系主任和国际商学院副院长、北京第二外国语学院院长、北京市旅游局局长。享受国务院特殊津贴的专家。主要研究领域为旅游企业经营管理，对旅行社经营与管理、中国公民出境旅游消费行为模式等有较深入的研究，主持和参与国家级、省部级和其他科研项目近20项。先后出版专著、教材和译著20余部，发表学术论文40余篇，主要代表著作有《旅行社管理比较研究》《旅行社经营与管理》《旅游企业跨国经营战略研究》《中国旅行社发展现状与发展对策研究》《中国公民出境旅游消费行为模式研究》等。

高峻（1962～） 男，上海市人，2000年获华东师范大学资源与环境学院博士学位，2000年～2003年在中国科学院沈阳应用生态研究所生态学博士后流动站工作。上海师范大学旅游学院副院长、教授、博士生导师、上海师大旅游规划与发展中心主任、《旅游科学》主编，兼任美国University of Carolina旅游研究所客座研究员、北京第二外国语大学和华侨大学客座教授、国际景观生态学会中国分会副秘书长、海南省人民政府旅游发展高级顾问、浙江省台州市人民政府旅游发展顾问、格林豪泰酒店管理集团高级顾问、上海市建设和交通委员会科学技术委员会委员等。主要从事旅游产业发展战略、可持续旅游开发、规划与管理、旅游景区规划与设计、都市旅游、生态旅游开发、城市生态与环境管理等研究，先后主持国家旅游局重点、上海市908专项以及上海市科委重大、上海市旅委、上海市经委、上海市浦东新区政府、上海市环保局、奉贤区政府等国家和省部级项目40余项。出版《景观生态学》《城市生态学》《旅游资源开发与规划》《生态旅游》《中国生态旅游》等教材和著作8部，发表论文50余篇。有4项科研项目获得上海市级和局级科技进步奖。

郭康（1936.4～2012.8.30） 男，山西平遥人。1962年毕业于兰州大学地质地理系。旅游规划专家，现代旅游地理的开拓者与奠基人之一。河北省旅游开发研究中心副主任、研究员，曾任河北省地理科学研究所旅游室主任，兰州大学、东南大学兼职教授。长期从事旅游规划研究工作，主持完成研究项目80多项，主持完成了"秦皇岛市旅游开发总体规划""河北省旅游发展总体规划""山东省临沂市旅游发展总体规划"等项目；发现新型地貌类型"嶂石岩地貌"；提出避暑旅游气候指数、"旅游文化—经济二元论""游憩、经济、社会与生态四大效益统一"及社会生态旅游区等理论观点；参与创办了《地理学与国土研究》（杂志），创建了"河北省旅游开发研究中心"。发表论文多篇，专著7部，获省部级奖7项。

郭来喜（1934～） 男，出生于河南省郑州市。1956年南京大学地理系毕业，曾在莫斯科大学研究生部和加拿大维多利亚大学中加高级管理研讨班进修。曾任中国科学院地理研究所学术委员会副主任、旅游规划研究中心主任、研究员、教授、博士生导师、博士后合作导师。兼任中国区域科学协会副会长暨可持续发展专业委员会主任、中国软科学学会常委理事、中国地理学会人文地理专业委员会主任、中国旅游协会生态旅游分会副理事长、达沃斯景观规划设计院院长等。被14个省、地、州、市聘为政府顾问,被北京大学、南京大学、西北大学、华东师范大学、华中师范大学、中国科技大学等9所大学聘为兼职教授,被河南地理研究所等4个研究所聘为名誉所长、所长顾问或特邀研究员等。长期在中国科学院工作,组建了中国第一个国家级旅游地理研究科学组织,担任多届研究所所长、副所长。主持过多项国家级、国际合作研究项目、5个省级旅游规划、8个市级旅游总体规划及详细规划。发表论著12部,学术论文200多篇。获得过国家发明奖、中国科学院重大成果奖、国家科技进步奖、联合国模范社区奖,国务院授予全国先进工作者、省部级劳动模范、有突出的专家、模范党员等。国务院1986年聘请为长江三峡工程专家组专家,联合国工业组织绿色委员会2001年聘请为中国专家委员会委员。

黄震方(1963.9~) 男,江苏扬中人。南京师范大学地理科学学院博士。南京师范大学地理科学学院旅游系主任、教授、博士生导师、"青蓝工程"新世纪学术带头人,兼任教育部高等学校高职高专餐旅管理与服务类专业教学指导委员会主任委员、江苏省旅游学会副会长等。主要从事旅游地理与旅游饭店管理研究,在国内较早对旅游城市化及其背景下的旅游资源与环境保护问题进行了探讨,将清洁生产理念和方法引入旅游研究和旅游实践,提出了湿地生态旅游开发模式和生态旅游市场预测模型,并对文化旅游地的演化阶段和机制进行了较为深入的探讨。主持国家自然科学基金2项、国家908专项课题1项、省社科基金、省软科学基金及国家旅游局等省部级课题多项,横向课题80多项,担任《全国旅游服务质量提升纲要》和《全国旅游标准化发展规划》主要执笔人。主编与参编专著和教材《饭店管理概论》等9部,发表学术论文100余篇。曾获江苏省哲学社科研究成果三等奖、全国《旅游管理》优秀论文三等奖、全国首届陈传康旅游地理优秀学术论文奖、江苏省教委优秀教学二等奖等。

李蕾蕾(1969~) 女,湖南衡阳人,1990年毕业于中山大学地理系,1993年获北京大学自然地理学专业区域发展战略与旅游开发方向硕士学位,1998年获北京大学人文地理学专业博士学位。深圳大学传播学院教授、深圳大学旅游科学研究所/传媒与文化发展研究中心研究员。以旅游资源开发与区域旅游规划、区域发展战略为主要研究方向,目前的研究主题涉及文化研究和城市研究、新文化地理学、景观的符号学研究、文化(创意)产业空间与集群、工业遗产和工业旅游、城市和区域旅游形象与传播研究等。主持国际合作、国家自然科学基金、科技部、广东省等研究项目多项,主持和参与涉及多个省、市、区、县以及风景区、人工旅游景点、主题公园、矿山、红色旅游等项目的旅游规划、市场研究和形象推广等政府和企业委托项目20余项。出版有《旅游地形象策划:理论与实务》《德国工业旅游与工业遗产保护》等专著和学术电视专题片《德国工业旅游》,发表学术论文60余篇。曾获广东省哲学社会科学优秀成果二等奖、深圳市哲学社会科学优秀成果三等奖等。

李明德(1945.4~) 男,曾任北京市旅游局政策研究室主任、中国社会科学院旅游研究中心副主任、研究员,北京市旅游协会副会长、秘书长。长期从事北京胡同文化和民俗的研究,多次参与北京纵深行企业策划公司项目策划,主要有"密云县民俗旅游规划""北京市房山区霞云岭乡堂上红色圣地、三流水生态民俗度假旅游区特质规划""北京市房山区霞云岭乡旅游发展总体规划"等。在报刊、杂志上发表相关文章百余篇。著有《北京胡同门楼建筑艺术》和《北京胡同旅游手册》等著作。

李天元(1949.2.17~) 男,出生于天津市,1982年毕业于南开大学历史系世界史专业。南开大学旅游与服务学院教授、旅游管理专家,兼任天津旅游学会常务理事、宁波市旅游工作高级顾问、人事部《旅游经济技术职务资格考试》命题组成员、中国旅游管理干部学院客座教授。主要研究方向为旅游学概论、旅游市场营销、旅游管理理论研究、旅游营销专题研究。出版著作有《旅游学概论》《旅游市场学》《中国旅游可持续发展研究》等著作,发表《旅游目的地定位研究中的几个理论问题》《生态旅游及其局限性:基于营销视角的认识与思考》等学术论文数十篇,其中《旅游学概论》在国内有一定影响。

梁明珠(1954~) 女,海南人,1982年毕业于华南师范大学地理系。暨南大学管理学院旅游管理系主任、旅游规划设计研究院常务副院长、旅游研究所所长、教授、博士生导师,香港中恒集团南昆山生态旅游项目高级顾问、广东省导游学会高级顾问、广州市旅游规划研究中心特聘研究员、广州国际湿地生态保护与建设联合会专家委员会专家、广州市城市规划编制评审专家、第16届亚运会亚运村建设方案评审专家、第16届亚运会运动员村及媒体村住宿服务商项目评标专家、国家旅游局科研项目评审专家、广东省科技项目评审专家等。主要从事旅游开发与规划、旅游地理学、旅游地品牌建设、世界遗产保护与管理、旅游景区管理、旅游及餐饮业竞争力研究,主持和参与国际合作课题、省部级课题及地方政府和企业委托的旅游开发与规划、旅游策划、旅游调研、可行性研究项目60多项。出版著作或教材7部,发表论文40余篇,代表作《旅游地品牌研究》在国内有一定影响。曾获"为广东旅游争光"先进个人奖、广东省社科优秀成果二三等奖、广州市社科招标课题二等奖、广州市科技进步奖二等奖、广东省高校"151"工程项目优秀成果二等奖等。

刘滨谊(1957~) 男,辽宁人,1978年入同济大学,硕士、博士学习师从中国著名建筑师冯纪忠教授,是中国培养的第一位景观规划设计学博士以及留美景观环境规划博士后。同济大学建筑与城市规划学院景观学系主任、教授、博士生导师、同济大学风景科学研究所所长,国际景观生态学会理事、美国景观规划设计学会终身荣誉会员、国务院学位办风景园林硕士专业学位指导委员会副主任、全国风景园林本科专业教育委员会副主任、建设部风景园林专家组成员。致力于中国景观规划设计学科专业的开拓工作,在国内较早开展景观规划设计学的理论研究与高技术应用、专业教育以及工程实践,主持完成国家自然科学基金课题6项、部委科研项目5项,以及100余项景观规划与设计工程项目,所提出的"中国风景园林规划设计学科专业的重大转变与对策"和"景观规划设计三元论",在中国风景园林与景观规划设计界为广大同行所认同,产生了广泛的影响和学科发展导向作用。所主持编制的《景观设计师职业标准》为国家劳动部所采用,为建设部所主编的《居住区景观环境设计导则》已开始施行,并受国家自然科学基金环境工程学部委派编写了基金委"十一五"景观学学科发展战略。发表《风景景观工程体系化》等专著和译著13部、论文300余篇。曾获"霍英东青年教师研究奖"和国家教委"跨世纪优秀人才培养计划"奖励。

刘德谦(1937~) 男,四川成都人,1962年毕业于天津南开大学。北京联合大学旅游学院教授,中国社会科学院旅游研究中心副主任、高级研究员,中国社会科学院财贸经济研究所特约研究员,《旅游学刊》创始人之一和荣誉主编,曾兼任中国旅游未来研究会副理事长、北京旅游学会副会长等。主要研究方向旅游教学和旅游科学,尤在旅游规划、旅游市场等旅游发展研究方面有较深入地研究,论文《旅游规划刍议》《旅游规划续议》和新作《旅游规划三议》等对中国旅游规划工作具有重要影响,先后参加或主持了北京、上海、海南、河南、河北、山东、山西、宁夏等省市自治区及杭州、桂林、成都等热点旅游城市的旅游发展战略研讨或研究,曾任中国社会科学院旅游研究中心《中国旅游发展:分析与预测》(关于我国旅游业发展的连续性年度研究报告,又称《旅游绿皮书》)的执行主编。

刘锋(1972.3~) 男,中国科学院地理研究所博士,清华大学21世纪发展研究院及公共管理学院博士后。国务院发展研究中心研究员、东方公共管理综合研究所所长、世界休闲组织中国分会常务理事、20多个省市政府旅游发展高级顾问、多所大学客座教授等。著名青年旅游规划专家。创办国内最大的旅游规划设计企业北京达沃斯巅峰旅游规划设计院,参加国家重点项目主要有"中国十二五发展规划研究""中国区域科学发展研究""中国旅游业十二五规划""中国旅游业发展十五计划"等,先后参与或负责完成了地区经济发展战略研究和规划课题30余项,主持或参与完成了天津、青海、大连、宁波、杭州等100多个省、地市、县级旅游发展或重点景区规划,以及多个国家级旅游区详细规划,不少规划成果已转化为现实生产力。在《旅游学刊》《地理学报》等核心期刊上发表各类论文200余篇,出版有专著《中国西部旅游发展战略研究》《旅游景区营销》《区域地理学》《中国的生态环境与生态旅游》等,在国内有较大影响。曾荣获2001年度中国旅游十大风云人物提名奖、中国发展奖特等奖等。

刘振礼(1939~) 男,河北隆尧人,1962年毕业于南开大学中文系。北京华汉旅规划设计研究院专家委员会主任,曾任北京旅游学院教授、教务处长、学术委员会副主任、《旅游学刊》编委、北京旅游学会常务理事、中国旅游未来学会常务理事、联合国绿色产业组织中国投资促进委员会专家等。中国最早从事旅游地理、旅游资源等课程的教学与科研的专家之一,率先进行了关于旅游规划开发、旅游容量、旅游的社会影响等问题的研究,主持或参与了顺义区、丰台区、兴安盟、涞源凉城度假区、广州风情大世界、安阳市、宜春市、万州区等旅游规划及"旅游专家咨询系统"软件开发、"北京旅游业的可持续发展研究""十三陵旅游科学发展规划研究"等课题。出版《中国旅游地理》《新编中国旅游地理》《旅游资源开发与鉴赏》《当代中国的旅游事业》《中国旅游百科全书》等著作,其中《新编中国旅游地理》在国内有一定影响,发表《旅游点个性原则初探》《特定区域内旅游规模的研究》等旅游类论文数十篇。曾两度获北京市优秀教师称号。

陆林(1962.11~) 男,安徽芜湖人,1995年毕业于南京大学并获理学博士学位,1997年中国科学院地理科学与资源研究所博士后出站。安徽师范大学旅游学院教授、博士生导师、人文地理学博士点负责人、安徽师范大学旅游发展与规划研究中心主任,"新世纪百千万人才工程"国家级人选、安徽省学术和技术带头人、皖江学者、中国地理学会旅游地理专业委员会副主任。主要研究领域是旅游管理、人文地理学,主持国家社会科学基金项目2项、国家自然科学基金项目4项、教育部和安徽省省部级项目5项,在古村落旅游开发和旅游地生命周期研究方面很有造诣。在学术期刊上发表论文200余篇,出版专著2部、教材2部。获省部级奖励3项,曾获全国优秀教师奖、全国优秀地理科技工作者奖、安徽省高校教学名师等。

卢云亭(1935.2~2009.12.7) 男,河南林州人。1959年毕业于北京师范大学地理学系。北京师范大学地理学与遥感信息科学学院教授,北京神州新纪录规划设计研究院董事长、院长,曾兼任中国地理学会旅游地理专业委员会委员、中国旅游协会旅游地学专业委员会副会长、中国森林风景资源评价委员会委员等职务。中国旅游规划实践的先行者、中国旅游地理学和中国旅游地学的创建者之一、中国观光农业的开拓者和中国生态旅游学研究的先驱者之一。长期致力于旅游总体规划、生态旅游、观光休闲农业规划的理论研究及实践工作,曾主持国家基金委、中国农业部、国家教委及北京市下达的多项国家级和省市级旅游研究项目,在全国各地共主持和参与旅游规划项目180余项,受邀参加国家旅游局、地方旅游局及地方政府、企业组织的旅游规划培训100余次。参与国家《旅游区(点)质量等级的划分与评定》《森林公园质量评定标准》的起草。著有《现代旅游地理学》《旅游地学概论》《观光农业》《生态旅游学》等专著20多部,发表论文120余篇,其著作《生态旅游学》在生态旅游的教学和实践中影响颇深。曾获省部级科技进步奖数项。

罗明义(1951.12~) 男,云南昭通人,1983年毕业于云南大学经济系,1997年获上海复旦大学工业经济专业区域经济与产业经济方向博士学位。云南财经大学党委书记、教授、旅游管理博士生导师,兼任云南省旅游协会会长、云南省旅游学会会长、云南省高校旅游研究会理事长、云南省经济学会常务理事,曾任云南大学旅游研究所所长、云南大学经济学院副院长、云南大学旅游学院院长、云南省旅游局局长。主要研究方向为旅游经济管理、旅游规划与开发、国际旅游比较,主持国家及省部级课题和基金项目10项,在旅游经济研究方面有一定影响。出版著作《旅游经济研究》《旅游经济分析:理论、方法、案例》等19部,在公开刊物上发表学术性论文50余篇。曾获各种科研奖励10余项、教学奖励4项。

马波(1966~) 男,陕西绥德人,1990年获西北农林科技大学硕士学位,1993年毕业于陕西师范大学并获博士学位,同年到青岛大学从事旅游研究。现为青岛大学旅游学院院长、博士生导师,兼任中国区域旅游开发专业委员会主任委员、北京第二外国语学院兼职教授、山东省旅游规划专家咨询委员会委员、青岛市城市规划专家委员会委员、青岛市旅游专家委员会委员和崂山文化研究会副会长等。主要研究领域为旅游基础理论、旅游经济与政策、区域旅游规划和旅游文化学,主持研究课题24项。曾主持编制山东省旅游业发展五年执行规划、西藏日喀则地区旅游发展总体规划、山东省半岛城市群旅游与度假发展规划以及烟台、日照、滨州、东营等城市旅游产业发展总体规划,在世界旅游组织执行的《山东省旅游发展总体规划》编制工作中任海滨旅游专家,受世界旅游组织聘请担任《山东省海滨度假旅游总体规划》的国内市场专家。发表学术论文70余篇,出版著作3部。获省部级奖励成果6项,获山东省中青年学术带头人、青岛市专业技术拔尖人才等荣誉称号。

马耀峰(1949.11~) 男,陕西兴平人,陕西师范大学地理系毕业。陕西师范大学旅游与环境学院教授、博士生导师、旅游规划设计研究院院长,陕西省省政府决策咨询委员会委员,《旅游学刊》《人文地理》《旅游科学》《China Tourism Research》《陕西师范大学报》(自然科学版)等刊物编委,西安社会科学院特邀研究员,陕西日报旅游专版特邀顾问,曾任陕西师范大学旅游与环境学院副院长、中国地理学会地图学与GIS专业委员会副主任。主要从事旅游开发与市场、旅游行为、地图学与GIS的教学和科研工作。主持、协助主持或参加完成国家七五、八五重大课题、国家自然科学基金、省市重点课题等20个项目。出版《旅游资源开发》《中国入境旅游研究》《旅华游客流动模式系统研究》等专著、教材共20余部,发表论文100余篇,其中关于入境游客流动模式的研究在国内有一定影响。获国家优秀教学成果二等奖1项、中国科学院科技进步一等奖2项、教育部科技进步二等奖1项、陕西省优秀科技成果三等奖1项、陕西省优秀教材一等奖1项、全国优秀地理图书一等奖1项、4篇论文获陕西省自然科学优秀论文奖。

马勇(1959.8~) 男,湖北武汉人,澳大利亚悉尼科技大学博士。湖北大学旅游发展研究院院长、湖北省旅游开发与管理研究中心主任、教授、博士生导师,"旅游规划与开发"国家级教学科研团队负责人,兼任教育部工商管理教执委旅游学科组组长、中国旅游协会旅游教育分会副会长、中国会展经济研究会副会长、中美两国大学旅游学院院长联盟中方主席、湖北省旅游学会理事长、湖北省旅游协会副会长、湖北省人民政府咨询委员、澳门科技大学旅游与酒店管理学院兼职教授、博士生导师,曾任湖北大学旅游学院院长。主要从事区域旅游规划与景区项目投资、旅游饭店战略管理和会展节事管理研究,主持承担50多项国家级、省部级和横向旅游规划和企业战略管理科研与规划课题。在区域旅游规划和旅游管理方面颇有造诣。出版《区域旅游规划》《WTO与中国旅游产业发展新论》《旅游市场营销管理》《饭店投资与精细化建设管理》《会展管理理论、方法与案例》等学术专著10余部,主编出版全国统编旅游系列教材《旅游规划与开发》等四大系列50部,发表区域旅游规划、景区项目投资和旅游企业战略管理等学术论文近百篇。曾获省部级科研成果奖多项,为国内高校旅游教育界少有的国家级优秀教学成果奖和国家级精品课程获得者。

明庆忠(1963.9~) 男,湖北黄冈人,1985年毕业于华中师范大学地理科学系,1988年获华中师范大学地理科学系自然地理学硕士学位,2006年获兰州大学资源环境学院自然地理学(全球变化与可持续发展)博士学位。云南师范大学旅游与地理科学学院院长、教授、博士生导师、云南师范大学旅游规划研究中心主任、云南省中青年学术带头人,兼任中国地理学会山地分会副主任、教育部旅游教学指导委员会委员、云南省旅游职业教育集团副理事长、中国丹霞地貌旅游开发研究会副理事长、云南省森林风景资源评价委员会主任委员、云南省地理学会副理事长、云南省遥感技术应用学会常务副理事长兼秘书长、云南省生态经济学会副理事长、云南省区域经济学会副理事长等。主要从事旅游规划开发与管理、区域规划与地理环境演化等教学与科研工作,在旅游规划编制、旅游循环经济研究等方面颇有造诣,主持973计划子项目和国家自然科学基金项目等纵向项目20余项,旅游规划等社会经济发展项目40余项。出版著作和教材20余部,发表论文200余篇。曾获教育部优秀教材二等奖1项、省部级教学科研奖励10余次、厅校省级奖10余项。

彭华(1956~) 男,安徽砀山人,1982年毕业于安徽师范大学地理系。中山大学城市与区域规划系、城市与区域研究中心教授、中山大学规划设计研究院风景与旅游研究所所长、旅游规划与景观设计硕士生导师,兼任全国丹霞地貌旅游开发研究会理事长、中国地理学会地貌与第四纪专业委员会副主任、广东省地理学会旅游地理专业委员会主任、丹霞山世界地质公园和国家重点风景名胜区总工程师以及安徽省安庆市、广东省韶关市、高明市、南澳县、福建泰宁县、连城县、湖南省新宁县等人民政府顾问等。在地理学与相关学科的研究中均取得了丰硕成果。发表的论著涉及地质构造、地貌、自然地理、地理素描、旅游地理、旅游地图、旅游规划等多个方向,在旅游地开发、旅游文化开发、城市旅游开发、区域旅游发展和旅游规划理论研究方面,取得了一些新成果,在应用研究方面成效显著。主持1个省级、6个市级、10个县级、1个国家级风景名胜区和自然保护区、3个国家地质公园、6个旅游区规划设计,合作主持1个省级和2个市级的旅游规划。出版著作14部,发表论文90余篇。曾获获教育部科技进步二等奖、广东省科技进步二等奖等。

彭兆荣(1956.4.26~) 男,福建厦门人,1988年~1990获国家教委公派到法国进修人类学,在尼斯大学人类学系学习,在法国国家科研中心"华南及印支半岛人类学研究所"从事学习和研究工作。厦门大学人文学院教授、博士生导师、人类学研究所所长、旅游人类学研究中心主任,兼任中国人类学学会副秘书长、中国文学人类学研究会副会长兼秘书长、中国艺术人类学研究会副会长、北京大学特聘项目博士生指导教授、四川大学文学与人类学研究所教授、文化部非物质文化遗产专家委员会成员。主要从事旅游人类学研究,主持国家及省部级项目10余项。出版著作20余部,在国内外发表论文120余篇。

沙润(1948.10~) 男,江苏金坛人,1981年毕业于南京师范学院。南京师范大学地理科学学院教授、博士生导师。曾任南京师范大学地理科学学院院长、党委书记,三江学院旅游学院院长、党总支书记,江苏省地理学会副理事长、地理教育专业委员会主任,江苏省旅游学会常务理事。主要从事地理教育和旅游景观的教学和研究工作,近年来,主持和参加国家自然科学基金、国家社科基金、教育部级重点、世界银行贷款、江苏省等国家和省部级科研项目及其他课题多项,首次提出"景观场"等学术概念和"地理专业课程体系动态模式"。出版《旅游景观审美》《旅游地理培训教程》《地球科学精要概览》《旅游文化》《江苏省旅游业人才资源发展战略研究》等著作、教材共10余部,在国内外学术刊物上发表学术论文100余篇。代表作《旅游景观审美》从旅游景观审美的角度切入,所提出的旅游观赏物的主要类别和欣赏要点,为景观设计和鉴赏提供了参考。曾获国家级和省厅级各类奖10余项。

申葆嘉(1923.1~2014.2.15) 男,出生于江苏苏州。1944年就读于西南联大经济系,后转入北京大学。南开大学商学院旅游学系教授、旅游学科奠基人。自1980年起在南开大学任教,长期从事旅游学基础理论研究,主张应在社会科学范畴内从事旅游教育和研究工作,认为旅游基础理论研究是旅游学科建设的中心。先后发表了具有独到见解和重要影响的学术论文20余篇,代表作有《国外旅游研究进展》《旅游学原理》以及新近出版的《旅游学原理:旅游运行规律研究之系统陈述》。晚年仍在坚持旅游学基础理论研究工作,传播他的学术思想和教育思想。2008年获得"中国旅游教育与研究终身成就奖",这一奖项为国内首次设立,申葆嘉为全国唯一获奖者。

石培华(1969~) 男,贵州长顺人,布依族,经济学博士。北京交通大学教授,兼任国家森林公园评审专家委员会委员、国家A级景区评定专家、中国国土经济学会学术指导委员会副秘书长、联合国开发计划署旅游专家、青海、山西、贵州等省旅游发展顾问、新疆及兵团旅游顾问、30余个市发展顾问,曾在中国农业科学院农业气象与环境研究所、中国科学院地理科学与资源研究所、国家发改委国土开发与地区经济研究所工作,曾任国家发改委国土开发与地区经济研究所资源与环境研究室主任、旅游经济研究与规划中心主任、中国旅游研究院副院长。主要研究领域为旅游经济政策与旅游规划,主持了国家级、省市和重点景区规划和研究项目60余项。发表相关领域学术研究论文130余篇,出版学术著作30余部。获中国科技进步三等奖1次、国家农业部科技进步二等奖1次、国家发改委科技二等奖1次和三等奖2次;国家发改委青年研究论文三等奖1次。

孙根年(1961.3~) 男,陕西西安人。陕西师范大学教授、博士生导师。主要从事生态环境、旅游经济运行与危机评估等方面研究,先后主持完成国家自然科学基金、国家社会科学基金、陕西省自然科学基金、陕西省社会科学基金、教育部教学改革基金、陕西省教育厅教改基金研究项目8项。主要学术贡献有:较早引入生态旅游的概念,提出了自然保护区生态旅游开发模式,提出通过深层生态旅游开发建设新的世外桃源;独立提出旅游本底趋势线的概念,并发现其"晴雨表"功能和预测功能,完成了对"6.4事件"和2003年SARS危机的旅游影响评价研究,该模型被称为"孙根年本底趋势线理论";提出了"旅游市场竞争态模型""旅游业的区位开发与区域联合开发"等思想。出版教材和学术专著5部,发表科研论文210余篇,有关成果获国家级教学成果二等奖1项、陕西省科技进步奖2项、陕西省教学成果特等奖1项、陕西高校科技进步2项等。

孙文昌(1934~) 男,吉林永吉人。1958年毕业于东北师范大学地理系。青岛大学旅游系名誉系主任、教授,兼任中国旅游协会区域开发专业委员会主任、中国地理学会旅游地理专业委员会副主任、兰州大学和陕西师范大学兼职教授等。长期从事旅游地理、旅游开发和旅游学的教学、研究,主持完成"长白山区旅游总体规划""辉南龙湾区旅游规划""内蒙兴盟实盟旅游规划""胶东地区旅游开发和建设""青岛石老人国家度假区可行性报告"等省级科研项目多项,曾先后主持3次"全国区域旅游开发学术研讨会"和"海峡两岸首次旅游学术研讨会"。为了使旅游教学直观化和扩大效果,先后编导《东北区火山》《五大连池》《长白山》《龙湾》和《长白风光》等5部录像片。编著出版《应用旅游地理学》《旅游学导论》《现代旅游学》《现代旅游开发学》《中国名山大川辞典》《东北区自然地理》《区域旅游开发研究》《区域旅游开发与旅游业发展》等专著,发表学术论文40多篇。曾获吉林省教委优秀教材一等奖3项、吉林省社科院优秀成果一等奖、吉林省旅游局和协会优秀成果二等奖等。

陶汉军(1940~) 男,毕业于复旦大学经济系,曾赴美国夏威夷大学学习旅游管理。先后在中国国际旅行社总社担任翻译导游和国家旅游局教育司、人教司从事旅游教育管理工作,曾任教育司副司长,北京华汉旅规划设计研究院专家委员会委员、西北大学旅游系客座教授。研究领域:旅游经济、旅游管理、旅游规划、导游服务,在区域旅游开发、旅游经营管理人才培养等方面具有丰富的实践经验,对旅游业发展具有高度的战略思维与前瞻性研究。主持完成的主要项目为内蒙古赤峰市、甘肃省金昌市、江西宜春市等旅游发展规划。主要著作有《旅游经济学》《新编旅游学概论》《导游业务》《导游服务学概论》《导游实务》《英汉国际旅游管理词典》等。

田里(1961.5.27~) 男,1983年毕业于武汉大学,2002年~2005年在澳大利亚悉尼科技大学攻读博士学位。云南大学工商管理与旅游管理学院院长、教授、博士生导师,吉首大学旅游学院特聘教授,兼任教育部工商管理教育教学指导委员会委员、云南省旅游业协会副会长、云南省人民政府旅游专家组成员。主要从事旅游经济管理、旅游开发规划方面的研究，主持和参与国家自然科学基金、国家社会科学基金、国际合作、教育部重大教改、云南省等研究项目多项，主持完成10多个地区旅游发展规划和旅游区规划及云南省17个县域旅游发展规划。出版《现代旅游学导论》《旅游管理学》《云南旅游经济发展探索》《旅游学概论》《旅游经济研究》《旅游经济学》《生态旅游》《旅游可持续发展研究》等教材和专著9部，发表论文50余篇。曾获云南省社会科学研究成果二、三等奖、云南省教学成果二等奖等。

王德刚（1963.12～）　男，山东蓬莱人，1984年毕业于山东大学历史系。山东大学管理学院院旅游管理系主任、教授、山东大学国际旅游研究中心主任、美国南卡罗莱纳大学国际旅游研究中心研究员，世界旅游组织聘任旅游项目专家、国家林业局国家森林公园评审委员、山东省旅游专家咨询委员会委员、济南市政府城市规划专家组成员、泰安市和枣庄市等政府顾问。主要研究方向为旅游规划、旅游学基础理论、城市规划、旅游文化，在旅游学理论领域提出了"三体论"观点，关注"旅游权利"问题并对其进行了系统研究，在旅游利益相关者研究、旅游利益分配机制、社区利益、非物质文化遗产生存、传承与发展方式等领域都形成了自己独到的观点。曾多次参与和主持国家和地方政府旅游产业发展重大课题的研究，近几年主持科技部、国家旅游局、省政府多项重大科技攻关项目，主持完成了山东、浙江、重庆、吉林、内蒙古、新疆等地各类旅游规划100多项。出版《旅游学概论》《旅游开发学》《旅游资源学》《旅游区开发与管理》《乡村生态旅游开发与管理》等著作20余部，发表论文数十篇。曾获山东大学社科成果一等奖、山东省教育厅社科成果三等奖、山东省教育厅高等教育优秀科研成果三等奖等。

王洪滨（1938.12～）　男，1964年北京大学哲学专业毕业。中国旅游学科创始人之一，北京华汉旅规划设计研究院院长，曾任北京旅游学院系主任、教务长、教授，中国旅游干部管理学院副院长，国家旅游局教材编写委员会委员、中国旅游未来研究会副理事长、中国旅游管理研究所所长、中国旅游协会咨询中心专家及外交学院、北京东方大学、黄山经济学院、武陵大学等客座教授。中国旅游学科、旅游教育的开创者之一。多年致力于旅游教育和干部培训、旅游资源开发和饭店管理咨询，最早创办中国旅游管理专业本科教育（1980），主编中国第1部旅游院校统编教材《旅游概论》（1983），参与创办旅游业界最有影响的学术刊物《旅游学刊》（1986）。近期主持的旅游规划研究项目主要有20多项。出版著作11部，主要著作有《旅游概论》《旅游学概论》《中国旅游业今昔》《旅游的社会文化影响》《旅游与交通》《论中国旅游教育的发展》《我国旅游学科的建设和发展》《导游词创作论》《中国涉外知识全书》《中国优秀导游词精选》（5部）等。

王宁（1960.4～）　男，福建人，1982年厦门大学哲学系毕业，1988年赴英国留学，先后获哲学硕士（里兹大学）和哲学博士（谢菲尔德大学）学位。中山大学管理学院教授、博士生导师，兼任第15届世界社会学大会"国际旅游"（RC50）研究分会副会长、Annals of Tourism Research（SSCI刊物）国际编委、China Tourism Research 编委会成员等。主要研究方向为消费社会学、旅游社会学、旅游体验、Amenities（舒适物）与城市发展，在国内的消费社会研究领域和国际的旅游社会学研究（尤其是旅游与现代性的关系、旅游体验中的本真性问题）具有重要的学术影响。主持国家社会科学基金项目、教育部人文社会科学项目、广东省社会科学规划项目等多项。在国内外学术刊物发表论文多篇，在英国出版学术专著1部（Tourism and Modernity: A Sociological Analysis, Oxford: Pergamon, 2000），在国内出版专著1部《消费社会学：一个分析的视角》。

汪宇明（1953.1～2012.2.9）　男，湖北黄冈人，1982年毕业于华中师范大学，1998年获华东师范大学西欧北美地理研究所暨城市与区域发展研究所博士学位。华东师范大学资源与环境科学学院教授、博士研究生导师、中国行政区划研究中心副主任，中国行政区划与地名学会副会长，曾任广西师范学院科技处长。主要研究方向为城市与区域发展规划（含土地利用总体规划）、旅游发展规划与管理、行政区划与城乡管制，承担国家自然科学基金项目和省部级科研课题及地方规划任务40余项。先后出版学术著作6部，在核心期刊发表学术论文150多篇。曾获国土资源部二等奖、上海哲学社会科学优秀著作成果三等奖，曾被广西壮族自治区人民政府授予"广西有突出贡献的科技人员""广西优秀专家""广西高校学术带头人"荣誉，入选"广西十百千人才工程第二层次人选"，享受国务院特殊津贴。

王兴斌（1941～）　男，出生于江苏省海门市，1964年毕业于中国人民大学国际政治系。国家旅游局直属院校中国旅游学院(即北京第二外国语学院)教授、旅游科学研究所所长,曾任联合国开发计划署(UNDP)旅游项目专家、世界银行国际金融公司(IFC)旅游项目专家、科技部中国软科学专家、国家林业局中国森林风景资源评价委员会委员、中国国土经济研究会理事和中国生态旅游专业委员会委员、国家旅游局"十五"旅游发展规划特邀专家、《太平洋旅游评论》中国编委、中国旅游报特约评论员。旅游专家、国务院特殊贡献专家津贴获得者。代表作有《中国旅游客源国地区概况》《旅游产业规划指南》等,其中《中国旅游客源国地区概况》已再版5次,为研究中国主要客源国家和地区的社会人文、政治经济和旅游业概况提供了参考。

王衍用(1953.2~) 男,山东梁山人。北京交通大学经济管理学院旅游管理系教授、旅游发展与规划研究中心主任、北京大衍致用旅游规划设计院院长,世界休闲组织中国分会常务理事、国家旅游局旅游规划专家库成员、国家发改委培训中心专家、中国旅游营销专家委员会副会长、中国城市发展与环境建设专家、中国旅游文化专家委员会委员,山东省、河南省、吉林省、贵州省、宁夏回族自治区以及数十个旅游城市顾问,福建师范大学、贵州师范大学、河北经贸大学、徐州师范大学、三峡大学客座教授。在旅游景区开发策划方面很有造诣,其旅游阴影区理论、代表作《十大理念革命助推中国旅游产业转型升级》《中国旅游规划批判》《一方水土一方人》和反对取消五一黄金周的代言人在学界和业界有较大影响。主持旅游产业发展规划、旅游区开发建设规划、旅游市场营销规划、旅游策划、文化产业规划158项,参与旅游规划12项。出版《区域旅游发展与管理研究》《旅游策划的理论与实务》《旅游景区项目策划》《旅游规划与开发》《21世纪旅游·中国》《文化地理学》《社会地理学概论》等专著教材14部,发表论文50余篇。

魏小安(1952.4~) 男,湖南衡阳人,1982年毕业于北京经济学院经济系。中国社会科学院旅游研究中心研究员、中央民族大学博士生导师、中国旅游研究院学术委员会主任、全国休闲标准委员会主任、中国旅游协会休闲度假分会秘书长,曾任国家旅游局旅行社和饭店管理司司长、国家旅游局政策法规司司长、国家旅游局规划发展与财务司司长、中国国内旅游协会副会长、国家旅游局旅游质量监督管理所总监、全国旅游涉外饭店星级评定委员会办公室主任、全国内河游船星级评定委员会副主任委员兼办公室主任、中国旅游研究院学术委员会主任、全球休闲标准化技术委员会主任、中国旅游协会休闲度假分会秘书长、中国旅游文化资源开发促进会副会长、世界休闲组织中国分会副会长等。著名旅游经济和管理专家、旅游和酒店研究专家。主要学术专长为旅游经济、旅游政策、旅游规划等,主持完成数十项研究课题。1988年~1993年历年全国旅游工作会议主报告及国家旅游局其他主要文件主要起草人之一,主持制定了旅游行业管理的主要文件和多项标准,参与十几年来中国旅游业发展的重大决策(工作性成果累计200多万字),组织实施了旅游标准化、饭店星级评定、旅行社质量保证金、中国优秀旅游城市、旅游区(点)质量等级评定、建设等重要工作。出版《旅游经济学》《中国旅游经济研究》《中国改革全书——旅游卷》《旅游发展与管理》《中国旅游业新世纪发展大趋势》《旅游纵横——产业发展新论》《旅游强国之路》《中国休闲经济》《新时期中国旅游发展战略研究》等数十部,发表论文200多篇。

吴必虎(1962~) 男,江苏盐城人,1984年毕业于华东师范大学地理系,1987年获华东师范大学地理系人文地理专业硕士学位,1996年获华东师范大学地理系地貌学与第四纪地质学专业博士学位,1998年北京大学城市与环境学院博士后流动站出站博士后。北京大学城市与环境学院教授、博士生导师,北京大学旅游研究与规划中心主任,兼任国际旅游学会秘书长、中国区域旅游开发研究会会长、中国地理学会旅游地理专业委员会副主任、北京旅游学会副会长、商务部中国会展经济研究会顾问、美国南卡罗来纳大学酒店、商业与运动学院兼职教授、英国谢菲尔德·哈拉姆大学国际旅游业研究中心兼职研究员、上海华东师范大学商学院紫江学者、陕西师范大学旅游管理专业博士生导师等。主要研究方向城市与区域旅游规划、旅游学科体系、环城市旅游开发与空间结构、历史地段景观保护与旅游开发、目的地品牌与网络营销、环境教育与旅游解说等。主持国家自然科学基金、国际机构课题、国家部委课题20余项,主持北京市、杭州市、西安市、成都市、济南市、延安市、敦煌市等旅游城市的旅游发展总体规划研究以及其他区域规划和研究多项。所提出的环城游憩带理论和代表作《区域旅游规划原理》在国内外有较大影响。出版《区域旅游开发与管理》《中国国内旅游客源市场系统研究》《地方旅游开发与管理》《区域旅游规划原理》《中国景观史》《红色旅游开发管理与营销》《旅游发展与公共管理》《口述旅游研究》《休闲度假城市旅游规划》《城市旅游规划研究与实施评估》等学术著作30余部,译著多部,发表论文130余篇。

吴承照(1964~) 男,安徽合肥人。1997年获同济大学城市规划博士学位。同济大学建筑与城市规划学院景观与旅游规划设计研究中心主任、教授、博士生导师、高级规划师,中国区域旅游开发研究会副主任、国际旅游学会副秘书长、长江三角洲休闲城市联盟副主任。主要从事景观游憩学、景观与旅游规划设计、遗产保护利用与管理研究,参与主持自然科学基金3项,建设部、科技部"十一五"重大科技支撑项目和建设部软课题研究各1项,国家旅游重点课题和上海市社会科学基金项目各1次,完成重要横向科研项目80多项。对城市景观和游憩空间设计方面有较深入的研究。发表学术论文50多篇,出版《现代城市游憩规划设计理论与方法》《现代旅游规划设计原理与方法》《中国风景园林学》等著作4部。

吴楚材(1936.11~) 男,湖南宁远人,1955年毕业于长沙林校。中南林业科技大学旅游学院教授、博士生导师,曾兼任中国风景资源和森林公园建设评价委员会委员、湖南省旅游协会副会长、中国旅游协会咨询专家。国家级有突出贡献的专家、国务院特殊津贴获得者、湖南省优秀科技工作者、全国优秀农林科技推广者、森林旅游学科奠基人和创始人之一。长期从事森林生态旅游理论与规划设计研究,20世纪80年代初开始生态旅游资源的开发与建设研究,研究城市环境恶化对人类健康的影响、森林环境对人类健康的保健作用,思考与探索旅游与环境的关系,并不断地从环境与人类健康角度思考旅游开发与规划,开创了中国森林旅游研究工作,先后主持过30多项科研课题和100多项规划设计项目。出版专著10部,发表学术论文100余篇,其所编著的《森林环境资源与森林旅游产品开发——理论与实践》《森林旅游学》等构架了森林旅游学的基本理论体系,获得大气负离子测量仪、空气清洁机等3项发明专利,为森林旅游的发展提供了理论和技术支撑。曾获国家科技进步二等奖等省部级及以上科技成果奖励10余项。

吴人韦(1963.8~) 男,上海人,毕业于同济大学建筑系、城市规划系,获博士学位。同济大学建筑与城市规划学院风景旅游规划设计教研室主任、同济大学城市规划设计研究院景观规划设计室主任、同济大学城市风貌特色研究中心主任,国家建设部专家、上海2010世博会高级技术顾问、上海市园林工程公司副总工程师。主要从事城市风貌特色、风景园林规划与设计、旅游规划与设计研究,曾主持深圳特区旅游发展战略及城市绿地系统规划、国家历史文化名城临淄城市绿地系统规划、天目山国家级自然保护区旅游接待中心详细规划、普陀山朱家尖国家海岛生态公园总体规划、海宁市城市景观系统规划、海宁市古城中心商业区城市设计等工程设计实践,主持美国国家植物园"半园"设计、德国鲁尔大学"潜园"施工设计等,先后3次主持新余市仙女湖规划,主持建设部科研项目、国家教委专项科研项目等课题研究。发表论文30余篇,主编全国旅游院校统编教材《旅游规划原理》,参编全国高等院校教材《城市园林绿地规划》等。

吴章文(1940.11~) 女,湖南慈利人,1963年毕业于北京林学院林业系。中南林业科技大学旅游学院教授、博士生导师。国务院特殊津贴获得者、森林旅游学科奠基人和创始人之一。长期从事旅游地的生态环境研究、森林旅游资源开发理念和基础研究,曾从事过林业勘察设计和油桐研究等工作,先后主持和参加国家自然基金、林业部重点、湖南省重点、湖南省社会基金等科研课题15项。她与吴楚材为中南林业科技大学创造了6个全国第1:招收中国第一批森林旅游硕士研究生、创办第1个森林旅游研究中心、创办第1个森林旅游专业、成立第1个森林旅游系、出版了全国第1本森林旅游专著《张家界森林公园研究》、与北京林业大学联合培养了全国第1个生态旅游的博士。出版专著3本,参编教材1本,发表论文60余篇,其中《张家界气候资源研究》被国际科联与湖北省社会科学院联合颁发的优秀论文二等奖,发表森林旅游方面的译文19篇。曾获国家科技进步二等奖1项、省市科技进步奖6项,曾被评为评为株洲市科技女能人、株洲市优秀教师、湖南省优秀女职工等。

肖星(1956.3~) 男,湖南洞口人,1982年毕业于西北师范大学。广州大学旅游研究与规划策划中心主任/体育产业研究中心副主任、广州市人文历史重点研究基地副主任、旅游管理重点学科带头人/硕士点负责人,兼任世界休闲组织中国分会都市休闲专业委员会副会长、广东省会议展览业协会副会长等,曾任西北师范大学地理与环境科学学院副院长和海南大学旅游学院副院长(主持全面工作)、广州大学旅游学院(中法旅游学院)院长及两校旅游开发与规划研究中心主任。主要研究领域为旅游开发与规划、人文地理,主持完成或在研省级与其他各类课题近40项。出版专著和教材5部,发表学术论文50余篇,代表作《旅游资源与开发》在国内有一定影响。曾获甘肃省社会科学优秀成果三等奖2项、甘肃省高校社会科学优秀成果一二三等奖各1项、曾宪梓基金会全国高师院校优秀教师三等奖、饭店业"中华英才"学术贡献奖,并被评为省高校跨世纪学科带头人。

谢彦君(1960.3~) 男,辽宁岫岩人,1982年毕业于辽宁财经学院(现东北财经大学)锦州本科班,1993年留学英国,2005获东北财经大学旅游管理博士学位。东北财经大学旅游与酒店管理学院院长、教授、博士生导师,兼任大连旅游产业发展研究所所长、中国旅游协会旅游教育分会副会长、中国地理学会区域旅游开发专业委员会委员、辽宁旅游产业发展研究中心主任、辽宁省旅游协会旅游教育分会副会长、国际旅游教育家学会会员、教育部高等学校高职高专旅游管理类专业教学指导委员会主任委员、亚太旅游协会中国国家代表等。著名旅游学专家、国内旅游学术界著名学者。主要研究方向为旅游基础理论、旅游研究方法和旅游体验等,尤其是从旅游人类学、旅游社会学和旅游经济学视角研究旅游的社会文化和经济效应,同时注重旅游研究方法论的研究和建设,擅长旅游目的地营销策划、旅游目的地形象设计、旅游市场调研、用统计手段(包括SPSS工具)对旅游现象进行定量分析,主持国家及省部级课题4项及其他课题10余项。出版著作和主编教材20多部,发表论文80余篇,代表作《旅游学》在国内有较大影响。共获奖励20余项。

杨桂华(1957.11.13~) 女,云南昭通人,1982年毕业于北京大学地理系,1988年获云南大学生态研究所硕士学位。云南大学工商管理与旅游管理学院旅游系教授、博士生导师,云南省旅游经济学带头人,获国务院政府特殊津贴。主要从事旅游资源学、旅游地理学及生态旅游的教学科研工作,主持完成3项国家自然科学基金项目、13项横向委托项目、完成多项教学项目,在中国生态旅游课程体系建设中完成3个"最":最早开设生态旅游课程、最早出版生态旅游教材《生态旅游》、建成中国最系统的生态旅游课程体系(出版专著教材2部、翻译教材2部、案例教材2部和拓展教材1部,制作1套多媒体课件软件,建设1个生态旅游实习基地),在生态旅游教学和科研工作中走出了一条理论与实践相结合的示范性路子。主编出版《旅游地理学》《旅游可持续发展》等多部著作和教材,发表学术论文50余篇。曾获云南省教学成果一等奖、云南省优秀多媒体教学软件一等奖、国家教材二等奖等,入选人事部"百千万人才工程"。

杨乃济(1934~) 男,出生于北京,1955年毕业于清华大学建筑系。著名旅游专家、高级建筑师,现任达沃斯巅峰旅游景观设计中心总策划师,北京旅游学院旅游科学研究所名誉所长、教授,享受国务院特殊津贴专家。曾在中国建筑科学研究院建筑历史研究所从事中国古代建筑史研究。1980年应美国伊沅实业公司之邀参加中美联合专家小组,共同策划大型主题公园《中国古代文化游乐中心》。20世纪80年代初主持北京大观园、正定荣宁府两大人工景点的项目策划及规划设计。1988年开始任教于北京旅游学院,主持、参与多项省市级旅游规划及项目策划。参与撰写《中国古代建筑史》、编著《圆明园》,分获省部级科研成果一二等奖;撰稿专题片《中国人的饮食世界》获广电部优秀电视社教节目一等奖(政府奖)。已出版著作《中国古代建筑史》《圆明园》《旅游与生活文化》《蔷薇地丁集》《马二红学》《吃喝玩乐中西比较谈》《随看随写》等。

杨锐(1965.10~) 男,1989年毕业于清华大学建筑学院,1991年获清华大学建筑学院城市规划与设计专业硕士学位,2003年获清华大学建筑学院城市规划与设计(含风景园林规划与设计)专业博士学位。清华大学建筑学院景观学系主任、教授、资源保护和风景旅游研究所所长、国家注册城市规划师、中国风景园林学会副秘书长、建设部风景园林专家组成员、国家林业局森林资源评价委员会委员、《中国园林》副主编。研究方向为风景旅游规划设计、自然文化遗产保护与管理、区域景观规划,主持和参与科研项目和研究性规划设计20余项,参与起草旅游规划通则等法律法规文件。发表学术论文20余篇,主要涉及3个领域:风景名胜区规划理论与实践、国家公园和保护区理论与实践、自然文化遗产的保护与管理。

杨振之(1965.4~) 男,重庆市人。四川大学旅游学院教授、博士生导师、四川大学中国休闲与旅游研究中心主任,国际休闲度假学会副会长、全国区域旅游开发专业委员会副会长、四川省旅游地学研究会副秘书长。研究方向为旅游策划、规划,风景区管理与目的地营销,在旅游规划、策划的实战方面建树颇丰,对城市规划中的消费空间、游客的消费行为与消费空间、景区的游览空间组织和文化内涵的展示等方面有独到的研究和现场把握能力,主持旅游规划、策划、项目可行性研究多项,直接策划、组织实施了国内有史以来规模最大、参会嘉宾级别最高的"中国旅游论坛"。代表性的研究成果有《城乡统筹与乡村旅游》《景区升级与服务质量管理》《旅游原创策划》等8部专著,发表论文40多篇。科研成果曾获四川省人民政府一二等奖、国家民委三等奖等。

尹泽生（1937～ ） 男，河北定州人，北京大学地质地理系地貌专业毕业。旅游规划专家。中国科学院地理所研究员，曾任中国科学院地理所旅游规划中心学术顾问、中国城市规划设计研究院旅游中心总规划师、中国地理学会旅游地理专业委员会副主任、全国旅游技术委员会委员、北京旅游学会常务理事、联合国工发组织投资与技术促进处中国绿色专家委员会委员等。主要从事旅游地理与旅游资源开发研究，曾两次参加青藏高原科学考察，参与了多个省区和地方旅游研究和旅游开发工作，主持了全国旅游资源普查规范、参与了旅游区（点）质量等级划分与评定、旅游资源分类调查与评价等旅游标准的起草。主编出版了旅游资源研究专著6部，大型画册4部，论文、研究报告多篇。曾获得国家、中国科学院等单位和部门自然科学奖、科学进步奖多项，享受国务院特殊津贴。

俞孔坚（1963～ ） 男，浙江金华人，1987年获北京林业大学园林系硕士学位，1995年获哈佛大学设计学博士。北京大学城市与环境学院教授、博士生导师、北京大学建筑与景观设计研究院院长、北京土人景观与建筑规划设计研究院院长、首席设计师，兼任建设部、国土资源部、国家文物局、青海省、北京市、苏州市等政府专家顾问及多家学术刊物编委等。完成大量城市与景观的设计项目；促成了景观设计师成为国家正式认定的职业，并推动了景观设计学科在中国的确立。其作品"红飘带——秦皇岛汤河公园"以其现代性和中国特色的完美结合被国际权威媒体评为世界建筑新七大奇迹之一；他把城市与景观设计作为"生存的艺术"，倡导白话景观，"反规划"理论，以及"天地—人—神"和谐的设计理念，赢得国内外同行的广泛认同。在国内外发表论文250余篇，出版著作15部。曾5度获得美国景观设计师协会荣誉设计和规划奖、两次获得国际青年建筑师优秀奖，并获中国第十届美展金奖，分别被中央组织部、中央宣传部、中央统战部联合授予"留学回国人员成就奖"，被国务院侨办授予"首届华侨华人专业人士杰出创业奖"。

喻学才（1954.12～ ） 男，湖北大悟人，1985年毕业于湖北大学中文系，获文学硕士学位。东南大学旅游学系教授、博士生导师、东南大学旅游研究所所长，曾供职于湖北大学。先后担任东南大学社会科学系旅游文化教研室主任、东南大学中国文化系主任、东南大学旅游学系主任，1986年首创湖北省青年旅游研究会，任会长。主要从事旅游文化及旅游文化应用、旅游规划等研究，主持江苏省哲学社会科学规划项目、教改项目、国家文物局重点课题等研究，主持的浙江义乌、江西南昌等市和响石山、雁荡山、大洪山、武夷山等名山景区及合肥包公文化园、武汉木兰湖、新余市佛教文化园、连云港淮盐文化博览园、海南中华文化园等旅游总体规划、景区规划、主题园策划等各类规划策划项目50余项，以文化内涵挖掘、文化资源整合和善于将遗产资源活化为旅游产品见长。旅游文化与文化遗产方面个人研究专著6部，代表作有《中国旅游文化传统》《文化遗产保护与风景名胜区建设》等，主编高等院校旅游专业本科生教材一套11本，主编普通高等教育旅游管理"十一五"规划教材一套13本，发表学术论文100余篇。

袁书琪（1948～ ） 男，上海市人，1982年1月毕业于福建师范大学地理学专业。福建师范大学地理科学学院院长、教授、旅游研究所所长、博（硕）士生导师、教育部福建师范大学基础教育课程研究中心副主任，福建师大人文地理学博士点与硕士点文化与旅游地理方向、教育硕士地理研究方向学术带头人，兼任中国地理学会理事暨地理教育委员会副理事长、中国教育学会地理教育研究会副理事长、福建省地理学会副会长、福建省教育学会理事暨地理教学研究会会长、福建省区域地理学会副会长、福建省旅游学会副会长、福建省交通协会常务理事、福建省政府旅游发展顾问等。专业领域为人文地理学、旅游科学、地理教育学等。关注旅游发展、旅游资源、旅游规划、旅游生态、旅游文化等问题，在旅游科学系统构建、旅游资源分类与评价、旅游产品设计与开发、生态旅游、文化旅游、闽台旅游合作等方面有研究特色，主持完成数十项旅游规划。地理教育、人文地理研究成果获国家级、省部级优秀教学科研成果奖多项，享受国务院政府特殊津贴，获得福建省优秀人民教师、福建省高校教学名师等称号。

张广瑞（1944.9.5～ ） 男，河北献县人，1968年毕业于北京外国语学院英文系。中国社会科学院研究员，中国社会科学院研究生院教授、博士生导师，曾任中国社会科学院旅游研究中心主任、财贸所旅游研究室主任，兼任中国旅游协会理事、中国国内旅游协会常务理事、中国未来旅游研究会常务理事、国家旅游标准技术委员会委员、北京旅游学会副会长、英国《旅游管理》和印度《旅游消闲研究》等国外旅游专业杂志的国际编委委员和审稿人、香港理工学院高级研究员。主要学术专长是国际旅游发展比较、旅游政策、旅游规划与开发和旅游经济研究，主持制定了山西省和许多地方旅游发展总体规划，参与过国家社科重点课题"中国旅游发展战略研究"，主持过"中国边境旅游研究"等。主编历年《中国旅游发展分析与预测》中国社会科学院旅游研究中心年度研究报告,该报告是中国社会科学文献出版社"旅游绿皮书系列"的重要组成部分,业界影响很大。近年来主要从事世界各国旅游发展政策的比较研究。出版《世界旅馆旅馆世界》《中国边境旅游发展的政策选择》等著作5部,在国内外学术刊物上发表《关于中国旅游业的几点思考》《对发展国内旅游的几点认识》《遵循国际惯例,改善旅游环境》等论文多篇。

张辉（1957.9～）　男,山东诸城人。1982年毕业于陕西财经学院,1987年获西北大学政治经济学硕士学位。北京交通大学旅游系主任、教授、博士生导师,兼任中国旅游未来学会副会长,北京市旅游学会副会长,北京市旅游局旅游从业人员认证考试领导小组副组长、北京旅游产业研究基地副主任及西北大学、长安大学、内蒙古财经学院兼职教授,曾任西北大学经济管理学院系主任、副院长,北京第二外国语学院旅游学院院长、旅游发展研究院院长等。享受国务院政府特殊津贴专家。主要从事旅游经济宏观理论与旅游产业研究,主持完成国家和省部级项目6项,在旅游管理方面颇有造诣。出版《旅游经济学》《旅游经济论》《消费经济学》《现代饭店经营管理与实务》等著作10余部,发表论文数十篇。荣获省部级社会科学优秀成果奖一等奖1项、二等奖2项、三等奖3项,2003年获"新世纪中国改革人物"称号。

张捷（1960～）　男,江苏泰兴人,1982年、1987年分别毕业于南京大学并获得学士、硕士学位,1988年～1989年英国牛津大学中英联合培养博士生,1990年南京大学地理系毕业获理学博士学位。南京大学旅游研究所所长、国土资源与旅游系副主任、教授、博士生导师,兼任江苏省地理学会旅游专业委员会主任、江苏省旅游学会副会长以及多个省、市地方政府部门的专家委员或咨询顾问等。主要从事旅游地理与旅游规划、喀斯特地貌、信息地理与书法地理学研究,在旅游地理、地貌遗产、书法地理研究方面较有造诣,主持完成国家自然基金项目4项、国家教委优秀年轻教师基金项目1项、建设部科研项目3项,主持或主要参加省、市级旅游规划项目10多项,省部级科技成果鉴定4项。在国内外专业刊物发表中、英文论文近200篇。曾获教育部科技进步二等奖及其他奖励多项。

张凌云（1960.12～）　男,上海人,南开大学经济学硕士,英国萨里大学高级访问学者。北京第二外国语学院旅游发展研究院院长、教授、北京旅游发展研究基地研究员,兼任中国社会科学院旅游研究中心特约研究员、世界休闲组织中国分会副秘书长、宁波城市旅游营销推广专家咨询委员会委员、锦州市政府旅游顾问、临沂市旅游发展顾问等职。研究领域涉及旅游学基础理论、旅游经济、旅游地理、旅游目的地和旅游景区、旅游电子商务、旅游管理和旅游政策法规等多个方面,是国内较早研究旅游业空间布局（区位论）的学者,主持和参与国家级、省部级和地市科研项目近20项。出版《旅游景区景点管理》《旅游规划》《旅游电子商务》《饭店业国际法律实务》等20余部专著和译著,在国内外刊物上发表100余篇学术论文。

郑光中（1936～）　男,重庆人。清华大学教授、北京清华城市规划设计研究院总规划师、国家建设部风景园林专家委员会专家、北京城市规划学会古城保护暨城市设计学术委员会主任,曾任清华大学城市规划系主任、清华大学资源保护与风景旅游研究所所长。国家级有突出贡献的专家,国务院特殊津贴获得者,国家一级建筑师、国家注册规划师。主持和参加城市与旅游规划研究项目30余项,参与旅游规划通则等国家法规标准的起草。主编专著《北京城市规划论文集》《长安街过去·现在·未来》等,在《城市规划》《建筑学报》等杂志上发表学术论文30余篇。曾获国家级优秀教学成果一等奖、建设部优秀规划设计二等奖、北京市科委优秀科技成果二等奖、首都规划委员会城市设计开拓奖和城市设计奖等。

郑向敏（1954.4～）　男,福建罗源人。华侨大学旅游学院院长、教授、旅游科学研究所所长、闽澳研究所所长、旅游管理专业博士点导师组组长,兼任教育部旅游高职高专教学指导委员会主任委员、国家旅游局旅游安全研究基地主任、全国旅游星级饭店评定委员会国家级星评员、青岛酒店管理学院执行院长等。主要从事旅游管理、饭店管理、区域旅游经济、旅游资源开发等方面的教学与科研工作,在旅游饭店管理方面有一定影响。主持并承担国家社科科研课题1项、国家规划教材项目3项、海外合作研究项目3项、省部级科研课题5项、横向科研课题40余项。主编出版《现代饭店管理学》《中国古代旅馆流变》《现代饭店商务楼层管理》《旅游安全学》等著作和教材15部,在国内外学术刊物发表论文200余篇。曾获福建省社科优秀成果二三等奖等。

郑耀星（1955.7～）　女,福建师范大学旅游学院副院长、教授、旅游学科带头人、澳门科技大学旅游学院兼职博士生导师,全国会展经济研究会会展旅游委员会副主任、福建省旅游协会旅游教育分会副会长、福建省地理学会旅游地理专业委员会主任、福建省礼仪协会副会长、福建省旅游发展顾问等。主要研究方向为旅游地理、旅游规划与开发、区域旅游开发与管理，完成教育部"九五"规划课题、教育部人文社会科学重点研究基地重大项目、福建省社科重点项目等多项，主持和完成政府委托课题30多项。出版学术著作教材10多部，发表学术论文90余篇。获国家级优秀教学成果二等奖1项、全国高师基础教育实验改革研究成果二等奖1项、省级优秀教学成果一二等奖各1项，2008年被中华妇联和国家旅游局授予"巾帼建功标兵"称号，2011年荣获"2010~2011年度最具影响力的十大名师"称号。

周建明(1964.7~)　男，浙江海宁人，先后在浙江大学和中国科学院地理科学与资源研究所获得理学学士、人文地理硕士和理学博士学位。中国城市规划院旅游规划研究中心主任、当代科旅中心主任、教授级高级城市规划师，联合国环境规划署"全球环境展望"中国中心专家组成员、影响评估国际联合会会员、国家发展改革委员会投资所兼职研究员，山东省、河北省、广东珠海等省市和地区的顾问。长期致力于将物质规划与旅游产业规划的有机结合，形成了依托城市规划行业规范和旅游发展策划相互融合、各层次不同类型物质规划衔接协调的"旅游规划"风格，提出了成功休闲度假旅游地的理论模式，在旅游系统理论、旅游项目策划、目的地形象设计、旅游产品开发和市场营销方面也有独到见解。主持旅游发展总体规划17项、旅游发展战略规划3项、不同类型旅游区规划12项等，参与城市总体规划8项，负责、参与过美国福特基金1项、国家自然科学基金研究5项、省部级及横向研究10余项。发表专著、合著及论文等50部篇。先后获省部级以上奖励3项、地方优秀规划设计奖5项。

邹统钎(1964.10~)　男，江西吉安人，北京师范大学硕士，南京大学管理学博士，中国人民大学管理学博士后。北京第二外国语学院旅游管理学院院长、教授、硕士生导师，澳门科技大学讲座教授、中国矿业大学客座教授、国际旅游教育理事会成员、亚太旅游教育理事会东亚区顾问。主要从事旅游开发、旅游目的地管理、遗产旅游、乡村旅游研究，主持或完成国家社会科学基金课题、教育部人文社会科学研究课题、北京市哲学社会科学规划重点课题、国家科技支撑计划项目子课题、教育部"优秀青年教师资助计划"课题各1项及其他省部级课题6项、完成《北京市乡村旅游规划》等地方规划17项。提出的旅游开发的地格理论、乡村旅游社区主导发展(CBD)模式、大型节事旅游效应模型与大都市城郊旅游圈层结构模型等，在国内有一定影响。出版了《中国旅游景区管理模式研究》《战略管理思想史》等著作8部，发表《体验经济时代旅游景区管理模式》《绿色旅游产业发展模式与运行机制》《企业多元化成长的条件与行业选择》等论文多篇。曾获北京市哲学社会科学规划优秀成果奖、全国旅游论文大赛二等奖、海南省旅游局一等奖、北京市旅游局二等奖。2002年入选教育部优秀青年教师资助计划。

第五章 中国旅游大事记

一、中国历史上的旅游活动

公元前2284年 《史记》载:"於是帝尧老,命舜摄行天子之政……岁二月,东巡狩,至於岱宗,望秩於山川。遂见东方君长,合时月正日,同律度量衡,修五礼五玉三帛二生一死为挚,如五器,卒乃复。五月,南巡狩;八月,西巡狩;十一月,北巡狩:皆如初。"这是中国古代最早的关于帝王巡游的记载。

周朝时期 设立采诗官,专门到民间收集歌谣。《汉书·食货志》曾写道:"孟春之月,群居者将散,行人振木铎,徇于路以采诗,献之太师,比其音律,以闻于天子。故曰王者不出牖户而知天下。"这里的"行人"指的就是采诗官。可见早在周朝就有了外出采风的先例。

公元前656年 据《管子·地数篇》记载,管仲任齐国宰相时,提出利用本国的交通便利、山明水秀等优势条件发展旅游,以达到天下财宝为我致富的观点。这是中国古代旅游业的最早倡导者。

春秋时期 已有对于民间春游的描述:"溱与洧,方涣涣兮。士与女,方秉蕳兮。女曰'观乎?'士曰'既且。''且往观乎!'"(《诗经·郑风·溱洧》)

公元前516年 西汉刘向的《列仙传》中记载:周敬王四年,周王室发生内乱,老子离宫归隐,骑一青牛,出函谷关,西游秦国。

公元前497年~公元前484年 春秋时期孔丘花费14年(55岁~68岁)曾先后游历考察了14个诸侯国,为保存和传播中国古代文化作出了重要贡献。

公元前5世纪~公元前3世纪 中国最早的古籍《山海经》18卷中,记述了中国先民从原始社会到秦汉时期的旅游经验,是中国最早带有旅游性质的古籍。

公元前219年 秦始皇登临泰山,在玉皇顶上祭天,梁父丘下祭地,是谓"封禅"。自此开始频繁出,每次都"行礼祠名山、大川及八神",他是中国首开大巡游之风的皇帝。

公元前219年~公元前210年 "齐人徐福等上书,言海中有三神山,名曰蓬莱、方丈、瀛洲,仙人居之。请得斋戒,与童男女求之。"于是秦始皇就派徐福挑选童男童女几千人,到海中去寻找仙人,这是最早的方士出游。徐福率船队在海上旅行到达日本九州岛,开辟了海上"丝绸之路",他成为中日文化交流的第1人,也是世界航海史历史上第1位旅行家、探险家。

公元前113年~公元前87年 汉武帝慕神仙,祀山川,曾七登泰山、八出萧关,其规模超过秦始皇,游历得更远。其子汉昭帝继位后,"修汉武故事",修祀山川,以此祭祀五岳、四渎始有常制。

公元前126年~公元前94年 司马迁曾在前后33年间,足迹几乎遍及全国,为后来撰写历史巨著《史记》奠定了基础,他成为中国历史上第1位具有考察性质的旅行家。

公元前139年~公元前119年 张骞两度出使西域。史书载:"(汉武帝)拜骞为中郎将,将三百人,马各二匹,牛羊以万数,赍金币帛直数千巨万,多持节副使,道可便,遣之他旁国。"为丝绸之路的开辟奠定了基础。

公元前48年 中国第1位杰出女外交家、旅行家冯嫽,不顾70岁高龄,第3次出使西域。

公元56年 东汉马第伯所写的《封禅仪记》被称为中国第一篇游记文学。

公元65年 蔡愔奉命出使天竺,成为中国第1位去天竺取经的旅行家、探险家。

公元73年~102年 班超重开"丝绸之路",并在西域经营30年,于公元97年派甘英出使大秦(罗马帝国)。

公元 126 年　班勇第 3 次出使西域,并著《西域记》。

公元 260 年　三国时期僧人朱士行赴西域求法。他从雍州(今西安市长安区西北)出发,越过流沙最终到达于阗国(今新疆和田一带)。

公元 353 年　即东晋永和九年,王羲之同谢安、孙绰等 41 人在绍兴兰亭游玩聚会时,即兴挥毫,写下著名的《兰亭序》。可见当时已有文人雅士出游集会的风气,兰亭也成为历代文人墨客向往的旅游胜地。

公元 399 年 ~ 413 年　僧人法显从长安出发,历 30 余国,至北天竺。法显在外 15 年,回国后写成《佛国记》一书,记载自己远赴天竺的旅行经过,是中国古代第 1 部记述中亚等地的旅行记。

公元 422 年 ~ 433 年　东晋诗人谢灵运好游山水,写下大量山水诗歌,著有《游名山志》,开创了中国文学史上的山水诗派。他为方便登山,制作出一种"上山则去前齿,下山去其后齿"的木屐,后人称之为"谢公屐"。

公元 589 年 ~ 613 年　隋炀帝在当王子期间,率兵灭陈,到达南京,又任扬州总管。大业三年(607)北巡榆林;大业四年(608)北巡五原,出长城到塞外;大业五年(609)出甘肃陇西,西上青海翻越祁连山,到达张掖郡,是历代帝王到达西部最远的地方;大业七年至十年(611 ~ 614)3 次亲征高丽;大业元年(605)、六年(610)、大业十二年(616)3 次巡游江东;大业十一年(615)再次北巡长城,在位期间只有不到 1 年时间在京生活。

公元 629 年 ~ 645 年　唐代玄奘出玉门,西赴天竺求取真经,历时 17 年。归国后著有《大唐西域记》,成为研究西域史地的重要文献。

公元 671 年 ~ 695 年　义净从广州出发,游历南洋 30 余国,是中国最早从海路到达印度等国的旅行家、探险家。著有《南海寄归内法传》《大唐西域求法高僧传》。

公元 725 年　李白出蜀,"仗剑去国,辞亲远游",这位堪称游侠的伟大漂泊者用他的双脚和诗笔丰富了大唐的山水。

公元 742 年 ~ 753 年　鉴真和尚 6 次东渡,抵达日本,促进了中国文化向日本的传播,在佛教、医药、书法等方面对日本产生深远影响。

公元 751 年 ~ 762 年　杜环被迫在西亚、非洲随军作战,是中国历史上有记载的第 1 个到达非洲的人,归国后著《经行记》。

公元 768 年 ~ 771 年　颜真卿赴任抚州刺史,多次登游麻姑山,写有《有唐抚州南城县麻姑山仙坛记》的楷书字碑,被历代书法家誉为"天下第一楷书"。文中"见东海三为桑田。向间蓬莱水乃浅于往者,会时略平也,岂将复还为陆陵乎?"是世界上首次提出的海陆演变学说。

公元 805 年 ~ 819 年　唐代柳宗元先后在永州、柳州等地规划建设园林,他总结出风景区规划三原则,并著有《永州八记》等山水游记名著。

公元 816 年　唐代著名诗人和文学家白居易游庐山时作《庐山草堂记》,被视为中国园林学的奠基之作,并留下"匡庐奇秀甲天下"的名句。

1046 年　北宋范仲淹作《岳阳楼记》、欧阳修作《醉翁亭记》,使岳阳楼和醉翁亭名扬天下。

1074 年　北宋沈括游览雁荡山写下《雁荡山》,称雁荡山天下奇秀,从此雁荡山名扬四海,进入名山之列。

1175 年　南宋著名地理学家、思想家、文学家朱熹著《百丈山记》,着力描述了百丈山的优美风景。

1271 年 ~ 1295 年　意大利人马克·波罗东游中国,著有《马可波罗游记》,这是一部向西方国家介绍中国山川名胜和风土人情的较早的游记。

1280 年　都实奉命考察黄河源,是中国第 1 位到黄河源地区旅行、探险考察的地理学家。

1330 年 ~ 1339 年　1330 年,元朝民间航海家汪大渊首次从泉州搭乘商船出海远航,历经海南岛、占城、马六甲、爪哇、苏门答腊、缅甸、印度、波斯、阿拉伯、埃及,横渡地中海到摩洛哥,再回到埃及,出红海到索马里、莫桑比克,横渡印度洋到斯里兰卡、苏门答腊、爪哇,经澳大利亚到加里曼丹、菲律宾返回泉州,前后历时 5 年。至元三年(1337),汪大渊再次从泉州出航,历经南洋群岛、阿拉伯海、波斯湾、红海、地中海、非洲的莫桑比克海峡及澳洲各地,至元五年(1339)返回泉州。著有《岛夷志略》一书。

1405 年 ~ 1433 年　郑和先后率领庞大船队七下西洋,经东南亚、印度洋、亚洲、非洲等地区,最远到达红海和非洲东海岸,航海足迹遍及亚、非 30 多个国家和地区。他的航行比哥伦布发现美洲大陆早 87 年,比达伽玛早 92 年,比麦哲伦早 114 年。其随行人员马欢著有《瀛涯胜览》、费信著有《星槎胜览》,巩珍著有《西洋著国志》。

1577 年 ~ 1597 年　王士性从 20 岁开始游遍了全国除福建外的 14 个省,著有《五岳游草》《广游记》《广志绎》《东湖志》等地理名著,是中国人文地理的先驱。

1608 年 ~ 1640 年　徐霞客自宁海出西门,开始了长达 30 多年的游历,克服了种种难以想象的困难,游历了除四川外的 14 个省的名山大川,逐日记录了各地自然与人文现象,并写下了 260 多万字的《徐霞客游记》20 卷。

1684 年 ~ 1707 年　清代康熙皇帝以康熙二十三年(1684)到四十六年(1707)先后 6 次巡视江南,人教最多时达 2 万多人,是清朝历史上第 1 位跨过大运河、海河、淮河、黄河、长江、钱塘江几大水域的皇帝,足迹遍布北京、河北、天津、山东、江苏、安徽、上海、浙江等地;从康熙七年(1671)至三十七年(1698)3 次东巡,到达辽宁、吉林、内蒙古;康熙西征噶尔丹经过内蒙古到达宁夏;数次去山西五台山。

1814 年 ~ 1857 年　清代魏源酷爱旅游,在其著作中提出了"游山学"理论,是中国山水美学的一份重要遗产。

1868 年 ~ 1872 年　德国学者李希霍芬来中国旅游、考察,后著有《中国旅行日记》(20 卷)等。

1876 年　清代李圭奉命前往费诚参加博览会,从上海出发,经日本到达旧金山、费城,回国途经大西洋到欧洲,过地中海、苏伊士运河到印度洋,经马六甲海峡返回上海,完成了中国人首次环球航行。

1884 年　清代吴友如编制《申江胜景图》,这是中国近代出版的较为详细的交通旅游图。

20 世纪初　英国人在上海创办"通济隆旅行社",随后,美国创办了"运通银行旅行部",日本国际观光局先后在上海、天津、广州建立分支机构,总揽中国旅游业务。

1923 年　8 月,上海商业储蓄银行总经理陈光甫设立了"旅行部",打破了外国旅行社包揽、垄断中国国际旅行全部业务的局面,同时也为发展中国自己的旅游业奠定了基础。并开创了中国旅游发展史上的 4 项第 1:办理第 1 艘旅美学生专轮、举办国内第 1 个游览团、组织第 1 个国外游览团、发行中国第 1 张旅行支票。

1927 年　3 月,上海中国旅行社出版了中国第 1 本《旅行杂志》,先是季刊,后改为月刊,专门宣传祖国的风景名胜、秀丽风光,直到出版发行至 1954 年。6 月 1 日,旅行部从上海商业储蓄银行独立出来,成立中国旅行社,这是中国第 1 家旅行社。自 1928 年 ~ 1938 年,中国旅行社在全国各地设立了 58 个分支机构或办事处,另在纽约、伦敦、新加坡、加尔各答、河内、仰光、马尼拉、香港等地设立了办事机构。

二、中华人民共和国成立后至 1978 年的中国旅游

1949 年　11 月 19 日,以接待海外华侨为主旨的厦门华侨服务社成立,这是新中国的第 1 家旅行社,为海外华侨架起了一座连接侨居地与新中国的桥梁。

1954 年　4 月 15 日,中国国际旅行社总社在北京正式成立。　4 月 28 日,政务院印发《关于各地成立中国国际旅行社分社的通知》,随之,在上海、天津、杭州、南京、汉口、广州、沈阳、哈尔滨、安东、大连、满洲里、凭祥、南宁、南昌等地成立了 14 家分社。

1955 年　1 月 22 日,由北京青年出版社编辑出版的《旅行家》杂志创刊。

1957 年　4 月 24 日,中国华侨旅行服务总社成立,统一领导和协调全国华侨、港、澳同胞探亲旅游接待服务。11 月 29 日,台湾观光协会成立。

1959 年　由台湾观光协会主办的《台湾观光协会会刊》创刊,主要报道台湾旅游业的动态、调查报告以及有关政策、办法等。

1961 年　3 月 4 日,第 1 批全国重点文物保护单位公布,共 180 处。　同年,澳门成立旅游娱乐有限公司。

1964 年　7 月 22 日,设立中国旅行游览事业管理局,与中国国际旅行社总社合署办公。中国旅游事业从此开

始发展起来。 10月24日,北京旅游学院成立(1985年此名与北京第二外国语学院并用)。 11月12日~14日,中国旅行游览事业管理局在北京召开第1次全国旅游工作会议。

1965年 香港《旅行杂志》(月刊,中英文版)创刊。

1966年 台湾《旅报》(半月刊)在台北创刊。

1967年 台湾交通部编辑出版的《观光资源》(月刊)在台北创刊。

1971年 2月2日,毛泽东主席对中国旅游事业管理局的1971年接待计划作了"人数可略增加"的批示。 3月15日~19日,全国旅游工作会议召开,周恩来总理亲自部署,并提出旅游工作的方针为:"宣传自己、了解别人",指示在经济上旅游事业的收入应略有盈余。

1972年 8月18日,国务院转发外交部《关于恢复华侨旅行总社的请示报告》,1974年定名为中国旅行社总社。

1974年 北京大学地理系陈传康教授率先开设"旅游景观学""旅游地理专题"讲座。 3月,秦始皇兵马俑坑发现,并于1979年建成世界最大的遗址博物馆——秦始皇兵马俑博物馆。

1975年 5月,中国旅游出版社成立,这是中国第1家旅游专业出版社。

1977年 9月,陕西师范大学张远广教授为设立在陕西西安的首届旅游专业培训班讲授旅游地理,这是中国最早将旅游地理作为一门新兴的学科而开设。[1]

三、中国旅游探索奠基阶段(1978~1987)[2][3]

1. 人才培养和理论探讨

1978年 国家旅游行政管理部门正式设立了旅游教育机构,主要负责旅游人才培养、从业人员培训和高层次的组织管理人才培训。 6月,中国大陆第1所旅游中等专业学校——江苏旅游学校在江苏宜兴市成立,该校1984年迁往南京后更名为南京旅游学校。

1978年 中国大陆第1所旅游高等专业学校——上海旅游高等专科学校成立。 同年,国家旅游局相继与南开大学等8所高等院校联合开办了旅游系或旅游专业,专业师资队伍开始形成。

1979年 中国科学院地理研究所组建"旅游地理学科组",郭来喜等人着手研究旅游地理学的理论与实践问题。

1980年 1月9日,杭州大学经济系开设旅游经济专业。 中国旅游出版社出版了何礼荪编著的《旅游业漫谈》,这是第1部视旅游为产业的中文专著。 3月22日,大连外国语学院增设日语翻译导游专业。 同年,北京大学陈传康教授在《地理知识》杂志连续发表《天然风景区及其构景》《建筑与景观》《园林建筑》3篇旅游地理文章。 同年,西北大学设立旅游经济专业并开始招生。

1981年 8月11日~20日,全国旅游教材讨论会在上海召开,讨论形成了《旅游概论》《旅游经济学》《旅游经济管理》《旅游饭店管理》4门教材编写大纲。 同年,伍宇峰等编著的《旅游经济》出版,是第1部旅游经济学方向的中文专著;蒋国泰和严秉康著的《旅游与交通》出版,是第1部关于导游教育的中文专著;北京旅游学院铅印由吴传钧、陈传康、陈从周、郭来喜等学者的旅游地理论文集《旅游资源的开发与观赏》。 12月,国家文物局主编的《中国名胜词典》出版。 同年,南开大学设立旅游学系并开始招生;南京大学增设旅游经济专业并开始招生。

1982年 2月28日~3月4日,首次"中国国际旅游会议"在北京召开,国家旅游局韩克华首获世界旅游组织奖励。 8月21日~27日,世界旅游组织在墨西哥召开第2次世界旅游大会,中国首次派团参加。

1983年 张践、傅东升等的《实用导游规则》出版,是第1部关于导游教育的中文专著。

---

[1]中国旅游大事记编辑部.中国旅游大事记(1949.10~1994.12)[M].北京:中国旅游出版社,1995.

[2]石培华,冯凌.中国旅游研究30年:阶段、特征与规律[J].旅游科学,2009(12).

[3]刘庆余.20年来中国旅游研究进展——国家自然、社科基金旅游项目反映的学术态势[J].旅游学刊,2008(3):78-83.

1984年 罗真如编著的《旅游和旅游广告》出版,是第1部关于旅游市场营销的中文专著。中国科学院地理研究所郭来喜完成"河北昌黎黄金海岸规划",这是学术界完成的第1个中国旅游规划研究课题。 11月8日,北京旅游学院、上海旅游高等专科学校、中国旅游报社、国家旅游局教育司联合成立中国旅游函授大学。

1985年 3月5日,北京第二外国语学院分院正式更名为北京联合大学旅游学院。 4月,在北京成立中国旅游地学研究会(筹备会),1986年在武汉正式成立。 10月28日～11月初,全国高校旅游地理教学研讨会第1届年会在广州召开,并成立了理事会,西北大学雷明德教授当选为理事长。 11月5日,桂林旅游专科学校成立。同年,周进步编著的《中国旅游地理》一书出版。

1986年 3月,由北京旅游学院主办的旅游学术刊物——《旅游论坛》,决定从1987年6月25日更名为《旅游学刊》。

1987年 由上海师范大学主办的《旅游科学》杂志创刊。由孙尚清主持的"中国旅游经济发展战略研究"是第1个国家重点旅游课题,提出旅游业既是文化性很强的经济产业,也是经济性很强的文化事业。这一课题的研究成果对中国的旅游研究影响深远,基本确立了中国旅游研究的框架和旅游经济发展的方向。

2. 管理和服务

1978年 1月21日～2月1日,全国旅游工作会议召开,明确了旅游工作的性质、任务、政策,提出了"积极发展,稳步前进"的发展方向。 2月6日,第五届全国人大第1次会议通过的《政府工作报告》中提出"要大力发展旅游事业"。 3月,国家旅行游览事业管理局更名为中国旅行游览事业管理总局。

1978年～1980年 中国登山协会先后2次向世界各国登山队和登山旅游爱好者宣布开放珠穆朗玛峰等12座山峰。

1979年 1月1日,全国人大常委会发表《告台湾同胞书》,提出希望尽快实现通航通邮,以利双方同胞直接接触、互通信息、探亲访友、旅游观光。 4月1日,中国旅游局主办的全国第1家旅游专业报纸《旅游通讯》(1980年1月3日改为《旅游报》,1985年1月3日改为《中国旅游报》)创刊。

1980年 长白山自然保护区、卧龙自然保护区、鼎湖山自然保护区纳入世界生物圈保护区网。

1981年 年初,国务院第1次组织召开全国旅游工作会议,指出旅游事业是一项综合性的经济事业,是国民经济的一个组成部分,是关系国计民生的一项不可或缺的事业。 3月17日,国务院批转国家城建局、国务院环保领导小组、国家文物局、国家旅游局《关于加强风景名胜区保护管理工作的报告》。 10月10日,国务院发出《关于加强旅游工作的决定的通知》,提出了"积极发展,量力而行,稳步前进"的方针,以及"分散经营"的管理体制和"要从中国的实际出发,逐步走一条适合国情的中国式的旅游道路"。

1982年 中央提出国家、地方、部门、集体、个人一齐上,自力更生与利用外资一齐上的旅游建设方针,揭开了全方位发展旅游产业的序幕。 2月8日,国务院批转国家建委等部门《关于保护我国历史文化名城的请示的通知》,并公布了第1批历史文化名城名单。 2月24日,第2批全国重点文物保护单位名单公布。 8月,中国旅行游览事业管理总局更名为国家旅游局,实施对全国旅游业的领导和管理。 11月8日,国务院公布全国第1批国家重点风景名胜区44处名单。 同年,国务院命名并公布了中国建立的第1个国家森林公园——湖南省张家界国家森林公园。

1983年 10月5日,国家旅游局发出通知,以"马踏龙雀"作为中国旅游图形标志。 同年,在印度新德里召开的第5届世界旅游组织大会上,中国被正式接纳为第106个成员国。

1985年 5月11日,国务院发布《旅行社管理暂行条例》,这是中国旅游行业的第1部专门法规,具有划时代的意义,标志着中国旅游管理进入了法制化轨道。 6月7日,国务院发布《风景名胜区管理暂行条例》。 8月19日,国务院批复国家旅游局,同意成立中国旅游协会。 9月9日,国家旅游局公布"中国十大名胜"评选结果,万里长城荣登榜首。 12月,国务院原则批准《全国旅游事业发展规划(1986～2000)》,决定把旅游事业发展规划列入国家的"七五"计划,大力发展旅游业,增加外汇收入。这是旅游业第1次被列入国家计划,是旅游产业发展的重要标志,是中国旅游业发展史上的一个里程碑。 同年,国务院转批国家旅游局《关于当前旅游体制改革几个问题的报告》,提出要从抓国际旅游转为国际、国内一起抓。

1986年 年初,中央决定将北京、上海、桂林、西安、南京、杭州、海南岛等7个城市和地区列为"七五"计划发展旅游业的重点城市和地区。 1月30日,国务院发出通知,成立国务院旅游协调小组,其任务是协调解决与旅游业发展有关的重大问题。 同年,中国第2批38个历史文化名城公布。贵州梵净山自然保护区被纳入世界生物圈保护区网。

1987年 首次出台的星级饭店评定标准——《旅游涉外饭店星级划分与评定》标着中国旅游业标准化建设的开始,它不仅对中国旅游行业,而且对全国服务性行业标准化的推动作用起到了非常显著的示范作用。 同年底,在法国巴黎举行的联合国教科文组织第十届全体会议上,批准将中国泰山风景名胜区、长城、故宫、敦煌石窟、秦始皇陵—兵马俑、北京猿人遗址列入世界自然文化遗产名录。 福建武夷山自然保护区、内蒙古锡林郭勒草原自然保护区被纳入世界人与生物圈保护区网。

四、中国旅游发展深化阶段(1988～1997)

从这一时期开始,中国才有严格意义上的旅游科学研究。

1. 理论研究和人才培养

1988年 3月,丁文魁主编的《风景名胜研究》一书出版。 同年,首个旅游项目获得国家自然科学基金项目。由国家旅游局等单位组织编写的以介绍中国旅游事业的第1部多卷大型工具书《中国旅游大全》出版。年底,首届"旅游科学理论与实践"研讨会在北京召开。

1989年 1月20日,中国未来旅游研究会在浙江宁波成立。 9月18日,中国旅游文化学会在北京成立。10月27日～11月10日,首届全国"旅游与环境学术讨论会"在江西九江市举行。 11月,中国风景园林学会在浙江杭州成立。

1990年 10月24日～26日,中国旅游文化学会、北京旅游学会和中国旅游学院联合举办的 首届"中国旅游文化学术研讨会"在北京召开。 11月6日～9日,由北京旅游学院《旅游学刊》主办的"旅游科学理论与实践"第2届全国学术研讨会在北京举行。

1991年 10月16日～20日,中国旅游文化协会等单位发起的"徐霞客逝世350周年国际纪念活动暨国际学术研讨会"在广西桂林举行。 10月18日,联合国和国家旅游局合建的中国旅游干部管理学院(天津中国旅游培训中心)在天津建成并举行开学典礼。 11月20日～23日,由《旅游学刊》主办的"旅游科学理论与实践"第3届全国学术研讨会在北京举行。 12月9日～12日,中国地理学会区域旅游开发研究会等单位主办的"全国首届丹霞地貌旅游开发学术研讨会"在广东仁化县召开。

1992年 9月7日～21日,中泰双方联合组成了对澜沧江、湄公河流域的中国景洪至泰国清迈间的河段地区的旅游资源等的首次考察。 12月,国家计划委员会、国家旅游局和国家信息中心共同编制的有关中国旅游的大型信息查询系统——《中国旅游信息库》光盘由科学出版社出版。

1993年 12月22日,杭州大学旅游学院正式成立。

1994年 桂林工学院蔡雄教授主持的"旅游扶贫老少边穷地区乘数效应研究"作为国家重要社科课题立项。8月16日～19日,中国旅游文化学会、中国徐霞客研究会、北京旅游学会等主办的第2次"中国旅游文化学术研讨会"在河北秦皇岛召开。 9月,北京旅游学院《旅游学刊》主办的"旅游科学理论与实践"第4届全国学术研讨会在河北北戴河召开。 12月13日～17日,由联合国亚太经社会、亚洲开发银行和国家旅游局、云南省政府组织的"湄公河流域国家旅游发展研讨会"在云南昆明举行。

1995年 1月9日～13日,中国旅游协会生态旅游专业委员会主办的"第1届全国生态旅游学术研讨会"在中国科学院西双版纳热带植物园召开。 10月6日～10日,中国旅游地学研究会"第10届旅游地学资源开发研讨会"在浙江淳安、桐庐召开。 本年度,中国高等旅游院校(包括所有开设旅游系或旅游专业普通高校)初步形成从"本科、硕士、博士、博士后"这样一个完整的高级人才培养体系。 陕西师范大学旅游与环境学院马耀峰主持的"中国旅游热点城市境外游客时空动态模式研究"作为国家重要自然课题立项。

1996年 教育部在工商管理类教育科学指导委员会中增设"旅游组",并于次年将原来的属于经济学科下的"旅游经济"专业调整到管理科学,定名为"旅游管理",隶属于工商管理。 中国科学院国家计委地理研究所郭来喜主持的"中国旅游业可持续发展问题研究"作为国家重要社科课题立项。 中国科学院地理研究所和国家旅游局发展计划司共同承担的"中国旅游业持续发展理论基础及宏观配置体系研究"作为国家重要自然课题立项。

1997年12月16日~17日 国家旅游局、国家科委、中国科学院共同举办了"旅游业可持续发展研讨会"。

2. 管理和服务

1988年 1月1日,天安门城楼正式对国内外游人开放。 1月13日,第3批全国重点文物保护单位258处名单公布。 8月1日,国务院公布第2批国家重点风景名胜区40处名单。

1989年 7月27日,秦大河参加的国际徒步横穿南极科学考察队开始了5986千米的横穿南极大陆旅行探险考察的壮举。 11月22日,被誉为"神州大观园"的微缩景区——"锦绣中华"在深圳建成开放。 同年,湖北神农架自然保护区被纳入世界人与生物圈保护区网。

1990年 7月26日,中国旅游集团公司在北京成立。 10月,中国公民自费赴新加坡、马来西亚和泰国等3国旅游率先开放,以后目的地的数量逐步增加。由中国旅游局主编的中国首卷《中国旅游年鉴(1990)》出版,它全面反映了中国旅游事业的发展成就和基本情况。12月6日~16日,在澳大利亚召开的第14届联合国教科文组织自然与文化遗产委员会上,通过了将中国黄山列入世界自然与文化遗产名录。 同年,新疆博格达峰自然保护区被纳入世界人与生物圈保护区网。

1991年 5月17日,国家旅游局公布249处国家级旅游景点、14条专项旅游线路及1992年推出的大型活动和百项节庆活动。 10月1日,中国第1个荟萃各民族风情的大型旅游文化娱乐区——"中国民俗文化村"在深圳建成开业。 12月18日,由国家旅游局、中国旅游报社发起的历时1年的"中国旅游胜地40佳"评选活动在广东珠海市揭晓。

1992年 1月1日,国家旅游局和中国民用航空局首次举办的国家级大型旅游活动"1992年中国友好观光年"拉开序幕。 3月30日,《中华人民共和国旅游法》被列入国务院立法计划。 4月22日~25日,第一次全国风景名胜区工作会议在山东泰安市举行。 6月,中共中央、国务院在《关于加快发展第三产业的决定》中确定了旅游业在第三产业中的重点位置,旅游业被第一次列为第三产业中的重点产业。 9月19日,国家旅游局和国家科委在北京召开"中国旅游资源普查规范"评审会,通过了普查规范评审意见,认为在总体上达到了国内首创和领先水平。 10月4日,国务院正式批准建立11个国家度假区。 12月7日,在联合国教科文组织召开的世界自然遗产委员会上,中国的武陵源风景区、九寨沟、黄龙寺被列入世界自然遗产名录。 同年,江苏盐湖自然保护区、云南西双版纳自然保护区被纳入世界人与生物圈保护区网。

1993年 1月15日,国家旅游局向海外推出"1992中国山水风光游",以黄山、桂林、拉萨、黄果树、长白山为汇合点,分别举行有地方特色、有吸引力的主题活动。 10月,位于北京丰台区花乡大葆台的北京"世界公园"建成开放。 11月6日,由国家旅游局制定、国务院办公厅转发《关于积极发展国内旅游业的意见》,国内旅游需求成为推动旅游业发展的新动力,国内旅游市场规模迅速增长。 12月20日,建设部印发《风景旅游区建设管理规定》。

1994年 本年度的旅游主题是"中国文物古迹游"。 1月4日,国务院公布第3批国家历史文化名城37座。 1月10日,国务院公布第3批国家重点风景名胜区35处名单。 12月15日,山东曲阜孔庙孔府孔林、湖北武当山古建筑群、西藏布达拉宫、河北承德避暑山庄及周围寺庙被联合国教科文组织列入世界文化遗产名录。

1995年 1月1日,"1995中国民俗风情游"开幕式在北京中华民族园举行。国家旅游局出台《旅行社质量保证金暂行条例》。 1月,在泰国曼谷召开的世界文化遗产工作会议上,承德避暑山庄及外八庙被列入世界文化遗产。 2月,经国务院标准化主管部门批复,国家旅游局成立了全国旅游标准化技术委员会,这是国际上第1个,也是目前唯一一个国家级旅游标准化专业委员会,成为中国旅游标准化工作发展的里程碑和转折点。 3月29日,建设部发布《风景名胜区安全管理标准》。 5月21日~29日,国家旅游局在成都召开全国特种旅游座谈会,对特种旅游的产品定义、分类、质量、保证体系、经营管理和审批提出了规范性意见。 10月7日~22日,在埃及开罗举行的世界旅游组织第11次全体大会上,中国被推选为世界旅游组织东亚及太平洋委员会主席。 本年度,开始实行双休日制度,大大推进了旅游业的发展。

1995年~1997年 国家旅游局相继制定了《内河旅游船星级的划分与评定》《导游服务质量》《旅游服务基础术语》《游乐园(场)安全和服务质量》4个国家标准和《旅游饭店用公共信息图形符号》《旅游汽车服务质量》《星级饭店客房客用品质量与配套要求》《旅行社国内旅游服务质量要求》4个行业标准。

1996年 本年度的旅游主题是"中国度假休闲游"。 4月8日~11日,全国风景名胜区保护管理工作研讨会在福建武夷山召开,就风景名胜区工作的管理体制、保护与利用关系及规划建设管理等问题进行了研讨。 6月18日~20日,世界旅游组织和国家旅游局共同主办的"丝绸之路国际研讨会"在故丝绸之路起点西安市召开。 10月15日,国务院发布《旅行社管理条例》,将旅行社由3类分为国际旅行社和国内旅行社两大类,这一分类框架沿用至今。 11月20日,第4批全国文物重点保护单位250处名单公布。 12月,江西庐山风景名胜区被联合国科教文组织列入世界文化遗产、四川峨眉山—乐山风景名胜区被列入世界文化与自然双重遗产。 浙江天目山自然保护区、贵州茂兰自然保护区被纳入世界人与生物圈保护区网。 本年度,中国旅游业实现了巨大突破,在国际旅游业的排序中进入前10名。

1997年 本年度的旅游主题是"中国旅游年"。 3月7日,经国务院批准,《中国公民自费出国旅游暂行办法》发布实施。 4月16日,太平洋旅游协会"1997世界大会"在上海举行,这是中国首次举办的国际旅游界盛会。 7月26日~8月3日,中国石林首届国际旅游节在云南路南石林风景名胜区举行。 10月21日,中国旅游网正式开通,标志着中国旅游业已迈向信息高速公路。 12月3日,在意大利那不勒斯举行的联合国教科文组织的世界遗产委员会第21次大会上,云南丽江、山西平遥古城和江苏苏州古典园林——拙政园、留园、环秀山庄被列入世界文化遗产名录。 四川九寨沟自然保护区、黑龙江丰林自然保护区、浙江南麂列岛自然保护区被纳入世界人与生物圈保护区网。

五、中国旅游繁荣困惑阶段(1998~2008)

1. 人才培养与理论研究

1999年 国家重要自然课题"保护区生态旅游生命周期与承载力的关系及风险评价"立项。 7月15日,中国地理学会旅游专业委员会主办的"城市旅游国际研讨会"在珠海市召开。 8月30日~9月1日,国际旅游局和世界旅游组织举办了"中国生态旅游可持续发展及市场促销研讨会"。

2000年 国家重要自然课题"旅游业宏观决策与国家旅游卫星账户研究"立项。 8月21日~23日,全国高等旅游院校协会主办的"21世纪的世界与中国旅游业国际研讨会"在北京第二外国语学院举行。 11月1日~2日,国家旅游局与联合国亚太经济社会组织在天津中国旅游干部管理学院举办"中国旅游业可持续发展研讨会"。

2001年 7月10日~12日,全国政协民族和宗教委员会主办的"民族地区旅游资源开发与经济发展研讨会"在北京召开。 10月下旬,全国第16届旅游地学年会暨漳州地区火山旅游资源开发战略研讨会在福建漳浦举行。

2002年 教育部下发《关于公布全国中等职业教育首批示范专业(点)和加强示范专业建设的通知》,将饭店服务与管理、旅游服务与管理2个专业的18个专业点列入首批示范专业(点)行列,并重点扶持建设。 "渝川黔旅游金山角"项目被国务院确定为中国西部旅游2个重点开发项目之一。

2003年 国务院学位委员会评审通过了云南大学、陕西师范大学的旅游管理二级学科博士学位点申请,这是中国首次设置独立的旅游管理博士学位点,标志着中国旅游高等教育已经建立起了"专科、本科、研究生(硕士、博士)"的完整教育体系。旅游企业、旅游学院、旅游研究机构"三位一体"的旅游教育办学模式成为这一时期的主导模式。

2005年　11月5日,"2005旅游研究北京论坛——旅游研究方法研讨会"在北京大学举行。　12月10日,第2届"中国旅游发展·北京对话"在北京第二外国语学院举行。　12月16日~17日,"第2届香港理工大学中国旅游论坛暨第3届中国旅游学术年会"在广州举行,来自8个国家的80多所高等院校的200多名专家参加了会议。

2006年　东北师范大学和辽宁师范大学在全国率先招收旅游教育方向的硕士研究生,培养高层次、专业化、高质量的旅游教育师资,以满足旅游教育对高素质教师人才的需求。　6月12日~16日,由美国洪堡州立大学和西安外国语大学主办的2006年第四届美洲、欧洲中国旅游探险文献大会在西安外国语大学召开,这是一次高规格的旅游学术交流会。

2007年　7月30日,中编办根据《关于成立"中国旅游研究院"的请示》,同意设立中国旅游研究院,主要负责开展对旅游业发展的基础理论、政策和重点、热点问题研究,参与旅游业发展规划的研究、编制和论证工作,承担对地方报审的旅游业发展规划审查的相关技术支持等工作。

2008年　3月20日,中国西部民族地区旅游人才培训工程在北京正式启动。

2. 管理和服务

1998年　1月1日,"1998华夏城乡游"首映式在上海东方明珠电视塔前举行。　2月18日,中国航空公司国际旅行社在北京成立并开业。　6月2日,中国与韩国就中国公民自费赴韩国旅游签署了《备忘录》。　6月26日,深圳"锦绣中华微缩景区"和北京"中国民族文化村"同时成为中国首家通过ISO9002国际标准认证的旅游景区。　7月,中央精神文明建设指导委员会办公室、建设部、国家旅游局确定安徽黄山等10个景区为首批全国文明风景旅游区示范点。　8月21日,中国首家峡谷公园在贵州贵阳市与开阳县交界的南江大峡谷建成。　12月7日,北京颐和园和天坛被联合国教科文组织列入世界文化遗产名录。　12月7日~9日,中央经济工作会议召开,旅游再次被确定为国民经济新的增长点。1998年以后,开始发行国债,中国的高速公路网开始形成,引发社会资金的进入和旅游景区建设的高潮。

1999年　本年中国旅游主题是"中国生态环境游"。　1月7日,第一批中国优秀旅游城市54座名单公布。　1月24日,国家旅游局和对外贸易经济合作部发布了《中外合资旅行社试点暂行办法》。　4月30日,"中国1999世界园艺博览会"在昆明举行开幕式,江泽民出席并宣布世博会开幕。本届世博会是世界最高规格A1级园艺专业博览会,参展国家、地区和国际组织95个。主题为"人与自然——迈向21世纪"。　6月28日,国家质量技术监督局批准发布了《旅游区(点)质量等级的划分与评定国家标准》,自1999年10月1日起实施。　8月9日,由台湾100多家从事大陆地区旅游业务的业者发起的"中华两岸旅行协会"在台北市成立,其宗旨是推动和发展两岸旅行业者的交流与合作。　9月16日,国家旅游局印发并实施《中国优秀城市检查标准(修订本)》。　9月18日,国务院发布《全国年节及纪念日放假办法》,确定每年春节、"五一""十一"法定休假3天。从此出现了"黄金旅游周"。　10月1日,《导游人员管理条例》正式实施。　10月,中央文明办、建设部、国家旅游局公布云南昆明石林等10个第2批全国文明风景旅游区示范点。　12月1日,联合国教科文组织世界遗产委员会第13次会议批准接纳中国重庆市大足石刻和福建省武夷山分别以文化遗产和文化与自然双重遗产列入世界遗产名录。

2000年　本年中国旅游宣传的主题是"中国神州世纪游"。　3月3日,国家旅游局颁布实施《旅游标准化工作管理暂行办法》。　3月16日,中国黄山风景区荣获联合国教科文组织首届国际文化景观保护与管理荣誉奖,颁奖仪式在北京人民大会堂举行。　8月24日~9月17日,包括展览、文艺演出、主题演讲的大型"中华文化美国行"活动在美国全面拉开,国家旅游局局长何光暐发表了《21世纪中国的旅游业》的演讲。　9月,中央文明办、建设部、国家旅游局公布云南昆明园艺博览园等10个第三批全国文明风景旅游区示范点。　10月26日,国家旅游局发布并实施《旅游发展规划管理办法》。 11月,四川青城山和都江堰、河南洛阳龙门石窟、明清皇家陵寝(包括湖北钟祥市明显陵、河北遵化市清东陵、河北易县清西陵)、安徽古村落(西递、宏村)被联合国科教文组织列入世界文化遗产名录。 11月18日~12月21日,国家旅游局组织了14个评定组对全国199个旅游区(点)开展4A级旅游区(点)的评定。 11月22日,国家旅游局发布实施《旅游规划单位资质认定暂行办法》。 11月,国家旅游局颁布实施《旅游业标准体系表》。 12月6日~8日,世界旅游组织、联合国环境署、国家旅游局、海南省政府举办的亚太地区岛屿可持续旅游业国际会议在海南三亚市召开。同年,广西山口自然保护区、甘肃白水江自然保护区、四川卧龙自然保护区、云南高黎贡山自然保护区被纳入世界人与生物圈保护区网。

2001年 本年中国旅游宣传主题为"中国体育健身游"。 1月8日~9日,国务院在北京召开全国旅游工作会议,朱镕基总理作了《努力开创我国旅游业发展的新局面》的报告。 1月11日,国家旅游局公了第2批全国旅游优秀策划书68座名单和首批187家4A级旅游区(点)名单。 4月11日,国务院发布《关于进一步加快旅游业发展的通知》。 4月,首批国家地质公园11家名单公布。 6月25日,第5批全国重点文物保护单位513处名单公布。 7月13日,北京市申办2008年奥运会获得成功,给中国旅游带来了历史机遇和巨大推进。 9月13日,中央文明办、建设部、国家旅游局公布浙江普陀山等第四批全国文明风景旅游区示范点10家名单。 12月11日,中国加入世界贸易组织,承诺降低外方投资旅行社门槛,并加大了旅游立法力度。 12月14日,山西大同云冈石窟被联合国教科文组织列入世界文化遗产名录。 本年,第3批中国优秀旅游城市16座名单公布。 河南宝天曼自然保护区被纳入世界人与生物圈保护区网。

2002年 本年中国旅游宣传主题为"中国民间艺术游"。2月,第2批国家地质公园33家名单公布。 5月17日,国务院印发《关于发布第四批国家重点风景区名单的通知》,共32处风景区上榜。 5月19日,"首届中国(宁海)徐霞客旅游节"在浙江宁海举行。 6月20日,国家旅游局和国家环境保护总局在四川都江堰召开了"全国旅游生态环境保护工作会议"。 7月1日,《中国公民自费出国旅游管理办法》颁布实施。 7月23日,国务院办公厅下发《关于开展旅游市场打假打非专项整治工作的通知》。 9月20日,中央文明办建设部、国家旅游局公布北京天坛公园等10个第5批全国文明风景区示范点名单。同年,内蒙古赛罕乌拉自然保护区、达赉湖自然保护区被纳入世界人与生物圈保护区网。

2003年 本年中国旅游宣传主题为"中国烹饪王国游"。 1月1日起,由国家质检总局批准并发布的《标志用公用信息图形符号第2部分:旅游设施与服务符号》国家标准(GB/T1001、2-2002)正式实施。 2月3日,国家旅游局颁布了修订后的中国优秀旅游城市检查标准,印发《中国最佳旅游城市创建指南》。 3月26日,国家质检总局发布了《国家标准批准发布公告》,其中批准发布了国家旅游局制修订的《旅游区(点)质量等级的划分与评定》(修订)(GB/T17775-2003)、《旅游规划通则》(GB/T18971-2003)、《旅游资源分类、调查与评价》(GB/T18972-2003)、《旅游厕所质量等级的划分与评定》(GB/T18973-2003)4项国家标准,于2003年5月1日起实施。 2003年第3届旅游标委会换届时,增设了旅游住宿、旅行社、旅游车船、旅游餐饮、旅游商品、旅游娱乐、旅游产品开发、旅游信息8个专家委员会。 6月12日,国家旅游局和商务部联合发布了《设立外商控股、外商独资旅行社暂行规定》,提前履行中国旅游业加入世贸组织的承诺。 7月,云南三江并流被联合国教科文组织列入世界自然遗产名录。 8月5日,国家旅游局和国家发展改革委员会在北京召开"全国旅游振兴发展高层研讨会"。 8月9日,由中国国家旅游局倡议的东盟及中日韩"10+3"旅游部长特别会议在北京召开,会议发表了北京宣言。 10月19日~23日,世界旅游组织第15次全体大会在北京召开,134个国家和地区的1000多名代表、123位部长、49位驻华大使等参加了会议,温家宝总理、吴仪副总理出席大会。这是"非典"过后在中国举办的规格最高、规模最大、影响最为深远的国际旅游盛会。 同年,黑龙江5大连池自然保护区四川亚丁自然保护区被纳入世界人与生物圈保护区网。第2批国家地质公园33家名单公布。 截至2003年底,全国A级旅游区(点)达到1178个,其中4A级439个,成为中国旅游区(点)的优秀代表;国务院批准的中国公民出境旅游目的地的国家和地区达59个,其中已正式开展中国公民自费组团业务的目的地国家和地区达28个。

2004年　本年中国旅游宣传的主题为"中国百姓生活游"。　1月13日,国务院公布第5批国家重点风景名胜区26处名单。　2月,第3批国家地质公园41家公布。　6月28日~7月7日,第28届世界遗产大会在中国苏州举行,中国高句丽王城、王陵及贵族墓葬被联合国教科文组织列入世界文化遗产名录。至此,中国的世界遗产已达29处。　8月12日,中国正式启动"红色旅游工程",提出要在全国范围内构建12个"重点红色旅游区"、20个"红色旅游名城"、30条"红色旅游精品线路"、100个"红色旅游经典景区"为主体的"红色旅游"骨干体系。　9月,欧洲29国正式对中国公民开放旅游,欧洲游首发团启程。　11月,中国古都学会宣布,郑州进入"中国八大古都"行列。　12月,《红色旅游发展纲要》颁布实施。　同年,世界第1批地质公园由联合国教科文组织选出,中国安徽黄山、江西庐山、河南云台山、云南石林、广东丹霞山、湖南张家界、黑龙江五大连池、河南嵩山等8处地质公园榜上有名。西藏珠穆朗玛峰自然保护区、陕西佛坪自然保护区被纳入世界人与生物圈保护区网。第3批国家地质公园41处名单公布。第5批中国优秀旅游城市23座名单公布。　2004年,中国入境人数首次突破1亿人次,旅游外汇收入突破250亿美元,旅游总收入突破6 000亿元。

2005年　本年为中国旅游年,宣传口号是"2008北京——中国欢迎你""红色旅游年"。　1月,据报道,经国务院批准的中国公民出国旅游目的地国家和地区达到90个,已经实施的有63个。　2月28日,国务院新闻办公室发表《中国的民族区域自治》白皮书,称2003年中国民族自治地方,国内旅游人数达到12 333万人次,旅游收入达到563亿元,国际旅游人数达到215万人次,旅游外汇收入6亿美元。　4月,国家发展和改革委员会、中共中央宣传部、国家旅游局等13个部门联合下发通知,公布了30条全国红色旅游精品线和100个全国红色旅游经典景区。　5月3日,中共中央台办、国务院台办宣布,正式开放大陆居民赴台旅游。　6月3日,国家旅游局发布了关于修订《导游人员管理实施办法》的决定和《导游人员等级考核评定管理办法(试行)》,从7月3日起实施。　7月6日,国家旅游局公布《旅游景区质量等级评定管理办法》《旅游规划设计单位资质等级认定管理办法》,自8月5日起实施。　7月15日,在南非举行的第29届世界遗产大会上,中国澳门历史城区被列入世界文化遗产名录。　8月,第4批国家地质公园53家公布。　9月18日,中国第1个迪士尼乐园香港迪士尼乐园举行盛大开幕典礼并正式对外开放。　12月31日,国务院公布第6批国家重点风景名胜区10家名单。　2005年,国家旅游局起草制定了《全国旅游标准化2006~2010年发展规划》,提出了今后5年全国旅游标准化发展的指导思想、主要目标、任务和措施。　同年,第2批世界地质公园由联合国教科文组织选出,中国浙江雁荡山、福建泰宁、内蒙古克什克腾、四川宜宾兴文4个地质公园榜上有名。第6批中国优秀旅游城市41座名单公布。第4批国家地质公园53个名单公布。

2004年~2006年　国家旅游局相继制定了《旅游度假区设施与服务规范》《国家生态区》《民族(民俗)文化旅游点规划建设与规范管理》《旅游公寓(别墅)星级的划分与评定》《旅游汽车公司资质等级划分评定》《高尔夫会所星级的划分与评定》《导游人员等级评定》7个国家标准和《星级饭店访查规范》《绿色旅游饭店》2个行业标准。至此,已经发布的旅游标准达到18个(其中国家标准11个、行业标准7个),已立项和正在申报立项的标准33个,标准数量在中国服务行业中处在领先地位。

2006年　本年度中国旅游宣传主题为"2006中国乡村游"。　1月10日,《中国旅游周刊》主办的"2005年影响中国旅游业的十大新闻人物"揭晓,国家旅游局局长邵琪伟、香港中旅集团董事长车书剑、宁波市旅游局局长宋至珍、中国青年旅行社首席执行官蒋建宁、江西省旅游局局长王忠武、华侨城集团CEO兼总裁任克雷、北京市旅游局局长于长江、中天高科特种车辆有限公司董事长王宇峰、无锡市旅游局局长王洁平、速八中国总裁兼CEO柏力当选。　1月19日,中央文明办、建设部、国家旅游局授予四川峨眉山风景名胜区等11个景区全国文明风景旅游区称号、北京八达岭长城景区等49个景区全国创建文明风景旅游区工作先进单位称号。　4月7日~8日,国家旅游局在西安举行旅游投资洽谈会辅导展暨5A级旅游景区创建试点工作会议,标志着全国5A级旅游景区创建试点已全面展开。　4月16日,国家旅游局、公安部、国务院台湾事务办公室发布《大陆居民赴台湾地区旅游管理办法》。　5月16日~18日,联合国教科文组织世界遗产中心、中国教科文组织全国委员会、建设部、国家文物局主办的"世界遗产地旅游可持续发展与管理国际研讨会"在江西庐山举行。 5月19日,首届中国徐霞客国际旅游节在江苏无锡市开幕。 5月25日,第6批全国重点文物保护单位1 080处名单公布。 7月,青藏铁路全面通车,为进藏旅游和西藏旅游业发展开辟了一条广阔的道路。 7月,四川大熊猫栖息地、安阳殷墟分别被联合国教科文组织列入世界自然遗产和文化遗产名录。 8月8日,中央文明办、国际旅游局发布开始实施《提升中国公民旅游文明素质行动计划》。 10月27日~28日,国家旅游局在北京召开首届导游大会。 11月3日,首届"海峡两岸台北旅展"在台北市揭幕,这是两岸旅游迈出的重大一步。 11月18日,中国县城旅游品牌评选活动正式启动,于2007年4月结束。 2006年,第3批世界地质公园由联合国教科文组织选出,中国山东泰山、河南王屋山—黛眉山、雷琼、北京房山、黑龙江镜泊湖、河南伏牛山等6个地质公园榜上有名。第7批中国优秀旅游城市24座名单公布。中国公民出境的旅游目的地已达到134个。

2007年 本年度中国旅游宣传主题为"2007中国和谐城乡游"。 2月8日,国家旅游局、世界旅游组织共同授予成都、杭州、大连为首批"中国最佳旅游城市"。 5月22日,国家旅游局发布通知公告,经全国旅游景区质量等级评定委员会委派的评定小组现场验收,全国旅游景区质量等级评定委员会审核批准,决定批准66家景区为国家首批5A级旅游景区。 6月,中国南方喀斯特、广东开平雕楼与村落分别被联合国教科文组织列入世界自然遗产和文化遗产名录。 9月1日,中国公民赴欧洲27个国家的出入境业务正式实施。 9月8日,首批赴台湾澎湖列岛旅游的37名福建居民开始为期3天的澎湖之旅,标志着福建—澎湖双向旅游往来正式开通。 9月8日,国家旅游局公布33家景区为国家5A级旅游景区。 9月,黑龙江兴凯湖自然保护区、广东车八岭自然保护区被纳入世界人与自然保护区网。 12月11日,中国国家旅游局与美国商务部在北京正式签署《中华人民共和国政府与美利坚合众国政府关于便利中国旅游团队赴美利坚合众国旅游的谅解备忘录》,标志着美国成为中国公民组团出境旅游的目的地国家。 2007年,中国的旅游总收入突破10000亿,达到了1.09万亿元,成为具有重大转折意义的一年。

2008年 中国本年旅游宣传主题为"2008中国奥运旅游年"。 1月1日,《国务院关于修改〈全国年节及纪念日放假办法〉的决定》和《职工带薪年休假条例》开始实施。 2月27日~29日,2008国际旅游与世界和谐论坛在南京举办,并发表《南京宣言》。 3月24日,世界遗产地旅游管理与可持续发展国际会议在安徽黄山举行,并签署世界遗产地管理《黄山宣言》。 3月28日,全国各地博物馆逐步实现免费开放。 4月9日,国家旅游局等8部门联合开始整顿游览参观门票价格。 4月9日~11日,第5届APEC旅游部长会议在秘鲁首都利马召开,审议并通过了《亚太地区负责任旅游帕恰卡马克宣言》。 4月10日,2008中国(郑州)世界旅游城市市长论坛在郑州举行,签署并发表了世界旅游城市《郑州宣言》。 5月8日,亚太旅游协会发布了《充分发挥中国旅游潜能——对未来发展的建议》的研究报告。 6月2日,国家旅游局第九次局长办公会议审议通过《国家旅游局关于废止部分规章的决定》。 6月13日,海峡两岸关系协会与海峡交流基金会在北京签署了《海峡两岸关于大陆居民赴台旅游协议》。大陆首批开展赴台旅游业务的包括内地33家旅行社,13个省市为赴台旅游第1批开放区域。 6月20日,四川汶川地震灾后旅游业重建规划论证会在北京召开。 6月21日,海峡两岸旅游交流协会发布《大陆居民赴台湾地区旅游注意事项》《大陆居民赴台湾地区旅游领队人员管理办法》《〈大陆居民赴台湾地区旅游团名单表〉管理办法》。 6月,中国公民赴美旅游首发团启程。 7月4日,大陆居民赴台旅游首发团启程,被称为"世纪首航"。 7月,福建土楼、江西三清山分别被联合国教科文组织列入世界文化遗产和自然遗产目录。 9月25日,中国旅游协会旅游教育分会成立。 12月15日,两岸同胞翘盼数十年之久的"三通"梦终于圆了。 12月25日,国家旅游局、商务部通过《香港和澳门服务提供者在广东省设立旅行社申请审批办法》,2009年1月1日起实施。 2008年,由全国旅游标准化技术委员会组织制定和修订的《入境旅游服务规范》《旅行社服务通则》《导游服务规范》《旅行社出境旅游服务规范》4项法规已进入报批程序。 同年,第4批世界地质公园由联合国教科文组织评出,中国江西龙虎山、四川自贡2个地质公园上榜。

六、中国旅游新兴发展阶段（2009年以来）

1. 基础研究

2009年 启动了国家旅游局省部级科研立项。4月1日,中央文明办、住房和城乡建设部、国家旅游局授予江西井冈山风景名胜区等15个单位"全国文明风景旅游区"称号,北京八达岭长城景区等55个单位"全国创建文明风景旅游区工作先进单位"称号。4月25日,国家旅游局批准确立35项旅游科研立项通过评审,其中20项为资助类项目,15项为非资助类项目。4月26日,中国旅游研究院主办的"2009中国旅游科学年会"(首届)在北京国际会议中心召开,发布了《中国旅游研究30年》研究成果。

2010年 1月29日,2010年中国科学院旅游学术研讨会在中国科学院地理科学与资源研究所召开,主题是"旅游研究进展与创新"。1月,启动了国家旅游局旅游科研成果评奖;国家旅游局将加强旅游基础理论研究纳入2010年全局的重点工作。4月1日,中国社会科学院旅游研究中心组织编写的年度研究报告《2010年中国旅游发展分析与预测》(《旅游绿皮书 No.9》)出版。4月10日,由中国旅游研究院主办的第2届"2010中国旅游科学年会"在北京万豪酒店召开,主题为"国家战略与学术使命"。

2011年 4月22日,由中国旅游研究院主办、携程旅行网协办的2011年中国旅游科学年会在北京华侨大厦隆重举行。6月11日~12日,由国际旅游投资协会与华夏时报联合主办的"2011中国旅游项目投资大会"在北京新疆大厦隆重举行。6月20日,国内最具影响力的旅游杂志《时尚旅游》举办的2011年度"中国旅游金榜"评选活动落下帷幕。8月20日~24日,"2011年中国旅游散文创作年会高峰论坛"暨"行走天下"大赛颁奖会在"牛郎织女的故乡"山东省沂源县隆重举行。此次活动主题以当前活跃的"游记散文"概念为内容,旨在推动旅游散文创作,展示旅游散文创作成就。9月,《中国国家旅游》杂志正式发行。它是唯一一本由中国国家旅游局担任行业指导的国家级旅游月刊,杂志由中国科学院主管,中国科技出版传媒股份有限公司和中国旅游报社担任主办。杂志已聘请中国国家旅游局局长邵琪伟和中科院副院长李静海担任杂志顾问委员会名誉主任,中国国家旅游局副局长杜一力担任杂志顾问委员会主任。

10月15日,中国旅游协会旅游教育分会理事会暨2011年年会在南开大学省身楼报告厅举行,本次会议主题为"产业发展与旅游教育创新"。本年底,全国共有旅游院校及开设旅游系(专业)的学校总数2208所,在校学生为108.33万人。

2012年 1月11日,首届中国旅游产业发展年会在广州召开。5月15日,中国第1部大型旅游工具书《中国旅游大辞典》首发式在上海举行。6月27日、28日,2012年中国旅游电子商务大会暨智慧旅游高峰论坛在浙江绍兴开元名都大酒店举办。8月27日,《中华人民共和国旅游法(草案)》首次提请全国人大常委会审议,并向社会公开征集意见。9月21日,国家旅游局局长邵琪伟与香港特区政府商务及经济发展局局长苏锦樑在北京共同主持2012年内地与香港旅游任务磋商会议,商讨未来内地与香港旅游协作方向,以及就双方共同关注的课题交流意见。11月29日,2012中国旅游新媒体营销大会暨第五届中国(温州)网络旅游节在温州开幕。11月29日~12月2日,中国旅游协会旅游教育分会在珠海市召开旅游教育分会理事会暨2012年年会。

2013年 1月9日,由中国旅游协会、中国旅游报社共同主办的第2届中国旅游产业发展年会在四川成都举行。4月20日~21日,2013年中国旅游科学年会在北京进行。9月2日~3日,"2013中国旅游高峰论坛"在阿联酋首府阿布扎比进行,此论坛旨在为中国专业买家与当地顶级旅游供应商搭建一个交流合作的平台,并且为中国的旅游业者提供一个与来自阿联酋和周边地区主要目的地旅游路线的供应商建立面对面交流的机会。

2. 管理和服务

2009年 本年中国旅游的主题是"中国生态旅游年"。1月7日,2009年全国旅游工作会议在北京隆重召开。1月21日,国务院常务会议通过了《旅行社条例》,5月1日起施行。3月24日,中央精神文明建设指导委员会办公室、建设部、国家旅游局授予15家单位"全国文明风景旅游区"称号、55家单位"全国创建文明风景旅游区工作先进单位"称号。 4月2日,国家旅游局第四次局长办公会议审议通过《旅行社条例实施细则》,5月3日起实施。 5月7日~8日,国家旅游局副局长杜江率领中国旅游代表团出席了在马里首都巴马科举行的世界旅游组织第85届执委会,会议确定中国为2010年世界旅游日的主办国,主题为"旅游与生物多样性"。 6月26日,在西班牙南部城市塞维利亚举行的第33届世界遗产大会上,中国五台山被列入世界文化遗产名录。至此,中国已有38个项目列入世界遗产名录,成为仅次于意大利、西班牙的第3大世界遗产国。 6月29日,国家旅游局监管司公布《旅行社质量保证金存取管理办法》。 7月15日,在黄山召开大会,纪念30年前邓小平同志提出关于旅游业发展的重要思想:"旅游事业大有文章可做,要突出的搞,加快的搞"。 8月13日,国家旅游局、文化部发布《关于促进文化与旅游结合发展的指导意见》。 8月31日,两岸定期直航航班正式启动。随着出行条件放宽、定期直航以及旅游价格大幅下降,台湾迅速成为最热门的出境旅游目的地之一。 10月11日,国家旅游局、商务部发布关于废止《设立外商控股、外商独资旅行社暂行规定》等规章的决定。 11月4日,上海市宣布上海迪斯尼项目申请报告已获国家有关部门核准。 11月12日,首届中国国际旅游商品博览会在义乌开幕,通过搭建旅游商品展示和交易的大平台,推动中国旅游商品创新发展,促进旅游产业转型升级,促进国家内需增长。 12月1日,《国务院关于加快发展旅游业的意见》正式出台,第1次提出"把旅游业培育成国民经济的战略性支柱产业和人民群众更加满意的现代服务业",给予旅游业前所未有的重要战略定位。并提出设立"中国旅游日"的要求。 12月4日,国家旅游局正式启动了设立"中国旅游日"的相关工作。 12月18日,全国人大财经委召开《旅游法》起草组第1次全体会议,中国《旅游法》起草工作正式启动。 12月26日,高速铁路武广客运专线正式开通运营,将开启乘高铁出游时代,推进华南与华中地区之间的周末游和深度游日益成熟。 12月31日,国务院办公厅发布了《国务院关于推进海南国际旅游岛建设发展的若干意见》,海南国际旅游岛建设正式步入正轨。 2009年,全国已有3 955家景点免费开放,门票减免政策的覆盖面进一步扩大。 2009年,中国旅游逆势上扬,国内旅游、出境旅游、入境旅游总体保持了"总量增长,两升一降"的格局,全年接待总人数超过20亿人次,同比增长10%;旅游总收入将超过1.2万亿元,同比增长7%。

2010年 本年中国旅游宣传主题为"2010中国世博旅游年"。 1月7日,中国旅游研究院"2009年旅游经济运行分析和2010年发展预测暨《中国旅游经济蓝皮书》"在北京发布。 1月8日,国家旅游局根据《国务院关于加快发展旅游业的意见》的要求,在全国范围内启动旅游服务质量提升年活动。其中主要包括"品质旅游、伴你远行"公益宣传、"旅游质量万里行"、旅游标准化创建、全国旅游饭店服务技能大赛及"中国饭店金星奖"评选、全国导游大赛、旅游培训和安全保障等10项活动。 5月1日~10月31日,2010年世界博览会在中国上海举办,吸引了246个国家、地区和国际组织参展,共有超过7000万人次的中外参观者访问,创下了世博会历史上的诸多纪录。 5月4日,台湾海峡两岸观光旅游协会北京办事处揭牌。 5月7日,海峡两岸旅游交流协会台北办事处正式成立,标志着两岸旅游交流与合作进入常态化发展新阶段。 5月5日,国家旅游局发布《旅游投诉处理办法》。 5月11日,国际航空运输协会在其官方网站上宣布,中国航信成为全球首家实现电子杂费单(EMD)的系统服务商。 5月25日,被誉为旅游界"奥林匹克"的第十届世界旅游旅行大会在北京举办。世界旅游组织代表在大会上表示,中国是世界上一流的旅游目的地国,是引领世界旅游业发展的国家。 7月5日,农业部与国家旅游局签署合作框架协议,共同推进休闲农业与乡村旅游发展。 7月7日,国家旅游局与中国气象局签署《关于联合提升旅游气象服务能力的合作框架协议》。 7月9日,国家旅游局与国家文物局签署《旅游发展与文物保护战略合作框架协议》,标志着文物旅游战略合作新局面的开始。 7月18日,海旅会正式公布了第3批经营大陆居民赴台旅游业务的旅行社18家名单,主要为内蒙古自治区、西藏自治区、甘肃省、青海省、宁夏回族自治区、新疆维吾尔自治区等新开放赴台游区域的旅行社。至此,大陆地区具有经营赴台游业务的组团社已增至164家。 7月,香港导游李巧珍谩骂不购物大陆游客事件在网络上被曝光,并引发广泛关注,随后全国各地开始严厉整治旅行团"零团费"问题。 8月15日,加拿大团队游正式对中国公民开启。 8月29日,国家旅游局、商务部发布《中外合资经营旅行社试点经营出境旅游业务监管暂行办法》。 9月23日,文化部和国家旅游局共同发布《关于促进文化与旅游结合发展的指导意见》，进一步加快文化与旅游的结合。　10月14日，由国家旅游局和天津市政府共同主办、主题为"旅游产业的盛会，合作共赢的舞台"的2010中国旅游产业节在天津开幕。　11月1日，《关于旅游纠纷案件适用法律若干问题的规定》正式实施。　11月8日，2010年中国国际旅游交易会在上海举办，设有856个国际及海外展台，参展商来自五大洲95个国家和地区，许多国家都委派高级官员出席交易会。"游中国"中外旅行商洽谈会是2010年国际旅交会的创新尝试，一天半举行6 000场洽谈会。目前，中国公民组团出境旅游目的地扩大至140个，已实施110个。　11月24日，国家旅游局出台《关于促进旅行社业持续健康发展的意见》。　11月26日，国家旅游局召开全国旅游安全与保险工作会议，强调今后要加强旅游安全与保险工作的全面保障；提高旅游行业的风险防范能力；提升旅游安全应急处置能力。　11月30日，国家旅游局审议通过《旅游企业法定代表人离任经济责任审计规定》。　12月3日，国家质量监督检验检疫总局、国家标准化管理委员会发布公告，批准《旅游饭店星级的划分与评定》(GB/T 14308-2010)国家标准，自2011年1月1日起实施。　2010年，红色旅游发展规划纲要实施6年来，红色旅游接待总人数已接近13亿人次，年均增长18%，综合收入接近4000亿元。全国红色旅游工作协调小组审议《2011~2015年全国红色旅游发展规划纲要》(二期规划)，红色旅游还将进一步创新发展。　2010年，全国很多城市的旅游企业在旅游业基础设施方面加大投资力度，打造"航母"级旅游项目。　2010年，《中国旅游业"十二五"发展规划纲要》形成征求意见稿；国家旅游局进行了"十二五"专项规划，包括红色旅游、旅游基础设施、旅游人才、旅游公共服务和旅游信息等。改革开放30年来，中国旅游业保持了年均近20%的增速，在拉动经济增长、增加社会就业、促进文化交流、推进生态文明等方面，正发挥着日益明显的作用。同年，第六批世界地质公园由联合国教科文组织评出，广西乐业—凤山、福建宁德2个地质公园榜上有名。

2011年　本年"中国旅游日"的主题为"读万卷书，行万里路"。　1月1日起，北京和上海对途经两地空港口岸的45国游客实行72小时过境免签政策。　4月13日~15日，中国出境旅游交易会在北京国贸展览中心进行。　4月15日~17日，2011中国国内旅游交易会在西安曲江国际会展中心举办。本届国内旅交会展区总面积达40 000平方米，共设展位1687个。　4月28日，西安世界园艺博览会于在西安浐灞生态区开幕，至10月22日闭幕，会期178天，共设置室外展园109个，园区总面积418公顷、水域面积188公顷，是历届世园会中面积最大、水域最广的一届。截至10月19日，累计入园1544万余人次，超过1200万游客接待量的预期目标，创世园会历史新高。园区演艺活动超过8500场次。　5月19日，中国将这一天定为首个"中国旅游日"，这不仅是中国旅游界的大事件，更是和每一位游客息息相关的重要节日。　5月19日为《徐霞客游记》的开篇之日，同时也有"我要游"的谐音。同一天，中共中央政治局委员、国务院副总理王岐山出席由国家旅游局和北京市政府在北京天坛公园举行的"中国旅游日"启动仪式并揭晓"中国旅游日"标志。　6月24日，在第35届世界遗产大会上，中国杭州西湖文化景观被批准列入联合国教科文组织《世界遗产名录》。　6月28日，大陆居民赴台"个人游"正式启动，首批试点城市包括北京、上海和厦门。　6月，贯穿北京南站和上海虹桥站的京沪高铁正式开通，它总长度1318千米，使得北京和上海之间的往来时间缩短到5小时以内。因此而兴起的"高铁旅游"也深得人心，和京沪高铁开通后，乘坐高铁出游的人迅速增加，甚至一度出现购票难局面。　7月25日，在联合国教科文组织在德国召开的人与生物圈计划国际协调理事会上，广西猫儿山国家级自然保护区与全球17个保护区一同获批加入世界生物圈保护区网络，成为今年唯一一个通过评审的中国保护区。　9月18日，联合国教科文组织在挪威召开世界地质公园评审大会，中国安徽天柱山地质公园、香港地质公园入选世界地质公园。　10月27日~30日，中国国际旅游交易会在昆明国际会展中心举办。　11月11日~15日，中国体育旅游博览会暨第九届中国国际旅游商品交易会在海口举办。　12月11日，第2届中国旅游城市发展论坛在深圳市进行。本年全国共接待入境游客1.35亿人次，实现国际旅游（外汇）收入484.64亿美元，分别比上年增长1.2%和5.8%；国内旅游人数26.41亿人次，收入19305.39亿元人民币，分别比上年增长13.2%和23.6%；中国公民出境人数达到7025.00万人次，比上年增长22.4%；旅游业总收入2.25万亿元人民币，比上年增长20.1%。　年底，全国纳入星级饭店统计管理系统的星级饭店共计13 513家；全国纳入统计范围的旅行社共有23 690家；2011(年度)中国旅游百强景区发布，深圳华侨城以年游客接待量1380万人次超越北京故宫博物院位居榜首,北京故宫博物院以1350万人次屈居第2,广州长隆旅游度假区以1190万人次位居第3。旅游百强景区排行榜根据全国各景区2011年度销售门票量的数据统计进行排名,本年为第2次发布。此次排行榜的最低入榜门槛已由2010年的82万人次上升到128万人次,从这个数字的变化也能看出过去的一年中国旅游业的发展迅猛,已成为社会经济和人们生活中的重要组成部分。 本年,全国新增陕西西安大雁塔、大唐芙蓉园景区等5A级景区43家。

2012年 本年,"中国旅游日"的宣传口号是"爱旅游、爱生活",今年"中国旅游日"活动主题是"健康生活,欢乐旅游"。 3月23日~11月16日,"俄罗斯旅游年"在中国成功举办。期间举行的200多项活动,极大提升了中国游客对俄罗斯旅游的认知。 4月23日,国土资源部公布第六批19处国家地质公园名单,陕西耀州照金丹霞地质公园等榜上有名。 5月1日起,新《旅游景区质量等级管理办法》开始施行,对游客好评率较低、社会反响较差或发生重大安全事故等的景区,视情节给予相应处理,处理方式包括签发警告通知书、通报批评、降低或取消等级。随后,全国十几个5A级景区被通报要求限期整改。此外,京津等地6家五星级饭店被"摘星",上海等地3家五星级饭店被限期整改。该机制对中国景区饭店整体质量水平和旅游服务的提升大有裨益。 6月16日~17日,"2012第2届中国旅游项目投资大会"在北京隆重举行,会议规模达到空前的400人,近200家国内外知名的旅游投资企业和专业会融投资机构参加了本次大会。 6月29日~7月1日,在第36届世界遗产大会上,中国元上都遗址、澄江化石地被批准列入联合国教科文组织《世界遗产名录》。 7月24日,海南省三沙市在永兴岛成立。三沙市是中国地理纬度位置最南端的城市,下辖西沙群岛、南沙群岛、中沙群岛的岛礁及其海域。三沙市辖区内各岛屿的自然景观具有极高的旅游价值。 7月24日,在联合国教科文组织召开的第24届人与生物圈计划国际协调理事会上,江西省井冈山国家级自然保护区、陕西省牛背梁国家级自然保护区被批准加入世界生物圈保护区网络。

9月20日,在葡萄牙召开的第11届欧洲地质公园大会上,三清山被联合国教科文组织正式列入世界地质公园名录,成为我国第27个世界地质公园。 9月22日,由国家旅游局和天津市人民政府共同主办、联合国世界旅游组织特别支持的2012中国旅游产业博览会于落下帷幕。旅游产业博览会期间,参观者突破20万人次,参加业务洽谈人数39 376人次;签订采购房车、游艇、旅游大客车、旅游设施及旅游商品等合同210项,意向签约942项,交易和意向金额达30.6亿元。 10月1日~8日,本年的中秋节和国庆黄金周8天连假成为"史上最长黄金周",加之高速公路免费新政出台,使得游客出行意愿高涨。全国共接待游客4.25亿人次,实现旅游收入2105亿元,分别比2011年"十一黄金周"增长40.9%和44.4%。 10月31日,国务院公布第八批国家级风景名胜区名单,河北太行大峡谷等17处风景名胜区榜上有名。 11月15日,国家文物局核定中国国家博物馆等17家博物馆为第2批国家一级博物馆。 本年,全国新增浙江省绍兴市鲁迅故里·沈园景区等5A级景区26家。 2012年,中国全年国内旅游人数达到30.0亿人次,同比增长13.6%,国内旅游收入2.3万亿元,同比增长19.1%。累计入境旅游人数达到13 240.53万人次,同比下降2.23%,全国实现旅游(外汇)收入500.28亿美元,同比增长3.23%。

2013年 本年中国旅游主题确定为"海洋旅游年",宣传口号是"体验海洋,游览中国""海洋旅游,引领未来""海洋旅游,精彩无限"。 4月25日,全国人大常委会通过了《中华人民共和国旅游法》。 5月3日,国务院印发《关于核定并公布第7批全国重点文物保护单位的通知》,核定公布了第七批全国重点文物保护单位(共计1943处)名单。 5月,全国新增西藏自治区拉萨市布达拉宫景区等5A级景区10家,至此,全国5A级已达155家。6月13日,第3届中国旅游项目投资大会在北京开幕,国内外50余位旅游投资企业界、金融界、规划专家、学者等方面的权威人士为会议嘉宾,国内外近300家知名旅游投资企业参加了本次大会。 6月15日,在第37届世界遗产大会上,中国新疆天山、红河哈尼梯田文化景观被批准列入联合国教科文组织《世界遗产名录》。 8月30日,"2013第18届中国北方旅游交易会"在河北省会文化广场隆重开幕。境内30个省(区、市),境外21个国家和地区共有168个标准展位参展。 2013年,全国多个城市"发高烧",多地打破温度记录表,中国城市旅游网等机构联合评选出"2013中国避暑旅游城市排名榜"。 昆明、贵阳、丽江、哈尔滨、青岛、黑龙江垦区、西宁、玉溪、六盘水、烟台榜上有名。

第六章　中国旅游研究主要文献

一、旅游法规标准[1]

1. 旅游景区质量等级的划分与评定（修订）（GB/T17775－2003）

该标准于2004年10月28日发布，2005年1月1日实施，旨在加强对旅游景区的管理，提高旅游景区服务质量，维护旅游景区和旅游者的合法权益，促进旅游资源开发、利用和环境保护。

该标准在制定过程中，总结了国内旅游景区的管理经验，借鉴了国内外有关资料和技术规程，并直接引用了部分国家标准或标准条文。同时，根据GB/T17775-1999《旅游景区质量等级的划分与评定》的实施情况，在原标准基础上对一些内容进行了修订，使其更加符合旅游景区的发展实际。

在标准中规定了旅游景区质量等级划分的依据、条件及评定的基本要求，适用于接待海内外旅游者的各种类型的旅游景区，包括以自然景观及人文景观为主的旅游景区。

将旅游景区质量等级划分为5级，从高到低依次为AAAAA、AAAA、AAA、AA、A级旅游景区，关于旅游景区质量等级的标牌、证书则由全国旅游景区质量等级评定机构统一规定。从旅游交通、游览、旅游安全、卫生、邮电服务、旅游购物、经营管理、资源和环境的保护、旅游资源吸引力、市场吸引力、年接待海内外旅游者数量、海外旅游者数量、游客抽样调查满意率等方面规定了5种景区等级的标准。

2. 旅行社国内旅游服务质量要求（LB/T004-1997）

改革开放以来，中国国内旅游业蓬勃发展，为确保旅游者和旅行社的合法权益，促进国内旅游业的健康发展，需要统一的、明晰的、准确的服务质量标准来规范，为此制定本标准。

本标准的技术要求是总结中国旅行社企业在国内旅游服务方面长期的实践经验，根据国家有关法律法规和旅游部门的规章，并参照了有关国家标准的要求制定的，是规范旅行社企业国内旅游服务的技术依据。

本标准提出了旅行社组织国内旅游活动所应具备的产品和质量要求，适用于经营国内旅游业务的国际、国内旅行社。

从定义（国内旅游、门市）、旅游产品的要求、旅游产品的提供、旅游接待服务（履约、内部运作、餐饮、住宿、交通、旅游点安排、特殊情况处理、导游）、旅游服务质量的保证和监督、投诉处理等方面进行了详细规定。

3. 绿色旅游饭店标准（LB/T007-2006）

由于全球生态环境的日益恶化，保护环境、保障人类健康已受到全世界的关注。各国、各地区、各行业都颁布了相应的法律、法规，出台了各种政策、措施，制定了相应的行业准则以约束并促进组织的环境行为。因此，各类组织越来越重视自身活动、产品和服务对环境的影响。

旅游业的发展依赖于当地的环境状况，饭店业作为旅游业的支柱产业，在有效保护环境和合理利用资源方面的努力直接关系到旅游业的健康发展，并影响到社会的可持续发展。所以，饭店的环境管理工作被提上议事日程，而创建"绿色旅游饭店"是饭店环境管理的重要环节。

绿色旅游饭店是一种新的理念，它要求饭店将环境管理融入饭店经营管理中，以保护为出发点，调整饭店的发展战略、经营理念、管理模式、服务方式，实施清洁生产，提供符合人体安全、健康要求的产品，并引导社会公众的节约和环境意识，改变传统的消费观念、倡导绿色消费。它的实质是为饭店宾客提供符合环保要求的、高质量的产

---

[1] 本节主要是对各个法规简要论述，具体文件参照各规范。

品,同时,在经营过程中节约能源、资源、减少排放,预防环境污染,不断提高产品质量。绿色饭店是一种方向和目标,是一个不断发展的概念,为指导现阶段的实践,本标准把绿色旅游饭店定义为:以可持续发展为理念,坚持清洁生产,倡导绿色消费,保护生态环境的饭店,其核心就是在生产经营过程中加强对环境的永续保护和资源的合理利用。

绿色旅游饭店的创建、实施与保持是一个不断发展的过程,在实践过程中应于饭店其他管理体系的运行相协调,是一个与饭店各方面的发展相互促进的过程。

饭店建成的年代有长短、经营的规模有大小、建筑的形式各不同,设备设施技术性能也有差别,因此在创建、实施过程中,需要根据饭店各自的实际情况采取不同的措施,并积极引入先进的环保技术和设备,获得环境绩效的持续改进。

本标准专为创建绿色旅游饭店、实施环境管理提供指导。并对创建绿色旅游饭店、实施和加强环境管理提供切实可行的建议。由于环境保护技术的发展、对环境问题研究的深入以及饭店环境管理水平的提高和环境绩效的改善,本标准将根据实际情况不断修订和完善。

本标准由国家旅游局提出。2006年3月23日发布。本标准规定了创建绿色旅游饭店、实施和改进环境管理的要求,适用于任何要求创建绿色旅游饭店、实施和改进环境管理的旅游饭店。

在标准中首先对饭店管理进行了基本要求,将绿色旅游饭店分金叶级和银叶级两个等级,并作了详细的论述;在绿色设计方面,对环境设计、建筑设计、新能源的设计与运用、节水设计和其他进行了规定;还详细规定了能源管理、环境保护、室内环境、绿化、降低物质消耗、绿色产品与服务、社会环境经济效益、绿色旅游饭店的评定等方面。

4. 旅游规划通则(GB/T18971-2003)

标准制定的目的是为规范旅游规划编制工作,提高中国旅游规划工作总体水平,达到旅游规划的科学性、前瞻性和可操作性,促进旅游业可持续发展。

本标准的制定中总结了国内并借鉴了国外旅游规划编制工作的经验和教训,在体现中国旅游规划特色的同时,在技术和方法上努力实现与国际接轨,是编制各级旅游发展规划及各类旅游区规划的规范

本标准规定了旅游规划(包括旅游发展规划和旅游区规划)的编制的原则、程序和内容以及评审的方式,提出了旅游规划编制人员和评审人员的组成与素质要求,适用于编制各级旅游发展规划及各类旅游区规划。

标准首先对旅游规划编制作出了要求,并规定了旅游规划的编制程序,对旅游发展规划、旅游区规划(包括总体规划、控制性详细规划、修建性详细规划等)做了详细规定,还对旅游规划的评审、报批与修编做出具体规定。

5. 旅行社条例

该条例制定的目的是为了加强对旅行社的管理,保障旅游者和旅行社的合法权益,维护旅游市场秩序,促进旅游业的健康发展。本条例适用于中华人民共和国境内旅行社的设立及经营活动。条例于2009年1月21日国务院第47次常务会议通过,自2009年5月1日起施行。

在旅行社条例中对旅行社的设立、外商投资旅行社、旅行社经营、监督检查、法律责任等做出了明确的规定。

6. 中国公民出国旅游管理办法

本办法制定的目的是为了规范旅行社组织中国公民出国旅游活动,保障出国旅游者和出国旅游经营者的合法权益。于2001年12月12日国务院第50次常务会议通过,自2002年7月1日起施行。

对出国旅游的目的地国家、旅行社经营出国旅游业务必备条件和考核管理做出了规定,针对中国公民出国旅游所涉及的步骤、手续及法律责任和义务也做出了详细的规定。

7. 导游人员管理条例

制定本条例的目的为了规范导游活动,保障旅游者和导游人员的合法权益,促进旅游业的健康发展,条例自1999年10月1日起施行。

条例规定了国家实行全国统一的导游人员资格考试制度,导游从事导游活动必须取得导游证,并对导游证的颁发做出了规定,重点规定了导游人员的责任、义务、权力以及监督惩罚措施。

二、旅游学术专著、教材[1]

中国旅游学术研究起步于20世纪70年代末,早期从事旅游研究的学者大多是半路出家,从事地理学和历史学研究的较多。出于对旅游业经济属性的重视,也吸引了经济学出身的学者研究旅游。随着旅游业的蓬勃发展以及旅游主体和客体的日趋多元化,旅游功能也逐渐完善,旅游学科的研究内容、对象、方法和手段都较前期有了较大的拓展,更多相关领域的专家学者开始关注旅游、研究旅游,出现了一批旅游交叉学科、边缘学科和新兴学科,对旅游业的认识也由早期单一的旅游创汇经济,转向作为国民经济新的增长点、扩大内需、产业升级、扶贫帮困、安置就业、传统教育、对外交流、国民福利等经济社会多元化发展目标[2]。

1. 中国旅游学术研究起步阶段(1978~1986)

这一时期是中国旅游业的初创期,主要是以入境旅游为主,早期旅游还只是外事接待和"民间外交"的一部分,产业体系尚未形成,发展旅游的主要经济目的是为了赚取国家稀缺的外汇收入,中国旅游研究重点主要是学习和借鉴国外旅游发达国家的经验,了解入境旅游市场的需求,介绍国际旅游业的现状,以及编写适合中国国情的旅游教材。其中公开出版发行的、在当时较有影响的专业书籍主要有:

何礼荪. 旅游业漫谈. 北京:中国旅游出版社,1980.

(明)徐宏祖. 徐霞客游记(共3册). 上海:上海古籍出版社.1980.

吕严和. 兴旺发达的世界旅游业第一集. 北京:中国旅游出版社,1981.

伍宇峰. 旅游经济. 北京:北京出版社,1981.

王立纲,刘世杰. 中国旅游经济学. 长春:吉林人民出版社,1982.

杨时进,江新懋. 旅游概论. 北京:中国旅游出版社,1983.

邓观利. 旅游概论. 天津:天津人民出版社,1983.

张践,傅东升,褚光明. 实用导游规程. 北京:北京旅游出版社,1983.

中国旅游出版社. 导游翻译经验谈. 北京:中国旅游出版社,1983.

林之光. 气候风光集. 北京:气象出版社,1984.

王仁兴. 中国旅馆史话. 北京:中国旅游出版社,1984.

黄辉实. 旅游经济学. 上海:上海社会科学出版社,1985.

顾树保,于连亭. 旅游市场学. 天津:南开大学出版社,1985.

周进步. 中国旅游地理. 杭州:浙江人民出版社,1985.

姚启润. 旅游与气候. 北京:中国旅游出版社,1986.

戴松年,徐伦虎,曹玲泉. 中国旅游地理. 北京:测绘出版社,1986.

戴松年. 旅游与环境. 北京:中国环境科学出版社,1986.

林南枝,陶汉军. 旅游经济学. 上海:上海人民出版社,1986.

屠如骥. 旅游心理学. 天津:南开大学出版社,1986.

(明)祝穆. 宋本方舆胜览(全14册). 上海:上海古籍出版社,1986.

由于尚处起步阶段,这一时期翻译出版的外国旅游专业译著并不多。最早的两本译著是介绍旅游领队和翻译导游的。翁科维奇的《旅游经济学》是中国最早翻译引进的旅游经济学教材,与西方经济学教材大多是从英美国家引进的不同,旅游经济学却是最先从东欧国家引进的。这个时期的旅游译著代表作主要有:

[瑞士]汉斯·乔治·戈根海姆. 一个旅游领队的经历. 贾蔼美,译. 北京:中国旅游出版社,1982.

[美]M. 马特勒. 国际旅游地理. 黄国英,译. 郑州:河南人民出版社,1984.

[美]J. 罗伯特·麦金托什,夏希肯特·格波特. 旅游学——要素、实践、基本原理. 蒲红,译. 上海:上海文化出

---

[1]本节重点参考:张凌云. 回顾与展望:中国旅游教研成果出版30年[J]. 北京第二外国语学院学报,2009(3-5). 特此致谢!

[2]石培华,冯凌. 改革开放30年来中国旅游类学术著作统计研究[J]. 旅游论坛,2009(12):791-795.

版社,1985.

[南斯拉夫]S.翁科维奇. 旅游经济学. 中国人民大学俄语教研室塞语学习班,译. 北京:中国人民大学出版社,1986.

2. 中国旅游学术研究起飞阶段(1987~1994)

这一时期,中国入境旅游持续快速发展,国内旅游开始初露端倪。1993年11月6日,国家旅游局制定、国务院办公厅转发了《关于积极发展国内旅游业的意见》,改变了改革开放初期由于受各方面条件限制,国内旅游需求成为推动旅游业持续发展的新动力。

与前一阶段相比,旅游教材和旅游学术著作的出版数量增长迅速,除旅游地理学、旅游经济学仍是出版重点外,已有饭店管理方面的教材和著作问世,在入境旅游、国内旅游、理论研究、区域旅游发展战略等方面著作也颇为丰富,主要著作有:

庄玉海,程清祥. 现代旅游饭店管理. 深圳:海天出版社,1987.

刘振礼. 旅游地理. 天津:南开大学出版社,1987.

唐锡仁,杨文衡. 徐霞客及其游记研究. 北京:中国社会科学出版社,1987.

杨时进. 旅游述略. 北京:中国旅游出版社,1987.

卢云亭. 现代旅游地理学. 南京:江苏人民出版社,1988.

潘泰封. 旅游经济导论. 上海:上海人民出版社,1988.

丁文虹. 风景名胜研究. 上海:同济大学出版社,1988.

雷明德. 旅游地理学. 西安:西北大学出版社,1988.

郑火林. 旅游统计学. 北京:旅游教育出版社,1988.

胡世建,张敦仁. 华夏旅游史话. 北京:旅游教育出版社,1989.

何建民. 旅游现代化开发、经营与管理. 上海:学林出版社,1989.

陈传康,保继刚. 北京旅游地理. 北京:中国旅游出版社,1989.

孙文昌,陈元泰. 应用旅游地理学——旅游资源与旅游规划. 长春:东北师范大学出版社,1989.

首都社会经济发展研究所. 北京旅游发展战略. 北京:北京燕山出版社,1989.

陈传康,刘振礼. 旅游资源鉴赏与开发. 上海:同济大学出版社,1990.

庞规荃. 中国旅游地理. 北京:旅游教育出版社,1990.

罗结珍. 国际旅游业公约、协议汇编. 北京:旅游教育出版社,1990.

夏和坤. 旅游外汇与信用. 北京:中国金融出版社,1990.

乔修业. 旅游美学. 天津:南开大学出版社,1990.

孙尚清. 中国旅游经济研究. 北京:人民出版社,1990.

复旦大学文博学院. 旅游文化. 昆明:云南人民出版社,1990.

李竹青. 如何发展少数民族地区的旅游业. 北京:北京出版社,1990.

孙仲明. 旅游开发研究论集. 北京:旅游教育出版社,1990.

刘滨谊. 风景景观工程体系化. 北京:中国建筑工业出版社,1990.

刘华训. 中国名湖志典. 北京:中国旅游出版社,1990.

魏小安,冯宗苏. 中国旅游业:产业政策与协调发展. 北京:旅游教育出版社,1991.

李光坚. 旅游概论. 北京:高等教育出版社,1991.

李天元,王连义. 旅游学概论. 天津:南开大学出版社,1991.

陈泽安,卢云亭. 旅游地学概论. 北京:北京大学出版社,1991.

张辉. 旅游经济学. 西安:陕西旅游出版社,1991.

李海瑞. 市场客源观念. 北京:中国旅游出版社,1992.

陈传康,郁龙余. 深圳市旅游发展规划. 上海:同济大学出版社,1992.

章必功. 中国旅游史. 昆明:云南人民出版社,1992.

楚义芳. 旅游的空间经济分析. 西安:陕西人民出版社,1992.

张述林. 风景地理学原理. 成都:成都科技大学出版社,1992.

陈传康,郭康,庞规荃. 区域旅游开发研究. 北京:气象出版社,1992.

(宋)王象之. 舆地纪胜(8册). 北京:中华书局,1992.

佘培. 中国涉外旅游价格. 北京:中国旅游出版社,1993.

保继刚,楚义芳. 旅游地理学. 北京:高等教育出版社,1993.

朱玉魁. 旅游学概论. 西安:西北大学出版社,1993.

雍万里. 中国旅游地理. 南京:南京大学出版社,1993.

肖潜辉. 中外旅游业管理. 北京:中国旅游出版社,1993.

陈诗才. 自然风景旅游. 北京:地震出版社,1993.

张卫. 旅游消费行为分析. 北京:中国旅游出版社,1993.

杨乃济. 旅游与生活文化. 北京:旅游教育出版社,1993.

国家旅游局资源开发司,中国科学院地理研究所. 中国旅游资源普查规范(试行稿). 北京:中国旅游出版社,1993.

宋德明,张卫东,赵国光. 中国旅游资源地理. 西安:陕西人民出版社,1994.

田里. 现代旅游学导论. 昆明:云南大学出版社,1994.

蔡雄,颜邦英,吴鸿社. 国内旅游理论与实践. 桂林:漓江出版社,1994.

宋林华. 喀斯特与洞穴风景旅游资源研究. 北京:地震出版社,1994.

吴正平. 旅游心理学教程. 北京:旅游教育出版社,1994.

邓观利. 旅游学. 天津:天津人民出版社,1994.

杨桂华,陶犁. 旅游资源学. 昆明:云南大学出版社,1994.

这一时期的译著数量有了明显的增加,其中不乏经典之作。既涉及旅游学科的基础教材,也有关于西方旅游学的发展介绍,在译作的选题方面,已经开始关注旅游的社会属性,一些旅游学术研究工具书也有所涉猎,主要代表作有:

[美]朱卓任,德斯特·蔡. 旅游业. 林乐滕,译. 海口:海南人民出版社,1987.

[英]克里斯托弗·霍洛韦. 旅游业. 向萍,杜江,译. 桂林:漓江出版社,1987.

[法]罗伯特·朗卡尔. 旅游及旅行社会学. 蔡若明,译. 北京:旅游教育出版社,1989.

[英]A.J.伯卡特,S.梅特利克. 西方旅游业. 张践,译. 上海:同济大学出版社,1990.

[加]斯蒂芬.L.J.史密斯. 旅游决策与分析方法. 南开大学旅游学系,译. 北京:中国旅游出版社,1991.

[美]朱卓任. 休假地的开发及其管理. 南开大学旅游外语教研室,译. 北京:旅游教育出版社,1992.

[美]爱德华·因斯克普,马克·科伦伯格. 旅游度假区的综合开发模式——世界六个旅游度假区开发实例研究. 李中泽,刘志江,译. 北京:中国旅游出版社,1993.

3. 中国旅游学术研究成长阶段(1995~2003)

这一阶段以中国公民的国内旅游和出境旅游,即国民旅游的快速发展为显著特征。1995年5月1日,实行5天工作制,每周双休日,这直接刺激了国内旅游需求。1999年9月18日,国务院修订发布了《全国年节及纪念日放假办法》,即黄金周假日制度。这些假日制度的安排,极大地推动了国民旅游的发展,旅游业在拉动内需、扩大就业、优化地区产业结构方面显现出强大的优势,得到了社会各界越来越多的广泛认同,对于旅游及旅游业的认识由经济属性扩展到了社会属性。

从1995年起,旅游教材、专著数量呈现出爆炸式的增长,不少出版社纷纷推出系列教材和丛书,旅游教学和研究的专业(专题)开始细化,旅游行业的领域较之过去有所拓宽,不再仅仅局限于饭店行业,如旅行社、旅游景区景点(风景旅游区、主题公园)、旅游商品、旅游目的地等均有涉猎;旅游规划著作显著增加,专著选题也出现多元化、国际化、前沿化趋势,并且对于旅游现象进行非经济属性的研究,如旅游文化学、旅游民族学、旅游人类学、旅游环境保护学、生态旅游学等;并开始关注信息技术对于旅游业带来的影响。这一时期的主要著作有:

喻学才. 中国旅游文化传统. 南京:东南大学出版社,1995.
黄福才. 旅游学概要. 厦门:厦门大学出版社,1995.
储九志. 中国旅游景观概论. 北京:中国林业出版社,1995.
徐堃耿. 导游概论. 北京:旅游教育出版社,1995.
杜学. 旅游交通概论. 北京:旅游教育出版社,1996.
郑家欣. 风景与旅游地学概论. 上海:同济大学出版社,1996.
徐德宽,马波. 区域旅游开发的理论与实践. 南京:江苏人民出版社,1996.
辛建荣,杜远生,冯庆来. 旅游地学. 天津:天津大学出版社,1996.
石高俊. 中国旅游资源. 南京:江苏教育出版社,1996.
马耀峰. 旅游地图制图. 西安:西安地图出版社,1996.
梅均. 都市旅游研究. 上海:复旦大学出版社,1996.
保继刚. 旅游开发研究:原理·方法·实践. 北京:科学出版社,1996.
郝长海,曹振华. 旅游文化学概论. 长春:吉林大学出版社,1996.
王清廉,张风山,刘界远. 中国旅游地理. 北京:警官教育出版社,1997.
鲁宏屹. 中国旅游地理. 北京:中国经济出版社,1997.
李溢. 世界热带亚热带海岛海滨旅游开发研究. 北京:旅游教育出版社,1997.
骆文韬. 走向21世纪的中国度假旅游. 北京:中国旅游出版社,1997.
邹树梅. 旅游开发与宏观调控. 天津:天津人民出版社,1997.
郭康. 旅游开发研究. 北京:气象出版社,1997.
屠如骥. 现代旅游心理学. 青岛:青岛出版社,1997.
孙文昌,郭伟. 现代旅游学. 青岛:青岛出版社,1997.
陈安泽,卢云亭,陈兆棉. 旅游地学的理论与实践——旅游地学论文集(第3集). 北京:地质出版社,1997.
张广瑞. 中国边境旅游发展的战略选择. 北京:经济管理出版社,1997.
曹文彬. 旅游概论. 北京:中国商业出版社,1997.
王德刚,焦连安. 旅游资源开发与利用. 济南:山东大学出版社,1997.
林婉如. 中国旅游地理. 大连:东北财经大学出版社,1997.
戴斌. 现代饭店集团研究. 北京:中国致公出版社,1998.
刘纯. 旅游心理学. 北京:高等教育出版社,1998.
冯天驷. 中国地质旅游资源. 北京:地质出版社,1998.
王大悟,魏小安. 新编旅游经济学. 上海:上海人民出版社,1998.
江泓. 旅游管理理论与实践. 武汉:湖北人民出版社,1998.
吴承照. 现代旅游规划设计原理与方法. 青岛:青岛出版社,1998.
中国旅游协会区域旅游开发专业委员会. 区域旅游开发与旅游业发展. 北京:地质出版社,1998.
吴开松,朱跃东. 现代旅游发展研究. 广州:华南理工大学出版社,1998.
中国区域科学协会. 区域旅游开发与管理. 北京:海洋出版社,1998.
李天顺,张红. 旅游业管理. 西安:陕西师范大学出版社,1998.
韩养民. 中国风俗文化学. 西安:陕西人民教育出版社,1998.
陈安泽,卢云亭,陈兆棉. 旅游地学的理论与实践——旅游地学论文集(第4集). 北京:地质出版社,1998.
陈安泽,卢云亭,陈兆棉. 旅游地学的理论与实践——旅游地学论文集(第5集). 北京:地质出版社,1998.
中国旅游协会区域旅游开发专业委员会. 区域旅游开发研究. 济南:山东地图出版社,1998.

田里. 旅游学概论. 天津:南开大学出版社,1998.

罗明义. 旅游经济学. 北京:高等教育出版社,1998.

马波. 现代旅游文化学. 青岛:青岛出版社,1998.

王淑良. 中国旅游史(古代部分). 北京:旅游教育出版社,1998.

王德刚. 旅游开发学. 济南:山东大学出版社,1998.

邹树梅. 现代旅游经济学. 青岛:青岛出版社,1998.

吴必虎,徐斌,邱扶东,等. 中国国内旅游客源市场系统研究. 上海:华东师范大学出版社,1999.

邹统钎. 旅游开发与规划. 广州:广东旅游出版社,1999.

林越英. 旅游环境保护概论. 北京:旅游教育出版社,1999.

申葆嘉,刘住. 旅游学原理. 上海:学林出版社,1999.

谢彦君. 基础旅游学. 北京:中国旅游出版社,1999.

杨载田. 中国旅游地理. 北京:科学出版社,1999.

马耀峰,李天顺. 中国入境旅游研究. 北京:科学出版社,1999.

吴国清,孙振华. 自然旅游资源原理. 北京:中华地图学社,1999.

刘伟,朱玉魁. 旅游学. 广州:广东旅游出版社,1999.

丁季华. 旅游资源学. 上海:上海三联书店,1999.

李娟文,游长江. 中国旅游地理. 大连:东北财经大学出版社,1999.

马勇,舒伯阳. 区域旅游规划——理论·方法·案例. 天津:南开大学出版社,1999.

国家旅游局人事劳动教育司. 旅游规划原理. 北京:旅游教育出版社,1999.

李蕾蕾. 旅游地形象策划:理论与实务. 广州:广东旅游出版社,1999.

黄羊山,王建萍. 旅游规划. 福州:福建人民出版社,1999.

辛建荣. 旅游区域规划与原理. 天津:南开大学出版社,1999.

魏小安,刘赵平,张树民. 中国旅游业新世纪发展大趋势. 广州:广东旅游出版社,1999.

何光暐. 新世纪新产业新增长——旅游业成为新的经济增长点研究. 北京:中国旅游出版社,1999.

石高俊. 中国旅游资源. 南京:江苏教育出版社,1999.

孙文昌. 现代旅游开发学. 青岛:青岛出版社,1999.

王淑良,张天来. 中国旅游史(近现代部分). 北京:旅游教育出版社,1999.

庄志民. 旅游美学. 上海:上海三联书店,1999.

陈永发. 导游学概论. 上海:上海三联书店,1999.

赵长华. 旅游学概论. 福州:福建人民出版社,1999.

周振东. 旅游经济学. 大连:东北财经大学出版社,1999.

谢贵安,华国良. 旅游文化学. 北京:高等教育出版社,1999.

葛晓音. 中国名胜与历史文化. 北京:北京大学出版社,1999.

毛福禄,樊志勇. 导游概论. 天津:南开大学出版社,1999.

陈安泽,卢云亭,陈兆棉. 旅游地学的理论与实践——旅游地学论文集(第6集). 北京:地质出版社,1999.

肖星,严江平. 旅游资源与开发. 北京:中国旅游出版社,2000.

甘枝茂,马耀峰,宗保平. 旅游资源与开发. 天津:南开大学出版社,2000.

王富玉. 国际热带滨海旅游城市发展道路探析. 北京:中国旅游出版社,2000.

李家清. 旅游开发与规划. 武汉:华中师范大学出版社,2000.

郭跃,张述林. 旅游资源概论. 重庆:重庆大学出版社,2000.

翟辅东. 区域旅游开发与规划. 长沙:湖南地图出版社,2000.

殷理田. 旅游产业发展论. 北京:人民出版社,2000.

杜江、戴斌.旅行社管理比较研究.北京:旅游教育出版社,2000.

王兴斌.旅游产业规划指南.北京:中国旅游出版社,2000.

吴必虎.地方旅游开发与管理.北京:科学出版社,2000.

王德刚.现代旅游区开发与经营管理.青岛:青岛出版社,2000.

郝索、陈实.旅游产业发展研究.西安:陕西人民出版社,2000.

刘玲.旅游环境承载力研究.北京:中国环境科学出版社,2000.

邓爱民、刘代泉.旅游资源开发与规划.北京:旅游教育出版社,2000.

韩玉灵.旅游法教程.北京:旅游教育出版社,2000.

郑焱.中国旅游发展史.长沙:湖南教育出版社,2000.

陈安泽等.旅游地学的理论与实践——旅游地学论文集(第七集).北京:中国林业出版社,2000.

陈建庚.贵州地貌环境与旅游.北京:地质出版社,2000.

王柯平.旅游美学新编.北京:旅游教育出版社,2000.

赵长华.旅游概论.北京:旅游教育出版社,2000.

乔正康.旅游学概论.大连:东北财经大学出版社,2000.

楼嘉军.娱乐旅游概论.福州:福建人民出版社,2000.

国家旅游局人事劳动教育司.经济、环境与旅游业发展.北京:旅游教育出版社,2000.

崔进.旅游文化纵览.北京:中国旅游出版社,2000.

杨桂华.生态旅游的绿色实践.北京:科学出版社,2000.

杨桂华.生态旅游学.北京:高等教育出版社,2000.

杨桂华.旅游资源学.昆明:云南大学出版社,2000.

罗明义.现代旅游经济学.昆明:云南大学出版社,2001.

马耀峰,李天顺,刘新平,等.旅华游客流动模式系统研究.北京:高等教育出版社,2001.

罗明义.旅游经济分析:理论、方法、案例.昆明:云南大学出版社,2001.

颜亚玉.旅游资源开发.厦门:厦门大学出版社,2001.

王莹等.中国旅游地理.杭州:浙江摄影出版社,2001.

吴国清.中国旅游地理.上海:上海人民出版社,2001.

宋志敏.中国旅游地理.郑州:黄河水利出版社,2001.

吴必虎.区域旅游规划原理.北京:中国旅游出版社,2001.

赵黎明.县级旅游发展规划的理论与实践.石家庄:河北教育出版社,2001.

钟海生,郭英之.中国旅游市场需求与开发.广州:广东旅游出版社,2001.

李肇荣,罗世伟.旅游资源开发与旅游规划.北京:中国财政经济出版社,2001.

唐学峰,苟世祥.中国西部旅游发展研究.重庆:重庆出版社,2001.

匡林.旅游业政府主导型发展战略研究.北京:中国旅游出版社,2001.

刘锋.中国西部旅游发展战略研究.北京:中国旅游出版社,2001.

孙纲.新世纪中国区域旅游发展大思路.北京:中国旅游出版社,2001.

杜江.旅游企业跨国经营战略研究.北京:旅游教育出版社,2001.

潘宝明,朱安平.中国旅游文化.北京:中国旅游出版社,2001.

苏勤.旅游学概论.北京:高等教育出版社,2001.

张建春.旅游经济学.北京:高等教育出版社,2001.

王湘.旅游环境学.北京:中国环境科学出版社,2001.

李亚非.旅游经济.北京:中国林业出版社,2001.

王会昌,王云海.中国旅游文化.重庆:重庆大学出版社,2001.

张文. 旅游与文化. 北京:旅游教育出版社,2001.

杨慧,陈志明,张展鸿. 旅游、人类学与中国社会. 昆明:云南大学出版社,2001.

阎友兵. 旅游开发问题研究. 长沙:湖南师范大学出版社,2001.

吴章文. 旅游气象学. 北京:气象出版社,2001.

王利溥. 旅游气象学. 昆明:云南大学出版社,2001.

唐留雄. 现代旅游产业经济学. 广州:广东旅游出版社,2001.

吴忠军. 民俗文化与民俗旅游. 南宁:广西民族出版社,2001.

保继刚,潘兴连,Geoffrey Wall. 城市旅游的理论与实践. 北京:科学出版社,2001.

卢云亭,王建军. 生态旅游学. 北京:旅游教育出版社,2001.

张建萍. 生态旅游理论与实践. 北京:中国旅游出版社,2001.

刘赵平. 分时度假·产权酒店——饭店业和房地产业的创新发展之路. 北京:中国旅游出版社,2002.

戴斌,杜江. 旅行社管理. 北京:高等教育出版社,2002.

张俐俐. 旅游行政管理. 北京:高等教育出版社,2002.

刘滨谊. 自然原始景观与旅游规划设计——新疆喀纳斯湖. 南京:东南大学出版社,2002.

喻学才. 旅游资源. 北京:中国林业出版社,2002.

李瑞,王义民. 旅游资源规划与开发. 郑州:郑州大学出版社,2002.

《西部开发旅游发展战略》课题组. 西部开发旅游发展战略. 北京:中国旅游出版社,2002.

马勇,李玺. 旅游规划与开发. 北京:高等教育出版社,2002.

孙子文. 旅游法规教程. 大连:东北财经大学出版社,2002.

魏小安. 旅游纵横:产业发展新论. 北京:中国旅游出版社,2002.

崔凤军. 中国传统旅游目的地创新与发展. 北京:中国旅游出版社,2002.

张辉. 旅游经济论. 北京:旅游教育出版社,2002.

胡平. 中国旅游人口研究——中国旅游客源市场的人口学分析. 上海:华东师范大学出版社,2002.

厉新建,张辉. 旅游经济学——理论与发展. 大连:东北财经大学出版社,2002.

彭德成. 中国旅游景区治理模式. 北京:中国旅游出版社,2003.

戴斌. 中国国有饭店的转型与变革研究. 北京:旅游教育出版社,2003.

巫宁,杨路明. 旅游电子商务理论与实务. 北京:中国旅游出版社,2003.

宁士敏. 中国旅游消费研究. 北京:北京大学出版社,2003.

张凌云. 旅游景区景点管理. 北京:旅游教育出版社,2003.

魏小安,韩健民. 旅游强国之路——中国旅游产业政策体系研究. 北京:中国旅游出版社,2003.

郑向敏. 旅游安全学. 北京:中国旅游出版社,2003.

陶汉军,黄松山. 导游服务学概论. 北京:中国旅游出版社,2003.

陈志辉,陈小春. 旅游信息学. 北京:中国旅游出版社,2003.

马永立,谈俊忠. 风景名胜区管理学. 北京:中国旅游出版社,2003.

蔡晟. 城市旅游与城市游憩学. 上海:华东师范大学出版社,2003.

张景群. 旅游资源评价与开发. 杨凌:西北农林科技大学出版社,2003.

张俊清,石金莲,刘金福. 生态旅游学. 北京:中国林业出版社,2003.

吴殿廷,水体景观旅游开发规划实务. 北京:中国旅游出版社,2003.

明庆忠. 旅游地规划. 北京:科学出版社,2003.

1995年~2000年期间几乎没有译著出版,在2001年后外版图书的出版步伐开始加快,这一时期引进的译著以旅游市场营销类题材最多,关于教材的翻译也日益增多,旅游人类学、反映全球旅游业发展最新动态的论文集等西方学术研究的前沿研究也日益增多。其主要代表作如下：

［英］约翰·斯沃布鲁克. 景点开发与管理. 张文,译. 北京:中国旅游出版社,2001.

［美］威廉·瑟厄波德. 全球旅游新论. 张广瑞,译. 北京:中国旅游出版社,2001.

［美］瓦伦. L. 史密斯. 东道主与游客:旅游人类学研究. 张晓萍,何昌邑,译. 昆明:云南大学出版社,2002.

［美］菲利普·科特勒,约翰·保文. 旅游市场营销. 谢彦君,译. 北京:旅游教育出版社,2002.

［英］伦纳德·J. 利克里什,卡森·L. 詹金斯. 旅游学通论. 程尽能,译. 北京:中国旅游出版社,2002.

［美］弗雷德·P. 波塞尔曼,克雷格·A. 彼特森. 弯路的代价——世界旅游业回眸. 陈烨,陈鑫,译. 北京:中国社会科学出版社,2003.

4. 中国旅游学术研究成熟阶段(2004年以来)

中国旅游业经过高速增长阶段后,开始走向成熟。这一时期出版的旅游教材和专著在数量上远远超过以往各个历史发展阶段,这一时期的旅游出版物呈现出下列几大特点:基础研究类专著和通用教材种类更加丰富,基础理论研究逐步深化;出版了一批有关新时期中国旅游业发展道路、治理模式、制度变迁和战略选择的研究成果;对于旅游行业的研究更加细化,并关注对旅游新业态和新事物的研究;重视对旅游危机和产业安全的研究;学者型官员著书立说,应用相关理论工具研究中国旅游业发展的实际问题。主要著作如下:

高舜礼. 中国旅游业对外开放战略研究. 北京:中国旅游出版社,2004.

黄羊山. 旅游规划原理. 南京:东南大学出版社,2004.

刘劲柳. 旅游合同. 北京:法律出版社,2004.

潘建民. 中国创建与发展优秀旅游城市研究. 北京:中国旅游出版社,2004.

李天元. 中国旅游可持续发展研究. 天津:南开大学出版社,2004.

陈卓宁,叶春生. 商贸旅游与民俗文化. 哈尔滨:黑龙江人民出版社,2004.

邹统钎. 旅游景区开发与管理. 北京:清华大学出版社,2004.

李长荣. 生态旅游的可持续发展. 北京:中国林业出版社,2004.

丁名申,钱平雷. 旅游房地产学. 上海:复旦大学出版社,2004.

姚延波. 现代旅行社管理研究. 北京:高等教育出版社,2004.

池雄标. 滨海旅游理论与实践. 广州:中山大学出版社,2004.

徐虹. 饭店企业核心竞争力研究. 北京:旅游教育出版社,2004.

戴松年,纵瑞昆. 国际旅游学. 上海:学林出版社,2004.

杨桂华. 生态旅游景区开发. 北京:科学出版社,2004.

李永文. 旅游地理学. 北京:科学出版社,2004.

谢彦君. 基础旅游学. 北京:中国旅游出版社,2004.

王云才. 乡村景观旅游规划设计的理论与实践. 北京:科学出版社,2004.

郭焕成,郑建雄. 海峡两岸观光休闲农业与乡村旅游发展. 徐州:中国矿业大学出版社,2004.

高路加. 旅游人类学纲要. 广州:广东旅游出版社,2004.

彭兆荣. 旅游人类学. 北京:民族出版社,2004.

马梅. e时代旅游产业价值链重构战略设计. 上海:上海三联书店,2004.

付军. 风景区规划. 北京:气象出版社,2004.

山东地图出版社. 中国城市商旅. 济南:山东地图出版社,2004.

周武忠. 旅游学研究. 南京:东南大学出版社,2004.

李鼎新,艾艳丰. 旅游资源学. 北京:科学出版社,2004.

张志宇. 中国旅游景观. 北京:高等教育出版社,2004.

张晓萍. 民族旅游的人类学透视. 昆明:云南大学出版社,2005.

蔡家成. 中国旅行社业研究. 北京:中国旅游出版社,2005.

马耀峰,宋保平,赵振斌,等. 旅游资源开发. 北京:科学出版社,2005.

汪宇明,庄志民,Alan A·Lew. 山岳型生态旅游目的地规划的理论创新与实践. 北京:中国旅游出版社,2005.
李隆华,俞树彪. 海洋旅游学导论. 杭州:浙江大学出版社,2005.
李伟. 民族旅游地文化变迁与发展研究. 北京:民族出版社,2005.
张辉等. 转型时期中国旅游产业环境、制度与模式研究. 北京:旅游教育出版社,2005.
张梦. 区域旅游业竞争力理论与实证研究. 成都:西南财经大学出版社,2005.
田勇. 旅游法规概论. 广州:华南理工大学出版社,2005.
戴斌. 饭店品牌建设. 北京:旅游教育出版社,2005.
楼嘉军,邱扶东,王晓云. 旅游业结构调整与和谐发展. 北京:立信会计出版社,2005.
谢彦君. 旅游体验研究:一种现象学的视角. 天津:南开大学出版社.2005.
毛瑞谦,田勇,冯淑华. 旅游景观开发. 北京:经济管理出版社,2005.
张伟强,陈文强. 旅游规划原理. 广州:华南理工大学出版社,2005.
张伟强. 旅游资源开发与管理. 广州:华南理工大学出版社,2005.
肖星. 中外旅游地理. 广州:华南理工大学出版社,2005.
郑冬子. 旅游地理学. 广州:华南理工大学出版社,2005.
唐代剑. 旅游规划原理. 杭州:浙江大学出版社,2005.
王玉成. 旅游文化概论. 北京:中国旅游出版社,2005.
严国泰. 历史城镇旅游规划理论与实务. 北京:中国旅游出版社,2005.
颜文洪,张朝枝. 旅游环境学. 北京:科学出版社,2005.
吴志强,吴承照. 城市旅游规划原理. 北京:中国建筑工业出版社,2005.
卞显红. 城市旅游空间分析及其发展透视. 北京:中国物资出版社,2005.
陈敏华. 旅游与国学通论. 北京:人民出版社,2005.
潘宝明. 中国旅游文化. 北京:中国旅游出版社,2005.
宫辉力,赵文吉,季小娟. 旅游地理信息系统:设计、开发与应用. 北京:科学出版社,2005.
方志远. 旅游文化探讨. 北京:经济管理出版社,2005.
夏林根. 旅游学:新学科新视野. 上海:复旦大学出版社,2005.
保继刚. 城市旅游:原理·案例. 天津:南开大学出版社,2005.
李悦铮,俞金国. 区域旅游市场发展演化机理及开发. 北京:旅游教育出版社,2005.
崔凤军. 城市旅游的发展与实践:20个命题研究. 北京:中国旅游出版社,2006.
高舜礼. 中国旅游产业政策研究. 北京:中国旅游出版社,2006.
北京旅游发展研究基地. 中国旅游研究2005. 北京:旅游教育出版社,2006.
洪明剑,冉东亚. 生态旅游规划设计. 北京:中国林业出版社,2006.
吴昌南. 中国旅行社产品差异化研究. 上海:上海财经大学出版社,2006.
叶文. 旅游规划的价值维度:民族文化与可持续旅游开发. 北京:中国环境科学出版社,2006.
戴斌. 论北京旅游产业安全与成长要素. 北京:旅游教育出版社,2006.
宋振春. 当代中国旅游发展研究. 北京:经济管理出版社,2006.
黎洁. 旅游环境管理研究. 天津:南开大学出版社,2006.
刘晖. 旅游民族学. 北京:民族出版社,2006.
王迪云. 旅游耗散结构系统开发理论与实践. 北京:中国市场出版社,2006.
李仲广. 旅游经济学:模型与方法. 北京:中国旅游出版社,2006.
杜江. 中国旅游企业经营的国际化——理论、模式与现实选择. 北京:旅游教育出版社,2006.
王婉飞. 中国旅游业发展及创新研究:以分时度假为突破口. 北京:经济科学出版社,2006.
梁明珠. 旅游地品牌研究. 北京:经济科学出版社,2006.

吴殿廷. 山岳景观旅游规划实务. 北京:中国旅游出版社,2006.
保继刚,徐洪罡. 社区旅游与边境旅游(论文集). 北京:中国旅游出版社,2006.
刘滨谊. 旅游发展战略规划理论与实践. 南京:东南大学出版社,2006.
陈家刚. 旅游规划与开发:理论·案例. 天津:南开大学出版社,2006.
彭勇. 中国旅游史. 郑州:郑州大学出版社,2006.
卢云亭. 旅游研究与策划. 北京:中国旅游出版社,2006.
全华. 旅游资源开发与管理. 北京:旅游教育出版社,2006.
杨世瑜,吴志亮. 旅游地质学. 天津:南开大学出版社,2006.
尹德涛. 旅游社会学研究. 天津:南开大学出版社,2006.
邱扶东. 民俗旅游学. 上海:立信会计出版社,2006.
宗晓莲. 旅游开发与文化变迁——以云南省丽江县纳西族文化为例. 北京:中国旅游出版社,2006.
叶文. 城市休闲旅游:理论·案例. 天津:南开大学出版社,2006.
王云才,郭焕成,徐辉林. 乡村旅游规划的原理与方法. 北京:科学出版社,2006.
于素梅. 中国体育旅游研究. 北京:中国水利水电出版社,2006.
刘春玲. 旅游产业危机管理与预警机制研究. 北京:中国旅游出版社,2007.
马耀峰,宋保平,赵振斌. 陕西旅游资源评价研究. 北京:科学出版社,2007.
骆华松,杨世瑜. 旅游地质资源与人地关系耦合. 北京:冶金工业出版社,2007.
戴斌,束菊萍. 经济型饭店:国际经验与中国的实践. 北京:旅游教育出版社,2007.
杨富裕,陈佐忠,张蕴薇. 草原旅游理论与管理实务. 北京:中国旅游出版社,2007.
王艳平. 温泉旅游研究导论. 北京:中国旅游出版社,2007.
黄翔,连建功,王乃举. 旅游节庆与品牌建设:理论·案例. 天津:南开大学出版社,2007.
谷惠敏. 旅游危机管理研究. 天津:南开大学出版社,2007.
秦宇. 旅游企业集团化成长. 北京:旅游教育出版社,2007.
张凌云,杨晶晶. 滑雪旅游开发与经营. 天津:南开大学出版社,2007.
匡林. 多维视角下的新旅游市场观——四川入境旅游个案. 北京:中国旅游出版社,2007.
张文. 旅游影响:理论与实践. 北京:社会科学文献出版社,2007.
黎洁. 旅游卫星账户与旅游统计制度研究. 北京:中国旅游出版社,2007.
王云龙. 新兴旅游产业问题研究. 天津:南开大学出版社,2007.
明庆忠,李庆雷. 旅游循环经济学. 天津:南开大学出版社,2007.
王鹏飞. 旅游与休闲地理学的方法论. 北京:中国环境科学出版社,2007.
韩林飞,A·B·波叼夫,李延强,等. 滨海旅游度假区生态与经济规划. 北京:中国电力出版社,2007.
方世敏,阎友兵. 红色旅游研究. 长沙:湖南人民出版社,2007.
蒙睿,周鸿. 乡村生态旅游:理论与实践. 北京:中国环境科学出版社,2007.
胡野,张跃西. 旅游灾害与救护. 北京:中国科学技术出版社,2007.
徐学书. 旅游资源保护与开发. 北京:北京大学出版社,2007.
陈学庸. 中国旅游资源学. 北京:中国商业出版社,2007.
杨维军. 青藏高原生态旅游可持续发展模式研究. 北京:中国藏学出版社,2007.
刘丹萍. 旅游凝视——中国本土研究. 天津:南开大学出版社,2008.
宋子千. 旅行社经济分析. 北京:中国旅游出版社,2008.
王衍用,曹诗图. 旅游策划理论与实务. 北京:中国林业出版社,2008.
曹诗图. 旅游哲学引论. 天津:南开大学出版社,2008.
刘菲. 旅游市场研究与探索. 北京:人民邮电出版社,2008.

刘劲柳.中外旅游纠纷百案评析.北京:中国旅游出版社,2008.

吴章文,吴楚材.森林旅游学.北京:中国旅游出版社,2008.

王诺.邮轮经济——邮轮管理·邮轮码头·邮轮产业.北京:化学工业出版社,2008.

刘住.旅游学学科体系框架与前沿领域.北京:中国旅游出版社,2008.

杜江,朱易兰.国际著名旅游企业跨国经营案例分析.北京:中国旅游出版社,2008.

杨国良.旅游流空间扩散.北京:科学出版社,2008.

张志宇.旅游地理基础.北京:中国金融出版社,2008.

高峻.都市旅游国际经验与中国实践.北京:中国旅游出版社,2008.

马勇,余冬林,周宵.中国旅游文化史纲.北京:中国旅游出版社,2008.

夏林根.旅游目的地概述.北京:旅游教育出版社,2008.

刘翠.休闲旅游文化基础.北京:清华大学出版社,2008.

沈祖祥,李萌.旅游宗教文化.北京:旅游教育出版社,2008.

王昆欣,周国忠,郎富平.乡村旅游与社区可持续发展研究——以浙江省为例.北京:清华大学出版社,2008.

程占红.生态旅游与植被.北京:中国环境科学出版社,2008.

郑群明.全新旅游资源学.北京:中国科学技术出版社,2008.

徐菊凤.中国休闲度假旅游研究.大连:东北财经大学出版社,2008.

陈锡畴.中国旅游地理.北京:高等教育出版社,2008.

王宁.旅游社会学.天津:南开大学出版社,2008.

卢松.历史文化村落居民对旅游影响的感知与态度模式研究.合肥:安徽人民出版社,2009.

郑健雄.休闲旅游产业概论.北京:建筑书店,2009.

马聪玲.中国节事旅游研究:理论分析与案例解读.北京:中国旅游出版社,2009.

厉建新.中国旅游经济发展与创新研究.北京:旅游教育出版社,2009.

张凌云.旅游理论与实践探索文集.北京:旅游教育出版社,2009.

陈扬乐.旅游策划:原理、方法与实践.武汉:华中科技大学出版社,2009.

汪明宇.旅游合作与区域创新.北京:科学出版社,2009.

魏小安.旅游业态创新与新商机.北京:中国旅游出版社,2009.

中国旅游研究院.中国旅游研究30年专家评论:1978~2008.北京:中国旅游出版社,2009.

唐善茂.基于可持续发展理论的西部地区特色旅游资源开发极限效应研究.北京:科学出版社,2009.

吴必虎.旅游研究与旅游发展.天津:南开大学出版社,2009.

张凌云.旅行社服务质量管理理论与实践.北京:社会科学文献出版社,2009.

史兴民.旅游地貌学.天津:南开大学出版社,2009.

郑国全.旅游调查研究方法.天津:南开大学出版社,2009.

马晓龙.城市旅游竞争力.天津:南开大学出版社,2009.

李享.旅游调查研究的方法与实践.北京:中国旅游出版社,2009.

钟永德,陈晓磬.旅游景区管理.武汉:武汉大学出版社,2009.

李君轶.国内旅游市场研究:Internet环境下的新透视.北京:科学出版社,2010.

胡炜霞.旅游景区周边环境研究——界定、评价、协调.北京:中国环境科学出版社,2010.

柳中明.旅游区规划与设计.北京:电子工业出版社,2010.

余琳.中国旅游地理.北京:机械工业出版社,2010.

肖俊兰.旅游消费案例解析.北京:中国社会出版社,2010.

龙凌.旅游与休闲.北京:中国电力出版社,2010.

宋海岩,吴凯,李仲广.旅游经济学.北京:中国人民大学出版社,2010.

李锋. 目的地旅游危机管理: 机制、评估与控制. 北京: 中国经济出版社, 2010.

陈才. 旅游体验的性质与结构. 北京: 旅游教育出版社, 2010.

张广瑞, 刘德谦, 宋瑞. 2010年中国旅游发展分析与预测. 北京: 社会科学文献出版社, 2010.

姚延波. 旅行社经营管理. 北京: 北京师范大学出版社, 2010.

郑耀星. 旅游景区开发与管理. 北京: 旅游教育出版社, 2010.

江荣先. 中国森林旅游地理. 北京: 中国时代经济出版社, 2010.

鲁小波. 自然保护区生态旅游开发与管理. 北京: 旅游教育出版社, 2010.

柳丹, 肖胜和, 郑国全. 旅游景观地学教程. 上海: 格致出版社, 2010.

郑国全. 旅游调查基础教程. 上海: 格致出版社, 2010.

成升魁, 吴大伟, 钟林生. 生态旅游理论进展与实践探索——2009中国青海国际生态旅游高峰. 北京: 中国环境科学出版社, 2010.

宋书巧, 屠爽爽. 广西乡村旅游研究. 北京: 中国环境科学出版社, 2010.

邹统钎. 遗产旅游管理经典案例. 北京: 中国旅游出版社, 2010.

吴国清. 旅游资源开发与管理. 上海: 上海人民出版社, 2010.

庄坚毅. 中国旅游文化. 北京: 北京理工大学出版社, 2010.

石培华, 冯凌, 吴普. 旅游业节能减排与低碳发展. 北京: 中国旅游出版社, 2010.

申葆嘉. 旅游学原理: 旅游运行规律研究之系统陈述. 北京: 中国旅游出版社, 2010.

聂建波. 旅游心理与行为. 长沙: 湖南大学出版社, 2010.

刘德艳. 旅游危机管理. 上海: 上海人民出版社, 2010.

李朝军, 郑炎. 旅游文化学. 大连: 东北财经大学出版社, 2010.

李晓琴, 朱创业. 温泉体验旅游策划与规划——理论、方法与实践. 北京: 科学出版社, 2010.

魏小安. 新时期中国旅游发展战略研究. 北京: 中国旅游出版社, 2010.

张凌云. 旅游景区概论. 北京: 北京师范大学出版社, 2010.

吴思. 旅游产业信息化创新的理论与实践研究. 武汉: 武汉大学出版社, 2010.

周永振. 旅游文化概论. 武汉: 武汉大学出版社, 2010.

蔡君. 国家森林公园游憩承载力研究. 北京: 中国林业出版社, 2010.

乌兰, 李玉新. 生态旅游. 北京: 经济管理出版社, 2010.

张哲, 韩凝玉. 面向竞争的规制: 转型期我国风景资源保护与利用实效管理模式研究. 南京: 东南大学出版社, 2010.

郭焕成, 郑建雄, 吕明伟. 乡村旅游理论研究与案例实践旅游. 北京: 中国建筑工业出版社, 2010.

韩春鲜. 中国干旱区域旅游可持续发展的理论探索. 北京: 商务印书馆, 2010.

李东和. 区域旅游影响空间分异. 北京: 安徽大学出版社, 2010.

盛永利, 黎筱筱, 杨小兰, 李关平. TOLD模式: 旅游导向型土地综合开发. 北京: 中国林业出版社, 2010.

吴必虎, 黄潇婷. 休闲度假城市旅游规划. 北京: 中国旅游出版社, 2010.

吴必虎, 俞曦. 旅游规划原理. 北京: 中国旅游出版社, 2010.

吴必虎, 俞曦, 严琳. 城市旅游规划研究与实施评估. 北京: 中国旅游出版社, 2010.

吴国清. 都市旅游目的地空间结构嬗变与优化. 北京: 中国旅游出版社, 2010.

吴殿廷, 王欣, 耿建忠, 等. 旅游开发与规划. 北京: 北京师范大学出版社, 2010.

谢彦君. 旅游体验研究: 走向实证科学. 北京: 中国旅游出版社, 2010.

张建国, 薛群慧, 华雯. 生态旅游·太湖源模式. 北京: 北京大学出版社, 2010.

保继刚. 旅游研究进展(第3辑). 北京: 商务印书馆, 2011.

北京大学旅游研究与规划中心. 旅游规划与设计: 景区管理与九寨沟案例研究. 北京: 中国建筑工业出版

社,2011.
北京大学旅游研究与规划中心.旅游规划与设计:节事·城市·旅游.北京:中国建筑工业出版社,2011.
北京市旅游发展委员会.北京旅游产业发展研究.北京:中国旅游出版社,2011.
陈佳平.河南生态旅游资源评价与开发.郑州:郑州大学出版社,2011.
陈肖静.旅游学通论.合肥:合肥工业大学出版社,2011.
代小飞.中国旅游地理.武汉:武汉大学出版社,2011.
董建辉,何叶.旅游资源评价与开发.北京:旅游教育出版社,2011.
范黎光,张仁军.中国旅游地理.北京:化学工业出版社,2011.
冯凌.新时期旅游产业创新发展研究.北京:旅游教育出版社,2011.
冯年华.乡村旅游文化学.北京:经济科学出版社,2011.
冯淑华,田逢军.旅游地理学.武汉:华中科技大学出版社,2011.
冯学钢,吴文智,于秋阳.旅游规划.上海:华东师范大学出版社,2011.
郭强,董骏峰,董林峰.资源保护型旅游供应链协调机制与精益化研究.北京:科学出版社,2011.
何调霞.景区旅游资源评价.上海:复旦大学出版社,2011.
胡华.旅游线路规划与设计.北京:旅游教育出版社,2011.
黄爱莲.限制与突破:北部湾区域旅游合作研究.北京:中国社会科学出版社,2011.
黄爱莲,潘冬南.跨越文化的界限:民俗风情旅游问题及其解决.北京:旅游教育出版社,2011.
黄成林.安徽旅游文化研究.合肥:安徽师范大学出版社,2011.
黄少辉.中国海洋旅游产业.广州:广东经济出版社,2011.
计金标.中国旅游研究回顾与展望.北京:旅游教育出版社,2011.
金颖若,周玲强.东西部比较视野下的乡村旅游发展研究.北京:中国社会科学出版社,2011.
居阅时.旅游景观文化.上海:格致出版社,2011.
孔邦杰.旅游环境学概论.上海:格致出版社,2011.
郎富平.旅游资源调查与评价.北京:中国旅游出版社,2011.
凌常荣.资源型区域旅游产品开发路径研究.北京:中国社会科学出版社,2011.
李波,杨世瑜.旅游地质景观类型与区划.北京:冶金工业出版社,2011.
李宏.旅游目的地营销与发展.北京:旅游教育出版社,2011.
李娟文.中国旅游地理(第4版).大连:东北财经大学出版社,2011.
李开宇,张传时.城市化进程中的城郊乡村旅游发展研究.北京:北京理工大学出版社,2011.
李悦铮.海岛旅游开发规划:理论探索与实践.北京:旅游教育出版社,2011.
李享,邢雪艳,吴泰岳,时少华.旅游出行方式研究:消费行为视角.北京:旅游教育出版社,2011.
梁明珠.中国旅游地理(修订版).广州:广东旅游出版社,2011.
林光旭,唐建兵.乡村旅游项目创意策划与实践.成都:电子科技大学出版社,2011.
刘春玲.旅游休闲带产业集群发展机制研究.北京:中国旅游出版社,2011.
刘振礼,王兵.新编中国旅游地理(第4版).天津:南开大学出版社,2011.
卢丽刚.红色旅游资源的保护与开发.重庆:西南交通大学出版社,2011.
卢丽蓉,李敏.旅游学概论.天津:天津大学出版社,2011.
麻学锋,罗康隆.旅游业驱动民族地区经济社会发展研究:以张家界为例.成都:电子科学技术大学出版社,2011.
马耀峰.旅游规划.北京:中国人民大学出版社,2011.
庞淑英,杨世瑜.旅游地质景观空间信息与可视化.北京:冶金工业出版社,2011.
裴凤琴.中国旅游地理.成都:西南财经大学出版社,2011.

邱云美.生态旅游发展的理论与实践.北京:科学出版社,2011.

申元村,刘锋.中国的生态环境与生态旅游.北京:气象出版社,2011.

孙丽坤.民族地区文化旅游产业的可持续发展.北京:中国环境科学出版社,2011.

孙业红,李文华.农业文化遗产地旅游发展潜力研究.北京:中国环境科学出版社,2011.

唐德荣.乡村旅游开发与管理.北京:中国农业出版社,2011.

唐德荣.乡村旅游行为研究:基于重庆市城市游客的实证分析.北京:中国农业出版社,2011.

万剑敏.旅游景区规划与设计.北京:旅游教育出版社,2011.

王德刚,王蔚.旅游资源学教程.北京:清华大学出版社、北京交通大学出版社,2012.

王镜.古都遗产旅游开发模式研究.北京:中国环境科学出版社,2011.

王丽华,俞金国.城市旅游影响研究:基于居民感知视角.北京:旅游教育出版社,2011.

王松平.西藏自治区(乡村)社区旅游研究.成都:四川大学出版社,2011.

王素洁.社会网络视角下的乡村旅游决策研究.济南:山东大学出版社,2011.

汪晓梅.基于生态经济理论的我国生态旅游业发展问题研究.北京:旅游教育出版社,2011.

王艳平,王捷.旅游地理与温泉度假.武汉:武汉大学出版社,2011.

王衍用,王旭科.区域旅游发展与管理研究.北京:中国旅游出版社,2011.

汪忠满.都市旅游与"宜游城市"空间结构研究.北京:中国建筑工业出版社,2011.

魏向东,王卫平.晚明旅游地理研究(1567~1644):以江南地区为中心.天津:天津古籍出版社,2011.

魏小安.与中国旅游同行:旅游研究与工作方法新论.北京:旅游教育出版社,2011.

吴殿廷,宋金平,王丽华.旅游规划新论.北京:中国旅游出版社,2011.

吴国琴.中部地区旅游合作研究.北京:知识产权出版社,2011.

伍海琳.城市旅游形象策划与提升研究.上海:上海交通大学出版社,2011.

谢彦君.基础旅游学(第3版).北京:中国旅游出版社,2011.

熊继红.地质多样性理论与旅游资源开发研究.北京:中国社会科学出版社,2011.

徐虹,姚延波.旅游目的地营销与管理.北京:中国旅游出版社,2011.

杨小兰,盛永利,刘君.TOLD模式:引爆中国旅游地产.北京:北京大学出版社、中国林业出版社,2011.

袁美昌.旅游通论:旅游基础理论研究.天津:南开大学出版社,2011.

张辉等.中国旅游产业发展模式及运行方式研究.北京:中国旅游出版社,2011.

张鹏顺.旅游产业集群形成与发展机制研究.合肥:合肥工业大学出版社,2011.

赵利民,王明强,叶珍.旅游概论.北京:旅游教育出版社,2011.

中国旅游研究院.中国旅游发展研究报告书系·旅游业发展的浙江模式.北京:中国旅游出版社,2011.

中国旅游研究院.中国区域旅游发展年度报告2010~2011.北京:中国旅游出版社,2011.

中国生态学会旅游生态专业委员会.中国生态旅游发展论坛7:中国特色的生态旅游实践与案例.北京:中国环境科学出版社,2011.

周萍.西部民族地区旅游产业集群系统构建.重庆:西南交通大学出版社,2011.

周萍.贵州民族地区旅游产业集群成长研究.重庆:西南交通大学出版社,2011.

周作明.中国民俗旅游学新论.北京:旅游教育出版社,2011.

邹统钎.旅游目的地管理.北京:高等教育出版社,2011.

邹统钎.旅游研究前沿书系·北京创建世界最佳旅游目的地城市的差距诊断与战略对策.北京:旅游教育出版社,2011.

邹统钎,王向宁.中国旅游景区管理模式研究(英文版).北京:旅游教育出版社,2011.

保继刚,楚义芳.旅游地理学(第3版).北京:高等教育出版社,2012.

保继刚.旅游研究进展(第4辑).北京:商务印书馆,2012.

北京大学旅游研究与规划中心.旅游规划与设计:古镇·旅游小镇.北京:中国建筑工业出版社,2012.
北京大学旅游研究与规划中心.旅游规划与设计:精品酒店.北京:中国建筑工业出版社,2012.
北京大学旅游研究与规划中心.旅游规划与设计:旅游移动性.北京:中国建筑工业出版社,2012.
曹诗图,王衍用.新编旅游开发与规划.武汉:武汉大学出版社,2012.
陈玲玲,严伟,潘鸿雷.生态旅游:理论与实践.上海:复旦大学出版社,2012.
崔莉.休闲规划开发案例.北京:旅游教育出版社,2012.
刁志波.旅游产业信息化理论研究与实践创新.北京:旅游教育出版社,2012.
冯俊伶.地域文化与旅游.重庆:重庆大学出版社,2012.
冯晓华.新疆旅游资源.北京:中国环境科学出版社,2012.
冯学钢,杨勇,于秋阳.中国旅游产业潜力和竞争力研究.上海:上海交通大学出版社,2012.
符国基,邹伟.旅游规划环境影响评价——以海南省南丽湖风景名胜区为例.北京:科学出版社,2012.
国家旅游局旅游促进与国际合作司、中国旅游究院.中国入境旅游发展年度报告2012.北京:旅游教育出版社,2012.
胡红梅.旅游景区管理.北京:机械工业出版社,2012.
胡华.中国旅游客源国与目的地国概况.北京:中国旅游出版社,2012.
胡巍.旅游景区规划与管理.北京:北京交通大学出版社,2012.
华智海,边世平.青海民俗文化与旅游资源开发.北京:旅游教育出版社,2012.
黄毅斌,刘晖,翁伯琦.生态农业观光园规划:理念与案例.北京:中国农业科学技术出版社,2012.
金平斌.浙江省地文旅游资源的可持续利用研究.杭州:浙江大学出版社,2012.
金准.我国现阶段城市化对城市旅游的影响.北京:经济管理出版社,2012.
鞠海虹.中国主要旅游客源地概况.北京:科学出版社,2012.
雷晚蓉.乡村旅游资源开发利用研究.长沙:湖南大学出版社,2012.
李炯华.工业旅游理论与实践.北京:光明日报出版社,2012.
李宏.旅游目的地形象测量方法与应用研究.天津:南开大学出版社,2012.
李清霞.中国旅游地理.北京:旅游教育出版社,2012.
李瑞.我国滨海旅游发展研究.北京:科学出版社,2012.
厉新建.旅游经济发展研究:转型中的新思考.北京:旅游教育出版社,2012.
厉新建,张辉,厉新权.旅游经济学(第2版).北京:中国人民大学出版社,2012.
李晓琴,朱创业.旅游规划与开发.北京:高等教育出版社,2012.
李星群.广西乡村民营旅游经济发展问题研究.北京:经济管理出版社,2012.
李雪松,田里.旅游形象屏蔽理论研究.北京:中国旅游出版社,2012.
励永惠,苏少敏.休闲旅游基地:理念、标准、实践.北京:中国社会科学出版社,2012.
梁旺兵,把多勋,马耀峰.中国入境旅游者跨文化行为研究:基于甘南藏族自治州等地的考察.北京:科学出版社,2012.
刘汉成,程水源.大别山旅游合作发展战略研究.北京:中国经济出版社,2012.
刘家明,黄家华,孔杰峰.旅游宜都.武汉:湖北人民出版社,2012.
刘名俭.旅游经济发展方式转变路径研究.北京:中国环境科学出版社,2012.
刘少湃.负重的空间:城市旅游景区空间优化研究.上海:立信会计出版社,2012.
卢世菊.长江流域道教文化遗产与旅游开发:基于文化线路视角.北京:中国社会科学出版社,2012.
马耀峰,宋保平,赵振斌.旅游资源开发.北京:科学出版社,2012.
南宇.西北丝绸之路五省跨区域旅游合作开发战略研究.北京:科学出版社,2012.
宁泽群等.北京市居民休闲行为与产业发展的调查与研究.北京:旅游教育出版社,2012.

宁志中. 旅游规划设计实践. 北京:中国建筑工业出版社,2012.

邵琪伟. 中国旅游业应对重大自然灾害机制研究:汶川特大地震应急救援和恢复重建的经验及启示. 北京:中国旅游出版社,2012.

时少华. 北京乡村旅游发展中的社区参与研究:基于权力结构的视角. 北京:旅游教育出版社,2012.

宋振春,李秋. 文化旅游产业与城市发展研究. 北京:经济管理出版社,2012.

孙九霞. 传承与变迁:旅游中的族群与文化. 北京:商务印书馆,2012.

万剑敏,谢彦君. 旅游景区规划与设计. 北京:旅游教育出版社,2012.

王德刚. 旅游学概论(第3版). 北京:清华大学出版社,2012.

王金叶,黎志逸,程道品,等. 区域旅游生态系统可持续发展研究:以漓江流域为例. 北京:科学出版社,2012.

王聚贤. 中国旅游地理. 北京:北京理工大学出版社,2012.

王昆欣,鞠海虹. 中国旅游客源地和目的地概况(第2版). 北京:高等教育出版社,2012.

王明友,李森焱. 中国工业旅游研究. 北京:经济管理出版社,2012.

王细芳. 旅游供应链柔性研究:面向旅游服务贸易竞争力的提升. 上海:上海财经大学出版社,2012.

王衍用,宋子千,秦岩. 旅游景区项目策划(第2版). 北京:中国旅游出版社,2012.

魏小安,厉新建. 北京旅游发展战略研究:世界一流旅游城市的视角. 北京:旅游教育出版社,2012.

魏小安,魏诗华. 全产业链视阈下的旅游发展. 天津:南开大学出版社,2012.

文军,阳国亮. 北部湾(广西)滨海旅游区评价与选划研究. 北京:经济管理出版社,2012.

武光,张述林,王清雨. 区域旅游规划研究丛书:区域旅游规划关键技术研究. 北京:科学出版社,2012.

吴丽霞. 河南乡村旅游和谐发展研究. 北京:知识产权出版社,2012.

吴章文,文首文. 生态旅游学. 北京:中国林业出版社,2012.

向延平. 旅游生态位理论、方法与应用研究:以湖南省张家界市为例. 北京:经济管理出版社,2012.

谢双玉,胡静. 旅游地理学. 大连:东北财经大学出版社,2012.

徐海军. 旅游理论与实践前沿丛书:国际旅游岛建设标准与评价体系研究. 北京:中国旅游出版社,2012.

徐明,梁宗晖. 旅游概论. 北京:中国经济出版社,2012.

杨红. 生态农业和生态旅游业耦合产业链理论与实证研究:以三峡库区为例. 北京:经济管理出版社,2012.

杨振之,黄葵,周坤. 城乡统筹与乡村旅游(第2版). 北京:经济管理出版社,2012.

严艳. 秦岭北麓观光农业旅游资源开发研究. 北京:中国社会科学出版社,2012.

张帆. 旅游功能区产业发展研究. 北京:中国旅游出版社,2012.

殷红卫. 旅游城市化演变机制及其影响研究:以无锡为例. 南京:东南大学出版社,2012.

张广瑞. 旅游景区可持续发展研究:首届旅游可持续发展论坛论文汇编. 北京:中国旅游出版社,2012.

张海霞. 国家公园的旅游规制研究. 北京:中国旅游出版社,2012.

张洪. 城市旅游业竞争力研究:基于区域与产业复合竞争背景. 南京:南京大学出版社,2012.

张金霞,赵亮. 旅游学导论. 北京:北京大学出版社,2012.

张金霞,赵亮. 中国主要旅游客源国与目的地国概况(第2版). 北京:清华大学出版社,2012.

张连兵. 中国旅游地理. 北京:北京师范大学出版社,2012.

张述林,笪玲. 旅游区总体规划研究:理论与实践. 北京:科学出版社,2012.

张述林,宋增伟. 区域旅游规划研究丛书:旅游概念规划研究:理论与实践. 北京:科学出版社,2012.

张玉蓉. 文化创意旅游发展策略研究:以重庆为视角. 成都:西南财经大学出版社,2012.

张玉蓉,漆明亮. 旅游经济学. 成都:西南财经大学出版社,2012.

郑琦. 创意旅游——产业创新与规划研究. 上海:上海社会科学院出版社,2012.

中国旅游研究院. 中国出境旅游发展年度报告2012. 北京:旅游教育出版社,2012.

中国旅游研究院. 中国区域旅游发展年度报告2011~2012. 北京:中国旅游出版社,2012.

中国生态学会旅游生态专业委员会.中国生态旅游发展论坛8:全面推动生态旅游实践.北京:中国环境科学出版社,2011.

钟泓,韦家瑜.景区规划原理与实务.北京:中国旅游出版社,2012.

周春发.旅游现代性与社区变迁:以徽村为例.北京:社会科学文献出版社,2012.

周萍.民族地区旅游产业集群理论研究.重庆:西南交通大学出版社,2012.

卓武扬,张华,姚寿福.旅游经济与旅游管理研究.成都:西南财经大学出版社,2012.

邹统钎,王欣.旅游目的地开发与管理.北京:北京师范大学出版社,2012.

邹统钎,陈芸.旅游目的地营销.北京:经济管理出版社.2012

安永刚,张合平.休闲城市旅游业可持续发展.北京:化学工业出版社,2013.

保继刚,张朝枝,刘德龄.旅游与人地环境.北京:中国旅游出版社,2013.

保继刚,王宁,马波,等.旅游学纵横:学界五人对话录.北京:旅游教育出版社,2013.

北京大学旅游研究与规划中心.旅游规划与设计:创意农业.北京:中国建筑工业出版社,2013.

北京大学旅游研究与规划中心.旅游规划与设计:海洋与海岛旅游.北京:中国建筑工业出版社,2013.

北京大学旅游研究与规划中心.旅游规划与设计:旅游演艺·影视旅游.北京:中国建筑工业出版社,2013.

北京大学旅游研究与规划中心.旅游规划与设计:乡村旅游·乡村度假.北京:中国建筑工业出版社,2013.

卞显红.旅游产业集群空间演化、竞争优势获取与创新升级研究.北京:中国财富出版社,2013.

蔡红,李平生.北京旅游新生态:理论创新与实践发展.北京:中国经济出版社,2013.

曹诗图.哲学视野中的旅游研究.北京:学苑出版社,2013.

曹诗图.旅游审美概论.天津:南开大学出版社,2013.

曹艳英.区域旅游产业发展的理论与实证研究.北京:中国社会科学出版社,2013.

陈国生,赵晓军,彭文武.区域旅游规划原理与实证研究.北京:中国戏剧出版社,2013.

陈加林.旅游业与区域发展关系研究.北京:中国旅游出版社,2013.

陈实,温秀.西部区域旅游合作研究.北京:中国经济出版社,2013.

陈扬乐,陈曼真.海南省潜在滨海旅游区研究.北京:海洋出版社,2013.

程遂营.文化视野中的旅游与休闲研究.北京:中国经济出版社,2013.

戴斌,周晓歌,李仲广,等.中国旅游经济监测与预警研究.北京:旅游教育出版社,2013.

邓光奇.民族地区生态旅游发展研究.北京:中国时政经济出版社,2013.

高峻,邬振华,冯翔,等.建设世界级旅游目的地:长三角区域旅游发展规划研究.北京:中国经济出版社,2013.

高丽敏,王琦,时永春,等.北京低碳旅游发展研究.北京:中国农业大学出版社,2013.

国家旅游局旅游促进与国际合作司,中国旅游研究院.中国入境旅游发展年度报告2013.北京:旅游教育出版社,2013.

国务院南水北调工程建设委员会办公室.南水北调中线生态文化旅游产业带规划纲要.北京:中国水利水电出版社,2013.

何景明.乡村旅游发展及其影响研究.北京:知识产权出版社,2013.

何小芊.中国温泉旅游的历史地理研究.北京:旅游教育出版社,2013.

侯宏杰.旅游消费者行为研究:以北京观光农业为例.北京:光明日报出版社,2013.

黄成林,刘云霞,王娟.旅游地景观变迁研究.合肥:安徽师范大学出版社,2013.

黄先开,魏小安,张凌云.中国旅游经济结构研究(上下).北京:中国经济出版社,2013.

匡林.旅游理论与实践前沿丛书:中国国家旅游形象研究.北京:中国旅游出版社,2013.

李辉,丛小丽,朱麟奇.长吉图区域民俗旅游资源开发研究.长春:吉林大学出版社,2013.

李鹏.旅游业生态效率.北京:科学出版社,2013.

李鹏,冯艳滨,孙俊明.旅游标准化理论研究与实践.北京:中国旅游出版社,2013.

李霞,朱丹丹.谁的街区被旅游照亮:中国历史文化街区旅游开发八大模式.北京:化学工业出版社,2013.

李享.旅游调查研究的方法与实践(第3版).北京:中国旅游出版社,2013.

李瑛.旅游目的地区域空间组织研究.北京:经济科学出版社,2013.

李云鹏,晁夕,沈华玉,等.智慧旅游:从旅游信息化到旅游智慧化.北京:中国旅游出版社,2013.

林峰.旅游引导的新型城镇化.北京:中国旅游出版社,2013.

林源源.区域旅游产业经济绩效及其影响因素研究.南京:东南大学出版社,2013.

刘丽梅,吕君.区域旅游开发与规划研究.北京:中国财政经济出版社,2013.

刘敏.山岳型景区经营权价值评估研究.北京:中国旅游出版社,2013.

刘艳芳.大湘西旅游文化带构建研究.北京:知识产权出版社,2013.

刘云.旅游温泉空间结构与整合开发:以云南中东部为例.北京:科学出版社,2013.

罗明义,许南垣.休闲型旅游目的地培育研究:理论·实证·个案.北京:科学出版社,2013.

马爱萍.基于动机的旅游目的地形象实证研究.北京:中国财政经济出版社,2013.

马耀峰,甘枝茂.旅游资源开发与管理(第3版).天津:南开大学出版社,2013.

毛长义,张述林.区域旅游规划研究丛书:区域旅游发展战略研究.北京:科学出版社,2013.

孟爱云.旅游资源开发与规划.北京:北京大学出版社,2013.

苗长虹,陈德广,李学鑫,等.旅游资源开发研究:以河南省为例.北京:科学出版社,2013.

苗雅杰,王钊.旅游规划与开发.北京:中国财富出版社,2013.

苗雅杰,孟伟.中国旅游地理.北京:中国财富出版社,2013.

庞规荃.中国旅游地理(第6版).北京:旅游教育出版社,2013.

任唤麟.明代旅游地理研究.北京:中国科学技术出版社,2013.

任淑华,陈志奎,岑况.生态旅游资源永续利用研究:以浙江舟山群岛新区为例.北京:海洋出版社,2013.

盛永利,杨小兰,赵永忠,等.谁的地产被旅游照亮:中国旅游地产十大模式分析.北京:化学工业出版社,2013.

田里,李柏文,李雪松,等.云南乡村旅游发展研究.北京:中国旅游出版社,2013.

万剑敏.中国旅游地理:旅游资源篇(第2版).北京:科学出版社,2013.

王缤钰,沈晔,李敏琦,等.红色旅游与文化.北京:中国建筑工业出版社,2013.

王德刚.古村落保护与开发:北方古村落保护与旅游开发典型案例研究.济南:山东大学出版社,2013.

王羽.旅游资源学.武汉:武汉大学出版社,2013.

王兴中,李九全,潘秋玲,等.中国旅游地理.北京:科学出版社,2013.

王兆峰,张海燕.旅游产业前沿问题研究.重庆:西南交通大学出版社,2013.

韦家瑜.中国旅游地理.北京:中国旅游出版社,2013.

魏小安,陈青光,魏诗华.中国海洋旅游发展.北京:中国经济出版社,2013.

吴必虎,董双兵.云南度假目的地省建设研究报告.昆明:云南人民出版社,2013.

吴必虎,黄潇婷.旅游学概论(第2版).北京:中国人民大学出版社,2013.

吴国清.旅游地理.天津:南开大学出版社,2013.

吴丽云.旅游研究前沿书系·大都市区边缘区域旅游发展模式研究:以河北省廊坊市为例.北京:旅游教育出版社,2013.

吴忠军,杨主泉,王佳果.中国民族旅游研究(2010卷).北京:旅游教育出版社,2013.

吴忠军,邸平伟.中国民族旅游研究(2011卷).北京:旅游教育出版社,2013.

向宝惠,钟林生.边境:县域旅游发展规划理论与实践.北京:中国社会出版社,2013.

谢朝武.旅游理论与实践前沿丛书:旅游应急管理.北京:中国旅游出版社,2013.

熊剑平,余意峰,刘美华.少数民族区旅游发展之路:恩施州利川市规划案例.北京:科学出版社,2013.

徐福英.基于城乡统筹的旅游业发展研究:模式构建与类型分析.天津:南开大学出版社,2013.

杨宏.东北亚区域旅游合作:理论分析与案例研究.大连:东北财经大学出版社,2013.
杨丽.旅游供应链合作协调研究:从产品差异化视角.北京:对外经贸大学出版社,2013.
杨力民.城市旅游:解读城市性格与旅游.北京:中国旅游出版社,2013.
杨卫武,徐薛艳,刘娲.旅游理论与实践前沿丛书:旅游演艺的理论与实践.北京:中国旅游出版社,2013.
杨勇,张翼鹏.中国旅游产业发展:效率、集群及机制研究.北京:清华大学出版社,2013.
杨主泉.基于社区参与的生态旅游可持续发展研究.北京:旅游教育出版社,2013.
杨主泉.广西旅游产业转型与升级研究.北京:旅游教育出版社,2013.
叶文,薛熙明.生态文明:民族社区生态文化与生态旅游.北京:中国社会科学出版社,2013.
于春雨.中国旅游地理.北京:北京交通大学出版社,2013.
张广海.我国滨海旅游资源开发与管理.北京:海洋出版社,2013.
张广海,刘佳.我国海洋旅游功能区划研究.北京:海洋出版社,2013.
张河清.旅游业跨区域联合发展的竞合机制及其绩效评价研究:以湘黔桂侗文化旅游圈为例.北京:中国经济出版社,2013.
张满林,赵恒德.辽西走廊区域旅游发展研究.北京:知识产权出版社,2013.
章小平,吴必虎.智慧景区管理与九寨沟案例研究.北京:清华大学出版社,2013.
张忠孝,祁永寿,刘峰贵,等.青藏高原旅游开发研究.北京:科学出版社,2013.
赵晓燕.北京入境旅游市场实证研究.北京:中国旅游出版社,2013.
郑文俊.旅游视角下乡村景观吸引力理论与实证研究.北京:科学出版社,2013.
中国科学院地理科学与资源研究所,甘肃藏族自治州旅游局.甘南藏族自治州生态旅游发展规划(2013~2025).北京:中国社会出版社,2013.
中国旅游研究院.中国旅游发展研究报告书系·旅游与城市的融合发展:以成都为例.北京:中国旅游出版社,2013.
中国旅游研究院.中国旅游发展研究报告书系·红色旅游发展的延安道路.北京:中国旅游出版社,2013.
中国旅游研究院.中国旅游发展研究报告书系·中外旅游饭店产业发展与创新趋势.北京:中国旅游出版社,2013.
中国旅游研究院.中国出境旅游发展年度报告2013.北京:旅游教育出版社,2013.
中国旅游研究院.中国旅游景区发展报告2013.北京:旅游教育出版社,2013.
中国旅游研究院.中国旅游评论2013.北京:旅游教育出版社,2013.
中国旅游研究院.中国区域旅游发展年度报告2012~2013.北京:旅游教育出版社,2013.
钟林生,陈田.生态旅游发展与管理.北京:中国社会出版社,2013.
周建明.生态旅游理论与实例研究.北京:中国建筑工业出版社,2013.
周玲强.乡村旅游产业组织研究.北京:科学出版社,2013.
周永广.旅游规划实务.北京:化学工业出版社,2013.
邹统钎.旅游景区管理.天津:南开大学出版社,2013.
邹统钎.乡村旅游发展基本原理.北京:旅游教育出版社,2013.
邹统钎.中国遗产旅游可持续发展模式创新与体制改革.北京:旅游教育出版社,2013.
北京大学旅游研究与规划中心.旅游规划与设计:博物馆旅游.北京:中国建筑工业出版社,2014.
北京大学旅游研究与规划中心.旅游规划与设计:国家公园与风景名胜区.北京:中国建筑工业出版社,2014.
北京大学旅游研究与规划中心.旅游规划与设计:绿道·风景道·游径.北京:中国建筑工业出版社,2014.
北京大学旅游研究与规划中心.旅游规划与设计:智慧旅游与旅游信息化.北京:中国建筑工业出版社,2014.
北京旅游发展研究基地.中国在线旅游研究报告(2014).北京:旅游教育出版社,2014.
曹培培.中国旅游地理.北京:清华大学出版社,2014.

陈钢华.旅游度假区开发模式变迁研究:以三亚市海棠湾、亚龙湾为例.南京:东南大学出版社,2014.

陈加林,王少华.区域旅游学.北京:科学出版社,2014.

陈建军,章鋆,曹灿明.基于现代化轨道交通条件下长江三角洲城市旅游一体化发展研究.苏州:苏州大学出版社,2014.

陈琴,张述林.区域旅游规划研究丛书:旅游景观规划设计研究.北京:科学出版社,2014.

陈秋华,纪金雄.乡村旅游规划理论与实践.北京:中国旅游出版社,2014.

陈怡宁.旅游城市发展的耦合机理与评价体系构建:基于世界范围45个城市的实证研究.北京:中国旅游出版社,2014.

刁志波.黑龙江乡村旅游发展与创新研究.北京:旅游教育出版社,2014.

段文军.基于生态安全的漓江生态旅游可持续发展研究.北京:科学出版社,2014.

方世敏.区域生态旅游系统优化研究:基于长株潭地区的个案分析.湘潭:湘潭大学出版社,2014.

复旦大学旅游学系.文化视野下的旅游业.上海:复旦大学出版社,2014.

高峻,孙瑞红,李艳彗.生态旅游学.天津:南开大学出版社,2014.

高亚芳,魏鹏.甘肃省旅游产业发展战略研究.北京:北京交通大学出版社,2014.

葛全胜,钟林生.中国边境旅游发展报告.北京:科学出版社,2014.

国家旅游局旅游促进与国际合作司,中国旅游研究院.中国入境旅游发展年度报告2014.北京:旅游教育出版社,2014.

何琼峰.旅游地服务质量时空特征影响因素及提升对策.北京:旅游教育出版社,2014.

黄爱莲,陈红玲,李劲松.中国旅游文化.北京:经济管理出版社,2014.

黄潇婷,吴必虎,朱树未.旅游学100例.北京:中国人民大学出版社,2014.

江苏省旅游局发展咨询中心.江苏古镇保护与旅游发展研究.南京:东南大学出版社,2014.

李柏文.以旅游为产业动力的少数民族地区特色城镇化道路研究.北京:中国社会科学出版社,2014.

李锋.文化产业与旅游产业的融合与创新发展研究.北京:中国环境科学出版社,2014.

李锋.中国旅游经济脆弱性测度与优化调控研究.北京:中国环境科学出版社,2014.

李刚.东北亚区域旅游一体化:协作发展机制研究.天津:南开大学出版社,2014.

李庆雷,廖春花.旅游资源开发理论研究.武汉:武汉大学出版社,2014.

李天翼.贵州民族村寨旅游开发模式研究.重庆:西南交通大学出版社,2014.

李云鹏.智慧旅游规划与行业实践.北京:旅游教育出版社,2014.

梁明珠.中国旅游地理(第2版).广州:暨南大学出版社,2011.

梁明珠.旅游资源开发与规划:原理、案例(第2版).广州:暨南大学出版社,2011.

刘德谦,石美玉.旅游理论与实践前沿丛书:当代中国旅游购物研究.北京:中国旅游出版社,2014.

刘辛田.基于生态足迹理论的旅游可持续发展研究.郑州:黄河水利出版社,2014.

刘旭玲.新疆自然遗产旅游保护性开发研究.北京:中国社会科学出版社,2014.

龙江智.中国旅游消费行为模式研究.北京:旅游教育出版社,2014.

卢丽蓉,李敏.旅游客源国和目的地概况.南宁:广西师范大学出版社,2014.

卢世菊,吴海伦.民族文化旅游创意产业发展研究:湖北省武陵山少数民族经济社会发展试验区的调查.北京:中国社会科学出版社,2014.

马洪江.智慧旅游战略研究.北京:科学出版社,2014.

马继刚.旅游集散地研究.北京:中国社会科学出版社,2014.

欧阳南江,陈明辉,黎夏,等.快速城镇化与资源环境协调发展理论、方法及实证研究.北京:中国城市出版社,2014.

桑彬彬.旅游产业与文化产业融合发展的理论分析与实证研究.北京:中国社会科学出版社,2014.

石德生.低碳旅游产业论.南京:东南大学出版社,2014.
石美玉,刘德谦,孙梦阳,等.旅游理论与实践前沿丛书:北京主题旅游发展研究.北京:中国旅游出版社,2014.
宋红娟.生态旅游:理论与海南实践.北京:北京理工大学出版社,2014.
苏建军.山西旅游经济运行与可持续发展研究.北京:中国社会科学出版社,2014.
孙九霞,苏静.中国西部民族文化通志·旅游卷.昆明:云南人民出版社,2014.
覃建雄,韦跃龙.喀斯特景观与旅游开发.北京:科学出版社,2014.
陶慧,冯小霞.旅游规划与开发:理论、实物与案例.北京:中国经济出版社,2014.
田大江.城市旅游形象定位及其影响因素研究:以北京市为例.北京:旅游教育出版社,2014.
唐文跃.旅游地地方感研究.北京:社会科学文献出版社,2014.
王雷亭.泰山区旅游发展规划研究.济南:山东人民出版社,2014.
王剑,彭建.西南民族地区旅游业与社区互动发展.北京:中国经济出版社,2014.
王林.旅游理论与实践前沿丛书:景观村落旅游与社区参与.北京:中国旅游出版社,2014.
王新越,张广海.中国旅游化与城镇化互动协调发展研究.北京:旅游教育出版社,2014.
王学峰.区域旅游发展理论与实践.武汉:武汉出版社,2014.
王永强.温泉旅游理论、实践与案例研究.北京:旅游教育出版社,2014.
吴必虎,董双兵.旅游规划设计法规标准手册(标准卷).北京:中国标准出版社,2014.
吴必虎,董双兵.旅游规划设计法规标准手册(法规卷).北京:中国标准出版社,2014.
吴必虎,高璟.谁的城市被旅游照亮:旅游型城市化理论及案例研究.北京:化学工业出版社,2014.
吴国清,冷少妃.旅游学理论基础.上海:上海人民出版社,2014.
吴静.生态视野下的旅游规划环境评价研究.天津:南开大学出版社,2014.
武汉市旅游局,华中师范大学等.城市旅游市场调查与分析:武汉市案例研究.武汉:武汉大学出版社,2014.
西部开发旅游发展战略课题组.西部开发旅游发展战略景观村落旅游与社区参与.北京:中国旅游出版社,2014.
夏林根.旅游目的地概述(第4版).北京:旅游教育出版社,2014.
夏学英,刘兴双.新农村建设视阈下乡村旅游研究.北京:中国社会科学出版社,2014.
向红琼,谷晓平,郑小波.贵州省旅游气候研究与应用.北京:气象出版社,2014.
熊金银.乡村旅游开发研究与实践案例.成都:四川大学出版社,2014.
许忠伟.中国旅游研究 2011.北京:旅游教育出版社,2014.
许忠伟.中国旅游研究 2012.北京:旅游教育出版社,2014.
杨世瑜,李波,袁希平,庞淑英.云南旅游地质.北京:冶金工业出版社,2014.
叶欣梁,温家洪,孙瑞红.旅游地自然灾害风险评价研究:以九寨沟为例.北京:清华大学出版社,2014.
易斌.文脉、史脉、地脉与湖南旅游产业的融合研究.北京:旅游教育出版社,2014.
意娜.情定香巴拉:民族地区文化旅游创意产业发展研究.北京:知识产权出版社,2014.
易小力.文化遗产与旅游规划.北京:北京大学出版社,2014.
于锦华.旅游产业集群与竞争力研究.北京:经济管理出版社,2014.
袁国宏.旅游可持续发展管理研究.北京:科学出版社,2014.
原群.旅游规划与策划:创新与思辨.北京:旅游教育出版社,2014.
原群.旅游规划与策划:全真案例.北京:旅游教育出版社,2014.
张宏梅,杨钊,陆林.旅游管理研究的实证方法.北京:科学出版社,2014.
张立生.旅游经济基础理论.北京:经济管理出版社,2014.
张述林,李源,刘佳瑜,等.区域旅游规划研究丛书:乡村旅游发展规划研究:理论与实践.北京:科学出版社,2014.

张述林,高鑫等.区域旅游规划研究丛书:旅游发展规划研究.北京:科学出版社,2014.

张树民.旅游理论与实践前沿丛书:中国乡村旅游发展模式与政策保障研究.北京:中国旅游出版社,2014.

张威.旅游业态演化与商业模式创新.北京:知识产权出版社,2014.

张晓燕.山岳型世界文化遗产地旅游环境质量评价与优化研究:以武当山为例.武汉:武汉大学出版社,2014.

张玉钧,石玲.生态旅游:生态、体验与可持续.北京:中国旅游出版社,2014.

张玉蓉,郑涛.创意旅游:理论与实践.成都:西南财经大学出版社,2014.

张祖群.古都遗产旅游的文化空间类型研究.北京:经济管理出版社,2014.

中国旅游研究院.中国出境旅游发展年度报告2014(英文).北京:旅游教育出版社,2014.

中国旅游研究院.中国入境旅游发展报告(2014).北京:旅游教育出版社,2014.

中国旅游研究院.中国旅游景区发展报告(2014).北京:旅游教育出版社,2014.

中国旅游研究院.中国旅行社产业发展报告(2014).北京:旅游教育出版社,2014.

中国旅游研究院.中国区域旅游发展年度报告(2013~2014).北京:旅游教育出版社,2014.

钟栎娜.旅游理论与实践前沿丛书:旅游目的地网络感知结构与舆情监测.北京:中国旅游出版社,2014.

周武忠.旅游理论与实践前沿丛书:中国当代旅游商品设计研究.北京:中国旅游出版社,2014.

旅游译著的出版在2004年开始加速度的增长,业内竞争也日益加剧。各出版社纷纷采取分批推出译著丛书的方式,每批译著的种类多的可达十几种以上,有的同批译著其选题内容也是参差不齐、五花八门,将纯学术专著与职业培训教材列在同一批出版,以抢占市场,达到赢家通吃的目的。

这些译著中以各类旅游规划类著作数量为最多,旅游基础教材方面也成绩斐然,在旅游社会学、人类学方面、旅游社区、旅游经济学以及旅游市场营销等方面也有较多的译著,主要译著有:

[加]哈里森·斯本兹.国际旅游规划案例分析.周常春,苗学龄,译.天津:南开大学出版社,2004.

世界旅游组织.国家和区域旅游规划:方法与实例分析.籍谈,译.北京:电子工业出版社,2004.

[澳]戴维·韦弗.生态旅游.杨桂华,王跃华,译.天津:南开大学出版社,2004.

[美]爱德华·因斯克普.旅游规划:一种综合性的可持续的开发方法.张凌云,译.北京:旅游教育出版社,2004.

[美]丹尼逊·纳什.旅游人类学.宗晓莲,译.昆明:云南大学出版社,2004.

[英]曼纽尔·鲍德—博拉,弗雷德·劳森.旅游与游憩规划设计手册.唐子颖,吴必虎,译.北京:中国建筑工业出版社,2004.

[英]克里斯·库珀,约翰·弗莱彻.旅游学:原理与实践(第3版).张俐俐,蔡利平,译.北京:高等教育出版社,2004.

[英]迪米特里斯·布哈利斯.旅游电子商务.马晓秋,张凌云,译.北京:旅游教育出版社,2004.

[美]M.瑟尔·辛克莱,麦克·斯特布勒.旅游经济学.宋海岩,沈淑杰,译.北京:高等教育出版社,2004.

[澳]Y.赖辛格,L.W.托纳.旅游跨文化行为研究.朱路平,译.天津:南开大学出版社,2004.

[英]约翰·斯沃布鲁克,苏珊·霍纳.旅游消费者行为学.俞慧君,张鸥等,译.北京:电子工业出版社,2004.

[英]亚德里恩·布尔.旅游经济学(第2版).龙江智,译.大连:东北财经大学出版社,2004.

[英]帕特·耶尔.旅行社经营业务.程尽能,译.北京:旅游教育出版社,2004.

[加]戴维·A.芬内尔.生态旅游.张凌云,译.北京:旅游教育出版社,2004.

[加]斯蒂芬.L.J.史密斯.旅游测度与旅游卫星账户.赵丽霞,刘臻,译.北京:中国统计出版社,2004.

[美]C.A.冈恩.旅游规划:原理与案例.吴必虎,译.大连:东北财经大学出版社,2005.

[加]麦克切尔,[澳]克罗斯.文化旅游与文化遗产管理.朱路平,译.天津:南开大学出版社,2006

[澳]克里斯·库珀.旅游研究经典评论.钟林生,谢婷,译.天津:南开大学出版社,2006.

[英]克里斯托弗·霍洛韦.旅游营销学(第4版).修月祯,译.北京:旅游教育出版社,2006.

[澳]彼得·E.墨菲,安·E.墨菲.旅游社区战略管理:弥合旅游差距.陶犁,邓衡,译.天津:南开大学出版

社,2006.

[美]斯坦利·C.帕洛格.旅游市场营销实论.李天元,李曼,译.天津:南开大学出版社,2007.

[以]埃里克·科恩.旅游社会学纵论.巫宁,马聪玲,译.天津:南开大学出版社,2007.

[英]C.米歇尔·霍尔、斯蒂芬·J.佩奇.旅游休闲地理学——环境·地点·空间(第3版).周昌军,何佳梅,译.北京:旅游教育出版社,2007.

[澳]尼尔·利珀.旅游管理(第3版).谢昌,翁瑾,译.上海:上海财经大学出版社,2007.

[美]约翰·A.维佛卡.旅游解说总体规划.郭毓洁,吴必虎译.北京:中国旅游出版社,2008.

[英]鲍尼费斯、库珀.世界旅游目的地经营管理案例:以旅游地理学视角分析.孙小珂,译.辽宁科学技术出版社,2009.

[英]罗杰克.休闲理论原理与实践.张凌云,译.北京:中国旅游出版社,2010.

[英]里斯.旅游经济学.宁传锋,张红,译.大连:东北财经大学出版社,2011.

克里斯·瑞安.旅游科学研究方法:基于游客满意度的研究.李枚珍,王琳,译.北京:旅游教育出版社,2012.

蒂莫西.文化遗产与旅游.孙业红,译.北京:中国旅游出版社,2014.

[英]格雷西,多兹.岛屿旅游目的地的可持续发展.赵庆英,谭勇华,译.北京:海洋出版社,2014.

沃里克·弗罗斯,C.迈克尔·霍尔.旅游与国家公园:发展、历史与演进的国际视野.王连勇,译.北京:商务印书馆,2014.

三、中国旅游研究代表性论文

2011年3月1日,在中国知网—中国期刊全文数据库—主站点搜索"主题"为"旅游",期刊年期为1979年~2010年,共搜索到文章136 517篇,在"关键词"中输入"旅游",得到文章32 862篇。从1979年43篇增长到2010年的17 119篇,以平均21.3%的速率增长,尤其是1994年以来,论文数量呈"J"字形增长。以"被引频次"对所检文献进行排序,得出前20篇论文,最低被引频次为214次。

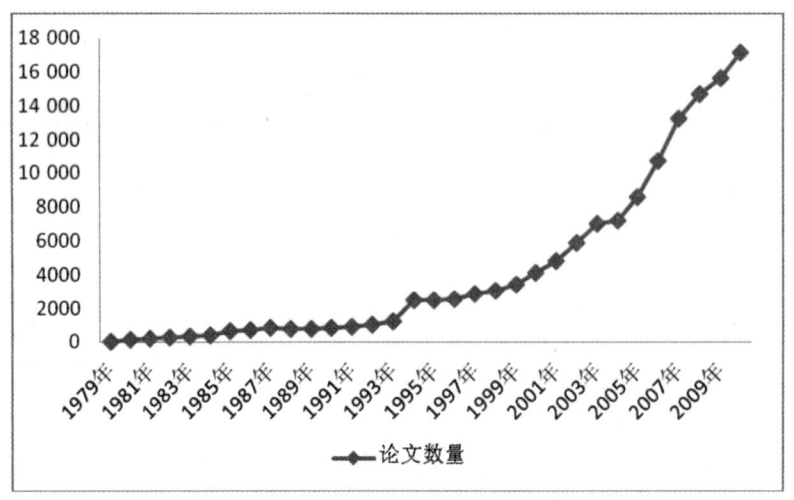

图4-6-1　旅游论文及其变化图

数据来源:根据中国知网—中国期刊全文数据库资料检索整理。

[1]吴必虎,唐俊雅,黄安民等.中国城市居民旅游目的地选择行为研究.地理学报,1997(2).

[2]郭焕成,刘军萍,王云才.观光农业发展研究.经济地理,2000(2)

[3]刘纬华.关于社区参与旅游发展的若干理论思考.旅游学刊,2000(1).

[4]吴必虎.大城市环城游憩带(ReBAM)研究——以上海市为例.地理科学,2001(4).

[5]郑群明,钟林生.参与式乡村旅游开发模式探讨.旅游学刊,2004(4).

[6]何景明.国外乡村旅游研究述评.旅游学刊,2003(1).

[7]吕永龙.生态旅游的发展与规划.自然资源学报,1998(1).

[8]崔凤军.论旅游环境承载力——持续发展旅游的判据之一.经济地理,1995(1).

[9]李金平,王志石.澳门2001年生态足迹分析.自然资源学报,2003(2).

[10]牛亚菲.可持续旅游、生态旅游及实施方案.地理研究,1999(2).

[11]何景明,李立华.关于"乡村旅游"概念的探讨.西南师范大学学报(人文社会科学版),2002(5).

[12]万绪才,李刚,张安.区域旅游业国际竞争力定量评价理论与实践研究——江苏省各地市实例分析.经济地理,2001(3).

[13]郭来喜,吴必虎,刘锋,范业正.中国旅游资源分类系统与类型评价.地理学报,2000(3).

[14]吴文智,庄志民.体验经济时代下旅游产品的设计与创新——以古村落旅游产品体验化开发为例.旅游学刊,2003(6).

[15]苏伟忠,杨英宝,顾朝林.城市旅游竞争力评价初探.旅游学刊,2003(3).

[16]刘晓冰,保继刚.旅游开发的环境影响研究进展.地理研究,1996(4).

[17]汪宇明.核心—边缘理论在区域旅游规划中的运用.经济地理,2002(3).

[18]郭来喜.中国生态旅游——可持续旅游的基石.地理科学进展,1997(4).

[19]吴泓,顾朝林.基于共生理论的区域旅游竞合研究——以淮海经济区为例.经济地理,2004(1).

[20]张捷,都金康,周寅康,张思彦,潘冰.自然观光旅游地客源市场的空间结构研究——以九寨沟及比较风景区为例.1999(4).

[21]杨丽.旅游供应链合作协调研究.北京:对外经贸大学出版社,2013.

[22]李云鹏,晁夕,沈华玉等.智慧旅游:从旅游信息化到旅游智慧化.北京:中国旅游出版社,2013.

[23]周建明,所萌.生态旅游理论与实例研究.北京:中国建筑工业出版社,2013.

[24]北京市农村工作委员会,北京市农村经济研究中心,北京观光休闲农业行业协会.北京市周杨.中国旅游企业国际化经营问题研究.北京:经济管理出版社,2013.

[25]中华人民共和国国家旅游局信息中心.2012-2013中国旅游信息化发展报告.北京:中国旅游出版社,2013.

[26]江波.凤凰历史文化名城文化旅游发展研究.北京:旅游教育出版社,2013.

[27]姚志国,鹿晓龙.智慧旅游:旅游信息化大趋势.北京:旅游教育出版社,2013.

[28]黄先开.中国旅游经济结构研究.北京:中国经济出版社,2013.

[29]匡林.中国国家旅游形象研究.北京:中国旅游出版社,2013.

[30]邓光奇.民族地区生态旅游发展研究.北京:中国财政经济出版社,2013.

[31]程遂营.文化视野中的旅游与休闲研究.北京:中国经济出版社,2013.

[32]戴斌,周晓歌,李仲广等.中国旅游经济监测与预警研究.北京:旅游教育出版社,2013.

[33]郑文俊.旅游视角下乡村景观吸引力理论与实证研究.北京:科学出版社,2013.

[34]毛长义,张述林.区域旅游发展战略研究.北京:科学出版社,2013.

[35]周玲强.乡村旅游产业组织研究.北京:科学出版社,2013.

[36]初晓恒.我国旅游产品文化挖掘与传递研究.上海:上海财经大学出版社,2013.

[37]薛群慧,顾晓艳,俞益武.健康旅游研究进展(2013).北京:中国林业出版社,2013.

[38]陈实,温秀.西部区域旅游合作研究.北京:中国旅游出版社,2013.

[39]金文姬,沈哲.海洋旅游产品开发.杭州:浙江大学出版社,2013.

[40]马爱萍.基于动机的旅游目的地形象实证研究.北京:中国财政经济出版社,2013.

[41]李瑛.旅游目的地区域空间组织研究.北京:经济科学出版社,2013.

[42]张景秋,杜姗姗,陈媛媛.乡村休闲区开发与建设研究.北京:旅游教育出版社,2014.

[43]杨主泉.旅游管理专业教育教学改革研究与实践.北京:旅游教育出版社,2014.

后 记

感谢陕西师范大学出版总社对我的信任,感谢中国旅游地学界给了我一次系统、认真地学习旅游地学知识的机会,组织编写《中国地学通鉴·旅游卷》使我收获良多。以前自己虽然也参加过很多旅游研究活动,主持完成了数十项旅游规划项目,主编出版了多部旅游著作和教材,但我一直不敢说自己是旅游教育科研工作者,因为我的背景是地理学,主要讲授的课程是区域分析与规划,对国内外的旅游研究和旅游业发展只知一二。但是,从今天起,从《中国地学通鉴·旅游卷》付梓之日起,我敢说,我对旅游有过专门的研究,我对中国的旅游地学有了大致的了解。

请注意,我这里说的是"大致了解",而不是系统地了解和真正地了解!旅游学、旅游地学在中国是新学科,而且旅游学比地理学更庞杂、更复杂,加上中国地域辽阔,内部差异较大,旅游生产和消费千差万别,中国旅游业也正在快速发展之中——2009年12月国务院出台了关于加快旅游业发展的若干意见,提出要把旅游业建设成为战略性支柱产业和人民群众更加满意的先打服务业,这是截至目前,国内外政府文件和学者论著中关于旅游业的最高定位。借此东风,中国掀起了旅游开发和研究热潮,旅游建设、经营项目、涉旅政策法规、旅游地学论著等,每年都以惊人的速度在增加着,中国在旅游就业、人才培训、科学研究和规划成果的数量等堪称世界第一,其中旅游地学研究几乎可以说是走在世界的前列。要系统、全面、深入地把握中国的旅游地学特点十分不易。本书虽然洋洋洒洒数十万字,凝聚了数十名北京师范大学旅游研究师生的心血,但也只能是挂一漏万,仅供大家管中窥豹。

本书的大纲框架由陕西师范大学出版总社拟定,各篇章的具体内容由北京师范大学旅游规划团队集体协商确定,各章节执笔完成者见书中标注,其中旅游学者的遴选得到了网友的支持和指导,并由安徽师范大学陆林教授帮助审定。全书的统稿和定稿工作由本人完成。

本书2011年9月定稿,为了保证本书的权威性和时效性,书中的大部分数据都是以2010年为基础的,个别重要数据在校稿时更新到2014年。资料信息除特别注明之外,都来自于公共媒体、各级各类旅游机构网站、个人网页和有关报刊,特此说明和致谢。不妥之处欢迎批评指正。

旅游是求新求乐求闲求知的过程,愿本书的出版也能带给读者愉悦和新知。

吴殿廷

2015年7月15日于北京育新花园